中国社会科学院2008年重大课题

哈佛燕京学社藏
纳西东巴经书

第八卷

◆ 中国社会科学院民族学与人类学研究所
◆ 丽江市东巴文化研究院　　　　　　　　编
◆ 哈佛燕京学社

中国社会科学出版社

图书在版编目(CIP)数据

哈佛燕京学社藏纳西东巴经书. 第八卷 / 中国社会科学院民族学与人类学研究所，丽江市东巴文化研究院，哈佛燕京学社编. —北京：中国社会科学出版社，2021. 10

ISBN 978 - 7 - 5203 - 9310 - 2

Ⅰ. ①哈…　Ⅱ. ①中…②丽…③哈…　Ⅲ. ①东巴文—古籍—汇编—中国　Ⅳ. ①H257

中国版本图书馆 CIP 数据核字（2021）第 227007 号

出 版 人　赵剑英
责任编辑　田　文
责任校对　张爱华
责任印制　王　超

出　　版　中国社会科学出版社
社　　址　北京鼓楼西大街甲 158 号
邮　　编　100720
网　　址　http://www.csspw.cn
发 行 部　010 - 84083685
门 市 部　010 - 84029450
经　　销　新华书店及其他书店

印刷装订　北京君升印刷有限公司
版　　次　2021 年 10 月第 1 版
印　　次　2021 年 10 月第 1 次印刷

开　　本　880 × 1230　1/16
印　　张　36. 75
字　　数　675 千字
定　　价　298. 00 元

凡购买中国社会科学出版社图书，如有质量问题请与本社营销中心联系调换
电话：010 - 84083683

414 – D – 71 “构建白毡房屋”封面

414 – D – 71 “构建白毡房屋”第 1 叶

414 – D – 71 “构建白毡房屋”第 2 叶

370 – D – 72 “延寿仪式·茨拉金姆降临·结聚素灵”封面

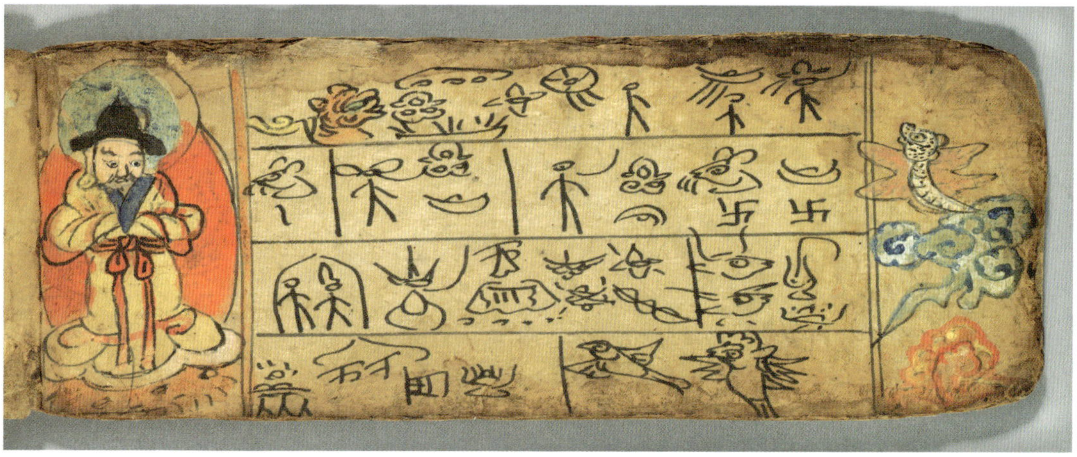

370 – D – 72 “延寿仪式·茨拉金姆降临·结聚素灵”第 1 叶

370 – D – 72 “延寿仪式·茨拉金姆降临·结聚素灵”第 2 叶

370 – D – 72 “延寿仪式·茨拉金姆降临·结聚素灵”第 3 叶

13 – E – 1 “超度能者·总集”封面

13 – E – 1 “超度能者·总集”第 1 叶

13－E－1 “超度能者·总集”第2叶

205－G－14 “迎请素神·迎接素神”第1叶

205－G－14 “迎请素神·迎接素神”最后一叶

364－H－2 “禳垛鬼仪式·人类起源和迁徙的来历”封面

364－H－2 “禳垛鬼仪式·人类起源和迁徙的来历”第 1 叶

364－H－2 “禳垛鬼仪式·人类起源和迁徙的来历”第 2 叶

519－J－1 “关死门仪式·规程及画稿”封面

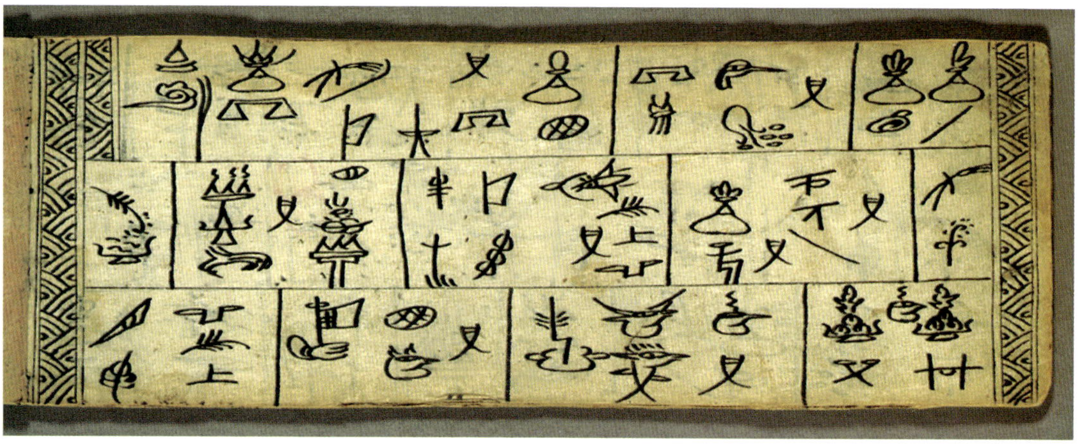

519－J－1 “关死门仪式·规程及画稿”第 1 叶

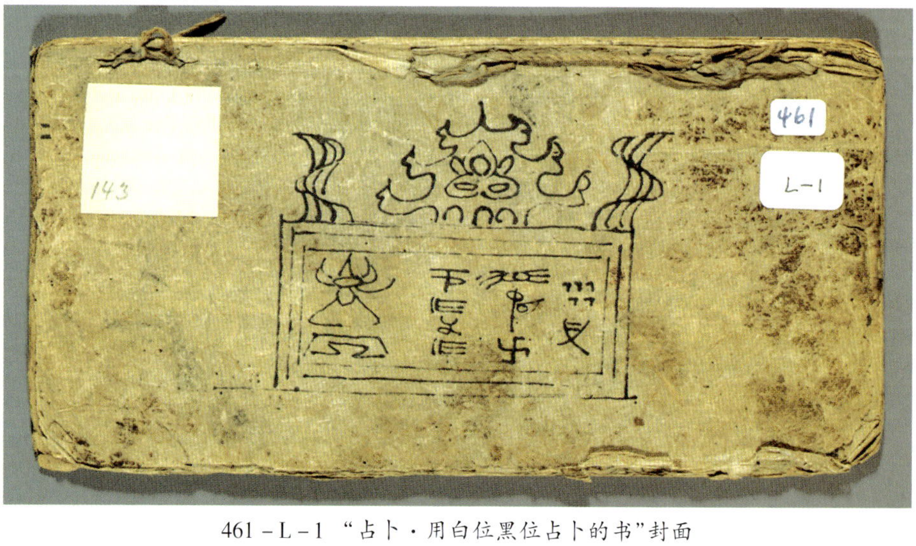

461－L－1 “占卜·用白位黑位占卜的书”封面

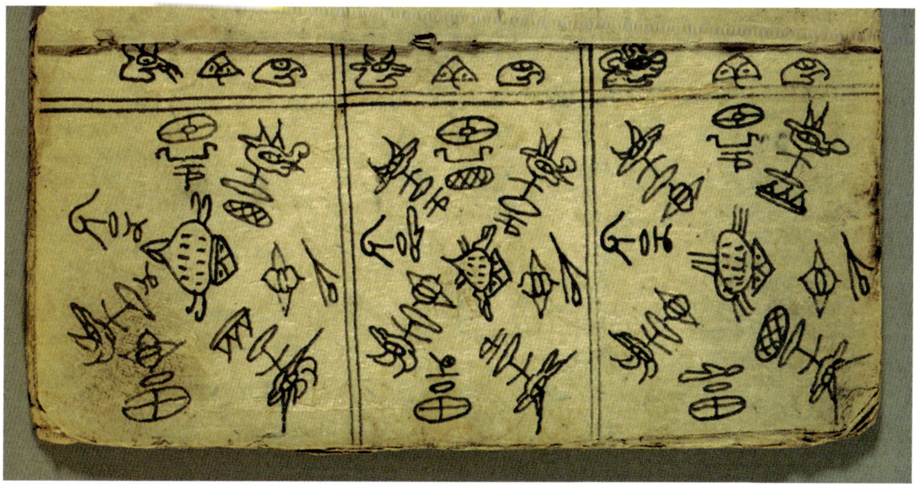

461－L－1 “占卜·用白位黑位占卜的书”第 1 叶

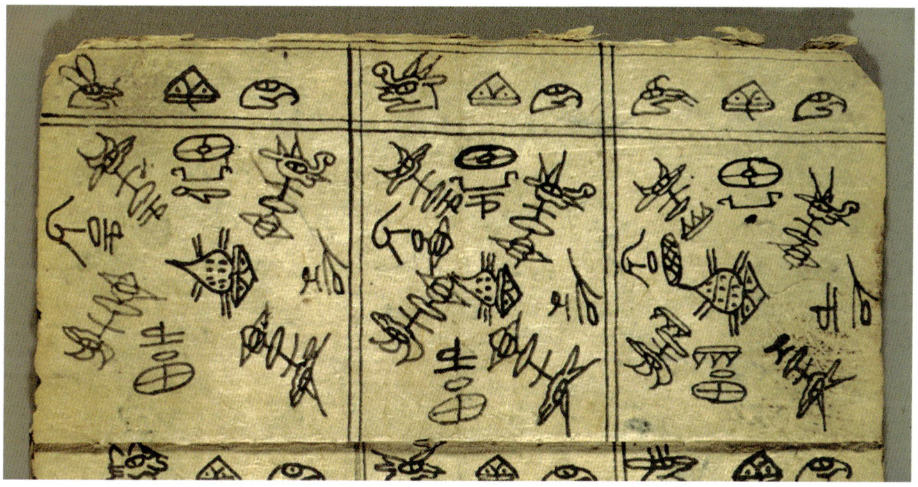

461－L－1 “占卜·用白位黑位占卜的书”第 2 叶

481－L－2 “进行占卜”第 1 叶

481－L－2 “进行占卜”第 2 叶

481－L－2 “进行占卜”第 3 叶

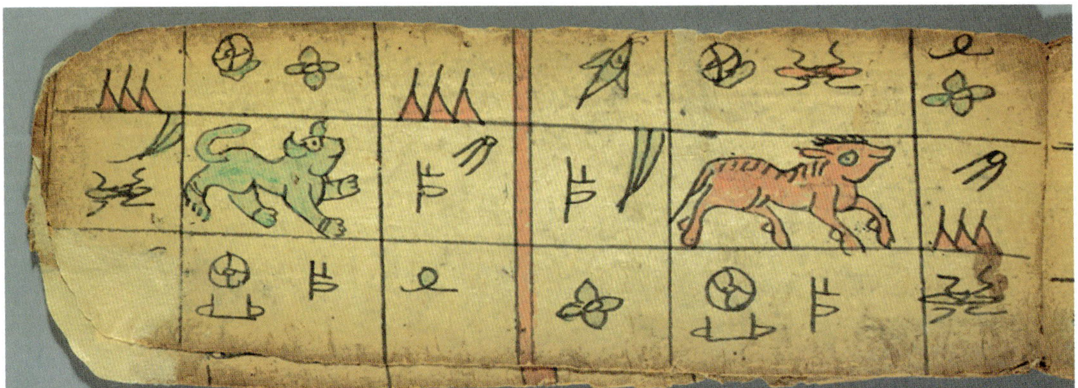

481－L－2 “进行占卜”第 4 叶

481 – L – 2 “进行占卜”第 5 叶

483 – L – 3 “占卜 · 用两个贝占卜的卦辞”封面

483 – L – 3 “占卜 · 用两个贝占卜的卦辞”第 1 叶

483－L－3 “占卜·用两个贝占卜的卦辞”第2叶

456－L－4 “占卜·用五个贝占卜”封面

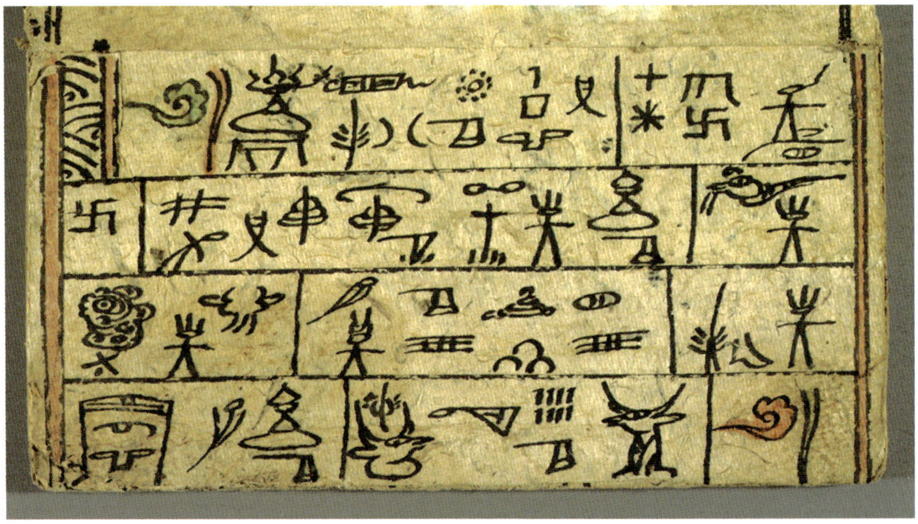

456－L－4 “占卜·用五个贝占卜”第1叶

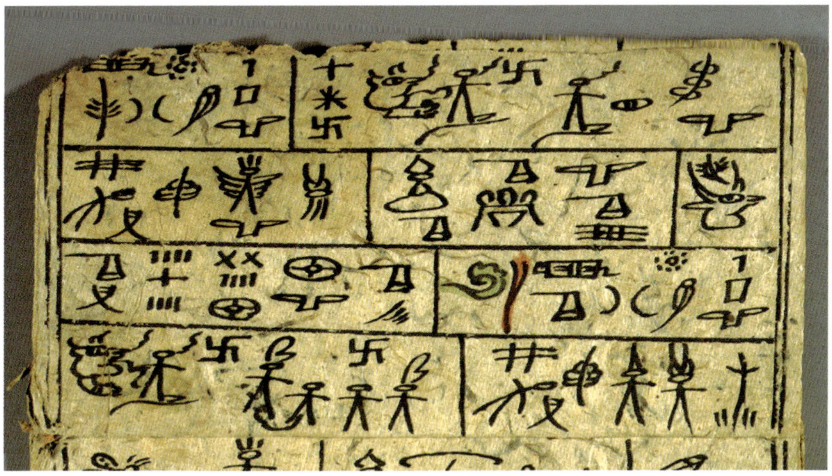

456－L－4 “占卜·用五个贝占卜”第2叶

588－L－5 “占卜·用十三颗海贝占卜卦辞的书”封面

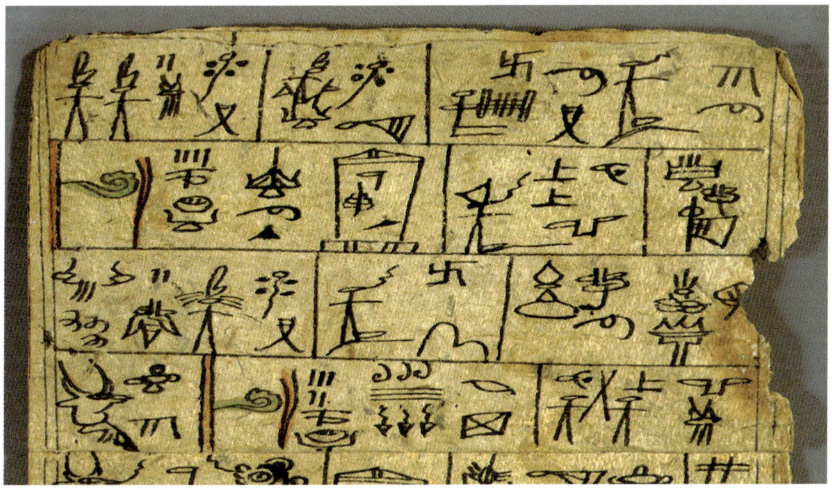

588－L－5 “占卜·用十三颗海贝占卜卦辞的书”第3叶

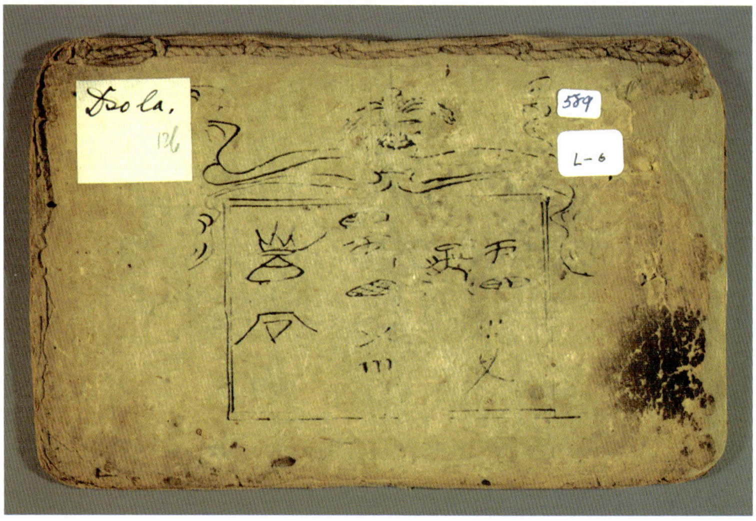

589－L－6 “占卜·用十三个海贝占卜的卦辞”封面

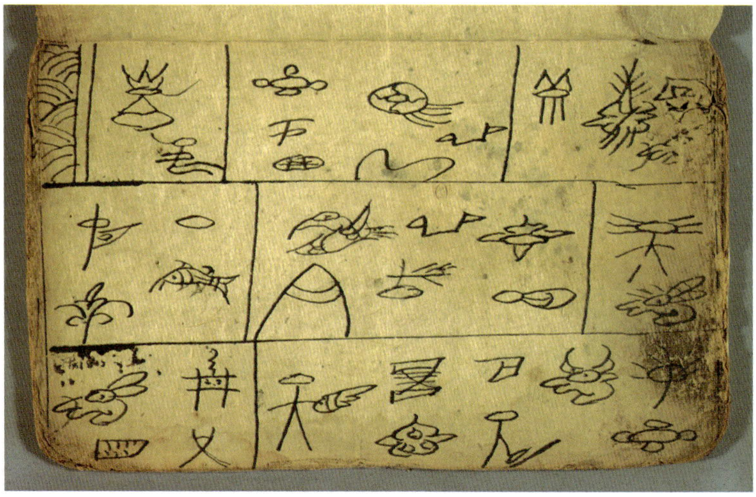

589－L－6 “占卜·用十三个海贝占卜的卦辞”第1叶

589－L－6 “占卜·用十三个海贝占卜的卦辞”第2叶

L-7 “占卜·用巴格占卜”封面

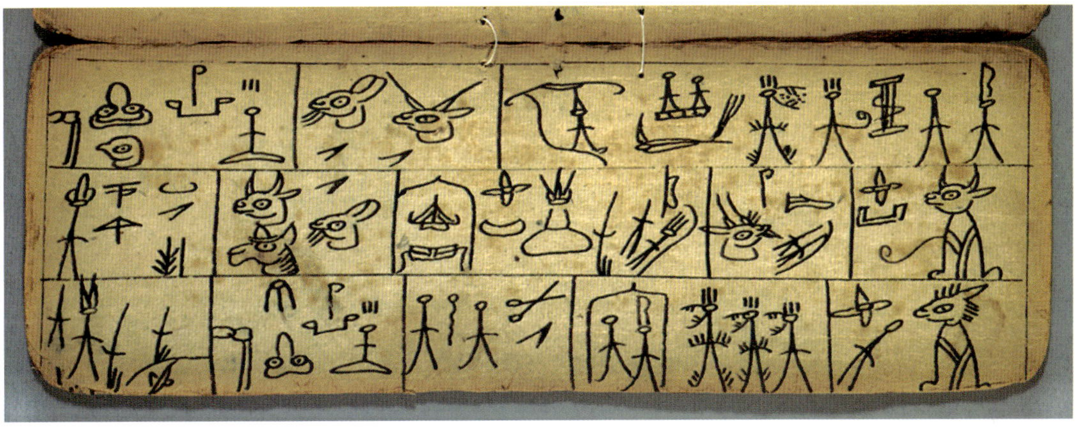
L-7 “占卜·用巴格占卜”第1叶

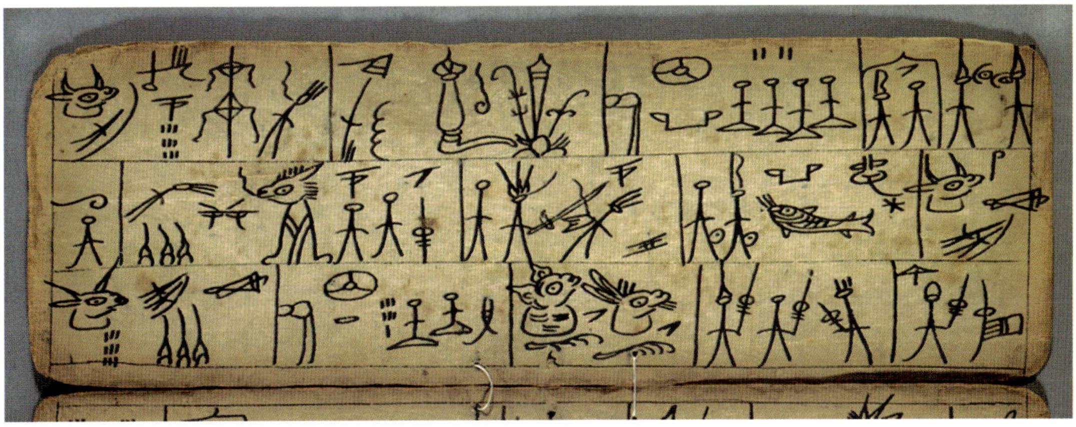
L-7 “占卜·用巴格占卜”第2叶

2843－L－8 “占卜·以母亲在巴格八方生育占卜·末卷”封面

2843－L－8 “占卜·以母亲在巴格八方生育占卜·末卷”第1叶

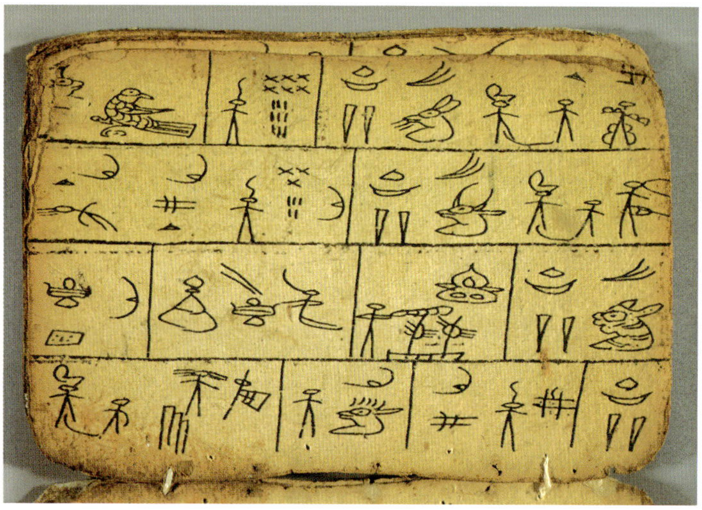

2843－L－8 “占卜·以母亲在巴格八方生育占卜·末卷”第30叶

345 – L – 10 “占卜·投标于巴格图占卜的书”封面

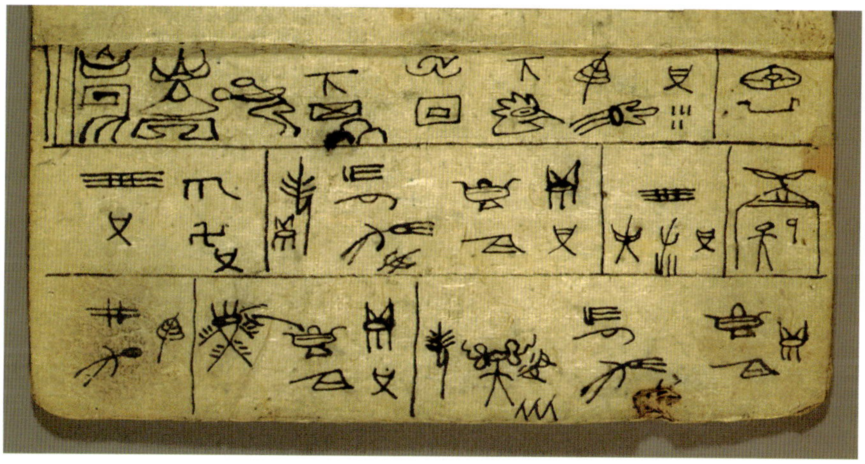

345 – L – 10 “占卜·投标于巴格图占卜的书”第 1 叶

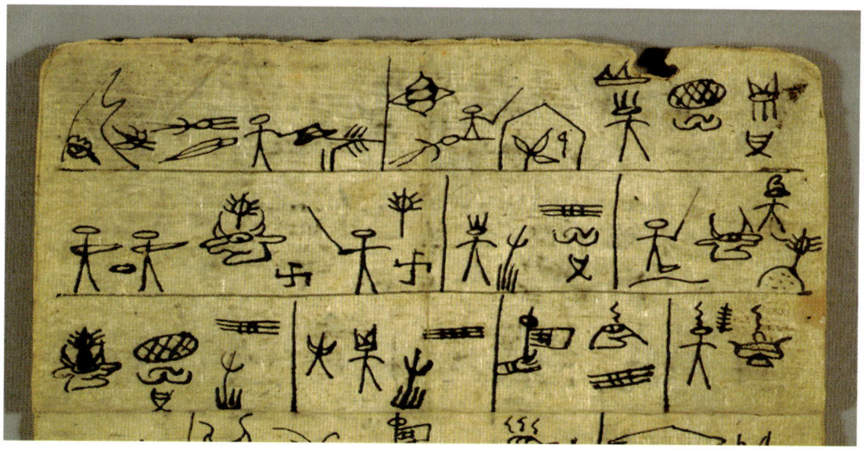

345 – L – 10 “占卜·投标于巴格图占卜的书”第 2 叶

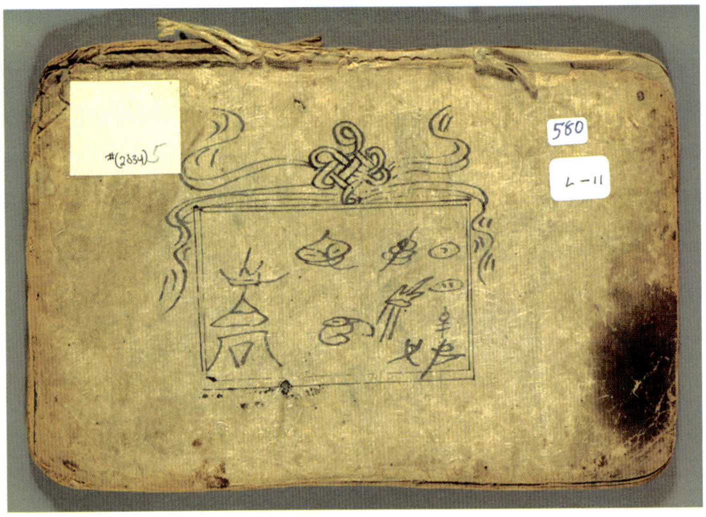

580－L－11 “占卜·投标于巴格和米吾九宫图以占卜的书”封面

580－L－11 “占卜·投标于巴格和米吾九宫图以占卜的书”第1叶

580－L－11 “占卜·投标于巴格和米吾九宫图以占卜的书”第2叶

453 – L – 12 “占卜·用巴格黑白等色彩占卜·算穷运霉运·用巴格占卜的书”封面

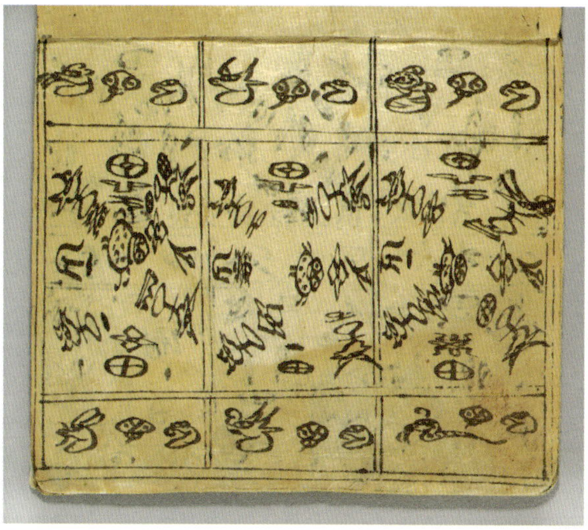

453 – L – 12 “占卜·用巴格黑白等色彩占卜·算穷运霉运·用巴格占卜的书”第 1 叶

453 – L – 12 “占卜·用巴格黑白等色彩占卜·算穷运霉运·用巴格占卜的书”第 4 叶

455－L－15 “占卜·以死者死亡日之属相、为几号、为何月、何宿当值、死者死亡之时的属相占卜、算重表”封面

455－L－15 “占卜·以死者死亡日之属相、为几号、为何月、何宿当值、死者死亡之时的属相占卜、算重表”第1叶

455－L－15 “占卜·以死者死亡日之属相、为几号、为何月、何宿当值、死者死亡之时的属相占卜、算重表”第2叶

哈佛燕京学社藏纳西东巴经书

第八卷

顾　　问	黄　行	孙宏开	黄长著	杨沛超	杜维明
	郑炯文	李若虹	李在其		
主　　编	孙伯君	李德静			
副 主 编	聂鸿音	赵世红	和东升	王世英	
译　　者	王世英	习煜华	李静生	李　英	和　虹
	李例芬	李芝春	和发源	和品正	和宝林
	和力民	和庆元	周　净	李四玉	
释　　读	和秀东	和桂华	陈四才	和丽军	
统稿校对	王世英	李静生	李　英	和　虹	
录　　文	赵学梅	王　琴			
英文翻译	聂大昕	胡鸿雁			
编　　务	李　云	和丽峰	张　磊	和玉英	
责任编辑	田　文				

目　录

编译说明

哈佛燕京学社图书馆收藏的598卷东巴经书和三幅东巴教卷轴画，其中有510册是约瑟夫·洛克（Joseph Charles Francis Rock，1884—1962）在中国云南搜集的，而88册得自于昆廷·罗斯福（Quentin Roosevelt）。这些东巴经书的形制大致上为长方形，长约30厘米，宽约9厘米，厚薄不一。麻线装订，一般每页三行，每行以竖线分若干格，从左至右书写。纸为当地产淡黄色构皮纸，竹笔墨书。

约瑟夫·洛克，1884年出生于奥地利维也纳，1905年只身漂洋过海来到美国。最初落脚在夏威夷，凭借他过人的语言天赋和识别植物的能力，洛克得以在夏威夷学院教授语言和植物学，并先后出版了五部专著和大量论文。1920年秋天直到1924年，洛克受美国国家地理学会、美国农业部、哈佛大学植物园和哈佛燕京学社委派，前往中国西南搜集植物标本。最初的几年，洛克的足迹遍及中国黄河沿岸、阿尼马卿山、祁连山、长江沿岸、青海湖，采集了上万种植物标本。1923年7月，洛克进入云南丽江雪嵩村，从此，与纳西族结下了不解之缘。直到1949年离开中国，洛克在丽江断断续续生活了二十多年。

作为第一位系统搜集和研究纳西东巴经书的外国人，洛克不仅精通纳西语，而且能够认读东巴文，晚年，洛克在华盛顿大学远东学院的资助下，出版了《纳西语英语百科辞典》（1961年），向世人系统介绍了纳西东巴文的字形、字义，并有英文音标转写。1962年，洛克在夏威夷病逝，结束了传奇式的一生。

早在1944年，洛克就着手把自己从云南搜集到的大量纳西东巴经典转售给哈佛大学汉和图书馆（燕京图书馆的前身）。据《裘开明年谱》记载，1944年11月13日，哈佛燕京学社董事会决定，“除了摩梭稿本和极少数古籍之外，汉和图书馆不应购买洛克博士的其他藏书”。1946年4月1日，哈佛燕京学社的董事会议通过了1945—1946年度预算，增加800美金用来购买洛克收藏的纳西经典。

1956年，纳西文研究专家李霖灿先生受哈佛燕京图书馆之邀整理这批经书。1995年，曾在云南省博物馆工作的朱宝田先生受吴文津馆长的邀请，为经书编目，最终纂成《哈佛大学哈佛燕京图书馆藏中国纳西族象形文经典分类目录》。朱宝田先生把这批经书分为13类，A类：祭东巴什罗44册，B类：祭龙王83册，C类：祭风82册，D类：求寿73册，E类：祭贤11册，F类：胜利神6册，G类：祭家神21册，H类：替生29册，I类：除秽

39册，J类：关死门5册，K类：祭死者78册，L类：占卜93册，M类：零杂经34册。又东巴教卷轴画3卷。经书中数量最多的是占卜类。

因馆藏经书不能全获解读，所以本书收录经书次序概以哈佛燕京学社图书馆原始扫描件的自然次序为准，暂不强行为之分类。

每卷经书的照片逐叶刊布，照片前标明经书在哈佛燕京学社图书馆的入藏号及序号，其中第一号为封面，第二号为扉叶，扉叶的空白处往往附有约瑟夫·洛克题签，内容包括藏书号、经题及英文翻译等。第三号为首叶。最后为封底，封底或为空白，为了显示装帧情况亦悉数刊布。

刊印出的每卷东巴经书经题下首附内容提要，主体部分为经书的逐叶解读。解读首列经文照片，其下为相应的纳西语串讲和纳西语—汉语词语对译，然后给出最终的汉译文。解读中遇到不易理解的纳西族文化词语，适当出注说明。

哈佛燕京学社所藏经书大部分原为由约瑟夫·洛克于不同的地方搜集。由于在世的东巴和纳西学者均使用丽江古城方言讲读经书，又考虑到丽江古城话为纳西语的通用语，所以本书的纳西语音标记音概以丽江古城话为准。

纳西族老东巴多已过世，故馆藏的少量经书已经无人能够讲读。对于这些经书，本书仅以照片形式逐叶刊布，并不强行为之说解，以留待日后研究。

本书的经文解读由云南省丽江市东巴文化研究院完成，负责人李德静，参加翻译整理项目的人员有：王世英、习煜华、李英、李丽芬、和虹、李静生、和庆元、李芝春、和品正、和发源、和力民、和宝林、赵学梅、王琴、张磊、和丽峰、李云、周净、李四玉、和玉英、和丽军、和秀东、和桂华、陈仕才等。文稿审读王世英。文稿录入赵学梅、王琴。

释读文稿的最终校订、汇编由中国社会科学院民族学与人类学研究所完成，负责人孙伯君，编校者：孙伯君、聂鸿音，序文英译胡鸿雁，提要英译聂大昕。

本书的策划主要由中国社会科学院民族学与人类学研究所黄行研究员和孙宏开研究员发起，同时，在本书的策划、编写和出版过程中，中国社会科学院科研局领导和院图书馆负责同志，中国社会科学出版社原社长孟昭宇，中国社会科学院民族学与人类学研究所原所长郝时远、原书记揣振宇，哈佛燕京学社杜维明博士、郑炯文博士、李若虹博士，著名东巴文专家李霖灿先生的公子李在其博士，以及丽江市委市政府、丽江市古城保护管理局的领导均给了我们极大的支持和帮助。我们向这些领导以及一切帮助过我们的朋友表示衷心的感谢。

Editorial Notes

Among the Harvard-Yenching Library's collection of 598 *Dongba* manuscripts and 3 funeral scrolls pertaining to the *Dongba* religion, 510 were originally acquired by Joseph Francis Charles Rock (1884-1962) in Yunnan, China, and the remaining 88 acquired from Quentin Roosevelt (1919-1948). In terms of physical format, these *Dongba* scriptures, the sheets of which are sewn together at the left edge with twine to form a book, are typically rectangular in shape, measuring about 30cm in length and about 9cm in width, and varying in thickness. In general, there are three horizontal lines in a folio, and vertical lines are used to section off elements of the text in each line. Glyphs are written from left to right and top to bottom. Pale yellow in color, the paper used is hand-made from bast fiber available locally. Writing utensils include sharpened bamboo sticks and black ink made from ash.

Born in Vienna, Austria in 1884, Joseph Rock alone moved across the ocean to the United States in 1905. At first he based himself in Hawaii. With his marked talent in languages and flora recognition, he was given the chance to teach languages and botany at the College of Hawaii, and published 5 monographs and numerous papers. From the autumn of 1920 to 1924, Joseph Rock, sponsored by the National Geographic Society of the United States, the U.S. Department of Agriculture, the Arboretum of Harvard University and the Harvard-Yenching Institute, stayed in Southwestern China for flora specimen collection. During the first few years, he traveled widely in China, along the banks of the Yellow River and the Yangtse River, to the Amnyi Machen Range and Qilian Mountain Range, and around the Qinghai Lake. As a result, he collected around ten thousand specimens. In July, 1923, he went to the Xuesong village in Lijiang, Yunnan. Ever since, he forged an indissoluble tie with the Naxi Ethnic Group. His living in Lijiang lasted off and on for over twenty years until he left China in 1949, punctuated by his rest in the United States and Europe.

Being the first foreigner who systematically collected and studied the *Dongba* scriptures of the Naxi people, Joseph Rock not only had in his full command the Naxi language but also was able to decipher the *Dongba* script. In his later years, he, sponsored by the Far Eastern Institute at the University of Washington, published *A Nakhi-English Encyclopedic Dictionary* (1961), which, with phonetic transcriptions, offers to the world a systematic presentation of the form and meaning of the *Dongba* writing. In 1962, Rock died of disease in Hawaii and drew a close to his legendary life.

As early as in 1944, Rock sold most of his collection of Naxi *Dongba* scriptures from Yunnan to the Chinese and Japanese Library of Harvard University (predecessor of the Harvard-Yenching Library). According to what is recorded in *Qiu Kaiming Nianpu* (*A Chronicle of Qiu Kaiming*), the Board (of Trustees) of the Harvard-Yenching Institute reached the decision on the 13th of November 1944 that, "Except the Mosuo manuscripts and a scanty number of old books, the Chinese and Japanese Library of Harvard University was unadvised to buy other books in Dr. Rock's collection". On April 1st, 1946, the Board of Harvard-Yenching Institute approved the annual budget of 1945-1946, an extra amount of 800 dollars being added for buying other Naxi manuscripts in Rock's collection.

In 1956, Li Lints'an, an expert on the Naxi script, was invited by the Harvard-Yenching Institute to sort out Rock's collection of the *Dongba* scriptures. In 1995, Zhu Baotian, who once worked in the Yunnan Museum, was invited by Wu Wenjin, the Curator of the Harvard-Yenching Library, to catalog the scriptures, the final result being *Hafo Daxue Hafo-Yanjing Tushuguan Cang Zhongguo Naxizu Xiangxingwen Jingdian Fenlei Mulu* (Classified Catalog of the Pictographic Classics of the Naxi Ethnic Group in the Collection of the Harvard-Yenching Library). Mr. Zhu Baotian organized the collection by subject into the following 13 series: A. Worship to the Dongba Shiluo (totaling 44 volumes); B. Worship of the Dragon King (83 volumes); C. Worship to the Wind (82 volumes); D. Prayers for Long Life (73 volumes); E. Worship for the Worthy (11 volumes); F. God of Victory (6 volumes); G. Worship to the House Gods (21 volumes); H. For the Living (29 volumes); I. Remove Filthiness (39 volumes); J. Closing the Door to Death (5 volumes); K. Venerating the Dead (78 volumes); L. Divination (93 volumes); M. Lingza Scripture (34 volumes). Among the scriptures, Series L, Divination, are the most numerous. In addition to these, there are 3 scrolls pertaining to the *Dongba* Belief.

Considering the factor that not all scriptures in the collection can be deciphered, the scriptures included in the present works are ordered according to the natural sequence of the scanned originals offered by the Harvard-Yenching Library, with no tentative classification imposed.

With a collection number and a serial number of the Harvard-Yenching Library indicated before the very first plate, plates of each scripture are published folio by folio, among which Plate No. 1 is the jacket and No. 2 is the flyleaf with Joseph Rock's colophon attached in the blank space, including the collection number, title of the scripture and its English translation. Plate No. 3

is the first folio of the text proper. The last plate is the back cover published for the sake of the original complete book design even if it sometimes is only a blank sheet.

Each volume of published *Dongba* scriptures is attached with a synopsis under the title, and the folio-by-folio decipherment constitutes the main part. The main part includes first the plate, followed by the corresponding deciphered narration in the Naxi language, the word-by-word glossing respectively in Naxi and Chinese, and finally the Chinese translation. Occasionally, commentaries are given whenever words or expressions of the Naxi culture present understanding difficulties for people from other cultures.

The majority of the Naxi manuscripts preserved in the Harvard-Yenching Institute was collected by Joseph Rock (1884-1962) from various places. Yet, however, the phonetic notation of the Naxi texts is rendered universally in International Phonetic Symbols in accordance with the pronunciation of the variety spoken in the Lijiang Old Town as that variety is considered the standard of the Naxi language and all living *Dongbas* and Naxi scholars read and explain the Naxi manuscripts in that variety.

Unfortunately, as most of the senior Naxi *Dongbas* have already passed away, a small portion of the scriptures in the Library collection falls undecipherable. For the sake of future efforts in decipherment and research, these scriptures are published only in plates without any decipherment.

The decipherment of the scriptures in the present works is accomplished by the Institute of *Dongba* Culture at the Yunnan Academy of Social Sciences, headed and supervised by Zhao Shihong. The other participants and translators involved are as follows: Li Dejing, Wang Shiying, Xi Yuhua, Li Ying, Li Lifen, He Hong, Li Jingsheng, He Qingyuan, Li Zhichun, He Pinzheng, He Fayuan, He Limin, He Baolin, Zhao Xuemei, Wang Qin, Zhang Lei, He Lifeng, Li Yun, Zhou Jing, Li Siyu, He Yuying, He Lijun, He Xiudong, He Guihua, and Chen Shicai.

Final revision, proofreading and compilation of the deciphered drafts are undertaken by the Institute of Ethnology and Anthropology, Chinese Academy of Social Sciences, with Sun Bojun being the supervisor. The revisers, proofreaders and editors are Sun Bojun and Nie Hongyin. Preface and editorial notes are translated by Hu Hongyan. Abstracts are translated by Nie Daxin.

The present works were initiated, planned and devised mainly by Deputy Director Prof. Huang Xing and senior researcher Prof. Sun Hongkai, both with the Institute of Ethnology and Anthropology of the Chinese Academy of Social Sciences. In the process of preparation, compilation and publication, lots of support and help have been offered us, by the directors of the Bureau of Scientific Research and the library of CASS, by Meng Zhaoyu, Director of the China Social Sciences Press, by Chuai Zhenyu, the Party Secretary of the Institute of Ethnology and

Anthropology of CASS, by Drs Tu Weiming, Zheng Jiongwen, Li Ruohong and Li Zaiqi, son of the famous expert on the *Dongba* script Li Lints'an, all from the Harvard-Yenching Institute, by the leadership of Lijiang Municipal Party Committee and Municipal Government of the city, as well as by the Lijiang Old Town Conservation and Management Bureau. Sincere gratitude is extended to all of them, all the friends and all leadership for their help.

414-D-71-01

sɿ^{33} phər^{33} kv̩^{55} dʑi^{21} tshɿ^{55} me^{55}

构建白毡房屋

414-D-71　构建白毡房屋

【内容提要】

该经书属“延寿”类经文，是东巴教举行延寿仪式时诵读的经文。内容全是迎神降临的言辞。

经文邀迎天地四方的各路大神，答应一旦神灵到来，将为神灵搭建白毡子帐房，并用白毡设置神坛，用白米作为神粮堆放其上，堆砌山一般高大的白色祭石，塑造巨大的神像面偶，用红牛的油、红麦的面粉来为诸神烧天香，点燃巨大的神灯。用牦牛、绵羊、酒、饭、肥肉、瘦肉、柏树叶、酥油来为大神们烧天香。为千千万万的神灵及胜利者们烧天香。

经文内容多有重复，凡邀请某一路的大神，每每都要重叙一遍如何热情接待、如何用丰盛食物款待等内容。

【英文提要】

Establishing the White Felt Yurt

This book is classified as “life prolonging”, which was chanted during the life prolonging ritual. The content is about words of invoking gods to befall.

It invited all gods in four directions and agreed to establish the white felt yurt for gods once they befell. It promised to set to alter with white felt, on which stacked with rice (the scared provision). It, also, said to stack with white stone as big as a mountain, to sculpture huge god image puppet and to lighten the huge sacred lantern. It described burning the incense for all gods in every places, some incenses made of the fat of red bull and the flour of red wheat, while some made of yak, sheep, wine, rice, fat, lean, cypress leaf and butter.

There are many reiterations in the book. Once invited one god, it reiterated the part of warm reception, and consecrating with hearty food.

This book is deciphered by HE Xiudong.

414-D-71-02

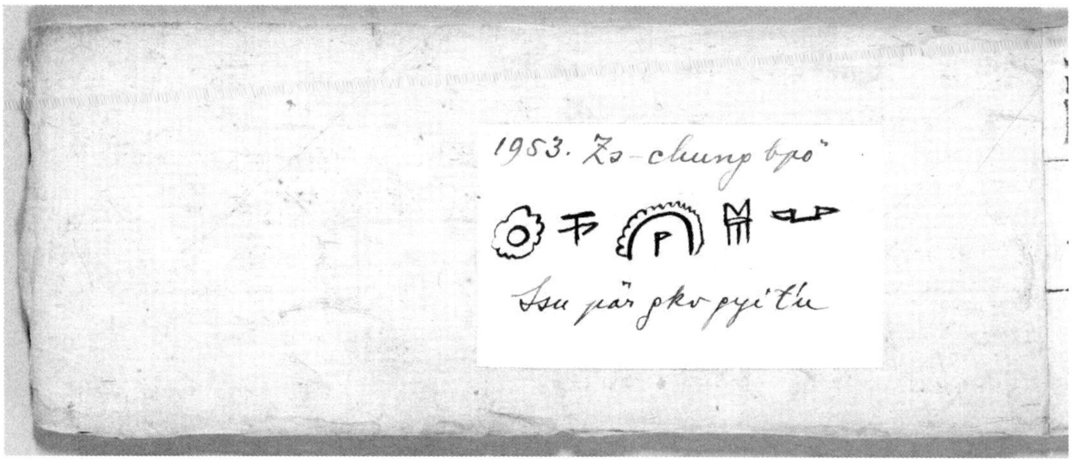

第 1 行：“1953”为洛克藏书的编号以及洛克标注音。

第 2 行：东巴文书名“构建白毡房屋”。

第 3 行：洛克的标注。

414-D-71-03

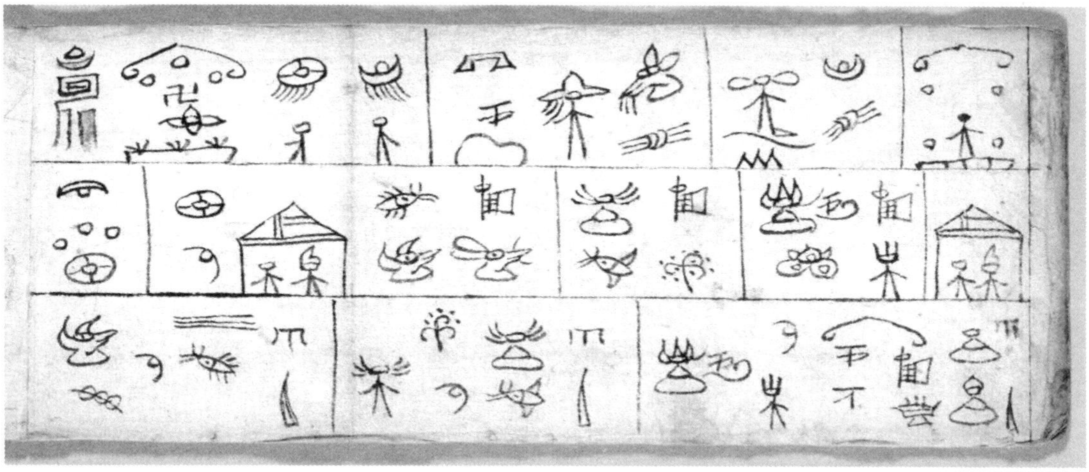

mɯ^{33} ʂuɑ^{21} kɯ^{21} tʂhʅ^{33} dzʅ^{21}, kɯ^{21} dzʅ^{21} tʂhʅ^{33} ȵi^{33} ɯ^{33}; dy^{21} dɯ^{21} zə̣^{21} tʂhʅ^{33} dzʅ^{21} , zə̣^{21} y^{21}
天 高 星 所 生 星 生 这 天 灿烂 地 大 青草 所 生 青草 生

tʂhʅ^{33}ȵi^{33} o^{21}. ȵi^{33} me^{33} uæ^{33} nɯ^{33} lṿ^{21}；le^{21} tshe^{55} i^{21} nɯ^{33} bu^{21}! |gə^{21} i^{33} lɑ^{33} sɑ^{33} to^{55} khɯ^{33}
这 天 茂盛 太阳 左 边 暖 月亮 右 边 明 上 方 拉萨 坡 脚

phər^{21}, gṿ^{33} dzʅ^{33} khṿ^{55} tsʅ^{21} ɯ ^{33} khṿ^{55} ɯ^{21}, tsʅ^{21} me^{33} tʂhʅ^{33} khṿ^{55} ɯ^{33}！ mu^{21} i^{33} ẓʅ^{33} zɑ^{33}
白 藏族 年份 推 吉祥 算 好 算 哟 这 年 好 下 方 路 降

mæ^{33}, |le^{33} bṿ^{33} he^{33} tsʅ^{21} ɯ^{33}, he^{33} tsʅ^{33} tʂhʅ^{33} he^{33} ɯ^{33}； | mɯ^{33} ne^{33} dy^{21} ly^{55} gṿ^{33}, nɑ^{21} ɕi^{33}
尾 白族 月份 计算佳 月份 计算 这 月 佳 天 和 地 中央 纳西

hu^{21} ne^{13} ȵi^{55} tsʅ^{21} ɯ^{33}, hu^{21} ne^{13} ȵi^{55} lɑ^{33} tʂhʅ^{33} ȵi^{33} ɯ^{33} .| bi^{33} thṿ^{33} mə^{55} tʂhʅ^{33} ȵi^{33}, i^{33} dɑ^{13}
夜 与 昼 推算 好 夜 与 昼 也 这 天 好 太阳 出 灿烂 这 天 主人

tʂhʅ^{33} dɯ^{33} dʑi^{33},dy^{55} khɯ^{33} ɕy^{33} mə^{33} gv̩^{21} me^{33} gɑ^{33} lɯ^{55} le^{33} kɑ^{33} tɕhi^{33}；|dʐʅ^{21} mu^{55} dʐʅ^{33} mə^{33}
这 一 家 猎狗 兽 不 敌 者 胜 猎神 又 求助 酋长 老 纠纷 不

gv̩^{21} me^{33} gɑ^{33} le^{33} khv̩^{21}； phɑ^{21} ɯ^{33} tshʅ^{21} mə^{33} gv̩^{21} me^{33} he^{21} le^{33} khv̩^{21}. i^{33}dɑ^{13} tʂhʅ^{33} dɯ^{33}
敌 者胜利神又 邀请 巫师 能干 鬼 不 敌 者 神 又 请 主人 这 一

dʑi^{33}, khɯ^{33} mə^{33} tʂhu^{33} me^{33} hər^{21} ne^{13} lɯ^{55} kɑ^{33} tɕhi^{33},| dʐʅ^{21} zo^{33} dʐv̩^{33} mə^{33} gv̩^{21}, dʐʅ^{33} mu^{55}
家 狗 不 凶 者 风神 与 猎神 求助 酋长 小 纠纷 不 敌 酋长 老

le^{33} kɑ^{33} tɕhi^{33},| phɑ^{33} zo^{33} tshʅ^{21} mə^{33} gv̩^{21}, mɯ^{33} gə^{33} phæ^{33} ne^{13} ʂæ^{33} , gɑ^{33} ne^{13} u^{21}, o^{55} ne^{13}
又 求助 巫师 小 鬼 不 敌 天 的 盘神 与 禅神 嘎神 与 吾神 沃神 与

he^{33} le^{33} kɑ^{33} tɕhi^{33} ,
恒神 又 求助

苍天所有的星辰, 今夜特别的明亮；大地所有的青草, 长势尤为茂盛。太阳高悬于左方, 十分的温暖；月亮高挂在右方, 非常地明亮。上方拉萨的白脚坡处，藏族人善于测年份, 测得今年是吉年；下方道路的末端, 白族人长于算月份, 算出今月是佳月；天地中央的纳西族最能掐算夜晚和白昼, 掐出今天是好日子。在这阳光灿烂的日子里，主人这一家, 猎犬不敌野兽, 得迎请胜者猎神；酋长镇不住纠纷, 就该邀请胜利神；巫师不敌鬼魔, 也该迎请胜利神。这一家主人, 狗不凶猛就请风神、猎神来相助；小酋长镇不了纠纷, 就请老酋长帮助；巫师不敌鬼魔, 就迎请苍天的盘神、禅神、嘎神、吾神、沃神、恒神来相助；

414-D-71-04

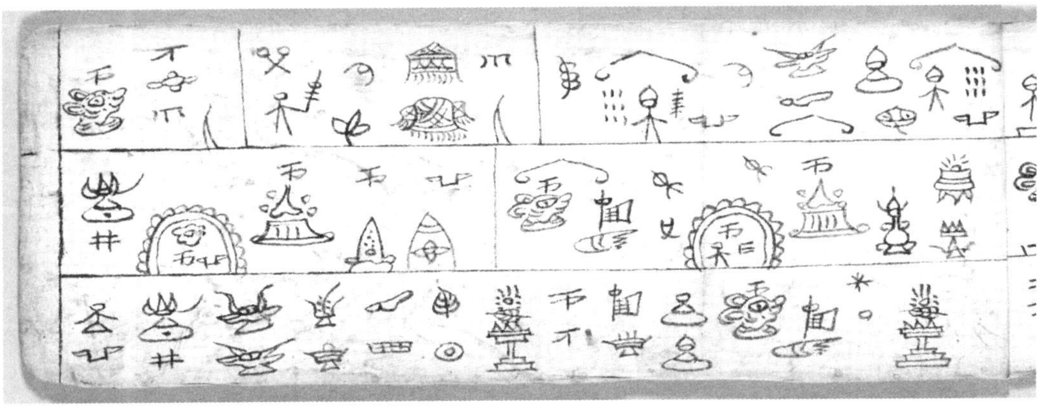

phv̩^{33} lɑ^{21} dzər^{21} dɯ^{21} le^{33} kɑ^{33} tɕhi^{33}, | ze^{55} tɕi^{33} zv̩^{21} mə^{33} gv̩^{21}, khuɑ^{55} ne^{13}gæ^{21} kɑ^{33} tɕhi^{33} .|
神 威力 大 又 求助 小孩 仇人 不 敌 铠甲 和 盔甲 求助

tɕy^{55} tʂhu^{21} mɯ^{33} zʅ^{33} gv̩^{55} zʅ^{33} mə^{33} thv̩^{33} sʅ^{33} thɯ^{33} dzʅ^{21}, mɯ^{33} tɕər^{33} i^{33} ʂʅ^{55} so^{33} gu^{33} pɯ^{33}
最初 天 神 九 位 不 出现 之时 天 上 莹世梭恭 变化

pɑ^{33} be^{33}, mɯ^{33} gə^{33} he^{33} zʅ^{33} gv̩^{55} zʅ^{33} thv̩^{33} .|nɑ^{55} bv̩^{33} so^{33} gu^{33} py^{21} dɯ^{21} zɑ^{21} lɯ^{33} me^{33} , sʅ^{33}
做 天 的 神 子 九 子 出 纳补梭恭 大祭司 下凡 来 到 白毡

phər^{21} kv̩^{55} ʥi^{21} thv̩^{21}, sɿ^{33} phər^{21} zʅ^{33} lv̩^{33} tɯ^{21}, zɿ^{33} i^{33} tʂhuɑ^{33} phər^{21} ko^{55} le^{33} uo^{55} ,du^{21}
帐 房 建造 白毡子 神坛 设置 神粮 米 白 上边 又 堆放 祭

lv̩^{33} bu^{33} ʂuɑ^{21} be^{33} le^{33} tshɿ^{55} ,uo^{21} i^{33} ʥy^{21} dɯ^{21} be^{33} le^{33} ʨi^{33} .|phv̩^{33} lɑ^{21} gɑ^{33} lɑ^{21} zɑ^{21} lɯ^{33}
石 坡 高 的 又 堆砌 玉石 山 大 的 又 筹备 诸神 胜利神 下凡 来

me^{33},sɿ^{33} phər^{21} kv̩^{55} ʥi^{21} sɑ^{55} le^{33} ʨi^{33},sɿ^{33} phər^{21} zʅ^{33} lv̩^{33} tɯ^{21}, zɿ^{33} i^{33} tʂhuɑ^{33} phər^{21} ko^{55} le^{33}
到 毡 白 帐房 建 又 备好 毡 白 神坛 设置 神粮 米 白 上 又

uo^{55},iə^{55} lo^{33} dɯ^{21} me^{33} tshi^{55},ɯ^{33} ɕy^{21} mɑ^{21}, ʥe^{33} ɕy^{33} by^{21} i^{33} tʂhu^{55} pɑ^{33} be^{33}, bæ^{33} mi^{33} dɯ^{21}
堆 放面偶 大 的 塑 牛 红 酥油 麦 红 面粉 天香 做 油灯 大

le^{33} tʂʅ^{55}.|nɑ^{55} bv̩^{33} so^{33} gu^{33} gə^{33} ʤʅ^{21} thv̩^{33} tsɿ^{33} mə^{33} ,bər^{33} y^{33} zʅ^{33} hɑ^{33} tʂhər^{21} nɑ^{55} ɕy^{55}mɑ^{21}
又 点燃 纳补梭恭 上 坐 到 来 呀 牦牛绵羊 酒 饭 肥肉 瘦肉 柏叶酥油

tʂhu^{55} pɑ^{33} dɯ^{21} le^{33} be^{33}. phər^{21} sæ^{21} gɑ^{33} u^{21} o^{55} he^{21} pv̩^{33} lɑ^{21} gɑ^{33} lɑ^{21} tv̩^{33} tv̩^{33} kɯ^{33} kɯ^{21}
天香 大 又 做 盘神 禅神嘎神吾神沃神恒神 神灵 胜利神 千 千 万 万

tʂhu^{55} pɑ^{33} be^{33}.
天香 烧

向威力浩大的神灵们求助；小孩不敌仇人，便向铠甲与盔甲求助。最初，天之九位神子还未出现，苍天之上的莹世梭恭作变化，产生出天的九位神子。纳补梭恭降临的一天，建造白毡帐房迎候，并用白毡设置神坛，用白米作为神粮堆放其上，堆砌山坡一般高大的白色祭石，备好的宝玉有山一般高。天上的神灵和胜利神降临的时候，应建造白毡帐房并用白毡设置神坛，用白米作为神粮堆放其上，塑造巨大的神像面偶，用红牛的油、红麦的面粉来为诸神烧天香，点燃巨大的神灯。纳补梭恭就坐于高位，用牦牛、绵羊、酒、饭、肥肉、瘦肉、柏树叶、酥油烧天香，为盘神、禅神、嘎神、吾神、沃神、恒神烧天香，为千千万万的神灵及胜利神烧天香。

414-D-71-05

dy^{21} gə^{33} he^{33} zɿ^{33} ʂər^{33} zɿ^{33} mə^{33} tv̩^{33} sɿ^{33} thɯ^{33} dzʅ^{21} , hæ^{33} ʂʅ^{21} y^{21} ti^{33} pɯ^{33} pɑ^{33} be^{33} ,
大地 的 神 子 七 位 不 出现 之时 含史于替 变化 作

dy^{33} gə^{33} he^{21} zɿ^{33} ʂər^{33} zɿ^{33} thy̩^{33} .|dy^{13} gə^{33} py^{33} by^{21} sɑ^{33} by̩^{33} sɑ^{33} lɑ^{21} thy̩^{33} lɯ^{33} me^{33}, hæ^{33}
大地 的 神 子 七 位 产生 大地 的 祭司 莎补莎劳 来 到 哟 金

ʂʅ^{21}uə^{33} ko^{33} lo^{21}, sɿ^{33} phər^{21} ky̩^{55} dʑi^{21}thy̩^{21} ,sɿ^{33} phər^{21} zʅ^{33} ly̩^{33} tɯ^{21}, zɿ^{33} i^{33} tʂhuɑ^{33} phər^{21} ko^{55}
黄 寨子中 毡 白 帐房 建造 毡子 白 神坛 设置 神粮 米 白 上边

le^{33} uo^{55}, du^{21} ly̩^{33} bu^{33}ʂuɑ^{21} be^{33} le^{33} tshɿ^{55}, hæ^{33} ʂʅ^{33} dʑy^{21} dɯ^{21} be^{33} le^{33} tɕi^{33}, hæ^{33}ʂʅ^{21}iə^{55} lo^{33}
又 堆放 祭石 坡 高 的 又 堆砌 金 黄 山 大 的 又 筹备 金 黄 面偶

thy̩^{21},| phy̩^{33} lɑ^{21} gɑ^{33} lɑ^{33} zɑ^{21} lɯ^{33} me^{33}, sɿ^{33} phər^{21} ky̩^{55} dʑi^{21} sɑ^{55} le^{33} tɕi^{33}, hæ^{33} ʂʅ^{21} dʑy^{21}
塑 诸神 胜利神 下凡 来 到 毡 白 帐房 建造 备 好 金 黄 山

dɯ^{21} be^{33} le^{33} tɕi^{33}, iə^{55} lo^{33} dɯ^{21} me^{33} tshi^{55}, sɑ^{33} by̩^{33} sɑ^{33} lɑ^{21} gə^{33} dʐʅ^{21} thy̩^{33} tshi^{33} me^{33}, bər^{33}
大 的 堆 放 面偶 大 的 塑 莎补莎劳 上 坐 到 来 呀 牦牛

y^{33} zʅ^{33} hɑ^{33} ,tʂhər^{21} nɑ^{55} ɕy^{55} mɑ^{21} tʂhu^{55} pɑ^{33} dɯ^{21} le^{33} be^{33}, ɯ^{33} ɕy^{21} mɑ^{21}, dʑe^{33} ɕy^{33}
绵羊酒 饭 肥肉 瘦肉 柏叶 酥油 天香 大 又 做 牛 红 酥油 麦 红

by^{21} i^{33} tʂhu^{55} pɑ^{33} be^{33}, bæ^{33} mi^{33} tʂʅ^{55}, tʂhər^{33} ɯ^{33} kɑ^{33} le^{33} iə^{55},|phər^{21} sæ^{21} gɑ^{33} u^{21} o^{55} he^{21}
面粉 天香 做 油灯 点 草药 好 又 给 盘神 禅神嘎神吾神沃神恒神

py̩^{33} lɑ^{21} gɑ^{33} lɑ^{21} tʂhu^{55} pɑ^{33} be^{33}. mɯ^{33} tɕər^{21} he^{21} zo^{33} sɑ^{33} ɕy^{21} sɿ^{55} ky̩^{33} dɯ^{33} dʑi^{21} be^{33},
神灵 胜利神 天香 烧 天 上 神 子 莎许 三 人 一 家 做

tɕi^{33} phər^{21}tʂhu^{55} lo^{21}gə^{33}tse^{55} tse^{33} ɕə^{33} tɕhy^{33} ə^{33} me^{33} dɯ^{33} ky̩^{55} thy̩^{33}. ko^{33} ʂuɑ^{33}ky̩^{33}gə^{33}
云 白 之间 的 正增修曲 母亲 一 位 出现 高山草甸 的

ty̩^{33} ty̩^{33} ko^{33} uɑ^{33} zɑ^{21} lɯ^{33} me^{33} ,tɕi^{21} tʂu^{55} ko^{21} ky̩^{33} phər^{21} ,sɿ^{33} phər^{21} ky̩^{55} dʑi^{21} sɑ^{55} le^{33}
土土各瓦 下 来 哟 云 间 高山草甸 毡 白 帐房 建造

thy̩^{33}, ŋy̩^{21} phər^{21} du^{21} lu^{33} dʑy^{21} ʂuɑ^{21} be^{33} le^{33} tshɿ^{55} .|
银 白 祭石 山 高 的 又 竖

大地的七位神子还未出现之时,含史于替大神作变化,大地的七位神子产生了。大地的祭司莎补莎劳降临,在金黄色的寨子中,用白毡建好帐房,用白毡子铺设好神坛,用白米作为神粮堆放其上,竖立起山坡一样高的祭石,献给神的黄金堆集如山,塑造金黄色的神偶。各位大神降临到来的一天,构建好白毡子帐房,敬给神的黄金堆集有山高,捏塑好大神偶。莎补莎劳来临坐于上位，以牦牛、绵羊作为牺牲；并用酒、饭、肥肉、瘦肉、柏枝、酥油来敬献天香,用红牛之油、红色麦子磨成的面粉来烧天香,向诸神献上油灯、献上上好的草药。为盘神、禅神、嘎神、吾神、沃神、恒神以及所有的胜利神烧天香。

苍天的神子莎许三人做了一家,诞生了白云间的正增修曲母亲。居于高山草甸的土土各瓦到来，建好白毡子帐房,银色的祭石垒砌有山高，

414-D-71-06

ŋv̩33 phər21 iə55 lo33 dɯ21 le33 tshɿ55, zɿ33 i33 tʂhuɑ33 phər21 ko55 le33 thv̩55,| tv̩33 tv̩33 ko21
银 白 神偶 大 又 塑 祭粮 米 白 上边 又 堆 土土各瓦

uɑ33 by21 dɯ21 zɑ21 lɯ33 me33, phv̩33 lɑ21 gɑ33 lɑ21 zɑ21 lɯ33 me33, sɿ33 phər21 ʐʅ33 lv̩33 tɯ21,
祭司 大 降 来 呀 神灵 胜利神 降 来 呀 毡 白 神坛 铺设

zɿ33 i33 tʂhuɑ33 phər21 ko55 le33 uo55, ŋv̩21 phər21 du21 lu33 ʥy21 ʂuɑ21 be33 le33 tshɿ55. tv̩33 tv̩33
神粮 哟 米 白 上边 又 堆 银 白 祭石 山 高 的 又 竖

ko21 uɑ33 by21 dɯ21 zɑ21 lɯ33 me33, ŋv̩33 phər21 iə55 lo33 dɯ21 le33 tshi55, tʂhər33 ɯ33 kɑ33 le33
土土各瓦 祭司 大 降 来 呀 银 白 神偶 大 又 竖 草药 好 又

iə55, bæ33mi33 tʂʅ55, |bər33 y33 ʐʅ33 hɑ33,tʂhu21 nɑ55 ɕy55 mɑ21 tʂhu55 pɑ33 dɯ21 le33 be33, phər21
给 神灯 点 牦牛 绵羊酒 饭 墨玉 柏枝 酥油 天香 大 又 做 盘神

ʂæ21 gɑ33 u21 o55 he21 pv̩33 lɑ21 gɑ33 lɑ21 tʂhu55 pɑ33 be33. | mɯ33 lɯ55 du21 ʥɿ33、 tshv̩55
禅神 嘎神吾神 沃神恒神诸神灵 胜利神 天香 做 美利董主

dʐuɑ33 ʥi33 mu33 ȵi33 kv̩55 dɯ33 ʥi21 be33, du21 gə33 by33 bv̩33 i33 ʂʅ55 bu21dzo33 zɑ21 lɯ33 mɯ33 ,
茨爪金姆 俩 个 一 家 做 董 的 祭司 伊世补佐 降 来 哟

dv̩33 phər21 uə33 ko33 lo21, sɿ33 phər21 kv̩55 ʥi21 sɑ55 le33 thv̩21, sɿ33 phər21 ʐʅ33 lv̩33 tɯ21, zɿ33 i33
海螺 白 寨 内 毡子 白 房屋 建造 毡子 白 神坛 设置祭粮 哟

tʂhuɑ33 phər21 ko55 le33 uo55, dv̩21 phər21 du33 lv̩33 ʥy21 ʂuɑ21 be33 le33 tshɿ55, iə55 lo33 dɯ21 le33
米 白 上面 又 堆 海螺 白 神石 山 高 的 又 竖 神偶 大 又

tshɿ55. |du21 gə33 i33 ʂʅ55 bu21dzo33 zɑ21 lɯ33 mɯ33 ,sɿ33 phər21 kv̩55 ʥi21 sɑ55 le33 thv̩21, sɿ33
塑 董 的 伊世补佐 降 来 呀 毡 白 毡房 建造 毡

phər21 ʐʅ33 lv̩33 tɯ21, zɿ21 i33 tʂhuɑ33 phər21 ko55 le33 uo55 ,uo21 hər21 du21 lu33 ʥy21 ʂuɑ21 be33
白 神 坛 设 祭粮 呀 米 白 上面 又 堆 玉 绿 祭石 山 高 的

le^{33} tshʅ^{55}. iə^{55} lo^{33} dɯ^{21} le^{33} tshʅ^{55}. |du^{21} gə^{33} by^{33} by̩^{33} i^{33} ʂʅ^{55} bu^{21}dzo^{33} zɑ^{21} lɯ^{33} mɯ^{33} ,tʂhər^{33}
又 竖 神偶 大 又 竖 董 的 祭司 伊世补佐 降 来 呀 草药

ɯ^{33} kɑ^{33} le^{33} iə^{55}, ʥe^{33} ɕy^{33} by^{21} i^{33} tʂhu^{33} bɑ^{33} be^{33}, bæ^{33} mi^{33} tʂʅ^{55}, phy̩^{33} lɑ^{21} gɑ^{33} lɑ^{21} ʥʅ^{21}
好 又 给 麦 红 面粉 天香 烧 神灯 点 神灵 胜利神 坐

me^{33} tshʅ^{21} dɯ^{33} ȵi^{33} ,|bər^{33} y^{33} zʅ^{33} hɑ^{33} ,tʂhər^{21} nɑ^{55} ɕy^{55} mɑ^{21} tʂhu^{55} pɑ^{33} dɯ^{21} le^{33} be^{33} ,|
的 来 一 天 牦牛绵羊酒 饭 肥肉 瘦肉 柏枝 酥油 天香 大 又 做

塑造大的银白色神偶，用白米作为神粮堆放于祭坛上，土土各瓦大祭司降临之时、诸位大神及胜利神降临之时，应用白毡子铺设神坛，上边堆放白米祭粮，竖立如山一般高的银色祭石。土土各瓦大祭司降临来，恭设银白色的神偶，敬上草药，献上牺牲牦牛与绵羊。用墨玉、柏枝、酥油来烧天香，为盘神、禅神、嘎神、吾神、沃神、恒神以及所有的胜利神烧天香。美利董主、茨爪金姆两人做了一家，美利董主家的祭司伊世补佐降临下来，在白海螺一样的寨子内，用白色毡子建造帐房，用白色毡子铺设神坛，用白米作为祭粮堆放其上。还要竖立大山一般高的白海螺色祭石，恭设大的神像面偶. 美利董主家的祭司伊世补佐降临下来，用白色毡子建造帐房，用白色毡子铺设神坛，用白米作为祭粮堆放其上，竖立大山一般高的翠玉祭石，恭设大的神像面偶，要放置大神偶，敬献最好的草药，用红麦面粉烧天香，并献上神灯。各位神灵及胜利神们来到的一天，献上牺牲牦牛与绵羊，用酒、饭、肥肉、瘦肉、柏枝、酥油来敬献天香，

414-D-71-07

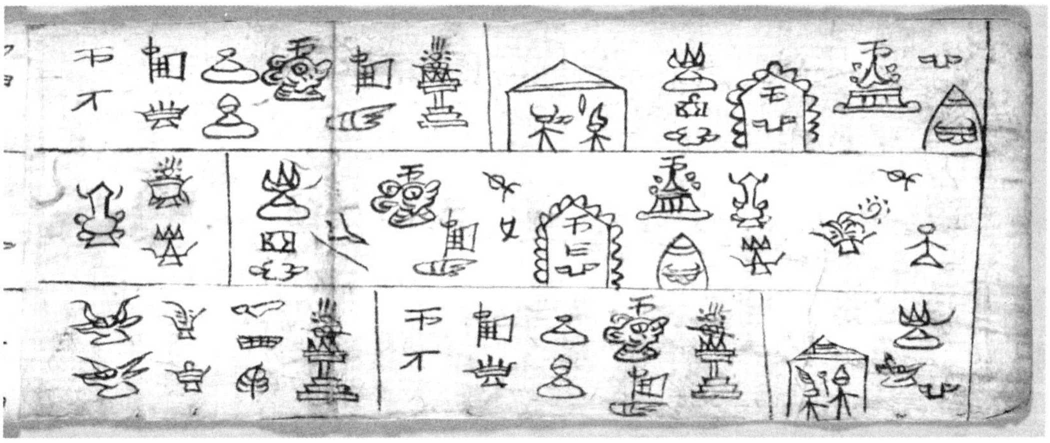

phər^{21} ʂæ^{21} gɑ^{33} u^{21} o^{55} he^{21} py̩^{33} lɑ^{21} gɑ^{33} lɑ^{21} tʂhu^{55} pɑ^{33} be^{33} .| tsho^{33} ze^{33} lɯ^{55} ɯ^{33}
盘神 禅神 嘎神 吾神 沃神 恒神 诸神 胜利神 神天香 做 崇忍利恩

tshe^{55} hɯ^{21} bu^{33} bə^{21} ȵi^{33} ky̩^{55} dɯ^{33} ʥi^{21} be^{33} ,ʥə^{33} by̩^{33} ʥə^{55} iə^{21} py^{21} dɯ^{21} zɑ^{21} lɯ^{33} me^{33} ,
衬恒褒白 俩 个 一 家 做 久补久尤 祭司 大 降 来 呀

sʅ^{33} phər^{21} zʅ^{33} ly̩^{33} tɯ^{21}, zʅ^{33} i^{33} tʂhuɑ^{33} phər^{21} ko^{55} le^{33} uə^{55}, ŋy̩^{21} phər^{21} du^{21} lu^{33} ʥy^{21} ʂuɑ^{21}
毡 白 神坛 设置 祭粮 哟 米 白 上面 又 堆 銀 白 祭石 山 高

be^{33} le^{33} tshɿ^{55}. iə^{55} lo^{33} dɯ^{21} le^{33} tshɿ^{55}, tʂhər^{33} ɯ^{33} kɑ^{33} le^{33} iə^{55}, ɯ^{33} ɕy^{21} mɑ^{21}, ʥe^{33} ɕy^{33} by^{21}
的 又 竖 神偶 大 又 设置 草药 好 又 给 牛 红 油 麦 红 粉面

i^{33} tʂhu^{55} pɑ^{33}be^{33}, bæ^{33} mi^{33} tʂʅ^{55} .| ʥə^{33} bʏ^{33} ʥə^{55} iə^{21} phy^{21} dɯ^{21} zɑ^{21} lɯ^{33} me^{33}, pʏ^{33} lɑ^{21}gɑ^{33}
呀 天香 做 神灯 点 久补久尤 祭司 大 降 来 呀 神 胜利神

lɑ^{21} zɑ^{21} lɯ^{33} me^{33}, sɿ^{33} phər^{21} ʐʅ^{33} lʏ^{33} tɯ^{21}, zɿ^{33} i^{33} tʂhuɑ^{33} phər^{21} ko^{55} le^{33} uo^{55}, ŋʏ^{21} phər^{21}
降 来 哟 毡 白 神坛 设置 祭粮 呀 米 白 上面 又 堆 银 白

du^{21}lu^{33} ʥy^{21} ʂuɑ^{21} be^{33} le^{33} tshɿ^{55} .iə^{55} lo^{33} dɯ^{21} le^{33} tshɿ^{55}, tʂhər^{33} ɯ^{33} kɑ^{33} le^{33} iə^{55}, py^{21} dɯ^{21}
祭石 山 高 的 又 竖 神偶 大 又 竖 草药 好 又 给 祭司 大

zɑ^{21} me^{33} gə^{21} le^{33} ʥɿ^{21} lɯ^{33} me^{33} ,bər^{33} y^{33} ʐʅ^{33} hɑ^{33} ,tʂhər^{21} nɑ^{55} ɕy^{55} mɑ^{21} tʂhu^{55} pɑ^{33} dɯ^{21}
降 哟 上 又 坐 来 呀 牦牛绵羊酒 饭 肥肉 瘦肉 柏枝酥油 天香 大

le^{33} be^{33}, phər^{21} ʂæ^{33} gɑ^{33} u^{33} o^{55} he^{33} pʏ^{33} lɑ^{21} gɑ^{33} lɑ^{21} tʂhu^{55} pɑ^{33} be^{33} .| kɑ^{33} le^{21} kɑ^{33} tɕhy^{55}、
又 做 盘神 禅神 嘎神吾神沃神恒神 神灵胜利神 天香 做 高勒高趣

ʥi^{33} mi^{55} ʥi^{21} ʥɿ^{33} ȵi^{33} kʏ^{55}dɯ^{33} ʥi^{21} be^{33},py^{33} bʏ^{21} ʥi^{33} ɯ^{33} ʂər^{55} lər^{33} thʏ^{33}.
金命金兹 两 个 一 家 做 祭司 精恩什罗 到

为盘神、禅神、嘎神、吾神、沃神、恒神以及所有的胜利神烧天香。

崇忍利恩与衬恒褒白两人做了一家，久补久尤大祭司降临下来，用白色毡子建造帐房，用白色毡子铺设神坛，用白米作为祭粮堆放其上。竖立大山一般高的银白色祭石，恭设大的神像面偶。美利董主家的祭司伊世补佐降临下来，用白色毡子建造帐房，用白色毡子铺设神坛，用白米作为祭粮堆放其上。恭设大的神像面偶，放置大神偶，敬献最好的草药，用红麦面粉烧天香，并献上神灯。各位神灵及胜利神们来到的一天，献上牺牲牦牛与绵羊，应用酒饭、肥肉、瘦肉、柏枝、酥油来敬献天香。久补久尤大祭司降临下来，所有的神灵及胜利神们都来到，便用白色毡子铺设神坛，用白米作为祭粮堆放其上。恭设大的神像面偶，放置大神偶，敬献最好的草药，用白毡子铺设神坛，用白米作为神粮供于其上，竖立山一样高大的银白色祭石。供奉大的神偶，献上精纯的草药，大祭司来临居于尊位，献上牺牲牦牛与绵羊，用酒、饭、肥肉、瘦肉、柏枝、酥油来敬献天香。高勒高趣与金命金兹两人做了一家，精恩什罗祭司来到，

414-D-71-08

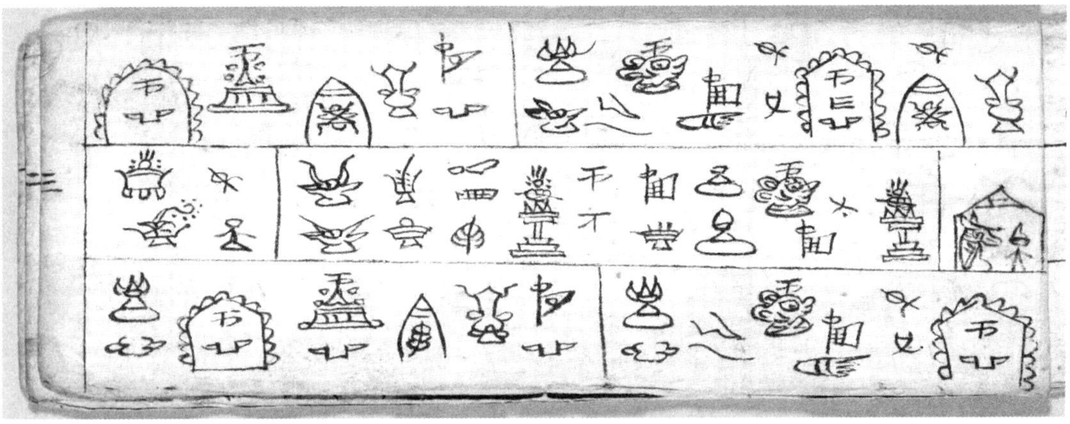

sɿ^{33} phər^{21} ʐʅ^{33} lv̩^{33} tɯ^{21}, zɿ^{33} i^{33} tṣhuɑ^{33} phər^{21} ko^{55} le^{33} uə^{55}, hæ^{33} ṣʅ^{21} du^{21} lu^{33} be^{33} le^{33}
毡 白 神坛 设置 祭粮 呀 米 白 上面 又 堆 金 黄 祭石 做 呀

ʥy^{21} ṣuɑ^{21} tshɿ^{55} .iə^{55} lo^{33} dɯ^{21} be^{33} the^{21} kæ^{33} thv̩^{55} ,| pv̩^{33} bv̩^{21} ʥi^{33} ɯ^{33} ṣər^{55} lər^{33} zɑ^{21} lɯ^{33}
山 高 竖 神偶 大 的 那里 陈列 祭司 精恩什罗 降 来

me^{33}, pv̩^{33} lɑ^{21} gɑ^{33} lɑ^{21} zɑ^{21} lɯ^{33} me^{33} ,sɿ^{33} phər^{21} ʐʅ^{33} lv̩^{33} tɯ^{21}, zɿ^{33} i^{33} tṣhuɑ^{33} phər^{21} ko^{55} le^{33}
哟 诸神 胜利神 降 来 呀 毡 白 神坛 设置 祭粮 呀 米 白 上面 又

uə^{55}, hæ^{33} ṣʅ^{21} du^{21} lu^{33} ʥy^{21} ṣuɑ^{21} be^{33} le^{33} tshɿ^{55}， iə^{55} lo^{33} dɯ^{21} le^{33} tshɿ^{55} , tṣhər^{33} ɯ ^{33} kɑ^{33} le^{33}
堆 金 黄 祭石 山 高 的 又 竖 神偶 大 又 设置 草药 好 又

iə^{55}, ɯ^{33} ɕy^{21} mɑ^{21} ʥe^{33} ɕy^{33} by^{21} i^{33} tṣhu^{55} pɑ^{33} be^{33} , py^{21} dɯ^{21} zɑ^{21} me^{33}gə^{21} le^{33} ʥʅ^{21} lɯ^{33} me^{33} .|
给 牛 红 油 麦 红 面粉 呀 天香 做 祭司 大 降 哟 上 又 坐 之时

bər^{33} y^{33} ʐʅ^{33} hɑ^{33} ,tṣhər^{21} nɑ^{55} ɕy^{55} mɑ^{21} tṣhu^{55} pɑ^{33} dɯ^{21} le^{33} be^{33}, phər^{21} ṣæ^{33} gɑ^{33} u^{33}
牦牛 绵羊 酒 饭 肥肉 瘦肉 柏枝 酥油 天香 大 又 做 盘神 禅神 嘎神吾神

o^{55} he^{33} pv̩^{33} lɑ^{21} gɑ^{33} lɑ^{21} tṣhu^{55} pɑ^{33} be^{33} .| tɑ^{33} tṣhə^{33} ə^{33} uə^{55}、 ʥi^{33} tsə^{55} ɕy^{33} mɑ^{33} ɲi^{33} kv̩^{55} tɑ^{55}
沃神恒神 诸神 胜利神 天香 做 岛周欧吾 金奏许玛 两 个 结合

tso^{33} dɯ^{33} ʥi^{21} be^{33}, ʥə^{21} bv̩^{33} thv̩^{33} tṣhʅ^{33} py^{33} bv̩^{33} zɑ^{21} le^{33} tshɿ^{33} lɯ^{33} me^{33}, sɿ^{33} phər^{21} kv̩^{55} ʥi^{21}
一 家 做 久补土蚩 祭司 下 又 来 哟 的 毡 白 毡房

thv̩^{21}, sɿ^{33} phər^{21} ʐʅ^{33}lv̩^{33} tɯ^{21},zɿ^{33} i^{33} tṣhuɑ^{33}phər^{21} ko^{55} le^{33} uə^{55} ,uo^{21} tṣhu^{21} du^{33} lv̩^{33} ʥy^{21} ṣuɑ^{21} be^{33}
建造毡 白 神坛 设 祭粮 呀 米 白 上面 又 堆 玉松石 祭石 山 高 的

le^{33} tshɿ^{55} ,iə^{55} lo^{33} dɯ^{21} me^{33} the^{33} le^{33} thv̩^{55} .| ʥə^{21} bv̩^{33} thv̩^{33} tṣhʅ^{33} py^{33} bv̩^{33} zɑ^{21} le^{33} tshɿ^{33} lɯ^{33}
又 竖 神偶 大 的 那般 又 竖 久补土蚩 祭司 降 又 来

me^{33} , pv̩^{33} lɑ^{21} gɑ^{33} lɑ^{21} zɑ^{21} lɯ^{33} me^{33} ,sɿ^{33} phər^{21} kv̩^{55} ʥi^{21} thv̩^{21},
哟 神灵 胜利神 降临 呀 毡 白 帐房 建

用白毡子铺设神坛，用白米作为神粮供于其上，还要竖立大山一般高的金黄色祭石，恭设大的神像面偶。精恩什罗大祭司降临下来，各位神灵及胜利神们来到的一天，用白毡子铺设神坛，用白米作为神粮供于其上，竖立山一样高大的银白色祭石。供奉大的神偶，敬献最好的草药，用红牛油、红麦面粉烧天香，大祭司降临而居于高位，献上牺牲牦牛与绵羊，用酒、饭、肥肉、瘦肉、柏枝、酥油来敬献天香。为盘神、禅神、嘎神、吾神、沃神、恒神以及所有的胜利神烧天香。岛周欧吾与金奏许玛两人结合做了一家，久补土蚩大祭司来到，用白色毡子建造帐房，用白色毡子铺设神坛，用白米作为祭粮堆放其上。竖立大山一般高的玉松石祭石，恭设大的神像面偶。久补土蚩祭司到来，所有的神灵及胜利神都来到，便要搭建白色的毡房，

414-D-71-09

tʂhu^{21}na^{55} du^{33} lv̩^{33} ʥy^{21} ʂuɑ^{21} be^{33} le^{33} tshɿ^{55} ,pv̩^{33} lɑ^{21} gɑ^{33} lɑ^{21} zɑ^{21} lɯ^{33} me^{33} , iə^{55} lo^{33} dɯ^{21}
墨玉　祭石　山　高　的　又 竖　神灵　胜利神　降　来　呀　神偶　大

be^{33}　the^{21}　kæ^{33} thv̩^{55} ,bæ^{33} mi^{33} dɯ^{21} le^{33} tʂʅ^{55} ,tʂhər^{33} ɯ ^{33} kɑ^{33} le^{33} iə^{55},py^{21} dɯ^{21} zɑ^{21} me^{33} gə^{21}
的　那般　竖　神灯　大　又 点　草药　好 又　给 祭司大　降　哟　上

le^{33} ʥʅ^{21} lɯ^{33} me^{33} ,| bər^{33}　y^{33}　ʐʅ^{33}　hɑ^{33} , tʂhər^{21} nɑ^{55} ɕy^{55} mɑ^{21} tʂhu^{55} pɑ^{33} dɯ^{21} le^{33} be^{33} , phər^{21}
又　坐 之时　牦牛 绵羊　酒　饭　肥肉 瘦肉 柏枝酥油 天香　大　又　做　盘神

ʂæ^{21} gɑ^{33} u^{21} o^{55}　he^{21}　pv̩^{33} lɑ^{21} gɑ^{33} lɑ^{21} tʂhu^{55} pɑ^{33} be^{33} .| i^{33} dɑ^{13} tʂhʅ^{33}dɯ^{33} ʥi^{13}, bi^{33} thv̩^{33}mə^{55}
禅神嘎神吾神沃神恒神 神灵　胜利神　天香　做　主人　这 一　家　日 出 灿烂

tʂhʅ^{33} ȵi^{33}, mɯ^{33} tɕər^{21} he^{21} zo^{33} gv̩^{33} kv̩^{55}, dy^{21} mi^{55} ʂər^{33} kv̩^{55} gə^{33} tɕhy^{33} tʂʅ^{21} kv̩^{33} mæ^{55}gv̩^{33},
这　天　天　上　神　子　九　位　地　女　七　位 的　种　纯 后裔　成

du^{21} ne^{13} tsho^{21} ze^{33} lɯ^{55} ɯ^{33}、 ka^{33} le^{21} kɑ^{33} tɕhy^{55}、tɑ^{33} tʂhə^{33} ə^{33} uə^{55} tɕhy^{33} tʂʅ^{21} kv̩^{33} mæ^{55} gv̩^{33},
董 和　崇忍利恩　高勒高趣　岛周欧吾　种　纯　成　后裔

pv̩^{33} lɑ^{21} gɑ^{33} lɑ^{21} zɑ^{21} lɯ^{33} me^{33} dɯ^{33} ȵi^{33}, sɿ^{33} phər^{21} kv̩^{55} ʥi^{21} thv̩^{21}, sɿ^{33} phər^{21}ʐʅ^{33} lv̩^{33} tɯ^{21},
诸神　胜利神　降　来　呀　一天　毡　白　帐房　构建 毡　白　神坛　设

bæ33 mi33 tʂʅ55 ,tʂhər33 ɯ33 kɑ33 le33 iə55, pv̩33 lɑ21 gɑ33 lɑ21 zɑ21 le33 ʥʅ33 tshʅ33 me33, zʅ33 i33 tʂhuɑ33
油灯 点 草药 好 又 给 神灵 胜利神 降 又 居 来 呀 祭粮呀 米

phər21 ko55 le33 uə55, uo21 tʂhu21 du33 lv̩33 ʥy21ʂuɑ21 be33 le33 tshʅ55 ,iə55 lo33 dɯ21 me33 the33 le33 thv̩55.
白 上面 又 堆 玉松石 祭石 山 高 的 又 竖 神偶 大 的 那般 竖

ɯ33 ɕy21 mɑ21, ʥe33 ɕy33 by21 i33 tʂhu55 pɑ33 be33, tʂhər33 ɯ 33 kɑ33 le33 iə55, | do33 bɑ21 ɯ33 me33 dɯ21
牛 红 油 麦 红 面粉 天香 做 草药 好 又 给 东巴 精明 者 大

le33 ly55, fv̩55 ze33、dɑ33 kə33、ŋv̩33 hæ21、uo21 tʂhu21、bɑ21 zi33 pu55 ,
又举行 海螺 法鼓 银 金 玉 松石 花 艳 献

竖起山一样高的墨玉祭石，所有的神灵及胜利神都来到，恭设大的神像面偶，并献上神灯，献最好的草药。大祭司来临居于尊位，献上牺牲牦牛与绵羊，用酒、饭、肥肉、瘦肉、柏枝、酥油来敬献天香。为盘神、禅神、嘎神、吾神、沃神、恒神以及所有的胜利神烧天香。主人这一家，在阳光灿烂的这一天(举行祭祀)。(主人这一家是)苍天九位神子与大地七位神女的好后代，是董和崇忍利恩、高勒高趣、岛周欧吾的好后裔。所有的神灵及胜利神都来到，便用白色毡子建造帐房，用白色毡子铺设神坛，并献上神灯，献最好的草药。各位神灵及胜利神来到的一天，献上白米作为神粮供于神坛上，竖立大山一般高的松玉祭石，恭设大的神像面偶，用红牛油、红麦面粉烧天香，敬献最好的草药。精明的东巴们举行了隆重的祭礼，吹响海螺，敲起法鼓，祭坛上布满金银、布满鲜艳的花朵、

414-D-71-10

py21 bɑ33 dv̩33 phər21 gv̩33 sy21 gə33 le33 tɕi33 ,| bər33 y33 ʐʅ33 hɑ33 ,tʂhər21 nɑ55 ɕy55 ,tshʅ55 y21
净水壶 海螺号 九 种 上 又 置 牦牛 绵羊 酒 饭 墨玉 柏枝 山羊 绵羊

no33 phər21 gv̩33 sy21 tʂhu55 pɑ33 dɯ21 le33 be33 ,phv̩33 lɑ21 gɑ33 lɑ21 zɑ21 lɯ33 me33,phər21 ʂæ21 gɑ33
乳 白 九 样 天香 盛大 又 做 大神 胜利神 降 来 呀 盘神 禅神 嘎神

u21 o55 he21 ,| y21 gɑ33 lɑ21 zɑ21 lɯ33 me33 tʂhu55 pɑ33 be33 .ʂv̩33 ne13 lv̩21 gɑ33 lɑ21 ɯ33 me33
吾神沃神恒神 祖先 胜利神 降 来 呀 天香 做 署 与 龙 胜者 好 的

tv̩33 tv̩33 kɯ33 kɯ33 gu21 le33 ʂv̩33 ,| pv̩33 lɑ21 gɑ33 lɑ21 zɑ21 lɯ33 me33, sɿ33 phər21 kv̩55 ʥi21 thv̩21,ŋv̩21
千 千 万 万 后 又 率 神 胜利神 降 来 呀 毡 白 帐房 构建 銀

phər21du21 lu33 ʥy21 ʂuɑ21 be33 le33 tshɿ55, zɿ33 i33 tʂhuɑ33 phər21 ko55 le33uə55, iə55 lo33 dɯ21 me33 the33
白 祭石 山 高 的 又 竖 祭粮 呀 米 白 上面 又 堆 神偶 大 的 那般

le33 thv̩55. ɯ33 ɕy21mɑ21, ʥe33 ɕy33 by21 i33 tʂhu55 pɑ33 be33, tʂhər33 ɯ 33 kɑ33 le33 iə55,pv̩33 lɑ21 gɑ33 lɑ21
竖 牛 红 油 麦 红 面粉 天香 做 草药 好 又 给 神 胜利神

zɑ21 le33 ʂuɑ21 kv̩33 dzɿ21 lɯ33 iə55 .| n̩i33 me33 thv̩33 ,gə33 tshe55 tshe33 bu33 by21 dɯ21 lɑ33 ɕy21 ʥæ33
降 又 高 处 坐 来 哟 太阳 升 格衬称补 祭司 大 虎 红 骑

le33 tshɿ21,phv̩33 lɑ21 gɑ33 lɑ21 ɯ33 me33 tv̩33 tv̩33 kɯ33 kɯ33 gu21 le33 ʂv̩33 .|dv̩33 phər21 uə33 ko33 lo21 ,
又 来 神灵 胜利神 精明者 千 千 万 万 后 又 率 海螺 白 寨 之中

sɿ33 phər21 kv̩55 ʥi21 thv̩21,phv̩33 lɑ21 gɑ33 lɑ21 zɑ21 me33 dv̩33 phər21 du21 lu33 ʥy21 ʂuɑ21 be33 le33
毡 白 帐房 建 神灵 胜利神 降 呀 海螺 白 祭石 山 高 的 又

tshɿ55 ,zʅ33 i33 sɿ33 phər21 me33 le33 khu33, zɿ33 i33 tʂhuɑ33 phər21 ko55 le33 uə55 , iə55 lo33 dɯ21 me33 the33
竖 神坛 呀 毡 白 的 又 铺 祭粮哟 米 白 上面 又 堆 神偶 大 者 那里

le33 thv̩55 . phv̩33 lɑ21 gɑ33 lɑ21 zɑ21 ʂuɑ21 kv̩33 ʥɿ33 lɯ33 iə55 .| i33 tʂhʅ33 mi33 ,se55 zʅ33 mi33 gu33 py21
又 敬放 神灵 胜利神 降 高 处 坐 来 呀 水流 下方 胜日明恭 祭司

dɯ21 uo21 hər21 mɯ33 dzə̣r33 ʥæ33 lɯ33 me33,|
大 玉 绿 龙 骑 来 哟

净水壶、海螺号等九种宝物，献上牺牲牦牛与绵羊，用墨玉、柏枝、山羊、绵羊、乳汁等九种祭品来举行盛大的敬奉天香礼。所有的神灵及胜利神们都来到，为盘神、禅神、嘎神、吾神、沃神、恒神以及所有的祖先胜利神烧天香。署和龙率领着千千万万的神灵到来，敬请所有的神灵及胜利神都来到。

东方，格衬称补大祭司骑着红虎而来，身后率领着千千万万精明的神灵到来，要用白色毡子建造帐房，竖立大山一般高的银白色祭石，献上白米作为神粮供于神坛上，恭设大的神像面偶。用红牛油、红麦面粉烧天香，敬献最好的草药。所有的神灵及胜利神都来到端坐于高处之时，要竖立大山一般高的白海螺祭石，用白色毡子铺设神坛，献上白米作为神粮供于神坛，恭设大的神像面偶，敬请所有的神灵及胜利神都来到并端坐于高处。南方，胜日明恭大祭司乘着翠玉般青龙到来了，

414-D-71-11

pv̩^{33} lɑ^{21}gɑ^{33}lɑ^{21} tv̩^{33} tv̩^{21} kɯ^{33} kɯ^{21} gu^{21} le^{33} ʂv̩^{33},phv̩^{33} lɑ^{21} zɑ^{21} lɯ^{33}me^{33} ,sɿ^{33} phər^{21} kv̩^{55} ʥi^{21} thv̩^{21},
神灵 胜利神 千 千 万 万 后 又 率 神灵 降 来 啊 毡 白 帐房 建

uo^{21} hər^{21} du^{21} lu^{33} ʥy^{21} ʂuɑ^{21} be^{33} le^{33} tshɿ^{55} ,ʐʅ^{33} i^{33} sɿ^{33} phər^{21} me^{33} le^{33} khu^{33} ,zɿ^{33} i^{33} tʂhuɑ^{33}
玉 绿 祭石 山 高 的 又 竖 神坛 呀 毡 白 的 又 铺 祭粮 哟 米

phər^{21} ko^{55} le^{33} uə^{55} , iə^{55} lo^{33} dɯ^{21} me^{33} the^{33} le^{33} thv̩^{55}. ɯ^{33} ɕy^{21} mɑ^{21}, ʥe^{33} ɕy^{33} by^{21} i^{33} tʂhu^{55}pɑ^{33}
白 上面 又 堆 神偶 大 者 那里 又敬放 牛 红 油 麦 红 面粉 天香

be^{33}, tʂhər^{33} ɯ ^{33} kɑ^{33} le^{33} iə^{55}, phv̩^{33} lɑ^{21} gɑ^{33} lɑ^{21} zɑ^{21} le^{33} ʂuɑ^{21} kv̩^{33} ʥʅ^{21} lɯ^{33} iə^{55}. | ȵi^{33} me^{33} gv̩^{21},
做 草药 好 又 给 神灵 胜利神 降 又 高 处 坐 来 啊 太阳 落

nɑ^{55} se^{33} tʂhu^{33} lu^{33} py^{33} dɯ^{21} tsho^{33} me^{33} dzæ^{33} le^{33} tshɿ^{21} , phv̩^{33} lɑ^{21} gɑ^{33} lɑ^{21} tv̩^{33} tv̩^{21} kɯ^{33} kɯ^{21}
纳生初卢 祭司 大 象 骑 又 来 神灵 胜利神 千 千 万 万

gu^{21} le^{33} ʂv̩^{33} ,phv̩^{33} lɑ^{21} zɑ^{21} lɯ^{33} me^{33} ,uo^{21} tʂhu^{21} kv̩^{55} ʥi^{21} thv̩^{21}, tʂhu^{21}nɑ^{55} du^{21} lu^{33} ʥy^{21} ʂuɑ^{21}
后 又 率 诸神 降 来 呀 绿松石 帐房 建 墨玉 祭石 山 高

be^{33} le^{33} tshɿ^{55}, ʐʅ^{21} i^{33} sɿ^{33} phər^{21} me^{33} le^{33} khu^{33}, zɿ^{33} i^{33} tʂhuɑ^{33} phər^{21} ko^{55} le^{33} uə^{55} , iə^{55} lo^{33}
的 又 竖 神坛 呀 毡 白 者 又 铺 祭粮 呀 米 白 上面 又 堆 神偶

dɯ^{21} me^{33} the^{33} le^{33} thv̩^{55}.ɯ^{33} ɕy^{21} mɑ^{21} ,ʥe^{33} ɕy^{33} by^{21} i^{33} tʂhu^{55} pɑ^{33} be^{33} , tʂhər^{33} ɯ ^{33} kɑ^{33} le^{33} iə^{55},
大 者 那里 又 敬放 牛 红 油 麦 红 面粉 天香 做 草药 好 又 给

phv̩^{33} lɑ^{21} gɑ^{33} lɑ^{21} zɑ^{21} le^{33} ʂuɑ^{21} kv̩^{33} ʥʅ^{21} lɯ^{33} iə^{55} .| ho^{33} gv̩^{33} lo^{21}, gv̩^{33} se^{33} khə^{55} bɑ^{21} py^{21} dɯ^{21}
神灵 胜利神 降 又 高 处 坐 来 请 北方 古生抠巴 祭司 大

tʂhu^{21} nɑ^{55} py^{21} zi^{33} ʥæ^{33} le^{33} tshɿ^{21} ,phv̩^{33} lɑ^{21} gɑ^{33} lɑ^{21} tv̩^{33} tv̩^{21} kɯ^{33} kɯ^{21} gu^{21} le^{33} ʂv̩^{33} ,phv̩^{33} lɑ^{21}
墨玉 刺猬 美丽 骑 又 来 神灵 胜利神 千 千 万 万 后 又 率 诸神

zɑ^{21} lɯ^{33} me^{33} , hæ^{33} ʂʅ^{21} kv̩^{55} ʥi^{21} thv̩^{21}, hæ^{33} ʂʅ^{21} du^{21} lu^{33} ʥy^{21} ʂuɑ^{21} be^{33} le^{33} tshɿ^{55}, ʐʅ^{21} i^{33} sɿ^{33}
降 来 哟 金 黄 帐房 建 金 黄 祭石 山 高 的 又 竖 神坛 呀 毡

phər^{21} me^{33} le^{33} khu^{33}, zʅ^{33} i^{33} tʂhuɑ^{33} phər^{21} ko^{55} le^{33} uə^{55} , iə^{55} lo^{33} dɯ^{21} me^{33} the^{33} le^{33} thʏ^{55} .
白 者 又 铺 祭粮 呀 米 白 上面 又 堆 神偶 大 者 那里 又 置

ɯ^{33} ɕy^{21} mɑ^{21},ʥe^{33} ɕy^{33} by^{21} i^{33} tʂhu^{55} pɑ^{33} be^{33} , tʂhər^{33} ɯ ^{33} kɑ^{33} le^{33} iə^{55}, bæ^{33} mi^{33} dɯ^{21} le^{33}
放 牛 红 油 麦 红面粉 天香 做 草药 好 又 给 油灯 大 又

tʂʅ^{55} ,phʏ^{33} lɑ^{21} gɑ^{33} lɑ^{21} zɑ^{21} le^{33} ʂuɑ^{21} kʏ^{33} ʥʅ^{21} lɯ^{33} iə^{55} .| mɯ^{33} ne^{21} dy^{21} ly^{55} gʏ^{33} , so^{33} y^{21}
点 神灵 胜利神 降 又 高 处 坐 来 请 天 与 地 中央 梭余晋古

tsi^{55} gkʏ^{33} py^{21} dɯ^{21} tʂhu^{21} ʥæ^{21} ɕə^{33} tɕhy^{21} dzæ^{33} le^{33} tshʅ ,phʏ^{33} lɑ^{21} gɑ^{33} lɑ^{21} tʏ^{33} tv^{21} kɯ^{33} kɯ^{21}
祭司 大 松石 花 大鹏 骑 又 来 神灵 胜利神 千 千 万 万

gu^{21} le^{33} sʏ^{33}, pʏ^{33} lɑ^{21} zɑ^{21} lɯ^{33} me^{33} ,tʂhu^{21} ʥæ^{21} kʏ^{55} ʥi^{21} thʏ^{21},tʂhu^{21} ʥæ^{21} du^{21} lu^{33} ʥy^{21} ʂuɑ^{21}
后 又 率 神灵 降 来 啊 松石 花 帐房 建 松石 花 祭石 山 高

be^{33} le^{33} tshʅ^{55}, zʅ^{21} i^{33} sʅ^{33} phər^{21} me^{33} le^{33} khu^{33}, zʅ^{33} i^{33} tʂhuɑ^{33} phər^{21} ko^{55} le^{33} uə^{55}, phʏ^{33} lɑ^{21}
的 又 竖 神坛呀 毡 白 者 又 铺 祭粮 呀 米 白 上面 又 堆 神灵

gɑ^{33} lɑ^{21} zɑ^{21} le^{33} ʂuɑ^{21} kʏ^{33} ʥʅ^{21} lɯ^{33} iə^{55} lu^{33} .|
胜利神 降 又 高 处 坐 来 请

请千千万万的神灵降临下来，(我们将)用白毡子建造帐房，竖起如山一般高的绿玉祭石，用白毡子铺设神坛，献上白米作为神粮供于神坛上，恭设大的神像面偶，用红牛油、红麦面粉烧天香，敬献最好的草药。邀迎所有的神灵及胜利神都来端坐于高处。西方，纳生初卢大祭司骑着大象来了，请千千万万的神灵们到来吧。(我们将)用白毡子建造帐房，竖立大山一般高的墨玉祭石，献上白米作为神粮献于神坛上，恭设大的神像面偶。用红牛油、红麦面烧天香，敬献最好的草药。敬请所有的神灵及胜利神都来到端坐于高处。北方，古生抠巴大祭司骑着美丽的墨玉刺猬来了，千千万万的诸位神灵也随之到来，建起金黄色的帐房，竖立大山一般高的金黄色祭石，用白色毡子铺设神坛，献上白米作为神粮供于神坛上，制作大的神像面偶，用红牛油、红麦面粉烧天香，敬献最好的草药，所有的神灵及胜利神都来到并端坐于高处。天地中央，梭余晋古大祭司骑着花玉大鹏来了，千千万万胜利的诸神灵也请一同来。(我们将) 建造花色玉石的帐房，竖立大山一般高的斑玉祭石，献上白米作为神粮奉于神坛上，恭请所有的神灵及胜利神都来端坐于高处。

414-D-71-12

ho^{33} kv̩^{33} lo^{21} gə^{33} he^{21} dɯ^{21} mi^{33} le^{33} zɑ^{21}, sɑ^{33} lɯ^{55} uə^{33} de^{33} , he^{33} dɯ^{21} o^{33} phər^{21}, to^{33} bɑ^{21} ʂər^{55}
北方 的 神 大 下 又 降 刹依威德 恒迪窝盘 东巴什罗

lər^{33} zɑ^{21} lɯ^{33} me^{33}. hæ^{33} ʂʅ^{21} kv̩^{55} dʑi^{21} thv̩^{21},hæ^{33} ʂʅ^{21} du^{21} lu^{33} dʑy^{21} ʂuɑ^{21} be^{33} le^{33} tshʅ^{55}, ʐʅ^{21} i^{33} sʅ^{33}
降 来 哟 金 黄 帐房 建 金 黄 祭石 山 高 的 又 竖 神坛呀 毡

phər^{21} me^{33} le^{33} khu^{33}, zʅ^{33} i^{33} tʂhuɑ^{33} phər^{21} ko^{55} le^{33} uə^{55} , ɯ^{33} ɕy^{21} mɑ^{21}, dʑe^{33} ɕy^{33} by^{21} i^{33} tʂhu^{55}
白 者 又 铺 祭粮 呀 米 白 上面 又 堆 牛 红 油 麦 红 面粉 天香

pɑ^{33} be^{33}, tʂhər^{33} ɯ ^{33} kɑ^{33} le^{33} iə^{55},bæ^{33} mi^{33} dɯ^{21} le^{33} tʂʅ^{55}, phv̩^{33} lɑ^{21} gɑ^{33} lɑ^{21} zɑ^{21} ʂuɑ^{21} kv̩^{33} dʑʅ^{21}
做 草药 好 又 给 神灯 大 又 点 神灵 胜利神 降 高 处 坐

lɯ^{33} iə^{55} .| kɯ^{21} khu^{55} he^{33} dɯ^{21}, se^{55} se^{33} khə ^{33} dʐə^{33} he^{33} dɯ^{21} zɑ ^{21} lɯ ^{33} me^{33}, bæ^{33} mi^{33} dɯ^{21} le^{33}
来 请 庚空 神 大 胜生柯久 神 大 降 来 呀 神灯 大 又

tʂʅ^{55} .| dv̩^{33}phər^{21} kv̩^{55} dʑi^{21} thv̩^{21},dv̩^{33} phər^{21}du^{21} lu^{33} dʑy^{21} ʂuɑ^{21} be^{33} le^{33} tshʅ^{55}, ʐʅ^{21} i^{33} sʅ^{33}phər^{21}me^{33}
点 白海螺 帐房 建 白海螺 祭石 山 高 的 又 竖 神坛呀 毡 白 者

le^{33} khu^{33} ,zʅ^{33} i^{33} tʂhuɑ^{33} phər^{21} ko^{55} le^{33} uə^{55} , tʂhər^{33} ɯ ^{33} kɑ^{33} le^{33} iə^{55} , bæ^{33} mi^{33} dɯ^{21} le^{33} tʂʅ^{55} ,
又 铺 祭粮 呀 米 白 上面 又 堆 草药 好 又 给 神灯 大 又 点

phv̩^{33} lɑ^{21} gɑ^{33} lɑ^{21} zɑ^{21} le^{33} ʂuɑ^{21} kv̩^{33} dʑʅ^{21} lɯ^{33} iə^{55} .| lər^{21} tɕiə^{33} tɕi^{55} tɕiə^{33}, lər^{21} bɑ^{33} thɑ^{33} gə^{21} , be^{21}
神灵 胜利神 降 又 高 处 坐 来 请 朗究敬久 朗巴涛格

dæ^{33} phv̩^{33} tʂuɑ^{21} so^{33} , be^{21} dæ^{33} ly^{55} tʂuɑ^{21} so^{33} ,be^{21} dæ^{33} tɕi^{55} tʂuɑ^{21} so^{33} zɑ^{21} lɯ^{33}me^{33} , ŋv̩^{21} phər^{21}
本丹普爪梭 本丹吕爪梭 本丹季爪梭 降 来 呀 银 白

kv̩^{55} dʑi^{21} thv̩^{21},ʐʅ^{21} i^{33} sʅ^{33} phər^{21} me^{33} le^{33} khu^{33},zʅ^{33} i^{33} tʂhuɑ^{33} phər^{21} ko^{55} le^{33} uə^{55} , tʂhər^{33} ɯ^{33}
帐房 建 神坛 呀 毡 白 者 又 铺 祭粮呀 米 白 上面 又 堆 草药

kɑ^{33}le^{33} iə^{55}, bæ^{33} mi^{33} dɯ^{21} le^{33} tʂʅ^{55} ,phv̩^{33} lɑ^{21} gɑ^{33} lɑ^{21} zɑ^{21} le^{33} ʂuɑ^{21} kv̩^{33} dʑʅ^{21} lɯ^{33} iə^{55} .| sɑ^{33} lo^{33}
好 又 给 神灯 大 又 点 神灵 胜利神 降 又 高 处 坐 来 请 刹罗吾构

uə^{33} kə^{21} , mə^{33} py^{21} dzi^{33} zv̩^{21}, mə^{33} phɑ^{21} y^{33} te^{33}, khɑ^{33} ʐər^{33} niə^{33} dʑə^{33} zɑ^{33} lɯ^{33} me^{33} ,sʅ^{33} phər^{21}
莫毕精如 牟盘余登 卡冉纽究 降 来 啊 毡 白

kv̩^{55} dʑi^{21} thv̩^{21},sʅ^{33} phər^{21} du^{21} lu^{33} dʑy^{21} ʂuɑ^{21} be^{33} le^{33} tshʅ^{55}, ʐʅ^{21} i^{33} sʅ^{33} phər^{21} me^{33} le^{33} khu^{33}, zʅ^{33}
帐房 建 银 白 祭石 山 高 的 又 竖, 神坛 呀 毡 白 者 又 铺 祭粮

i^{33} tʂhuɑ^{33} phər^{21} ko^{55} le^{33} uə^{55} ,tʂhər^{33} ɯ ^{33} kɑ^{33} le^{33} iə^{55} ,bæ^{33} mi^{33} dɯ^{21} le^{33} tʂʅ^{55} ,phv̩^{33} lɑ^{21} gɑ^{33} lɑ^{21}
米 白 上面又 堆 草药 好 又 给 神灯 大 又 点 神灵 胜利神

zɑ^{21} le^{33} ʂuɑ^{21} kv̩^{33} dʑʅ^{21} lɯ^{33} iə^{55} .|
降 又 高 处 坐 来 请

北方的神灵请下来，敬请刹依威德、恒迪窝盘、东巴什罗大神下来。(我们将) 建造金色的大帐房，竖立大山一般高的金色祭石，献上白米作为神粮奉于神坛上，用白色毡子铺设神坛，献上白米作为神粮献于神坛上，恭设大的神像面偶，用红牛油、红麦面粉烧天香，敬献最好的草药。恭请所有的神灵及胜利神都来到并端坐于高处。敬请庚空大神、胜生柯久大神也到来，将献上神灯，(我们将) 建造白海螺帐房，竖立大山一般高的白海螺祭石，献上白米作为神粮供于神坛上，恭设大的神像面偶。用红牛油、红麦面粉烧天香，敬献最好的草药。敬请所有的神灵及胜利神都来到端坐于高处。用白色毡子铺设神坛，献上白米作为神粮贡于神坛上，塑造大的神像面偶，敬献最好的草药。还要献上神灯，所有的神灵及胜利神都来到并端坐于高处。恭迎朗究敬久、朗巴涛格、本丹普爪梭、本丹吕爪梭、本丹季爪梭各大神的到来。(我们将) 建造银白色的帐房，竖立大山一般高的白海螺祭石，献上白米作为神粮奉于神坛上，敬献最好的草药。恭请所有的神灵及胜利神都来到端坐于高处。请刹罗吾构、莫毕精如、牟盘余登、卡冉纽究大神也下来，(我们将) 建造白海螺帐房，还要竖立大山一般高的银白色祭石，用白色毡子铺设神坛，献上白米作为神粮堆于神坛上，献上最好的草药。还将献上神灯，所有的神灵及胜利神都来到并端坐于高处。

414-D-71-13

mɯ^{55} ʂʅ^{21} ku^{55} ku^{33} he^{21} dɯ^{21} zɑ^{21} lɯ^{33} iə^{55} ,uə^{33} gə^{55} ly^{55} mɑ^{33} tshe^{21} ho^{55} kv̩^{33} zɑ^{21} lɯ^{33} iə^{55}. sɿ^{33}

孟史贡供　神　大　降　来　请　吾构吕麻　十　八　位 降　来 请 毡

phər^{21} kv̩^{55} ʥi^{21} thv̩^{21} , du^{21} lu^{33} ʥy^{21} ʂuɑ^{21} be^{33} le^{33} tshɿ^{55}, zʅ^{21} i^{33} sɿ^{33} phər^{21} me^{33} le^{33} khu^{33}, zɿ^{33} i^{33}

白　帐房　建　祭石　山　高　的　又　竖神 坛 呀毡 白　者　又　铺　祭粮 呀

tʂhuɑ^{33} phər^{21} ko^{55} le^{33} uə^{55} ,bæ^{33} mi^{33} dɯ^{21} le^{33} tʂʅ^{55} ,phv̩^{33} lɑ^{21} gɑ^{33} lɑ^{21} zɑ^{21} lɯ^{33} iə^{55} .| mə^{33} kv̩^{55}

米　白　上面 又　堆　神灯　大 又　点　神灵　胜利神 降 来　请　不　会

mə^{33} sʅ^{33} sy^{21} mə^{33} ʥy^{33}, mə^{33} to^{21} mə^{33} mi^{33} sy^{21} mə^{33} ʥy^{33} gə^{33} tər^{33} kə^{33} iə^{33} mɑ^{21} sɿ^{21} ɕi^{33} tʂhuɑ^{55}

不　知 一样 没　有　不　见　不　闻 一样　没　有　的　端格　优麻 三　百　六十

tshər^{21} zɑ^{21} lɯ^{33} iə^{55} .tv̩^{33} tʂhʅ^{33} iə^{33} mɑ^{21}、pɑ^{33} u^{33} iə^{33} mɑ^{21} tv̩^{33} tv̩^{21} kɯ^{33} kɯ^{21} zɑ^{21} lɯ^{33} iə^{55} .sɿ^{33}

降　来 请　土蚩优麻　巴乌优麻　千 千　万　万　降 来　请　毡

phər^{21} kv̩^{55} ʥi^{21} thv̩^{21}, zʅ^{21} i^{33} sɿ^{33} phər^{21} me^{33} le^{33} khu^{33}, zɿ^{33} i^{33} tʂhuɑ^{33} phər^{21} ko^{55} le^{33} uə^{55}, iə^{55} lo^{33}

白　帐房　建　神坛呀 毡　白　者　又　铺 祭粮 呀　米　白　上面 又 堆　神偶

dɯ^{21} me^{33} the^{33} le^{33} thv̩^{55} ,phv̩^{33} lɑ^{21} gɑ^{33} lɑ^{21} zɑ^{21} lɯ^{33} iə^{55} .| mɯ^{33} thv̩^{33} ʂuɑ^{21} me^{33} phæ^{21} nɯ^{33} be^{33} ,
大 者 那里 又 敬放 神灵 胜利神 降 来 请 天 开辟 高 呀 盘神 来 开辟

dy^{21} khu^{33} gɯ^{21} me^{33} ʂæ^{33} tsʅ^{33} gɯ^{21}. bi^{33} thv̩^{33} bi^{33} khɯ^{33} lv̩^{21} ,le^{21} tshe^{55} le^{21} mi^{33} bu^{33}, phæ^{33} ne^{13}
地 辟 宽广 哟 禅神 依仗 太阳 出 阳光 暖 月亮 月光 明 盘神 与

ʂæ^{33} lɑ^{33} dɯ^{33} zɑ^{21} iə^{55} .| uæ^{33} gə^{33} dv̩^{21} kho^{33} lv̩^{55} lɑ^{21}, i^{21} gə^{55} lɑ^{21} bv̩^{33} tho^{33} kə^{55} zɑ^{21} , py^{21} ɯ^{33}
禅神 也 一 降 请 左 的 毒柯璐拉 右 的 劳补妥构 降 祭 好

gv̩^{33} kv̩^{55},phɑ^{21}ɯ^{21}ʂər^{33} kv̩^{55} me^{33} lɑ^{33} dɯ^{33} zɑ^{21} lu^{33}. sʅ^{33} phər^{21}kv̩^{55}dʑi^{21} thv̩^{21},zʅ^{21} i^{33} sʅ^{33}phər^{21} me^{33}
九 位 卜 好 七 位 者 也 一 降 来 毡 白 帐房 建 神坛呀 毡 白 者

le^{33} khu^{33}, zʅ^{33} i^{33} tʂhuɑ^{33} phər^{21} ko^{55} le^{33} uə^{55}, bæ^{33} mi^{33} dɯ^{21} le^{33} tʂʅ^{55}, phv̩^{33} lɑ^{21} gɑ^{33} lɑ^{21} zɑ^{21} le^{33}
又 铺 祭粮呀 米 白 上面 又 堆 油灯 大 又 点 神灵 胜利神 降 又

ʂuɑ^{21} kv̩^{33} dʐʅ^{21} lɯ^{33} iə^{55} .| le^{55} bər^{33} dy^{21} , py^{21} ɯ^{33} kv̩^{33} ly^{33} ə^{33} mi^{21} dɯ^{33} zɑ^{21} lu^{33} ,
高 处 坐 来 请 勒般 地方 祭祀 好 顾吕阿明 一 降 来

请孟史贡供大神降临，请十八位吾构吕麻大神降临，(我们将) 建造银白色的帐房，竖立大山一般高的白海螺祭石，献上白米作为神粮供于神坛上，献上神灯，所有的神灵及胜利神都来到吧。敬请无一不会、无一不知、无一不见、无一不闻的三百六十位端格、优麻大神到来。请千千万万的土蚩优麻、巴乌优麻到来。(我们将)建造白毡子帐房，用白色毡子铺设神坛，献上白米作为神粮堆于神坛上，塑造大的神像面偶，所有的神灵及胜利神都请到来。

苍天高阔，是因为盘神来开辟；大地宽广，全都依仗禅神来开辟。阳光是如此的温暖，月色是这样的明媚。请盘神与禅神也到来吧。请右边的毒柯璐拉祭司、左边的劳补妥构祭司也来临吧。请九位贤能的祭司、七位精明的卜师光临，(我们将)建造白毡子帐房，用白色毡子铺设神坛，献上白米作为神粮堆于神坛上，献上神灯，所有的神灵及胜利神都来到并就坐于高位。勒般地方的好祭司顾吕阿明也请降临下来。

414-D-71-14

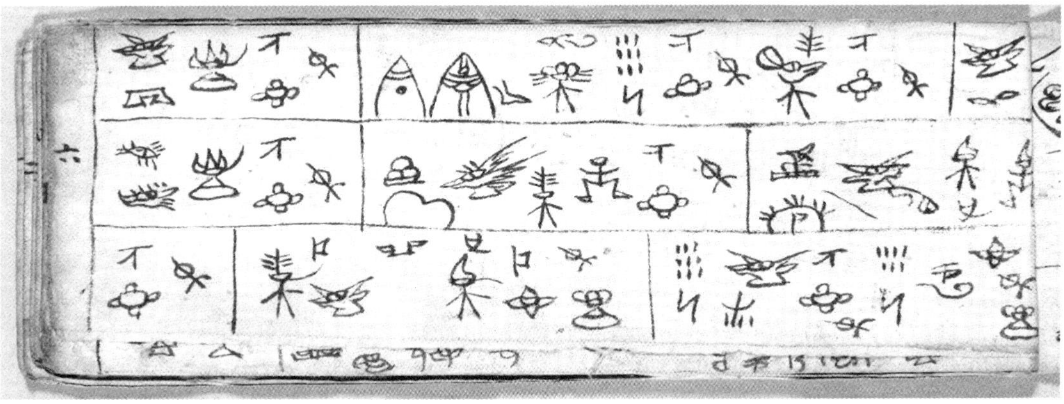

nɯ^{21} gə^{21} py^{33} bu^{21} dzər^{21} dɯ^{21} dɯ^{33} zɑ^{21} iə^{55} ,| dʑy^{21} nɑ^{55} kv̩^{33} tv̩^{55} tv̩^{33}, ŋv̩^{33} lv̩^{33} dʑy^{21} ʂuɑ^{21} khɯ^{33},
财富 的 祭司 威力 大 一 降 请 山 大 头 高耸 玉龙山 高 麓

ə33 phv̩33 gv̩33 tʂhər55 dʐər21 dɯ21 dɯ33 zɑ21 iə55 , le55 tʂə21 ə33 sɿ21 dʐer21 dɯ21 dɯ33 zɑ21 iə55 .| nɯ21
祖父 九 代 威力 大 一 降 请 勒奏 父亲 威力 大 一 降 请 财富

iə55 uo21 iə55 lɯ33 bu21 dʐər21 dɯ21 dɯ33 zɑ21 iə55 .|ə55 gɑ33 lv̩33 le33 bu21 ,tʂhuɑ55 phər21 kho33 li55
给 福分 给 祭司 威力 大 一 降 请 阿勾鲁冷 坡 鹿 白 角 多叉

lɑ33, sɿ21 kæ33 zo33 tsho33 dʐer21 dɯ21 dɯ33 zɑ21 iə55; |tshv̩55 tɕi33 bv̩21 tsho33 ko21 , me33 kæ33 mi55 le33
父 前 儿 跃 威力 大 一 降 请 秋季 绵羊 跃 草甸 母 前 女 又

tsho33 dʐer21 dɯ21 dɯ33 zɑ21 iə55 .|sɿ33 khu33 nɯ21 le33 thv̩33 ,me33 khu33 uo21 le33 zɑ21 me33 he21 dɯ21
跃 威力 大 一 降 请 父 之处 财富 又 产生 母 之处 福分 又 降 的 神 大

dɯ33 zɑ21 lu33 .| kv̩33 tʂhər55 nɯ21 py21 dɯ33 zɑ21 lu33 ,ʂər33 tʂər55 phæ21 me33 uo21 zɑ21 dʐer21 dɯ21 一
降 来 九 代 财富 祭祀 一 降 来 七 代 占卜 呀 福分 降 威力 大

dɯ33 zɑ21 lu33 .|
一 降 来

具有祭祀财富的大威力祭司请光临此处吧。

居于高耸大山顶和居于玉龙雪山麓的威力巨大的几代祖父请来光临此处，威力巨大的父亲也请来吧，(能给人们)带来福分的大威力祭司请来这里。阿勾鲁冷坡的白鹿角叉多，能培养出强壮儿子，具有大威力的父亲请到这里来吧；绵羊奔跃于秋色的草甸，女儿在母亲眼前欢跳，(能给母女带来福分的)大威力祭司来到这里吧。父亲总给家庭带来财富，母亲总给家庭创造福分，请(主管福分的)大神降临此地。曾经九代祭祀过财富神的大祭司请到来，曾经七代占卜到福分的大威力卜师请到此地来。

414-D-71-15

mɯ33 gə33 phv̩33 lɑ21 gɑ33 lɑ21 tv̩33 tv̩21 kɯ33 kɯ21 zɑ21 le33 lu33 ,ko33 dʑi21 kə55 dʑi21 be33 zɑ 21 le33 lu33 .
天 的 大神 胜利神 千 千 万 万 降 又 来 鹤 飞 鹰 飞 的 降 又 来

phər33 ne33 ʂæ33 lɑ33 zɑ21 lɯ33 me33,sɿ33 phər21 kv̩55 dʑi21 thv̩21, uo21 hər21 du21 lu33 dʑy21 ʂuɑ21 be33 le33
盘神 与 禅神 也 降 来 如是 毡 白 帐房 建 玉绿 祭石 山 高 的 又

tshɿ^{55}, ʐʅ^{21} i^{33} sɿ^{33} phər^{21} me^{33} le^{33} khu^{33} ,zɿ^{33} i^{33} tʂhuɑ^{33} phər^{21} ko^{55} le^{33} uə^{55} , tʂhər^{33} ɯ ^{33} kɑ^{33} le^{33}
竖 神坛 呀 毡 白 者 又 铺 祭粮 呀 米 白 上面 又 堆 草药 好 又

iə^{55} ,bæ^{33} mi^{33} dɯ^{21} le^{33} tʂʅ^{55} ,phy̩^{33} lɑ^{21} gɑ^{33} lɑ^{21} zɑ^{21} le^{33} ʂuɑ^{21} ky̩^{33} ʥʅ^{21} lɯ^{33} iə^{55} .| so^{33} ʂuɑ^{33} ky̩^{33}
给 神灯 大 又 点 神灵 胜利神 降 又 高 处 坐 来 请 山 高 顶

gə^{33} py̩^{33} lɑ^{21} gɑ^{33} lɑ^{21} ty̩^{33} ty̩^{21} kɯ^{33} kɯ^{21} zɑ^{21} le^{33} lu^{33} ,tdʐiʂʅ^{33} ne^{33} lɑ^{33} tsho^{33} zɑ^{21} lɯ^{33} me^{33} , sɿ^{33}
的 神灵 胜利神 千 千 万 万 降 又 来 豹 与 虎 跃 降 来 一样 毡

phər^{21} ky̩^{55} ʥi^{21} thy̩^{21},hæ^{33} ʂʅ^{21} du^{21} lu^{33} ʥy^{21} ʂuɑ^{21} be^{33} le^{33} tshɿ^{55} , tʂhər^{33} ɯ ^{33} kɑ^{33} le^{33} iə^{55} ,ɯ^{33} ɕy^{21}
白 帐房 建 金 黄 祭石 山 高 的 又 竖 草药 好 又 给 牛 红

mɑ^{21},ʥe^{33} ɕy^{33} by^{21} i^{33} tʂhu^{55} pɑ^{33} be^{33},bæ^{33}mi^{33} dɯ^{21} le^{33} tʂʅ^{55},phy̩^{33} lɑ^{21} gɑ^{33} lɑ^{21} zɑ^{21} le^{33} ʂuɑ^{21} ky̩^{33}
油 麦 红 面粉 天香 做 神灯 大 又 点 神灵 胜利神 降 又 高 处

ʥʅ^{21} lɯ^{33} iə^{55} .|ʥi^{21} gə^{33} phy̩^{33} lɑ^{21}gɑ^{33} lɑ^{21} ty̩^{33} ty̩^{21} kɯ^{33} kɯ^{21} zɑ^{21} le^{33} lu^{33} ,ʂu^{21} ne^{33} ȵi^{33} be^{33} dʐər^{33}
坐 来 请 水 的 神灵 胜利神 千 千 万 万 降 又 来 水獭 与 鱼 一样 游

le^{33} lu^{33} ,sɿ^{33} phər^{21} ky̩^{55} ʥi^{21} thy̩^{21}, ʐʅ^{21} i^{33} sɿ^{33} phər^{21} me^{33} le^{33} khu^{33} ,zɿ^{33} i^{33} tʂhuɑ^{33} phər^{21} ko^{55}
又 来 毡 白 帐房 建 神坛呀 毡 白 者 又 铺 祭粮呀 米 白 上面

le^{33} uə^{55} , bæ^{33} mi^{33} dɯ^{21} le^{33} tʂʅ^{55} ,tʂhər^{33} ɯ ^{33} kɑ^{33} le^{33} iə^{55} ,phy̩^{33} lɑ^{21} gɑ^{33} lɑ^{21} zɑ^{21} le^{33} ʂuɑ^{21} ky̩^{33}
又 堆 神灯 大 又 点 草药 好 又 给 神灵 胜利神 降 又 高 处

ʥʅ^{21} lɯ^{33} iə^{55} .| phy̩^{33} lɑ^{21} gɑ^{33} lɑ^{21} ty̩^{33} ty̩^{21} kɯ^{33} kɯ^{21} zɑ^{21} lɯ^{33} me^{33} ,gy̩^{33} ȵi^{33} zɑ^{33} me^{33}gy̩^{33} ȵi^{33}
坐 来 请 神灵 胜利神 千 千 万 万 降 又 来 九 天 降 临 九 天

le^{33} kɑ^{33} le^{33} ,
又 赐福

千千万万的天之神灵及胜利神，请降临此地吧，像白鹤、苍鹰一般飞翔而来吧。盘神与禅神降临，(我们将)建造银白色的帐房，竖立大山一般高的翠玉祭石，用白色毡子铺设神坛，白米作为神粮献于神坛上，敬献最好的草药，将献上神灯，所有的神灵及胜利神都来到并就坐于上方的尊位。居住于大山顶的千千万万神灵与胜利神，都请降临到来吧，像虎豹一样奔跳而来吧。(我们将)建造白毡子帐房，竖立大山一般高的金黄色祭石，敬献最好的草药，献上神灯，用红牛油、红麦面粉烧天香，敬献最好的草药，所有的神灵及胜利神都到来吧。千千万万水中的神灵和胜利神也请到来吧，像水獭与鱼一样游着到来吧，(我们将)建造银白色的帐房，用白色毡子铺设神坛，献上白米作为神粮供于神坛上，将献上神灯，敬献最好的草药，所有的神灵及胜利神都来到并就坐于上方的尊位。

千千万万神灵与胜利神都请降临到来吧。(大神们)降临九天，请赐九天的福分。

414-D-71-16

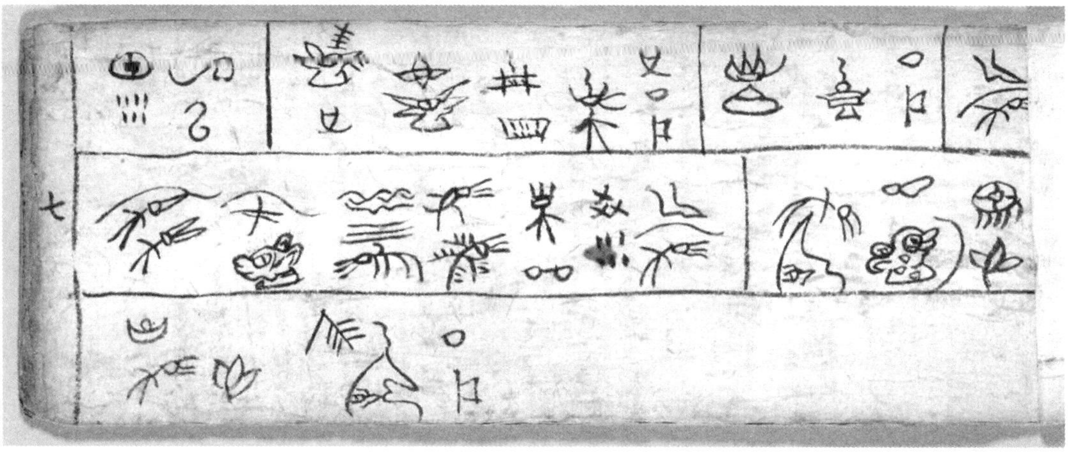

ʂər^{33} ȵi^{33} zɑ^{33} me^{33} ʂər^{33} ȵi^{33} le^{33} kɑ^{33} le^{33} .| khy̩^{55} me^{55} khy̩^{55} dɯ^{33} ,uo^{21} me^{55} uo^{21} dɯ^{33}, dʑæ^{33} ne^{13}
七 天 降 哟 七 天 又 赐福 寿 要 寿 得 福 要 福 得 富足 与

hɯ^{21} , kho^{33} y^{21} he^{33} hɯ^{21} ,zʅ^{33} ʂər^{21} hɑ^{55} i^{33} gy̩^{33} be^{33} ho^{55} .| py^{21} zʅ^{33} ʂər^{21} phɑ ^{21} hɑ^{55} i^{33} gy̩^{33} be^{33}
富裕 音 佳 耳 舒 长 寿 富足 成为 愿 祭司 寿 长 卜师 富足 成为

ho^{55} . | py^{21} dɯ^{21} tshʅ^{21} le^{33} zər^{21}, dy̩^{21} ne^{33} tse^{21} ,tər^{33} ne^{33} lɑ^{33} ,tɕi^{21} ne^{21} hər^{33}, mu^{33} ne^{21} ɯ^{21} zər^{21}
愿 祭司 大 鬼 又 镇压 毒鬼 与 仄鬼呆鬼 与 佬鬼云鬼 与 风鬼 猛鬼 与 恩鬼 压

mi^{21} le^{33} zər^{21},tshʅ^{21} uo^{33} nɑ^{21} me^{33} sʅ^{21} ɕi^{33} tʂhuɑ^{55} tshər^{21} mi^{21} le^{21} zər^{21} .| tshʅ^{21} tsɑ^{55} æ^{21} kho^{55} mi^{21}
下 又 压 鬼 骨 黑 的 三 百 六 十 下 又 压 鬼 抛 崖 间 下

le^{33} hɯ^{55}, tshʅ^{21} ʂʅ^{21} lo^{21} ho^{55} mi^{21} le^{33} ʂʅ^{33} .ȵi^{55} i^{33} ni^{33} me^{33} mə^{33}gy̩^{21} bu^{33} tho^{21} zy̩^{21} khu^{55} fæ^{33} ,
又 丢 鬼 死 壑 深 下 又 死 白天 太阳 不 落 坡 后 仇人 处 去

hu^{21} i^{33} he^{33} me^{33} mə^{33} thy̩^{33} zy̩^{21} dy^{21} hɯ^{55} le^{33} fæ^{33}. tshʅ^{21} i^{33} tho^{21} me^{55} dʑər^{21} tɕhər^{33} ho^{55}, tho^{21}
夜 呀 月亮 不 出 仇 地方 抛 又 去 鬼 呀 靠 的 树 折 愿 倚

me^{33} æ^{21} dɯ^{21} biə^{21} iə^{55} gy̩^{33} be^{33} ho^{55}.
的 崖 大 崩 祝愿

降临七天，请赐七天的福分。祝愿求寿者获得寿岁，祝愿祭司长寿、卜师富足。精明的祭司将要把鬼魂镇压下去，把毒鬼、仄鬼、呆鬼、佬鬼、云鬼、风鬼、猛鬼、恩鬼都镇压下去。把三百六十种黑骨鬼怪镇压下去。把鬼抛下山崖，让鬼惨死于深谷巨壑之中。白天，在太阳还未落山之前，就把鬼赶到仇人之所；夜晚，在月亮还未升起之前，就将鬼驱到仇人的地方。愿仇人所靠的大树折断；愿仇人所倚的巨崖崩溃。

414-D-71-17

封底

（释读：和秀东　翻译：和品正）

370-D-72-01

zɿ^{33} tʂ̥u^{55} py^{21} ·

tshɿ lɑ dʑi mu^{33} zɑ^{21} · sɿ^{55} kv̩^{33} tər^{55} dɑ^{33}

延寿仪式 · 茨拉金姆降临 · 结聚素灵

370-D-72　延寿仪式·茨拉金姆降临·结聚素灵

【内容提要】

过去，纳西族家庭若有老者，会为老者举办求寿仪式。此经书正是这类仪式中使用的。举办延寿求寿仪式，需邀迎各路大神下凡，前来赐福泽加寿岁，该经书是迎请茨拉金姆(tshɿ lɑ dʑi mu)大神以及众多神祇的。经文后部说道：各路大神皆已迎至家中，祭祀主人家已经获得神祇们的保佑赐福，并获得长寿。

【英文提要】

Life Prolonging Ritual, Befalling of *tshɿ la dʑi mu*, Gathering Gods

At one time, if there was any senior in the Nahsi family, it was needed to hold a life prolonging ritual. This book was used in such ritual. As holding the ritual, all gods were prayed to befall and bless felicity and longevity. In this book, it invoked god *tshɿ la dʑi mu* and other gods. The latter part of the book says "all gods have befallen and the family under ritual has been blessed with felicity and longevity".

This book is chanted by HE Xiudong.

370-D-72-02

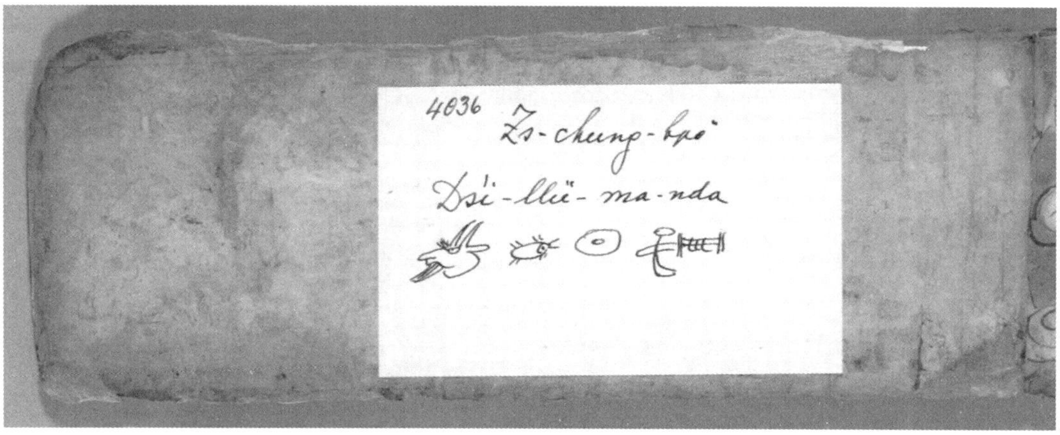

第 1 行“4036”为洛克收藏纳西东巴古籍的编号。
第 2、3 行为洛克写的标注。
第 4 行是东巴文字书名，与原经书书名有异。

370-D-72-03

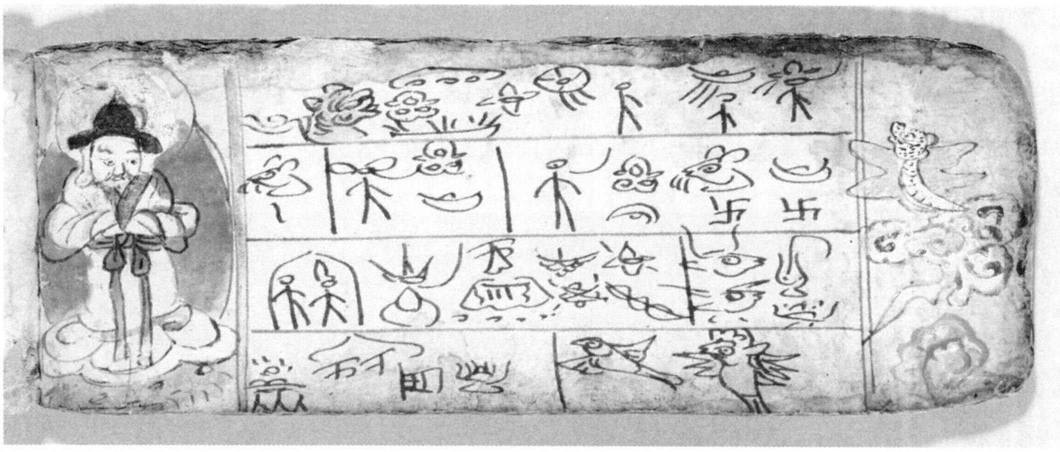

ɑ^{33} lɑ^{33} mə^{33} ʂər^{55}ȵi^{33}, mɯ^{33}ʂuɑ^{21} kɯ^{21} tʂhʅ^{33} dzʅ^{21}, kɯ^{21}dzʅ^{21} tʂhʅ^{33} ȵi^{33} ɯ^{33} ; dy^{21} dɯ^{21}
啊 也 不 说 日 天 高 星 所 生 星 生 这 天 灿烂 地 大

ʂə^{21} tʂhʅ^{33} dzʅ^{33}, zə^{21} y^{21} tʂhʅ^{33} ȵi^{33} uo^{21}. bi^{33} thv̩^{33} uæ^{33}nɯ^{33} lv̩^{21}, le^{21} tshe^{55} i^{21} nɯ^{33} bu^{33}. gə^{21}
青草 所 生 青草 生 这 天 茂盛 日 出 左边 暖 月光 右边 明 上方

i^{33} lɑ^{33} sɑ^{33} to^{55} kv̩^{33} phər^{21},gv̩^{33} dzʅ^{33} khv̩^{55} tsʅ^{21} ɯ^{33}. khv̩^{55} tsʅ^{21} tʂhʅ^{33} khv̩^{55} ɯ^{33}; | mu^{21} i^{33}
拉萨 坡 头 白 藏族 年 推算 好 年 推算 今 年 好 下 方

zʅ^{33} zɑ^{33} mæ^{33}, | le^{33} bv̩^{33} he^{33} tsʅ^{21} ɯ^{33}, he^{33} tsʅ^{33} tʂhʅ^{33} he^{33} ɯ^{33}; |mɯ^{33} ne^{13} dy^{21} ly^{55} gv̩^{33},|
路 降 尾 白族 月份 计算 佳 月份 计算 这 月 佳 天 和 地 中央

nɑ^{21} ɕi^{33} hu^{21} ne^{13} ȵi^{55} tsʅ^{21} ɯ^{33}, hu^{21} ne^{13} ȵi^{55} lɑ^{33} tʂhʅ^{21} ȵi^{33} ɯ^{33}.| bi^{33} thv̩^{33}mə^{55} tʂhʅ^{33} ȵi^{33},
纳西 夜 与 昼 推算 好 夜 与 昼 也 这 天 好 太阳 出 之 这 天

i^{33} dɑ^{13} tʂʅ^{33} dɯ^{33} ʥi^{33} , py^{21} dɯ^{21} dɯ^{21} le^{33} ly^{55} , sɿ^{33} phər^{21} ʐʅ^{33} lv̩^{33} tɯ^{21}, zɿ^{33} i^{33}
主人　这　一　家　祭司 大　大　又 祭祀　毡子 白　神坛　设置 神粮

tʂhuɑ^{33} phər^{21} ko^{55} le^{33} uə^{55}, ŋv̩^{33} hæ^{33} uo^{21} tʂhu^{21} gə^{21} le^{33} tɕi^{33} , | bər^{33} y^{21} ʐʅ^{33} hɑ^{33},
米　白　上边 又 堆放　银　金　翠玉 墨玉　上　又　敬放　牦牛 绵羊 酒　饭

tʂhər^{21} nɑ^{55} ɕy^{55} mɑ^{21} tʂhu^{55} pɑ^{33} be^{33}, mɯ^{33} gə^{33} phæ^{21} sæ^{21} gɑ^{33} u^{21} tʂhu^{55} pɑ^{33} be^{33} ,|
肥肉 瘦肉柏叶 酥油 天香　做　天　的　盘神　禅神 嘎神吾神 天香　做

dzi^{21} kv̩^{55} to^{33} kə^{21} iə^{33} mɑ^{21} tʂhu^{55} pɑ^{33} be^{33}. |
飞　会　端格神　优麻神　天香　做

在那连“啊”都发不清晰的日子里，苍天所有的星辰，今夜特别的明亮；大地所有的青草，长势尤为茂盛。太阳高悬于左方，十分的温暖；月亮高挂在右方，非常地明亮。上方拉萨的白色高地，藏族人善于测年份，测得今年是吉年；下方道路的末端，白族人长于算月份，算出今月是佳月；天地中央的纳西族最能掐算夜晚和白昼，掐出今天是好日子。

在这阳光灿烂的日子里，主人这一家，请大祭司做仪式，用白色毡子铺设神坛，用白米作为神粮敬奉其上，再敬献金银、翠玉和墨玉，献上牺牲牦牛与绵羊，并以酒、饭、肥肉、瘦肉、柏叶、酥油来烧祭天香，为天上的盘神、禅神、嘎神、吾神敬献天香，向善飞的端格神和优麻神敬献天香。

370-D-72-04

i^{33} dɑ^{13} tʂʅ^{33} dɯ^{33} ʥi^{33},khv̩^{55} mə^{33} lv̩^{21} me^{33} khv̩^{55} le^{33} me^{55},zɿ^{33} mə^{33} lv^{21} me^{33} zɿ^{33} le^{33}me^{55},
主人　这 一　家　年 不 够 者 年　又 求　寿 不 够 者　寿 又 求

uə^{33} mə^{33} lv̩^{21} me^{33} uə^{33} le^{33} me^{55},nɯ^{21} mə^{33} lv̩^{21}me^{33} nɯ^{21} le^{33} me^{55},uo^{21} mə^{33} lv̩^{21}me^{33} uo^{21}
粮 不 够　者 粮 又 求　财　不 够　者　财　又 求 富贵 不　够　者 富贵

le^{33} me^{55},| uo^{21} ne^{13} nɯ^{21} mə^{33} lv̩^{21} me^{33} mɯ^{33} lɯ^{55} dɑ^{33} ʥi^{21} hɯ^{55} gə^{33} ʂv̩^{21} ɕy^{55} sɿ^{33}. | dæ^{21}
又 求　富贵 与 财物　不　足　者　美利达吉　海　的 署神 祭祀　勇武

ne33 tʂhu21 mə33 lʯ21me33,gɑ33 ne33 u21 ɕy55 ʂʯ33.|zʅ33 ʂər21 hɑ55 i33 ȵi33 bɯ33 me33,mɯ33 ne13
与 迅捷 不 够 者 嘎神 和 吾神 祭祀 寿 长 富足 求 欲 者 天 和

dy21 gə33 phæ21 ne21 sæ21 kæ33 me55.|tʂuɑ21 nɯ33 tʂhər21 lo33 nɑ55 lo33 pu55,bɯ33nɯ33ɯ33 le33
地 的 盘神 与 禅 前 祈求 男子 来 肥肉 木盆 瘦肉木盆 带 女子 来 牛 又

ɕy21 mɑ21 pu55.bər33 phər21 y33 phər21, zʅ33 kʯ33 ʂər55 ʂər33, hɑ33 lʯ55 gʯ33 mu21pu55,|mɯ33 gə33
红 油 带 牦牛 白 绵羊 白 酒 头道 满满 饭 团 帽子 带 天 的

phæ21ne33 sæ21gɑ33 ne33 u21 kæ33 tʂhu55 pɑ33 be33,|mɯ33 tɕər21 tse33 ho55 dy33, gu33 lɑ21 kə55
盘神 和 禅神嘎神 和 吾神 前 天香 做 天 上 十 八 层 巩劳构补

bʯ33, gu33 lɑ21gə55mu33, lɑ33 kə55 lɑ33 bʯ33, kʯ33 phər21du21 zi33 kæ33tʂhu55 pɑ33 dɯ21 le33be33.|
巩劳构姆 劳构劳补 头 白 卢神 尊严 前 天香 大 又 做

pɯ33 bu21 nɑ55 pɯ33 bu21,pɯ33 lɯ33 kæ33 nɯ33 dʑə33,tshʅ33 mu21 ʂu21 dʑi21 uə55,lɯ33 sʅ33bi33
艾蒿 坡 大 艾蒿 坡 艾蒿 呀 前 就 有 犁模 铁 水 铸 箭羽 胶

nɯ33 tæ55,pɯ33 lɯ33 ʂu33 mu33 kæ33 nɯ33 dʑy33.|tʂhʅ33 lɑ33 dɯ33 le33 tʂhər55,ə33 ȵi33 lɑ33 ʂər55
来 粘 规矩 规范 前 就 有 之后 又一代 以往岁月

ȵi33, tʂhʅ33lɑ33 tʂhu21dɯ33 tʂhər55,gə21 nɯ33 kho33 ɯ33, mu21 nɯ33 sɑ55 ɯ33 mə33 thʯ33 sʅ33 tɯ33
这呀 早 一 代 上方 音 佳 下方 气 佳 不 出 之前

dzʅ21.|dʑi33 ne13 tsho21 mə33thʯ33,|hər33phər21 hər33 nɑ21 æ21 mə33 thʯ33,|gɑ13 gə33 tɕi21 phər21
精人 与 崇人 不 出 风 白 风 黑 争斗 不 出现 嘎神 的 云 白

hər33 nɯ33 khæ55, gə21 gə33 kə55 phər21
风 来 刮 上 的 鹰 白

这一户主人，年岁不够者，祈求年岁；寿命不足者，祈求寿命；粮食不够者，祈求粮食；财物不够者，祈求财物；富贵不够者，祈求富贵。欲求富贵者，就应向美利达吉海的署神祈求；欲求勇武者，必向嘎神、吾神祈求。欲求长寿富足者，就该向天地的盘神、禅神祈求。男子捧来盛满肥肉和瘦肉的木盆，女子端着盛满红牛油、红麦面粉的木盆。献上作为牺牲的牦牛与绵羊，奉上满杯的头道醇酒，献上像帽子一样的米饭团。为盘神、禅神、嘎神与吾神烧天香，为居于十八层高天的巩劳构补大神、巩劳构姆大神、劳构劳补大神敬献天香，向尊敬的白发卢神敬献盛大的天香。

艾蒿大山坡，艾蒿是最先发芽者；犁尖由铸模铸成、箭羽用胶来粘，这些规矩早已形成。在过往的一代又一代岁月之前，上方天空还未出现佳音，下方大地也未产生佳气。精人与崇人也还没有出现。白风黑风间也还未出现磨擦纠纷。可是，嘎神的云被风吹散了。上方的白鹰，

370-D-72-05

mu^{13} gə^{33} kə^{55}nɑ^{21} tər^{55} mə^{33} thv̩^{33} tʂhʅ^{33} dʐʅ^{33},| gɑ^{13} gə^{33} hər^{33}phər^{21} nɯ^{33}hər^{33} nɑ^{21} mɯ^{33} le^{33}
下方 的 鹰 黑 斗 不 产生 之时 嘎神 的 风 白 来 风 黑 下 又

zər^{21}, pɯ^{33} pɑ^{33} tʂu^{55} me^{33} lɯ^{33} mə^{33} tʂər^{21}.| dv̩^{21} ne^{13} ze^{21} lɑ^{33} thv̩^{33} mə^{33} tʂər^{21}.| he^{13} gə^{33}
压 变化 发生 来 不 许 毒鬼 和 仄鬼 也 产生 不 许 神 的

hər^{33} phər^{21} sʅ^{55} tər^{33} pɯ^{33} pɑ^{33} be^{33}, uo^{21} hər^{21} bu^{33} dɯ^{21} lu^{55} lɑ^{33} the^{33} le^{33} thv̩^{33}, bu^{33} dɯ^{21}
风 白 三股 变化 做 玉 绿 亮 大 四射 那里 又 产生 亮 大

lu^{55} lɑ^{33} pɯ^{33} pɑ^{33} be^{33}, mɯ^{33} lɯ^{55} tʂu^{55} kv̩^{33} phər^{21} me^{33} thv̩^{33}, mɯ^{33} lɯ^{55} tʂu^{55} kv̩^{33} phər^{21}
四射 变化 作 天 地 间 白 的 产生 天 地 连接 白

nɯ^{33} pɯ^{33}pɑ^{33} be^{33}, ko^{33} ɯ^{33} sɑ^{55} ɯ^{33} thv̩^{33}, ko^{33} ɯ^{33} sɑ^{55} ɯ^{33} pɯ^{33} pɑ^{33} be^{33}, i^{33}gv̩^{21} ɑ^{33} kə^{21}
来 变化 做 音 好 气 好 产生 声 好 气 好 变化 作 依谷阿格

thv̩^{33}, i^{33}gv̩^{21}ɑ^{33} kə^{21}pɯ^{33}pɑ^{33} be^{33}, he^{21}dɯ^{21}o^{33}phər^{21}thv̩^{33}, he^{21}dɯ^{21}o^{33}phər^{21} pɯ^{33}pɑ^{33}be^{33},|
出现 依谷阿格 变化 作 恒迪窝盘 产生 恒迪窝盘 变化 作

gv̩^{33}n̠i^{33}gv̩^{33}lv̩^{21}, ʂər^{33}n̠i^{33} kɑ^{33} le^{21}me^{33}phæ^{21}ne^{33} sæ^{21}, gɑ^{33} ne^{33} u^{21}, uə^{55} ne^{21} he^{21}le^{33}thv̩^{33}.|
九 天 保佑 七 天 赐福 的 盘神 和 禅神 嘎神 和 吾神沃神 和 恒神 又 产生

tʂhʅ^{33}gu^{21}me^{33}dɯ^{33}tʂhər^{55}, hər^{33}hər^{21} sʅ^{55} tər^{55} thv̩^{33}, hər^{33}hər^{21}sʅ^{55} tər^{55}pɯ^{33}pɑ^{33}be^{33},mɯ^{33}bv̩^{21}
这 后 一 代 风 绿 三 股 产生 风 绿 三 股 变化 作 天 下

du^{13} gə^{33} bi^{33} hər^{21} le^{21} hər^{21}, kɯ^{21} hər^{33} zɑ^{21} hər^{21}, dʑy^{21} hər^{21} lv̩^{33} hər^{21}, dʑər^{21} hər^{21} me^{33}
卢神 的 日 绿 月 绿 星 绿 娆星 绿 山 绿 石 绿 树 绿 者

le^{33} thv̩^{33}.| tʂhʅ^{33} gu^{21} me^{33} dɯ^{33} tʂhər^{55}, hər^{33} nɑ^{21} sʅ^{55} tər^{33} pɯ^{33} pɑ^{33} be^{33}, tshʅ^{21} gə^{33} mi^{33}
又 出现 这 后 一 代 风 黑 三 股 变化 作 鬼 的

mɑ^{21}se^{21}de^{55} thv̩^{33} le^{33} tshʅ^{21}.|dv̩^{21} ne^{33} tse^{21}, mu^{33} ne^{33} ɯ^{21} thv̩^{33} le^{33} tshʅ^{21}.|tṣhʅ^{33} gu^{21} me^{33}
米麻沈登 出现 又 来 毒鬼 和 仄鬼 猛鬼 和 恩鬼 出现 又 来 之后 的

dɯ^{33} tṣhər^{55}, hər^{33} ɕy^{21} sʅ^{55} tər^{55} pɯ^{33} pɑ^{33} be^{33}, sv̩^{13} gə^{33} mɯ^{33} na^{21} dy^{21} na^{21}, bi^{33} na^{21} le^{21}
一 代 风 红 三股 变化 作 术 的 天 黑 地 黑 日 黑 月

na^{21} kɯ^{21} na^{21} thv̩^{33}, dʑy^{21} na^{21} lo^{21} na^{21} thv̩^{33}.|hər^{33} ṣʅ^{21} si^{55} tər^{55}pɯ^{33} pɑ^{33} be^{33}, mɯ^{33} bv̩^{21}
黑 星 黑 出现 山 黑 谷 黑 出 风 黄 三股 变化 作 天 下

sv̩^{13} gə^{33} mɯ^{33} ṣʅ^{21} dy^{21} ṣʅ^{21}, bi^{33} ṣʅ^{21} le^{21} ṣʅ^{21}, kɯ^{21} ṣʅ^{21} zɑ^{21} ṣʅ^{21}, dʑy^{21} ṣʅ^{21} lo^{21} ṣʅ^{21} le^{33} thv̩^{33}
署 的 天 黄 地 黄 日 黄 月 黄 星 黄 娆星 黄 山 黄 谷 黄 又 出

tshʅ^{21}.
来

下方的黑鹰还未争斗。嘎神的白风把黑风镇压了下去，没有让黑风发生(恶毒的)变化，也没有让毒鬼和仄鬼产生出来。神的三股白风作变化，产生了巨大而翠绿的亮团，光射四方的亮团作变化，产生出白色的天地。白色的天地作变化，天地间产生出妙音与佳气，妙音佳气作变化，产生出了依谷阿格大神，依谷阿格作变化，出现了恒迪窝盘大神。恒迪窝盘大神作变化，产生出能保佑九天、赐福七天的盘神、禅神、嘎神、吾神、沃神、恒神。在随后的一代，有了三股绿风，三股绿风作变化，有了卢神的绿日月、绿星辰，还有绿山绿石绿树。随后一代，有三股黑风作变化，产生出鬼王米麻沈登，产生出毒鬼、仄鬼、猛鬼和恩鬼。随后又一代，三股红风作变化，有了术族的黑日月、黑星辰、黑色的山与谷。三股黄风作变化，产生出署神的黄天黄地、黄日、黄月、黄星、黄山与黄谷。

370-D-72-06

ɑ^{33} lɑ^{33} mə^{33} ṣər^{55} ṇi^{33}, ə^{33} so^{21} dʑi^{33} mə^{33} æ^{21}, mɯ^{33} lɯ^{55} du^{21} dʑy^{33}、mɯ^{33} lɯ^{55} sy^{21} dʑy^{33} sʅ^{33}
啊 也 不 说 天 最早 人们 不 争斗 美利董主 美利术主 先

æ^{21},mɯ^{33}dẓuɑ^{21}lɯ^{33}dẓuɑ^{21}, bi^{33}dẓuɑ^{21} le^{21}dẓuɑ^{21} kɯ^{21}dẓuɑ^{21},|dʑy^{21}dẓuɑ^{21}lo^{21}dẓuɑ^{21} thv̩^{33}le^{33}
争斗 天 争 地 争 日 争 月 争 星 争 山 争 谷 争 产生 又

tshɿ21, ŋv̩21 phər21 kho33 dʑɿ21dʐuɑ21, hæ33 ʂʅ21 miə33 dʑɿ33 dʐuɑ21.|zo55 lo33 i21 phu55 n̥i33 me33
来到 银 白 角 生 争 金 黄 眼 生 争 若罗 右边 东方

thv̩33, du13 gə33 mɯ33 phər21、dy21 phər21 bi33 phər21 le21 phər21、kɯ33 phər21 zɑ21 phər21、
卢神 的 天 白 地 白 日 白 月 白 星 白 娆星 白

dʑy21phər21 lo21 phər21、lv̩33 phər21dʑər33 phər21 thv̩33.|phæ21 sæ21 gɑ33 u21 tv̩33 tv̩21
山 白 谷 白 石 白 树 白 产生 盘神 禅神 嘎神 吾神 千 千

kɯ33 kɯ21 thv̩33 le33 tshɿ21. zo55 lo33 dʑy21n̥i33 me33 gv̩21，sv̩13 gə33 mɯ33 nɑ21 dy21 nɑ21、bi33
万 万 产生 又 来 若罗 山 西边 术 的 天 黑 地 黑 日

nɑ21 le21 nɑ21、kɯ21 nɑ21 zɑ21 nɑ21、dʑy21 nɑ21 lo21nɑ21 . dv̩21 ne33 tshe21, mu33ne33 ɯ21
黑 月 黑 星 黑 娆星 黑 山 黑 谷 黑 毒鬼 和 仄鬼 猛鬼 和 恩鬼

tv̩33 tv̩21 kɯ33 kɯ21 thv̩33 le33 tshɿ33.|tʂhʅ33 lɑ33 tʂhu21 dɯ33 tʂhər55, ə33 n̥i33 lɑ33 ʂər55 n̥i33,
千 千 万 万 产生 又 来 这 呀 早 一 代 久远以前

tʂhu21 me33khv̩33mə33 do21, mɯ33 lɯ55 sv̩21dʑv̩33 fv̩55 n̥i33 kv̩55 sv̩33 khv̩33. mɯ33 lɯ55 du21 dʑv̩33
早先 偷 不 见 美利术主 鼠 两 个 先 偷 美利董主

nv̩55 me33 ɯ33 le33 sɿ33.|du13gə33py33 bu21 i33 ʂʅ55 bu21 dzo33nɯ33, sɿ33 phər21ʐʅ33 lv̩33 tɯ21, zɿ33
心 好 又 想 董 的 祭司 伊世补佐 来 毡 白 神坛 铺 神粮

i33 tʂhuɑ33 phər21 ko55 le33 uə55, ŋv̩33 hæ21, uo21 tʂhu21 gə21 le33 tɕi33.
米 白 上面 又 堆 银 金 玉 松石 上 又 敬献

很久以前，人们还没有争斗。美利董主同美利术主首先发生了争斗，争天争地争日月，争山争谷，争翘角的白银，争耀眼的黄金。在东方，若罗神山的右侧东方，产生白色而明亮的日月星辰和山川树木，产生出千千万万的盘神、禅神、嘎神、吾神，产生出千千万万的胜利神神灵。在西方，若罗神山的西边，产生术方黑色的日月星辰和山谷土地，产生出千千万万的毒鬼、仄鬼、猛鬼和恩鬼。

很久以前，没有见过偷盗之事，美利术主家的老鼠首先学会了偷盗。(为制止美利术主家老鼠的偷盗)，美利董主心中有了个好主意。他请来祭司伊世补佐，用白色毡子铺设神坛，用白米作为神粮堆于其上，敬献金银珠玉。

370-D-72-07

bər^{33} y^{21} ʐʅ^{33} hɑ^{33},tʂhər^{21} nɑ^{55} ɕy^{55} mɑ^{21} tʂhu^{55} pɑ^{33} be^{33}, phæ^{21} ne^{33} sæ^{21} gɑ^{33} ne^{33} u^{21}

牦牛绵羊酒 饭 肥肉 瘦肉 柏叶酥油 天香 做 盘神 和 禅神嘎神和 吾神

kæ^{33} tʂhu^{55} pɑ^{33} be^{33},| he^{21}dɯ^{21}o^{33}phər^{21} 、tɑ^{33} tʂa^{55} tsha^{33} zɑ^{21} tʂhu^{21} zɑ^{21} tsʅ^{21}, kæ^{33}

前 天香 做 恒迪窝盘 岛宙超娆 早 前

tʂhu^{55} pɑ^{33} tʂu^{21} le^{33} be^{33}.|dv̩^{33} dʑʅ^{21} iə^{33} mɑ^{21} tʂhu^{55} pɑ^{33} be^{33},dv̩^{33} dʑʅ^{21} iə^{33} mɑ^{21} nɯ^{33} gv̩^{33}

天香 快 又 做 翅 生 优麻 天香 做 翅 生 优麻 来 保佑

lv̩^{21} kɑ^{33} le^{33} be^{33} le^{33} thy^{55}.|mɯ^{33} lɯ^{55} du^{21} dʑʅ^{33} mə^{33} khv̩^{55} mə^{33} khv̩^{33} be^{33} khv̩^{55} le^{33} iə^{55},

赐福 做 又 给 美利董主 的 年 不 偷 的 年 又 给

nɯ^{21} ne^{13} uo^{33} mə^{33} khv̩^{33} be^{33}, nɯ^{21} ne^{13} uo^{33} le^{33} iə^{55}, uə^{33} ne^{13} dʑæ^{33} mə^{33} khv̩^{33} be^{33} uə^{33}

财产和 富足 不 偷 的 财产 和 富足 又 给 粮食 和 富裕 不 偷 的 富足

ne^{13} dʑæ^{33} le^{33} iə^{55}.|mɯ^{33}lɯ^{55} du^{21}dʑʅ^{33} nɯ^{33} mɯ^{33} lɯ^{55} sv̩^{21} dʑʅ^{33} mɯ^{33} le^{33} zər^{21}.|mɯ^{33} lɯ^{55}

与 富裕 又 给 美利董主 来 美利术主 下 又 压 美利董主

du^{21} dʑʅ^{33} lɑ^{33} phv̩^{33} do^{21} lɯ^{55} do^{21}, nɯ^{21} ne^{33} uo^{21}, hɯ^{21}ne^{33} dʑæ^{33}, zʅ^{33} ʂər^{21}hɑ^{55} i^{33} kv̩^{33} be^{33}

也 祖父 见 孙子 见 财旺 和 兴旺 富足 和 富裕 寿 长 富足 成

ho^{33}.|bi^{33} thv̩^{33}mə^{55} tʂhʅ^{33}ȵi^{33}, i^{33}dɑ^{13} tʂhʅ^{33} dɯ^{33} dʑi^{13}, mɯ^{33} lɯ^{55} du^{21} dʑʅ^{33} gə^{33} tɕhy^{33} tʂhʅ^{21}

祝愿 日 出 的 这 天 主人 这 一 家 美利董主 的 种 纯

kv̩^{33} mæ^{55} uə^{21}, thɑ^{21} lɑ^{33} lɯ^{33} kv̩^{33} py^{33} bv̩^{21} dy^{55}, sʅ^{33} phər^{21} ʐʅ^{33} lv̩^{33} tɯ^{21}, zʅ^{33} i^{33} tʂhuɑ^{33}

后裔 是 他家 也 东巴 祭司 请 毡 白 神坛 铺 神粮 米

phər^{21} ko^{55} le^{33} uə^{55}, ŋv̩^{33} hæ^{21}uo^{21} tʂhu^{21} gə^{21} le^{33} tɕi^{33}.bər^{33} y^{21} ʐʅ^{33} hɑ^{33} ,tʂhər^{21} nɑ^{55}ɕy^{55}

白 上面 堆 银 金 玉 松石 上 又 敬献 牦牛绵羊酒 饭 肥肉 瘦肉 柏枝

mɑ^{21} tʂhu^{55} pɑ^{33} be^{33}, phæ^{21}ne^{33}sæ^{21} gɑ^{33} ne^{33} u^{21} kæ^{33} tʂhu^{55}pɑ^{33} be^{33},| sa^{21} i^{33} uə^{33} te^{33}

酥油 天香 做 盘神 和 禅神 嘎神和 吾神 前 天香 做 刹依威德

he^{21}dɯ^{21}o^{33}phər^{21} dʐʅ^{33} kæ^{33} tʂhu^{55} pɑ^{33} be^{33}, dy̩^{33} dʐʅ^{21} iə^{33} mɑ^{21} sʅ^{21} ɕi^{33} tʂhuɑ^{55} tshər^{21}

恒迪窝盘 前 天香 做 翅 生 优麻 三 百 六 十

kæ^{33} tʂhu^{55} pɑ^{33} be^{33}.| bɑ^{33} u^{33} iə^{33} mɑ^{21} nɯ^{33} i^{33} dɑ^{13} gy̩^{33} ly̩^{21} kɑ^{33} le^{21} gə^{21} le^{33} thy̩^{55}, khy̩^{55}

前 天香 做 巴乌优麻 来 主人 保佑 赐福 上 又 赐 年

ne^{33} zʅ^{33} khy̩^{33} mə^{33} tʂər^{21} le^{33} iə^{55}. |

和 寿 偷 不 准 又 赐给

献上作为牺牲的牦牛与绵羊，用酒、饭、肥肉、瘦肉、柏枝、酥油为盘神、禅神、嘎神与吾神烧天香，向恒迪窝盘大神和岛宙超娆大神烧天香，向生有翅膀的优麻神敬献天香。优麻神赐下了福泽，不让美利术主偷走美利董主的年岁，又赐予年岁，不许美利术主偷去财产、粮食与富贵，又送来了财产、粮食与富足。美利董主把美利术主镇压下去，祖父(延寿)又能够同孙子们相见了。但愿(祭祀的主人家)又能获得兴旺富足、长寿安康。

今天是阳光灿烂的日子，这户主人是美利董主的好后代，主人催请来祭司，用白色毡子铺设神坛，用白米作为祭粮堆于其上，敬献金银玉石，献上牺牲牦牛与绵羊。用酒、饭、肥肉、瘦肉、柏枝、酥油来烧天香，向盘神、禅神、嘎神、吾神敬献天香。向恒迪窝盘和刹依威德大神敬献天香，向三百六十位生有翅膀的优麻神敬献天香。巴乌优麻向主人家赐下福分，不让术盗走寿岁，为主人们赐下寿岁。

370-D-72-08

nɯ^{21} ne^{33} uo^{21}, hɯ^{21} ne^{33} dʑæ^{21} khy̩^{33}mə^{33} tʂər^{21} le^{33} iə^{55}.| sy̩^{13} tshʅ^{21} ty̩^{33} ty̩^{21} kɯ^{33} kɯ^{21}mɯ^{21}

财产 和 兴旺 富足 与 富裕 偷 不 准 又 给 术鬼 千 千 万 万 下

le^{33}zər^{21}.| i^{33}dɑ^{13}tʂhʅ^{33} dɯ^{33} dʑi^{13}, ky̩^{33} phər^{21} dʑæ^{33} ʂʅ^{33}, phy̩^{33} do^{33} lɯ^{55} do^{33}, nɯ^{21} ne^{33} uo^{21},|

又 压 主人 这 一 家 头 白 牙 黄 祖 见 孙 见 财足 与 兴旺

hɯ^{21} ne^{33} dʑæ^{33}, zʅ^{33} ʂər^{21} hɑ^{55} i^{33} gy̩^{33} be^{33} ho^{33}.| tʂhʅ^{33} gu^{21} me^{33} dɯ^{33} tʂhər^{55}, tɑ^{21} tʂə^{33} ə^{33}

富足与 富裕 长寿富足 成 祝 愿 这 之后 一 代 岛周欧吾

uə55 gə33 khv̩55ne33 zʅ33 lɑ33 dv̩13 gə33 so33 bv̩33 ti55 lo33 me33 nɯ33 khv̩33.| tɑ21 tʂə33 ə33 uə55
的 年 与 寿 也 毒鬼 的 梭布替罗 他 来 偷 岛周欧吾

gə33ɕə33 mɑ21thɑ33 tʂhʅ33 dʑi33, lɯ55 kv̩33 py33 bv̩21dy55, sʅ33 phər21 ʐʅ33 lv̩33 tɯ21, zʅ33 i33tʂhuɑ33
的 修玛 他 这 家 东巴 祭司 请 毡 白 神坛 铺 神粮 米

phər21 ko55 le33 uə55, ŋv̩33 hæ21, uo21 tʂhu21 gə21 le33 tɕi33. bər33 y21 ʐʅ33 hɑ33, tʂhər21 nɑ55 ɕy55
白 上边 又 堆 银 金 玉 松石 上 又 敬献牦牛 绵羊 酒 饭 肥肉 瘦肉 柏枝

mɑ21 tʂhu55 pɑ33 be33, phæ21 ne33 sæ21 gɑ33 ne33 u21 kæ33 tʂhu55 pɑ33 be33, phv̩33 lɑ21 tv̩33 tv̩21
酥油 天香 做 盘神 和 禅神 嘎神 和 吾神 前 天香 做 神灵 千 千

kɯ33 kɯ21 tʂhu55 pɑ33 gə21 le33 be33.| sv̩21 ne33 lv̩21 nɯ33 gv̩33 lu21 kɑ33 le33 gə21 le33 be33.| tɑ21
万 万 天香 上 又 做 署 和 龙 来 保佑 赐福 上 又 做

tʂə33 ə33 uə55 thɑ13 tʂhʅ33 ə33 uə55 thɑ13 tʂhʅ33 tʂhɑ21, dv̩13 gə33 so33 bv̩33 ti55 lo33 mu21 le33 sy55.
岛周欧吾 他 这 族群 毒鬼 的 梭布替罗 下 又 杀

tɑ21 tʂə33 ə33 uə55 gə33, khv̩55 nɯ21 zʅ33、nɯ21 nɯ21 uə21 i33, so33 bv̩33 ti55 lo33 nɯ33 khv̩33
岛周欧吾 的 岁 和 寿 富裕 和 充足 是 梭布替罗 以 偷

mə33 tʂər21. tɑ21 tʂə33 ə33 uə55 phv̩33 do33 lɯ55 do33、kv̩33 phər21 dʑæ33 ʂʅ33、nɯ21 nɯ21 uə21
不许 岛周欧吾 祖 见 孙 见 头 白 牙 黄 富裕 和 充足

gv̩33 le33 hə21.| bi33 thv̩33 mə55 tʂhʅ33 ȵi33, i33dɑ13 tʂhʅ33 dɯ33 tɕi13, tɑ21 tʂə33 ə33 uə55 gə33
成 又 去 日 出 灿烂 这 天 主人 这 一 家 岛周欧吾 的

tɕhy33 tʂʅ21 kv̩33 mæ55 uə21,| lɯ55 kv̩33 py33 bv̩21 dy55, sʅ33 phər21 ʐv̩21 lv̩33 tɯ21, zʅ33 i33
种 纯 后代 是 东巴 祭司 请 毡 白 神坛 铺 神粮

tʂhuɑ33 phər21 ko55 le33 uə55,|
米 白 上边 又 堆

赐下富足和兴旺，并把千千万万的术鬼镇压下去。这一户主人，获得了白发与黄牙(指长寿)，祖父与孙子又能相见，(愿他们)长久地获得兴旺与富足，获得长寿与安康。随后的一代，岛周欧吾家的寿岁与财富，被毒鬼家的梭布替罗盗走了。岛周欧吾的“修玛”家族，请来东巴祭司，用白色毡子铺设神坛，用白米作为祭粮堆于其上，敬献以金银玉石，献上牺牲牦牛与绵羊。用酒、饭、肥肉、瘦肉、柏枝、酥油来烧天香，向盘神、禅神、嘎神、吾神敬献天香。向千千万万的神灵敬献天香。署和龙也赐下保佑与福泽。岛周欧吾他们家将毒鬼梭布替罗镇压下去，不让梭布替罗偷走财富与寿岁，岛周欧吾他们家又获得了财富与兴旺，获得了寿岁与安康。今天是阳光灿烂的日子，这一家主人是岛周欧吾的好后代，他们请来的祭司，用白色毡子铺设神坛，用白米作为祭粮堆于其上，

370-D-72-09

ŋv̩^{33} hæ^{21}, uo^{21}tʂhu^{21} gə^{21} le^{33} tɕi^{33}, bər^{33} y^{21} zʅ^{33} hɑ^{33}, tʂhər^{21}nɑ^{55} ɕy^{55} mɑ^{21} tʂhu^{55} pɑ^{33} be^{33},|
银 金 玉 松石 上 又 置 牦牛 绵羊 酒 饭 肥肉 瘦肉 柏枝 酥油 天香 做

zʅ^{33} kv̩^{33} ʂər^{55} ʂər^{33}, hɑ^{33} lv̩^{55} gu^{33} mu^{21} pu^{55},tʂhu^{55} pɑ^{33} be^{33}, gɑ^{33} ne^{33} u^{21} kæ^{33} tʂhu^{55} pɑ^{33}
酒 头道 满满 饭 团 帽子 带 天香 做 嘎神和 吾神 前 天香

be^{33}, phv̩^{33} lɑ^{21} nɯ^{33} gv̩^{33} lu^{21} kɑ^{33} le^{33} gə^{21} le^{33} thy^{55}.| khv̩^{55} ne^{33} zɿ^{33} khv̩^{33} mə^{33}
做 神 来 保佑 赐福 上 又 赐 年 与 寿 偷 不

tʂər^{21} le^{33} iə^{55}, nɯ^{21} ne^{33} uo^{21} khv̩^{33} mə^{33} tʂər^{21} le^{33} iə^{55}.|phv̩^{33} do^{33}lɯ^{55}do^{33},nɯ^{21} ne^{33} uo^{21},
许 又 给 财物 与 福分 偷 不 准 又 给 祖 见 孙 见 财富 与 兴旺

hɯ^{21} ne^{33} dʑæ^{33}, zɿ^{33} ʂər^{21} hɑ^{55} i^{33} gv̩^{33} be^{33} ho^{33}.|tʂhʅ^{33} lɑ^{33} gu^{21} dɯ^{33} tʂər^{55}, mɯ^{33} bv̩^{21} tse^{33}
富裕 与 富豪 寿 长 富足 成 祝愿 这 之 后 一 代 天 下

zo^{33} tɕi^{33} bv̩^{55}, tse^{33} mi^{55}ɕy^{55}mɑ^{21} me^{33} tʂhʅ^{33} dʑi^{21}, tshv̩^{55} ɕi^{33} nɑ^{33} pv̩^{21} khv̩^{55} khv̩^{33} zɿ^{33} khv̩^{33}
珍若吉布 珍命许玛 的 这 家 醋西那补 年 偷 寿 偷

nɯ^{21} khv̩^{33} uo^{21} khv̩^{33} ne^{33} le^{33} tɕi^{33}.|tse^{33} zo^{33} tɕi^{33} bv̩^{55} zo^{33} tɕi^{55} iə^{33}ko^{21} le^{33} thv̩^{33} ȵə^{55}, lɯ^{55}
财物 偷 兴旺 偷 如此 做 了 珍若吉布 男儿 年少 家中 又 到 时

kv̩^{33} by^{33} bu^{33} le^{33} kɑ^{33} tɕhi^{33},lɯ^{55} kv̩^{33} by^{33} bu^{33}nɯ^{33}, sɿ^{33} phər^{21} zʅ^{33}lv̩^{33} tɯ^{21}, zɿ^{33} i^{33} tʂhuɑ^{33}
东巴祭司 又 求助 东巴 祭司 来 毡 白 神坛 铺 神粮 米

phər^{21} ko^{55} le^{33} uə^{55}, ŋv̩^{33} hæ^{21} uo^{21} tʂhu^{21} gə^{21} le^{33} tɕi^{33}.|bər^{33} y^{21} zʅ^{33} hɑ^{33}, tʂhər^{21} nɑ^{55} ɕy^{55}
白 上边 又 堆 银 金 玉 松石 上 又 敬献 牦牛 绵羊酒 饭 肥肉 瘦肉 柏枝

mɑ^{21} tʂhu^{55} pɑ^{33} be^{33},|phæ^{21} ne^{33} sæ^{21}, gɑ^{33} ne^{33} u^{21} kæ^{33} tʂhu^{55} pɑ^{33} be^{33}, sv̩^{21} ne^{33} lv̩^{21} nɯ^{33}
酥油 天香 做 盘神 和 禅神 嘎神 和 吾神 前 天香 做 署 和 龙 来

gv̩^{33} lu^{21} ka^{33} le^{33} gə^{21} le^{33} be^{33}.| mɯ^{33} gə^{33} tse^{33} zo^{33} tɕi^{33} bv̩^{55}me^{33} tʂʅ^{33} dʑi^{21}, nɯ^{21} ne^{33} uo^{21}
保佑 赐福 上 又 做 天 的 珍若吉布 的 这 家 财物 与 兴旺

mə^{33} lv̩^{21} me^{33}, nɯ^{21} me^{33} uo^{21} me^{55}, khv̩^{55} ne^{33} zʅ^{33} mə^{33} lv̩^{21} me^{33} khv̩^{55} ne^{33} zʅ^{33} le^{33} me^{55}.|
不 足 者 财物 求 兴旺 要 年 与 寿 不 足 者 岁 与 寿 又 求

tse^{33} zo^{33} tɕi^{33} bv̩^{55} me^{33} tʂʅ^{33} dʑi^{21}, tshv̩^{55}ɕi^{33} na^{33} pv̩^{21} sy^{55} le^{33} tɕi^{33}.| tshv̩^{55}ɕi^{33} na^{33} pv̩^{21}
珍若吉布 者 这 家 醋西那补 杀 又 置 醋西那补

khv̩^{55} ne^{33} zʅ^{33} khv̩^{33} mə^{33} tʂər^{21} le^{33} iə^{55}, nɯ^{21} ne^{33} uo^{21} khv̩^{33} mə^{33} tʂər^{21} le^{33} iə^{55}.|
年 与 寿 盗 不 准 又 给 财富 与 兴旺 盗 不 让 又 赐

献上金银与玉石，献上牺牲牦牛与绵羊。用酒、饭、肥肉、瘦肉、柏枝、酥油来烧天香，向盘神、禅神、嘎神、吾神敬献天香。献上满杯的头道醇酒，献上如帽子状的白米饭饭团，为嘎神与吾神烧天香。不准许偷走寿岁，并赐下寿岁；不让偷走财富与福分，又赐下了财富与福分。主人又能够祖孙相见了，祝愿主人获得财物、福分与长寿。

在随后的一代，珍若吉布、珍命许玛这一家。醋西那补偷走了他们家的年岁，偷走了财富、珠宝与兴旺。珍若吉布请来贤能的祭司，用白色毡子铺设神坛，用白米作为神粮敬献其上，献以金银珠宝，献上作为牺牲的牦牛与绵羊。用肥肉、瘦肉、柏枝、酥油，为盘神、禅神、嘎神、吾神烧天香。署神和龙神又赐下了福分。珍若吉布家，年岁不足，就求年岁；财富不够，就祈求财富。珍若吉布家将醋西那补宰杀，不准醋西那补再来偷取年岁与财富，不许再来盗取富足与兴旺。

370-D-72-10

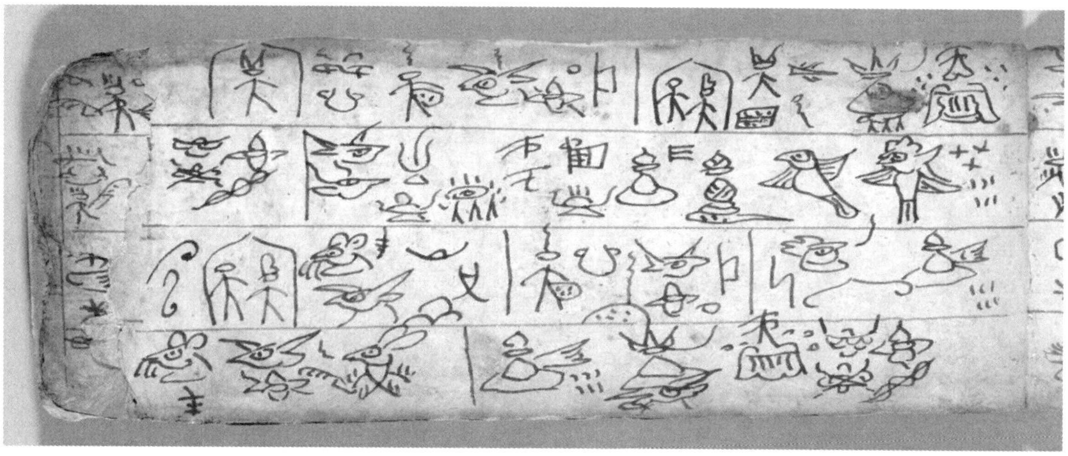

tse^{33}zo^{33} tɕi^{33} bv̩^{55}me^{33}tʂʅ^{33}dʑi^{21},phv̩^{33}do^{33} lɯ^{55} do^{33}, nɯ^{21} ne^{33}uo^{21}, hɯ^{21} ne^{33}dʑæ^{33}, zʅ^{33}ʂər^{21}
珍若吉布 者 这 家 祖 见 孙 见 财富 与 兴旺 富裕 与 富豪 寿 长

ha^{55} i^{33} gv̩^{33} be^{33} ho^{33}.| i^{33} da^{13} tʂʅ^{33} dɯ^{33} tɕi^{13}, tse^{33}zo^{33} tɕi^{33} bv̩^{55} me^{33} gə^{33} tɕhy^{33} tʂʅ^{21} kv̩^{33}
富足 成 祝 愿 主人 这 一 家 珍若吉布 的 种 纯 后代

mæ^{55} uə^{21}, lɯ^{55} kv̩^{33} py^{33} bv̩^{33} nɯ^{33}, sʅ^{33} phər^{21} zʅ^{33} lv̩^{33} tɯ^{21},zʅ^{33} i^{33} tʂhua^{33} phər^{21} ko^{55} le^{33}
是 祭司 来 毡 白 神坛 铺 神粮 米 白 上边 又

uə^{55}, ŋɣ̩^{33} hæ^{21} uo^{21} tʂhu^{21} gə^{21} le^{33} tɕi^{33}.|bər^{33} y^{21} ʐʅ^{33} hɑ^{33}, tʂhər^{21}nɑ^{55} ɕy^{55} mɑ^{21} tʂhu^{55} pɑ^{33}
堆 银 金 玉 松石 上 又 敬献 牦牛绵羊酒 饭 肥肉 瘦肉 柏枝 酥油 天香

be^{33},|phæ^{21} ne^{33} sæ^{21}, gɑ^{33} ne^{33} u^{21} kæ^{33} tʂhu^{55} pɑ^{33} be^{33},sɣ̩^{21} ne^{33} lɣ̩^{21} nɯ^{33} gɣ̩^{33} lu^{21} kɑ^{33} le^{21}
做 盘神 和 禅神嘎神 和 吾神 前 天香 做 署 和 龙 来 保佑 赐福

gə^{21} le^{33} be^{33}, iə^{33}mɑ^{21}sʅ^{21}ɕi^{33} tʂhuɑ^{55} tshər^{21} le^{33} thɣ̩^{55}.i^{33}dɑ^{13} tʂhʅ^{33} dɯ^{33} dʑi^{13},khɣ̩^{55} ne^{33} zʅ^{33}
上 又 做 优麻 三 百 六 十 又 保佑 主人 这 一 家 年 与 寿

mə^{33} lɣ̩^{21} me^{33}, nɯ^{21} ne^{33} uo^{21} mə^{33} lɣ̩^{21} me^{33},nɯ^{21} me^{55} uo^{21} me^{55} ne^{33} le^{33} me^{55}.|zʅ^{33} ʂər^{21}
不 足 的 财物 与 兴旺 不 足 的 财富 要 兴旺 求 的 又 求 长 寿

hɑ^{55} i^{33} be^{33} le^{33} thɣ̩^{33}, phɣ̩^{33} lɯ^{55} do^{21}, nɯ^{21}ne^{33} uo^{21} gɣ̩^{33} be^{33} ho^{55}.|tʂhʅ^{33} gu^{21} tʂhu^{33} dɯ^{33}
富足 地 又 出现 祖 孙 见 财富 与 富足 成 祝愿 这 后 早 一

tʂhər^{55},mɯ^{33}gə^{33} iə^{21} lɑ^{55} di^{33} dər^{33} gə^{33} khɣ̩^{55} ne^{21} zʅ^{33}, nɯ^{21} ne^{21} uo^{21} i^{33} le^{55} tɕhi^{33}sʅ^{33}phɣ̩^{33}
代 天 的 尤拉丁端 的 年 与 岁 财富 与 兴旺呀 楞启斯普

nɯ^{33} khɣ̩^{33} iə^{33} tsʅ^{55}.|iə^{21} lɑ^{55} di^{33}dər^{33} nɯ^{33} y^{21} ni^{55} tɕi^{33} gu^{33} py^{33} bɣ̩^{21}dy^{55}, y^{21}ȵi^{55} tɕi^{33}gu^{33}
来 偷 了 说 尤拉丁端 来 余尼敬恭 祭司 催请 余尼敬恭

py^{33} bɣ̩^{21} nɯ^{33}, sʅ^{33} phər^{21} ʐʅ^{33} lɣ̩^{33} tɯ^{21}, zʅ^{33} i^{33} tʂhuɑ^{33} phər^{21} ko^{55} le^{33} uə^{55}, ŋɣ̩^{33} hæ^{21} uo^{21}
祭司 来 毡 白 神坛 铺 神粮 米 白 上边 又 堆 银 金 玉

tʂhu^{21}
松石

珍若吉布这一家，祖孙相见，又获得了财富与兴旺，希望他们家得到久远的长寿与富足。主人这一家，是珍若吉布正宗的后代，(他们家)请来东巴祭司，用白色毡子铺设神坛，用白米作为神粮敬献其上，献以金银珠宝，献上作为牺牲的牦牛与绵羊。用肥肉、瘦肉、柏枝、酥油，为盘神、禅神、嘎神、吾神烧天香。署神和龙神又赐下了福分，三百六十位优麻神也给予保佑并赐福。主人这一家，寿岁不足者又求得寿岁，财富与兴旺不足者，又祈到了财富与兴旺。祖孙能相见，祝愿该家庭长寿富足！在早些的一代里，尤拉丁端家的寿岁与财富被楞启斯普偷去了。(于是)尤拉丁端请来余尼敬恭祭司，用白色毡子铺设神坛，用白米作为神粮敬献其上，献以金银珠宝。盘神、禅神、嘎神、吾神为他们家赐下福分，署神和龙神也赐下了福分。

370-D-72-11

bər^{33} y^{21} ʐʅ^{33} hɑ^{33}, tʂhər^{21} nɑ^{55} ɕy^{55} mɑ^{21} tʂhu^{55} pɑ^{33} be^{33},|phæ^{21} ne^{13} sæ^{21},gɑ^{33} ne^{33} u^{21} kæ^{33}
牦牛绵羊酒 饭 肥肉 瘦肉 柏枝酥油 天香 做 盘神 和 禅神 嘎神 和吾神前

tʂhu^{55} pɑ^{33} be^{33},sv̩^{21} ne^{33} lv̩^{21} nɯ^{33} gv̩^{33} lu^{21} kɑ^{33} le^{33} gə^{21} le^{33} be^{33},iə^{33} mɑ^{21} si^{21} ɕi^{33} tʂhuɑ^{55}
天香 做 署 和 龙 来 保佑 赐福 上 又 做 优麻 三 百 六

tshər^{21} le^{33} thy^{55}.|iə^{33} lɑ^{55} ti^{33} tər^{33} le^{55} tɕi^{33} sɿ^{33} phv̩^{33}ɕy^{55},le^{55} tɕhi^{33} sɿ^{33} phv̩^{33} khv̩^{55} ne^{33} zɿ^{33}
十 又 保佑 尤拉丁端 楞启斯普 杀 楞启斯普 年 与 寿

khv̩^{33} mə^{33} tʂər^{21} le^{33} iə^{55}, nɯ^{21} ne^{33} uo^{21} khv̩^{33} mə^{33} tʂər^{21} le^{33} iə^{55}.|iə^{21} lɑ^{55} ti^{33} tər^{33} phv̩^{33}
偷 不 让 又 给 财富 与 兴旺 偷 不 许 又 给 尤拉丁端 祖

do^{33} lɯ^{55} do^{33},nɯ^{21}ne^{33} uo^{21},hɯ^{21} ne^{33} dʑæ^{33},zɿ^{33} ʂər^{21} hɑ^{55} i^{33} gv̩^{33} be^{33} ho^{33}.|bi^{33} thv̩^{33}mə^{55}
见 孙 见 财富 与 兴旺富裕 与 富豪 长寿 富足 成祝 愿 日出 灿烂

tʂhʅ^{33}ȵi^{33}, i^{33}dɑ^{13} tʂhʅ^{33}dɯ^{33} dʑi^{13},iə^{21} lɑ^{55} di^{33}dər^{33} gə^{33} tɕhy^{33} tʂhʅ^{21} kv̩^{33} mæ^{55} uə^{21}, lɯ^{55} kv̩^{33}
这 天 主人 这 一 家 尤拉丁端 的 种纯 后代 是 东巴

py^{33}bv̩^{33} nɯ^{33},sɿ^{33} phər^{21}ʐʅ^{33} lv̩^{33} tɯ^{21}, zɿ^{33} i^{33} tʂhuɑ^{33}phər^{21} ko^{55} le^{33} uə^{55}, ŋv̩^{33} hæ^{21}uo^{21}tʂhu^{21}
祭司 来 毡 白 神坛 铺 神粮 米 白 上边 又 堆 银 金 玉 松石

gə^{21} le^{33} tɕi^{33}.|bər^{33} y^{33} ʐʅ^{33} hɑ^{33},tʂhər^{21} nɑ^{55} ɕy^{55} mɑ^{21} tʂhu^{55} pɑ^{33} be^{33},| phæ^{21} ne^{33} sæ^{21},
上 又 敬献 牦牛绵羊酒 饭 肥肉 瘦肉柏枝 酥油 天香 做 盘神 和 禅神

gɑ^{33}ne^{33} u^{21} kæ^{33} tʂhu^{55}pɑ^{33} be^{33}, sv̩^{21} ne^{33} lv̩^{21}nɯ^{33} gv̩^{33} lu^{21} kɑ^{33} le^{33} gə^{21} le^{33} be^{33}.iə^{33} mɑ^{21}
嘎神和吾神 前 天香 做 署 和 龙 来 保佑 赐福 上 又 做 优麻

sɿ^{21} ɕi^{33} tʂhuɑ^{55} tshər^{21} tʂhu^{55} pɑ^{33} be^{33}.|phæ^{21} ne^{33} sæ^{21} gɑ^{33} ne^{33} u^{21} nɯ^{33} gu^{33} lu^{33} gɑ^{33}
三 百 六十 天香 做 盘神 和 禅神 嘎神 和 吾神 来 保佑 赐福

le^{21} ne^{21} le^{33} ty^{55}. khv̩^{55} ne^{33} zɿ^{33}, hɯ^{21} ne^{33} ʥæ^{33} le^{55} tɕhi^{33} sɿ^{33} phv̩^{33} nɯ^{33} khv̩^{33} mə^{33} tʂər^{21},
的 又 做 年 与 岁 富裕 和 富豪 楞启斯普 来 偷 不 许

献上作为牺牲的牦牛与绵羊。用肥肉、瘦肉、柏枝、酥油，为盘神、禅神、嘎神、吾神烧天香。署神和龙神又赐下了福分，三百六十位优麻神也给予保佑赐福。尤拉丁端将楞启斯普斩杀，不让楞启斯普偷走寿岁、财富与兴旺。祝愿尤拉丁端家祖孙又能相见，又能获得财富与兴旺，获得长寿富足。这一家主人，是尤拉丁端的好后代，他们请来贤能的祭司，用白色毡子铺设神坛，用白米作为神粮敬献其上，献以金银珠宝，献上作为牺牲的牦牛与绵羊。用肥肉、瘦肉、柏枝、酥油，为盘神、禅神、嘎神、吾神烧天香。署神和龙神又赐下了福分，三百六十位优麻神也给予保佑赐福。不准许楞启斯普盗走寿岁与富贵。

370-D-72-12

nɯ^{21} ne^{33} uo^{21} lɑ^{33} khv̩^{33} mə^{33} tʂər^{21}, iə^{21} lɑ^{55} di^{33} dər^{33} phv̩^{33} do^{33} lɯ^{55} do^{33}, nɯ^{21} ne^{33} uo^{21}.
财富 与 兴旺 也 偷 不 许 尤拉丁端 祖 见 孙 见 财富 与 兴旺

mɯ^{33} tʂə^{55}ɕy^{33}mɑ^{21} thv̩^{33}, zɿ^{33} khv̩^{33} khv̩^{55} khv̩^{33} ne^{21},| nɯ^{21} ne^{21} uo^{21} khv̩^{33} tsɿ^{21}. mɯ^{33} zɿ^{33}
美臭许玛 出现 寿 偷 岁 偷 在 财富 与兴旺 偷 来 天 子

gv̩^{55} zɿ^{33} nɯ^{33} mɯ^{33} bv̩^{21} nɑ^{55} bv̩^{33} so^{33} gu^{33} py^{33} bv̩^{21} dy^{55}, sɿ^{33} phər^{21} ʐʅ^{33} lv̩^{33} tɯ^{21},
九 子 来 天 下 纳补梭恭 祭司 请 毡 白 神坛 铺神

zɿ^{33} i^{33} tʂhuɑ^{33} phər^{21} ko^{55} le^{33} uo^{55}, ŋv̩^{33} hæ^{21} uo^{21} tʂhu^{21} gə^{21} le^{33} tɕi^{33}. bər^{33} y^{21} ʐʅ^{33} hɑ^{33},
粮 米 白 上边 又 堆 银 金 玉 松石 又 敬献 牦牛绵羊 酒 饭

tʂhər^{21} nɑ^{55} ɕy^{55} mɑ^{21} tʂhu^{55} pɑ^{33} be^{33},| phæ^{21} ne^{33} sæ^{21} gɑ^{33} ne^{33} u^{21} kæ^{33} tʂhu^{55} pɑ^{33} be^{33} ,
肥肉 瘦肉 柏枝 酥油 天香 做 盘神 和 禅神嘎神 和 吾神 前 天香 做

sv̩^{21} ne^{33} lv̩^{21} nɯ^{33} gv̩^{33} lu^{21} kɑ^{33} le^{33} gə^{21} le^{33} be^{33}. iə^{33} mɑ^{21} sɿ^{21} ɕi^{33} tʂhuɑ^{55} tshər^{21} mɯ^{33}
署 和 龙 来 保佑 赐福 上 又 做 优麻 三 百 六十 天

zɿ^{33} gv̩^{55} zɿ^{33} gv̩^{33} lv̩^{21} gɑ^{33} le^{33} thv̩^{55}.| mɯ^{33} tʂə^{55}ɕy^{33} mɑ^{21} mɯ^{21} le^{33} ɕy^{55}.| mɯ^{33} tʂə^{55} ɕy^{33}
子 九 子 保佑 赐福 又 兴起 美臭许玛 下 又 杀 美臭许玛

mɑ^{21} nɯ^{33} khv̩^{55} ne^{33} zɿ^{33}, hɯ^{21} ne^{33} ʥæ^{33} le^{33} khv̩^{33}mə^{33} tʂər^{21}, | mɯ^{33}zɿ^{33} gv̩^{55} zɿ^{33} nɯ^{21} ne^{33}
来 年 与 寿 富足 与 富豪 又 盗 不 许 天 子 九 子 财富 与

uo^{21}, hɯ^{21} ne^{33} ʥæ^{33}, zɿ^{33} ʂər^{21} hɑ^{55} i^{33} gv̩^{33} be^{33} ho^{33}. | bi^{33} tv̩^{33} mə^{55} tʂhʅ^{33} ȵi^{33}, i^{33} dɑ^{13} tʂhʅ^{33}
兴旺 富足 与 富豪 寿 长 富足 成 祝愿 日 出 灿烂 这 天 主人 这

dɯ^{33} ʥi^{13}, mɯ^{33} zɿ^{33} gv̩^{55} zɿ^{33} gə^{33} sv̩^{55} mɑ^{21} tɕhy^{33} tʂʅ^{21} kv̩^{33} mæ^{55} uɑ^{21},
一 家 天 子 九 子 的 素 好 种 纯 好 后代 是

不让他盗走财富与兴旺，尤拉丁端又能祖孙相见，获得财富与兴旺，获得长寿富足。在早些的一代里，天的右边，出现了九位天子；天的左方，则出现了美臭许玛鬼。美臭许玛偷走了九位天子的寿岁与福泽，寿岁与福泽是不允许偷盗的。九位天子请来天的纳补梭恭祭司。将美臭许玛斩杀下去，不让美臭许玛偷走寿岁、偷走富足与兴旺。九位天子重又获得长寿、获得富足与兴旺。主人这一家，是九位天子的好后裔，用白色毡子铺设神坛，用白米作为神粮敬献其上，献以金银珠宝，献上作为牺牲的牦牛与绵羊。用肥肉、瘦肉、柏枝、酥油，为盘神、禅神、嘎神、吾神烧天香。署神和龙神又赐下福分，三百六十位优麻神也给予保佑赐福。

370-D-72-13

ly^{55} kv̩^{33} by^{33} bv̩^{21} dy^{55}, sɿ^{33}phər^{21}zʅ^{33} lv̩^{33} tɯ^{21}, zɿ^{33} i^{33} tʂhuɑ^{33} phər^{21}ko^{55} le^{33} uo^{55}, ŋv̩^{33} hæ^{21}
贤能 祭司 请 毡 白 神坛 铺 神粮 米 白 上边 又 堆 银 金

uo^{21} tʂhu^{21} gə^{21} le^{33} tɕi^{33}. | bər^{33} y^{33} zʅ^{33} hɑ^{33}, tʂhər^{21} nɑ^{55} ɕy^{55} mɑ^{21} tʂhu^{55} pɑ^{33} be^{33}, | phæ^{21}
玉 松石 上 又 敬献 牦牛绵羊酒 饭 肥肉 瘦肉 柏枝酥油 天香 做 盘神

ne^{33} sæ^{21} gɑ^{33} ne^{33} u^{21} kæ^{33} tʂhu^{55} pɑ^{33} be^{33}, iə^{33} mɑ^{21} sɿ^{21} ɕi^{33} tʂhuɑ^{55} tshər^{21} nɯ^{33} gv̩^{33} lv̩^{21}
和 禅神 嘎神和 吾神 前 天香 做 优麻 三 百 六十 来 保佑

kɑ^{33} le^{33} be^{33} le^{33} thy^{55}. | sɿ^{33} phv̩^{33} sɿ^{33} tʂhər^{33} y^{21} gɑ^{33} lɑ^{21}nɯ^{33}, i^{33} dɑ^{13} tʂhʅ^{33} ʥi^{21} tɕər^{21}gv̩^{33}
赐福 做 又 赐 崇敬 三 代 祖先 胜者 来 主人 这 家 上 保佑

ly̩^{21} ga^{33} le^{21} be^{33} le^{33} thy̩^{55}, zɿ^{33} ʂər^{21} ha^{55} i^{33}, phy̩^{33} do^{33} lɯ^{55} do^{33}, nɯ^{21}ne^{33} uo^{21}, hɯ^{21} ne^{33}
赐福 做 又 进行 长寿富足 祖 见 孙 见 财富 与 兴旺 富裕 与

dʑæ^{33} gy̩^{33} be^{33} ho^{33}.|mɯ^{33} gə^{33} gu^{33} la^{21} kə^{55} bu^{33}, gu^{33} la^{21} kə^{55} mu^{33} thy̩^{33} tʂhʅ^{33} zɿ^{33}
富豪 成 地 愿 天 的 巩劳构补 巩劳构姆 出现 这 代

sy̩^{55} çi^{33} sy̩^{55} iə^{21} na^{33} mu^{33} nɯ^{33} khy̩^{55} khy̩^{33} zɿ^{33} khy̩^{33},nɯ^{21} ne^{21} uo^{21} khy̩^{21} i^{33} ky̩^{55}. khy̩^{55}
素西素尤纳姆 来 年 偷 寿 偷 财物 和 兴旺 偷 会 的 年

khy̩^{33} zɿ^{33} khy̩^{33},nɯ^{21} ne^{21} uo^{21} khy̩^{33} tʂər^{21} mə^{33} ka^{33} tsɿ^{55},|mɯ^{33} gə^{33} gu^{33}la^{21} kə^{55} bu^{33} me^{33}
偷 寿 盗 财物 和 兴旺 盗 许 不 准 说 天 的 巩劳构补 者

tʂhʅ^{33} dʑi^{13}, la^{33} by̩^{33} tho^{33} kə^{55} py^{33} by̩^{21} dy^{55}, sɿ^{33} phər^{21} ʐʅ^{33}ly̩^{33} tɯ^{21}, zɿ^{33} i^{33} tʂhua^{33} phər^{21}
这 家 劳补妥构 祭司 请 毡 白 神坛 铺 神粮 米 白

ko^{55} le^{33} uo^{55}, ŋy̩^{33} hæ^{21}, uo^{21} tʂhu^{21} gə^{21} le^{33} tɕi^{33}.|bər^{33} y^{33} ʐʅ^{33} ha^{33},tʂhər^{21} na^{55} çy^{55} ma^{21}
上边又 堆 银 金 玉 松石 上 又 敬献 牦牛 绵羊 酒 饭 肥肉 瘦肉柏枝酥油

tʂhu^{55} ba^{33} be^{33},|phæ^{21}ne^{33} sæ^{21}, ga^{33} ne^{33} u^{21} kæ^{33} tʂhu^{55} pa^{33} be^{33}, iə^{33} ma^{21} sɿ^{21} çi^{33} tʂhua^{55}
天香 做 盘神 和 禅神 嘎神和 吾神 前 天香 做 优麻 三 百 六

tshər^{21}nɯ^{33} gy̩^{33} ly̩^{21} ka^{33} le^{33} be^{33} le^{33} thy̩^{55}, gu^{33} la^{21} kə^{55} bu^{33}, gu^{33} la^{21} kə^{55} mu^{33} le^{33}nɯ^{21}
十 来 保佑 赐福 的 又 做 巩劳构补 巩劳构姆 又 财富

le^{33} uo^{21} be^{33} le^{33} thy̩^{33}.mɯ^{33} gə^{33} sy̩^{55} çi^{33} sy̩^{55} iə^{21} na^{33} mu^{33} mu^{21} le^{33} sy̩^{55},|sy̩^{55} çi^{33} sy̩^{55}
又 兴旺 的 又 出现 天 的 素西素尤纳姆 下 又 杀 素西素尤纳姆

iə^{21} na^{33} mu^{33} nɯ^{33} khy̩^{55} ne^{33} zɿ^{33}, nɯ^{21} ne^{33} uo^{21} khy̩^{33} mə^{33} tʂər^{21},|
来 年 和 寿 财富 和 兴旺 盗 不 准

延请东巴祭司，用白色毡子铺设神坛，用白米作为神粮敬献其上，献以金银珠宝，献上作为牺牲的牦牛与绵羊。用肥肉、瘦肉、柏枝、酥油，为盘神、禅神、嘎神、吾神烧天香。署神和龙神又赐下了福分，三百六十位优麻神也给予保佑赐福。崇敬而常胜不败的三代祖先也为祭祀主人赐下福分。主人家又获得了长寿富足，祝愿他们祖孙相见，富裕而兴旺。

天上的巩劳构补、巩劳构姆出现的时代，素西素尤纳姆盗走了巩劳构补家的寿岁与财富。巩劳构补请来了该家的祭司劳补妥构，用白色毡子铺设神坛，用白米作为神粮敬献其上，献以金银珠宝，献上作为牺牲的牦牛与绵羊。用肥肉、瘦肉、柏枝、酥油，为盘神、禅神、嘎神、吾神烧天香。署神和龙神又赐下了福分，三百六十位优麻神也给予保佑赐福。巩劳构补家重又获得了财富与兴旺。他们家把素西素尤纳姆斩杀，不再让素西素尤纳姆前来偷取寿岁和财富。

370-D-72-14

gu33 la21kə55 bu33, gu33la21 kə55 mu33 tha13 tʂʅ33 dʑi13, phy33to33 lɯ55 to33, nɯ21ne33uo21, hɯ21
巩劳构补 巩劳构姆 他们 这 家 祖 见 孙 见 财富 与 兴旺 富裕

ne33 dʑæ33 gy33 be33 ho33.|bi33 ty33 mə55 tʂʅ33 ȵi33, i33da13 tʂʅ33 dɯ33 dʑi13, gu33la21 kə55 bu33,
与 富豪 成 祝愿 日 出 灿烂 这 天 主人 这 一 家 巩劳构补

gu33 la21 kə55 mu33 gə33sy55 ma21 tɕhy33 tʂʅ21 ky33mæ55 ua21,|i33 da13 tʂʅ33 dɯ33 dʑi13 la33,ly55
巩劳构姆 的 素 好 种 纯 好 后代 是 主人 这 一 家 呀

ky33 by33 bu21 dy55, sʅ33phər21 zʅ33 ly33 tɯ21,zʅ33 i33 tʂhua33 phər21 ko55 le33 uo55,ŋy33 hæ21 uo21
东巴祭司 请 毡 白 神坛 铺 神粮 米 白 上边 又 堆 银 金 玉

tʂhu21 gə21 le33 tɕi33.|bər33 y21 zʅ33 ha33,tʂhər21 na55ɕy55 ma21 tʂhu55 pa33 be33,|phæ21 ne33 sæ21
松石 上 又 敬献 牦牛 绵羊酒 饭 肥肉 瘦肉 柏枝酥油天香 做 盘神 和 禅神

ga33 ne33 u21 kæ33 tʂhu55 pa33 be33,si33 phy33 si33 tʂhər33 y21 ga33 la21 nɯ33,i33 da13 tʂʅ33 dʑi21
嘎神 和 吾神前 天香 做 崇敬 三 代 祖先 胜者 来 主人 这 家

tɕər21 gy33 ly21 ka33 le33 be33 le33 thy55,i33 da13 tʂʅ33 dɯ33 dʑi13 la33,ɕy55 sər33 le33 dʑi21 ɯ33,
上 保佑 赐福 做 又 进行 主人 这 一 家 哟 柏 木 梯子 好

dɯ33 ɕi33 ho55 tshə21 tso33 gə21 le33 tso55, tha13 la33 nɯ21 ne33 uo21, hɯ21 ne33 dʑæ33 gy33 be33
一 百 八 十 架 上 又 架 他们 富足 与 兴旺 财富 和 兴旺 成

ho33.|mu55 tɕər21 tse33 ho55 ty33, mɯ33 gə33 gu33 la21 kə55bu33, gu33 la21 kə55 mu33 thy33 tʂʅ33
祝愿 富足 与 富豪 成 祝愿 天 上 巩劳构补 巩劳构姆 产生 这

zʅ33, sy55ɕi33 sy55 iə21na33 mu33nɯ33 ky55 ne33 zʅ33, nɯ21ne33 uo21 khy33 mə33 tʂər21,|phy33 to33
代 素西素尤纳姆 来 年 和 寿 财富 和 兴旺 盗 不 准 祖 见

lɯ^{55} do^{33}, nɯ^{21} ne^{33} uo^{21},hɯ^{21} ne^{33} ʥæ^{33}gv̩^{33} be^{33} ho^{33}.| kv̩^{33}phər^{21}ʥæ^{33} ʂʅ^{33}, phv̩^{33} do^{33} lɯ^{33}
孙 见 财富 与 兴旺 富裕 与 富豪 成 祝愿 首 白 牙 黄 祖 见 孙

do^{33}, zʅ^{33} ʂər^{21} hɑ^{55} i^{33}, nɯ^{21}ne^{33} uo^{21}, hɯ^{21} ne^{33}ʥæ^{33} gv̩^{33} be^{33} ho^{33}.|tʂhʅ^{33} gu^{21} dɯ^{33} tʂhər^{55},
见 寿 长 富足 财富 与 兴旺 富裕 与 富豪 成 祝愿 这 后 一 代

sər^{33} bɑ^{33}ʥi^{33} bv̩^{33},sər^{33}bɑ^{33} ʥi^{33} mu^{33} thv̩^{33} tʂhʅ^{33} zʅ^{33}, sv̩^{55}ɕi^{33} sv̩^{55} iə^{21} gv̩^{55} gu^{33} nɯ^{33} khv̩^{55}
斯巴金补 斯巴金姆 出现 这 代 素西素尤 九 首 来 年

kɑ^{33} nɯ^{21} kɑ^{33} khv̩^{33} mə^{33} tʂər^{21}.|sər^{33} bɑ^{33} ʥi^{33} bv̩^{33} nɯ^{33} se^{33} ɕi^{33} nɑ^{21} tɑ^{33} py^{33} bv̩^{21} dy^{55}.
好 财富 好 偷 不 许 斯巴金补 来 沈喜拿达 祭司 请

巩劳构补家，祖孙又能相见，富裕而兴旺了。阳光明媚的一天，这一家主人，是巩劳构补、巩劳构姆的好后代，该家请来贤能的祭司，用白色毡子铺设神坛，用白米作为神粮敬献其上，再献以金银珠宝，献上作为牺牲的牦牛与绵羊。用肥肉、瘦肉、柏枝、酥油，为盘神、禅神、嘎神、吾神烧天香。署神和龙神又赐下了福分，崇敬而常胜不败的三代祖先也为祭祀主人赐下福分。祭司为主人架起一百八十级的柏木梯子，祝愿他们获得久远的财富与兴旺。祝愿他们能获得白首黄齿的长寿，祖孙能相见，获得富足兴旺的生活。之后又一代，斯巴金补、斯巴金姆那一代，不准长有九个脑袋的素西素尤偷走吉祥的寿岁与兴旺的财富。斯巴金补家请来沈喜拿达祭司，

370-D-72-15

sʅ^{33} phər^{21}zʅ^{33} lv̩^{33} tɯ^{21},zʅ^{33} i^{33} tʂhuɑ^{33} phər^{21} ko^{55} le^{33} uo^{55},ŋv̩^{33} hæ^{21},uo^{21} tʂhu^{21} gə^{21} le^{33}
毡 白 神坛 铺 神粮 米 白 上边 又 堆 银 金 玉 松石 上 又

tɕi^{33}.|bər^{33} y^{21} zʅ^{33} hɑ^{33},tʂhər^{21} nɑ^{55} ɕy^{55} mɑ^{21} tʂhu^{55} pɑ^{33} be^{33}.|phæ^{21} ne^{33} sæ^{21} gɑ^{33} ne^{33} u^{21}
敬献 牦牛绵羊酒 饭 肥肉 瘦肉 柏枝 酥油 天香 做 盘神 和 禅神 嘎神和 吾神

kæ^{33} tʂhu^{55} pɑ^{33} be^{33}. iə^{33} mɑ^{21} sʅ^{21} ɕi^{33} tʂhuɑ^{55} tshər^{21} nɯ^{33} gv̩^{33} lv̩^{21} kɑ^{33} le^{33} be^{33} le^{33} thy^{55}.
前 天香 做 优麻 三 百 六十 来 保佑 赐福 的 又 做

phæ^{13} gə^{33} tse^{55} tse^{33} ɕiə^{33} tɕhy^{33} le^{33} kɑ^{33} tɕhi^{33},tse^{55} tse^{33} ɕiə^{33} tshy^{33} nɯ^{33}, sy̩^{55} ɕi^{33} sy̩^{55} iə^{21}
盘神 的 正增休曲 又 求助 正增休曲 来 素西素尤

gy̩^{55} gu^{33} mɯ^{21} le^{33} zər^{21},|sər^{33} bɑ^{33}dʑi^{33} by̩^{33} thɑ^{33} gə^{33} khy̩^{55} kɑ^{33} nɯ^{21} kɑ^{33}, sy̩^{55}ɕi^{33} sy̩^{55}iə^{21}
九 首 下 又 压 斯巴金补 他家 的 寿 佳 福 佳 素西素尤

gy̩^{55} gu^{33} nɯ^{33} khy̩^{33} mə^{33} tʂər^{21}.|sər^{33} bɑ^{33}dʑi^{33} by̩^{33} thɑ^{33}, phy̩^{33} to^{33} lɯ^{55} to^{33}, zʅ^{33} ʂər^{21} hɑ^{55}
九 首 来 偷 不 准 斯巴金补 家 祖 见 孙 见 寿 长 富足

i^{33}, nɯ^{21} ne^{33} uɑ^{21}, hɯ^{21} ne^{33} dʑæ^{33} gy̩^{33} be^{33} ho^{33}.|bi^{33} ty̩^{33} mə^{55} tʂhʅ^{33} ȵi^{33}, i^{33} dɑ^{13} tʂhʅ^{33}
财富 与 兴旺 富裕 与 富豪 成 祝愿 日 出 灿烂 这 天 主人 这

dɯ^{33} dʑi^{13}, sər^{33} bɑ^{33} dʑi^{33} by̩^{33} sər^{33} bɑ^{33} dʑi^{33} mu^{33} gə^{33} tɕhy^{33} tʂʅ^{21} ky̩^{33} mæ^{55} uɑ^{21}, ly^{55} ky̩^{33}
一 家 斯巴金补 斯巴金姆 的 种 纯 后代 是 东巴

by^{33} by̩^{21} dy^{55}, sʅ^{33} phər^{21}zʅ^{33} ly̩^{33} tɯ^{21}, zʅ^{33} i^{33} tʂhuɑ^{33} phər^{21} ko^{55} le^{33} uo^{55}, ŋy̩^{33} hæ^{21},uo^{21}
祭司 请 毡 白 神坛 铺 神粮 米 白 上边 又 堆 银 金玉 松石

tʂhu^{33} gə^{21} le^{33} tɕi^{33}.| bər^{33} y^{21} zʅ^{33} hɑ^{33}, tʂhər^{21} nɑ^{55} ɕy^{55} mɑ^{21} tʂhu^{55} pɑ^{33} be^{33}, phæ^{21} ne^{33}
墨玉 上 又 敬献 牦牛绵羊 酒 饭 肥肉 瘦肉 柏枝 酥油 天香 做 盘神 和

sæ^{21} gɑ^{33} ne^{33} u^{21} kæ^{33} tʂhu^{55} pɑ^{33} be^{33}, sy̩^{21} ne^{33} ly̩^{21} nɯ^{33} gy̩^{33} lu^{21} kɑ^{33} le^{33} gə^{21} le^{33}
禅神 嘎神 和 吾神 前 天香 做 署 与 龙 来 保佑 赐福 上 又

be^{33}, iə^{33} mɑ^{21} sʅ^{21} ɕi^{33} tʂhuɑ^{55} tshər^{21} nɯ^{33} gy̩^{33} ly̩^{21} kɑ^{33} le^{33} be^{33} le^{33} thy^{55}, ɯ^{33} me^{33}
做 优麻 三 百 六 十 来 保佑 赐福 上 又 做 善 的

i^{33} dər^{33} lɑ^{33} mu^{33} tse^{21} sʅ^{55} ky̩^{33}
依端拉姆 十 三 位

用白色毡子铺设神坛，用白米作为神粮敬献其上，献以金银珠宝，献上作为牺牲的牦牛与绵羊。用肥肉、瘦肉、柏枝、酥油，为盘神、禅神、嘎神、吾神烧天香。署神和龙神又赐下了福分，三百六十位优麻神也给予保佑赐福。向盘神的正增休曲战神求助，正增休曲将九首怪魔素西素尤镇压下去。斯巴金补家的长寿宏福不让九首怪魔偷去。斯巴金补家重又获得了祖孙相见、长寿富足、兴旺吉祥的好日子。阳光普照的今天，斯巴金补的好后代是举行祭祀的主人，他们家请来贤能的祭司，用白色毡子铺设神坛，用白米作为神粮敬献其上，献以金银珠宝，献上作为牺牲的牦牛与绵羊。用肥肉、瘦肉、柏枝、酥油，为盘神、禅神、嘎神、吾神烧天香。署神和龙神又赐下了福分，三百六十位优麻神也给予保佑赐福。善良的十三位依端拉姆

370-D-72-16

nɯ^{33} gy̩^{33} lu^{21} kɑ^{33} le^{33} gə^{21} le^{33} be^{33}.|i^{33} dɑ^{13} tʂhʅ^{33} dɯ^{33} ʥi^{13} nɯ^{33},ɕy^{55} sər^{33} le^{33} ʥi^{21} dɯ^{33}
来 保佑 赐福 上 又 做 主人 这 一 家 来 柏 木 梯子 一

ɕi^{33} ho^{55} tshə^{21} phər^{21} ne^{33} sæ^{21} kæ^{33} tso^{55},mɯ^{33} tɕər^{21} |tshe^{21} ho^{55} ty^{33} gə^{33} gu^{33} lɑ^{21} kə^{55} bu^{33}
百 八 十 盘神 与 禅神 前 架 天 上 十 八 层 的 巩劳构补

gu^{33} lɑ^{21} kə^{55} mu^{33} kæ^{33} le^{33} tso^{55},|gu^{33} lɑ^{21} kə^{55} bu^{33},gu^{33} lɑ^{21} kə^{55} mu^{33} kæ^{33} nɯ^{21} ne^{33} uo^{21}
巩劳构姆 面前 又 架 巩劳构补 巩劳构姆 面前 财富 和 兴旺

mə^{33} ly̩^{21} me^{33},nɯ^{21} me^{55} uo^{21} me^{55},khy̩^{55} ne^{33} zʅ^{33} mə^{33} ly̩^{21} me^{33},khy̩^{55} ne^{33} zʅ^{33} le^{33} me^{55}.|
不 足 者 财富 求 兴旺 求 年 与 寿 不 足 者 年 与 寿 又 求

phy̩^{33} do^{33} lɯ^{55}do^{33},nɯ^{21} ne^{33} uo^{21},hɯ^{21} ne^{33} ʥæ^{33} gy̩^{33} be^{33} ho^{33}.|dy̩^{13} gə^{33} so^{33} by̩^{33} ti^{55} lo^{33}
祖 见 孙 见 财富 与 兴旺 富裕 与 富豪 成 祝愿 毒鬼 的 梭布替罗

nɯ^{33}nɯ^{21} ne^{13} uo^{21} lɑ^{33} khy̩^{33} mə^{33} tʂhər^{21}.||tʂhʅ^{33} gu^{21} mæ^{55} dɯ^{33} tʂhər^{55},mɯ^{13} gə^{33} se^{55} se^{33}
来 财富 与 兴旺 也 盗 不 准 随之 后 一 代 天 的 生申蕊盘

zʅ^{33} phər^{21}thy̩^{33} tʂhʅ^{33} zʅ^{33}, se^{55} se^{33} zʅ^{33} phər^{21} gə^{33} khy̩^{55} bu^{33}, zʅ^{33} bu^{33} nɯ^{21} bu^{33} uo^{21} bu^{33},
出现 这 代 生申蕊盘 的 年 福分 寿 福分 财 福分兴旺 福分

mu^{33} ɯ^{21} me^{33} nɯ^{33} khy̩^{33} me^{33} mə^{33} ly̩^{21} se^{21}.|se^{55} se^{33} zʅ^{33} phər^{21} lɑ^{33} thɑ^{13} gə^{33} se^{55} sʅ^{33}
猛鬼恩鬼 巨大 来偷 哟 不 够 了 生申蕊盘 呀 他家 的 胜史含鲁

hæ^{21} ly̩^{33}py^{33} by̩^{21} dy^{55}, sʅ^{33} phər^{21}ʐʅ^{33} ly̩^{33} tɯ^{21}, zʅ^{33} i^{33} tʂhuɑ^{33} phər^{21} ko^{55} le^{33}uo^{55}, ŋy̩^{33} hæ^{21}
祭司 请 毡 白 神坛 铺 神粮 米 白 上边 又 堆 银 金

uo^{21}tʂhu^{21} gə^{21} le^{33} tɕi^{33}.|bər^{33} y^{21} ʐʅ^{33} hɑ^{33}, bɑ^{55} bɑ^{33} ɕy^{55} mɑ^{21} tʂhu^{55} pɑ^{33} be^{33}, phæ^{21} ne^{33}
玉 松石 上 又 敬献 牦牛 绵羊酒 饭 鲜花 柏枝酥油 天香 做 盘神 和

sæ^{21} ga^{33} ne^{33} u^{21} kæ^{33} tʂhu^{55} pa^{33} be^{33},iə^{33} ma^{21} sɿ^{21} ɕi^{33}tʂhua^{55} tshər^{21} nɯ^{33} gv̩^{33} lu^{21}ka^{33} le^{33}
禅神 嘎神和吾神 前 天香 做 优麻 三 百 六十 来 保佑 赐福

gə^{21} le^{33} be^{33}.se^{55} se^{33} zɿ^{33} phər^{21} tha^{13} la^{33}, mɯ^{33} nɯ^{33} ʂu^{33} phər^{21} la^{21} be^{33}, ʂu^{33} phər^{21} gæ^{21}
上 又 做 生申蕊盘 他家 也 天 来 铁 白 斧头 铁 白 刀

tha^{55} mɯ^{33} le^{33} iə^{55}, mu^{33} ɯ^{21} me^{33} i^{33} mɯ^{21} le^{33} sy^{55}.se^{55} se^{33} zɿ^{33} phər^{21} khv̩^{55}ka^{33}nɯ^{21} ka^{33}
利 下 又 给 猛鬼恩鬼 者 呢 下 又 杀 生申蕊盘 年 佳 财富 好

khv̩^{33} mə^{33} tʂər^{21},|se^{55} se^{33} zɿ^{33} phər^{21} ta^{13} la^{33} phv̩^{33} do^{33} lɯ^{55} do^{33}, zɿ^{33} ʂər^{21} ha^{55} i^{33},
偷 不 让 生申蕊盘 他家 祖 见 孙 见 寿 长 富足

nɯ^{21} ne^{33} uo^{21}, hɯ^{21} ne^{33} dʑæ^{33} gv̩^{33} be^{33} ho^{33}.
财富 与 兴旺 富裕 与 富豪 成 祝愿

给予了保佑与赐福，祭祀主人在盘神与禅神前架起一百八十级的柏木梯子，在居于十八层天的巩劳构补、巩劳构姆前架起一百八十级的柏木梯子，祭祀主人若财富与寿岁不足，便向盘神、禅神、巩劳构补、巩劳构姆祈求财富与寿岁。祝愿祭祀主人获得久远的寿岁与财富。不准梭布替罗毒鬼将祭祀主人的财富与兴旺盗走。

随后的一代，出现了天神生申蕊盘，生申蕊盘年寿的福分和财富的福分，被猛鬼、恩鬼偷去。生申蕊盘让他家的祭司胜史含鲁举行仪式，用白色毡子铺设神坛，用白米作为神粮敬献其上，献以金银珠宝，献上作为牺牲的牦牛与绵羊。献上美丽的鲜花，用肥肉、瘦肉、柏枝、酥油，为盘神、禅神、嘎神、吾神烧天香。署神和龙神又赐下了福分，三百六十位优麻神也给予保佑赐福。上天赐下白刃利斧及利刀，把猛鬼、恩鬼宰杀，不准猛鬼、恩鬼偷走生申蕊盘的长寿佳福。该家又获得了祖孙相见，富裕而兴旺的生活。

370-D-72-17

tʂhɿ^{33} gu^{21}mæ^{55} dɯ^{33} tʂhər^{55}, tsho^{21} ze^{33}phər^{33} dɯ^{21}gə^{33} mɯ^{33} lɯ^{55} mə^{33} ʂɿ^{33} tʂhər^{21},sɿ^{33}phv̩^{33}
随之 后 一 代 崇仁潘迪 的 天 地 不 死 药 斯普

bu^{33} na^{21} dʑæ^{33} nɯ^{33} khv̩^{13} le^{33} hə^{21}, phi^{55} me^{33} le^{33} ʂu^{21} le^{33}mə^{33} mæ^{33}.|khv̩^{55} ne^{33} zɿ^{33}, nɯ^{21}
猪 黑 骑 来 偷 又 去 丢 之 又 寻 又 不 得 年 与 寿 财

ne^{33} uo^{21} lɑ^{33} le^{33}khy̩^{33} lɯ^{33} i^{33} ky̩^{55}.|tsho^{21} ze^{33} phər^{33}dɯ^{21} tɑ^{33} gə^{33} py^{33} bu^{21} dʑə^{21} by̩^{33} thy̩^{33}
与 兴旺 也 又 偷 来 可能 崇仁潘迪 他家 的 祭司 久补土蚩

tʂhʅ^{55}dy^{55}, sɿ^{33} phər^{21} zʅ^{33}ly̩^{33} tɯ^{21}, zɿ^{33} i^{33} tʂhuɑ^{33} phər^{21} ko^{55} le^{33} uo^{55}, ŋy̩^{33} hæ^{21}, uo^{21}tʂhu^{21}
请 毡 白 神坛 神粮 米 白 上边 又 堆 银 金 玉 松石

gə^{21} le^{33} tɕi^{33}.|bər^{33} y^{21} zʅ^{33} hɑ^{33} ɕy^{55} mɑ^{21} tʂhu^{55} pɑ^{33} be^{33},phæ^{21} ne^{33} sæ^{21} gɑ^{33} ne^{33} u^{21} kæ^{33}
上 又 敬献 牦牛绵羊酒 饭 柏枝酥油 天香 做 盘神 和 禅神 嘎神 和 吾神 前

tʂhu^{55} pɑ^{33} be^{33},sy̩^{21} ne^{33} ly̩^{21} nɯ^{33} gy̩^{33} lu^{21} kɑ^{33} le^{33} gə^{21} le^{33} be^{33},iə^{33} mɑ^{21} si^{21} ɕi^{33} tʂhuɑ^{55}
天香 做 署 和 龙 来 保佑 赐福 上 又 做 优麻 三 百 六十

tshər^{21} nɯ^{33} gy̩^{33} lu^{21} kɑ^{33} le^{33} gə^{21} le^{33} be^{33}.|sɿ^{33} phy̩^{33} nɯ^{33} khy̩^{55} ne^{33} zɿ^{33} lɑ^{33} khy̩^{33} mə^{33}
来 保佑 赐福 上 又 做 斯普 来 岁 与 寿 也 偷 不

tʂər^{21},|mɯ^{33} nɯ^{33} tɑ^{21} tɑ^{55} zʅər^{33} tɑ^{55} lɯ^{33} tɑ^{55} mɯ^{21} le^{33} iə^{55}. sɿ^{33} phy̩^{33} mɯ^{21} le^{33} sy^{55}.|tsho^{21}
准 天 来 镰 利 刀 利 箭 利 下 又 赐 斯普 下 又 杀

zɿ^{33}phər^{33}dɯ^{21} lɑ^{33},ky̩^{33} phər^{21} dʑæ^{33} ʂʅ^{33},phy̩^{33} do^{33} lɯ^{55} do^{33},zɿ^{33} ʂər^{21} hɑ^{55} i^{33},nɯ^{21} ne^{33} uo^{21}
崇仁潘迪 也 首 白 齿 黄 祖 见 孙 见 寿 长 富足 财富 与 兴旺

hɯ^{21} ne^{33}dʑæ^{33}gy̩^{33} be^{33} ho^{33}.|bi^{33} thy̩^{33} mə^{55} tʂhʅ^{33} ȵi^{33},i^{33} dɑ^{13} tʂhʅ^{33} dɯ^{33} dʑi^{13},se^{55} se^{33} zɿ^{33}
富裕与 富豪 成 祝愿 日 出 灿烂 这 天 主人 这 一 家 生申蕊盘

phər^{21} ne^{13} tsho^{21} ze^{33} phər^{33} dɯ^{21}gə^{33} tɕhy^{33} tʂhʅ^{21} ky̩^{33} mæ^{55} uɑ^{21}.ly^{55} ky̩^{33} by^{33} bu^{21} dy^{55}.sɿ^{33}
与 崇仁潘迪 的 种 纯 好 后代 是 东巴 祭司 请 毡

phər^{21} zʅ^{33} ly̩^{33} tɯ^{21},zɿ^{33} i^{33} tʂhuɑ^{33} phər^{21} ko^{55} le^{33} uo^{55},|ŋy̩^{33} hæ^{21},uo^{21} tʂhu^{21} gə^{21} le^{33} tɕi^{33}.|
白 神坛 铺 神粮 米 白 上边 又 堆 银 金 玉 松石 上 又 敬献

bər^{33} y^{33} zʅ^{33} hɑ^{33}, tʂhər^{21} nɑ^{55} ɕy^{55} mɑ^{21} tʂhu^{55} pɑ^{33} be^{33}.|
牦牛绵羊酒 饭 肥肉 瘦肉 柏枝酥油 天香 做

随后的一代，崇仁潘迪家的天地不死药被骑黑猪的楞启斯普盗去了，四处寻找也没能找回，崇仁潘迪家的寿岁与福泽也被盗。崇仁潘迪让该家的祭司久补土蚩来举办仪式，用白色毡子铺设神坛，用白米作为神粮敬献其上，献以金银珠宝，献上作为牺牲的牦牛与绵羊。用肥肉、瘦肉、柏枝、酥油，为盘神、禅神、嘎神、吾神烧天香。署神和龙神又赐下了福分，三百六十位优麻神也给予保佑赐福。不让楞启斯普偷走寿岁与福泽，苍天赐下利镰、利刀和利箭，将楞启斯普的黑猪射杀，把楞启斯普斩杀。崇仁潘迪又获得了白首黄牙的长寿，祖孙又相见了，又获得了长寿富足、兴旺吉祥的好日子。

阳光普照的今天，祭祀主人是生申蕊盘及崇仁潘迪的好后代，该家也迎来贤明的东巴祭司，用白色毡子铺设神坛，用白米作为神粮敬献其上，`献以金银珠宝，献上作为牺牲的牦牛与绵羊，向神灵敬烧天香。

370-D-72-18

phæ^{21}ne^{33} sæ^{21} gɑ^{33} ne^{33} u^{21} kæ^{33} tʂhu^{55} pɑ^{33} be^{33},ɯ^{33} ɕy^{21} mɑ^{33}ʥe^{33} ɕy^{21} by^{21},phv̩^{33} lɑ^{21} le^{33}

盘神 和 禅神 嘎神和 吾神 前 天香 做 牛 红 油 麦 红面粉 神灵 又

ɕy^{55} sɿ^{33},sv̩^{21} ne^{13} lv̩^{21},sɿ^{55} tʂhər^{55} y^{21} gɑ^{33} lɑ^{33} nɯ^{33}gv̩^{33} lv̩^{21} kɑ^{33} le^{21} gə^{21} le^{33} be^{33}.|he^{33} mi^{55}

祭献 署 与 龙 三 代 祖先 胜者 来 保佑 赐福 上 又 做 神 女

i^{33} dər^{33} lɑ^{33} mu^{33} tshe^{21} sɿ^{55} kv̩^{33}nɯ^{33} gv̩^{33} lv̩^{21} kɑ^{33} le^{21} gv̩^{33} le^{33} be^{33},gɑ^{33} ne^{33} u^{21} uo^{55} ne^{33}

依端拉姆 十 三 位 来 保佑 赐福 善 又 做 嘎神 与 吾神沃神 与

he^{21} ʨər^{21} ɕy^{55} sər^{33} le^{33} ʥi^{21} dɯ^{33} ɕi^{33} ho^{55} tshər^{21} tʂər^{33} nɯ^{33} gə^{21} le^{33} tv̩^{55},mɯ^{33}ʂuɑ^{21} tshe^{33}

恒神 上 柏 木 梯子 一 百 八 十 级 来 上 又 架 天 高 十

ho^{55} ty^{33} gə^{33} gu^{33} lɑ^{21} kə^{55} bu^{33},gu^{33} lɑ^{21} kə^{55} mu^{33} ʨər^{21} le^{33} tv̩^{55},gv̩^{33} lv̩^{21} kɑ^{33} le^{21} gə^{21} le^{33}

八 层 的 巩劳构补 巩劳构姆 上 又 架 保佑 赐福 上 又

be^{33}.|nɯ^{21}ne^{33} uo^{21} mə^{33} lv̩^{21}me^{33}nɯ^{21}ne^{33}uo^{21} le^{33} me^{55}, khv̩^{55}ne^{21} zɿ^{33} mə^{33} lv̩^{21}le^{33}me^{55}.|i^{33}

做 财 与 兴旺 不 足 者 财 与 兴旺 又 求 年 与 寿 不 足 求

dɑ^{13} tʂhʅ^{33}dɯ^{33} ʥi^{13} me^{33}， phv̩^{33}do^{33}lɯ^{55}do^{33}, nɯ^{21} ne^{33} uo^{21},hɯ^{21} ne^{21} ʥæ^{33} gv̩^{33} be^{33} ho^{55}.|

主人 这 一 家 呀 祖 见 孙 见 财富 与 兴旺 富裕 与 富豪 成祝 愿

tʂhʅ^{33} gu^{21} mæ^{55} dɯ^{33} tʂhər^{55},tsho^{21} ze^{33} lɯ^{55} ɯ^{33},tshe^{55} hɯ^{21} bu^{33} bə^{21} mi^{55}ȵi^{33} kv̩^{55} zɑ^{21} le^{33}

这之后 一 代 崇忍利恩 衬恒褒白 女 两 位 降 又

tshɿ^{33} dɯ^{33} ȵi^{33},|zɑ^{21} le^{33} ʥi^{33} ʥə^{33} dy^{21} ȵə^{13}thv̩^{33}, tʂuɑ^{21} nɯ^{33} kv̩^{55} ʥi^{21} thv̩^{21}, bɯ^{21} nɯ^{33}

来 一 天 降 又 富饶 地 时 到 男子 来 帐房 建 女子 来

ʂu^{21}mi^{33} khɯ^{55}, gɑ^{33} the^{33}tshɿ^{55}, gɑ^{33} kho^{21} tho^{55}, gɑ^{33} lv̩^{33} tsɿ^{21}.|mɯ^{33} zɿ^{33} kho^{33}ɕi^{33} kho^{33}lo^{33}

纯 火 烧 胜 旗 竖 胜 桩 钉 胜 石 竖 天 子 柯兴可罗

bɑ^{33} le^{33} tshi^{33},tsho^{21} ze^{33} lɯ^{55} ɯ^{33} gə^{33} khv̩^{55} zʅ^{33} le^{33} khv̩^{33} hɯ^{33},lɯ^{55}ɯ^{33} gv̩^{33} mə^{33} n̥i^{21} se^{33}

到 又 来 崇忍利恩 的 年 寿 又 偷 去 利恩 好 不 了 啦

tsʅ^{55}.kho^{33} ɕi^{33} kho^{33} lo^{33} bɑ^{33} le^{33} so^{21} gə^{33} hɑ^{55} zv̩^{33} n̥ə^{13},dʑy^{21}i^{33} dʑi^{21} nɑ^{55} tʂʅ^{55} lv̩^{33} khɯ^{55}

说 柯兴可罗 到 的 次日及 早晨 山 山 洪水 土 石 投放

le^{33} tshʅ^{21},huɑ^{33} phər^{21}dʑy^{21} tv̩^{55} tv̩^{33},do^{21} le^{33} do^{21}mə^{33} thɑ^{55}, bæ^{33} nɑ^{55} hæ^{21} gɯ^{55} gɯ^{33},do^{21}

又 来 白鹇 山 栖 见 又 见 不 能 野鸭 金 艳艳 见

le^{33} do^{21}mə^{33} thɑ^{55}.|tsho^{21} ze^{33} lɯ^{55} ɯ^{33} zo^{33} dɯ^{33} so^{21} le^{55} lɯ^{21} khɯ^{55}, huɑ^{33} phər^{21} kv̩^{33} tsi^{55}

又 见 不 能 崇忍利恩 男子 一 晨 牛 耕 去 白鹇 蛋

tsi^{33},lɯ^{21} mə^{33} tʂər^{21} iə^{33} tsʅ^{55}.

孵 耕 不 准 云云

为盘神、禅神、嘎神、吾神烧天香，向署神、龙神与三代祖先神灵敬献红牛油与红麦面粉，神灵们又给予保佑与赐福，十三位依端拉姆也给予保佑赐福。向嘎神、吾神、沃神、恒神架起一百八十级的柏木梯，祈求居于十八层天上的巩劳构补和巩劳构姆降福。财富、寿岁不足者，祈求赐下财富与寿岁。祭祀的这一家主人，如今祖孙又能相见，祝愿他们能获得富足吉祥的日子。

随后的一代，崇忍利恩和衬恒褒白下凡来到人间的时候，男儿建帐房，女子升吉火，他们升起胜利旗、打牢胜利桩、立好胜利石。(然而)天子柯兴可罗接踵而来，在他到来的次日早晨，便在高山顶上施魔降下夹有泥石的滔天洪流。洪流之大，不辨山顶的白鹇，不辨栖于湖边的金色野鸭。一天早晨，崇忍利恩架牛去耕地，白鹇鸟在地间孵蛋，而不准许耕地。

370-D-72-19

tsho^{21} ze^{33} lɯ^{55} ɯ^{33} thɯ^{33},lo^{33} be^{33} le^{33} u^{55} khɯ^{55},dʑe^{33} ʂə^{55} lo^{21} n̥ə^{33} thv̩^{33},|bæ^{33} nɑ^{55} hæ^{21}

崇忍利恩 他 活 做 又 去 争受罗 处 到 野鸭 金

gɯ^{55} gɯ^{33} nɯ^{33} be^{33} mə^{33} tʂər^{21},|sʅ^{33} hɑ^{33} i^{33} so^{21} le^{33} gv̩^{33} n̥ə^{33}, gə^{21} nɯ^{33} dʑy^{21} ʂuɑ^{21} bɑ^{55}

艳艳 来 做 不 准 三 天 一 早 又 到 时 上 方 山 高 泥石流

lv̩^{33} thv̩^{33},mɯ^{33}nɯ^{33} lo^{21} nɑ^{55} dʑi^{21} dər^{21} thv̩^{33} i^{33} tshʅ^{21}.|tsho^{21} ze^{33} lɯ^{55} ɯ^{33} zo^{33},mɯ^{33} lɯ^{55}
出现 下 方 谷 深 水 洪 发 如是 崇忍利恩 男子 美利卢

du^{21} ə^{33} phv̩^{33} khɯ^{33} le^{33} mi^{55} do^{33},mɯ^{33} lɯ^{55} du^{21} ə^{33} phv̩^{33} le^{33} ʂə^{55} me^{33},huɑ^{33} phər^{21} kv̩^{33}
阿普 处 又 求教 美利卢 阿普 又 说 哟 鹇 白 蛋

tsi^{55} tsi^{33}, bæ^{33} nɑ^{55} hæ^{21} gɯ^{55} gɯ^{33} nɯ^{33} lɯ^{21} mə^{33} tʂər^{21} me^{33} mə^{33} dər^{33} tsʅ^{55},huɑ^{33} phər^{21}
孵 野鸭 金 艳艳 来 耕 不 准 呢 没 关系 白鹇

bæ^{33} nɑ^{55} nɯ^{33} gv̩^{33} lv̩^{21} kɑ^{33} le^{33} be^{33} i^{33} gv̩^{55}.|tsho^{21} ze^{33} lɯ^{55} ɯ^{33} ʂu^{33} phər^{21} lɑ^{21} phu^{55}
野鸭 来 保佑 赐福 做 会 的 崇忍利恩 铁 白 手 中

ty^{55},bər^{21} me^{33} lɑ^{21} phər^{33} kho^{55},bər^{21} ʂʅ^{33} gv̩^{33} bv̩^{33} bv̩^{33},phæ^{21} ne^{21} sæ^{21} gɑ^{33} ne^{21} u^{21},sv̩^{21}
握 牦牛 大 前脚 白 杀 牦牛 肉 九 堆 堆放 盘神 与 禅神 嘎神 与 吾神 署

ne^{33} lv̩^{21} kæ^{33} tʂhu^{55} pɑ^{33} be^{33}, iə^{33} mɑ^{21} sʅ^{21} ɕi^{33} tʂhuɑ^{55} tshər^{21} kæ^{33} tʂhu^{55} pɑ^{33} be^{33}.mɯ^{33}
与 龙 前 天香 做 优麻 三 百 六 十 前 天香 做 天

ne^{33} dy^{21} ly^{55} gv̩^{33},tsho^{21} ze^{33} lɯ^{55} ɯ^{33} lɑ^{33},bər^{21} ɯ^{33} kv̩^{55} dv̩^{33} tæ^{21},so^{33} tshe^{55} mɯ^{33} le^{33} dy^{33}
与 地 中央 崇忍利恩 呀 牦牛皮 皮囊 制 绳 索 天 与 地

ȵə^{33} phæ^{21},ko^{21} tshi^{21} khɯ^{21} by^{33} tse^{21},sʅ^{55} gə^{33} ko^{33} kæ^{33} ʂʅ^{33} sʅ^{21} khv̩^{33} le^{33} khɯ^{55}.|ȵi^{33} me^{33}
处 系 针 细 线 粗 用 生命 的 替身 死生 内 又 存 东方

tv̩^{33}, gə^{21}tshe^{55} tshe^{33} bv̩^{33}, i^{33}tʂhʅ^{33} mu^{33}, se^{55}ʐʅ^{33}mi^{21} gu^{33}, ȵi^{33}me^{33} gv̩^{21}, nɑ^{55}se^{33}tʂhu^{33} lu^{21},
格衬称补 南方 胜日明恭 西方 纳生初卢

ho^{33} gv̩^{33} lo^{21}, gv̩^{33} se^{33} khə^{33} bɑ^{33}
北方 古生抠巴

崇忍利恩又去干活，他来到争受罗这个地方，有金色斑点的野鸭却不许他在这片土地上耕种。过了三天之后，高山暴发泥石流，河谷掀起漫天洪水。崇忍利恩到美利卢阿普处求教，美利卢阿普说：“白鹇鸟要孵蛋，野鸭需寻食，它们不让在该领地耕种，那就算了，白鹇鸟与野鸭会来报达你的。”

崇忍利恩手握白刃利刀，宰杀了一头生有白色前脚的肥大牦牛，把牦牛肉一堆堆地分好，敬献给盘神、禅神、嘎神和吾神，敬献给署神和龙神，给三百六十位优麻神烧天香。崇忍利恩制成牦牛皮皮囊，使用细针粗线来缝合，皮囊内存放生者的生死替身。东方的格衬称补，南方的胜日明恭，西方的纳生初卢，北方的古生抠巴，

370-D-72-20

nɯ^{33} sɿ^{55} gə^{33} ʂʅ^{33} sɿ^{21} ko^{21} kæ^{33} khv̩^{21} le^{33} khɯ^{55},mɯ^{33} ne^{13} dy^{21} ly^{55} gv̩^{33} lu^{55} phɑ^{33}, so^{33}y^{21}
来 生者 的 死生替身 里 又 放 天 与 地 中央 四 方 梭余晋古

tsi^{55} ku^{33} py^{33} bv̩^{21},mɯ^{33} ne^{13} dy^{21} bu^{33} dɯ^{21} lu^{55} lɑ^{33} py^{33} bu^{21} uɑ^{55} kv̩^{33} nɯ^{33} ɕy^{55} kv̩^{33} le^{33}
祭司 天 与 地 光 大 四射 祭司 五 位 来 仪式 又

be^{33},sv̩^{55} gə^{33} ko^{21} kæ^{33} khv̩^{21} le^{33} khɯ^{55}.huɑ^{33} phər^{21} kv̩^{33} tsi^{55} tsi^{33},bæ^{33} nɑ^{55} hæ^{21} gɯ^{55} gɯ^{33}
做 生者 的 替身 里 又 放 白鹇 蛋 孵 野鸭 金 艳艳

nɯ^{33} gv̩^{33} lv̩^{21} kɑ^{33} le^{33}le^{33} be^{33} iə^{55},|tsho^{21} ze^{33}lɯ^{55} ɯ^{33} lɑ^{33}, gv̩^{33}lv̩^{21} kɑ^{33} le^{33} be^{33} le^{33} dɯ^{33}.
来 保佑 赐福 又 做 给 崇忍利恩 也 保佑 赐福 做 又 得

ʥy^{21}ʂuɑ^{21}ʥi^{21}dər^{21} tʂhʅ^{33} lv̩^{33} thv̩^{33},lo^{21} nɑ^{55} ʥi^{21} dər^{21} thv̩^{33} mə^{33} tʂər^{21} se^{21}.|kho^{33}ɕi^{33} kho^{33}
山 高 泥石流 发 谷 深 水 洪 发生 不 让 了 柯兴可罗

lo^{33} nɯ^{33} khv̩^{55} ne^{33} zʅ^{33} nɯ^{33} ne^{33} uo^{21} le^{33} khv̩^{33} lɯ^{33} mə^{33} tʂər^{21}.|tsho^{21} ze^{33} lɯ^{55} ɯ^{33} lɑ^{33},
来 年 与 寿 财富 与 兴旺 又 偷 来 不 准 崇忍利恩 哟

phv̩^{33} do^{33} lɯ^{55} do^{33}, zʅ^{33}ʂər^{21} hɑ^{55} i^{33}, nɯ^{21} ne^{33} uo^{21}, hɯ^{21} ne^{33}ʥæ^{33}gv̩^{33} be^{33} ho^{33} se^{21}.|i^{33}
祖 见 孙 见 寿 长 富足 财富 与 兴旺 富裕 与 富豪 成 祝 愿 主人

dɑ^{13} tʂhʅ^{33} dɯ^{33} ʥi^{13}, tsho^{21}ze^{33} lɯ^{55}ɯ^{33} gə^{33} tɕhy^{33} tʂhʅ^{21} kv̩^{33}mæ^{55}gv̩^{33}. ly^{55} kv̩^{33} py^{33} bv̩^{21}
这 一 家 崇忍利恩 的 种 纯 好 后代 东巴 祭司

dy^{55}, sɿ^{33} phər^{21} zʅ^{33} lv̩^{33} tɯ^{21}, zʅ^{33} i^{33} tʂhuɑ^{33} phər^{21} ko^{55} le^{33} uo^{55}, ŋv̩^{33} hæ^{21} uo^{21} tʂhu^{21} gə^{21}
请 毡白 神坛 铺 神粮 米 白 上边 又 堆 银 金 松石墨玉 上

le^{33} tɕi^{33},|bər^{33} y^{33} zʅ^{33} hɑ^{33} tʂhər^{21} nɑ^{55} ɕy^{55} mɑ^{21} tʂhu^{55} pɑ^{33} be^{33}. phæ^{21} ne^{33} sæ^{21} gɑ^{33}
又 敬献 牦牛绵羊酒 饭 肥肉 瘦肉 柏枝 酥油 天香 做 盘神 和 禅神 嘎神

ne^{33} u^{21} kæ^{33} tʂhu^{55}pɑ^{33}be^{33},phy̩^{33}lɑ^{21}le^{33} ɕy^{55} sɿ^{33},sy̩^{21} ne^{13} ly̩^{21},sɿ^{55} tʂhər^{33} y^{21} gɑ^{33} lɑ^{21} kæ^{33}
和 吾神前 天香 做 神灵 又 求助 署神与 龙神 三 代 祖 胜者 前

tʂhu^{55} pɑ^{33} be^{33}.|he^{33} mi^{55} i^{33}dər^{33} lɑ^{33} mu^{33} tshe^{21} sɿ^{55} kv̩^{33} nɯ^{33}ɕy^{55} sər^{33} le^{33} dʑi^{21}dɯ^{33} ɕi^{33}
天香 做 神 女 依端拉姆 十 三 位 来 柏 木 梯子 一 百

ho^{55} tshər^{21} tʂhər^{21} gu^{33} lɑ^{21} kə^{55} bu^{33}, gu^{33}lɑ^{21} kə^{55} mu^{33} tɕər^{21} le^{33} ty̩^{55}, gy̩^{33}lu^{21} kɑ^{33} le^{33} gə^{21}
八十 级 巩劳构补 巩劳构姆 上 又 架 保佑 赐福 上

le^{33} ty̩^{55}.|
又 做

把生者的生死替身放进去，中央的梭余晋古祭司，天地间光芒四射的五方大祭司来做仪式。生者的替身放了进去。在高山孵卵的白鹇鸟与生有金灿灿斑纹的野鸭，同样给予了保佑和赐福。崇忍利恩又获得了诸神灵给予的保佑与赐福。不再准许高山暴发泥石流；不再准许深谷发起滔天洪水；不再准许柯兴可罗偷去财富与寿岁。

崇忍利恩又能祖孙相见，祝愿他们获得长寿，获得财富与兴旺。祭祀的这家主人，是崇忍利恩的好后代。该家请来贤明的东巴祭司，用白色毡子铺设神坛，用白米作为神粮敬献其上，献以金银珠宝，献上作为牺牲的牦牛与绵羊，向神灵敬烧天香，为盘神、禅神、嘎神、吾神烧天香，向署神、龙神烧天香，神灵们给予保佑与赐福，十三位依端拉姆向巩劳构补和巩劳构姆架起有一百八十级的柏木梯，祈求巩劳构补和巩劳构姆降福。

370-D-72-21

khy̩^{55} ne^{33} zɿ^{33}mə^{33} ly̩^{21}me^{33}, khy̩^{55} ne^{21} zɿ^{33} le^{33} me^{55}, nɯ^{21} ne^{21} uo^{21} mə^{33} ly̩^{21} me^{33},| nɯ^{21}
年 与 寿不 足 者 年 与 寿 又 求 财 与兴旺 不 足 者 财富

ne^{21} uo^{21} le^{33} me^{55}.|tsho^{21} ze^{33} lɯ^{55} ɯ^{33},tshe^{55} hɯ^{21} pu^{33} bə^{21} thɑ^{13} lɑ^{33} phy̩^{33}do^{33} lɯ^{55} do^{33},
与 兴旺 又 求 崇忍利恩 衬恒褒白 他家 也 祖 见 孙 见

zɿ^{33} ʂər^{21} hɑ^{55} i^{33}, nɯ^{21} ne^{21} uo^{21},hɯ^{21} ne^{21} dʑæ^{33} gy̩^{33} be^{33} se^{21}.|thɯ^{33} gu^{21}mæ^{55} dɯ^{33} tʂhər^{55},
寿 长 富足 财富 与 兴旺 富裕 与 富豪 好 成 了 之后 一 代

i33 dɑ13 tʂhʅ33 dɯ33 ʥi13, khv̩55 ne21 zʅ33 mə33 lv̩21me33, khv̩55ne21 zʅ33 le33 me55,nɯ21 ne33 uo21
主人 这 一 家 年 与 寿 不 足 者 年 与 寿 又 求 财 与 兴旺

mə33 lv̩21 me33, nɯ21 ne33 uo21 le33 me55, zʅ33 me55 zʅ33 dɯ33,nɯ21 me55 nɯ21 dɯ33,uo21
不足 者 财 与 兴旺 又 求 寿 得 财富 求 财富 得 兴旺 求 兴旺

me55 uo21 dɯ33.|ly55 kv̩33 py33 bv̩21 dy55, sʅ33 phər21 ʐʅ33 lv̩33 tɯ21, zʅ33 i33 tʂhuɑ33 phər21
求 兴旺 得 东巴 祭司 请 毡 白 神坛 铺 神粮 米 白

ko55 le33 uo55, ŋv̩33 hæ21 uo21 tʂhu21 gə21 le33 tɕi33.|nɯ21 ne33 uo21 le33 me55, khv̩55 me55 khv̩55
上边 又 堆 银 金 松石 墨玉 上 又 敬献 财 与 兴旺 又 求 年 求 年

dɯ33, zʅ33 me55 zʅ33 dɯ33, nɯ21 me55 nɯ21dɯ33, uo21 me55 uo21 dɯ33.|ly55 kv̩33 py33 bv̩21 dy55,
得 寿 求 寿 得 财 求 财 得 兴旺 求 兴旺 得 东巴 祭司 请

sʅ33 phər21 ʐʅ33 lv̩33 tɯ21, zʅ33 i33 tʂhuɑ33 phər21 ko55le33 uɑ55, ŋv̩33 hæ21 uo21 tʂhu21 gə21 le33
毡 白 神 坛 铺 神粮 米 白 堆 银 金 玉石 墨玉 上 又

tɕi33.| bər33 y21 ʐʅ33 hɑ33,tʂhər21 nɑ55 ɕy55 mɑ21 tʂhu55 pɑ33 be33, phæ21 ne21 sæ21 gɑ33 ne21 u21
放 牦牛绵羊 酒 饭 肥肉 瘦肉 柏枝 酥油 天香 做 盘神 和 禅神 嘎神 和 吾神

kæ33 tʂhu55 pɑ33 be33, phv̩33 lɑ21 le33 ɕy55 sʅ33, sv̩21 ne13 lv̩21, sʅ55 tʂhər55 y21 gɑ33 lɑ33 kæ33
前 天香 做 神灵 又 祭祀 署神 与龙神 三 代 祖 胜者 前

tʂhu55 pɑ33 be33.|bi33 tv̩33 mə55 tʂhʅ33 ȵi33, i33 dɑ13 tʂhʅ33 dɯ33 ʥi13, khv̩55 ne21 zʅ33 mə33
天香 做 日 出 灿烂 这 天 主人 这 一 家 年 与 寿 不

lv̩21 me33, khv̩55 ne33 zʅ33 le33 tʂu55, nɯ21 ne33 uo21 mə33 lv̩21 me33, nɯ21 ne33 uo21 le33 tʂu55,
足 者 年 与 寿 又 连接 财 与 兴旺 不 足 者 财 与 兴旺 又 连接

hɯ21 ne21 ʥæ33 mə33 lv̩21 me33,hɯ21 ne33 ʥæ33 le33 tʂu55 se21.|mɯ33 ne21 dy21 mə33 tʂu55,
富足 与 富裕 不 够 者 富足 和 富豪 又 连接 了 天 与 地 未 连接

tɕi33 phər21 hər21 phər21 me33 nɯ33 tʂu55 be33 se21,|ʥy21 ne21 lo21 mə33 tʂu55, hɯ21 phər21 be33
云 白 风 白 者 来 连接 做 了 山 与 谷 不 连接 雨 白 雪

phər21 me33 nɯ33 tʂu55.|ʥy21ne21 lo21 mə33 tʂu55, ɕy55 hər21 nɑ33tsɑ21 me33 nɯ33 tʂu55, ŋv̩21
白 者 来 连接 山 与 谷 不 连接 柏翠 纳召 者 来 连接 银

ne33 hæ33, uo33 ne21 tʂhu21 mə33 tʂu55 bɯ33 lɑ33,
与 金 玉 与 松石 不 连接 即使

财富、寿岁不足者，祈求赐下财富与寿岁。崇忍利恩与衬恒褒白他们家，如今祖孙又能相见，祝愿他们能获得富足吉祥的日子。随后的一代，祭祀主人是崇忍利恩的好后代，财富、寿岁不足者，祈求赐下财富与寿岁。如今，求寿者得了寿，求福者获得福。主人请来贤能的东巴祭司，用白色毡子铺设神坛，用白米作为神粮敬献其上，献以金银珠宝，献上作为牺牲的牦牛与绵羊，向神灵敬烧天香，为盘神、禅神、嘎神、吾神烧天香，向署神、龙神烧天香，用白色毡子铺设神坛，用白米作为神粮敬献其上，献以金银珠宝，献上作为牺牲的牦牛与绵羊，向神灵敬烧天香，为盘神、禅神、嘎神、吾神烧天香，向署神、龙神烧天香，向三百六十位优麻神与三代祖先胜利者们烧天香。

阳光灿烂的这一天，举行祭祀的这家主人，财富、寿岁不足者，祈求赐下财富与寿岁，求富者得富，求寿者获得了寿岁。天地未连接，由白云、白风来连接；山与岭未连接，由翠柏纳召堆来连接；金银珠玉即便还没能连接，

370-D-72-22

khy̩^{55} phy̩^{33} zɿ^{33} phy̩^{33},nɯ^{21} phy̩^{33} uo^{21} phy̩^{33} nɯ^{33} tʂu^{55} be^{33} se^{21}.nɯ^{21} ne^{21} uo^{21} hɯ^{21} ne^{21}

年 祭品 寿 祭品 财富 祭品 富足 祭品 来 连接 做 了 财富 与 富足 富裕 与

ʥæ^{33}, zɿ^{33} ʂər^{21} hɑ^{55} i^{33} se^{21}.|he^{33} mi^{55} i^{33}dər^{33} lɑ^{33} mu^{33} tshe^{21} sɿ^{55} kv̩ ^{33} nɯ^{33} ɕy^{55} sər^{33} le^{33}

富豪 寿 长 富足 了 神 女 依端拉姆 十 三 个 来 柏 木 梯子

ʥi^{21}dɯ^{33} ɕi^{33} ho^{55} tshər^{21} tʂhər^{21} nɯ^{33} gə^{21} le^{33} ty̩^{55}, he^{33} mi^{55} i^{33} tər^{33} lɑ^{33} mu^{33} tshe^{21} sɿ^{55}

一 百 八 十 级 来 上 又 架 神 女 依端拉姆 十 三

kv̩^{33} gə^{33} no^{21} py̩^{55} lɯ^{33} sɿ^{33} kv̩^{33} nɯ^{33} tʂu^{55} bɯ^{33} se^{33}.mə^{33} phɯ^{55} me^{33} le^{33} tʂu^{55}, zɿ^{33} ʂər^{21}

个 的 宝箭 头 上 连接 欲要 不 断 者 又 连接 长长久久

hɑ^{55} i^{33} bə^{33},mə^{33} phɯ^{55} be^{33} le^{33} tʂu^{55},tʂhu^{21} nɑ^{55} be^{33} le^{33} tʂu^{55}.|sa^{21} i^{33} uə^{33} de^{33} zɿ^{33}

的 不 断 的 又 连接 项珠 如 又 连接 刹依威德 寿

ʂər^{21} , he^{21} dɯ^{21} uo^{33} phər^{33} zɿ^{33} ʂər^{21},i^{33} gə^{21} o^{33} kə^{21} zɿ^{33} ʂər^{21}, lɑ^{21} by̩^{33} tho^{33} kə^{55} zɿ^{33}

长 恒迪窝盘 寿 长 依谷阿格 长寿 劳补妥构 长寿

ʂər^{21},y^{21} ʂɿ^{55} he^{21} dɯ^{21} zɿ^{33} ʂər^{21},mi^{33} ʥy^{33} he^{33} dɯ^{21} zɿ^{33} ʂər^{21},ʥi^{33} ne^{21} bɯ^{33}zɿ^{33} ʂər^{21},uo^{21}

余世 大神 长 寿 明苴 大神 长寿 景神 与 崩神长寿 玉

hər^{21} mɯ^{33} dzə̣r^{33} zɿ^{33} ʂər^{21},dy̩^{33} phər^{33} si^{33} gɯ^{33} zɿ^{33} ʂər^{21},dy̩^{33} phər^{21} ɕə^{33} tɕhy^{21} zɿ^{33} ʂər^{21},
绿 青龙 长寿 白海螺 狮子 长寿 白海螺 大鹏 长寿

mɑ^{55} mi^{33} pər^{33} lər^{33} zɿ^{33} ʂər^{21},se^{33}se^{33} khə^{33} dʑə^{21}, ti^{33} bɑ^{33}ʂər^{55} lər^{33} zɿ^{33} ʂər^{21},tho^{33} gə^{55} dʑi^{33}
冒米巴拉 长寿 胜生柯久 东巴什罗 长寿 妥构金补

by̩^{33}, tho^{33} gə^{55} dʑi^{33}mu^{33}sɿ^{33} ʂər^{21},mɯ^{33} lɯ^{55}du^{21} dʐɿ^{33} tshuɑ^{33} tʂuɑ^{33} dʑi^{33} mu^{33} zɿ^{33} ʂər^{21},dʑy^{33}
妥构金姆 长寿 美利董主 茨爪金姆 长寿 居那若罗

nɑ^{55} zo^{55} lo^{33}, hæ^{33} i^{33} bɑ^{33} dɑ^{33} zɿ^{33} sər^{21},mɯ^{33}lɯ^{55} tɑ^{33}dʑi^{33} tse^{55} tse^{33} hæ^{21} ly̩^{33}zɿ^{33} ʂər^{21},bi^{33}
含依巴达 长寿 美利达吉 增争含鲁 长寿 日

bu^{33} le^{21} bu^{33} zɿ^{33} ʂər^{21}, kɯ^{21} phər^{21} zɑ^{21} phər^{21} zɿ^{33} ʂər^{21}.|
明 月 明 长寿 星 白 娆星 白 长寿

用祈求寿岁的祭品来连接；用祈求财富的祭品来连接，祝愿获得长寿与富足。十三位依端拉姆神女架起了一百八十级的云梯，由云梯之上来连接，由依端拉姆的宝箭来连接，不能让(神的保佑及福分)中断，长长久久地保持着连接，就像项珠一般地紧密连接。

祝愿刹依威德长寿、恒迪窝盘长寿、依谷阿格长寿、劳补妥构长寿、余世大神长寿、明苴大神长寿、景神与崩神长寿；祝愿碧玉青龙长寿、白色的雄狮长寿、大鹏神鸟长寿、冒米巴拉长寿、胜生柯久长寿、东巴什罗长寿、妥构金补长寿、妥构金姆长寿；祝愿美利董主长寿、茨爪金姆长寿、居那若罗神山长寿、含依巴达神树长寿、美利达吉神海长寿、增争含鲁神石长寿；祝愿明亮的日月长寿、闪光的星辰长寿。

370-D-72-23

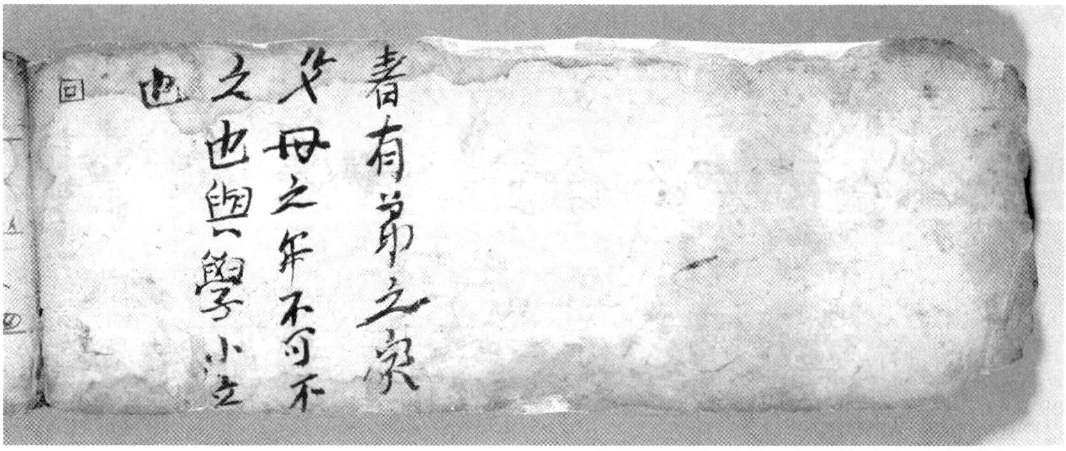

左上方一字为东巴文：“匣”或“柜”之意。
右方四行为汉字：者有弟之家，父母之年不可不久也。与学小立也。未知何意。

370-D-72-24

封底

（翻译：和品正）

13-E-1-01

dæ²¹ ŋv̩⁵⁵ · gv̩³³ dɯ²¹

超度能者·总集

13-E-1　超度能者·总集

【内容提要】

给去世了的死者作超度仪式时，先要呼唤死者，使之来到作祭的场地，让其专心听祭司的话语，作祭之人也要掌握说话的分寸。之后赞美死者之德能，回溯历代祖先获得能者之名声的往事。接着叙述历代祖先升到天界却把他们的福泽留给了活人，留下的福泽使他们的后代也代代神勇而强盛的事。叙述了灵药的来历及其功效。奉劝死者的魂魄不要游荡在鬼界和仇地，让山羊和马将其灵魂驮到三十三重天界的神居地。死者的灵魂到了天界，成为祖先的一员。最后叙述这位被超度之人的福泽留了下来，来保护活着的后人。

【英文提要】

Salvation the Dead of Ability, the Compilations

During the salvation ritual of the dead, the first step was to summon the dead back to the sacrificial shrine, where he could obey the word of priest. For the priest, he needed to moderate his speech. The second step, then, was to praise the ability of the dead and retrospect those ancestors titled with the dead of ability. The third step described that although ancestors ascended to the heaven, the felicity was left to those alive and made them brave and powerful. The next part talked about the origin and effect of sacred medicine. For the soul of dead should not detain in the land of ghost, it, was carried, by goat and horse, to the sacred land on the 33th level of heaven. Once the soul reached the heaven, it became another member among ancestors. Finally, it described the dead left felicity to protect the descendant.

13-E-1-02

“2320”为洛克藏书编号，后为洛克音标标注的仪式类别。中间的象形文字读为“dæ^{21} ŋv̩^{55} ·dæ^{21} thv̩^{33} kv̩^{33}”是“超度能者·能者的来历”。下一行为洛克音标标注的上一行东巴字之读音。

13-E-1-03

ɑ^{33} lɑ^{33} mə^{33} ʂər^{55} ȵi^{33}, dʑi^{33} dʑə^{21} lɑ^{33} lər^{33} dy^{21}, lɑ^{33} lər^{33} y^{21} dɯ^{33} zʅ^{33}, lɑ^{33} khɑ^{33} y^{21} dɯ^{33}
啊 也 不 说 日 人 跑 广阔 地 广阔 死者 一 代 白杨 死者 一

u^{21}, ko^{33} phər^{21} y^{21} be^{33} gv̩^{33}, bæ^{33} nɑ^{21} y^{21} me^{33} he^{33}, | fv̩^{33} hɯ^{21} y^{21} dɯ^{33} tshɑ^{21}, lv̩^{33} dʐʅ^{33}
片 鹤 白 死者 兄弟 野鸭 黑 死者 姐妹 雉 箐鸡 死 一 群 男 住

kv̩^{33} gə^{33} ɕi^{33} be^{33}gv̩^{33}, dʐʅ^{33} hy^{55} kho^{21} gə^{33} ɕi^{33} me^{33} he^{21}, kuɑ^{33} thɑ^{55} khɯ^{33} nɯ^{33} he^{33} thɑ^{55}
处 的 人 兄弟 女 站 处 的 人 姐妹 角 利 处 来 耳 聪

dʐʅ^{21}, he^{33} dʐʅ^{21} mi^{33} mə^{33} kv̩^{55} bɯ^{33} lɑ^{33}, he^{33} be^{21} y^{21} he^{33} be^{21}, | lɑ^{33} tʂʅ^{21} he^{33} be^{21} tɕər^{55},
生 耳 生 闻 不 会 即 使 耳垢 死者 耳垢 手 指甲 耳垢 挖

he^{33} be^{21} lɑ^{33} kv̩^{55} kv̩^{33}, y^{21} he^{33} thɑ^{55} nɯ^{33} py^{21} lo^{33} khuɑ^{33} i^{33} tʂhə^{21} mi^{33} lu^{33}. | y^{21} lɑ^{33} ly^{21}
耳垢 又 磕打 死者 耳 聪 来 东巴 嘴 声音 呀 这 听 来 死者 也 瞧

mə^{33} kv̩^{55} bɯ^{33} lɑ^{33}, lɑ^{33} biə^{21} y^{21} lɑ^{33} biə^{21}, lɑ^{33} biə^{21} to^{55} le^{33} tɑ^{21}, kv̩^{33} fv̩^{33} mæ^{55} le^{33}
不 能 即使 手掌 死者 手掌 手掌 额 又 搭 头 发 后 又

phæ^{55}, y^{21} lɑ^{33} le^{33} ly^{21} kv̩^{55} lɯ^{33} se^{21}. | ȵi^{21} me^{33} thv̩^{33}, læ^{33} kæ^{21} nɑ^{21} me^{33} nɯ^{33} kho^{33} ɯ^{33}
撩 死者 也 又 瞧 会 来 了 东方 乌鸦 黑 者 来 声 好

sɑ^{55} ɯ^{33} sɿ^{33} ʐv̩^{21} lər^{21} lɯ^{33} se^{21}, | sɿ^{33} so^{21} y^{21} lɑ^{33} hɯ^{21} ne^{21} dzæ^{33} khuɑ^{33} sɿ^{33} ʐv̩^{21} mi^{33}
气 好 三 句 叫 来 说 三 早 死者 也 富裕 与 强盛 声 三 句 闻

lɯ^{33} se^{21}. | tʂhv̩^{55} zi^{33} ɯ^{33} hɯ^{21} lər^{21}, ɯ^{33} hɯ^{21} sɿ^{33} ʐv̩^{21} lər^{21}
来 了 秋天 恩恒① 鸣 恩恒 三 句 叫

远古之时，在人类生活的大地上，广阔的大地上已经逝去了的一代人，像成片的白杨树林一样的死者，像白鹤一样的死者兄弟，像野鸭一样的死者姐妹，像雉鸡、箐鸡一样的成群的死者，男死者住处的兄弟们，女死者站处的姐妹们，在利角下面生长着善听的耳朵，可已经听不到声音了。但请死者用自己的手指甲，掏一掏耳垢，把耳垢磕打出来。请死者的耳朵，来听一听东巴作祭的声音。死者虽已不能瞧见了，但请死者将自己的手掌，搭在额头上，撩起额上的头发，来瞧一瞧作祭的场面。东方，黑乌鸦要带来三句吉祥的话语，死者在三个早晨听到了有关富裕强盛的话语。恩恒鸟在秋天鸣叫，叫出三声吉祥的话语，

13-E-1-04

sɿ^{33} so^{21} y^{21} nɯ^{33} ɯ^{33} me^{33} sɿ^{33} ʐv̩^{21} le^{33} mi^{33} se^{21}. | py^{21} nɯ^{33} tshe^{33} ʐv̩^{21} dɯ^{33} ʂə^{55} be^{33} bɯ^{33}
三 早 死者 来 好 者 三 句 又 闻 了 祭司 来 十 句 一 说 做 虽

lɑ^{33}, y^{21} nɯ^{33} tshe^{21} he^{33} dɯ^{33} mi^{33} be^{33} le^{33} lu^{33}. | py^{21} nɯ^{33} tshe^{21} khæ^{33} dɯ^{33} thv̩^{55} be^{33}, y^{21}
说 死者 来 十 耳 一 闻 做 又 来 祭司 来 十 沟 一 挖 做 死者

nɯ^{33} tshe^{33} dʑi^{33} dɯ^{33} khɯ^{55} be^{33} le^{33} fæ^{33}. | tɑ^{55} mu^{33} tɑ^{55} tʂhʅ^{33} kv̩^{55}, khu^{33} nɯ^{33} du^{13} bɯ^{33}
来 十 河 一 放 做 又 去 说 所有 所 这 个 嘴 来 掌握 去

næ^{21}. dʑi^{33} mu^{21} dʑi^{33} tʂhʅ^{33} kv̩^{55}, thv̩^{55} nɯ^{33} du^{33} bɯ^{33} næ^{21}②. | sɿ^{33} bv̩^{33} y^{21} dɯ^{33} gv̩^{33}, gv̩^{33}
要 走 与 走 这 个 脚步 来 掌握 去 要 斯补 死者 一 个 身体

① 一种鸟名。

② 此后漏写了很多，无法与下文相连，存疑。

ne^{21} nɯ^{33} dɯ^{55} dɯ^{33}, ʐv̩^{21} do^{21} mə^{33} tɕi^{55} me^{33} gə^{33} zo^{33} uɑ^{21} iə^{33}. | tʂʅ^{21}① ne^{21} bə^{33} pɑ^{55} pɑ^{33},
与 心 一样 仇人 见 不 惊 者 的 男 是 呀 趾 与 脚掌 相同

ʐʅ^{33} khu^{55} mə^{33} tshe^{21} me^{33} gə^{33} zo^{33} uɑ^{21} iə^{33}. | mɯ^{33} lɯ^{55} tɕi^{33} phər^{21} tʂu^{55}, kuɑ^{33} dʑi^{21} kə^{55}
路 面 不 计较 者 的 男 是 呀 天 地 云 白 间 鹤 飞 鹰

dʑi^{21} be^{33} le^{33} tshe^{21}, lv̩^{33} tʂhʅ^{33} dʐʅ^{21} me^{33} tshe^{21}, | lɑ^{33} dʑə^{21} so^{33} kv̩^{33} phər^{21}, ʐər^{21} tsho^{33} lɑ^{33}
飞 做 又 来 翅 这 生 者 来 虎 跑 高 岭 豹 跳 虎

tsho^{33} be^{33} le^{33} tshe^{21}; pər^{55} tʂhʅ^{33} dʐʅ^{21} me^{33} tshe^{21} , ko^{33} ʂuɑ^{21} ko^{21} kv̩^{33} phər^{21}
跳 做 又 来 斑纹 这 生 者 来 山 高 山 头 白

死者在三个早晨听到了这吉祥的话语。就算祭司把十句话并成一句讲，死者却把十句话全部听了来。就算祭司把十条水沟一次挖了来，死者却把十条河水分别引了来。所有说话之人，要用嘴巴掌握分寸。所有走路之人，要用脚掌掌控步子的大小。死者是个胆量与身体一样大，是个遇见仇敌也不畏惧的男子，是个走路不需要择路面的男子。所有长翅的飞禽，像天地白云间的白鹤般飞了来；所有生斑纹的兽类，像高山上的老虎豹子般跳跃着下来，

13-E-1-05

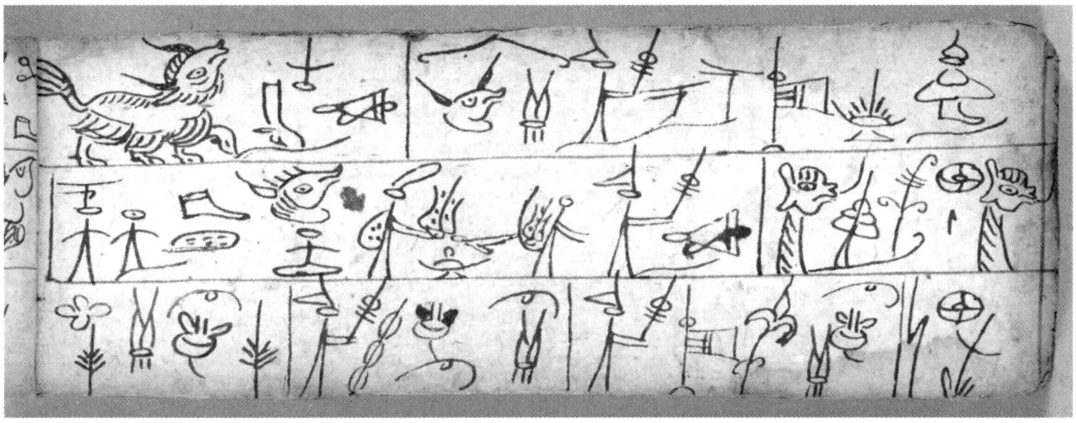

bər^{33} tsho^{33} be^{33} le^{33} tshe^{21}, khuɑ^{33} tʂhʅ^{33} dʐʅ^{21} me^{33} tshe^{21}. | dʑi^{33} ʐv̩^{21} mɯ^{33} kv̩^{55} bv̩^{21}, dæ^{21}
牦牛 跳 做 又 来 蹄 这 长 者 来 人 活 天 上 下 勇者

dʑi^{33} tʂhu^{21} dʑi^{33} mu^{33}, phər^{21} ne^{21} ʂæ^{33} nɯ^{33} ʂu^{33} pu^{55} tshe^{21}, gɑ^{33} dʑi^{33} u^{21} dʑi^{33} me^{33}, u^{55} ne^{21}
走 快 走 么 盘神 与 禅神 来 领 了 来 嘎神 走 吾神 走 么 吾神 与

he^{21} nɯ^{33} ʂu^{33} pu^{55} tshe^{21}, phər^{21} nɑ^{55} bə^{33} uə^{21} dʑi^{33} bɯ^{33} me^{33}, dʐʅ^{21} ne^{21} bu^{21} nɯ^{33} ʂv̩^{33} pu^{55}
恒神 来 领 了 来 盘人 纳人 崩人 吾人 走 说 么 夫 与 妻 来 领 了

tshe^{21}. sʅ^{33} bv̩^{33} y^{21} gə^{33} ʐʅ^{33} gu^{21} hɑ^{33} gu^{21}, tʂhər^{21} gu^{21} nɑ^{55} gu^{21}, dæ^{21} nɯ^{33} ʂv̩^{13} le^{33}
来 斯补 死者 的 酒 背 饭 背 肥肉 背 瘦肉 背 勇者 来 领 了

① tʂʅ^{21}：此处写为"tʂʅ"，但惯用法为" thv̩^{55}"。

tshe²¹. | sɿ³³ by̩³³ lo²¹ ɕiə⁵⁵, phe²¹ be³³ lo⁵⁵ lɯ²¹ le³³ bɯ²¹ me³³, ky̩⁵⁵ ne²¹ sɿ³³ dʐo²¹ mə³³ be³³
来 斯补罗许 培本洛里 又 去 么 会者 与 知者 出处 不 做

me³³, ky̩⁵⁵ ne²¹ sɿ³³ nɯ³³ le²¹ mə³³ hɯ³³ i³³ ky̩⁵⁵. | dæ²¹ ne²¹ tʂhu²¹ gə³³ dʐo²¹ mə³³ be³³ me³³,
么 会者 与 知者 来 又 不 高兴 是 会 勇者 与快捷者 的 出处 不 做 么

dæ²¹ ne²¹ tʂhu²¹ nɯ³³ le²¹ mə³³ hɯ²¹ i³³ ky̩⁵⁵. | gɑ³³ ne²¹ zi³³ dʐo²¹ mə³³ be³³ me³³, gɑ³³ ne²¹
能者 与 快捷者 来 又 不 高兴 是 会 胜利者和 漂亮 出处 不 做 么 胜利者与

zi³³ nɯ³³ le²¹ mə³³ hɯ²¹ i³³ ky̩⁵⁵. | tshɿ³³ py²¹ ly⁵⁵ tʂhʅ³³ ȵi³³, |
漂亮 来 又 不 高兴 是 会 鬼 祭 瞄 这 天

所有长蹄的动物，像白雪覆盖着的山头上的牦牛般跳着来。人类生活在高天之下，由盘神、禅神领着来，走得英武又快捷；由吾神、恒神领着来，走路如嘎神与吾神一般；由夫与妻领着来，走路就如纳人、崩人和吾人一般了。由神勇者领着来，为去世了的祖辈，背来了酒和饭，背来了肥肉和瘦肉。要前往斯补罗许和培本洛里那里，若不做关于会者与知者的事，会者与知者就会不高兴；若不做关于勇敢者和快捷者的事，勇敢者和快捷者就会不高兴；若不做关于胜利者和漂亮者的事，胜利者和漂亮者就会不高兴。

作祭祀的今天，

13-E-1-06

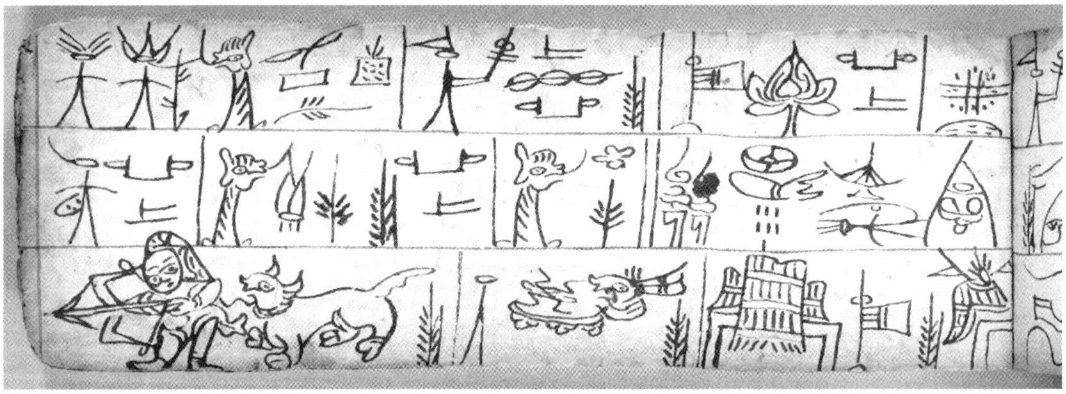

dʐɿ²¹ ky̩⁵⁵ tʂhʅ³³ lo²¹, py²¹ ky̩⁵⁵ tʂhʅ³³ ho²¹ nɯ³³ sɿ³³ by̩³³ y²¹ ʂy̩³³ ʂy̩³³. | dæ²¹ ne²¹ tʂhu²¹ gə³³
坐 会 这 伙 诵 会 这 群 来 斯补 死者 领 勇者 与 快捷者 的

dʐo²¹ i³³ le³³ ʂə⁵⁵ thy̩³³. | gɑ³³ ne²¹ zi³³ dʐo²¹ le³³ ʂə⁵⁵ thy̩³³, | hɯ²¹ nɯ²¹ dʐæ³³ dʐo²¹ le³³ ʂə⁵⁵
事 是 又 说 出 胜利 与 漂亮 事 又 说 出 富 与 强 事 又 说

thy̩³³, | ky̩⁵⁵ ne²¹ sɿ³³ dʐo²¹ le³³ ʂə⁵⁵ thy̩³³, sɿ³³ by̩³³ y²¹ sy²¹ thy̩³³. | ɑ³³ ni³³ lɑ²¹ ʂər⁵⁵ ni³³,
出 会者 与 知者 事 又 说 出 斯补 死者 事 出 昨天 及 前天

mə³³ ʂʅ³³ sɿ⁵⁵ thɯ³³ zɿ³³, ŋy̩³³ ly̩³³ khɯ³³ phər²¹ khɯ³³ khɯ⁵⁵ zo³³ uɑ²¹ iə³³. | hæ³³ ʂʅ²¹ tshe⁵⁵
不 死 活 那 时 雪山 脚 白 狗 放 男 是 呀 金 黄 盆

lo^{33} pu^{55} me^{33} zo^{33} uɑ^{21} iə^{33}, | khuɑ^{55}gæ^{21} gv̩^{33} dʑi^{33} lo^{55} me^{33} zo^{33} uɑ^{21} iə^{33}, gɑ^{33} gə^{33} ʂu^{33}
带 者 男 是 呀 铠衣 铠甲 衣服 挂 者 男 是 呀 胜利 的 铁

phər^{21} ku^{33} mu^{21} gə^{21} le^{33} tɕi^{33} me^{33} gə^{33} |
白 帽子 上 又 放 者 的

由这群能吟的歌手，会念经的东巴，为已经成了祖先的死者，说一说关于勇敢者与快捷者的事；说一说关于胜利者与漂亮者的事；说一说关于富裕与强盛的事；说一说会者与知者的事，说出了所有祖先的事。

从前，当这位死者仍在世的那个时候，他是雪山脚下一位放逐白脚猎狗的猎人，是一位身带黄金盆子的男子，是一位挂着铠衣铠甲的男子，是一位摆着夺取了胜利的白铁盔帽的英勇的男子。

13-E-1-07

dæ^{21} gə^{33} zo^{33} uɑ^{21} iə^{33}. | ŋv̩^{33} hæ^{21} py^{33} ʂər^{55} dʑy^{33}. | hɯ^{21} ne^{21} dʑæ^{33} dʑo^{21} be^{33} me^{33} zo^{33}
勇敢 的 男 是 呀 银 金 升 满 有 富 与 裕 出处 做 的 男

uɑ^{21} iə^{33}.uɑ^{33} tʂhu^{21} tɑ^{55} ʂər^{55} dʑy^{33}, gɑ^{33} nɯ^{33} zi^{33} dʑo^{21} be^{33} me^{33} zo^{33} uɑ^{21} iə^{33}. | khuɑ^{55}
是 呀 松石墨玉 柜子满 有 胜利 来 美丽 出处 做 的 男 是 呀 铠甲

gæ^{21} gv̩^{33} dʑi^{33} mu^{21}, gv̩^{33} tshər^{21} zv̩^{21} uə^{33} phv̩^{21} gə^{33} zo^{33} uɑ^{21} iə^{33}, ʂər^{33} ɕi^{33} æ^{21} uə^{33} tshe^{55}
盔衣 衣服 穿 九 十 仇 寨 毁 的 男 是 呀 七 百 仇 村 破

me^{33} zo^{33} uɑ^{21} iə^{33}. | dʑi^{33} khɯ^{33} phər^{21} lɯ^{33} bu^{21} mə^{33} thv̩^{33} mə^{21} nɑ^{55}, phər^{21} tɑ^{55} sɿ^{33} me^{33}
者 男 是 呀 精肯盘里 坡 不 到 的 虽 盘人 才 知 的

zo^{33} uɑ^{21} iə^{33}. | le^{55} tɕhi^{33} ʂæ^{21} dʐɿ^{21} bu^{21} mə^{33} thv̩^{33} mə^{21} nɑ^{55}, ʂæ^{21} tɑ^{55} sɿ^{33} me^{33} zo^{33} uɑ^{21}
男 是 呀 楞启禅孜 坡 不 到 的 虽 禅人 才 知 的 男 是

iə^{33}. | he^{21} pɯ^{55} he^{21} lɯ^{33} bu^{21} mə^{33} thv̩^{33} mə^{21} nɑ^{55}, he^{21} tɑ^{55} sɿ^{33} me^{33} zo^{33} uɑ^{21} iə^{33}. |
呀 恒本恒里 坡 不 到 的 虽 神 才 知 的 男 是 呀

mɯ^{33} gə^{33} o^{33} bv̩^{33} lɯ^{33} dʑi^{33} bv̩^{33} khə^{21} bu^{21} ʂu^{21} khɯ^{55} me^{33} sɿ^{33} bu^{21} le^{33} iə^{55} iə^{33} gə^{33}
天 的 窝补里金补 处 财富 找 去 么 三 福分 又 给 呀 的

zo^{33} uɑ^{21} iə^{33}. |
男 是 呀

是一位金银装满升的富裕又强盛的男子，是一位柜子里装满松石墨玉的常胜而俊朗的男子；是一位身穿铠衣甲衣，破了九十个仇寨，毁了七百个敌村的男子；是个虽还没有到精肯盘里坡，却只认盘人的男子；是个虽还没有到楞启禅孜坡，却只认禅人的男子；是个虽还没有到恒本恒里坡，却只认神的男子；是个去天的窝补里金补寻找福分，被赐得三种福分的男子。

13-E-1-08

mɯ^{33} nɯ^{33} sɿ^{33} u^{21} ku^{55}, dæ^{21} ne^{21} tʂhu^{21} bu^{33} dɯ^{33} bu^{21} iə^{55} me^{33} zo^{33} uɑ^{21} iə^{33}. | ʂʅ^{33} ne^{21}
天 来 三 福分 赐 勇敢 与 快捷 财富 一 福分 给 的 男 是 呀 肉 与

hɑ^{33} ʥʅ^{33} dɯ^{33} bu^{21} iə^{55} me^{33} zo^{33} uɑ^{21} iə^{33}. | ʥʅ^{21} bɯ^{33} le^{55} thɯ^{33} dɯ^{33} bu^{33} iə^{55} me^{33} zo^{33}
饭 吃 一 福分 给 的 男 是 呀 坐 要 茶 喝 一 福分 给 的 男

uɑ^{21} iə^{33} . tɯ^{33} bɯ^{33} gu^{21} dzæ^{33} dɯ^{33} bu^{33} iə^{55} me^{21} zo^{33} uɑ^{21} iə^{33}. | kə^{55} nɑ^{21} khɯ^{33} mə^{33}
是 呀 起立 要 马 坐 一 福 给 的 男 是 呀 鹰 黑 狗 不

khɯ^{55} uə^{33} nɑ^{55}, sʅ^{33} ʥʅ^{33} dɯ^{33} bu^{33} iə^{55} me^{33} zo^{33} uɑ^{21} iə^{33}. ko^{33} phər^{21} ɕi^{33} mə^{33} tv̩^{21} nɑ^{55},
放 的 虽 肉 吃 一 富 给 的 男 是 呀 鹤 白 稻 不 种 但

tʂhuɑ^{33} ʥʅ^{33} dɯ^{33} bu^{33} iə^{55} me^{33} zo^{33} uɑ^{21} iə^{33} ;
米 吃 一 福 给 的 男 是 呀

是天赐下三种福分，被赐得英勇与快捷之福的男子；是被赐得吃肉之福与饭食之福的男子；是被赐得喝酒之福的男子；是被赐得虽不放牧却能喝到奶之福，虽不播种却有收获之福的男子；是被赐得一落坐就能喝得到茶之福的男子；是被赐得一起身就有骑马之福的男子；是被赐得虽不打猎却吃得到猎物之肉的男子；是被赐得像白鹤一样的，虽不种稻却吃得到白谷一样的福分的男子；

13-E-1-09

bɯ^{33} i^{33} uɑ^{33} hæ^{21} lɑ^{21} ʥy^{33} ʥʅ^{21}, lɑ^{33} o^{33} tʂər^{55} nɯ^{33} tʂər^{55} tʂu^{33} tʂu^{33} gə^{33} dɯ^{33} bu^{33} iə^{55}

女 是 松石 绿 手 镯 戴 手 臂 节 来 节 接 的 一 福 给

me^{33} zo^{33} uɑ^{21} iə^{33}; | ɯ^{33} y^{21} by^{21} ʂər^{55} ʥy^{21}, | ŋv̩^{33} hæ^{21} uɑ^{33} tʂhu^{21} tɑ^{55} ʂər^{55} ʥy^{21}, hɯ^{21}

的 男 是 呀 牛 羊 圈 满 有 银 金 松石 墨玉 柜 满 有 富

ne^{21}dʐæ^{33} bu^{33} dɯ^{33} bu^{33} iə^{55} me^{33} zo^{33} uɑ^{21} iə^{33}; ɯ^{33} y^{21} sɑ^{55} nɯ^{33} phv̩^{55}, ʥi^{33} le^{33}mu^{21} mə^{33}

与 强 福 一 福 给 的 男 是 呀 牛 羊 气 来 喷 衣 又 穿 不

lər^{33} me^{33} zo^{33} uɑ^{21} iə^{33}; | ŋv̩^{33} hæ^{21} sɑ^{55} nɯ^{33} phv̩^{55}, hɑ^{33} le^{33} ʥʅ^{33} mə^{33} lər^{33} me^{33} zo^{33} uɑ^{21}

需 的 男 是 呀 银 金 气 来 喷 饭 又 吃 不 需 的 男 是

iə^{33}. | uɑ^{33} tʂhu^{21} sɑ^{55} nɯ^{33} phv̩^{55}, zʅ^{33} le^{33} thɯ^{21} mə^{33} lər^{33} gə^{33} zo^{33} uɑ^{21} iə^{33}, | gæ^{21} thɑ^{55}

呀 松石 墨玉 气 来 喷 酒 又 喝 不 需 的 男 是 呀 刀 利

lo^{33} kv̩^{33} to^{33}, tʂhər^{21} phiə^{55} nɑ^{55} dər^{21} ʥʅ^{33} me^{33} zo^{33} uɑ^{21} iə^{33}. ko^{33} ʂuɑ^{21} bər^{21} mə^{33} ɕi^{21},

盆 上 搭 肥肉 片 瘦肉 块 吃 的 男 是 呀 大草坝 牦牛 不 养

thv̩^{55} lv̩^{55} mɑ^{21} lv̩^{55} ʥʅ^{33} me^{33} zo^{33} uɑ^{21} iə^{33}; | dər^{33} ɯ^{33} æ^{33} mə^{33} phv̩^{55} uə^{21} nɑ^{55},

酸奶饼 酥油饼 吃 的 男 是 呀 肥田 粮 不 撒 是 虽

是被赐得像女人戴绿镯头一样的手臂，福分节节相连的男子；是被赐得牛羊关满畜圈、金银松石墨玉装满柜之福分的男子；是被牛羊的热气喷得不需穿衣裳的男子；是被金银之气喷得不需吃饭的男子；是利刀搭在盆子上，专吃肥肉和瘦肉的男子；是个虽没有在高山牧场牧牦牛，却能吃到酸奶饼与酥油饼的男子；是个虽没有播种粮食，

13-E-1-10

hɑ^{33} ʥʅ^{33} me^{33} gə^{33} zo^{33} uɑ^{21} iə^{33}; | ko^{33} ʂuɑ^{21} bv̩^{33} mə^{33} ɕi^{21} uə^{21} nɑ^{55}. ʥi^{33} mu^{21} me^{33} gə^{33}
饭 吃 者 的 男 是 呀 草坝 高 羊 不 养 是 虽 衣 穿 者 的

zo^{33} uɑ^{21} iə^{33}; | kə^{55} lv̩^{33} ku^{33} mu^{21} thæ^{33}, uɑ^{33} hæ^{21} mɯ^{33} dʐər^{33} mə^{33} tɕi^{55} me^{33} gə^{33} zo^{33}
男 是 呀 鹰 翅 帽子 戴 松石 绿 天龙 不 怕 者 的 男

uɑ^{21} iə^{33}; lɑ^{33} mæ^{33} lɯ^{33} ṇə^{21} ʂv̩^{21}, hæ^{33} thv̩^{33} mə^{33} tɕi^{55} me^{33} gə^{33} zo^{33} uɑ^{21} iə^{33}; | gv̩^{33} gə^{33}
是 呀 虎 尾 地 处 拖 风 起 不 怕 者 的 男 是 呀 身体 的

khuɑ^{55} kæ^{21} gv̩^{33} ʥʅ^{33} mu^{21} , lɑ^{33} do^{21} mə^{33} tɕi^{55} me^{33} gə^{33} zo^{33} uɑ^{21} iə^{33}; | gv̩^{33} nɯ^{33} nɯ^{33}
铠衣 铠甲 衣服 穿 虎 见 不 怕 者 的 男 是 呀 身体 与 心

dɯ^{55} dɯ^{33}, zv̩^{21} do^{21} mə^{33} tɕi^{55} zo^{33} uɑ^{21} iə^{33}; | bə^{33} ne^{21} thv̩^{55} pɑ^{55} pɑ^{33}, zʅ^{33} pu^{55} mə^{33} tshe^{21}
一般 大 仇 见 不 怕 男 是 呀 脚 与 脚印 相同 路 面 不 计较

me^{33}gə^{33} zo^{33} uɑ^{21} iə^{33}; | ʐər^{21} thɑ^{55} lɑ^{33} thɑ^{55} tɕhy^{33} mə^{33} uɑ^{21} mə^{21} nɑ^{55}, khuɑ^{33} ʥʅ^{21} uɑ^{33}
者 的 男 是 豹 烈 虎 猛 种 不 是 的 虽 蹄 生 骨

tɕhər^{33} me^{33} gə^{33} zo^{33} uɑ^{21} iə^{33}. |
折 者 的 男 是 呀

却吃得着饭食的人；是个虽没有在高山上放羊，却穿得着羊毛衣的男子；是个头戴鹰翅帽，毫不惧青龙的男子；是个身穿虎皮衣，虎尾拖地下，不怕起狂风的男子；是个将铠衣与铠甲当作衣服穿，遇虎不惧虎的男子；是个身体与心一般大，遇到仇人不惧怕的男子；是个走路不择路面的男子；是个虽说不是烈豹猛虎的种类，却能折断生蹄的野兽的骨头的男子；

13-E-1-11

kə^{55} zi^{33} uə^{21} zi^{33} tɕhy^{33} mə^{33} uɑ^{21} mə^{33} nɑ^{55}, dv̩^{33} dʐʅ^{21} uɑ^{33} tɕhər^{33} me^{33} gə^{33} zo^{33} uɑ^{21}
鹰 美 雕 美 种 不 是 的 虽 翅 生 骨 折 者 的 男 是

iə^{33}. | ho^{33} gv̩^{33} lo^{21} dy^{21} mə^{33} thv̩^{33} mə^{33} nɑ^{55}, phər^{21} tɑ^{55} sʅ^{33} me^{33} zo^{33} uɑ^{21} iə^{33}; | i^{33} tʂhʅ^{33}
呀 北方 地 不 到 的 虽 盘人 话 知 者 男 是 呀 南方

mɯ^{33} dy^{21} mə^{33} thv̩^{33} mə^{21} nɑ^{55}, ʂæ^{21} tɑ^{55} sʅ^{33} me^{33} zo^{33} uɑ^{21} iə^{33}; | lɯ^{33} mɯ^{33} khuɑ^{33} mə^{33}
地 不 到 的 虽 禅人话知 者 男 是 呀 里美 处 不

thv̩^{33} mə^{21}nɑ^{55}, le^{33} kæ^{21}lər^{21}tɑ^{55} sʅ^{33} me^{33} zo^{33} uɑ^{21} iə^{33}; | dʑy^{21} nɑ^{33} zo̩^{55} lo^{33} kv̩^{33} mə^{33} thv̩^{33}
到 的 虽 乌鸦 叫话 知 的 男 是 呀 居那若罗 上 不 到

mə^{21} nɑ^{55}, tsho^{21} bər^{33} zʅ^{33} tɕy^{55} sʅ^{33} me^{33} zo^{33}uɑ^{21} iə^{33}; | ŋv̩^{33} lv̩^{33} mə^{33} thv̩^{33} nɑ^{55}, hy^{33} phu^{21}
的 虽 人 迁 线路 最 知 的 男 是 呀 雪山 不 到 虽 猎物 逃

dɯ^{33} kuɑ^{55} no^{33} me^{33} zo^{33} uɑ^{21} iə^{33}; | dʑy^{21} nɑ^{55} zo̩^{55} lo^{33} mə^{33} thv̩^{33} nɑ^{55}, mɯ^{33} lɯ^{55} dɑ^{33}
一 件 觉 的 男 是 呀 居那若罗 不 到 虽 美利达吉湖

dʑi^{21} hɯ^{55} lɑ^{33} mə^{33} thv̩^{33} nɑ^{55}; | ŋv̩^{33} lv̩^{33} ʂuɑ^{33} hy^{21} khə^{33} khə^{33} zo^{33} uɑ^{21} iə^{33}; | khæ^{33} lo^{21}
也 不 到 虽 雪 山 高 矮 明白 男 是 呀 渠 里

dʑi^{21} hu^{55} mə^{33} hu^{55} khə^{33} khə^{33} zo^{33} uɑ^{21} iə^{33}; | ho^{33} gv̩^{33} ho^{33} lo^{21} dy^{21} lɑ^{33} mə^{33} thv̩^{33} nɑ^{55},
水 深 不 深 明 白 男 是 呀 北方 北 地 也 不 到 虽

是个虽不是鹰与雕的种，却能折断生翅的鸟类之骨的男子；是个虽未曾到过北方，却识得盘人话的男子；是个虽未曾到过南方，却识得禅人话的男子；是个虽未曾到过里美的住处，却识得乌鸦叫声的男子；是个虽未曾到过居那若罗山，却识得人类迁徙之线路的男子；是个虽未曾到过雪山，却能知觉到猎物奔跑的男子；是个虽未曾到过居那若罗山，也未曾到过美利达吉湖，却知道雪山的高矮、知晓沟渠水的深浅的男子；是个虽未曾到过北方，

13-E-1-12

phər^{21} tɑ^{55} sɿ^{33} me^{33} zo^{33} uɑ^{21} iə^{33}; | i^{33} tʂhɿ^{33} i^{33} mɯ^{21} dy^{21} lɑ^{33} mə^{33} thy̩^{33} nɑ^{55}, ʂæ^{21} tɑ^{55}
盘人 话 知 的 男 是 呀 南方 下 地 也 未 过 虽 禅人话

sɿ^{33} me^{33} zo^{33} uɑ^{21} iə^{33}; | mɯ^{21} i^{33} bu^{33} khu^{33} thy̩^{55} lɑ^{33} mə^{33} thy̩^{33} nɑ^{55}, ŋy̩^{33} ty^{33} hæ^{21} ty^{33}
知 的 男 是 呀 下 呀 补孔突 也 不 到 虽 银 打 金 打

tʂhu^{21} ty^{33} ky̩^{55} me^{33} zo^{33} uɑ^{21} iə^{33}; | dʑi^{33} uə^{21} zər^{33} lər^{21} dy^{21} lɑ^{33} mə^{33} thy̩^{33} nɑ^{55}, tɕiə^{21}
墨玉 打 会 的 男 是 呀 精窝孜量 地 也 不 到 虽 经

tʂhu^{21} dʑo^{55} lɑ^{33} ly^{55} me^{33} zo^{33} uɑ^{21} iə^{33}; | gə^{21} o^{33} tso^{33} lɑ^{33} mə^{33} thy̩^{33} nɑ^{55},o^{33} tso^{33} he^{33}
念 佐拉卜 的 男 是 呀 上 拉萨 也 不 到 虽 拉萨 神

dʑi^{21} lo^{21} he^{21} ɕy^{55} ʂɿ^{21} me^{33} zo^{33} uɑ^{21} iə^{33}, the^{33} ɯ^{33} bɯ^{21} lɯ^{33} pər^{33} me^{33} zo^{33} uɑ^{21} iə^{33},
房 里 神 供养 的 男 是 呀 经书 写 的 男 是 呀

hy^{21}mi^{33} bæ^{33} mi^{33} tʂhɿ^{55} me^{33} zo^{33} uɑ^{21} iə^{33}; | mɯ^{21} i^{33} tʂhɿ^{33} lɑ^{33} mə^{33} thy̩^{33} nɑ^{55}, ni^{33} by̩^{33}
柏 香火 油灯 点 的 男 是 呀 下 南方 也 不 到 虽 尼补罗端

lo^{21} dər^{33} kæ^{33}, hy^{21} mi^{33} khɯ^{55} me^{33} zo^{33} uɑ^{21} iə^{33}; | bu^{21} mə^{33} kho^{55} uə^{21} nɑ^{55},
前 柏香 火 点 的 男 是 呀 猪 不 杀 曾 虽

却识得盘人话的男子；是个虽未曾到过下面的南方，却识得禅人话的男子；虽未曾到过补孔突，却会锻金、锻银、锻墨玉的男子；是个虽未曾到过精窝孜量那个地方，却会念经、会占佐拉卜的男子；是个虽未曾到过上面的拉萨，却该在拉萨大寺里供养神的男子，抄写经书、梵香燃油灯的男子；是个虽未曾到过下面的南方，却该在尼补罗端前梵香的男子；是个虽未曾杀猪，

13-E-1-13

tʂhər^{21} ʥʅ^{33} ʂʅ^{33} ʥʅ^{33} zo^{33} uɑ^{21} iɑ^{33}; | ko^{33}ʂuɑ^{21} bər^{21} mə^{33} ly̩^{55} gə^{21} nɑ^{55}, thy̩^{55} ly̩^{55} mɑ^{21} ly̩^{55}
肥肉 吃 瘦肉 吃 男 是 呀 大草坝 高 牦牛 不 放 的 虽 酸奶 饼 酥油 饼

ʥʅ^{33} me^{33} zo^{33} uɑ^{21} iə^{33}. | ʥʅ^{21} le^{33} uə^{33} ɯ^{33} ky̩^{33} nɯ^{33} ʥʅ^{21}, gɑ^{33} ʥo^{21} zi^{33} ʥo^{21} be^{33} me^{33}
吃 的 男 是 呀 住 又 村 好 上 来 住 胜 事 美 事 做 的

zo^{33} uɑ^{21} iə^{33}; | lər^{33} ɯ^{33} khɯ^{21} lɯ^{33} tʂu^{55} nɯ^{33} ʥʅ^{21}, hɯ^{21} ne^{21} dʐæ^{33} ʥo^{21} be^{33} me^{33} zo^{33}
男 是 呀 田 好 山地 间 来 住 富 与 强 做 的 男

uɑ^{21} iə^{33}; | lɑ^{33} ɯ^{33} lɑ^{33} pɑ^{55} mu^{21}, gɑ^{33} dʐu^{33} ʂə^{55} me^{33} zo^{33} uɑ^{21} iə^{33}. | phər^{21} ne^{21} nɑ^{21}
是 呀 虎 皮 虎 四肢 穿 胜利 事 说 的 男 是 呀 盘人 与 纳人

tər^{55} phər^{21} me^{33} zo^{33} uɑ^{21} iə^{33}; | khɯ^{33} lɑ^{21} tɕiə^{33} u^{21} ty̩^{33} ty̩^{21} kɯ^{33} kɯ^{21} mə^{33} sʅ^{33} dʐy̩^{33} |
给 解 么 男 是 呀 仆人 千千 万万 不 知 是非

le^{33} phi^{21}, | i^{33} tʂhʅ^{33} i^{33} mu^{33} dy^{21}, mə^{33} gɑ^{33} mə^{33} tʂər^{21} be^{33}, ty̩^{33} ty̩^{21} kɯ^{33} kɯ^{21} |
又 评 南方 地 不 胜 不 让 做 千千 万万

却能吃到肥肉、瘦肉的男子；是个虽未曾在高处的大草坝放牧牦牛，却能吃到酸奶饼和酥油的男子。住在吉祥的村寨，是专做胜利和美好之事的男子；住在肥田旱地中间，是专做富裕和强盛之事的男子；身穿连着四肢的虎皮，是专说获胜之事的男子；是替盘人与纳人解除纠结的男子；是替千千万万仆人评判是非的男子；是南方那不胜利就不做的千千万万个带利刀的勇士般的男子；

13-E-1-14

dæ^{21} be^{33} gæ^{21} thɑ^{55} pu^{55} me^{33} zo^{33} uɑ^{21} iə^{33}；| zo^{33} ɯ^{33} be^{21} tɕə^{55} ʥʅ^{21}, mi^{21} le^{33} tsʅ^{55} mə^{33}
勇者 似的 刀 利 带 的 男 是 呀 男 好 络腮胡 长 名 又 取 不

dər^{33} me^{33} zo^{33} uɑ^{21} iə^{33}；| uə^{21} tɕiɑ^{55} khɯ^{33} dy^{55} ɯ^{33}, mi^{21} le^{33} tsʅ^{55} mə^{33} dər^{33} me^{33} zo^{33}
需 的 男 是 呀 鹰 架 打 猎 好 名 又 取 不 需 的 男

uɑ^{21} iə^{33}；| gu^{33} tʂhu^{21} lɑ^{33} pər^{55} ʥʅ^{21} me^{33} ʥæ^{33}, mi^{21} le^{33} tsʅ^{55} mə^{33} dər^{33} me^{33} zo^{33} uɑ^{21}
是 呀 马 快捷 虎 斑 生 的 骑 名 又 取 不 需 的 男 是

iə^{33}；| gæ^{21} thɑ^{55} lo^{33} kv̩^{33} to^{33},tʂhər^{21} nɑ^{55} ʂʅ^{33} le^{33} ʥʅ^{33} me^{33} zo^{33} uɑ^{21} iə^{33}；ŋv̩^{21} lo^{33} gv̩^{33}
呀 刀 利 盆 上 搭 肥 田 瘦肉 又 吃 的 男 是 呀 银 盆 头

tʂhər^{33} hæ^{21} lo^{33} khɯ^{33} tʂhər^{33} me^{33} zo^{33} uɑ^{21} iə^{33}；ŋv̩^{33} tɕər^{33} me^{33} nɯ^{33} ʐʅ^{33} thɯ^{21} zo^{33} uɑ^{21}
洗 金 盆 脚 洗 的 男 是 呀 银 杯 者 来 酒 喝 男 是

iə^{33}；| hæ^{21} tɕər^{33} le^{55} thɯ^{21} zo^{33} uɑ^{21} iə^{33}. | phər^{21} nɑ^{55} bə^{33} u^{21} tv̩^{33} tv̩^{21} kɯ^{33} kɯ^{33} ʂv̩^{33}
呀 金 盆 茶 喝 男 是 呀 盘人 纳人崩人 吾人 千千 万万 领

me^{33} zo^{33} uɑ^{21} iə^{33}；ʥi^{33} ne^{21} tsho^{21} i^{33} tv̩^{33} tv̩^{21} kɯ^{33} kɯ^{21} dæ^{21} kv̩^{33} nɯ^{33} ʂv̩^{33} uɑ^{21} iə^{33}. |
的 男 是 呀 精人 与 崇人 是 千千 万万 勇 上 来 领 是 呀

dæ^{21} nɯ^{33} mə^{33} tʂhu^{21} me^{33} i^{33} khuɑ^{33} mə^{33} kv̩^{55} ,
勇 而 不 快 么 是 好处 不 会

是个生有着美髯而不需再取名的男子；是打猎时随身架着雄鹰而不需再取名字的男子；是骑着生有老虎斑纹的骏马而不需再取名字的男子；是利刀搭在盆子上，就有肥肉、瘦肉可吃的男子；是用银盆洗头金盆洗手的男子；是用银盏喝酒金盏喝茶的男子；是率领千千万万盘人、纳人、崩人和吾人的男子；是将精人与崇人从千千万万的勇敢者那儿领来的男子。只有勇敢而不敏捷的话就有不利的地方，

13-E-1-15

gɑ^{33} nɯ^{33} le^{33} khuɑ^{33} kv̩^{55}. | mɯ^{33} nɯ^{33} sʅ^{33} bu^{21} iə^{55}. | gu^{33} tʂhu^{21} dɯ^{33} bu^{33} iə^{55}, gv̩^{33} ne^{21}
战神 来 又 有利 会 天 来 三 福分 给 马 快 一 福 给 身 与

nɯ^{33} dɯ^{55} dɯ^{33}. bi^{33} nɯ^{33} tʂhər^{55} le^{33} iə^{55}, le^{21} nɯ^{33} sər^{55} le^{33} iə^{55}, lv̩^{33} nɯ^{33} uɑ^{33} le^{33} iə^{55},
心 相同 太阳 来 肺 又 给 月亮 来 肝 又 给 石头 来 骨头 又 给

tʂʅ^{33} nɯ^{33} ʂʅ^{33} le^{33} iə^{55}, hər^{33} nɯ^{33} sɑ^{55} le^{33} iə^{55}. dæ^{21} ne^{21} tʂhu^{21} gə^{33} dɯ^{33} bu^{33} iə^{55}, gu^{33}
土 来 肉 又 给 风 来 气 又 给 勇 与 快捷 的 一 福 给 马

tʂhu^{21} dɯ^{33} bu^{33} iə^{55}. | dæ^{21} me^{33} ʂər^{33} kv̩^{55} nɯ^{33}, tv̩^{33} tv̩^{21} kɯ^{33} kɯ^{21} gu^{21} nɯ^{33} ʂv̩^{33}, gv̩^{33}
快 一 福 给 勇 者 七 个 来 千千 万万 后 来 领 九

tshər^{21} zv̩^{21} uə^{33} phv̩^{21}, zv̩^{21} zo^{33} tv̩^{33} tv̩^{21} kɯ^{33} kɯ^{21} mɯ^{21} le^{33} sy^{55} | dæ^{21} mi^{21} dɯ^{33} mi^{21}
十 仇 寨 毁 仇 男 千千 万万 下 又 杀 勇者 名 一 名

thv̩^{33}.
出

只有胜利之神相助才有效。高天赐下三份福祉，赐下快捷的骏马是一份福祉，骏马的身体与心儿一样大。太阳赐来肺，月亮赐来肝，石头赐来骨头，土壤赐来肌肉，风儿赐来气息，赐下了勇敢而快捷的骏马。由七个勇猛之人领来千千万万个勇士，破了九十个仇寨，杀了千千万万个男仇人，获得了一个英勇的名声。

13-E-1-16

pɯ^{33} bu^{21} zə^{21} pɯ^{33} bu^{21}, nɑ^{21} pɯ^{33} kæ^{33} nɯ^{33} thv̩^{33}; æ^{33} phər^{21} ʂu^{21} lɑ^{55} mu^{33},du^{33} mu^{21}
蒿 坡 草 蒿 坡 黑 蒿 先 来 出 铜 白 铁 打 模 模子

kæ^{33} nɯ^{33} thv̩^{33}. lɯ^{33} sʅ^{33} pi^{21} nɯ^{33} hɯ^{55}, pɯ^{21} lɯ^{33} ʂu^{33} mu^{33} kæ^{33} nɯ^{33} thv̩^{33} . | ɑ^{33} so^{33}
先 来 出 箭羽 胶 来 粘 规矩 先 来 出 最初

ʥi^{33} mə^{33} thv̩^{33} sʅ^{13} nɯ^{33}, mɯ^{33} lɯ^{55} du^{21} ʥʅ^{33} dæ^{21} me^{33} thv̩^{33}. mɯ^{33} thv̩^{33} dy^{21} khu^{33} ʥʅ^{33}
人 不 出 还 来 美利董主 勇者 的 出 天 开 地 辟 村

tshʅ^{55} uə^{33} ʐæ^{21} ne^{21}, lɯ^{33} ɯ^{33} bɑ^{21} phv̩^{55} bɑ^{21} ʐæ^{21} ne^{21} , gu^{21} dʐæ^{33} lɯ^{33} ʂu^{33} ne^{21}. | mɯ^{33}
建 寨 辟 着 田 好 粮 撒 粮 种 着 马 骑 田 耙 着

lɯ55 du21 dʐʅ33 tʂhər55, phər21 ne21 ʂæ33, gɑ33 ne21 u21 mu21 tv̩33 tv̩21 kɯ33 kɯ21 gu21 nɯ33 ʂv̩33,
美利董主 代 盘人 与禅人 嘎神 与 吾神 士兵 千千 万万 后 来 领

thv̩33 tʂhʅ33 iə33 mɑ21 gu21 nɯ33 ʂv̩33, mɯ21 lɯ55 ʂv̩21 dʐʅ33 mɯ21 nɯ33 hy55.① | mɯ33 lɯ55 du21
土蚩优麻 后来 领 美利术主 下 来 站 美利董主

dʐʅ33 tʂhər55, dæ21 zo33 tv̩33 tv̩21 kɯ33 kɯ21 nɯ33, ʂv̩33 zo33 tv̩33 tv̩21 kɯ33 kɯ21 mɯ21 le33sy55 |
代 勇 男 千千 万万 来 术 男 千 千 万 万 下 又 杀

蒿草坡上，黑蒿最先发芽；白铜做铸模，模子原先就有；箭羽要用胶来粘，这个规矩原先就有。

最初当人类还没有产生之时，勇敢的美利董主先出世了，他开天辟地，建村又立寨，在良田里播撒粮种，骑着马儿松耙着田地。美利董主领着千千万万的盘人、禅人、嘎神和吾神的士兵，领着土蚩优麻。美利术主站在下方。英勇的美利董主的后代，杀死了美利术主和他那千千万万的后代，

13-E-1-17

ȵiə55 tsʅ33 hy33 lo21 mɯ21 le33 sy55. tshʅ21 khu33 gə21 le33 tɕhi33. gv̩33 bu33 ʐu21 tshʅ21 mu21 le33
纽楚许罗 下 又 杀 鬼 门 上 又 送 九 坡 仇 鬼 下 又

sy55. | khɯ33 dʐʅ33 tər33 iə21 nɑ21 ze33 tsho55 bv̩33 mu21 le33 sy55. sʅ33 bv̩33 sʅ55 tʂhər33 thv̩33
杀 肯孜呆尤 纳若崇布 下 又 杀 斯补 三 代 出

me33, ʂv̩21 tshʅ21 tv̩33 tv̩21 kɯ33 kɯ21 mu21 le33 sy55. | mɯ33 lɯ55 du21 dʐʅ33 dv̩21 zo33 tv̩33 tv̩21
者 术 鬼 千千 万万 下 又 杀 美利董主 董 子 千千

kɯ33 kɯ21 dæ21 me33 nɯ33, gv̩33 tshər21 æ21 uə33 phv̩21, ʂər33 ɕi33 æ21 uə33 tshe55, ʂv̩21 zo33 tv̩33
万万 勇 者 来 九 十 仇 寨 毁 七 百 仇 村 毁 术 子 千千

tv̩21 kɯ33 kɯ21 mu21 le33 sy55. ʂv̩21 tshʅ21 khɯ33 py33 lɑ21 py33 khɯ33 be33 ʂv̩13 le33 tshʅ21, zv̩21
万万 下 又 杀 术 鬼 脚 链 手 枷镣 放 地 领 又 来 仇

① 此句与后一句位置颠倒。

ʐʮɑ33 tʯ33 tʯ21 kɯ33 kɯ21 ʂər13 le33 tshʅ21, ʂʯ21 gə33 u33 ʥe33 ɯ33 me33 y13 le33 tshʅ21. | mɯ33
马 千 千 万 万 牵 又 来 术鬼 的 财 富 好 者 拿 又 来

lɯ55 du21 ʥʅ33 thɯ33 dæ21 mi21 dɯ33 mi21 thʯ33, gʯ33 hɯ21 he33 hɯ21 se21,
美利董主 勇 名 一 名 出 身 安 神 安 了

杀死了纽楚许罗，把它送往鬼门。杀死了九坡上的仇鬼，杀死了肯孜呆尤和纳若崇布。三代祖先杀死了千千万万的术鬼。美利董主和他成千上万的后代，毁了九十个仇人之寨，灭了七百个仇人的村子，杀了成千上万的美利术主的后代。将术鬼之手戴上枷锁，给脚放上脚链，将成千上万的仇敌的马匹牵了来，将术鬼的财宝拿了来。美利董主获得一个英勇的名声，身安神安了，

13-E-1-18

tʂhʯ55 zi33 bu21 zi33 gʯ33, mɯ33 lɯ55 du21 ʥʅ33 tʂhər55, lʯ33 ʥʅ21 uɑ33 sy21 gɑ33 lɑ21 i33, dʯ33
马 美 鬃 美 成 美利董主 代 翅 生 五 样 战神 是 海螺

phər21ɕiə33 phər21gu55 hæ33 ʂʅ21 mɑ55 i33, uɑ33hæ21 tɕiə55 pu33, tʂhu21 nɑ55kə55nɑ21uɑ33sy21nɯ33,
白 大鹏 白 雕 金 黄 孔雀 松石 绿 布谷鸟 墨玉 黑 鹰 黑 五 样 来

tshʅ13 gə33 lʯ33 ʥʅ21 tʯ33 tʯ21 kɯ33 kɯ21 mɯ21 le33 sy55, dæ21 mi21 dɯ33 mi21 thʯ33, | lʯ33 ʥʅ21
鬼 的 翅 生 千千 万万 下 又 杀 勇 名 一 名 出 翅 生

uɑ33 sy21 le33 lʯ55 lʯ33, gʯ33 hɯ21 he33 hɯ21, tʂhʯ55 zi33 bu21 zi33 se21. | mɯ33 lɯ55 du21 ʥʅ33
五 样 又 团结 身 安 神 安 马 美 鬃 美 了 美利董主

tʂhər55, | tʂʅ21 ʥʅ21 gɑ33 lɑ33 uɑ33 sy21, bə33 dɯ21 lɑ33 hy21, phɑ33 phər21 zər33 zi33,
代 爪 生 战神 五 样 掌 大 虎 红 脸 白 豹 白

马儿骄健鬃毛美。

美利董主的那个时代，五种生翅的战神是白海螺色的大鹏鸟、白海螺色的大雕、金黄色的孔雀、绿松石色的布谷鸟和黑墨玉色的鹰。这五种战神，将成千上万的生翅的术鬼杀掉了，获得一个英勇的好名声。五种生翅的战神又相聚，身轻神安了，马儿骄健鬃更美。

美利董主的那个时代，五种生爪的战神是宽脚掌的红虎、白脸豹子、

13-E-1-19

uɑ^{33} hæ^{21} mɯ^{33} dʐər^{33},uɑ^{33} hæ^{21} py^{21} zɿ^{33}, dʏ^{33} phər^{21} si^{33} gɯ^{33} gɑ^{33} lɑ^{21} i^{33}, | tʂʅ^{21} ʥɿ^{21} gɑ^{33}
松石 绿 青龙 松石 绿 刺猬 海螺 白 狮子 战神 是 爪 生 战神

lɑ^{21} uɑ^{33} sy^{21} le^{33} lʏ^{55} lʏ^{33}, gʏ^{33} he^{21} he^{33} hɯ^{21}, tʂhʏ^{55} zi^{33} bu^{21} zi^{33} se^{21}. | mɯ^{33} lɯ^{55} du^{21}
五 样 又 团结 身 安 神 安 马 美 鬃 美 了 美利董主

ʥɿ^{33} tʂhər^{55}, | khuɑ^{33} ʥɿ^{21} gɑ^{33} lɑ^{21} uɑ^{33} sy^{21} i^{33}, ʥɿ^{21}phər^{21}, bər^{21}phər^{21}, tɕy^{21} ʐuɑ^{33} he^{33}
代 蹄 生 战神 五 样 是 犏牛 白 牦牛 白 骡子 耳

pɑ^{21}, ʐuɑ^{33} phər^{21}, bu^{33} phər^{21}, ɯ^{33} phər^{21} gɑ^{33} lɑ^{33},① | mɯ^{33} lɯ^{55} du^{21} ʥɿ^{13} gə^{33} khuɑ^{33} ʥɿ^{21}
宽 马 白 猪 白 牛 白 战神 美利董主 的 蹄 生

绿松石色的天龙、绿松石色的刺猬、白海螺色的狮子。这五种战神又相聚，身轻神安了，马儿骄健鬃更美。

美利董主的那个时代，五种生蹄的战神是白犏牛、白牦牛、宽耳骡子、白马、白猪与白牛，

13-E-1-20

gɑ^{55} lɑ^{21} le^{33} lʏ^{55} lʏ^{33}, gʏ^{33} hɯ^{21} he^{33} hɯ^{21}, tʂhʏ^{55} zi^{33} bu^{21} zi^{33} se^{21}. | mɯ^{33} lɯ^{55} du^{21} dɯ^{33}
战神 又 团结 身 轻 神 安 马 美 鬃 美 了 美利董主

① 此处生蹄的动物有六种。与前一句提到的“五种”不符。为笔误。

tʂhər^{55}, bə^{33} dɯ^{21} lɑ^{33} hy^{21} dæ^{21} me^{33} gv̩^{33} kv̩^{55} nɯ^{33}, khuɑ^{33} ʥɿ^{21} gv̩^{33} sy^{21} tshər^{55} me^{33} no^{33}
代 脚掌人 虎 红 勇 者 九 个 来 角 长 九 样 截 者 福

uɑ^{21} sɿ^{55} le^{33} sɑ^{55}. | bi^{33} thv̩^{33} mə^{55} tʂhʅ^{33} ni^{33}, ɑ^{33} so^{21} ze^{55} tʂhʅ^{33} ni^{33}, bɯ^{33} ɯ^{33} uɑ^{55} kv̩^{33}
泽 素神 又 降 太阳 出 的 这 天 今晨 又 这 天 女人 好 五 个

dæ^{21}, ɑ^{33} tɑ^{55} luɑ^{33} mu^{33} dæ^{21}, tho^{33} gv̩^{33} bər^{21} dæ^{21} khæ^{55}, dæ^{21} mi^{21} dɯ^{33} mi^{33} dɯ^{33}, dæ^{21}
勇 阿塔峦姆 勇 松林 牦牛 勇 射 勇 名 一 名 得 勇

hɑ^{55} dɯ^{33} tʂhv̩^{33} i^{33}. | ɕy^{55} mɑ^{21} do^{33} tshɿ^{33} dæ^{21}, tv̩^{33} tv̩^{21} gv̩^{55} ʐʅ^{33} ʥɿ^{21}, sɿ^{33} phər^{21} lɯ^{33} le^{33}
命 一 件 有 许麻多此 勇 集中 九 道 生 毡子 白 地 又

khu^{33}, dv̩^{33} phər^{21} ʂv̩^{21} le^{33} thv̩^{55}, dv̩^{33} phər^{21} ʂv̩^{21} to^{55} ne^{21},
铺 海螺 白 骰子 又 拿 海螺 白 骰子 掷 着

美利董主的这五种生蹄战神互相团结，身轻神安了，犹如马儿骄健鬃更美。美利董主的那个时代，九位如大掌红虎般的勇者截下了九种角，将这九种生角的福泽迎请到了素神上。

在太阳晴好的这一天，由五个勇敢的女子和勇敢的阿塔峦姆射杀了拖古那儿的壮牦牛，她们获得了英勇的名声和寿岁。许麻多此是个能干之人，在九条道路汇合之处铺上白毡子，拿出白海螺色骰子，掷着这骰子，

13-E-1-21

tsho^{21} bɑ^{21} gu^{33} lu^{21} tɕər^{21}, gv̩^{33} tɕi^{55} dɯ^{33} ɕi^{55} be^{33}, tshe^{21} tɕi^{55} dɯ^{33} sɑ^{55} be^{33}, dæ^{21} mi^{21} dɯ^{33}
赶 马 人 九 驮 一 驮 做 十 背 一 卸 做 勇 声 一

thv̩^{33} dɯ^{33}, dæ^{21} hɑ^{55} dɯ^{33} tʂhv̩^{33} i^{33}. | gv̩^{33} lo^{33} khɯ^{33} kho^{55} dæ^{21}, tse^{55} le^{33} be^{33} thɑ^{55} pu^{55},
个 得 勇 命 一 件 有 古罗肯扩 勇 斧头 又 扁斧 利 带

ɕo^{33} lo^{21} gu^{21} hy^{21} dɑ^{55}, dæ^{21} mi^{21} dɯ^{33} thv̩^{33} dɯ^{33}, dæ^{21} hɑ^{55} dɯ^{33} tʂhv̩^{33} i^{33}. | o^{21} iə^{55} o^{21}
珊瑚 仓 红 砍 勇 名声 一 个 得 勇 命 一 件 有 俄佑俄都

tv̩^{33} dæ^{21}, nɯ^{21} thɑ^{55} mu^{33} ko^{21} ʂu^{21}, lv̩^{33} me^{33} mu^{33} ɯ^{21} sy^{55}, phe^{33} le^{21} ʥər^{33} ȵə^{21} gə^{21}, dæ^{21}
勇 仇 报 猛鬼 家 找 鲁美姆恩 杀 蝴蝶 树 上 撞 能

mi²¹ dɯ³³ thy̩³³ dɯ³³, dæ²¹ hɑ⁵⁵ dɯ³³ tʂhy̩³³ i³³. | tshe⁵⁵ hɯ²¹ bu³³ bə²¹ dæ²¹, ʂu³³ phər²¹ kho⁵⁵
名声 一 个 得 勇 命 一 件 有 衬恒褒白 勇 铁 白 锤子

dy²¹ pu⁵⁵, ʂu³³ phər²¹ be³³ thɑ⁵⁵ pu⁵⁵, to³³ nɑ⁵⁵ kə⁵⁵ by̩³³ sy⁵⁵, dæ²¹ mi³³ dɯ³³ thy̩³³ dɯ³³ dæ²¹
带 铁 白 扁斧 利 带 多纳构补 杀 勇 名声 一 个 得 勇

hɑ⁵⁵ dɯ³³ tʂhy̩³³ i³³. | dæ²¹me³³ dæ²¹ tʂhʅ³³ dʑy³³ i³³ le³³ ly̩⁵⁵ ly̩³³, y²¹ lɑ³³ gy̩³³ hɯ²¹ he³³ hɯ²¹
命 一 件 有 勇 么 勇 这 有 是 又 团结 死者 也 身 安 神 安

tʂhy̩⁵⁵ zi³³ bu²¹ zi³³ se²¹. | o²¹ i³³ kɑ³³ le²¹ tshy⁵⁵, sər³³ by̩³³ æ²¹ tshi⁵⁵ tsho³³, i³³ by̩²¹ ky̩⁵⁵ ty̩²¹
马 美 鬃 美 了 俄依高勒趣 斯补 崖 陡 峭 山驴 公

khæ⁵⁵,
射

与九个赶马人在赌博。以一驮赌得九驮，一次卸下十背而获得了一个能干的名声和寿岁。勇敢的古罗肯扩，带上斧头与扁斧，砍来珊瑚色的红木料，获得一个能干的名声和寿岁。勇敢的俄佑俄都为寻仇家去猛鬼的地界杀了鲁美姆恩鬼，像蝴蝶撞树枝般地紧紧追杀猛鬼，获得一个勇敢的名声和寿岁。勇敢的衬恒褒白带上铁锤子，带上白铁扁斧杀了多纳构补，获得了一个勇敢的名声和寿岁。所有曾获得能干之名声又聚拢，使得死者身轻神安，犹如马儿骄健鬃更美一般。能干的俄依高勒趣，在陡峭的斯补悬崖上，射死了跑跳着的公山驴，

13-E-1-22

dæ²¹ mi²¹ dɯ³³ mi²¹ dɯ³³, dæ²¹ hɑ⁵⁵ dɯ³³ tʂhy̩³³ i³³. | tshy⁵⁵ zʅ³³ lu⁵⁵ zʅ³³ gy̩³³, dæ²¹ mi²¹
勇 名 一 名 得 勇 命 一 件 有 高勒趣子 四 子 成 勇 名声

dɯ³³ mi²¹ dɯ³³, dæ²¹ hɑ⁵⁵ dɯ³³ tʂhy̩³³ i³³. | me²¹ zo³³ lɑ³³ ty̩²¹ dæ²¹, lɑ³³ me³³ ky̩⁵⁵ bɯ²¹
一 名 得 勇 命 一 件 有 梅若拉督 勇 虎 母 皮 花

khæ⁵⁵, dæ²¹ mi²¹ dɯ³³ thy̩³³ dɯ³³, dæ²¹ hɑ⁵⁵ dɯ³³ tʂhy̩³³ i³³. | ho²¹ zo³³ nɑ²¹ py̩⁵⁵ dæ²¹, gy̩²¹
射 勇 名 一 个 得 勇 命 一 件 有 禾若拿布 勇 熊

nɑ²¹ me³³ le³³ khæ⁵⁵, dæ²¹ mi²¹ dɯ³³ thy̩³³ dɯ³³, dæ²¹ hɑ⁵⁵ dɯ³³ tʂhy̩³³ i³³. | ʂy̩⁵⁵ khɯ³³ se²¹
黑 只 又 射 勇 名声 一 个 得 勇 命 一 件 有 束肯胜鲁

ly̩^{33} dæ^{21}, tho^{33} tʂu^{55} bu^{33} ʂʅ^{21} khæ^{55}, dæ^{21} mi^{21} dɯ^{33} thy̩^{33} dɯ^{33}, dæ^{21} hɑ^{55} dɯ^{33} tʂhy̩^{33} i^{33}. |
勇 松林 里 野猪 黄 射 勇 名声 一 个 得 勇 命 一 件 有

iə^{21} lɑ^{33} bər^{21} tv̩^{33} dæ^{21}, uæ^{33} phu^{55} the^{33} tɕi^{21} pu^{55}, i^{21} phu^{55} gæ^{21} thɑ^{55} pu^{55}, kə^{55} tshe^{33} nɑ^{33}
尤拉班督 勇 左 手 旗子 带 右 手 刀 快 带 构衬那梭

so^{33} sy^{55}, dæ^{21} mi^{21} lɯ^{33} mi^{21} dɯ^{33}, dæ^{21} hɑ^{55} dɯ^{33} tʂhy̩^{33} i^{33}. |
杀 勇 名声 一 名 得 勇 命 一 件 有

获得了一个勇敢的名声和寿岁。高勒趣生养了四个儿子，也获得了一个能干的名声和寿岁。能干的梅若拉督，射死了杂色的母虎，获得了英勇的名声和寿岁。能干的禾若拿布，射死了大黑熊，获得了英勇的名声和寿岁。能干的束肯胜鲁，射死了松林里的黄野猪，获得了英勇的名声和寿岁。能干的尤拉班督，左手举着旗子，右手拿着利刀，杀死了构衬那梭鬼，获得了英勇的名声和寿岁。

13-E-1-23

thɯ^{33} dæ^{21} y^{21} le^{33} ly̩^{55}, y^{21} dæ^{21} sʅ^{55} le^{33} tɕhy^{21}, dæ^{21} lɑ^{33} gy̩^{33} hɯ^{21} he^{33} hɯ^{21},tʂhy̩^{55} zi^{33} bu^{21}
这 勇 祖 又 裹 死者 勇 活人 又 遗留 勇者 也 身 安 神 安 马 美 鬃

zi^{33} se^{21}. | tshʅ^{33} py^{21} sʅ^{33} phe^{33} hɑ^{55}, dæ^{21} mi^{21} dɯ^{33} mi^{21} thy̩^{33}, dæ^{21} hɑ^{55} dɯ^{33} tʂhy̩^{33} i^{33}. |
美 了 祭祀 主人 家 勇 名声 一 名 出 勇 命 一 件 有

ɯ^{33} hɯ^{21} sʅ^{21} zʅ^{33} dæ^{21}, ly̩^{21} zo^{33} sʅ^{55} ky̩^{33} sy^{55}, dæ^{21} mi^{21} dɯ^{33} mi^{21} thy̩^{33}, dæ^{21} hɑ^{55} dɯ^{33}
恩恒 三 子 勇 鲁若 三 个 杀 勇 名声 一 名 出 勇 命 一

tʂhy̩^{33} i^{33}. | tsho^{21} ze^{33} lɯ^{55} ɯ^{33} dæ^{21}, dʑi^{21} bər^{33} dʑi^{21} lɑ^{33} khæ^{55}, dæ^{21} mi^{21} dɯ^{33} thy̩^{33} dɯ^{33},
件 有 崇忍利恩 勇 金班金拉 射 勇 名声 一 个 得

dæ^{21} hɑ^{55}dɯ^{33} tʂhy̩^{33} i^{33}. | zo^{33} dɯ^{21} kə^{55} bɯ^{21} dæ^{21}, ly^{33} thɑ^{55} lɑ^{21} pu^{55} zʅ^{33}, gu^{21} tʂhu^{21} me^{33} le^{33}
勇 命 一 件 有 儿 大 构崩 能干 矛 利 手 中 拿 马 快的 又

dzæ^{33},dæ^{21} mi^{21} dɯ^{33}mi^{21} thy̩^{33}. | zo^{33} tɕi^{55} y^{33} li^{33} dæ^{21}, tse^{55} le^{33} be^{33} thɑ^{55} pu^{55}, sər^{33} ky̩^{33}sər^{33}
骑 能干 名 一 名 出 幼 子 余林 勇 斧头 与 扁斧 利 带 林材 上 木

tsæ^{33}tsæ^{33}, sər^{33} gṿ^{33} he^{33} dʑi^{21} zæ̩^{21}; lṿ^{33}gṿ^{33} lṿ^{33} tsæ^{55} tsæ^{33}, lṿ^{33} gṿ^{33} thɑ^{55} phər^{21} tshʅ^{55}, dæ^{21}
削 制 木身 寺庙 建 建 石身 石 垒堆 石 身 塔 白 建 勇名

mi^{33} dɯ^{33} thṿ^{33} dɯ^{33}, dæ^{21} hɑ^{55} dɯ^{33} tʂhṿ^{33} i^{33} . | zo^{33} ly^{55} no^{55} o^{21} dæ^{21},
声 一 个 得 勇 命 一 件 有 次子 诺俄 勇

让这英勇环绕着死者，死者又将这英勇之福遗留给活人，英勇的死者也身安魂宁，犹如马儿骄健鬃更美了一般。这户作祭祀的主人获得了英勇的名声和寿岁。

英勇的恩恒三子，杀死了鲁若的三个儿子，获得了一个英勇的名声和寿岁。英勇的崇忍利恩射死了金班金拉，获得了一个英勇的名声和寿岁。英勇的长子构崩，手拿利矛骑骏马，获得了一个英勇的名声。英勇的幼子余林，带上斧头与锋利的扁斧，去砍木料，建起了神房，石上垒石块建起了白塔，获得了一个英勇的名声和寿岁。

13-E-1-24

gṿ^{33} tshər^{21} ʐṿ^{21} uə^{33} phṿ^{21}, ʂər^{33} tshər^{21} æ^{21} uə^{33} tshe^{55},dæ^{21} mi^{21} dɯ^{33} mi^{21} thṿ^{33}, dæ^{21} hɑ^{55}
九 十 仇 寨 毁 七 十 敌 村 破 勇 名声 一 名 得 勇 命

dɯ^{33} tʂhṿ^{33} i^{33}. | thɯ^{33} dæ^{21} y^{21} le^{33} lṿ^{55}, y^{21} dæ^{21} sʅ^{55} le^{33} tɕhy^{21}, dæ^{21}lɑ^{33} gṿ^{33} hɯ^{21} he^{33}
一 件 有 这 勇 死者 又 裹 死者 勇 活人 又 遗留 勇者 也 身 轻 神

hɯ^{21}, tʂhṿ^{55} zi^{33} bu^{21} zi^{33} se^{21}. dæ^{21} le^{33} mu^{55} tʂhʅ^{33} ȵi^{33}, mɯ^{33} lɯ^{55} mə^{33} ʂʅ^{33} tʂhər^{33} nɯ^{33}
安 马 美 鬃美 了 勇者 又 去世 这 天 天 地 不 死 药 来

sər^{33} bṿ^{33} dæ^{21} gɑ^{33} lɑ^{21} lɑ^{33} tʂhər^{33} le^{33} khɯ^{55}, khu^{33} dʐʅ^{21} sɑ^{55} thṿ^{55} kṿ^{55},miə^{33} dʐʅ^{21} le^{33} ly^{21}
斯补 勇者 胜利 也 药 又 放 口 生 气 出 会 眼 生 又 看

kṿ^{55}, khɯ^{33} dʐʅ^{21} le^{33} dʑi^{33} kṿ^{55}, lɑ^{21} dʐʅ^{21} le^{33} y^{21} kṿ^{55}. | khuɑ^{55} gæ^{21} thɑ^{55} me^{33} iə^{55} se^{13} lɑ^{33}
会 脚 生 又 走 会 手 生 又 拿 会 铠甲 胸甲 好 的 给 了 手

nɯ^{33} le^{33} y^{21} lu^{33}, ʂu^{33} phər^{21} ku^{33} mu^{21} iə^{55} me^{33} le^{33} thæ^{33} kṿ^{55}. ly^{33} thɑ^{55} iə^{55} me^{33} lɑ^{21} nɯ^{33}
来 又 拿来 铁 白 帽子 给 么 又 戴 会 矛 尖 给 么 手 来

le^{33} pu^{55} kv̩^{55}, gæ^{21} thɑ^{55} ʂæ^{33} bæ^{21} iə^{55} me^{33} lɑ^{21} nɯ^{33} le^{33} y^{21} kv̩^{55}, the^{33} tɕi^{21} iə^{55} me^{33} lɑ^{21}
又 带 会 刀 尖 箭镞 给 么 手 来 又 拿 会 旗子 给 的 手

nɯ^{33} le^{33} y^{21} kv̩^{55}. | bi^{33} thv̩^{33} mə^{55} tʂʅ^{33} ȵi^{33}, tshʅ^{33} py^{21} lɯ^{55} khu^{33} lo^{21}, dʐʅ^{21} kv̩^{55} tʂʅ^{33}
来 又 拿 会 太阳 出 的 这 天 祭祀 祭场 里 酋长 会 这

lo^{21}, py^{21} kv̩^{55} tʂʅ^{33} u^{21} nɯ^{33}, y^{21} gə^{33} dæ^{21} be^{33} dæ^{21} dʑo^{21} ʂə^{55} thv̩^{33} se^{21}, gɑ^{33} be^{33} gɑ^{33} dʑo^{21}
群 诵 会 这 伙 来 死者 的 勇敢 做 勇者 事 说 出 了 胜利 做 胜利 事

ʂə^{55} thv̩^{33} se^{21}, zi^{33} be^{33} zi^{33} dʑo^{21}
说 出 了 美好 做 美德 事

能干的次子诺俄十分勇猛，他毁了九十个敌寨，破了七十个敌村，获得了一个英勇的名声和寿岁。让英勇环绕着死者，死者又将英雄之福泽遗留给活人，于是死者身安魂宁，犹如马儿骄健鬃更美一般。

当勇者去世的这一天，用天地之不老药，给先辈中的各位英勇之人施上药。施上药之后，嘴巴又会呼吸了，眼睛又会看了，双脚又能走路了，双手又会拿东西了。给他好铠甲与好胸甲时，手儿又会接了；给他白铁盔帽时，他又会接了戴在头上；给他尖利的矛时他又会来接了；给他利刀和箭簇时又会来接了；给他旗子他的手儿会来拿了。

在阳光明媚的这一天，在祭祀场地里，由我们这些酋长，由这群能诵会吟的东巴们，已追述了死者英雄的往事，已追述了死者所做过的胜利之事，已追述过死者所做的美好的往事。

13-E-1-25

ʂə^{55} thv̩^{33} se^{21}. | dʑi^{33} y^{21} mɯ^{33} kv̩^{55} bv̩^{21}, tshʅ^{33} py^{21} ly^{55} khu^{33} lo^{21}, dʐʅ^{21} kv̩^{55} tʂʅ^{33} lo^{21}, py^{21}
说 出 了 人 活 天 之 下 祭祀 场 地 里 酋 会 这 群 诵

kv̩^{55} tʂʅ^{33} ho^{21} nɯ^{33}, sər^{33} bv̩^{33} dæ^{21} pv̩^{55} gə^{21} tɕhi^{33} se^{21}, he^{21} i^{33} ɯ^{33} me^{33} sʅ^{33} tshər^{21} sʅ^{33}
会 这 伙 来 斯补 勇者 送 上 送 了 神 是 好 者 三 十 三

dy^{21} lo^{21} nɯ^{33} le^{33} pv̩^{55} se^{21}, dæ^{21} me^{33} lɑ^{33} hy^{21} gu^{21} nɯ^{33} sʅ^{33}, sʅ^{33} bv̩^{33} dæ^{21} me^{33} nɯ^{33},
地 里 来 又 送 了 勇者 么 虎 红 后 来 领 斯补 勇 者 来

the^{33} tɕi^{21} lɑ^{21} phu^{33} ty^{33}, gv̩^{33} bv̩^{33} zv̩^{21} do^{21} mə^{33} tɕi^{55} be^{33}, lɑ^{33} tho^{21} ɕi^{33} do^{21} mə^{33} tɕi^{55}
旗子 手 中 拿 世仇 遇 不 怕 地 拉托 人 遇 不 怕

be^{33}, | tshɿ^{21} do^{21} ȵiə^{21} do^{21} mə^{33} tɕi^{55} be^{33}, | mu^{33} do^{21} ɯ^{21} do^{21} mə^{33} tɕi^{55} be^{33}, | z̨ər^{21}
地 楚鬼 遇 扭鬼 不 怕 地 猛鬼 遇 恩鬼 遇 不 怕 地 豹

do^{21} lɑ^{33} do^{21} mə^{33} tɕi^{55} be^{33}, | gv̩^{21} do^{21} bu^{21} do^{21} mə^{33} tɕi^{55} be^{33} ,
遇 虎 遇 不 怕 地 熊 遇 野猪 遇 不 怕 地

人类生活在高天之下，在这祭祀的场地里，由这群酋长，由这群能诵会吟的东巴，将英勇的先辈送上去了，送到吉祥的神居住的三十三重福地里去了。勇敢的死者上去时，身后领着赤虎，手里举着旗子，遇见世仇和拉托的强盗也不惧地走上去了；遇到楚鬼和扭鬼也毫不畏惧地走上去了；遇到猛鬼和恩鬼也毫不畏惧地走上去了；遇到豹子和老虎也毫不畏惧地走上去了；遇到熊和野猪也毫不畏惧地走上去了；

13-E-1-26

bu^{21} ʂuɑ^{21} dʑər^{21} do^{21} mə^{33} tɕi^{55} be^{33}, lo^{21} ho^{55} dʐʅ^{33} do^{21} mə^{33} tɕi^{55} be^{33}. | gv̩^{33} ne^{21} nɯ^{33}
坡 高 土匪 遇 不 怕 地 谷 深 豹 遇 不 怕 地 身 与 心

dɯ^{55} dɯ^{33}, zv̩^{21} do^{21} mə^{33} tɕi^{55} be^{33}, tʂʅ^{21} ne^{21} bə^{33} pɑ^{55} pɑ^{33}, zʅ^{33} pɑ^{55} mə^{33} tshe^{21} be^{33} le^{33}
一样 仇 遇 不 怕 地 趾 与 脚掌 相同 路 面 不 择 地 又

fæ^{33}. | kə^{55} lv̩^{33} ku^{33} mu^{21} thæ^{33}, uɑ^{33} hæ^{33} mɯ^{33} dz̨ər^{33} mɯ^{33} gv̩^{33} lɯ^{33} gɯ^{55} mə^{33} tɕi^{55} be^{33}、
去 鹰 翅 帽子 戴 松石 绿 天 龙 打雷 地 鸣 不 怕 地

lɑ^{33} mæ^{33} lɯ^{33} ȵə^{21} sɿ^{21} , hæ^{33} thv̩^{33} so^{33} z̨ər^{21} mə^{33} tɕi^{55} be^{33}, | thɯ^{33} dæ^{21} y^{21} le^{33} lv̩^{55}, y^{13}
虎 尾 地 上 拖 风 起 松林 响 不 怕 地 这 勇 死者 又 缠 死者

lɑ^{33} gv̩^{33} hɯ^{21} he^{33} hɯ^{21} tʂhv̩^{55} zi^{33} bu^{21} zi^{33} se^{21}. | mɯ^{33} lɯ^{55} tɕi^{21} tɯ^{33} bu^{21}, ko^{33} phər^{21}
也 身 安 神 安 马 美 鬃 美 了 天 地 云 起 坡 鹤 白

ko^{33} nv̩^{55} tv̩^{21}, nɯ^{21} ni^{33} ɑ^{33} sɿ^{21} mu^{55}, sɿ^{21} mə^{33} mæ^{33} me^{33} zo^{33} nɯ^{33} tʂu^{55}; | lɑ^{33} lər^{33} tʂʅ^{55}
鹤 嘴 笔直 福 要 父亲 去世 父 不 得 的 子 来 接 虎 吼 土

nɑ^{21} bu^{21}, gv̩^{33} hɯ^{21} gv̩^{33} lər^{33} lər^{33}①,uɑ^{21} ni^{33} ɑ^{33} me^{33} mu^{55}, me^{33} mə^{33} mæ^{21} me^{33} mi^{21} nɯ^{33}
黑 坡 古恒古量量 福 要 母亲 去世 母 不 得 的 女 来

tʂu^{55}.
接

遇到高坡上的土匪也毫不畏惧地上去了；遇到深箐里的豹子也毫不畏惧地上去了。死者的胆量与身体一样大，遇到仇敌也毫不畏惧地上去了，只要脚趾和脚掌有放的地方，就毫不畏惧地上去了。头戴插鹰翎的帽子，就像那绿松石色的天龙般不畏天上打雷大地轰鸣地上去了。走路时虎皮尾巴拖地上，听到风声与松涛怒吼也毫不畏惧地上去了。让英勇环绕着死者，死者也身安魂宁了，犹如马儿骄健鬃更美。

天地白云间，白鹤长嘴直，要福泽的父亲去世了，父亲得不到的由儿子来接续；黑土坡上老虎吼，古恒古量量，要福泽的母亲去世了，母亲得不到的要由女儿来接续。

13-E-1-27

æ^{33} khə^{55} lv̩^{33} le^{21} bu^{21}, gv̩^{33} mə^{33} mæ^{21} me^{33} ʥe^{33} nɯ^{33} tʂu^{55}, | he^{21} i^{33} mɯ^{33} kə^{55} khv̩^{21},
埃扣鲁冷 坡 舅 不 得 的 外甥 来 接 神 是 天 上 里

mɯ^{33} dɯ^{21} ɑ^{33} sɿ^{21} mu^{55} , mɯ^{33} zo^{33} pe^{55} tse^{33} thɯ^{33} gv̩^{33} kv̩^{55}, mɯ^{33} i^{33} thv̩^{33} mə^{33} dər^{33}; |
天 大 父亲 去世 天 子 贝增 那 九 个 天 是 开 不 错

lɑ^{33}lər^{33} bi^{33} ʥʅ^{21} mu^{55}, | dy^{21} zʅ^{33} thɯ^{33}ʂər^{33} zʅ^{33}, dy^{21} le^{33} khu^{33} mə^{33} dər^{33}. | mɯ^{33}ne^{21}dy^{55}
拉朗敦主崩 去世 地 子 那 七 子 地 又 开 不 错 天 与 地

ko^{55}gɯ^{33}, mɯ^{33} lɯ^{55} du^{21} ʥʅ^{33} mu^{55}, du^{21} zo^{33} gv̩^{55} zʅ^{33} i^{33}, ʥʅ^{33} tshʅ^{55} uɑ^{33} ʐæ^{21} le^{13} mə^{33}
中间 美利董主 去世 董 子 九 个 是 寨 建 村 建 又 不

dər^{33}. | ŋv̩^{33} lv̩^{33} tʂhər^{21} ty^{21} mu^{55}, tʂhər^{21} ty^{33} gv̩^{55} zʅ^{33} lv̩^{33} y^{21} lv̩^{33} tse^{55} le^{13} mə^{33} dər^{33}. |
错 雪山 称堆 去世 称堆 九 子 石 拿 石 砌 又 不 错

bə^{33} khɯ^{33} bə^{33} tshʅ^{33} mi^{55},me^{33} i^{33} mu^{55} phi^{55} gu^{13}, bə^{33}tshʅ^{33} mi^{33} ʂər^{33} kv̩^{55}, the^{33} i^{33} dɑ^{21}
崩人 旁 崩此 女 母 是 去世 以后 崩此 女 七 个 缎 是 织

① 不知其意，用音译，存疑。从对仗关系看，与上一句中的“白鹤长嘴直”相对应。

mə^{33} dər^{33}.｜tshɿ^{33} py^{21} sɿ^{33} phe^{33} hɑ^{55}, nɯ^{21} ni^{33} ɑ^{33} sɿ^{21} mu^{55}, uɑ^{21} ni^{33} ɑ^{33} me^{33} mu^{55},
不 错 祭祀 主人 家 福 要 父亲 去世 福 要 母亲 去世

在埃扣鲁冷坡，舅舅得不到的要由外甥来接续。神居住的高天深处，与天一般大的父亲去世后，天的九个贝增儿子开天没差错。拉朗敦主崩去世后，七个大地之子辟地没差错。天与地中间的美利董主去世后，他的九个儿子建村立寨没差错。雪山上的称堆去世后，他的九个儿子做修砌石头的活路没差错。崩人的七个崩此女，她们的母亲去世后，织锦缎没差错。作祭祀的主人家，要福泽的父亲去世了，要吉祥的母亲去世了。

13-E-1-28

le^{33} dɯ^{21} ɑ^{33} sɿ^{21} by̩^{33} le^{21} ɑ^{33} me^{33} mu^{55} dɯ^{33} ni^{33}, dæ^{21} mu^{55} kæ^{21} mə^{33} mu^{55}.｜mɯ^{33} lɯ^{55}
楞迪 父亲 补勒 母亲 去世 一 天 勇 死 威风 不 死 天 地

tɕi^{33} phər^{21}tʂu^{55}, kə^{55} nɑ^{21} ky̩^{33} phər^{21} mu^{55}, kə^{55} mu^{55} ly̩^{33} mə^{33} mu^{55}.｜kə^{55} nɑ^{21} ky̩^{33} phər^{21}
云 白 间 鹰 黑 头 白 去世 鹰 死 翅 不 死 鹰 黑 头 白

gə^{33}, ly̩^{33} ɯ^{33} no^{33} uɑ^{21} sɿ^{55} le^{33} sɑ^{55}. sɿ^{55} nɯ^{33} no^{33} uɑ^{21} be^{33} le^{33} tɕi^{33}.｜tʂhʅ^{33} sɿ^{21} lɑ^{21} gy̩^{33}
的 翅 好 福 泽 活人 又 降 活人 来 福 泽 地 又 放 从此

mæ^{55}, tshɿ^{33} py^{21} sɿ^{33} phe^{33} nɯ^{33}, kə^{55} ly̩^{33} ku^{33} mu^{21} thæ^{33}, kə^{55} sɿ^{21} dæ^{21} me^{33} tʂhu^{21} me^{33}
以后 祭祀 主人 来 鹰 翅 帽子 戴 鹰 似 勇 者 快 者

thy̩^{33} be^{33} hu^{55}.｜so^{33} gy̩^{33} phər^{21} gə^{33} lɑ^{33} hy^{21} pər^{55} dɯ^{21} mu^{55}, lɑ^{33} mu^{55} kæ^{21} mə^{33} mu^{55},
出 做 愿 高 山 白 的 虎 红 斑 大 去世 虎 死 威风 不 死

pər^{55} ne^{21} kæ^{21} ly̩^{55} ly̩^{33}, no^{33} uɑ^{21} sɿ^{55} tɕy^{21} mi^{21} le^{33} sɑ^{55}, no^{33} uɑ^{21} sɿ^{55} be^{33} tɕi^{33}.｜tʂhʅ^{33} sɿ^{21}
斑 与 威风 缠绕 福 泽 活人 上 下 又 降 福 泽 活人 做 放 从此以后

lɑ^{21} gy̩^{33} mæ^{55}, tshɿ^{33} py^{21} sɿ^{33} phe^{33} nɯ^{33}, lɑ^{33} hy^{21} bɑ^{33} lɑ^{21} mu^{21},
祭祀 主人 来 虎 红 衣服 穿

楞迪父亲和补勒母亲去世的这一天，勇者虽死威不死。天地白云间，白头黑鹰死去了，鹰死翅不死，将白头黑鹰那翅膀的福泽遗留给了活人，活人把福泽存留了下来。从此以后，愿作祭祀的主人家，头戴插鹰翎的帽子，后代就像鹰一样英勇与快捷。高山上的赤虎死去了，虎

死威犹存，虎的斑纹与威风相环绕，将赤虎的福泽遗留给活人，活人把福泽存留了下来。从此以后，愿作祭司的主人家，身穿赤虎皮，

13-E-1-29

dæ^{21} me^{33} tʂhu^{21} me^{33} thɯ^{33}, lɑ^{33} sɿ^{21} thy̩^{33} be^{33} hu^{55}. | æ^{33} ʂuɑ^{21} bæ^{33} dʐæ^{33} no^{33} uɑ^{21} sɿ^{55}
勇 者 快 者 那 虎 似 产生 做 愿 崖 高 蜂蜜 好 福 泽 活人

tɕy^{21} mi^{21} le^{33} sɑ^{55}, æ^{33} ʂuɑ^{21} bæ^{33} dʐæ^{33} uə^{21} me^{33} le^{33} thy̩^{33} ho^{55}. | khuɑ^{55} gæ^{21} dʑo^{21} ky̩^{33}
上 下 又 降 崖 高 蜂蜜 好 似 地 又 出 愿 铠衣 刀 架子 上

lo^{55}, gɑ^{33} uə^{21} ne^{21} me^{33} le^{33} thy̩^{33} hu^{55}. | ŋy̩^{33} hæ^{21} py^{21} lo^{21} khɯ^{55}, ŋy̩^{33} hæ^{21} py^{21} ʂər^{55}
挂 胜利 似 着 的 又 出 愿 银 金 竹箩 里 放 银 金 箩 满

be^{33},hɯ^{21} ne^{21} dʐæ^{21} i^{33} le^{33} thy̩^{33} hu^{55}. | uɑ^{33} tʂhu^{21} tɑ^{55} lo^{21} khɯ^{55}, zi^{33} uə^{21} ne^{21} me^{33} le^{33}
地 富 与 强 是 又 出 愿 松石 墨玉 柜 里 放 美德 似 着 的 又

thy̩^{33}hu^{55}. | ɯ^{33} y^{21} by^{21} lo^{21} tər^{55}, ɯ^{33} y^{21} by^{21} ʂər^{55} le^{33} thy̩^{33} hu^{55}. | uɑ^{33} hæ^{21} mɯ^{33}
出 愿 牛 羊 圈 里 关 牛 羊 圈 满 又 出 愿 松石 绿 天龙

dʐər^{33} uə^{21} me^{33} le^{33} thy̩^{33} hu^{55}. | dy̩^{33} phər^{21} si^{33} gɯ^{33} le^{33} thy̩^{33} hu^{55}. | dy̩^{33} phər^{21} ɕy^{33}
似 的 又 出 愿 海螺 白 狮子 又 出 愿 海螺 白 大鹏鸟

tɕhy^{21}, dy̩^{33} phər^{21} ɕə^{21} gu^{55} le^{33} thy̩^{33} hu^{55}, zər^{21} thɑ^{55}
海螺 白 大雕 又 出 愿 豹 猛

后代就像赤虎般英勇与敏捷。把高崖上的蜂蜜取来留给活人，愿后代像高崖上的蜜蜂一般能干和敏捷。将铠衣和大刀挂在架子上，愿后代能够胜利。将金银装满箩，愿出现能将金银装满箩的富裕又强盛的后代。愿出现能将松石、墨玉放满柜的有德行的后代。愿出现牛羊满圈的后代，愿出现似绿松石色天龙般的后代，愿出现白海螺狮子般的后代，愿出现白海螺色大雕般的后代，

13-E-1-30

lɑ^{33} thɑ^{55} uə^{13} me^{33} le^{33} thy̩^{33} hu^{55}. | tɕi^{55} guə^{33} bər^{21} guə^{33} uə^{21} me^{33} le^{33} thy̩^{33} hu^{55}. | mɯ^{33}
虎 猛 似 的 又 出 愿 犏牛 公 牦牛 公 似 的 又 出 愿 天

gə^{33} nɑ^{21} tɑ^{55} tɕy^{21} lu^{21} uə^{21} me^{33} le^{33} thy̩^{33} hu^{55}. | dy^{21} gə^{33} tshʅ^{33} thɑ^{55} ko^{21} ɕy^{33} uə^{21}
的 拿道居卢 似 的 又 出 愿 地 的 马 良 各许 似

me^{33} le^{33} thy̩^{33} hu^{55}. | he^{13} gə^{33} tɕi^{33} phər^{21} hæ^{33} phər^{21} tʂhu^{21} me^{33} be^{33} le^{33} thy̩^{33} hu^{55}. gɑ^{33}
的 又 出 愿 神 的 云 白 风 白 快 的 做 又 出 愿 胜利

gə^{33} hæ^{33} phər^{21} uə^{21} me^{33} le^{33} thy̩^{33} hu^{55}. | mɯ^{33} zʅ^{33} gy̩^{55} zʅ^{33} uə^{21} me^{33} le^{33} thy̩^{33} hu^{55}.
的 风 白 似 的 又 出 愿 天 子 九 子 似 的 又 出 愿

dy^{21} zʅ^{33} ʂər^{33} zʅ^{33} uə^{21} me^{33} le^{33} thy̩^{33} hu^{55}. | pɑ^{33} u^{33} iə^{33} mɑ^{21} uə^{21} me^{33} le^{33} thy̩^{33} hu^{55}.
地 子 七 子 似 的 又 出 愿 巴乌优麻 似 的 又 出 愿

pɑ^{33} u^{33} iə^{33} mɑ^{21} gə^{33}, ʂu^{33} phər^{21} dɑ^{21} dʑʅ^{21}, ʂu^{33} phər^{21} gæ^{21} thɑ^{55}, mɯ^{33} gə^{33} be^{33} thɑ^{55} uə^{21}
巴乌优麻 的 铁 白 牙 生 铁 白 刀 利 天 的 扁斧 利 寨

me^{33} le^{33} thy̩^{33} hu^{55}. | gɑ^{33} zo^{33} gy̩^{33} ky̩^{55}
的 又 出 愿 胜利 男 九 个

愿出现猛虎一样的后代，愿出现公犏牛和公牦牛一样的后代，愿出现天马拿道居卢一样的后代，愿出现地上良马各许一样的后代，愿出现像神的白云和白风一样灵快的后代，愿出现像胜利者的白风一样快捷的后代，愿出现天之九子一样的后代，愿出现地之七子一样的后代，愿出现巴乌优麻一样必胜的后代，愿出现巴乌优麻用的白铁利齿、白铁利刀、白铁扁斧一样的精锐武器，愿出现像九个男胜利者和

13-E-1-31

ga^{33}mi^{55} ʂər^{33} kv̩^{55} uə^{33} me^{33} le^{33} thv̩^{33} hu^{55}. | ha^{33} zo^{33}gv̩^{33} kv̩^{55} uə^{21} me^{33} le^{33} thv̩^{33}hu^{55}. |
胜利 七 个 似 的 又 出 愿 哈 子 九 个 似 的 又 出 愿

la^{21} bv̩^{33} thv̩^{33}kə^{55} uə^{13} me^{33} le^{33} thv̩^{33} hu^{55}. | iə^{21} la^{55} ti^{33} dər^{33} dæ^{21} me^{33} uə^{21} be^{33} le^{33} thv̩^{33}
劳补妥构 似 的 又 出 愿 尤拉丁端 能干 者 似 的 又 出

hu^{55}. | tɕi^{21}dʐʅ^{33} tʂhu^{55}pu^{55} dæ^{21} me^{33} uə^{21} be^{33} le^{33} thv̩^{33} hu^{55}. | tɕi^{55}dʐʅ^{33} tse^{55} bv̩^{33} uə^{21}dæ^{21}
愿 吉支冲布 能干 者 似 的 又 出 愿 敬支正补 似的 能干

me^{33} tʂhu^{21} me^{33} le^{33} thv̩^{33} hu^{55}. | o^{33} hæ^{21} tɕər^{55} pu^{33} kho^{33} ɯ^{33} uə^{13} me^{33} le^{33} thv̩^{33} hu^{55}. |
者 快 的 又 出 愿 松石 绿 布谷鸟 声 好 似 的 又 出 愿

ga^{33} gə^{33} dv̩^{33} phər^{21} bər^{21} kho^{33}, hæ^{33} ʂʅ^{21} tsər^{33} lər^{21} ua^{33} hæ^{21} da^{33} khə^{21} uə^{21} me^{33} le^{33} thv̩^{33}
胜利者的海螺 白 号角 金 黄 板铃 松石 绿 大鼓 似 的 又 出

hu^{55}. | æ^{33} ʂua^{21} mɯ^{55} uə^{21} be^{33}, mɯ^{55} ʂʅ^{21} bi^{33} li^{21} tshər^{55}, mɯ^{55} ʂʅ^{21} bi^{33} li^{21} kho^{33} ɯ^{33} sa^{55}
愿 崖 高 竹 似 做 竹 黄 笛子 砍 竹 黄 笛子 声 好 气

ɯ^{33} uə^{21} me^{33} le^{33} thv̩^{33} hu^{55}. ku^{21} dʑi^{21} kha^{33} me^{33} uə^{21} be^{33} le^{33} thv̩^{33} hu^{55}. | dʑy^{21} na^{55} zo^{55}
好 的 又 出 愿 姜 水 苦 者 似的 又 出 愿 居那若罗

lo^{33} kv̩^{33}, dʑi^{21} kv̩^{55} lv̩^{21} dʑə^{33} le^{33} thv̩^{33} hu^{55}. |
上 飞 会 蟒蛇 又 出 愿

七个女胜利者一样的后代，愿出现像哈的九个儿子一样英勇的后代，愿出现像劳补妥构一样英勇的后代，愿出现像尤拉丁端一样能干的后代，愿出现像吉支冲布一样能干的后代，愿出现像敬支正补一样能干快捷的后代，愿出现像绿松石色布谷鸟一样口才伶俐的后代，愿出现像胜利者的白海螺号角一样音色嘹亮的后代，愿出现像高崖上的黄竹制作的笛子一样音色悦耳的后代，愿出现像苦姜水似的后代，愿出现像居那若罗山上会飞的蟒蛇一样的后代，

13-E-1-32

hæ^{21} i^{33} bɑ^{33} dɑ^{21} dʑər^{21} ky̩^{33} to^{55}, dy̩^{33} phər^{21} ɕə^{33} tɕhy^{21} uə^{21} me^{33} le^{33} thy̩^{33} hu^{55}. | mɯ^{33}
含依巴达树 树梢 海螺 白 大鹏鸟 似 的 又 出 愿

lɯ^{55} dɑ^{33} dʑi^{21} hɯ^{55} ko^{21} lo^{21}, ni^{33} dɯ^{21} ni^{33} tɕi^{55} ty̩^{33} ty̩^{21} kɯ^{33} kɯ^{21} le^{33} thy̩^{33} hu^{55}. | zo^{55}
美利达吉 湖 里面 鱼 大 鱼 小 千千 万万 又 出 愿

lo^{33} dʑy^{21} dɯ^{21} mu^{55} mə^{33} ky̩^{55} be^{33} iə^{55} hu^{55}. | hæ^{33} i^{33} bɑ^{33} dɑ^{21} dʑər^{21} , tshe^{55} dʐʅ^{21} le^{21}
若罗山 大 老 不 会 的 做 愿 含依巴达 树 叶 长 凋零

mə^{33} ky̩^{55} be^{33} thy̩^{33} iə^{55} hu^{55}. | tse^{55} tse^{33} hæ^{21} ly̩^{33} me^{33}, ly̩^{33} dɯ^{21} go^{21} mə^{33} ky̩^{55} be^{33}
不 会 的 出 做 愿 赠争含鲁美 石 大 裂 不 会 的

thy̩^{33} iə^{55} hu^{55} . | mɯ^{33} lɯ^{55} dɑ^{33} dʑi^{21} hɯ^{55}, hɯ^{13} dɯ^{21} ko^{55} mə^{33} ky̩^{55} be^{33} thy̩^{33} iə^{55} hu^{55}. |
出 做 愿 美利达吉 湖 湖 大 干涸 不 会 的 出 做 愿

ŋy̩^{21} dʑy^{21} hæ^{21} lo^{21} le^{33} thy̩^{33} hu^{55}. uɑ^{21} dʑy^{21} tʂhu^{21} lo^{21} le^{33} thy̩^{33} hu^{55}. | kho^{33} thy̩^{55} bər^{21}
银 山 金 谷 又 出 愿 松石 山 墨玉 谷 又 出 愿 柯督班朱景

dʐʅ^{33} dʑi^{33}, lɑ^{33} lər^{33} dy^{21} dʐʅ^{33} bɯ^{33} uə^{21} me^{33} le^{33} thy̩^{33} hu^{55}. | mɯ^{33} lɯ^{55} dɑ^{33} dʑi^{21} hɯ^{55} ko^{21}
拉朗敦主崩 似 的 又 出 愿 美利达吉湖 里

lo^{21}, uɑ^{21} me^{33} ly^{21} i^{33} dʑi^{33} by̩^{33} uə^{21} me^{33} thy̩^{33} hu^{55}. | tsʅ^{33} py^{21} sʅ^{33} phe^{33} thɯ^{33}, tʂʅ^{33} sʅ^{21}
面 吉祥 者 吕依金补 似 又 出 愿 祭祀 主人 他 从今

lɑ^{21} gy̩^{33} mæ^{55}, lɑ^{33} ɯ^{33} bɑ^{33} lɑ^{21} mu^{21}, lɑ^{33} be^{33} le^{33} dæ^{21} le^{33} tʂhu^{21} hu^{55}.
往后 虎 皮 衣服 穿 虎 似 又 猛 又 快 愿

愿出现像含依巴达树梢上的白海螺色的大鹏鸟似的后代，愿美利达吉湖里有千千万万的肥鱼小虾。愿像含依巴达树上的叶子一样不凋零，愿像赠争含鲁美神石一样永不开裂，愿像美利达吉湖一样永不干涸。愿出现银子山与金子沟，愿出现松石山与墨玉沟。愿出现像柯督班朱景和拉朗敦主崩一样的后代，愿出现像美利达吉湖里吉祥的吕依金补一样的后代。愿作祭的主人家，从此身穿虎皮衣，像老虎般勇猛敏捷。

13-E-1-33

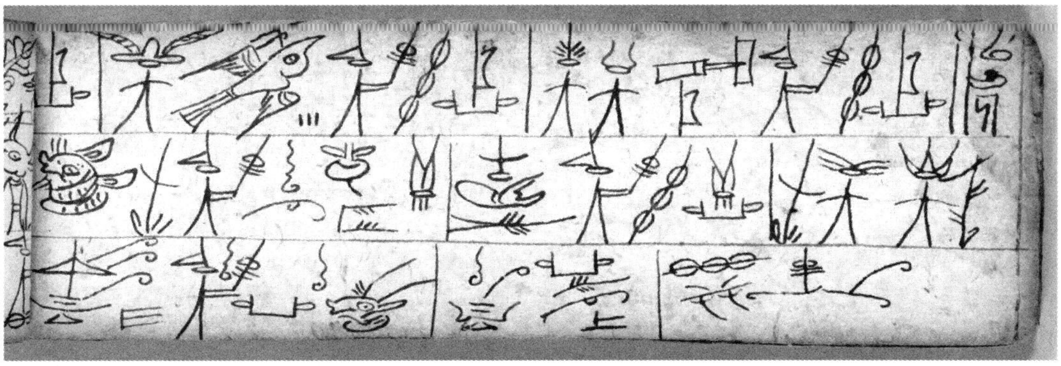

kə^{55} ly̩^{33} ku^{33} mu^{21} thæ^{21}, dæ^{21} me^{33} kə^{55} nɑ^{21} ky̩^{33} phər^{21} sɿ^{21} me^{33} le^{33} thy̩^{33} hu^{55}. | sɿ^{21}
鹰 翅 帽子 戴 勇 者 鹰 黑 头 白 像 的 又 出 愿 父

kho^{33} tho^{21} i^{33} zo^{33} nɯ^{33} tʂu^{55} iə^{55} hu^{55}. phv̩^{33} kho^{33} tho^{21} i^{33} lɯ^{55} nɯ^{33} tʂu^{55}, zo^{33} y^{21} le^{33}
背 后 是 儿 来 接 做 愿 祖父 背 后 是 孙 来 接 儿 生 又

dæ^{21} hu^{55}, dæ^{21} me^{33} dʑər^{33} piə^{33} hu^{55}, dæ^{21} me^{33} tʂhu^{21} me^{33} le^{33} thy̩^{33} hu^{55}. | ɑ^{33} lɑ^{33} mə^{33}
能 愿 能 者 头目 成 愿 能 者 快 者 又 出 愿 阿 也 不

ʂər^{55} ni^{33}, tshɿ^{33} py^{21} lɯ^{55} kho^{33} lo^{21}, dæ^{21} tʂhər^{33} mə^{33} khɯ^{55} me^{33} dæ^{21} nɯ^{33} mə^{33} hɯ^{21}
说 日 祭祀 场地 里 勇者 药 不 放 么 勇者 来 不 高兴

ky̩^{55}. | tʂhʅ^{33} sɿ^{21} lɑ^{21} gy̩^{33} mæ^{55}, dæ^{21} ne^{21} tʂhu^{21} le^{33} thy̩^{33} mə^{33} ky̩^{55}, tshɿ^{33} py^{21} ly^{55} kho^{33}
会 从此以后 勇 与 快 又 出 不 会 祭祀 场地 里

lo^{21}, dʑʅ^{33} ky̩^{55} tʂhʅ^{33} lo^{21}, py^{21} ky̩^{55} tʂhʅ^{33} ho^{21} nɯ^{33}, dæ^{21} tʂhər^{33} dɯ^{33} tʂhər^{33} mu^{21} le^{33} khɯ^{55}
酋长 会 这 伙 诵 会 这 伙 来 勇者 药 一 药 下 又 放

lɯ^{33} se^{21}. | tʂhər^{33} thy̩^{33} tʂhər^{33} pɯ^{55} ky̩^{33} mə^{33} sɿ^{33}, tʂhər^{33} dʑo^{21} ʂə^{55} mə^{33} ni^{21}. | tɕy^{33} tʂhu^{21}
来 了 药 出 处 药 来历 不 知 药 事 说 不 能 最初

ȵə^{21}, mɯ^{33} dɯ^{21} mɯ^{33} ly^{55} gy̩^{33} nɯ^{33} thy̩^{33} gə^{33} tʂhər^{33} thɯ^{33} thiə^{55},
时 天 大 天 中间 来 出 的 药 这 滴

头戴鹰翎帽，愿出现像白头黑鹰般能干的后代。愿儿子接父亲的班，孙子接祖父的班，生养的子嗣有本领。愿能干的人成为头目，出现能干敏捷的后代。很早以前，祭祀人家的场地里，如果不给能者点灵药，能者心里就会不高兴。从今往后就不会出现能者与敏捷者。在祭祀场里，由这伙酋长，由这群能诵会吟的东巴们要来给能者施一下药了。若不知道灵药的出处与来历，就不要议论灵药的事情。起初，从高天中间出现的那滴药，

13-E-1-34

uɑ^{33} hæ^{21} mɯ^{33} dzə̱r^{33} tɕər^{21} n̥ə^{21} dər^{33}, uɑ^{33} hæ^{21} mɯ^{33} dzə̱r^{33} khu^{33} nɯ^{33} thy̩^{33} gə^{33} tʂhər^{33}
松石 绿 青龙 上 来 滴 松石 绿 天龙 口 来 出 的 药

thɯ^{33} thiə^{55}, thɯ^{33} tʂhər^{33} tʂhʅ^{33} le^{33} sɑ^{55}, dæ^{21} tʂhər^{33} dɯ^{33} thiə^{55} thy̩^{33}. bɑ^{33} dɑ^{21} ʥər^{21} ky̩^{33}
这 滴 那 药 这 又 遗留 勇者 药 一 滴 出 巴达树

to^{55} gə^{33} tʂhər^{33}, dy̩^{33} phər^{21} ɕə^{33} tɕhy^{21} tɕər^{21} n̥ə^{21} dər^{33}. dy̩^{33} phər^{21} ɕə^{33} tɕhy^{21} khu^{33} nɯ^{3}
上 的 药 海螺 白 大鹏鸟 上 处 滴 海螺 白 大鹏鸟 口 来

thɯ^{33} tʂhər^{33} tʂhʅ^{33} le^{33} sɑ^{55}, dæ^{21} tʂhər^{33} dɯ^{33} thiə^{55} thy̩^{33}, gɑ^{33} me^{33} dy̩^{33} phər^{21} ɕə^{33} tɕy^{21}
那 药 这 又 遗留 勇者 药 一 滴 出 胜利 者 海螺 白 大鹏鸟

le^{33} thy̩^{33} hu^{55}. | mɯ^{33} gə^{33} tɕhi^{33} phər^{21} hər^{33} phər^{21} ky̩^{33} nɯ^{33} thy̩^{33} gə^{33} tʂhər^{33}, ko^{33} phər^{21}
又 出 愿 天 的 云 白 风 白 上 来 出 的 药 鹤 白

kə^{55} phər^{21} tɕər^{33} n̥ə^{21} dər^{33}, ko^{33} phər^{21} kə^{55} phər^{21} khu^{33} nɯ^{33} thɯ^{33} tʂhər^{33} sɑ^{55}, tshʅ^{33}
鹰 白 上 来 滴 鹤 白 鹰 白 口 来 那 药 遗留 祭

py^{21} sʅ^{33} phe^{33} gə^{33} dæ^{21} tʂhər^{33} thɯ^{33} nɯ^{33} khɯ^{33}, tshʅ^{33} py^{21} sʅ^{33} phe^{33} gə^{33}, ko^{33} phər^{21} kə^{55}
祀 主人 的 勇 药 那 来 放 祭祀 主人 的 鹤 白 鹰

phər^{21} le^{33} thy̩^{33} hu^{55}; | zo^{55} lo^{33} ky̩^{33} nɯ^{33} thy̩^{33} gə^{33} tʂhər^{33} thɯ^{33} thiə^{55}, uə^{33} gə^{33} ly̩^{21} ʥə^{33}
白 又 出 愿 若罗 上 来 出 的 药 那 滴 乌革鲁久飞蟒

tɕər^{21} n̥ə^{21} dər^{33}, ly̩^{21} ʥə^{21} khu^{33} nɯ^{33} tʂhər^{33} le^{33} sɑ^{55}. | tshʅ^{55} py^{21} sʅ^{33} phe^{33} tʂhər^{33} le^{33}
上 来 滴 乌革鲁久飞蟒 口 来 药 又 遗留 祭祀 主人 药 又

khɯ^{55}. uə^{33} gə^{33} ly̩^{21} ʥə^{33} uə^{13} be^{33} le^{33} thy̩^{33} hu^{55}. |
放 乌革鲁久飞蟒 似 的 又 出 愿

滴在绿如松石的青龙身上。从绿如松石的青龙嘴里出来的那滴灵药遗留在此地，出现了能者的一滴灵药。巴达树上的那滴灵药，滴在白如海螺的大鹏鸟的身上。从白如海螺的大鹏鸟嘴里出来的那滴灵药遗留在此地，出现了能者的一滴灵药，愿出现胜利的白海螺色的大鹏鸟。

从天空的白云白风中出现的灵药，滴在白鹤与白鹰上，从白鹤白鹰口中遗留下来的灵药，将它当作能者的灵药点给会作祭祀的主人家身上，愿作祭祀的主人家出现像白鹤与白鹰一般的后代。若罗山上产生的那滴药，滴在乌革鲁久飞蟒上，从大蟒中遗留下来的那滴灵药，施给作祭祀的主人家，愿出现如乌革鲁久飞蟒似的后代。

13-E-1-35

dzʅ̩^{21} nɑ^{55} zo^{55} lo^{33} thɯ^{55} nɯ^{33} thy̩^{33} me^{33} tʂhər^{33} thɯ^{33} thiə^{55}, hæ^{33} ʂʅ̩^{21} tsho^{21} ze^{33} tɕər^{21} ȵə^{21}
居那若罗 腰 从 出 的 药 这 滴 金 黄 大象 上 来

dər^{33}, hæ^{33} ʂʅ̩^{21} tsho^{21} ze^{33} khu^{33} nɯ^{33} thy̩^{33} gə^{33} thɯ^{33} tʂhər^{33} tʂhʅ̩^{33} le^{33} sɑ^{55}, tshʅ^{33} py^{21} sʅ^{33}
滴 金 黄 大象 口 来 出 的 这 药 这 又 遗留 作 祭 主人

phe^{33} tʂhər^{33} le^{33} khɯ^{55}. | dɯ^{21} me^{33} hæ^{33} ʂʅ̩^{21} tsho^{21} ze^{33} uə^{21} me^{33} thy̩^{33} hu^{55}. | dy̩^{33}phər^{21}
药 又 放 大 者 金 黄 大象 似 的 出 愿 海螺 白

so^{33} ʂuɑ^{21} ky̩^{33} nɯ^{33} thy̩^{33} me^{33} tʂhər^{33} thɯ^{33} thiə^{55}, dy̩^{33} phər^{21} si^{33} gɯ^{33} tɕər^{21} ȵə^{21} dər^{33},
高 山 上 来 出 的 药 一 滴 海螺 白 狮子 上 滴 中

dy̩^{33} phər^{21} si^{33}gɯ^{33} khu^{33} nɯ^{33} thy̩^{33}, thɯ^{33} tʂhər^{33} tʂhʅ̩^{33} le^{33} sɑ^{55}, tshʅ^{33} py^{21}sʅ^{33} phe^{33} tʂhər^{33}
海螺 白 狮子 口 来 出 那 药 这 又 遗留 作 祭 主人 药

le^{33} khɯ^{55}. tshʅ^{33} py^{21} sʅ^{33} phe^{33} lɑ^{33}, dy̩^{33} phər^{21} si^{33} gɯ^{33} mə^{33} tɕi^{55} uə^{21} be^{33} le^{33} thy̩^{33} hu^{55}.
又 放 作 祭 主人 也 海螺 白 狮子 不 怕 似 的 又 出 愿

zo^{55} lo^{33} uæ^{33} dʑə^{21} khu^{33} nɯ^{33} thy̩^{33} thɯ^{33} thiə^{55}, o^{33} hæ^{21} py^{21} zi^{33} tɕər^{21} ȵə^{21} dər^{33}, thɯ^{33}
若罗 左 好 方 来 出 这 滴 松石 绿 刺猬 上 处 落 它

gə^{33} khu^{33} nɯ^{33} thɯ^{33} tʂhər^{33} tʂhʅ̩^{33} le^{33} sɑ^{55}, tshʅ^{33} py^{21} sʅ^{33} phe^{33} tʂhər^{33} le^{33} khɯ^{55}, tshʅ^{33}
的 口 来 这 药 这 又 遗留 作祭 主人 药 又 放 作

py^{21} sʅ^{33} phe^{33} gə^{33} gɑ^{33} me^{33} le^{33} thy̩^{33} hu^{55}. | lɯ^{55} tʂhu^{21} lɯ^{55} nɑ^{21} kho^{55} nɯ^{33} thy̩^{33} gə^{33}
祭 主人 的 胜 者 又 出 愿 利崇利拿课 来 出 的

thɯ^{33} dɯ^{33} tʂhər^{33}, bə^{33} dɯ^{21} gʏ^{33} hy^{21} lɑ^{33} ȵə^{21} dər^{33}, bə^{33} dɯ^{21} lɑ^{33} hy^{21} khu^{33} nɯ^{33} thɯ^{33}
这 一 药 掌 大 身 红 虎 上 滴 中 掌 大 虎 红 口 来

tʂhər^{33} tʂhʅ^{33} le^{33} sɑ^{55}. tshɿ^{33} py^{21} sɿ^{33} phe^{33} tʂhər^{33} le^{33} khɯ^{55}. gɑ^{33} me^{33} tʂhʅ^{33} uə^{21} le^{33} thʏ^{33}
这 药 又 遗留 作 祭 主人 药 又 放 胜 者 这 似的 又 出

hu^{55}. | tʂhu^{21} nɑ^{55} dzʏ^{21} ʂuɑ^{21} kʏ^{33} nɯ^{33} thʏ^{33} gə^{33} tʂhər^{33} thɯ^{33} thiə^{55},ko^{33}nɑ^{21} kə^{55} nɑ^{21}
愿 松石 黑 山 高 上 来 出 的 药 这 滴 鹤 黑 鹰 黑

tɕər^{21} ȵə^{21} dər^{33}, ko^{33} nɑ^{21} kə^{55} nɑ^{21} khu^{33} nɯ^{33} thʏ^{33} thɯ^{33} tʂhər^{33} tʂhʅ^{33} le^{33} sɑ^{55} ,
上 来 滴 鹤 黑 鹰 黑 口 来 出 它 药 这 又 遗留

从居那若罗山上出现的那滴灵药，滴在金黄色的大象身上，从金黄色大象嘴里遗留下来的灵药，施给作祭之主人，愿作祭的主人家出现像金黄色大象般的后代。从白海螺高山上出现的那滴灵药，滴在白海螺色的狮子身上，从白海螺色狮子嘴里遗留下来的那滴灵药，给作祭之主人点上，愿作祭的主人家出现像白海螺色狮子般的后代。从若罗山左边出现的那滴灵药，滴在绿松石色的刺猬身上，从绿松石色刺猬嘴里遗留下来的那滴灵药，施给作祭的主人，愿作祭的主人家出现永不言败的后代。从利崇利拿课出现的那滴灵药，滴在巨掌赤虎上，从巨掌赤虎嘴里遗留下来的那滴灵药，施给作祭的主人，愿作祭的主人家出现永不言败的后代。从黑松石的高山上出来的那滴灵药，滴在黑鹤黑鹰上，从黑鹤黑鹰嘴里遗留下来的灵药，

13-E-1-36

tshɿ^{33} py^{21} sɿ^{33} phe^{33} tʂhər^{33} le^{33} khɯ^{55}, gɑ^{33} me^{33} thɯ^{33} uə^{21} le^{33} thʏ^{33} hu^{55}. | ko^{33} ʂuɑ^{21} ko^{21}
作 祭 主人 药 又 放 胜 者 这 似 又 出 愿 大草 坝

gʏ^{33} phər^{21} nɯ^{33} thʏ^{33} gə^{33} tʂhər^{33} thɯ^{33} thiə^{55}, | dʏ^{33} phər^{21} bər^{33} phər^{21} tɕər^{21} ȵə^{33} dər^{33}.
头 白 来 出 的 药 那 滴 海螺 白 牦牛 白 处 来 中

dʏ^{33} phər^{21} bər^{33} phər^{21} khu^{33} nɯ^{33} thʏ^{33} gə^{33} tʂhər^{33} tʂhʅ^{33} le^{33} sɑ^{55}, tshɿ^{33} py^{21} sɿ^{33} phe^{33}
海螺 白 牦牛 白 嘴 来 出 的 药 这 又 遗留 作 祭 主人

tʂhər^{33} le^{33} khɯ^{55}, gɑ^{33} me^{33} le^{33} thʏ^{33} hu^{55}. | mɯ^{33} lɯ^{55} dɑ^{33} dʑi^{21} hɯ^{55} ko^{33} lo^{21} nɯ^{33} thʏ^{33}
药 又 放 胜 者 又 出 愿 美利达吉 湖 里 面 来 出

gə^{33} tʂhər^{33} thɯ^{33} thiə^{55}, ly^{21} i^{33} ʥi^{33} bv̩^{33} tɕər^{21} ȵə^{21} dər^{33}, ly^{21} i^{33} ʥi^{33} bv̩^{33} khu^{33} nɯ^{33} thv̩^{33}
的 药 这 滴 吕依金补 处 来 滴中 吕依金补 口 来 出

thɯ^{33} tʂhər^{33} le^{33} sɑ^{55}, tshɿ^{33} py^{21} sɿ^{33} phe^{33} tʂhər^{33} le^{33} khɯ^{55}. tshɿ^{33} py^{21} sɿ^{33} phe^{33} lɑ^{33}, o^{21}
这 药 又遗留 作 祭 主人 药 又 放 作祭 主人 也 福禄

me^{33} ly^{21} i^{33} ʥi^{33} bv̩^{33} uə^{13} me^{33} le^{33} thv̩^{33} hu^{55}. | ʥi^{33} ʥə^{21} lɑ^{33} lər^{33} dy^{21} nɯ^{33} thv̩^{33} gə^{33}
者 吕依金补 似 的 又 出 愿 人 跑 辽阔 地 来 出 的

tʂhər^{33} thɯ^{33} thiə^{55}, hæ^{33} ʂʅ^{21} tso^{33} kv̩^{55} tɕər^{21} ȵə^{21} dər^{33}, hæ^{33} ʂʅ^{33} tso^{33} kv̩^{55} khu^{33} nɯ^{33} thɯ^{33}
药 那 滴 金 黄 乌龟 上 来 滴中 金 黄 乌龟 嘴 来 那

tʂhər^{33} tʂhʅ^{33} le^{33} sɑ^{55}, tshɿ^{33} py^{21} sɿ^{33} phe^{33} tʂhər^{33} le^{33} khɯ^{55}, tshɿ^{33} py^{21} sɿ^{33} phe^{33} lɑ^{33} hæ^{33}
药 这 又 遗留 作 祭 主人 药 又 放 作 祭 主人 也 金

ʂʅ^{21} tso^{21} kv̩^{55} uə^{21} me^{33} le^{33} thv̩^{33} hu^{55}. | dy^{21} tɕər^{21} ŋv̩^{21} bɑ^{21} hæ^{21} bɑ^{21} nɯ^{33} thv̩^{33} gə^{33}
黄 乌龟 似 的 又 出 愿 地 上 银 花 金 花 来 出 的

tʂhər^{33} thɯ^{33} thiə^{55}, hæ^{33} ʂʅ^{21} bæ^{33} zi^{33} tɕər^{21} ȵə^{21} dər^{33}, hæ^{33} ʂʅ^{21} bæ^{33} zi^{33} khu^{33} nɯ^{33} thɯ^{33}
药 那 滴 金 黄 蜜蜂 上 来 滴中 金 黄 蜜蜂 嘴 来 那

tʂhər^{33} tʂhʅ^{33} le^{33} sɑ^{55}, tshɿ^{33} py^{21} sɿ^{33} phe^{33} tʂhər^{33} le^{33} khɯ^{55}, tshɿ^{33} py^{21} sɿ^{33} phe^{33} lɑ^{33}, o^{21}
药 这 又 遗留 作祭 主人 药 又 放 作 祭 主人 也 福禄

me^{33} hæ^{33} ʂʅ^{21} bæ^{33} zi^{33} uə^{21} me^{33} le^{33} thv̩^{33} hu^{55}. | dv̩^{13} gə^{33} bər^{21} nɑ^{55} kho^{55}, thɯ^{33} gə^{33}
者 金 黄 蜜蜂 似 的 又 出 愿 毒鬼 的 牦牛 黑 杀 它 的

nɯ^{33} ly^{55} gv̩^{33} nɯ^{33} thv̩^{33} gə^{33} tʂhər^{33} thɯ^{33} thiə^{55}, dv̩^{33} phər^{21} bər^{33} phər^{21} tɕər^{21} ȵə^{21} dər^{33},
心 中间 来 出 的 药 那 滴 海螺 白 牦牛 白 处 中 滴

dv̩^{33} phər^{21} bər^{33} phər^{21} khu^{33} nɯ^{33} thɯ^{33} tʂhər^{33} sɑ^{55},
海螺 白 牦牛 白 嘴 来 那 药 遗留

滴在作祭之主人的身上，愿出现永不言败的后代。从积满白雪的高山草坝上产生的那滴灵药，滴在白海螺色般白的牦牛身上，从白海螺般的白牦牛口中遗留下来的灵药，施给作祭的主人，愿作祭的主人，出现永不言败的后代。从美利达吉湖里产生的那滴灵药，滴在吕依金补的身上，从吕依金补的口中遗留下来的那滴灵药，施给作祭的主人家，愿作祭的主人家，出现像吕依金补似的有福有禄的后代。在辽阔的大地上产生的那滴灵药，滴在金乌龟身上，从金黄色乌龟嘴里遗留下来的那滴灵药，施给作祭的主人，愿作祭的主人家，出现似金色乌龟般的后代。从地上金花银花中产生的那滴灵药滴在金黄色蜜蜂上，从金黄色蜜蜂嘴里遗留下来的那滴灵药，施给作祭的主人，愿作祭的主人家，出现似蜜蜂般有福有禄的后代。杀了毒鬼的黑牦牛，从黑牦牛心中产生的那滴灵药，滴在白海螺色的白牦牛身上，从白海螺色的白牦牛嘴里遗留下来的那滴灵药，

13-E-1-37

tshɿ^{33} py^{21} sɿ^{33} phe^{33} tʂhər^{33} le^{33} kɯ^{55}, tshɿ^{33} py^{21} sɿ^{33} phe^{33} lɑ^{33}, gɑ^{33} me^{33} dv̩^{33} phər^{21} bər^{33}
作 祭 主人 药 又 放 作 祭 主人 也 胜 者 海螺 白 牦牛

phər^{21} uə^{13} be^{33} le^{33} thv̩^{33} hu^{55}.| ʂv̩^{13} gə^{33} ɯ^{33} nɑ^{21} lɑ^{33} pər^{55} dʑɿ^{21} me^{33} kho^{55}, thɯ^{33} gə^{33}
白 似 的 又 出 愿 术 的 牛 黑 虎 班纹 生 者 杀 它 的

nɯ^{33} ly^{55} gv̩^{33} nɯ^{33} thv̩^{33} me^{33} tʂhər^{33} thɯ^{33} thiə^{55}, gɑ^{33} lɑ^{21} ɯ^{33} phər^{21} tɕər^{21} ȵə^{21} dər^{33},
心 中间 来 挖 的 好 那 滴 胜利神 牛 白 处 来 滴

gɑ^{33} lɑ^{21} ɯ^{33} phər^{21} khu^{33} nɯ^{33} thɯ^{33} tʂhər^{33} tʂʅ^{33} le^{33} sɑ^{55}, tshɿ^{33} py^{21} sɿ^{33} phe^{33} tʂhər^{33} le^{33}
胜利神 牛 白 嘴 来 这 药 这 又 遗留 作 祭 主人 药 又

khɯ^{55}, tshɿ^{33} py^{21} sɿ^{33} phe^{33} lɑ^{33}, gɑ^{33} me^{33} gɑ^{33} lɑ^{21} ɯ^{33} phər^{21} uə^{21} me^{33} le^{33} thv̩^{33} hu^{55}.|
放 作 祭 主人 也 胜利 者 胜利神 牛 白 似 的 又 出 愿

ʂv̩^{13} gə^{33} dv̩^{21} ʐʅ^{33} nɑ^{21} me^{33} sy^{55}. thɯ^{33} gə^{33} nɯ^{33} ly^{55} gv̩^{33} nɯ^{33} thv̩^{33} me^{33} tʂhər^{33} thɯ^{33}
术 的 毒日拿姆 杀 它 的 心 中间 来 出 的 药 这

thiə^{55}. uə^{33} gə^{33} lv̩^{33} dʑə^{33} tɕər^{21} ȵə^{21} dər^{33},uə^{33} gə^{33} lv̩^{21} dʑə^{33} khu^{33} nɯ^{33} thv̩^{33} tʂhər^{33} tʂʅ^{33}
滴 乌革鲁久飞蟒 上 处 来 乌革鲁久飞蟒 嘴 来 出 药 这

le^{33} sɑ^{55}, tshɿ^{33} py^{21} sɿ^{33} phe^{33} tʂhər^{33} le^{33} khɯ^{55}, tshɿ^{33} py^{21} sɿ^{33} phe^{33} lɑ^{33}, gɑ^{33} me^{33} uə^{33}
又 遗留 作 祭 主人 药 又 放 作 祭 主人 胜 者 乌革

gə^{33} lv̩^{21} dʑə^{33} uə^{21} me^{33} le^{33} thv̩^{33} hu^{55}.| ʂv̩^{13} gə^{33} khɯ^{33} nɑ^{21} ʂv̩^{21} kv̩^{33} dʑɿ^{21} me^{33} sy^{55},
鲁久飞蟒 似 的 又 出 愿 术 的 狗 黑 铁 头 长 者 杀

thɯ^{33} gə^{33} nɯ^{33} ly^{55} gv̩^{33} nɯ^{33} thv̩^{33} me^{33} tʂhər^{33} thɯ^{33} thiə^{55}, dv̩^{33} phər^{21} si^{33} gɯ^{33} tɕər^{21}
它 的 心 中央 来 出 的 药 这 滴 海螺 白 狮子 处

ȵə^{21} dər^{33}, dv̩^{33} phər^{21} si^{33} gɯ^{33} khu^{33} nɯ^{33} thɯ^{33} tʂhər^{33} tʂʅ^{33} le^{33} sɑ^{55}, tshɿ^{33} py^{21} sɿ^{33} phe^{33}
来 滴中 海螺 白 狮子 嘴 来 这 药 这 又 遗留 作 祭 主人

tʂhər^{33} le^{33} khɯ^{55}, tshʅ^{33} py^{21} sʅ^{33} phe^{33} lɑ^{33}, dy̩^{33} phər^{21} si^{33} gɯ^{33} uə^{21} me^{33} le^{33} thy̩^{33} hu^{55}. |

药　又　放　作　祭　主人　也　海螺　白　狮子　似　的　又　出　愿

mɯ^{33} ne^{21} dy^{21} ly^{55} gy̩^{33} gə^{33} tʂhər^{33} thɯ^{33} thiə^{55}, lɑ^{33} lər^{33} dy^{21} ʥʅ^{33}bɯ^{33}tɕər^{21} n̩ə^{21}dər^{33}, lɑ^{33}

天　与　地　中间　的　药　这　滴　拉朗敦主崩　处　来　滴　中

lər^{33}dy^{21}ʥʅ^{33}bɯ^{33} khu^{33} nɯ^{33}thy̩^{33} tʂhər^{33} tʂhʅ^{33} le^{33} sɑ^{55}, tshʅ^{33}py^{21}sʅ^{33}phe^{33}tʂhər^{33} le^{33} khɯ^{55},

拉朗敦主崩　嘴　来　出　药　这　又　遗留　作　祭　主人　药　又　放

tshʅ^{33} py^{13}sʅ^{33} phe^{33}lɑ^{33}, gɑ^{33}me^{33}lɑ^{33}lər^{33}dy^{21}ʥʅ^{33}bɯ^{33}ʥʅ^{33}uə^{21}me^{33}le^{33} thy̩^{33} hu^{55}. | ʂy̩^{13} gə^{33}

作　祭　主人　也　胜　者　拉朗敦主崩　似　的　又　出　愿　术　的

fy̩^{55} ʥi^{33} lɑ^{33} nɑ^{21} sy^{55}, thɯ^{33} gə^{33} nɯ^{33} ly^{55} gy̩^{33} nɯ^{33} thy̩^{33} gə^{33} tʂhər^{33} thɯ^{33} thiə^{55}, bə^{33}

黑炭　虎　黑　杀　它　的　心　中间　来　出　的　药　这　滴　掌

dɯ^{21} lɑ^{33} hy^{21} tɕər^{21} n̩ə^{21} dər^{33}, bə^{33} dɯ^{21} lɑ^{33} hy^{21} khu^{33} nɯ^{33} thy̩^{33} tʂhər^{33} tʂhʅ^{33} le^{33} sɑ^{55},

大　虎　红　处　来　滴中　掌　红　虎　红　嘴　来　出　药　这　又　遗留

施给作祭的主人，愿作祭的主人家，出现像永不言败的白海螺色的白牦牛般的后代。宰杀生有老虎斑纹的黑牛，从它的心中央取出的那滴药，滴在胜利神的白牛身上。从胜利神那白牛嘴里遗留下来的那滴药，施给作祭的主人。愿作祭的主人家，出现像胜利神的白牛似的后代。杀了术的毒日拿姆，从它的心中央取出的那滴药，滴在乌革鲁久飞蟒身上。从乌革鲁久飞蟒嘴里遗留下来的那滴药，施给作祭的主人。愿作祭祀的主人家，出现永不言败的像乌革鲁久飞蟒一样的后代。杀了长铁头的术的黑狗，从它的心中央取出的那滴药，滴在白海螺色的狮子身上。从白海螺色的狮子嘴里遗留下来的那滴灵药，施给作祭的主人。愿作祭的主人家出现白海螺色的狮子似的后代。天与地中间的那滴药，滴在拉朗敦主崩的身上，从拉朗敦主崩嘴里遗留下来的那滴灵药，施给作祭的主人。愿作祭的主人家，出现像拉朗敦主崩一样永不言败的后代。杀了术的黑炭般的黑虎，从它的心中央取出的那滴药，滴在巨掌赤虎的身上，从巨掌赤虎嘴中遗留下来的那滴灵药，

13-E-1-38

tshʅ^{55} py^{21} sʅ^{33} phe^{33} tʂhər^{33} le^{33} khɯ^{55}, tshʅ^{33} py^{21} sʅ^{33} phe^{33} lɑ^{33}, bə^{33} dɯ^{21} lɑ^{33} hy^{21} uə^{21}

作　祭　主人　药　又　放　作　祭　主人　也　掌　大虎　红　似

me33 le33 thv̩33 hu55. | ʂv̩13gə33 fv̩55 ʥi33 æ33 nɑ21sy55,thɯ33gə33 nɯ33 lv̩55 gv̩33 nɯ33 thv̩33 me33
的 又 出 愿 术 的 炭黑 鸡 黑 杀 它 的 心 中央 来 出 的

tʂhər33thɯ33 thiə55, dv̩33 phər21ɕə33tɕhy21tɕər21ȵə21dər33, ɕə33tɕhy21ɕə21gu55 khu33 nɯ33 thɯ33
药 这 滴 海螺 白 大鹏鸟 处 来 滴 大鹏鸟 大雕 口 来 那

tʂhər33tʂhʅ33 le33sɑ55, tshɿ33 py33 sɿ33 phe33tʂhər33 le33 khɯ55,tshɿ33 py13 sɿ33 phe33 lɑ33, gɑ33me33
药 这 又 遗留 作 祭 主人 药 又 放 作 祭 主人 也 胜 者

ɕə33 tɕhy21 ɕə21 gu55 uə21 me33 le33 thv̩33 hu55. | zv̩21 gə33 nɯ33 phər21 kho55, thɯ33 gə33 nɯ33
大鹏鸟 雕 似 的 又 出 愿 仇人 的 绵羊 白 杀 它 的 心

ly55 gv̩33 nɯ33 thv̩33 gə33 tʂhər33 thɯ33 thiə55, thɯ33 tʂhər33 tʂhʅ33 le33 sɑ55, gɑ33 zo33 gv̩33 kv̩55
中央 来 出 的 药 滴 那 药 这 又 遗留 胜利 男 九 个

tʂhər33 le33 khɯ55, gɑ33 mi55 ʂər33 kv̩55 tʂhər33 le33 khɯ55, tshɿ33 py21 sɿ33 phe33 tʂhər33 le33
药 又 放 胜利 女 七 个 药 又 放 作祭 主人 药 又

khɯ55, gɑ33 me33 gɑ33 zo33 gɑ33 mi55 uə21 me33 le33 thv̩33 hu55. le55 tɕhi33 sɿ33 phv̩33 sy55,
放 胜 者 胜利 男 胜利 女 似 的 又 出 愿 楞启斯普 杀

thɯ33gə33 nɯ33 ly55 gv̩33 nɯ33 thv̩33 me33 tʂhər33 thɯ33 thiə55, thɯ33 tʂhər33 tʂhʅ33 le33 sɑ55, iə21
它 的 心 中央 来 出 的 药 那 滴 那 药 这 又 遗留

lɑ55 ti33 duɑ33 tʂhər33 le33 khɯ55, iə21 lɑ55 ti33 duɑ33 lɑ33, gɑ33 me33 le33 thv̩33 hu55. | bə55dɯ21
尤拉丁端 药 又 放 尤拉丁端 也 胜 么 又 出 愿 掌 大

lɑ33 hy21 sy55, thɯ33 gə33 nɯ33 ly55 gv̩33 nɯ33 thv̩33 gə33 tʂhər33 thɯ33 thiə55, thɯ33 tʂhər33
虎 红 杀 它 的 心 中央 来 出 的 药 那 滴 那 药

tʂhʅ33 le33 sɑ55, me21 zo33 lɑ33 tv̩21 tʂhər33 le33 khɯ55, thɯ33 lɑ33 gɑ33 be33 le33 thv̩33 hu55. |
这 又 遗留 梅若拉督 药 又 放 他 也 胜利 又 出 愿

o33 hæ21 py21 zi33 sy55, thɯ33 gə33 nɯ33 ly55 gv̩33 nɯ33 thv̩33 gə33 tʂhər33 thɯ33 thiə55, thɯ33
松石 绿 刺猬 杀 它 的 心 中央 来 出 的 药 那 滴 那

tʂhər33 tʂhʅ33 le33 sɑ55, sɿ55 khɯ33 se21 lv̩33 tʂhər33 le33 khɯ55, sɿ55 khɯ33 se21 lv̩33 lɑ33, dæ21
药 这 又 遗留 束肯胜鲁 药 又 放 束肯胜鲁 也 勇

me33 le33 thv̩33 hu55, | kə55 tshe33 nɑ21 so33 sy55. |
者 又 出 愿 构称拿梭 杀

施给作祭的主人，愿作祭的主人家出现似巨掌赤虎般的后代。杀了术的黑炭般的黑鸡，从它的心中央出现的那滴灵药，滴在白海螺色的大鹏鸟和大雕上。从大鹏鸟和大雕嘴里遗留下来的那滴灵药，施给作祭的主人，愿作祭的主人家，出现像白海螺色的大鹏鸟和大雕一样的后代。杀了仇人的白绵羊，从它的心中央出来的那滴被遗留下来的灵药，施给九位男胜利者，施给七位女胜利者，施给作祭的主人。愿作祭的主人家，出现像永不言败的男胜利者和女胜利者一样的后代。杀了楞启斯普，从它的心中央出来的那滴被遗留下来的灵药，施给尤拉丁端，愿尤拉丁端也能得胜利。杀了巨掌赤虎，从它的心中央出来的那滴被遗留下来的灵药，施给梅若拉督，愿他也能得胜利。杀了绿松石色的刺猬，从它的心中央出来的那滴被遗留下来的灵药，施给束肯胜鲁，愿束肯胜鲁也能勇敢。杀了构称拿梭，

13-E-1-39

thɯ^{55} gə^{33} nɯ^{33} ly^{55} gy̥^{33} nɯ^{33} thy̥^{33} gə^{33} tṣhər^{33} thɯ^{33} thiə^{55}, thɯ^{33} tṣhər^{33} tṣhʅ^{33} le^{33} sɑ^{55},
它 的 心 中央 来 届 的 那 药 滴 那 药 这 又 遗留

iə^{21} lɑ^{33} bər^{33} ty̥^{21} tṣhər^{33} le^{33} khɯ^{55}, iə^{21} lɑ^{33} bər^{33} ty̥^{21} lɑ^{33}, dæ^{21} me^{33} tṣhu^{21} me^{33} le^{33} thy̥^{33}
尤拉班督 药 又 放 尤拉班督 也 勇 的 快捷 的 又 出

hu^{55}. | gy̥^{21} me^{33} ko^{33} phər^{21} sy^{55}, thɯ^{33} gə^{33} nɯ^{33} ly^{55} gy̥^{33} nɯ^{33} thy̥^{33} gə^{33} tṣhər^{33} thɯ^{233}
愿 熊 大 胸 白 杀 它 的 心 中央 的 它 的 药 那

thiə^{55}, thɯ^{33} tṣhər^{33} tṣhʅ^{33} le^{33} sɑ^{55}, ho^{21}zo^{33} nɑ^{33} py̥^{21} tṣhər^{33} le^{33} khɯ^{55}, ho^{21} zo^{33} nɑ^{33} py̥^{21}
滴 那 药 这 又 遗留 禾若拿布 药 又 放 禾若拿布

lɑ^{33}, dæ^{21} me^{33} tṣhu^{21} me^{33} le^{33} thy̥^{33} hu^{55}. | he^{13} gə^{33} ko^{33} phər^{21} khu^{33} nɯ^{33} thy̥^{33}
也 勇 的 快捷 的 又 出 愿 神 的 鹤 白 口 来 出

gə^{33} tṣhər^{33}, mɯ^{33} lɯ^{55} du^{21} dʐʅ^{33} tṣhər^{33} le^{33} khɯ^{55}, mɯ^{33} lɯ^{55} du^{21} dʐʅ^{33} lɑ^{33}, ky̥^{33} phər^{21}
的 药 美利董主 药 又 放 美利董主 也 发 白

dʐæ^{33} ṣʅ^{21} le^{33} thy̥^{33} hu^{55}, py̥^{33} do^{21} lɯ^{55} do^{21} le^{33} thy̥^{33} hu^{55}. | uɑ^{33} hæ^{33} tɕər^{55} pu^{33} khu^{33}
牙 黄 又 出 愿 祖 见 爷 见 又 出 愿 松石 绿 布谷鸟 口

nɯ^{33} thy̥^{33} gə^{33} tṣhər^{33} thɯ^{33} thiə^{55}, lu^{21} ne^{21} se^{21} lɑ^{33} tṣhər^{33} le^{33} khɯ^{55}, du^{21} zʅ^{33} ṣər^{21}, se^{21}
来 出 的 药 那 滴 卢神 与 沈神 也 药 又 放 卢神 寿 长 沈神

ha^{55} i^{33} be^{33} le^{33} thy̩^{33} hu^{55}. | le^{55} tɕhi^{33} sɿ^{33} phy̩^{33} mɯ^{21} le^{33} sy̩^{55}, thɯ^{33} gə^{33} nɯ^{33} ly̩^{55}
夜 久 似 又 出 愿 楞启斯普 下 又 杀 它 的 心 中央

gy̩^{33} nɯ^{33} thy̩^{33} gə^{33} tʂhər^{33} thɯ^{33} thiə^{55}, thɯ^{33} tʂhər^{33} tʂhʅ^{33} le^{33} sɑ^{55}, tsho^{21} ze^{33} phər^{33} dɯ^{21}
来 出 的 药 那 滴 那 药 这 又 遗留 崇忍潘迪

tʂhər^{33} le^{33} khɯ^{55}, tsho^{21} ze^{33} phər^{33} dɯ^{21} lɑ^{33}, dæ^{21} ne^{21} tʂhu^{21} me^{33} le^{33} thy̩^{33} hu^{55}. | dy̩^{13}
药 又 放 崇忍潘迪 也 勇 与 快捷 的 又 出 愿 毒鬼

gə^{33} bər^{33} nɑ^{21} sy̩^{55}, thɯ^{33}gə^{33} nɯ^{33} ly̩^{55} gy̩^{33} nɯ^{33} thy̩^{33} gə^{33} tʂhər^{33} thɯ^{33} thiə^{55}, thɯ^{33} tʂhər^{33}
的 牦牛 黑 杀 它 的 心 中央 来 出 的 药 那 滴 那 药

tʂhʅ^{33} le^{33} sɑ^{55}, o^{21} i^{33} kɑ^{33} le^{21} tshy^{55} gə^{33} tʂhər^{33} le^{33} khɯ^{55}, o^{21} i^{33} kɑ^{33} le^{21} tshy^{55} lɑ^{33}, dæ^{21}
这 又 遗留 俄依高勒趣 的 药 又 放 俄依高勒趣 也 勇

ne^{21} tʂhu^{21} me^{33} le^{33} thy̩^{33} hu^{55}. | ni^{55} me^{33} thy̩^{33}, dy̩^{33} phər^{21} dʐy̩^{21} ʂuɑ^{21} ky̩^{33} nɯ^{33} thy̩^{33} gə^{33}
与 快捷 的 又 预见 愿 东方 海螺 白 山 高 上 来 出 的

tʂhər^{33} dɯ^{33} thiə^{55}, bə^{33} dɯ^{21} lɑ^{33} hy^{21} tɕər^{21} n̥ə^{21} dər^{33} , bə^{33} dɯ^{21} lɑ^{33} hy^{21} khu^{33} nɯ^{33} thɯ^{33}
药 一 滴 掌 大 虎 红 处 来 滴 掌 大 虎 红 口 来 那

tʂhər^{33} tʂhʅ^{33} le^{33} khɯ^{55}, tshɿ^{33} py^{13} sɿ^{33} phe^{33}tʂhər^{33} le^{33} khɯ^{55}, tshɿ^{33} py^{13} sɿ^{33} phe^{33} lɑ^{33}, bə^{33}
药 这 又 放 作祭 主人 药 又 放 作祭 主人 也 掌

dɯ^{21} lɑ^{33} hy^{21} uə^{13} me^{33} le^{33} thy̩^{33} hu^{55}. | ni^{33} me^{33} gy̩^{21}, tʂhu^{21} nɑ^{55} ʥy̩^{21} ʂuɑ^{21} ky̩^{33} nɯ^{33}
大 虎 红 似 的 又 出 愿 西方 松石 黑 山 高 上 来

thy̩^{33} me^{33} tʂhər^{33} thɯ^{33} thiə^{55}, |
出 的 药 那 滴

从它的心中央出来的那滴被遗留下来的灵药，施给尤拉班督，愿尤拉班督变得勇猛快捷。杀了白胸脯的大熊，从它的心中央出来的那滴被遗留下来的灵药，施给禾若拿布。愿禾若拿布变得勇猛快捷。从神的白鹤嘴里出来的那滴灵药，施给美利董主，愿美利董主活到发白牙黄、孙爷相见。从绿松石色的布谷鸟嘴里出来的那滴灵药，施给卢神与沈神，愿卢神与沈神长命又延年。杀了楞启斯普，从它的心中央出来的那滴灵药被遗留了下来，将它施给崇忍潘迪，愿崇忍潘迪变得勇猛快捷。杀了毒鬼的黑牦牛，从它的心中央出来的那滴灵药被遗留了下来，将它施给俄依高勒趣，愿俄依高勒趣变得勇猛快捷。东方，从白海螺色的高山上出现的那滴灵药，滴在巨掌赤虎上，从巨掌赤虎嘴中遗留下来的那滴灵药，施给作祭的主人，愿作祭的主人家出现巨掌赤虎一样的后代。西方，从高高的黑松石山上出来的那滴灵药。

13-E-1-40

hæ^{33} ʂʅ^{21} tsho^{21} ze^{33} tɕər^{21} ȵə^{21} dər^{33}, hæ^{21} ʂʅ^{21} tsho^{21} ze^{33} khu^{33} nɯ^{33} thɯ^{33} tʂhər^{33} tʂhʅ^{33} le^{33}
金 黄 大象 处 来 滴 金 黄 大象 口 来 那 药 这 又

sɑ^{55}, tsʅ^{33} py^{21} sʅ^{33} phe^{33} tʂhər^{33} le^{33} khɯ^{55}, tshʅ^{33} py^{21} sʅ^{33} phe^{33} lɑ^{33} tsho^{21} ze^{33} uə^{13} me^{33} le^{33}
遗留 作祭 主人 药 又 放 作祭 主人 也 大象 似 的 又

thv^{33} hu^{55}. | i^{33} tʂhʅ^{33} mɯ^{21} uɑ^{33} hæ^{21} dʐy^{21} ʂuɑ^{21} kv̩^{33} nɯ^{33} thv̩^{33} gə^{33} tʂhər^{33} thɯ^{33} thiə^{55},
出 愿 南方 松石 绿 山 高 上 来 出 的 药 那 滴

uɑ^{33} hæ^{21} mɯ^{33} dʐər^{33} tɕər^{21} ȵə^{21} dər^{33}, uɑ^{33} hæ^{21} mɯ^{33} dʐər^{33} khu^{33} nɯ^{33} thɯ^{33} tʂhər^{33} tʂhʅ^{33}
松石 绿 天龙 处 来 滴 松石 绿 天龙 口 来 那 药 这

le^{33} khɯ^{55}, tshʅ^{33} py^{21} sʅ^{33} phe^{33} tʂhər^{33} le^{33} khɯ^{55}, tshʅ^{33} py^{13} sʅ^{33} phe^{33} lɑ^{33}, uɑ^{33} hæ^{21} mɯ^{33}
又 放 作祭 主人 药 又 放 作祭 主人 也 松石 绿 天

dʐər^{33} uə^{21} me^{33} le^{33} thv̩^{33} hu^{55}. | ho^{33} gv̩^{33} lo^{21}, hæ^{33} ʂʅ^{21} ʥy^{21} ʂuɑ^{21} kv̩^{33} nɯ^{33} thv̩^{33} gə^{33}
龙 似 的 又 出 愿 北方 金 黄 山 高 上 来 出 的

tʂhər^{33}, uɑ^{33} hæ^{21} py^{21} hæ^{21} tɕər^{21} ȵə^{21} dər^{33},uɑ^{33} hæ^{21} py^{21} hæ^{21} khu^{33} nɯ^{33} thɯ^{33} tʂhər^{33}
药 松石 绿 刺猬 绿 上 来 滴中 松石 绿 刺猬 绿 口 来 那 药

tʂhʅ^{33} le^{33} sɑ^{55}, tshʅ^{33} py^{13}sʅ^{33} phe^{33} tʂhər^{33} le^{33} khɯ^{55} tshʅ^{33} py^{13} sʅ^{33} phe^{33} lɑ^{33}, uɑ^{33} hæ^{21} py^{21}
这 又 遗留 作祭 主人 药 又 放 作祭 主人 也 松石 绿 刺猬

hæ^{21} uə^{21} me^{33} le^{33} thv̩^{33} hu^{55} | bi^{55} thv̩^{33} mə^{33} tʂhʅ^{55} mi^{33}, tshʅ^{33} py^{21} ly^{55} khu^{33} tɯ^{33}, ʥər^{33}
绿 似 的 又 出 愿 太阳 出 的 这 天 作祭 场地 里 唱

kv̩^{55} tʂhʅ^{33} lo^{21} py^{21} kv̩^{55} tʂhʅ^{33} uə^{21} nɯ^{33}, mɯ^{33} lɯ^{55} mə^{33} ʂʅ^{33} tʂhər^{33}, ŋv̩^{21} sɑ^{55} hæ^{21} sɑ^{55}
会 这 群 诵 会 这 伙 来 天 地 不 死 药 银 气 金 气

tʂhər^{33}, uɑ^{21} sɑ^{55} tʂhu^{21} sɑ^{55} tʂhər^{33}, ku^{21} sɑ^{55} le^{55} sɑ^{55} tʂhər^{33}, tshʅ^{33} lv̩^{21} lv̩^{33}, ʐu^{21} dɑ^{33} phiə^{21}
药 松石 气 墨玉 气 药 姜 气 茶 气 药 初鲁鲁 荣打比

gə³³ tʂhər³³, æ³³ ʂuɑ²¹ hy⁵⁵ gə³³ tʂhər³³, ko³³ ʂuɑ²¹ lɯ³³ gə³³ tʂhər³³, ʥər³³ kv̩⁵⁵ tʂhʅ³³ lo²¹,
的 药 崖 高 柏 的 药 高 高 杉树 的 药 唱 会 这 群

py²¹ kv̩⁵⁵ tʂhʅ³³ uə²¹ nɯ³³, ɕy⁵⁵ hæ²¹ tɑ³³ so³³ lɑ²¹ phu³³ ty⁵⁵, ɕy⁵⁵ hæ²¹ tɑ³³ so³³ nɯ³³, y²¹ ne²¹
诵 会 这 伙 来 柏 绿 线 穗 手 中 拿 柏 绿 线 穗 来 死者 与

gɑ³³ dæ²¹ tʂhər³³ i³³ dɯ³³ thv̩³³ khɯ⁵⁵, | dæ²¹ hɑ⁵⁵ i³³ le³³ hə²¹. |
胜利 勇敢 药 是 一 次 放 勇敢 命 久 又 去

滴在金色的大象上，将金色大象嘴里遗留下来的那滴灵药施给作祭的主人，愿作祭的主人也能变得像大象一般高大勇猛。南方，从高高的绿松石山上来的那滴灵药，滴在绿松石色的天龙上，将绿松石色的天龙嘴中的那滴灵药，施给作祭的主人，愿主人家也能变得像绿松石色的天龙一般威武。北方，从金黄色的高山上出来的那滴灵药，滴在绿松石色的刺猬上，从绿松石色刺猬口中遗留下来的那滴灵药，施给作祭的主人家，愿作祭的主人家，变得像绿松石色的刺猬一般勇敢。

在阳光明媚的今天，在这作祭祀的场地里，由这群擅长唱诵的祭司，将天地不老之药，金气银气之药，松石气黑墨气之药，姜气茶气之药，将初鲁鲁、荣打比，将高崖上生长的柏、高山大草坝上生长的杉，用他们手中拿着的绿柏似的线穗给死者与胜利者和勇敢者施上一次药，勇敢者长寿了。

13-E-1-41

ʂu³³ phər²¹ bu³³ kə²¹ tʂhər³³ le³³ khɯ⁵⁵, ʂu³³ phər²¹ be³³ thɑ⁵⁵ tʂhər³³ le³³ khɯ⁵⁵, kho⁵⁵ thɑ⁵⁵
铁 白 盔 帽 药 又 放 铁 白 斧 利 药 又 放 铠甲 好

gæ²¹ thɑ⁵⁵ tʂhər³³ le³³ khɯ⁵⁵, gu³³ mi²¹ bə³³ phv̩⁵⁵ tʂhər³³ le³³ khɯ⁵⁵, hæ³³ ʂʅ²¹ lo³³ pɑ⁵⁵ tʂhər³³
胸甲 好 药 又 放 藤 竹 盾 牌 药 又 放 黄 金 盆子 药

le³³ khɯ²¹, ʂu³³ phər²¹ dɑ²¹ ʥʅ²¹ tʂhər³³ le³³ khɯ⁵⁵, dɑ²¹ ly³³ gv̩³³ phər²¹ tʂhər³³ le³³ khɯ⁵⁵,
又 放 铁 白 钩 长 药 又 放 矛 头 白 药 又 放

ʂu³³ phər²¹ gæ²¹ thɑ⁵⁵ tʂhər³³ le³³ khɯ⁵⁵, lɑ³³ ɯ³³ gɑ³³ ʥi³³ tʂhər³³ le³³ khɯ⁵⁵. tʂhər³³ ʥi²¹
铁 白 剑 尖 药 又 放 虎 衣 胜利者 衣 药 又 放 药 水

dɯ^{33} thiə^{55} kʏ^{33} n̥ə^{21} dər^{33}, kʏ^{33} ɯ^{33} le^{33} phər^{21} hu^{55}. dɯ^{33} thiə^{55} n̥ə^{21} tɕər^{21} dər^{33}, n̥ə^{21} dʑʅ^{21}
一 滴 头 上 滴 头 好 又 白 愿 一 滴 眼 上 滴 眼 生者

ly^{21} ɯ^{33} hu^{55}. dɯ^{33} thiə^{55} lɑ^{21} tɕər^{21} dər^{33}, lɑ^{21} ɯ^{33} khæ^{55} dər^{33} hu^{55}. dɯ^{33} thiə^{55} gu^{21} tsɑ^{33}
看 能 愿 一 滴 手 上 滴 手 好 射 中 愿 一 滴 背 背

khɯ^{33}n̥iə^{21} dər^{33}, khɯ^{33} lər^{33} bæ^{33} tʂhu^{21} gʏ^{33} be^{33} ho^{55}. | dɯ^{33} le^{21} zo^{33} ɯ^{33} nɯ^{33}, khæ^{55} lɯ^{55}
脚 上 滴 脚 短 跳 快 成 做 愿 孝 顺 儿 好 来 射 箭

khæ^{55} tso^{33} pu^{55}, ʐʏ^{21} sy^{55} bɯ^{33} dɯ^{33} n̥i^{33}, ʐʏ^{21} lɑ^{33} mɯ^{21} le^{33} thʏ^{55} iə^{55} ho^{55}. sər^{33} bʏ^{21} dæ^{21}
射 具 带 仇 杀 去 一 天 仇 也 下 又 踩 做 愿 斯补 能者

lɑ^{33} tʂhər^{33} le^{33} khɯ^{55}, | ʐʏ^{21} lɑ^{33} he^{21} ɯ^{33} sʅ^{33} tshər^{33} sʅ^{33} dy^{21} gə^{21} le^{33} thʏ^{33}, ʐʏ^{21} lɑ^{33} gʏ^{33}
也 药 又 放 死者 也 神 好 三 十 三 地 上 又 到 死者 也 身

hɯ^{21} he^{33} hɯ^{21}, tʂhʏ^{55} zi^{33} bu^{21} zi^{33} se^{21}. ‖ ɑ^{33} lɑ^{33} mə^{33} ʂər^{55} n̥i^{33} , tshʅ^{33} py^{21} ly^{55} khu^{33} tɯ^{33},
轻 神 安 马 美 鬃 美 了 阿 也 不 说 日 祭祀 场 地 里

tshʅ^{33} py^{21} sʅ^{33} phe^{13} gə^{33}, dæ^{21} me^{33} mə^{33} tʂhu^{21} tʂhʅ^{33} uɑ^{21} me^{33}, tʂhʅ^{33} sʅ^{21} lɑ^{21} gʏ^{33} mæ^{55},
祭祀 主人 的 勇 者 不 快 所有 的 从此 以后

拿灵药滴在白铁盔帽和利斧上面，滴在好铠甲和好胸甲上面；滴在藤竹盾牌上；滴在金黄色的木盆里；滴在白铁战钩上面；滴在白矛上；滴在白铁利剑上；滴在胜利者的虎皮衣上。一滴药水滴在头上，愿活到满头白发。一滴药水滴在眼睛上，愿有眼又能看东西。一滴药水滴在双手上，愿射箭能射中目标。一滴药水滴在背上，愿双脚跑得快。孝顺的好儿子，带着弩弓和利箭去杀仇人那一天，愿箭射死仇人。给斯补能者滴药水后，死者又到了神的三十三重福地，死者身安神安，马儿精神鬃更美。

很古的时候，在祭祀的场地里，这户作祭的主人家，那些虽勇却不灵快的勇者，从此以后，

13-E-1-42

ʐʏ^{55} gə^{33} dæ^{21} me^{33} tʂhu^{33} me^{33} | gɑ^{33} lɑ^{21} tʂhʅ^{33} uɑ^{21} gə^{33},sər^{33} bʏ^{33} o^{21} he^{33} ʐʏ^{21} dy^{21} hɯ^{33}
死者 的 能干 的 快捷 的 胜利神 所有 的 斯补 魂魄 仇 地 去

i^{33} kv̩^{55}, | sər^{33} bv̩^{33} y^{21} gɑ^{33} lɑ^{21}, nv̩^{55} me^{33} mə^{33} hɯ^{21} kv̩^{55}. | tshɿ^{33} py^{21} ly^{55} khu^{33} tɯ^{33},
是 会 斯补 祖先 胜利神 心 中 不 愉快 会 祭祀 场 地 里

ʥər^{33} kv̩^{55} tʂhʅ^{33} lo^{21}, py^{21} kv̩^{55} tʂhʅ^{33} ho^{21} nɯ^{33}, ɕy^{55} hæ^{21} tʂhu^{55} pɑ^{33} ʥi^{55}, the^{33} phər^{21} kv̩^{55}
唱 会 这 群 诵 会 这 伙 来 柏 绿 天香 烧 绸 白 帐篷

ʥi^{21} thv̩^{21}, sɿ^{33} phər^{21} ʐʅ^{21} lv̩^{33} tɯ^{21}, tʂhuɑ^{33} phər^{21} ko^{55} mu^{21} o^{55}, tshɿ^{33} ʂu^{21} phər^{21} me^{33} du^{21}
搭 毡 白 神坛 设 米 白 祭粮 簸箕 撒 铧 铁 白 的 神

lu^{33} tsɿ^{21}, ʂu^{21} mi^{33} khɯ^{55}, gɑ^{33} kho^{21} tho^{55}, gɑ^{33} lv̩^{33} tsɿ^{21} le^{33} tʂhu^{55} pɑ^{33} ʥi^{55} le^{33} dʐæ^{33} le^{33}
石 立 洁净 火 烧 胜利 桩 插 胜利 石 竖 又 天烧 又 强 又

ʥər^{55}, | he^{13} gə^{33} ʥɿ^{21} phər^{21} bər^{33} phər^{21} tshɿ^{55} phər^{21} y^{21} phər^{21} thv̩^{55} le^{33} dʐæ^{33} le^{33}ʥər^{55}. |
祈求 神 的 犏牛 白 牦牛 白 山羊 白 绵羊 白 出 又 强 又 祈求

sər^{33} bv̩^{33} dæ^{21} gɑ^{33} lɑ^{21} lɑ^{33} dʐæ^{33} le^{33} ʥər^{55}. |
斯补 勇者 胜利神 也 强 又 祈求

所有能干、快捷的死者的胜利神以及斯补能者，心里就会不愉快。在这个祭祀场地里，由能诵会吟的这群祭祀者，烧起翠柏天香，搭起白绸帐篷，铺设白羊毛毡子，往簸箕里撒上祭米，立起白铁犁铧和神石，烧起洁净的香火，插上胜利神的木桩，竖起胜利神的石头祈求富裕。又用神的白犏牛、白牦牛、白山羊、白绵羊祈求富裕，向斯补勇者的胜利神祈求富裕。

13-E-1-43

dæ^{21} ne^{21} tʂhu^{21} gɑ^{33} lɑ^{21} lɑ^{33} dʐæ^{33} le^{33} ʥər^{55}, sər^{33} bv̩^{33} dæ^{21} gɑ^{33} lɑ^{21} gə^{33} ʂu^{33} phər^{21} bu^{33}
勇 与 快捷 胜利神 也 富 又 祈 斯补 勇者 胜利神 的 铁 白 帽

kə^{21}, ʂu^{33} phər^{21} be^{33} thɑ^{55}, kho^{55} thɑ^{55}gæ^{21} thɑ^{55} gu^{33} mi^{21} bə^{33} phv̩^{55}, hæ^{33} ʂʅ^{21} lo^{33} pɑ^{55}, ʂu^{33}
子 铁 白 斧 利 铠甲 好 胸甲 好 藤竹 盾 牌 金 黄 盆子 铁

phər^{21} dɑ^{21} ʥɿ^{21}, dɑ^{21} ly^{33} gv̩^{33} phər^{21} ʂu^{33} phər^{21} gæ^{21} thɑ^{55}, lɑ^{33} ɯ^{33} gɑ^{33} ʥi^{33} lɑ^{33} dʐæ^{33} le^{33}
白 钩 长 矛 头 白 铁 白 剑 利 虎 皮 胜利 衣 也 富 又

dʑər^{55}, he^{13} gə^{33} dʑʅ^{33} phər^{21} bər^{33} phər^{21}, tshʅ^{55} phər^{21} y^{21} phər^{21} dʐæ^{33} le^{33} dʑər^{55}, sər^{33} by̩^{33}

祈 神 的 犏牛 白 牦牛 白 山羊 白 绵羊 白 富 又 祈 斯补

zy̩^{21} gə^{33} dæ^{21} ne^{21} tʂhu^{21} lɑ^{33} dʐæ^{33} le^{33} dʑər^{55}.｜tshʅ^{33} py^{21} ly^{55} khu^{33} tɯ^{33}, dʑər^{33} ky̩^{55} thy̩^{33}

死者 的 勇 与 快捷 也 富 又 祈 祭祀 场 地 里 唱 会 出

tʂhʅ^{33} lo^{21}, py^{21} ky̩^{55} dɑ^{33} hɯ^{21} nɯ^{33}, bər^{33} y^{21} ʐʅ^{33} hɑ^{33} tʂhər^{21} nɑ^{55} hy^{55} mɑ^{21} nɯ^{33}, sər^{33} by̩^{33}

这 群 祭 会 东巴 来 牦牛绵羊 酒 饭 肥肉 瘦肉 柏酥 油 来 斯补

zy̩^{21} gə^{33} dæ^{21} ne^{21} tʂhu^{21} lɑ^{33} tʂhu^{55} pɑ^{33} be^{33}.｜tshʅ^{33} py^{21} sʅ^{33} phe^{33} lɑ^{33}, tʂhʅ^{33} sʅ^{21} lɑ^{33} gy̩^{33}

死者 的 勇 与 快捷 也 供品 做 祭 祀 主人 也 从此以后

mæ^{55}, dɯ^{33} lɯ^{21} zo^{33} ɯ^{33}, khɯ^{33} tshʅ^{21} mi^{55} dʑə^{21} nɯ^{33}, bər^{33} y^{21} ʐʅ^{33} hɑ^{33} nɯ^{33}, sər^{33} bv̩^{33}

孝 顺 儿 好 线 细 女 好 来 牦牛 绵羊 酒 饭 来 斯补

zy̩^{21} gɑ^{55} lɑ^{21} tʂhu^{55} pɑ^{33} be^{33} dɯ^{33} ȵi^{33},

死者 胜利 供品 做 一 天

向勇敢与快捷的胜利神祈求富裕，向斯补勇者那胜利神的白铁帽、白铁利斧、铠衣铠甲、藤竹盾牌、金黄色木盆子、白铁长钩、白尖长矛、白铁利剑、胜利的虎皮衣祈求富裕，向神的白犏牛、白牦牛、白山羊、白绵羊祈求富裕、勇敢与快捷。在祭祀场地里，由这群会唱的歌者和会作祭祀的东巴，用牦牛、绵羊、酒、饭、肥肉、瘦肉、柏枝与酥油当供品献给勇猛与快捷的死者。作祭祀的主人家，从此以后，孝顺的好儿子与穿细线织的衣服的好女儿，用牦牛、绵羊、酒、饭给胜利的斯补能者献供品的那一天，

13-E-1-44

dɯ^{21}mu^{33} sʅ^{33} mə^{33} thɑ^{21}!｜tshʅ^{55} le^{33} y^{21} nɯ^{33} tʂhu^{55} pɑ^{33} be^{33} thɯ^{33} ȵi^{33}, sər^{33} by̩^{33} dæ^{21} gɑ^{33}

大 牺牲 想 不 要 山羊 与 绵羊 来 供品 做 那 天 斯补 能者 胜利

lɑ^{21}; ly^{55} mu^{33} sʅ^{33} mə^{33} thɑ^{21},｜ʐʅ^{33} le^{33} hɑ^{33} nɯ^{33} tʂhu^{55} pɑ^{33} be^{33} dɯ^{33} ȵi^{33}. sər^{33} bv̩^{33} dæ^{21}

中等 牺牲 想 不 酒 与 饭 来 供品 做 一 天 斯补 能者

gɑ³³ lɑ²¹, tɕi⁵⁵ mu³³ sɿ³³ mə³³ thɑ²¹. zʏ̩²¹ gə³³ dæ²¹ ne²¹ tʂhu²¹ tʂhʅ³³ uɑ²¹, | sər³³ pɑ³³ dʑi³³ bʏ̩³³
胜利 小 牺牲 想 不 要 死者 的 勇 与 快捷 所有 斯巴金补

thɯ³³ dzʏ̩²¹ nɯ³³ tɕhi³³ mə³³ du³³, sər³³ pɑ³³ dʑi³³ mu³³ lo²¹ nɯ³³ tɕhi³³ mə³³ du³³. | sər³³ bʏ̩³³
他 山 来 迷惑 不 兴 斯巴金姆 谷 来 迷惑 不 兴 斯补

dæ²¹ gɑ³³ lɑ²¹, dʏ̩²¹ tɕy²¹ khə³³ dʑə²¹ bɯ³³ mə³³ du³³, tse²¹ dy²¹ bæ²¹ tʂhu²¹ bɯ³³ mə³³ du³³. |
能者 胜利 毒鬼 上 说大话 去 不 要 仄鬼 地 跑 快 去 不 要

sər³³ bʏ̩³³ dæ²¹ o²¹ he³³, tshʅ²¹ dy²¹ gu²¹ lʏ̩²¹ gu²¹ bæ²¹ bɯ³³ mə³³ du³³. | sɿ³³ sɿ³³ thʏ̩³³ lo²¹ lɑ³³,
斯补 能者 魂魄 鬼 地 跑 马 马 跑 去 不 兴 作 伴 到 能够 也

mu³³ dy²¹ thʏ̩³³ mə³³ du³³. | sər³³ bʏ̩³³ gɑ³³ lɑ²¹ gə³³, tʂhu²¹ ne²¹
猛鬼 地 到 不 兴 斯补 胜利 的 快捷 与

不要想享用大的牺牲。用山羊和绵羊作供品的那一天，胜利的斯补能者，不要想享用中等牺牲。用酒和饭作供品的那一天，胜利的斯补能者，不要想享用小的牺牲。所有勇敢而快捷的死者——斯巴金补，不要在山里迷失了方向。斯巴金姆，不要在谷里迷失了方向。胜利的斯补能者，不要去毒鬼的地方说大话，不要到仄鬼的地方去赛跑。斯补能者的魂魄，不要去鬼地骑马赛马，就算能够作伴到达，也不兴到猛鬼的地界去。

13-E-1-45

dæ²¹ o²¹ tʂhʅ³³ uɑ²¹ me³³, zʏ̩²¹ dy²¹ tshe³²¹ sɿ⁵⁵ dy²¹ y³³ hɯ³³ mə³³ tʂər²¹. | sər³³ bʏ̩³³ dæ²¹ gɑ³³
能者 魂 所有 么 仇 地 十 三 在 呀 去 不 让 斯补 能者 胜利

lɑ²¹, zʏ̩³³ hɑ³³ dʐʅ³³ mə³³ du³³, | zʏ̩²¹ dʑi³³ mu²¹ i³³ tʂhə⁵⁵ nɯ³³ ȵy⁵⁵ i³³ kʏ̩⁵⁵, zʏ̩²¹ dʑi³³ mu²¹
仇 饭 吃 不 得 仇 衣 穿 么 秽 来 缠 是 会 仇 衣 穿

mə³³ du³³. | sər³³ bʏ̩³³ dæ²¹ gɑ³³ lɑ²¹, ʂuɑ²¹ dʐʅ²¹ hʏ̩²¹ gʏ̩³³ lʏ̩²¹, kho³³ dʐʅ²¹ nʏ̩⁵⁵ gʏ̩³³ lʏ̩²¹, |
不 兴 斯补 能者 胜利 高 住 低 保佑 远处 住 近处 保佑

dɑ²¹ dʐʅ²¹ bɑ²¹ gʏ̩³³ lʏ̩²¹, gʏ̩³³ lʏ̩²¹ tɕi²¹ tɕər²¹ lo³³, tɕi³³ kæ³³ to⁵⁵ mə³³ dʑy³³. | kɑ³³ le²¹ hər³³
阳坡 住 阴坡 保佑 保佑 云 上 寄托 云 前 坡 不 有 保佑 风

tɕər^{21} lo^{33}, hæ^{33} kæ^{33} lo^{21} mə^{33} dʑy^{33}.|kɑ^{33} le^{21} gu^{21} tɕər^{21} lo^{33}, gu^{33} tʂhu^{21} kæ^{33} i^{33} khə^{33} mə^{33}
上 寄托 风 前 谷 不 有 保佑 马 上 寄托 马 快 前 是 深沟 不

dʑy^{33}.|sər^{33} by̩^{33} dæ^{21} gɑ^{33} lɑ^{21}, gy̩^{33} ȵi^{33} tʂhʅ^{33} gy̩^{33} ly̩^{21}, ʂər^{33} ȵi^{33} tʂhʅ^{33} kɑ^{33} le^{21}.‖dæ^{21}
有 斯补 勇者 胜利 九 天 这 保佑 七 天 这 保佑 能者

mu^{55} tʂhu^{21} mu^{55} gə^{33} thɯ^{33} ȵi^{33},|sər^{33} by̩^{33} ʐʅ^{21} gə^{33} ɕy^{55} lo^{55} dɯ^{21} bɯ^{33} thɯ^{33} ȵi^{33},|tshʅ^{33}
死 快捷 者死 的 那 天 斯补 死者 的 许洛德 去 那 天 祭

py^{21} ly^{55} khu^{33} tɯ^{33}, dʑər^{33} ky̩^{55} tʂhʅ^{3} lo^{21}, py^{21} ky̩^{55} dɑ^{33} hɯ^{21} nɯ^{33} , sər^{33} by̩^{33}
祠场 地 里 唱 会 这 伙 诵 会 东巴 来 斯补

胜利的斯补能者，以及所有的勇者与快捷者，不让他们所有的魂魄游荡在仇人的十三个地方。胜利的斯补能者，吃了仇人的饭食会中毒，不要去吃仇人的饭食；胜利的斯补能者，穿了仇人的衣服会被秽缠住，不要去穿仇人的衣服。胜利的斯补能者，住在高处的保佑低处的家人，住在远处的保佑近处的家人，住在阳坡的保佑住在阴坡的家人。把保佑托付给白云，白云前面没有越不了的高坡；把保佑托付给风儿，风的前面没有吹不过去的山谷；把保佑托付给马儿，骏马前面没有跨不过去的鸿沟。能者与快捷者去世的那一天，要去斯补死者居住地许洛德的那一天，在作祭的场地里，由这些会唱歌的歌手，会诵经的东巴们，

13-E-1-46

dæ^{21} o^{21} he^{33}, tshʅ^{33} py̩^{55} ʐuɑ^{33} py̩^{55} gə^{21} tɕi^{33} bɯ^{33}, he^{21} ɯ^{33} sʅ^{33} tshər^{21} sʅ^{33} dy^{21} gə^{21} tɕi^{33}
能者 魂 魄 山羊 送 马 送 上 放 要 神 好 三 十 三 地 上 送

bɯ^{33}.|ʐʅ^{33} le^{33} hɑ^{33} gu^{21} pu^{55}, tʂhər^{21} le^{33} nɑ^{55} gu^{21} pu^{55}, mə^{33} pu^{55} sy^{21} mə^{33} dʑy^{33}. ʐy̩^{21} gu^{21}
去 酒 与 饭 背 带 肥肉 又 瘦肉 背 带 不 带 一样 不 有 死者 后

pu^{55} thɑ^{55} lɑ^{33}, nɯ^{33} o^{21} gu^{21} dɯ^{21} ny̩^{55}, ʐy̩^{21} gu^{21} pu^{55} mə^{33} thɑ^{21}.|tshʅ^{33} py^{21} sʅ^{33} phe^{33} nɯ^{33},
带 即使 可以 福 泽 背 大 的话 死者 后 带 不 让 作祭 主人 来

o^{33} thy̩^{55} nɯ^{21} mə^{33} thy̩^{55}, nɯ^{21} nɯ^{33} mə^{33} hɯ^{21} se^{21}, dʑe^{33} sɑ^{55} o^{21} mə^{33} sɑ^{55}, bɑ^{21} lɑ^{33} tʂhə^{55}
牲畜 出 畜神 不 出 畜神 来 不 高兴 了 粮食 迎 谷神 不 迎 庄稼 也 秽

nɯ33 ȵy55 i33 se21. sər33 bv̩33 dæ21 i33 gv̩33 bu21 lo55, no33 uɑ21 bu21 mə33 lo55, sər33 bv̩33 dæ21
来 缠 是 了 斯补 勇者 是 九 坡 越 福 泽 坡 不 越 斯补 勇者

i33 ʥi21 ʂər33 ho21 dər21, no33 uɑ21 ʥi21 mə33 dər33.| phv̩33 tɕhi33 dæ21 mə33 tɕhi33, dæ21 tɕhi33
是 水 七 条 渡 福 泽 水 不 渡 祖父 送 勇 不 送 勇 送

uɑ21 mə33 tɕhi33.| tshɿ33 py21 ly55 khɯ33 tɯ33, ʥər33 kv̩55 tʂhʅ33 lo21, py21 kv̩55 dɑ33 hɯ21 nɯ33,
福泽 不 送 祭 祀 场 地 里 唱 会 这 群 诵 会 东巴 来

lɑ33 mu33 by33 gə21 phər21 i33 so33 hu55 hu33, sɿ55 bi21 bər33 bi21 so33 hu55 hu33, ʂʅ33 sɿ21 lɑ21
拉姆 法杖 的 白 是 三 摇动 羊毛 摆 牦牛 下摆 三 摇动 肉鲜 手

zɿ33 tʂər55 i33 so33 hu55 hu33. le33 hu55 tɕi21 le33 hu55, tɕi33 phər21 o33 mə33 i33, so33 kv̩33 phər21
拿 节 是 三 摇 动 又 赶 云 又 赶 云 白 骨 不 有 高山 上 白

ȵə21 lv̩55. tɕi21 ko55 ko33 tɑ55 ʥy21, tʂhuɑ21 nɯ33 tʂhuɑ21 tʂhʅ33 uɑ21, ko33 zɿ21 mə33 kv̩55 me33,
上 缠 云 中 鹤 才 有 男 与 男 所有 鹤 抓 不 会 么

mæ33 ȵə21le33 zɿ21 hɯ33, bər33 le33 ko33 lɯ55 hə21. ko33 lɯ55 the21 lɯ55 hu55, no33 uɑ21 le33 lɯ55
尾 上 又 抓 去 脱毛 又 鹤 脱 了 鹤 脱 让 脱 吧 福 泽 又 脱

tʂər21 mə33 ȵi21.| bɯ33 mu33 bɯ33 tʂhʅ33 uɑ21, sər33 ʂʅ21 pv̩55 tɑ33 pu55,
让 不 能 女 与 女 所有 木 黄 水桶 带

把斯补能者的灵魂，以及山羊和马送到上面去，送到三十三重神居地。让死者带上成背的酒与饭，带上成背的肥肉与瘦肉，让他没有一样不带的。但是，就是不能让死者带走那成背的福泽。作祭祀的主人家，献出牲畜却不献出畜神，畜神会生气；迎来粮食却不迎来谷神，庄稼就会被秽缠住。斯补勇者越过了九座高坡，福泽却没有越坡；斯补能者涉过了七条大河，福泽却没有涉过去。送走祖父但不送其勇气，送走勇气也不送其福气。在祭祀场地里，这群会唱歌的歌手，念诵经的东巴们，摇晃三次手中的拉姆法杖，摇动三次手里拿着的鲜肉和骨头。赶呀赶白云，白云没有骨，缠绕在高山上。云间只有白鹤，所有的男子，都去捉白鹤。不会捉白鹤，捉白鹤捉鹤尾，白鹤脱下尾毛逃走了。白鹤逃了就逃了，可不要让其福泽也逃了。所有的女人，提着黄木做的水桶

13-E-1-47

le^{33} hu^{55} dʑi^{21} le^{33} hu^{55}, dʑi^{33} nɑ^{55} o^{33} mə^{33} i^{33}, lo^{55} tʂhu^{21} kho^{33} n̥ə^{21} lv̩^{55}. bɯ^{33} mu^{33} bɯ^{33}
又 舀 水 又 舀 水 大 骨 不 有 罗崇 地 方绕 女 呀 女

tʂhʅ^{33} uɑ^{21}, n̥i^{33} zʅ^{21} mə^{33} ky̩^{55} me^{33}, dɑ^{21} n̥ə^{21} le^{33} zʅ^{33} hɯ^{33}, ho^{21} le^{33} n̥i^{33} lɯ^{55} hə^{21}. n̥i^{33} lɯ^{55}
所有 鱼 抓 不 会 么 鳍 上 又 抓 去 滑 了 鱼 溜走 了 鱼 逃

the^{21} lɯ^{55} hu^{55},| no^{33} o^{21} sʅ^{55} lɯ^{55} tʂər^{21} mə^{33} n̥i^{21}.| mɯ^{33} lɯ^{55} tɕi^{33} phər^{21} tʂu^{55}, kə^{55} nɑ^{21} ky̩^{33}
让 逃 吧 福 泽 活者 逃 让 不 要 天 地 云 白 间 鹰 黑 头

phər^{21} mu^{55}, kə^{55} mu^{55} sʅ^{21} mə^{33} mu^{55}, kə^{55} sʅ^{21} i^{33} sʅ^{55} sɑ^{33}, no^{33} o^{21} be^{33} le^{33} tɕi^{33}, sʅ^{55} tɕər^{21}
白 死 鹰 死 翎 不 死 鹰 翎 呀 三 根 福 泽 做 又 放 活者 上

mi^{21} le^{33} sɑ^{55}.| mɑ^{55} i^{33} so^{33} gy̩^{33} phər^{21}, lɑ^{33} hy^{21} pər^{55} dɯ^{21} mu^{55}, lɑ^{33} mu^{55} kæ^{21} mə^{33}
下 上 遗留 孔雀 高山 头 白 虎 红 斑纹 大 死 虎 死 威风 不

mu^{55},| pər^{55} kæ^{21} le^{33} lv̩^{55} lv̩^{33}, gɑ^{33} gə^{33} no^{33} o^{21} be^{33} le^{33} tɕi^{33}, sʅ^{55} tɕy^{21} mi^{21} le^{33} sɑ^{55}. tshʅ^{33}
死 斑纹 威风 又 缠绕 胜利者 的 福泽 做 又 放 活者 上 下 又 遗留 祭

py^{21} sʅ^{33} phe^{33} lɑ^{33}, tʂhʅ^{33} sʅ^{21} lɑ^{33} gy̩^{33} mæ^{55}, kə^{55} dy̩^{33} ku^{33} mu^{21} thæ^{33},| kə^{55} nɑ^{21} ky̩^{33} phər^{21}
祀 主人 也 这此 以后 鹰 翎 帽子 戴 鹰 黑 头 白

gə^{33}, sɑ^{55} ɯ^{33} sʅ^{55} ɯ^{33} uə^{21} me^{33} le^{33} thy̩^{33} hu^{55}.| dɯ^{33} lɯ^{21} zo^{33} ɯ^{13} nɯ^{33}, lɑ^{33} ɯ^{33} bɑ^{33} lɑ^{21}
的 声 好 想 好 似 的 又 出 愿 孝顺 儿 好 来 虎 皮 衣服

mu^{21},|
穿

去舀水，河水柔软没有骨，流去环绕罗崇那个地方了。所有的女子，去抓河里的鱼儿。不会捉鱼儿，捉鱼握鱼鳍，鱼儿滑腻逃走了。鱼儿逃了就让其逃吧，可不要让其福泽也逃了。

天地白云间，白头黑鹰虽死了，可它的翎毛不会死，把三根鹰翎当作福泽来对待，将其福泽留给活人。白雪覆盖的大草坝上，巨斑赤虎虽死了，可它的威风不会死。将斑纹与威风一道视为胜利者的福泽，将这福泽留给活人。愿作祭祠的主人家，从此以后，头戴插着鹰翎的帽子，出现白头黑鹰一样口才佳思路也敏捷的后代。孝顺的好儿子，穿上虎皮衣，

13-E-1-48

dæ^{21} me^{33} lɑ^{33} hy^{21} sɿ^{21} uə^{21} le^{33} thv̩^{33} hu^{55}.｜kv̩^{33} phər^{21} dẓæ^{33} ṣʅ^{21}, phv̩^{33} do^{21} lɯ^{55} do^{21},
勇敢 的 虎 红 似 的 又 出 愿 发 白 牙 黄 祖父 见 孙子 见

zɿ^{33} ṣər^{21} hɑ^{55} i^{33} le^{33} thv̩^{33} hu^{55}.｜dæ^{21} thv̩^{33} dæ^{21} nɯ^{33} le^{33} tṣu^{55} hu^{55}. tṣhu^{21} thv̩^{33} tṣhu^{21}
寿 长 夜 久 又 出 愿 能者 出 能者 来 又 接 愿 快捷 出 快捷

nɯ^{33} le^{33} tṣu^{55} ho^{55}.｜ɑ^{33} ȵi^{33} lɑ^{33} ṣər^{55} ni^{33}, mɯ^{33} ṣuɑ^{21} phər^{21} nɯ^{33} thv̩^{33}, mɯ^{33} bv̩^{21} kɯ^{21}
来 又 接 愿 很 久 以 前 天 高 盘神 来 开 天 下 星

ṣər^{21} hə^{21}. kɯ^{21} phu^{55} zy^{21} nɯ^{33} guə^{33}, guə^{33} le^{33} mæ^{55} mə^{33} tɑ^{55}. nɯ^{21} mu^{55} ẓv̩^{21} ȵə^{21} tṣhər^{33},
满 了 庚星 处 蕊星 来 游 游 么 尾 不 到 福 死 祖先 处 加入

no^{33} o^{21} sɿ^{55} le^{33} sɑ^{55}.｜dy^{21} dɯ^{21} ṣæ^{21} nɯ^{33} khu^{33}, dy^{21} tɕər^{21} ẓə^{21} ṣər^{55} hə^{21}. ẓə^{21} phu^{55} bv̩^{33}
福 泽 活人又 遗留 地 大 禅神 来 辟 地 上 草 满 了 草 处 绵羊

nɯ^{33} guə^{33}, guə^{33} le^{33} mæ^{55} mə^{33} tɑ^{55}, nɯ^{21} mu^{55} ẓv̩^{21} ȵə^{21} tṣhər^{33}, no^{33} o^{21} sɿ^{55} le^{33} sɑ^{55}.bi^{33}
来 游 游 么 尾 不 到 福 死祖 先 处 加入 福 泽 活人 又 遗留 太阳

thv̩^{33} uæ^{33} nɯ^{33} thv̩^{33} , bi^{33} thv̩^{33} o^{33} lv̩^{21} hə^{21}. le^{21} thv̩^{33} i^{21} nɯ^{33} thv̩^{33}, le^{21} tshe^{55} mi^{33} bu^{33}
出 左 来 出 太阳 出 温暖 了 月 出 右 来 出 月 光 火 亮

hə^{21}. nɯ^{21} mu^{55} ẓv̩^{21} ȵə^{21} tṣhər^{33}, no^{33} o^{21} sɿ^{55} le^{33} sɑ^{55}.｜tṣhuɑ^{55} tshər^{21} bv̩^{33} lv̩^{55} zo^{33}, bv̩^{33}
了 福泽 死 祖先 处 加入 福 泽 活人 又 遗留 昂星 绵羊 牧 男 绵羊

le^{33} ẓuɑ^{21} mə^{33} kv̩^{55}, bv̩^{33} lv̩^{55} bv̩^{33} dẓv̩^{33} ne^{21} , tsɿ^{21} le^{33} tɑ^{55} mə^{33} sɿ^{55}. nɯ^{21} mu^{55} ẓv̩^{21} ȵə^{21}
又 数 不 会 绵羊 牧 绵羊 增 着 算 又 说 不 尽 福 死 祖先 处

tṣhər^{33}, no^{33} o^{21} sɿ^{55} le^{33} sɑ^{55}.｜ṣər^{33} ho^{55} mæ^{33} phər^{21} tɕhi^{21} ku^{55} zo^{33}, tɕhi^{21} le^{33} ẓuɑ^{21} mə^{33}
加入 福 泽 活人 又 遗留 北斗 星 尾 白 粮 丢 男 粮 又 数 不

kv̩^{55}, tɕhi^{21} ku^{55} tɕhi^{21} dẓv̩^{33} ne^{21}, tsɿ^{21} le^{33} tɑ^{55} mə^{33} kv̩^{55}.｜nɯ^{21} mu^{55} ẓv̩^{21} ȵə^{21} tṣhər^{33}, no^{33}
会 粮 丢 粮 增 着 算 又 说 不 会 福 死 祖先 处 加入 福

o^{21} sɿ^{55} le^{33} sɑ^{55}.｜
泽活人又 遗留

愿出现像赤虎一般的后代。愿后代都能活到白发盈头。满嘴黄牙。愿祖孙同堂，长寿又延年。愿能者一代传一代，快捷者也一代传一代。

远古之时，盘神开创了高天，星辰布满了天幕。蕊星来到庚星处游逛，逛呀逛不到头。有福的死者融入祖先的行列，将其福泽留给活人。宽阔的大地由禅神来开辟，青草长满地。绵羊来草地游逛，逛呀逛不到头。有福的死者融入祖先的行列，将其福泽留给活人。太阳从左边升起，大地变得温暖了。月光从右边升起，月光如熊熊的火光。有福的死者融入祖先的行列，将其福泽留给活人。出昂星时放牧绵羊的男子，不会数绵羊的数目，羊儿边牧边增加，数也数不尽。有福的死者融入祖先的行列，将其福泽留给活人。出白尾北斗星时播撒谷种的男子，不会数粮粒，粮粒边丢边增加，数也数不尽。有福的祖先融入祖先的行列，将其福泽留给活人。

13-E-1-49

to^{55} pɯ^{21} ɑ^{33} kɑ^{21} zo^{33}, dɯ^{33} so^{21} gu^{33} lu^{21} le^{33} u^{55} hɯ^{33}, gu^{33} lu^{21} kæ^{33} nɯ^{33} ne^{21}, mɯ^{33} gə^{33}
垛本阿嘎 男 一 早 马 溜 又 去 了 马 溜 前 来 着 天 的

tɕi^{21} dzy̩^{33} hæ^{33} thy̩^{33} hɯ^{21} sɿ^{33} mæ^{55} nɯ^{33} ne^{21}, nɯ^{21} mu^{55} zy̩^{21} ȵə^{21} tʂhər^{33}, no^{33} o^{21} sɿ^{55} le^{33}
云 涌 风 起 雨 领 后 来 着 福 死 祖先 处 加入 福 泽 活人 又

sɑ^{55}. | by̩^{33} ly̩^{55} ɑ^{55} ʂʅ^{21} zo^{33}, dɯ^{33} so^{21} mu^{21} lɯ^{21} le^{33} u^{55} hɯ^{33}, mu^{21} lɯ^{33} kæ^{33} nɯ^{33} ne^{21}
遗留 绵羊 牧 阿史 男 一 早 牛 犁 又 去 了 牛 犁 前 来 着

khɯ^{21} le^{55} bæ^{33} bər^{33} mæ^{55} nɯ^{33} ne^{21}, nɯ^{21} mu^{55} zy̩^{21} ȵə^{21} tʂhər^{33}, no^{33} o^{21} sɿ^{55} le^{33} sɑ^{55}. |
土 块 蜂 迁 后 来 着 福 死 祖先 处 加入 福 泽 活人又 遗留

iə^{21} lɑ^{33} ty̩^{33} gy̩^{21} zo^{33}, o^{21} ky̩^{33} zʅ^{33} sɿ^{55} tʂər^{21}, o^{21} mæ^{33} le^{21} mə^{33} tse^{55}. nɯ^{21} mu^{55} zy̩^{21}
尤拉都古 男 宴席首 肉 敬 让 宴席 尾 又 不 完 福 死 祖先

ȵə^{21} tʂhər^{33}, no^{33} o^{21} sɿ^{55} le^{33} sɑ^{55}. | sɿ^{33} phe^{33} gɑ^{33} dzy̩^{33} ʂə^{55}, ʂə^{55} mə^{33} thɑ^{55} lɑ^{33} ʂə^{55},
处 加入 福 泽活 人 又 遗留 头目 胜利 祸 说 说 不 要 也 说

ʥo^{21} pɑ^{21} khu^{33} mə^{33} ky̩^{55}, zʅ^{21} sɿ^{55} he^{33} ȵə^{21} khu^{33}, the^{21} khu^{33} the^{21} biə^{21} ne^{21}, nɯ^{21} mu^{55}
桥 宽 搭 不 会 雨季 三 月 时 边 边 搭 边 塌 着 福 死

zy̩^{21} ȵə^{21} tʂhər^{33}, no^{33} o^{21} sɿ^{55} tɕy^{21} mi^{21} le^{33} sɑ^{55}. | mɯ^{33} lɯ^{55} tɕi^{33} phər^{21} tʂu^{55}, tɕi^{21} tʂu^{55}
祖先 处 加入 福泽活 人 处 下 又 遗留 天 地 云 白 间 云 中

ko^{33} tɕər^{33} nɑ^{21}, dɯ^{33} me^{33} ty̩^{21} zo^{33} sɿ^{33} , ko^{33} ʥi^{21} mɯ^{33} ʂər^{55} hə^{21}. nɯ^{21} mu^{55} zy̩^{21} ȵə^{21}
鹤 脖 黑 一 只 千 子 生 鹤 飞 天 满 了 福 死 祖先 处

tʂhər^{33}, no^{33} o^{21} sɿ^{55} le^{33} sɑ^{55}. |
加入 福泽 活人 又 遗留

一天早上，垛本阿嘎男子骑上马儿去溜马，马在前面奔跑，天空中的云在后面汇聚，风从后面刮来，雨在后面追来。有福的死者融入祖先的行列，将其福泽留给了活人。一天早上，牧羊的阿史男子去犁地，牛在前面耕，后面的土块像蜜蜂搬家一样翻动着。有福的死者融入了祖先的行列，将其福泽留给了后人。让尤拉都古男在开宴席时去敬酒，但敬不到宴席结束之时。让尤拉都古女在散席时去敬肉，已不可能再敬到开宴时的客人。有福的死者融入祖先的行列，将其福泽留给活人。头目去调解胜利者之间的纠纷，不该说的话也说了。不会搭宽桥偏要选在雨季来搭建，桥边搭边塌了。有福的死者融入祖先的行列，将其福泽留给活人。天地白云间，云中黑颈鹤，一只生千子，鹤儿飞满天。有福的死者融入祖先的行列，将其福泽留给了活人。

13-E-1-50

lɯ^{55} tʂu^{55} huɑ^{33} mæ^{33} nɑ^{21}, dɯ^{33} me^{33} ɕi^{33} zo^{33} sɿ^{33}, huɑ^{33} o^{21} dy^{21} ʂər^{55} hə^{21}. nɯ^{21} mu^{55} ʐv̩^{21}
林 中 白鹇鸟 尾 黑 一 只 百 子 生 白鹇鸟 寻食 地 满 了 福 死 祖先

ȵə^{21} tʂhər^{33}, no^{33} o^{21} sɿ^{55} le^{33} sɑ^{55}. | dæ^{21} me^{33} lɑ^{33} hy^{21} gə^{33}, pər^{55} ne^{21} kæ^{21} lv̩^{55} lv̩^{33}, hæ^{33}
处 加入 福 泽 活人 又 遗留 能 者 虎 红 的 斑纹 与 威风 纠缠 金

ʂʅ^{21} bæ^{33} zi^{33} gə^{33}, tɕhi^{21} ne^{21} khɑ^{33} lv̩^{55} lv̩^{33}. nɯ^{33} mu^{55} ʐv̩^{21} ȵə^{21} tʂhər^{33}, no^{33} o^{21} sɿ^{55} le^{33}
黄 蜂 美 的 甜 与 苦 纠缠 福 死 祖先 处 加入 福 泽 活人 又

sɑ^{55}. | le^{33} zo^{33} nɑ^{21} dər^{55} dər^{33}, huɑ^{33} tʂhə^{55} dʑər^{21} nɯ^{33} ɕi^{21}, le^{33} huɑ^{33} dʑər^{21}ʂər^{55} hə^{21}; ʐv̩^{21}
遗留 獐 子 黑 黝黝 斜 凑 树 来 养 獐 斜 凑树 满 了 猴

zo^{33} ʂʅ^{21}ɯ^{55} ɯ^{33}, ʐv̩^{21} hy^{55} bu^{21} ʂər^{55} hə^{21}. nɯ^{21} mu^{55} ʐv̩^{21} ȵə^{21} tʂhər^{33}, no^{33} o^{21} sɿ^{55} le^{33} sɑ^{55}.
小 黄 生生 猴 站 坡 满 了 福 死 祖先 处 加入 福 泽 活人 又 遗留

tʂhuɑ^{21} nɯ^{33} sɿ^{33} phər^{21} khæ^{55}, khæ^{55} i^{33} dʐv̩^{33} i^{33} ne^{21}, bɯ^{33} nɯ^{33} phe^{33} phər^{21} dɑ^{21}, dɑ^{21} i^{33}
男人 来 羊毛 白 弹 弹 增 么 着 女 来 麻布 白 织 织 么

dʐv̩^{33} i^{33} ne^{21}. nɯ^{21} mu^{55} ʐv̩^{21} ȵə^{21} tʂhər^{33}, no^{33} o^{21} sɿ^{55} le^{33} sɑ^{55}. | tʂuɑ^{21} nɯ^{33} lv̩^{33} bv̩^{33} phv̩^{21},
增 么 着 福 死 祖先 处 加入 福 泽 活人 又 遗留 男人 来 石 堆 撬

lɣ33 bɣ21 tʂhuɑ55 o33 tsɑ33 nɑ21 tɣ33 tɣ21 kɯ33 kɯ21 gə21 thɣ33 tshɿ21, tsɿ21 le33 tɑ55 mə33 sɿ55.
石 下 蚂蚁 色 黑 千千 万万 上 出 来 算 又 说 不 尽

bɯ33 nɯ33 dʑe33 le33 khɣ33. phe33 le33 tɣ33 tɣ21 kɯ33 kɯ33 gə21 le33 thɣ33, tsɿ21 le33 tɑ55 mə33
女人 来 麦 又 割 蝴蝶 千千 万万 上 又 出 算 又 说 不

sɿ55. nɯ21 mu55 zɣ21 n̥ə21 tʂhər33, no33 o21
尽 福 死 祖先 处 加入 福 泽

森林里的黑尾白鹇鸟，一只繁衍成百只，寻食时站满了地面。有福的死者融入祖先的行列，将其福泽留给了活人。勇猛的赤虎的斑纹与威风融为一体，金黄色蜜蜂的甜蜜与苦汁融为一体。有福的死者融入祖先的行列，将其福泽留给了活人。黑乎乎的獐子，生活在斜斜的凑树上，獐子爬满了斜树。黄色的猴子，站时站满了山坡，有福的死者融入祖先的行列，将其福泽留给了活人。男子来弹白羊毛，边弹边增多；女子织麻布，边织边增多。有福的死者融入祖先的行列，将其福泽留给了活人。男子去撬石堆，从石堆下爬出了千千万万只黑蚂蚁，数也数不完；女子去割麦，从中飞出千千万万只蝴蝶，数也数不完。有福的死者融入祖先的行列，将其福泽留给了活人。

13-E-1-51

sɿ55 le33 sɑ55. | dʑi21 kæ33 sɿ21 khɑ33 dʑər21, dɯ33 dʑər21 ɕi33 tʂər55 zɣ21,ɕi33 tʂər55 ɕi33 kho21
活人又 遗留 房 前 梅子 树 一 棵 百 节 生 百 枝 百 节

zɣ21, ɕi33 kho21 tɣ21 bɑ21 bɑ21 , tɣ21 bɑ21 tɣ21 lɣ33 tæ55. dʑi33 tho21 kɣ55 tshɿ33 kho21, khɣ55
生 百 枝 千 花 开 千 花 千 果子 结 房 后 韭菜 园子 晚

tshɿ55 so21 le33 hæ21. nɯ21 mu55 zɣ21 n̥ə21 tʂhər33, no33 o21 sɿ55 le33 sɑ55. | sɿ55 khɯ33 sɿ55
掐 早晨 又 绿 福 死 祖先 处 加入 福 泽 活人 又 遗留 束肯束希

ɕi21 mi55, æ33 ʂuɑ21 dʑi21 ʂɿ21 khɯ55, dər33 ɯ33 khu33 n̥ə21 ʂɿ21, dər33 ɯ33 bɑ21 phɣ55 bɑ21 dʑə21
女 崖 高 水 引 去 肥 田 里 处 引 肥 田 庄稼 种 庄稼 好

gə21, no33 o21 sɿ55 tɕy21 mi21 le33 sɑ55. | hu21 gə33 bɣ21 kɣ55 lɣ33, bɣ33 i33 le33 bɑ21 ne21, so21
了 福 泽 活人 上 下 又 遗留 夜 晚 圈 里 边 绵羊 是 又 叫 着 晨

gə^{33} by̩^{33} bɑ^{21} mu^{33} gy̩^{33} be^{33}, by̩^{33} hy^{55} ko^{21} ʂər^{55} hə^{21}. nɯ^{21} mu^{55} zy̩^{21} ȵə^{21} tʂhər^{33}, no^{33}

的 绵羊 叫 打雷 似的 绵羊 站 草坝 满 了 福 死 祖先 处 加入 福

o^{21} sɿ^{55} le^{33} sɑ^{55}.｜dʑi^{33} me^{33} khy̩^{21} ko^{55} tʂuɑ^{33}, nɯ^{21} tɕi^{33} khy̩^{21} nɯ^{21} ne^{21}, khu^{33} nɯ^{33} lɑ^{33}

泽 活人又 遗留 正房 里 面 床 福 放 里 福 着 口 来 虎

lər^{21}tɕi^{55} ɕy^{21} be^{33}, zo^{33}ɕi^{21} uə^{33} ʂər^{55} hə^{21}. nɯ^{21} mu^{55} zy̩^{21} ȵə^{21} tʂhər^{33},no^{33} o^{21} sɿ^{55}le^{33} sɑ^{55}.｜

啸 口哨 吹 儿 养 寨 满 了 福 死 祖先 处 加入 福 泽 活人又 遗留

tshɿ^{33} py^{21} ly^{55} khɯ^{33} tɯ^{33}, dʑər^{33} ky̩^{55} tʂhʅ^{33} lo^{21}, py^{21} ky̩^{55} dɑ^{33} hɯ^{21} nɯ^{33}, sɿ^{33} by̩^{33} dæ^{21}

祭 祀 场 地 里 唱 会 这 群 诵 会 东巴 来 斯补 能干

gə^{33} dʑi^{33} tʂhu^{21} ɕə^{55} le^{33} bɯ^{21} me^{33}, he^{21} dʑə^{21} ɯ^{33} me^{33} dy^{21} nɯ^{33} gə^{21} le^{33} py̩^{55},

的 走 快 看 又 去 时 神 善 好 的 地 来 上 又 送

房前栽着梅子树，树上有百个节子，百个节子发百枝，百枝上开出千朵花，千朵花结出千果子。屋后的韭菜园，晚上掐了早晨又长出。有福的死者融入祖先的行列，将其福泽留给了活人。束肯束希女子，到高崖上去引水，把水引到肥沃的田地里，田里的庄稼获得了丰收，把丰收的福泽留给了活人。夜晚的畜圈里，绵羊喊叫着，待到清晨时，大草坝上的绵羊叫声如雷鸣，绵羊站满了大草坝。有福的死者融入祖先的行列，将其福泽留给了活人。在正房的床上行房事，嘴里打着如虎啸般的口哨，生养的儿子占满了寨子。有福的死者融入祖先的行列，将其福泽留给了活人。在祭祀场地里，由会唱的歌手和会诵经的东巴们，将即将离去的能干而又快捷的斯补能者，送往善神居住的地界，

13-E-1-52

no^{33} o^{21} sɿ^{55} tɕy^{21} mi^{21} le^{33} sɑ^{55}.｜mɯ^{33} nɯ^{33} tɕi^{21} gu^{21} sɑ^{55}, dy^{21} nɯ^{33} zə̩^{21} gu^{21} sɑ^{55},｜hy^{55}

福 祥 活人 上 下 又 遗留 天 来 云 背 遗留 地 来 草 地 遗留 柏

kə^{55} tɕi^{21} gu^{21} sɑ^{55},｜lɯ^{33} kə^{55} be^{33} gu^{21} sɑ^{55},｜mɯ^{55} tshe^{21} dzər^{33} gu^{21} sɑ^{55}, ŋy̩^{33} ly̩^{33} tʂhu^{21}

枝 云 背 遗留 杉 枝 雪 背 遗留 竹子 露水 背 遗留 雪山 墨玉

gu^{21} sɑ^{55}, i^{33} bi^{21} hæ^{21} gu^{21} sɑ^{55},｜gu^{21} nɯ^{33} bu^{21} phər^{21} sɑ^{55}, ɯ^{33} nɯ^{33} lo^{21} phər^{21} sɑ^{55}, by̩^{33}

背 遗留 大江 金 背 遗留 马 来 鬃 白 遗留 牛 来 轭 白 遗留 绵羊

nɯ^{33} sɿ^{33} phər^{21} sɑ^{55}. | nɯ^{21} me^{33} sɿ^{33} tshər^{21} sɿ^{55} du^{33} sɑ^{55}, o^{21} me^{33} n̩i^{33} tshər^{21} n̩i^{33} du^{33}
来 羊毛 白 遗留 福 的 三十三 份 遗留 禄 的 二十二 份

sɑ^{55}. dʑər^{33} kʏ^{55} tʂhʅ^{33} lo^{21}, py^{21} kʏ^{55} dɑ^{33} hɯ^{21} nɯ^{33}, py^{33} lɑ^{21} phu^{55} nɯ^{33} no^{33} o^{21} khuɑ^{33}
遗留 唱 会 这 群 诵 会 东巴 来 东巴 手 中 来 福 泽 碗

y^{33}, tʂhər^{33} zo^{33} tʂhər^{33} mi^{55} tɕər^{21} ɳə^{21} iə^{55}, tʂhʅ^{33} zo^{33} tʂhʅ^{33} mi^{55} lɑ^{33}, no^{33} o^{21} sɑ^{55} me^{33} no^{33}
呀 孝 男 孝 女 上 面 给 孝 男 孝 女 也 福 泽 遗留 么 福

o^{21} sɿ^{55} nɯ^{33} tʂhʅ^{33} dɯ^{33} se^{21}. | tshɿ^{33} py^{21} sɿ^{33} phe^{33} lɑ^{33}, tʂhʅ^{33} sɿ^{21} lɑ^{21} gʏ^{33} mæ^{55}, sər^{33} sɿ^{21}
泽 活人 来 这 得到 了 祭祠 主人 也 从 这 以后 父 像

zo^{33} le^{33} dæ^{21} be^{33} ho^{55}. | me^{33} sɿ^{21} mi^{55} nɯ^{33} dæ^{21} be^{33} hu^{55}. |
儿 又 能干 做 愿 母 像 女 来 能干 做 愿

将其福泽留给了活人，蓝天留下了白云般的福泽，大地留下了草丛般的福泽，柏树留下了云一般的福泽，杉树留下了白雪般的福泽，竹子留下了露珠般的福泽，雪山留下了墨玉般的福泽，大江留下了金子般的福泽，马留下了白鬃般的福泽，牛留下了白色牛牦，绵羊留下了白色羊毛。留下了三十三份福，留下了二十二份禄。由会唱的歌手，会诵的东巴们，将捧在碗里的福泽赐给了孝男孝女们。孝男孝女们，得到了留给活人的福泽。愿作祭祀的主人家，从今以后酷似父亲的儿子能干，酷似母亲的女儿亦能干。

13-E-1-53

gə^{21} i^{33} zʏ^{21}hy^{55} zʏ^{21} dʑæ^{21} hu^{55}. | mi^{21} i^{33} sɿ^{55} hɯ^{21} sɿ^{55} dʑæ^{21} hu^{55}. | phʏ^{33} ʂʅ^{33} gʏ^{33} du^{21} zɿ^{33},
上 的 祖先 站 祖先 强盛 愿 下 的 活人富裕活人强盛 愿 祖父 死 九 个 代

dʑər^{33} i^{33} bʏ^{33} mə^{33} dʑy^{33}. | phe^{21} ʂʅ^{33} ʂər^{33} du^{21} zɿ^{33}, py^{21} i^{33} khə^{21} mə^{33} dʑy^{33}. | py^{21} nɯ^{33}
歌手 呀 是非 不 有 祖母 死 七 个 代 东巴 呀 罪过 不 有 东巴 来

ʂə^{55} me^{33} kho^{33} mə^{33} dər^{33}, dʑər^{33} nɯ^{33} pu^{55} me^{33} gu^{21} mə^{33} dʑy^{33}. | dʑər^{33} mi^{21} zʏ^{21} le^{33} lʏ^{33}
说 么 声 不 错 歌手 来 带 的 背 不 有 歌手 名声 拿 又 石

gɯ^{33} tɑ^{55} se^{21} me^{55}. zʮ^{21} khʮ^{55} gə^{33} he^{21} ʥə^{33} bu^{33} tho^{21} zɿ^{21} khʮ^{55} pər^{55} me^{13}. py^{21} zɿ^{33} ʂər^{21},
裂 说 了 呀 猴 年 的 二 月 补托 蛇 年 写 的 东巴 寿 长

phæ^{21} hɑ^{55} i^{33} iə^{55} ho^{55} .
卜师 夜 久 做 愿

愿生活于上方的祖先强盛，愿生活于下方的活人也富裕强盛。已经去世了的九代祖父，歌手们没有什么口舌是非。已经去世了的七代祖母，东巴们没有什么过错。东巴们所念的经书没有什么差错，歌手们带来的不是什么包袱。愿歌手们的名声传至石头裂开之时。

写于补托属蛇的猴年二月。愿东巴长寿，卜师延年。

13-E-1-54

封底

（释读：和桂华　翻译：和虹）

205-G-14-01

sɿ^{55} khv̩^{21} · sɿ^{55} tsɿ^{33}

迎请素神 · 迎接素神

205-G-14　迎请素神·迎接素神

【内容提要】

素神是生命之神，但他不只是一尊神灵，而是各有各的素神。因此，这本经书首先迎请上上下下、四面八方的素神。请来之后就去迎接这些素神，然后用各种财物、粮食、牺牲来祭祀他们，希望能得到素神，以及其他一些神灵的赐福、保佑，能给家人带来福泽、富裕、常胜和漂亮，能给家人带来健康长寿。这里有一段建造居那若罗神山的故事，讲这故事的目的只是讲述素神石、素神桩、素神塔的来历，并非讲述《人类迁徙的故事》。

【英文提要】

Praying the God *sʅ*. Greeting the God *sʅ*

The god *sʅ* is the god of life. There is not only one *sʅ*, but one for each individual. This book, thus, records to pray for the descending of god *sʅ* from all directions. It records to greet these *sʅ* afterwards and sacrifice them with treasures, provisions and livestock for receiving *sʅ* and the bestowed blessing, which brings the family with felicity, prosperity, victory, goodliness and longevity. There is a story about piling up the sacred mountain *ʥy na ʐ o lo*, the purpose of which is only to mention the origin of *sʅ* rock, *sʅ* pile and *sʅ* pagoda, but not to tell *the Story of Human Migration*.

205-G-14-02

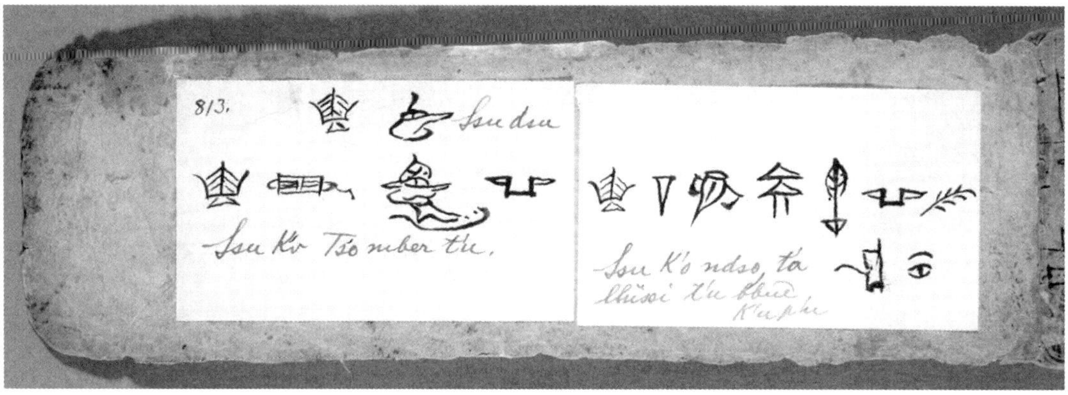

左边：

第 1 行：“813”为洛克藏书的标号，东巴文字为“请素神”；

第 2 行：用洛克音标注下此书用于“迎素神”，

第 3 行：东巴文字为书名，“请素神·人类迁徙记”。

第 4 行：用洛克音标注下此书书名的纳西读音。

右边：

东巴文字为：素桩、素桥、素塔、素箭的来历。开素神门，下边用洛克音标注下以上标题的纳西读音。

205-G-14-03

ɑ^{33} lɑ^{33} mə^{33} ʂər^{55} ȵi^{33}, mɯ^{33} lɑ^{33} khɯ^{21} tʂhʅ^{33} ʥʅ^{21}, kɯ^{21} ʥʅ^{21} tʂhʅ^{33} ȵi^{33} ɯ^{33}, dy^{21} lɑ^{33} ʐə^{21}
啊 也 不 说 日 天 也 星 所 长 星 长 这 天 好 地 也 草

tʂhʅ^{33} y^{33}, ʐə^{21} y^{21} tʂhʅ^{33} ȵi^{33} hər^{21}. | uæ^{33} nɯ^{33} bi^{33} thv̩^{33} lv̩^{21}, bi^{21} thv̩^{33} tʂhʅ^{33} ȵi^{33} lv̩^{21}, i^{21}
所 生 草 生 这 天 绿 左 由 日 出 暖 日 出 这 天 暖 右

nɯ^{33} le^{21} tshe^{55} tʂhʅ^{33} ȵi^{33} bu^{33}. | gə^{21} i^{33} lɑ^{33} sɑ^{21} to^{55} khɯ^{33} phər^{21}, gv̩^{33} ʥʅ^{21} khv̩^{55} tsʅ^{21} ɯ^{33},
由 月 光 这 天 亮 上 是 拉萨 坡 脚 白 藏族 年 算 善

khv̩^{55} lɑ^{33} tʂhʅ^{33} khv̩^{55} ɯ^{33}, | mi^{21} i^{33} bv̩^{33} lv̩^{55} ʐʅ^{33} zɑ^{21} mæ^{33}, le^{33} bv̩^{33} he^{33} tsʅ^{21} ɯ^{33}, he^{33} lɑ^{33}
年 也 这 年 好 下 是 羊 牧 路 下 尾 白族 月 算 善 月 也

tʂhʅ^{33} he^{33} ɯ^{33}.｜dʑi^{33} dʑə^{21} ly^{55} gv̩^{33} hɑ^{55}, nɑ^{21} ɕi^{33} hɑ^{55} tsʅ^{21} ɯ^{33}, hɑ^{55} lɑ^{33} tʂhʅ^{33} hɑ^{55} ɯ^{33}.｜
这 月 好 人 住 中间 聚 纳西 天 算 善 天 也 这 天 好

khv̩^{55} ɯ^{33}, mɯ^{33} bv̩^{21} kɯ^{21} ɯ^{33}, zy^{21} ɯ^{33} khv̩^{55} ʂʅ^{55} he^{33} ɯ^{33} tʂhʅ^{33} dɯ^{33} ȵi^{33}.｜i^{33} dɑ^{21} phv̩^{55}
年 好 天 下 星 好 行星 好 年 新 月 好 这 一 天 主人 普督

tv̩^{21} ɯ^{33} me^{33} tʂhʅ^{33} dɯ^{33} dʑi^{21},｜nɯ^{21} ne^{21} uɑ^{21} nɯ^{33} sʅ^{55} le^{33} khv̩^{21},｜dʑi^{33} ne^{21} huɑ^{21} nɯ^{33}
好 的 这 一 家 福 和 泽 由 素神 又 请 精人 和 华神 由

sʅ^{55} le^{33} khv̩^{21},｜zo^{33} i^{33} hɑ^{33} ne^{21} dʑi^{21} le^{33} zʅ^{33}, tʂhuɑ^{33} phər^{21} hɑ^{33}, kɯ^{21} zʅ^{33} ʂu^{21} le^{33}
素神 又 请 男 是 饭 和 水 又 捧 米 白 饭 醇 酒 纯 又

pu^{55},｜bɯ^{33} i^{33} dzər^{33} gu^{21} ɯ^{33} me^{33} sɑ^{55},｜tʂhuɑ^{21} ɯ^{33} kv̩^{33} phər^{21} lər^{21} kho^{33} tʂuɑ^{21}.｜bɯ^{33}
带 女 是 贵重 背 好 的 带 成年男 好 头 白 叫 声 响亮 妇女

ɯ^{33} ɕi^{55} ʂər^{21} dɑ^{21} kho^{33} ɯ^{33} nɯ^{33} sʅ^{55} le^{33} khv̩^{21}.｜gv̩^{33} dy^{21} dʑʅ^{33} zʅ^{33} ʂər^{21} nɯ^{33} khv̩^{21}, ʂər^{33}
好 舌 长 吟 声 好 由 素神 又 请 九 地 酋长 寿 长 由 请 七

lo^{21} bæ^{21} hɑ^{55} i^{33} nɯ^{33} khv̩^{21},｜ho^{33} gv̩^{33} ho^{33} lo^{21} dy^{21}, du^{21} kv̩^{33} phər^{21}
箐 跑 日 久 由 请 北边 地方 卢神 头 白

远古的时候。天上长满了星星，今天的星星长得最好，大地上长满了绿草，今天的草长得格外绿。左边温暖的太阳，今天分外温暖，右边灿烂的月光，今天分外明亮。住在拉萨白色山脚下的藏族，善于推算年份，今年年份最好。住在牧羊路下边的白族，最善于推算月份，这个月最吉祥，住在中间的纳西人，最善于推算日子，今天的日子最好。在这个年份好、月份好、日子好、天上的星宿好、行星好、年份新、日子也好的这一天里，这一户普督支系的主人家，要用福泽来迎请素神（生命之神）。要让精人和华神（人类繁衍之神）来迎请素神。男的捧着吃的食物，捧着大白米饭和干净的醇酒。女的带来贵重的东西，白头发的成年男子大声地呼唤着，成年女子吟唱着迎请素神。九地里长寿的酋长，七个山箐里善跑又长寿的人迎请素神。由北边白头的卢神，

205-G-14-04

nɯ^{33} sɿ^{55} le^{33} khʏ^{21}, | i^{33} tʂhʅ^{33} i^{33} mɯ^{33} dy^{21}, se^{21}dʑæ^{21} ʂʅ^{21}nɯ^{33} khʏ^{21} le^{33} khɯ^{55} , | khʏ^{33}
由 素神 又 请 南边 地方 沈神 牙 黄 由 请 又 去 头

phər^{21} dʑæ^{33} ʂʅ^{21}me^{33} nɯ^{33} sɿ^{55} le^{33} khʏ^{21}, | py^{21} zɿ^{33} ʂər^{21} nɯ^{33} khʏ^{21}, phɑ^{21}hɑ^{55} i^{33} nɯ^{33} khʏ^{21}
白 牙 黄 的 由 素神 又 请 祭司 寿 长 由 请 卜师 日 久 由 请

le^{33} khɯ^{55}, bi^{21} khɯ^{33}ʂər^{21} nɯ^{33} sɿ^{55} le^{33} khʏ^{21}.ze^{55} tɕi^{33} sɿ^{55} hɑ^{33} zʅ^{33}, sɿ^{55} khʏ^{21}dɯ^{33} hɑ^{55}zʅ^{33}
又 去 日 光 长 的 素神 又 请 年轻人 三 天 路 素神 请 一 天 路

be^{33} le^{33} lu^{33}. | sɿ^{55} lɯ^{33} me^{33} tʂhʅ^{33} dɯ^{33} ȵi^{33}, sər^{33} kʏ^{33} ŋʏ^{21} phər^{21} thʏ^{33}, | lʏ^{33} kʏ^{33} hæ^{33}
地 又 来 素神 来 的 这 一 天 树 上 银 白 出 石 上 金

ʂʅ^{21} thʏ^{33}. | sɿ^{55} khʏ^{21} tsuɑ^{21} ɯ^{33} hɯ^{33} me^{33} zʅ^{33} thɯ^{21} dɯ^{33}, | bɯ^{33} ɯ^{33} hɯ^{33} me^{33} gʏ^{33}
黄 出 素神 请 男 好 去 是 酒 喝 得 妇 女 去 是 衣服

dʑi^{33} iə^{55} le^{33} khʏ^{21}, | sɿ^{55} khʏ^{21} hɯ^{33} me^{33} zʏ^{21} dy^{21} thʏ^{33}, zʏ^{21} dy^{21} hɑ^{55} hɯ^{33} lɑ^{33} mə^{33}
给 又 请 素神 请 去 是 仇人 地 到 仇 地 歇 去 也 不

tʂər^{21}. | sɿ^{55} khʏ^{21} ɯ^{33} me^{33} dʑy^{21}, dʑy^{21} tʂʏ^{55} ze^{21} ɯ^{33} kʏ^{33} i^{33} gɑ^{33} the^{33} ly^{55}, | æ^{21} tʂʏ^{55}
使 素神 请 好 是 山 山 势 最 好 处 由 胜 旗 飘 崖 势

ze^{21} ɯ^{33} kʏ^{33}, | ɕy^{55} hər^{21} nɑ^{21} tsɑ^{21} tshɿ^{55}, uə^{33} kʏ^{33} uə^{233} pɑ^{55} phər^{21} me^{33} kʏ^{33}, | nɯ^{33} sɿ^{55}
最 好 上 柏 绿 纳 建 寨 头 寨 坊 白 的 上 由 素神

le^{33} khʏ^{21} , kʏ^{55} dʑi^{21} thʏ^{21}, ʂu^{21} mi^{33} khɯ^{55}, | gɑ^{33} khuɑ^{21} to^{55} kʏ^{33} nɯ^{33}
又 请 毡 房 搭 纯 火 烧 胜 桩 插 上 由

迎请素神，南边的地方由黄牙齿的沈神来迎请素神，由白头黄牙长寿的人迎请素神。由长寿的祭司和卜师迎请素神。由悠长的太阳光线迎请素神。年轻人三天的路程，请素神只走一天，素神来到的这一天，树上长出白银、石头中生出黄金。迎请素神的日子里，男子可以喝上酒，妇女有新衣服穿。迎请素神时，即使误入仇人的地方，也不能在仇地过夜。在山势最好的地方，插上随风飘扬的旗帜，在山崖最好的地方，建造绿柏纳召，在村寨上边建造寨标来迎请素神。用白色牦牛毡搭建毡房，烧起纯净的火，插上象征胜神的桩子

205-G-14-05

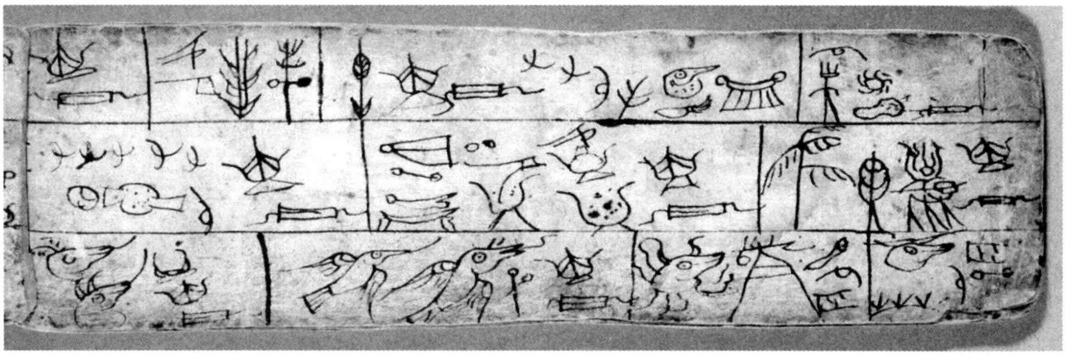

sɿ⁵⁵ le³³ khv̩²¹, | ʂu³³ phər²¹ be³³ thɑ⁵⁵ nɯ³³, mɯ³³ sər³³ ȵi³³ gɯ³³ khə³³, sər³³ phər²¹ he²¹
素神 又 请 铁 白 斧 利 由 天 木 两 片 划 木 白 神

tɕy²¹ dzʅu²¹, sər³³ nɑ²¹ tshɿ²¹ tɕy²¹ tshi⁵⁵, | no²¹ py⁵⁵ lɯ³³ sɿ³³ nɯ³³ sɿ⁵⁵ le³³ khv̩²¹. ʥər²¹ kv̩³³
方向 掉 木 黑 鬼 向 抛 宝贝 箭 由 素神 又 迎请 树 上

be³³ mə³³ tsæ⁵⁵, sɿ³³ lɑ³³ ʥæ²¹ mə³³ ȵə⁵⁵, | tshɿ²¹ nɯ³³ mə³³ ȵə⁵⁵ be³³, so³³ ɯ³³ gv̩³³ me³³ sɿ⁵⁵
雪 不 积 毡 也 泥 不 沾 鬼 由 不 缠 地 启明星 好 的 素神

le³³ khv̩²¹. | be³³ thv̩⁵⁵ be³³ mə³³ ʥæ²¹ gə³³ sɿ⁵⁵ le³³ khv̩²¹. | phi²¹ ʂʅ³³ uɑ³³ tʂər⁵⁵ ʂʅ³³ nɑ⁵⁵ lo³³
又 请 雪 踏 雪 不 脏 的 素神 又 请 腿 肉 骨 节 瘦肉 盆

lo²¹ khɯ⁵⁵, kɯ²¹ ʐʅ³³ ʂu²¹ , hɑ³³ phər²¹ hɑ³³ nɑ²¹nɯ³³ sɿ⁵⁵ le³³ khv̩²¹. | lɯ³³ le³³ ɕy⁵⁵ kə⁵⁵ ʥi⁵⁵,
里 装 醇 酒 纯 饭 白 饭 黑 由 素神 又 请 杉 和 柏 枝 烧

mɯ⁵⁵ khɯ²¹ tʂhuɑ²¹ nɯ³³ khv̩²¹, | tshi⁵⁵ kɯ³³ phɑ²¹ khɯ³³ ho⁵⁵, lv̩²¹ kho³³ tʂuɑ²¹ nɯ³³ khv̩²¹,
烟柱 大 由 请 猎 狗 豺 狗 混 吠 声 响亮 由 请

le³³ kæ²¹ tɕi⁵⁵ kæ³³ ho⁵⁵,tɕy²¹ kho³³ tʂuɑ²¹ nɯ³³ khv̩²¹, | bər²¹ dzʅər²¹ so³³ lɑ³³ hɯ³³ mə³³ tʂər²¹,
乌鸦 喜鹊 混 啼 声 响亮 由 请 牦牛 惊 山岭 也 去 不 使

bv̩³³ dzʅər²¹ ko²¹ lɑ³³ hɯ³³ mə³³ tʂər²¹. |
羊 惊 高原 也 去 不 使

来迎请素神，用白铁利斧将天树划成两半，一片白色的树倒在神地，一片黑色的树抛到鬼地去，用宝箭迎请素神。不让树上压着雪，不让泥块粘在衣服上，不让鬼缠着人，用灿烂的启明星迎请素神。把踏在雪地里，不会玷污白雪的素神请来。用装在木盆中的腿子肉，骨节、瘦肉、纯净的醇酒，白色、黑色的饭迎请素神。用焚烧杉枝、柏枝猛烈的烟柱，用猎狗和豺狗混在一起宏大的犬吠声迎请素神，用乌鸦和喜鹊混在一起响亮的啼声迎请素神。

不让牦牛受惊吓而跑到山岭上去，不让绵羊受惊吓跑到高原上去，

205-G-14-06

tshɿ^{33} dʐər^{21} dɑ^{33} iə^{21} dʑər^{21} i^{33} hɯ^{33} mə^{33} tʂər^{21}, bu^{21} dʐər^{21} tshy^{55} kho^{33} dy̩^{21} i^{33} hɯ^{33} mə^{33}
山羊 惊 青冈 树 是 去 不 使 猪 惊 小米 地 里 是 去 不

tʂər^{21}. | æ^{21} dʐər^{21} phɯ^{33} by̩^{33} tɯ^{33} i^{33} hɯ^{33} mə^{33} tʂər^{21}. | i^{33} dɑ^{21} tʂhʅ^{33} dɯ^{33} dʑi^{21}, ȵi^{33}
使 鸡 惊 糠 堆 处 是 去 不 使 主人 这 一 家 日

thy̩^{33} ȵi^{33} ly^{55} gy̩^{33}, ɕi^{33} dʑi^{33} zy̩^{21} dy^{21} hɯ^{33} mə^{33} tʂər^{21}, | hu^{21} mu^{33} hu^{21} tshe^{55} kho^{33}, he^{33}
出 日 正中 人 走 仇 地 去 不 使 夜 间 夜 半 魂

tɕhə^{33} tshɿ^{21} dy^{21} hɯ^{33} mə^{33} tʂər^{21}. | ȵi^{33} me^{33} thy̩^{33}, tər^{21} zɑ^{55} dʑə^{21} by̩^{33} dy^{21} ȵə^{21} hɯ^{33} mə^{33}
游 鬼 地 去 不 使 东方 呆饶玖补 地方 上 去 不

tʂər^{21}. | i^{33} tʂhʅ^{33} mɯ^{21}, ʂʅ^{21} dzʅ^{33} dʑi^{33} by̩^{33} dy^{21} i^{33} hɯ^{33} mə^{33} tʂər^{21}. | ȵi^{33} me^{33} gy̩^{33}, le^{55}
使 南方 史支景补 地方 是 去 不 使 西方

tɕhi^{33} sɿ^{33} phy̩^{33} dy^{21} ȵə^{21} hɯ^{33} mə^{33} tʂər^{21}, | ho^{33} gy̩^{33} lo^{21}, ny̩^{21} dʐʅ^{33} dʑi^{33} by̩^{33} dy^{21} ȵə^{21}
楞启斯普 地方 上 去 不 使 北方 奴孜景补 地方 上

hɯ^{33} mə^{33} tʂər^{21}, | mɯ^{33} le^{33} dy^{21} zy̩^{55} gy̩^{33}, dy̩^{21} ne^{21} tse^{21}, mu^{33} ne^{21} ɯ^{21} dy^{21} hɯ^{33} mə^{33}
去 不 使 天 又 地 中央 毒鬼 和 仄鬼 猛鬼 和 恩鬼 地方 去 不

tʂər^{21} sɿ^{55} le^{33} khy̩^{21}. | nɯ^{33} ʂʅ^{21} bu^{21} nɑ^{21} uɑ^{33} dʑe^{33} sɿ^{55} le^{33} khy̩^{21}.
使 素神 又 请 羊 黄 猪 黑 粮 食 素神 又 请

不让山羊受惊吓而跑到青冈树林里，不让猪受惊吓而跑到小米地里，不让鸡受惊吓而跑到糠堆旁。这一户主人家，白天正午时分，不让人跑到仇人的地方去，半夜，不让人的魂魄游荡到鬼的地方去。不让人的魂魄，到东方鬼的头目呆饶玖补居住的地方去，不让人的魂魄，跑到南方鬼的头目史支景补住的地方去，不让人的魂魄，跑到西方鬼的头目楞启斯普住的地方去，不让人的魂魄，跑到北方鬼的头目奴孜景补住的地方去，不让人的魂魄跑到天地中央，毒鬼、仄鬼、猛鬼、恩鬼住的地方去，迎请素神。用黄色的羊、黑色的猪，用粮食迎请素神。

205-G-14-07

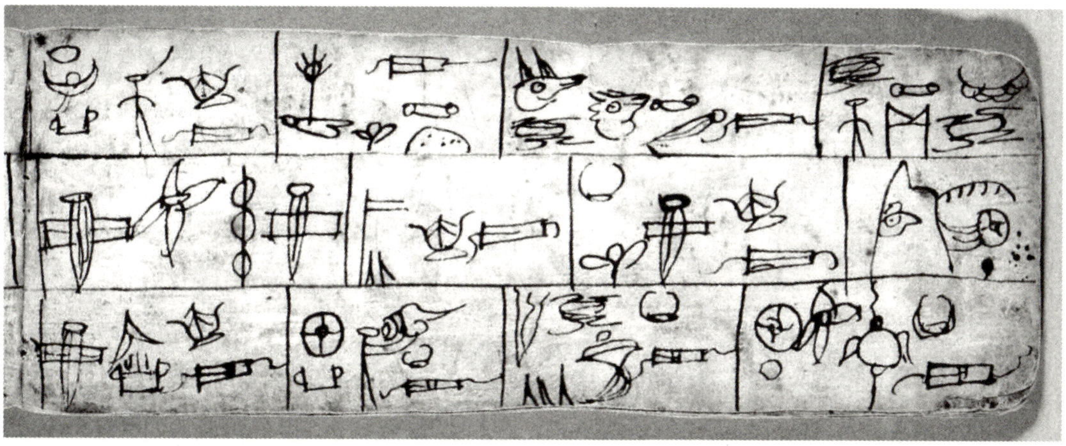

gv̩^{33} ne^{21} he^{33} le^{33} thv̩^{33} me^{33} sɿ^{55} le^{33} khv̩^{21}. | tʂʅ^{21} ne^{21} ʂʅ^{33} ne^{21} uɑ^{33} dze^{33} nɯ^{33} sɿ^{55} le^{33}
身 和 魂 又 到 地 素神 又 请 庄稼 和 肉 和 粮食 财物 由 素神 又

khv̩^{21}, | nɯ^{21} ʂʅ^{33}, æ^{21} pv̩^{55} dʑi^{21} nɯ^{33} sɿ^{55} le^{33} khv̩^{21}, | uə^{33} tʂər^{55} ɕi^{33} ʂʅ^{55} nɯ^{33} ŋv̩^{33} ne^{21} hæ^{21}
请 畜肉 鸡 烫 水 由 素神 又 请 寨 中 人 新 由 银 和 金

dʑo^{21} tso^{55}, uɑ^{21} ne^{21} tʂhu^{21} dʑo^{21} tso^{55}. | ʂuɑ^{21} kv̩^{33} ɕy^{21} kv̩^{33} sɿ^{55} le^{33} khv̩^{21}. | dʑo^{21} gə^{33}
桥 架 松石 和 墨玉 桥 架 高 处 底 处 素神 又 请 桥 的

kho^{33} ne^{21} nv̩^{55} kv̩^{33} sɿ^{55} le^{33} khv̩^{21}, | æ^{21} ʂuɑ^{21} dɑ^{21} phu^{55} bɑ^{21} phu^{55} gə^{33} dʑo^{21} tshʅ^{55} tɯ^{33}
远 和 近 处 素神 又 请 崖 高 阴 面 阳 面 的 桥 建 处

i^{55} sɿ^{55} le^{33} khv̩^{21}. | ȵi^{33} me^{33} thv̩^{21}, dv̩^{21} kho^{33} lv̩^{55} lv̩^{33} nɯ^{33} sɿ^{55} le^{33} khv̩^{21}. | i^{33} tʂhʅ^{33} i^{33}
地 素 又 请 东方 海螺 声 嘹亮 的 素神 又 请 南边

mɯ^{21} dy^{21}, hæ^{33} ʂʅ^{21} tsər^{33} lər^{21} kho^{33} nɯ^{33} sɿ^{55} le^{33} khv̩^{21}, | ȵi^{33} me^{33} gv̩^{21}, uɑ^{33} hər^{21} dɑ^{33}
的 地方 金 黄 板铃 声 由 素神 又 请 西方 松石 绿 法鼓

khə^{21} kho^{33} nɯ^{33} sɿ^{55} le^{33} khv̩^{21}. |
声 由 素神 又 请

把素神的身体和魂魄都请到。用庄稼、粮食和肉食来迎请素神，用牲畜的肉和烫鸡的水来迎请素神。村寨中的新人到白银、黄金、松石和墨玉建造的桥边去迎请素神，把在高处和低处的素神迎请到，把离桥远的素神和离桥近的素神都迎请到。在山崖的阳坡上，阴坡上建造桥梁来迎请素神。东方，用嘹亮的螺号声迎请素神；南边的地方，用金黄色板铃的响声迎请素神；西边的地方，用绿松石法鼓的响声迎请素神；

205-G-14-08

ho^{33} gv̩^{33} lo^{21}, gɑ^{33} lɑ^{21} the^{33} tɕhi^{21} ly^{55} me^{33} sɿ^{55} le^{33} khv̩^{21} | mɯ^{33} le^{33} dy^{21} zv̩^{55} gv̩^{33}, ŋv̩^{33}
北方 胜神 旗帜 飘扬 素神 又 请 天 又 地 中央 银

hæ^{21} uɑ^{33} tʂhu^{21}, no^{21} py^{55} uɑ^{33} sy^{21} kv̩^{33} nɯ^{33} sɿ^{55} le^{33} khv̩^{21}, | sɿ^{55} khv̩^{21}, mɯ^{33} ne^{21} dy^{21}
金 松石 墨玉 宝贝 五 种 上 由 素神 又 请 素神 请 天 和 地

ko^{55} gɯ^{33} kɑ^{33} lɑ^{33} hɯ^{33} mə^{33} tʂər^{21}, | phər^{21} ne^{21} ʂæ^{21}, gɑ^{33} ne^{21} u^{21}, o^{55} ne^{21} he^{21} gu^{21}
中央 游荡 去 不 使 盘神 和 禅神 胜神 和 吾神沃神 和 恒神 后

mɯ^{33} gʏ^{33} tho^{21} i^{33} kɑ^{33} lɑ^{33} hɯ^{21} mə^{33} tʂər^{21}, sɿ^{55} khʏ^{21} me^{33} le^{33} thʏ^{33}. | gə^{21} i^{33} lɑ^{33} sɑ^{21}
天 背后 是 游荡 去 不 使 素神 请 的 又 到 上 是 拉萨

to^{55} khɯ^{33} phər^{21}, bə^{33} lɯ^{21} lɑ^{33} mɑ^{21} bɯ^{21} lɯ^{33} tshu^{33} me^{33} dy^{21}, tɕi^{55} me^{33} tɕi^{55} sɿ^{33} sɿ^{33}, |
坡 脚 白 崩仂 喇嘛 经书 念 的 地方 怕 是 怕 悚 悚

mə^{33} tɕi^{55} tɕi^{55} le^{33} u^{55} hɯ^{33}. mə^{33} tɕi^{55} tɕi^{55} le^{33} khæ^{21}, tɕi^{55} me^{33} tɕi^{55} sɿ^{33} sɿ^{33} be^{33} le^{33} ly^{21}
不 怕 怕 又 做 去 不 怕 怕 又 换 怕 的 怕 悚 悚 地 又 看

hɯ^{33}, | thɑ^{21} gə^{33} mɯ^{33} khuə^{55} bi^{21} khuə^{55} le^{21} khuə^{55} le^{33} ly^{21} hɯ^{33}, ʥɿ^{33} ne^{21} uə^{33},dər^{33} ne^{21}
去 他 的 天 廓 日 样 月 样 又 瞧 去 村 和 庄 田 和

khɯ^{21} i^{33} mə^{33} tɕi^{55} le^{33} ly^{21} hɯ^{33}. | ŋʏ^{21} hæ^{21} uɑ^{33} tʂhu^{21} u^{33} ʥe^{33} nɯ^{33},
地 是 不 怕 又 瞧 去 银 金 松石 墨玉 财物 由

北方飘扬着胜神的旗帜迎请素神。天地中央用金、银、松石、墨玉、宝贝等五种东西迎请素神。不让素神游荡在天地中央，不让素神跟前的盘神、禅神、胜神、吾神、沃神和恒神到天的背后游荡，不让迎请素神的时候，见不到素神。不让素神怕又不怕、不怕又怕地到拉萨白色的山脚下，去看崩仂喇嘛念经，不让他们不怕又怕、惊悚发抖地到那个地方去瞧那里的天，瞧那里的日光和月亮，去看那里的村寨，去看那里的肥田和荒地。当人们用金、银、墨玉、松石和财物迎请他们时，

205-G-14-09

sɿ^{55} hɯ^{33} le^{33} khʏ^{21} mə^{33} dɯ^{33} | ɕi^{33} ko^{21} ʐuɑ^{33} dzæ^{33} ʐuɑ^{33} lu^{21} hɯ^{33}, ʥɿ^{21} le^{33} ʐʅ^{33} thɯ^{21}
素神 去 又 请 不 得 别人 家 马 骑 马 跑 去 坐 又 酒 喝

hɯ^{33}, | sɿ^{21} ne^{21} zo^{33} sɿ^{33} sɿ^{33}, sɿ^{55} le^{33} khʏ^{21} mə^{33} gʏ^{33}. | mi^{21} i^{33} bʏ^{33} lʏ^{55} ʐʅ^{33} zɑ^{21} mæ^{33}, le^{33}
去 父 和 儿 跟随 素神 又 请 不 成 下 是 羊 牧 路 下 尾 白族

bv̩^{33} the^{33} ɯ^{33} so^{21} tse^{55} kv̩^{21}, tɕi^{55} me^{33} tɕi^{55} so^{33} so^{33}, tɕi^{55} me^{33} mə^{33} tɕi^{55} khæ^{21}, mə^{33} tɕi^{55}
书 学 地方 怕 是 怕 悚 悚 怕 是 不 怕 换 不 怕

tɕi^{55} so^{33} so^{33}, the^{33} ɯ^{33} zi^{33} me^{33} le^{33} ly^{21} hɯ^{33}, | ɕi^{33} gə^{33} mɯ^{33} ne^{21} dy^{21} zi^{33} me^{33}, bi^{21} ne^{21}
怕 悚 悚 书 美 的 又 看 去 别人 的 天 和 地 美 是 日 和

le^{21} zi^{33} me^{33}, sɿ^{55} zi^{33} tshy^{33} mə^{33} gv̩^{33}. | ɕi^{21} dy^{21} khv̩^{55} ɯ^{33} so^{33} ɯ^{33} tʂhʅ^{33} zi^{33} me^{33}, sɿ^{55}
月 美 是 素神 美 比 不 及 别人 地 长庚星 启明星 这 美 是 素神

zi^{33} tshy^{33} mə^{33} gv̩^{33}. | ɕi^{33} gə^{33} dʑɿ^{33} phər^{21} uə^{33} phər^{21} zi^{33} me^{33}, ŋv̩^{21} phər^{21} bɑ^{21} zi^{33}
美 比 不 及 别人 的 村 白 寨 白 美 是 银 白 花 美

zi^{33} me^{33} ly^{21}, sɿ^{55} zi^{33} tshy^{33} mə^{33} gv̩^{33}, | uɑ^{21} zi^{33} tʂhu^{21} zi^{33} me^{33} sɿ^{55} zi^{33} tshy^{33} mə^{33}
美 是 看 素神 美 比 不 及 松石 美 墨玉 美 是 素神 美 比 不

gv̩^{33}. |
及

又迎请不到。不要跑到别人的地方去骑马跑马，去坐着喝酒。别让父和子相随迎请素神又迎请不到。别到牧羊的路下边，去看白族人读书写字，别心里害怕，大着胆子去看他们漂亮的书。别人的天地再美，日月再美，比不及自家的素神美，别人地方的长庚星、启明星再美，看别人家的白色村寨再美，倒不如看自己美丽的素神。别人的白银和鲜花再美，不及素神美。松石墨玉再美，也没有自己家的素神美。

205-G-14-10

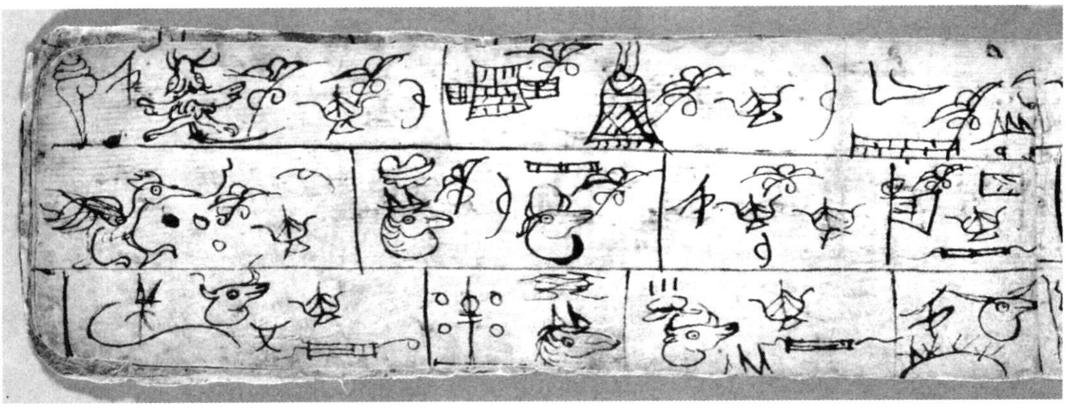

dv̩^{33} phər^{21} fv̩^{55} zi^{33} zi^{33}, lɑ^{33} ɯ^{33} lɑ^{33} pɑ^{55} zi^{33}, sɿ^{55} zi^{33} tshy^{33} mə^{33} gv̩^{33}. | khuɑ^{55} dʑi^{22} gæ^{21}
海螺 白 螺 美 虎 皮 褥子 美 素神 美 比 不 及 铠 衣 甲

dʑi^{33} bə^{33} dʑi^{33} the^{33} dʑi^{33} zi^{33}, sɿ^{55} zi^{33} tshy^{33} mə^{33} gv̩^{33}, mi^{21} thv̩^{33} bə^{33} bv̩^{21} khu^{33} lv̩^{55} zi^{33},
衣 布 衣 绸衣 美 素神 美 比 不 及 下 踏 脚 下 垫 子 美

æ^{33} tsɿ^{21} ly^{33} sɿ^{55} zi^{33}, sɿ^{55} zi^{33} tshy^{33} mə^{33} gv̩^{33}, | tɕi^{55} ty^{55} gu^{21} phər^{21} zi^{33}, lo^{33} tɕi^{33} le^{55}
鸡 儿 粮 捡 美 素神 美 比 不 及 鞍鞯 马 白 美 牛扛 搭 牛

nɑ^{21} zi^{33}, sɿ^{55} zi^{33} tshy^{33} mə^{33} gy̩^{33}. | phər^{21} zo^{33} sɿ^{55} zi^{33} lɑ^{33} u^{33} sɿ^{55} zi^{33} mə^{33} gy̩^{33}, gɑ^{33}

黑 美 素神 美 比 不 及 盘 人 素神 美 也 自己 素神美 不 及 胜

ne^{21} zi^{33} gə^{33} sɿ^{55} le^{33} khy̩^{21} hɯ^{33}. | tse^{33} lo^{33} bər^{21} me^{33} sɿ^{55} le^{33} khy̩^{21}, | dʐʅ^{33} ly^{55} ʐuɑ^{33}

和 美 的 素神 又 请 去 仄罗 牦牛 母 素神 又 请 支吕 马

ʂʅ^{21} sɿ^{55} le^{33} khy̩^{21}, | ko^{21} ky̩^{33} by̩^{33} phər^{21}. |

黄 素神 又 请 高原 上 羊 白

洁白的海螺美，虎皮褥子美，没有素神美。铠甲美、布衣、绸衣美，没有素神美。踏在脚下的垫子美，没有素神美。鸡儿啄食美，还是不及素神美。备上鞍鞯的马儿美，扛着牛扛的黄牛美，没有素神美。盘人的素神美，也不及自己的素神美。去请常胜、美丽的素神。用仄罗山箐里的母牦牛，用支吕地方的黄色马，用高原上的白羊迎请素神。

205-G-14-11

dɑ^{33} iə^{21} tshɿ^{55} phər^{21} sɿ^{55} le^{33} khy̩^{21} | tshy^{55} khɯ^{33} bu^{21} nɑ^{21} sɿ^{55} le^{33} khy̩^{21}, | phɯ^{33} by̩^{33} æ^{21}

青冈 山羊 白 素神 又 请 小米 地 猪 黑 素神 又 请 糠 堆 鸡

nɑ^{21} sɿ^{33} le^{33} khy̩^{21}. ʂæ^{21} dʑy^{21} khɯ^{33} phər^{21} sɿ^{55} le^{33} khy̩^{21}. | mɯ^{33} ne^{21} dy^{21} lɑ^{33} mə^{33} tʂu^{55}

黑 素神 又 请 禅 山 狗 白 素神 又 请 天 和 地 也 不 连接

tʂu^{55}, be^{33} phər^{21} hɯ^{21} nɑ^{21} me^{33} nɯ^{33} tʂu^{55}, be^{33} tʂu^{55} uə^{33} tʂu^{55} sɿ^{55} le^{33} khy̩^{21}. | dʑy^{21} ne^{21}

雪 白 雨 大 的 由 接 村 接 寨 接 素神 又 请 山 和

lo^{21} lɑ^{33} mə^{33} tʂu^{55} tʂu^{33}, dʑi^{21} nɑ^{55} mæ^{33} ʂər^{21} me^{33} nɯ^{33} tʂu^{55}, tʂu^{55} tʂu^{55} sɿ^{55} le^{33} khy̩^{21}. |

箐 也 不 连接 水 大 尾 长 的 由 接 接 连 素 又 请

ȵi^{55} ne^{21} hu^{21} i^{33} khy̩^{55} ɯ^{33} so^{33} ɯ^{33} me^{33} nɯ^{33} tʂu^{55}. | i^{33} tʂhʅ^{33} mɯ^{21} , ho^{33} gy̩^{33} lo^{21} i^{33}

白天和 夜 是 长庚星 启明星 的 由 接 南方 北方 是

du^{21} ly̩^{33} phər^{21} nɯ^{33} tʂu^{55}, tɕi^{21} ne^{21} hər^{33} tʂu^{55} tʂu^{55} sɿ^{55} le^{33} khy̩^{21}. | py^{21} nɯ^{33} bər^{21} me^{33}

卢神 头 白 由 接 云 和 风 连接 素神 又 请 祭司 由 牦牛 母

tshe^{33} dʑi^{21} tse^{55}, | le^{33} bv̩^{33} tshe^{33} kho^{33} ɯ^{33} lɑ^{21} be^{21}, tshe^{33} kho^{33} uɑ^{21} me^{33} ly^{55}, u^{21} kho^{21}
盐 水 喂 白族 盐 坨 交易 做 盐 坨 粮 食 做 财 推

tʂʅ^{21} kho^{21} be^{33} sʅ^{33} le^{33} khv̩^{21}, | bɯ^{33} ʂʅ^{21} dʑər^{21}
粮 堆 做 素神 又 请 栗 黄 树

用青冈树林中的白山羊迎请素神，用小米地里的黑猪请素神，用糠堆旁的鸡、禅山上的狗迎请素神。天地不相连，由大雪和大雨连接天和地。村和寨连接起来迎请素神；山和箐不相连，由悠长的江水将山箐连接在一起迎请素神。白天和黑夜，由长庚星、启明星相连接。南方和北方，由白头的卢神相连，由云和风相连，接连地迎请素神。祭司们用盐水喂养牦牛，白族人做盐的交易，盐场就是他们的粮食，用盐做庄稼和粮食来迎请素神。砍伐大棵黄栗树，

205-G-14-12

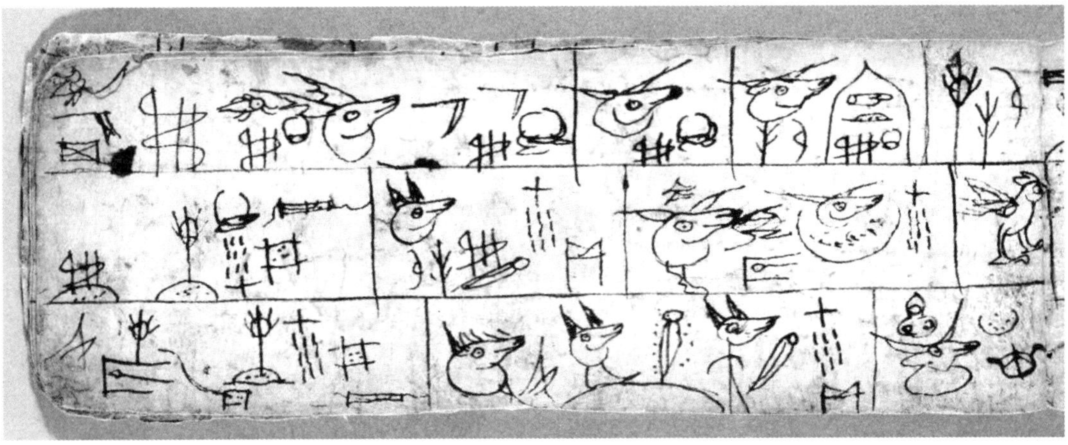

mu^{55} tshe^{55}, nɯ^{21} ne^{21} no^{55} kho^{21} be^{33}, ɕy^{33}ne^{21} lɯ^{55} kho^{21} be^{33}, tʂhuɑ^{55} ne^{21} i^{33} kho^{21} be^{33}, |
大 砍 畜 和 畜神 栏 做 兽 和 猎神 栏 做 鹿 和 野驴 拦 做

nɯ^{21} kho^{21} uɑ^{21} ʂə^{55} me^{33}, | nɯ^{21} nɯ^{33} mə^{33} sʅ^{33} gə^{33}, ʂʅ^{33} kho^{21} uɑ^{21} kho^{21} be^{33}, | tʂʅ^{21} nɯ^{33}
畜 拦 是 说 是 畜 由 不 知 的 肉 栏 粮 栏 做 庄稼 由

mə^{33} sʅ^{33} gə^{33}, uɑ^{33} khuɑ^{21} tʂhʅ^{33} le^{33} be^{33}. | tʂʅ^{21} ne^{21} uɑ^{21} kho^{21} gv̩^{33} tshər^{21}kho^{21}, dʑæ^{33} me^{33}
不 知 的 粮 栏 这 又 做 庄稼 和 粮食 栏 九 十 栏 富裕 地

sʅ^{55} le^{33} khv̩^{21}, | dʑi^{33} nɯ^{33} mə^{33} sʅ^{33} gə^{33} khuɑ^{21} dʑi^{21} tshe^{21} gv̩^{33} uə^{33}. | bv̩^{33} ʂʅ^{55} thɑ^{55} me^{33}
素神 又 请 人 由 不 知 的 栅栏 房子 十 九 村 羊 新 壮 的

tsʅ^{55}, nɯ^{33} by^{21}tshe^{21} gv̩^{33} by^{21}, | æ^{21} phər^{21} mə^{33} sʅ^{33} tʂʅ^{21} le^{33} tsʅ^{55}, u^{33} ne^{21} tʂʅ^{21} tshe^{21} gv̩^{33}
说 畜 圈 十 九 圈 公鸡 不 知 庄稼 又 藏 粮食 和 庄稼 十 九

gu^{21}, dzæ^{21} me^{33} sʅ^{55} le^{33} khv̩^{21}. | bu^{21} nɑ^{21} lu^{55} khɯ^{33} phər^{21}, dʑi^{33} ne^{21}huɑ^{21} dzv̩^{33} me^{33}, dʑi^{33}
仓 富裕 地 素神 又 请 猪 黑 四 脚 白 精人 和 华神 增长 是 人

dʑi^{21} tshe^{21} gy̩^{33} uə^{33}, | nɯ^{21} ɯ^{33} no^{55} ɯ^{33} me^{33} sɿ^{55}
房 十 九 寨 畜 好 畜神 好 的 素神

做成畜和畜神圈，做成猎神和野兽圈，做成鹿圈和野山驴圈，虽说是畜圈，但是连畜也不知道畜后的肉圈和粮食圈，用九十个贮存粮食的仓库，富裕地迎请素神。用精人也不曾知道十九所栅栏和房子，用关着肥壮的新的羊儿的十九个畜圈，用藏着连公鸡还未找到的十九座粮食的仓库，富裕地迎请素神。饲养着四蹄白肥猪，用住满了人的十九个村庄，用上好的牲畜和畜神迎请素神。

205-G-14-13

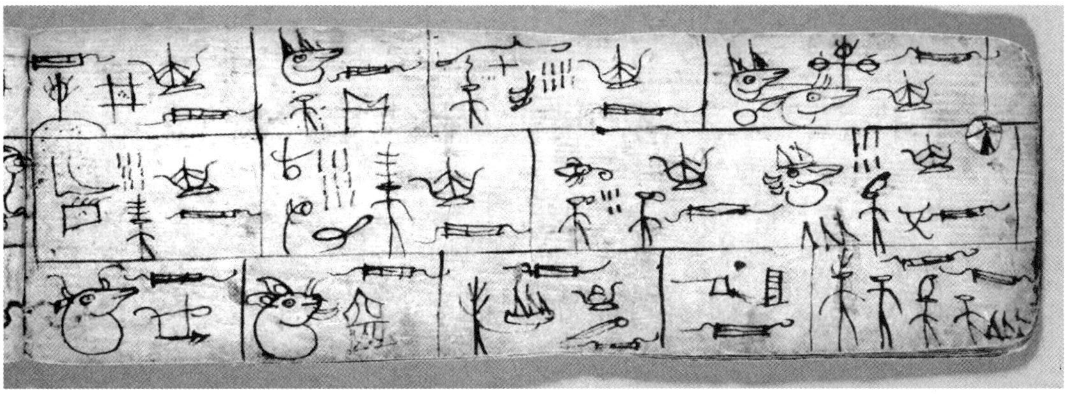

le^{33} khy̩^{21}, u^{21} ne^{21} tʂɿ^{21} gu^{21} ʂər^{55} sɿ^{55} le^{33} khy̩^{21}. | dʑi^{33} y^{21} uə^{33} ʂər^{55} sɿ^{55} le^{33} khy̩^{21}, | mɯ^{33}
又 请 粮 和 庄稼 仓 满 素 又 请 人 生 寨 满 素神 又 请 天

tɕər^{21} tshe^{21} sɿ^{55} ty^{33}, mɯ^{33} zɿ^{33} ʂər^{33} ho^{55} sɿ^{55} le^{33} khy̩^{21}. | dʑi^{33} gy̩^{33} me^{21} se^{33} sɿ^{55} le^{33} khy̩^{21},
上 十 三 层 天 美汝史禾 素神 又 请 精古梅生 素神 又 请

bə^{33} by̩^{21}gy̩^{33} sɿ^{55} zɿ^{33} sɿ^{55} le^{33} khy̩^{21}, | lɯ^{21} tʂhɿ^{55} gy̩^{33} iə^{21} zɿ^{33} sɿ^{55} le^{33} khy̩^{21}, | bæ^{33} tʂhu^{33}
崩补古束 代 素神 又 请 利耻古尤 代 素神 又 请 跑 快

uɑ^{55} be^{33} gu^{33} sɿ^{55} le^{33} khy̩^{21}, zʮɑ^{33} mi^{55} tʂhuɑ^{55} me^{33} he^{21} i^{33} sɿ^{55} le^{33} khy̩^{21}. | lɯ^{33} tɯ^{33} le^{33}
五 兄弟 素神 又 请 能干 女 六 姐妹 是 素神 又 请 犁 处 牛

ɯ^{33} sɿ^{55} le^{33} khy̩^{21}. | bæ^{33} tɯ^{33} gu^{21} tshu^{21} sɿ^{55} le^{33} ky̩^{21}. | ə^{33} gy̩^{33} khuɑ^{55} gæ^{21} khɯ^{33} nɯ^{33}
儿 素神 又 请 跑 处 马 快 素神 又 请 舅父 铠 甲 旁 由

sɿ^{55} le^{33} khy̩^{21}, | sər^{33} ne^{21} mi^{33}, hɑ^{33} ne^{21} dʑi^{21} nɯ^{33} sɿ^{55} le^{33} khy̩^{21}, | ʂu^{21} ne^{21} tʂɿ^{33} nɯ^{33}
素神 又 请 木 和 火 饭 和 水 由 素神 又 请 铁 和 土 由

sɿ^{55} le^{33} khy̩^{21}, | sɿ^{21} to^{21} zo^{33} to^{21} dɯ^{55} dɯ^{33} me^{33} sɿ^{55} le^{33} khy̩^{21}, me^{33} ɕy^{55} mi^{55} ɕy^{55}
素神 又 请 父 样 儿 样 一样 的 素神 又 请 母 站 女 站

ʂuɑ^{33} ʂuɑ^{33} sɿ^{55} le^{33} khy̩^{21}. |
整齐 素神 又 请

迎请粮食和收获的庄稼堆满仓的素神，迎请人住满村寨的素神，迎请十三层天上的美汝史禾（纳西族四大古氏族）代素神。迎请精古梅生代（纳西族四大古氏族之一）代素神，迎请崩补古束代（纳西族四大古氏族之一）代素神，迎请利耻古尤（纳西族四大古氏族之一）代素神。迎请行动迅速五兄弟的素神，迎请能干六姐妹的素神，迎请犁田处素神，迎请骑马跑马处的素神，迎请舅父铠甲旁的素神，由木和火、饭和水、铁和土迎请素神，迎请父亲和儿子在一起不分大小、母亲和女儿在一起整整齐齐的素神。

205-G-14-14

be^{33} gu^{33}dɯ^{21} tɕi^{55} pa^{33}pa^{33} sɿ^{55} le^{33} khy̩^{21}, | me^{33} he^{21} ly̩^{55} ly̩^{33} sɿ^{55} le^{33} khy̩^{21}, | u^{21} ne^{21} ʂʅ^{33},
兄弟 大 小 团结 素神 又 请 姐妹 抱团 素神 又 请 饭 和 肉

nɯ^{21} ne^{21} ua^{21}, hɯ^{21} ne^{21} dʑæ^{33} sɿ^{55} le^{33} khy̩^{21} bɯ^{33} me^{33}, sɿ^{55} le^{33} thy̩^{33} ‖ a^{33} la^{33} mə^{33} ʂər^{55}
福 和 泽 富 和 裕 素神 又 请 要 是 素神 又 到 呵 也 不 说

ȵi^{33} , dʑi^{33} dʑə^{21} la^{33} lər^{33} dy^{21}, ky̩^{55} ne^{21} sɿ^{33} dʐʅ^{21} guə^{33}, | dʐʅ^{33} ne^{21} lɯ^{21} dʐʅ^{21} guə^{33}. | py^{21}
日 人 住 辽阔 地 会者 和 智者 商量 酋长 和 耆老 商量 祭司

ne^{21} pha^{21} dʐʅ^{21} guə^{33}, | du^{21} ne^{21} se^{21} dʐʅ^{21} guə^{33}, | tʂua^{21} mu^{33} tʂhua^{21} tʂhʅ^{33} ua^{21}, ly̩^{21} na^{21}
和 卜师 商量 卢神 和 沈神 商量 男 的 男 所 有 石 黑

i^{33} ly̩^{33} pu^{55}, tʂʅ^{55} na^{21} i^{33} tʂhər^{55} pu^{55}. | dy̩^{33} phər^{21} i^{33} kho^{33} pu^{55}, | ŋy̩^{33} hæ^{21} ua^{21} tʂhu^{21} i^{33}
几 个 带 土 黑 几 把 带 海螺 白 几 个 带 银 金 松石 墨玉 几

sa^{55} pu^{55}. | dʑy^{21} na^{55} zo^{55} lo^{33} lu^{55} pha^{33} tshɿ^{55}. | dɯ^{33} pha^{33} ua^{21} ne^{21} tʂhu^{21} nɯ^{33} be^{33},
粒 带 居那若罗 四 边 建 一 边 松石 和 墨玉 由 做

dɯ^{33} pha^{33} ŋy̩^{21} ne^{21} hæ^{21} nɯ^{33} be^{33}, | tshɿ^{55} me^{33} tɕhi^{33} mə^{33} dʑy^{21} mə^{33} du^{33}, ta^{33} pɯ^{21}
一 边 银 和 金 由 做 建 是 守 不 有 不 兴 马 驮

gy̩^{55} tso^{33} tɕhi^{33}, ta^{33} pɯ^{21} gy̩^{55} dʑo^{33} nɯ^{33}, ta^{21} ly̩^{33} gy̩^{55} ly̩^{33} tɕhi^{33},ta^{21} ly̩^{33} gy̩^{55} ly̩^{33}nɯ^{33}, la^{33}
九 驮 守 马 驮 九 驮 由 马 石 九 个 守 马 石 九 个 由 虎

ɕy^{21} uɑ^{55} me^{33} tɕhi^{33} | lɑ^{21} ɕy^{21} uɑ^{55} me^{33} nɯ^{33}, dy̩^{33} phər^{21} si^{33} gɯ^{33} tɕhi^{33}, dy̩^{33} phər^{21} si^{33}
红 五 只 守 虎 红 五 只 由 螺白 狮子 守 海螺 白 狮子

gɯ^{33} nɯ^{33} hæ^{33} ʂʅ^{21} tsho^{21} zi^{33} tɕhi^{33}. |
由 金 黄 大 象 守

大小兄弟团结，迎请素神，姐妹抱团迎请素神，用饭和肉、福和泽、富和裕迎请素神，希望所请的素神能请到。

远古的时候，辽阔大地上的会者和智者商量，酋长和耆老商量，祭司和卜师商量，卢神和沈神商量。所有的成年男子带着几颗石头，带着几把黑土，带着几个海螺，带着几粒墨玉、松石、金子、银子，去建造居那若罗神山。神山的一面由松石和墨玉建造，神山的一面由金子和银子建造。建造了居那若罗神山，不能没有守护神山的人。居那若罗由九匹驮马来守护，九匹驮马由驮来的石头守护，石头由五只红虎来守护，五只红虎由海螺般洁白的狮子来守护，狮子由金黄色大象来守护，

205-G-14-15

hæ^{33} ʂʅ^{21} tsho^{21} ze^{33} nɯ^{33} dʑə^{33} kɑ^{21} nɑ^{33} py̩^{21} tɕhi^{33}. dʑə^{33} kɑ^{21} nɑ^{33} by̩^{21} nɯ^{33} dʑy^{21} nɑ^{55} zo^{55}
金 黄 大象 由 久嘎拿布 守 久嘎拿布 由 居那若罗

lo^{33} tɕhi^{33}. | dʑy^{21} nɑ^{55} zo^{55} lo^{33} dɯ^{33} phɑ^{33} ŋy̩^{21} ne^{21} hæ^{21} nɯ^{33} tɕhi^{33}, dɯ^{33} phɑ^{33} tshu^{21} ne^{21}
守 居那若罗 一 边 银 和 金 由 守 一 边 墨玉 和

uɑ^{21} nɯ^{33} tɕhi^{33}. | tɕhi^{33} dʑy^{21} ty̩^{55} mə^{33} dʑy^{21} mə^{33} du^{33}, mɯ^{33} gə^{33} dzə̩r^{33} phər^{21} sʅ^{55} thiə^{33}
松石 由 守 守 有 顶 没 有 不 兴 天 的 露 白 三 滴

nɯ^{33}, dʐʅ^{55} dʐʅ^{21} sʅ^{33} kho^{21} ty̩^{55}, | dʐʅ^{55} dʐʅ^{21} sʅ^{33} kho^{21}nɯ^{33}, tʂʅ^{55} nɑ^{21} sʅ^{55} tʂhər^{33} ty̩^{55}, tʂʅ^{55} nɑ^{21}
由 冰棱 三 根 顶 冰棱 三 根 由 土 黑 三 把 顶 土 黑

sʅ^{55} tʂhər^{33} nɯ^{33}, dʑi^{21} i^{33} sʅ^{33} ho^{21} ty̩^{55}. dʑi^{21} i^{33} sʅ^{33} ho^{21} nɯ^{33}, zy̩^{55} hər^{21} sʅ^{33} pe^{21} ty̩^{55}. | zy̩^{55}
三 把 由 水 流 三 条 顶 水 流 三 条 由 草 绿 三 根 顶 草

hər^{21} sʅ^{33} pe^{21} nɯ^{33} , kɑ^{55} tse^{33} sʅ^{33} dʑər^{21} ty̩^{55}, kɑ^{55} tse^{33} sʅ^{33} dʑər^{21} nɯ^{33}, bɯ^{21} ɕy^{21} sʅ^{33} dʑər^{21}
绿 三 根 由 告真 三 棵 顶 告真 三 棵 由 栗 红 三 棵

nɯ³³ lɯ³³ nɑ²¹ sɿ³³ dzər²¹ tʏ⁵⁵, | lɯ³³ nɑ²¹ sɿ³³ dzər²¹ nɯ³³, ɕy⁵⁵ hər²¹ sɿ³³ dzər²¹ tʏ⁵⁵. |
以 杉 黑 三 棵 顶 杉 黑 三 棵 由 柏 绿 三 棵 顶

ɕy⁵⁵ hər²¹ sɿ³³ dzər²¹ nɯ³³, æ²¹ phər²¹ sɿ³³ dʑy²¹ tʏ⁵⁵ , æ²¹ phər²¹ sɿ³³ dʑy²¹ nɯ³³ æ²¹ nɑ²¹ sɿ³³
柏 绿 三 棵 由 崖 白 三 崖 顶 崖 白 三 山 由 崖 黑 三

æ²¹ tʏ⁵⁵, æ²¹ nɑ²¹ sɿ³³ æ²¹ nɯ³³, dʑy²¹ nɑ⁵⁵ zo⁵⁵ lo³³ tʏ⁵⁵. dʑy²¹ nɑ⁵⁵ zo⁵⁵ lo³³ kʏ³³ nɯ³³
崖 顶 崖 黑 三 崖 由 居那若罗 顶 居那若罗 头 由

mɯ³³ tʏ⁵⁵, mɯ³³ dɯ²¹ mə³³ ly⁵⁵ ly³³. khɯ³³ nɯ³³ lɯ³³ zər²¹ lɯ³³ dɯ²¹ mə³³ tsɿ⁵⁵ to³³, dʑy²¹
天 顶 天 大 不 动摇 脚 由 地 压 大 不 震荡

nɑ⁵⁵ zo⁵⁵ lo³³ kʏ³³, bi²¹ ne²¹ le²¹ tʂhʏ³³ i³³ , kɯ²¹ ne²¹ zɑ²¹ tʂhʏ³³ i³³, | dʑy²¹ nɑ⁵⁵ zo⁵⁵ lo³³
居那若罗 上 日 和 月 硝 有 星 和 宿 硝 有 居那若罗

dɑ²¹ phu⁵⁵ tʂhʏ³³ dʑi²¹ phər²¹ me³³ sɿ⁵⁵ kho³³ i³³, tʂhuɑ⁵⁵ tʂhʏ³³ i³³ tʂhʏ³³ i³³, | gʏ²¹ tʂhʏ³³
阴 坡 硝 水 白 的 三 泉 有 鹿 硝 野驴 硝 有 熊 硝

bu²¹ tʂhʏ³³ i³³. | tɕhi²¹ tʂhʏ³³ le³³ tʂhʏ³³ i³³.
猪 硝 有 麂子 硝 獐子 硝 有

金黄色大象由久嘎拿布守护，久嘎拿布守护着居那若罗神山。居那若罗一边由金子和银子守，一边由松石和墨玉守。有了守的，没有顶的还不行。天上的三滴露水，顶起三柱冰棱，三柱冰棱顶起三把黑土。三把黑土顶起三丛青草。三丛青草顶起三棵告真树，三棵告真树，顶起三棵红栗树，三棵红栗树顶起了三棵白色松树，三棵白色松树，顶起三棵黑杉树，三棵黑杉树顶起三棵绿柏树，三棵绿柏树顶起三座白色山崖，三棵白色山崖顶起三座黑色山崖，三座黑色山崖顶起居那若罗神山。居那若罗神山顶住天，天大不动摇。居那若罗神山用脚压在大地上，大地不震荡。居那若罗神山上有日月星辰的硝水，居那若罗阴坡上有三个硝水泉，有鹿和野驴喝的硝水，有野猪和熊喝的硝水，有麂子和獐子喝的硝水，

205-G-14-16

fy̩^{33} tʂhy̩^{33} hɯ^{21} tʂhy̩^{33} i^{33}. | mɯ^{33} zɿ^{33} khə^{55} dʑɿ^{21} ɯ^{33}, | khə^{55} dʑɿ^{21} le^{33} dʑɿ^{21} le^{33} khɯ^{55} ɯ^{33},
野鸡 硝 箐鸡 硝水 有 天 人 扣 算 善 扣 算 又 算 又 放 善

le^{33} khɯ^{55} dʑu^{21} dɑ^{33} ɯ^{33}. | dʑi^{33} ɯ^{33} ky̩^{33} phər^{21}, ŋy̩^{21} phər^{21} ɕy^{33} khɯ^{21} tʂu^{55}, tɕy^{21} khə^{55}
又 放 扣 着 善 人 好 头 白 银 白 兽 线 接 兽 扣

khɯ^{55}, | tshe^{55} hɯ^{21} tshe^{55} dʑɿ^{33} mi^{55}, hæ^{21} tshe^{55} tɕy^{33} khə^{55} khɯ^{55}, | tɕy^{33} tɕy^{21} khy̩^{55} lo^{21}
放 衬恒衬孜 女 金 线 诱 扣 放 兽 诱 夜 里

tɕy^{21}, khy̩^{55} tɕy^{21} mə^{33} bɑ^{33} so^{21} gy̩^{33} tho^{55}, ȵi^{55} lɑ^{33} bɑ^{33} mə^{33} do^{21}. | bi^{21} thy̩^{33} bi^{21} gy̩^{21}
诱 夜 里 不 扣 早 晨 到 白天 也 扣 不 见 日 出 日 落

hɯ^{33}, tɕy^{21} khə^{55} bɑ^{33} mə^{33} do^{21}. | ȵi^{33} mi^{55} so^{33} tho^{21} ȵi^{33} le^{21} tɕy^{21} kə^{55} khɯ^{55}, | so^{33} tho^{21}
去 绳扣 不 见 两 女 梭托 涅勒 绳扣 放 梭托

kɯ^{21} tʂhər^{55} dʑɿ^{21} le^{33} dʑɿ^{21}, | ȵi^{33} le^{21} zə̩^{21} tʂhər^{55} tsɿ^{21} le^{33} dʑɿ^{21}, | dʑo^{21} khɯ^{33} ny̩^{55} nɯ^{33}
星 辈 算 又 坐 涅勒 草 辈 算 又 坐 桥 旁 边 由

dʑɿ^{21}, dʑi^{33} ɕi^{33} ly^{21} le^{33} dʑɿ^{21}, mɯ^{33} gə^{33} uɑ^{33} hər^{21} le^{33} dʑi^{21} ky̩^{33} nɯ^{33} dʑɿ^{21}, |
坐 走 人 瞧 又 坐 天 的 松石 绿 梯子 上 由 坐

有野鸡和野鸭喝的硝水。天上的人善于推算下兽扣的日子，也善于放绳扣，放下兽扣都能扣上禽兽。白头的人放下银绳做的兽扣，衬恒衬孜女人，放下黄金做的兽扣。夜里放下的兽扣，夜间扣不着东西，一直到早晨，到白天都未见扣上什么东西，从日出等到日落也不见扣上什么。梭托和涅勒两个女人放绳扣，梭托在天上算着星星的辈份，涅勒在地上算着草的辈份，坐在桥旁边，看着行人，坐在天上绿松石的天梯上。

205-G-14-17

phy̩^{33} lɑ^{21} uɑ^{21} mi^{55} tɕi^{33}, hæ^{21} zɿ^{33} ky̩^{33} nɯ^{33} dʑɿ^{21}, | du^{21} se^{21} hæ^{21} mi^{55} tɕi^{33}, dʑy^{21} nɑ^{55} zo^{55}
神 松石 女 好 金 草 上 由 坐 卢 沈 金 女 好 居那若罗

lo^{33} ky̩^{33} nɯ^{33} dʑɿ^{21}. | mɯ^{33} lɯ^{55} du^{21} ə^{33} phy̩^{33} mɯ^{33} ky̩^{33} kɯ^{21} lər^{55} phy̩^{55}, dy^{21} ɳə^{21}
上 来 住 美利 卢阿普 天 上 星 种 撒 地 上

zə̩^{21} lər^{55} phy̩^{55}, mɯ^{33} ky̩^{33} kɯ^{21} ʂər^{55} hə^{21}, dy^{21} n̩ə^{21} zə̩^{21} ʂər^{55} hə^{21}. | dʑy^{21} ky̩^{33} sər^{33}
草 种 撒 天 上 星 满 去 地 上 草 满 去 山 上 树

lər^{55} phy̩^{55}, sər^{33} dʐʅ^{21} dʑy^{21} ʂər^{55} hə^{21}, lo^{21} n̩ə^{21} dʑi^{21} lər^{55} phy̩^{55}, dʑi^{21} i^{33} lo^{21} ʂər^{55} hə^{21}. dʑi^{33}
种 撒 树 长 山 满 去 箐 里 水 种 撒 水 流 箐 满 去 人

lər^{55} uə^{33} n̩ə^{21} phy̩^{55}, dʑi^{33} dʐʅ^{21} uə^{33} ʂər^{55} hə^{21}. | sʅ^{55} ha^{33} sʅ^{33} so^{21} gy̩^{33}, ə^{33} so^{33} lər^{55} phy̩^{55}
种 寨 里 撒 人 住 寨 满 去 三 天 三 早 到 最初 种 撒

khɯ^{55} me^{33} le^{33} ly^{21} hɯ^{33}, kɯ^{21} dʐʅ^{21} mɯ^{33} ʂər^{55}, zə̩^{21} y^{21} dy^{21} ʂər^{55}, uæ^{33} nɯ^{33} bi^{33} thy̩^{21}
去 的 又 看 去 星 长 天 满 草 生 地 满 左 由 日 出

ly̩^{21}, i^{21} nɯ^{33} le^{21} tshe^{55} bu^{33}, sər^{33} dʐʅ^{21} dʑy^{21} ʂər^{55}, dʑi^{21} i^{33} lo^{21} ʂər^{55}, dʑi^{33} dʐʅ^{21} uə^{33} ʂər^{55} tɕi^{33}
暖 右 由 日 光 明 树 长 山 满 水 流 箐 满 人 多 寨 满 做

le^{33} hɯ^{21}. | mɯ^{33} lɯ^{55} du^{21} ə^{33} phy̩^{33}, ky̩^{33} i^{33} ŋy̩^{21} phər^{21} tho^{33} lo^{33} thæ^{33}, hæ^{33} ʂʅ^{21} mɯ^{55}
又 去 美利 卢阿普 头 是 银 白 斗 笠 戴 金 黄 拐杖

thy̩^{33} ty̩^{55}, | uæ^{33} i^{33} hæ^{33} sər^{33} le^{33} dʑi^{21} tso^{55}, i^{21} i^{33} ŋy̩^{21} sər^{33} le^{33} dʑi^{21} tso^{55}, | mɯ^{33}lɯ^{55} du^{21}
拄 左 是 金 木 梯子 架 右 是 银 木 梯子 架 美利卢阿普

ə^{33} phy̩^{33}, dʑy^{21} na^{55} zo^{55} lo^{33} ky̩^{33} nɯ^{33} za^{21} le^{33} tshʅ^{21}.
居那若罗 上 由 下 又 来

神的松石般的好女子，就坐在金色的草地上，卢神、沈神金子般的好女子就往在居那若罗神山上。美利卢阿普在天上撒星星的种子，地上撒青草的种子，天上长满了星宿，地上长满了青草。山上撒下树种，山上长满了树木，山箐里撒下水种，山箐里流满了水。寨子里撒精人的种子，寨子里住满了人。过了三天三早，又去看最初撒下的种子，天上长满了星星，地上到处长着青草，左边出来的太阳暖融融，右边出来的月亮晶莹闪亮，山上长满了大树，山箐中河水在流淌，人住满了村寨。

美利卢阿普头上戴着白银斗笠，拄着金黄色拐杖，在居那若罗神山上，左边架起金黄色木梯，右边架起银白色梯子。美利卢阿普从居那若罗神山上走下来，

205-G-14-18

ʥy^{21} nɑ^{55} zo^{55} lo^{33} thɯ^{55} ȵə^{21} thv̩^{33}, ʥy^{21} nɑ^{55} zo^{55} lo^{33} thɯ^{55} nɯ^{33} zɑ^{21} le^{33} tshʅ^{21}, ʥy^{21} nɑ^{55}
居那若罗 山腰 上 到 居那若罗山 腰 由 下 又 来 居那若罗

zo^{55}lo^{33} khɯ^{33} le^{33} thv̩^{33}. sʅ^{55}so^{21} sʅ^{55} ȵi^{33} mɯ^{33} lɯ^{55}du^{21} ə^{33} phv̩^{33} khv̩^{55} zʅ^{33} ly^{21}, khv̩^{55} ne^{21}
山 脚 又 到 三 早 三 天 美利 卢阿普 岁 寿 看 岁 和

zʅ^{33} by^{33} so^{21}. | khv̩^{55} ne^{21} zʅ^{33} le^{33} by^{33} mə^{33} kv̩^{55}, hɑ^{55} ne^{21} so^{21} i^{33} zʅ^{33} le^{33} by^{33}. | be^{33} le^{33}
寿 分 学 岁 和 寿 又 分 不 会 夜 和 早晨 是 寿 又 分 人类

be^{55} tshʅ^{21} zʅ^{33}, lv̩^{33} pɑ^{33} ku^{33} gɯ^{33} be^{33}, tɕhi^{33} tshæ^{33} khu^{33} lv̩^{33} be^{33} le^{33} i^{55}. | khv̩^{55} tɕy^{21} le^{33}
石头 枕头 做 刺 棵 垫 褥 做 又 睡 夜 间 又

thv̩^{33} ȵə^{21}, lv̩^{33} nɑ^{21} tho^{55} le^{33} ʥə^{21}, tɕhi^{33} tshæ^{33} gv̩^{21} le^{33} ʥə^{21}, tʂhʅ^{33} y^{21} mæ^{55} le^{33} phi^{55}. |
到 时 石 黑 硌 又 有 刺 捏 刺 又 有 这 拿 后 又 抛

mɑ^{21} lv̩^{55} ku^{33} gɯ^{33} be^{33}, phe^{21} ʥi^{33} khu^{33} lv̩^{33} be^{33}. | hu^{21} kho^{33} hu^{21} mə^{33} kho^{33}, mɯ^{33} lɯ^{55}
油 饼 枕头 做 土布 垫 褥 做 夜 半 夜 不 半 美利卢

du^{21} ə^{33} phv̩^{33}, khv̩^{55} zʅ^{33} le^{33} by^{33} ne^{21}, æ^{21} phər^{21} ʥər^{33} ʥi^{21} thɯ^{21},tɕy^{21} mə^{33} ȵi^{21}. | be^{22}
阿普 岁 寿 又 分 在 公鸡 露水 喝 啼 不 成 人类

le^{33} be^{55} tshʅ^{21} zʅ^{33}, i^{55} ŋv̩^{21} gə^{21} mə^{33} no^{33}. lv̩^{33} nɑ^{21} mə^{33} i^{55} ŋv̩^{21}, lv̩^{33} tsho^{33} ʥi^{21} lo^{21} dɯ^{33},
睡觉 上 不 醒 石 黑 不 睡着 石 跳 水 中 沉

lv̩^{33} nɯ^{33} ʥi^{21} i^{55} sʅ^{33}, ʥi^{21} nɯ^{33} ɑ^{33} ʂə^{55} tshu^{21}, ʥi^{33} sɑ^{55} ʥi^{21} nɯ^{33} be^{33}, | kɯ^{21} khv̩^{55}
石 由 水 睡 唤 水 由 呵 说 早 净水 水 由 做 万 岁

ʥi^{21} nɯ^{33} dɯ^{33}, mu^{55} mə^{33} kv̩^{55} me^{33} ʥi^{21}, sʅ^{55} zʅ^{33} ʂər^{21} me^{33} thɯ^{33} nɯ^{33} khv̩^{21}. | ɑ^{21}
水 由 得 老 不 会 的 水 素神 寿 长 的 他 由 请 亿

khv̩^{55} tʂhʅ^{33} le^{33} lər^{21}, lv̩^{33} nɯ^{33} ɑ^{33} ʂə^{55} tshu^{21},ɑ^{33} khv̩^{55} lv̩^{33} nɯ^{33} dɯ^{33}, lv̩^{33} ʥy^{33} tsər^{33} lər^{21}
岁 那 又 喊 石 由 呵 说 早 亿 岁 石 由 得 石 有 孜朗

kho^{21},
处

到了居那若罗的山腰上，从山腰上下来，走到居那若罗山脚下。过了三天三早，美利卢阿普试着分寿岁。不会分寿岁，只在夜间和早晨分。人类怕醒不了，用石头当枕头，刺枝当垫褥，到了夜间，石头垫得头疼痛，刺枝刺身体，把石头和刺棵抛出去。油饼做枕头，土布做垫褥。到了半夜，美利卢阿普开始分寿岁，公鸡喝了露水不啼鸣，人类睡得太沉醒不了。石头睡不着，石头跳进水中，石头唤醒了水，水答应了卢神，水得到了万年寿命。由不会老的水做净水，用水迎请长寿的素神。美利卢阿普喊亿岁，石头答应了卢神，石头得到了亿万年的寿命，在存石头的孜朗处，

205-G-14-19

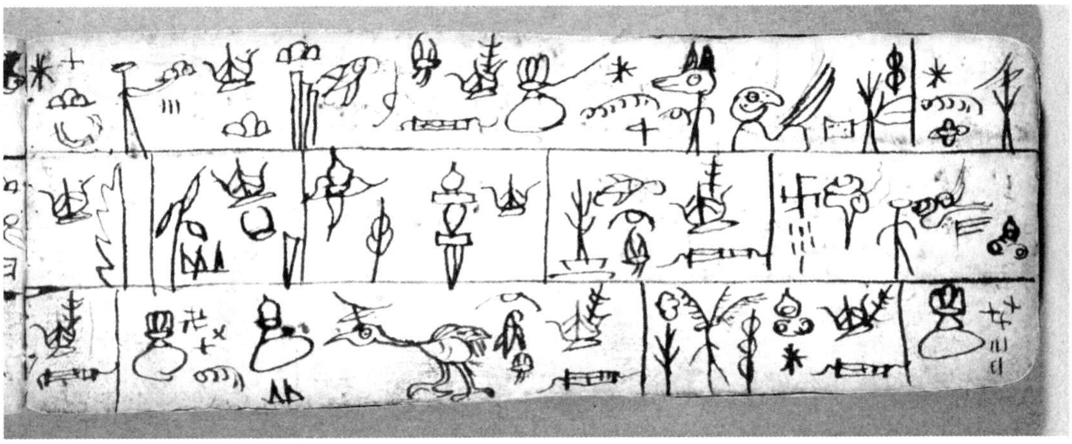

ty̩^{21} ly̩^{33} ɕi^{33} ly̩^{33} ʥy^{33}, ly̩^{33} ɯ^{33} sɿ^{21} ly̩^{33} ɯ^{33}, sɿ^{21} ly̩^{33} pu^{55}, sɿ^{55} ly̩^{33} tʂhʅ^{33} le^{33} be^{33}. ly̩^{33} ʥʅ^{21}
千 石 百 石 有 石 好 三 颗 好 三 石 带 素神 石 这 又 做 石 有

mu^{55} mə^{33} ky̩^{55}, sɿ^{55} zʅ^{33} ʂər^{21} le^{33} khy̩^{21}. mɯ^{33} lɯ^{55} du^{21} ə^{33} phy̩^{33}, ty̩^{21} khy̩^{55} ty̩^{21} khy̩^{55}
老 不 会 素神 寿 长 又 请 美利 卢阿普 千 岁 千 岁

tsɿ^{55}, ty̩^{21} khy̩^{55} be^{33} le^{33} lər^{21}, ʥi^{33} dɯ^{21} ʥi^{33} i^{55} ŋy̩^{21},ty̩^{21} tsɿ^{55} ʥi^{33} mə^{33} ʂə^{55}. ȵi^{33} ze^{55} hər^{33}
说 千 岁 做 喊 人 大 人 睡 着 千 地 人 不 说 尼壬 风

gy̩^{33} bu^{21}, hər^{33} phər^{21} mə^{33} i^{55} ŋy̩^{21}, hər^{33} nɯ^{33} ʥər^{21} i^{55} sɿ^{33}, ʥər^{21} nɯ^{33} ty̩^{21} ʂə^{55} tʂhu^{21}, |
过 坡 风 白 不 睡觉 风 由 树 唤 醒 树 由 千 说 早

ty̩^{21} khy̩^{55} ʥər^{21} nɯ^{33} dɯ^{33}. tho^{33} phər^{21} sɿ^{55} le^{33} ʥi^{21} le^{33} be^{33}, | bɯ^{21} ɕy^{21} sɿ^{55} kho^{21} tho^{55}, |
千 岁 树 由 得 松 白 素神 梯子 又 做 栗 红 素神 桩 插

ɕy^{55} hər^{21} sɿ^{55} thɑ^{55} be^{33}, | mu^{55} mə^{33} ky̩^{55} me^{33} ʥər^{21}, sɿ^{55} zʅ^{33} ʂər^{21} le^{33} khy̩^{21}. | ʂər^{33} ɕi^{33}
柏 绿 素神 塔 做 老 不 会 的 树 素神 寿 长 又 请 七 百

khy̩^{55} me^{33} dy̩^{33} phər^{21} fy̩^{55} ze^{33} me^{33} nɯ^{33} dɯ^{33},dy̩^{33} phər^{21} mu^{21} kho^{33}, kho^{33} ɯ^{33} sɑ^{55} ɯ^{33}
岁 是 海螺 白 螺 的 由 得 海螺 白 螺号 声 好 气 好

nɯ^{33}, sɿ^{55} zʅ^{33} ʂər^{21} le^{33} khy̩^{21}. | mɯ^{33} lɯ^{55} du^{21} ə^{33} phy̩^{33}, ȵi^{33} ɕi^{33} khy̩^{55} me^{33} du^{21} gə^{33} lɑ^{21}
由 素神 寿 长 又 请 美利卢阿普 二 百 岁 是 卢神 的 手

nɯ^{33}, ko^{33} phər^{21} tɕər^{21} ȵə^{21} iə^{55}, mu^{55} mə^{33} ky̩^{55} me^{33} ko^{33} phər^{21} nɯ^{33} zʅ^{33} ʂər^{21} sɿ^{55} le^{33}
由 鹤 白 上 边 给 老 不 会 的 白鹤 由 寿 长 素神 又

khy̩^{21}. | ko^{33} sɿ^{33} sər^{33} le^{33} tɕə^{55}, ko^{33} mæ^{33} ky̩^{33} le^{33} tʂhu^{55}, ɯ^{33} me^{33} ty̩^{21} sy^{21} sɿ^{55} le^{33}
请 鹤 毛 木 又 粘 鹤 尾 头 又 插 好 的 千 样 素神 又

khy̩^{21}. | mɯ^{33} lɯ^{55} du^{21} ə^{33} phy̩^{33} sɿ^{21} ɕi^{33} tʂhuɑ^{55} tshər^{21} khy̩^{55},
请 美利 卢阿普 三 百 六 十 岁

有成百上千的石头，带上三棵好石头，做成素神石，用不会衰老的石头迎请长寿的素神。美利卢阿普喊着千岁，人睡着醒不了，在过风的尼壬山坡上，白风不曾睡觉，风唤醒了大树，大树答应了卢神的喊声，千年的寿岁由大树得到。用白色的松树做素神的梯子，用红栗树做素神桩，用绿柏树做素神塔，不会衰老的树木请长寿的素神。美利卢阿普将七百岁赐给海螺，用海螺做螺号，由螺号吹出来的好声好气，迎请长寿的素神。美利卢阿普亲手将两百岁赐给白鹤，让不会衰老的白鹤迎请长寿的素神，将鹤毛粘在树枝上，鹤尾插在头上，用上千种好东西迎请素神。美利卢阿普将三百六十岁，

205-G-14-20

tshy^{55} hɯ^{55} bæ^{33} ɕy^{21} iə^{55}, bæ^{33} ɕy^{21} dy̩^{33} ne^{21} pɑ^{55} nɯ^{33} mi^{55} gə^{33} ky̩^{33} pɑ^{55} tʂhu^{55}, ɯ^{33} me^{33}
趣 海 野鸭 给 野 鸭 翅 和 尾 由 女 的 头 上 插 好 的

ɕi^{33} sy^{21} nɯ^{33} sɿ^{55} zɿ^{33} ʂər^{21} le^{33} khy̩^{21}. | mɯ^{33} lɯ^{55} du^{21} ə^{33} phy̩^{33} nɯ^{33} dɯ^{33} ɕi^{33} gy̩^{33} tshər^{21}
百 样 由 素神 寿 长 又 请 美利卢阿普 由 一 百 九 十

khy̩^{55} me^{33} dy̩^{33} phər^{21} y^{21} phər^{21} iə^{55}, mu^{55} mə^{33} ky̩^{55} gə^{33} dy̩^{33} phər^{21} y^{21} phər^{21} me^{33} nɯ^{33},
岁 是 海螺 白 猴 白 给 老 不 会 的 海螺 白 猴 白 的 由

sɿ^{55} zɿ^{33} ʂər^{21} le^{33} khy̩^{21}。| mɯ^{33} lɯ^{55} du^{21} ə^{33} phy̩^{33} n̩i^{33} ɕi^{33} khy̩^{55} i^{33} uɑ^{33} hər^{21} mɯ^{33} dʐər^{33}
素 寿 长 又 请 美利卢阿普 二 百 岁 是 松石 绿 美汁

iə^{55}, dy̩^{33} phər^{21} si^{33}gɯ^{33} iə^{55}, dy̩^{33} phər^{21} ɕə^{33} tɕhy^{21} iə^{55}, mu^{55} mə^{33} ky̩^{55} me^{33} sɿ^{55} ky̩^{33} nɯ^{33}
给 海螺 白 狮子 给 海螺 白 大鹏 给 大老 不 会 的 三 个 由

sɿ^{55} zɿ^{33} ʂər^{21} le^{33} khy̩^{21}. | mɯ^{33} lɯ^{55} du^{21} ə^{33} phy̩^{33} dɯ^{33} ɕi^{33} khy̩^{55} i^{33}, zʅ^{21} ɯ^{33} tʂhuɑ^{55} phər^{21}
素神寿 长 又 请 美利卢阿普 一 百 岁 是 蛇 皮 鹿 白

iə^{55}, mu^{55} mə^{33} ky̩^{55} me^{33} tʂhuɑ^{55} phər^{21} nɯ^{33} sɿ^{55} zɿ^{33} ʂər^{21} le^{33} khy̩^{21}. | mɯ^{33} lɯ^{55} du^{21} ə^{33}
给 老 不 会 的 鹿 白 由 素神 寿 长 又 请 美利 卢阿普

phv̩³³ dɯ³³ çi³³ gv̩³³ tshər²¹ khv̩⁵⁵ bə³³ dɯ²¹ lɑ³³ çy²¹ iə⁵⁵, bə³³ dɯ²¹ lɑ³³ çy²¹ mu⁵⁵ mə³³
一 百 九 十 岁 掌 大 虎 红 给 掌 大 虎 红 老 不

kv̩⁵⁵ me³³ sɿ⁵⁵ le³³ khv̩²¹.｜gu²¹ tʂhu²¹ sɿ³³ tshər²¹ bɑ²¹,
会 的 素神 又 请 骏马 三 十 岁

送给趣海中的野鸭，由野鸭的翅膀和尾巴插在女人头上，用百种好的东西迎请素神。美利卢阿普将一百九十岁分给海螺般洁白的猴子，由不会衰老的白色猴子迎请长寿的素神。把两百岁分给天上绿松石般的美汁，分给海螺般洁白的狮子，分给海螺般洁白的大鹏鸟，由这三种不会衰老的动物迎请长寿的素神。美利卢阿普将一百岁分给长着蛇皮斑点的白鹿，由不会衰老的白鹿，迎请长寿的素神。美利卢阿普将一百九十岁分给巨掌红虎，由不会衰老的巨掌红虎，迎请长寿的素神，由三十岁的骏马，

205-G-14-21

mu⁵⁵ mə³³ kv̩⁵⁵ nɯ³³ zɿ³³ ʂər²¹ sɿ⁵⁵ khv̩²¹ , sɿ⁵⁵ le³³ thv̩³³.｜le⁵⁵ nɑ²¹ n̥i³³ tshər²¹ bɑ²¹, mu⁵⁵
老 不 会 由 寿 长 素神 请 素神 又 到 牛 黑 二 十 岁 老

mə³³ kv̩⁵⁵ me³³ zɿ³³ ʂər²¹ sɿ⁵⁵ le³³ khv̩²¹ .｜sɿ⁵⁵ zɿ³³ ʂər²¹ khv̩²¹ me³³, nɯ²¹ ne²¹ uɑ²¹ le³³ thv̩³³,
不 会 的 寿 长 素神 又 请 素神 寿 长 请 是 福 和 泽 又 到

gɑ³³ ne²¹ zi³³ khv̩²¹ me³³ , sɿ⁵⁵ le³³ thv̩³³.｜du²¹ gə³³ kv̩³³ phər²¹ dʑæ³³ ʂɿ²¹, phv̩³³ do²¹ lɯ⁵⁵
胜神 和 美丽 请 是 素神 又 到 卢神 的 头 白 牙 黄 祖 见 孙

do²¹ me³³ nɯ³³ sɿ⁵⁵ le³³ khv̩²¹.｜n̥i³³ me³³ thv̩³³, dv̩³³ phər²¹ uə³³ ko³³ lo²¹, gə²¹ tshe⁵⁵ tshe⁵⁵
见 的 由 素神 又 请 东方 海螺 白 寨 里边 格衬称补

bv̩³³ nɯ³³, dv̩³³ phər²¹ gu²¹ khu³³ phu³³,｜nɯ²¹ phər²¹ no⁵⁵ phər²¹ le³³ sɿ³³ sɿ³³,u³³ ne²¹ tʂɿ²¹
由 海螺 白 仓 门 开 畜 白 畜神 白 又 引导 粮 和 庄稼

lɑ³³ le³³ sɿ³³ sɿ³³, dʑi³³ ne²¹ huɑ²¹, phər²¹ me³³ tʂhɿ³³ uɑ²¹ me³³, thv̩³³ phe³³ dʑo²¹ phər²¹ kv̩³³
也 又 引导 精人 和 华神 白 的 所有 的 土 布 桥 白 上

nɯ^{33} sɿ^{33}, | ko^{33} dʑæ^{33} ne^{21} le^{33} sɿ^{33}, nɯ^{21}nɯ^{33} mə^{33} sɿ^{33} me^{33} no^{55} ko^{21}, tʂʅ^{21} nɯ^{33} mə^{33} sɿ^{33}
由 引 鹤 骑 地 又 引 畜 由 不 知 的 畜神 栏 庄稼 由 不 知

me^{33} uɑ^{21} kho^{21}, dʑi^{33} nɯ^{33} mə^{33} sɿ^{33} me^{33} huɑ^{21} khuɑ^{21} | nɯ^{21} by^{21} tshe^{21} gv̩^{33} by^{21}, tʂʅ^{21} ne^{21}
的 粮 栏 精人 由 不 知 的 华神 栏 畜 圈 十 九 圈 庄稼 和

uɑ^{21} gu^{21} tshe^{21} gv̩^{33} gu^{21}, | dʑi^{33} ne^{21} huɑ^{21} uə^{33} tshe^{21} gv̩^{33} uə^{33} gə^{33} ɕi^{33} nɯ^{33}
粮 仓 十 九 仓 精人 和 华神 寨 十 九 寨 的 人 由

迎请不会衰老长寿的素神，二十岁的黑牛迎请不会衰老长寿的素神。迎请长寿的素神就会有福有泽，迎请胜神和美丽，素神就会来到。由白头发、黄牙齿长寿的卢神，由祖孙满堂的卢神迎请素神。

东边，在海螺般洁白的寨子里，格衬称补祭司，开启海螺般洁白的仓门，带领着白色的牲畜和畜神，带领着粮食和庄稼，带领着精人和华神，带领着所有白的东西，从白色的土布桥上，骑着白鹤，引着连一般牲畜都不知道的畜神，带领着一般庄稼都不知道的粮食，一般精人都不知道的华神，带领着十九圈牲畜，带领着十九个粮仓的粮食，带领着十九个村寨的精人和华神，

205-G-14-22

sɿ^{55} le^{33} khv̩^{21}. | i^{33} tʂhʅ^{33} mɯ^{21} , uɑ^{33} hər^{21} uə^{33} ʂuɑ^{21} kv̩^{33}, se^{55} zʅ^{33} mi^{21} gu^{33} py^{33} bv̩^{21} nɯ^{33},
素神 又 请 南方 松石 绿 寨 高 处 胜日明恭 祭司 由

uɑ^{33} hər^{21} gu^{21} khu^{33} phu^{33}, nɯ^{21} ne^{21} uɑ^{21}, tʂʅ^{21} ne^{21} u^{21} tʂhʅ^{33} uɑ^{21} me^{33}, thv̩^{33} pv̩^{33} dʑo^{21}
松石 绿 仓 门 开 福 和 泽 庄稼 和 粮食 所有 的 土 布 桥

hər^{21} kv̩^{33}, uɑ^{33} hər^{21} tɕi^{55} pu^{33} gɑ^{33} lɑ^{21} gu^{21} nɯ^{33} sɿ^{33}, ɕi^{33} nɯ^{33} mə^{33} sɿ^{33} gə^{33} nɯ^{33} ko^{21},
绿 上 松石 绿 布谷 胜神 后 由 引 别人 由 不 知 的 畜 栏

ɕi^{33}nɯ^{33}mə^{33} sɿ^{33} gə^{33} u^{33} kho^{21}、tʂʅ^{21} kho^{21}, ɕi^{33} nɯ^{33} mə^{33} sɿ^{33} gə^{33} dʑi^{33} ne^{21}huɑ^{21} kho^{21}, |
别人 由 不 知 的 粮 栏 庄稼 栏 人 由 不 知 的 精人 和 华神 族

nɯ^{21} ɯ^{33} tshe^{21} gv̩^{33} by^{21}, u^{33} ne^{21} tʂʅ^{21} ɯ^{33} gv̩^{33} gu^{21} tshe^{33} gu^{21} nɯ^{33} sɿ^{55} le^{33} khv̩^{21}. | dʑi^{33}
畜 好 十 九 圈 粮 和 庄稼 好 九 仓 十 仓 由 素神 又 请 精人

ne^{21} huɑ^{21} uə^{33} tshe^{21} gv̩^{55} uə^{33} nɯ^{33} sɿ^{55} le^{33} khv̩^{21}. | ȵi^{55} me^{33} gv̩^{21}, nɑ^{55} se^{33} tʂhu^{33} lu^{21}
和 华神 寨 十 九 寨 由 素神 又 请 西方 纳生初卢

py^{33} bv̩^{21} nɯ^{33}, tʂhu^{21} nɑ^{55} gu^{21} khu^{33} phu^{33}, nɯ^{21} ne^{21} uɑ^{21} , u^{33} ne^{21} tʂʅ^{21},ʥi^{33} ne^{21} huɑ^{21},
祭司 由 墨玉 仓 门 开 福 和泽 粮 和 庄稼 精人 和 华神

thv̩^{33} phe^{33} ʥo^{21} nɑ^{21} kv̩^{33}, tʂhu^{21} nɑ^{55} lv̩^{33} ʥə^{33} me^{33} nɯ^{33} sɿ^{33}, ɕi^{33} nɯ^{33} mə^{33} sɿ^{33} me^{33} nɯ^{33}
土 布 桥 黑 上 墨 玉 鲁玖 的 由 引 人 由 不 知 的 畜

ne^{21} uɑ^{21} khuɑ^{21}, ɕi^{33} nɯ^{33} mə^{33} sɿ^{33} gə^{33} u^{33} ne^{21} tʂʅ^{21} kho^{21}, | ɕi^{33} nɯ^{33} mə^{33} sɿ^{33} gə^{33},
和 财 栏 人 由 不 知 的 粮 和 庄稼 栏 人 由 不 知 的

ʥi^{33} ne^{21} huɑ^{21} kho^{21},
精人 和 华神 族

迎请素神。在松石般碧绿的寨子里，胜日明恭祭司打开绿松石的仓门，让所有福泽、庄稼和粮食，从绿色的土布桥上，由绿色的布谷鸟儿引着，带着一般人不知道的一圈圈牲畜和一仓仓粮食，引着一般人不知道的精人和华神，带着十九圈牲畜，九仓十仓粮食迎请素神。西方，纳生初卢祭司打开墨玉色的仓门，让所有的福泽、庄稼和粮食，从墨玉般黝黑的土布桥上，由墨玉般黝黑的鲁玖引着，带着一般人都不知道的一圈圈牲畜，一般人都不知道的一仓仓粮食，引着一般人都不知道的精人和华神，

205-G-14-23

nɯ^{33} ɯ^{33} gv̩^{33} by^{21} tshe^{33} by^{21}, u^{33} ne^{21} tʂʅ^{21} ɯ^{33} tshe^{33} gu^{21} gv̩^{33} gu^{21} | ʥi^{33} ne^{21} huɑ^{21} tshe^{21}
畜 好 九 圈 十 圈 粮 和 庄稼 好 十 仓 九 仓 精人 和 华神 十

uə^{33} gv̩^{55} uə^{33} sɿ^{55} le^{33} khv̩^{21}. | ho^{33} gv̩^{33} lo^{21}, gv̩^{33} se^{55} khə^{33} bɑ^{33}, hæ^{33} ʂʅ^{21} uə^{33} ʂuɑ^{21} lo^{21},
寨 九 寨 素神 又 请 北方 古生抠巴 金 黄 寨 高 里

hæ^{33} ʂʅ^{21} gu^{21} le^{33} phu^{33}, nɯ^{33} ne^{21} uɑ^{21}, u^{33} ne^{21} tʂʅ^{21}, ʥi^{33} ne^{21} huɑ^{21}, hæ^{33} ʂʅ^{21} tsho^{21} ze^{33}
金 黄 仓 又 开 福 和 泽 粮 和 庄稼 精人 和 华神 金 黄 大 家

me^{33} nɯ^{33} sɿ^{33}, thy̩^{33} phe^{33} dʑo^{21} ʂʅ^{21} ky̩^{33}, ɕi^{33} nɯ^{33} mə^{33} sɿ^{33} nɯ^{21} kho^{21}, ɕi^{33} nɯ^{33} mə^{33} sɿ^{33}
的 由 引 土布 桥 黄 上 人 由 不 知 畜 栏 人 由 不 知

u^{21} ne^{21} tʂʅ^{21} kho^{21}, dʑi^{33} ne^{21} huɑ^{21} kho^{21},nɯ^{21} by^{21} tshe^{21} by^{21} gy̩^{33} by^{21}, u^{33} ne^{21} tʂʅ^{21} gu^{21}
粮 和 庄稼 栏 精人 和 华神 族 畜 圈 十 圈 九 圈 粮 和 庄稼 仓

gy̩^{33} gu^{21} tshe^{21} gu^{21}, dʑi^{33} ne^{21} huɑ^{21} ɕy^{55} tshe^{21} uə^{33} gy̩^{33} uə^{33}, | sɿ^{55} le^{33} khy̩^{21}. mɯ^{33} le^{33}
九 仓 十 仓 精人 和 华神 站 十 寨 九 寨 素神 又 请 天 和

dy^{21} ly^{55} gy̩^{33}, tʂhu^{33} dʑæ^{21} uə^{33} ʂuɑ^{21} lo^{21}, so^{33} y^{21} tshɿ^{55} gy̩^{33} py^{33} by̩^{21} nɯ^{33}, tʂhu^{33} dʑæ^{21} gu^{21}
地 中央 墨玉 花 寨 高 里 梭余晋古 祭司 由 墨玉 花 仓

khu^{33} phu^{33}, nɯ^{21} ne^{21} uɑ^{21}, u^{33} ne^{21} tʂʅ^{21}, dʑi^{33} ne^{21} huɑ^{21} tʂhu^{33} dʑæ^{21} dʑo^{21} ko^{33} to^{55}, ɕə^{33}
门 开 福 和 泽 粮 和 庄稼 精人 和 华神 墨玉 花 桥 上 边

tɕhy^{21} me^{33} nɯ^{33} sɿ^{33}, ɕi^{33} nɯ^{33} mə^{33} sɿ^{33} gə^{33} ne^{21} ɕi^{21} kho^{21}, ɕi^{33} nɯ^{33} mə^{33} sɿ^{33} gə^{33} u^{33} ne^{21}
大鹏 的 由 引 人 由 不 知 的 畜 养 栏 人 由 不 知 的 粮食 和

tʂʅ^{21} kho^{21}, |
庄稼 栏

用九圈十圈的好牲畜，九仓十仓的好庄稼好粮食，九寨十寨的精人和华神迎请素神。北方，古生抠巴祭司在金黄色的寨子里，打开金黄色的仓门，所有的福泽、庄稼和粮食，由金黄色的大象引着，从金黄色的土布桥上引来，带着人所不知的牲畜、庄稼、粮食，带领着不知名的精人和华神，带着九圈十圈的牲畜、九仓十仓的粮食，迎请素神。天地中央，杂色玉般的高处寨子里，梭余晋古祭司打开花墨玉色的仓门，所有的福泽、庄稼、粮食由大鹏鸟引着，从花墨玉色的大桥上，带着人所不知的一圈圈牲畜、一仓仓庄稼和粮食，

205-G-14-24

ɕi^{33} nɯ^{33} mə^{33} sɿ^{33} gə^{33} dʑi^{33} ne^{21} huɑ^{21} kho^{21}, nɯ^{21} by^{21} tshe^{33} by^{21} gy̩^{33} by^{21}, tʂʅ^{21} ne^{21}uɑ^{21}
人 由 不 知 的 精人 和 华神 族 畜 圈 十 圈 九 圈 庄稼 和 粮

tshe33 gu21 gy̩33 gu21, ʥi33 ne21 hua21 gy̩55 uə33 tshe21 uə33 sɿ55 le33 khy̩21. | dɯ33 ȵi33 dɯ33
十 仓 九 仓 精人 和 华神 九 寨 十 寨 素神 又 请 一 天 一

hɑ55 khɯ55, ɕy55 ʥi55 pɑ55 nɯ33 sɿ55 le33 khy̩21. | ȵi33 ȵi33 ȵi22 hɑ55 khɯ55, tʂhuɑ33 phər21
夜 去 柏 烧 盆 由 素神 又 请 二 天 二 夜 去 米 白

khuɑ55 nɯ33sɿ55 le33 khy̩21, sɿ21ȵi33 sɿ55 hɑ33 khɯ55, ʐʅ33 ky̩33 gɯ21, le55 ky̩33 ʂu21 nɯ33 sɿ55 le33
碗 由 素神 又 请 三 天 三 夜 去 酒 头 醇 茶 头 酽 由 素神 又

khy̩21. | lu55 ȵi33 lu55 hɑ33 khɯ55, ko33 phər21 lər21 kho33 sɿ55 le33 khy̩21 | uɑ55 ȵi33 uɑ55 hɑ33
请 四 天 四 夜 去 鹤 白 叫 声 素神 又 请 五 天 五 夜

khɯ55, bu21 dy̩33 khɯ33 phər21 sɿ55 le33 khy̩21, | tʂhuɑ55 ȵi33 tʂhuɑ55 hɑ33 khɯ55, tshɿ55 khɯ33
去 猪 肥 脚 白 素神 又 请 六 天 六 夜 去 山羊 脚

phər21nɯ33sɿ55 le33 khy̩21, | ʂər33 ȵi33 ʂər33 hɑ55 khɯ55, nɯ21 phər21 sɿ55 le33 khy̩21. | ho55 ȵi33
白 由 素神 又 请 七 天 七 夜 去 羊 白 素神 又 请 八 天

ho55 hɑ33 khɯ33, ɯ33 phər21 sɿ55 le33 khy̩21, | gy̩33 ȵi33 gy̩33 hɑ55 khɯ55, bər21ʂuɑ55 lɑ21 phər21
八 夜 去 牛 白 素神 又 请 九 天 九 夜 去 牦牛 公 手 白

带着不知名的精人和华神，带着九圈十圈的牲畜、九仓十仓的粮食迎请素神。

第一天第一夜，用烧柏枝的盆子迎请素神。第二天第二夜，用白米饭迎请素神。第三天第三夜由醇香的头酒、头道酽茶迎请素神。第四天第四夜，由天上白鹤的叫声迎请素神。第五天第五夜，由四脚白的肥猪迎请素神。第六天第六夜，由白脚的山羊迎请素神。第七天第七夜，由白色绵羊迎请素神。第八天第八夜，用白色牛迎请素神。第九天第九夜，用白色的公牦牛

205-G-14-25

sɿ55 le33 khy̩21 | tshe21 ȵi33 tshe21 hɑ55 khɯ55, gɑ33 lɑ21 the33 tɕhi21 ly55 me33 sɿ55 le33 khy̩21. |
素 又 请 十 天 十 夜 去 胜神 旗帜 飘 地 素神 又 请

ȵi^{55} i^{33} khɯ^{33} ly̩^{21} ty̩^{21} kho^{33} sɿ^{55} le^{33} khy̩^{21}, dy̩^{33} phər^{21} mu^{21} kho^{33} kho^{33},hæ^{33} ʂʅ^{21} tsər^{33} lər^{21}
白天 是 狗 吠 千 声 素神 又 请 海螺 白 螺 号 声 金 黄 板 铃

kho^{33} nɯ^{33} sɿ^{55} le^{33} khy̩^{21}, | le^{55} tɕhi^{33} ty̩^{21} bu^{21} ky̩^{33}, hu^{21} i^{33} py̩^{33} by̩^{21} kho^{33} ɯ^{33} sɑ^{55} ɯ^{33}
声 由 素神 又 请 楞启督埔 上 夜 是 祭司 声 好 气 好

sɿ^{55} le^{33} khy̩^{21}. | dɯ^{33} tʂhʅ^{55}, i^{33} dɑ^{21} tʂhʅ^{33} dɯ^{33} dʑi^{21}, nɯ^{21} ʂʅ^{33} ɯ^{33} nɯ^{33} sɿ^{55} le^{33} khy̩^{21}.u^{33}
素神 又 请 一 代 主人 这 一 家 畜 肉 好 由 素神 又 请 粮

ne^{21} tʂʅ^{21} nɯ^{33} sɿ^{55} le^{33} khy̩^{21}, dʑi^{33} ne^{21} huɑ^{21} thy̩^{33} sɿ^{55} le^{33} khy̩^{21}, gɑ^{33} lɑ^{21} the^{33} tɕhi^{21} ky̩^{33}
和 庄稼 由 素神 又 请 精人 和 华神 出 素神 又 请 胜神 旗帜 上

nɯ^{33} sɿ^{55} le^{33} khy̩^{21}. ‖ lɯ^{55} ky̩^{33} py̩^{33} by̩^{21} nɯ^{33} sɿ^{55} khy̩^{21} me^{33}, mɯ^{33} by̩^{21} zy̩^{21} gy̩^{33} , zy̩^{21}
由 素神 又 请 利古 祭司 由 素神 请 是 天 下 蕊古 蕊夸

khuɑ^{33} ky̩^{33} nɯ^{33} sɿ^{55} le^{33} khy̩^{21}, sər^{33} dʑi^{21} ky̩^{33}, dɑ^{21} dʑi^{21}mæ^{33} nɯ^{33} sɿ^{55} le^{33} khy̩^{21}. | mɯ^{21}
蹄 上 由 素神 又 请 斯吉 上游 达吉 下游 由 素神 又 请 低

gə^{33} dy^{21} nɯ^{33} sɿ^{55} le^{33} khy̩^{21}, dʑy^{21} ʂuɑ^{21} ky̩^{33} nɯ^{33} sɿ^{55} le^{33} khy̩^{21}. | dʑy^{21} nɑ^{55} zo^{55} lo^{33}
的 地方 由 素神 又 清 山 高 上 由 素神 又 请 居那若罗

ky̩^{33}, zo^{55} lo^{33} thɯ^{33}, zo^{55} lo^{21} khɯ^{33} nɯ^{33} mi^{21} sɿ^{55} le^{33} khy̩^{21}, | mɯ^{33} lɯ^{55} ȵi^{33} tshɿ^{21} sɿ^{55}
上 若罗 腰 若罗 山脚 的 下方 素神 又 请 美利尼齐素

mi^{21} nɯ^{33} sɿ^{55} le^{33} khy̩^{21}, | lɑ^{33} sɑ^{21} to^{55} khɯ^{33} phər^{21} gə^{33} mi^{21} tʂu^{55} nɯ^{33} sɿ^{55} le^{33} khy̩^{21}. |
下 由 素神 又 请 拉刹 坡 脚 白 的 下边 地方 由 素神 又 请

迎请素神。第十天第十夜，用飘扬着胜神的旗帜迎请素神。白天用狗吠声、白海螺螺号的响声、金黄色板铃的响声迎请素神。在楞启督埔山坡上，夜间用祭司善于诵经的好声好气迎请素神。

这一户主人家，用上好的畜肉，用庄稼粮食迎请素神，让众多的精人和华神迎请素神，用胜神旗帜迎请素神。利古祭司在天下蕊古、蕊夸当值的日子里迎请素神，在斯吉河上游、达吉河下游迎请素神，在低处的地上迎请素神，在高处的高山上迎请素神，在居那若罗神山的山顶上、山腰间、山脚下、山脚以下的地方迎请素神。在美利尼齐素地方迎请素神，在拉刹白色的山脚下迎请素神。

205-G-14-26

me^{33} se^{33} thɑ^{55} uə^{33} phər^{21}, ho^{21} pɯ^{55} ly̩^{33} nɑ^{21} uə^{33}, sɿ^{55} pɯ^{55} ly̩^{33} le^{21} uə^{33}, lɯ^{33} ʂuɑ^{21} iə^{21}
梅生塔坞盘 禾崩鲁纳坞 束贝鲁冷坞 利刷尤告拉

gɑ^{55} lɑ^{33} nɯ^{33} mi^{21}sɿ^{55} le^{33} khy̩^{21}. | y^{21} ɕy^{55} uɑ^{33} to^{21} tɯ^{33}, y^{21} ʥɿ^{21} by^{33} ly^{33} kho^{21}, y^{21} ʥɿ^{21}
由 下 素神 又 请 余虚弯妥迪 余孜丙吕柯

bər^{21} me^{33} ko^{21}, mə^{33} ho^{55} zə^{21} ʥɿ^{21} dy^{21}, | mu^{33} zo^{33} uɑ^{55} ky̩^{33} ʥy^{21} me^{33} dy^{21} nɯ^{33} mi^{21},
余孜美戈 莫贺惹孜 地方 猛 鬼 五 个 有 的 地方 由 下

sɿ^{55} khy̩^{21} mi^{21} le^{33} khy̩^{21}. ɯ^{33} ʥɿ^{21} ʥər^{21} hər^{21} kho^{33}. | ɯ^{33} ly^{55} dy^{21} | ɕy^{55} hər^{21} y^{21} ʥɿ^{21}
素神 请 下 又 请 恩孜章含柯 恩吕敦 虚含余孜

uə^{33}, tɕi^{55} ʂɿ^{21} tɕi^{55} kho^{33} bu^{21}, sɿ^{21} khɯ^{33}, | y^{21} tshy̩^{33} kɯ^{33} iə^{21} bu^{21} nɯ^{33} mi^{21} sɿ^{55} le^{33}
寨 敬史敬柯埔 斯肯 余初庚尤 坡 以 下 素神 又

khy̩^{21}, | y^{21} gu^{21} kɑ^{33} dɯ^{21} bu^{21}, | mə^{33} do^{21} ɯ^{33} lɑ^{21} bu^{21}, | ʥər^{21} hər^{21} ȵi^{33} lo^{21} kho^{33}, ly̩^{33}
请 余工嘎迪 坡 莫朵恩拉 坡 树 绿 两 箐 里 石

phər^{21} ly̩^{33} nɑ^{21} dy^{21}, | phər^{21} nɑ^{55} lɯ^{33} kæ^{33} tʂu^{55} nɯ^{33} mi^{21}, sɿ^{55} le^{33} khy̩^{21}. | sər^{33} khu^{33}
白 石 黑 地方 白 黑 地 相接 以 下 素神 又 请 木 门

gy̩^{33} tʂər^{55} ʥɿ^{21} me^{33} dy^{21}, mɯ^{33} ʂuɑ^{21} kɯ^{33} iə^{21} bu^{21},
九 节 有 的 地方 天 高 星 满 坡

从梅生塔坞盘、禾崩鲁纳坞、束贝鲁冷坞、利刷尤告拉地方迎请素神。从余虚弯妥迪、余孜丙吕柯、余孜美戈、莫贺惹孜地方，从有五个猛鬼的地方以下，把素神请下来。从恩孜章含柯、恩吕敦、虚含余孜寨，敬史敬柯埔、斯肯地方，余初庚尤山坡以下地方，把素神请下来。从余工嘎迪山坡、莫朵恩拉山坡，两岸长满树木的山箐里、白石黑石的地方，黑白交接的地方，把素神请下来。从有九道木门的地方，从高处长满星星、

205-G-14-27

zə̩^{55} hər^{21} bu^{21}, dy^{21} dɯ^{21} kv̩^{33}, dʑi^{33} kv̩^{21} ʂu^{21} thv̩^{33} dy^{21} nɯ^{33} mi^{21}, sɿ^{55} le^{33} khv̩^{21} | bv̩^{21}
草 绿 坡 地 大 上 精库松妥 地方 以 下 素神 又 请 干

be^{33} dʑy^{33} lɯ^{33} tɯ^{33}, uɑ^{21} be^{33} sɑ^{33} lɯ^{33} tɯ^{33} | dʑi^{33} dʑə^{21} lɑ^{33} lər^{33} dy^{21} nɯ^{33} mi^{21} , sɿ^{55} le^{33}
的 蔓箐 地 里 湿 的 麻 地 里 人 住 辽阔 地 以 下 素神 又

khv̩^{21}. | lɑ^{33} do^{33} bv̩^{33} dʑi^{21} dɯ^{21}, | mɯ^{33} lɯ^{55} ko^{33} tɯ^{33} bu^{21}, lɯ^{33} ʂuɑ^{21} kə^{55} tɯ^{33} bu^{21}, |
请 拉朵补吉 大 天 地 鹤 起 坡 地 高 鹰 起 山坡

lɑ^{33}mu^{33} lɑ^{33} tsu^{55} bu^{21}, gv̩^{21} mu^{33} gv̩^{21} tsɑ^{55} bu^{21}, | mi^{33} lv̩^{21} ə^{55} gɑ^{33} bu^{21}, | bə^{33} mu^{33}
拉猛拉召 坡 古猛古召 坡 米鲁阿嘎 坡 崩猛虚孜

ɕy^{55} dʐɿ^{21} dʑy^{21}, ɕi^{33} phər^{21} kɑ^{33} lv̩^{55} bu^{21} | dɑ^{21} phu^{55} ɳi^{33} ʐʅ^{33} dʐɿ^{21}, tshe^{21} ɳi^{33} to^{55}
山 喜盘嘎鲁 山坡 阴 面 两 路 有 十 二 坡

thv̩^{33} kv̩^{33} nɯ^{33} sɿ^{55} le^{33} khv̩^{21}. | tshe^{21} ɳi^{33} ʐʅ^{33} phər^{21} dʐɿ^{21}, he^{21} i^{33} uɑ^{33} dʑi^{21} kv̩^{33}, he^{21}
出 处 由 素神 又 请 十 二 路 道 汇 神 的 碧 水 上游 神

i^{33} uɑ^{33} dʑi^{21} mæ^{33}. | dʑi^{33} khɯ^{33} se^{33} me^{21} khuɑ^{55}. | lɑ^{33} do^{33} bɯ^{21} ɕy^{21} dʑy^{21}, | lɯ^{33} ʂuɑ^{21}
的 碧 水 下游 精肯生枚 地方 拉朵本虚 山

dʑæ^{21} bər^{33} dər^{33}, lɯ^{33} ʂuɑ^{21} dʑi^{21} gv̩^{33} bu^{21}, dʑi^{21} i^{33} ko^{33} tɯ^{33} bu^{21}. |
利刷章班丹 利刷吉古 坡 水 流 鹤 起 坡

长着绿草的山坡及大的地方，精库松妥以下的地方，干的蔓箐地里，湿的大麻地里，人类居住的辽阔大地以下，迎请素神。从拉朵补吉大河旁，从天地间白鹤起飞处，高地上老鹰起飞的地方，从拉猛拉召山坡、古猛古召山坡、米鲁阿嘎山坡、崩猛虚孜山坡、喜盘嘎鲁山坡，山的背阴处有两条道路的地方，有十二道山坡的地方，迎请素神。从十二条道路汇集处，神的碧水上游，神的碧水下游，精肯生枚地方，拉朵本虚山上，利刷章班丹、利刷吉古坡地方，从水边白鹤起飞处，

205-G-14-28

sʅ⁵⁵ khv̩²¹mi²¹ le³³ khv̩²¹.｜mɯ³³ lɯ⁵⁵ʂv̩³³ lo²¹kho³³. lɯ³³ ʂuɑ²¹ iə²¹ gɑ⁵⁵ lɑ³³, ʐuɑ³³ pɯ⁵⁵ dʐʅ³³
素神 请 下 又 请 美利斯罗柯 利刷尤告拉 软崩支吕古

ly⁵⁵ dy²¹.｜tshe²¹ ȵi³³ zʅ³³ phər²¹ bu²¹.｜bv̩³³ phər²¹ ko²¹, ɯ³³ dɯ²¹ tʂhv̩³³ dʑi²¹ tɯ³³,｜bu²¹
衬涅日盘 山坡 补盘戈 恩迪初吉迪 补

ho²¹ ko³³ to⁵⁵ ,｜ly⁵⁵ sər³³ bu²¹ dʑi³³ ko³³, sʅ⁵⁵ khv̩²¹ mi²¹ le³³ khv̩²¹,｜kæ²¹dɯ²¹bu²¹ kv̩³³, be³³
禾 坡上 吕斯补吉柯 素神 请 下 又 请 岗迪 山坡 上 本

ȵi⁵⁵ dʑy²¹, dʑi³³phər²¹ kho³³,｜mɯ³³ lɯ²¹ he²¹ dʐʅ²¹ uə³³, bu²¹mi³³ sʅ⁵⁵ tse²¹ bu²¹,｜kɯ²¹ phər²¹
涅 山 吉盘戈 天 地 神 住 寨 补米士仄 坡 肯盘斯土

sər²¹ thv̩³³ dy²¹,｜sər³³ lv̩³³ kɑ²¹ phv̩⁵⁵ bu²¹,ʐuɑ³³ tɕi⁵⁵ sɑ⁵⁵, tʂhuɑ⁵⁵ do⁵⁵ lo²¹｜tər²¹ kɯ³³ ʂər²¹,
地方 斯鲁嘎布 坡 软敬韶 朝垛罗 呆肯史

ɯ⁵⁵ thv̩³³ uə³³ nɯ³³ mi²¹, sʅ⁵⁵ khv̩²¹ mi²¹ le³³ khv̩²¹.｜zʅ³³ dʑi²¹ lo²¹, ɕi³³ æ²¹ bu²¹,｜ɕy³³ khɯ⁵⁵
恩土坞 以 下 素神 请 下 又 请 汝吉罗 喜俺坡 虚肯生妥

se²¹ tho²¹ bu²¹、
坡

把素神迎请下来。从美利斯罗柯、利刷尤告拉、软崩支吕古、衬涅日盘坡、补盘戈、恩迪初吉迪，补禾山坡上，从吕斯补吉柯，把素神迎请来。从岗迪山坡、本涅山上，从吉盘戈，天地间神住的地方，补米士仄山坡上，肯盘斯土地方，斯鲁嘎布山坡，从软敬韶、朝垛罗、朵肯史、恩土坞以下地方，把素神迎请来。从汝吉罗、喜俺坡、虚肯生妥山坡，

205-G-14-29

nɯ²¹ kho²¹ lo²¹, bər²¹ kv̩³³ uə³³, tshʅ³³ gv̩³³ khu³³, ʐu²¹ gv̩³³ khu³³, lɑ³³ iə²¹ dy²¹ mæ³³ lɯ³³,
尼柯罗 班古坞 冬 渡 口 夏 渡 口 拉尤敦满 地方

thɑ⁵⁵ phər²¹ uə³³、zɑ²¹ lv̩⁵⁵ kv̩³³ nɯ³³ mi²¹, tʂʅ⁵⁵ phər²¹ uə³³, ɕy³³ bæ²¹ mə³³ kv̩³³ dy²¹ ʂʅ⁵⁵ lo²¹,
妥盘坞 饶鲁古 以 下 智盘坞 兽 跑 不 会 地 新 里

ɕy33 bæ21 mə33 kʏ55, sɿ55 nɯ33 gʏ33 lʏ21 nɯ21 le33 thʏ33. zʅ33 kʏ33 ʂu21, le55 kʏ33 gɯ21, tʂhuɑ33
兽 跑 不 会 素神 由 赐福 福 又 到 酒 头 醇 茶 头 酽 米

phər21 hɑ33, | sɿ55 hu55 mi21 nɯ33 gə21 le33 khɯ55, mɯ21 nɯ33 gə21 le33 thʏ33. | nɯ21 pɑ55 mi21
白 饭 素神 拦 下 由 上 又 放 下 由 上 又 到 福 托 下

nɯ33 gə21 le33 pɑ55. | bʏ33 lʏ55 sɿ33 phe33 ʥɿ21 me33 dy21, dæ33 lər21 ȵə55 ȵə33, hu55 ʨhər33
由 上 又 托 羊 牧 头目 住 的 地方 狐 叫 呦呦 胃 屎

phʏ55 phʏ33 me33 gə21 dy21 nɯ33 sɿ55 pɑ55 gə21 le33 pɑ55, i33 tʂhʅ33 kə55 kʏ33 bu21, kɑ33 lʏ21
倾倒 做 的 地 由 素神 托 上 又 托 昆明 构古 坡 高 鲁

tshi55 nɯ33 sɿ55 pɑ55 gə21 le33 pɑ55. | ɯ33 ŋʏ21 ne21 bu21, bʏ33 tshy55 ne21 bu21, lɑ33 ʥə21 bi33
箐 由 素神 托 上 又 托 恩邬能 坡 补趣能 坡 虎 跑 森林

dɯ21 bʏ21, | bu21 dʏ33 ku21, tshuɑ55 tʏ21 ʥy21, i33 ʥə55 lo21 nɯ33 sɿ55 pɑ55 gə21 le33 pɑ55. | zʏ55
大 下 补都 山口 朝督 山 依玖罗 由 素神 托 上 又 托 汝

dy21 bɯ21 tshɿ21 uə33 lo21, | to55 zo33 kʏ33,
敦崩茨 寨 里 坡 小 上

从尼柯罗、班古坞、冬天的金沙江渡口、夏天的金沙江渡口，拉尤敦满地方，妥盘坞、饶鲁古、智盘坞，到野兽出没的新地方迎请素神，请素神给予赐福保佑。用醇酒、酽茶、白米饭迎请素神。

从这里起，把素神往上托，从下托到上边的地方。从牧羊的头人所住的地方，倾倒胃里东西的地方，从狐狸呦呦叫唤的地方，从昆明的构古山坡（碧鸡关）、高鲁箐，把素神往上托。从恩邬能山坡、补趣能山坡、老虎出没的大森林中，从补都山口、朝督山、依玖罗往上，把素神托上来。从汝敦崩茨寨子里，小山坡上，

205-G-14-30

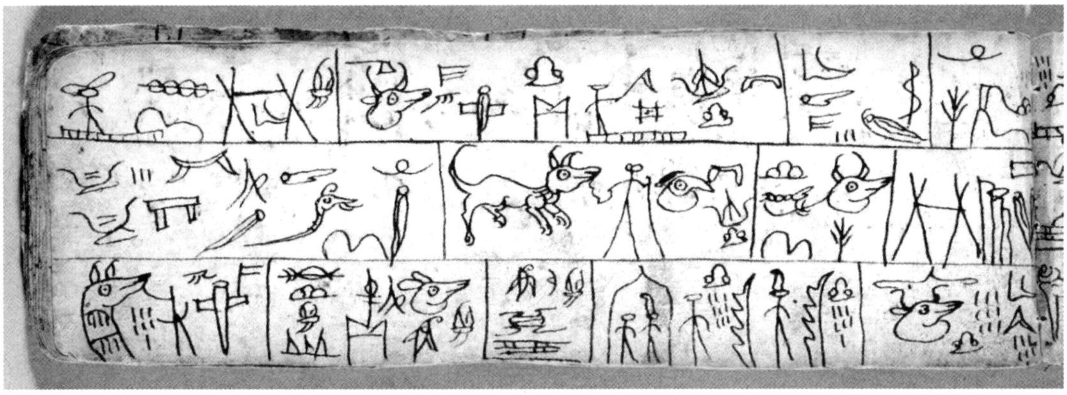

le33 bʏ33 dy21, tshu21 bu21 kʏ33, kæ21 khɯ33, kæ21 kʏ33, | ɯ55 kho55, sæ33 kæ21 ʥo21, pɑ33 uə33
鹤庆 崇 坡 上 岗肯 岗古 恩柯 漾弓桥 巴乌

lɯ^{33}, gu^{21} be^{33} lɯ^{33} nɯ^{55} sɿ^{55} pɑ^{55} gə^{21} le^{33} pɑ^{55},| bə^{33} ʂʅ^{21} sæ^{33} sɿ^{21} khæ^{33},| nɑ^{33} sɿ^{33} dʐu^{21},
地方 丽江 地 由 素神 托 上 又 托 白沙 三思开 纳斯仲

gə^{21} gæ^{33} bæ^{21}, mi^{21} gæ^{33} bæ^{21}, dʑi^{33} phər^{21} lo^{21}, ʂʅ^{55} zʅ^{21} bu^{21}, dʑi^{33} nɑ^{55} lo^{21},| khɯ^{33} ʂər^{21}
上 甘海子 下 甘海子 水 白 沟 世日 山坡 黑水沟 肯史

uə^{33} khɯ^{55} ky^{33} nɯ^{33} sɿ^{55} pɑ^{55} gə^{21} le^{33} pɑ^{55}.| ɯ^{33} ly^{55} guə^{21}, bu^{33} tho^{21} lɯ^{33},| kæ^{21} tsɿ^{33}
坞 地方 上 由 素神 托 上 又 托 恩鲁滚 补妥 地方 刚孜

dʑi^{21} do^{55} ky^{33},| tər^{21} khɯ^{33} ʂər^{21},ʂuɑ^{21} kɑ^{33} dʐo^{21},| zɑ^{21} ly^{55} ky^{33} nɯ^{33} mi^{21},tʂʅ^{55} phər^{21} uə^{33}
水 汇 处 呆肯史 刷嘎 桥 饶鲁古 以 下 智盘 寨

ly^{55} ky^{33},ɕy^{33} bæ^{21} ky^{55}, ɕy^{33} bæ^{21} mə^{33} ky^{55} dər^{33} ʂʅ^{55} lo^{21},| i^{33} dɑ^{21} tʂhʅ^{33} dɯ^{33} dʑi^{21}, zo^{33} i^{33}
中间 兽 跑 处 兽 跑 不 会 地 新 里 主人 这 一 家 男 是

le^{33} dʑi^{21} gy^{33} tʂər^{55} ky^{33} nɯ^{33} sɿ^{55} pɑ^{55} gə^{21} le^{33} pɑ^{55}, bɯ^{33} i^{33} le^{33} dʑi^{21} ʂər^{33} tʂər^{55} ky^{33} nɯ^{33}
梯子 九 级 上 由 素神 托 上 又 托 妇 是 梯子 七 级 上 由

sɿ^{55} pɑ^{55} gə^{2} le^{33} pɑ^{55}.| mɯ^{33} dɯ^{21} bər^{21} kho^{33} ʂər^{21}, gy^{33} mɯ^{33} ky^{33} nɯ^{33} gə^{21} le^{33} pɑ^{55},
素神 托 上 又 托 天 大 牦牛 角 长 九 天 上 由 上 又 托

dy^{21} dɯ^{21} bə^{33} tshɿ^{33} nɑ^{21}, ʂər^{33}|
地 大 掌 犁 黑 七

从鹤庆、崇坡上，从岗肯（关坡）、岗古、恩柯、漾弓江桥，巴乌地方，丽江城地方把素神往上托。从白沙地方，从三恩开、纳斯仲地方，从上甘海子、下甘海子，白水河沟地方，从世日山坡、黑水沟、肯史坞地方以下把素神往上托。从恩鲁滚、补妥地方，刚孜的水汇处，呆肯史地方，刷嘎桥附近，饶鲁古以下，从智盘坞地方，从野兽出没的地方，从野兽从来没有到过的新地方，把素神托上来。这一户主人家男人从九级梯子上将素神托上去，妇女从七级梯子上将素神托上去，从九个牦牛一样长长角的天上把素神托上去，从大地上铁犁翻开的黑土上将素神托上去。

205-G-14-31

dy^{21} kv̩^{33} nɯ^{33} gə^{21}le^{33} pɑ^{55}, nɯ^{21} by^{21} tshe^{33} by^{21}, gv̩^{33} by^{21} kv̩^{33} nɯ^{33} gə^{21} le^{33} pɑ^{55}, u^{33} ne^{21}
地 上 由 上 又 托 畜 圈 十 圈 九 圈 上 由 上 又 托 粮 和

tʂʅ^{21} gu^{2},^{1} tshe^{33} gu^{21} gv̩^{33} gu^{21} kv̩^{33} nɯ^{33} gə^{21} le^{33} pɑ^{55}. | dʑi^{33} huɑ^{21} tshe^{21} uə^{33} gv̩^{55} uə^{33} ʂər^{55}
庄稼 仓 十 仓 九 仓 上 由 上 又 托 精人 华神 十 寨 九 寨 满

me^{33} sʅ^{55}gə^{21} le^{33} pɑ^{55}.i^{33} kho^{21} sʅ^{55} gə^{33} ʐʅ^{21} lv̩^{33} mə^{33} khu^{33} me^{33}, sʅ^{55} dʑʅ^{21} mə^{33} dɯ^{55} dɯ^{33},
的 素神 上 又 托 右 边 素神 的 坐 位 不 铺 是 素 坐 不 整齐

sʅ^{55} ɕy^{55} mə^{33} ʂuɑ^{33} ʂuɑ^{33}. tho^{33} phər^{21} sʅ^{55} khu^{33} tshʅ^{55}, lɑ^{33} ho^{21} tsər^{55} thv̩^{33} me^{33}, sʅ^{55} gə^{33}
素神站 不 整齐 松 白 素神 门 竖 竹子 节 生 的 素神 的

khu^{33}lv̩^{33} dər^{33} le^{33} be^{33}. | bə^{33} dʑi^{33} the^{33} dʑi^{33} sʅ^{55} khu^{33} lu^{33} le^{33} be^{33}, | sʅ^{33} phər^{21} dʑi^{33} ze^{33}
座 位 床 又 做 土 布 绸布 素 坐垫 又 做 毡 白 毡 美

ʐər^{21} ɯ^{33} lɑ^{33} ɯ^{33} khu^{33},sʅ^{55} khu^{33} lu^{33} le^{33} be^{33}, sʅ^{55} dʑʅ^{21} dɯ^{55} dɯ^{33}, sʅ^{55} ɕy^{55} ʂuɑ^{33} ʂuɑ^{33}
豹 皮 虎 皮 铺 素神 坐褥 又 做 素神 坐 舒服 素神 站 整齐

se^{21} me^{55}. ‖ sʅ^{55} kho^{33} thv̩^{33} me^{33} bu^{21} kho^{21} thv̩^{33}. | ȵi^{33} me^{33} thv̩^{33}, gə^{21} tshe^{55} bv̩^{33} nɯ^{33} sʅ^{55}
了 是 素神 消息 到 是 猪 声 到 东方 格衬称补 由 素神

kho^{33} thv̩^{33} bu^{21} kho^{33} thv̩^{33}. | i^{33} tʂhʅ^{33} mɯ^{33}, se^{55} ʐʅ^{33} mi^{21} gu^{33} nɯ^{33} sʅ^{55} kho^{33} thv̩^{33} bu^{21}
消息 到 猪 声 到 南方 胜日明恭 由 素神 消息 到 猪

kho^{33} thv̩^{33}. | ȵi^{33} me^{33} gv̩^{21}, nɑ^{55} se^{33} tshu^{33} lu^{21} nɯ^{33} sʅ^{33} kho^{33} thv̩^{33} bu^{21} kho^{33} thv̩^{33}. |
声 到 西方 纳生初卢 由 素神 消息 到 猪 声 到

ho^{33} gv̩^{33} lo^{21} gv̩^{33} se^{55} kə^{33} bɑ^{33} nɯ^{33} sʅ^{55} kho^{33} thv̩^{33} me^{33} bu^{21} khɑ^{33} thv̩^{33}. |
北方 古生抠巴 由 素神 消息 到 是 猪 声 到

由九至十圈的牲畜将素神往上托，由九至十仓的粮食和庄稼将素神往上托。用九至十个寨子的精人和华神将素神往上托。右边素神坐垫未铺好，素神就会不舒服，站着的素神不整齐。用白色松木做素神的门，用长着节子的竹子做素神的床，用土布、绸布、漂亮的白牦牛毛毡子，豹皮、虎皮做素神坐位上的垫褥。素神坐着就舒服了，素神站着就整齐了。

一听到素神来到的消息，供奉素神的猪也就来到，东方格衬称补一知道素神来到，供奉素神的猪也带到。南方，胜日明恭一听到素神来到，供奉素神的猪也带到。西方，纳生初卢知道素神来到，供奉素神的猪也带到。北方古生抠巴知道素神来到，他供奉素神的猪也带到。

205-G-14-32

mɯ^{33} le^{33} dy^{21} ʐv̩^{55} gv̩^{33}, so^{33} y^{21} tsi^{55} gv̩^{33} nɯ^{33} sɿ^{55} kho^{33} tʂhu^{21} thv̩^{21} me^{33}, bu^{21} kho^{33}

天 和 地 中央 梭余晋古 由 素神 消息 快 到 是 猪 声

thv̩^{33}. | i^{33} dɑ^{21} tʂhʅ^{33} dɯ^{33} dʑi^{21}, sɿ^{55} kho^{33} thv̩^{33} me^{33}, hæ^{33} ʂʅ^{21} mi^{33} thv̩^{21} nɯ^{33} sɿ^{55} le^{33}

到 主人 这 一 家 素神 声 到 是 金 黄 火 把 由 素神 又

tsɿ^{33}. | ʂʅ^{33} ne^{21} uɑ^{33}, nɯ^{21} by^{21} tshe^{33} by^{21} ʂər^{55} me^{33} nɯ^{33}, u^{33} ne^{21} tʂʅ^{21} tshe^{33} gu^{21}gv̩^{33} gu^{21}

接 肉 和 骨 畜 圈 十 圈 满 的 由 粮食 和 庄稼 十 仓 九 仓

ʂər^{55} me^{33} nɯ^{33} sɿ^{55} le^{33} tshɿ^{33}, dʑi^{33} tɕhy^{33} tshe^{21}tɕhy^{33}, ɕi^{33} gv̩^{33} uə^{33} tshe^{21} uə^{33} ʂər^{33} me^{33}

满 的 由 素神 又 迎 人 种 十 种 人 九 寨 十 寨 满 的

nɯ^{33}, bu^{21} ʂʅ^{33} tʂhər^{21} dʑi^{33} dʑi^{33} nɑ^{55} dər^{33} dər^{33}, uɑ^{33} kə^{55} ʂər^{21} nɯ^{33} sɿ^{55} le^{33} tsɿ^{33}. | mɯ^{33}

由 猪 肉 油 汪汪 肉 精精 骨头 长 由 素神 又 迎 天

phər^{21} dy^{21} phər^{21} nɯ^{33} sɿ^{55} le^{33} tsɿ^{33}, gɑ^{33} ne^{21} u^{21}, o^{55} ne^{21} he^{21} nɯ^{33} sɿ^{55} le^{33} tsɿ^{33}, | phv̩^{33}

白 地 白 由 素神 又 迎 胜神 和 吾神 沃神和 恒神 由 素神又 迎 神

lɑ^{21} tv̩^{33} tv̩^{21} kɯ^{33} kɯ^{21} nɯ^{33} sɿ^{55} ko^{21} khɯ^{55} | sɿ^{55} tsɿ^{33} nɯ^{21} ne^{21} uɑ^{21}, hɯ^{21} ne^{21} dʑæ^{33},

千 千 万 万 由 素神 里 装 素神 迎 福 和 泽 富 和 裕

sɿ^{33} tsɿ^{33} gɑ^{33} ko^{21} lɑ^{33} mə^{33} ȵi^{55}. | i^{33} dɑ^{21} tʂhʅ^{33} dɯ^{33} dʑi^{21}, bɯ^{21} ɕy^{21} sɿ^{55} kho^{21} tho^{55}, tho^{33}

素神 迎 胜 家 也 不 败 主人 这 一 家 栗 红 素神 桩 插 松

phər^{21} sɿ^{55} khu^{33} tshɿ^{55}. | ɕy^{55} hər^{21} sɿ^{55} thɑ^{55} be^{33}, y^{21} phər^{21} tshɿ^{55} khuɑ^{33} phər^{21}, bu^{21} dv̩^{33}

白 素神 门 竖 柏 绿 素神 塔 做 羊 白 山羊 蹄 白 猪 肥

lu^{55} khɯ^{33} phər^{21}, | phv̩^{33} lɑ^{21} sɿ^{55} tʂhʅ^{33} uɑ^{21} me^{33}, khɯ^{33} mu^{33} dɯ^{33} thv̩^{33} dʑi^{33}. ‖ ə^{33} so^{33}

四 脚 白 神 素神 所有 的 全 牲 一 份 供 最初

mɯ^{33} mə^{33} thv̩^{33}, dʑy^{21} nɑ^{55} zo^{55} lo^{33} kv̩^{33}, mɯ^{33} ʂuɑ^{21}phər^{21} nɯ^{33} thv̩^{33}, kɯ^{21} dʐʅ^{21} mɯ^{33} ʂər^{55}

天 未 开 居那若罗 上 天 高 盘神 由 开 星 长 天 满

hə^{21}.

去

天地中央，梭余晋古大神听到素神来的消息，赶快准备供奉素神的猪。这一户主人用家里黄金做的火把迎接素神，用油汪汪的肥肉，肉精精的瘦肉，用长节的骨头，用满满的十圈牲畜，用装满九仓十仓的庄稼和粮食，用十样人种，住满九寨十寨的人迎接素神。让胜神和吾神、沃神和恒神迎接胜神。让千千万万的神来装备素神（往素神篓里装东西）。用福泽和富裕迎请素神，胜神不空手，素神就不会空。

这一户主人家用红栗树木制作素神桩，白色松制作素神的门，翠绿的柏树做成素神塔。给素神供上白山羊、白绵羊、四蹄白的猪。给所有的神灵，包括素神，献上牺牲。

最初天还未开辟，盘神首先开天，把天开得高高的，天上布满了星宿，

205-G-14-33

phər^{21} zo^{33} phər^{21} mi^{55} gv̩^{33} kv̩^{55} nɯ^{33}, nɯ^{33} ne^{21} uɑ^{21} , hɯ^{21} ne^{21} dʑæ^{33}, zʅ^{33} ʂər^{21} hɑ^{55} i^{33} gə^{33}

盘 儿 盘 女 九 个 由 福 和 泽 富 和 裕 寿 长 日 久 的

phər^{21} gə^{33} sʅ^{55} le^{33} khv̩^{21}, khɯ^{33} mu^{33} dɯ^{33} thv̩^{33} dʑi^{33}. | dʑy^{21} nɑ^{55} zo^{55} lo^{33} khɯ^{33}, dy^{21} dɯ^{21}

盘 的 素神 又 请 全 牲 一 份 献 居那若罗 下 地 大

sæ^{33}nɯ^{33} khu^{33}, dy^{21} khuə^{55} gɯ^{21}, zə̩^{21} dʐʅ^{21} dy^{21} ʂər^{55} hə^{21}. sæ^{21} gə^{33} sʅ^{55} le^{33} khv̩^{21}, nɯ^{21}

禅 由 辟 地 域 清 草 长 地 满 去 禅 的 素神 又 请 福

ne^{21} uɑ^{21}, hɯ^{21} ne^{21} dʑæ^{33}, zʅ^{33} ʂər^{21} hɑ^{55} i^{33} sʅ^{55} le^{33} khv̩^{21}, sæ^{21} nɯ^{33} khɯ^{33} nɯ^{33} dɯ^{33} ɯ^{33}

和 泽 富 和 裕 寿 长 日 久 素神 又 请 禅 由 全 牲 一 份

dʑi^{33}. | mɯ^{33} hər^{21} ko^{33} nɯ^{33} thv̩^{33}, ko^{33} phər^{21} zo^{33} tɕi^{55} gv̩^{33} kv̩^{55} nɯ^{33} zʅ^{33} ʂər^{21} sʅ^{55} le^{33}

献 天 绿 鹤 由 出 鹤 白 儿 小 九 个 由 寿 长 素神 又

khv̩^{21}, khɯ^{33} mu^{33} dɯ^{33} thv̩^{33} dʑi^{33}. | dy^{21} dɯ^{21} bə^{33} tshʅ^{33} nɑ^{21}, dɑ^{33}zo^{33} gv̩^{55} zo^{33} thv̩^{33}, dɑ^{33}

请 全 牲 一 份 献 地 大 犁 尖 黑 地 儿 九 个 出 地

zɿ33 gv̩55 zɿ33 nɯ33, khɯ33 mu33 dɯ33 ɯ33 ʥi33, | uæ33 tɕy21 kho33 dv̩21 bər21 ʥɿ33 ʥi33, i21
人 九 个 由 全 牲 一 份 献 左 边 柯督班孜景 右

tɕy21 lɑ33 lər33 dy21 ʥɿ33 bɯ33 nɯ33 nɯ21 ne21 uɑ21 thv̩55, sɿ55 le33 khv̩21, khɯ33 mu33 dɯ33
边 拉朗敦孜崩 由 福 和 泽 出 素神 又 请 全 牲 一

mu33 ʥi33. | mɯ33 lɯ55 du21 ʥɿ33 nɯ33, nɯ21 ne21 uɑ21 thv̩55 sɿ55 le33 khv̩33, khɯ33mu33 dɯ33
份 献 美利董主 由 福 和 泽 出 素神 又 请 全 牲 一

ɯ33 ʥi33. | to21 ne21 u21 nɯ33 sɿ55 le33 khv̩21, khɯ33 mu33 dɯ33 ɯ33 ʥi33. | gɑ33 thv̩33 lɯ33
份 献 垛神 和 吾神 由 素神 又 请 全 牲 一 份 献 胜神 出 来

me33 sɿ55 le33 khv̩21, khɯ33 mu33 dɯ33 ɯ33 ʥi33, | ʥi33 thv̩33 tʂv̩55 thv̩33 sɿ55 le33 khv̩21, khɯ33
是 素神 又 请 全 牲 一 份 献 水 出 秧鸡 出 素神 又 出 全

mu33 dɯ33 ɯ33 ʥi33. | ʥɿ33 thv̩33 uə33 thv̩33 sɿ55 le33 khv̩21, nɯ21 ne21 uɑ21 gə33 sɿ55 le33 khv̩21,
牲 一 份 献 村 出 寨 出 素神 又 请 福 和 泽 的 素神 又 请

khɯ33 mu33 dɯ33 ɯ33 ʥi33.
全 牲 一 份 献

九个盘神儿女请福和泽、富和裕、健康长寿的盘神之素神，献上一份牺牲。在居那若罗神山脚下，大地由禅神所辟，禅神辟出的大地，地域清爽，地上长满了青草，请禅神有福有泽、富裕健康长寿的素神，由禅神献出一份牺牲。天上出现九个白鹤一般的人儿，由九个天上的人迎请长寿的素神，献上一份牺牲。黑色犁铧翻开黑土的大地上，出现九个人，由九个地上的人迎请素神，献上一份牺牲。左边的柯督班孜景大神，右边的拉朗敦孜崩大神迎请有福有泽的素神，献上一份牺牲。由美利董主用福泽迎请素神，献上牺牲。由垛神和吾神迎请素神，献上一份牺牲。用即将到来的胜神迎请素神，献上一份牺牲。由水神和秧鸡迎请素神，献上一份牺牲。由村和寨迎请有福有泽的素神，献上一份牺牲。

205-G-14-34

hər21 phər21 thv̩33 me33 o55 ne21 he21, gɑ33 ne21 u21 nɯ33 gv̩33 lv̩21 sɿ55 le33 khv̩21, mu33 le33
风神 白 产生 是 沃神 和 恒神 胜神 和 吾神 由 保佑 素 又 请 牺牲 又

ʥi^{33}. | lɯ^{55} thɣ̩^{33} me^{33}, mɯ^{33} ze^{21} tɕi^{33}, ʥo^{21} ze^{21} tɕi^{33} me^{33} lɯ^{55} gə^{33} sɿ^{55} le^{33} khɣ̩^{21}. | o^{21}
献 猎神 出 是 天 那儿 在 桥 那儿 在 的 猎神 的 素神 又 请 粮食

me^{33} he^{33} dɯ^{21} tshe^{21} sɿ^{55} kɣ̩^{33} nɯ^{33} sɿ^{55} le^{33} khɣ̩^{21}, nɯ^{21} mu^{33} ʥi^{33}.gɑ^{33} lɑ^{21} thɣ̩^{33} me^{33} sɿ^{55}
神 大 十 三 个 由 素神又 请 畜 牺牲 献 胜神 出 是 素神

le^{33}khɣ̩^{21}, mu^{33}le^{33}ʥi^{33}. be^{21}dæ^{21}sɿ^{21} ɕi^{33} tʂhuɑ^{55} tshər^{21},to^{33} kə^{21}iə^{33}mɑ^{21}sɿ^{21} ɕi^{33}tʂhuɑ^{55}tshər^{21}
又 请 牺牲 又 献 本丹 三 百 六 十 端格优麻 三 百 六十

sɿ^{55}le^{33} khɣ̩^{21}, mu^{33} le^{33} ʥi^{33}. | ȵi^{33} me^{33} thɣ̩^{33} sər^{33}gə^{33}he^{21}dɯ^{21}, i^{33} tʂhɿ^{33} mi^{21} mi^{33} gə^{33} he^{21}
素神又 请 牺牲 又 献 东方 木 的 神 大 南方 火 的 神

dɯ^{21}, ȵi^{33} me^{33} gɣ̩^{21} ʂu^{21} gə^{33} he^{21} dɯ^{21}, | ho^{33} gɣ̩^{33} lo^{21} ʥi^{21} gə^{33} he^{21} dɯ^{21}. | mɯ^{33} le^{33}
大 西方 铁 的 神 大 北方 水 的 神 大 天 又

dy^{21} zɣ̩^{55} gɣ̩^{33}, he^{21} dɯ^{21} gɣ̩^{33} kɣ̩^{55} thɣ̩^{33} me^{33} sɿ^{55} le^{33} khɣ̩^{21}, mu^{33} le^{33} ʥi^{33}. | ʂɣ̩^{21} phər^{21}
地 中央 神 大 九 个 出 的 素神 又 请 牺牲 又 献 署 白

lɣ̩^{21} phər^{21}, ʂɣ̩^{21} nɑ^{21} lɣ̩^{21} nɑ^{21}, ʂɣ̩^{21} hər^{21} lɣ̩^{21} hər^{21}, ʂɣ̩^{21} ʥæ^{21} lɣ̩^{21} ʥæ^{21} sɿ^{55} le^{33} khɣ̩^{21}, mu^{33}
龙 白 署 黑 龙 黑 署 绿 龙 绿 署 花 龙 花 素神 又 请 牺牲

le^{33} ʥi^{33}. | nɯ^{21} kɯ^{33} phər^{21} me^{33} nɯ^{33}, mɯ^{33} gə^{33} phər^{21} ne^{21} sæ^{21}, gɑ^{33} ne^{21} u^{21}.
又 献 畜 腿 白 的 由 天 的 盘神 和 禅神 胜神 和 吾神

风神产生时，请沃神、恒神、胜神、吾神保佑的素神，献上牺牲。猎神产生时，由在天上和桥旁迎请猎神的素神。由十三个粮神，迎请素神，用牲畜献牲。胜神出现时迎请胜神的素神，献上一份牺牲。盘神出现时，迎请盘神素神，献上一份牺牲。三百六十个本丹战神和三百六十个端格优麻战神，迎请素神，献牺牲。东方木的大神，南方火的大神，西方铁的大神，北方水的大神，天地中央的九个大神，迎请素神，献上牺牲。白署白龙，绿色署绿色龙，黑色署黑色龙，杂色署杂色龙迎请素神，献上牺牲。用白色牲畜，为天上的盘神、禅神、胜神、吾神，

205-G-14-35

o^{55} ne^{21} he^{21}, phv̩^{33} la^{21} tv̩^{33} tv̩^{21} kɯ^{33} kɯ^{21} sɿ^{55} le^{33} khv̩^{21}, nɯ^{21} mu^{33} ʥi^{33}. | i^{33} da^{21} tʂhʅ^{33}
沃神和 恒神 神 千 千 万 万 素神 又 请 畜 牺牲 献 主人 这

dɯ^{33} ʥi^{21}, sɿ^{55} khv̩^{21} nɯ^{21} thv̩^{33}, sɿ^{21} ne^{21} zo^{33} nɯ^{33} sɿ^{55} le^{33} khv̩^{21}. | me^{33} ne^{21} mi^{55} nɯ^{33} sɿ^{55}
一 家 素神 请 福 产生 父 和 儿 由 素神 又 请 母 和 女 由 素神

le^{33} khv̩^{21}, | mi^{33} ne^{21} lv̩^{21} nɯ^{33} sɿ^{55} le^{33} khv̩^{21}. sɿ^{55} zɿ^{33} ʂər^{21} le^{33} thv̩^{33}. | dɯ^{33} tʂhər^{55} , tshɿ^{55}
又 请 妇 和 夫 由 素神 又 请 素神 寿 长 又 到 一 代 山羊

phər^{21} mə^{33} kho^{33} bɯ^{33} me^{33} mə^{33} ta^{55} kv̩^{55}. lɯ^{55} kv̩^{33} py^{33} bv̩^{21} sɿ^{55} khv̩^{21} me^{33} mə^{33} tshə^{55}
白 不 除秽 要 是 不 说 会 利古 祭司 素神 请 是 不 干

mə^{33} ʂu^{21} pɯ^{55} i^{33} kv̩^{55}, mə^{33} kho^{33} bɯ^{33} me^{33} mə^{33} gɯ^{21} kv̩^{55}. | khə^{33} dɯ^{21} tshə^{55} me^{33}
不 净 出 也 会 不 除秽 要 是 不 净 会 沟 大 秽 是

ȵi^{33} nɯ^{33} kho^{33}, | tshɿ^{33} be^{33} dɯ^{21} me^{33} ȵi^{33} nɯ^{33} kho^{33}, | zu̩^{21} hɯ^{21} na^{55} me^{33} pɯ^{33} nɯ^{33}
鱼 由 除 冬 雪 大 的 太阳 由 除 夏 雨 大 百 蒿 由

kho^{33}, | ʥy^{21} mə^{33}ʂu^{21}me^{33} khɯ^{33} ɯ^{33} me^{33}nɯ^{33} kho^{33}, ʥər^{21} mə^{33} ʂu^{21} me^{33}dzə̩r^{33} ɯ^{33} me^{33}
除 山 不 纯 是 狗 好 的 由 除秽 树 不 净 是 露水 好 的

nɯ^{33} kho^{33}. | dər^{33} ɯ^{33} mə^{33} ʂu^{21} pɯ^{33} nɯ^{33} kho^{33}. | la^{33} do^{33} phər^{21} ʥy^{21} kv̩^{33}, ʥər^{21} mə^{33}
由 除 田 好 不 净 蒿 由 除秽 大 的 白 山 上 树 不

y^{21} nɯ^{33} mu^{21} sɿ^{33} y^{21}, mu^{21} tshe^{55} pa^{21} nɯ^{33} kho^{33}, ʥi^{33} ʥə^{21} la^{33} lər^{33} dy^{21}, zə̩^{21} mə^{33} y^{21}
生 就 杜鹃 先 生 杜鹃 叶 宽 由 除 人 住 辽阔 地 草 不 生

nɯ^{33} pɯ^{21} sɿ^{33} y^{21}, pɯ^{55} khɯ^{33} phər^{21} nɯ^{33} kho^{33}. gə^{21} i^{33} bə^{33} mu^{33} sɿ^{55} ʥɿ^{21} kv̩^{33}, gv̩^{33} tv̩^{21}
就 蒿 先 生 蒿 根 白 由 除 上 是 人类 素神 住 处 九 千

gv̩^{55} lɯ^{33} ʥi^{21} la^{33} kho^{33}, sɿ^{55} kho^{21} tho^{55} la^{33} kho^{33}, sɿ^{55} tha^{55} phər^{21} la^{33} kho^{33},
九 椽 房 也 除秽 素神 桩 插 也 除 素神 塔 白 也 除

沃神、恒神，千千万万的神灵迎请素神，给素神献上牺牲。这一户主人家迎请素神，将迎来福分。这一户主人家的父与子、母与女、夫与妻迎请素神，所迎请的长寿素神已来到。

若不除去献给素神白山羊身上的秽物，祭祀的目的就不会达到。箐沟里的水有秽物，让鱼儿去除秽。冬天的雪由太阳去除。夏天的大雨让地上的蒿草去除，山上的秽，让猎狗去除。树上不净，让露水去除。田地的秽，让蒿草去除。在白色的大山中什么树都尚未生长，先生长出杜鹃树，由叶片宽大的杜鹃木去除秽。人类居住的辽阔大地上，什么草都尚未生长，先生长出蒿草，用白根的蒿草来除秽。在人类居住的房子里，除素神坐处的秽，除九千九百根椽子搭建的房子上的秽，除素神桩子的秽，除素神白塔的秽。

205-G-14-36

sɿ^{55} lɯ^{33} sɿ^{33} la^{33} kho^{33}, sɿ^{55} le^{33} dʑi^{21} la^{33} kho^{33}.| ṣʅ^{33} dʑə^{55} bỵ^{33} mə^{33} ṣu^{21} me^{33} bỵ^{33} la^{33}
素神 箭 也 除 素神 梯子 也 除 肉 煮 锅 不 净 的 锅 也

kho^{33}. ṣʅ^{33} tshər^{21} lo^{33}, ṣʅ^{33} hər^{55} ẓər^{33}, ṣʅ^{33} hər^{55} tər^{21} la^{33} kho^{33}, ko^{33} bỵ^{33} dʑe^{21}. ɯ^{21} ɯ^{33} sɿ^{33}
除 肉 捞 盆 肉 切 刀 肉 切 砧子也 除 舀 勺子 捞 笊篱

la^{33} kho^{33}, mɯ^{55} ṣʅ^{21} tỵ^{21}, mɯ^{55} ṣʅ^{21} khə^{55} la^{33} kho^{33}.| nɯ^{33} khu^{33} dər^{33} phər^{21} kho^{33}, miə^{21}
也 除 竹 黄 篓 竹 黄 篮 也 除 畜 嘴 沫 白 除 眼

mə^{33} ṣu^{21} la^{33} kho^{33}, kỵ^{33} mə^{33} ṣu^{21} me^{33} kɯ^{21} lỵ^{33} nɯ^{33} kho^{33}, bỵ^{33} mə^{33} ṣu^{21} me^{33} dʑi^{21} nɯ^{33}
不 干净 也 除 头 不 净 是 净 石 由 除 肠 不 净 是 水 由

kho^{33}, mæ^{33} mə^{33} ṣu^{21} la^{33} kho^{33},| hu^{55} ne^{21} tshi^{55} la^{33} kho^{33} , tʂhər^{55} ne^{21} nɯ^{33} la^{33} kho^{33},
除 尾 不 净 也 除 胃 和 脾 也 除 肺 也 心 也 除

sæ^{55} mə^{33} ṣu^{21} la^{33} kho^{33}, khɯ^{33} tshə^{55} me^{33} la^{33} kho^{33}, | py^{21} kho^{33} mə^{33} ṣu^{21} me^{33} la^{33}
肝 不 净 也 除 脚 秽 的 也 除 祭司 声 不 纯 的 也

kho^{33}, kho^{33} dʐʅ^{21} mi^{33} nɯ^{33} dʑi^{55} , tʂhʅ^{33} tshə^{55} dʑi^{21} ṇə^{21} sa^{55}, dʑi^{33} nɯ^{33} phi^{55} le^{33} fæ^{33}.| ŋỵ^{33}
除 除 下 火 来 烧 所 秽 水 中 卸 水 由 飘 又 去 雪山

lỵ^{33} kho^{33} ə^{33} sɿ^{21}, ŋỵ^{33} lỵ^{33} le^{21} mə^{33} tɕy^{21},tshə^{55} le^{33} tɕy^{21} mə^{33} ȵi^{33} , i^{33} by^{21} khua^{33} ə^{33} me^{33},
除秽 父亲 雪 山 又 不 回头 秽 又 回 不 要 大江 除秽 母亲

i^{33} by^{21} le^{21} mə^{33} tɕy^{21}, kho^{33} me^{33} le^{21} mə^{33} tɕy^{21}.| gɯ^{55} kỵ^{33} ṣu^{33} ṣu^{21}se^{21},| ṣu^{55} me^{33} da^{55}
大江 又 不 回 除秽 的 又 能 回 熏 处 纯 净 了 除 的 牢

da^{33} se^{21}.| dɯ^{33} tʂhər^{55}, phỵ^{33} la^{21} dɯ^{21} me^{33} sɿ^{55} tʂhʅ^{33} ua^{21}, ŋỵ^{33} hæ^{33} ua^{33} tʂhu^{21} to^{55} sɿ^{55}
靠 了 一 代 神 大 的 素神 所有 银 金 松石 墨玉 上 素神

gə^{21} le^{33} sɿ^{33}, gə^{21} dɯ^{33} tʂhər^{55} sɿ^{55} zi^{33} se^{21}.| nɯ^{21} ne^{21} ua^{21}, hɯ^{21} ne^{21} dʑæ^{33}, ga^{33} nɯ^{21} zi^{33}
上 又 引 上 一 代 素神 美 了 福 和 泽 富 和 裕 胜和 美

sɿ^{55} n̩ə^{21} khuɑ^{33}。
素神 上 益

给素神的箭除秽，给素神的梯子除秽。煮肉的锅不干净，给煮肉的锅除秽。捞肉的盆子不干净，给捞肉的盆子除秽。给切肉的刀子，切肉用的砧子除秽。给舀肉的勺子，捞肉的笊篱除秽，给黄竹做的素神的篓子、装东西的篮子除秽。给牲畜嘴上的白沫，眼睛里不干净的东西除秽。用净石（火烧石头放在水中除秽）给牺牲的头除秽，用水给牺牲的肠子除秽，用水除尾巴上的秽。除牺牲脾、肝脏、心肺、脚上的秽物。除祭司祭祀声中出现的秽物。把除下的秽，放在火中燃烧，把除下的秽卸到水中去，让水把它们带走。雪山是除秽之父，雪山不回头，除掉的秽也不会回头，金沙江是除秽的母亲，金沙江的水不回头，除掉的秽也不会回头。所熏除的都洁净了，除去秽不再回头。把这一代素神，从金、银、墨玉、松石上往上引，这一代素神漂亮了。所有的福泽、富裕、胜利和漂亮都由素神所拥有了。

205-G-14-37

sɿ^{55} kho^{21} sɿ^{55} le^{33} khuɑ^{33}, | phy̩^{33} lɑ^{21}, gɑ^{33} lɑ^{21} dɯ^{21} me^{33} sɿ^{55} tʂhʅ^{33} uɑ^{21}, | uɑ^{33} hər^{33} mɯ^{33}
素神 寨 素神 又 益 神 胜神 大 的 素神 所有 青 绿 美汁

dʐ̩ər^{33} gɑ^{33} lɑ^{21} dɯ^{21} me^{33} sɿ^{55} dɯ^{33} mə^{33} gy̩^{33}. | dy̩^{33} phər^{21} ɕə^{33} tɕhy^{21} gɑ^{33} lɑ^{21} dɯ^{21} me^{33}
胜神 大 是 素神 大 不 及 海螺 白 大鹏 胜神 大 是

sɿ^{55} dɯ^{33} tʂhʅ^{33} mə^{33} gy̩^{33}.dy̩^{33} phər^{21} si^{33} gɯ^{33} gɑ^{33} lɑ^{21} dɯ^{21} me^{33} sɿ^{55} dɯ^{33} tʂhʅ^{33} mə^{33}
素神 大 所 不 及 海螺 白 狮子 胜神 大 是 素神 大 那 不

gy̩^{33}. | bə^{33} dɯ^{21} lɑ^{33} ɕy^{21} gɑ^{33} lɑ^{21} dɯ^{21} me^{33}, sɿ^{55} dɯ^{21} tʂhʅ^{33} mə^{33} gy̩^{33}, | bər^{21} phər^{21}
及 掌 大 红 虎 胜神 大 是 素神 大 所 不 及 牦牛 白

gɑ^{33} lɑ^{21} dɯ^{21} me^{33}, sɿ^{55} dɯ^{21}tʂhʅ^{33} mə^{33} gy̩^{33}. | sɿ^{55} khy̩^{21} me^{33} gɑ^{33} lɑ^{21} thy̩^{33} be^{33} se^{21}. | i^{33}
胜神 大 是 素神 大 所 不 及 素神 请 是 胜神 到 做 了 主人

dɑ^{21} tʂhʅ^{33} dɯ^{33} dʑi^{21}, phy̩^{33} lɑ^{21} tʂhʅ^{33} uɑ^{21} me^{33}, sɿ^{55} tɕər^{21} gy̩^{33} ly̩^{21} kɑ^{33} le^{21} thy^{55} dɯ^{33} n̩i^{33},
这 一 家 神 所有 的 素神 上 赐福 保佑 做 一 天

ly^{21} me^{33} miə^{21} thɑ^{55} miə^{21} ɯ^{33} ho^{55}. | mi^{33} me^{33} he^{33} thɑ^{55} he^{33} ɯ^{33} ho^{55}. | lər^{21} khæ^{55} ɯ^{33}
瞧 的 眼 光 眼 好 愿 闻 的 耳 尖 耳 好 原 瞄 射 好

me^{33} tshu^{21} be^{33} gɯ^{33} zɑ^{21} gy̩^{33} be^{33} ho^{55}. | sɿ^{55} le^{33} khy̩^{21} me^{33}, le^{33} nɯ^{21} le^{33} uɑ^{21}, sɿ^{55} hɯ^{21}
的 快 地 裂 现 成 做 愿 素神 又 请 是 又 福 又 泽 素神 富

sɿ^{55} ʥæ^{33} gy̩^{33} be^{33} ho^{55}.
素神 裕 成 做 愿

愿素神所住的地方，给素神带来好处。所有的神灵、胜神的素神，松石般碧绿的美汁胜神，没有素神大。海螺般洁白的大鹏胜神，没有素神大。海螺般洁白的狮子胜神，没有素神大，巨掌红虎胜神，没有素神大。牦牛胜神，没有素神大。请了素神等于请到了胜神。这一户主人家，所有的大神赐福保佑素神的这一个日子里，愿主人的眼睛好，眼睛明亮。愿主人家的耳朵好，听觉敏锐。愿这一户主人就像瞄准射出的箭，使靶板出现裂纹，祭祀的目的能达到。愿迎请素神使家中呈现出福泽、富裕的好景象，

205-G-14-38

çi^{33} zɿ^{33} ʂər^{21} hɑ^{55} i^{33} ho^{55}. | py^{21} zɿ^{33} ʂər^{21}, py^{21} kho^{33} ɯ^{33} sɑ^{55} ɯ^{33} ho^{55}. | se^{33} se^{21} me^{55}. ‖
人 寿 长 日 久 愿 祭司 寿 长 祭司 声 好 气 好 愿 完 了 是

ɑ^{33} lɑ^{33} mə^{33} ʂər^{55} ȵi^{33}, py^{21} tʂhʅ^{33} huɑ^{55} , phy̩^{33} lɑ^{21} , sɿ^{55} tʂhʅ^{33} uɑ^{21} me^{33}, ‖ bə^{33} dɯ^{21} lɑ^{33}
啊 也 不 说 日 祭司 这 群 神 素神 所有 的 掌 大 虎

çy^{21} gɑ^{33} lɑ^{21}, tshuɑ^{55} phər^{21} gɑ^{33} lɑ^{21}. ‖ pər^{55} me^{33} lɯ^{55}, dɑ^{33} zɑ^{21} mi^{33} ly̩^{33} ky̩^{33} uə^{33}, bu^{21}
红 胜神 鹿 白 胜神 写 的 是 达饶 明鲁古 寨 补局孜

ʥy^{21} tsɿ^{21} khɯ^{33}, nɑ^{21} huɑ^{33} nɯ^{33} pər^{55} me^{33} mu^{33}, ȵi^{33} tsər^{21} tʂhuɑ^{55} khy̩^{33}, sɑ^{55} uɑ^{33} he^{33} pər^{55}
下 纳华 由 写 的 是 二 十 六 岁 三 月 写

愿人们健康长寿。愿祭司长寿，原祭司主持祭祀时声好气好。完了。

啊也不说日，所有的祭司和素神就像巨掌红虎和白鹿。

这本经书是由达饶（龙山）明鲁古寨、补局孜山脚下的纳华写的。写的时候我二十六岁，写在三月间。

205-G-14-39

封底

（翻译：和宝林）

364-H-2-01

to⁵⁵ khɯ⁵⁵ · tsho²¹ bər³³ thỵ³³

禳垛鬼仪式·人类起源和迁徙的来历

364-H-2 禳垛鬼仪式·人类起源和迁徙的来历

【内容提要】

该经前部分讲述了天地万物、神鬼及人类的形成和产生过程，体现了纳西族先民对世界朴素的认识，反映了原始的唯物主义观。形成世界万物，产生神灵九兄弟和七姊妹，立柱开天辟地、神、人建造居那若罗神山。兄弟姊妹交合婚配，污染了天地万物，致使地动山摇、洪水滔天。人类始祖崇忍利恩在卢神、沈神的指点下幸免于难，但崇忍利恩不听卢神的劝导，取竖眼天女为妻，生下了各种动物植物。该经后部分叙述了人类始祖崇忍利恩上天求婚和迁徙下来，崇忍利恩听了卢神的话，向横眼天女衬恒褒白求婚，并在衬恒褒白的帮助下，以勇敢和智慧战胜了衬恒褒白之父孜劳阿普的百般考验，娶到了衬恒褒白，并从天上一起返回大地，迁徙到辽阔的大地上。崇忍利恩和衬恒褒白生病了，请东巴祭司做仪式，病愈生下三个儿子，成为藏、纳西、白三个民族的祖先。祭祀主人家是崇忍利恩和衬恒褒白的宗族后裔，也像先祖一样举行禳垛鬼仪式，祈求吉祥如意。

【英文提要】

The Exorcising Ritual for *Ghost to.* The Origin and Migration of Human

The first half of the scripture introduces the creation and generation of the universe, gods and ghosts, as well as human, which reflects the initial understanding of the world by *Nahsi* ancestor. After the forming of the world, there emerged the divined nine brothers and seven sisters, the *dzu̯ na zu̯a lua* mountain piled by gods and human. The combination of brothers and sisters tarnished the world and caused earthquakes and floods. The ancestor *ʦo ze lɯ ɯ* lucky escaped from the disaster by following the instruction of *God lu* and *se*. *ʦo ze lɯ ɯ*, however, neglected the advise of *lu*, married the Nymphs and raised all animals and plants. The second half of the scripture introduces the proposing and descending of *ʦo ze lɯ ɯ*. By following the advise of *lu*, *ʦo ze lɯ ɯ* prosed and married the Nymphs *ʦe hɯ bu bə* after passing all the tests of her father *dzɿ la ə phv* with bravery and wisdom, as well as the help of *ʦe hɯ bu bə*. They descended to the earth and settled on the boundless expanse. Unfortunately, both of them fell sick, so *to ba* priest was invited for the ritual. After recovery, they raised three sons, who became the ancestor of *the Tibet*, *the Nahsi* and *the Bai*. Because of the descendant identity of *ʦo ze lɯ ɯ* and *ʦe hɯ bu bə*, the host family, praying for luck and happiness, held the exorcising ritual for *Ghost 垛* the same way as the ancestor.

364-H-2-02

第 1 行：东巴文字符为经书仪式名“禳垛鬼仪式”并用洛克音标标注。
第 2 行：东巴文字符为书名“人类起源和迁徙的来历”。
第 3 行：洛克音标标注了书名的纳西语读音。

364-H-2-03

ɑ^{33} ȵi^{33} lɑ^{33} ʂər^{55} ȵi^{33}, mɯ^{33} lɯ^{55} tʂv̩^{55} kv̩^{33} zʅ^{33}, du^{33} se^{21} ho^{21} kv̩^{33}zʅ^{33}, | sər^{33} ʥʅ^{21} ʥi^{33} kv̩^{33}
昨天 及 前天 天 地 交接 会 时代卢神 沈神说唱 会 时代 树木生长 走 会

zʅ^{33}, lv̩^{33} ʥy^{33} tɑ^{55} kv̩^{55} zʅ^{33}, tʂʅ^{21} lɯ^{55} ȵy^{55} ȵy^{33} zʅ^{33}. | mɯ^{33} ne^{21} dy^{21} lɑ^{33} mə^{33} thv̩^{33} thɯ^{33}
时代石 有 说话 会 时代 土 地 颤动 时代 天 和 地 也 没 产生 那

dɯ^{33} dzʅ^{21}, mɯ^{33} ɑ^{21} dy^{21} ɑ^{21} sʅ^{33} sy^{21} kæ^{33} nɯ^{33} thv̩^{33}, bi^{21} ne^{21} le^{21} lɑ^{33} mə^{33} thv̩^{33} thɯ^{3}
一 时 天 影 地 影 三 样 先 就 出现 日 和 月 也 没 产生 那

dɯ^{33} dzʅ^{21}, bi^{21} ɑ^{21} le^{21} ɑ^{21} sʅ^{33} sy^{21} kæ^{33} nɯ^{33} thv^{33}, kɯ^{21} ne^{21} zɑ^{21} lɑ^{33} mə^{33} thv^{33} thɯ^{33}
一 时 天 影 地 影 三 样 先 就 出现 星星 和 慧星 也 没 产生 那

dɯ^{33} dzʅ^{21}, kɯ^{21} ɑ^{21} zɑ^{21} ɑ^{21} sʅ^{33} sy^{21} kæ^{33} nɯ^{33} thv̩^{33}, | ʥu^{21} ne^{21} lo^{21} lɑ^{33} mə^{33} thv̩^{33} thɯ^{33}
一 时 星星 影 慧星 影 三 样 先 就 出现 山 和 川 也 没 出现 那

dɯ^{33} dzʅ^{21}, ʥu^{21} ɑ^{21} lo^{21} ɑ^{21} sʅ^{33} sy^{21} kæ^{33} nɯ^{33} thv̩^{33} , sʅ^{33} sy^{21} gv̩^{33} sy^{21} thv̩^{33}, gv̩^{33} sy^{21} e^{33}
一 时 山 影 川 影 三 样 先 就 出现 三 样 九 样 产生 九 样 母体

me^{33} thʅ^{33}, gʅ^{33} sy^{21} e^{33} me^{33} pɯ^{33} pɑ^{33} be^{33}. | mə^{33} gɯ^{21} mə^{33} tse^{21} thʅ^{33}, mə^{33} gɯ^{21} mə^{33}
产生 九 样 母体 变化 作 不 真 不 实 产生 不 真 不

tse^{21} pɯ^{33} pɑ^{33} be^{33}. | gɯ^{21} me^{33} tse^{21} me^{33} thʅ^{33} , gɯ^{21} me^{33} tse^{21} me^{33} pɯ^{33} pɑ^{33} be^{33}
实 变化 作 真 的 实 的 产生 真 的 实 的 变化 作

很古以前，天和地交接的时代，卢神和沈神会说唱的时代，树木会走路的时代，石头会说话的时代，土地会颤动的时代。天和地还没产生的那个时候，就先出现了三样天和地的影子；日和月也还没产生的那个时候，就先出现了三样日和月的影子；星星和慧星还未出现的时候，就先出现了三样星星和慧星的影子；山和川也还没产生的那个时候，就先出现了三样山和川的影子；三样产生了九样，九样产生了一个母体。九样母体作变化，出现了不真不实的幻影。这不真不实的幻影作变化，产生了真的、实的东西。这真的、实的作变化，

364-H-2-04

ɑ^{33} hæ^{21} bʅ^{33} lʅ^{55} lɑ^{33} me^{33} thʅ^{33}, ɑ^{33} hæ^{21} bʅ^{33} lʅ^{55} lɑ^{33} me^{33} pɯ^{33} pɑ^{33} be^{33}, tse^{33} gɯ^{21} bʅ^{33}
松石 绿 亮 闪烁 的 出现 松石 绿 亮 闪烁 的 变化 作 实 真 亮

lʅ^{55} lɑ^{33} me^{33} thʅ^{33}, tse^{33} gɯ^{21} bʅ^{33} lʅ^{55} lɑ^{33} me^{33} pɯ^{33} pɑ^{33} be^{33}. | lər^{21} kʅ^{55} khɑ^{33} ɯ^{33} sɑ^{55}
闪烁 的 出现 实 真 亮 闪烁 的 变化 作 喊 会 声 佳 气

ɯ^{33} thʅ^{33}, khɑ^{33} ɯ^{33} sɑ^{55} ɯ^{33} pɯ^{33} pɑ^{33} be^{33}, i^{33} gʅ^{21} ɑ^{33} kə^{33} thʅ^{33}. | thɯ^{33} gʅ^{21} dɯ^{33} tʂhər^{55}
佳 出 声 佳 气 佳 变化 作 依谷阿格① 出 这 后 一 代

dɯ^{33} zʅ^{33} gʅ^{33} , mə^{33} gɯ^{21} mə^{33} tse^{21} pɯ^{33} pɑ^{33} be^{33} , mɯ^{33} lɯ^{55} tʂv^{55} kv^{55} nɑ^{21} me^{33} thʅ^{33},
一 生 到 不 真 不 实 变化 作 天 地 接 处 黑 的 出

tʂv^{55} kv^{55} nɑ^{21} me^{33} pɯ^{33} pɑ^{33} be^{33}, lər^{21} gʅ^{55} khɑ^{33} nɑ^{21} sɑ^{55} nɑ^{21} thʅ^{33}, khɑ^{33} nɑ^{21} sɑ^{55} nɑ^{21}
接 处 黑 的 变化 作 喊 会 声 坏 气 坏 出 声 坏 气 坏

pɯ^{33} pɑ^{33} be^{33}, i^{33} gʅ^{21} ti^{33} nɑ^{55} thʅ^{33}. | i^{33} gʅ^{21} ɑ^{33} kə^{33} pɯ^{33} pɑ^{33} be^{33}, kʅ^{33} phər^{33} dɯ^{33}
变化 作 依古丁纳② 出 依谷阿格 变化 作 蛋 白 一

① 依谷阿格：神名，一种由无形之物变成有形之生命的第一个善神。
② 依谷丁纳：鬼名，一种由无形之物变成有形之生命的第一个恶鬼。

ly^{33} thy̩^{33}, ky̩^{33} phər^{33} dɯ^{33} ly^{33} pɯ^{33} pɑ^{33} be^{33}, æ^{21} phər^{21} dɯ^{33} me^{33} thy̩^{33}, æ^{21} phər^{21} thɯ^{33}
个 出 蛋 白 一 个 变化 作 鸡 白 一 只 出 鸡 白 这

dɯ^{33} me^{33}, mi^{21} be^{33} mi^{21} tsɿ^{55} ɕi^{33} mə^{33} dʑy^{21}, he^{21} gə^{33} ɯ^{33} y^{21} ɯ^{33} mɑ^{55} mi^{21} le^{33} be^{33}, |
一 只 名 作 名 取 人 没 有 神 的 恩余恩玛① 名 又 作

he^{21} i^{33} ɯ^{33} y^{21}ɯ^{33} mɑ^{55}thɯ^{33}, ʂuɑ^{21} ʂuɑ^{21} mɯ^{33} ȵiə^{21} dʑi^{21}, mɯ^{33} ȵiə^{21} dʑi^{21} mə^{33} dɯ^{33}, khu^{33}
神 的 恩余恩玛 它 高高 天 向 飞 天 向 飞 不 能 上

hu^{21} dy^{21} ȵiə^{21} tɕy^{21} be^{33} dʑi^{21}, dy^{21} ȵiə^{21} tɕy^{21} mə^{33} lo^{21}. | dy̩^{33} dʑy̩^{21} dʑi^{21} mə^{33} ky̩^{55}, |
低 地 向 里 作 飞 地 上 向 不 能 翅 长 飞 不 会

dʑɿ^{33} dɯ^{21} tʂhy̩^{33} mə^{33} ȵi^{21}, py^{21} phər^{21} du^{33} mə^{33} ȵi^{21} ,
头目 前 说 不 能 东巴 巫师 作 不 能

出现了一个闪烁着光芒的绿松石。这个闪烁着的绿松石作变化，出现了真的、实的闪烁的光芒。这个真的、实的闪烁的光芒作变化，出现了会喊的佳声与佳气，这佳声佳气作变化，出现依谷阿格神。

到了后一代，不真不实的幻影作变化，在天地交接处出现了黑色的幻影，黑色的幻影作变化，出现了会喊的恶声与恶气，这恶声恶气作变化，出现了依谷丁纳鬼。依谷阿格作变化，出现了一个白色的蛋。白蛋作变化，出现了一只白色的鸡。这只白色的鸡，没有人给它取名，就取名为神的恩余恩玛。这只恩余恩玛，向高高的天上飞，可天上也飞不了，而飞向低处的地上，可地上也飞不了。长着翅膀却不能飞，就好比大头目与小头目不能说话，东巴与巫师不能作法事，

364-H-2-05

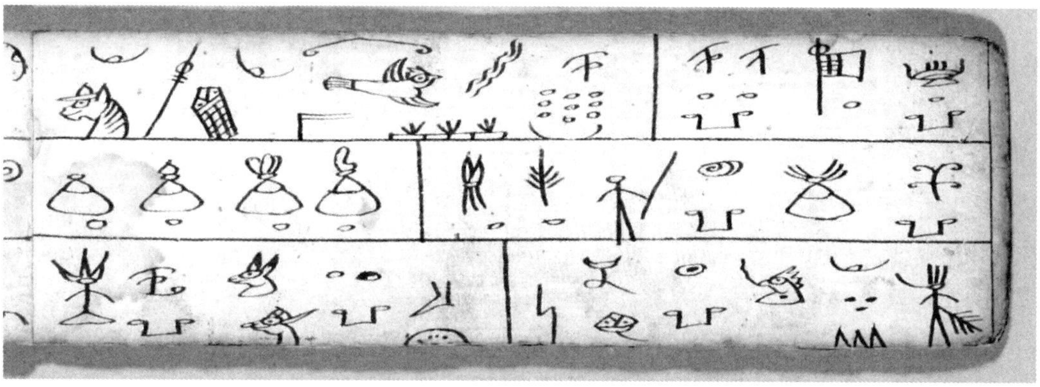

tʂv̩^{33} tʂv̩^{21} zə̩r^{21} mə^{33} ȵi^{21}, ly^{33} pu^{55} tsɿ^{21} mə^{33} ȵi^{21}, khɑ^{55} pu^{55} gæ^{21} mə^{33} ȵi^{21}, he^{33} gə^{33} ɯ^{33}
马铃 响 不 能 矛 带 立 不 能 铠甲 带 威风 不 能 神 的

y^{21} ɯ^{33} mɑ^{55} thɯ^{33}, khɯ^{21} me^{33} mɯ^{33} ʂuɑ^{21} ky̩^{33} nɯ^{33} khɯ^{21}, mɯ^{33} gə^{33} tɕi^{33} phər^{21} sɿ^{55} phe^{33}
恩余恩玛 这 筑巢 的 天 高 上 由 筑 天 的 云 白 三 朵

① 恩余恩玛：神名，一只产下能孵出人和神蛋的鸡。

ʥər^{21}, dy^{21} gə^{33} zə^{33} hər^{21} sɿ^{55} tər^{33} ʥər^{21}, tɕi^{33} phər^{21} kv̩^{21} khə^{55} lo^{21}, zə̣^{33} hər^{21} kv̩^{33} khɯ^{21}
抽 地 的 草 去 三 棵 拔 云 白 蛋 巢 里 草 绿 巢穴

lo^{21}, kv̩^{33} phər^{21}gv̩^{33} ʥɿ^{21} kv̩^{21}. | dɯ^{33} ʥɿ^{21} phər^{21} le^{33} ʂæ^{21} thv̩^{33} hə^{21}, dɯ^{33} ʥɿ^{21} gɑ^{33} le^{33} u^{21}
里 蛋 白 九 对 下 一 对 盘神 及 禅神 出 了 一对 嘎神 及 吾神

thv̩^{33} hə^{21}, dɯ^{33} ʥɿ^{21} o^{55} le^{33} he^{21} thv̩^{33} hə^{21}, dɯ^{33} ʥɿ^{21} du^{21} le^{33} se^{21} thv̩^{33} hə^{21}. | dɯ^{33} ʥɿ^{21}
出 了 一 对 沃神 及 恒神 出 了 一 对 卢神 及 沈神 出 了 一 对

kv̩^{55} le^{33} sɿ^{33} thv̩^{33} hə^{21}, dɯ^{33} ʥɿ^{21} lər^{55} le^{33} tʂhə^{55} thv̩^{33} hə^{21}, dɯ^{33} ʥɿ^{21} ʥɿ^{33} le^{33} dɯ^{21} thv̩^{33}
能者 及 智慧 出 了 一 对 丈量 及 计量者 出 了 一 对 大头目及小头目 出

hə^{21} , | dɯ^{33} ʥɿ^{21} py^{21} le^{33} phæ^{21} thv̩^{33} hə^{21}, dɯ^{33} ʥɿ^{21} ʥi^{33} le^{33} tsho^{21} thv̩^{33} hə^{21}, dɯ^{33} ʥɿ^{21}
了 一 对 祭司 及 卜师 出 了 一 对 精人 和 崇人① 出 了 一 对

bə^{33} le^{33} o^{21} thv̩^{33} hə^{21}. | thɯ^{33} gv̩^{21} dɯ^{33} tʂhər^{55} dɯ^{33} zɿ^{33} gv̩^{33} , i^{33} gv̩^{21} ti^{33} nɑ^{55} pɯ^{33} pɑ^{33}
班人及 吴人 出 了 这 后 一 代 一 生 到 依古丁纳 变化

be^{33}, kv̩^{33} nɑ^{21} dɯ^{33} ly^{33} thv̩^{33}, kv̩^{33} nɑ^{21} dɯ^{33} ly^{33} pɯ^{33} pɑ^{33} be^{33}, æ^{21} nɑ^{21} dɯ^{33} me^{33} thv̩^{33},
作 蛋 黑 一 个 产生 蛋 黑 一 个 变化 作 鸡 黑 一 只 出

mi^{21} pe^{33} mi^{21} ʂə^{55} ɕi^{33} mə^{33} ʥy^{21}, u^{33} mi^{21} u^{33} le^{33} tsɿ^{55} , ʂv̩^{21} gə^{33} fv̩^{55} ʥi^{33} æ^{33} nɑ^{21}
名 说 名 叫 人 没 有 自己 名 自己 来 取 术鬼 的 付金安拿②

le^{33} mi^{21} se^{21}. |
又 名 做

马铃也不能响，带着矛也不能立，穿着铠甲也不威风。这只恩余恩玛在高高的天上筑巢，把天上的三朵白云抽来做蛋巢，把地上的三棵青草拔来做蛋巢，在白云蛋巢里，在青草巢穴里，下了九对白蛋。一对白蛋孵出了盘神和禅神，一对白蛋孵出了嘎神和吾神。一对白蛋孵出了沃神和恒神，一对白蛋孵出了卢神和沈神，一对白蛋孵出了能者和智者，一对白蛋孵出了丈量者和计量者，一对白蛋孵出了大头目和小头目，一对白蛋孵出了祭司和卜师，一对白蛋孵出了精人和崇人，一对白蛋孵出了班人和吴人。

到了后一代，依古丁纳作变化，出现了一个黑蛋，这个黑蛋作变化，出现了一只黑色的鸡。这一只黑色的鸡，没人说也没人叫它的名，就自己给自己取名为术鬼的付金安拿。

① 精、崇：东巴经中用精和崇统称人类。

② 付金安拿：一只木炭般黑的鸡，其蛋能孵出各种鬼。

364-H-2-06

ʂv̩^{21} gə^{33} fv̩^{55} ʥi^{33} æ^{33} nɑ^{21} thɯ^{33} dɯ^{33} me^{33}, kv̩^{33} nɑ^{21} gv̩^{33} ʥʅ^{21} kv̩^{21}, dɯ^{33} ʥʅ^{21} tshʅ^{21} le^{33}
术鬼 的 付金安拿 这 一 只 蛋 黑 九 对 下 一 对 蚩鬼 及

ȵy^{21} thv̩^{33} hə^{21}. | dɯ^{33} ʥʅ^{21} dv̩^{21} le^{33} tse^{21} thv̩^{33} hə^{21}, dɯ^{33} ʥʅ^{33} mu^{33} le^{33} ɯ^{21} thv̩^{33} hə^{21},
纽鬼 出 了 一 对 毒鬼 及 仄鬼 出 了 一 对 猛鬼 和 恩鬼 出 了

dɯ^{33} ʥʅ^{21} tʂhə^{55} le^{33} dʐʅ^{33} thv̩^{33} hə^{21} , dɯ^{33} ʥʅ^{21} dər^{33} le^{33} lɑ^{21} thv̩^{33} hə^{21}. | thɯ^{33} gu^{21} dɯ^{33}
一 对 臭鬼 及 支鬼 出 了 一 对 呆鬼 及 佬鬼 出 了 这 后 一

tʂhər^{55} dɯ^{33} zʅ^{33} gv̩^{33}, phv̩^{33} lɑ^{21} gv̩^{21} be^{33} gu^{33}, mɯ^{33} thv̩^{33} pɯ^{55} dʐʅ^{21} tʂər^{21} , lɑ^{21} mi^{55} ʂər^{33}
代 一 生 到 神灵 九 兄弟 天 开 工匠 使 神 女 七

me^{55} he^{21}, dy^{21} khu^{33} miə^{33} gɯ^{21} tʂər^{21}. | mɯ^{33} le^{21} dy^{21} ȵiə^{33} ȵiə^{33} mə^{33} tʂər^{21}. | ȵi^{33} me^{33}
姊妹 地 辟 技师 使 天 和 地 颤抖 不 使 东方

thv̩^{33} dv̩^{33} phər^{21} to^{55}zər^{21} tshʅ^{55}, | i^{33} tʂhʅ^{33} mi^{21} uɑ^{21} hæ^{21} to^{55} zər^{21} tshʅ^{55}, ȵi^{33} me^{33}gv̩^{21}
海螺 白 柱子 立 南方 松石 绿 柱子 立 西方

tʂhu^{21}nɑ^{21} to^{55} zər^{21} tshʅ^{55}, ho^{33} ko^{55} lo^{21} hæ^{21} ʂʅ^{21} to^{55} zər^{21} tshʅ^{55}. | mɯ^{33} ne^{21} dy^{21} ly^{55} gv̩^{33} ,
宝石 黑 柱子 立 北方 金 黄 柱子 立 天 和 地 中间

ʂu^{33} phər^{21} to^{55} zər^{21} tshʅ^{55} , mɯ^{33} khu^{33} mə^{33} mæ^{33} uɑ^{21} nɯ^{33} tʂu^{55}
铁 白 柱子 立 天 开 不 有 松石 由 接

术鬼的这一只付金安拿，下了九对黑色的蛋，一对出了蚩鬼和纽鬼，一对出了毒鬼和仄鬼，一对出了猛鬼和恩鬼，一对出了臭鬼和支鬼，一对出了呆鬼和佬鬼。

到了后一代，神灵九兄弟使开天的工匠，神灵七姊妹使辟地的技师，为使天地不颤抖，神灵九兄弟和神灵七姊妹在东方立起白海螺色的柱子，在南方立起绿松石色的柱子，在西方立起黑宝石色的柱子，在北方立起黄金色的柱子，在天和地中间立起白铁柱子。开天没有完成的就用松石来接着开，

364-H-2-07

dy^{21} khu^{33} mə^{33} mæ^{33} hæ^{21} nɯ^{21} tʂu^{55}. | thɯ^{33} gu^{21} dɯ^{33} tʂhər^{55} dɯ^{33} zɿ^{33} gv̩^{33}, ɯ^{33} y^{21} ɯ^{33}
地 辟 没 有 金 由 接 这 后 一 代 一 生 到 恩余恩玛

mɑ^{55} thɯ^{33}, tɕy^{55} mæ^{55} kv̩^{33} mæ^{55} dɯ^{33} ly^{33} kv̩^{21}, tɕy^{55} mæ^{55} kv̩^{33} mæ^{55} thɯ^{33} dɯ^{33} ly^{33}, tshɿ^{33}
它 鸣 尾 蛋 尾 一 个 下 鸣 尾 蛋 尾 这 一 个 冬天

i^{33} be^{33} nɯ^{33} sɿ^{55} he^{33} bv̩^{21}, kv̩^{33} bv̩^{21} kv̩^{33} mə^{33} thv̩^{33}. | ȵy^{21} i^{33} hæ^{33} nɯ^{33} sɿ^{55} he^{33} bv̩^{21}, kv̩^{33}
的 雪 由 三 月 孵 蛋 孵 蛋 不 出 春天 的 风 由 三 月 孵 蛋

bv̩^{21} kv̩^{33} mə^{33} thv̩^{33}, zu̩^{21} i^{33} hɯ^{21} nɯ^{33} sɿ^{55} he^{33} bv̩^{21} , kv̩^{33} bv̩^{21} kv̩^{33} mə^{33} thv̩^{33}, tʂhv̩^{55} i^{33}
孵 蛋 不 出 夏天 的 雨 由 三 月 孵 蛋 孵 蛋 不 出 秋天 的

tʂʅ^{33} nɯ^{33} sɿ^{55} he^{33} bv̩^{21}, kv̩^{33} bv̩^{21} kv̩^{33} mə^{33} thv̩^{33}. | mə^{33} hɯ^{21} du^{21} mə^{33} hɯ^{21}, du^{21} mɯ^{55}
土 由 三 月 孵 蛋 孵 蛋 不 出 不 高兴 卢神 不 高兴 卢神 手杖

thv̩^{33} nɯ^{33} pe^{55}, pe^{55} se^{21} ʥi^{21} ȵə^{21} lɑ^{55}, kv̩^{33} ʂv̩^{33} ʥi^{21} mu^{33} ʂv̩^{33} , kv̩^{33} ʂv̩^{33} hɯ^{55} lo^{21} khɯ^{55},
用 披 披 了 水 上 丢 蛋 领 水 来 领 蛋 领 海 里 放

hæ^{33} phər^{21} hæ^{33} nɑ^{21} thv̩^{33} , hɯ^{55} nɯ^{33} kv̩^{33} kv̩^{55} iə^{21}, kv̩^{33} ʥi^{21} æ^{21} bə^{33} dɯ^{33}, zi^{33} zə̩^{33} bɑ^{33}
风 白 风 黑 起集 海 来 蛋 飘 荡 蛋 飞 崖 壁 到 闪闪 烁烁

zə̩^{33} æ^{21} mu^{33} thv̩^{33}. ɑ^{33} sɿ^{21} ʂu^{55} y^{21} tsər^{21}, ʂu^{55} sɿ^{55} le^{33} mə^{33} y^{21}, khɑ^{33} sɿ^{55} le^{33} y^{21} tshɿ^{21}. e^{33}
崖 在 出现 父亲 冠 长 使 冠 先 又 不 长 角 先 又 长 来 母亲

me^{33} tʂʅ^{21} y^{21} tʂər^{21}, tʂʅ^{21} sɿ^{55} le^{33} mə^{33} y^{21}, bə^{33} sɿ^{55} le^{33} y^{21} tshɿ^{21}, e^{33} me^{33} nər^{33} y^{21} tʂər^{21},
爪 长 使 爪 先 又 不 长 掌 先 又 长 来 母亲 绒 出 使

nər^{33} sɿ^{55} le^{33} mə^{33} y^{21}, fv̩^{33} sɿ^{55} le^{33} y^{21} hə^{21}, fv̩^{33} y^{21} zə̩^{21} khɯ^{55} hə^{21}, zə̩^{21} y^{21} dy^{21} ʂə^{55}
绒 先 又 不 出 毛 先 又 长 了 毛 长 草 出 了 草 长 地 宽

hə^{21}. | ʥi^{21} kæ^{33} kv̩^{55} nɯ^{33} ʥv̩^{21}, kv̩^{55} nɯ^{33} mə^{33} kv̩^{55} tsɿ^{55}, ʥi^{33} tho^{33} sɿ^{33} nɯ^{33} ʥv̩^{21}, sɿ^{33}
了 房 前 能者 由 坐 能 来 不 能 说 房 后 智者 由 坐 智

nɯ33 mə33 sɿ33 tsɿ55.｜ho33 gv̩33 ho21 lo21 dy21,
来 不 知 说 北方 地

辟地没完成的就用黄金来接着开辟。到了后一代，恩余恩玛下了一个煞尾蛋。这一个煞尾蛋，用冬天的雪来孵，孵也孵不出来；用春天的风来孵，孵也孵不出来；用夏天的雨来孵，孵也孵不出来；用秋天的土来孵，孵也孵不出来。卢神很不高兴，就用手杖来拨蛋，把蛋拨往水里去，就由水来领着蛋，带到湖里去。湖里刮起白风和黑风，蛋随波飘荡，摔到了崖壁上，崖上出现了闪闪烁烁的东西。父族是头上长冠的，但却不长冠而长出了角；母族是长爪子的，但却不长爪子，长出了脚掌。母族出绒毛，但却不出绒毛而长出了毛。他把有毛的脚伸入草中，地域也就宽广了。房前有能者，向能者询问，能者说不知为何物；屋后有智者，向智者询问，智者说不知是何物。北方的

364-H-2-08

du21 be33 be33 nɯ33 dɑ55, khu33 nɯ33 mi33 ɕi55 dʑi21 thɯ21 gv̩33, khɑ33 nɯ33 mɯ33 kv̩33 lu21
卢神 扁斧 用 砍 口 用 彩虹 水 喝 像 角 用 天 上 龙

tɯ21 ȵy55 ȵy33 gv̩33, miə21 nɯ33 kɯ21 do55 zɑ21 do55 gv̩33,｜i33 tʂhʅ33 mi21 se21 gæ33 thɑ55
起 震荡 像 眼 用 星 眨 饶星 眨 像 南方 沈神 刀锋 利

nɯ33 dɑ55, khɑ33 nɯ33 lɯ33 tɯ21 ȵy55 ȵy33 gv̩33, ɕi55 mu33 mi33 ɕi55 lɯ33 tɯ21 ȵy55 ȵy55
用 砍 角 用 地 起 震荡 像 舌 用 彩虹 地 起 震荡

gv̩33.｜kv̩33 nɯ33 mɯ33 kɯ55 hə21, ɯ33 nɯ33 dy21 kɯ55 hə21, tʂhər33 nɯ33 bi21 kɯ55 hə21, sər55
像 头 用 天 除秽 了 皮 用 地 除秽 了 肺 用 太阳 除秽 了 肝

nɯ33 le33 kɯ55 hə21,｜ɑ33 nɯ33 lv̩33 kɯ55 hə21, nɑ55 nɯ33 tʂʅ33 kɯ55 hə21, ʂæ33 nɯ33 dʑi21
用 月亮 除秽 了 骨 用 石 除秽 了 肉 用 土 除秽 了 血 用 水

kɯ55 hə21, bv̩33 nɯ33 zʅ33 kɯ55 hə21, ho21nɯ33 æ21 kɯ55 hə21, mæ33 nɯ33 dzər21 kɯ55 hə21, fv̩33
除秽 了 肠 用 路 除秽 了 肋骨 用 崖 除秽 了 尾 用 树 除秽 了 毛

nɯ^{33} ʐə̞^{21} kɯ^{55} hə^{21}, khɑ^{33} nɯ^{33} so^{33} kɯ^{55} hə^{21}, he^{33} nɯ^{33} bu^{21} kɯ^{55} hə^{21}, sɑ^{55} nɯ^{33} tɕi^{21} ne^{21}
用 草 除秽 了 角 用 高山 秽 了 耳 用 坡 除秽 了 气 用 云 和

hæ^{33} kɯ^{55} hə^{21}.｜mu^{21} tʂhuɑ^{21} i^{21} ho^{21} thɯ^{33} dɯ^{33} ʂɣ̩^{55}, i^{21} i^{33} ʂɣ̩^{55} kɯ^{55} hə^{21}, mu^{21} tʂhuɑ^{21}
风 除秽 了 牛 挤奶 右 肋骨 这 一 面 右 的 面 除秽 了 牛 挤奶

uɑ^{33} ho^{21} thɯ^{33} dɯ^{33} ʂɣ̩^{55}, uɑ^{33} i^{33} ʂɣ̩^{55} kɯ^{55} hə^{21}.｜
左 肋骨 这 一 面 左 的 面 除秽 了

卢神用扁斧砍，伸一下舌头就像彩虹吸水，角顶一下就像龙起身颤抖那样，眼一眨就像恒星和饶星闪烁那样。南方的沈神也用锋利的长刀砍，角顶一下就像大地在颠簸，用舌头伸一下就像彩虹吸水那样。用其头给天除了秽，用皮给地除了秽，用肺给太阳除了秽，用肝给月亮除了秽，用骨给石头除了秽，用肉给土除了秽，用血给水除了秽，用肠给路除了秽，用肋骨给崖除了秽，用尾巴给树除了秽，用毛给青草除了秽，用角给高山除了秽，用耳给山坡除了秽，用气给云和风除了秽！肋骨右面挤牛奶处，右面已经除秽了；肋骨左面挤牛奶处，左面已经除秽了。

364-H-2-09

dʑi^{33} dʑə^{21} lɑ^{33} lər^{33} dy^{21}, kɣ̩^{55} le^{33} sɿ^{33} dʐʅ^{21} guə^{33}, lər^{55} le^{33} tʂhər^{55} dʐʅ^{21} guə^{33}, dʐʅ^{33} le^{33} dɯ^{21}
人类 有 辽阔 地 能者 及 智者 商量 丈量者 及 计量者 商量 大头目 和小头目

dʐʅ^{21}guə^{33}, lɯ^{55} mɯ^{33} lɯ^{55} tʂhʅ^{33} huɑ^{55} nɯ^{33} le^{33} dʐʅ^{21} guə^{33}.｜tʂuɑ^{21} nɯ^{33} tʂuɑ^{21} tʂhʅ^{33} huɑ^{55},
商量 贤能的 这 群 由 又 商量 男 由 男 这 群

lɣ̩^{33} phər^{21} lɑ^{21} ho^{55} pu^{55}, tʂʅ^{33} nɑ^{21} i^{33} tʂhər^{55} pu^{55}, ŋɣ̩^{21} hæ^{21} i^{21} sɑ^{55} pu^{55}, uɑ^{21} tʂhu^{21} i^{21}
石 白 手 里 带 土 黑 几 抓 带 银 金 一些 带 松石 宝石 一些

khə^{55} pu^{55}, mɯ^{33} ne^{21} dy^{21} kɑ^{55} gɯ^{33}, dʐu^{21} nɑ^{55} ʐuɑ^{55} luɑ^{33} le^{33} tshʅ^{55} hə^{21}.｜ʐuɑ^{55} luɑ^{33}
带 天 和 地 之间 居那若罗① 来 建 了 若罗

tʂhʅ^{33} dʐu^{21} se^{21}, tʂhʅ^{33} dʐu^{21} tɕhi^{33} me^{33} dʑy^{21}, tɑ^{21} bɣ̩^{33} gɣ̩^{33} bɣ̩^{33} nɯ^{33}, tɑ^{21} lɣ̩^{33} gɣ̩^{33} lɣ̩^{33}
这 山 了 这 山 保护 的 有 达补 九 匹 由 达鲁 九 颗

① 居那若罗：神山名，由大地上的人类和所有动物所建造，用来擎天镇地的山。

tɕhi³³, tɑ²¹ lv̩³³ gv̩³³ lv̩³³， nɯ³³ dzy̩³³ lɑ³³ uɑ³³ be²¹ tɕhi³³, dzy̩³³ lɑ³³ uɑ³³ be²¹ nɯ²¹， dv̩³³ phər²¹
保护 达鲁 九 颗 由 工匠 五 兄弟 保护 工匠 五 兄弟 由 海螺 白

si³³ gɯ³³ tɕhi³³, dv̩³³ phər²¹ si³³ gɯ³³ nɯ²¹， hæ³³ ʂʅ²¹ tsho²¹ dʑe³³ tɕhi³³， hæ³³ ʂʅ²¹ tsho²¹
狮子 保护 海螺 白 狮子 来 金 黄 大象 保护 金 黄 大象

dʑe³³ nɯ³³， dʑə³³ kɑ²¹nɑ²¹ pv̩⁵⁵ tɕhi³³. dʑə³³ kɑ²¹ nɑ²¹ pv̩⁵⁵ nɯ³³, dzu̩²¹ nɑ⁵⁵zu̩ɑ⁵⁵ luɑ³³ thɯ³³,
由 久嘎拿补[①] 保护 久嘎拿补 由 居那若罗 这

dɯ³³ phɑ³³ ŋv̩²¹ le³³ hæ²¹ nɯ²¹ tɕhi³³, dɯ³³ phɑ³³ ɑ²¹ le³³ tʂhu²¹ nɯ³³ tɕhi³³. | zu̩ɑ⁵⁵ luɑ³³
一 面 银 及 金 来 保护 一 面 松石 及 宝石 来 保护 若罗

tɕhi³³ dʑy²¹ tv̩⁵⁵ dʑy²¹ ne²¹， hɯ²¹ phər²¹ sʅ⁵⁵ thiə³³ nɯ³³, dʑʅ⁵⁵ dʑʅ²¹ sʅ⁵⁵ khɑ³³ tv̩⁵⁵ ； dʑʅ⁵⁵ dʑʅ²¹
保护 有 支撑 有 的 雨 白 三 滴 来 冰凌 三 锥 支撑 冰凌

sʅ⁵⁵ khɑ³³ nɯ³³, tʂʅ³³ nɑ²¹ sʅ⁵⁵ tʂhər³³ tv̩⁵⁵； tʂʅ³³ nɑ²¹ sʅ⁵⁵ tʂhər³³ nɯ³³, dʑi³³ nɑ⁵⁵ sʅ⁵⁵ hɑ²¹ tv̩⁵⁵；
三 锥 来 土 黑 三 锥 支撑 土 黑 三 把 来 水 大 三 股 支撑

dʑi³³ nɑ⁵⁵ sʅ⁵⁵ nɑ²¹ nɯ³³, zə̩³³ hæ²¹ sʅ⁵⁵ tər³³ tv̩⁵⁵； zə̩³³ hæ²¹ sʅ⁵⁵ tər³³ nɯ³³, pɯ⁵⁵ lɯ³³ sʅ⁵⁵
水 大 三 股 来 草 青 三 株 支撑 草 青 三 株 来 蒿草 三

pə²¹ tv̩⁵⁵； pɯ⁵⁵ lɯ³³ sʅ⁵⁵ pə²¹ nɯ³³， tho³³ phər²¹ sʅ⁵⁵ dʑər²¹ tv̩⁵⁵； tho³³ phər²¹ sʅ⁵⁵dʑər²¹ nɯ³³,
棵 支撑 蒿草 三 棵 来 松 白 三 棵 支撑 松 白 三 棵 来

bɯ³³ hy²¹ sʅ⁵⁵ dʑər²¹ tv̩⁵⁵； bɯ³³ hy²¹ sʅ⁵⁵ dʑər²¹ nɯ³³, lɯ³³ nɑ²¹ sʅ⁵⁵ dʑər²¹ tv̩⁵⁵； lɯ³³ nɑ²¹ sʅ⁵⁵
栗 红 三 棵 支撑 栗 红 三 棵 来 云杉 三 棵 支撑 云杉 三

dʑər²¹ nɯ³³, ɕy⁵⁵ hæ²¹sʅ⁵⁵ dʑər²¹ tv̩⁵⁵； ɕy⁵⁵ hæ²¹ sʅ⁵⁵ dʑər²¹ nɯ³³, æ²¹dzu̩²¹ sʅ⁵⁵ dzu̩²¹ tv̩⁵⁵. | æ²¹
棵 来 柏 绿 三 棵 支撑 柏 绿 三 棵 来 崖 山 三 座 支撑 崖

dzu̩²¹ sʅ⁵⁵ dzu̩²¹ nɯ³³, nɑ²¹ dzu̩²¹ sʅ⁵⁵ dzu̩²¹ tv̩⁵⁵； nɑ²¹ dzu̩²¹ sʅ⁵⁵ dzu̩²¹ nɯ³³ , zu̩ɑ⁵⁵ luɑ³³ dzu̩²¹
山 三 座 来 黑 山 三 座 支撑 黑 山 三 座 来 若罗 山

le³³ tv̩⁵⁵； zu̩ɑ⁵⁵ luɑ³³ dzu̩²¹ kv̩³³ nɯ ³³ le³³ tv̩⁵⁵， mɯ³³ dɯ²¹ ko²¹ lo³³ i³³ mə³³ tʂər²¹. zu̩ɑ⁵⁵
又 支撑 若罗 山 上 由 又 支撑 天 大 嘎拉 响 不 使 若罗

luɑ³³ dzu̩²¹ khɯ³³.
山 麓

有人类生活的辽阔大地上，能者和知者商量，丈量者和计量者，大头目和小头目商量，所有贤能的都来商量，如何建造居那若罗神山。男子带着白色的石头，黑色的土以及金银、松石与宝石，在天与地之间来建造居那若罗神山。修建好了要有保护的，九匹达补马来保护，九颗达鲁石来保护，工匠五兄弟来保护，白海螺色的狮子来保护，金黄的大象来保护，大力

[①] 久嘎拿补：神名，大力神。

神久嘎拿补来保护。久嘎拿补把居那若罗神山一面用金和银，一面用绿松石和宝石来保护，这若罗神山有保护的还要有支撑的。天上的三滴雨支撑着三锥冰凌柱；三锥冰凌柱支撑着三股大河；三股大河支撑着三把黑土；三把黑土支撑着三株青草；三株青草支撑着三棵蒿草；三棵蒿草支撑着三棵白松树；三棵白松树支撑着三棵红栗；三棵红栗支撑着三棵云杉；三棵云杉支撑着三棵绿柏；三棵绿柏支撑着三座山崖；三座山崖支撑着三座大山，三座大山支撑着居那若罗山。居那若罗山支撑着天，使高高的天宇不再“嘎拉”作响。居那若罗山麓

364-H-2-10

ty̩^{55} ʥy^{21} bu^{21} mə^{33} ʥy^{21}, mi^{33} i^{33} lɑ^{33} iə^{21} bu^{21}, ky̩^{55} zʅ^{33} phy̩^{55} ly̩^{33} bu^{21}, sʅ^{33} zo^{33} ȵə^{33} hɯ^{21}
支撑有 值守 没 有 米依拉尤 值守 固汝普鲁 值守 斯若纽恒

bu^{21}, phər^{21} pɯ^{55} lɑ^{33} mu^{33} bu^{21}.｜du^{33} se^{21} ɑ^{33} pɑ^{21} bu^{21}, dy̩^{33} phər^{21} si^{33} gɯ^{33} bu^{21}, hæ^{33} ʂʅ^{21}
值守 盘布拉姆 值守 卢沈阿巴 值守 海螺 白 狮子 值守 金 黄

tsho^{21} ʥe^{33} bu^{21}, ʥə^{33} kɑ^{21} nɑ^{21} py̩^{55} bu^{21}.｜dʐu̩^{21} nɑ^{55} ʐuɑ^{55} luɑ^{33} tʂhʅ^{33}, ky̩^{33} nɯ^{33} mɯ^{33}
大象 值守 久嘎拿补 值守 居那若罗 这 顶 来 天

bu^{21} me^{33}, mɯ^{33}dɯ^{33} mə^{33} ly^{55} ly^{33}, khɯ^{33} nɯ^{33}dy^{21} bu^{21} me^{33}, dy^{21} dɯ^{33} mə^{33} tʂu^{55} zər^{33}.｜
值守 么 天 一 不 震动 麓 来 地 值守 么 地 一 不 震荡

dʐu̩^{21} nɑ^{55} ʐuɑ^{55} luɑ^{33} ky̩^{33}, ɑ^{33} so^{55} tʂhʅ^{33} ky̩^{33} thy̩^{33} , tsi^{55} li^{33} phər^{21} sʅ^{55} thy̩^{33}, phər^{33} pɯ^{55}
居那若罗 顶 最初 所有 头 出现 鹡鸰 白 先 出现 白 出现

phər^{33} lɯ^{33} ȵy^{55} nɯ^{33} thy̩^{33} bə^{21} tsʅ^{55}, tsi^{55} li^{33} ny̩^{55} me^{33} nɑ^{21} , pər^{55} luɑ^{33} dɯ^{33} tshʅ^{55} nɑ^{21},
白 来历 我 由 产生 要 说 鹡鸰 心脏 黑 胸脯 一 点 黑

nɑ^{21} pɯ^{55} lɯ^{55} mə^{33} uɑ^{21} , phər^{21}pɯ^{55} phər^{21} lɯ^{33} thy̩^{33} mə^{33} lo^{21}.｜dʐu̩^{21} nɑ^{55} ʐuɑ^{55} luɑ^{33}
黑 出处 已 不 是 白 出处 白 来历 产生 不 起 居那若罗山

khɯ^{33}, ɑ^{33}so^{55}tʂhʅ^{33} ky̩^{33}thy̩^{33}, læ^{33} kæ^{21} nɑ^{21} sʅ^{55} thy̩^{33}, læ^{33} kæ^{21} ny̩^{55} mə^{33} phər^{21}, dy̩^{33} tshi^{33}
麓 最初 所有 头 出现 乌鸦 黑 先 出现 乌鸦 嘴 没有 翅 尖

dɯ^{33} tshʅ^{55} phər^{21}, phər^{21} pɯ^{55} lɯ^{33} mə^{33} uɑ^{21}, nɑ^{21} pɯ^{55} nɑ^{21} lɯ^{33} thy̩^{33} mə^{33} lo^{21}. | ɑ^{33} so^{55}
一 点 白 白 出处 已 不 是 黑 出处 黑 历来 产生 不 起 最初

tʂhʅ^{33} ky̩^{33} thy̩^{33}, phe^{33} le^{21} phər^{21} sʅ^{55} thy̩^{33} mə^{33} ky̩^{55}, tshʅ^{33} sʅ^{55} he^{33} ɳə^{21} thy̩^{33}, tshʅ^{33} hæ^{33}
所有 头 出现 蝴蝶 白 先 出现 不 会 冬 三 月 里 出现 冬月 风

phər^{33} nɯ^{33} khæ^{55}, tʂhu^{55} tʂhu^{33} bu^{21} ɳə^{21} ɕiə^{55}, ɕiə^{55} pɯ^{55} ɕiə^{55} lɯ^{21} mə^{33} uɑ^{21} me^{33}, phər^{21}
白 由 吹 快 快 坡 往 敷 敷 出处 敷 来历 不 是 啊 白

pɯ^{55} phər^{21} lɯ^{21} thy̩^{33} mə^{33} lo^{21}. | ɑ^{33} so^{55} tʂhʅ^{33} ky̩^{33} thy̩^{33}, tʂhuɑ^{55} ɑ^{33} nɑ^{21} sʅ^{55} thy̩^{33} mə^{33}
出处 白 来历 产生 不 起 最初 所有 头 出现 蚂蚁 黑 先 出现 不

ky̩^{55}, zu̩^{33} sʅ^{55} he^{33} ɳə^{21} thy̩^{33}, zu̩^{33} hɯ^{21} dʑi^{21} nɯ^{33} pi^{33}, dɑ^{33} dʑi^{21} mæ^{33} ɳə^{21} tɑ^{55} le^{33} hə^{21},
会 夏 三 月 里 出现 夏 雨 水 被 冲 达吉河 下游 处 靠 又 去

zu̩^{55} pɯ^{55} zu̩^{55} lɯ^{21} mə^{33} uɑ^{21} me^{55}, nɑ^{21} pɯ^{55} nɑ^{21} lɯ^{21} thy̩^{33} mə^{33} lo^{21}. |
钻 出处 钻石 来历 不 是 的 黑 出处 黑 来历 产生 不 起

但没有值守的，米依拉尤神来值守，固汝普鲁神来值守，斯若纽恒神来值守，盘布拉姆神来值守，卢沈阿巴神来值守，白海螺色的狮子来值守，金黄色的大象来值守，久嘎拿补来值守。居那若罗神的山顶来值守天，天不会再震动；由山麓来值守大地，地也不再颤抖。

居那若罗山顶上，还未出现任何东西，最先出现了白色的鹡鸰鸟，鹡鸰鸟说要做产生白色的出处来历，可是鹡鸰鸟心脏处有一点黑，胸脯上边有一点黑。如果不是做黑色的出处来历，也做不了最早产生白色的出处来历。居那若罗山麓，还未出现任何东西，最先出现了黑色的乌鸦。乌鸦没有白色的嘴，只是翅膀尖上有一白点。如果不是做白色的出处来历，也成不了最早产生黑色的出处来历。

还未出现任何东西，最先出现的也不是白色的蝴蝶，蝴蝶出生在寒冬三个月里，蝴蝶被白色的寒风吹走到今天，很快就敷在山坡上，如果不是做敷的出处来历，也成不了最早产生白色的出处来历。还未出现任何东西，最先出现的也不是黑色的蚂蚁，蚂蚁出生在夏季的三个月里，蚂蚁被夏天的雨水冲走，冲到达吉河下游去了，如果不是做钻的出处来历，也成不了最早产生黑色的出处来历。

364-H-2-11

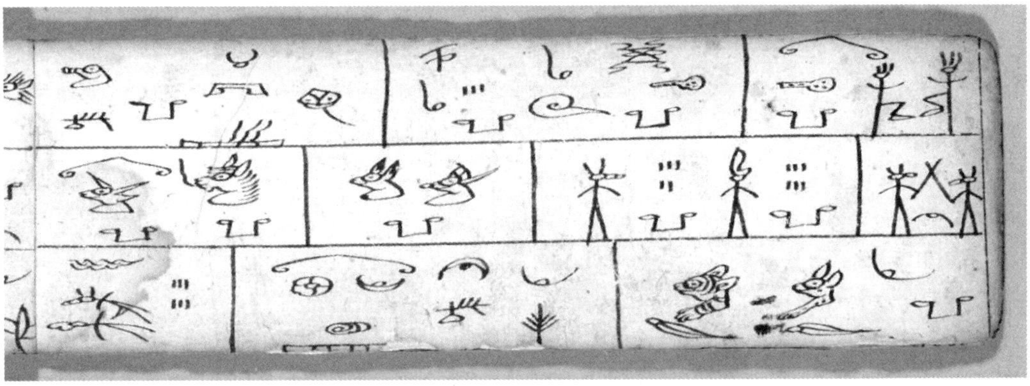

ɑ^{33} so^{55} tʂhʅ^{33} kṿ^{33} thṿ^{33}, mɯ^{33} nɯ^{33} khɑ^{33} gṿ^{33} thṿ^{33}, dy^{21} nɯ^{33} sɑ^{55} gṿ^{33} thṿ^{33}, khɑ^{33} gṿ^{33}
最初 这 先 出现 天 从 声 佳 出现 地 从 气 佳 出现 声 佳

sɑ^{55} gṿ^{33} pɯ^{33} pɑ^{33} be^{33}, | dzə̣r^{33} phər^{21} sʅ^{55} thə^{33} thṿ^{33}, dɯ^{33} thə^{55} hɯ^{55} ȵə^{21} dər^{33}, hɯ^{55} ʂʅ^{21}
气 佳 变化 作 露 白 三 滴 出现 一 滴 海 里 落 赫史

hɯ^{55} ze^{33} thṿ^{33}, hɯ^{55} ze^{33} lɑ^{33} ze^{33} thṿ^{33}. | lɑ^{33} gu^{21}mɯ^{33} ze^{33} thṿ^{33}, mɯ^{33} ze^{33} tshʅ^{33} tshʅ^{21}
赫忍 出现 赫忍拉忍 出现 拉恭美忍 出现 美忍楚此

thṿ^{33}, tshʅ^{33} tshʅ^{21} tshʅ^{21} y^{21} thṿ^{33}, tshʅ^{33} y^{21} tshʅ^{33} tɕy^{21} thṿ^{33}, | tɕy^{21}ze^{33} ʥi^{33} ze^{33} thṿ^{33}, tsho^{21}
出现 楚此楚余 出现 楚余楚菊 出现 菊忍精忍 出现

ʥi^{33} ze^{33} ze^{33} thṿ^{33}. | tsho^{21} ze^{33} lɯ^{55} ɯ^{33} thṿ^{33}, lɯ^{55} ɯ^{33} uɑ^{55} be^{33} gu^{33} lɑ^{33} the^{21} nɯ^{33}
精忍崇忍 出现 崇忍利恩① 出现 利恩 五 兄弟 也 这 来

thṿ^{33} , tɕy^{21} mi^{55} tʂhuɑ^{55} me^{55} he^{21} lɑ^{33} the^{21} nɯ^{33} thṿ^{33}, be^{33} gu^{33} ʥʅ^{21} tər^{55} æ^{21} mə^{33} du^{33},
出现 姬命 六 姊妹 也 这 从 出现 兄弟 结交 挂 不 能

be^{33} gu^{33} ʥʅ^{12} tər^{55} æ^{21} le^{33} hə^{21}, me^{55} he^{21} bu^{33} tər^{55} æ^{21} mə^{33} du^{33}, me^{33} he^{21} bu^{33} tər^{55} æ^{21}
兄弟 妻 结交 挂 又 去 姊妹 夫 结交 挂 不 能 姊妹 夫 结交 挂

le^{33} hə^{21}. | mɯ^{33} tʂhə^{55} dy^{21} tʂhə^{55} se^{21}, bi^{21} tʂhə^{55} le^{21} tʂhə^{55} se^{21}, khṿ^{55} ne^{21} so^{33} mə^{33}
又 去 天 污染 地 污染 了 日 污染 月 污染 了 黄昏 和 早晨 不

sʅ^{33} le^{33} hə^{21}, ȵi^{33} ne^{21} hɑ^{55} mə^{233} sʅ^{33} le^{33} hə^{21}. | gə^{21} nɯ^{33} sər^{33} kṿ^{33} no^{55} tɯ^{33} lɯ^{33}, lɑ^{33}
知 又 去 昼 和 夜 不 知 又 去 上 从 树 上 杂草 生长 来 虎

mə^{33} uɑ^{21} me^{33} tsɑ^{55} mə^{33} thṿ^{33}②, mɯ^{21} nɯ^{33} sər^{33} mæ^{33} ʥi^{33} i^{21} lɯ^{33}, ʂu^{21} mə^{33} uɑ^{33} me^{33}
不 是 的 扒开 不 能 下 从 树 根 水 漏 出来 水獭 不 是 的

dzə̣r^{33} mə^{33} thṿ^{33}. |
游 不 能

还未出现任何东西，最先出现的是天上的佳声，地上的佳气，佳声佳气作变化，出现了三滴白露。这三滴白露，一滴露在湖里，出现了赫史赫忍，继而出现了赫忍拉忍，出现了拉恭美忍，出现了美忍楚此，出现了楚此楚余，出现了楚余楚菊，出现了菊忍精忍，出现了精忍崇忍，出现了崇忍利恩。出现了崇忍利恩五兄弟，姬命六姊妹。

崇忍利恩五兄弟没有妻子，兄弟们的心思全放在结交妻子上，姬命六姊妹没有丈夫，姊妹们的心思全放在结交丈夫上。兄妹婚配产生的秽气污染了天和地，污染了日和月，大地将朝夕不分，日月也将昼夜不分了，树尖上长满了杂草，不是猛虎，不能把它扒开。树根旁到处是洪水，不是水獭也很难游过。

---

① 崇忍利恩，人名，东巴经中的崇忍利恩是纳西族、藏族、白族的祖先，也可以说是人类祖先。

② 据东巴和丽军所述，以及文中内容，东巴文字符“老虎”之下的“水”应该为“树”，如果是文中的东巴文“水”字，无法释读经文，可能是东巴写经书时的笔误。

364-H-2-12

tsho^{21} ze^{33} lɯ^{55} ɯ^{33} zo^{33}, dʑər^{21} kv̩^{33} huɑ^{33} phər^{21} hɑ^{55}, hɑ^{55} be^{33} ho^{21} lɯ^{33} se^{21}, tho^{33} tʂu^{55} y^{33}

崇忍利恩 男儿 树 上 鹇鸟 白 栖息 栖息 做 晚 将 了 松 间 绵羊

phər^{21} lv̩^{55}, lv̩^{55} be^{33} ho^{21} lɯ^{33} se^{21}. | tsho^{21} ze^{33} lɯ^{55} ɯ^{33} zo^{33}, zu^{55} be^{33} mə^{33} kv̩^{55} me^{33},

白 牧 牧 做 晚 将 了 崇忍利恩 男儿劳动 做 不 会 的

phe^{33} le^{21} tʂhuɑ^{55} ɑ^{33} phər^{21} ȵə^{21} so^{21}. | tsho^{21} ze^{33} lɯ^{55} ɯ^{33} zo^{33}, le^{55} lɯ^{21} mə^{33} kv̩^{55} me^{33},

蝴蝶 蚂蚁 白 向 学 崇忍利恩 男儿 牛 耕 不 会 的

du^{33} se^{21} gɯ^{33} dɑ^{33} kv̩^{33} le^{33} lɯ^{21}, mə^{33} hɯ^{21} du^{21} mə^{33} hɯ^{21}, bu^{21} me^{33} nv̩^{55} hu^{21} dɯ^{33} me^{33}

卢神沈神 聚集 处 又 耕 不 高兴 卢神 不 高兴 猪 母 嘴 红 一 头

piə^{33}, ȵi^{55} lɯ^{21} hu^{21} kə^{55} phv̩^{33}, hu^{21} lɯ^{21} ȵi^{55} kə^{55} phv̩^{33} le^{33} tshʅ^{21}. | tsho^{21} ze^{33} lɯ^{55} ɯ^{33}

变 昼 耕 夜 拱平 夜 耕 昼 拱平 又 来 崇忍利恩

nɯ^{33}, ŋv̩^{33} phər^{21} tv̩^{55} tʂu^{33} pu^{55}, hæ^{33} ʂʅ^{21} pe^{55} tse^{33} pu^{55}, tɕy^{33} tɕy^{21} so^{21} nɯ^{33} tɕy^{21}, so^{21} tɕy^{21}

由 银 白 扣杆 带 金 黄 扣子 带 兽扣 早 从 下 早晨 时

le^{33} ly^{21} khɯ^{55}, bu^{21} me^{33} nv̩^{55} hu^{21}tɕy^{21} ȵə^{21} dər^{33} le^{33} tshʅ^{21}. | lɯ^{55} ɯ^{33} tɕi^{21} gv^{33} nɯ^{33}, dv̩^{33}

又 瞧 去 猪 母 嘴 红 扣 里 扣着 又 来 利恩金古① 来 犁

tshʅ^{33} le^{33} kə^{55} phv̩^{33} , ə^{33} phv̩^{33} kv̩^{33} ȵə^{21} tu^{33}, ŋv̩^{33} phər^{33} tho^{33} lo^{33} kv̩^{33} ȵə^{21} dər^{33}, ŋv̩^{33}

铧 又 翻转 阿普 头 有 打 银 白 帽子 上面 着 银

phər^{21} tho^{33} lo^{33} khə^{33}. lɯ^{55} ɯ^{33} kho^{33} gv̩^{33} nɯ^{33}, tshʅ^{33} phər^{21} le^{33} kə^{55} phv̩^{33}, se^{21} ȵə^{21} le^{33}

白 帽子 破 利恩夸古② 来 铧 白 又 翻转 沈神 上 又

tu^{33} hə^{21}, hæ^{21} ʂʅ^{21} mu^{55} thv̩^{33} kv̩^{33} ȵə^{21} dər^{33}, hæ^{33} ʂʅ^{21} mu^{55} thv̩^{33} tɕhər^{33}. |

打 去 金 黄 手杖 上 面 着 金 黄 手杖 折

① 利恩金古：人名，崇忍利恩的兄弟之一。

② 利恩夸古：人名，崇忍利恩的兄弟之一。

崇忍利恩男儿，白鹇鸟栖息树上，栖息已经晚了；牧羊松林间，放牧已经晚了。崇忍利恩男儿，不会劳作就向蝴蝶、蚂蚁学。崇忍利恩不会耕地，就耕到了卢神和沈神聚集的地方。卢神很不高兴，变成一头红嘴母猪，把崇忍利恩白天耕的地夜晚又拱平，夜晚耕的地白天又拱平。崇忍利恩带着银白色的兽扣和扣杆，带着金黄色的扣子去下扣。崇忍利恩早晨下好兽扣，白天去看一看，没扣上红嘴母猪，到晚上又去看，还是没有扣着。于是，崇忍利恩不管白天还是夜晚都去下扣，有一天早晨去瞧，终于把红嘴母猪扣上了。

利恩金古翻转犁铧，犁铧打在了阿普的银白色帽上，打破了阿普的银白色帽子。利恩夸古翻转犁铧，犁铧打在了沈神的手杖上，打断了沈神的金黄色手杖。

364-H-2-13

du^{21} bɑ^{21} mɯ^{33} n̥ə^{21} mi^{33} le^{33} hə^{21}, se^{21} bɑ^{21} dy^{21} n̥ə^{21} mi^{33} le^{33} hə^{21}. | tsho^{21} ze^{33} lɯ^{55} ɯ^{33}
卢神 吼 天 上 听到 又 去 沈神 吼 地 口 听 又 去 崇忍利恩

zo^{33} nɯ^{33} ʂə^{55}, ə^{33} phy̩^{33} gu^{21} nɯ^{55} mə^{33} gu^{21} tsʅ^{55}, gu^{21} me^{33} u^{55} iə^{55} bɯ^{33}, tshər^{33} nɯ^{55} mə^{33}
男儿 来 说 阿普 痛 是 不 痛 说 痛 是拔火罐 给 要 病 是 不

tshər^{33} tshʅ^{33}, tshər^{33} me^{33} kɯ^{55} iə^{55} bɯ^{33}. | lɯ^{55} ɯ^{33} khɑ^{33} gy̩^{33}thɯ^{33}, khu^{33} nɯ^{33} sʅ^{55} dzu̩^{21}
病 说 病 是 针砭 给 要 利恩夸古 这 口 由 三 句

tɑ^{55} me^{33} ny̩^{21} phy^{21} iə^{33}, khɯ^{33} mu^{33} sʅ^{55} thy̩^{33} ʥi^{33} tsʅ^{55} me^{33} u^{33} lɯ^{55} iə^{33}. | lɯ^{55} ɯ^{33} uɑ^{55}
说 他 输 了 脚 由 三 步 走 试 财 失 了 利恩 五

be^{33} gu^{33}, be^{33} gu^{33} æ^{21} tər^{55} thy̩^{33} mə^{33} du^{33}, be^{33} gu^{33} æ^{21} tər^{55} thy̩^{33} se^{33} iə^{33}, tɕi^{21} mi^{55}
兄弟 兄弟 争斗 出 不 兴 兄弟 争斗 出 了 是 姬命

tʂhuɑ^{55} me^{33} he^{21}, ə^{33} by̩^{21} me^{33} he^{21} ʥʅ^{21} bu^{21} be^{33} mə^{33} du^{33}, ə^{33} by̩^{21} me^{33} he^{21} ʥʅ^{21} bu^{21}
六 姊妹 兄弟 姊妹 夫 妻 结 不 兴 兄弟 姊妹 夫 妻

be^{33} se^{33} iə^{33}. | mɯ^{33} tʂhə^{55} du^{21} tʂhə^{55} se^{21}, bi^{33} tʂhə^{55} le^{21} tʂhə^{55} se^{21} i^{33} tshʅ^{55}. | mɯ^{33}
做 了 是 天 污染 地 污染 了 日 污染 月 污染 了 的 说 天

khu^{33} dy^{21} khu^{33} tʂhʅ^{55}, dzu̩^{21} mu^{55} so^{55} ʂæ^{33} thy̩^{33}, lo^{21} nɑ^{55} kɑ^{55} kɑ^{33} thy̩^{33}, lɯ^{33} nɑ^{21} ky̩^{33}
边 地 边 裂 山 大 震 撼 出现 壑 深 浊浪 出现 杉 黑 梢

phər^{21} thy̩^{33}, ly̩^{33} na^{21} ky̩^{33} hæ^{21} thy̩^{33}, du^{21} se^{21} khu^{33} kha^{33} thy̩^{33}. | gə^{21} nɯ^{33} sər^{33} ky̩^{33} no^{55}
白　出现 石　黑　上　绿 出现 卢神 沈神　口　苦　出现　上　从　树　上 杂草

tɯ^{33} lɯ^{33}, la^{33} mə^{33} ua^{21} me^{33} tsa^{55} mə^{33} thy̩^{33}, mɯ^{21} nɯ^{33} sər^{33} mæ^{33} ʥi^{33} i^{21} lɯ^{33}, ʂu^{21} mə^{33}
生长 来　虎　不　是　的　扒开 不　能　下　从　树　根　水　漏　来 水獭　不

ua^{33}me^{33}dzə̩r^{33} mə^{33} thy̩^{33}. | mɯ^{33} lɯ^{55} du^{21} ə^{33}phv^{33} nɯ^{33} ʂə^{55}, tsho^{21} ze^{33} lɯ^{55} ɯ^{33} nɯ^{21},
是　的　游　不　了　美利卢阿普[1]　由　说　崇忍利恩　你

ka^{33} be^{33} mi^{55} tha^{55} la^{33}, khua^{21} be^{33} mi^{55} mə^{33} tha^{55}, gu^{21} tʂhu^{21} ta^{55} mə^{33} sɿ^{55}, zy̩^{55} kho^{33}
好　做　忘　掉　也　坏　做　忘　不　能　马　快　话　不　听　路　遥

gu^{21} thɯ^{21} se^{21}. |
马　累　了

卢神生气的叫怒吼声传到了天上，沈神生气的吼叫喊声传到了大地。崇忍利恩到阿普跟前说："阿普您疼还是不疼呀？若弄疼了您的头，我要为您拔罐。阿普您伤着了没有？若撞伤了您的头，我要为您做针砭。"利恩夸古他，有嘴不会说好话，刚说了三句就输理了，有脚不会走路，刚走了三步就把财物弄丢了。利恩五兄弟，兄弟间本来不应有争斗，却发生了争斗，兄弟姐妹间本来不能婚配，利恩的兄弟姐妹却已经成了夫妻。由此产生的秽气污秽了天和地，污秽了日和月，天边地头裂开，出现大山震撼不定的现象，深壑洪水浊浪高涨的现象。黑杉树的树梢泛起白色，似乎要枯死；黑石上泛起了绿色，卢神与沈神也发怒了。树尖上长满了杂草，不是猛虎就不能把它扒开；树根旁肆虐的洪水，不是水獭就不能游过。美利卢阿普说："崇忍利恩呀，做好事可忘记，坏事却不能忘了。好马不听话，迷路走远了才知累。"

364-H-2-14

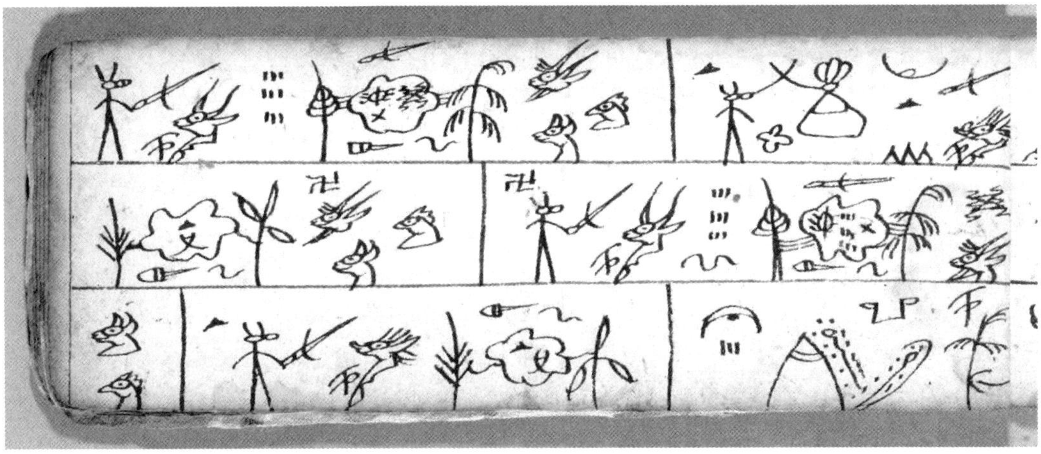

tsho^{21} ze^{33} lɯ^{55} ɯ^{33} zo^{33}, bər^{21} me^{33} la^{21} phər^{21} kho^{55}, bər^{21} ɯ^{33} ky̩^{55} dy̩^{21} ʂɿ^{55}, tʂu^{55} tshɿ^{21}
崇忍利恩　男儿 牦牛 母　手　白　宰　牦牛 皮　皮囊　剥　锥　细

[1] 对卢神的尊称。

khɯ^{21} by^{33} tse^{21}, zʅ^{21} le^{33} dʑe^{33} dʑe^{21} be^{33}, sɿ^{33} bɑ^{21} ɕy^{55} n̩ə^{21} phæ^{33}, sɿ^{33} bɑ^{21} lɯ^{33} n̩ə^{21} phæ^{33},
线 粗 用 缝 又 齐齐 做 三 根 柏树 上 拴 三 根 冷杉 上 拴

lər^{55} tɕhy^{33} gv̩^{33} sy^{21} khu^{21} nɯ^{33} khɯ^{55}, hæ^{21} khɯ^{33} ȵi^{33}, hæ^{21} æ^{55} tsɿ^{21}, hæ^{21} tshɿ^{55} tho^{33}, hæ^{55}
种 子 九 种 里 来 放 金 小狗 金 小鸡 金 羊羔 金

ʂʅ^{21} zər^{33} the^{33} khu^{21} nɯ^{33} khɯ^{55} thɑ^{55} tsɿ^{55}. | lɯ^{55} ɯ^{33} tɕi^{21} gv̩^{33}, khɑ^{33} gu^{21} mɯ^{33} lɯ^{55} du^{21}
黄 刀子 里 来 放 可以 说 利恩金古 夸古 美利卢阿普

ɑ^{33} phv̩^{33} khɯ^{21} le^{33} ʂə^{55} khɯ^{55}, mɯ^{33} lɯ^{55} du^{21} ɑ^{33} phv̩^{33} nɯ^{33} ʂə^{55}, khuɑ^{21} mi^{21} dʐʅ^{21} me^{33}
处 又 说 去 美利卢阿普 来 说 坏名 声 有 的

nɯ^{33}, kɑ^{33} mi^{21} dɯ^{33} mə^{33} du^{33}. bu^{33} mi^{21}ʂʅ^{21} dv̩^{33} kho^{55}, bu^{21} ɯ^{33} kv̩^{55} dv̩^{21} ʂʅ^{55}, tʂhu^{55} by^{33}
来 好 名声 得 不 会 猪 种 黄 公 宰 猪 皮 皮囊 剥 锥 粗

khɯ^{33} tshɿ^{21} tse^{21}, zʅ^{21} le^{33} mə^{33} dʑe^{21} be^{33}, khuɑ^{21} me^{33} dzɑ^{33} me^{33} khv̩^{21} nɯ^{33} khɯ^{55}, kɑ^{33}
线 细 用 缝 又 不 齐 做 坏 的 烂 的 里 由 装 好

me^{33} ɯ^{33} me^{33} tshɿ^{55} ʂuɑ^{33} khɯ^{33} ȵi^{33} æ^{55} tsɿ^{21} bu^{21} nɯ^{33} tɕi^{33}, dɯ^{33} bɑ^{21} tho^{33} n̩ə^{21} phæ^{33},
的 佳 的 骟羊 小狗 小鸡 外 由 放 一 根 松 上 拴

dɯ^{33} bɑ^{21} bɯ^{33} n̩ə^{21} phæ^{33} thɑ^{33} tsɿ^{55}. | tsho^{21} ze^{33} lɯ^{355} ɯ^{33} zo^{33}, du^{21} gə^{33} kho^{33} le^{33} mi^{33},
一 根 栗 上 拴 可以 说 崇忍利恩 男儿 卢神 的 话 又 听

bər^{21} me^{33} lɑ^{21} phər^{21} kho^{55}, bər^{21} ɯ^{33} kv̩^{55} dv̩^{21} ʂʅ^{55}, tʂu^{55} tshɿ^{21} khɯ^{21} by^{33} tse^{21} , zʅ^{21} le^{33}
牦牛 母 脚 白 宰 牦牛 皮 皮囊 剥 锥 细 线 粗 用 缝 又

dʑe^{33} dʑe^{21} be^{33}, sɿ^{33} bɑ^{21} ɕy^{55} n̩ə^{21} phæ^{33}, sɿ^{33} bɑ^{21} lɯ^{21} n̩ə^{21} phæ^{33}. dʑe^{33} me^{33} ɕi^{33} lər^{55} khu^{21}
齐齐 的 三 根 柏树 上 拴 三 根 冷杉 上 拴 谷 类 百 种 里

nɯ^{33} khɯ^{55}, hæ^{21} khɯ^{33} ȵi^{33}, hæ^{21} æ^{55} tsɿ^{21}, hæ^{21} tshɿ^{55} tho^{33}, hæ^{33} ʂʅ^{21} zər^{33} the^{33} khu^{21}
来 放 金 小狗 金 小鸡 金 羊羔 金 黄 刀子 里

nɯ^{33} khɯ^{55}. | lɯ^{55} ɯ^{33} khɑ^{33} tɕi^{21}, khɑ^{33} gu^{21} bu^{33} mi^{21} ʂʅ^{21} dv̩^{33} kho^{55}, bu^{21} ɯ^{33} kv̩^{55} dv̩^{21}
来 放 利恩金古 夸古 猪 种 黄 公 宰 猪 皮 皮囊

ʂʅ^{55}, tʂu^{55} by^{33} khɯ^{33} tshɿ^{21} tse^{21}, zʅ^{21} le^{33} mə^{33} dʑe^{21} be^{33}, khuɑ^{21} me^{33} dzɑ^{33} me^{33} khu^{21}
剥 锥 粗 线 细 用 缝 又 不 齐 做 坏 的 烂 的 里

le^{33} khɯ^{55}, dɯ^{33} bɑ^{21} tho^{33} n̩ə^{21} phæ^{33}, dɯ^{33} bɑ^{21} bɯ^{33} n̩ə^{21} phæ^{33}. | sɿ^{55} hɑ^{33} i^{33} so^{21} gv̩^{33},
又 装 一 根 松 上 拴 一 根 栗 上 拴 三 天 数 早 有

gə^{21} nɯ^{33} dzu^{21} mu^{55} so^{55} sæ^{33} thv̩^{33}, mɯ^{21} i^{33} lo^{21} ho^{55} kɑ^{55} kɑ^{33} thv̩^{33} le^{33} tshɿ^{21}. lɯ^{33} phər^{21}
上面 的 山 大 震撼 出现 下面 的 壑 深 浊浪 出现 又 来 冷杉 白

lɯ33 kho33 thv̩55. |
冷杉 声 发

又说："崇忍利恩呀，你要宰杀一头前脚白的母牦牛，剥下牦牛皮来做皮囊，用细锥粗线来缝合，缝得整整齐齐，严严密密，再用铁索拴皮囊，三条拴在冷杉树上，把九种种子放进皮囊里，把金黄色的小狗、金黄色的小鸡、金黄色的羊羔、金黄色的刀子放进皮囊吧。"利恩金古、利恩夸古也去问美利卢阿普该怎么办，美利卢阿普说："有坏名声的人，不会得到好名声了。"又说："利恩金古、利恩夸古你们俩，要杀一头黄色的公猪，剥下猪皮来做皮囊，用粗锥细线来缝合，缝得不要太齐太密，把坏的东西、烂的东西装在皮囊里，把好的佳的骟羊、小狗、小鸡放在皮囊外，用一根绳把皮囊一头拴在松树上，一头拴在栗树上。"

崇忍利恩听从美利卢阿普的话，宰杀了一头前脚白的母牦牛，剥下牦牛皮来做皮囊，用细锥粗线来缝合，缝得整整齐齐严严密密，把它用三根绳一头拴在柏树上，一头拴在冷杉树上，把九种种子放在皮囊里，把金黄色的小狗、金黄色的小鸡、金黄色的羊羔、金黄色的刀子放进皮囊里。利恩金古、利恩夸古也按美利卢阿普的话，宰杀了一头黄公猪，剥下牦牛毛来做皮囊，用粗锥细线缝了皮囊，缝得不严密，把坏的东西、烂的东西装在皮囊里，把好的骟羊、小狗、小鸡放在皮囊外，用一根绳一头拴在松树上，一头拴在栗树上。

到了第三天早晨，上面的大山出现了崩裂震撼的现象，下面的深壑出现了浊浪滔天的现象。冷杉树发生恐吓的声响，

364-H-2-15

lv̩33 nɑ21 ʂu21 hæ21 thv̩55, du33 se21 khu33 khɑ33 thv̩55, gə21 nɯ33 sər33 kv̩33 no55 tɯ33 lɯ33, lɑ33
石 黑 铁 风 出现 卢神 沈神 口 苦 出现 上 从 树 上 杂草 生 来 虎

mə33 uɑ21 me33 tsɑ55 mə33 thv̩33. mi21nɯ33 sər33 mæ33 dʑi21 i21 lɯ33, ʂu21 mə33 uɑ33 me33dzə̩r33
不 是 的 扒 不 能 下 从 树 根 水 漏 来 水獭 不 是 的 游

mə33 thv̩33. | uɑ33 hæ21 mɯ33 dzə̩r33 mɯ33 nɯ21 zɑ21 le33 tshɿ21, tho33 phər21 mɯ33 nɯ33 gv̩33,
不 能 松石 绿 美汁神① 天 从 降 又 来 松 白 雷 被 击

lɯ55 ɯ33 tɕi21 gv̩21 thɯ33, tɕi21 phər21 gv̩33 ty55 ko33, ze21 phi55 hɯ33 mə33 do21, | mi21 gə33
利恩金古 他 云 白 九 层 间 哪儿 失 去 不 见 下 的

① 特指龙。

bɯ^{21} hu^{21} lɯ^{33} nɯ^{33} by̩^{21}, lɯ^{55} ɯ^{33} kɑ^{33} gy̩^{33} thɯ^{33}, tʂhʅ^{33} nɑ^{21} ʂ̩ər^{33} ty^{55} ko^{55}, ze^{21} pi^{55} hɯ^{33}
栗 红 地 被 崩 利恩夸古 他 土 黑 七 层 间 哪儿 失 去

mə^{33} do^{21}. | tsho^{21} ze^{33} lɯ^{55} ɯ^{33} zo^{33}, bu^{21} ʂʅ^{55} dɯ^{33} bu^{21} khu^{33} i^{33} le^{33} thy̩^{33} n̥ə^{13}, lɯ^{33}
不 见 崇忍利恩 男儿 坡 新 一 坡 旁 是 又 到 时 地

ʂuɑ^{21} kv^{33} nɯ^{33} bu^{21} ʂuɑ^{21} kv^{33} i^{33} le^{33} thv^{33} n̥ə^{21}. | tsho^{21} ze^{33}lɯ^{55}ɯ^{33} zo^{33}, he^{33}ne^{21}he^{33}tsʅ^{33}
高 上 与 坡 高 上 是 又 到 时 崇忍利恩 男儿 月 和 月 计算

tsʅ^{21}, ʂ̩ər^{33} he^{33} thy̩^{33} se^{21} tsʅ^{55}. tsho^{21} ze^{33} lɯ^{55} ɯ^{33} zo^{33}, thɯ^{55} ko^{55} gæ^{21} le^{33} sʅ^{55}, bər^{21} ɯ^{33}
七 月 有 了 呀 崇忍利恩 男儿 腰 间 刀 又 抽 牦牛 皮

ky̩^{55} dy̩^{21} hæ^{55}. | bər^{21} ɯ^{33} ky̩^{55} dy̩^{21} ky̩^{33} kɑ^{55} le^{55} le^{33} dɯ^{33} ly^{21} ne^{21}, uɑ^{33} tɕy^{21} dɯ^{33} ly^{21}
皮囊 割 牦牛 皮 皮囊 盖子 掀 又 一 瞧 是 左 边 一 瞧

ne^{21}, uɑ^{33} i^{33} gu^{21} khuɑ^{33} dy̩^{33} mə^{33} dʑy^{33} se^{33} iə^{33}. i^{21} tɕy^{21} dɯ^{33} ly^{21} ne^{21}, i^{21} i^{33} le^{55} lɯ^{21}
是 左 是 马 蹄 印 不 有 了 是 右 边 一 瞧 是 右 是 牛 犁

phu^{55} mə^{33} dʑy^{33} se^{33} iə^{33}. ly^{55} gy̩^{33} dɯ^{33} ly^{21} ne^{21},
播 不 有 了 是 中间 一 瞧 是

巨石发出金属的响声，卢神沈神也发怒了，树上长出的杂草，不是老虎扒不开，树根旁的洪水，不是水獭游不过。松石般碧绿的美汁神，从天上降临下来，白色的松树遭雷击，把利恩金古炸到了天上九层云间，不知被抛去哪儿了。栗树被地崩断，利恩夸古被埋在七层黑土之下，不知在地下什么地方。崇忍利恩在皮囊中，随水飘到了一座新的山坡上，又到了高地、高坡上。崇忍利恩算了算，已有七个月之久了。崇忍利恩拔出腰间的刀，划破皮囊，掀开盖子。往左边瞧一瞧，已没有一块能放下马蹄的地方了。往右边瞧一瞧，已没有一块可以架起犁来犁田耕种的地方了。往中间的地方瞧一瞧，

364-H-2-16

dʐʅ^{21} i^{33} tsʅ^{21} se^{21} iə^{33}, lo^{21} i^{33} ho^{55} se^{21} iə^{33}. hæ^{21} tshʅ^{55} tho^{33} nɯ^{33} bɑ^{21}, tshʅ^{55} bɑ^{21}sy^{21} bɑ^{21}
山 是 竖 了 是 箐 是 深 了 是 金 羊羔 由 叫 羊 叫 什么 叫

tsɿ^{55}, n̩ə^{55} i^{33} tɕi^{55} n̩ə^{21} zə̩^{21} hæ^{21} dɯ^{33}, dɯ^{21} se^{13} zə̩^{21} mə^{33} dɯ^{33}, zə̩^{21} phi^{55} zə̩^{21} le^{33} ʂu^{21}
说 我 是 小 时 草 绿 得 大 了 草 不 得 草 失 草 又 找

me^{33} bɑ^{21} ne^{21} tsɿ^{55}; | hæ^{21} khɯ^{33} n̩i^{33} nɯ^{33} l̩y^{21}, khɯ^{33} l̩y^{21} tʂhʅ^{33} tse^{55} tse^{55}, khɯ^{33} l̩y^{21} sy^{21}
的 叫 在 说 金 小狗 由 吠 狗 吠 这 汪汪 狗 吠 什么

l̩y^{21} tsɿ^{55}. n̩ə^{55} i^{33} tɕi^{55} n̩ə^{21} nər^{33} thɯ^{33} dɯ^{33}, dɯ^{21} se^{13} nər^{33} mə^{33}dɯ^{33}, nər^{33} phi^{55} le^{33} ʂu^{21}
吠 说 我 是 小 时 奶 喝 得 大 了 奶 不 得 奶 失 又 找

me^{33} bɑ^{21} ne^{21} tsɿ^{55}. | hæ^{21} æ^{21} phər^{21} nɯ^{33} tɕy^{21}, tɕy^{21} kho^{33} tʂhʅ^{33} o^{33} o^{33}, æ^{21} tɕy^{21} sy^{21} tɕy^{21}
的 吠 在 说 金 公鸡 由 啼 啼 声 这 喔喔 鸡 啼 什么 啼

tsɿ^{55}, n̩ə^{55} i^{33} tɕi^{55} n̩ə^{21} tʂhuɑ^{33} phər^{21} dɯ^{33}, dɯ^{21} se^{13} tʂhuɑ^{33} mə^{33} dɯ^{33}, tʂhuɑ^{33} phi^{55} tʂhuɑ^{33}
说 我 是 小 时 米 白 得 大 了 米 不 得 米 失 米

ʂu^{21} me^{33} tɕy^{21} ne^{21}tsɿ^{55}. | dʑi^{33} dʑə^{21} lɑ^{33} lər^{33} dy^{21}, dʑi^{33} mə^{33} dʑy^{21} me^{33}dy^{21}, bər^{33}lər^{55} khɯ^{21}
找 的 啼 在 说 人 住 辽阔 地 人 没 有 的 地 苍蝇 群

sɿ^{55} sɑ^{33}, mu^{21} mə^{33} dʑy^{21} me^{33} dy^{21}, zə̩^{21} hæ^{21} k̩y^{33} tər^{55} tər^{33}. | tsho^{21} ze^{33} lɯ^{55} ɯ^{33} zo^{33}, sɿ^{33}
交 织 牛 没 有 的 地 草 绿 尖 团团 崇忍利恩 男儿 羊毛

dɑ^{21} si^{33} li^{33} mu^{21}, sɿ^{33} tʂhə^{55} lɯ^{33} me^{33} pu^{55}, khæ^{55} gu^{21} zʅ^{33} p̩y^{55} ne^{21}. bu^{21} ʂuɑ^{21} to^{55} ɯ^{33}
织 披毡 穿 三 庹 弓 大 带 射 后 路 走 在 坡 高 坡 好

k̩y^{33} lɑ^{33} th̩y^{33}, l̩y^{33} lɑ^{55} th̩y^{55} p̩y^{55} ne^{21}. | sər^{33} dʑy^{21} k̩y^{33} lɑ^{33} th̩y^{33}, n̩ə^{55} kho^{33} n̩ə^{55} dʑɿ^{33}
上 也 到 石 抛 步 行 在 树 山 上 也 到 自己 声 自己 伴

be^{33} le^{33} tshɿ^{21}, zo̩^{55} lo^{21} iə^{21} dʑi^{21} mæ^{33} lɑ^{33} th̩y^{33}, n̩ə^{55} khɯ^{33} n̩ə^{55} zu̩ɑ^{33} be^{33} le^{33} tshɿ^{21}. |
做 又 来 若罗 尤吉 尾 也 到 自己 脚 自己 马 做 又 来

tsho^{21} ze^{33} lɯ^{55} ɯ^{33} zo^{33}, ko^{33} ʂuɑ^{21} lɯ^{33} nɑ^{21} dʑɿ^{21} khɯ^{33} le^{33} th̩y^{33} n̩ə^{13}, lɯ^{33} nɑ^{21} dʑɿ^{21}
崇忍利恩 男儿 高 原 冷杉 黑 树 下 又 到 时 冷杉 黑 树

khɯ^{33} ɕy^{55}, mi^{21} gə^{33} lɑ^{33} lər^{33} dy^{21} n̩ə^{21} dɯ^{33} ly^{21} ne^{21}, n̩i^{55} i^{33} mɯ^{55} khɯ^{21} ly^{33} uɑ^{33} dɯ^{33}
下 站 下面 的 辽阔 地 向 一 看 着 白天 是 烟柱 矛 杆 大

gə^{33} dɯ^{33} kə^{55} mɯ^{33} n̩ə^{21} le^{33} mə^{33} tʂu^{55}, hu^{21} i^{33} mi^{33} s̩y^{55} æ^{21} phər^{21} dɯ^{33} gə^{33} dɯ^{33} kə^{55}
的 一 点 天 上 又 不 接 夜 是 火 冠 公鸡 大 的 一 点

le^{33} mə^{33}bu^{33} . dʑi^{33} dʑə^{21} lɑ^{33} lər^{33}dy^{21}, dʑi^{33} tɕhy^{33} tsho^{21} tɕhy^{33} mə^{33} dʑy^{21} se^{21} ʂə^{55} me^{33},
又 不亮 人 住 辽阔 地 精人 种 崇人 种 没 有 了 说 的

山更险峻了，壑更深遂了。皮囊中放出的金黄色的小羊羔，叫个不停，问小羊羔为什么这么叫唤，小羊羔说："幼年时大地上有青草可食，长大了却得不到青草，我为寻找青草而叫的呀。"皮囊中放出的金黄色小狗不停地汪汪叫，问小狗为什么这么吠叫，小狗说："我小时有奶可食，长大了却得不到奶水，我为寻找奶水而吠叫。"皮囊中放出的金黄色大公鸡也喔喔啼个不停，问公鸡为什么这么啼叫，公鸡说："小时有白米可食，现在无处觅白米，我为寻找白米而啼。"在辽阔的大地上，没有了人类，苍蝇成群地到处飞，没有了牛群，乱草结成团。崇忍利恩身上穿着羊毛大披毡，带着三庹长的弓，跟着自己射出去的箭，让箭来引路；走到一个高高的山坡上，一边走一边又抛着石头，让抛出去的石头给自己带路，崇忍利恩走到长满树的山上，没有人与他做伴，以自己的声音做伴；走到居那若罗山尤吉河下游，没有马可当乘骑，只有把自己的脚当坐骑。崇忍利恩走呀走，走到高原杉树底下，站在杉树下，俯视人类曾经繁衍生息的辽阔大地，白天不见一柱矛杆般粗的烟柱袅袅升起，夜间未见一点鸡冠似的火苗在跳跃。在辽阔的大地上，已经没有人类居住了。

364-H-2-17

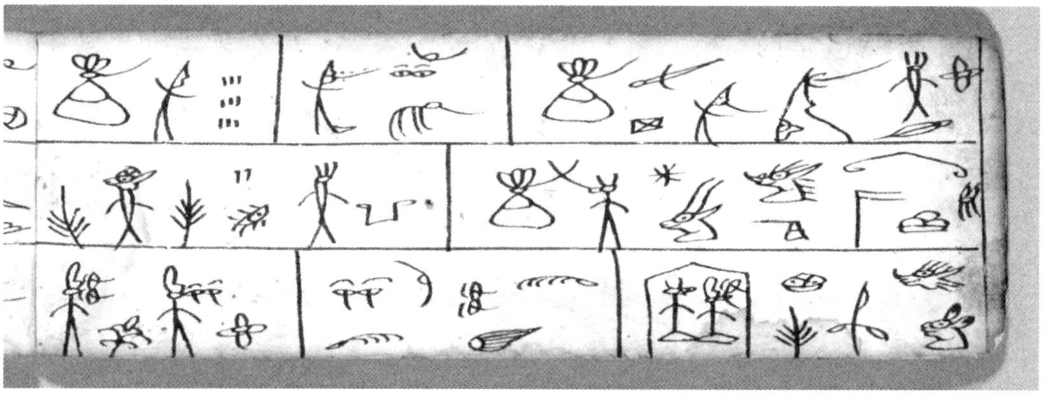

mɯ^{33} lɯ^{55} du^{21} ə^{33} phy̩^{33} nɯ^{33} ʂə^{55}, sər^{33} ɕi^{33} phæ^{33} ty̩^{21} gy̩^{55} tso^{33} dɑ^{55}, dʑi^{33} tɕhy^{33} tsho^{21}
美利卢阿普 来 说 木 人 木偶 九 对 砍 精人 种 崇人

tɕhy^{33} tʂu^{55} næ^{21} tsɿ^{55}.｜khu^{33} dʐʅ^{21} tɑ^{55} mə^{33} ky̩^{55}, lɑ^{21} dʐʅ^{21} zu̩^{21} mə^{33} ky̩^{55}, khɯ^{33} dʐʅ^{21}
种种 接 要 说 口 有 说 不 会 手 有 拿 不 会 脚 有

dʑi^{33} mə^{33} ky̩^{55}, gu^{33} mu^{33} by̩^{21} mə^{33} ky̩^{55}.｜mɯ^{33} lɯ^{55} du^{21} ə^{21} phy̩^{33} nɯ^{33} ʂə^{55}, le^{33} dʑo^{33} du^{21}
走 不 会 身体 爬 不 会 美利卢阿普 来 说 又 制作卢神

nɯ^{33} dʑo^{33}, le^{33} sy^{55} du^{21} nɯ^{33} sy^{55} du^{33} tsɿ^{55}. sər^{33} ɕi^{33} phæ^{33} ty̩^{21} thɯ^{33}, dɯ^{33} tso^{33} sy^{55} le^{33}
来 做 又 杀 卢神 来 杀 兴 呀 木 人 木 偶 这 一 对 杀 了

æ^{21} ȵə^{21} ku^{55}, æ^{21} lɑ^{33} ə^{55} bɯ^{21} mu^{33} thy̩^{33} hə^{21}. dɯ^{33} tso^{33} sy^{55} le^{33} dʑi^{21} ȵə^{21} ku^{55}, dʑi^{21}
崖 往 丢 俺拉阿崩① 猛鬼 生 去 一 对 杀 了 水 往 丢 水

lo^{21} mu^{33} ɯ^{21} thy̩^{33} le^{33} hə^{21}. dɯ^{33} tso^{33} sy^{55} le^{333} bi^{33} ȵə^{21} ku^{55}, bi^{33} lo^{21} tsho^{21} phu^{55} mu^{33}
里 猛鬼 恩鬼 生 了 去 一 对 杀 了 森林 往 丢 森林 里 崇铺② 猛鬼

① 俺拉阿崩：鬼名，生活在崖间的猛鬼。

② 崇铺：鬼名，生活在森林中的猛鬼。

thy̩33 hə21, n̥i33 lɯ55 mu21 ɯ21 thy̩33 le33 hə33. | tsho33 ze33 lɯ55 ɯ33 zo33, mɯ33 lɯ55 du21 ə33
生 去 两 种 猛鬼 恩鬼 生 了 去 崇忍利恩 男儿 美利卢阿普

phy̩33 khɯ33 le33 ʂə55 khɯ55, ty̩21 be33 dzə̩21 lɯ55 bu21, n̥ə55 dʑʅ33 tshə21 mə33 dʑy21, bu21 ʂu21
处 又 说 去 督本玖利 坡 自己 伴 这 没 有 妻 找

le33 bɯ33 tsʅ55. mɯ33 lɯ55 du21 ə33 phy̩33 nɯ33 le33 ʂə55 me33, mɯ33 ʂuɑ33 ly̩33 phər21 ky̩33, |
要 去 说 美利卢阿普 由 又 说 是 天 高 石 白 上

mɯ33 mi55 dɯ33 dʑʅ21 dʑy21, zi33 me33 n̥ə21 tsʅ21 zi33, uɑ21 me33 n̥ə21 dər21 uɑ21, | n̥ə21 tsʅ21 dy̩33
天 女 一 对 有 美 是 眼 竖 美 真 是 眼 横 真 眼 竖 翅

tshi33 khy̩33 mə33 n̥i21, n̥ə21 dər21 uɑ21 tɕhy33 khy̩33 pu55 lu33 lɑ21 tsʅ55. tsho21 ze33 lɯ33 ɯ33 zo33
膀 娶 不 要 眼 横 真 种 娶 带 来 说 崇忍利恩 男儿

dʑi33 le33 the33 ky̩33 thy̩33 mə55 ny̩33, gy̩33 dɯ21 nɯ33 mə33 gy̩21, nɯ33 dɯ21 n̥ə21 mə33 gy̩21, n̥ə21
走 又 那儿 到 以后 身 大 心 不 及 心 大 眼 不 及 眼

dʑʅ33 be33 pə55 tshʅ21, n̥ə21 dər21 uɑ21 tɕhy33 le33 mə33 khy̩33, n̥ə21 tsʅ21 dy̩33 tshi33 zi33 tɕhy33
作主 做 了 来 眼 横 真 种 又 没 娶 眼 竖 翅 膀 美 种

khy̩33 pu55 tshʅ21 , iɑ33 ko21 le33 thy̩33 pɯ33 pɑ33 be33 , dɯ33 khɯ21 ʂy̩55 me33 tho33 le33 bɯ33
娶 带 来 家里 又 到 交配 做 一 胎 生 是 松树 和 栗树

kho21 ʂy̩55 , dɯ33 khɯ21 ʂy̩55 me33 bu21 le33 gy̩21 dər33 ʂy̩55,
从 生 一 胎 生 是 猪 和 熊 生

美利卢阿普削制了九对木偶作以传人种。九对木偶，有口不会说话，有眼不会看，有手不会拿，有脚不会走，有身子也不会爬。美利卢阿普说："我砍制的木人由我来杀。"美利卢阿普把一对木偶杀了丢往山崖处，变成了俺位阿崩猛鬼；把一对木偶杀了丢往水中，变成了猛鬼和恩鬼；把一对木偶杀了丢往森林中，变成了森林中的崇铺猛鬼。崇忍利恩到美利卢阿普处去说："我在督本玖利山坡上，没人做伴，要去找个妻子来作伴。"美利卢阿普就说："在天边白石上，有一对天女，一个是竖眼长着翅膀的美女，一个是横眼能干的女子。但是你别娶这竖眼的美女，横眼女虽没竖眼女漂亮，但横眼女心地善良，你应娶横眼女带回去做伴侣。"崇忍利恩到天边白石头上，他的身子再大，也没他的心大，他让爱美的心做了主，脸庞再大也没他眼睛大，他让爱美的眼睛做了主。崇忍利恩把竖眼之女取了回来，在家做交合，一胎生下一片松树和栗树，一胎生下一窝猪和熊，

364-H-2-18

dɯ^{33} khɯ^{21} ʂɣ̩^{55} me^{33} ʐu^{21} ne^{21} æ^{21} dər^{33} ʂɣ̩^{55}, dɯ^{33} khɯ^{21} ʂɣ̩^{55} me^{33} ʐʅ^{21} ne^{21} pɑ^{33} dər^{33}

一 胎 生 是 猴 和 鸡 窝 生 一 胎 生 是 蛇 和 青蛙 窝

ʂɣ̩^{55}.｜tsho^{21} ze^{33} lɯ^{55} ɯ^{33} zo^{33}, mɯ^{33} lɯ^{55} du^{21} ə^{33} phɣ̩^{21} ȵə^{21} le^{33} ʂə^{55} khɯ^{55}, mɯ^{33} lɯ^{55}

生 崇忍利恩 男儿 美利卢阿普 向 又 说 去 美利

du^{21} ə^{33} phɣ̩^{21} nɯ^{33} le^{33} ʂə^{55} me^{33}, zo^{33} ɯ^{33} tɑ^{55} mə^{33} sʅ^{55}, zo^{33} thɯ^{21} ʥy^{33} se^{33} iə^{33}. tsho^{21}

卢阿普 由 又 说 是 男 好 话 不 听 男 难 有 了 是

ze^{33} lɯ^{55} ɯ^{33} nɯ^{21}, tho^{33} ne^{33} bɯ^{21} dər^{33} ʂɣ̩^{55} me^{33}, tho^{33} ne^{33} bɯ^{21} ʥʅ^{21} bu^{21} ȵə^{21} dy^{55}

崇忍利恩 你 松 和 栗 从 生 是 松 和 栗 长 坡 上 赶

le^{33} khɯ^{55}; ʐu^{21} ne^{33} æ^{21} dər^{33} ʂɣ̩^{55} me^{33}, dy^{55} ne^{21} æ^{21} ʂuɑ^{21} kho^{33} ȵə^{21} khɯ^{55}; bu^{21} ne^{21} gɣ̩^{21}

又 去 猴 和 鸡 窝 生 是 赶 往 崖 高 间 上 去 猪 和 熊

dər^{33} ʂɣ̩^{55} me^{33}, dy^{55} ne^{21} bi^{33} dɯ^{21} bɣ̩^{21} ȵə^{21} khɯ^{55}; ʐʅ^{21} ne^{21} pɑ^{33} dər^{33} ʂɣ̩^{55} me^{33}, dy^{55} ne^{21}

窝 生 是 赶 往 森林 大 下 上 去 蛇 和 蛙 窝 生 是 赶 往

lo^{21} ho^{55} kho^{33} ȵə^{21} khɯ^{55}.｜tsho^{21} ze^{33} lɯ^{55} ɯ^{33} zo^{33}, zo^{33} gə^{33} ʐɣ̩^{21} tʂhʅ^{33} do^{21}, lɯ^{33} nɯ^{33}

壑 深 间 上 去 崇忍利恩 男儿 男 的 仇人 所 见 弓 来

khæ^{55} le^{33} sy^{55}, ŋɣ̩^{33} lɣ̩^{33} tho^{33} dʐu^{21} uɑ^{33}, bɯ^{33} nɯ^{33} do^{21} me^{33} ʐʅ^{21}, pɯ^{33} nɯ^{33} bæ^{21} le^{33}

射 又 杀 雪山 松林 间 妇 由 见 的 蛇 蒿枝 来 扫 又

sy^{55}.｜ʥi^{33} ʥə^{21} lɑ^{33} lər^{33} dy^{21}, tsho^{21} ze^{33} lɯ^{55} ɯ^{33} zo^{33}, tʂuɑ^{21}ɯ^{33} ʥʅ^{21}mə^{33} ʥy^{21}, ʥʅ^{21} ʂu^{21}

杀 人 住 辽阔 地 崇忍利恩 男儿 男 好 妻 没 有 妻 找

mɯ^{33} le^{33} do^{33}, tshe^{55} hɯ^{21} bu^{33} bə^{21} mi^{55}, bɯ^{33} ɯ^{33} bu^{21} mə^{33} ʥy^{21}, bu^{21} ʂu^{21} mɯ^{33} le^{33}

天 又 爬 衬恒褒白① 姑娘 女 好 夫 没 有 夫 找 天 又

① 衬恒褒白：人名，天女，后和崇忍利恩结为夫妻，成为人类始祖。

za^{21}, phər^{21} nɑ^{21} lɯ^{33} kæ^{33} tʂu^{55}, sɿ^{33} khɑ^{33} luɑ^{21} by̩^{33} bɑ^{21}, ȵi^{33} ȵi^{21} tɕhy^{33} tɕhy^{21} bɑ^{21}, ȵi^{33}
下 白 黑 地 相接 梅树 两 度 花开 两 次 相随 开 要

ne^{21} tɕhy^{21} ko^{33} py̩^{55}. tsho^{21} ze^{33} lɯ^{55} ɯ^{33} zo^{33}, tshe^{55} hɯ^{21} bu^{33} bə^{21} mi^{55}, ȵi^{33} ne^{33} tɕhy^{21}
和 随 相 遇 崇忍利恩 男子 衬恒褒白 姑娘 要 和 随

ko^{33} py̩^{55}. | tsho^{21} ze^{33} lɯ^{55} ɯ^{33} zo^{33}, tshe^{55} hɯ^{21} bu^{33} bə^{21} mi^{55} nɯ^{33} ko^{33} phər^{21} dy̩^{33} ŋə^{21}
想遇 崇忍利恩 男儿 衬恒褒白 姑娘 由 鹤 白 翅膀 里

tsɿ^{55}, he^{21} gə^{33} mɯ^{33} kə^{55} khy̩^{33} ŋə^{21} bi^{21} le^{33} tshɿ^{21},ʥɿ^{33} lɑ^{21} ə^{33} phy̩^{33} gə^{33} ʥi^{33} tho^{21} khə^{55}
藏 神 门 天 穹 上 边 飞 又 来 孜劳阿普① 的 房 后 大篮子

tshe^{21} me^{33} kə^{21} ly̩^{55} le^{33} tɕi^{33}. |
里 罩 又 在

一胎生下一窝猴和鸡，一胎生下一窝蛇和青蛙。崇忍利恩就跑到美利卢阿普处询问，阿普说："崇忍利恩你呀，好男儿不听话，吃亏在眼前。把生下的松树和栗树赶到生长松树和栗树的山坡上；把生下的猴和鸡赶到山崖上；把生下的猪和熊赶到大森林里；把生下的蛇和蛙赶到深壑里去吧。"崇忍利恩在雪山松林里用箭射杀所有男子能见到的仇敌，用蒿枝扫掉了妇女所能看见的蛇类。在辽阔大地上，崇忍利恩这样的好男儿也没有妻子，想上天去寻找妻子，衬恒褒白这样的好姑娘也没有丈夫，想下地去寻找丈夫。在黑白相接的地方，梅花开两度，两度梅花跟随开。崇忍利恩和衬恒褒白，一个想娶，一个愿意相随。想娶的和愿意相随的相遇。衬恒褒白就把崇忍利恩藏在白鹤的翅膀下，让白鹤把它带上了天。衬恒褒白把崇忍利恩藏在孜劳阿普房后的大竹篮下。

364-H-2-19

ʥɿ^{33} lɑ^{21} ə^{33} phy̩^{33} le^{33} ʂə^{55} me^{33}, i^{55} i^{33} by^{21} mə^{33} sɑ^{21}, by^{21} lo^{21} ʥər^{21} iə^{33} tsɿ^{55}, so^{21} i^{33} by̩^{33}
孜劳阿普 又 说 是 夜 是 厩 不 安 厩 里 惊 了 说 晨 是 牧羊

khɯ^{33} mə^{33} sɑ^{21}, khy̩^{21} ly^{21} ly̩^{21} iə^{33} tsɿ^{55}. | ʥɿ^{33} lɑ^{21} ə^{33} phy̩^{33} thɯ^{33}, ȵi^{55} i^{33} gæ^{33} sɿ^{33} ne^{21},
狗 不 安 里 朝 吠 了 说 孜劳阿普 他 白天 是 刀 磨 在

① 孜劳阿普：人名，住在天上，衬恒褒白之父。

so^{21} i^{33} gæ^{33} ʂu^{55} ne^{21}, tshe^{55} hɯ^{21} bu^{33} bə^{21} mi^{55} nɯ^{33} le^{33} ʂə^{55} me^{33}, le^{55} dʐə^{21} ə^{33} sɿ^{21}
晨 是 刀 擦 在 衬恒褒白 姑娘 来 又 说 是 勒周[1] 父亲

nɯ^{21}, gæ^{21} sɿ^{21} sy^{21} sɿ^{33} tsɿ^{55}, gæ^{33} ʂu^{55} sy^{21} ʂu^{55} tsɿ^{55}. tshe^{55} hɯ^{21} bu^{33} bə^{21} le^{33} ʂə^{55} me^{33},
您 刀 磨 为何 磨 说 刀 擦 为何 擦 说 衬恒褒白 又 说 是

gæ^{33} sɿ^{33} gæ^{33} ʂu^{55} ne^{21} mə^{33} dər^{33}, dʑi^{21} sy^{55} tsho^{21} sy^{55} ne^{21} mə^{33} dər^{33}, ly̩^{33} mə^{33} tshər^{33}
刀 磨 刀 擦 在 不 必 精人 杀 崇人 杀 在 不 必 石 不 热

mə^{33} du^{33}, ly̩^{33} tshər^{33} dɯ^{33} ȵi^{33} bæ^{33} bər^{33} dʑy^{21} ky̩^{55} iə^{33}. | dʐɿ^{33} mə^{33} tʂhə^{55} mə^{33} du^{33}, dʐɿ^{33}
不 会 石 热 一 天 蜂 迁 有 会 的 主人 不 恶 不 会 主人

tʂhə^{55} dɯ^{33} ȵi^{33} u^{21} khə^{55} phu^{21} ky̩^{55} iə^{33}. | sɿ^{55} hɑ^{33} i^{33} so^{21} gy̩^{21}, gə^{21} nɯ^{33} dʐu̩^{21} mi^{21}
恶 一 天 仆人 巧 逃 会 的 三 天 两 早 后 上 由 山体

so^{55} ʂæ^{33} thy̩^{33} , mi^{21} nɯ^{33} lo^{21} nɑ^{55} kɑ^{55} kɑ^{33} thy̩^{33} se^{21} nɑ^{55}, mɯ^{33} mə^{33} thy̩^{33} mə^{33} du^{33},
震撼 出现 下 由 壑 深 浊浪 出现 了 也 天 不 晴 不 会

mɯ^{33} thy̩^{33} dɯ^{33} ȵi^{21} ly^{33} tɕhi^{33} tʂər^{21} bɯ^{33} tsɿ^{55}. mɯ^{33} mə^{33} dʑɑ^{33} mə^{33} du^{33}, mɯ^{33} dʑɑ^{33} dɯ^{33}
天 晴 一 天 粮 守 使 要 说 天 不 阴 不 会 天 阴 一

ȵi^{33} dʑi^{21} ʂu^{55} khæ^{55} bæ^{21} tʂər^{21} bɯ^{33} tsɿ^{55}. | dʐɿ^{33} lɑ^{21} ə^{33} phy̩^{33} le^{33} ʂə^{55} me^{33}, uɑ^{21} lɑ^{33} uɑ^{21}
天 水 理 渠 理 使 要 说 孜劳阿普 又 说 是 是 也 是

iə^{33} tsɿ^{55}, gɯ^{21} lɑ^{33} gɯ^{21} iə^{33} tsɿ^{55}. tʂhʅ^{33} lɯ^{55} uɑ^{21} mə^{33} ny̩^{55}, khy̩^{21} sɿ^{33} lu^{33} lɑ^{21} tsɿ^{55}. | so^{21}
了 说 真 也 真 了 说 这 若 是 的 话 里 领 来 得 说 第

ȵi^{33} lɑ^{33} mɯ^{33} sɿ^{55}, tshe^{55} hɯ^{21} bu^{33} bə^{21} nɯ^{33}, gy̩^{33} ho^{21} dʑi^{21} nɯ^{33} tʂhər^{33}, phər^{21} dɯ^{21}
二 天 的 早晨 衬恒褒白 来 九 条 水 由 洗 白 大

sɑ^{55} sɑ^{33} gy̩^{33}, gy̩^{33} ly̩^{55} mɑ^{21} mu^{33} mɑ^{33}, huɑ^{21} dɯ^{21} lo^{55} lo^{33} gy̩^{33}, tsho^{21} ze^{33} lɯ^{55} ɯ^{33}
生生 成 九 饼 油 由 抹 滑 大 溜溜 成 崇忍利恩

thɯ^{33}, gæ^{33} thɑ^{55} gy̩^{33} khɯ^{21} ʐʅ^{33} nɯ^{33} sɿ^{33} le^{33} tshɿ^{21}, |
他 刀 利 九 条 路 由 引 又 来

孜劳阿普说："夜间厩里的羊群躁动不安，像是被什么惊吓了；早晨牧羊犬却直朝家狂吠。"自此以后，孜劳阿普夜间在磨刀，早晨在擦刀。衬恒褒白就问："勒周父亲呀，您为什么磨刀又擦刀啊？"衬恒褒白又说："父亲您不必磨刀也不必擦，更不必忙于动刀杀精人与崇人。地上的石头不会晒得发烫，石头发烫了蜜蜂就会迁走了，主人不会不凶，主人凶恶时，能干的仆人就会逃走，虽然山体震撼崩塌，洪水爆发，但是走了三天两早之后，天不会不晴，天晴就可以让他代仆人去晒粮、守粮。此后，天也不会不阴，天阴时可以让他替仆人去清理水渠。"孜劳阿普就说："你说的有道理，没有说假话是真话，就把他领进来吧。"第二天早晨，

[1] 勒周，纳西语，捉獐之意，喻成年男子之强悍。

衬恒褒白用九条河的水给崇忍利恩洗身子，把他洗得白生生的，用九饼酥油给崇忍利恩擦身体，把身体擦得滑溜溜的，就把崇忍利恩从九条刀路中引了来。

364-H-2-20

ʥʅ^{33} la^{21} ə^{33} phy̩^{33} khə^{21} n̥ə^{21} thy̩^{33} le^{33} tshʅ^{21}. ʥʅ^{33} la^{21} ə^{33} phy̩^{33} nɯ^{33}, la^{21} bə^{33} khɯ^{33} bə^{33}
孜劳阿普 跟 前 到 又 来 孜劳阿普 由 手 掌 脚 掌

n̥ə^{21} dɯ^{33} ly^{21} ne^{21}, pər^{55} dɯ^{33} pər^{55} mə^{33} ʥʅ^{21}, ʂæ^{33} dɯ^{33} thiə^{55} mə^{33} i^{33}. | ʥʅ^{33} la^{21} ə^{33} phy̩^{21}
往 一 瞧 在 斑纹 一 纹 不 长 血 上 滴 不 有 孜劳阿普

le^{33} ʂə^{55} me^{33}, nɯ^{21} tɕhy^{33} ze^{21} tɕhy^{33} ua^{21}. tsho^{21} ze^{33} lɯ^{55} ɯ^{33} le^{33} ʂə^{55} me^{33}, ə^{33} khə^{55} ly̩^{33}
又 说 是 你 种族 什么 种族 是 崇忍利恩 又 说 是 阿扣鲁勒

le^{21} bu^{21}, sʅ^{21} kæ^{33} zo^{33} nɯ^{33} ɕy^{55}, sʅ^{21} dʐər^{21} dɯ^{21} me^{33} zo^{33} n̥ə^{21} tsæ^{55} me^{33} tɕhy^{33}. me^{33}
坡 父 前 儿 由 站 父 威 大 的 男儿 上 加 的 种族 母

kæ^{33} mi^{55} nɯ^{33} ɕy^{55}, me^{33} dʐər^{21} dɯ^{21} me^{33} mi^{55} n̥ə^{21} tsæ^{55} me^{33} tɕhy^{33}. | tsho^{21} ze^{33} lɯ^{55}
前 女 由 站 母 威 大 的 女 上 加 的 种族 崇忍利恩

ɯ^{33} zo^{33} nɯ^{33} le^{33} ʂə^{55} me^{33}，ʥʅ^{33} la^{21} ə^{33} phy̩^{33} nɯ^{33}, nɯ^{55} gə^{33} tshe^{55} hɯ^{21} bu^{33} bə^{21} ŋə^{55}
男儿 由 又 说 是 孜劳阿普 您 您 的 衬恒褒白 我

n̥ə^{21} iə^{55} lu^{33} la^{21} tsʅ^{55}.ʥʅ^{33} la^{21} ə^{33} phy̩^{33} le^{33} ʂə^{55}me^{33}，tshe^{55} hɯ^{21} bu^{33} bə^{21} nɯ^{21} iə^{55} mə^{33}
上 给 来 要 说 孜劳阿普 又 说 是 衬恒褒白 你 给 不

tha^{55} tsʅ^{55}, nɯ^{21} i^{33} na^{55} sa^{21} uə^{33} ky̩^{33} bu^{21}, ʥi^{33} ʥʅ^{21} sa^{21} mə^{33} ʥy^{21}, ʥər^{21} ʥʅ^{21} sa^{21} mə^{33}
成 说 你 是 纳刹乌古 坡 精人 住 处 没 有 树 长 处 没

ʥy^{21}, ʥi^{21} i^{33} sa^{21} mə^{33} ʥy^{21}, zə̩^{21} pɯ^{55} sa^{21} mə^{33} ʥy^{21}. | ʥʅ^{21} æ^{21} bu^{21} æ^{21} tʂhʅ^{33} the^{21}
有 水 流 处 没 有 草 出 处 没 有 妻 争 夫 斗 那 儿

khɯ^{55} mə^{33} tha^{33} la^{21} tsʅ^{55}, mi^{55} iə^{55} nɯ^{21} iə^{55} la^{33} mə^{33} tha^{55}, mə^{33} bɯ^{33} tsʅ^{55}. tsho^{21} ze^{33}
放 不 要 了 说 女 给 你 给 也 不 成 不 给 说 崇忍利恩

lɯ^{55} ɯ^{33} zo^{21}, tshe^{55} hɯ^{21} bu^{33} bə^{21} mi^{55}, n̥i^{55} i^{33} bɯ^{33} tʂuɑ^{21} le^{33} ʥʅ^{33} guə^{33}, hɯ^{21} i^{33} mi^{55}
男儿 衬恒褒白 女 白天 是 女 男 又 商量 夜 是 妻夫

ly̩^{21} pɯ^{33} le^{33} thy̩^{55}. | ʥʅ^{33} lɑ^{21} ə^{33} phy̩^{33} le^{33} ʂə^{55} me^{33}, tsho^{21} ze^{33} lɯ^{55} ɯ^{33} nɯ^{21}, khə^{55}
办法 又 想 孜劳阿普 又 说 是 崇忍利恩 你 聪明

lɑ^{33} nɯ^{21} khə^{55} iə^{33}, dæ^{21} lɑ^{33} nɯ^{21} dæ^{21} tsʅ^{55}, gy̩^{33} ɕi^{21} tshər^{55} pu^{55} lu^{33}. | tsho^{21} ze^{33} lɯ^{55}
你 聪明 了 能干 也 你 能干 说 九 林 伐 去 来 崇忍利恩

ɯ^{33} zo^{33}, tse^{55} thɑ^{55} gy̩^{33} tʂu^{21} pu^{55}, gy̩^{33} ɕi^{21} thæ^{33} le^{33} tɕi^{33}, tɕhi^{21} le^{33} zo^{33} uə^{21} be^{33}, bu^{33}
男儿 斧 利 九 把 带 九 林 下 又 放 鹿子 獐子 儿 像 的 坡

tho^{21} le^{33} tshe^{55} phy̩^{33}. | so^{21} n̥i^{33} lɑ^{33} mu^{33} sʅ^{55}, dɯ^{33} ly^{21} le^{33} ne^{21} khɯ^{55}, dæ^{21} me^{33} gy̩^{33} ɕi^{21}
背后 又 躲 藏 第二天 早晨 一 瞧 又 做 去 能干 的 九 林

le^{33} tshər^{55} se^{21}, tsho^{21} ze^{33} lɯ^{55} ɯ^{33} zo^{33} nɯ^{33} ʂə^{55}, tshe^{55} hɯ^{21} bu^{33} bə^{21} ŋə^{55} iə^{55} ly̩^{33} lɑ^{21}
又 伐 完了 崇忍利恩 男 由 说 衬恒褒白 我 给 来 又

tsʅ^{55}. ʥʅ^{33} lɑ^{21} ə^{33} phy̩^{33} le^{33} ʂə^{55} me^{33}, nɯ^{21} iə^{55} lɑ^{33} mə^{33} thɑ^{55}.
说 孜劳阿普 又 说 是 你 给 也 不 成

衬恒褒白把崇忍利恩领到孜劳阿普跟前，孜劳阿普看了看崇忍利恩的手掌与脚掌，却没有一条斑纹也没有一点血色，孜劳阿普就对崇忍利恩说："你是什么种族里的人？"崇忍利恩回答说："我是阿扣鲁勒坡旁，儿子站在父亲跟前，可以把父辈的威力加在儿辈上的种族。女儿站在母亲面前，可以把母亲的威力传给女儿的种族。"崇忍利恩又说："孜劳阿普，请您把您的女儿衬恒褒白嫁给我吧。"孜劳阿普就说："在纳剎乌古山坡旁，已经没有人住的地方了，已经没有树生长的地方了，已经没有水流的地方了，已经没有草儿生长的地方了，那个荒凉的地方人们难以生存，我何苦让你们到那儿去做夫妻争斗的事呢？我的女儿不该嫁于你，也不会嫁给你。"

孜劳阿普对崇忍利恩说："就算你聪明、能干，就把九片山林给我砍伐下来。"崇忍利恩和衬恒褒白，白天两个一起来商量，夜晚想出好办法，崇忍利恩就拿九把锋利的斧头，放在九片山林的下面，像鹿子和獐子一样，躲在山坡背后。第二天清晨，能干的崇忍利恩已经把九片山林砍伐了下来。崇忍利恩对孜劳阿普说："请您把您的女儿衬恒褒白嫁给我吧。"孜劳阿普说："我不能把衬恒褒白嫁给你。"

364-H-2-21

gv̩^{33} ɕi^{21} bər^{21} bu^{55} lu^{33} lɑ^{21} tsɿ^{55}. dɯ^{33} ɕi^{21} bər^{21} mə^{33} thɑ^{55}, gv̩^{33} ɕi^{21} se^{21} bər^{21} bə^{21} uə^{33} tsɿ^{55},
九 林 烧 去 来 又 说 一 林 烧 不 成 九 林 如何 烧 要 呀 说

tsho^{21} ze^{33} lɯ^{55} ɯ^{33} zo^{33}, tshe^{55} hɯ^{21} bu^{33} bə^{21} mi^{55}, ȵi^{55} i^{33} bɯ^{33} tʂuɑ^{21} le^{33} dʐɿ^{33} guə^{33}, hu^{21}
崇忍利恩 男儿 衬恒褒白 女 白天 是 女 男 又 商量 夜

i^{33} mi^{55} lv̩^{21} pɯ^{33} le^{33} thv̩^{55}: | tsho^{21} ze^{33} lɯ^{55} ɯ^{33} zo^{33}, mi^{33} thv̩^{21} gv̩^{33} thv̩^{21} pu^{55}, gv̩^{33} ɕi^{21}
是 妻夫 办法 又 想 崇忍利恩 男儿 火 把 九 把 带 九 林

thæ^{33} le^{33} tɕi^{33}, tɕi^{21} le^{33} zo^{33} uə^{21} be^{33}, bu^{33} tho^{21} le^{33} tshe^{55} phv̩^{33}. so^{21} ȵi^{33} lɑ^{33} mu^{33} sɿ^{55},
下方 又 放 鹿子獐子 儿 像 的 坡 背 又 躲藏 第二天 早晨

dɯ^{33} ly^{21} le^{33} ne^{21} khɯ^{55}, dæ^{21} me^{33} gv̩^{33} ɕi^{21} le^{33} bər^{21} se^{21}. tsho^{21} ze^{33} lɯ^{55} ɯ^{33} zo^{33} nɯ^{33}
一 瞧 又 去 能干 的 九 林 又 烧 完 崇忍利恩 男儿 由

ʂə^{55}, tshe^{55} hɯ^{21} bu^{33} bə^{33} ŋə^{21} iə^{55} lu^{33} lɑ^{33} tsɿ^{55}. dʐɿ^{33} lɑ^{21} ə^{33} phv̩^{33} le^{33} ʂə^{55} me^{33}, nɯ^{21} iə^{55}
说 衬恒褒白 我 给 来 又 说 孜劳阿普 又 说 是 你 给

lɑ^{33} mə^{33} thɑ^{55}, ɕi^{21} bər^{21} ɕi^{21} le^{33} phv̩^{55} lu^{33} tsɿ^{55}, dɯ^{33} ɕi^{21} phv̩^{55} mə^{33} thɑ^{55}, gv̩^{33} ɕi^{21} se^{21}
也 不 成 林 烧 林 又 播 来 说 一 林 播 不 成 九 林 如何

phv̩^{55} bə^{21} uə^{33} tsɿ^{55}, tsho^{21} ze^{33} lɯ^{55} ɯ^{33} zo^{33}, tshe^{55} hɯ^{21} bu^{33} bə^{21} mi^{55}, ȵi^{55} i^{33} bɯ^{33} tʂuɑ^{21}
播 要 呀 说 崇忍利恩 男 衬恒褒白 女 后天 是 女 男

le^{33} dʐɿ^{33} guə^{33}, hu^{21} i^{33} mi^{55} lv̩^{21} pɯ^{33} le^{33} thv̩^{55}. | tsho^{21}ze^{33} lɯ^{55} ɯ^{33} zo^{33}, lər^{55} tɕhv̩^{33} gv̩^{33}
又 商量 夜 是 妻夫 办法 又 想 崇忍利恩 男儿 粮 种 九

næ^{33} hæ^{21}, gv̩^{33} ɕi^{21} thæ^{33} le^{33} tɕi^{33}. tɕhi^{21} le^{33} zo^{33} uə^{21} be^{33}, bu^{33} tho^{21} le^{33} tshe^{55} phv̩^{33}, so^{21}
口袋 九 林 下方 又 放 麂子 獐子 儿 像 的 坡 背 又 躲藏 第二

ȵi^{33} lɑ^{33} mu^{33} sɿ^{55}, dɯ^{33} ly^{21} le^{33} ne^{21} khɯ^{55}, dæ^{21} me^{33} gv̩^{33} ɕi^{21} le^{33} phv̩^{55} se^{21}. | tsho^{21} ze^{33}
天 早晨 一 瞧 又 做 去 能干 的 九 林 又 播 完 崇忍

lɯ^{55} ɯ^{33} zo^{33} nɯ^{33} ʂə^{55}, tshe^{55} hɯ^{21} bu^{33} bə^{33} ŋə^{55} iə^{55} lu^{33} lɑ^{21} tsʅ^{55}. dʑʅ^{33} lɑ^{21} ə^{33} phy̩^{33} le^{33}
利恩 男儿 由 说 衬恒褒白 我 给 来 又 说 孜劳阿普 又

ʂə^{55} me^{33}, nɯ^{21} iə^{55} lɑ^{33} mə^{33} thɑ^{55}, dæ^{21} me^{33} gy̩^{33} ɕi^{33} lo^{21}, lər^{55} tɕhy^{21}le^{33} sʅ^{55} lu^{33}. |
说 是 你 给 也 不 成 能干 的 九 林 里 粮 种 又 捡 来

tsho^{21}ze^{33}lɯ^{55} ɯ^{33} zo^{33}, tshe^{55} hɯ^{21} bu^{33} bə^{21} mi^{55}, ȵi^{55} i^{33} bɯ^{33} tʂuɑ^{21} le^{33} dʑʅ^{33}guə^{33}, hu^{21} i^{33}
崇忍利恩 男 衬恒褒白 女 白天 是 女 男 又 商量 夜 是

mi^{55} ly̩^{21} pɯ^{33} le^{33} thy̩^{55}, næ^{55} hæ^{21} gy̩^{33} ly^{33} pu^{55}, gy̩^{33} ɕi^{21} thæ^{33} le^{33} tɕi^{33}, tʂhuɑ^{55} ɑ^{33} nɑ^{21}
妻夫 办法 又 想 口袋 九 个 带 儿 林 下方 又 放 蚂蚁 黑

kɑ^{33} tɕhi^{33}, phe^{33} le^{21}phər^{21}kɑ^{33} tɕhi^{33}, ŋə^{21} kɑ^{33} le^{33} tɕhi^{33} lu^{33} lɑ^{33} tsʅ^{55}. | tɕhi^{21} le^{33}zo^{33} uə^{21}
帮忙 蝴蝶 白 帮忙 我 力 又 帮 来 了 说 麂子 獐子 儿 似

be^{33}, bu^{33} tho^{21} le^{33} tshe^{55} phy̩^{33}. | so^{21} ȵi^{33} lɑ^{33} mu^{33} sʅ^{55}, dɯ^{33} ly^{21} le^{33} ne^{21} khɯ^{55}, lər^{55}
的 坡 背 又 躲藏 第二天 早晨 一 瞧 又 去 粮

tɕhy^{21} gy̩^{33} sy^{21} le^{33} sʅ^{55} se^{33} se^{21} tsʅ^{55}. tsho^{21} ze^{33} lɯ^{55} ɯ^{33} zo^{33} nɯ^{33} ʂə^{55}, tshe^{55} hɯ^{21}
种 九 样 又 捡 完 了 说 崇忍利恩 男 由 说 衬恒褒白

bu^{33} bə^{33} ŋə^{21} iə^{55} lu^{33} lɑ^{33} tsʅ^{55}. dʑʅ^{33} lɑ^{21} ə^{33} phy̩^{33} le^{33} ʂə^{55} me^{33}, mɯ^{21} iə^{55} lɑ^{33} mə^{33} thɑ^{55}
我 给 来 又 说 孜劳阿普 又 说 是 你 给 也 不 成

孜劳阿普说:“崇忍利恩你能干就把砍伐下来的九片山林全烧好。”崇忍利恩心想，一片山林都不能烧好，要怎样才能把九片山林烧好呢。崇忍利恩和衬恒褒白，白天两个一起来商量，夜晚想出好办法，崇忍利恩就拿九把火把，放在九片山林的下面，像麂子和獐子一样，躲在山坡背后。第二天早晨能干的崇忍利恩已经把九片山林全烧好了。崇忍利恩就对孜劳阿普说:“请您把您的女儿衬恒褒白嫁给我吧。”孜劳阿普说:“我不能把衬恒褒白嫁给你。你能干就把烧好的九片山林全都播好种。”崇忍利恩心想，一片山林都播不了，要怎样才能把九片山林都播好粮种呢。崇忍利恩和衬恒褒白，白天两个一起来商量，夜晚想出好办法，崇忍利恩就拿着九口袋粮种放在九片山林的下面，像麂子和獐子一样，躲在山坡背后，第二天早晨，能干的崇忍利恩把九片山林全都播好粮种，崇忍利恩就对孜劳阿普说:“请您把您的女儿衬恒褒白嫁给我吧。”孜劳阿普对崇忍利恩说:“我不能把衬恒褒白嫁给你，你这么能干就把播在九片林里的粮种捡回来呀。”崇忍利恩和衬恒褒白，白天两个男女一起商量，夜晚夫妻又商讨办法。崇忍利恩到播好粮种的九片山林里，手拿九个口袋，把它放在九片山林里。请黑蚂蚁帮忙，请白蝴蝶帮忙。第二天早晨，能干的崇忍利恩把九片森林里播好的粮种全都捡了回来。崇忍利恩就对孜劳阿普说:“请您把衬恒褒白嫁给我吧。”孜劳阿普说:“衬恒褒白不能嫁给你。”

364-H-2-22

tsho^{21} ze^{33} lɯ^{55} ɯ^{33} zo^{33}, bə^{33} mu^{33} lɑ^{33} ʂər^{21} khɯ^{33}, tʂʅ^{55} mu^{21} phe^{33}mu^{21}tse^{21}, lər^{55} tsʅ^{21} lər^{21}
崇忍利恩 男儿 宽敞 粮架 下 筛子 簸簸 用 粮种 算 粮种

phɑ^{21} ne^{21}, sʅ^{55} ly^{33} sʅ^{55} phe^{33} le^{33} mə^{33} thʏ^{33} iə^{33} tsʅ^{55}. | sʅ^{55} ly^{33} ɯ^{33} hɯ^{21} lo^{33} n̥ə^{21} i^{33}, sʅ^{55}
扒 在 三 颗 三 瓣 又 不 到 了 说 三 颗 斑鸠 嗉囊 里 有 三

phe^{33} tʂhuɑ^{55} ɑ^{33} thɯ^{55} n̥ə^{21} i^{33}. so^{21} n̥i^{33} lɑ^{33} mɯ^{33} sʅ^{55}, ɯ^{33} hɯ^{21} ɯ^{33} lo^{33} bɯ^{21} , tshe^{55} hɯ^{21}
瓣 蚂蚁 腰 里 有 第二天 早晨 斑鸠 鸟 胸 花 衬恒褒白

bu^{33} bə^{21}gə^{33} ɯ^{33} dɑ^{21} khuɑ^{21} kæ^{33} le^{33} dʑʅ^{21} tshʅ^{21}, tsho^{21} ze^{33} lɯ^{55} ɯ^{33} zo^{33}, khæ^{55} lɯ^{33} khæ^{55}
的 布织机 前 又 栖 来 崇忍利恩 男儿 射 箭 射

tso^{33} pu^{55}, khæ^{55} bɯ^{33} dɯ^{33} lər^{55} lər^{55}, mə^{33} khæ^{55} dɯ^{33} lər^{55} lər^{55}. | tshe^{55} hɯ^{21} bu^{33} bə^{21}
弓 带 射 要 一 瞄瞄 不 准 一 瞄瞄 衬恒褒白

nɯ^{33}, ɯ^{33} dɑ^{21} tɑ^{55} me^{33} y^{21}, lɯ^{55} ɯ^{33} kho^{21} n̥ə^{21} dʐʅ^{33}, khæ^{55} ne^{21} lɯ^{55} tɑ^{55} tɑ^{33}, ɯ^{33}
由 布织 梭子 拿 利恩 肘 上 打 射 和 脱 一起 斑鸠

hɯ^{21} lo^{33} n̥ə^{33} dər^{33}, | lər^{55} tɕhy^{33} sʅ^{55} ly^{33} thʏ^{55} le^{33} tshʅ^{21}. tsho^{21} ze^{33} lɯ^{55} ɯ^{33}nɯ^{33}, ʐuɑ^{33}
胸 上 射着 粮 种 三 颗 掏 又 来 崇忍利恩 由 马

mæ^{33} khɯ^{21} tshʅ^{21} pu^{55}, tʂhuɑ^{55} ɑ^{33} thɯ^{55} le^{33} tsʅ^{33}, sʅ^{55} phe^{33} gə^{21} le^{33} thʏ^{55}. | tsho^{21} ze^{33}
尾 毛 细 带 蚂蚁 腰 又 拴 三 瓣 上 又 掏 崇忍利恩

lɯ^{55} ɯ^{33} le^{33} ʂə^{55} me^{33},tshe^{55} hɯ^{21} bu^{33} bə^{21} ŋə^{21} iə^{55} lu^{33} lɑ^{33} tsʅ^{55}. dʑʅ^{33} lɑ^{21} ə^{33} phʏ^{33} le^{33}
又 说 是 衬恒褒白 我 给 来 又 说 孜劳阿普 又

ʂə^{55} me^{33}, nɯ^{21} iə^{55} lɑ^{33} mə^{33} thɑ^{55}, tsho^{21} ze^{33} lɯ^{55} ɯ^{33} zo^{33}, dæ^{21} lɑ^{33} nɯ^{21} dæ^{21} iə^{33}, khə^{55}
说 是 你 给 也 不 成 崇忍利恩 男儿 强 也 你 强 了 能干

lɑ^{33} nɯ^{21} khə^{55} iə^{33}, dæ^{21} me^{33} zo^{33} lɯ^{55} uɑ^{21}, æ^{21} lɑ^{33} se^{21} y^{21} se^{21} kho^{55} bɯ^{33} lɑ^{21} tsʅ^{55}. |
也 你 能干 了 强 的 男 若 是 崖 的 岩羊 捉 岩羊 杀 去 吧 说

tsho^{21} ze^{33} lɯ^{55} ɯ^{33} zo^{33}, tshe^{55} hɯ^{21} bu^{33} bə^{33} mi^{55}, ȵi^{55} i^{33} bɯ^{33} tʂuɑ^{21} ȵi^{33} kv̩^{55} le^{33} dʐʅ^{21}
崇忍利恩 男儿 衬恒褒白 女 白天 是 女 男 两 个 又商量

guə^{33}, hu^{21} i^{33} mi^{33} lv̩^{21} pɯ^{33} le^{33} thv̩^{33}. | hu^{21} khɑ^{33} hu^{21} mə^{33} khɑ^{33}, sʅ^{33} phər^{21} sər^{33} thər^{55}
夜 是 妻 夫 办法 又 想 夜 半 夜 不 半 毡 白 木头 裹住

thər^{33}, ə^{33} phv̩^{33} khɯ^{33} mæ^{33} i^{55} zo^{21} be^{33}, ə^{33} phv̩^{33} khɯ^{33} mæ^{33} nər^{55} le^{33} tɕi^{33}. ə^{33}
处 阿普 脚 后 睡 样 做 阿普 脚 后 压 又 在 阿普

phv̩^{33} khɯ^{33} tv̩^{55} khɯ^{33} tʂhu^{33} zo^{33} zo^{33} be^{33}, tshʅ^{33} le^{33} æ^{21} kho^{33} khɯ^{55}, æ^{21} lɑ^{33} se^{21} hɯ^{21}
脚 缩 脚 伸 样子 做 踢 又 崖 间 抛 崖 也 岩羊 的

kv̩^{33} i^{33} ty^{33} le^{33} ʂʅ^{33}. so^{21} ȵi^{33} lɑ^{33} mɯ^{33} sʅ^{55}, tsho^{21} ze^{33} lɯ^{55} ɯ^{33} tv̩^{55} zʅ^{33} dʑi^{33}, se^{21} y^{21} pu^{55}
头 上 砸 又 死 第二天 早晨 崇忍利恩 近 路 走 岩羊拿 带

le^{33} tshʅ^{21}, ə^{33} phv̩^{33} mə^{33} thv̩^{33} nɯ^{33}, lɯ^{55} ɯ^{33} iɑ^{33} ko^{21} thv̩^{33}, se^{21} ʂʅ^{33} iɑ^{33} ko^{21} tɕi^{33}. tsho^{21}
又 来 阿普 不 到 就 利恩 家 里 到 岩羊 肉 家 里 放

ze^{33} lɯ^{55} ɯ^{33} le^{33} ʂə^{55} me^{33}, tshe^{55} hɯ^{21} bu^{33} bə^{33} ŋə^{21} iə^{55} lu^{33} lɑ^{21} tsʅ^{55}. dʐʅ^{33} lɑ^{21} ə^{33} phv̩^{33}
崇忍利恩 又 说 是 衬恒褒白 我 给 来 又 说 孜劳阿普

le^{33} ʂə^{55} me^{33}, nɯ^{21} iə^{55} lɑ^{33} mə^{33} thɑ^{55}. tsho^{21}ze^{33} lɯ^{55} ɯ^{33} zo^{33}, dæ^{21} lɑ^{33} nɯ^{21} dæ^{21} iə^{33},
又 说 是 你 给 也 不 成 崇忍利恩 男儿 强 也 你 强 了

khə^{55} lɑ^{33} nɯ^{21} khə^{55} iə^{33}, dæ^{21} me^{33} zo^{33} lɯ^{55} uɑ^{21}, dʑi^{21} kho^{33} ȵi^{33} y^{21} bɯ^{33} lɑ^{33} tsʅ^{55}.
能干 也 你 能干 了 能干 的 男 若 是 水 中 鱼 捞 去 吧 说

崇忍利恩在粮架下，用筛子、簸箕簸着粮种，数来数去都不见三颗三瓣粮种。三颗粮种就在斑鸠嗉囊之中，三瓣种子就在蚂蚁的腰间。第二天早晨，斑鸠不会栖，栖在了衬恒褒白的织布机前。崇忍利恩拿着弓和箭，想射瞄一瞄不想射也瞄一瞄，要射与不射还拿不定主意，衬恒褒白拿起织布梭子，打在崇忍利恩的肘上，不知是射了还是脱了，箭儿离弦，射在了斑鸠的胸脯上，从斑鸠胸脯中取出了三颗种子。崇忍利恩用拔来的几根马尾，拴住蚂蚁的腰，取出了三瓣种子。崇忍利恩就跟孜劳阿普说："请您把衬恒褒白嫁给我吧。"孜劳阿普说："不能让衬恒褒白嫁给你。就算你能干，就算你强，如果你是一个真正的男子汉就和我一起到山崖中去猎取岩羊吧。"崇忍利恩和衬恒褒白，白天两个一起来商量，夜晚想出好办法。到了山崖上，半夜三更崇忍利恩装着睡在了阿普的脚旁，用毡子裹着木头，压在了阿普的脚旁，孜劳阿普装着伸腿缩脚睡，一脚把木头踢下山崖，木块正好砸在山崖下的岩羊头上砸死了。第二天早晨，崇忍利恩抄着近路，阿普绕着弯路，崇忍利恩拿着岩羊，阿普还没到利恩就到了，把岩羊放在了家里。崇忍利恩说："请您把衬恒褒白嫁给我吧。"孜劳阿普说："不能让衬恒褒白嫁给你。就算你能干，就算你强，如果你是一个真正的男子汉，就和我一起到水中去捕鱼吧。"

364-H-2-23

hu^{21} khɑ^{33} hu^{21} mə^{33} khɑ^{33}, sɿ^{33} phər^{21} ly̩^{33} tər^{55} tər^{33}, ə^{33} phy̩^{33} khɯ^{33} mæ^{33} i^{55} zo^{33} be^{33},
夜 半 夜 不 半 毡 白 石头 裹住 阿普 脚 后 睡 样子 做

ə^{33} phy̩^{33} khɯ^{33} mæ^{33} nər^{55} le^{33} tɕi^{33}, ə^{33} phy̩^{33} khɯ^{33} ty̩^{55} khɯ^{33} tʂhu^{33} zo^{33} zo^{21} be^{33},
阿普 脚 尾 压 又 放 阿普 脚 缩 脚 伸 样子 做

tshɿ^{33} le^{33} dʑi^{21} kho^{33} khɯ^{55}, dʑi^{21} lo^{21} ȵi^{33} hɯ^{21} ty^{33} le^{33} dər^{33}, dzɿ^{33} lɑ^{21} ə^{33} phy̩^{33} ɯ^{55} zʅ^{33}
踢 向 水 间 放 水 中 鱼 儿 砸 又 中 孜劳阿普 绕 路

dʑi^{33}, tsho^{21} ze^{33} lɯ^{55} ɯ^{33} ty̩^{55} zʅ^{33} dʑi^{33}, ȵi^{33} y^{21} pu^{55} le^{33} tshɿ^{21}, ə^{33} phy̩^{33} mə^{33} thy̩^{33} nɯ^{33}
走 崇忍利恩 近 路 走 鱼 拿 带 又 来 阿普 不 到 就

lɯ^{55} ɯ^{33} iɑ^{33} ko^{21} thy̩^{33}, ȵi^{33} i^{33} dər^{33} lo^{21} khɯ^{55}. tsho^{21} ze^{33} lɯ^{55} ɯ^{33} le^{33} ʂə^{55} me^{33}, tshe^{55}
利恩 家里 到 鱼 是 池 里 放 崇忍利恩 又 说 是

hɯ^{21} bu^{33} bə^{33} ŋə^{21} iə^{55} lu^{33} lɑ^{21} tsɿ^{55}. zɿ^{33} lɑ^{21} ə^{33} phy̩^{33} le^{33} ʂə^{55} me^{33}, nɯ^{21}iə^{55}lɑ^{33} mə^{33} thɑ^{55}
衬恒褒白 我 给 来 又 说 孜劳阿普 又 说 是 你 给 也 不 能

tsho^{21}ze^{33} lɯ^{55} ɯ^{33} zo^{33}, dæ^{21} lɑ^{33} nɯ^{21} dæ^{21} iə^{33}, khə^{55} lɑ^{33} nɯ^{21} khə^{55} iə^{33}, dæ^{21} me^{33} zo^{33}
崇忍利恩 男儿 能干 也 你 能干 了 能干 又 说 能干 了 能干 的 男

lɯ^{55} uɑ^{21}, lɑ^{33} me^{33} no^{33} ȵi^{55} tʂhuɑ^{21} lu^{33} tshɿ^{55}, tsho^{21} ze^{33} lɯ^{55} ɯ^{33} zo^{33}, tʂhʅ^{33} be^{33} tʂhʅ^{33}
若 是 虎 母 奶 汁 挤 来 说 崇忍利恩 男儿 有 做 所有

gy̩^{33} iə^{33}, tʂhʅ^{33} be^{33} tʂhʅ^{33} bi^{21} iə^{33}. | mi^{55} ly̩^{21} mə^{33} dzɿ^{21} guə^{33}, dæ^{21} me^{33} lɑ^{33} ȵi^{55} le^{33}
成 了 所有 做 所有 容易 了 妻夫 不 商量 能干 的 虎 奶 又

tʂhuɑ^{21} khɯ^{55}, dæ^{21} me^{33} lɑ^{33} ȵi^{55} thɯ^{33} mə^{33} sɿ^{33}, | dər^{33} lɯ^{33} kə^{55} lɯ^{33} tʂu^{55}, dy̩^{21} ne^{21} dæ^{33}
挤 去 能干 的 虎 奶 他 不 知 田 地 干 地 里 野猫 和 狐狸

ȵi^{55}sɿ^{55} thiə^{33} tʂhuɑ^{21}le^{33} tshɿ^{21}. | tsho^{21} ze^{33} lɯ^{55} ɯ^{33} zo^{33}, ȵi^{55} pu^{55} iɑ^{33} ko^{21} le^{33} thy̩^{33} ȵə^{21},
奶 三 滴 挤 又 来 崇忍利恩 男儿 奶 带 家里 又 到 时

dʑʅ^{33} lɑ^{21} ə^{33} phv̩^{33} lɑ^{21} ȵə^{21} ku^{21}, dʑʅ^{33} lɑ^{21} ə^{33} phv̩^{33} nɯ^{33}, dʑʅ^{21} ne^{21} bər^{21} by^{21} kv̩^{33} ȵə^{21}
孜劳阿普 手 中 交 孜劳阿普 由 犏牛 和 牦牛 圈 上 边

dɯ^{33} tɕi^{33} ne^{21}, dʑʅ^{21} ne^{21} bər^{21} lɑ^{33} dʐər^{21} mə^{33} lo^{21}, ɯ^{33} ne^{21} ʐuɑ^{33} by^{21} kv̩^{33} ȵə^{21} dɯ^{33}
一 放 在 犏牛 和 牦牛 也 惊 不 了 牛 和 马 厩 上 边 一

tɕi^{33} ne^{21}, ɯ^{33} ne^{21} ʐuɑ^{33} lɑ^{33} ʐər^{21} mə^{33} lo^{21}, | tshʅ^{55} ne^{21} y^{21} by^{21} kv̩^{33} ȵə^{21} dɯ^{33} tɕi^{33} ne^{21},
放 在 牛 和 马 也 惊 不 了 山羊 和 绵羊 圈 上 边 一 放 在

tshʅ^{55} ne^{21} y^{21} lɑ^{33} dʐər^{21} mə^{33} lo^{21}, khɯ^{33} ne^{21} bu^{21} by^{21} kv̩^{33} ȵə^{21} dɯ^{33} tɕi^{33} ne^{21}, khɯ^{33}
山羊 和 绵羊 也 惊 不 了 狗 和 猪 圈 上 边 一 放 在 狗

ne^{21} bu^{21} lɑ^{33} dʐər^{21} mə^{33} lo^{21}.
和 猪 也 惊 不 了

到了河边，半夜三更崇忍利恩装着睡在了阿普的脚旁，用毡子裹着石头，放在了阿普的脚旁，孜劳阿普也装着伸脚缩腿睡，一脚把石头踢到了河里，石头正好砸到水中的鱼儿。第二天早晨，阿普绕路走，利恩拿着鱼儿抄近路，在阿普还没到家时就到家了，把鱼儿放入池中。崇忍利恩就对孜劳阿普说："请您把衬恒褒白嫁给我吧。"孜劳阿普说："不能把衬恒褒白嫁给你。就算你再强再能干，如果你是一个真正的男子汉，就去挤母虎的奶汁来。"崇忍利恩认为先前几件事都办得顺利容易，就没同衬恒褒白商量，决定自己去挤虎奶。可再勇敢也到不了老虎边，就在肥田荒地间，荒山野地里挤来三滴野猫、狐狸奶，交给孜劳阿普。孜劳阿普将乳汁拿在手中，将它放在犏牛和牦牛圈中，却没惊动犏牛和牦牛；将它放在牛圈和马厩中，也没有惊动牛和马，将它放在山羊和绵羊圈中，也惊动不了山羊和绵羊，将它放在狗和猪圈中，也惊动不了狗和猪；

364-H-2-24

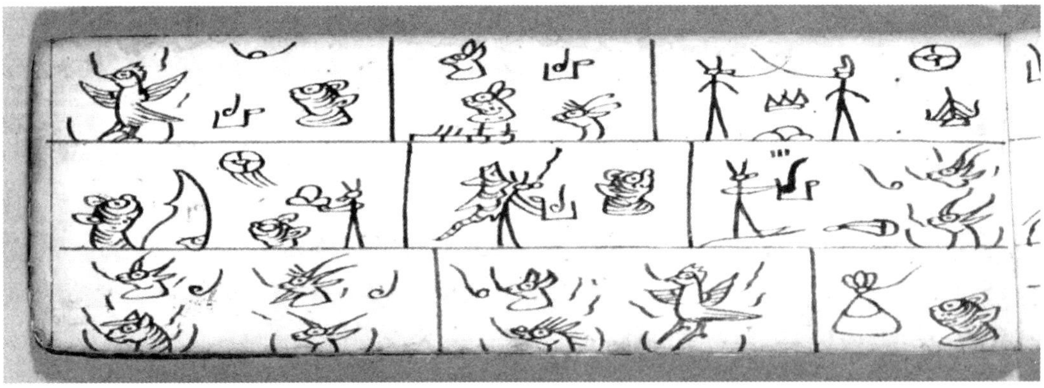

æ^{21} by^{21} kv̩^{33} ȵə^{33}dɯ^{33} tɕi^{33} ne^{21}, æ^{21} dʐər^{21} tʂhʅ^{33} lo^{33} lo^{33}. dʑʅ^{33} lɑ^{21} ə^{33} phv̩^{33} le^{33} ʂə^{55} me^{33},
鸡 圈 上 边一 放 在 鸡 惊 这 抖抖 孜劳阿普 又 说 是

tʂhʅ^{33} i^{33} dæ^{21} me^{33} lɑ^{33} ȵi^{55} the^{21} mə^{33} uɑ^{21}, | dər^{33} lɯ^{33} kə^{55} lɯ^{33} dv̩^{21} ne^{21} dæ^{33} ȵi^{55} uɑ^{21}
这 是 强 的 虎 乳 那 不 是 田 地 干 地 野猫 和 狐狸 乳 是

se^{21} iə^{33}. | tsho^{21} ze^{33} lɯ^{55} ɯ^{33} zo^{33}, tshe^{55} hɯ^{21} bu^{33} bə^{21} mi^{55}, n̥i^{55} i^{33} bɯ^{33} tʂhuɑ^{21} n̥i^{33}
了 的 崇忍利恩 男儿 衬恒褒白 女 白天 是 女 男 两

kv̩^{55} le^{33} dʑʅ^{21} guə^{33}, hu^{21} i^{33} mi^{33} lv̩^{21} pɯ^{33} le^{33} thv̩^{33}. so^{21} n̥i^{33} lɑ^{33} mɯ^{33} sʅ^{55}, dzụ^{21} n̥ə^{21}
个 又 商量 夜 是 妻 夫 办法 又 想 第二天 早晨 山 上

æ^{21} ʂuɑ^{21} kho^{55}, lɑ^{33} me^{33} bɑ^{21} bu^{21} dʑy^{21}, lɑ^{33} zo^{33} dɑ^{21} bu^{21} dʑy^{21}, tsho^{21} ze^{33} lɯ^{55} ɯ^{33}
崖 高 处 虎 母 阳 坡 在 虎 小 阴 坡 在 崇忍利恩

zo^{33}, khɯ^{33} tʂhʅ^{55} lv̩^{33} le^{21} y^{21}, lɑ^{33} zo^{33} kv̩^{33} n̥ə^{21} ty^{33}. | lɑ^{33} zo^{33} ɯ^{33} le^{33} ʂʅ^{55}, lɑ^{33} ɯ^{33} kv̩^{33}
男儿 坚 硬 石 又 拿 虎 小 头 上 砸 虎 小 皮 又 剥 虎 皮 头

n̥ə^{21} thæ^{33}, lɑ^{33} zo^{33} bɑ^{21} le^{33} thv̩^{55}, lɑ^{33} n̥i^{55} tʂhuɑ^{21} le^{33} mæ^{33}. | tsho^{21} ze^{33} lɯ^{55} ɯ^{33} zo^{33}, lɑ^{33}
上 戴 虎 小 叫 又 发出 虎 乳 挤 又 得 崇忍利恩 男儿 虎

n̥i^{55} sʅ^{55} thiə^{21} tʂhuɑ^{21} le^{33} tshʅ^{21}, dʑʅ^{33} lɑ^{21} ə^{33} phv̩^{33} ku^{21}, dʑʅ^{33} lɑ^{21} ə^{33} phv̩^{33} nɯ^{33}, dʑʅ^{21}
乳汁 三 滴 挤 又 来 孜劳阿普 交 孜劳阿普 由 犏牛

ne^{21} bər^{21} by^{21} kv̩^{33} n̥ə^{21} dɯ^{33} tɕi^{33} ne^{21}, dʑʅ^{21} ne^{21} bər^{21} dzə̣r^{21} tʂhʅ^{33} lo^{33}lo^{33}. ɯ^{33} ne^{21} zụɑ^{33}
和 牦牛 厩 上 边 一 放 在 犏牛 和 牦牛 惊 这 抖抖 牛 和 马

by^{21} kv̩^{33} n̥ə^{21} dɯ^{33} tɕi^{33} ne^{21}, ɯ^{33} ne^{21} zụɑ^{33} dzə̣r^{21} tʂhʅ^{33} lo^{33} lo^{33}, tshʅ^{55} ne^{2} y^{21} by^{21} kv̩^{33}
厩 上 边 一 放 在 牛 和 马 惊 这 抖抖 山羊 和 绵羊 厩 上

n̥ə^{21}dɯ^{33} tɕi^{33} ne^{21}, tshʅ^{55} ne^{21} y^{21} dzə̣r^{21} tʂʅ^{33} lo^{33} lo^{33}. | khɯ^{33} ne^{21} bu^{21} by^{21} kv̩^{33} n̥ə^{21} dɯ^{33}
边 一 放 在 山羊 和 绵羊 惊 这 抖抖 狗 和 猪 厩 上 边 一

tɕi^{33} ne^{21}, khɯ^{33} ne^{21} bu^{21} dzə̣r^{21} tʂhʅ^{33} lo^{33} lo^{33}, æ^{21} by^{21} kv̩^{33} n̥ə^{21} dɯ^{33} tɕi^{33} ne^{21}, æ^{21} dzə̣r^{21}
放 在 狗 和 猪 惊 这 抖抖 鸡 圈 上 边 一 放 在 鸡 惊

tʂhʅ^{33} lo^{33} lo. | dʑʅ^{33} lɑ^{21} ə^{33} phv̩^{33} le^{33} ʂə^{55} me^{33}, lɑ^{33}
这 抖抖 孜劳阿普 又 说 是 虎

将乳汁放在鸡圈中，鸡惊吓得直发抖。孜劳阿普就说："你取的不是老虎的乳汁，是荒田野地里野猫和狐狸的乳汁。"于是，崇忍利恩又去找衬恒褒白，白天两个一起来商量，夜晚想出好办法。第二天早晨，崇忍利恩来到了高山山崖之间，母虎在阳坡上，虎仔在阴坡上，崇忍利恩手拿坚硬的石头把虎仔砸死，剥了虎皮戴于头上，装成虎仔，取回了虎乳。崇忍利恩把挤来的那三滴虎乳交给了孜劳阿普。孜劳阿普把虎乳放在犏牛和牦牛厩中，犏牛和牦牛被惊吓得直发抖；把虎乳放在牛和马厩中，牛和马被惊吓得直发抖；把虎乳放在山羊和绵羊厩中，山羊和绵羊被惊吓得直发抖；把虎乳放在狗和猪厩中，狗和猪被惊吓得直发抖；把虎乳放在鸡圈上，鸡被惊吓得直发抖。孜劳阿普说"这是虎乳了。"

364-H-2-25

ȵi^{55} uɑ^{21} se^{21} iə^{33}. | tsho^{21} ze^{33} lɯ^{55} ɯ^{33} le^{33} ʂə^{55} me^{33}, tshe^{55} hɯ^{21} bu^{33} bə^{33} ŋə^{21} iə^{55} lu^{33} lɑ^{33}
就 是 了 的 崇忍利恩 又 说 是 衬恒褒白 我 给 来 又

tshʅ^{55}, ʥʅ^{33} lɑ^{21} ə^{33} phʏ^{33} le^{33} ʂə^{55} me^{33}, nɯ^{21} tɕhy^{33} sy^{21} tɕhy^{33} uɑ^{33} dɑ^{21} tsʅ^{55}. | tsho^{21} ze^{33} lɯ^{55}
说 孜劳阿普 又 说 是 你 族 什么 族 是 的 说 崇忍利恩

ɯ^{33} le^{33} ʂə^{55} me^{33}, ŋə^{21} i^{33} gʏ^{33} lʏ^{21} mɯ^{33} thʏ^{33} tɕhy^{33}, ʂər^{33} lʏ^{21} dy^{21} khu^{33} tɕhy^{33}, gʏ^{33} tshʅ^{21}
又 说 是 我 是 九 个 天 开 族 七 个 地 辟 族 九 十

gʏ^{33} bu^{21} lo^{55}, gʏ^{33} gə^{21} dɯ^{21} me^{33} tɕhy^{33}, ʂər^{55} tshʅ^{21} ʂər^{33} bu^{21} lo^{55}, ʂər^{33} gə^{21} dɯ^{21} me^{33}
九 坡 越 九 的 一 的 族 七 十 七 坡 越 七 的 一 的

tɕhy^{33}. | dʏ^{33} phər^{21} si^{33} gɯ^{33} tɕhy^{33}, hæ^{33} ʂʅ^{21} tsho^{21} ze^{33} tɕhy^{33}, ʥə^{33} kɑ^{21} nɑ^{21} pʏ^{55} tɕhy^{33}, i^{33}
族 海螺 白 狮子 族 金 黄 大象 族 久嘎拿布 族 江

bi^{21} khu^{21} ȵə^{21} tʂo^{21}, ko^{21} mə^{33} thɑ^{55} me^{33} tɕhy^{33}, zo^{55} lo^{21} mu^{55} mu^{33} khɯ^{55}, kɑ^{21} mə^{33} kʏ^{55}
水 嘴 里 接 醉 不 成 的 族 若罗 怀中 放 累 不 会

me^{33} tɕhy^{33}. | ʂʅ^{33} sʅ^{55} phe^{33} nɯ^{33} dɯ^{33} tshɑ^{55} be^{33}, ho^{33} mə^{33} kʏ^{55} me^{33} tɕhy^{33}, by^{21} sʅ^{55} pʏ^{33}
的 族 肉 三 张 由 一 咬 做 哽 不 会 的 族 面 三 升

nɯ^{33} dɯ^{33} mɑ^{55} be^{33}, phɑ^{33} mə^{33} thɑ^{55} me^{33} tɕhy^{33}, gæ^{33} thɑ^{55} gʏ^{33} ȵə^{21} ʥʅ^{55}, ʂʅ^{33} mə^{33} kʏ^{55}
由 一 吞 做 呛 不 成 的 族 刀 锋利 身 往 砍 死 不 会

me^{33} tɕhy^{33}, tse^{55} thɑ^{55} lʏ^{33} ȵə^{21} ʥʅ^{55}, gɯ^{33} mə^{33} thɑ^{55} me^{33} tɕhy^{33}. | tsho^{21} ze^{33} lɯ^{55} ɯ^{33} le^{33}
的 族 斧 锋利 石 头 往 砍裂 不 会 的 族 崇忍利恩 又

ʂə^{55} me^{33}, ʥər^{21} kʏ^{33} huɑ^{33} phər^{21} hɑ^{55}, hɑ^{55} be^{33} ho^{21} lɯ^{33} se^{21}, tho^{33} tʂu^{55} y^{21} phər^{21} lʏ^{55}, lʏ^{55}
说 是 树 上 鹇鸟 白 栖 栖 做 晚 将 了 松树 间 绵羊 白 牧 牧

be^{33} ho^{21} lɯ^{33} se^{21}.
做 晚 将 了

崇忍利恩又对孜劳阿普说："请您将衬恒褒白嫁给我吧。"孜劳阿普说："你是什么样的种族呀？"崇忍利恩说："我是九个开天神的后代，是七个辟地神的后代，是能翻越九十九座大山、七十七座山坡，被人们称赞的种族；是海螺般洁白狮子的种族，是金黄色大象的种族，是久嘎拿布大力神的种族；是把酒像江水似的接于我的口中也醉不了的种族，是将若罗神山放在怀中，也不会累的种族；是将三张肉一口吞下，也不会被哽住的种族；是将三升面一口吞下也不会被呛的种族；是利剑刺身也不会死的种族，是利斧砍，也像石头一样不会裂开的种族。"崇忍利恩又说："树上白鹇鸟来栖息，栖息将晚了，白绵羊放到松林间，放牧将晚了。"

364-H-2-26

dʑʅ^{33} lɑ^{21} ə^{33} phy̩^{33} le^{33} ʂə^{55} me^{33}, bu^{21} phy̩^{33} dʑʅ^{21} phy̩^{33} sy^{21} be^{33} ʐuɑ^{21} bɯ^{33} tsʅ^{55}. tsho^{21} ze^{33}
孜劳阿普　又　说　是　妻　价　夫　价　怎样　地　还　要　说　崇忍

lɯ^{55} ɯ^{33} le^{33} ʂə^{55} me^{33}, | mɯ^{33} ʂuɑ^{21} kɯ^{21} tshʅ^{55} tshʅ^{33}, ŋə^{21} i^{33} ŋy̩^{21} hæ^{21} dʑy^{33}, gu^{21} be^{33}
利恩　又　说　是　天　高　星星　灿烂　我　是　银　金　有　成背　的

mɯ^{33} tɕæ^{21} thy̩^{33} mə^{33} thɑ^{55}, dy^{21} tɕæ^{21} ɯ^{33} y^{21} ʐə^{21} be^{33} dʑy^{21}, pu^{55} le^{33} mɯ^{33} tɕæ^{21} thy̩^{33}
天　上　到　不　能　地　上　牛　绵羊　青草　一样　有　带　了　天　上　到

mə^{33} thɑ^{55}, tsho^{21} ze^{33} lɯ^{55} ɯ^{33} ŋə^{21}, khə^{55} be^{33} gy̩^{33} tshʅ^{21} gy̩^{33} ɕi^{21} tshər^{55}, gy̩^{33} tshʅ^{21} gy̩^{33}
不　能　崇忍利恩　我　强　地　九　十　九　林　砍　九　十　九

ɕi^{21} dʑi^{55}, gy̩^{33} tshʅ^{21} gy̩^{33} lər^{55} phy̩^{55}, lər^{55} phy̩^{55} lər^{55} le^{33} sʅ^{55}, tʂhʅ^{33} lɑ^{33} dʑʅ^{21} phy̩^{33} bu^{21}
林　烧　九　十　九　粮种　播　粮　种　粮种　又　捡　这　也　夫　价　妻

phy̩^{33} ʐuɑ^{21} bɯ^{33} tsʅ^{55}. | tsho^{21} ze^{33} lɯ^{55} ɯ^{33} ŋə^{21}, tʂʅ^{55} mu^{21} phe^{33} mu^{21} tse^{21}, lər^{55} tsʅ^{21} lər^{55}
价　还　要　说　崇忍利恩　我　筛　筛子　簸箕　用　粮种　算　粮种

le^{33} sʅ^{21}, tʂhʅ^{33} lɑ^{33} dʑʅ^{21} phy̩^{33} bu^{21} phy̩^{33} ʐuɑ^{21} bɯ^{33} tsʅ^{55}. | æ^{21} lɑ^{33} se^{21} y^{21} se^{21} hɑ^{55} khɯ^{55},
又　捡　这　也　夫　价　妻　价　还　要　说　崖　也　羊　拿　岩羊　捉　去

æ^{21} kho^{33} do^{55} mə^{33} ʂʅ^{33}, dʑi^{21} lɑ^{33} ȵi^{33} y^{21} ȵi^{33} hɑ^{55} khɯ^{55}, dʑi^{21} lo^{21} do^{55} mə^{33} ʂʅ^{21}, tʂhʅ^{33}
崖 间 跌 不 死 水 也 鱼 拿 鱼 捞 去 水 里 跌 不 死 这

lɑ^{33} dʐʅ^{21} phy̩^{33} bu^{21}phy̩^{33}ʐuɑ^{21} bɯ^{33} tsʅ^{55}.｜dæ^{21}me^{33} lɑ^{33} ȵi^{55} tʂhuɑ^{21}, lɑ^{33} nɯ^{33} tshɑ^{55} mə^{33}
也 夫 价 妻 价 还 要 说 强 的 虎 乳 挤 虎 由 咬 不

ʂʅ^{33}, tʂhʅ^{33} lɑ^{33}dʐʅ^{21} phy̩^{33} bu^{33} phy̩^{33}ʐuɑ^{21}bɯ^{33} tsʅ^{55}.｜dʐʅ^{33} lɑ^{21} ə^{33} phy̩^{33} nɯ^{33} le^{33} ʂə^{55}, khy̩^{55}
死 这 也 夫 价 妻 价 还 要 说 孜劳阿普来 又 说 夜

i^{33} gæ^{33} mi^{21} du^{21} nɯ^{33} tsʅ^{55}, mi^{21} tsʅ^{55} mi^{21} dʐʅ^{21} se^{21},
是 刀 痕迹 卢神 来 留 下 痕迹 下 有 了

孜劳阿普说：崇忍利恩呀，你想用什么东西作为娶我女儿的聘礼呢？崇忍利恩说：我有像天上繁星一样多的金银，就是不能成背地背到天上；我有像青草一样多的牛羊，就是无法赶到天上来；我崇忍利恩男儿，在你这里砍了九十九片森林，之后又把九十九片森林烧干净，然后又给九十九块地播下了粮种，又把粮种捡回来，最后又把粮神用簸箕把它筛选开来，就让这个作为迎娶衬恒褒白聘礼吧！您让我去山崖间捉岩羊，差点摔死在山崖下，让我到水中捞出鱼，差点溺死于水中，这些也可以算作我的聘礼吧！您让我去挤强大的母虎的乳汁，差点被老虎咬死，这也可以算作我的聘礼吧。孜劳阿普说：晚上卢神留下刀痕，刀痕已经留下，

364-H-2-27

so^{21} i^{33} kho^{33} he^{33} se^{21} nɯ^{33} ɕə^{55}, kho^{33} he^{33} uə^{55} uə^{33} se^{21}.｜tʂhuɑ^{21} ɯ^{33} tʂhy̩^{33} thy̩^{33} bu^{21}
早晨 是 声 耳 沈神 来 观 声 耳 顺当 了 男 好 新装 产生 妇

ɯ^{33} dʑi^{33} thy̩^{33} dər^{33} se^{21} iə^{33}.｜lɑ^{33} hy^{21} dʑi^{21} tse^{21} bu^{33} nɯ^{33} do^{21}, lɑ^{33} khæ^{55} ɕi^{33} mə^{33}
好 衣 产生 该 了 是 虎 红 洗脸 妇 由 见 虎 射 人 没

dʑy^{21}, tsho^{21} ze^{33} lɯ^{55} ɯ^{33} zo^{33} nɯ^{33} khæ^{55}, lɑ^{33} ɯ^{33} lɑ^{33} pɑ^{55} be^{33}, lɑ^{33} ɯ^{33} tʂə^{33} te^{21} be^{33}, lɑ^{33}
有 崇忍利恩 男 来 射 虎 皮 披风 做 虎 皮 垫褥 做 虎

ɯ^{33} tɕi^{55} thy^{55} be^{33}, lɑ^{33} ɯ^{33} uə^{55} le^{33} lɯ^{33} py̩^{55} be^{33}, tsho^{21} ze^{33} lɯ^{55} ɯ^{33} dɯ^{33} tʂhy̩^{33} ʂu^{21}
皮 鞍鞯 做 虎 皮 剪 又 箭 囊 做 崇忍利恩 一 物 找

me³³ dɯ³³ tʂhʅ³³ dɯ³³. | tshe⁵⁵ hɯ²¹ bu³³ bə³³ mi⁵⁵, bu²¹ ɯ³³ dʑi³³ mə³³ dʑy³³, tʂhʅ⁵⁵ tɕi³³ y²¹
是 一 物 得 衬恒褒白 女 妇 好 衣 没 有 秋天 绵羊

le³³ phər²¹, tʂhʅ⁵⁵ mɯ³³ tʂhʅ⁵⁵ sʅ⁵⁵ he³³, tʂhʅ³³ tɕy²¹ ko²¹ le³³ do³³, zʅu²¹ tɕy²¹ ko²¹ le³³ zɑ²¹,
又 白 秋 天 秋 三 月 秋 季 高原 又 爬 夏 季 高原 又 下

tshe⁵⁵ khuɑ²¹ lo²¹ ȵə²¹ tər⁵⁵, tɕi⁵⁵ thɑ⁵⁵ bʅ³³ tshʅ³³ tshʅ³³, uɑ³³ kɯ²¹ sʅ³³ me³³ phər²¹ le³³ ku⁵⁵,
栅栏 里 边 关 剪 利 羊 毛 剪 五 斤 大 毡 白 又 擀

tshe³³ kɯ²¹ le³³ dʑi³³ phər²¹ le³³ be³³; dɯ³³ kɯ²¹ ku³³ mu²¹ be³³, kɯ²¹ phu⁵⁵ bɯ³³ kɯ⁵⁵ be³³,
十 斤 裤子 白 又 做 一 斤 帽子 做 斤 半 腰 带 做

ŋʅ²¹ dʑi³³ hæ²¹ dʑi³³ be³³, uɑ²¹ dʑi³³ tʂhu²¹ dʑi³³ be³³. | dʑæ³³ zʅuɑ³³ gʅ³³ dʑæ³³ iə⁵⁵, tɕi⁵⁵ zʅuɑ³³
银 衣 金 衣 做 松石 衣 墨玉 衣 做 骑 马 九 匹 给 驮 马

ʂər³³ dʑæ³³ iə³³. | lɯ²¹ ɯ³³ gʅ³³ phu⁵⁵ iə³³.
七 匹 给 耕牛 九 头 给

早晨沈神来察看耳角，耳角已经顺当了。”

现在要说一下崇忍利恩的种种东西和衬恒褒白的衣服的出处来历。崇忍利恩、衬恒褒白一对新人需要准备行装了。

正用前爪洗脸的老虎没人看见，被衬恒褒白看到了。没人射杀这只老虎，被崇忍利恩射死了猛虎。崇忍利恩用虎皮做了披风，又做了垫褥、鞍鞯和箭囊，崇忍利恩备好了行装。衬恒褒白没有新衣，在秋天三月里，把绵羊赶到高原牧场上，在夏天三月中，把绵羊又赶回家中，将羊关在栅栏中。锋利的剪刀剪羊毛，用五斤羊毛擀毡子，十斤羊毛做裤子，一斤羊毛做帽子，半斤羊毛做腰带。缝制金衣、银衣、松石衣、墨玉衣。孜劳阿普还给了九匹乘骑，七匹驮马，九头耕牛，

364-H-2-28

kə⁵⁵ ɯ³³ ʂər³³ phu⁵⁵ iə⁵⁵, ŋʅ²¹ khuɑ⁵⁵ gʅ³³ ly³³ iə⁵⁵, hæ²¹ khuɑ⁵⁵ ʂər³³ ly⁵⁵ iə⁵⁵, uɑ²¹ khuɑ⁵⁵
耙 牛 七 头 给 银 碗 九 个 给 金 碗 七 个 给 松石 碗

tʂhu^{21} khuɑ^{55} iə^{55}. | u^{21} khə^{55} ʥy^{21} khə^{55} iə^{55}. | nɯ^{21} tɕhy^{33} gv̩^{33} tɕhy^{33} iə^{55}, huɑ^{55} le^{21} tɕhy^{33}
墨玉 碗 给 仆人 能干 婢女能干 给 畜 种 九 种 给 猫儿 种

mə^{33} iə^{55}, huɑ^{55} le^{21} nɯ^{33} tshɑ^{21} uɑ^{21}, nɯ^{21}gu^{21} sɿ^{33} le^{33} tshɿ^{21}. tʂʅ^{21} me^{33} ɕi^{33} lər^{55} iə^{55}, khɯ^{55}
不 给 猫儿 畜族 是 畜 后 引 又 来 粮 的 百 种 给 野坝子

dv̩^{21} lər^{55} mə^{33} iə^{55}, khɯ^{55} dv̩^{21} tʂʅ^{21} tshɑ^{21} uɑ^{21}, tʂʅ^{21} gu^{21} sɿ^{33} le^{33} tshɿ^{21}. | tsho^{21} ze^{33} lɯ^{55}
种 不 给 野坝子 粮 族 是 庄稼 后 引 又 来 崇忍利恩

ɯ^{33}zo^{33}, tsho^{21} bər^{33} khɯ^{33} mə^{33} sɿ^{33}, kho^{21} bu^{21} mə^{33} tse^{33} kɑ^{33} iə^{33} tsɿ^{55}, tsho^{21} bər^{33} khɯ^{33}
男儿 人 迁徙 狗 不 引 内 外 不 分清 了 说 人 迁徙 狗

phər^{21} sɿ^{33}, kho^{21} bu^{21} tse^{33} kɑ^{33} be^{33} le^{33} tshɿ^{21}. | tshe^{55} hɯ^{21} bu^{33} bə^{33} mi^{55}, tsho^{21} bər^{33} æ^{21}
白 引 内 外 分清 做 又 来 衬恒褒白 女 迁 徙 鸡

mə^{33} pu^{55}, ȵi^{55} hu^{21} mə^{33} du^{33} bu^{33} iə^{33} tsɿ^{55}. | tsho^{21} bər^{33} æ^{21} le^{33} pu^{55}, ȵi^{55} hu^{21} du^{33} bu^{33}
不 带 白天 夜晚 不 分清 了 说 人 迁徙 鸡 又 带 白天 夜晚 分 清

be^{33} le^{33} tshɿ^{21}.
做 又 来

七头耙牛，金碗七个、银碗九个、松石碗和墨玉碗，能干的男仆和巧手的婢女。给了九种牲畜，却买给自己猫，猫本来就是牲畜中的一种，从牲畜中挟带来，给了百种粮食，却没给野坝子种子，野坝子种子本来就是粮食中的一种，从粮食种子中挟带来。

迁徙途中若不带上狗，人群之中将分不清内人和外人，崇忍利恩带着狗，分清内外地迁徙下来。迁徙途中若不带上鸡，将辨不清昼和夜，衬恒褒白带上鸡，昼夜分明地迁徙下来。

364-H-2-29

tsho^{21} ze^{33} lɯ^{55} ɯ^{33} zo^{33}, le^{21} thv̩^{33} mə^{33} tɕhi^{55} be^{33} le^{33} tshɿ^{21}. | bi^{33} thv̩^{33} mə^{33} tshər^{33} be^{33}
崇忍利恩 男儿 月 出 不 冷 的 又 来 日 出 不 热 的

le^{33} tshɿ^{21}. | tsho^{21} ze^{33} lɯ^{55} ɯ^{33} zo^{33}, tshe^{55} hɯ^{21} bu^{33} bə^{33} mi^{55} ȵi^{33} kv̩^{55}, ʥi^{33} bɯ^{33} ʐʅ^{33} mə^{33}
又 来 崇忍利恩 男儿 衬恒褒白 女 两 个 走 要 路 不

iə^{55}, lɑ^{33} ɕy^{21} tshy^{55} dʐʅ^{21} ɯ^{33} me^{33} tshy^{55} mə^{33} dʐʅ^{21}, sʅ^{33} tho^{21} zɑ^{21} dʐʅ^{21} ɯ^{33} me^{33} zɑ^{21} mə^{33}
给 拉徐① 闪电 算 善 的 闪电 不 算 斯托② 娆星 算 善 的 娆星 不

dʐʅ^{21}, ȵi^{33} le^{21} kɯ^{21} dʐʅ^{21} ɯ^{33} me^{33} kɯ^{21} mə^{33} dʐʅ^{21}. | tsho^{21} bər^{33} mɯ^{33} nɯ^{33} bər^{33}, mɯ^{33} zy̩^{55}
算 涅勒③ 星 算 善 的 星 不 算 人 迁徙 天 由 迁 天 中

gy̩^{33} nɯ^{33} bər^{21}, zy^{21} tshi^{21} bu^{21} ṇə^{21} thy̩^{33}, zy^{21} tshʅ^{21} bu^{21} nɯ^{33} bər^{33}, zy^{21} khuɑ^{21} bu^{21} ṇə^{21}
央 由 迁 汝情④ 坡 上 到 汝情 坡 由 迁 汝夸⑤ 坡 上

thy̩^{33}, lɑ^{33} ɕy^{21} tshy^{55} dʐʅ^{21} ɯ^{33} me^{33} tshy^{55} mə^{33} dʐʅ^{21}, kɯ^{21} ne^{21} zy^{21} æ^{21} hɯ^{21}, zy^{21} æ^{21}
到 拉徐 闪电 算 善 的 闪电 不 算 星 和 汝星 斗 去 汝星 斗

zy^{21} phy^{55} hɯ^{21}, zy^{21} phy^{55} mɯ^{33} dʐɑ^{33} hɯ^{21}. | sʅ^{21} ȵi^{33} mɯ^{33} fy̩^{33} fy̩^{33}, mɯ^{33} dʑy^{33}ku^{55}mə^{33}
汝星 吐 去 汝星 吐 天 阴 去 三 天 天 阴 沉 天 有 廓 不

ʂuɑ^{21}, dy^{21} dʑy^{21} ku^{55} mə^{33} gɯ^{21}, se^{55} dʑi^{21} tʂhʅ^{33} sʅ^{33} ho^{21}, mə^{33} ʂu^{21} dʑi^{21} tʂhə^{55} hɯ^{21}. | tsho^{21}
高 地 有 域 不 辽阔 山箐 河 这 三 条 不 干净 水 污秽 了

ze^{33} lɯ^{55} ɯ^{33} zo^{33}, dʑi^{33} bɯ^{33} ʐʅ^{33} mə^{33} dɯ^{33}, tshe^{55} hɯ^{21} bu^{33} bə^{33} mi^{55}, gy̩^{33} bɯ^{33} dʑo^{21}
崇忍利恩 男儿 走 要 路 不 得 衬恒褒白 女 渡 要 桥

mə^{33} dɯ^{33}. | lɑ^{33}hy^{21} tshy^{55} dʐʅ^{21} ɯ^{33} me^{33} tshy^{55} le^{33} dʐʅ^{21}, ȵi^{33} le^{21}kɯ^{21} dʐʅ^{21} ɯ^{33} me^{33} kɯ^{21}
不 得 拉徐 闪电 算 善 的 闪电 又 算 涅勒 星 算 善 的 星

le^{33} dʐʅ^{21}
又 算

崇忍利恩男儿呀，月出的夜晚不冷地迁徙下来，日出的白昼也不热地迁徙下来。孜劳阿普没有给崇忍利恩和衬恒褒白指出一条迁徙的道路。善于推算闪电的拉徐卜师不去推算闪电的时间，善于推算娆星的斯托不去推算娆星，善于推算星星的涅勒不去推算星星。崇忍利恩和衬恒褒白从天上迁徙下来，从天上最中央的地方迁徙下来，走到天上的汝情坡上，从汝情坡又到汝夸坡，汝星和其他星相争斗，汝星吐了。汝星一吐天便逐渐阴沉，阴沉了三天，天不再高远，地不再辽阔。这三条山箐河被污染，崇忍利恩没了要走的迁徙路，衬恒褒白没了要渡过的桥。让善于推算闪电的拉徐推算了闪电，让善于推算星星的涅勒推算了星星，

① 拉徐：卜师名字。
② 斯托：三星，这里作卜师名。
③ 涅勒：卜师名字。
④ 汝情：译音名词，星名。
⑤ 汝夸，译音名词，星名。

364-H-2-30

tsho^{21} ze^{33} lɯ^{55} ɯ^{33} zo^{33}, tʂuɑ^{21} nɯ^{33} ɯ^{33} ɕy^{21} mɑ^{21} sɿ^{55} ly̩^{21} le^{33} pu^{55}, tshe^{55} hɯ^{21} bu^{33} bə^{33}
崇忍利恩 男儿 男 由 牛 红 油 三 饼 又 带 衬恒褒白

mi^{55}, bu^{33} nɯ^{33} by^{21} ʂu^{21} sɿ^{55} py^{33} by^{21} le^{33} pu^{55}, tshu^{55} pɑ^{33} gə^{21} le^{33} be^{33}. dzu̩^{21} tʂhʅ^{33} lo^{21}
女 女 由 面 纯 三 升 面 又 带 天香 上 又 烧 山 这边 箐

tʂhʅ^{33} phɑ^{33} gə^{33} ʂy̩^{21} ne^{21} ly̩^{21} gə^{33} tʂhu^{55} pɑ^{33}gə^{21} le^{33} be^{33}. | mɯ^{33} ʥy^{33} ku^{55} le^{33}ʂuɑ^{21}, dy^{21}
这 边 的 署 和 龙 的 天香 上 又 烧 天 有 廓 又 高远 地

ʥy^{33} ku^{55} le^{33} gɯ^{33}, ʥi^{21} tʂhə^{55} ʥi^{21} le^{33} ʂu^{21}, tsho^{21} ze^{33} lɯ^{55} ɯ^{33} zo^{33}, ʥi^{33} bɯ^{33} ʐʅ^{33} le^{33}
有 域 又 辽阔 水 秽 水 又 清澈 崇忍利恩 男儿 走 要 路 又

dɯ^{33}, tshe^{55} hɯ^{21} bu^{33} bə^{33} mi^{55}, gy̩^{33} bɯ^{33} dzo̩^{33} le^{33} dɯ^{33}, tsho^{21} bər^{33} mɯ^{33} nɯ^{33} bər^{33},
得 衬恒褒白 女 渡 要 桥 又 得 人 迁 天 由 迁

mɯ^{33} ly^{55} gy̩^{33} nɯ^{33} bər^{33}, zy^{21} tshɿ^{21} bu^{21} ȵə^{21} thy̩^{33} , zy^{21} tshɿ^{21} bu^{21} nɯ^{33} bər^{33}, zy^{21} tshɿ^{21}
天 中间 由 迁 汝情 坡 上 到 汝情 坡 由 迁 汝情夸

khuɑ^{33} ȵə^{21} thy̩^{33}. | ky̩^{55} ʥi^{21} ky̩^{33} nɯ^{33} bər^{33}, ky̩^{55} ʥi^{21} mæ^{33} ȵə^{21} thy̩^{33}, ky̩^{55} ʥi^{21}
上 到 固吉河 上游 由 迁 固吉河 下游 上 到 固吉河

mæ^{33} nɯ^{33} bər^{33}, nɑ^{21} mu^{33} be^{33} ȵə^{21} thy̩^{33}, nɑ^{21} mu^{33} be^{33} nɯ^{33} bər^{33}, ŋy̩^{21} phər^{21} khɑ^{33}
下游 由 迁 纳姆 村 上 到 纳姆 村 由 迁 银 白 角

ʥʅ^{21}uə^{33}ȵə^{21} thy̩^{33}, tsho^{21} ze^{33} lɯ^{55} ɯ^{33} nɯ^{33}, ŋy̩^{33} phər^{21} le^{33} ʥi^{21} tso^{55} i^{33} zɑ^{21} le^{33} tshɿ^{21}. |
长 村 上 到 崇忍利恩 来 银 白 梯子 架 了 下 又 来

hæ^{21} ʂʅ^{21} ȵə^{21} ʥʅ^{21} uə^{33} ȵə^{21} thy̩^{33}, hæ^{21} ʂʅ^{21} ȵə^{21} ʥʅ^{21} uə^{33} nɯ^{33} bər^{33}, hæ^{21} ʂʅ^{21} le^{55} ʥi^{21}
金 黄 眼 长 村 上 到 金 黄 眼 长 村 由 迁 金 黄 梯子

tso^{55} i^{33} zɑ^{21} le^{33} tshɿ^{21},tsho^{21} ze^{33} lɯ^{55} ɯ^{33} zo^{33}, ʥy^{21} nɑ^{55} zo^{55} lo^{21} ky̩^{33} ȵə^{21} thy̩^{33}, ə^{33} phy̩^{33}
架 了 下 又 来 崇忍利恩 男儿 居那若罗 顶 上 到 阿普

zʅ̩^{21} mə^{33} ʥy^{33}, kv̩^{33} gə^{33} tho^{33} lo^{33} zʅ̩^{21} tər^{55} thv̩^{33} , kv̩^{33} gə^{21} tho^{33} lo^{33} zʅ̩^{21} tər^{55} thv̩^{33} mə^{33}
仇 没 有 头 的 斗笠 仇 结 产生 头 的 斗笠 仇 结 产生 不

uɑ^{21}, khv̩^{55} i^{33} u^{33} ɯ^{33} sɿ^{33} sy^{21} du^{21} mu^{33} zɿ^{33}, no^{33} tʂ̩huɑ^{21} sɿ^{55} no^{33} tʂ̩huɑ^{21},
是 夜 是 财 好 三 样 卢神 来 掌 奶 挤 三 奶 挤

崇忍利恩男儿带着三饼红牛的油，衬恒褒白女带着三升白面粉给神烧天香，给这山、这箐的署和龙烧天香。天廓变得高远了，地域又变得辽阔了，污染了的水又变得清澈了。崇忍利恩又找到了迁徙的路，衬恒褒白又找到了迁徙要渡的桥。崇忍利恩和衬恒褒白从天上迁徙下来，从天中央迁徙下来，到了汝情坡，从汝情坡迁徙下来，到了汝情夸坡。从固吉河上游迁徙下来，到固吉河下游，从固吉河下游迁徙，到了纳姆村，从纳姆村迁徙，到了白银长角的银村。在白银长角的银村，崇忍利恩用白银打制梯子，搭好银梯子迁徙下来。到了黄金长眼的金村，在黄金长眼的金村，崇忍利恩用黄金打制梯子，搭好金梯子迁徙下来。崇忍利恩男儿迁徙到了居那若罗山顶。阿普没仇敌，戴头上的斗笠结下了仇敌。不是头上的斗笠结下的仇敌，是阿普掌握着夜间的三种财富，阿普去挤奶，

364-H-2-31

dɯ^{33} tʂ̩huɑ^{21} sɿ^{33} thv̩^{21} dɯ^{33}. khv̩^{55} i^{33} u^{33} ɯ^{33} gə^{21} lɯ^{55} hɯ^{33} tɕi^{55} mi^{33}, u^{33} ɯ^{33} gə^{21} lɯ^{55}
一 挤 三 桶 得 夜 是 财 好 的 脱 去 以 为 财 好 上 脱

hɯ^{33} mə^{33} uɑ^{21}, mɯ^{33} zɿ^{33} kho^{33} ɕi^{21} kho^{33} lo^{13} gə^{21} kho^{33} ne^{21} dʐʅ^{33} i^{33} gə^{21} lɯ^{55} hə^{21}. ʥu^{21}
去 不 是 美汝柯兴可罗① 的 灾 和 害 了 上 脱 了

nɑ^{55} zo^{55} lo^{21} khɯ^{33} ȵə^{21} thv̩^{33}, ə^{33} ʥɿ^{33} zʅ̩^{21} mə^{33} ʥy^{33}, kæ^{55} kæ^{33} lɑ^{33} tʂ̩ʅ^{21} dv̩^{33} mæ^{33} kæ^{33}
居那若罗 麓 上 到 阿孜 仇 没 有 对襟 上 衣 下 摆 互相

i^{33} dɯ^{33} tər^{55} ne^{21}. so^{33} i^{33} tʂ̩ʅ^{21} me^{33} sɿ^{33} sy^{21} se^{21} nɯ^{33} zɿ^{33}, ə^{33} ʥɿ^{33} so^{21} i^{33} ʥe^{33} ɕy^{21} ʥe^{33}
的 一 结 着 早晨 是 庄稼 三 种 沈神 来 掌 阿孜 早晨 是 麦 红 麦穗

---

① 美汝柯兴可罗：人名，住在天上，衬恒褒白舅父之子。按姑舅亲之规矩，衬恒褒白应嫁给美汝柯兴可罗，衬恒褒白与崇忍利恩走后，美汝柯兴可罗常降祸于人间。

ba^{33} so^{55} , dɯ^{33} so^{55} sɿ^{55} tʂhər^{33} dɯ^{33}. so^{33} i^{33} ʥe^{33} hɑ^{55} gə^{21} lɯ^{55} hɯ^{33} tɕi^{55} mi^{33}, ʥe^{33} hɑ^{55}
搓 一 搓 之 把 得 早晨 是 粮 好 上 脱 去 以 为 粮 好

gə^{21} lɯ^{55} hɯ^{33} mə^{33} uɑ^{21}, mɯ^{33} zɿ^{33} kho^{33} ɕi^{21} kho^{33} lo^{13} gə^{21} kho^{33} ne^{21} dʐʅ^{33} i^{33} gə^{21}
上 脱 去 不 是 美汝柯兴可罗 上 灾 和 害 了 上

phu^{55} hə^{21}. | dʐu^{21} nɑ^{55} zo^{55} lo^{21} gy̩^{33} i^{33} ko^{33} ny̩^{55} ʂər^{21} nɯ^{33} ty̩^{55}, zo^{55} lo^{12} thɯ^{55} i^{33} huɑ^{33}
脱 了 居那若罗 顶 是 鹤 嘴 长 来 顶 若罗 腰 是 白鹇

khɯ^{33} ɕy^{21} nɯ^{33} ty̩^{55}, zo^{55} lo^{21} khɯ^{33} i^{33} le^{55} ɯ^{33} kho^{33} nɯ^{33} ty̩^{55}. | ko^{33} ky̩^{33} phər^{21}
脚 红 来 顶 若罗 麓 是 犏牛 角 来 顶 高原 上 白

by̩^{33} phər^{21} thɑ^{55} nɯ^{33} thy̩^{55}. | he^{21} i^{33} mɯ^{33} gə^{55} khu^{21} æ^{21} phər^{21} tɕy^{21} kho^{33} tshɿ^{21} nɯ^{33}
绵羊 白 好 来 顶 恒依美格空① 公鸡 鸣 声 细 来

ty̩^{55}.
顶

挤到了三桶奶。阿普以为有人要来取走他的财富，原来不是财富飞了，而是来结仇的，降祸的美汝柯兴可罗赶回到了天上。崇忍利恩和衬恒褒白迁徙到居那若罗山麓，阿孜没有仇敌，在相互摇摆的上衣中产生了仇敌，不是摇摆的上衣中结下了仇敌，而是阿孜掌握着早晨的三种粮食，阿孜去搓麦穗，搓到了三把麦穗。阿孜以为有人要来取他的粮食，原来不是粮食飞了，而是来结仇的降祸的美汝柯兴可罗赶回到天上。

崇忍利恩和衬恒褒白到了居那若罗山顶上，用长嘴的鹤来抵御天上美汝柯兴可罗降下的灾祸，到了若罗神山的山腰，用长红脚的白鹇鸟来抵御天上美汝柯兴可罗降下的灾祸，到了若罗神山的山麓，用长角的犏牛来抵御天上美汝柯兴可罗降下的灾祸，到了洁白的高原上，用白绵羊来抵御天上美汝柯兴可罗降下的灾祸，到了恒依美格空，用嘹亮的公鸡啼叫声来抵御天上美汝柯兴可罗降下的灾祸，

364-H-2-32

① 恒依美格空：天神居住的地方。

tsho^{21} ze^{33} lɯ^{55} ɯ^{33} zo^{33}, tshe^{55} hɯ^{21} bu^{33} bə^{33} mi^{55}, tsho^{21} bər^{33} tsho^{21} zɑ^{21} dʑi^{33} dʑə^{21} lɑ^{33}
崇忍利恩 男儿 衬恒褒白 女 人 迁徙 人 下 人 住 辽阔

lər^{33} dy^{21} ȵə^{21} thy̩^{33}. dʑi^{33} dʑə^{21} lɑ^{33} lər^{33} dy^{21} , mu^{21} ʂuɑ^{55} ȵə^{21} ko^{21} nɑ^{21} nɯ^{33} ty̩^{55}, ky̩^{55}
地 上 到 人 住 辽阔 地 犏牛 眼 中 黑 由 顶 毡房

dʑi^{21} thy̩^{21} le^{33} dʐʅ^{21}, gɑ^{33} khuɑ^{21} tho^{55}, mi^{33} ʂu^{21} khɯ^{55}, gɑ^{33} ly̩^{33} tsʅ^{21} le^{33} dʐʅ^{21}, tsho^{21} ze^{33}
搭 又 住 嘎神[1] 桩 钉 火 净 烧 嘎神 石 立 又 住 崇忍

lɯ^{55} ɯ^{33} zo^{33}, tshe^{55} hɯ^{21} bə^{33} bu^{21} mi^{55} ȵi^{33} ky̩^{55}, tɑ^{55} ly̩^{33} dɯ^{33} dʑi^{21} be^{33},| mɯ^{33} khu^{33}
利恩 男儿 衬恒褒白 女 两 个 共同 一 家 作 天 门

thy̩^{55} gə^{33} ko^{33} phər^{21} zo^{33} tɕi^{55} gu^{21}, dy^{21} khu^{33} khɯ^{55} gə^{33} khæ^{33} me^{33} mi^{55} tɕi^{33} tshʅ^{33} le^{33}
边 的 果盘若季[2] 病 地 门 边 的 开美命姬[3] 发热 又

gu^{21}. tshʅ^{21} thy̩^{33} tshʅ^{21} le^{33} py^{21} mə^{33} ky̩^{55}.| bər^{33} thy̩^{33} bər^{33} le^{33} lo^{21} mə^{33} ky̩^{55}.| py^{21} tʂhʅ^{33}
病 鬼 到 鬼 又 祭 不 会 客 到 客 又 待 不 会 祭 所

ky̩^{55} nɯ^{33} py^{21} le^{33} khuɑ^{33} mə^{33} ȵi^{21}, khuɑ^{33} lər^{33} khuɑ^{33} dzæ^{21} py^{33} by̩^{21} dy^{55} le^{33} py^{21}, khuɑ^{33}
会 由 祭 又 好 不 了 夸朗夸展[4] 东巴 请 又 祭

lər^{21} khuɑ^{33} dzæ^{21} py^{33} by^{21} tshʅ^{21} le^{33} py^{21} mə^{33} ky̩^{55}, ȵə^{55} bər^{21} kho^{55} le^{33} sæ^{33} mə^{33} by̩^{21},|
夸朗夸展 东巴 鬼 又 祭 不 会 蜻蜓 杀 又 血 不 出

py^{21}sər^{33} gy̩^{55} tso^{33} tshʅ^{55}, py^{21} sər^{33} sæ^{33} mə^{33} dɯ^{33}, du^{21} ly̩^{33} gy̩^{55} tso^{33} tshʅ^{55}, du^{21} ly̩^{33}
祭木 九 副 竖 祭 木 血 不 得 卢神 石 九 副 竖 卢神 石

kuɑ^{55} mə^{33} dɯ^{33}.|
粮 不 得

崇忍利恩和衬恒褒白一直迁徙下来，到了辽阔的大地上，用健壮的黑眼圈的犏牛来抵御天上美汝柯兴可罗降下的灾祸。崇忍利恩和衬恒褒白迁徙到了辽阔的大地上，搭起毡房，钉下嘎神桩，烧起火，立起嘎神石，崇忍利恩和衬恒褒白恩爱作一家。往后有一天，天边的果盘若季生了病，地门口的开美命姬发了烧。有鬼作祟不会驱鬼，有客人来到也不会待客，所有会祭祀的做了祭仪也好不了。请了夸朗夸展东巴做祭祀，夸朗夸展东巴不会做祭祀，杀了蜻蜓取血，蜻蜓出不了血，竖起九副祭木，不能给竖起的九副祭木点血，坚了九个卢神石，不能给立起的九个卢神石撒祭粮。

① 胜利神。
② 崇忍利恩和衬恒褒白之子。
③ 崇忍利恩和衬恒褒白之女。
④ 人名，自认为是东巴，却没有东巴的本领。

364-H-2-33

py^{21} le^{33} khuɑ^{33} mə^{33} ȵi^{21}. | tsho^{21} ze^{33} lɯ^{33} ɯ^{33} zo^{33}, mɯ^{33} ʂuɑ^{21} ə^{33} nɑ^{33} mu^{21} phe^{33} uɑ^{55}
祭 又 好 不 了 崇忍利恩 男儿 美刷欧纳孟喷 五

be^{33} gu^{33} le^{33} kɑ^{33} tɕhi^{33}, | mɯ^{33} ʂuɑ^{21} ə^{33} nɑ^{33} mu^{21} phe^{33} be^{33} gu^{33} nɯ^{33}, mu^{21} ʂuɑ^{55} ȵə^{21}
兄弟 又 请 美刷欧纳孟喷 兄弟 由 犏牛 眼

nɑ^{21} kho^{55}, ɯ^{33} nɑ^{21} sæ^{33} le^{33} thv̩^{55}, py^{21} sər^{33} gv̩^{55} tso^{33} tshʅ^{55}, py^{21} sər^{33} sæ^{33} le^{33} dɯ^{33}, du^{21}
黑 杀 牛 黑 血 又 取 祭 木 九 副 竖 祭 木 血 又 得 卢神

lv̩^{33} gv̩^{55} lv̩^{33} tshʅ^{55}, du^{21} lv̩^{33} kuɑ^{55} le^{33} dɯ^{33}, gə^{33} ly^{21} sʅ^{55} tʂo^{33} tshʅ^{55}, mɯ^{33} zʅ^{33} kho^{33} ɕi^{2}
石 九 个 竖 卢神 石 粮 又 得 上 方 三 副 竖 美汝柯兴可罗

kho^{33} lo^{13} gə^{33}, kho^{33} ne^{21} dʐʅ^{33} dʐər^{33} gə^{21} le^{33} tv̩^{55}. | mi^{21} ly^{21} sʅ^{55} tʂo^{33} tshʅ^{55}, lv̩^{33} nɑ^{21}
的 口舌 和 灾祸 淫威 上 又 顶 下方 三 副 竖 石 黑

tshə^{55} khu^{33} tshʅ^{55}, ly^{55} i^{33} gv̩^{55} tso^{33} tshʅ^{55}, uɑ^{33} tɕy^{21} mɯ^{33} khu^{33} tshʅ^{55}, mɯ^{33} ɕy^{55} sʅ^{33} le^{33}
秽 门 竖 中间 九 副 竖 左 边 天 门 竖 天 祭祀 又

tshʅ^{55}, i^{21} tɕy^{21} dy^{21} khu^{33} tshʅ^{55}, dy^{21} ɕy^{55} sʅ^{33} le^{33} tshʅ^{55}. | ly^{55} i^{33} gɑ^{33} khu^{33} tshʅ^{55}, gɑ^{33} ɕy^{55}
竖 右 边 地 门 竖 地 祭祀 又 竖 中间 是 嘎神 门 竖 嘎神

sʅ^{33} le^{33} tshʅ^{55}.
祭祀 又 竖

做了祭祀也好不了。崇忍利恩男儿又请美刷欧纳孟喷五兄弟来做仪。美刷欧纳孟喷五兄弟杀了黑眼圈的犏牛取牛血。竖起九副祭木，沾上牛血使祭木得到血，竖了九个卢神石，撒上粮食使卢神石得到了粮食。上方竖起三副，把美汝柯兴可罗所施的灾祸顶上去。下方竖三副，竖起黑石和秽气的门。中间竖九副，左边竖一副天门，以祭天，右边竖一副地门，以祭地，中间竖嘎神门，以祭嘎神。

364-H-2-34

mɯ^{33} khu^{33} thy̩^{55} gə^{33} ko^{33} phər^{21} zo^{33} tɕi^{55}, dy^{21} khu^{33} khɯ^{55} gə^{33} khæ^{333} me^{33} mi^{55} tɕi^{33} mə^{33}
天 门 也 的 果盘若季 地 门 边 的 开美命姬 不

gu^{33} mə^{33} tshʅ^{33} mə^{33} tɕi^{55}. | tsho^{21} ze^{33} lɯ^{55} ɯ^{33} zo^{33}, ɯ^{33} hɯ^{21} sʅ^{55} zʅ^{33} i^{33}. | zo^{33} dɯ^{21} gy̩^{33}
痛 不 热 不 悸 崇忍利恩 男儿 恩赫 三 个 生 儿 大 藏族

dʑʅ^{21} gy̩$^{3\ 3}$, gy̩^{33} dʑʅ^{21} dʑər^{21} khɯ^{33} dʑʅ^{21} me^{33} dʑər^{21} ky̩^{33} ly^{33} iə^{21} dẓy̩^{33}, zo^{33} tɕi^{55} le^{33} by̩^{33}
成 藏族 树 旁 住 得 树 上 果 样 增 儿 小 白族

gy̩^{33}, le^{33} by̩^{33} gæ^{21} khɯ^{33} dʑʅ^{21} me^{33} gæ^{21} phu^{55} tshe^{55} iə^{21} dẓy̩^{33}. | zo^{33} ly^{55} nɑ^{21} ɕi^{33}gy̩^{33},
成 白族 甲 旁 住 是 甲 旁 叶 样 增 儿次 纳西 成

nɑ^{21} ɕi^{33} mɯ^{33} by̩^{21} dʑʅ^{21} me^{33} mu^{33} tɕər^{21} kɯ^{21} iə^{21} dẓy̩^{33}. nɑ^{21} ɕi^{33} dy^{21} tɕər^{21} dʑʅ^{21}, dy^{21}
纳西 天 下 住 是 天 上 星 样 增 纳西 地 上 住 地

phu^{55} ẓə^{21} iə^{21} dẓy̩^{33}, ẓuɑ^{33} ʂʅ^{21} bu^{21} iə^{21} dẓy̩^{33}, khɯ^{55} dy^{21} lər^{55} iə^{21} dẓy̩^{33}. | nɯ^{21} ne^{21} uɑ^{21},
上 草 样 增 马 黄 宗 样 增 野坝子 籽 样 增 福 和 泽

hɯ^{21} ne^{21} dẓæ^{33}, dʑi^{21} i^{33} dər^{33} ʂər^{55}gy̩^{33} be^{33} ho^{55}. |
富 和 裕 水 流 塘 满 成 做 愿

从此以后，天边的果盘若季男儿，地边的开美命姬女儿不再生病痛、不再悸怕了。崇忍利恩生下三个儿子，大儿子成了藏族的祖先，藏族住在大树下，他们的后代，就像树上的果子样增长；小儿子成了白族的祖先，白族住在铠甲下，他们的后代就像铠甲上的甲片一样增长；次儿成了纳西族的祖先，纳西族住在天穹下，他们的后代就像天上的繁星一样增长，纳西族住在辽阔的大地上，他们的种族就像大地上的青草一样发展，就像野坝籽一样多，就像黄马的鬃毛一般数不清。

愿有福有泽，充裕富足，生活似流水满塘！

364-H-2-35

封底

（诵读：和丽军　翻译：和丽峰　校译：李英）

519-J-1-01

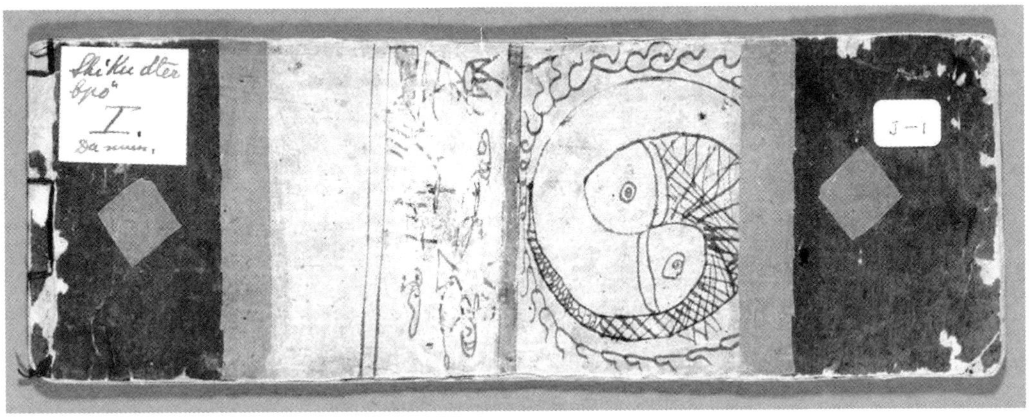

ʂʅ^{33} khu^{33} tər^{55} py^{21} • du^{33} mu^{21}

关死门仪式·规程及画稿

519-J-1　关死门仪式·规程及画稿

【内容提要】

该经书以说明和图形结合的方式，交待了关死门仪式的基本做法。书中对仪式的程序、祭祀道场的设置，需准备的祭品都作了较详细的交待。经书后半部分的画稿图形，对于仪式中祭场的布置，祭物的制作，提供了非常直观的样式。

【英文提要】

The Ritual of Closing the Death Gate. Step and Sketch

This book introduces the basic instruction for closing the death gate with the combination of words and drawing. It detailed explains the lay out of the ritual process and the sacrifice ashram. The later part of the book provides a visualized model of the ashram lay out and the sacrifice making procedure with sketches.

519-J-1-02

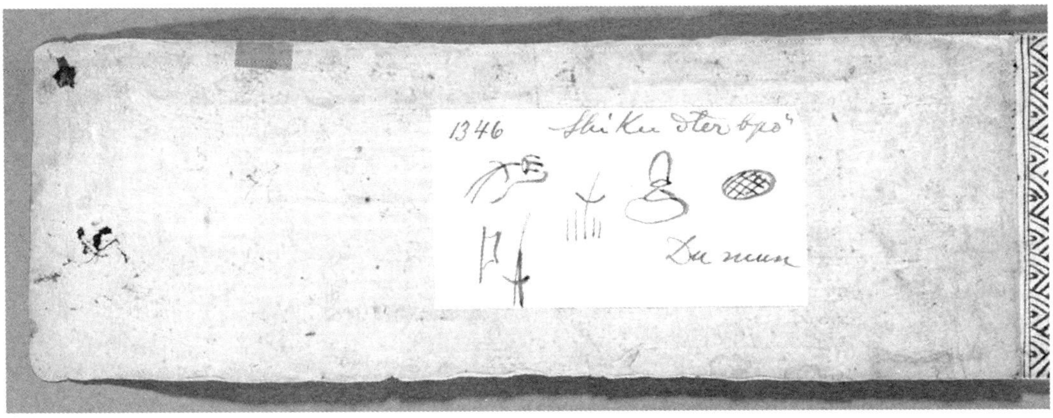

1346 是藏书者之藏书号，中间的六个东巴文字为书名之复写，右上角和右下角的英文字母是洛克音标记录的东巴经书名。

519-J-1-03

tʂər^{55} dzo^{21} uɑ^{21} me^{55}, ʂʅ^{33} khu^{33} tər^{55} py^{21} gə^{33} du^{33} mu^{21} | gə^{21} kv̩^{33} kuɑ^{55} u^{55} dər^{33} me^{55}. |
传略 是（助） 死门 关 仪式 的 规程 首要 祭粮 撒 应该（助）

lu^{33} se^{21} tʂhə^{55} dy^{55} dər^{33}. | tʂhə^{55} thv̩^{33} tʂhə^{55} pɯ^{55}, tʂhə^{55} dʑi^{21} tʂhər^{33} dər^{33}. | bæ^{33} mi^{33} tʂʅ^{55}
卢神沈神秽 赶 要 秽 出处 秽 来历 秽 水 洗 应该 香火 点

lɑ^{21} me^{55}, tʂhu^{55} pɑ^{33} dʑi^{55} lɑ^{21}me^{55}. | py^{21} ly^{33} khu^{33} tʂhu^{33}, mu^{55} dʑər^{33} mi^{55} thv̩^{33}pɯ^{55} ʂə^{55} dər^{33}
吧（助） 天香 烧 吧（助） 开坛经 诵 挽歌 出处来历 说 应该

me^{55}. | lu^{21} tɯ^{33} dər^{33} me^{55}. dzər^{21} tsæ^{55} dər^{33} me^{55}. | ʂʅ^{33} dzy̩^{33} do^{21} ne^{33} çy^{21} thv̩^{33} pɯ^{55} ʂə^{55}
（助）卢神迎 需要（助）威力 求 需要（助） 死 祸 铎鬼和 许鬼 出处来历 念

lɑ^{21} me^{55}, | gɑ^{33} lɑ^{21} mu^{33} khɯ^{55} dər^{33} me^{55}. | sʅ^{33} bv̩^{33} phv̩^{33} sʅ^{55} tʂhər^{33} gə^{33} y^{33} gɑ^{33} lɑ^{21} tʂu^{33}
吧（助） 战神 牺牲 给 应该（助） 斯补 祖先 三 代 的 神 祖先迎接

dər^{33} me^{55}. | no^{21} py^{55} ço^{33} lo^{21} khuɑ^{55} tçi^{21}, no^{21} py^{55} ço^{33} lo^{21} khuɑ^{55} kæ^{33},
应该（助） 宝物 珊瑚 碗 放 宝物 珊瑚 碗 前

这是关死门仪式的规程。首先，撒祭粮，然后为卢神、沈神除秽。念诵《秽的出处来历》，洗手除秽。点着香火，烧着天香，念《开坛经》《挽歌的出处来历》。接着要念《迎卢神》《求威力》《死祸鬼之铎鬼和许鬼的出处来历》的经书。给战神献牺牲，迎接斯补三代祖先神。碗里放八宝和珊瑚，在八宝和珊瑚的碗前，

519-J-1-04

sɿ^{33} bỵ^{33} y^{21} kæ^{33} tṣhər^{21} ṣʅ^{33} nɑ^{55} ṣʅ^{33} ṣʅ^{21}, ẓʅ^{33} ṣʅ^{21} hɑ^{33} ṣʅ^{21}, | gɑ^{33} lɑ^{21} hɑ^{33} ṣʅ^{21} lɑ^{21} me^{55}. |
斯补 祖先 前 肥肉 瘦肉 献 酒 献 饭 献 神 饭 献 吧（助）

tshɿ^{21} hɑ^{33} iə^{55} dər^{33} me^{55}, | thɯ^{33} so^{33} by^{21} ty^{55} le^{33} bɯ^{33} se^{55}. | y^{33} æ^{21} mu^{33} khɯ^{55}, | tshɿ^{21}
鬼 饭 给 应该（助） 今早 外面 又 去 了 祖先鸡 牺牲 放 鬼

dẓu^{33} ẓuɑ^{21}, do^{21} ne^{21} ɕy^{33} dẓu^{33} ẓuɑ^{33} dər^{33} me^{55}. | gu^{33} n̩i^{33} lỵ^{55} phər^{21} dər^{33}, tṣhỵ^{33} tɕhi^{33} dər^{33}
偿 还 铎鬼和 许鬼 偿 还 应该（助） 分离 鬼结 解 要 退送鬼

me^{55}. | iə^{33} ko^{33} tshɿ^{21} thỵ^{55} dər^{33} me^{55}, | by^{21} ty^{55} thỵ^{55} se^{33}, | zỵ^{21} tɯ^{21} kɑ^{55} uo^{55} dər^{33}me^{55}, |
（助） 家里 鬼 赶 应该（助） 外面 赶 后 神坛 建 神粮 撒 应该（助）

lu^{33} se^{21} tṣhə^{55} dy^{55} dər^{33}, | bæ^{33} mi^{33} tṣʅ^{55}, tṣhu^{55} pɑ^{33} ʥi^{55} dər^{33} me^{55}. | py^{21} ly^{33} khu^{33} tṣhu^{33}
卢神沈神秽 赶 要 油灯 点 天香 烧 需要（助） 开坛经 诵

dər^{33}, mu^{55} ʥər^{33} mi^{55} gỵ^{33} tṣu^{55} tṣhu^{33} dər^{33} me^{55}, lu^{21} tɯ^{33} dẓər^{21} tsæ^{55} dər^{33}.
需要 挽歌 上卷 诵 需要（助）卢神迎 威力 求 需要

斯补祖先前要献肥肉、瘦肉、献酒、献饭。给神献饭，给鬼施食。今早又要去外面给祖先献鸡和牺牲，偿还欠铎鬼和许鬼的债。接着要把人身上的厄运分离出来让鬼带走，解缠绕在人身上的鬼结，退送鬼。把家里的鬼赶到外面后，要建神坛，撒神粮，给卢神、沈神除秽。需要点油灯，烧天香，念《开坛经》《挽歌·上卷》《迎卢神》《求威力》等经书。

519-J-1-05

ʂʅ^{33} dʐy̩^{33} do^{21} ne^{21} ɕy^{21} thy̩^{33} pɯ^{55} tʂər^{55} dzo^{21} ʂə^{55} lɑ^{21} me^{55}, | sɑ^{33} lɑ^{21} to^{33} mɑ^{33} phi^{55}, sɑ^{21}
死祸 铎鬼和 许鬼 出处来历 传略 念 吧（助） 沙劳 面偶 弃 刹道

dɑ^{55} to^{33} mɑ^{33} phi^{55} dər^{33} me^{55}. | sʅ^{33} by̩^{33} y^{21} khə^{21} dʐu^{33} ʐuɑ^{21} mu^{55} dər^{33} me^{55}, | tʂər^{55} dzo^{21}
面偶 弃 需要（助） 斯补祖先 处 债 还 足够需要（助） 传略

tʂhʅ^{33} be^{33} me^{33} tʂhu^{33} dər^{33} me^{55}, | thy̩^{55} ky̩^{33} thy̩^{55} ly^{55} tʂhu^{33} dər^{33} me^{55}, | lo^{21} tɕi^{55} lo^{21}, tshʅ^{21}
这 做 的 念 需要（助） 退送上卷退送中卷 念 应该（助） 施 小 施 死

dʐu^{33} ʐuɑ^{21} dər^{33} me^{55}, thy̩^{55} mæ^{55} dæ^{21} khuɑ^{33} | dæ^{21} hɑ^{33} iə^{55} dər^{33} me^{55}, | lo^{21} dɯ^{21} lo^{21}, ʂʅ^{33}
债 还 需要（助）退送鬼结尾经把丹鬼分开丹鬼饭 给 应该（助） 施 大 施 死

tshʅ^{21} dʐu^{33} ʐuɑ^{21} dər^{33} me^{55}, | ʂʅ^{33} dʐu^{33} gə^{33} dæ^{21} khuɑ^{33} ȵi^{33} me^{55}, | do^{21} ne^{21} ɕy^{33} gə^{33} dæ^{21}
鬼 债 还 需要（助） 死 债 的 丹鬼 分开 要 （助） 铎鬼 和 许鬼 的 丹鬼

mi^{21} khuɑ^{33} dər^{33} me^{55}. | le^{21} tʂhə^{55} to^{33} mɑ^{33} phi^{55} dər^{33} me^{55}.
下 分开 需要（助） 冷凑 面偶 弃 应该（助）

诵念《死祸之铎鬼和许鬼的出处来历》经书，要弃沙劳面偶和刹道面偶。要偿还欠斯补祖先的债，需要念做这仪式的传略类经书，念《退送鬼·上卷》《退送鬼·中卷》，给鬼献小的牺牲，偿还鬼债。念《分开丹鬼·退送鬼结尾经》，给丹鬼施食，献大的牺牲，偿还鬼债。要把丹鬼同铎鬼和许鬼分开，先退送丹鬼，后退送铎鬼和许鬼，弃冷凑鬼面偶。

519-J-1-06

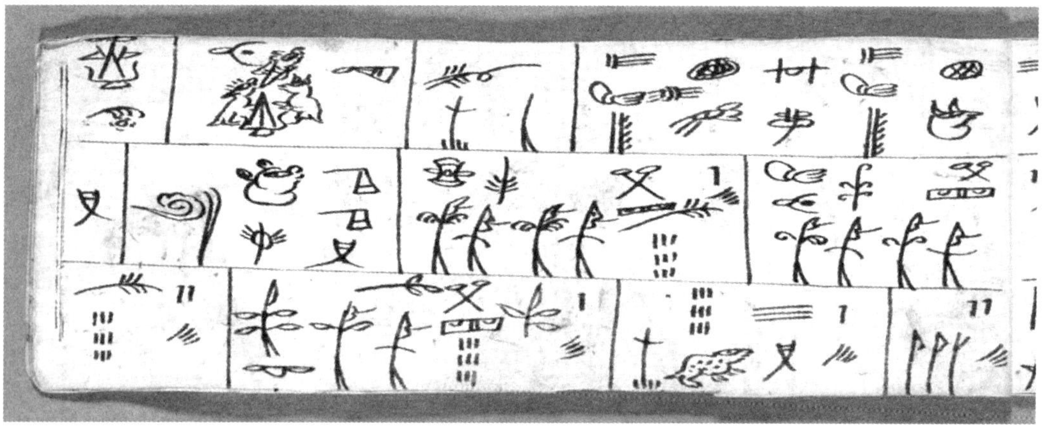

le^{33} tʂhə^{55} to^{33} mɑ^{33} phi^{55} dər^{33} me^{55}, khə^{33} gy̩^{33} no^{55} dər^{33} me^{55}, | khɑ^{33} ly^{55} to^{33} mɑ^{33} phi^{55} dər^{33}
冷凑 面偶 弃 应该（助） 抠古 赶 应该（助） 卡吕 面偶 弃 应该

me^{55}, | py^{21} mæ^{55} tər^{55} tʂhy̩^{33} tɕhi^{33} lɑ^{21} me^{55}, | sɑ^{33} lɑ^{21} ŋy̩^{55} gə^{33} khu^{33} tsɿ^{55} miə^{21} tsɿ^{55} kæ^{33}（助）
结尾经 退送 吧（助） 沙劳 超度 的 嘴 削 眼 削 前

nɯ^{33} sɑ^{33} lɑ^{21} mu^{33} tse^{21} mu^{33} khɯ^{55} dər^{33} me^{55}. | gy̩^{33} dʑe^{21} ʂu^{33} ʂu^{21} lɑ^{21} me^{55}, | se^{21} tho^{33} tɕi^{55}
来 沙劳 牺牲 献 牺牲 放 应该（助） 东西 找 吧（助） 松子 驮

ʐʮɑ^{33} gy̩^{33} ʐʮɑ^{33} gə^{33} dɯ^{33} fy̩^{55} n̩i^{33}. | lɑ^{33} khɑ^{33} bər^{33} tər^{33} tɕi^{55} ʐʮɑ^{33} gə^{33} dɯ^{33} fy̩^{55} n̩i^{33}, tho^{33}
秽马 九 匹 的 一 套 要 白杨 木偶 驮秽马 的 一 套 要 松

phər^{33} tɕi^{55} ʐʮɑ^{33} gə^{33} gy̩^{33} fy̩^{55} n̩i^{33} me^{55}. | bɯ^{33} ʂʅ^{21} phu^{33} tho^{33} mu^{21} tho^{33} dɯ^{33} sy^{33} dɯ^{33} fy̩^{55}
白 驮秽马 的 九 套 要（助） 栗树 男面偶 女面偶 一 种 一 套

n̩i^{33} me^{55}. | py^{21} sər^{33} gy̩^{33} dʑo^{33} be^{33} hər^{55} gə^{33} dɯ^{33} fy̩^{55} n̩i^{33} me^{55}. | dæ^{21}① n̩i^{33} fy̩^{55}.
需要（助）祭木 九 对 做 砍 的 一 套 需要（助） 丹木偶二 套

需要丢弃冷凑鬼面偶，驱抠古鬼，丢弃卡吕面偶。念诵《结尾经》《退送鬼经》。祭祀沙劳老者的时候，祭木还没削制其嘴巴眼睛前，先要给沙劳老者献牺牲。需要用的东西有：一套用松木制作的九匹驮秽马，一套白杨木做的驮秽马，九套白松木做的驮秽马，一个栗木做的男面偶，一个栗木做的女面偶，一套九对祭木，两套丹木偶。

① dæ^{21}：丹。木身，刻有五官形状表示崇忍利恩与竖眼女所生之子。

519-J-1-07

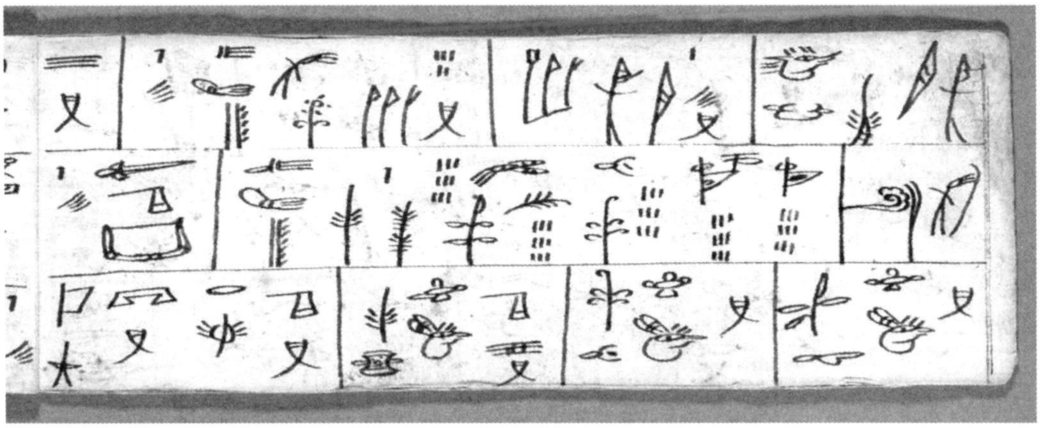

hər^{55} me^{55}. | dɯ^{33} fv̩^{55} sɑ^{33} lɑ^{21} ŋv̩^{55} gə^{33} tshɿ^{21} dzu̩^{33} dæ^{21} uɑ^{33} me^{55}. | dæ^{21} dɯ^{33} fv̩^{55} to^{55} sər^{33}
砍 （助） 一 套 沙劳 祭 的 鬼 债 丹木偶是（助） 丹木偶一 套 垛鬼 木

do^{21} sər^{33} dɯ^{33} fv̩^{55} me^{33}. | bu^{33} bv̩^{21}sər^{33} nɯ^{33} tse^{55} gə^{33} dɯ^{33} fv̩^{55} me^{33}. ʂu^{33} phər^{21} gæ^{21} thɑ^{55},
铎鬼木 一 套 要 山茱萸 木（助） 做 的 一 套（助） 铁 白 刀 锋利

ʂu^{33} phər^{21} be^{33} thɑ^{55}, khæ^{55} dʑo^{21} dɯ^{33} fv̩^{55} ȵi^{33} me^{55}, | sɑ^{33}lɑ^{21} ŋv̩^{55} gə^{33} sɑ^{33}lɑ^{21} dʑər^{33} dɯ^{33}
铁 白 斧 锋利 射箭工具 一 套 要（助） 沙劳 祭 的 沙劳 树 一

dʑər^{33} ȵi^{33}, mɯ^{33} tshe^{21} gv̩^{33} u^{55} ȵi^{33}, khæ^{33} pɯ^{55} gv̩^{55}gu^{21} ȵi^{33}, lɑ^{33} khɑ^{33} gv̩^{33} u^{21} ȵi^{33}, the^{33}
棵 要 竹子 九 堆 要 开贝 九 背 要 白杨 九 堆 要 麻布

phər^{21} gv̩^{33} sy^{21}, the^{33} nɑ^{21} gv̩^{33} sy^{21} ȵi^{33} me^{55}. | ʂʅ^{33} khu^{33} tər^{55} gə^{33} gv̩^{33} dʑe^{33} ʂu^{33} ʂu^{21} lɑ^{21}
白 九 种 麻布黑 九 种 要（助） 死 门 关 的 东西 找 吧

me^{55}: | se^{21} tho^{33} dɯ^{33} lo^{55} ʂu^{21} dər^{33} me^{55}, | lɑ^{33} khɑ^{33} dɯ^{33} lo^{55} ȵi^{33} dər^{33} me^{55}, | bɯ^{33} ʂʅ^{21}
（助） 松子树 一 把 找 要 （助） 白杨 一 捆 需要 （助） 栗树

dɯ^{33} lo^{55} ȵi^{33} dər^{33} me^{55},
一 捆 需要 （助）

一套作祭沙劳时偿还鬼债的丹木偶，一套垛鬼铎鬼的丹木偶，都要用山茱萸木来砍制。一套白铁制作的锋利的刀、斧头和射箭工具。需要准备一棵祭祀沙劳老者的树，九堆竹子祭木，九背开贝祭木，九堆白杨祭木，九种白麻布，九种黑麻布。关死门的东西还需要：一把松子树枝，一捆白杨枝，一捆栗树枝，

519-J-1-08

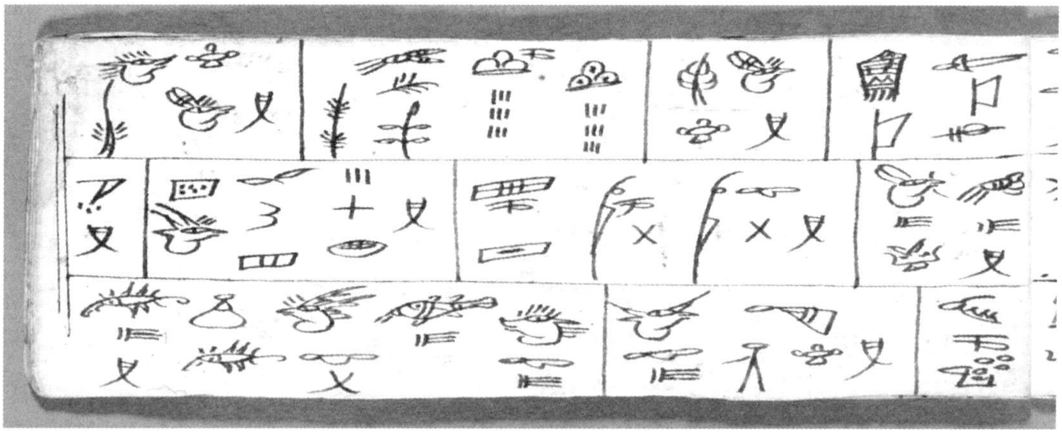

bu^{33} bv̩^{21} dɯ^{33} lo^{55} ȵi^{33} dər^{33} me^{55},｜mɯ^{55} tshe^{33} dɯ^{33} lo^{55}，khæ^{33} pɯ^{55} dɯ^{33} lo^{55} ȵi^{33} dər^{33}
山茱萸 一 捆 要 （助） 竹子 一 捆 开贝 一 捆 要

me^{55}, lv̩^{33} phər^{21} gv̩^{55} lu^{33}, lv̩^{33} nɑ^{21} gv̩^{55} lu^{33} ȵi^{33} dər^{33} me^{55},｜ɕy^{55} hər^{21} dɯ^{33} lo^{55} ȵi^{33} dər^{33}
（助）石 白 九 个 石 黑 九 个 要 （助） 柏 翠 一 捆 要

me^{55}.｜khuɑ^{55} khu^{33}、gæ^{21} khu^{33}、zər^{33} khu^{33}、ly^{33} khu^{33}｜be^{33} ȵi^{33} me^{55}.｜se^{33} sv̩^{55} iæ^{13} se^{33}
（助） 铠 门 甲 门 刀 门 矛 门 都 要（助） 纸 颜色

tʂ^{33} tshe^{21} sɿ^{55} sy^{21} ȵi^{33} me^{55},｜dzo^{21} phər^{21} dzo^{21} nɑ^{21} ȵi^{33} me^{55}, ɕy^{55} dy^{21} phər^{21} ɕy^{55} dy^{21}sɿ^{21}tshe^{21} ly^{33}
纸 十 三 种 要（助） 桥 白 桥 黑 要 （助）香炷 白 香炷黄 十 个

be^{33} ȵi^{33} me^{55}. khɯ^{21} ʂʅ^{21} khɯ^{21} hər^{21} ȵi^{33} me^{55}.｜zʅ^{33} sɑ^{55}、le^{55} sɑ^{55}、kuə^{21} sɑ^{55}、｜bæ^{33} sɑ^{55} ŋv̩^{55}
都 要（助） 线 黄 线 绿 要（助） 酒 献 茶 献 姜 献 糖 献 祭

o^{55} bæ^{21} ȵi^{33} me^{55}. se^{21} ʂʅ^{33}, ȵi^{33} ʂʅ^{33}, bu^{33} ʂʅ^{33} sɑ^{55} sɑ^{33},｜y^{21} ʂʅ^{33} sɑ^{55} sɑ^{33}, y^{21} phi^{21} dɯ^{33} phi^{33} i^{21}
芝麻 要（助） 獐子肉 鱼 肉 猪 肉 祭献 绵羊肉 祭献 绵羊肩胛骨一 扇 左

tʂhʅ^{33} phu^{55} ȵi^{33} me^{55},｜ɕy^{33} ly^{33} bv̩^{33} phər^{21} ȵi^{33} me^{55},
这 块 要（助） 荞爆花 白 要（助）

需要一捆山茱萸枝，一捆竹枝，一捆开贝枝，九个白石，九个黑石，一捆翠柏枝。需要建铠之门、甲之门、刀之门、矛之门。需要十三种颜色的纸，两种搭白桥、黑桥的麻布，白香炷与黄香炷各十个，需要黄线、绿线。需要供奉酒、茶、姜、糖，芝麻、獐子肉、鱼肉、猪肉、绵羊肉、一扇绵羊左肩胛骨，白色的荞爆花，

519-J-1-09

ɕy^{33} ly^{33} by̩^{33} nɑ^{21} n̡i^{33} me^{55}, | kuɑ^{55} phər^{21} kuɑ^{55} nɑ^{21} tshe^{21} sɿ^{55} khuɑ^{33} n̡i^{33} me^{55}, | dzu̩^{33} se^{33}
荞爆花 黑 要（助） 祭粮 白 祭粮 黑 十 三 碗 要（助） 豆腐

kɑ^{33} le^{21} n̡i^{33} me^{55}. | y^{21} dɯ^{33} phu^{55}, æ^{21} lu^{55} me^{33} n̡i^{33} me^{55}. | mɑ^{33} phər^{21} dɯ^{33} ly̩^{55} n̡i^{33}. ɕy^{33}
凉粉皮 要（助） 羊 一 只 鸡 四 只 要（助） 酥油 一 饼 要 炒面

py^{21} n̡i^{33} py^{33} n̡i^{33}, | zɑ^{21} khuɑ^{55} uɑ^{55} khuɑ^{33} pər^{55} dər^{33} me^{55}, | do^{21} khuɑ^{55} uɑ^{33} biə^{21} pər^{55}
两 升 要 娆鬼木牌 五 张 写 应该（助） 铎鬼 木牌 五 片 写

dər^{33} me^{55}. | thɯ^{33} se^{55}, lɑ^{21} tʂhər^{33} tsæ^{33} gə^{21} hæ^{55} lɑ^{21} me^{55}. | iə^{55} lo^{33} n̡i^{33} me^{55}, ɕy^{21} mi^{33},
应该（助） 它 完 手 洗 卷轴神像 挂 吧（助） 面偶 要（助） 香火

bæ^{33} mi^{33}, ɕy^{55} dy^{33} tʂhʅ^{33}, | to^{33} bɑ^{21} py^{21} kho^{33} thy̩^{55} lɑ^{21} me^{55}, phy̩^{33} lɑ^{21} kæ^{33} tshɿ^{55}, lu^{55} pu^{33}
油灯 香炷 点 东巴 念 声 发 吧（助） 神 前 跪头

ty^{33} lɑ^{21} me^{55}. | khæ^{33} tshæ^{21} tɕhi^{21} n̡i^{33} fy̩^{55}, tɕhi^{21} tshe^{21} ho^{55} ly^{33} dɯ^{33} fy̩^{55}, zɑ^{21} tɕhi^{21} gy̩^{55} ly^{33}
叩 吧（助） 赶鬼竹竿 二 套 赶鬼矛十 八 个 一 套 娆鬼赶鬼矛九 个

gə^{33} dɯ^{33} fy̩^{55} n̡i^{33} me^{55}.
的 一 套 要（助）

需要黑色的荞爆花，十三碗白祭粮和黑祭粮，需要豆腐和凉粉皮，一只羊，四只鸡，一饼酥油，两升炒面。需要写五张娆鬼木牌，五块铎鬼木牌。之后洗了手把卷轴神像挂上去，准备好献给神的面偶，点燃香火、油灯、香炷。之后东巴祭司开始念经，在神前下跪叩头。准备两套赶鬼竹竿，一套十八根赶鬼矛，一套九根驱娆鬼的赶鬼矛。

519-J-1-10

lu^{21} se^{21} khu^{33}，tɕhi^{21} dæ^{21} gv̩^{33} dʑo^{21} tɕhe^{21} ho^{55} ly^{21} ua^{33}.｜uæ^{33} gə^{33} le^{33} ʂu^{21} huɑ^{55}, i^{21} gə^{33} le^{33}
卢神沈神门　赶鬼矛勇敢九　套　十　八　个　是　左手边　署　寨　右手边

sɑ^{33} lɑ^{21} huɑ^{55}.｜ly^{55} gv̩^{33} sɑ^{33} lɑ^{21} khu^{33} sɿ^{55} khu^{33}.｜dæ^{21} uə^{33}.｜tshɿ^{21} huɑ^{55}.｜tho^{33} phər^{21}
沙劳　寨　中间　沙劳　门　三　门　丹鬼 寨　鬼　寨　白　松

gv̩^{55} khu^{33}.｜bu^{33} bv̩^{21} gv̩^{55} khu^{33}.｜bɯ^{33} ʂʅ^{21} gv̩^{55} khu^{33}.
九　门　山茱萸　九　门　栗树　九　门

画稿上按从左到右的顺序画的是：卢神沈神门，九套十八支勇敢的赶鬼矛。左手边是署寨，右手边是沙劳寨，中间是三道沙劳门、丹鬼寨、鬼寨。白松枝搭九道门，山茱萸枝搭九道门，栗树枝搭九道门。

519-J-1-11

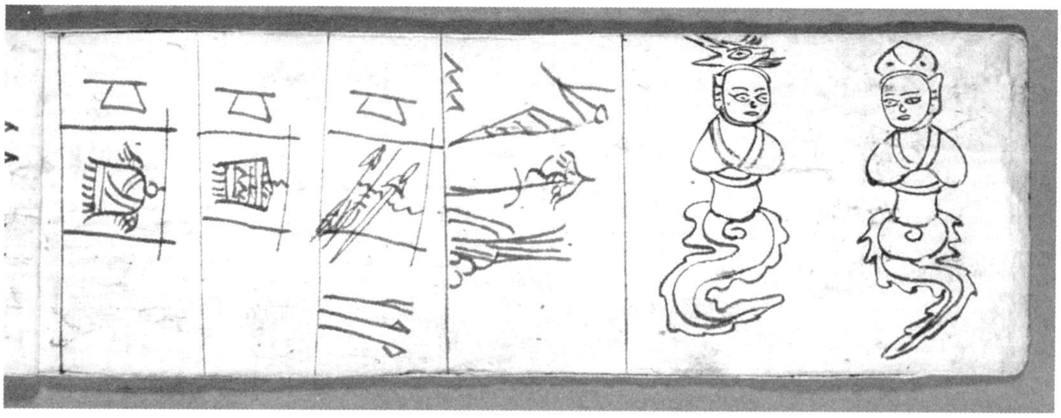

khuɑ^{55} khu^{33},｜gæ^{21} khu^{33} ,｜zə̣r^{33} khu^{33},｜ly^{21} khu^{33},｜i^{33} tʂhʅ^{33} mɯ^{21} gə^{33} do^{21} huɑ^{55}, zɑ^{21}
铠　门　甲　门　刀　门　矛　门　南方　的 铎鬼　寨　娆鬼

khuɑ^{55} ȵi^{33} phe^{55} ȵi^{33}, zɑ^{21} gə^{33} ə^{33} sɿ^{21} sɿ^{33} phv̩^{33} lər^{21} sɑ^{33} gv̩^{21} tshɿ^{33}, zɑ^{21} gə^{33} ə^{33} me^{33} mɑ^{21}
木牌　两　张　要　娆鬼的　父亲　斯普　勒莎古茨　娆鬼的　母亲

lər^{33} khɑ^{33} mi^{55} mɑ^{13}.
麻勒卡命玛

这是铠之门、甲之门、刀之门、矛之门。南方的铎鬼寨，做两张娆鬼木牌，一张是娆鬼的父亲斯普勒莎古茨，一张是娆鬼的母亲麻勒卡命玛。

519-J-1-12

zɑ^{21} tshʅ^{21} gv̩^{55} gv̩^{33}，gə^{21} khv̩^{55} dv̩^{21} tʂʅ^{33}. | do^{21} tshʅ^{21} gə^{33} ə^{33} sʅ^{21}, ə^{33} me^{21}.
娆茨固古 格库独支 铎 鬼 的 父亲 母亲

娆鬼木牌画上面画的是九头娆鬼，名为娆茨固古、格库独支。铎鬼木牌画上面画的是铎鬼的父亲和母亲。

519-J-1-13

ʥi^{21} gə^{33} ȵi^{33} me^{33} thv̩^{33}, mɯ^{33} zʅ^{33} dər^{33} phər^{13} nɯ^{33}, | dv̩^{33} phər^{21} dɯ^{33} khu^{33} tər^{55}, | sər^{33}
水 的 东方 天 儿 丹盘 （助） 海螺白 一 门 关 木

khu^{33} hɑ^{33} nɯ^{33} tər^{55} le^{33} fæ^{21}. | khuɑ^{33} dɯ^{33} ɯ^{33} khu^{33} tər^{55}, bu^{21} khu^{33} æ^{21} khu^{33} tər^{55} le^{33}
门 饭 来 关 又 去 家畜 大 牛 门 关 猪 门 鸡 门 关 又

fæ^{21}. | mɯ^{33} lɯ^{55} ʂʅ^{33} khu^{33} khuɑ^{33} be^{33} by^{21} le^{33} tər^{55} le^{33} fæ^{21}. | mɯ^{33} tsʅ^{21} ly^{55} khu^{33} by^{21} be^{33}
去 天 地 死 门 有效 的 外 又 关 又 去 火葬场 门 外 的

tər^{55} le^{33} fæ^{21}. | mɯ^{33} tsʅ^{21} khu^{33} hər^{21} nɯ^{33} tər^{55} kuɑ^{33} kuɑ^{21} gʏ^{33} be^{33} ho^{55}. | dʑi^{21} gə^{33} i^{33} tʂhʅ^{33}
关 又 去 火葬场 门 风 来 关 紧紧的 成为 愿 水 的 南方

mɯ^{21}, mɯ^{33} zʅ^{33} dʑə^{33} kɑ^{13} nɯ^{33}, | uɑ^{33} hər^{21} dɯ^{33} khu^{33} tər^{55}, | sər^{33} khu^{33} hɑ^{33} nɯ^{33} tər^{55} le^{33}
天 儿 久嘎 （助） 松石 绿 一 门 关 木 门 饭 来 关 又

fæ^{21}. | ʂʅ^{33} khu^{33} y^{21} nɯ^{33} tər^{55}, ʂʅ^{33} khu^{33} bu^{21} nɯ^{33} æ^{21} nɯ^{33} tər^{55} le^{33} fæ^{21}. | ʂʅ^{33} me^{21} mɯ^{33}
去 死 门 羊 来 关 死 门 猪 来 鸡 来 关 又去 死 的 天

lɯ^{55} ʂʅ^{33} khu^{33} lo^{21} nɯ^{33} tər^{55} le^{21} fæ^{21}, | mɯ^{33} tsʅ^{33} khu^{33} hər^{33} nɯ^{33} tər^{55} le^{33} fæ^{21}.
地 死 门 里 来 关 又 去 火葬场 门 风 来 关 又 去

河水的东方，天儿丹盘来关了白海螺的一道门，木门用饭来关。用大家畜牛、猪、鸡来关死门。有效地把天地死门关在外面。把火葬场的门关在外面。愿风把火葬场的门紧紧地关着。河水的南方，天儿久嘎来关了绿松石的一道门，木门用饭来关。用羊、猪、鸡来关死门。关上天地之间的死门，风关上火葬场的门。

519-J-1-14

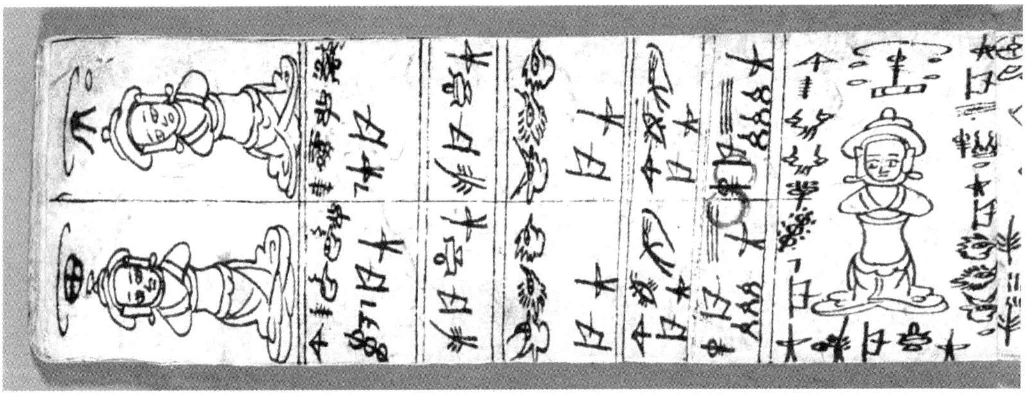

dʑi^{21} gə^{33} ȵi^{33} me^{33} gʏ^{33}, mɯ^{33} zʅ^{33} dʑə^{33} tsʏ^{13} nɯ^{33}, | tʂhu^{21} nɑ^{55} dɯ^{33} khu^{33} tər^{55}, | sər^{33} khu^{33}
水 的 西方 天 儿 久祝 （助） 墨玉 黑 一 门 关 木 门

hɑ^{33} nɯ^{33} tər^{55} le^{21} fæ^{21}. | ʂʅ^{33} khu^{33} y^{21} nɯ^{33} tər^{55}, ʂʅ^{33} khu^{33} bu^{21} nɯ^{21} æ^{21} nɯ^{33} tər^{55} le^{33}
饭 来 关 又去 死 门 羊 来 关 死 门 猪 和 鸡 来 关 又

fæ^{21}. | mɯ^{33} lɯ^{55} ʂʅ^{33} khu^{33} lo^{21} nɯ^{33} tər^{55} le^{21} fæ^{21}, mɯ^{33} tsʅ^{21} ly^{55} khu^{33} hər^{33} nɯ^{33} tər^{55} le^{33}
去 天 地 死 门 里 来 关 又 去 火葬场 中 门 风 来 关 又

fæ^{21}. | dʑi^{21} gə^{33} ho^{33} gʏ^{33} lo^{21}, mɯ^{33} zʅ^{33} dər^{33} phər^{13} nɯ^{33}, | hæ^{33} ʂʅ^{21} dɯ^{33} khu^{33} tər^{55}, | sər^{33}
去 水 的 北方 天 儿 丹盘 （助） 金 黄 一 门 关 木

khu^{33} hɑ^{33} nɯ^{33} tər^{55}. | ʂʅ^{33} khu^{33} bu^{21} nɯ^{33} æ^{21} nɯ^{33} y^{21} nɯ^{33} tər^{55} le^{21} fæ^{21}. | mɯ^{33} tsʅ^{21} ly^{55}
门 饭 来 关 死 门 猪 来 鸡 来 羊 来 关 又 去 火葬场 中

khu^{33} hər^{33} nɯ^{33} tər^{55}. | mɯ^{33} le^{33} dy^{21} ly^{55} gv̩^{33}, mɯ^{33} zʅ^{33} dʑə^{33} pv̩^{13} nɯ^{33}, tʂhu^{33} dzæ^{21} dɯ^{33}
门 风 来 关 天 与 地 中间 天 儿 久补 （助） 墨玉 杂色 一

khu^{33} tər^{55}, sər^{33} khu^{33} hɑ^{33} nɯ^{33} tər^{55}. mɯ^{33} tsʅ^{21} ly^{55} khu^{33} hər^{33} nɯ^{33} tər^{55}, ʂʅ^{33} me^{21} mɯ^{33} lɯ^{55}
门 关 木 门 饭 来 关 火葬场 中 门 风 来 关 死 的 天 地

ʂʅ^{33} khu^{33} lo^{21} nɯ^{33} tər^{55} le^{33} fæ^{21}.
死 门 里 来 关 又 去

河水的西方，天儿久祝来关了一道黑墨玉的门，木门用饭来关。死门用羊、猪、鸡来关。关了天地之间的死门，火葬场的门用风来关。河水的北方，天儿丹盘来关了一道黄金的门，木门用饭来关。死门用猪、鸡、羊来关。火葬场的门用风来关。天与地中间，天儿久补来关了一道杂色墨玉的门，木门用饭来关。火葬场的门用风来关，关上天地之间的死门。

519-J-1-15

ȵi^{33} me^{33} thv̩^{33}, tər^{21} zɑ^{21} dʑi^{33} bv̩^{33} nɯ^{33}, sər^{33} tshʅ^{21} gv̩^{33} gv̩^{55} gu^{21} nɯ^{33} ʂv̩^{21}, sər^{33} khu^{33} gv̩^{55}
东方 呆饶金补 （助） 木 鬼 九 个 后 来 带 木 门 九

khu^{33} zʅ^{33} i^{33} gu^{55}. | i^{33} tʂhʅ^{33} mɯ^{21}, ʂʅ^{33} dzʅ^{33} dʑi^{33} bv̩^{33} nɯ^{33}, mi^{33} tshʅ^{21} gv̩^{33} gv̩^{55}gu^{21} nɯ^{33}
门 持 会有 南方 史支金补 （助） 火 鬼 九 个 后 来

ʂv̩^{21}, mi^{33} khu^{33} gv̩^{55} khu^{33} zʅ^{33} i^{33} gu^{55}. | ȵi^{33} me^{33}gv̩^{21}, le^{55} tɕhi^{33} sʅ^{33} phv̩^{33} nɯ^{33}, ʂu^{21} tshʅ^{21}
带 火 门 九 门 持 会有 西方 楞启斯普 （助） 铁 鬼

gv̩^{33} gv̩^{55}gu^{21} nɯ^{33} ʂv̩^{21}, ʂu^{21} khu^{33} gv̩^{55} khu^{33} zʅ^{33} i^{33} gu^{55}. | ho^{33} gv̩^{33} lo^{21}, nv̩^{21} dʐʅ^{33} dʑi^{33} bv̩^{33}
九 个 后 来 带 铁 门 九 门 持 会有 北方 努祖景补

nɯ^{33}，dʑi^{33} tshʅ^{21} gv̩^{33} gv̩^{55}gu^{21} nɯ^{33} ʂv̩^{21}，dʑi^{33} khu^{33} gv̩^{55} khu^{33} zʅ^{33} i^{33} gu^{55}. | mɯ^{33} le^{33} dy^{21} ly^{55}
（助）水 鬼 九 个 后 来 带 水 门 九 门 持 会有 天 与 地中央

gv̩^{33}, mi^{33} mɑ^{21} se^{21} de^{55}, kɯ^{33} zɑ^{21} nɑ^{21} mu^{33} nɯ^{33}, tʂʅ^{33} tshʅ^{21} gv̩^{33} gv̩^{55} gu^{21} nɯ^{33} ʂv̩^{21}, tʂʅ^{33}
米麻沈登 庚饶拿姆 （助） 土 鬼 九 个 后 来 带 土

khu^{33} gv̩^{55} khu^{33} zʅ^{33} i^{33} kv^{55}.
门 九 门 持 的 会

东方，呆饶金补身后带了九个木鬼，木鬼会守卫九道门。南方，史支金补身后带着九个火鬼，火鬼会守卫九道门。西方，楞启斯普身后带着九个铁鬼，铁鬼会守卫九道门。北方，努祖景补身后带着九个水鬼，水鬼会守卫九道门。天与地中央，米麻沈登、庚饶拿姆身后带着九个土鬼，土鬼会守卫九道门。

519-J-1-16

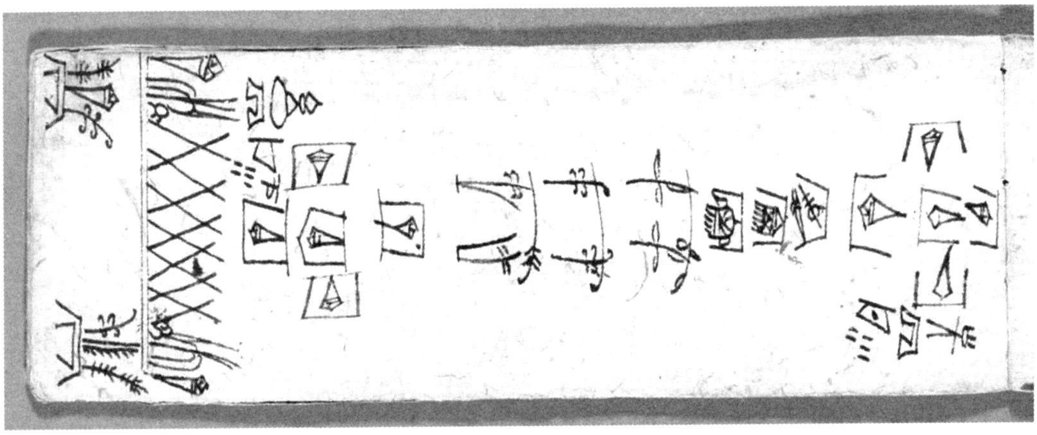

tshʅ^{21} khu^{33} nɑ^{21} gə^{33} uɑ^{55} khu^{33} tshʅ^{55}. ly^{33} thɑ^{55}, zə̣r^{33} thɑ^{55} dɯ^{33} khu^{33}， khuɑ^{55} thɑ^{55} dɯ^{33}
鬼 门 黑 的 五 门 建 矛 锋利 刀 锋利 一 门 铠 锋利 一

khu^{33}， gæ^{21} thɑ^{55} dɯ^{33} khu^{33}. zə̣r^{55} khu^{33} dɯ^{33} khu^{33}, bu^{21} ɯ^{33} dɯ^{33} khu^{33}, tho^{33} phər^{21} dɯ^{33}
门 甲 锋利 一 门 柳 门 一 门 山茱萸 一 门 松 白 一

khu^{33}. he^{33} khu^{33} phər^{21} gə^{33} uɑ^{55} khu^{33} tshʅ^{55}. tɕhi^{21} do^{21} tshe^{21} ho^{55} ly^{21} gə^{33} dɯ^{33} fv̩^{55} gə^{21}. uæ^{33}
门 神 门 白 的 五 门 建 挡鬼矛 十 八 根 的 一 套 插 左

gə^{33} mɯ^{55} tshe^{21}、lɑ^{33} khɑ^{33}、khuɑ^{55} gə^{33} ʂu^{33} huɑ^{55} tshʅ^{55}, i^{21} gə^{33} mɯ^{55} tshe^{21}、lɑ^{33} khɑ^{33}、ŋv̩^{55} gə^{33}
的 竹子 白杨 木牌 的 署 寨 建 右 的 竹子 白杨 祖先 的

sɑ^{33} lɑ^{21} huɑ^{55} tshʅ^{55}.
沙劳 寨 建

先建五个方位的黑色的鬼门。一道锋利的矛门、刀门，一道锋利的铠门，一道锋利的甲门。一道柳树门，一道山茱萸门，一道白松门。鬼门建完后又建神门。先建五个方位的白色的神门。十八根挡鬼矛交叉地插成一排。左边要建插着竹子白杨和木牌的署寨，右边要建插着竹子白杨和祖先的沙劳寨。

519-J-1-17

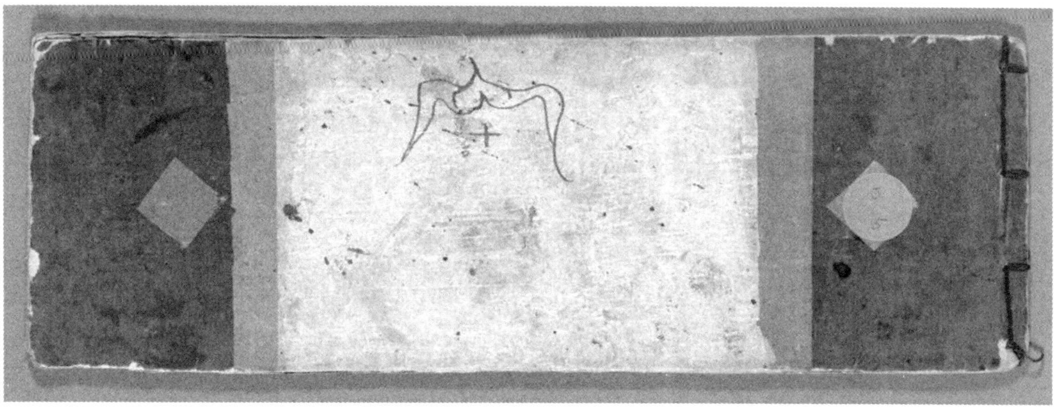

封底

（释读：和秀东 翻译：李四玉 校译：李英）

461-L-1-01

phər^{21} sɑ^{21} nɑ^{21} sɑ^{21} tsɿ^{21} the^{33} ɯ^{33} uɑ^{21} me^{55}

占卜·用白位黑位占卜的书

461-L-1　占卜·用白位黑位占卜的书

【内容提要】

本古籍首先介绍了十二生肖各年的巴格八方色彩的基本常识。然后记录了三种占卜方法的卦辞。

其一：用巴格八方色彩占卜的卜辞。

其二：十二生肖所属之人，到何属相年时有穷运、霉运、祸灾、病灾、死亡；何月何日为厄月厄日。

其三：以被占卜者在巴格上运转到何方位为依据占卜的卦辞。

【英文提要】

The Divination, the Book of Divination by Using the White and Black Positions

This book firstly introduces the basic knowledge of the eight colors in the divination *Bage* picture in different Chinese zodiac year. It, then, records three ways of divination with the words of hexagrams.

First: Words of hexagrams refers to the divination by the eight colors in the divination picture.

Second: Year to meet the fate of poverty, misfortune, disaster, disease and death, as well as the misfortune month and date of certain zodiac year born people.

Third: Words of hexagrams refers to the basis of certain position that the one under divination moves on the divination *Bage* picture.

461-L-1-02

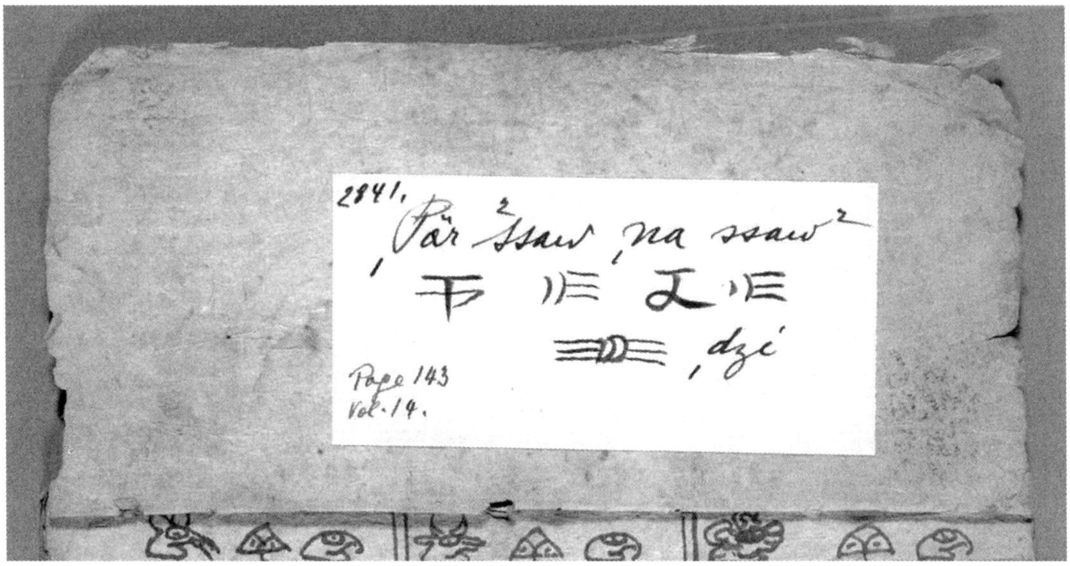

“2141”为洛克收藏东巴古籍的序号。拉丁字母为洛克音标所注之书名的读音，五个东巴文为封一书名之复写。

461-L-1-03

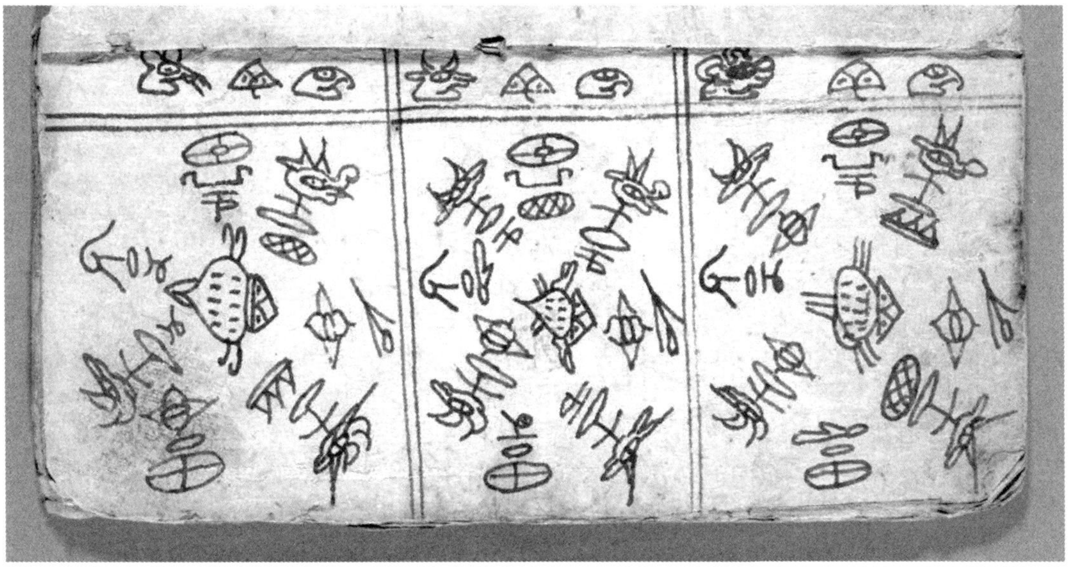

fy̩^{55} khy̩^{33} gə^{33} pɑ^{33} kə^{21}:
鼠　年　的　巴格[①]

ȵi^{33} me^{33} thy̩^{33}, phər^{21} sɑ^{21}. ly̩^{21} dzʅ^{21} tɯ^{33}, mu^{33} sɑ^{21}. i^{33} tʂhʅ^{33} mu^{21}, hər^{21} sɑ^{21}. y^{21} dzʅ^{21} tɯ^{33},
东方　白　位 龙　居　地 灰黄 位　南方　绿　位 羊　居　地

① 此页至后十二图为十二生肖年内四方四隅之色彩变化，释读时，分格进行。先释读最上方的“某属相年之巴格”，然后是正上方的“东方”始，按顺时针方向依次记音翻译。中间画的“金黄巨蛙”就不再读出。

çy^{21} sɑ^{21}. ɳ̡i^{33} me^{33} gv̩^{21}, hər^{21} sɑ^{21}. khɯ^{33} dʐʅ^{21} tɯ^{33}, nɑ^{21} sɑ^{21}. ho^{33} gv̩^{33} lo^{21}, nɑ^{21} sɑ^{21}. ɯ^{33} dʐʅ^{21}
红 位 西方 绿 位 狗 居 地 黑 位 北方 黑 位 牛 居

tɯ^{33}
地

ɯ^{33} khv̩^{55} gə^{33} pɑ^{33} kə^{21}:
牛 年 的 巴格

ɳ̡i^{33} me^{33} thv̩^{33}, mu^{33} sɑ^{21}. lv̩^{21} dʐʅ^{21} tɯ^{33}, phər^{21} sɑ^{21}. i^{33} tʂhʅ^{33} mu^{21}, hər^{21} sɑ^{21}. y^{21} dʐʅ^{21} tɯ^{33},
东方 灰黄 位 龙 居 地 白 位 南方 绿 位 羊 居 地

phər^{21} sɑ^{21}. ɳ̡i^{33} me^{33} gv̩^{21}, nɑ^{21} sɑ^{21}. khɯ^{33} dʐʅ^{21} tɯ^{33}, hər^{21} sɑ^{21}. ho^{33} gv̩^{33} lo^{21}, ʂʅ^{21} sɑ^{21}. ɯ^{33} dʐʅ^{21}
白 位 西方 黑 位 狗 居 地 绿 位 北方 黄 位 牛 居

tɯ^{33}, phər^{21} sɑ^{21}.
地 白 位

lɑ^{33} khv̩^{55} gə^{33} pɑ^{33} kə^{21}:
虎 年 的 巴格

ɳ̡i^{33} me^{33} thv̩^{33}, phər^{21} sɑ^{21}. lv̩^{21} dʐʅ^{21} tɯ^{33}, çy^{21} sɑ^{21}. i^{33} tʂhʅ^{33} mu^{21}, hər^{21} sɑ^{21}. y^{21} dʐʅ^{21} tɯ^{33},
东方 白 位 龙 居 地 红 位 南方 绿 位 羊 居 地

mu^{33} sɑ^{21}. ɳ̡i^{33} me^{33} gv̩^{21}, ʂʅ^{21} sɑ^{21}. khɯ^{33} dʐʅ^{21} tɯ^{33}, hər^{21} sɑ^{21}. ho^{33} gv̩^{33} lo^{21}, nɑ^{21} sɑ^{21}. ɯ^{33} dʐʅ^{21}
灰黄 位 西方 黄 位 狗 居 地 绿 位 北方 黑 位 牛 居

tɯ^{33}, hər^{21} sɑ^{21}.
地 绿 位

鼠年的巴格①：东方，为白位。龙居地（东南方），为灰黄位。南方，为绿位。羊居地（西南方），为红位。西方，为绿位。狗居地（西北方），为黑位。北方，为黑位。牛居地②（东北方）。

牛年的巴格：东方，为灰黄位。龙居地，为白位。南方，为绿位。羊居地，为白位。西方，为黑位。狗居地，为绿位。北方，为黄位。牛居地，为白位。

虎年的巴格：东方，为白位。龙居地，为红位。南方，为绿位。羊居地，为灰黄位。西方，为黄位。狗居地，为绿位。北方，为黑位。牛居地，为绿位。

---

① 巴格：音译专有名词。为纳西族先民用十二生肖、五行及白、绿、花、黑、黄五色表示四方四隅的一种图。纳西先民认为，人的运数在这巴格图上运转。

② 牛居地的色彩原文缺如。

461-L-1-04

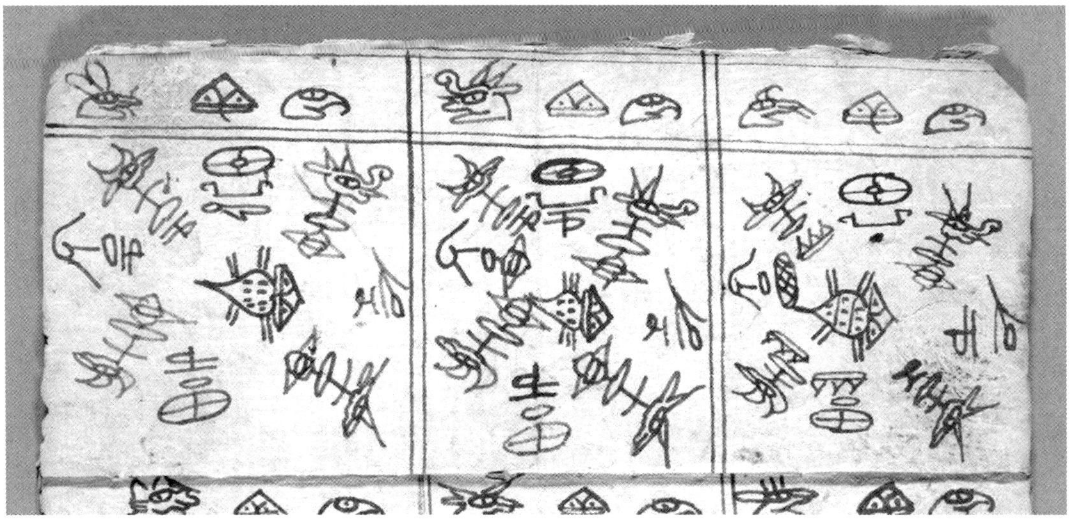

tho^{33} le^{33} khv̩^{55} gə^{33} pɑ^{33} kə^{21}:
兔 年 的 巴格

ȵi^{33} me^{33} thv̩^{33}, ʂʅ^{21} sɑ^{21}. lv̩^{21} dzɿ^{21} tɯ^{33}, hər^{21} sɑ^{21}. i^{33} tʂhʅ^{33} mu^{21}, nɑ^{21} sɑ^{21}. y^{21} dzɿ^{21} tɯ^{33}, hər^{21}
东方 黄 位 龙 居 地 绿 位 南方 黑 位 羊 居 地 绿

sɑ^{21}. ȵi^{33} me^{33}gv̩^{21}, phər^{21} sɑ^{21}. khɯ^{33} dzɿ^{21} tɯ^{33}, hər^{21} sɑ^{21}. ho^{33} gv̩^{33} lo^{21}, phər^{21} sɑ^{21}. ɯ^{33} dzɿ^{21} tɯ^{33},
位 西方 白 位 狗 居 地 绿 位 北方 白 位 牛 居 地

phər^{21} sɑ^{21}.
白 位

lv̩^{21} khv̩^{55} gə^{33} pɑ^{33} kə^{21}:
龙 年 的 巴格

ȵi^{33} me^{33} thv̩^{33}, phər^{21} sɑ^{21}. lv̩^{21} dzɿ^{21} tɯ^{33}, hər^{21} sɑ^{21}. i^{33} tʂhʅ^{33} mu^{21}, nɑ^{21} sɑ^{21}. y^{21} dzɿ^{21} tɯ^{33},
东方 白 位 龙 居 地 绿 位 南方 黑 位 羊 居 地

hər^{21} sɑ^{21}. ȵi^{33} me^{33} gv̩^{21}, phər^{21} sɑ^{21}. khɯ^{33} dzɿ^{21} tɯ^{33}, hər^{21} sɑ^{21}. ho^{33} gv̩^{33} lo^{21}, hər^{21} sɑ^{21}. ɯ^{33} dzɿ^{21}
绿 位 西方 白 位 狗 居 地 绿 位 北方 绿 位 牛 居

tɯ^{33}, phər^{21} sɑ^{21}.
地 白 位

ʐʅ^{21} khv̩^{55} gə^{33} pɑ^{33} kə^{21}:
蛇 年 的 巴格

ȵi^{33} me^{33} thv̩^{33}, nɑ^{21} sɑ^{21}. lv̩^{21} dzɿ^{21} tɯ^{33}, hər^{21} sɑ^{21}. i^{33} tʂhʅ^{33} mu^{21}, phər^{21} sɑ^{21}. y^{21} dzɿ^{21} tɯ^{33},
东方 黑 位 龙 居 地 绿 位 南方 白 位 羊 居 地

nɑ^{21} sɑ^{21}. n̥i^{33} me^{33}gv̩^{21}, ɕy^{21} sɑ^{21}. khɯ^{33} dzʅ^{21} tɯ^{33}, ɕy^{21} sɑ^{21}. ho^{33}gv̩^{33} lo^{21}, mu^{33} sɑ^{21}. ɯ^{33} dzʅ^{21} tɯ^{33},
黑 位 西方 红 位 狗 居 地 红 位 北方 灰黄 位 牛 居 地

ɕy^{21} sɑ^{21} .
红 位

兔年的巴格：东方，为黄位。龙居地，为绿位。南方，为黑位。羊居地，为绿位。西方，为白位。狗居地，为绿位。北方，为白位。牛居地，为白位。

龙年的巴格：东方，为白位。龙居地，为绿位。南方，为黑位。羊居地，为绿位。西方，为白位。狗居地，为绿位。北方，为绿位。牛居地，为白位。

蛇年的巴格：东方，为黑位。龙居地，为绿位。南方，为白位。羊居地，为黑位。西方，为红位。狗居地，为红位。北方，为灰黄位。牛居地，为红位。

461-L-1-05

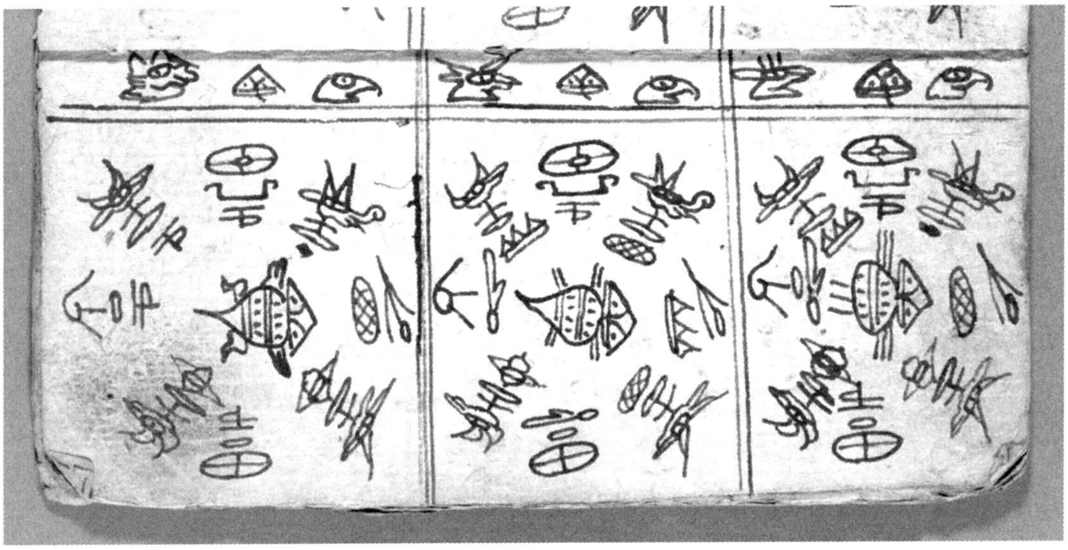

zʅuɑ^{33} khv^{55} gə^{33} pɑ^{33} kə^{21}:
马 年 的 巴格

n̥i^{33} me^{33} thv̩^{33}, phər^{21} sɑ^{21}. lv̩^{21} dzʅ^{21} tɯ^{33}, nɑ^{21} sɑ^{21}. i^{33} tʂhʅ^{33} mu^{21}, mu^{33} sɑ^{21}. y^{21} dzʅ^{21} tɯ^{33},
东方 白 位 龙 居 地 黑 位 南方 灰黄 位 羊 居 地

hər^{21} sɑ^{21}. n̥i^{33}me^{33} gv̩^{21}, phər^{21} sɑ^{21}. khɯ^{33} dzʅ^{21} tɯ^{33}, hər^{21} sɑ^{21}. ho^{33} gv̩^{33} lo^{21}, phər^{21} sɑ^{21}. ɯ^{33} dzʅ^{21}
绿 位 西方 白 位 狗 居 地 绿 位 北方 白 位 牛 居

tɯ^{33}, phər^{21} sɑ^{21}.
地 白 位

y^{21} khv̩^{55} gə^{33} pɑ^{33} kə^{21}:
羊 年 的 巴格

ȵi^{33} me^{33} thʏ̩^{33}, phər^{21} sɑ^{21}. lʏ̩^{21} dzʅ^{21} tɯ^{33}, mu^{33} sɑ^{21}. i^{33} tʂhʅ^{33} mu^{21}, ɕy^{21} sɑ^{21}. y^{21} dzʅ^{21} tɯ^{33},
东方　白 位 龙 居 地 灰黄 位 南方　红 位 羊 居 地

mu^{33} sɑ^{21}. ȵi^{33}me^{33} gʏ̩^{21}, ʂʅ^{21} sɑ^{21}. khɯ^{33} dzʅ^{21} tɯ^{33}, hər^{21} sɑ^{21}. ho^{33} gʏ̩^{33} lo^{21}, ʂʅ^{21} sɑ^{21}. ɯ^{33} dzʅ^{21} tɯ^{33},
灰黄 位 西方　黄 位 狗 居 地 绿 位 北方　黄 位 牛 居 地

ɕy^{21} sɑ^{21}.
红 位

ə^{55} y^{21} khʏ̩^{55} gə^{33} pɑ^{33} kə^{21}:
猴 年 的 巴格

ȵi^{33} me^{33} thʏ̩^{33}, phər^{21} sɑ^{21}. lʏ̩^{21} dzʅ^{21} tɯ^{33}, nɑ^{21} sɑ^{21}. i^{33} tʂhʅ^{33} mu^{21}, mu^{33} sɑ^{21}. y^{21} dzʅ^{21} tɯ^{33},
东方　白 位 龙 居 地 黑 位 南方　灰黄 位 羊 居 地

hər^{21} sɑ^{21}. ȵi^{33} me^{33} gʏ̩^{21}, phər^{21} sɑ^{21}. khɯ^{33} dzʅ^{21} tɯ^{33}, hər^{21} sɑ^{21}. ho^{33} gʏ̩^{33} lo^{21}, ʂʅ^{21} sɑ^{21}. ɯ^{33} dzʅ^{21}
绿 位 西方　白 位 狗 居 地 绿 位 北方　黄 位 牛 居

tɯ^{33}, ɕy^{21} sɑ^{21}.
地 红 位

马年的巴格：东方，为白位。龙居地，为黑位。南方，为灰黄位。羊居地，为绿位。西方，为白位。狗居地，为绿位。北方，为白位。牛居地，为白位。

羊年的巴格：东方，为白位。龙居地，为灰黄位。南方，为红位。羊居地，为灰黄位。西方，为黄位。狗居地，为绿位。北方，为黄位。牛居地，为红位。

猴年的巴格：东方，为白位。龙居地，为黑位。南方，为灰黄位。羊居地，为绿位。西方，为白位。狗居地，为绿位。北方，为黄位。牛居地，为红位。

461-L-1-06

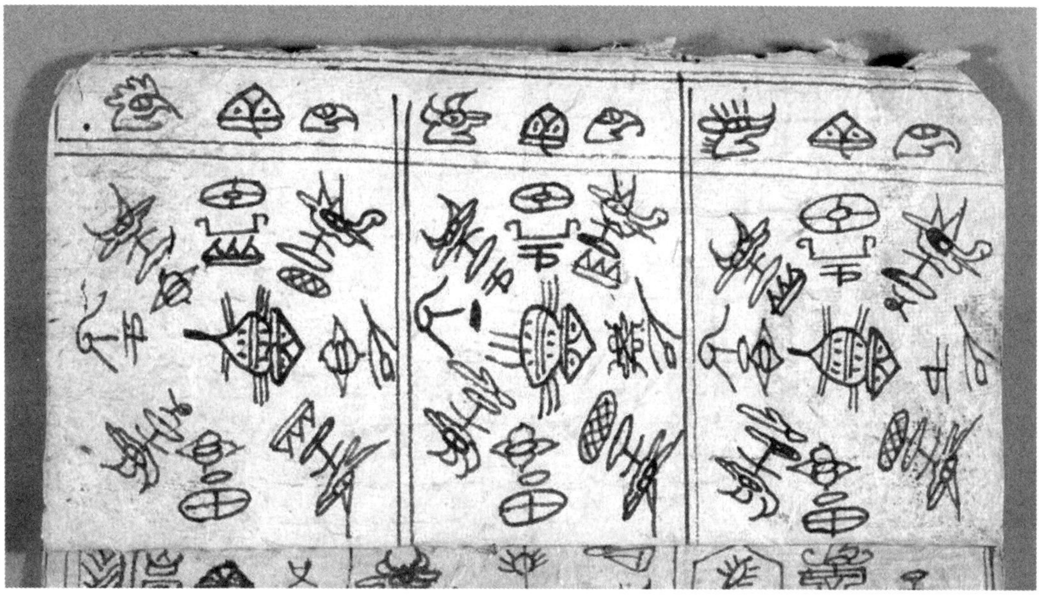

æ^{21} khʏ̩^{55} gə^{33} pɑ^{33} kə^{21}:
鸡 年 的 巴格

n̠i^{33} me^{33} thʏ̩^{33}, ɕy^{21} sɑ^{21}. lʏ̩^{21} dzɿ^{21} tɯ^{33}, mu^{33} sɑ^{21}. i^{33} tʂhʅ^{33} mu^{21}, hər^{21} sɑ^{21}. y^{21} dzɿ^{21} tɯ^{33}, ɕy^{21}
东方 红 位 龙 居 地 灰黄 位 南方 绿 位 羊 居 地 红

sɑ^{21}. n̠i^{33} me^{33} gʏ̩^{21}, hər^{21} sɑ^{21}. khɯ^{33} dzɿ^{21} tɯ^{33}, nɑ^{21} sɑ^{21}. ho^{33} gʏ̩^{33} lo^{21}, phər^{21} sɑ^{21}. ɯ^{33} dzɿ^{21} tɯ^{33},
位 西方 绿 位 狗 居 地 黑 位 北方 白 位 牛 居 地

hər^{21} sɑ^{21}.
绿 位

khɯ^{33} khʏ̩^{55} gə^{33} pɑ^{33} kə^{21}:
狗 年 的 巴格

n̠i^{33} me^{33} thʏ̩^{33}, phər^{21} sɑ^{21}. lʏ̩^{21} dzɿ^{21} tɯ^{33}, ɕy^{21} sɑ^{21}. i^{33} tʂhʅ^{33} mu^{21} , ʂʅ^{21} sɑ^{21}. y^{21} dzɿ^{21} tɯ^{33},
东方 白 位 龙 居 地 红 位 南方 黄 位 羊 居 地

mu^{33} sɑ^{21}. n̠i^{33}me^{33} gʏ̩^{21}, hər^{21} sɑ^{21}. khɯ^{33} dzɿ^{21}tɯ^{33}, ʂʅ^{21} sɑ^{21}. ho^{33} gʏ̩^{33} lo^{21}, nɑ^{21} sɑ^{21}. ɯ^{33} dzɿ^{21} tɯ^{33},
灰黄位 西方 绿 位 狗 居 地 黄 位 北方 黑 位 牛 居 地

phər^{21} sɑ^{21}.
白 位

bu^{21} khʏ̩^{55} gə^{33} pɑ^{33} kə^{21}:
猪 年 的 巴格

n̠i^{33} me^{33} thʏ̩^{33}, phər^{21} sɑ^{21}. lʏ̩^{21} dzɿ^{21} tɯ^{33}, nɑ^{21} sɑ^{21}. i^{33} tʂhʅ^{33} mu^{21}, phər^{21} sɑ^{21}. y^{21} dzɿ^{21} tɯ^{33},
东方 白 位 龙 居地 黑 位 南方 白 位 羊 居 地

mu^{33} sɑ^{21}. n̠i^{33} me^{33} gʏ̩^{21}, hər^{21} sɑ^{21}. khɯ^{33} dzɿ^{21} tɯ^{33}, ʂʅ^{21} sɑ^{21}. ho^{33} gʏ̩^{33} lo^{21}, hər^{21} sɑ^{21}. ɯ^{33} dzɿ^{21}
灰黄 位 西方 绿 位 狗 居 地 黄 位 北方 绿 位 牛 居

tɯ^{33}, ɕy^{21} sɑ^{21}.
地 红 位

鸡年的巴格：东方，为红位。龙居地，为灰黄位。南方，为绿位。羊居地，为红位。西方，为绿位。狗居地，为黑位。北方，为白位。牛居地，为绿位。

狗年的巴格：东方，为白位。龙居地，为红位。南方，为黄位。羊居地，为灰黄位。西方，为绿位。狗居地，为黄位。北方，为黑位。牛居地，为白位。

猪年的巴格：东方，为白位。龙居地，为黑位。南方，为白位。羊居地，为灰黄位。西方，为绿位。狗居地，为黄位。北方，为绿位。牛居地，为红位。

461-L-1-07

pɑ^{33} kə^{21} nɑ^{21} sɑ^{21} thv̩^{33} me^{33}：| ɯ^{33} zu̯ɑ^{33} o^{33} dze^{33} phi^{55} kv̩^{55}. | ɕi^{33} ko^{21} tʂhər^{33} me^{33} ʂʅ^{55} |
巴格 黑 位 到 者 牛 马 财物 丢失 会 他人 家 媳妇 新

tsʅ^{33} pv̩^{55} mə^{33} n̩i^{21}. | pɑ^{33} kə^{21} hər^{21} nɑ^{21}[1] sɑ^{21} thv̩^{33} me^{33}：| o^{33} dzʅ^{33} zʅ^{21} dy^{21} lɯ^{55} kv̩^{55}. | dzʅ^{33}
接 送 不 可 巴格 绿 黑 位 到 者 财物 仇 地 逃 会 灾祸

zər^{21} py^{21} dər^{33}. sʅ^{21} tʂhər^{33} khɯ^{55} dər^{33}. | mɯ^{33} tshʅ^{21} py^{21} dər^{33}. | to^{33} bɑ^{21} kɑ^{33} ʂu^{21} the^{33} ɯ^{33}
压 祭 该 署 药 施 该 天 鬼 祭 该 东巴 请 书

pər^{55} dər^{33}. | lɯ^{21} khɯ^{55} dʑi^{21} dər^{21} bɯ^{33} mə^{33} n̩i^{21}. | dʑi^{21} dʐər^{33} bɯ^{33} mə^{33} n̩i^{21}. | dʑi^{21} nɯ^{33} pɑ^{33}
写 该 船 渡 水 涉 去 不 可 游泳 去 不 可 水 以 作祟

sɑ^{21} be^{33} kv̩^{55}. | pɑ^{33} kə^{21} hər^{21} sɑ^{21} thv̩^{33} me^{33}：| dʐər^{21} mæ^{33} y^{55} nv̩^{33} dər^{33} me^{55}. | ti^{55} lo^{33} tshʅ^{21}
做 会 巴格 绿 位 到 者 惊 得 而 疯 该 的 替罗 鬼

nɯ^{33} pɯ^{33} pɑ^{33} be^{33} kv̩^{55}.
以 作祟 做 会

在巴格上运转到黑位的人：牛马等财物会丢失。不可为他人去接送新媳妇。

在巴格上运转到绿黑位的人：财物会流失到仇人地界里。该进行压灾祸的仪式。该给署[2]施药。该祭天鬼。该请东巴书写东巴经。不可渡船涉水，不能去游泳。水会变化作祟。

在巴格上运转到绿位的人：会因受到惊吓而变疯。替罗鬼会变化作祟。

---

[1] hər^{21}（绿）nɑ^{21}（黑）：似为笔误，前面图中无"hər^{21} nɑ^{21}"。存疑。

[2] 署：音译名词，相传署与人是同父异母兄弟，为管理山川河流及野生动植物的精灵。

461-L-1-08

tər^{21} tse^{21} py^{21} dər^{33}. | o^{33} dze^{33} tʂhə^{55} nɯ^{33} ȵy^{55} ky̩^{55}. | tshɿ^{55} nɑ^{21} tse^{21}, tʂhə^{55} ʂu^{55} tʂhə^{55} kɯ^{55}
呆鬼 仄鬼 祭 该 财物 秽 以 染 会 山羊 黑 用 秽 除 秽 灸

py^{21} dər^{33}. | dzər^{21} dɑ^{55} bɯ^{33} mə^{33} ȵi^{21}. | pɑ^{33} kə^{21}ʂʅ^{21} sɑ^{21} thy̩^{33} me^{33}: | ky̩^{33} gu^{21}, tɕiə^{33} thy̩^{33} ky̩^{55},
祭 该 树 砍 去 不 可 巴格 黄 位 到 者 头 痛 疮 生 会

phy^{55} sæ^{55} ky̩^{55}. | he^{33} mə^{33} thɑ^{55} ky̩^{55}, miə^{21} gu^{21} ky̩^{55}. | tshɿ^{33} tʂhə^{55} py^{21} næ^{21}. | sɿ^{21} gy̩^{21} sɿ^{21}
吐 泻 会 耳 不 灵 会 眼 病 会 楚臭 祭 该 署 祭 署

tʂhər^{33} khɯ^{55} næ^{21}. | dzɿ^{33} uə^{33} tshɿ^{55} bɯ^{33} mə^{33} ȵi^{21}. | pɑ^{33} kə^{21} ɕy^{21} sɑ^{21} thy̩^{33} me^{33}: | bu^{21} æ^{21}
药 施 该 村 寨 建 去 不 可 巴格 红 位 到 者 猪 鸡

gu^{21} | gu^{21} tshər^{33} thy̩^{33} ky̩^{55}. | zo^{33} mi^{55} gu^{21} tshər^{33} ky̩^{55}. | ɯ^{33} lɑ^{21} phi^{55} ky̩^{55}. | tshɿ^{21} nɯ^{33} o^{21}
病 病 发烧 产生 会 儿 女 病 发烧 会 生意 输 会 鬼 以 灵魂

he^{33} khy̩^{33} ky̩^{55} me^{55}.
偷 会 的

该祭呆鬼和仄鬼。财物会染上秽。该用黑山羊作牺牲，进行除秽仪式。不可去砍树。

在巴格上运转到黄位的人：会头痛，会生疮，会又吐又泻。耳会不灵而听不见。会生眼病。该举行祭楚臭鬼①的仪式。该进行祭署仪式给署施药。不可去建村立寨。

在巴格上运转到红位的人：家里的猪鸡会生病发烧。家里的儿女会生病发烧。做生意则会输。灵魂会被鬼偷走。

① 楚臭鬼：使人生一胎死一胎的鬼。

461-L-1-09

tɕi^{55} khu^{33} tshʅ^{55}, uɑ^{33} phər^{21} uɑ^{33} nɑ^{21} py^{21} dər^{33}. | mi^{33} khə^{21} nɑ^{21} py^{21} dər^{33}. | iə^{33} ko^{21} ʂʅ^{33} tshʅ^{21}
季鬼 门　建 瓦鬼　白 瓦鬼 黑　祭　该　罪责　大　祭　该　家里　死 鬼

thy̩^{55} dər^{33}. | zʅ^{21} tɕy^{21} æ^{33} æ^{21} bɯ^{33} mə^{33} ȵi^{21}. | pɑ^{33} kə^{21} mu^{33} sɑ^{21} thy̩^{33} me^{33}: | ty̩^{21} le^{33} ɕi^{33} sy^{21}
撵　该　仇 上　斗　去　不　可　巴格　灰黄 位　到　者　千　又 百 样

be^{33} kɑ^{33} nɯ^{33} ɯ^{33} me^{55}. | zo^{33} se^{13} tʂhə^{55} tshe^{21} dər^{33}. tʂhə^{55} nɑ^{21} gy̩^{21} dər^{33}. ‖ pɑ^{33} kə^{21} phər^{21} sɑ^{21}
皆　好　与　吉　的　男　则　秽　忌　该　秽　大　祭　该　巴格　白　位

thy̩^{33} me^{33}: | ty̩^{21} le^{33} ɕi^{33} sy^{21} kɑ^{33} me^{55}. | tʂhə^{55} gy̩^{21} dər^{33}. | ʂʅ^{33} sʅ^{21} gu^{33} gu^{33} mu^{21} i^{33}. | pɑ^{33}
到　者　千 又　百 样　好　的　秽　祭　该　死 活　分离　缘故　巴格

kə^{21} phər^{21} mu^{33}①sɑ^{21} thy̩^{33} me^{33}, | ty̩^{21} le^{33} ɕi^{33} sy^{21} kɑ^{33} me^{55}. | zo^{33} se^{55} tʂhə^{55} tshe^{21} dər^{33}. mi^{55}
白　灰黄　位　到　者　千 又　百 样　好　的　男　则　秽　忌　该　女

se^{13} tʂhə^{55} py̩^{55} dər^{33}. | tʂə^{33} dy̩^{33} phi^{55} dər^{33} me^{55}. | tshʅ^{21} me^{33} thɯ^{33}, ho^{55} ky̩^{33} nɯ^{33} tshʅ^{21} dər^{33}.
则　秽　送　该　奏督口袋　抛　该　的　作祟　者　这　八　个　以　作祟 该

该建季鬼门，举行祭白瓦鬼和黑瓦鬼的仪式。该进行推脱罪责的大仪式。要在家里把死亡之鬼撵出去。不要去与仇家斗殴。

在巴格上运转到灰黄位的人：千百样皆会吉顺。若是男子，则该忌秽，要举行除秽大仪式。

在巴格上运转到白位的人：千百样皆吉。但要举行除秽仪式。这是因为家里曾有生离死别之事发生。

在巴格上运转到白、灰黄位的人：千百样皆吉。若是男子，则该忌秽；若是女子，则该把秽送走，该把奏督②皮口袋抛到外面去。作祟的鬼应是八个鬼。

---

① phər^{21} mu^{33}：不知为何有此卦象，在前十二张图中未有此色，存疑。

② 奏督：音译名词，在消灾仪式上，把一些破烂装在一个皮口袋里丢出去，这皮口袋便称“奏督”。

461-L-1-10

ȵi^{33} ȵi^{33} mɯ^{33} me^{33} ze^{21} [1] | tse^{21} kv̩^{33} kuɑ^{55} mə^{33} dər^{33} me^{55}. | fv̩^{55} khv̩^{33}, | si^{33} dʑi^{33}. | ʐʅ^{21} khv̩^{55},
用 处 卦 不 错 的 鼠 岁 穷 厄运 蛇 年

dɑ^{33} dʑi^{33}. | lv̩^{21} khv̩^{55}, dzʅ^{33} dʑi^{33}. | bu^{21} khv̩^{55}, gu^{21} dʑi^{33}. | uɑ^{55} me^{33} he^{33}, he^{33} dʑi^{33}. ȵi^{33} tsər^{21}
霉 厄运 龙 年 祸 厄运 猪 年 病 厄运 五月 月 厄运 二十

uɑ^{33} ȵi^{33} dʑi^{33}. | tshe^{21} də^{33} he^{33}, he^{33} dʑi^{33}. | tho^{33} le^{33} khv̩^{55}, ʂʅ^{33} dʑi^{33}. | ɯ^{33} khv̩^{55}, si^{33} dʑi^{33}. |
五 日 厄运 十一月 月 厄运 兔 年 死 厄运 牛 岁 穷 厄运

tho^{33} le^{33} khv̩^{55}, dɑ^{33} dʑi^{33}. | lv̩^{21} khv̩^{55}, dzʅ^{33} dʑi^{33}. | fv̩^{55} khv̩^{33}, dɑ^{33} dʑi^{33}[2]. | tʂhuɑ^{55} khuɑ [3], dʑi^{33}.
兔 年 霉 厄运 龙 年 祸 厄运 鼠 年 霉 厄运 六月 厄运

所用的卦辞没有差错。

属鼠者：逢鼠年则为穷运。逢蛇年则有霉运。逢龙年则有灾祸厄运。逢猪年则有病痛之厄运。逢五月有厄月。逢二十五日则有厄日。逢十一月亦为厄月。逢兔年则有死亡运。

属牛者：逢牛年则有穷运。逢兔年则有霉运。逢龙年则有灾祸之厄运。逢鼠年则有病痛之厄运。逢六月则属厄月。

---

[1] 这五个东巴文字符，无法释读成句子，存疑。

[2] 此句似东巴笔误，前句已有“dɑ^{33} dʑi^{33}”，按全篇顺序，应为“gu^{21} dʑi^{33}”。

[3] 此处似东巴笔误，“khuɑ”应为“he^{33}”。

461-L-1-11

da^{33} ua^{33} he^{33}, he^{33} dʑi^{33}. | tshe^{21} ua^{33} ȵi^{33}, dʑi^{33}. zu̥a^{33} khv̩^{55}, ʂʅ^{33} dʑi^{33}. | la^{33} khv̩^{55}, si^{33} dʑi^{33}. | bu^{21}
腊月　　月 厄运　十　五　日　厄运　马　年　死 厄运　虎　岁　穷 厄运　猪

khv̩^{55}, da^{33} dʑi^{33}. | zu̥a^{33} khv̩^{55}, dzʅ^{33} dʑi^{33}. | ɯ^{33} khv̩^{55}, gu^{21} dʑi^{33}. | lv̩^{21} khv̩^{55}, ʂʅ^{33} dʑi^{33}. si^{33}
年　霉 厄运　马　年　祸 厄运　牛　年　病 厄运　龙　年　死 厄运　穷

dʑi^{33} ①. ‖ iə^{21} pe^{21} he^{33}, he^{33} dʑi^{33}. sæ^{33} me^{33} he^{33}, he^{33} dʑi^{33}. tshe^{21} ʂər^{33} ȵi^{33}, dʑi^{33}. ‖ tho^{33} le^{33} khv̩^{55},
厄运　正月　月 厄运　七月　月　厄运　十　七　日 厄运　兔　岁

si^{33} dʑi^{33}. | lv̩^{21} khv̩^{55}, | da^{33} dʑi^{33}. | y^{21} khv̩^{55}, dzʅ^{33} dʑi^{33}. | la^{33} khv̩^{55}, gu^{21} dʑi^{33}. | ə^{55} y^{21} khv̩^{55},
穷 厄运　龙 年　霉 厄运　羊　年　祸 厄运　虎　年　病 厄运　猴　年

ʂʅ^{33} dʑi^{33}.
死 厄运

逢腊月为厄月。逢十五日为厄日。逢马年有死亡之厄运。

属虎者：逢虎年有穷运。逢猪年有霉运。逢马年有灾祸之厄运。逢牛年有病痛之厄运。逢龙年有死亡之厄运。逢正月为厄月；七月亦为厄月，逢十七日为厄日。

属兔者：逢兔年有穷运。逢龙年有霉运。逢羊年有灾祸之厄运。逢虎年有病痛之厄运。逢猴年有死亡之厄运。

---

① 这两个字符，应为笔误，译文中略去。

461-L-1-12

he^{21} dʑiə^{33}, he^{33} dʑi^{33}; huɑ^{55} me^{33} hɑ^{33} ①, he^{33} dʑi^{33}. | tshe^{33} do^{21} ho^{55} ȵi^{33}, dʑi^{33}. tshe^{21} ʂər^{33} ȵi^{33},
二月 月 厄运 八月 月 厄运 初八 厄运 十 七 日

dʑi^{33}. | lv̩^{21} khv̩^{55}, | si^{33} dʑi^{33}. | æ^{21} khv̩^{55}, dɑ^{33} dʑi^{33}. | fv̩^{55} khv̩^{33}, gu^{21} dʑi^{33}. | ə^{55} y^{21} khv̩^{55}, dzʅ^{33}
厄运 龙 岁 穷 厄运 鸡 年 霉 厄运 鼠 年 病 厄运 猴 年 祸

dʑi^{33}. | lɑ^{33} khv̩^{55}, | ʂʅ^{33} dʑi^{33}. | sɑ^{55} uɑ^{33} he^{33}, he^{33} dʑi^{33}; guə^{33} me^{33} he^{33}, he^{33} dʑi^{33}. | ȵi^{33} tsər^{21}
厄运 虎 年 死 厄运 三月 月 厄运 九月 月 厄运 二十

sʅ^{21}ȵi^{33}, dʑi^{33}. | ʐʅ^{21} khv̩^{55}, si^{33}dʑi^{33}. | ə^{55}y^{21} khv̩^{55}, | dɑ^{33} dʑi^{33}. | æ^{21} khv̩^{55}, gu^{21}dʑi^{33}. | lv̩^{21} khv̩^{55},
三 日 厄运 蛇 岁 穷 厄运 猴 年 霉 厄运 鸡 年 病 厄运 龙 年

dzʅ^{33} dʑi^{33}. | khɯ^{33} khv̩^{55}, ʂʅ^{33} dʑi^{33}.
祸 厄运 狗 年 死 厄运

逢二月为厄月；逢八月亦为厄月。逢初八、十七日为厄日。

属龙者：逢龙年有穷运。逢鸡年有霉运。逢鼠年有病痛之厄运。逢猴年有灾祸之厄运。逢虎年有死亡之厄运。三月、九月为厄月。二十三日为厄日。

属蛇者：逢蛇年有穷运。逢猴年有霉运。逢鸡年有病痛之厄运。逢龙年有灾祸之厄运。逢狗年有死亡之厄运。

① lɑ^{33}：此字为笔误，应为“he^{33}（月）。

461-L-1-13

lu^{55} me^{33} he^{33}, he^{33} ʥi^{33}. tshe^{21} me^{33} he^{33}, he^{33} ʥi^{33}. | tshe^{21} ȵi^{33} ȵi^{33}, ʥi^{33}; tshe^{21} ho^{55} ȵi^{33}, ʥi^{33}. ‖
四月 月 厄运 十月 月 厄运 十 二 日 厄运 十 八 日 厄运

ʐuɑ^{33} khv̩^{55}, si^{33} ʥi^{33}. | y^{21} khv̩^{55}, dɑ^{33} ʥi^{33}. | ʐʅ^{21} khv̩^{55}, gu^{21} ʥi^{33}. | lv̩^{21} khv̩^{55}, dzʅ^{33} ʥi^{33}. | æ^{21}
马 岁 穷 厄运 羊 年 霉 厄运 蛇 年 病 厄运 龙 年 祸 厄运 鸡

khv̩^{55}, ʂʅ^{33} ʥi^{33}. | uɑ^{55} me^{33} he^{33}, he^{33} ʥi^{33}. ȵi^{33} tsər^{21} uɑ^{33} ȵi^{33}, ʥi^{33}. tshe^{21} də^{33} he^{33}, he^{33} ʥi^{33}.
年 死 厄运 五月 月 厄运 二十 五 日 厄运 十一月 月 厄运

tshe^{21} ho^{55} ȵi^{33}, ʥi^{33}. ‖ y^{21} khv̩^{55}, si^{33} ʥi^{33}. | ʐuɑ^{33} khv̩^{55}, | dɑ^{33} ʥi^{33}. | bu^{21} khv̩^{55}, dzʅ^{33} ʥi^{33}. |
十 八 日 厄运 羊 岁 穷 厄运 马 年 霉 厄运 猪 年 祸 厄运

ə^{55} y^{21} khv̩^{55}, gu^{21} ʥi^{33}. | fv̩^{55} khv̩^{33}, ʂʅ^{33} ʥi^{33}.
猴 年 病 厄运 鼠 年 死 厄运

逢四月、十月为厄月。逢十二日、十八日为厄日。

属马者：逢马年有穷运。逢羊年有霉运。逢蛇年有病痛之厄运。逢龙年有灾祸之厄运。逢鸡年有死亡之厄运。逢五月则为厄月。逢二十五日为厄日。十一月亦为厄月，十八日为厄日。

属羊者：逢羊年有穷运。逢马年则为霉运。逢猪年有灾祸之厄运。逢猴年有病痛之厄运。逢鼠年有死亡之厄运。

461-L-1-14

tʂhuɑ^{55} me^{33} he^{33}, he^{33} ʥi^{33}. | ȵi^{33} tsər^{21} ȵi^{33}, ʥi^{33}. dɑ^{33} uɑ^{33} he^{33}, he^{33} ʥi^{33}. | ȵi^{33} tsər^{21} uɑ^{33} ȵi^{33},
六月 月 厄运 二十 日 厄运 腊月 月 厄运 二十 五 日

ʥi^{33}. | ə^{55} y^{21} khv̩^{55}, si^{33} ʥi^{33}. | zʅ^{21} khv̩^{55}, dɑ^{33} ʥi^{33}. | fv̩^{55} khv̩^{33}, dzʅ^{33} ʥi^{33}. | y^{21} khv̩^{55}, gu^{21}
厄运 猴 年 穷 厄运 蛇 年 霉 厄运 鼠 年 祸 厄运 羊 年 病

ʥi^{33}. | khɯ^{33} khv̩^{55}, ʂʅ^{33} ʥi^{33}. | sæ^{33} me^{33} he^{33}, he^{33} ʥi^{33}. | ȵi^{33} tsər^{21} ʂər^{33} ȵi^{33}, ʥi^{33}. | iə^{21} pe^{21}
厄运 狗 年 死 厄运 七月 月 厄运 二十 七 日 厄运 正月

he^{33}, he^{33} ʥi^{33}. | tshe^{21} ȵi^{33} ȵi^{33}, ʥi^{33}. ‖ æ^{21} khv̩^{55}, si^{33} ʥi^{33}. | y^{21} khv̩^{55}, dɑ^{33} ʥi^{33}. | ɯ^{33} khv̩^{55},
月 厄运 十 二 日 厄运 鸡 年 穷 厄运 羊 年 霉 厄运 牛 年

dzʅ^{33} ʥi^{33}. | khɯ^{33} khv̩^{55}, gu^{21} ʥi^{33}. | tho^{33} le^{33} khv̩^{55}, ʂʅ^{33} ʥi^{33}.
祸 厄运 狗 年 病 厄运 兔 年 死 厄运

逢六月为厄月。逢二十日为厄日。逢腊月为厄月。二十五日为厄日。

属猴者：逢猴年有穷运。逢蛇年有霉运。逢鼠年有灾祸之厄运。逢羊年有病痛之厄运。逢狗年有死亡之厄运。逢七月为厄月。逢二十七日为厄日。正月亦为厄月。十二日为厄日。

属鸡者：逢鸡年有穷运。逢羊年有霉运。逢牛年有灾祸之厄运。逢狗年有病痛之厄运。逢兔年有死亡之厄运。

461-L-1-15

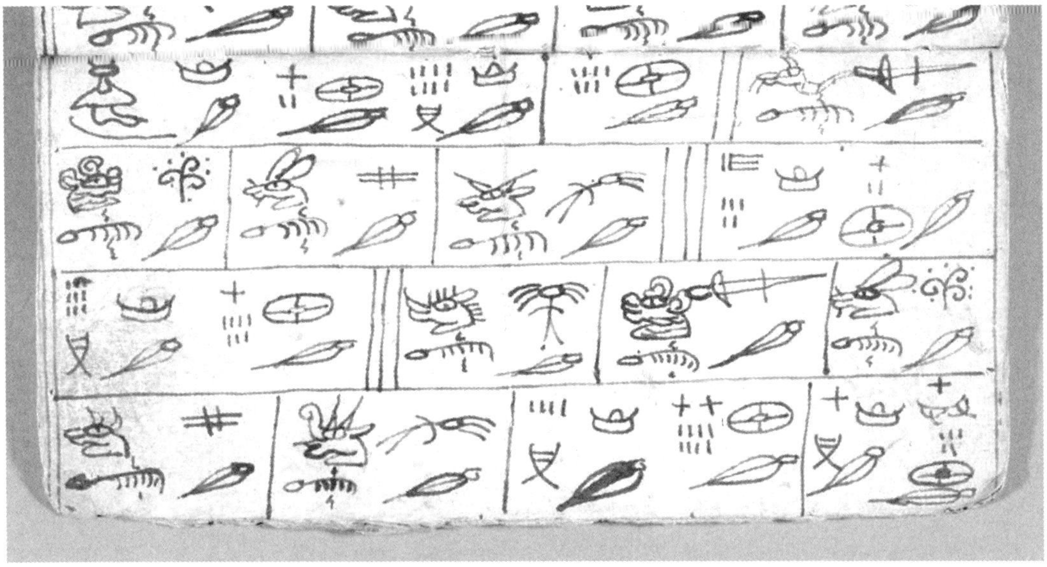

he^{21} dʑiə^{33} he^{33}, he^{33} dʑi^{33}. tshe^{21} ȵi^{33} ȵi^{33}, dʑi^{33}. | huɑ^{55} me^{33} he^{33}, he^{33} dʑi^{33}. | tshe^{33} do^{21} ʂər^{33} ȵi^{33},
二月　月　厄运　十　二　日　厄运　八月　月　厄运　初七　日

dʑi^{33}. ‖ (khɯ^{33} khv̩^{55}, si^{33} dʑi^{33}.)① ʐʅ^{21} khv̩^{55}, dɑ^{33} dʑi^{33}. | lɑ^{33} khv̩^{55}, dzʅ^{33} dʑi^{33}. | tho^{33} le^{33} khv̩^{55},
厄运　狗　岁　穷　厄运　蛇　年　霉　厄运　虎　年　祸　厄运　兔　年

gu^{21} dʑi^{33}. | y^{21} khv̩^{55}, ʂʅ^{33} dʑi^{33}. ‖ sɑ^{55} uɑ^{33} he^{33}, he^{33} dʑi^{33}. tshe^{21} ȵi^{33} ȵi^{33}, dʑi^{33}. | guə^{33} me^{33} he^{33},
病　厄运　羊　年　死　厄运　三月　月　厄运　十　二　日　厄运　九月

he^{33} dʑi^{33}. tshe^{21} ʂər^{33} ȵi^{33}, dʑi^{33}. ‖ bu^{21} khv̩^{55}, si^{33} dʑi^{33}. | lɑ^{33} khv̩^{55}, dɑ^{33} dʑi^{33}. | tho^{33} le^{33} khv̩^{55},
月　厄运　十　七　日　厄运　猪　岁　穷　厄运　虎　年　霉　厄运　兔　年

dzʅ^{33} dʑi^{33}. | khɯ^{33} khv̩^{55}, gu^{21} dʑi^{33}. | lv̩^{21} khv̩^{55}, ʂʅ^{33} dʑi^{33}. | lu^{55} me^{33} he^{33}, he^{33} dʑi^{33}. ȵi^{33} tsər^{21}
祸　厄运　狗　年　病　厄运　龙　年　死　厄运　四月　月　厄运　二十

ho^{55} ȵi^{33}, dʑi^{33}. | tshe^{21} me^{33} he^{33}, he^{33} dʑi^{33}. tshe^{33} do^{21} uɑ^{33} ȵi^{33}, dʑi^{33}.
八　日　厄运　十月　月　厄运　初五　日　厄运

逢二月为厄月。逢十二日为厄日。逢八月亦为厄月。初七为厄日。

属狗者：逢狗年有穷运。逢蛇年有霉运。逢虎年有灾祸之厄运。逢兔年有病痛之厄运。逢羊年有死亡之厄运。逢三月为厄月。十二日为厄日。逢九月为厄月。十七日为厄日。

属猪者：逢猪年有穷运。逢虎年有霉运。逢兔年有灾祸之厄运。逢狗年有病痛之厄运。逢龙年有死亡之厄运。逢四月为厄月。二十八日为厄日。逢十月为厄月。初五为厄日。

---

① 此句原文脱，为译者校补。

461-L-1-16

pɑ^{33} kə^{21} gə^{33} i^{33} tʂhʅ^{21} mu^{21} thy̩^{33} me^{33}: tʂhər^{33} me^{33} ʂʅ^{55} tsʅ^{33} bɯ^{33} mə^{33} ȵi^{21}. | ʐuɑ^{33} ʂʅ^{55} ʂər^{21}
巴格 的 南方 到 者 媳妇 新 接 去 不 可 马 新 牵

mə^{33} ȵi^{21}. | ʥi^{33} ʂʅ^{55} y^{21} mə^{33} ȵi^{21}. | ə^{33} gy̩^{33} mə^{33} gu^{21}. zo^{33} mə^{33} gu^{21}. | ny̩^{55} me^{33} ʂʅ^{33} dzʅ^{33} mə^{33}
不 可 衣 新 拿 不 可 舅 不 病 男 不 病 心脏 肉 吃 不

ȵi^{21}. gə^{21} dzər^{21} lo^{33} gu^{21} ky̩^{55}. | tshʅ^{33} tʂhə^{55} py^{21} dər^{33}. | dzʅ^{33} uə^{33} ʂu^{55} dər^{33}. ʥi^{33} tshe^{21} ʥi^{33} zɑ^{21}
可 上半身 疼 会 楚臭 祭 该 村 寨 祭 该 景仄景饶

ʂu^{55} be^{33} dər^{33}. | ə^{55} y^{21} ə^{55} dæ^{33} ŋy̩^{55}, to^{55} khɯ^{55} dər^{33}. lɯ^{33} ʐy̩^{21} py^{21} y^{21} hɑ^{33} ʂu^{55} dər^{33}. uɑ^{33} tshʅ^{21}
祭 做 该 猴 狐 超度 消灾仪式 该 祖先 祭 祖先 饭 献 该 瓦鬼

py^{21} dər^{33}. | pɑ^{33} kə^{21} gə^{33} y^{21} dzʅ^{21} tɯ^{33} thy̩^{33} me^{33}:dy^{21} khu^{55} tɕi^{55} thy̩^{33} mə^{33}. do^{21} be^{33} ky̩^{55}. | y^{21}
祭 该 巴格 的 羊 居 地 到 者 地 门 小 到 的 异兆 做 会 绵羊

kho^{55} ʂʅ^{33} ʥi^{55} dzʅ^{33} mə^{33} ȵi^{21}.
杀 肉 烧 吃 不 可

在巴格上运转到南方者：不可去接新媳妇。不可去牵新马[①]。不可去拿新衣。舅舅不会生病。若是男子亦不会病。不要吃动物的心脏。上半身会疼痛。该举行祭楚臭鬼仪式。村寨该举行祭景仄景饶仪式，要进行超度猴子、狐狸的禳垛鬼以消灾的仪式。要在郊外祭祖，向祖先献饭。该祭瓦鬼。

在巴格上运转到羊居地者：转到羊居地是转到了小地门。会有异兆发生。不可去杀绵羊并吃烧羊肉。

---

① 新马：刚买的马称“新马”。

461-L-1-17

tʂhə^{55} ʂʅ^{33} dzʅ^{33} mə^{33} ȵi^{21}. | la^{33} ma^{21} gy̩^{33} dze^{21} y^{21} mə^{33} ȵi^{21}. | bər^{33} be^{33} ʂʅ^{33} dzʅ^{33} ha^{33} dzʅ^{33} bɯ^{33}
秽 肉 吃 不 可 喇嘛 东西 拿 不 可 客 做 肉 吃 饭 吃 去

mə^{33} ȵi^{21}. | thy̩^{33} ʂu^{55} dər^{33}. to^{55} khɯ^{55} dər^{33}. | zə̩r^{21} tshʅ^{21} la^{33} tshʅ^{21} py̩^{55} dər^{33}. | ua^{33} tshʅ^{21} py^{21}
不 可 土神 祭 该 消灾仪式 该 豹 鬼 虎 鬼 送 该 瓦鬼 祭

tɕi^{55} khu^{33} tshʅ^{55} dər^{33}. | na^{21} so^{33} na^{21} dʑi^{33} bɯ^{21} lɯ^{33} tʂhu^{33} dər^{33}. uæ^{33} tɕy^{21} gu^{21} ky̩^{55}. | dʑi^{33} ɯ^{33}
季鬼 门 建 该 纳 梭 纳 景 经书 诵 该 左 边 痛 会 衣 好

y^{21} bɯ^{33} mə^{33} ȵi^{21}. | tɕiə^{33} thy̩^{33} gu^{21} ky̩^{55}. | æ^{21} nɯ^{33} tse^{21} ku^{55} ɕy^{55} dər^{33}. | dʑi^{21} ʂʅ^{55} thy̩^{21} be^{33}
拿 去 不 可 疮 生 病 会 鸡 以 仄神 许愿 该 房 新 建 做

mə^{33} ȵi^{21}. ‖ pa^{33} kə^{21} gə^{33} ȵi^{33} me^{33} thy̩^{33} thy̩^{33} me^{33}: | ny̩^{55} me^{33} gu^{21} ky̩^{55}, ha^{33} mə^{33} ȵi^{21}. | ər^{33}
不 可 巴格 的 东方 到 者 心 疼 会 饭 不 要 铜

nɯ^{21} ʂu^{21} y^{21} bɯ^{33} mə^{33} ȵi^{21}. | bə^{33} lɯ^{21} kæ^{33} gy̩^{33} dze^{21} pu^{55} mə^{33} ȵi^{21}.
和 铁 拿 去 不 可 巫师 前 东西 送 不 可

不要吃秽肉①。不可去拿喇嘛的东西。不要去做客吃肉吃饭。要做祭土神和消灾仪式。要送豹鬼和虎鬼。要做祭瓦鬼的仪式，仪式上要搭季鬼门。该读“纳梭纳景”②。左半身会疼痛。要放生鸡向仄神许愿。不要去建新房。

在巴格上运转到东方者：心会疼痛，会不想吃饭。不可去拿铜器和铁器。不要送东西给巫师。

① 秽肉：做驱鬼仪式上杀了牺牲，这牺牲之肉称“秽肉”。

② 纳梭纳景：音译，不知其义，存疑。

461-L-1-18

hæ^{21} pu^{55} zʅ^{33} ʥi^{33} bɯ^{33} mə^{33} ȵi^{21}. | khɑ^{33} khɑ^{33} ʂə^{55} ʂə^{33} i^{33} æ^{21} thv̩^{33} kv̩^{55}. | ʥi^{21} ʂʅ^{55} thv̩^{21} ly^{21}
金 带 路 行 去 不 可 吵架 斗嘴 争斗 产生会 房 新 建看

be^{33} mə^{33} ȵi^{21}. | sɿ^{21} tɕər^{21} zɿ^{21} æ^{21} bɯ^{33} mə^{33} ȵi^{21}. ʂu^{21} ty^{33} bɯ^{33} mə^{33} ȵi^{21}. | æ^{21} tse^{21}, to^{55} khɯ^{55}
做 不 可 署 上 仇结 去 不 可 铁 打 去 不 可 鸡用 消灾仪式

dər^{33}. | tər^{21} tse^{21} py^{21} dər^{33}. | tshɿ^{33} tʂhə^{55} py^{21} næ^{21}. mɯ^{33} kv̩^{33} kɯ^{21} tshɿ^{21} py^{21} næ^{21}. | nɯ^{33}、gv̩^{33}
该 呆鬼 仄鬼 祭 该 楚臭 祭 该 天 上 星鬼 祭 该

ly^{33}[①]. sɿ^{21}gv̩^{21}dər^{33}. | khuɑ^{55} gæ^{21} y^{21} bɯ^{33} mə^{33} ȵi^{21}, i^{21} phu^{55} gu^{21} me^{33} le^{21} mə^{33}ȵi^{21} kv̩^{55} me^{55}. ‖
署祭 该 甲 铠 拿去 不可 右 边 疼 的又 不愈 会 的

pɑ^{33} kə^{21} gə^{33} khɯ^{33} dzɿ^{21} tɯ^{33} thv̩^{33} me^{33}:mɯ^{33} khu^{55} dɯ^{21} thv̩^{33} me^{33} uɑ^{21}. | ʥi^{33} ʂə^{55}mə^{33} ȵi^{21}. |
巴格 的 狗 居 地 到 走 天 门 大 到 的 是 是非 说 不 可

ər^{33}、ʂu^{21}、ʥi^{33} ʂʅ^{21} ʥi^{33} hər^{21} y^{21} mə^{33} ȵi^{21}. | khɯ^{33} khɯ^{55} bɯ^{33} mə^{33} ȵi^{21}. tse^{21} nɯ^{33}ʂər^{33} bɯ^{33} kv̩^{55}.
铜 铁 衣黄 衣 绿拿 不 可 狗 放 去 不 可仄鬼以 牵 去 会

tər^{21} tse^{21} py^{21} dər^{33}.
呆鬼 仄鬼 祭 该

不能带着金子出远门。会发生吵架争斗。不能去看建新房。不能与署结仇。不可去打铁。要用鸡作牺牲进行消灾仪式。要祭呆鬼和仄鬼。要举行祭楚臭鬼仪式。要祭天上的星鬼。要进行祭署仪式。不要去拿铠甲。右半身疼则会不愈。

在巴格上运转到狗居地者：是转到了大天门。不能去搬弄口舌是非。不能去拿铜器和铁器，不要去拿黄衣和绿衣，不要放狗去撵山，会被仄鬼带了去。该祭呆鬼和仄鬼。

① 这二个东巴文字符无法连读成句，存疑。

461-L-1-19

tshʅ^{33} tʂhə^{55} py^{21} dər^{33}. uɑ^{33} tshʅ^{21} py^{21} næ^{21}. | he^{21} ʂu^{55} næ^{21}. se^{33} uə^{33} tʂhu^{33} næ^{21}. ɕy^{55} hər^{21} le^{33}
楚鬼 祭 该 瓦鬼 祭 该 神 祭 该 申威 诵 该 柏 绿 梯

ʥi^{21} tso^{55}, zʅ^{33} tʂu^{55} py^{21} dər^{33}. sʅ^{21} gy̩^{21} dər^{33}. | to^{55} khɯ^{55} dər^{33}. mɯ^{33} mə^{33} do^{21} gə^{33} thy̩^{33} ʂu^{55}
搭 延寿仪式 该 署 祭 该 消灾仪式 该 天 不 见 的 土神 祭

dər^{33}. | dɯ^{33} ʥi^{21} me^{33} zo^{33} nɯ^{21} mi^{55} be^{33} mə^{33} tɕi^{13}. ‖ pɑ^{33} kə^{21} gə^{33} ho^{33} gy̩^{33} lo^{21} thy̩^{33} me^{33}, zo^{33}
该 一 家 的 男 和 女 皆 不 急 巴格 的 北方 到 者 男

se^{55} gu^{21} ky̩^{55}. | bər^{21} ʥy^{21} me^{33} ko^{21} bɯ^{33} mə^{33} ȵi^{21}. dzʅ^{21} bu^{21} tʂu^{55}, mə^{33} ɯ^{33}. | lɯ^{21} khɯ^{55} ʥi^{21}
则 病 会 牦牛 有 的 家里 去 不 可 夫妻 接 不 好 船 渡 水

dər^{21} bɯ^{33} mə^{33} ȵi^{21}. | ʥi^{21} nɯ^{33} pɑ^{33} sɑ^{21} be^{33} ky̩^{55}. | o^{33} dze^{33} y^{21} bɯ^{33} mə^{33} ȵi^{21}. mə^{33} sʅ^{33} gə^{33}
涉 去 不 可 水 以 作祟 做 会 财物 拿 去 不 可 不 知 的

ʂʅ^{33} me^{33} nɯ^{33} lər^{13} bɯ^{33} ky̩^{55}. | ə^{33} gy̩^{33} tʂhər^{55} tər^{21} be^{33} ʂʅ^{33}me^{33} ʥy^{21}. | sʅ^{21} gy̩^{21} dər^{33}. to^{55} khɯ^{55}
死 者 以 喊 去 会 舅 辈 凶地 死者 有 署 祭 该 消灾仪式

ə^{55} y^{21} ə^{55} dæ^{33} ŋy̩^{55} be^{33} dər^{33}.
猴 狐 超度 做 该

该祭楚臭鬼。该祭瓦鬼。该祭神。要读“申威”①经。要搭建翠柏天梯以举行延寿仪式。要举行祭署仪式。要进行禳垛鬼的消灾仪式。要祭不见天的土神。全家的男男女女都不必着急。

在巴格上运转到北方者：若是男的，就会生病。不要到养牦牛的人家家里去。相亲结亲，不吉。不要渡船去过江河，水会作祟。不可去拿财物。会被不知是什么人的死者喊了去。舅舅辈中有凶死者。该进行祭署仪式。要进行禳垛鬼以消灾的仪式，仪式上要超度猴子和狐狸。

① 申威：音译，不知其义，存疑。

461-L-1-20

he^{21} ʂu^{55} dər^{33}. dzʅ^{33} zər^{21} py^{21} dər^{33}. | ʂʅ^{33} tshʅ^{21} thy̩^{55} dər^{33}. | dɯ^{33} dʑi^{21} gə^{33} zo^{33} nɯ^{21} mi^{55} be^{33}
神 祭 该 祸 压 祭 该 死 鬼 驱 该 一 家 的 男 和 女 皆

mə^{33} tɕi^{13}. ‖ pɑ^{33} kə^{21} gə^{33} ɯ^{33} dzʅ^{21} tɯ^{33} thy̩^{33} me^{33}: dy^{21} khu^{55} dɯ^{21} thy̩^{33} me^{33} uɑ^{21}. | gu^{21} me^{33}
不 急 巴格 的 牛 居 地 到 者 地 门 大 到 的 是 病 者

sɑ^{55} khɯ^{55} mə^{33} thɑ^{55} be^{33} gu^{21}. | he^{21} nɯ^{33} mə^{33} bæ^{21} ky̩^{55}. | to^{55} khɯ^{55} tʂə^{33} dy̩^{33} phi^{55} dər^{33}. |
气 出 不 可 地 病 神 以 不 高兴 会 消灾仪式 奏督 丢弃 该

y^{21} hɑ^{33} ʂu^{55} dər^{33}. | ze^{21} nɯ^{33} ʂʅ^{33} mə^{33} do^{21}, ɕi^{33} nɯ^{33} sy^{55} le^{33} ʂʅ^{33}、ze^{21} nɯ^{33} sy^{55} le^{33} ʂʅ^{33} mə^{33}
祖先 饭 献 该 何处 以 死 不 知 他人 以 杀 而 死 何处 以 杀 而 死 不

do^{21} me^{33} dʑy^{21}. | thy̩^{33} ly^{55} ly^{33} mə^{33} ȵi^{21}. ‖ sʅ^{21} nɯ^{33} do^{21} be^{33} ky̩^{55}. ‖ khu^{33} py^{21} dər^{33}. lɑ^{33} lɯ^{21}
知 的 有 土神 动 不 可 署 以 异兆 做 会 孔鬼 祭 该 祭风树

dzər^{21} tshʅ^{55}, ze^{21} tshʅ^{21}、tər^{21} tshʅ^{21}、tse^{21} tshʅ^{21} py^{21} dər^{33}. | thy̩^{33} ʂu^{55} næ^{21}. bər^{33} be^{33} ʂʅ^{33} dzʅ^{33} hɑ^{33}
竖 壬鬼 呆鬼 仄鬼 祭 该 土神 祭 该 客 做 肉 吃 饭

dzʅ^{33} bɯ^{33} mə^{33} ȵi^{21}.
吃 去 不 可

该祭神。要举行压灾祸的仪式。要驱赶死亡之鬼。全家的男男女女不必着急。

在巴格上运转到牛居地者：这是到了大地门。会病而难以喘气。神会不高兴。要进行禳垛鬼以消灾的仪式，仪式上要把奏督皮口袋丢弃到野外去。有不知死于何处，有被人杀死而不知被杀死在何地的人。不可去惊动土神。署会有异兆。该祭孔鬼。要竖祭风树，以祭壬鬼、呆鬼和仄鬼。要祭土神。不要去做客吃肉吃饭。

461-L-1-21

dɯ^{33} dʑi^{21} zo^{33} nɯ^{21} mi^{55} be^{33} mə^{33} tɕi^{13}. ‖ pɑ^{33} kə^{21} gə^{33} ȵi^{33} me^{33} thv̩^{33} thv̩^{33} me^{33}: sər^{33} phər^{21} lv̩^{33}

一 家 男 和 女 皆 不 急 巴格 的 东方 到 者 木 大 石

phər^{21} thv̩^{55} bɯ^{33} mə^{33} ȵi^{21}. | lɑ^{33} so^{33}、dv̩^{33} phər^{21} y^{21} mə^{33} ȵi^{21}. | dzər^{21} dɯ^{21} lɯ^{55} bɯ^{33} mə^{33}

大 取 去 不 可 虎 全皮 海螺 白 拿 不 可 树 大 砍 去 不

ȵi^{21}. | ʐʅ^{33} dʑi^{33} bɯ^{33} mə^{33} ȵi^{21}. | khɑ^{33} khɑ^{33} ʂə^{55} ʂə^{33} i^{33} æ^{21} thv̩^{33} kv̩^{55}. uɑ^{33} tshʅ^{21} py^{21} dər^{33}. |

可 路 行 去 不 可 吵架 争斗 产生 会 瓦鬼 祭 该

æ^{21} nɯ^{33} tse^{21} ku^{55} ɕy^{55} dər^{33}. tʂhə^{55} gv̩^{21}、ʂʅ^{21} gv̩^{21} dər^{33}. | to^{55} khɯ^{55} dər^{33}. | tɕi^{21} tshʅ^{21} hər^{33} tshʅ^{21}

鸡 以 仄神 许愿 该 秽 祭 署 祭 该 消灾仪式 该 云 鬼 风 鬼

py^{21} dər^{33}. | ɯ^{33} lɑ^{21} be^{33} bɯ^{33} mə^{33} ȵi^{21}. tʂhər^{33} me^{33} ʂʅ^{55} tsʅ^{33} ly^{21} mə^{33} ȵi^{21}. | dɯ^{33} dʑi^{21} zo^{33} nɯ^{21}

祭 该 生意 做 去 不 可 媳妇 新 接 看 不 可 一 家 男 和

mi^{55} be^{33} mə^{33} tɕi^{13}.

女 皆 不 急

全家男男女女皆不必着急。

在巴格上运转到东方者：不要去砍木料，不要去取石料。不要去拿虎皮和白海螺。不要去砍大树。不要出门远行。会产生吵架斗殴。应进行祭瓦鬼的仪式。要放生鸡，以向仄神许愿。该进行除秽祭署大仪式。该进行禳垛鬼消灾仪式。要祭云鬼和风鬼。不要去做生意。不可去看迎亲。全家的男男女女皆不必着急。

461-L-1-22

pɑ^{33} kə^{21} gə^{33} lv̩^{21} dzʅ^{21} tɯ^{33} thv̩^{33} me^{33}: mɯ^{33} khu^{55} tɕi^{55} thv̩^{33} me^{33} uɑ^{21}. | ɯ^{33} lɑ^{21} be^{33} bɯ^{33} mə^{33}

巴格 的龙 居 地 到 者 天 门 小 到 的 是 生意 做 去 不

ȵi^{21}. | tʂhər^{33} me^{33} ʂʅ^{55} zʅ^{21} ly^{21} bɯ^{33} mə^{33} ȵi^{21}. | khɯ^{33} khɯ^{55} bɯ^{33} mə^{33} ȵi^{21}. mɯ^{33} dər^{33} sʅ^{55}

可 媳妇 新 娶 看 去 不 可 狗 放 去 不 可 天 错 认

dər^{33}. | uɑ^{33} tshʅ^{21} py^{21} dər^{33}. | ɕi^{33} nɯ^{33} ʥi^{33} khɯ^{55} uɑ^{33} khɯ^{55} lɯ^{33} kv̩^{55}. | tshʅ^{21} py^{21} næ^{21}. lɑ^{21}

该 瓦鬼 祭 该 他人 以 景鬼 放 瓦鬼 放 来 会 除鬼 祭 该 手

gu^{21} le^{21} mə^{33} ȵi^{21} kv̩^{55}. | tshʅ^{33} tʂhə^{55} py^{21} næ^{21}. he^{21} ʂu^{55} dər^{33}. | ə^{33} me^{33} tɕi^{55} me^{33} tɕi^{33} hə^{21} me^{33},

疼 又 不 愈 会 楚臭 祭 该 神 祭 该 母亲 小 者 生 是

tshʅ^{21} nɯ^{33} tshʅ^{21} kv̩^{55}. | gu^{21} me^{33} le^{33} ȵi^{21} ho^{55}. | tshər^{33} me^{33} | le^{33} tɕhi^{55} ho^{55}.

鬼 以 缠 会 病 者 又 愈 愿 发烧 者 又 冷 愿

在巴格上运转到龙居地者：这是到了小天门处。不可去做生意。不要去看迎娶新媳妇。不要去放狗撵山。该进行向天认错的仪式。该进行祭瓦鬼仪式。别人会放来景鬼和瓦鬼。该祭除鬼。手疼会不愈。该祭楚臭鬼。该祭神。母亲生育小孩会被鬼缠上。

愿病者又痊愈。愿发烧者又退烧。

461-L-1-23

fy̩^{33}、ɯ^{33}、lɑ^{33}、tsho^{33} le^{33}、ly̩^{21}、ʐʅ^{21}、ʐ̩uɑ^{33}、y^{21}、ə^{55} y^{21}、æ^{21}、khɯ^{33}、bu^{21}.
鼠　牛　虎　兔　　龙　蛇　马　羊　猴　鸡　狗　猪

鼠、牛、虎、兔、龙、蛇、马、羊、猴、鸡、狗、猪。

461-L-1-24

封底

（翻译：王世英）

481-L-2-01

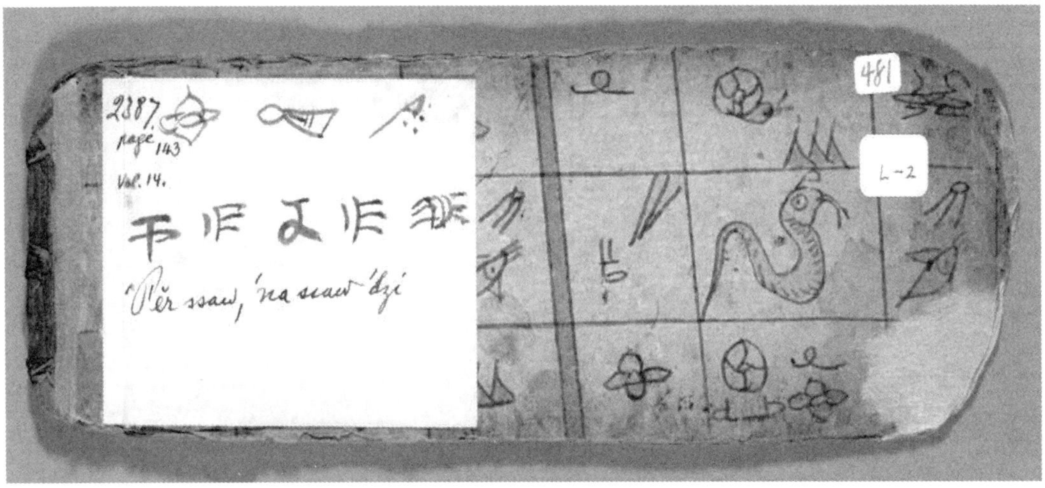

o^{21} tshi^{21} be^{33}

进行占卜

481-L-2　进行占卜

【内容提要】

本卷首先介绍了十二生肖各年巴格八方之色彩变化之常识。纳西族先民认为每个人的运数都随在巴格上运转而有变化，就用巴格八方之色彩以占卜。古籍就记录了转到各种色彩位时的卦辞。巴格是纳西先民用十二生肖、五行及白、绿、花、黑、黄五色表示四方四隅的一种图[①]。

【英文提要】

Processing the Divination

This volume firstly introduces the basic knowledge of the eight colors changing in the divination *Bage* picture in different Chinese zodiac year. The ancestor of nahsi believed the fate of individual change with the moving on the divination picture. They did the divination with the eight colors in the divination *Bage* picture. The book records the words of hexagrams of the moving to different colors. The *Bage* is an divination picture consisted of Chinese Zodiac, the five elements, and white, green, red, black and yellow created by the ancestor of nahsi to represent the eight directions.

---

① 原书封面缺如，题目为编者拟定。

481-L-2-01

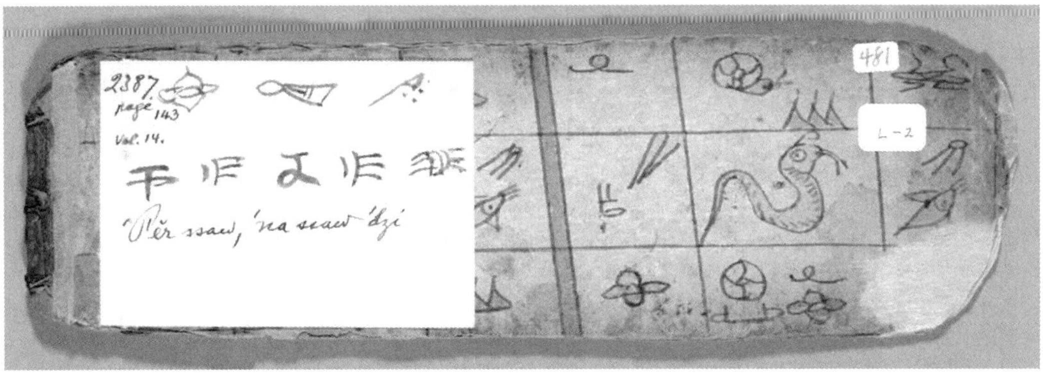

小卡片：“2387”为洛克收藏东巴古籍的序号。上方的三个东巴文为“o^{21} tshi^{21} be^{33}”，意为“进行占卜”。 中间的五个东巴文为此书之书名，意为“用白位黑位占卜”。下行的拉丁字母为洛克记下书名之读音。

481-L-2-02

lv̩^{21} khv̩^{55}①: (y^{21} dzɿ^{21} tɯ^{33},)② hər^{21} sɑ^{21}. | n̩i^{33} me^{33} gv̩^{21}, phər^{21} sɑ^{21}. | (khɯ^{33} dzɿ^{21} tɯ^{33},)
龙 年 羊 居 地 绿 位 西方 白 位 狗 居 地

ɕy^{21} sɑ^{21}. | ho^{33} gv̩^{33}lo^{21}, mu^{33} sɑ^{21}. | (ɯ^{33} dzɿ^{21} tɯ^{33},) ɕy^{21} sɑ^{21}. | n̩i^{33} me^{33} thv̩^{33}, nɑ^{21} hər^{21}. |
红 位 北方 灰黄 位 牛 居 地 红 位 东方 黑 绿

(lv̩^{21} dzɿ^{21} tɯ^{33},) ʂʅ^{21} sɑ^{21}. | i^{33} tʂhʅ^{33} mu^{21}, phər^{21} sɑ^{21}. |
龙 居 地 黄 位 南方 白 位

zʅ^{21} khv̩^{55}:(y^{21} dzɿ^{21} tɯ^{33},) nɑ^{21} sɑ^{21}. | n̩i^{33} me^{33} gv̩^{21}, ɕy^{21} sɑ^{21}. | (khɯ^{33} dzɿ^{21} tɯ^{33},) ʂʅ^{21}
蛇 年 羊 居 地 黑 位 西方 红 位 狗 居 地 黄

sɑ^{21}. | ho^{33} gv̩^{33} lo^{21}, mu^{33} sɑ^{21}. | (ɯ^{33} dzɿ^{21} tɯ^{33},) n̩i^{33} me^{33} thv̩^{33}, nɑ^{21} hər^{21}. | (lv̩^{21} dzɿ^{21}
位 北方 灰黄 位 牛 居 地 东方 黑 绿 龙 居

① 这是两张图，记音时以中间始，然后从左上按顺时针方向记音。

② y^{21} dzɿ^{21} tɯ^{33}：原文无，按巴格八方的规律释读之。下文凡括号者皆如是。又：原文在“龙”前残缺，缺了“兔、虎、牛、鼠”。

tɯ^{33},） hər^{21} sɑ^{21}. ｜ i^{33} tʂhʅ^{33} mu^{21}, phər^{21} sɑ^{21}. ｜
地 绿 位 南方 白 位

龙年：羊居地（西南方）为绿位。西方为白位。狗居地（西北方）为红位。北方为灰黄位。牛居地（东北方）为红位。东方为黑绿位。龙居地（东南方）为黄位。南方为白位。

蛇年：羊居地为黑位。西方为红位。狗居地为黄位。北方为灰黄位。牛居地……东方为黑绿位。龙居地为绿位。南方为白位。

481-L-2-03

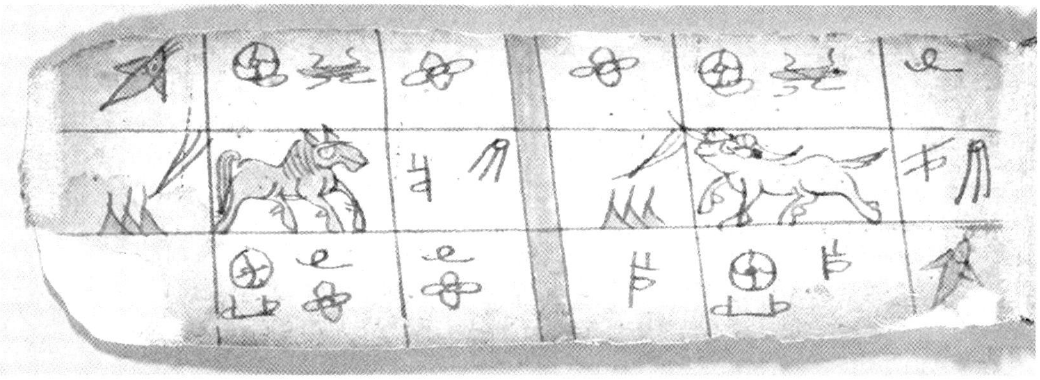

ʐuɑ^{33} khv̩^{55}:(y^{21} dzʅ^{21} tɯ^{33},) mu^{33} sɑ^{21}. ｜ n̥i^{33} me^{33} gv̩^{21}, ʂʅ^{21} sɑ^{21}. ｜（khɯ^{33} dzʅ^{21} tɯ^{33},） hər^{21}
马 年 羊 居 地 灰黄 位 西方 黄 位 狗 居 地 绿

sɑ^{21}. ｜ ho^{33}gv̩^{33} lo^{21}, phər^{21}sɑ^{21}. ｜ (ɯ^{33} dzʅ^{21} tɯ^{33},)①nɑ^{21} hər^{21}sɑ^{21}. ｜ n̥i^{33}me^{33} thv̩^{33}, nɑ^{21} hər^{21}. ｜
位 北方 白 位 牛 居 地 黑 绿 位 东方 黑 绿

(lv̩^{21} dzʅ^{21} tɯ^{33},) ② ｜ i^{33} tʂhʅ^{33} mu^{21}, ɕy^{21} sɑ^{21}. ｜
龙 居 地 南方 红 位

y^{21} khv̩^{55}: (y^{21} dzʅ^{21} tɯ^{33},) hər^{21} sɑ^{21}. ｜ n̥i^{33} me^{33} gv̩^{21}, ʂʅ^{21} sɑ^{21}. ｜ (khɯ^{33} dzʅ^{21} tɯ^{33},) nɑ^{21}
羊 年 羊 居 地 绿 位 西方 黄 位 狗 居 地 黑

sɑ^{21}. ｜ ho^{33} gv̩^{33} lo^{21}, phər^{21} sɑ^{21}. ｜ (ɯ^{33} dzʅ^{21} tɯ^{33},) mu^{33} sɑ^{21}. ｜ n̥i^{33} me^{33} thv̩^{33}, phər^{21} sɑ^{21}. ｜
位 北方 白 位 牛 居 地 灰黄 位 东方 白 位

(lv̩^{21} dzʅ^{21} tɯ^{33},) phər^{21} sɑ^{21}. ｜ i^{33} tʂhʅ^{33} mu^{21}, ɕy^{21} sɑ^{21}. ｜
龙 居 地 白 位 南方 红 位

马年：羊居地为灰黄位。西方为黄位。狗居地为绿位。北方为白位。牛居地为黑绿位。东方为黑绿位。龙居地……南方为红位。

羊年：羊居地为绿位。西方为黄位。狗居地为黑位。北方为白位。牛居地为灰黄位。东方为白位。龙居地为白位。南方为红位。

① 牛居地为何色，原文缺如。

② 龙居地为何色，原义缺如。

481-L-2-06

nɑ^{21} sɑ^{21} thv̩^{33} me^{33}, ʂʅ^{33} kv̩^{55}. o^{33} dze^{33} phi^{55} kv̩^{55}. | tʂʅ^{21} me^{33} hər^{33} nɯ^{33} khæ^{55} kv̩^{55}. | ɯ^{33}
黑 位 到 者 死 会 财 物 丢失 会 五谷 风 以 刮 会 牛

phi^{55} ʐuɑ^{33} ʂʅ^{33} kv̩^{55}. dzʅ^{33} thv̩^{33} kv̩^{55}. | to^{33} bɑ^{21} nɯ^{33} the^{33} ɯ^{33} pər^{55} the^{33} ɯ^{33} tʂhu^{33}, sʅ^{21} uə^{33} sʅ^{21}
丢 马 死 会 祸 产生 会 东巴 以 书 写 书 诵 署 寨 署

thɑ^{55} tshʅ^{55}, sʅ^{21} nɯ^{21} ȵi^{33} tʂu^{55} næ^{21}. | nɯ^{21} uɑ^{21} khv̩^{21} dər^{33}. ɕy^{55} hər^{21} le^{33} dʑi^{21} tso^{55}, ɕy^{55} hər^{21}
塔 建 署 和 尼 祭 该 福 吉 请 该 柏 绿 梯 搭 柏 绿

thɑ^{55} phər^{21} tshʅ^{55}, zʅ^{33} tʂu^{55} py^{21} dər^{33}. | tse^{21} ku^{55} æ^{21} iə^{55}, tse^{21} pɑ^{55} ɕy^{55}, tʂhu^{55} pɑ^{33} be^{33} dər^{33}. |
塔 白 建 延寿仪式 该 仄神 牲 鸡 给 仄神 标 立 供养 做 该

dzʅ^{33} zər^{21} py^{21} dər^{33}. | dʑi^{21} khuɑ^{21} khæ^{55} bɯ^{33} mə^{33} ȵi^{21}. tʂhər^{33} me^{33} ʂʅ^{55} zʅ^{33} bɯ^{33} mə^{33} ȵi^{21},
祸 压 祭 该 房 破烂 拆 去 不 可 媳妇 新 娶 去 不 可

tshʅ^{21} nɯ^{33} tshʅ^{21} kv̩^{55}. ȵi^{33} y^{21} bɯ^{33} mə^{33} ȵi^{21}. | hɑ^{33} lo^{21} nɯ^{33} dv̩^{21} dɯ^{33} kv̩^{55}. | ə^{55} y^{21}、æ^{21} khv̩^{55}
鬼 以 缠 会 鱼 拿 去 不 可 饭 里 以 毒 得 会 猴 鸡 岁

me^{33} nɯ^{33} nɑ^{21} sɑ^{21} thv̩^{33}, zo^{33} se^{55} khuɑ^{21}.
者 以 黑 位 到 男 则 凶

若在巴格上转到黑位者，会死。财物会丢失。庄稼会遭风灾。牛会丢失马会死。会有灾祸。要请东巴祭司写经书诵经书，搭建署[1]寨和署塔以祭署和尼。该请福泽吉祥。要搭翠柏天梯和柏塔以举行延寿仪式。要向仄神献鸡以许明年还要来祭祀之愿，立仄神神标以供养仄神。该举行压祸灾仪式。不要去拆旧房子。不可去参加迎娶新媳妇的婚礼，会被鬼缠上。不要去捉鱼。饭里会被人下毒。属猴属鸡的男子到黑位则凶。

[1] 署：音译名词，为管理野生动植物和山川河流的一种精灵，相传与人类为同父异母的兄弟。后文中的“尼”属“署”之同类。

481-L-2-07

i^{55} mu^{33} khuɑ^{21}. lɑ^{21} ʥy^{21} phi^{55} kv̩^{55}. | hər^{21} sɑ^{21} thv̩^{33} me^{33}: dʐu̩^{33} gu^{21} kv̩^{55}. tho^{55} lo^{33} tshʅ^{21} py^{21}
梦 噩 手镯 失 会 绿 位 到 者 重感冒 会 妥罗鬼 祭

dər^{33}. | mi^{33} nɯ^{33} ʥi^{55} uə^{21} gu^{21} kv̩^{55}. o^{33} phi^{55} dze^{33} lɯ^{55} kv̩^{55}. | dzər^{21} dɯ^{21} lɯ^{55}、lv̩^{33} dɯ^{21} phv̩^{21}
该 火 以 烧 似 病 会 财 失 物 逃 会 树 大 砍 石 大 凿

bɯ^{33} mə^{33} ȵi^{21}. | gɯ^{21} khɯ^{33} bɯ^{33} mə^{33} ȵi^{21}. | ʥy^{21} kv̩^{33} ʐʅ^{33} phər^{21} thv̩^{55} bɯ^{33} mə^{33} ȵi^{21}. lo^{21}
去 不 可 房板 划 去 不 可 山 上 路 大 开 去 不 可 谷

pɑ^{21} dzo^{21} tso^{55} bɯ^{33} mə^{33} ȵi^{21}. | phər^{21} sɑ^{21} thv̩^{33} me^{33}: ɕi^{33} ʂʅ^{33} ly^{21} bɯ^{33} mə^{33} ȵi^{21}. | gu^{21} me^{33}
宽 桥 架 去 不 可 白 位 到 者 死 人 看 去 不 可 病 则

mi^{33} nɯ^{33} ʥi^{55} uə^{21} gu^{21} kv̩^{55}. tshʅ^{21} nɯ^{33} mə^{33}tshʅ^{21}. | lɑ^{21} ʥy^{21} phi^{55}、zɑ^{33} phi^{55} me^{33} gu^{21} kv̩^{55}. |
火 以 烧 似 病 会 鬼 以 不 缠 手 镯 丢 鞋 失 的 病 会

to^{33} bɑ^{21} nɯ^{33} o^{21} he^{33} le^{33} khv̩^{21} dər^{33}. | ʂʅ^{33} kv̩^{55} me^{13}. | ze^{21} tshʅ^{21} tʂhə^{55} tshʅ^{21} thv̩^{55} dər^{33}.
东巴 以 魂 又 请 该 死 会 的 壬鬼 臭鬼 赶 该

会做噩梦。手镯会丢失。

若在巴格上转到绿位者：会得重感冒。该祭妥罗鬼。病会像被火烧一样地发烧。财物会遗失。不要去砍大树凿大石。不要去划盖于房上的木板。不要到山上开路，不要到深谷里架桥。

若在巴格上转到白位者：不要去看死人。病会像被火烧一样地发烧。但这不是因鬼缠上而生病。若手镯丢失、鞋子丢失则会病。该请东巴祭司以招魂。会死。该驱赶壬鬼和臭鬼。

481-L-2-08

tɕi^{55} khu^{33} tshɿ^{55}, tɕi^{55} nɯ^{21} tɕhi^{21}、dʑi^{33} nɯ^{21} uɑ^{33} py^{21} dər^{33}. | mi^{33} khə^{21} phy̩^{55} tshɿ^{21} py^{21} dər^{33}. |
季鬼 门 建 季鬼 和 奇鬼 景鬼 和 瓦鬼 祭 该 责任 脱 鬼 祭 该

mɯ^{33} ky̩^{33} kɯ^{21} tshɿ^{21} py^{21} dər^{33}. | sər^{33} phər^{21} ly̩^{33} phər^{21} thy̩^{55} bɯ^{33} mə^{33} ȵi^{21}. ly̩^{33} dɯ^{21} gə^{21}、
天 上 星鬼 祭 该 木 白 石 白 采 去 不 可 石 大 撬

dzər^{21} dɯ^{21} lɯ^{55} bɯ^{33} mə^{33} ȵi^{21}. gɯ^{21} khə^{33} bɯ^{33} mə^{33} ȵi^{21}. | tshɿ^{21} nɯ^{33} tshɿ^{21}, ʂɿ^{33} ky̩^{55}. | phər^{21}
树 大 砍 去 不 可 房板 划 去 不 可 鬼 以 缠 死 会 白

sɑ^{21} thy̩^{33} me^{33}: mɯ^{33} thy̩^{33} dy^{21} khu^{33} kɑ^{33} nɯ^{21} ɯ^{33} me^{55}. | tʂhə^{55} tshɿ^{33} thy̩^{33} ky̩^{55}, tʂhə^{55} ʂu^{55}
位 到 者 天 开 地 辟 好 和 吉 的 臭鬼 产生 会 秽 除

dər^{33}. | mæ^{55} se^{55} kɑ^{33}nɯ^{21} ɯ^{33}. | mæ^{55} se^{33}, ə^{33} me^{33} uɑ^{21} zɑ^{21} me^{33}, | iə^{33} ko^{21} tʂhə^{55} thy̩^{33} ky̩^{55},
该 后 则 好 和 吉 后 则 母亲 育女 降 的 家里 秽 产生 会

tʂhə^{55} nɯ^{21} mi^{33} ʂu^{55} dər^{33}. | mu^{33} sɑ^{21} thy̩^{33} me^{33}: dy̩^{21} tse^{21} py^{21} dər^{33}. ky̩^{55} tshɿ^{21} mu^{33} tshɿ^{21} py^{21}
臭鬼 和 火鬼 除 该 灰黄 位 到 者 毒鬼 仄鬼 祭 该 固鬼 猛鬼 祭

dər^{33}. | ɕi^{33} mu^{55} ky̩^{33} phər^{21} gu^{21} tshər^{33} me^{33}, mə^{33} tɕi^{55}.
该 人 老 头 白 病 热 是 不 急

该建季鬼门，进行祭季鬼和奇鬼、景鬼和瓦鬼的仪式。该进行把责任推脱给鬼并祭鬼的仪式。要祭天上的星鬼。不要去伐木凿石。不可去撬大石头砍大树。不要去划盖于房上的木板。会被鬼缠上，会死。

若在巴格上转到白色位者：去开辟新天地皆吉。会产生臭鬼，该进行除秽仪式。以后则会吉顺。母亲生育儿女，家里会产生秽，该进行除秽仪式。

若在巴格上转到灰黄位者：该祭毒鬼和仄鬼。该祭固鬼和猛鬼。白发老人若生病，不必着急。

481-L-2-09

tʂhə^{55} ʂu^{55} dər^{33}. | sɿ^{21} khuɑ^{55} tʂhu^{55} sɿ^{21} tʂhər^{33} khɯ^{55} dər^{33}. | bu^{21} lo^{55} bɯ^{33} mə^{33} ȵi^{21}. bər^{33} thv̩^{55}
秽 除 该 署 木牌 插 署 药 施 该 坡 翻 去 不 可 待客

kv̩^{33} bɯ^{33} mə^{33} ȵi^{21}. tshɿ^{21} nɯ^{33} tshɿ^{21} kv̩^{55}. tʂhər^{33} me^{33} ʂɿ^{55} khv̩^{21} mə^{33} ȵi^{21}. | ʂɿ^{33} dɯ^{21} hɑ^{33} dɯ^{21}
处 去 不 可 鬼 以 缠 会 媳妇 新 请 不 可 肉 大 饭 大

zɿ^{33} dɯ^{21} thv̩^{55} mə^{33} ȵi^{21} me^{55}. | ʂɿ^{21} sɑ^{21} thv̩^{33} me^{33}: mɯ^{33} ʂɿ^{55} dy^{21} ʂɿ^{55} thv̩^{55} bɯ^{33} mə^{33} ȵi^{21}. dzɿ^{33}
酒 大 出 不 可 的 黄 位 到 者 天 新 地 新 开辟 去 不 可 村

ʂɿ^{55} uə^{33} ʂɿ^{55} dʑi^{21} ʂɿ^{55} tshɿ^{55} mə^{33} ȵi^{21}. gu^{21} ʂɿ^{55} kɑ^{55} ʂɿ^{55} tshɿ^{55} mə^{33} ȵi^{21}. gu^{21} tshər^{33} thv̩^{33}、tɕiə^{33} thv̩^{33}
新 寨 新 房 新 建 不 可 仓 新 窖 新 建 不 可 病 发烧 产生 疮 生

kv̩^{55}. | sɿ^{21} khuɑ^{55} tʂhu^{55} sɿ^{21} tʂhər^{33} khɯ^{55} dər^{33}. | tʂhə^{55} ʂu^{55} dər^{33}. | mæ^{55} se^{13} kɑ^{33} nɯ^{21} ɯ^{33},
会 署 木牌 插 署 药 施 该 秽 除 该 以后 则 吉 和 顺

hɯ^{21} nɯ^{21} dzæ^{33}. | lɑ^{33} lɯ^{21} dzər^{21} tshɿ^{55}, tshɿ^{33} nɯ^{21} iə^{21}, dʑi^{21} lo^{21} nɯ^{33} ʂɿ^{33} me^{33} tər^{21} py^{21} dər^{33}.
富 和 强 祭风村 竖 楚鬼 和 尤鬼 水 里 以 死 的 呆鬼 祭 该

要进行除秽仪式。要插上祭署之木牌给署施药。不要翻山越岭去远行。不要去做客，会被鬼缠上。不要去迎娶新媳妇。不要用大量的肉、饭、酒以待客。

若在巴格上运转到黄位者：不要去开辟新天地。不可去建新村寨建新房。也不可建新仓建新窖。会生病发烧，会生疮。要插上祭署之木牌给署施药。要进行除秽仪式。以后则会吉顺、富裕强盛。要竖立祭风树，以祭楚鬼和尤鬼、祭水中凶死的呆鬼。

481-L2-10

tʂʅ^{55} phər^{21} uɑ^{33} ʂʅ^{55} khɯ^{33} nɯ^{33} nɑ^{21} tsɑ^{21} tshʅ^{55} dər^{33}. | ɕy^{21} sɑ^{21} thv̩^{33} me^{33}: zo^{33} mi^{55} gu^{21} tshər^{33}
土 白 寨 新 下 以 纳召 建 该 红 位 到 者 儿 女 病 发烧

thv̩^{33} kv̩^{55}. | tshʅ^{55} ɕy^{21}、bu^{21} ɕy^{21}、æ^{21} ɕy^{21} gu^{21} kv̩^{55}. | zo^{33} tɕi^{55} mi^{55} tɕi^{55} gu^{21} se^{13} khuɑ^{21}. | y^{21}
产生 会 山羊 红 猪 红 鸡 红 病 会 儿 小 女 小 病 则 凶 绵羊

nɑ^{21} gu^{21}, tɕi^{55}. | zo^{33} tɕər^{21} khuɑ^{21}, ʂʅ^{33} kv̩^{55}. | ʐʅ^{33} dʑi^{33} hɯ^{33} le^{33} phi^{55} me^{33} dʑy^{21} kv̩^{55}. | tshʅ^{21}
黑 病 急 男 上 凶 死 会 路 行 去 而 丢 的 有 会 鬼

nɯ^{33} zo^{33} gə^{33} o^{21} he^{33} khv̩^{33}. | to^{33} bɑ^{21} nɯ^{33} zo^{33} gə^{33} tʂhɔ^{55} lv̩^{55} thv̩^{55} dər^{33}. | i^{55} mu^{33} khuɑ^{21}
以 男 的 魂 偷 东巴 以 男 的 臭鲁鬼 驱 该 梦 噩

se^{13} mə^{33} tʂu^{55} tʂu^{33} kv̩^{55}. | tɕi^{55} khu^{55} tshʅ^{55}, uɑ^{33} phər^{21} uɑ^{33} nɑ^{21} py^{21} dər^{33}. mi^{33} khə^{21} phv̩^{55} py^{21}
则 精神失常 会 季鬼 门 建 瓦鬼 白 瓦鬼 黑 祭 该 责任 推脱 祭

dər^{33}. | dʑi^{21} lo^{21} tshʅ^{21} nɯ^{33} dzʅ^{21}, i^{33} tʂhʅ^{33} mu^{21} tɕy^{21} nɯ^{33} ze^{21} thv̩^{33} tshʅ^{21}. | thv̩^{33} tshʅ^{21} hɑ^{33} ʂu^{55}
该 房 里 鬼 以 住 南方 方向 以 壬鬼 到 来 土鬼 饭 祭

dər^{33}. | mu^{21} tɯ^{33} zʅ^{21} dy^{21} bɯ^{33} mə^{33} ȵi^{21}.
该 兵 起 仇 地 去 不 可

要在新的白土寨脚下建纳召[1]。

若在巴格上运转到红位者：儿女会生病发烧。红山羊、红猪、红鸡会病。幼儿幼女病则凶。黑绵羊病，则应着急。若转到红位的人是男子则凶，会死。若出门去远行则会丢失。鬼会偷去男人的魂。该请东巴为男子进行驱赶臭鲁鬼的仪式。做噩梦则会精神失常。该建季鬼门，以举行祭白瓦鬼和黑瓦鬼的仪式。要进行把责任推脱给鬼的法仪。房里住着鬼，是从南方来了壬鬼。该给土鬼施饭。不要起兵到仇地里去。

481-L-2-11

[1] 纳召：音译名词，为一种宗教建筑物。立一根柏杆，四周垒之以石，石缝间插一些红、白、黑、蓝、黄等五色纸旗，用以压鬼。

nɑ²¹ hər²¹ sɑ²¹ thy̩³³ me³³: ʂʅ³³ ky̩⁵⁵[①]. tʂʅ²¹ kho²¹ lo²¹ y³³ le²¹ ny̩³³ nɯ³³ tshʅ²¹ ky̩⁵⁵. | sʅ²¹ tʂhər³³
黑 绿 位 到 者 死 会 庄稼地 里 绵羊 疯 以 缠 会 署 药

khɯ⁵⁵ bɯ²¹ lɯ³³ tʂhu³³, zo³³ nɯ³³ tʂʅ²¹ hɑ³³ no³³ hɑ³³ | sʅ²¹ uə³³ lo²¹ tɕi³³ bɯ³³ næ²¹. | zʅ²¹ zər²¹
施 经书 诵读 男 以 粳米饭 糯米饭 署 寨 里 放 去 该 仇 压

dzʅ³³ zər²¹ py²¹ dər³³. mɯ³³ tshʅ²¹ hɯ⁵⁵ py²¹ næ²¹. | he²¹ kæ³³ zʅ³³、ʂʅ³³、hɑ³³ ʂu⁵⁵ næ²¹. | nɯ³³ sʅ³³
祸 压 祭 该 天 鬼 撵 祭 该 神 前 酒 肉 饭 献 该 心 想

mə³³ thy̩³³ ky̩⁵⁵. | si³³ dʑi³³ dʑy³³. miə³³ ko²¹ miə²¹ bər³³ thy̩³³ ky̩⁵⁵. | bu²¹ lo⁵⁵ dʑi²¹ dər²¹ bɯ³³ mə³³
不 出 会 穷 运 有 眼 里 眼泪 出 会 坡 翻 水 涉 去 不

ȵi²¹ me⁵⁵. | lɯ²¹ khɯ⁵⁵ bɯ³³ mə³³ ȵi²¹. |
可 的 船 渡 去 不 可

若在巴格上运转到黑绿色位者：会死。会因庄稼里的疯绵羊作祟而被鬼缠上。该给署施药，要诵经，要由男子把祭署的粳米饭、糯米饭供在署寨里去。该进行压仇人压祸灾的法仪。要进行撵天鬼的法仪。要把酒、肉、饭祭献给神。心会不开窍。有穷运，会穷而眼中直流泪。不宜去跋山涉水，不宜渡船过江。

481-L-2-12

mi⁵⁵ gə³³ uɑ²¹ me⁵⁵. fy̩⁵⁵ khy̩⁵⁵: khɯ³³ dzʅ²¹ tɯ³³, dzʅ³³ sɑ²¹. ho³³ gy̩³³ lo²¹, nɑ²¹ sɑ²¹. ɯ³³ dzʅ²¹
女 的 是 的 鼠 年 狗 居 地 祸 位 北方 黑 位 牛 居

tɯ³³, ʂʅ³³ sɑ²¹. ȵi³³ me³³ thy̩³³, phər²¹ sɑ²¹. ly̩²¹ dzʅ²¹ tɯ³³, mu³³ sɑ²¹. i³³ tʂhʅ³³ mu²¹, hər²¹ sɑ²¹. y²¹
地 死 位 东方 白 位 龙 居 地 灰黄 位 南方 绿 位 羊

dzʅ²¹ tɯ³³, ɕo³³ lo²¹ ɕy²¹ sɑ²¹. ȵi³³ me³³ gy̩²¹, ʂʅ²¹ sɑ²¹.
居 地 珊瑚 红 位 西方 黄 位

ɯ³³ khy̩⁵⁵: khɯ³³ dzʅ²¹ tɯ³³, ʂʅ³³ sɑ²¹. ho³³ gy̩³³ lo²¹, ʂʅ²¹ sɑ²¹. ɯ³³ dzʅ²¹ tɯ³³, phər²¹ sɑ²¹. ȵi³³
牛 年 狗 居 地 死 位 北方 黄 位 牛 居 地 白 位

---

① 其后有三个东巴文字符无法连读成句，存疑。

me^{33} thv̩^{33}, ɕo^{33} lo^{21} ɕy^{21} sɑ^{21}. lv̩^{21} dzʅ^{21} tɯ^{33}, hər^{21} sɑ^{21}. i^{33} tʂhʅ^{33} mu^{21}, nɑ^{21} hər^{21} sɑ^{21}. y^{21} dzʅ^{21} tɯ^{33},
东方 珊瑚 红 位 龙 居 地 绿 位 南方 黑 绿 位 羊 居 地

mu^{33} sɑ^{21}. ȵi^{33} me^{33} gv̩^{21}, nɑ^{21} sɑ^{21}.
灰黄 位 西方 黑 位

这是女人的[①]。

鼠年：狗居地为祸位。北方为黑位。牛居地为死位。东方为白位。龙居地为灰黄位。南方为绿位。羊居地为红珊瑚位，西方为黄位。

牛年：狗居地为死位。北方为黄位。牛居地为白位。东方为红珊瑚位。龙居地为绿位。南方为黑绿位。羊居地为灰黄位。西方为黑位。

481-L-2-13

lɑ^{33} khv̩^{33}: khɯ^{33} dzʅ^{21} tɯ^{33}, ʂʅ^{33} sɑ^{21}. ho^{33} gv̩^{33} lo^{21} nɑ^{21} sɑ^{21}. ɯ^{33} dzʅ^{21} tɯ^{33}, hər^{21} sɑ^{21}. ȵi^{33}
虎 年 狗 居 地 死 位 北方 黑 位 牛 居 地 绿 位

me^{33} thv̩^{33}, phər^{21} sɑ^{21}. lv̩^{21} dzʅ^{33} tɯ^{33}, to^{33} sɑ^{21}. i^{33} tʂhʅ^{33} mu^{21}, hər^{21} sɑ^{21}. y^{21} dzʅ^{21} tɯ^{33}, ɕo^{33}lo^{21}ɕy^{21}
东方 白 位 龙 居 地 朵 位 南方 绿 位 羊 居 地 珊瑚 红

sɑ^{21}. ȵi^{33} me^{33} gv̩^{21}, mu^{33} sɑ^{21}.
位 西方 灰黄 位

tho^{33} le^{33} khv̩^{55}: khɯ^{33} dzʅ^{21} tɯ^{33}, ɕo^{33} lo^{21} ɕy^{21} sɑ^{21}. ho^{33} gv̩^{33} lo^{21}, nɑ^{21} sɑ^{21}. ɯ^{33} dzʅ^{21} tɯ^{33},
兔 年 狗 居 地 珊瑚 红 位 北方 黑 位 牛 居 地

hər^{21} sɑ^{21}. ȵi^{33} me^{33} thv̩^{33}, phər^{21} sɑ^{21}. lv̩^{21} dzʅ^{21} tɯ^{33}, mu^{33} sɑ^{21}. i^{33} tʂhʅ^{33} mu^{21}, dzʅ^{33} to^{33} sɑ^{21}. y^{21}
绿 位 东方 白 位 龙 居 地 灰黄 位 南方 祸 朵 位 羊

① 说明：此页起有十二张图，记的是十二生肖各年巴格四方四隅的色彩。与前文不同者，在图一的中心写有“这是女人的”字样。再者，色彩中出现“死位”、“祸位”、“珊瑚”等不是色彩的符号。记音及翻译皆从原文。为何有此不同，原因不明，存疑。另外，记音时亦照前文，从中心始，又从左上方起按顺时针方向记音。

dzɿ^{21} tɯ^{33}, ʂʅ^{21} sɑ^{21}. ȵi^{33} me^{33} gv̩^{21}, ʂʅ^{33} sɑ^{21}.
居 地 黄 位 西方 死 位

虎年：狗居地为死位。北方为黑位。牛居地为绿位。东方为白位。龙居地为朵①位。南方为绿位。羊居地为红珊瑚位。西方为灰黄位。

兔年：狗居地为红珊瑚位。北方为黑位。牛居地为绿位。东方为白位。龙居地为灰黄位。南方为祸（朵）位。羊居地为黄位。西方为死位。

481-L-2-14

lv̩^{21} khv̩^{55}: khɯ^{33} dzɿ^{21} tɯ^{33}, ʂʅ^{33} sɑ^{21}. ho^{33} gv̩^{33} lo^{21}, ɕo^{33} lo^{21}. ɯ^{33} dzɿ^{21} tɯ^{33}, hər^{21} sɑ^{21}. ȵi^{33}
龙 年 狗 居 地 死 位 北方 珊瑚 牛 居 地 绿 位

me^{33} thv̩^{33}, mu^{33} sɑ^{21}. lv̩^{21} dzɿ^{21} tɯ^{33}, phər^{21} sɑ^{21}. i^{33} tʂhʅ^{33} mu^{21}, ʂʅ^{21} sɑ^{21}. y^{21} dzɿ^{21} tɯ^{33}, ʂʅ^{33} sɑ^{21}. ȵi^{33}
东方 灰黄 位 龙 居 地 白 位 南方 黄 位 羊 居 地 死 位

me^{33} gv̩^{21}, nɑ^{21} sɑ^{21}.
西方 黑 位

zʅ^{21} khv̩^{55}: khɯ^{33} dzɿ^{21} tɯ^{33}, nɑ^{21} hər^{21} sɑ^{21}. ho^{33} gv̩^{33} lo^{21}, mu^{33} sɑ^{21}. ɯ^{33} dzɿ^{21} tɯ^{33}, ʂʅ^{33} sɑ^{21}.
蛇 年 狗 居 地 黑 绿 位 北方 灰黄 位 牛 居 地 死 位

ȵi^{33} me^{33} thv̩^{33}, ʂʅ^{33} sɑ^{21}. lv̩^{21} dzɿ^{21} tɯ^{33}, ʂʅ^{21} sɑ^{21}. i^{33} tʂhʅ^{33} mu^{21}, phər^{21} sɑ^{21}. y^{21} dzɿ^{21} tɯ^{21}, gu^{21} to^{33}
东方 死 位 龙 居 地 黄 位 南方 白 位 羊 居 地 病 朵

sɑ^{21}. ȵi^{33} me^{33} gv̩^{21}, ɕo^{33} lo^{21} sɑ^{21}.
位 西方 珊瑚 位

龙年：狗居地为死位。北方为珊瑚位。牛居地为绿位。东方为灰黄位。龙居地为白位。南方为黄位。羊居地为死位。西方为黑位。

蛇年：狗居地为黑绿位。北方为灰黄位。牛居地为死位。东方为死位。龙居地为黄位。南方为白位。羊居地为病（朵）位。西方为珊瑚位。

① 朵：音译，不知其义。下个图中又与“祸”结合使用。后文中还与“病”结合。存疑。

481-L-2-15

ʐʮɑ^{21} khv̩^{55}: khɯ^{33} dzɿ^{21} tɯ^{33}, nɑ^{21} sɑ^{21}. ho^{33} gv̩^{33} lo^{21}, ɕo^{33} lo^{21} sɑ^{21}. ɯ^{33} dzɿ^{21} tɯ^{33}, mu^{33} sɑ^{21}.
马 年 狗 居 地 黑 位 北方 珊瑚 位 牛 居 地 灰黄 位

ȵi^{33} me^{33} thv̩^{33}, phər^{21} sɑ^{21}. lv̩^{21} dzɿ^{21} tɯ^{33}, hər^{21} sɑ^{21}. i^{33} tʂhʅ^{33} mu^{21}, phər^{21} sɑ^{21}. y^{21} dzɿ^{21} tɯ^{33}, ʂʅ^{33}
东方 白 位 龙 居 地 绿 位 南方 白 位 羊 居 地 死

sɑ^{21}. ȵi^{33} me^{33} gv̩^{21}, ʂʅ^{21} sɑ^{21}.
位 西方 黄 位

y^{21} khv̩^{55}: khɯ^{33} dzɿ^{21} tɯ^{33}, ʂʅ^{33} sɑ^{21}. ho^{33} gv̩^{33} lo^{21}, phər^{21} sɑ^{21}. ɯ^{33} dzɿ^{21} tɯ^{33}, ɕy^{21} sɑ^{21}. ȵi^{33}
羊 年 狗 居 地 死 位 北方 白 位 牛 居 地 红 位

me^{33} thv̩^{33}, hər^{21} sɑ^{21}. lv̩^{21} dzɿ^{21} tɯ^{33}, nɑ^{21} sɑ^{21}. i^{33} tʂhʅ^{33} mu^{21}, ɕo^{33} lo^{21} sɑ^{21}. y^{21} dzɿ^{21} tɯ^{33}, mu^{33} sɑ^{21}.
东方 绿 位 龙 居 地 黑 位 南方 珊瑚 位 羊 居 地 灰黄 位

ȵi^{33} me^{33} gv̩^{21}, ʂʅ^{21} sɑ^{21}.
西方 黄 位

马年：狗居地为黑位。北方为珊瑚位。牛居地为灰黄位。东方为白位。龙居地为绿位。南方为白位。羊居地为死位。西方为黄位。

羊年：狗居地为死位。北方为白位。牛居地为红位。东方为绿位。龙居地为黑位。南方为珊瑚位。羊居地为灰黄位。西方为黄位。

481-L-2-16

ə^{55} y^{21} khv̩^{55}: khɯ^{33} dzʅ^{21} tɯ^{33}, gu^{21} ʂʅ^{33} sɑ^{21}. ho^{33} gv̩^{33} lo^{21}, hər^{21} sɑ^{21}. ɯ^{33} dzʅ^{21} tɯ^{33}, ʂʅ^{21} sɑ^{21}.
猴 年 狗 居 地 病 死 位 北方 绿 位 牛 居 地 黄 位

ȵi^{33} me^{33} thv̩^{33}, ʂʅ^{33} sɑ^{21}. lv̩^{21} dzʅ^{21} tɯ^{33}, mu^{33} sɑ^{21}. i^{33} tʂhʅ^{33} mu^{21}, hər^{21} sɑ^{21}. y^{21} dzʅ^{21} tɯ^{33}, ɕo^{33} lo^{21}
东方 死 位 龙 居 地 灰黄 位 南方 绿 位 羊 居 地 珊瑚

sɑ^{21}. ȵi^{33} me^{33} gv̩^{21}, phər^{21} sɑ^{21}.
位 西方 白 位

æ^{21} khv̩^{55}: khɯ^{33} dzʅ^{21} tɯ^{33}, ʂʅ^{33} sɑ^{21}. ho^{33} gv̩^{33} lo^{21}, phər^{21} sɑ^{21}. ɯ^{33} dzʅ^{21} tɯ^{33}, hər^{21} sɑ^{21}. ȵi^{33}
鸡 年 狗 居 地 死 位 北方 白 位 牛 居 地 绿 位

me^{33} thv̩^{33}, ɕo^{33} lo^{21} sɑ^{21}. lv̩^{21} dzʅ^{21} tɯ^{33}, nɑ^{21} sɑ^{21}. i^{33} tʂhʅ^{33} mu^{21}, hər^{21} sɑ^{21}. y^{21} dzʅ^{21} tɯ^{33}, mu^{33} sɑ^{21}.
东方 珊瑚 位 龙 居 地 黑 位 南方 绿 位 羊 居 地 灰黄 位

ȵi^{33} me^{33} gv̩^{21}, phər^{21} sɑ^{21}.
西方 白 位

猴年：狗居地为病死位。北方为绿位。牛居地为黄位。东方为死位。龙居地为灰黄位。南方为绿位。羊居地为珊瑚位。西方为白位

鸡年：狗居地为死位。北方为白位。牛居地为绿位。东方为珊瑚位。龙居地为黑位。南方为绿位。羊居地为灰黄位。西方为白位。

481-L-2-17

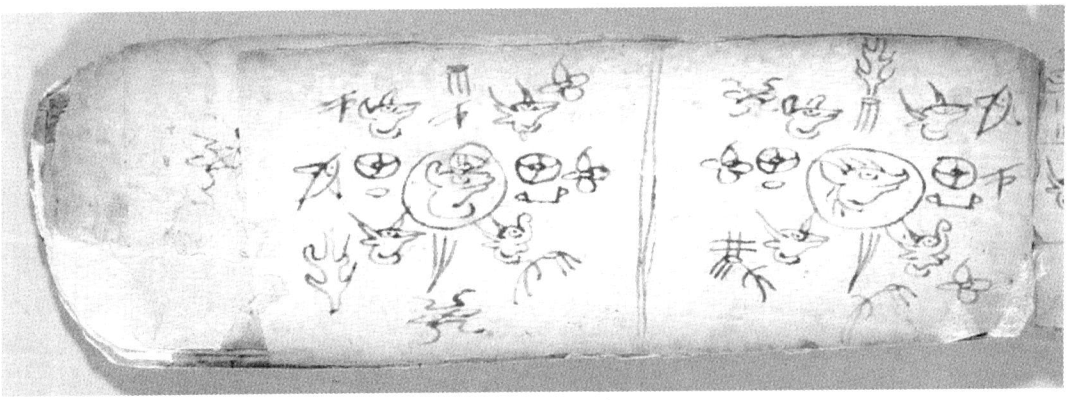

khɯ^{33} khv̩^{55}: khɯ^{33} dzʅ^{21} tɯ^{33}, phər^{21} sɑ^{21}. ho^{33} gv̩^{33} lo^{21}, phər^{21} sɑ^{21}. ɯ^{33} dzʅ^{21} tɯ^{33}, hər^{21} sɑ^{21}.
狗 年 狗 居 地 白 位 北方 白 位 牛 居 地 绿 位

ȵi^{33} me^{33} thv̩^{33}, hər^{21} sɑ^{21}. lv̩^{21} dzʅ^{21} tɯ^{33}, ʂʅ^{33} sɑ^{21}. i^{33} tʂhʅ^{33} mu^{21}, ʂʅ^{21} sɑ^{21}. y^{21} dzʅ^{21} tɯ^{33}, ɕo^{33} lo^{21}
东方 绿 位 龙 居 地 死 位 南方 黄 位 羊 居 地 珊瑚

sɑ^{21}. ȵi^{33} me^{33} gv̩^{21}, mu^{33} sɑ^{21}.
位 西方 灰黄 位

bu^{21} khy̩^{55}: khɯ^{33} dzɿ^{21} tɯ^{33}, ʂʅ^{21} sɑ^{21}. ho^{33} gy̩^{33} lo^{21}, ɕo^{33} lo^{21} sɑ^{21}. ɯ^{33} dzɿ^{21} tɯ^{33}, mu^{33} sɑ^{21}.
猪 年 狗 居 地 黄 位 北方 珊瑚 位 牛 居 地 灰黄 位

ȵi^{33} me^{33} thy̩^{33}, phər^{21} sɑ^{21}. ly̩^{21} dzɿ^{21} tɯ^{33}, hər^{21} sɑ^{21}. i^{33} tʂhʅ^{33} mu^{21}, ʂʅ^{33} sɑ^{21}. y^{21} dzɿ^{21} tɯ^{33}, gu^{21} ʂʅ^{33}
东方 白 位 龙 居 地 绿 位 南方 死 位 羊 居 地 病 死

sɑ^{21}. ȵi^{33} me^{33} gy̩^{21}, hər^{21} sɑ^{21}.
位 西方 绿 位

狗年：狗居地为白位。北方为白位。牛居地为绿位。东方为绿位。龙居地为死位。南方为黄位。羊居地为珊瑚位。西方为灰黄位。

猪年：狗居地为黄位。北方为珊瑚位。牛居地为灰黄位。东方为白位。龙居地为绿位。南方为死位。羊居地为病死位。西方为绿位。

481-L-2-18

pɑ^{33} kə^{21} ho^{55} khu^{55} nɯ^{33}, i^{21} tɕy^{21} mi^{55} gə^{33} ɯ^{33} ne^{21} khuɑ^{21} ly^{21}. | nɑ^{21} sɑ^{21} thy̩^{33} me^{33}: fy̩^{55}
巴格 八 方 以 右 方 女 的 吉 与 凶 看 黑 位 到 者 鼠

khy̩^{33} me^{33} nɯ^{33} thy̩^{33}, o^{33} dze^{33} phi^{55} me^{33} thy̩^{33} ky̩^{55}. | ɯ^{33} khy̩^{55} ʐuɑ^{33} khy̩^{55} ȵi^{33} gy̩^{33} thy̩^{33} me^{33},
岁 者 以 到 则 物 丢 的 产生 会 牛 岁 马 岁 两 者 到 是

zɿ^{33} nɯ^{33} mu^{21} tɯ^{33} dzɿ^{33} thy̩^{33} ky̩^{55}. zɿ^{21} zər^{21} py^{21} dər^{33}. | khuɑ^{33} dzɿ^{21} tse^{21}, ɕy^{33} be^{33} dər^{33}. |
仇 以 兵 起 祸 产生 会 仇 压 祭 该 蹄 生 用 法仪 做 该

tse^{21} py^{21} tʂhu^{21} dər^{33}. | hər^{21} sɑ^{21} thy̩^{33} me^{33}: fy̩^{55} khy̩^{33} me^{33} nɯ^{33} thy̩^{33}, o^{21} nɯ^{33} tʂʅ^{21} sɿ^{33} lɯ^{33}
仄鬼 祭 尽快 该 绿 位 到 者 鼠 岁 者 以 到 俄神 以 五谷 领 来

ky̩^{55}. y^{21} khy̩^{55}ɯ^{33} khy̩^{55} me^{33} nɯ^{33} thy̩^{33}, | to^{33} bɑ^{21}nɯ^{33} sɿ^{55} khy̩^{21} o^{21} ʂər^{55}dər^{33}, y^{21} tse^{21} dər^{33}. |
会 羊 岁 牛 岁 者 以 到 东巴 以 素神 请 魂 赎 该 绵羊 用 该

sɿ^{21} tʂhər^{33} khɯ^{55} næ^{21}. | tshɿ^{21} khuɑ^{21} zər^{21} næ^{21}. uɑ^{33} phər^{21} uɑ^{33} nɑ^{21}、tɕi^{55} nɯ^{21} tɕhi^{21} py^{21}
署 药 施 该 鬼 恶 压 该 瓦鬼 白 瓦鬼 黑 季鬼 和 奇鬼 祭

dər^{33}. | mi^{33} khə^{21} py^{21} dər^{33}. | mɯ^{33} tshɿ^{21} py^{21}, mɯ^{33} dər^{33} sɿ^{55} dər^{33}. | (此处残缺不清)
该 责任 祭 该 天 鬼 祭 天 错 认该

用巴格八方以算右方女人[1]的吉与凶。

若在巴格上转到黑位者：如果此人是属鼠的人，财物会丢失。若是属牛、属马的人，仇人会起兵来寻衅而有灾祸。该进行压仇人的祭仪。该用生蹄之牺牲举行法仪。要尽快地举行祭仄鬼的仪式。

若在巴格上运转到绿位者：如果是属鼠者转到此位，俄神[2]会领着五谷而来。若是属羊、属牛者转到此位，要请东巴举行请素神[3]仪式以招魂，仪式上要用绵羊作牺牲。要进行给署施药的仪式。要进行压恶鬼仪式。要进行祭白瓦鬼和黑瓦鬼、季鬼和奇鬼的法仪。该进行把罪责推卸给鬼的法仪。该进行祭天鬼并向天认错的法仪。

481-L-2-19

he^{33} gu^{21} khɯ^{33} lɑ^{21} gu^{21} kv̩^{55}. | to^{33} bɑ^{21} nɯ^{33} py^{21} sər^{33} tshɿ^{55} tʂhə^{55} ʂu^{55} næ^{21}. | ɕi^{33} ʂʅ^{33} kv̩^{33} ʐʅ^{33}
耳 痛 脚 手 痛 会 东巴 以 祭 木 立 秽 除 该 人 死 处 酒

phi^{55} hɑ^{33} phi^{55} thv̩^{33} kv̩^{55}. | ɯ^{33} kho^{55} sæ^{33} ɕy^{21} ly^{55} tse^{55} ly^{21} bɯ^{33} mə^{33} ȵi^{21} me^{55}. | pɑ^{33} kə^{21}
祭 饭 祭 产生 会 牛 杀 血 红 做 处 看 去 不 可 的 巴格

ho^{55} khu^{55} i^{21} tɕy^{21} mi^{55} gə^{33} lɯ^{55} uɑ^{21}: ‖ dzɿ^{21} sɑ^{21} thv̩^{33} dɯ^{33} khv̩^{55}, dzɿ^{33} zər^{21} py^{21} dər^{33}. | tʂʅ^{21}
八 方 右 方 女 的 若 是 祸 位 到 一 年 祸 压 祭 该

me^{33} o^{21} me^{33} tse^{21}, mu^{33} tse^{21} ɕy^{33} be^{33} dər^{33}. | dv̩^{21} tse^{21} py^{21} the^{33} ɯ^{33} tʂhu^{33} dər^{33}. (磨损不清) ‖
五谷粮食 用 牺牲 用 法事 作 该 毒鬼仄鬼 祭 书 诵 该

ɕo^{33} lo^{21} sɑ^{21}[4] thv̩^{33} dɯ^{33} khv̩^{55}: | fv̩^{55} khv̩^{33}、bu^{21} khv̩^{55} ȵi^{33} kv̩^{55} tʂhʅ^{33} sɑ^{21} thv̩^{33} me^{33}, khuɑ^{21}. |
珊瑚 位 到 一 年 鼠 岁 猪 岁 两 个 这 位 到 者 凶

[1] 右方女人：这是纳西先民“男左女右”观念的表现。

[2] 俄神：音译名词，相似于汉文化中的五谷神。

[3] 素神：音译名词，相似于汉文化中的家神。

[4] 在前文的图中，有时称“红珊瑚”，有时只称“珊瑚”。不知是否为一回事还是两码事。再者，后文亦有此卦象，而卦辞不一样。此书中这样的现象较多，不知对错，只对照原文译之。

miə21、he33 kho33、lɑ21、khɯ33 gu21 ky̩55. ｜mi33 tshɿ21 nɯ33 tshɿ21 me55.
眼　耳　手　脚　痛　会　火鬼　以　缠　是

耳、脚、手会疼痛。该请东巴祭司，插上祭木以举行除秽仪式。会发生该到有人去世的家里去献酒献饭的事。不要到杀牛出红血的地方观看。

巴格八方所占卜的若是右方的女子：转到祸位的那一年，该进行压祸灾的法仪。该拿出五谷粮食，用牺牲作法事。该诵经祭毒鬼和仄鬼。

转到珊瑚位的那一年：若是属鼠、属猪者，则凶。眼、耳、手、脚会疼痛。是因缠上火鬼。

481-L-2-20

ʥi21 khæ55 bɯ33 mə33 ȵi21, tshɿ21 nɯ33 tshɿ21 ky̩55. ｜tʂhər33 me33 ʂɿ55 tsɿ33 ly21 bɯ33 mə33 ȵi21, tshɿ21
房　折　去　不　可　鬼　以　缠　会　媳妇　新　迎　看　去　不　可　鬼

nɯ33 tshɿ21 ky̩55.｜gu21 me33 tshɿ21 khu33 tshe55 py̩21 dər33, ｜bər21 tse21 dər33. ｜zo33 khɯ33 khɯ55
以　缠　会　病　者　鬼　门　折　祭　该　牦牛　用　该　男　狗　放

bɯ33 tʂhər21 mə33 ȵi21. ｜hər21 sɑ21 thy̩33 dɯ33 khy̩55①, kɑ33 me55. ｜dzər21 dɯ21 lɯ55 bɯ33 mə33
去　让　不　可　绿　位　到　一　年　吉　的　树　大　砍　去　不

ȵi21. ｜bu21 lo55 bɯ33 mə33 ȵi21. ｜gu21 ky̩55, tshɿ21 nɯ33 o21 ky̩55. ｜tshɿ21 py̩21 o21 he33 khy̩21 dər33,
可　坡　越　去　不　可　病　会　鬼　以　缠　会　鬼　祭　灵魂　请　该

bər21 tse21 dər33. ｜ʂɿ21 sɑ21 thy̩33 dɯ33 khy̩55: ｜uə33 ʂɿ55 ʥi21 ʂɿ55 thy̩21 mə33 ȵi21. ｜mɯ33 ʂɿ55
牦牛　用　该　黄　位　到　一　年　寨　新　房　新　建　不　可　天　新

dy21 ʂɿ55 khu33 mə33 ȵi33. ｜(磨损残缺不清)
地　新　辟　不　可

不要去拆房屋，会被鬼缠上。不要去看迎娶新媳妇，会被鬼缠上。生病则要进行拆鬼门的法仪，仪式上要用牦牛作牺牲。不可让家里的男子去放狗撵山。

转到绿位的那一年：吉顺的。但不可去砍大树；不可翻山越岭出远门。会生病。会被

① 此卦象前文中已有，此处又记之，卦辞又不一样。不知其故，存疑。

鬼缠上。该祭鬼以招魂，该用牦牛作牺牲。

转到黄位的那一年：不可去建新寨盖新房。不可去开辟新天地。

481-L-2-21

tshʅ^{21} ʂʅ^{55} py^{21} dər^{33}, bər^{21} kho^{55} tse^{21} dər^{33}. ‖ ɕo^{33} lo^{21} sɑ^{21}① thv̩^{33}: mu^{21} tɯ^{33} bɯ^{33} mə^{33} ȵi^{21}, ɕi^{33}
鬼 新祭 该 牦牛 杀 用 该 珊瑚 位 到 兵 起 去 不 可 他人

nɯ^{33} sy^{55} ɕi^{33} nɯ^{33} ʂər^{13} bɯ^{33} kv̩^{55}. gu^{21} kv̩^{55}, ɕo^{33} lo^{21} nɯ^{33} tshʅ^{21} kv̩^{55}. | tshʅ^{21} py^{21} dər^{33}, ɕo^{33} lo^{21}
以 杀 他人 以 牵 去 会 病 会 珊瑚 以 缠 会 鬼 祭 该 珊瑚

phi^{55}、ɯ^{33} ɕy^{21} tse^{21} dər^{33}. | mu^{33} sɑ^{21} thv̩^{33} dɯ^{33} khv̩^{55}: dʑi^{21} ʂʅ^{55} thv̩^{21} kv̩^{33} tɕi^{55} phi^{55} mə^{33} ȵi^{21}.
抛弃 牛 红 用 该 灰黄 位 到 一 年 房 新 竖 处 口水 吐 不 可

bər^{33} pv̩^{55} bɯ^{33} mə^{33} tho^{33}. | dʑi^{21} thv̩^{21} mə^{33} ȵi^{21}. mə^{33} hæ^{21}……（磨损不清）. | dʑi^{21} ʂʅ^{55} dzʅ^{21}
客 送 去 不 可 房 盖 不 可 房 新 住

mə^{33} ȵi^{21}. ‖ dzʅ^{33} sɑ^{21} thv̩^{33} dɯ^{33} khv̩^{55}②: dzʅ^{33} ʂə^{55} bɯ^{33} mə^{33} ȵi^{21}. | dzʅ^{33} zər^{21} py^{21} dər^{33}. |
不 可 祸 位 到 一 年 诉讼 去 不 可 祸 压 祭 该

dzʅ^{33} nɯ^{21} mu^{55} khə^{21} dzʅ^{33} ʂə^{55} bɯ^{33} mə^{33} ȵi^{21}.
酋长 和 长老 处 诉讼 去 不 可

该祭新鬼，要用牦牛作牺牲。

转到珊瑚位的那一年：不宜起兵，会被敌人杀死或被抓了去。会生病，是因珊瑚闹鬼之故。该祭鬼，仪式上要把珊瑚丢出去，要用红牛作牺牲。

转到灰黄位的那一年：不可在竖新房的地方吐口水。不要去送客人。不宜盖房子。不要去住新房。

转到祸位的那一年：不宜去争辩是非。该进行压祸灾的仪式。不宜到酋长和长老处去诉讼。

① 此卦象在前文中已记录，而卦辞又不同，存疑。

② 此卦象在前文中已记有，而卦辞又不同，存疑。

481-L-2-22

ʂʅ^{33} sɑ^{21} thv̩^{33} dɯ^{33} khv̩^{55}: | ʂu^{21} bv̩^{33} nɑ^{21} y^{21} mə^{33} ȵi^{21}. | ʂu^{21} ty^{33} bɯ^{33} mə^{33} ȵi^{21}. ʥi^{33} nɑ^{21}
死 位 到 一 年 铁锅 黑 拿 不 可 铁 打 去 不 可 衣 黑

mu^{21} mə^{33} ȵi^{21}. ‖ lɑ^{33} khv̩^{55}、tho^{33} le^{33} khv̩^{55} ȵi^{33} kv̩^{55} ȵi^{33} me^{33} gv̩^{21} thv̩^{33}, mɯ^{33} thv̩^{33} dy^{21} khu^{33}
穿 不 可 虎 岁 兔 岁 两 个 西方 到 天 开 地 辟

bɯ^{33} mə^{33} ȵi^{21}. | ə^{55} y^{21} khv̩^{55}、æ^{21} khv̩^{55} ȵi^{33} kv̩^{55} ȵi^{33} me^{33} thv̩^{33} thv̩^{33}, mɯ^{33} thv̩^{33} dy^{21} khu^{33} bɯ^{33}
去 不 可 猴 岁 鸡 岁 两 个 东方 到 天 开 地 辟 去

mə^{33} ȵi^{21}. | ʐʅ^{21} khv̩^{55}、ʐuɑ^{33} khv̩^{55} ȵi^{33} kv̩^{55} ho^{33} gv̩^{33} lo^{21} thv̩^{33}, mɯ^{33} thv̩^{33} dy^{21} khu^{33} bɯ^{33} mə^{33}
不 可 蛇 岁 马 岁 两 个 北方 到 天 开 地 辟 去 不

du^{33}. | bu^{21} khv̩^{55}、fv̩^{55} khv̩^{33} ȵi^{33} kv̩^{55} i^{33} tʂhʅ^{33}mu^{21} thv̩^{33}, mɯ^{33} thv̩^{33} dy^{21}khu^{33} bɯ^{33} mə^{33} du^{33}. |
兴 猪 岁 鼠 岁 两 个 南方 到 天 开 地 辟 去 不 兴

ɯ^{33} khv̩^{55} nɯ^{33} y^{21} dʐʅ^{21} tɯ^{33} thv̩^{33}, | y^{21} khv̩^{55} nɯ^{33} | ɯ^{33} dʐʅ^{21} tɯ^{33} thv̩^{33}, mɯ^{33} thv̩^{33} dy^{21} khu^{33}
牛 岁 以 羊 居 地 到 羊 岁 以 牛 居 地 到 天 开 地 辟

bɯ^{33} mə^{33} du^{33}. | lv̩^{21} khv̩^{55} nɯ^{33} khɯ^{33} dʐʅ^{21} tɯ^{33} thv̩^{33} dɯ^{33} khv̩^{55}, | khɯ^{33} khv̩^{55} nɯ^{33} lv̩^{21} dʐʅ^{21}
去 不 兴 龙 岁 以 狗 居 地 到 一 年 狗 岁 以 龙 居

tɯ^{33} thv̩^{33} dɯ^{33} khv̩^{55}, mɯ^{33} thv̩^{33} dy^{21} khu^{33} bɯ^{33} mə^{33} du^{33}. ‖
地 到 一 年 天 开 地 辟 去 不 兴

转到死位那一年：不要去拿黑铁锅。不要去打铁。不宜穿黑色衣服。

属虎、属兔的两个人在巴格上转到西方的那一年，不宜去开辟新天地。

属猴、属鸡的两个人在巴格上转到东方那一年，不宜去开辟新天地。

属蛇、属马的两个人在巴格上转到北方那一年，不宜去开辟新天地。

属猪、属鼠的两个人在巴格上转到南方那一年，不宜去开辟新天地。

属牛的人在巴格上转到羊居地和属羊的人在巴格上转到牛居地的那年里，不宜去开辟新天地。

属龙的人在巴格上转到狗居地和属狗的人在巴格上转到龙居地的那年里，不宜去开辟新天地。

481-L-2-23

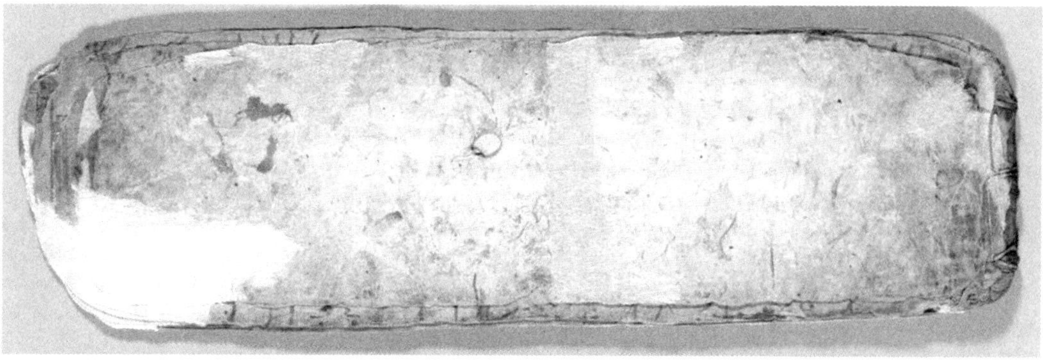

封底

（翻译：王世英）

483-L-3-01

phɑ^{21} ɕiə^{55} • ȵi^{33} dʐu^{33} bæ^{21} mæ^{33} sy^{21} ly^{21}

占卜 · 用两个贝占卜的卦辞

483-L-3　占卜·用两个贝占卜的卦辞

【内容提要】

本古籍记录了用两枚海贝占卜的卦辞。所占的内容有：出门远行、做生意、诉讼、生病等。若凶则指出该进行什么法仪以禳解。

【英文提要】

The Divination. The Words of Hexagrams of Divination by Using Two Shells

This book records the words of hexagrams of divination by using two shells. Contents of divination are: errand, business, litigation and illness, etc. It records also the certain feat and ritual need be held to release misfortune if the result is not good.

483-L-3-02

“2642”为洛克收藏东巴古籍的序号。五个东巴文字符为书名即“佐拉卦：用贝占卜的卦辞”。字母文字为洛克记下此书书名之读音。需要说明的是：这不是佐拉卦的书。看来洛克是把“占卜”都视为“佐拉卦”了，而“佐拉卦”只是占卜方法之一。东巴古籍中提到“佐拉卦”时，都说“久阿人用佐拉卦”。“久阿人”东巴们都认为是今之“印度人”。

483-L-3-03

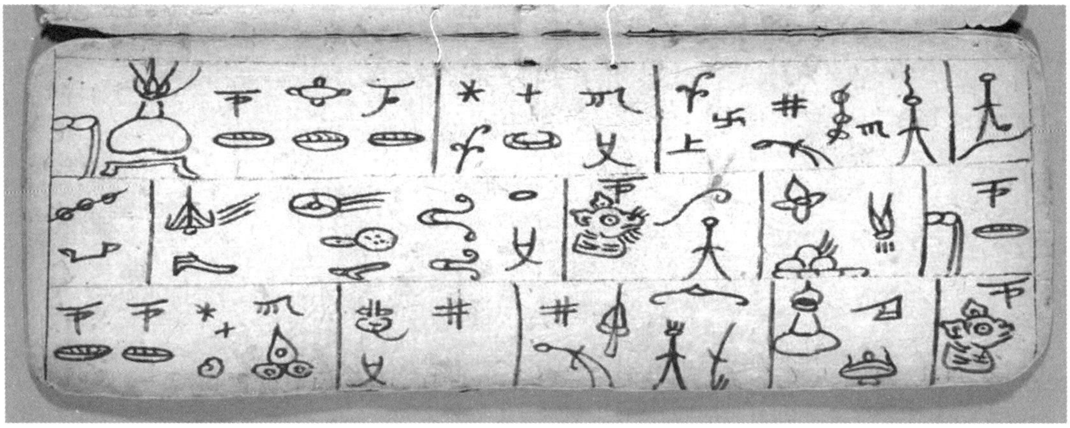

ky̩^{33}① phər^{21}, ly^{55} dɯ^{33}, mæ^{55} nɑ^{21}: | ty̩^{21} dzɿ^{33} ɕi^{33} dzɿ^{33} ʥy^{33}, kɑ^{33} me^{55}. | dzɿ^{33} ʂə^{55} bɯ^{33}
头 白 中 相反 末 黑 千 增 百 增 有 吉 的 诉讼 去

ɯ^{33}. gu^{21} me^{33} tʂhu^{21} be^{33} le^{33} kɑ^{33} le^{33} zɿ^{33} ʂər^{21}. | zʅ^{33} ʥi^{33} | bɯ^{33} tʂhu^{21} be^{33} thy̩^{33}. | sɿ^{55} khɯ^{33}
吉 病 者 快 地 又 愈 又 寿 长 路 行 去 早 地 到 晨光 脚

ʂər^{21} gy̩^{33} ʂʅ^{33} guə^{55} guə^{21} gy̩^{33} me^{55}. | phy̩^{33} lɑ^{21} nɯ^{33} gu^{33} lu^{21} kɑ^{33} le^{21} iə^{55}. | ly̩^{33} ky̩^{33} nɯ^{33} zə̩^{21}
长 遇到 似 成 的 大神 以 庇佑 赐福 给 石 上 以 草

hər^{21} y^{21} uə^{21} gy̩^{33}. | ky̩^{33} phər^{21}, ly^{55} phər^{21}, mæ^{55} phər^{21}: ty̩^{21} le^{33} ɕi^{33} sy^{21} kɑ^{33} nɯ^{21} ɯ^{33}. | ny̩^{55}
绿 长 似 成 头 白 中 白 末 白 千 又 百 样 吉 和 顺 心

① 用两个海贝作卦，要掷三次，第一次称“头”，第二次称“中间”，第三次称“末”或“尾”。海贝有齿一面为“白”，无齿一面经打磨有孔，在孔内放点碎银，用蜂腊封好，为“黑”。

me^{33} gu^{21} kṿ^{55}. | gu^{21} çy^{33} i^{33} mɯ^{33} tshɿ^{21} py^{21} dər^{33}. | he^{21} hɑ^{33} ṣu^{55} dər^{33}. | phṿ^{33} lɑ^{21} nɯ^{33}
疼 会 病 法事是 天 鬼 祭 该 神 饭 祭 该 大神 以

首次掷得两个都为白，中间一掷得一白一黑，末次掷得两个都为黑：千百样都会增长，是吉祥的。去诉讼亦吉。病者会及早痊愈。出门远行可很快到达目的地，就像遇到晨光一样。会得到大神的庇佑赐福，像石上长出青草一样的吉兆。

首次掷得两个都为白，中间一次掷得两个皆白，末次亦掷出两个白：千百样皆吉顺。但心会疼痛。病了作法事则要祭天鬼。该向神献饭。大神

483-L-3-04

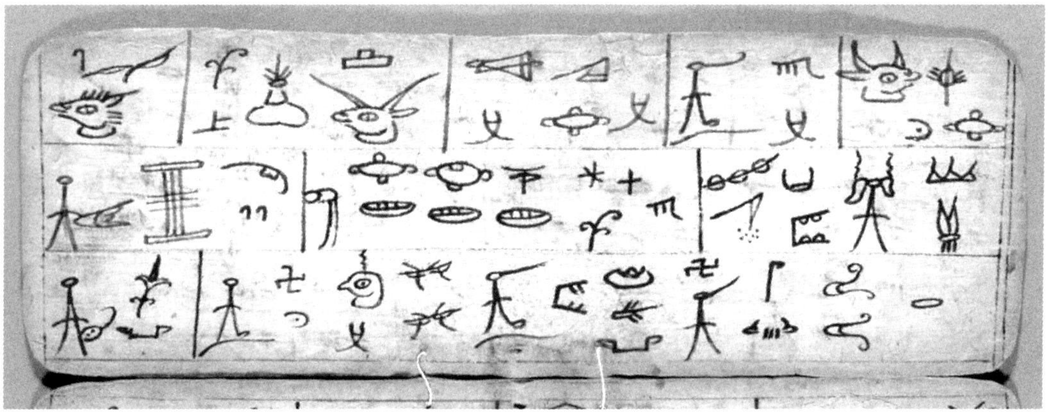

dɯ^{33} bu^{21} iə^{55}. | dzɿ^{33} ṣə^{55} sɿ^{33} phe^{33} bæ^{21} iə^{33}. | phi^{55} me^{33} le^{33} ṣu^{21} dɯ^{33} kṿ^{55} me^{55}. | zʅ^{33} dʑi^{33}
一 福 给 诉讼 首领 高兴 的 失 者 又 寻 得 会 的 路 行

bɯ^{33} kɑ^{33} me^{55}. | o^{33} dze^{33} le^{33} dɯ^{33}. | ɯ^{33} lɑ^{21} be^{33} bɯ^{33} mə^{33} ṇi^{21}. | kṿ^{33} dɯ^{33}, ly^{55} dɯ^{33}, mæ^{55}
去 吉 的 财物 又 得 生意 做 去 不 可 头 相反 中 相反 末

phər^{21}: tṿ^{21} le^{33}çi^{33} be^{33} dzɿ^{33}, kɑ^{33}. | tṣhu^{21} be^{33} khuɑ^{33} hɯ^{21} le^{33} mi^{33}kṿ^{55}. | nɯ^{33}sɿ^{33} dṿ^{33}thṿ^{33}. |
白 千 又 百 都 增 吉 早 地 消息 高兴 又 听 会 心 想 出

zʅ^{33} dʑi^{33} ɯ^{33} mə^{21} tsɿ^{33} me^{33} do^{33} do^{21}, hɯ^{33} me^{33} he^{33} mæ^{55} se^{13} thṿ^{33}, dzɿ^{33} ɯ^{33} ko^{33} pṿ^{55} guə^{55} guə^{21}
路 行 吉 的 迎 者 相见 去 者 月 尾 则 到 朋友 好 相遇 一样

gṿ^{33}.
成

会赐以福泽。去诉讼恰逢首领有好心情。丢失了的又会找到。出门远行是吉顺的。可获得财物。不宜去做生意。

首次掷得一黑一白，中间一次掷得一黑一白，末次掷出两个皆白：很快就会传来好消息。心开窍。出门远行会吉顺，会见到来迎接的人，去则月尾会到达，似遇到好朋友一样。

483-L-3-05

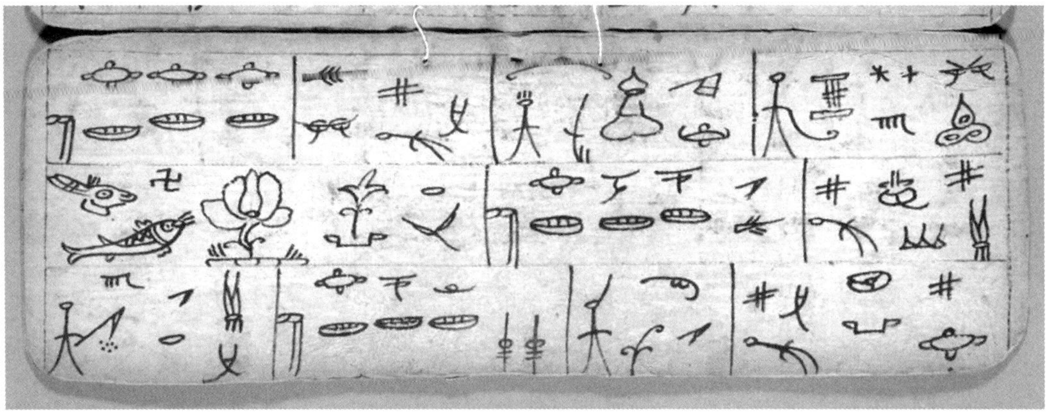

kv̩^{33} dɯ^{33}, ly^{55} dɯ^{33}, mæ^{55} dɯ^{33}: | mæ^{55} n̥iə^{21} gu^{21} kv̩^{55} me^{55}. | mɯ^{33} tshʅ^{21} py^{21}, he^{21} hɑ^{33}
头 相反 中 相反 末 相反 以后 病 会 的 天 鬼 祭 神 饭

ʂu^{55} dər^{33}. | ɯ^{33} lɑ^{21} be^{33} tv̩^{21} le^{33} ɕi^{33} sy^{21} kɑ^{33} nɯ^{21} ɯ^{33} me^{33} do^{21}, | lo^{21}、ɯ^{33}、n̥i^{33}①. dy^{21} lo^{21} nɯ^{33}
祭 该 生意 做 千 又 百 样 吉 和 顺 的 见 地 里 以

bɑ^{21} sy^{21} thv̩^{33} uə^{21} gv̩^{33} iə^{33}. | kv̩^{33} dɯ^{33}, ly^{55} nɑ^{21}, mæ^{55} phər^{21}: khuɑ^{21} mæ^{33} iə^{33}. | gu^{21} me^{33} mi^{33}
花 样 出 似 的 头 相反 中 黑 末 白 凶 得 了 病 者 火

nɯ^{33} ʥi^{55} be^{33} gu^{21} kv̩^{55}. | kɑ^{33} be^{33} khuɑ^{21} gv̩^{33} kv̩^{55} me^{55}. | kv̩^{33} dɯ^{33}, ly^{55} phər^{21}, mæ^{55} nɑ^{21}: ly^{55}
以 烧 地 病 会 好 做 坏 成 会 的 头 相反 中 白 末 黑 中等

bə^{21} gv̩^{33}. | dzʅ^{33} ʂə^{55} bɯ^{33} mə^{33} n̥i^{21}, khuɑ^{21}. | gu^{21} me^{33} n̥i^{33} me^{33} thv̩^{33} nɯ^{33} gu^{21} dɯ^{33}.
成 诉讼 去 不 可 凶 病 的 东方 以 病 得

首次掷得一白一黑，中间一次掷得一白一黑，末次掷出一白一黑：往后会得病。该祭天鬼，要向神献饭。做生意则千百样皆吉顺，似大地上开满各种各样的花。

头次掷得一白一黑，中间一次掷得两个皆黑，末次掷出两个白：得到凶卦了。病者会像火烧火燎一样地发烧。做好事会变成坏事。

首次掷得一白一黑，中间一次掷得两个白，末次掷出两个黑：是为中等卦。不宜去诉讼。病者则是在东方得的病。

483-L-3-06

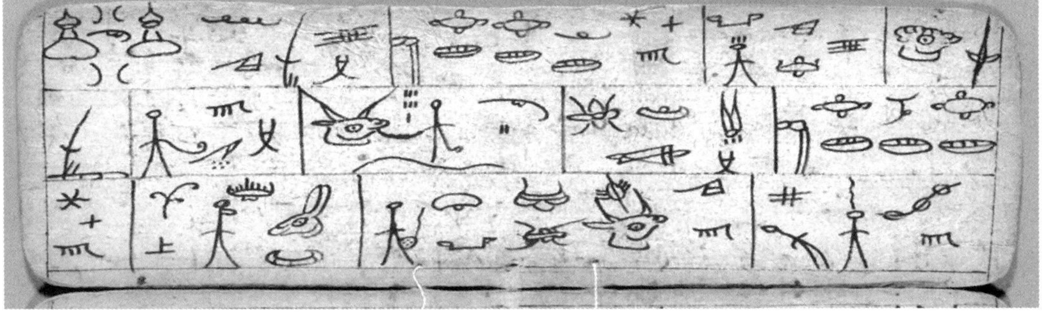

① 这三个东巴文字符无法连读成句，存疑。

he^{21} nɯ^{21} he^{21} mə^{33} tshɿ^{33} phi^{21}. tʂhə^{55} ʂu^{55} dər^{33} me^{55}. | kv̩^{33} dɯ^{33}, ly^{55} dɯ^{33}, mæ^{55} nɑ^{21}: tv̩^{21} le^{33}
神 与 神 未 分开 秽 除 该 的 头 相反 中 相反 末 黑 千 又

ɕi^{33} sy^{21}be^{33} kɑ^{33}. | thv̩^{33}tshɿ^{21} hɑ^{33} ʂu^{55} dər^{33}. | lv̩^{33} zɿ^{21} y^{21} py^{21} dər^{33}. | ɯ^{33}lɑ^{21} be^{33} kɑ^{33} me^{55}. |
百 样 皆 吉 土鬼 饭 祭 该 祖 祭 该 生意 做 吉 的

y^{21} ʂər^{21} zʅ^{21} ʥi^{33} bɯ^{33} mə^{33} ȵi^{33}, | ua^{21}he^{21} phi^{55} kv̩^{55} me^{13}. | kv̩^{33} dɯ^{33}, ly^{55} nɑ^{21}, mæ^{55} dɯ^{33}: |
绵羊牵 路 行 去 不 可 魂 丢 会 的 头 相反 中 黑 末 相反

tv̩^{21} le^{33} ɕi^{33} sy^{21} be^{33} kɑ^{33}. | dzɿ^{33} ʂə^{55} bɯ^{33} u^{33} bɑ^{33} le^{33} ʥy^{33} kv̩^{55}. | nɯ^{33}、hɑ^{55}、thv̩^{33}[①]、ŋv̩^{33} hæ^{21}
千 又 百 样 皆 吉 诉讼 去自己 屈 又 有 会 银 金

o^{33} dze^{33} ʂu^{21}, kɑ^{33}. | gu^{21} me^{33} tʂhu^{21} be^{33} le^{33} sɿ^{55}, kɑ^{33}.
财 物 找 吉 病 者 早 地 又 愈 吉

神与神未分开[②]。要举行除秽仪式。

首次掷得一白一黑，中间一次掷得一白一黑，末次掷出两个黑：千百样皆吉。该用饭祭土鬼。该在郊外祭祖。做生意会吉顺。不要牵着绵羊出门远行。灵魂会丢失。

头次掷得一白一黑，中间一次掷得两个黑，末次掷出一白一黑：千百样皆吉。去诉讼自己会受到委屈。宜去找财寻金银，吉。病者会很快痊愈，吉。

483-L-3-07

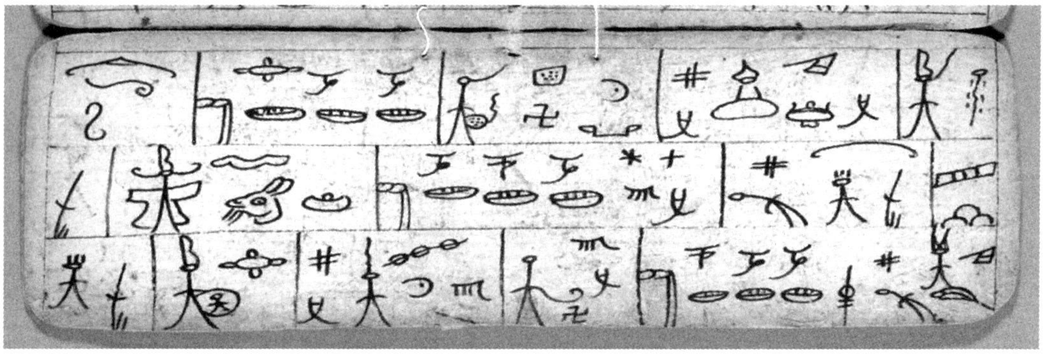

mɯ^{33} nɯ^{33} gu^{33} lu^{21} kɑ^{33} le^{21}. | kv̩^{33} dɯ^{33}, ly^{55} nɑ^{21}, mæ^{55} nɑ^{21}: | nɯ^{33} sɿ^{33} ɯ^{33} le^{33} thv̩^{33}. | gu^{21}
天 以 庇佑 赐福 头 相反 中 黑 末 黑 心 想 好 又 出 病

me^{33} he^{21} hɑ^{33} ʂu^{55} dər^{33} me^{55}. | mi^{55} tshɿ^{21} py^{21} dər^{33}. | tʂhər^{33} me^{33}、pi^{21}、fv̩^{55}、he^{33}[③]. | kv̩^{33} nɑ^{21},
的 神 饭 祭 该 的 女 鬼 祭 该 头 黑

ly^{55} phər^{21}, mæ^{55} nɑ^{21}: tv̩^{21} le^{33} ɕi^{33} sy^{21} kɑ^{33} me^{55}. | gu^{21} me^{33}, mɯ^{33} tshɿ^{21} py^{21} dər^{33}. | tʂʅ^{33} tshɿ^{21}
中 白 末 黑 千 又 百 样 吉 的 病 者 天 鬼 祭 该 土 鬼

① 这三个东巴文字符无法连读成句，存疑。

② 不知为何有此说法，原文如是。

③ 这四个东巴文字符无法连读成句，存疑。

ly̩^{33} | tshɿ^{21} py^{21} dər^{33}. | ə^{33} me^{33} tɕi^{55} tɕi^{33} dɯ^{33} ky̩^{55}. | gu^{21} me^{33} tʂhu^{21} be^{33} le^{21} kɑ^{33}. | ɯ^{33} lɑ^{21}

石　鬼 祭 该　母亲 婴儿 得 会　病 者 快 地 又 好　牛意

be^{33} kɑ^{33} me^{55}. | ky̩^{33} phər^{21}, ly^{55} nɑ^{21}, mæ^{55} nɑ^{21}: ly^{55} mu^{21} gy̩^{33}. gu^{21} me^{33} dʑi^{33} tse^{21} dʑi^{33} zɑ^{21} ʂu^{21}

做 吉 的　头 白 中 黑 末 黑 中 等 成 病 者　景仄景饶宋

dər^{33}.

该

得到天的庇佑和赐福。

首次掷得一白一黑，中间一次掷得两个黑，末次掷出两个黑：心想事成。病者则该向神献饭。要祭女鬼。

首次掷得两个黑，中间一次掷得两个白，末次掷得两个黑：千百样皆为吉。病了则该祭天鬼。要祭土鬼和石鬼。母亲会生小孩。病者会很快痊愈。宜做生意，吉。

头次掷得两个白，中间一次掷得两个黑，末次掷出两个黑：是为中等卦。病了则要进行叫“景仄景饶宋”的仪式。

483-L-3-08

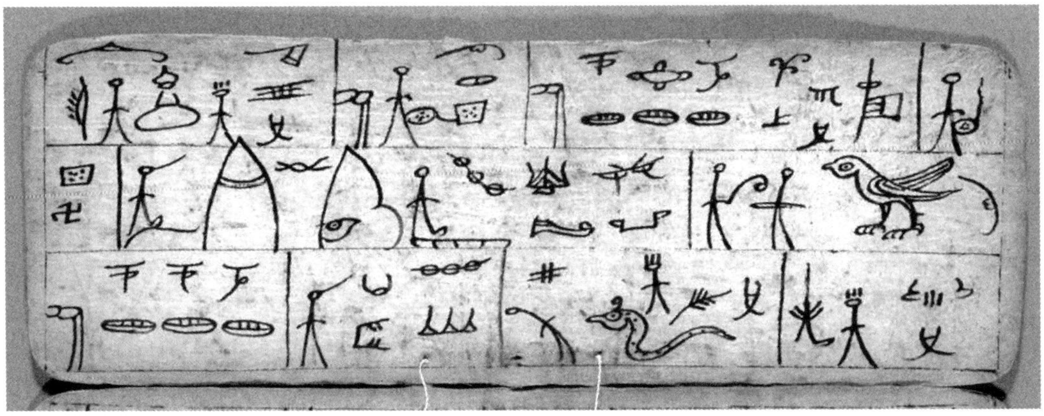

ɕi^{33} gə^{33} mɯ^{33}、ɕi^{33} gə^{33} he^{21}、ɕi^{33} gə^{33} tshɿ^{21} ʂu^{55} dər^{33} me^{55}. | nɯ^{33} sɿ^{33} mə^{33} thy̩^{33}. | ky̩^{33} phər^{21},

他人 的 天　他人 的 神　他人 的 鬼　祭　该　的　心 想 不 出　头 白

ly^{55} dɯ^{33}, mæ^{55} nɑ^{21}: dzɿ^{33} ʂə^{55} kɑ^{33} me^{55}, gɑ^{33}. | nɯ^{33} sɿ^{33} ɯ^{33}. | zʅ^{33} dʑi^{33}、dʑy^{21} lo^{55}、æ^{21} do^{33}、

中 相反　末　黑　诉讼　吉　的　胜　心　想 好　路 行　山　翻　崖　爬

dy^{21} dər^{21} tʂhu^{21} be^{33} thy̩^{33}, sɿ^{55} khɯ^{33} do^{21} uə^{21} me^{33} thy̩^{33}. | ɕi^{33} gu^{21} nɯ^{33} uə^{21} khɯ^{55} bɯ^{33} mə^{33}

坝　穿　快　地　到　晨光　见　似　的 产生　他人 后　以　鹰　放　去　不

n̩i^{21}. | ky̩^{33} phər^{21}、ly^{55} phər^{21}、mæ^{55} nɑ^{21}: | khuɑ^{33} hɯ^{21} tʂhu^{21} be^{33} mi^{33}. | gu^{21} me^{33} zʅ^{21} tshɿ^{21}

可　头　白　中　白　末　黑　消息 高兴　快　地　听　病 的　蛇　鬼

nɯ^{33} pɯ^{33} pɑ^{33} be^{33} me^{33} uɑ^{21}. | dzər^{21} khɯ^{33} tshɿ^{21} py̩^{55} dər^{33} me^{55}.

以　变化　做　的　是　树　脚　鬼　送　该　的

该祭他人的天、他人的神和鬼。心想事不成。

首次掷得两个白，中间一次掷得一白一黑，末次掷出两个黑：去诉讼为吉，能胜诉。心灵开窍。出门远行、翻山越岭、爬悬崖过平坝皆会及早到达目的地，恰似见到晨光一样。不要跟着他人去放鹰。

首次掷得两个白，中间一次掷得两个白，末次掷出两个黑：很快就会听到好消息。若生了病，则是蛇鬼变化作祟之故。该祭送树脚旁的鬼。

483-L-3-09

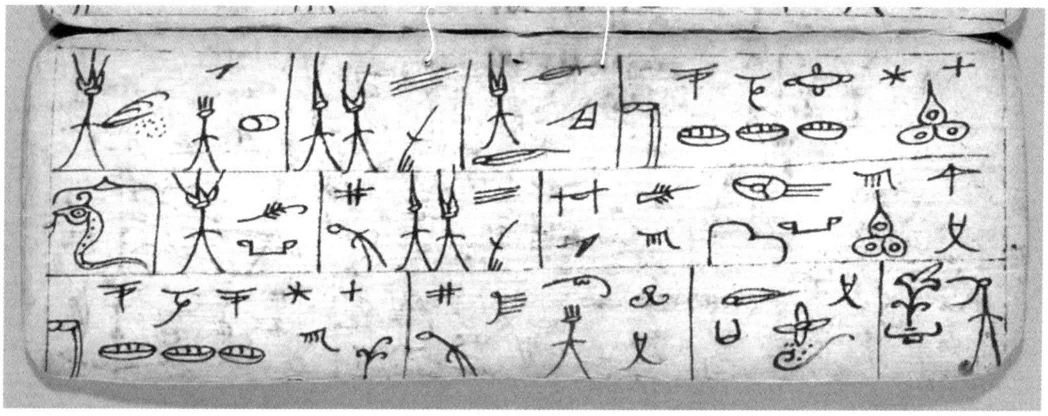

py^{33} bỵ^{21} nɯ^{33} tshɿ^{21} khuɑ^{21} thỵ^{55} dər^{33}. | dỵ^{21} nɯ^{21} tse^{21}、tɕi^{21} nɯ^{21} hər^{33} py^{21} dər^{33}. | dʑi^{33} tse^{21}
祭司 以 鬼 恶 驱 该 毒鬼 和 仄鬼 云鬼 和 风鬼 祭 该

dʑi^{33} zɑ^{21} ʂu^{55} dər^{33}. | kỵ^{33} phər^{21}, ly^{55} nɑ^{21}, mæ^{55} dɯ^{33}: tỵ^{21} le^{33} ɕi^{33} sy^{21} be^{33} ɯ^{33}. | zʅ^{21} nɯ^{33} iə^{33}
景仄景饶宋 该 头 白 中 黑 末 相反 千 又 百 样 皆 吉 蛇 以 家里

ko^{21} thỵ^{33}, py^{33} bỵ^{21} nɯ^{33} zʅ^{21} tshɿ^{21} no^{55} thỵ^{55} dər^{33}. | gu^{21} me^{33}, dỵ^{21} nɯ^{21} tse^{21}、tɕi^{21} nɯ^{21} hər^{33}
到 祭司 以 蛇 鬼 撵 驱 该 病 是 毒鬼 和 仄鬼 云鬼 和 风鬼

py^{21} dər^{33}. | kæ^{33} khuɑ^{21}, mæ^{55} kɑ^{33}. n̥i^{33} me^{33} bu^{21} kỵ^{33} gə^{21} le^{33} thỵ^{33} uə^{21} kɑ^{33} nɯ^{21} ɯ^{33} mu^{21}
祭 该 前 凶 往后 吉 太阳 坡 头 上 又 出 似 吉 和 顺 是

me^{55}. | kỵ^{33} phər^{21}, ly^{55} nɑ^{21}, mæ^{55} phər^{21}: tỵ^{21} le^{33} ɕi^{33} sy^{21} be^{21} kɑ^{33}, gə^{21} dzʅ^{33}. | ho^{21} gu^{21} me^{33}
的 头 白 中 黑 末 白 千 又 百 样 皆 吉 上 增 肋 痛 者

tshɿ^{21} mu^{21} mə^{33} i^{33} me^{55}. | dʑi^{33} kho^{33} uɑ^{33} ʂər^{55} dər^{33} me^{55}. | tʂhər^{33} ɯ^{33} thɯ^{21}
鬼 原因 没 有 的 水 泉 魂 赎 该 的 药 吃

该请东巴祭司以驱赶恶鬼。要祭毒鬼和仄鬼、云鬼和风鬼。该进行名叫“景仄景饶宋”的法仪。

头次掷得两个白，中间一次掷得两个黑，末次掷出一白一黑：千百样皆吉。若蛇钻到家里，该请东巴祭司以撵蛇鬼。病了则要祭毒鬼和仄鬼、云鬼和风鬼。前段为凶，往后则为吉。会像太阳从山坡上又升起一样吉和顺。

首次掷得两个白，中间一次掷得两个黑，末次掷出两个白：千百样皆吉，什么都会增长。若肋痛，这不是鬼之故。该在水泉处招魂。吃药

483-L-3-10

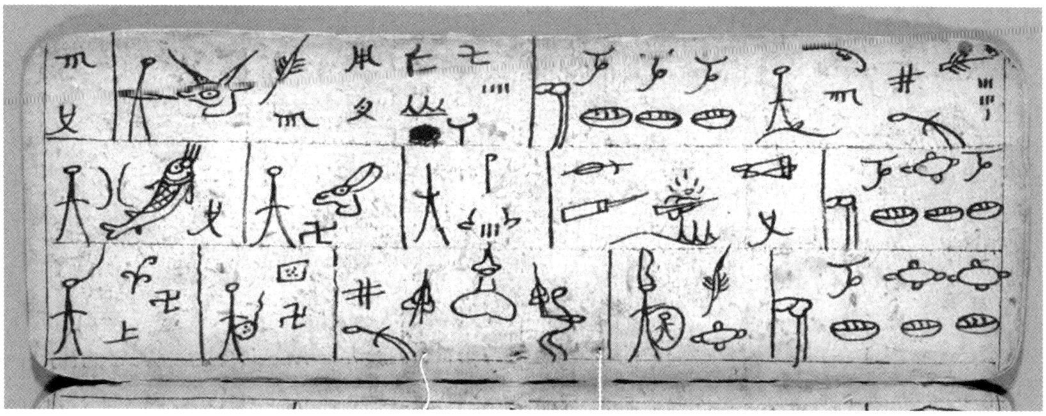

kɑ^{33} me^{55}. | y^{21} ɕi^{21} kɑ^{33} nɯ^{21} ɯ^{33} me^{55}. mə^{33}、mi^{33}、y^{21}、ɯ^{33}、lu^{33}[1]. | kṿ^{33} nɑ^{21}, ly^{55} nɑ^{21}, mæ^{55}
好 的 绵羊 养 吉 和 顺 的 头黑 中黑 末

nɑ^{21}: ʐʅ^{33} dʑi^{33} bɯ^{33} mə^{33} kɑ^{33}. gu^{21} me^{33} mæ^{33} ʂər^{21}. | ɕi^{33} nɯ^{21} n̥i^{33} tshʅ^{33} phi^{21} dər^{33} me^{55}, | ɕi^{33}
黑 路 行 去 不 吉 病 者 尾 长 人 和 尼 分开 该 的 人

le^{33} ɯ^{33}. | tər^{21} ko^{33} pṿ^{55} kṿ^{55}. | zɑ^{21} tʂu^{55} ɕy^{21} mi^{33} pɑ^{55} phi^{55} dər^{33} me^{55}. | kṿ^{33} nɑ^{21}, ly^{55} dɯ^{33},
又 吉 呆鬼 遇 会 娆 祭 香 火 瓢 丢 该 的 头 黑 中 相反

mæ^{55} nɑ^{21}: | dzʅ^{33} ʂə^{55} bɯ^{33} ɯ^{33}. | nɯ^{33} sʅ^{33} ɯ^{33}. | gu^{21} me^{33} ɕy^{33} be^{33} se^{13} he^{21} ɕy^{55} sʅ^{33} dər^{33}. |
末 黑 诉讼 去 吉 心 想 好 病 者 法事 做 则 神 祭祀 该

ə^{33} me^{33} tɕi^{55} tɕi^{33} ɕi^{21} dɯ^{33}. | kṿ^{33} nɑ^{21}, ly^{55} dɯ^{33}, mæ^{55} dɯ^{33}:
母亲 婴儿 养 得 头 黑 中 相反 末 相反

则好。养绵羊会吉顺。

首次掷得两个黑，中间一次掷得两个黑，末次掷出两个黑：不宜出门远行。病则会拖长。该分开人和尼[2]，人又会吉顺。会遇上呆鬼[3]。该祭娆[4]星，把烧着柏枝的瓢丢到外面去。

首次掷得两个黑，中间一次掷得一白一黑，末次掷出两个黑：去诉讼为吉。心灵开窍。为病人作法事则要祭神。母亲会生养小孩。

首次掷得两个黑，中间一次掷得一白一黑，末次掷出一白一黑：

---

① 这五个东巴文字符无法连读成句，存疑。

② 尼：音译名词，为掌管野生动植物及山川河流的精灵之一。

③ 呆鬼：鬼名，使人凶死的鬼。

④ 娆：一种星象，人见到此星象，就会中风。

483-L-3-11

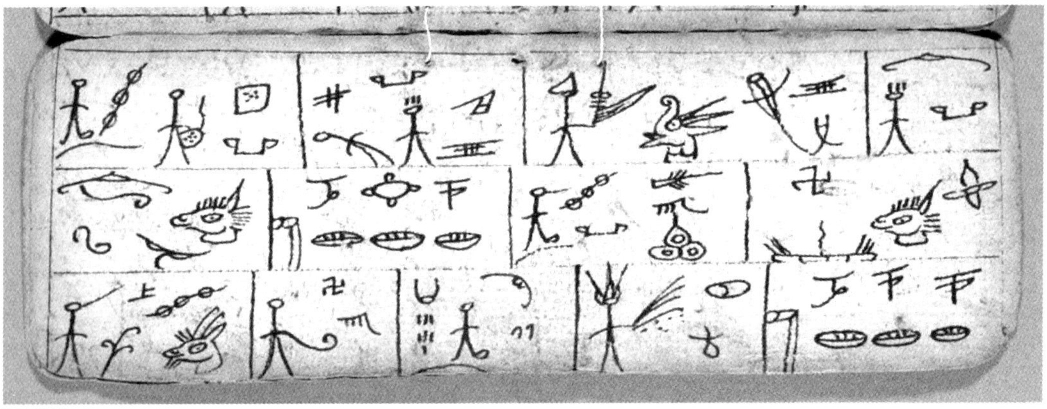

ʐʅ^{33} dʑi^{33} tʂhu^{21} be^{33} thv̩^{33}. nɯ^{33} sɿ^{33} me^{33} thv̩^{33}. | gu^{21} me^{33} thv̩^{33} tshɿ^{21} ʂu^{55} dər^{33}. | dæ^{21}lv̩^{21} tsər^{33}
路 行 早 地 到 心 想 的 出 病 的 土鬼 祭 该

dər^{33}me^{55}①. | mɯ^{33} tshɿ^{21}thv̩^{55}dər^{33}. | mɯ^{33} nɯ^{33} gu^{33} lu^{21} kɑ^{33} le^{21} dɯ^{33} bu^{21} iə^{55}. | kv̩^{33} nɑ^{21}, ly^{55}
天 鬼 驱 该 天 以 庇佑 赐福 一 福 给 头 黑 中

dɯ^{33}, mæ^{55} phər^{21}: | ʐʅ^{33} dʑi^{33} tʂhu^{21} be^{33} thv̩^{33}. mæ^{55} se^{13} kɑ^{33} nɯ^{21} ɯ^{33}, | dy^{21} lo^{21} ʐə̣^{21} hər^{21} y^{21}
相反 末 白 路 行 早 地 到 往后 则 吉 和 顺 地 里 草 绿 长

uə^{21} ɯ^{33} me^{33} bu^{21} uɑ^{21}. | dzɿ^{33} ʂə^{55} bɯ^{33} tʂhu^{21} be^{33} se^{33}. | ɯ^{33} lɑ^{21} be^{33} bɯ^{33} kɑ^{33}. | khɯ^{33} khuɑ^{33}
似 好 的 份 是 诉讼 去 早 地 了 生意 做 去 吉 远

ʐʅ^{33} ʂər^{21} kv̩^{33} bɯ^{33} mə^{33} ȵi^{21}. | py^{33} bv̩^{21} nɯ^{33} mɯ^{55} khæ^{33} tshæ^{21} tɕhi^{21} tʂhʅ^{33} le^{33} tse^{21} tshɿ^{21} thv̩^{55}
路 长 处 去 不 可 祭司 以 五叉竹杆 这 又 用 鬼 驱

dər^{33}. | kv̩^{33} nɑ^{21}, ly^{55} phər^{21}, mæ^{55} phər^{21}:
该 头 黑 中 白 末 白

出门远行可及早到达目的地。心想事成。病了则要祭土鬼。该驱天鬼。天会庇佑赐福。

首次掷得两个黑，中间一次掷得一白一黑，末次掷出两个白：出门远行可及早到达目的地。往后都会吉顺。好似大地上长满青草一样吉祥。去诉讼则会及早了断。宜去做生意。不宜到很远的地方去。该请东巴祭司用五叉竹杆②以撵鬼。

首次掷得两个黑，中间一次掷得两个白，末次掷出两个白：

① 这五个东巴文字符读出的句子不知其意，未译，存疑。

② 一根约三尺长的竹杆，一头划为五叉，摇之发“开昌”声，表示五方战神。

483-L-3-12

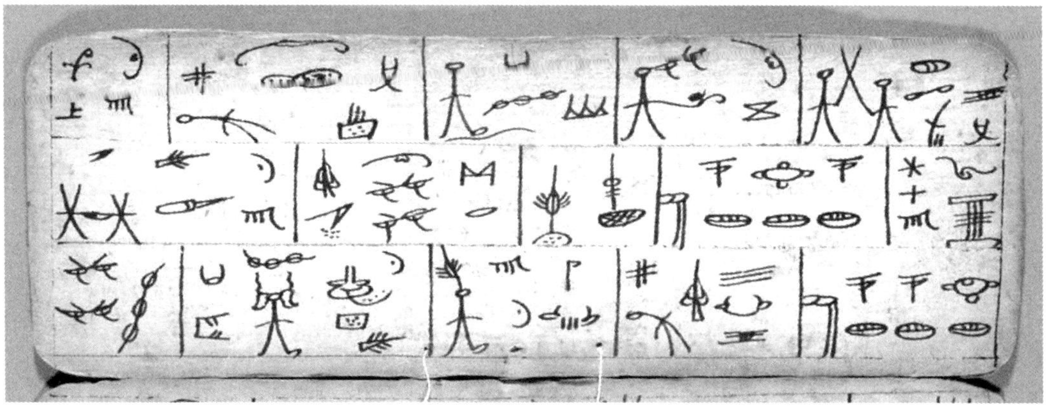

dzɿ^{33} ʂə^{55} bɯ^{33} mə^{33} kɑ^{33}. | gu^{21} me^{33} mɯ^{33} dər^{33} sɿ^{55} dər^{33} me^{55}. | ʐʅ^{33} dʑi^{33} hɯ^{33} me^{33} khuɑ^{33}
诉讼 去 不 吉 病 的 天 错 认 该 的 路 行 去 者 消息

tʂhu^{21} be^{33} le^{33} mi^{33}. | ɯ^{33} lɑ^{21} be^{33} ly^{21} bɯ^{33} mə^{33} thɑ^{55}. | æ^{33} æ^{21} thv̩^{33} se^{13} dʑi^{33} uɑ^{33} py^{21} dər^{33}
快 地 又 听 生意 做 看 去 不 可 斗殴 产生 则 景鬼 瓦鬼 祭 该

me^{55}. | kæ^{33} khuɑ^{21}, mæ^{55} tʂu^{55} le^{33} kɑ^{33}. | ɕy^{33} be^{33} mə^{33} do^{33} do^{21} uə^{21} gv̩^{33}. | o^{33} dze^{33} ly^{55} mu^{13}
的 之前 凶 往后 又 吉 法事 做 不 见效 似 成 财 物 中等

gv̩^{33}. | kv̩^{33} phər^{21}, ly^{55} dɯ^{33}, mæ^{55} phər^{21}: tv̩^{21} le^{33} ɕi^{33} sy^{21} kɑ^{33}. ɯ^{33} lɑ^{21} be^{33} do^{33} do^{21} tʂhu^{21}. |
成 头 白 中 相反 末 白 千 又 百 样 吉 生意 做 见效 快

khuɑ^{33} hɯ^{21} tʂhu^{21} be^{33} mi^{33}. nɯ^{33} sɿ^{33} mæ^{55} le^{33} thv̩^{33}. | ɕi^{33} kɑ^{33} le^{33} ko^{33} pv̩^{55}. | gu^{21} ɕy^{33} se^{13}
消息 高兴 早 地 听 心 想 后 又 成 人 好 又 相偶 病 法事 则

hər^{33} pv̩^{55} dər^{33}. | kv̩^{33} phər^{21}, ly^{55} phər^{21}, mæ^{55} dɯ^{33}:
风 送 该 头 白 中 白 末 相反

不宜去诉讼。病则要举行向天认错的仪式。出门远行会很快就传来好消息。不可去看做生意。发生斗殴则要举行祭景鬼和瓦鬼的法仪。之前虽凶，往后又会吉顺。作法事似会不见效。财物只为中等。

首次掷得两个白，中间一次掷得一白一黑，末次掷出两个白：千百样皆吉。做生意很快会见效。佳音很快会传来。心想之事最后会成为现实。会遇到好人。病则要祭风。

首次掷得两个白，中间一次掷得两个白，末次掷出一白一黑：

483-L-3-13

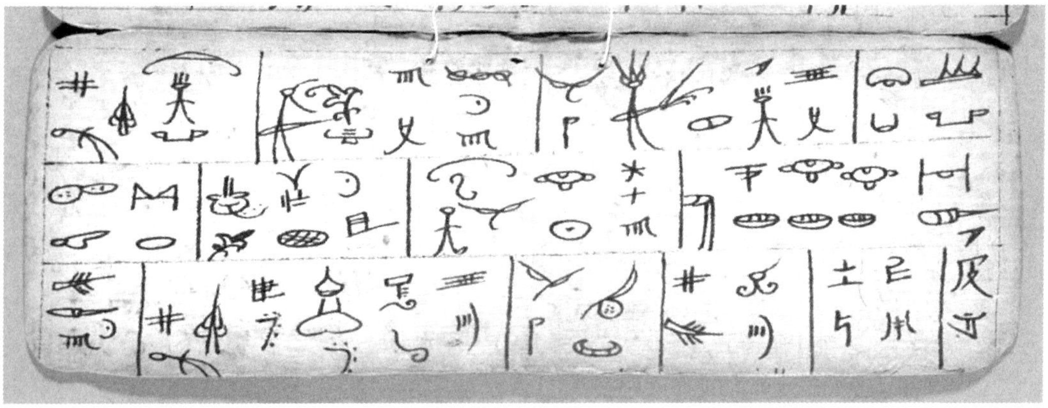

gu^{21} çy^{33} be^{33} se^{13} mɯ^{33} tshɿ^{21} thy̩^{55} dər^{33}. | tʂhər^{33} ɯ^{33} thɯ^{21} kɑ^{33} me^{55}, tʂhu^{21} be^{33} le^{33} kɑ^{33}. | iə^{33}
病 法事 做 则 天 鬼 驱 该 药 喝 好 的 快 地 又 好 家里

ko^{21} py^{33} by̩^{21} nɯ^{33} tshɿ^{21} khuɑ^{21} thy̩^{55} dər^{33} me^{55}. | hu^{21} khuɑ^{33} mi^{33} thy̩^{21} | gy̩^{33} ʂɿ^{33} uə^{21} gy̩^{33}. |
祭司 以 鬼 恶 驱 该 的 半夜 火把 遇到 似 成

ny̩^{55} me^{33}sɿ^{33} dy̩^{33} be^{33} mu^{33} le^{33} thy̩^{33}. | mɯ^{33} nɯ^{33}gu^{33} lu^{21} iə^{55} dɯ^{33} ɲi^{33}, ty̩^{21} le^{33}çi^{33} sy^{21} kɑ^{33}. |
心 想 做 之 又 成 天 以 庇佑 给 一 天 千 又 百 样 吉

ky̩^{33} phər^{21}, ly^{55} dɯ^{33}, mæ^{55} dɯ^{33}: kæ^{33} tʂu^{55} khuɑ^{21}, | mæ^{55} tʂu^{55} le^{33} kɑ^{33}. | gu^{21} çy^{33} be^{33} se^{13}
头 白 中 相反 末 相反 前 节 凶 后 节 又 吉 病 法事 做 则

thy̩^{33} ʂu^{55}, he^{21} ʂu^{55}, sɿ^{21} tʂhər^{33} khɯ^{55} dər^{33} me^{55}. | iə^{33} ko^{21} by̩^{21} ʥy^{33}. | gu^{21} mæ^{55} i^{33} me^{55}. |
土鬼 祭 神 祭 署 药 施 该 的 家里 孵鬼 有 病 尾 有 的

dzɿ^{33} ʂə^{55} mə^{33} ɯ^{33}. | dy̩^{21} nɯ^{33}
诉讼 不 吉 毒鬼 以

若病作法事则要驱天鬼。吃药亦好，会很快痊愈。在家里要请东巴祭司以驱恶鬼。似半夜黑暗中遇到火把一样。心想到做亦可成功。得到天之庇佑的一天，千百样皆吉。

首次掷得两个白，中间一次掷得一白一黑，末次掷出一白一黑：之前为凶，往后会吉。为病者作法事则要祭土鬼，要祭神，要给署①施药。家里有孵鬼②。病会拖长。不宜去诉讼。毒鬼

① 署：音译名词，相传与人类是同父异母兄弟，为掌管野生动植物及山川河流的精灵。

② 孵鬼：若该祭祀之家无时间无财力进行祭仪，就用一麻布包一鸡蛋，插几支香，挂于架上，让鬼像抱母鸡一样睡着，待以后又予以祭祀，这种做法叫“孵鬼”。

483-L-3-14

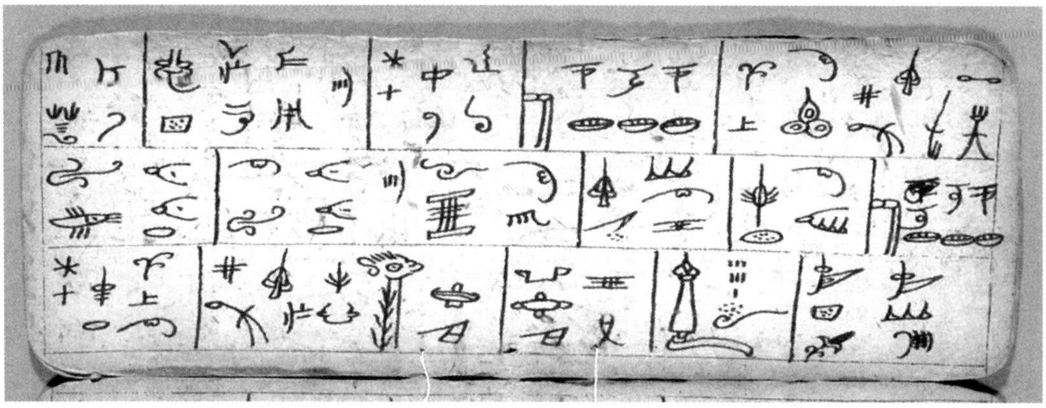

pɑ^{33} sɑ^{21} be^{33} kv̩^{55}. | nɯ^{33} sɿ^{33} be^{33} nɑ^{55} mə^{33} ɯ^{33} me^{55}. | tv̩^{21} le^{33} ɕi^{33} sy^{21} ly^{55} mu^{21} uə^{21} gv̩^{33}. |
作祟　做 会　心 想 做 而 不 好 的　千 又 百 样 中等　似 成

kv̩^{33} phər^{21}; ly^{55}nɑ^{21}, mɑ^{55} phər^{21}: | dzɿ^{33} ʂə^{55} bɯ^{33} mə^{33} ɯ^{33}. gu^{21} ɕy^{33} se^{13} uɑ^{33} tshɿ^{21} py^{21} dər^{33}. |
头　白　中 黑 末　白　诉讼　去 不 吉 病 法事 则 瓦鬼　祭 该

uɑ^{21} lɯ^{33} khɑ^{33} khɑ^{21} gv̩^{33}, | mə^{33} uɑ^{21} khɑ^{33} khɑ^{21} gv̩^{33} me^{55}. ɯ^{33} lɑ^{21} be^{33} mə^{33} kɑ^{33}. | ɕy^{33} be^{33}
是 来 像　成　不 是 像　成 的　生意　做 不 吉　法事 做

mi^{33} mə^{33} dər^{33}. | o^{33} dze^{33} mə^{33} ɕy^{55}. | kv̩^{33} nɑ^{21}, ly^{55} nɑ^{21}, mæ^{55} phər^{21}: | tv̩^{21} le^{33} ɕi^{33} sy^{21} ly^{55}
目的未　中　财物　不 站　头 黑 中 黑　末　白　千 又 百 样 中等

mu^{21} gv̩^{33}. dzɿ^{33} ʂə^{55} bɯ^{33} mə^{33} n̥i^{21}. | gu^{21} ɕy^{33} be^{33} se^{13} sɿ^{33} bv̩^{33} y^{21} hɑ^{33} ʂu^{55} dər^{33}. | thv̩^{33} dɯ^{21}
成　诉讼　去 不 可　病 法事 做 则 大者 祖先 饭 祭　该　土鬼 大

ʂu^{55} dər^{33} me^{55}. | sɿ^{21} uɑ^{21} ʂər^{55} dər^{33}. | the^{21} sɿ^{33} dv̩^{33}, the^{21} mi^{55} bɯ^{21}.
祭 该 的　署 魂 赎 该　又 记忆　又 忘记 多

会作祟。心想而做不成功。千百样只为中等。

首次掷得两个白，中间一次掷得两个黑，末次掷出两个白：不宜去诉讼。为病者作法事则该举行祭瓦鬼的仪式。会有又像是，又似非的感觉[①]。不宜去做生意。作法事会达不到目的。财物难以守住。

首次掷得一对黑，中间一次掷得两个黑，末次掷出一对白：千百样皆为中常。不宜去诉讼。为病者作法事则要祭最大的祖先。要举行祭土鬼大仪式。该向署赎魂。会已记住而又忘记。

① 此句让人难以理解，原文如是，直译之。

483-L-3-15

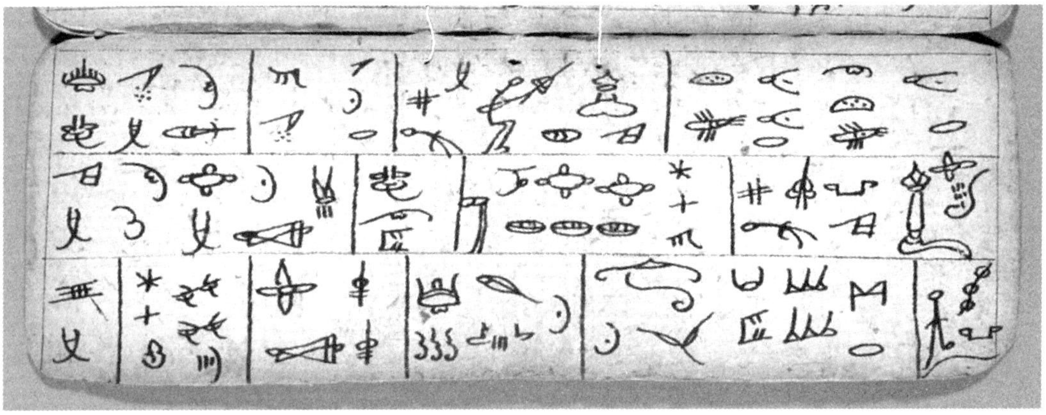

u^{33} nɯ^{33} be^{33} me^{33} çi^{33} mə^{33} dɑ^{21}, | kɑ^{33} be^{33} khuɑ^{21} le^{33} gv̩^{33}. | gu^{21} me^{33} he^{21} kæ^{33} çy^{21} ʥi^{55} he^{21}
自己 以 做 的 他人 不 满意 好 做 坏 又 成 病 的 神 前 香 烧 神

ʂu^{55} dər^{33}. | uɑ^{21} lɯ^{33} khɑ^{33} khɑ^{21} gv̩^{33}, mə^{33} uɑ^{21} lɯ^{33} khɑ^{33} khɑ^{21} gv̩^{33}. | ʂu^{21} me^{33} le^{21} mə^{33} dɯ^{33},
祭 该 是 来 似 成 不 是 来 似 成 找 的 又 不 得

dɯ^{33} me^{33} le^{33} phi^{55} kv̩^{55}. | nɯ^{33} mə^{33} hɯ^{21} kv̩^{55}. | kv̩^{33} nɑ^{21}, ly^{55} dɯ^{33}, mæ^{55} dɯ^{33}: tv̩^{21} le^{33} çi^{33}
得 的 又 失 会 心 不 高兴 会 头 黑 中 相反 末 相反 千 又 百

sy^{21} be^{33} kɑ^{33}. | gu^{21} me^{33} çy^{33} be^{33}, thv̩^{33} ʂu^{55} dər^{33}. sɿ^{21} uɑ^{21} ʂər^{55} | dər^{33} me^{55}. | tv̩^{21} le^{33} çi^{33}
样 皆 吉 病 的 法事 作 土鬼 祭 该 署 魂 赎 该 的 千 又 百

sy^{21} do^{33} do^{21} me^{55}. | uɑ^{21} tshi^{21} ly^{55} mu^{21} gv̩^{33}. | hɑ^{33} ʐu^{21} ʥi^{21} le^{33} pv̩^{21}, | mɯ^{33} nɯ^{33} gu^{33} lu^{21}
样 相见 的 卦 中等 成 饭 饿 水 又 渴 天 以 庇佑

kɑ^{33} le^{21} le^{33} iə^{55}. khuɑ^{33} hɯ^{21} le^{33} mi^{33} mi^{33} uə^{21} gv̩^{33}. | ʐʅ^{33} ʥi^{33} tʂhu^{21} le^{33} thv̩^{33}.
赐福 又 给 消息 高兴 又 听 听 似 成 路 行 早 又 到

自己做的他人会不满意，做好事却被认为做坏事。为病人作法仪则要向神进香以祭神。会有又似是又像非的感觉。去寻失物会寻不到，寻到了又会失去。心里会不高兴。

首次掷得两个黑，中间一次掷得一白一黑，末次掷出一白一黑：千百样皆吉。病了作祭仪则该祭土鬼。该向署赎魂。千百样能见到[①]。卦为中等卦[②]。饿了又渴了。天又会赐福庇佑。似又会听到好消息。出门远行会及早到达目的地。

① 此句让人费解，按原文直译之。

② 前文说此卦千百样皆吉，不知为何又说“为中等卦”。

483-L-3-16

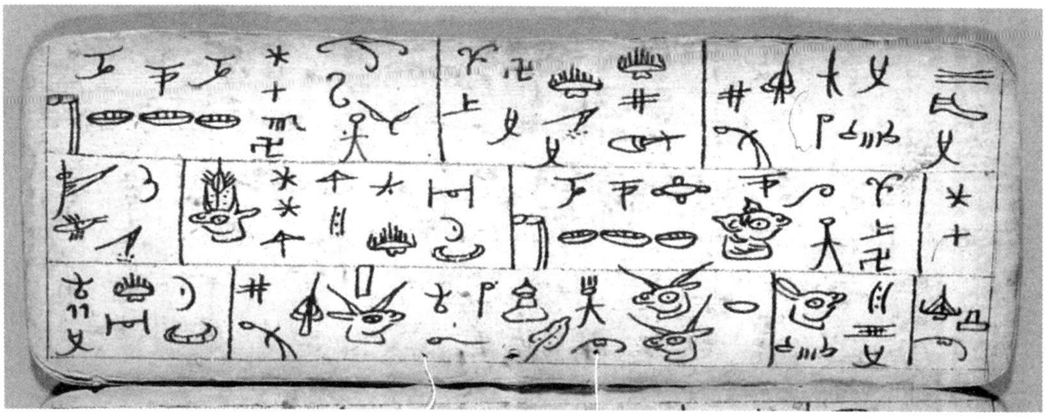

kv̩^{33} nɑ^{21}, ly^{55} phər^{21}, mæ^{55}nɑ^{21}: tv̩^{21} le^{33} ɕi^{33}sy^{21} kɑ^{33} nɯ^{21} ɯ^{33}. mɯ^{33} nɯ^{33} gu^{33} lu^{21} kɑ^{33} le^{21}iə^{55}. |
头 黑 中 白 末 黑 千 又 百 样 吉 和 好 天 以 庇佑 赐福 给

dzʅ^{33} ʂə^{55} bɯ^{33} ɯ^{33} me^{55}. u^{33} nɯ^{33} be^{33} me^{33} u^{33} gu^{21} tɕhy^{21}. | gu^{21} ɕy^{33} be^{33}, tər^{21} ko^{33} pv̩^{55}, hər^{33}
诉讼 去 吉 的 自己 以 做 的自己 后面 随 病 法事 做 呆鬼 遇 到 风

khɯ^{55} me^{33}. | the^{21} lɯ^{55} be^{33} se^{13}, | o^{33} dze^{33} tv̩^{33} tv̩^{21} mɯ^{33} mɯ^{33} bɯ^{21} be^{33} u^{33} kæ^{33} le^{33} dʑy^{33}. |
祭 的 这 若 做 了 财物 千 千 万 万 多 地自己 面前又 有

kv̩^{33} nɑ^{21}, ly^{55} phər^{21}, mæ^{55} dɯ^{33}: phv̩^{33} lɑ^{21} nɯ^{33} gu^{33} lu^{21} kɑ^{33} le^{21}. dzʅ^{33} ʂə^{55} bɯ^{33} ɯ^{33}. | tv̩^{21} le^{33}
头 黑 中 白 末 相反 大神 以 庇佑 赐福 诉讼 去 吉 千 又

ɕi^{33} tʂhʅ^{33} ȵi^{33} me^{33} u^{33} kæ^{33} le^{33} dʑy^{33}. | gu^{21} ɕy^{33} be^{33}, y^{21} to^{55} nɯ^{33} tʂhʅ^{33} dʑi^{13} ko^{21} kæ^{33} khɯ^{55}
百 所 要 的自己 面前 又 有 病 法事 做 绵羊上 以 这 家 替身 放

dər^{33}. he^{21} ne^{13} tshʅ^{21} mə^{33} y^{55} y^{33} gv̩^{33}. | le^{33} pv̩^{55} bɯ^{33} dər^{33} me^{55}. | sʅ^{55} mə^{33} bæ^{21}.
该 神 和 鬼 不 祭祀 像 又 送 去 该 的 素神 不 高兴

首次掷得两个黑，中间一次掷得两个白，末次掷出两个黑：千百样皆吉顺。得到天的庇佑赐福。去诉讼为吉。自己做什么都会事随心愿。因遇到了呆鬼，要进行祭风仪式。只要去做，千千万万的财物就会在你面前。

首次掷得两个黑，中间一次掷得两个白，末次掷出一白一黑：千百样皆吉。大神会庇佑赐福。宜去诉讼，吉。所有的千百样财物会出现在自己面前。病了作法事，就要用绵羊放替身。看来像不曾祭神和鬼，该去祭神送鬼。素神①不高兴。

① 素神：音译神名，似汉文化中的家神。

483-L-3-17

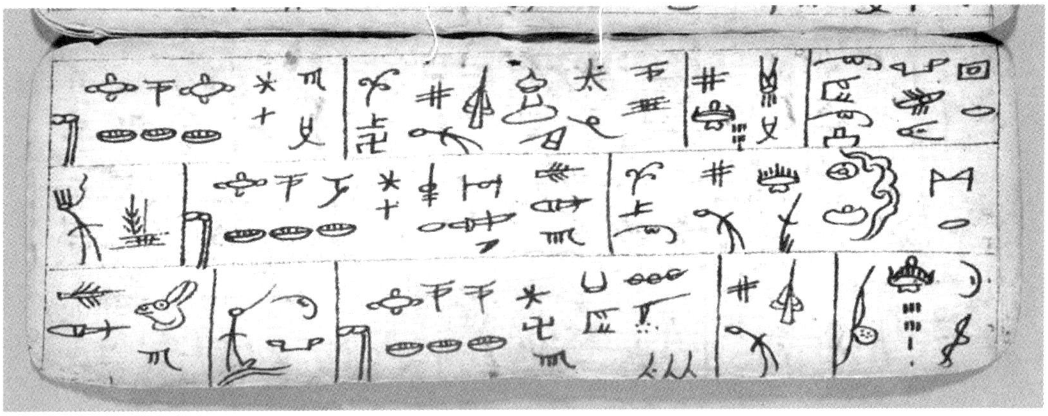

ky̩^{33} dɯ^{33}, ly^{55} phər^{21}, mæ^{55} dɯ^{33}: ty̩^{21} le^{33} ɕi^{33} sy^{21} kɑ^{33} me^{55}. | dzʅ^{33} ʂə^{55} bɯ^{33} ɯ^{33}. gu^{21} ɕy^{33} be^{33}
头 相反 中 白 末 相反 千 与 百 样 吉 的 诉讼 去 吉 病 法事 作

se^{13} he^{21} ʂu^{55} dər^{33}, khɯ^{21} tər^{55} phər^{21} dər^{33}. | gu^{21} hɑ^{55} ʂər^{21} ky̩^{55} me^{13}. | mə^{33} hɯ^{21} mə^{33} bæ^{21}
则 神 祭 该 线 结 解 该 病 日 长 会 的 不 欢 不 乐

thy̩^{33} lɯ^{33} khɑ^{21} tɑ^{55} gy̩^{33}. | tshʅ^{33} ŋy̩^{55} dər^{33}. | ky̩^{33} dɯ^{33}, ly^{55} phər^{21}, mæ^{55} nɑ^{21}: ty̩^{21} le^{33} ɕi^{33} sy^{21}
产生 来 似 一样 成 楚鬼 超度 该 头 相反 中 白 末 黑 千 与 百 样

be^{33} ly^{55} mu^{21} tɑ^{55} gy̩^{33}. kæ^{33} tʂu^{55} khuɑ^{21}, mæ^{55} tʂu^{55} kɑ^{33}. | dzʅ^{33} ʂə^{55} bɯ^{33} mə^{33} ȵi^{21}. u^{21} py^{21} dər^{33}.
皆 中常 才 成 前 段 凶 后 段 吉 诉讼 去 不 可 吾神 祭 该

ȵi^{33} me^{33} he^{33} me^{33} tɕi^{21} nɯ^{33} kɑ^{55} uə^{21} gy̩^{33}. | mæ^{55} tʂu^{55} le^{33} kɑ^{33}. | zʅ^{33} ʥi^{33} mə^{33} thy̩^{33} ky̩^{55}. |
太阳 月亮 云 以 遮 似 成 后 段 又 吉 路 行 不 到 会

ky̩^{33} dɯ^{33}, ly^{55} phər^{21}, mæ^{55} phər^{21}: ty̩^{21} le^{33} ɕi^{33} sy^{21} kɑ^{33} nɯ^{21} ɯ^{33}. khuɑ^{33} hɯ^{21} tʂhu^{21} be^{33} mi^{33}. |
头 相反 中 白 末 白 千 与 百 样 吉 与 顺 消息 好 早 地 听

gu^{21} ɕy^{33} be^{33} se^{13}, | by̩^{21} me^{33} hɑ^{55} ʂər^{21} le^{33} khæ^{55} py^{21} dər^{33}.
病 法事 作 则 孵鬼 的 日 长 又 拆开 祭 该

首次掷得一白一黑，中间一次掷得两个白，末次掷出一白一黑：千百样皆吉。宜去诉讼，吉。病而作法事，则该祭神。该进行抽线卦以占凶吉[1]。病会长久。好像会产生令人不高兴的事。该进行超度楚鬼[2]的法仪。

首次掷得一白一黑，中间一次掷得两个白，末次掷出两个黑：千百样皆为中常。前段为凶，之后会为吉。不宜去诉讼。该祭吾神。好似太阳和月亮被云遮住一样。以后又会吉。出门远行到不了目的地。

首次掷得一白一黑，中间一次掷得两个白，末次掷出两个白：千百样皆吉顺。会很快地听到佳音。为病者作法仪，应把长时间的孵鬼解开予以祭祀。

---

[1] 此句让人费解，为何又要去作另种占卜法去占卜？存疑。

[2] 楚鬼：音译鬼名，为使人上吊而亡的鬼。

483-L-3-18

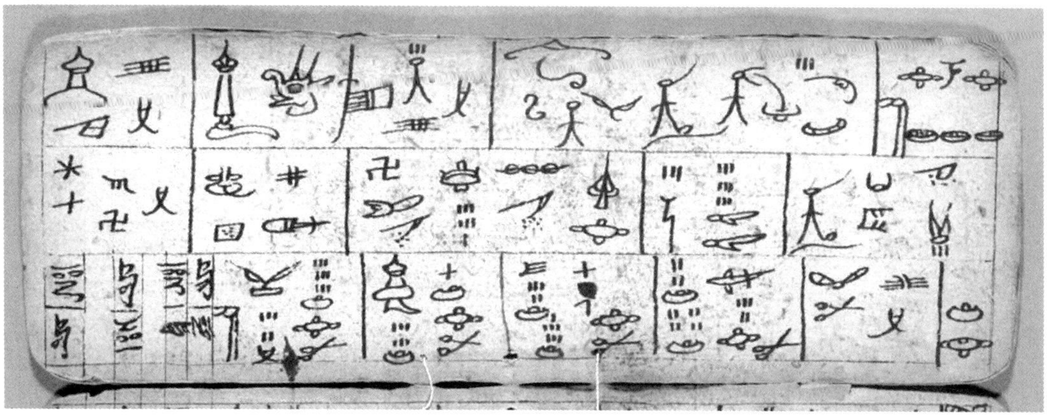

he^{21} ʂu^{55} dər^{33} me^{55}. | sɿ^{21} nɯ^{21} ly̩^{21} pɑ^{55} tshɿ^{55} dər^{33} me^{55}. | mɯ^{33} nɯ^{33} gu^{33} lu^{21} kɑ^{33} le^{21} iə^{55}. ʐʅ^{33}
神 祭 该 的 署 和 龙 标杆 竖 该 的 天 以 庇佑 赐福 给 路

ʥi^{33} thɯ^{33} sɿ^{21} mə^{33} ʥy^{21}. | ky̩^{33} dɯ^{33}, ly^{55} nɑ^{21}, mæ^{55} dɯ^{33}: | ty̩^{21} le^{33} ɕi^{33} sy^{21} kɑ^{33} nɯ^{21} ɯ^{33}
行 这 值 没 有 头 相反 中 黑 末 相反 千 又 百 样 吉 和 顺

me^{55}. | nɯ^{33} sɿ^{33} gu^{21} tɕhy^{21}. | ɯ^{33} lɑ^{21} be^{33} hɑ^{55} ʂər^{21}, tʂhu^{21} be^{33} ɕy^{33} dɯ^{33}. | sɿ^{55} tʂhər^{33} gy̩^{33} ʂʅ^{33}
的 心 想 背后 随 生意 做 日 长 快 地 很多 得 三 代 相遇

ʂʅ^{33}. | ʐʅ^{33} ʥi^{33} bɯ^{33} khuɑ^{33} hɯ^{21} tʂhu^{21} be^{33} mi^{33} ky̩^{55}①. | do^{21}、ʐuɑ^{33}. | ʐuɑ^{33}、do^{21}. | do^{21}、
路 行 去 消息 好 早 地 听 会

ʐuɑ^{33}. | ʐuɑ^{33}、do^{21}. | iə^{21} pe^{21}, uɑ^{55} me^{33} he^{33}, guə^{33} me^{33} he^{33}, dɯ^{21}、tɕi^{55}. | he^{21} ʥiə^{33}, tʂhuɑ^{55}
正月 五月 九月 大 小 二 月 六月

me^{33} he^{33}, tshe^{21} me^{33} he^{33}, dɯ^{21}, tɕi^{55}. | sɑ^{55} uɑ^{33} he^{33}, sæ^{33} me^{33} he^{33}, tshe^{21} də^{33} he^{33}. dɯ^{21},
十月 大 小 三月 七月 十一月 大

tɕi^{55}. | lu^{55} me^{33} he^{33}, huɑ^{55} me^{33} he^{33}, dɑ^{33} uɑ^{33} he^{33}. dɯ^{21} tɕi^{55}. | sər^{55} tɕi^{55} tsɿ^{21} me^{33}. | he^{33} dɯ^{21}
小 四月 八月 十二月 大 小 四 季 算 的 月 大

该祭神。该立祭署和龙的标杆。天予以庇佑赐福。不值得出门去远行。

首次掷得一白一黑，中间一次掷得两个黑，末次掷出一白一黑：千百样皆吉顺。事随心愿。做生意会长久，很快就会获利很多。三代会相见。出门远行很快就有好音讯传到家里。

正月、五月、九月、大、小。二月、六月、十月，大、小。三月、七月、十一月，大、小。四月、八月、十二月、大、小②。算四季

月大

① 其后有个表格，记音时都以上下为序记之。只不知这是用来做什么和怎么用，因此只记音不翻译。后文还有更多之表格且横竖写之。存疑。

② 此段文字不知要表示或用以做什么，后文有“算四季”，但是不知怎么算。

483-L-3-19

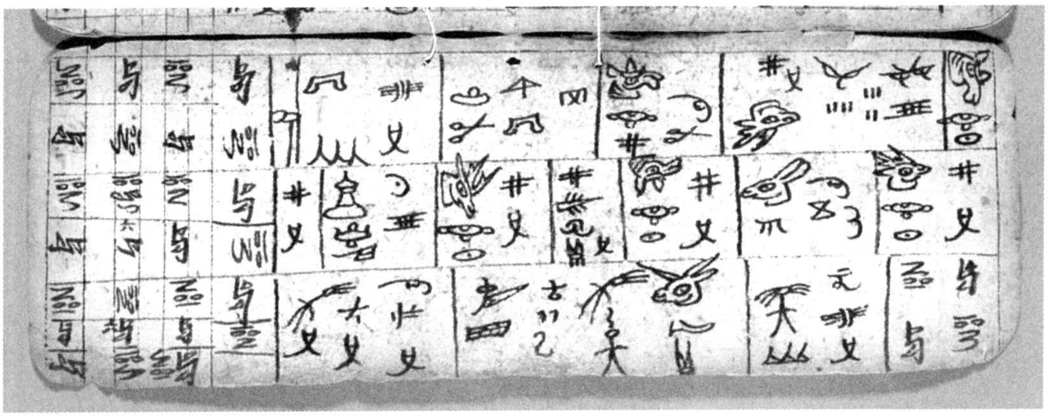

do^{21}、 ʐua^{33}、do^{21}、ʐua^{33}、do^{21}、ʐua^{33}、do^{21}、| ʐua^{33}、do^{21}、do^{21}、 ʐua^{33}、do^{21}、ʐua^{33}、

do^{21}. | do^{21}、ʐua^{33}、do^{21}、ʐua^{33}、do^{21}、ʐua^{33}、ʐua^{33}. | ʐua^{33}、do^{21}、ʐua^{33}、do^{21}、ʐua^{33}、

do^{21}. | gə^{21} nɯ^{33} mu^{21} tsʅ^{21} me^{55}①. | he^{33} tɕi^{55} mu^{21} nɯ^{33} gə^{21} tsʅ^{21}. | ʐua^{33} dɯ^{33} ȵi^{33} gu^{21} me^{33},
上 以 下 算 的 月 小 下 以 上 算 马 一 日 病 的

mə^{33} tɕi^{55}. | lv̩^{21} dɯ^{33} ȵi^{33} gu^{21} me^{33}, iə^{21} lu^{33} ua^{33} do^{21} dər^{33}. | ʐua^{33}②dɯ^{33} ȵi^{33} | gu^{21} me^{33}, |
不 小 龙 一 日 病 的 阎罗王 见 该 马 一 日 病 的

he^{21} ha^{33} le^{33} ʂu^{55} dər^{33}. | lv̩^{21} dɯ^{33} ȵi^{33} gu^{21} me^{33}, | gu^{21} mæ^{55} i^{33} kv̩^{55} me^{55}. | ʐua^{33} dɯ^{33} ȵi^{33} gu^{21}
神 饭 又 祭 该 龙 一 日 病 的 病 尾 有 会 的 马 一 日 病

me^{33}, | le^{33} ka^{33} mə^{33} tha^{55} se^{21}. | lv̩^{21} dɯ^{33} ȵi^{33} gu^{21} me^{33}, ʂʅ^{33} me^{33} tər^{21} me^{33} mə^{33} be^{33} me^{55}. |
的 又 好 不 可 了 龙 一 日 病 的 死 的 凶 的 不 做 的

the^{33} ɯ^{33} tʂhʅ^{33} ȵi^{33} ʐu^{21}, ʂʅ^{33} sʅ^{21} y^{21} khɯ^{55} kv̩^{55}. | si^{33} mi^{33} na^{21} tsʅ^{21} me^{55}. | do^{21}、ʐua^{33}、ʐua^{33}、do^{21}③.
字 这 两 字 死 活 绵羊 放 会

从上往下算。月小，从下往上算。

属马之日生病，病会不轻。属龙一日生病，该见阎罗王了。属马一日生病，该祭神以献饭。属龙一天生病，病会长。属马一日生病，病不能痊愈了。属龙一天生病，会死但不是凶死。

这两句话的文字，会放生死之绵羊④。

① 此句似应与前页末句“月大”相连读。

② 不知为何，东巴文的“马”及“龙”字，在这里被颠过来倒过去地写。

③ 原文末三格无法连读成句，只有按字符连读，未译，存疑。

④ 不知什么意思，此为直译。

483-L-3-20

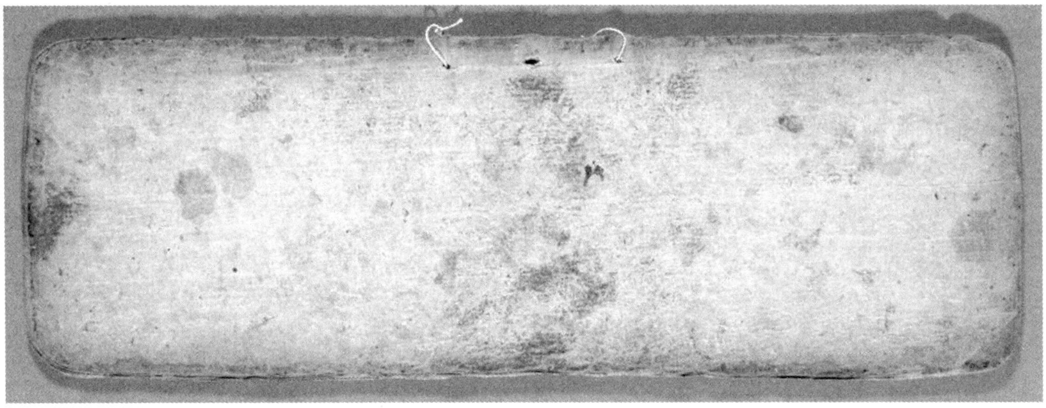

封底

（翻译：王世英）

456-L-4-01

uɑ^{21} tshi^{21} uɑ^{33} dʐu^{33} bæ^{21} mæ^{33} to^{55}

占卜 · 用五个贝占卜

456-L-4　占卜·用五个贝占卜

【内容提要】

本古籍记录了四种占卜方法：

一、记录了用五颗海贝占卜的常识及卦辞。所占卜的内容有：狩猎、出门远行、做生意、母亲生育、生病、寻物等。若不吉则指出该做何法仪以禳解。

二、记有春、夏、秋、冬四季里属何五行的时日之凶、吉。

三、算喜神所在方位。

四、算财神所在方位。

【英文提要】

The Divination. Divination by Using Two Shells

This book records four ways of divination:

First, it records the cover words of hexagrams and basic knowledge in divination by using five seashells. Contents of divination include: hunting, errands, business, procreating, disease, searching, etc. It records also the certain feat and ritual need be held to release misfortune if the result is not good.

Second, it records the certain date of misfortune and fortune from spring to winter in four seasons.

Third, it *divine*s the direction to the god of pleasure.

Fourth, it *divine*s the direction to the god of wealth.

456-L-4-02

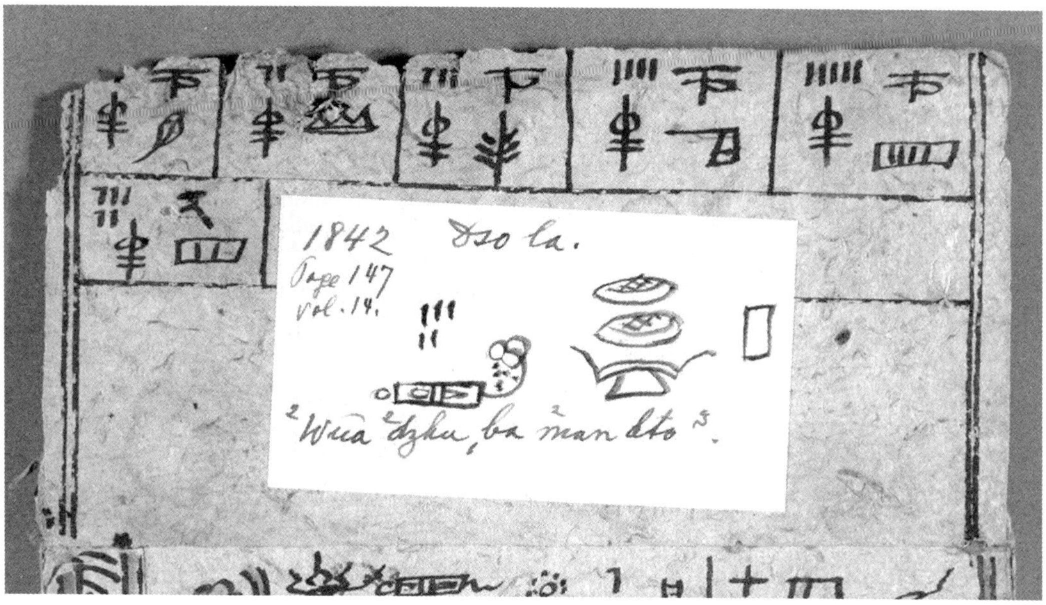

“1842”为洛克收藏东巴古籍时的序号。几个东巴文为此书封一书名之复写。字母文字为洛克记下书名之读音。

dɯ^{33} ly^{33} phər^{21}, dʑi^{21}. | ȵi^{33} ly^{33} phər^{21}, mi^{33}. | sɿ^{55} ly^{33} phər^{21}, sər^{33}. | lu^{55} ly^{33} phər^{21},
一 颗 白 水 两 颗 白 火 三 颗 白 木 四 颗 白

ʂu^{21}. | uɑ^{55} ly^{33} phər^{21}, tʂɿ^{33}. | uɑ^{55} ly^{33} nɑ^{21}, tʂɿ^{33}. |
铁 五 颗 白 土 五 颗 黑 土

掷出一颗白就算为水。两颗白为火。三颗白为木。四颗白为铁。五颗白为土。五颗黑亦为土。

456-L-4-03

khy̩^{21} sər^{33}、by̩^{21} ʂu^{21} dɯ^{33} to^{55} thy̩^{33} me^{33}: | ty̩^{21}le^{33} ɕi^{33} sy^{21} kɑ^{33} nɯ^{21} ɯ^{33}. ʐʅ^{33} dʑi^{33} bɯ^{33}, |
内 木 外 铁 一 卦 产生 是 千 又 百 样 吉 与 好 路 行 去

ɯ^{33}. | gu^{21} me^{33} ɕy^{33} be^{33}, mɯ^{33} ɕy^{33} be^{33}; uɑ^{33} tshʅ^{21} py^{21}; he^{21} ʂu^{55}; | ʐʅ^{21} tshʅ^{21} py̩^{55}, zə̩r^{21} tshʅ^{21}
吉 病 者 法事 做 天 法事 做 瓦鬼 祭 神 祭 蛇鬼 送 豹鬼

lɑ^{33} tshʅ^{21} py̩^{55}, | dʑi^{33} tse^{21} dʑi^{33} zɑ^{21} ʂu^{55} dər^{33}. tʂhə^{55} ly̩^{33} dʑi^{55} dər^{33}. | dzər^{21} khɯ^{33} tshʅ^{21} py̩^{55}
虎鬼 送 景仄景饶宋 该 臭鲁 烧 该 树 旁 鬼 送

dər^{33}. | dʑi^{21} thy̩^{21} mə^{33} ȵi^{21}. i^{33} tʂhʅ^{33} mu^{21} gə^{33} he^{21} ʂu^{55} dər^{33}. | o^{33} dze^{33} phi^{55} se^{13}, pɑ^{33} kə^{21} ho^{55}
该 房 建 不 可 南方 的 神 祭 该 财物 失 了 巴格 八

khu^{33} gə^{33} y^{21} dzʅ^{21} tɯ^{33} ʂu^{21} bɯ^{33} dər^{33}. |
方 的 羊 居 地 找 去 该

内卦①为木、外卦为铁的一卦：千百样皆吉顺。出门远行为吉。为病者作法事，该祭祀天；要做祭瓦鬼的法仪；要祭神；要退送蛇鬼；退送豹鬼和虎鬼；要进行称为“景仄景饶宋”的法仪。举行烧臭鲁②鬼的仪式；要送树旁的鬼。不要去建房；该祭南方的神；丢失了财物应到巴格八方中的羊居地（西南方）去找寻。

456-L-4-04

khy̩^{21} sər^{33}、by̩^{21} dʑi^{21} dɯ^{33} to^{55} thy̩^{33}: | ɕi^{33} sy^{21} ty̩^{21} sy^{21} be^{33} ɯ^{33}. khɯ^{33} ʂər^{21} ɕy^{33} dy^{55} bɯ^{33},
内 木 外 水 一 卦 产生 百 样 千 样 皆 吉 狗 牵 兽 撵 去

ɯ^{33}. ʐʅ^{33} dʑi^{33} tʂhu^{21} be^{33} thy̩^{33}. | gu^{21} me^{33} ɕy^{33} be^{33}, ze^{21} thy̩^{33} ky̩^{55}. | he^{21} ʂu^{55}、tso^{33} ʂu^{55}、thy̩^{33}
吉 路 行 早 地 到 病 者 法事 做 壬鬼出现 会 神 祭 灶神 祭 土鬼

① 内卦：东巴用五个海贝占卜时要掷两次，掷第一次称为“内卦”，掷第二次称为“外卦”。

② 臭鲁：音译鬼名，为使产妇生一个死一个的鬼。

ʂu^{55} dər^{33}. | o^{33} dze^{33} ʂu^{21} me^{33}, lu^{33} ȵi^{33}、tshe^{21} lu^{33} ȵi^{33}, ȵi^{33} tsər^{21} lu^{33} ȵi^{33} lo^{21}, ȵi^{33} me^{33} thy̩^{33}

祭 该 财物 找 是 四 日 十 四 日 二 十 四 日里 东方

ʂu^{21} fæ^{33}. | khy̩^{21} ʂu^{21}、by^{21} dʑi^{21} dɯ^{33} to^{55} thy̩^{33}: | khɯ^{33} ʂər^{21} ɕy^{33} dy^{55} bɯ^{33} ɯ^{33}. ə^{33} me^{33} tɕi^{55}

找 去 内 铁 外 水 一 卦 产生 狗 牵 兽 撵 去 吉 母亲 婴儿

tɕi^{33} ɕi^{21} ɯ^{33}, zo^{33} mi^{55} ɯ^{33}. | gu^{21} me^{33} ɕy^{33} be^{33} se^{13}, dy̩^{21} tse^{21} py^{21} dər^{33}.

生育 吉 儿 女 吉 病 者 法事 做 则 毒鬼 仄鬼 祭 该

内卦为木、外卦为水的一卦：千百样皆吉。牵狗去狩猎为吉。出门远行能及早到达目的地。为病者作法事则因产生了壬鬼而祭鬼。要祭神。要祭灶神。该祭土鬼。要去寻找失物，就要在四日、十四日、二十四日到东方去找。

内卦为铁、外卦为水的一卦：牵狗去撵山为吉。母亲生育会吉顺，儿女亦吉。为病者作法事则该祭毒鬼和仄鬼。

456-L-4-05

ʐər^{21} tshɿ^{21} py̩^{55} dər^{33}. thy̩^{33} tshɿ^{21} ʂu^{55} dər^{33}. | he^{21} ʂu^{55} dər^{33}. mɯ^{33} ɕy^{33} be^{33} dər^{33}. tʂhə^{55} ly̩^{33} py^{21}

豹 鬼 送 该 土鬼 祭 该 神 祭 该 天 法事 做 该 臭鲁 祭

dər^{33}. | dʑi^{33} tse^{21} dʑi^{33} zɑ^{21} ʂu^{55} dər^{33}. | phi^{55} phi^{33} ʂɿ^{33} ʂɿ^{33} me^{33} dʑy^{33} me^{33}, | ɯ^{33} dzɿ^{21} tɯ^{33}、y^{21}

该 景仄景饶宋 该 丢失 者 有 的 牛 居 地 羊

dzɿ^{21} tɯ^{33} ʂu^{21} me^{33} mə^{33} dɯ^{33}, mæ^{55} se^{13} le^{33} ɯ^{33}. | khy̩^{21} dʑi^{33}、by^{21} ʂu^{21} dɯ^{33} to^{55} thy̩^{33}: | ty̩^{21}

居 地 找 是 不 得 之后 则 又 吉 内 水 外 铁 一 卦 产生 千

le^{33} ɕi^{33} sy^{21} khuɑ^{21}. khɯ^{33} ʂər^{21} ɕy^{33} dy^{55} bɯ^{33} mə^{33} ɯ^{33}. | dzɿ^{33} ʂə^{55} bɯ^{33} ly^{55} mu^{21} tɑ^{55} gy̩^{33}. |

又 百 样 凶 狗 牵 兽 撵 去 不 吉 诉讼 去 中常 才 成

zʅ33 dʑi33 mə33 thy̩33 ky̩55. | gu21 me33 ɕy33 be33, he21 ʂu55 dər33. dʑi33 tse21 dʑi33 zɑ21 ʂu55 dər33. |
路 行 不 到 会 病 者 法事 做 神 祭 该 景仄景饶宋 该

dzər21 kɑ55 nɯ33 mi21
树 间 以 往下

该送豹鬼。要祭土鬼。要祭神。该祭祀天。该进行祭臭鲁仪式。该进行称为“景仄景饶宋”的祭仪。若有丢失事情发生，到牛居地（东北方）与羊居地（西南方）去找则找不到，但以后又会顺利地找到。

内卦为水、外卦为铁的一卦：千百样皆凶。不宜牵狗去撵山，不吉。去诉讼只为中常。出门远行会到不了目的地。为病者作法事，该祭神。要进行叫“景仄景饶宋”的祭仪。遇到从树林间往下而来的

456-L-4-06

khɯ55 tshʅ21 me33 zʅ21 tshʅ21 ko33 py̩55. | n̩i33 me33 gy̩21 tɕy21 hɑ33 phi55 hɑ33 ʂu55 dər33 me55. | y21
放 来 的 蛇 鬼 遇到 西方 方向 饭 丢 饭 祭 该 的 祖先

ɕy33 be33, khuɑ21. | mɯ33 dər33 sʅ55 dər33. zər21 tshʅ21 lɑ33 tshʅ21 py̩55 dər33. | tʂhə55 ly̩33 py21 dər33.
法事 做 凶 天 错 认 该 豹 鬼 虎 鬼 送 该 臭鲁 祭 该

uɑ33 tshʅ21 py21 dər21. tso33 ʂu55 dər33. | dy̩21 tshʅ21 tse21 tshʅ21、tər21 tshʅ21 lɑ33 tshʅ21 ʂu55 phi55, kɑ33
瓦鬼 祭 该 灶神 祭 该 毒鬼 仄鬼 呆鬼 佬鬼 祭 后 吉

nɯ21 ɯ33. | khy̩21 ʂu21, by21 sər33 dɯ33 to55 thy̩33: | ty̩21 le33 ɕi33 sy21 mə33 kɑ33, khuɑ21. | dzʅ33
和 顺 内 铁 外 木 一 卦 产生 千 又 百 样 不 吉 凶 诉讼

ʂə55 bɯ33 mə33 ɯ33. zʅ33 dʑi33 bɯ33 mə33 kɑ33, khuɑ21. | gu21 me33 ɕy33 be33 se13, mɯ33 tshʅ21 py21
去 不 吉 路 行 去 不 吉 凶 病 者 法事 做 则 天鬼 祭

dər^{33}. gɑ^{33} ɕy^{33} be^{33} dər^{33}.
该 嘎神 法事 做 该

蛇鬼，（该送蛇鬼。）该向西方献饭。做祭祖先的法事会凶。该进行向天认错的法事。该送豹鬼和虎鬼。该进行祭臭鲁的法仪。该举行祭瓦鬼仪式。要祭灶神。祭了毒鬼和仄鬼、呆鬼和佬鬼后，又会吉顺。

内卦为铁、外卦为木的一卦：千百样皆不吉，凶。不宜去诉讼，凶。出门远行会不顺，凶。为病者作法事，则该祭天鬼。要做祭嘎神的法事。

456-L-4-07

mə^{33} ŋv̩^{55} tshɿ^{21} hɑ^{33} ʂu^{55} dər^{33}. | phi^{55} me^{33} o^{33} ɯ^{33} dʑy^{33}, khɯ^{33} dzɿ^{21} tɯ^{33} ʂu^{21} fæ^{33}. | dv̩^{21} nɯ^{21}
未 超度 鬼 饭 祭 该 失 的 物 好 有 狗 居 地 找 去 毒鬼 和

tse^{21}、tər^{21} nɯ^{21} lɑ^{33} py^{21} næ^{21}. | lv̩^{21} dzɿ^{21} tɯ^{33} ly^{21} fæ^{33}, tshe^{33} do^{21} sɿ^{21} ȵi^{33}、tshe^{33} sɿ^{21} ȵi^{33}、ȵi^{33}
仄鬼 呆鬼 和 佬鬼 祭 该 龙 居 地 看 去 初三 日 十 三 日 二

tsər^{21} sɿ^{21} ȵi^{33} ly^{21} fæ^{33}. | khv̩^{21} sər^{33}, by^{21} mi^{33} dɯ^{33} to^{55} thv̩^{33}: | ɕi^{33} sy^{21} tv̩^{21} sy^{21} be^{33} kɑ^{33} nɯ^{21}
十 三 日 看 去 内 木 外 火 一 卦 产生 百 样 千 样 皆 吉 和

ɯ^{33}. ʐʅ^{33} dʑi^{33} tʂhu^{21} be^{33} thv̩^{33}. ə^{33} me^{33} tɕi^{55} tɕi^{33} tɕi^{33} hə^{21} lɑ^{33} kɑ^{33} nɯ^{21} ɯ^{33}. | khɯ^{33} ʂər^{21} ɕy^{33}
顺 路 行 早 地 到 母亲 婴儿 生 也 去 和 顺 狗 牵 兽

dy^{55} bɯ^{33} ɯ^{33}. ɯ^{33} lɑ^{21} be^{33} bɯ^{33} ɯ^{33}. | o^{33} dze^{33} lɑ^{33} kɑ^{33} nɯ^{21} ɯ^{33}. | gu^{21} me^{33} ɕy^{33} be^{33} se^{13},
撵 去 吉 生意 做 去 吉 财 物 亦 吉 和 顺 病 者 法事 做 则

he^{21} ʂu^{55} dər^{33}. dv̩^{21} tshɿ^{21} tse^{21} tshɿ^{21}、tər^{21} tshɿ^{21} lɑ^{33} tshɿ^{21} py^{21} dər^{33}. | ze^{21} tshɿ^{21}
神 祭 该 毒鬼 仄鬼 呆鬼 佬鬼 祭 该 壬鬼

该给未超度的鬼施饭。若好财物丢失，该到狗居地（西北方）去找寻；该祭毒鬼和仄鬼、呆鬼和佬鬼，再到龙居地（东南方）去找，在初三、十三、二十三日去找。

内卦为木、外卦为火的一卦：千百样皆吉顺。出门远行会及早到达目的地。母亲生育小孩会吉顺。牵狗去撵山会吉。宜去做生意，吉。有关财物亦为吉。为病人作法事，该祭神；该祭毒鬼和仄鬼、呆鬼和佬鬼。该祭壬鬼。

456-L-4-08

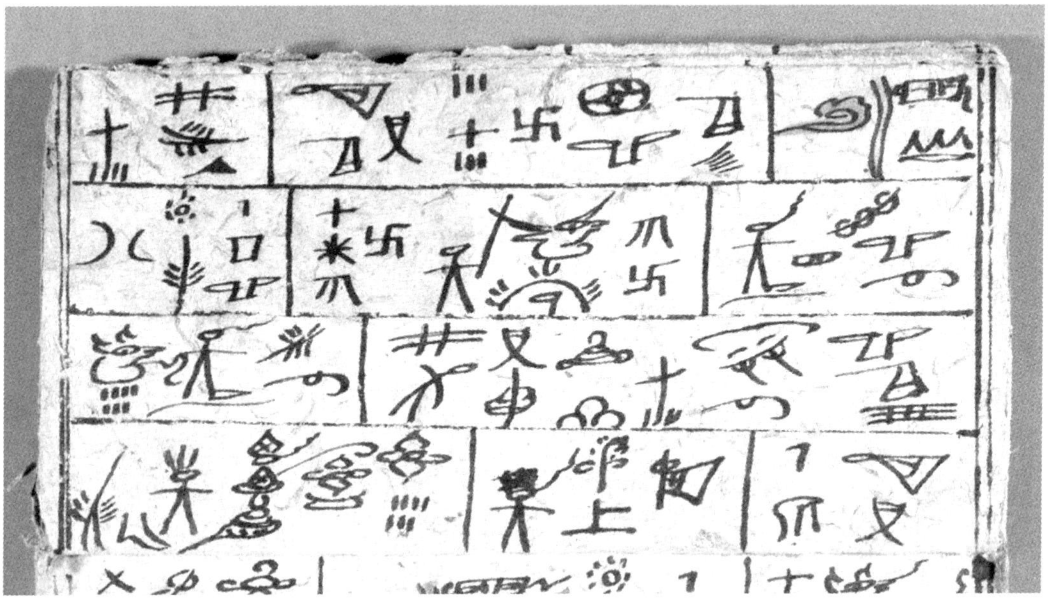

py^{21} dər^{33}. gu^{21} mæ^{55} ʂər^{21}, khuɑ^{21}. ｜phi^{55} me^{33} ʂu^{21} se^{13}, tshe^{33} do^{21} sɿ^{21} ȵi^{33}、tshe^{33} sɿ^{21} ȵi^{33} ʂu^{21}
祭 该 病 长久 凶 失 的 找 则 初三 日 十三 日 找

ɯ^{33}, ȵi^{33} me^{33} thy̩^{33} tɕy^{21} ʂu^{21} fæ^{33}. ｜khy̩^{21} mi^{33}, ｜by^{21} sər^{33} dɯ^{33} to^{55} thy̩^{33}: ｜ɕi^{33} sy^{21} ty̩^{21} sy^{21}
吉 东方 方向 找 去 内 火 外 木 一 卦 产生 百 样 千 样

be^{33} kɑ^{33} nɯ^{21} ɯ^{33}. ko^{21} ky̩^{33} by̩^{33} ly̩^{55} bɯ^{33} lɑ^{33} kɑ^{33} nɯ^{21} ɯ^{33}. ｜zɿ^{33} dʑi^{33} bɯ^{33} tʂhu^{21} be^{33} mə^{33}
皆 吉 和 顺 高原 上 羊 牧 去 也 吉 和 顺 路 行 去 早 地 不

thy̩^{33}. ｜khɯ^{33} ʂər^{21} ɕy^{33} dy^{55} bɯ^{33} ɕy^{33} mə^{33} mæ^{33}. ｜gu^{21} me^{33}ɕy^{33} be^{33} se^{13}, tʂhə^{55} ly̩^{33} py^{21} dər^{33}.
到 狗 牵 兽 撵 去 兽 不 得 病 者 法仪 做 则 臭鲁 祭 该

mɯ^{33} mə^{33} do^{21} gə^{33} thy̩^{33} ʂu^{55} dər^{33}. ｜dzər^{21} khɯ^{33} tshɿ^{21} nɯ^{33} tshɿ^{21}. sɿ^{21} nɯ^{33} uɑ^{21} he^{33} khy̩^{33}. sɿ^{21}
天 不 见 的 土鬼 祭 该 树 脚 鬼 以 缠 署 以 魂 偷 署

uɑ^{21} ʂər^{55} dər^{33}. ｜dzɿ^{33} ʂə^{55} bɯ^{33}, gɑ^{33}. ｜kɑ^{33} me^{33} dɯ^{33} sy^{21} phi^{55} me^{33},
魂 赎 该 诉讼 去 胜 好 的 一 样 丢失 是

病会长久，凶。去寻失物，则要在初三、十三日去找为吉，应到东方去找寻。

内卦为火、外卦为木的一卦：千百样皆吉顺。到高原上去放牧亦吉顺。出门远行不能及早到达目的地。牵狗去撵山不会获得猎物。为病者举行法仪则要举行祭臭鲁仪式。该祭不见

天的土鬼。会被树旁的鬼缠上。署会偷去病者灵魂。该向署赎回灵魂。去诉讼能赢。若丢失一件好财物，

456-L-4-09

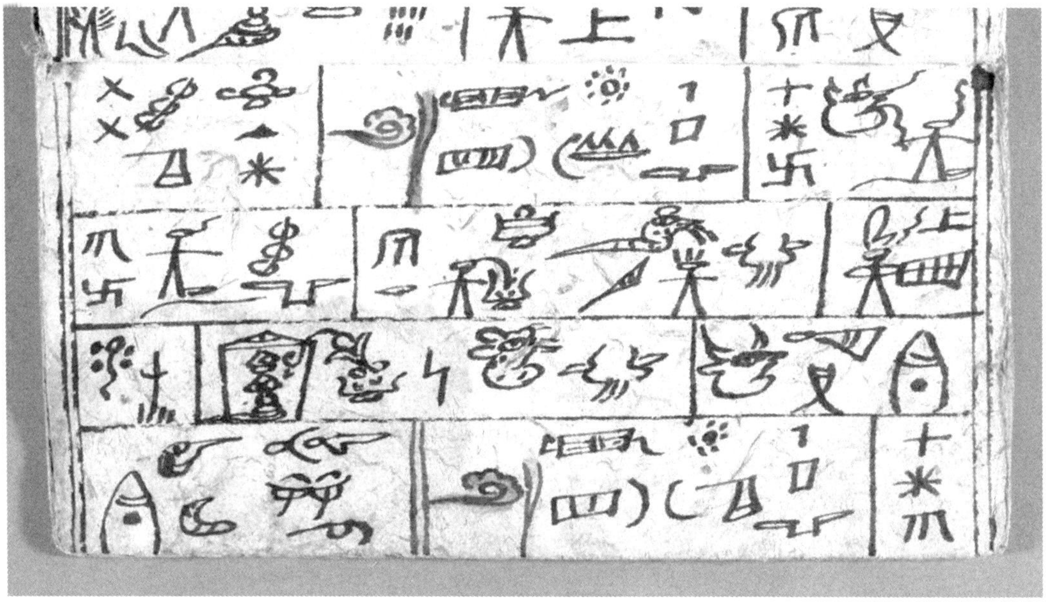

dy^{55} dy^{33} be^{33} tʂhu^{21} be^{33} ʂu^{21}, le^{33} dɯ^{33} nɑ^{55} khuɑ^{21}. ｜khv̩^{21} tʂʅ^{33}; by^{21} mi^{33} dɯ^{33} to^{55} thv̩^{33}: ｜ɕi^{33}
赶紧　地 早　地 找 又 得 但　凶　　内　土 外 火 一 卦 产生　百

sy^{21} tv̩^{21} sy^{21} be^{33} ɯ^{33}. khɯ^{33} ʂər^{21} ɕy^{33} dy^{55} bɯ^{33}, ｜kɑ^{33} nɯ^{21} ɯ^{33}. ʐʅ^{33} dʑi^{33} tʂhu^{21} be^{33} thv̩^{33}. ｜
样 千 样 皆 吉　狗　牵 兽 撵 去　吉 和 顺 路 行 早 地 到

ho^{33} gv̩^{33} lo^{21} tɕy^{21} ʐʅ^{33} thɯ^{21} hɑ^{33} dzʅ^{33} khɯ^{55} ʐʅ^{21} nɯ^{33} do^{21} be^{33}, ʐʅ^{21} tshʅ^{21} pv̩^{55} dər^{33}. ｜phe^{21} pu^{55}
北方　　方 酒 喝 饭 吃 去 蛇 以 异兆 做 蛇鬼　送 该　麻布 带

kɯ^{33} tʂʅ^{21} ʂə^{55} gə^{33} mi^{55} dɯ^{33} gv̩^{33} nɯ^{33} tshʅ^{21}. ｜tshʅ^{21} py^{21} dər^{33}. ｜dʑi^{21} dæ^{21} lo^{21} gə^{33} lɯ^{33} mu^{33}
话　说 的 女 一 个 以 作祟　除鬼 祭 该　房 宅地 里 的 里母

sʅ^{21} tʂər^{33} khɯ^{55} dər^{33}. ʐər^{21} tshʅ^{21} lɑ^{33} tshʅ^{21} pv̩^{55} dər^{33}. ｜ɯ^{33} phi^{55} me^{33} dʑy^{21} nɑ^{55} ȵi^{33} dʑy^{21} ko^{55}
署 药 放 该 豹 鬼 虎 鬼 送 该　牛 失 的 山 大 两 山 间

dʑy^{21}. ɕi^{33} nɯ^{33} le^{33} dzʅ^{33} se^{33} mə^{33} do^{21}. ｜khv̩^{21} tʂʅ^{33}, by^{21} ʂu^{21} dɯ^{33} to^{55} thv̩^{33}: ｜ɕi^{33} le^{33} tv̩^{21} sy^{21}
有 他人 以 又 吃 了 不 知　内 土 外 铁 一 卦 产生　百 又 千 样

kɑ^{33}.
吉

要赶紧去找寻，可得。但凶。

内卦为土、外卦为火的一卦：千百样皆吉。牵狗去撵山，吉顺。出门去远行可及早到达目的地。到北方去喝酒吃饭则会见到蛇的异常现象，要送蛇鬼。会因手拿麻布嘴里说着话

的一个女人作祟而被鬼缠上，要祭除鬼。要向自家宅基地里的里母①署施药。该送豹鬼和虎鬼。丢失了的黄牛会在两座大山之间，也许被人杀吃了。

内卦为土、外卦为铁的一卦：千百样皆吉。

456-L-4-10

ʐʅ^{33} dʑi^{33} bɯ^{33} lɑ^{33} ɯ^{33}. ə^{33} me^{33} tɕi^{55} tɕi^{33} tɕi^{33} bə^{21} me^{33} kɑ^{33} nɯ^{21} ɯ^{33}. | gu^{33} me^{33} ɕy^{33} be^{33}, |
路 行 去 也 吉 母亲 婴儿 生育 者 吉 和 顺 病 者 法事 做

tʂhə^{55} ly̩^{33} py^{21} dər^{33}. | he^{21} ʂu^{55} tshɿ^{21} ʂu^{55} dər^{33}. | khɯ^{33} ʂər^{21} ɕy^{33} dy^{55} bɯ^{33} ɯ^{33}. ɯ^{33} lɑ^{21} be^{33}
臭鲁 祭 该 神 祭 鬼 祭 该 狗 牵 兽 撵 去 吉 生意 做

ɯ^{33}. | mɯ^{33} mə^{33} do^{21} gə^{33} thy̩^{33} ʂu^{55} be^{33} dər^{33}. | uɑ^{33} tshɿ^{21} dɯ^{21} py^{21} dər^{33}. ze^{21} py^{21} dər^{33}. hɑ^{55}
吉 天 不 见 的 土鬼 祭 做 该 瓦鬼 大 祭 该 壬鬼 祭 该 哈仄

tse^{33} ʂu^{55} dər^{33}. | mɯ^{33} ky̩^{33} kɯ^{21} tshɿ^{21} py^{21} dər^{33}. | mə^{33} ŋy̩^{33} tshɿ^{21} hɑ^{33} ʂu^{55} dər^{33}. | dzər^{21}
祭 该 天 上 星 鬼 祭 该 未 超度 鬼 饭 祭 该 树

khɯ^{33} tshɿ^{21} nɯ^{33} tshɿ^{21}, gu^{21} mæ^{55} mə^{33} i^{33}. | khy̩^{21} ʂu^{21}, by^{21} tʂʅ^{33} dɯ^{33} to^{55} thy̩^{33}: | ɕi^{33} le^{33} ty̩^{21}
脚 鬼 以 缠 病 尾 没 有 内 铁 外 土 一 卦 产生 百 又 千

sy^{21} be^{33} khuɑ^{21}. khɯ^{33} ʂər^{21} ɕy^{33} dy^{55} bɯ^{33}
样 皆 凶 狗 牵 兽 撵 去

出门远行亦吉。母亲生育婴儿会吉顺。为病者做法仪，则要进行祭臭鲁仪式。要祭神送鬼。宜牵狗去撵山，吉。宜做生意，吉。该祭不见天的土鬼。该进行祭瓦鬼的大仪式。要祭壬鬼。要祭哈仄②。该祭天上的星鬼。要向未超度的鬼献饭。会被树脚处的鬼缠上。病不会长久。

---

① 里母：音译名词，属掌管野生动植物及山川河流的灵精——署之一种。

② 哈仄：音译，不知为何，存疑。

内卦为铁、外卦为土的一卦：千百样皆凶。牵狗去撵山

456-L-4-11

mə^{33} ɯ^{33}. ɯ^{33} lɑ^{21} be^{33} bɯ^{33} mə^{33} ɯ^{33}. | gu^{21} me^{33} he^{21} nɯ^{21} tshʅ^{21} mu^{21} i^{33}, tshər^{33} le^{33} gu^{21} dɯ^{21}
不 吉　生意　做　去　不 吉　病　者　神　和　鬼　缘故　发烧 而　病 大

ky̩^{55}. | py^{33} by̩^{21} nɯ^{33} | tʂhu^{21} be^{33} py^{21} ʂu^{55} dər^{33}. | lɑ^{33}tshʅ^{33} py̩^{55} dər^{33}. ʐʅ^{21} tshʅ^{21} py̩^{55}dər^{33}. |
会　祭司　以　早　地　祭　该　虎　鬼　送　该　蛇　鬼　送　该

phi^{55} me^{33} ȵi^{33} me^{33} gy̩^{21} tɕy^{21} ʂu^{21} ɯ^{33}. | khy̩^{21} ʂu^{21}, by̩^{21} sər^{33} dɯ^{33} to^{55} thy̩^{33}: | ɕi^{33} sy^{21} ty̩^{21} sy^{21}
失　的　西方　方　找　吉　内　铁　外　木　一　卦　产生　百　样　千　样

khuɑ^{21}, mə^{33} kɑ^{33}. | gu^{21} me^{33} ɕy^{33} be^{33} se^{13}, | mɯ^{33} tshʅ^{21} py^{21} dər^{33}, mɯ^{33} dər^{33} sʅ^{55} dər^{33}. ʐʅ^{21}
凶　不　吉　病　者　法事　做　则　天　鬼　祭　该　天　错　认　该　蛇

tshʅ^{21} phy̩^{55} dər^{33}. | ȵi^{33} me^{33} gy̩^{21} tɕy^{21} gə^{33} dy̩^{21} tse^{21} py^{21} dər^{33}. | he^{21} ʂu^{55} dər^{33}. mə^{33} ŋy̩^{55} tshʅ^{21}
鬼　送　该　西方　方　的　毒鬼仄鬼　祭　该　神　祭　该　未　超度　鬼

不吉。不宜去做生意。生病则是因鬼神之故。会发烧得大病。要及早地请东巴祭司作祭仪以祭神鬼。该送虎鬼。要送蛇鬼。找失物该到西方去找寻为吉。

内卦为铁、外卦为木的一卦：千百样皆凶。不吉。为病者作法事，则该祭天鬼，要向天认错，该送蛇鬼。要祭西方的毒鬼和仄鬼。要祭神。要向未曾超度的鬼魂

456-L-4-12

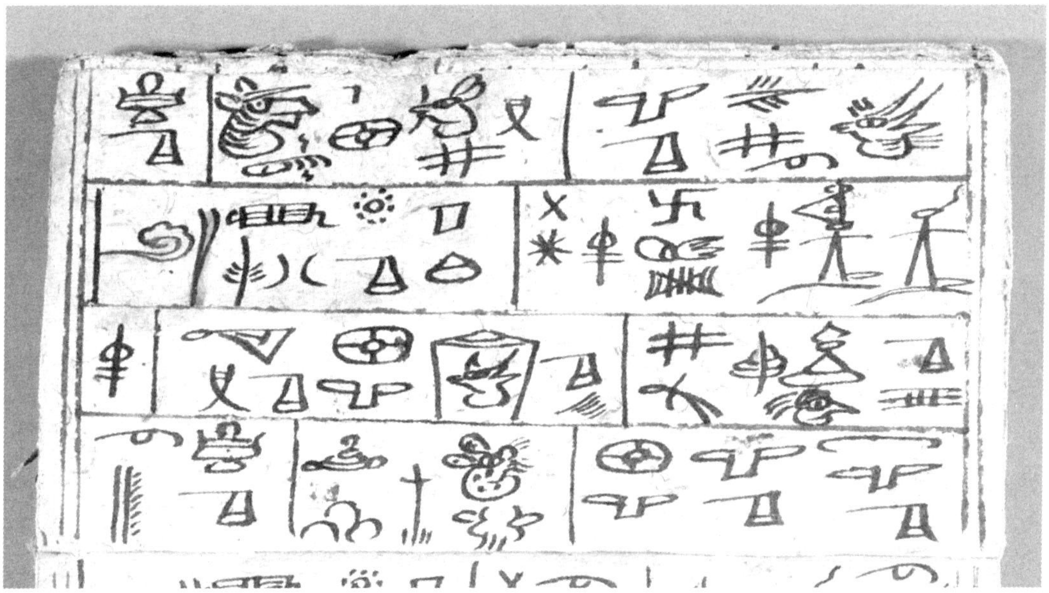

hɑ^{33} ʂu^{55} dər^{33}. | ẓuɑ^{33} khy̩^{55} dɯ^{33} ȵi^{33} le^{33} gu^{21} me^{33}, | thhy̩^{33} ʂu^{55} dər^{33}. gu^{21} mæ^{55} mə^{33} i^{33}. |
饭 祭 该 马 岁 一 天 又 病 者 土鬼 祭 该 病 尾 没 有

khy̩^{33} sər^{33}, by^{21} ʂu^{21} dɯ^{33} to^{55} thy̩^{33}: | ty̩^{21} le^{33} ɕi^{33} sy^{21} ly^{55} mu^{21} gy̩^{33}. ɯ^{33} lɑ^{21} be^{33} ly^{55} mu^{21} gy̩^{33}.
内 木 外 铁 一 卦 产生 千 又 百 样 中常 成 生意 做 中常 成

mu^{21} tɯ^{33} bɯ^{33}, ẓʅ^{33} ʥi^{33} bɯ^{33}, | ly^{55} mu^{21} gy̩^{33}. | phi^{55} me^{33} ʂu^{21} se^{13}, ȵi^{33} me^{33} thy̩^{33} ɯ^{33} tər^{55}
兵 起 去 路 行 去 中常 成 失 的 找 则 东方 牛 关

ʥi^{21} lo^{21} ʂu^{21} fæ^{33}. | gu^{33} me^{33} ɕy^{33} be^{33} me^{33}, he^{21} fy̩^{55} ty̩^{33} be^{33}, he^{21} ʂu^{55} dər^{33}. | mə^{33} ŋy̩^{55} tshʅ^{21}
房 里 找 去 病 者 法事 做 是 神 祭仪 做 神 祭 该 未 超度 鬼

hɑ^{33} ʂu^{55} dər^{33}. | tʂhə^{55} ly̩^{33} py^{21} dər^{33}. ẓər^{21} tshʅ^{21} py̩^{55} dər^{33}. | ȵi^{33} me^{33} thy̩^{33} gə^{33} thy̩^{33} ʂu^{55} dər^{33}.
饭 祭 该 臭鲁 祭 该 豹鬼 送 该 东方 的 土鬼 祭 该

mɯ^{33} gə^{33} thy̩^{33} ʂu^{55} dər^{33}.
天 的 土鬼 祭 该

献饭。若是属马的日子里生病，则该祭土鬼。病不会长久。

内卦为木、外卦为铁的一卦：千百样皆为中常。起兵去打仗，出门去远行皆为中常。寻失物则到东方的牛栅里去找。为病者做法仪则应举行祭祀神的仪式以祭神。要向未曾超度的鬼魂献饭。要举行祭臭鲁仪式。要送豹鬼。要祭东方的土鬼和天上的土鬼。

456-L-4-13

khy̩^{21} tʂʅ^{33}, by^{21} sər^{33} dɯ^{33} to^{55} thy̩^{33}: | ty̩^{21} le^{33} ɕi^{33} sy^{21} mə^{33} khuɑ^{21}, mə^{33} kɑ^{33}. | khɯ^{33}
内 土 外 木 一 卦产生 千 又百 样 不 凶 不 吉 狗

ʂər^{21} ɕy^{33} dy^{55} bɯ^{33}, zʅ^{33} dʑi^{33} bɯ^{33}, mə^{33} khuɑ^{21}. | ə^{33} me^{33} tɕi^{55} tɕi^{33} tɕi^{33} hə^{21} me^{33}, ly^{55} mu^{21}
牵 兽 撵 去 路 行 去 不 凶 母亲 婴儿 生育 是 中常

gy̩^{33}. | thy̩^{33} ly̩^{33}[①] py^{21} dər^{33}. tʂhə^{55} ly̩^{33} py^{21} dər^{33}. | mɯ^{33} tshʅ^{21} py^{21} dər^{33}, thy̩^{33} ʂu^{55} dər^{33}. |
成 臭鲁 祭 该 天鬼 祭 该 土鬼 祭 该

bi^{33} lo^{21} dʑi^{21} kho^{33} dər^{33} khɯ^{33} sʅ^{21} uɑ^{21} ʂər^{55} dər^{33}. | hɑ^{55} tse^{33} ʂu^{55} dər^{33}, he^{21} ʂu^{55} dər^{33}. | ɯ^{33}
森林 里 水 源 塘 处 署 魂 赎 该 哈仄 祭 该 神 祭 该 牛

phi^{55} me^{33} ȵi^{33} dʑy^{21} ko^{55} ʂu^{21} fæ^{33}. ɕi^{33} nɯ^{33} dzʅ^{33} se^{33} do^{21} me^{55}. | khy̩^{21} tʂʅ^{33}, by^{21} dʑi^{21} dɯ^{33} to^{55}
失 的 两 山 间 寻 去 他人 以 吃 了 可能 的 内 土 外 水 一 卦

thy̩^{33}: | ty̩^{21} le^{33} ɕi^{33} sy^{21} be^{33} khuɑ^{21}. khɯ^{33} ʂər^{21} ɕy^{33} dy^{55} bɯ^{33} mə^{33} kɑ^{33}.
产生 千 又 百 样 皆 凶 狗 牵 兽 撵 去 不 吉

内卦为土、外卦为木的一卦：千百样皆不凶不吉。牵狗去撵山，出门远行皆不凶。母亲生育婴儿为中常。该举行祭臭鲁仪式。该祭天鬼。要祭土鬼。要向森林里水泉边的署赎魂。该举行祭哈仄仪式。要祭神。丢失了牛该到两山之间去找寻，也许是被人杀吃了。

内卦为土、外卦为水的一卦：千百样皆凶。牵狗去撵山，不吉。

① thy̩^{33} ly̩^{33}：不知其义，未译，存疑。

456-L-4-14

ɯ^{33} lɑ^{21} be^{33} mə^{33} kɑ^{33}. | ə^{33} me^{33} tɕi^{55}tɕi^{33} tɕi^{33} hə^{21} ɯ^{33}. phi^{55} me^{33} ɯ^{33} tər^{55} dʑi^{21} ko^{55} ʂu^{21} ɯ^{33}. |
生意 做 不 吉 母亲 婴儿 生育 吉 失 的 牛关 房 里 找 吉

ʐʅ^{33} dʑi^{33} tʂhu^{21} be^{33} thy̩^{33}. mɯ^{33} tshʅ^{21} py^{21} dər^{33}. uɑ^{33} tshʅ^{21} | py^{21} dər^{33}. dy̩^{21} nɯ^{21} tse^{21}、tər^{21} nɯ^{21}
路 行 早 地 到 天 鬼 祭 该 瓦鬼 祭 该 毒鬼 和 仄鬼 呆鬼 和

lɑ^{33} py^{21} dər^{33}. | hɑ^{55} tse^{33} ʂu^{55} dər^{33}. lɑ^{33} tshʅ^{21} py̩^{55} dər^{33}. | gɑ^{33} be^{33} dər^{33}. ze^{21} py^{21} dər^{33}. |
佬鬼 祭 该 哈仄 祭 该 虎 鬼 送 该 嘎神 做 该 壬鬼 祭 该

khy̩^{21} dʑi^{21}, by^{21} tʂʅ^{33} dɯ^{33} to^{55} thy̩^{33}: | khɯ^{33} ʂər^{21} ɕy^{33} dy^{55} bɯ^{33} mə^{33} kɑ^{33}. ʐʅ^{33} dʑi^{33} bɯ^{33} mə^{33}
内 水 外 土 一 卦产生 狗 牵 兽 撵 去 不 吉 路 行 去 不

kɑ^{33}. | gu^{21} me^{33} lɯ^{55} ʂə^{55}, dɯ^{21}. tɕi^{55} nɯ^{21} tɕhi^{21}、dʑi^{33} nɯ^{21} uɑ^{33} py^{21} dər^{33}. khə^{33} gy̩^{33} tshʅ^{21}
吉 病 的 若 说 大 季鬼 和 奇鬼 景鬼 和 瓦鬼 祭 该 抠古 鬼

py^{21} dər^{33}. | dy̩^{21} nɯ^{21} tse^{21}、tər^{21} nɯ^{21} lɑ^{33} py^{21} dər^{33}. hɑ^{55} tse^{33} ʂu^{55} dər^{33}. | dzʅ^{33} uə^{33}
祭 该 毒鬼 和 仄鬼 呆鬼 和 佬鬼 祭 该 哈仄 祭 该 村 寨

不宜去做生意。母亲生育婴儿为吉。寻失物要到牛棚里找，吉。出门远行可及早到达目的地。该祭天鬼。要祭瓦鬼。该祭毒鬼和仄鬼、呆鬼和佬鬼。要祭哈仄。要送虎鬼。该举行祭嘎神仪式。该祭壬鬼。

内卦为水、外卦为土的一卦：不宜牵狗去撵山。不宜出门远行。若病则会重病。要进行祭季鬼和奇鬼、景鬼和瓦鬼的仪式。要进行祭抠古鬼的仪式。要祭毒鬼和仄鬼、呆鬼和佬鬼。要祭哈仄。要祭村寨神。

456-L-4-15

py^{21} dər^{33}. | khy̩^{21} mi^{33}, by^{21} ʥi^{21} dɯ^{33} to^{55} thy̩^{33}: | ty̩^{21} le^{33} ɕi^{33} sy^{21} be^{33} khuɑ^{21}. khɯ^{33} ʂər^{21} ɕy^{33}
祭 该 内 火 外 水 一 卦产生 千 又 百 样 皆 凶 狗 牵 兽

dy^{55} bɯ^{33} mə^{33} kɑ^{33}. ɯ^{33} lɑ^{21} be^{33} mə^{33} kɑ^{33}. | gu^{21} me^{33} ɕy^{33} be^{33} se^{13}, ʥi^{33}tse^{21} ʥi^{33} zɑ^{21} ʂu^{55} dər^{33}.
撵 去 不 吉 生意 做 不 吉 病 者 法事 做 则 景仄景饶宋 该

thy̩^{33} tʂhʅ^{21} ʂu^{55} dər^{33}. hɑ^{55} tse^{33} ʂu^{55} dər^{33}. | ho^{33} gy̩^{33} lo^{21} tɕy^{21} ʥi^{21} kho^{33} khɯ^{33} nɯ^{33} sʅ^{21} uɑ^{21} ʂər^{55}
土鬼 祭 该 哈仄 祭 该 北方 方 水 源 处 以 署 魂 赎

dər^{33}. | he^{21} ʂu^{55} dər^{33}. | dy̩^{21} nɯ^{21} tse^{21} py^{21} dər^{33}. | khy̩^{21} ʂu^{21}, by^{21} mi^{33} dɯ^{33} to^{55} thy̩^{33}: | ty̩^{21}
该 神 祭 该 毒鬼 和 仄鬼 祭 该 内 铁 外 火 一 卦 产生 千

le^{33} ɕi^{33} sy^{21} be^{33} kɑ^{33}. ʥi^{21} nɯ^{33} mi^{33} khə^{55} uə^{21} gy̩^{33}. | dzʅ^{21} guə^{33} kɑ^{33} nɯ^{21} ɯ^{33}. ə^{33} me^{33} tɕi^{55}
又 百 样 皆 吉 水 以 火 克 似 成 商量 吉 和 顺 母亲 婴儿

me^{33} tɕi^{33} hə^{21}, kɑ^{33}; | lu^{33} tshər^{21} hɑ^{55} gy̩^{33}, u^{33} tshʅ^{21} py^{21} dər^{33}. tso^{33} ʂu^{55} dər^{33}.
生育 吉 四 十 天 到 自己 鬼 祭 该 灶神 祭 该

内卦为火、外卦为水的一卦：千百样皆凶。不宜牵狗去撵山，不吉。不宜去做生意。为病者作法事，则要进行名叫“景仄景饶宋”的仪式。该祭土鬼。要祭哈仄。要向北方水源处的署赎魂。该祭神。要祭毒鬼和仄鬼。

内卦为铁、外卦为火的一卦：千百样皆吉。似水灭火一样吉。相互商量则吉顺。母亲生育婴儿为吉，到四十天则该祭自家的鬼。要祭灶神。

456-L-4-16

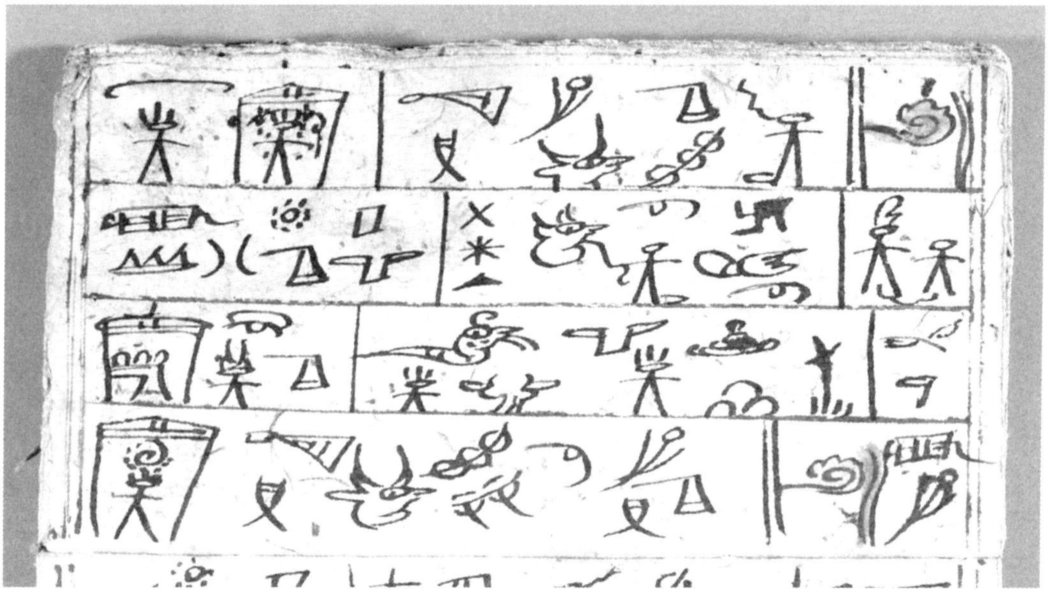

mɯ^{33} tshɿ^{21} py^{21} dər^{33}. dʑi^{21} lo^{21} tʂhə^{55} tshɿ^{21} nɯ^{33} ʂər^{55} kʏ^{55}. | o^{55} phi^{55} me^{33} ʂu^{21}, i^{33} tʂhʅ^{33} mu^{21}
天 鬼 祭 该 屋 里 臭鬼 以 满 会 财 失 的 找 南方

tɕy^{21} ʂu^{21}, o^{33} tʂhu^{21} be^{33} ʂu^{21} dɯ^{33}, ɕi^{33} nɯ^{33} le^{33} ʂə^{55} iə^{55} kʏ^{55}. khʏ^{21} mi^{33}, by^{21} ʂu^{21} dɯ^{33} to^{55}
方 找 财 早 地 找 得 他人 以 又 告 给 会 内 火 外 铁 一 卦

thʏ^{33}: | tʏ^{21} le^{33} ɕi^{33} sy^{21} be^{33} khuɑ^{21}. khɯ^{33} ʂər^{21} ɕy^{33} dy^{55} mə^{33} kɑ^{33}. ɯ^{33} lɑ^{21} be^{33} bɯ^{33} mə^{33}
产生 千 又 百 样 皆 凶 狗 牵 兽 撵 不 吉 生意 做 去 不

kɑ^{33}. | ə^{33} me^{33} tɕi^{55} tɕi^{33} tɕi^{33} hə^{21} me^{33}, | tso^{33} ʂu^{55} dər^{33}. hɑ^{55} tse^{33} ʂu^{55} dər^{33}. | ʐʅ^{21} tshɿ^{21} pʏ^{55}
吉 母亲 婴儿 生育 的 灶神 祭 该 哈仄 祭 该 蛇 鬼 送

dər^{33}. thʏ^{33} tshɿ^{21}ʂu^{55} dər^{33}. tʂhə^{55} lʏ^{33} py^{21} dər^{33}. | iə^{33} ko^{21} | tshɿ^{21} nɯ^{33} no^{55} kʏ^{55}. o^{33} phi^{55} me^{33}
该 土鬼 祭 该 臭鲁 祭 该 家里 鬼 以 闹 会 财 失 是

tʂhu^{21} be^{33} mə^{33} do^{21}, i^{33} tʂhʅ^{33} mu^{21} ʂu^{21} fæ^{33} me^{55}. | khʏ^{21} dʑi^{21},
早 地 不 见 南方 找 去 吧 内 水

该祭天鬼。房屋里会被臭鬼占满。寻找失物该到南方去找，会及早地找到，他人会来告知消息。

内卦为火、外卦为铁的一卦：千百样皆凶。不宜牵狗去撵山。不宜去做生意。母亲生育婴儿，该祭灶神。该祭哈仄。该送蛇鬼。要祭土鬼。要进行祭臭鲁法仪。家里会闹鬼。寻失物不会及早找到，该到南方去找。

内卦为水、

456-L-4-17

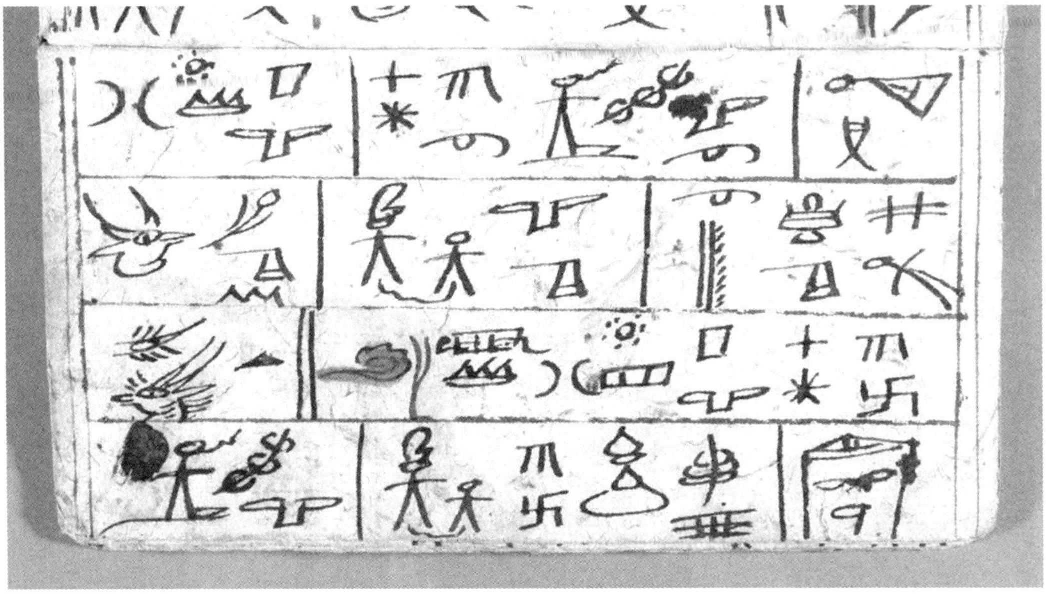

by^{21} mi^{33} dɯ^{33} to^{55} thy̩^{33}: | ty̩^{21} le^{33} ɕi^{33} sy^{21} be^{33} mə^{33} kɑ^{33}. ʐʅ^{33} ʥi^{33} tʂhu^{21} be^{33} mə^{33} thy̩^{33}. | phi^{55}
外 火 一 卦 产生 千 又 百 样 皆 不 吉 路 行 早 地 不 到 失

me^{33} | o^{33} ʂu^{21} se^{13} i^{33} tʂhʅ^{33} mu^{21} ʂu^{21} fæ^{33}. | ə^{33} me^{33} tɕi^{55} tɕi^{33} tɕi^{33} hə^{21} me^{33}, thy̩^{33} ʂu^{55} dər^{33}. |
的 物 找 则 南方 找 去 母亲 婴儿 生育 是 土鬼 祭 该

mə^{33} ŋy̩^{55} tshɿ^{21} hɑ^{33} ʂu^{55} dər^{33}. gu^{21} me^{33} | mæ^{55} i^{33}, khuɑ^{21}. | khy̩^{21} mi^{33}, by^{21} tʂʅ^{33} dɯ^{33} to^{55}
未 超度 鬼 饭 祭 该 病 者 尾 有 凶 内 火 外 土 一 卦

thy̩^{33}: | ty̩^{21} le^{33} ɕi^{33} sy^{21} be^{33} kɑ^{33} nɯ^{21} ɯ^{33}. | ʐʅ^{33} ʥi^{33} tʂhu^{21} be^{33} thy̩^{33}. | ə^{33} me^{33} tɕi^{55} tɕi^{33} tɕi^{33}
产生 千 又 百 样 皆 吉 和 顺 路 行 早 地 到 母亲 婴儿 生育

hə^{21}, kɑ^{33} nɯ^{21} ɯ^{33}. he^{21} ɕy^{55} sɿ^{33} dər^{33}. | iə^{33} ko^{21}
吉 和 顺 神 祭祀 该 家里

外卦为火的一卦：千百样皆不吉。出门远行不能及早到达目的地。寻失物则到南方去找。母亲生小孩，则该祭土鬼。该向未超度的鬼魂献饭。病者，久病，凶。

内卦为火、外卦为土的一卦：千百样皆吉顺。出门远行可及早到达目的地。母亲生育会吉顺。该祭祀神。家里

456-L-4-18

o^{33} dze^{33} ʂu^{33} me^{33} ɯ^{33}. | gu^{21} me^{33} ɕy^{33} se^{13} khu^{33} khɯ^{33} tshɿ^{21} hɑ^{33} ʂu^{55} dər^{33}. | dzər^{21} khɯ^{33}

财 物 找 是 吉 病 者 法仪 则 门 前 鬼 饭 祭 该 树 脚

tshɿ^{21} hɑ^{33} ʂu^{55} dər^{33}. | khy̩^{21} ʂu^{21}, by^{21} ʂu^{21} dɯ^{33} to^{55} thy̩^{33}: | ty̩^{21} le^{33} ɕi^{33} sy^{21} be^{33} kɑ^{33} nɯ^{21}

鬼 饭 祭 该 内 铁 外 铁 一 卦 产生 千 又 百 样 皆 吉 和

ɯ^{33}. ə^{33} me^{33} tɕi^{55} tɕi^{33} tɕi^{33} hə^{21} me^{33} kɑ^{33}. | khɯ^{33} ʂər^{21} ɕy^{33} dy^{55} bɯ^{33} kɑ^{33}. | phi^{55} me^{33} ȵi^{33}

顺 母亲 婴儿 生育 是 吉 狗 牵 兽 撵 去 吉 失 者

me^{33} thy̩^{33} ʂu^{21} fæ^{33}. | gu^{21} me^{33} ʥi^{33} tse^{21} ʥi^{33} zɑ^{21} ʂu^{55} dər^{33}. thy̩^{33} tshɿ^{21} ʂu^{55} dər^{33}. | kɯ^{21} tshɿ^{21}

东方 找 去 病 者 景仄景饶宋 该 土鬼 祭 该 星鬼

py^{21} dər^{33}. ʂʅ^{21} dʐʅ^{33} uɑ^{21} ʂər^{55} dər^{33}. tʂhə^{55} ly̩^{33} py^{21} dər^{33}.

祭 该 史支鬼王 魂 赎 该 臭鲁 祭 该

进财为吉。为病者做法仪，则要在门前给鬼施食，要给树旁的鬼施食。

内卦为铁、外卦为铁的一卦：千百样皆吉顺。母亲生小孩会吉顺。宜牵狗去撵山，吉。寻找失物应到东方去找。为病者作法事，则该进行“景仄景饶宋”仪式。要祭土鬼。该祭星鬼。要向史支鬼王赎魂。要进行祭臭鲁仪式。

456-L-4-19

khv̩^{21} ʥi^{21}, by^{21} ʥi^{21} dɯ^{33} to^{55} thv̩^{33}: | tv̩^{21} le^{33} çi^{33} sy^{21} be^{33} kɑ^{33} nɯ^{21} ɯ^{33}. khɯ^{33} ʂər^{21} çy^{33}
内　水　外　水　一　卦 产生　千　又 百　样 皆　吉　与　顺　狗　牵　兽

dy^{55} bɯ^{33} kɑ^{33}. ə^{33} me^{33} tɕi^{55} tɕi^{33} tɕi^{33} hə^{21} lɑ^{33} kɑ^{33}. phi^{55} me^{33} | ho^{33} gv̩^{33} lo^{21}, ȵi^{33} me^{33} thv̩^{33} tɕy^{21}
撵　去　吉　母亲　婴儿　生育　亦 吉　失　者　北方　东方　方

ʂu^{21} fæ^{33}, tʂhu^{21} be^{33} le^{33} dɯ^{33}. | gu^{21} me^{33} ʥi^{33} tse^{21} ʥi^{33} zɑ^{21} ʂu^{55} dər^{33}. uɑ^{33} tshʅ^{21} dɯ^{21} ʂə^{55} me^{33}
找　去　快　地　又　得　病　者　景仄景饶宋　该　瓦鬼　大　说　的

py^{21} dər^{33}. | mɯ^{33} çy^{33} be^{33} dər^{33}. thv̩^{33} lv̩^{33} dy^{21} py^{21} dər^{33}①. dzər^{21} khɯ^{33} tshʅ^{21} hɑ^{33} ʂu^{55}dər^{33}. |
祭　该　天 法仪 做　该　树　脚　鬼 饭　祭　该

khv̩^{21} mi^{33}, by^{21} mi^{33} dɯ^{33} to^{55} thv̩^{33}: | tv̩^{21} le^{33} çi^{33} sy^{21} be^{33} khuɑ^{21}, mə^{21} kɑ^{33}. khɯ^{33} ʂər^{21} çy^{33}
内　火　外 火　一　卦 产生　千 又　百 样　皆　凶　不　吉　狗　牵　兽

dy^{55} bɯ^{33} mə^{33} kɑ^{33}. ɯ^{33} lɑ^{21} be^{33} mə^{33} kɑ^{33}. dzʅ^{33} ʂə^{55} bɯ^{33}
撵　去 不　吉　生意　做 不　吉　诉讼　去

内卦为水、外卦亦为水的一卦：千百样皆吉顺。牵狗去撵山为吉。母亲生育小孩亦吉。寻失物该到北方与东方去找，会很快就找到。为病者作法事，则要进行“景仄景饶宋”仪式。要进行祭瓦鬼的大仪式。该祭祀天。要给树脚处的鬼施食。

内卦为火、外卦亦为火的一卦：千百样皆凶，不吉。不宜牵狗去撵山，不吉。不宜去做生意。不宜去诉讼。

① 这句不知其义，未译，存疑。

456-L-4-20

mə^{33} ȵi^{21}. | gu^{21} me^{33} mɯ^{33} ɕy^{55} sɿ^{33} mɯ^{33} ʂu^{55} dər^{33}. | uɑ^{33} tshɿ^{21} py^{21} ʂə^{55} me^{33} dɯ^{21} be^{33} py^{21}
不 可 病 者 天 祭祀 天 祭 该 瓦鬼 祭 说 的 大 地 祭

dər^{33}. | i^{33} tʂhʅ^{33} mu^{21} tɕy^{21} gə^{33} thv̩^{33} ʂu^{55} dər^{33}. | hɑ^{55} tse^{33} ʂu^{55} dər^{33}. | o^{33} phi^{55} me^{33} i^{33} tʂhʅ^{33}
该 南方 方 的 土鬼 祭 该 哈仄 祭 该 物 失 是 南方

mu^{21} tɕy^{21} ʂu^{21}, kho^{33} tʂhu^{21} be^{33} mi^{33}. | khv̩^{21} sər^{33}, by^{21} sər^{33} dɯ^{33} to^{55} thv̩^{33}: | tv̩^{21} le^{33} ɕi^{33} sy^{21}
方 找 消息 快 地 听 内 木 外 木 一 卦 产生 千 又 百 样

be^{33} kɑ^{33} nɯ^{21} ɯ^{33}. khɯ^{33} ʂər^{21} ɕy^{33} dy^{55} bɯ^{33} ly^{55} mu^{33} gv̩^{33}. ɯ^{33} lɑ^{21} be^{33} ly^{55} mu^{21} gv̩^{33}. | gu^{21}
皆 吉 和 顺 狗 牵 兽 撵 去 中常 成 生意 做 中常 成 病

me^{33} gɑ^{33} be^{33} dər^{33}. ze^{21} py^{21} dər^{33}. | he^{21} ʂu^{55} dər^{33}. tshɿ^{33} nɯ^{21} iə^{21}、dv̩^{21} nɯ^{21} tse^{21} pv̩^{55} me^{33}
者 嘎神 做 该 壬鬼 祭 该 神 祭 该 楚鬼 和 尤鬼 毒鬼 和 仄鬼 送 的

hər^{33} lɑ^{33} lɯ^{21} khɯ^{55} dər^{33}. | ə^{33} me^{33} tɕi^{55} tɕi^{33} tɕi^{33} hə^{21} me^{33}
大祭风仪式 该 母亲 婴儿 生育 是

为病者作法事，则要祭祀天。要进行祭瓦鬼的大仪式。要祭南方的土鬼。该祭哈仄。寻失物该到南方去找，很快就会听到消息。

内卦为木、外卦亦为木的一卦：千百样皆吉顺。牵狗去撵山为中常。做生意亦为中常。为病者作法事，则要祭嘎神。要祭壬鬼。要祭神。要做送楚鬼和尤鬼、毒鬼和仄鬼的大祭风仪式。母亲生育小孩

456-L-4-21

ka^{33} nɯ^{21} ɯ^{33}. | ȵi^{33} me^{33} thy̩^{33} nɯ^{33} ʐʅ^{21} do^{21}, ʐʅ^{21} tshɿ^{21} py̩^{55} dər^{33}. | ha^{55} tse^{33} ʂu^{55} dər^{33}. gu^{21}
吉 和 顺 东方 以 蛇 见 蛇 鬼 送 该 哈仄 祭 该 病

me^{33}, ky̩^{33} khua^{21}, tʂhu^{21} be^{33} le^{33} ka^{33}, mæ^{33} le^{33} ɯ^{33}. | khy̩^{21} tʂʅ^{33}, by^{21} tʂʅ^{33} dɯ^{33} to^{55} thy̩^{33}: | ty̩^{21}
者 开头 凶 快 地 又 愈 后 又 吉 内 土 外 土 一 卦 产生 千

le^{33} ɕi^{33} sy^{21} be^{33} khua^{21}. khɯ^{33} ʂər^{21} ɕy^{33} dy^{55} bɯ^{33} mə^{33} ka^{33}. | ʐʅ^{33} ʥi^{33} bɯ^{33} mə^{33} thy̩^{33} ky̩^{55}. ɯ^{33}
又 百 样 皆 凶 狗 牵 兽 撵 去 不 吉 路 行 去 不 到 会 生意

la^{21} be^{33} phy̩^{33} mə^{33} dɯ^{33}. nɯ^{33} sɿ^{33} mə^{33} thy̩^{33}. | ə^{33} me^{33} tɕi^{55} tɕi^{33} tɕi^{33} hə^{21} me^{33} gu^{21} ky̩^{55}. |
做 价 不 得 心 想 不 出 母亲 婴儿 生育 是 病 会

mɯ^{33} dər^{33} sɿ^{55} dər^{33}. mɯ^{33} mə^{33} do^{21} gə^{33} thy̩^{33} tshɿ^{21} ʂu^{55} dər^{33}. | ha^{55} tse^{33} ʂu^{55} dər^{33}. | dzər^{21}
天 错 认 该 天 不 见 的 土鬼 祭 该 哈仄 祭 该 树

khɯ^{21} tshɿ^{21} py̩^{55} dər^{33}. dy̩^{21} nɯ^{21} tse^{21}、
脚 鬼 送 该 毒鬼 和 仄鬼

则吉顺。在东方见到蛇，则要送蛇鬼。该祭哈仄。病者，开头会凶，但很快就会痊愈，到后来则吉。

内卦为土、外卦亦为土的一卦：千百样皆凶，不吉。不宜牵狗去撵山。出门远行会到不了目的地。去做生意则会赔本。心想事不成。母亲生育小孩会病。要向天认错。该祭不见天的土鬼。该祭哈仄。要送树旁的鬼。要祭毒鬼和仄鬼、

456-L-4-22

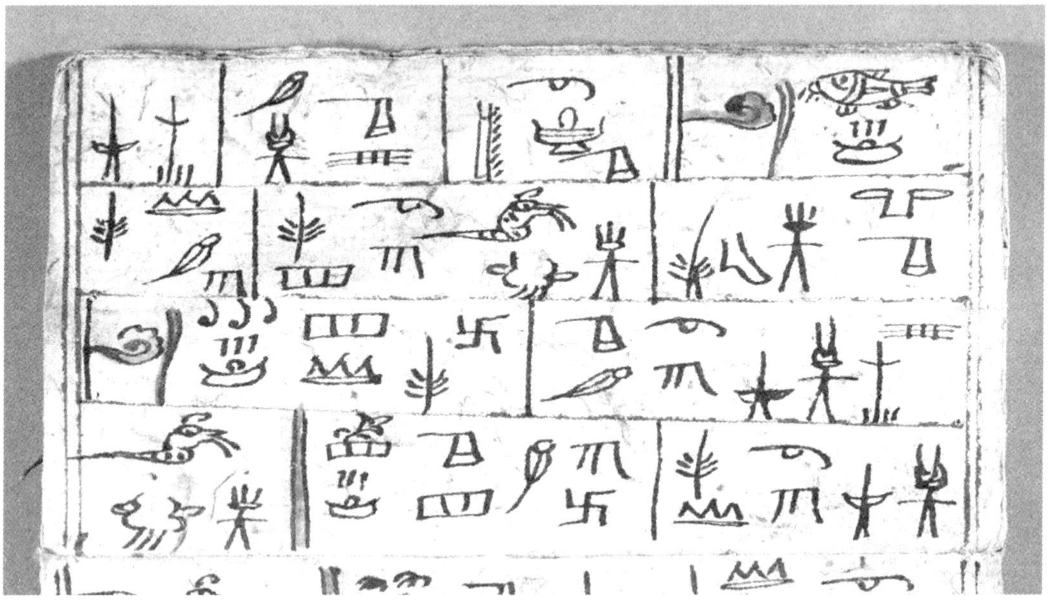

tər^{21} nɯ^{21} la^{33} py^{21} dər^{33}. | ʥi^{33} tse^{21} ʥi^{33} za^{21} ʂu^{55} dər^{33}. | mə^{33} ŋy̩^{55} tshɿ^{21} ha^{33} ʂu^{55} dər^{33}. | ȵi^{21}
呆鬼 和佬鬼 祭 该 景仄景饶宋 该 未 超度 鬼 饭 祭 该 春

sɿ^{55} he^{33} lo^{21}, | sər^{33}、mi^{33}、ʥi^{21} se^{55} ka^{33}. | sər^{33}①、tʂʅ^{33} se^{13} mə^{33} ka^{33}. ʐʅ^{21} tshɿ^{21} py̩^{55} dər^{33}. |
三 月 里 木 火 水 则 吉 木 土 则 不 吉 蛇 鬼 送 该

dzər^{21} khɯ^{33} tshɿ^{21} ʂu^{55} dər^{33}. thy̩^{33} tshɿ^{21} ʂu^{55} dər^{33}. | ʐu^{21} sɿ^{55} he^{21} lo^{21}, tʂʅ^{33}、mi^{33}、sər^{33} se^{55}
树 脚 鬼 祭 该 土鬼 祭 该 夏 三 月 里 土 火 木 则

ɯ^{33}. | ʂu^{21}、ʥi^{21} se^{13} mə^{33} ka^{33}. tər^{21} tse^{21} py^{21} dər^{33}. | ʐʅ^{21} tshɿ^{21} py̩^{55} dər^{33}. tshɿ^{55} sɿ^{55} he^{33} lo^{21},
吉 铁 水 则 不 吉 呆鬼 仄鬼 祭 该 蛇 鬼 送 该 秋 三 月 里

ʂu^{21}、tʂʅ^{33}、ʥi^{21} se^{13} ka^{33} nɯ^{21} ɯ^{33}. | sər^{33}、mi^{33} se^{13} mə^{33} ka^{33}. tər^{21} tse^{21}
铁 土 水 则 吉 和 顺 木 火 则 不 吉 呆鬼 仄鬼

该祭呆鬼和佬鬼。该进行“景仄景饶宋”仪式。该给未曾超度的鬼魂施食。

在春三月里，属木、属火、属水的日子为吉。属铁、属土的日子为不吉。该送蛇鬼。要祭树旁的鬼。要祭土鬼。

在夏三月里，属土、属火、属木的日子为吉。属铁、属水的日子为不吉。该祭呆鬼和仄鬼。要送蛇鬼。

在秋三月里，属铁、属土、属水的日子为吉顺。属木、属火的日子为不吉。要祭呆鬼和仄鬼。

① 此处似有误，前句说“属木日为吉”，下句又说“不吉”，前后矛盾。从下文看此处应为“铁”，因春三月中“铁”如何就有交待了，译文中则校译为“铁”。

456-L-4-23

py^{21} dər^{33}. zʅ^{21} tshʅ^{21} pv̩^{55} dər^{33}. | tshʅ^{33} sʅ^{55} he^{33} lo^{21}, ʂu^{21}、dʑi^{21}、sər^{33} se^{55} kɑ^{33}. | mi^{33}、tʂʅ^{33} se^{55}
祭 该 蛇 鬼 送 该 冬 三 月 里 铁 水 木 则 吉 火 土 则

mə^{33} kɑ^{33}. | mɯ^{33} dər^{33} sʅ^{55} mɯ^{33} ʂu^{55} dər^{33}. dʑi^{33} tse^{21} dʑi^{33} zɑ^{21} ʂu^{55} dər^{33}. | dʑi^{21}, dɯ^{33} ȵi^{33}, ȵi^{33}
不 吉 天 错 认 天 祭 该 景仄景饶宋 该 水 一 日 二

ȵi^{33}, tshe^{33} sʅ^{21} ȵi^{33}, ȵi^{33} tsər^{21} uɑ^{33} ȵi^{33}. | mi^{33}, dɯ^{33} ȵi^{33}, ȵi^{33} ȵi^{33}, sʅ^{21} ȵi^{33}, uɑ^{33} ȵi^{33}. | ɕi^{33} ʂʅ^{21}
日 十 三 日 二 十 五 日 火 一 日 二 日 三 日 五 日 喜神

tsʅ^{21} me^{33}: sər^{33} phv̩^{33}, tʂʅ^{33} me^{55} lo^{21} se^{55} ɯ^{33} dzʅ^{21} tɯ^{33} dʑy^{21}. | sər^{33} me^{55}, ʂu^{21} phv̩^{55} lo^{21} se^{55}
算 的 木 公 土 母 里 则 牛 居 地 在 木 母 铁 公 里 则

khɯ^{33} dzʅ^{21} tɯ^{33} dʑy^{21}. | mi^{33} phv̩^{33}, ʂu^{21} me^{55} lo^{21} se^{55} y^{21} dzʅ^{21} tɯ^{33} dʑy^{21}. | mi^{33} me^{55},
狗 居 地 在 火 公 铁 母 里 则 羊 居 地 在 火 母

该送蛇鬼。

冬三月里，属铁、属水、属木的日子为吉。属火、属土的日子则不吉。该向天认错并祭天。该进行“景仄景饶宋”仪式。

水，一日、二日、十三日、二十五日。

火，一日、二日、三日、五日[①]。

算喜神：

公木[②]、母土的日子，喜神在牛居地（东北方）。母木、公铁的日子，喜神在狗居地（西北方）。公火、母铁的日子，喜神在羊居地（西南方）。母火、

① 以上这两句不知指什么，硬译之，存疑。

② 公木：纳西族纪年是用五行分公母与十二生肖相配，故有“公木”之说。

456-L-4-24

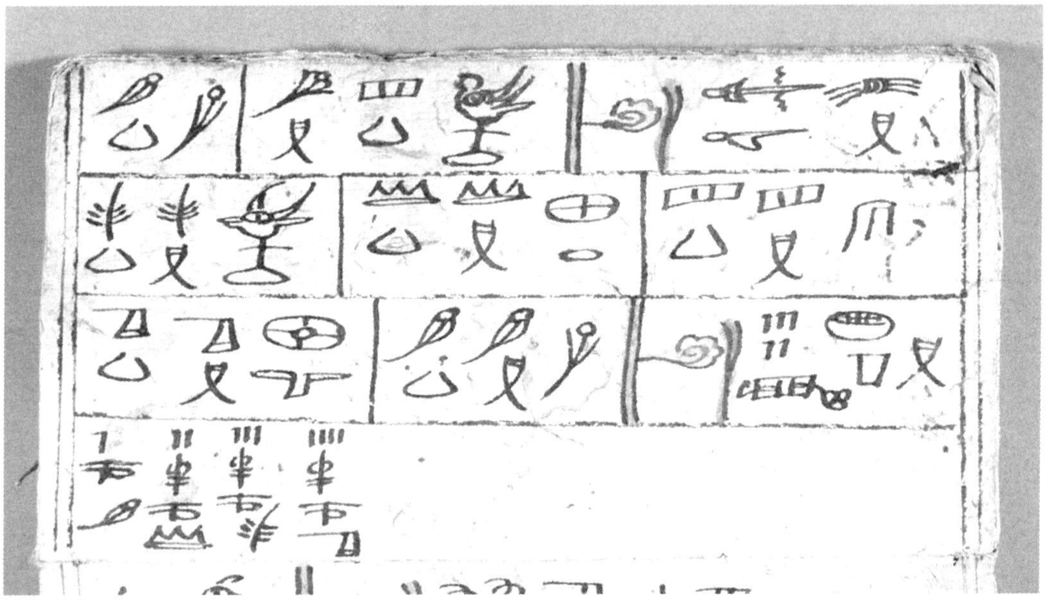

ʥi^{21} phv̩^{33} lo^{21} se^{55} i^{33} tʂhʅ^{33} mu^{21} ʥy^{21}. | ʥi^{21} me^{55}, tʂʅ^{33} phv̩^{33} lo^{21} se^{55} lv̩^{21} dzʅ^{21} tɯ^{33} ʥy^{21}. |
水 公 里 则 南方 在 水 母 土 公 里 则 龙 居 地 在

tshər^{21} ʂʅ^{21} tsʅ^{21} me^{33}: | sər^{33} phv̩^{33}、sər^{33}me^{55} lo^{21} se^{55} ɯ^{33} dzʅ^{21} tɯ^{33} ʥy^{21}. | mi^{33} phv̩^{33}、mi^{33} me^{55}
财 神 算 的 木 公 木 母 里 则 牛 居 地 在 火 公 火 母

lo^{21} se^{55} ȵi^{33} me^{33} gv̩^{21} ʥy^{21}. | tʂʅ^{33} phv̩^{33}、tʂʅ^{33} me^{55} lo^{21} se^{55} ho^{33} gv̩^{33} lo^{21} ʥy^{21}. | ʂu^{21} phv̩^{33}、
里 则 西方 在 土 公 土 母 里 则 北方 在 铁 公

ʂu^{21} me^{55} lo^{21} se^{55} ȵi^{33} me^{33} thv̩^{33} ʥy^{21}. | ʥi^{21} phv̩^{33}、ʥi^{21} me^{55} lo^{21} se^{55} i^{33} tʂhʅ^{33} mu^{21} ʥy^{21}. |
铁 母 里 则 东方 在 水 公 水 母 里 则 南方 在

uɑ^{33}dzu̩^{33} bæ^{21} mæ^{33} to^{55} me^{33}: | dɯ^{33} ly^{33} phər^{21} se^{55} ʥi^{21}. ȵi^{33} ly^{33} phər^{21} se^{55} mi^{33}. sʅ^{55} ly^{33} phər^{21}
五 颗 海贝 掷 是 一 颗 白 则 水 两 颗 白 则 火 三 颗 白

se^{55} sər^{33}. lu^{55} ly^{33} phər^{21} se^{55} ʂu^{21}.
则 木 四 颗 白 则 铁

公水的日子里喜神在南方。母水、公土的日子里，喜神在龙居地（东南方）。

算财神：公木、母木的日子里，财神在牛居地。公火、母火的日子里，财神在西方。公土、母土的日子里，财神在北方。公铁、母铁的日子里，财神在东方。公水、母水的日子里，财神在南方。

用五颗海贝的话，五颗中掷出一颗白的则属水。两颗白的则属火。三颗白的则属木。四颗白的则属铁。

456-L-4-25

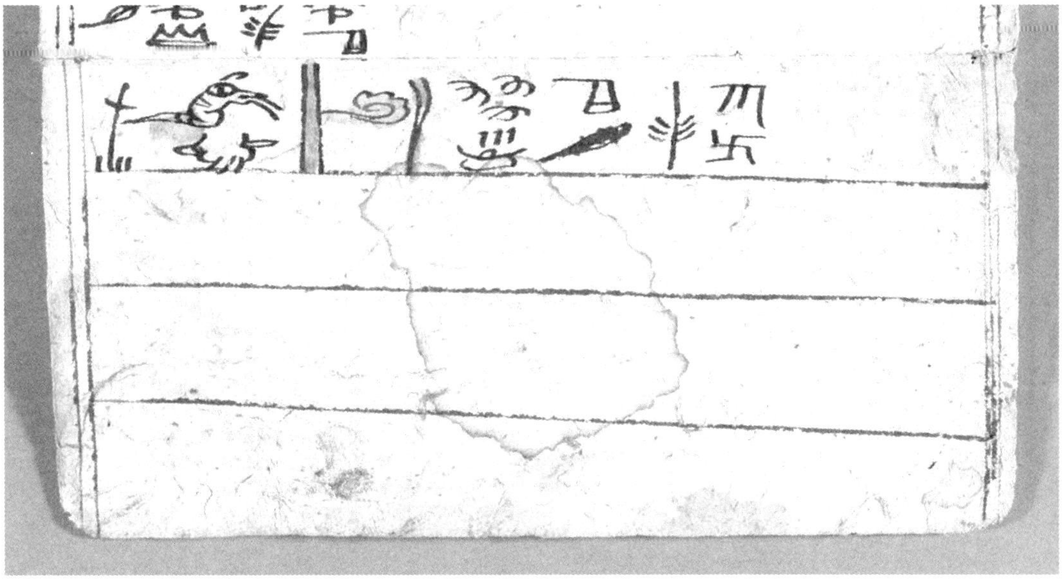

py²¹. ʐʅ²¹ tshʅ²¹ pʏ̩⁵⁵ dər³³. | tshʅ³³ sʅ⁵⁵ he³³, ʂu²¹、dʑi²¹、sər³³ se⁵⁵ kɑ³³ nɯ²¹ ɯ³³.
祭 蛇 鬼 送 该 冬 三 月 铁 水 木 则 吉 和 顺

祭。该送蛇鬼。

冬三月里，属铁、属水、属木的日子为吉顺①。

456-L-4-26

封底

① 该页的文字与前文重。

588-L-5-01

tshe^{21} sɿ^{55} dʐu^{33} bæ^{21} mæ^{33} to^{55}

sɿ^{21} the^{33} ɯ^{33} uɑ^{21} me^{55}

占卜·用十三颗海贝占卜卦辞的书

588-L-5　占卜·用十三颗海贝占卜卦辞的书

【内容提要】

本古籍记录了用十三个海贝占卜的卦辞。用十三个海贝占卜只有十三个卦。每卦掷十三个海贝，视其中有几颗白的为依据。所占的内容有：织麻缝衣，出门远行，起兵打仗，做生意，相亲结亲，寻失物，进财，诉讼等。若凶则指出禳解之法仪。

【英文提要】

The Divination. the Book of Divination by Using Thirteen Seashells

This book records the words of hexagrams to *divine* by using thirteen seashells. There are thirteen hexagrams in total. Thirteen seashells are thrown in each hexagrams and the judgment is decided by the number of white seashells. Contents of divination include: sewing, errands, battle, business, marriage, searching, disease, searching, litigation, wealth bringing, etc. It records also the certain feat and ritual need be held to release misfortune if the result is not good.

588-L-5-02

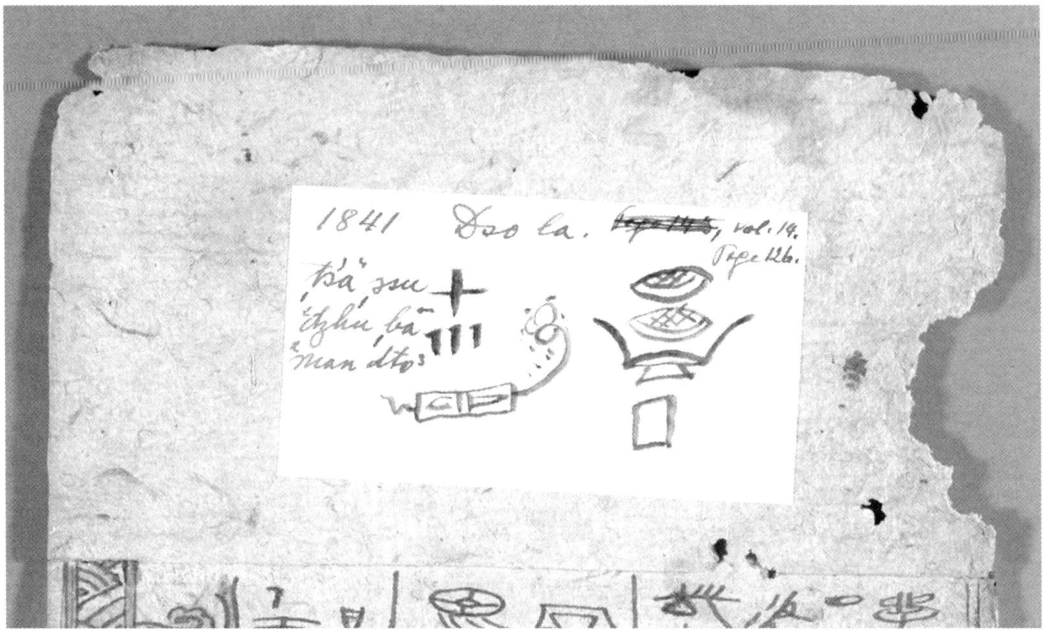

“1841”为洛克收藏东巴古籍时的序号。东巴文为此书封页书名之复写。字母文字为洛克记录书名之读音。需要指出的是洛克把此书归入“佐拉”类，有误。“佐拉”只是一种占卜方法，而非“占卜”之总称。

588-L-5-03

phər^{21} me^{33} dɯ^{33} ly^{33} thy̩^{33}: ȵi^{33} me^{33} bu^{21} ky̩^{33} gə^{21} le^{33} thy̩^{33} uə^{21} gy̩^{33}. | so^{21} gə^{33} sɿ^{55} khɯ^{33}
白　的　一　颗　出　太阳　坡　顶　往上　又　出　似　成　晨　的　晨光

phər^{21} me^{33} do^{21} gy̩^{33} me^{55}. nɯ^{33} hɯ^{21}. | ə^{33} me^{33} tɕi^{55} me^{33} zy̩^{21} me^{33}, | ɕiə^{21} gu^{55} dzi^{21} le^{33} so^{33}
白　的　见　一样　的　心　高兴　母亲　婴儿　生　是　大雕　飞　而　岭

ʂuɑ^{21} ky̩^{33} le^{33} thy̩^{33} the^{55} ȵi^{21} gy̩^{33} me^{55}. | si^{33} se^{33} le^{33} hɯ^{21} me^{55}. | ɯ^{33} dɑ^{21} | dʑi^{33} zʅ^{21}, ɯ^{33}. |
高　顶　又　到　一样　成　的　穷　了　又　富　的　织麻　衣　缝　吉

ʐʅ33 dʑi33 o33 dze33 ʂu21 me33 dɯ33. | dzər21 pv̩21 kv̩33 nɯ33 bɑ21 le33 bɑ21 me33 uə21 ɯ33. | ko21 ɕy33
路 行 财 物 找 是 得 树 枯 上 以 花 又 开 的 似 吉 家 卦象

khuɑ21 me33 ly55 mu21 gv̩33. | sʅ55 ɕy33 kɑ33. | mu21 tɯ33 me33 ɕy33, kɑ33, | zʅ21 mə33 tɕi55. |
凶 的 中常 成 活者 卦象吉 兵 起 的 卦象 吉 仇 不 惧

gu21 me33 ɕy33,
病 的 卦象

掷得一颗白的卦：此卦像太阳又升到坡顶一样，又似清晨见到晨光一样，可放宽心。母亲生育则似大雕飞到高山峻岭上一样吉顺。现在虽穷但之后会富裕。织麻缝衣皆吉。出门远行去找财物可获财物。恰似枯树又开花一样吉利。家事的卦象为中常凶。活人的卦象为吉。宜起兵，吉，对敌无所畏惧。病者之卦象，

588-L-5-04

tho33 lo33 tshʅ21 thv̩55 dər33. | dʑi33 nɑ21 fv̩55 me33mu21 me33 nɯ33 iə33 ko21 tər21 lɯ33 me33 nɯ33 tshʅ21.
妥罗鬼 赶 该 衣 黑 补 的 穿 者 以 家里 闯 来 的 以 作祟

tshʅ21 py21 dər33 me55. | dzʅ21 bu21 tʂu55 kɑ33. | ɕi33 tʂu55 phi21 me33 tshʅ21. | mə33 tɕi55 se21①. |
除鬼 祭 该 的 夫 妻 结 吉 不 惧 了

ȵi33 ly33 phər21 me33 thv̩33: ȵi33 me33 bu33 kv̩33 gə21 le33 bu33 uə21 gv̩33. | ə33 phv̩33 ə33 dzʅ33 kv̩33
两 颗 白 的 出 太阳 坡 顶 往上 又 亮 似 成 祖父 祖母 头

phər21 ko33 pv̩55 uə21 gv̩33. | gu21 me33 ɕy33 se33, zo33 se55 he21 nɯ33 gu33 lu21 kɑ33 le21. | he21 kæ33
白 遇到 似 成 病 的 卦象 则 男 则 神 以 庇佑 赐福 神 前

① 这两格的字符无法读顺，未译，存疑。

ɕy^{55} dy^{21} tʂʅ^{55} hɑ^{33} ʂu^{55} dər^{33}. | mi^{55} gə^{33} ɕy^{33} se^{55} khuɑ^{21}. | o^{33} phi^{55} me^{33} le^{33} dɯ^{33} me^{55}. | mu^{21}

香炷 点 饭 祭 该 女 的 卦象 则 凶 物 失 的 又 得 的 兵

tɯ^{33} bɯ^{33} zʅ^{21} mə^{33} dʑy^{21}.

起 去 仇 没 有

要驱赶妥罗鬼。会有穿着补过的黑衣的人闯到家里而被鬼缠上。该祭除鬼。相亲结亲皆吉……不怕了。

掷出两颗白的卦：此卦似明亮的太阳又高升在山坡上一样。又似遇到满头白发的祖父和祖母一样。病者的卦象：若病者是男子，则得到神的庇佑赐福。该在神前点上香炷，向神献饭。病者若是女子，则凶。去寻失物又可获得。起兵去打仗不会有敌手。

588-L-5-05

dʑi^{21} dæ^{21} gə^{33} ɕy^{33} kɑ^{33}. | zʅ^{33} dʑi^{33} hɑ^{55} ʂər^{21}, kɑ^{33}. | phy̩^{33} lɑ^{21} tʂhu^{55} pɑ^{33} be^{33} dər^{33}. | uɑ^{21}

房 宅地 的 卦象 吉 路 行 长久 吉 大神 供养 做 该 卦

tshi^{21} ɯ^{33}. ‖ sʅ^{55} ly^{33} phər^{21} me^{33} thy̩^{33}: bu^{21} do^{33} sɑ^{55} tsʅ^{55} uə^{21} gy̩^{33}. zo^{33} ɕy^{33} se^{33} he^{21} nɯ^{33} gu^{33} lu^{21}

吉 三 颗 白 的 出 坡 爬 气 塞 似 成 男 卦象 则 神 以 庇佑

kɑ^{33} le^{21}. | he^{21} ʂu^{55} dər^{33}. | mi^{55} gə^{33} ɕy^{33} se^{13} khuɑ^{21}. | o^{33} dze^{33} phi^{55} me^{33} ʂu^{21} mə^{33} dɯ^{33}. |

赐福 神 祭 该 女 的 卦象 则 凶 财 物 失 的 找 不 得

dʑi^{21} dæ^{21} ɕy^{33}, kɑ^{33}. sʅ^{55} ɕy^{33}, kɑ^{33}. | pɑ^{33} sɑ^{21} be^{33} me^{33}, | so^{33} ʂuɑ^{21} ky̩^{33} dʑi^{21} kho^{33} khɯ^{33} sʅ^{21}

房 宅地卦象 吉 活者 卦象 吉 作祟 做 者 岭 高 上 水 源 处 署

uɑ^{21} ʂər^{55} dər^{33}. | gu^{21} me^{33} ɕy^{33}, tʂhu^{21} be^{33} le^{33} sʅ^{55}, kɑ^{33} dɯ^{33}. | tho^{55} lo^{33} tshʅ^{21} thy̩^{55} dər^{33}.

魂 赎 该 病者 卦象 快 地 又 愈 吉 得 妥罗鬼 赶 该

有关房屋地基的卦象为吉。长久出门远行为吉。该供养大神。此卦为吉卦。

掷出三颗白的卦：此卦似爬坡喘不过气一样。若作为男子的卦象，则得神的庇佑赐福，该祭祀神。若作为女子的卦象，则为凶卦。去寻物则不会找到。房屋地基的卦象为吉。活人的卦象为吉。作祟者为署，该向高山峻岭上水源处之署赎魂。病者的卦象是病会很快地痊愈，为大吉。该驱赶妥罗鬼。

588-L-5-06

mi^{55} ȵi^{33} kv̩^{55} nɯ^{33} tshʅ^{21} me^{55}. | mi^{33} to^{33} mɑ^{33} tshʅ^{21} tɕər^{21} phi^{55} dər^{33}. | ɯ^{33} lɑ^{21} be^{33} mə^{33} kɑ^{33}
女 两 个 以 作祟 的 女 面偶 鬼 上 丢 该 生意 做 不 吉

me^{55}. ʐʅ^{33} dʑi^{33} mə^{33} kɑ^{33}. | phər^{21} me^{33} lu^{55} ly^{33} thv̩^{33}: dʑi^{21} dæ^{21} ko^{21} ɕy^{33}, khuɑ^{21}. | khɑ^{33} khɑ^{33}
的 路 行 不 吉 白 的 四 颗 出 房 宅地家事卦象 凶 吵架

ʂə^{55} ʂə^{33} thv̩^{33}, | u^{33} nɯ^{33} gɑ^{33}. | be^{33} pv̩^{55} ko^{55} gə^{33} ȵi^{33} nv̩^{21} tʂhər^{33} thv̩^{33} nɯ^{33} tshʅ^{21} me^{55}. | ʐʅ^{33}
争斗 产生 自己 以 赢 村 邻 里 的 寡妇 以 作祟 的 路

dʑi^{33} bu^{21} lo^{55} bɯ^{33}, ɯ^{33}. | he^{21} nɯ^{33} mə^{33} hɯ^{21}, he^{21} tʂhu^{55} pɑ^{33} be^{33} dər^{33}. | o^{33} dze^{33} dɯ^{33},
行 坡 翻 去 吉 神 以 不 高兴 神 供养 做 该 财 物 得

kɑ^{33}. ‖ phər^{21} me^{33} uɑ^{55} ly^{33} thv̩^{33}: hɯ^{21} gɯ^{33} dzo^{33} sʅ^{33}, hər^{33} thv̩^{33} tshe^{55} phv̩^{55} uə^{21} gv̩^{33}. | khɑ^{33}
吉 白 的 五 颗 出 雨 下 雹 领 风 起 叶 撒 似 成 吵架

khɑ^{33} ʂə^{55} ʂə^{33} i^{33} æ^{21} thv̩^{33} kv̩^{55}.
争斗 打架 产生 会

因两个女人作祟而被鬼缠上。要做女人面偶抛弃给鬼。不宜去做生意。不宜出门远行。

掷出四颗白的卦：有关房屋、地基及家事之卦象为凶。发生吵架争斗你自己能赢。村中邻居的寡妇作祟而被鬼缠上。宜出门翻山越岭，吉。神不悦，要供养神。获得财物，吉。

掷出五颗白的卦：此卦似暴雨夹冰雹，狂风吹落叶一样。会发生吵架争斗打架。

588-L-5-07

ɯ^{33} z̩uɑ^{33} z̩ər^{21} lɑ^{33} ko^{33} py̩^{55} ky̩^{55}. | dʑi^{21} dæ^{21} ɕy^{33} khuɑ^{21}. | o^{33} dze^{33} phi^{55} me^{33} dɯ^{33} mə^{33} thɑ^{55}
牛 马 豹虎 遇 会 房 地基 卦象 凶 财 物 失 是 得 不 可

se^{21}. | gu^{21} ɕy^{33}, | ŋy̩^{33} hæ^{21} nɯ^{33} tshɿ^{21}, tshɿ^{21} py^{21} dər^{33}. | ɕi^{33} dz̩ər^{21} mə^{33} ȵi^{21}. | to^{55} khɯ^{55}
了 病 卦象 银 金 以 作祟 除鬼 祭 该 人 惊 不 可 消灾仪式

dər^{33}. dzɿ^{33} zər^{21} py^{21} dər^{33}. | uɑ^{21} tshi^{21} khuɑ^{21}. | phər^{21} me^{33} tʂhuɑ^{55} ly^{33} thy̩^{33}: dzər^{21} ky̩^{33} bɑ^{21}
该 祸 压 祭 该 卦 凶 白 的 六 颗 出 树 上 花

bɑ^{21} uə^{21}gy̩^{33}. | he^{21} nɯ^{21} tshɿ^{21} tshɿ^{33} phi^{21}. | dʑi^{33} dæ^{21} ko^{21} ɕy^{33}, kɑ^{33}. mi^{55} | ɕy^{33}se^{55} khuɑ^{21}. |
开 似 成 神 与 鬼 分清 房 宅地 家事卦象 吉 女 卦象 则 凶

uɑ^{21} tshi^{21} kɑ^{33}. z̩ʅ^{33} dʑi^{33} bu^{21} lo^{55} bɯ^{33} tʂhu^{21} be^{33} thy̩^{33}. | o^{33} dze^{33} dɯ^{33}, kɑ^{33}. | gu^{21} ɕy^{21}, tʂhu^{21}
卦 吉 路 行 坡 翻 去 快 地 到 财 物 得 吉 病 卦象 快

be^{33} le^{33} sɿ^{55}, kɑ^{33} me^{33} dɯ^{33}.
地 又 愈 吉 的 大

牛马会遇上虎豹。有关房屋地基的卦象为凶。失物不能再找到。病者的卦象，因金银作祟，该祭除鬼。人不必惊慌。该举行放替身以消灾的仪式。要进行压祸灾仪式。此卦为凶。

掷出六颗白的卦：此卦似树上开花一样。神鬼分清。有关房屋地基的卦象为吉。有关女子则凶。此卦为吉。宜翻山越岭出门远行，会及早到达目的地。获得财物，吉。病者的卦象，会很快痊愈，为大吉。

588-L-5-08

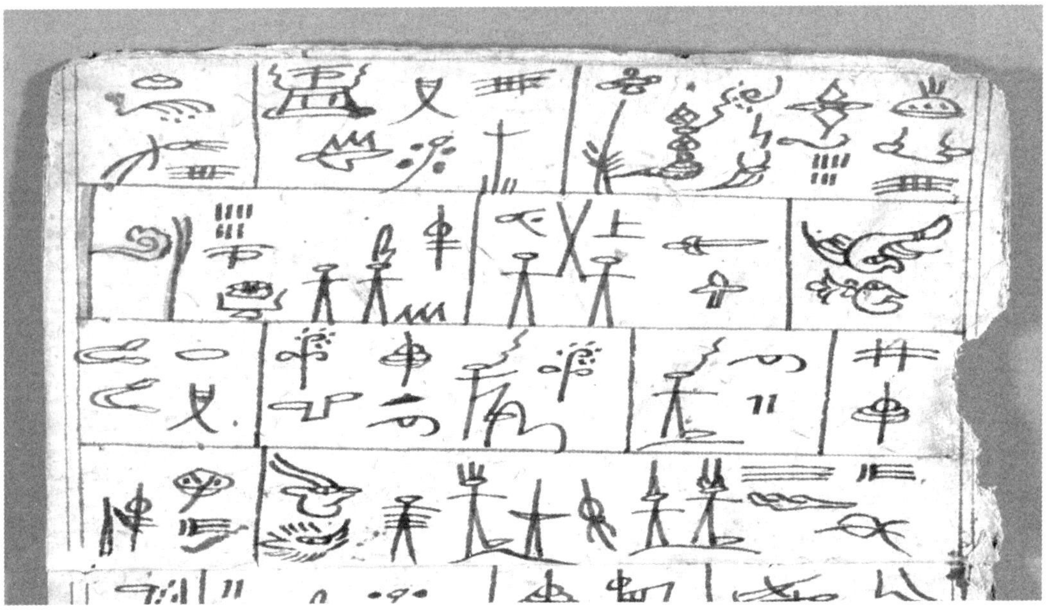

ʂʅ^{33} tshɿ^{21} thv̩^{55} dər^{33}. | dʑi^{33} phər^{21}、ʂʅ^{33} ɕy^{21} me^{33} nɯ^{33} tshɿ^{21}, tshɿ^{21} py^{21} dər^{33}. | dzər^{21} dɯ^{21} dʑi^{21}
死 鬼 赶 该 衣 白 肉 红 者 以 作祟 除鬼 祭 该 树 大 水

kho^{33} khɯ^{33} gə^{33} sɿ^{21} tʂhər^{55} khɯ^{55}, uɑ^{21} ʂər^{55} dər^{33}. no^{55} bv̩^{21} dər^{33}. | phər^{21} me^{33} ʂər^{33} ly^{33} thv̩^{33}:
源 处 的 署 药 施 魂 赎 该 诺神 祭 该 白 的 七 颗 出

zo^{33} mi^{55} ɕy^{33} ly^{55} mu^{21} gv̩^{33}. | khɑ^{33} khɑ^{33} ʂə^{55} ʂə^{33} sy^{55} sy^{33} thv̩^{33} kv̩^{55}. | v̩^{55} zi^{33} uə^{13} tʂʅ^{21} bv̩^{21}
儿 女 卦象 中常 成 吵架 争斗 斯杀 产生 会 小鸟 鹰 爪 底

le^{33} v̩^{21} guə^{55} guə^{21} gv̩^{33} me^{55}. | dzɿ^{33} thv̩^{33} ɕy^{33}, khuɑ^{21} mə^{33}. bu^{21} lo^{55} bɯ^{33} lɑ^{33} dzɿ^{33} dʑy^{33}, | zʅ^{33}
又 落 一样 成 的 祸 产生 卦象 凶 的 坡 翻 去 也 祸 有 路

dʑi^{33} bɯ^{33} mə^{33} ȵi^{21}. | gu^{21} me^{33} ɕy^{33}, tɕhi^{33} ly^{33} nɯ^{33} pɑ^{33} sɑ^{21} be^{33}. | dzɿ^{21} nɯ^{21} bu^{21}、kho^{21} nɯ^{21}
行 去 不 可 病 者 卦象 刺 以 作祟 做 夫 和 妻 亲 和

lɯ^{33} tɕər^{21}, tshɿ^{21} nɯ^{21} ȵiə^{21}、tər^{21} nɯ^{21} lɑ^{33} zɑ^{21}, dv̩^{21} nɯ^{21} tse^{21}、tɕi^{21} nɯ^{21} hər^{33}、kɯ^{21} nɯ^{21} zɑ^{21}
戚 上 除鬼 和 纽鬼 呆鬼 和 佬鬼 降 毒鬼 和 仄鬼 云鬼 和 风鬼 星鬼 和 娆鬼

nɯ^{33} pɑ^{33} sɑ^{21} be^{33}.
以 作祟 做

要驱赶死鬼。白衣服及带血的红肉在作祟，要祭除鬼。要给大树旁水源处的署施药并向署赎魂。要举行祭诺[①]神仪式。

掷出七颗白的卦：儿女的卦象为中常。会发生吵架斯杀，好似小鸟落入鹰爪一样。产生祸灾，凶。翻山越岭会有祸灾。不宜出门去远行。病者之卦象，是刺在作祟。对夫妻和亲戚，会有除鬼和纽鬼、呆鬼和佬鬼降临，毒鬼和仄鬼、云鬼和风鬼、星鬼和娆鬼来作祟，

[①] 诺：音译名词，似汉文化中的六畜神。

588-L-5-09

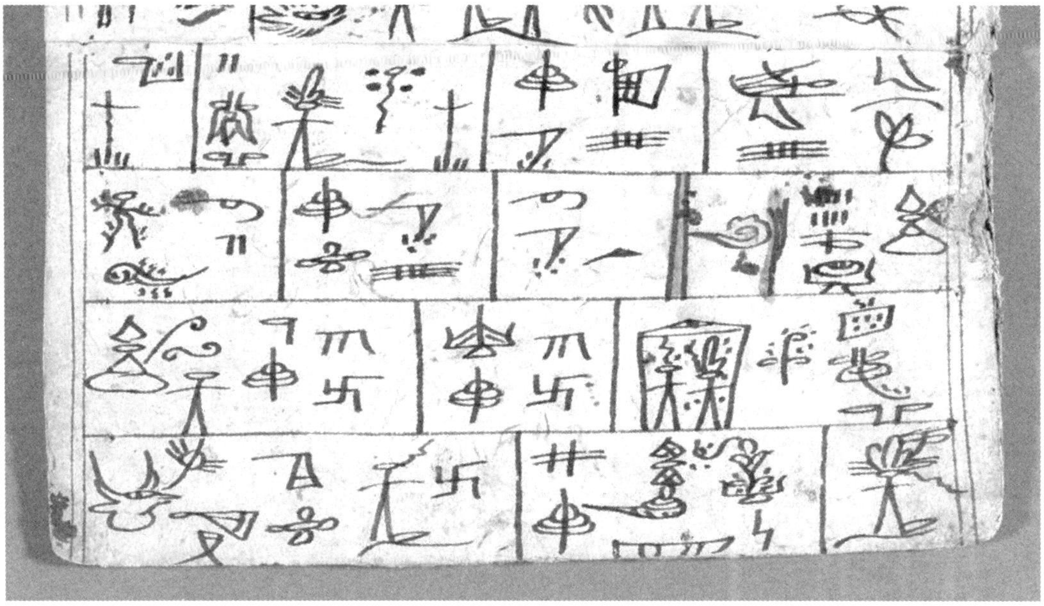

dʐu̩^{33} ʐu̩ɑ^{21} py^{21}dər^{33}. | n̩.i^{33}nv̩^{21} tʂhər^{33} thv̩^{33} nɯ^{33}tshɿ^{21}, tshɿ^{21} py^{21} næ^{21}. | gɑ^{33} ɕy^{33} be^{33} dər^{33}. |
债 还 祭 该 寡妇 以 作祟 除鬼 祭 该 嘎神 祭仪做 该

to^{55} khɯ^{55} dər^{33}. zɿ^{21} zər^{21} dər^{33}. | dʐə̩r^{21} mə^{33} n̩.i^{21}. | ɕy^{33} dɯ^{21} be^{33} dər^{33}, | mə^{33} be^{33} se^{55}
消灾仪式 该 仇 压 该 惊 不 可 法仪 大 做 该 不 做 则

khuɑ^{21}. | phər^{21} me^{33} ho^{55} ly^{33} thv̩^{33}: he^{21} zæ^{21} uə^{21} gv̩^{33}. | he^{21} nɯ^{33} gu^{33} lu^{21} kɑ^{33} le^{21}. ko^{21} ɕy^{33}
凶 白 的 八 颗 出 神 笑 似 成 神 以 庇佑 赐福 家事 卦象

kɑ^{33} nɯ^{21} ɯ^{33}. | sɿ^{55} ɕy^{33} kɑ^{33} nɯ^{21} ɯ^{33}. | zo^{33} mi^{55} dʑi^{21} ʂər^{55} be^{33} dzɿ^{33}. nɯ^{33} sɿ^{33} me^{33} thv̩^{33}. |
吉 与 顺 活者卦象 吉 与 顺 儿 女 房 满 地 增 心 想 的 出

o^{33} dze^{33} phi^{55} me^{33} ʂu^{21} dɯ^{33}. ʐʅ^{33} dʑi^{33} bɯ^{33} ɯ^{33}. | gu^{21} ɕy^{33}, dy^{21} lo^{21} sɿ^{21} tʂhər^{33} khɯ^{55} dər^{33}. |
财 物 失 的 找 得 路 行 去 吉 病 卦象 坝子里 署 药 施 该

ə^{33} phv̩^{33} kv̩^{33} phər^{21}
祖父 头 白

该举行向这些鬼还债的仪式。一个寡妇在作祟，要祭除鬼。要做祭嘎神的仪式。该进行消灾仪式。要做压仇人的仪式。不必受惊吓。要做大型的祭仪，不做则凶。

掷出八颗白的卦：此卦似神在欢笑。得到神的庇佑赐福。家事的卦象为吉顺。家人的卦象为吉顺。儿女会满堂。心想事成。寻失物又可获得。宜出门远行，吉。病者的卦象，该给坝子里的署施药。一位白发老者

588-L-5-10

ər^{33} nɑ^{21} ʂu^{21} nɑ^{21} pu^{55} me^{33} nɯ^{33} tshʅ^{21}. | tshʅ^{33} tʂhə^{55} hɑ^{33} ʂu^{55} dər^{33}. tʂhə^{55} py^{21} dər^{33}. ‖ phər^{21}
铜 器 铁 器 带 者 以 作祟 楚臭鬼 饭 祭 该 秽 祭 该 白

me^{33} gy̩^{33} ly^{33} thy̩^{33}: mɯ^{21} nɯ^{21} dy^{21} ko^{55} gɯ^{33} bi^{33} bu^{33} le^{21} bu^{33} | gə^{33} uɑ^{21} tshi^{21} uɑ^{21}, kɑ^{33}. | gy̩^{33}
的 九 颗 出 天 和 地 之间 太阳 亮 月亮 亮 的 卦 是 吉 九

ky̩^{55} æ^{33} æ^{21}. | ko^{21} ɕy^{33} khuɑ^{21}. o^{33} dze^{33} phi^{55} me^{33} ʂu^{21} dɯ^{33}, ɯ^{33}. | ny̩^{55} me^{33} ky̩^{33} dɯ^{33} ly^{33}
个 斗殴 家事 卦象 凶 财 物 失 的 寻 得 吉 心 蒜 一 个

gə^{33} uɑ^{21} tshi^{21}uɑ^{21}. | dzər^{21}、bɯ^{21} lɯ^{33}、he^{21}、dʑi^{33}、mɯ^{33}(?) [1]ty̩^{33} ty̩^{21} kɯ^{33} kɯ^{21} kɑ^{33}. | ɯ^{33} lɑ^{21}
的 卦 是 千 千 万 万 吉 生意

be^{33} mə^{33} ȵi^{21}. | mu^{21} tɯ^{33} bɯ^{33} zʅ^{21} zər^{21} gɑ^{33}. | kho^{33} hɯ^{21} le^{33} mi^{33}. | khə^{33} gy̩^{33} tshʅ^{21}、tho^{33}
做 不 可 兵 起 去 仇 压 胜 消息 好 又 听 抠古鬼

lo^{33} tshʅ^{21} thy̩^{55} dər^{33}. | dʑi^{33} tʂhu^{55} pɑ^{33} be^{33} dər^{33}.
妥罗鬼 赶 该 景神 供养 做 该

带着的铜器铁器作祟。要给楚臭鬼施食。要举行除秽仪式。

掷出九颗白的卦：此卦似天地间日月高悬一样，为吉卦。九个会发生斗殴[2]。家事之卦象为凶。失物去找寻又可获得，吉。是心像一颗蒜一样的卦[3]……千千万万皆吉。不宜去做生意。起兵能战胜仇敌。会听到好消息。要驱赶抠古鬼和妥罗鬼。要供养景神。

---

[1] 这六个东巴文字符无法连读成句，其中 mɯ^{33} 这个字符不识其读音。存疑。

[2] 此句为直译，其义令人费解。

[3] 此句为直译，其义令人费解。

588-L-5-11

tʂhɑ^{55} pɑ^{33} be^{33}. | ɕy^{33} dɯ^{21} ge^{33} uɑ^{33} tshɿ^{21} py^{21} dər^{33}. | phər^{21} me^{33} tshe^{21} ly^{33} thv̩^{33}: gɑ^{33} pɑ^{55}
供养 做 法事大 的 瓦鬼 祭 该 白 的 十 颗 出 胜利 标杆

khə^{21} he^{21} nɯ^{33} the^{21} ly^{21}, | ɕi^{33} nɯ^{33} the^{21}ly^{21} me^{55}, | gɑ^{33} gə^{33} gæ^{21}thɑ^{55} ly^{33} thɑ^{55} dɯ^{33} me^{55}. |
处 神 以 又 看守 人 心 以 看守 是 嘎神 的 刀 利 矛 利 得 的

ko^{21} ɕy^{33} kɑ^{33}. sɿ^{55} ɕy^{33} kɑ^{33} nɯ^{21} ɯ^{21}. | ʐʅ^{33} dʑi^{33} bu^{21} lo^{55} bɯ^{33} tʂhu^{21} be^{33} thv̩^{33}, o^{33} dɯ^{21} ko^{33}
家事卦象 吉 活者卦象 吉 与 顺 路 行 坡 翻 去 快 地 到 财 大 遇

pv̩^{55}. | ɕi^{33} dɯ^{21} nɯ^{33} ʂər^{33} ʂər^{33} dɯ^{33}. | ɯ^{33} lɑ^{21} be^{33}, kɑ^{33}. | gu^{21} ɕy^{33}, dʐər^{21} mə^{33} ȵi^{21}. | sɿ^{33}
人 大 以 牵 得 生意 做 吉 病 卦象 惊 不 可

mu^{33} lər^{21} te^{33} thv̩^{55} dər^{33}. | thv̩^{33} ʂu^{55} dər^{33}. | sɿ^{21} mu^{21} i^{33} me^{33}
斯姆朗登 赶 该 土鬼 祭 该 署 缘故 的

要做祭瓦鬼的大仪式。

掷出十颗白的卦：胜利的标杆处有神在看守，人亦在看守。得到嘎神的利刀和利矛。家事的卦象为吉。活人的卦象亦为吉顺。翻山越岭出门去远行会及早到达目的地，还有发财之机遇。得到大人物的帮扶。宜去做生意。病者的卦象为不可受惊吓。要驱赶斯姆朗登女鬼。要祭土鬼。这是因署之故的

588-L-5-12

uɑ^{21} tshi^{21} uɑ^{21}. | phər^{21} me^{33} tshe^{21} dɯ^{33} ly^{33} thy̩^{33}: mi^{33}、hər^{33}、dʑi^{21} zɑ^{21} me^{33}① ʂɿ^{33} sy^{21} nɯ^{33} tshɿ^{21},
卦 是 白 的 十 一 颗 出 火 风 水 三 样 以 作祟

tshɿ^{21} nɯ^{33} uɑ^{21} he^{33} khy̩^{33},uɑ^{21} he^{33} phi^{55} me^{55}. | he^{21} khə^{21} tshɿ^{21} nɯ^{33} ʂər^{55}. | he^{21} khu^{33} khɑ^{33}.
鬼 以 魂 偷 魂 失 是 神 处 鬼 以 满 神 嘴 苦

tʂhə^{55} gu^{21} tʂhə^{55} gy̩^{21} dər^{33}. | ko^{21} ɕy^{33} khuɑ^{21}. o^{33} dze^{33} ɕy^{33}, khuɑ^{21}. | sɿ^{55} ɕy^{33} mə^{33} khuɑ^{21}. |
秽 祭诵 秽 除 该 家事 卦象 凶 财 物 卦象 凶 活者卦象 不 凶

gu^{21} ɕy^{33} se^{13} sɿ^{21} nɯ^{33} pɑ^{33} sɑ^{21} be^{33}. | tse^{21} dɯ^{21} py^{21} dər^{33}. | ɯ^{33} ɕy^{21} ʂɿ^{33} ɕy^{21} nɯ^{33} tshɿ^{21}, tshɿ^{21}
病卦象 则 署 以 作祟 做 仄鬼 大 祭 该 皮 红 肉 红 以 作祟 除鬼

py^{21} dər^{33}. | ɕi^{33} nɯ^{33} khuɑ^{21} me^{33} dzɑ^{33} me^{33} dy̩^{21} khɯ^{55} lɯ^{33} mu^{55}, | zɿ^{21} zər^{21} dər^{33}. | ɕy^{33} be^{33}
祭 该 他人 以 恶 的 歹 的 毒 放 来若是 仇 压 该 法事 做

se^{55} mə^{33} khuɑ^{21}. | phər^{21} me^{33} tshe^{21} ȵi^{33} ly^{33} thy̩^{33}: bu^{33} ʂuɑ^{21} uə^{21} gə^{33} uɑ^{21} tshi^{21} uɑ^{21}. sɿ^{55} ɕy^{33}
则 不 凶 白 的 十 二 颗 出 坡 高 似 的 卦 是 活人 卦象

kɑ^{33} me^{55}.
吉 的

卦。

掷出十一颗白的卦：火、风、水三样在作祟，被鬼偷走了灵魂，失去了灵魂。神跟前被鬼占满，神生气。该进行除秽仪式。家事的卦象，凶。财物的卦象，凶。活人的卦象为不凶。病者的卦象，是署在作祟。该进行祭仄鬼的大仪式。带血的红皮红肉在作祟，要祭除鬼。

① zɑ^{21} me^{33}：这两个字符无法与其他字符连读成句。存疑。

若有他人使坏作歹放毒，则要进行压仇敌的祭仪。做了法仪则不凶了。

掷出十二颗白的卦：这是像高大的山坡一样的卦。活人的卦象，吉。

588-L-5-13

zɿ^{21} zər^{21} zɿ^{21} tɕər^{21} gɑ^{33} me^{55}. | zʅ^{33} ʥi^{33} bɯ^{33}, kɑ^{33}. | o^{33} dze^{33} ɕy^{33}, kɑ^{33}. | dzɿ^{33} ʂə^{55} bɯ^{33} me^{33}
仇 压 仇 上 胜 的 路 行 走 吉 财 物 卦象 吉 诉讼 去 是

tv̩^{21} le^{33} ɕi^{33} sy^{21} kɑ^{33}. | gu^{21} ɕy^{33}, | kæ^{33} tʂhər^{55} zɿ^{21} sy^{55} me^{33} ʥy^{33} kv̩^{55}. | tər^{21} zər^{21} py^{21}
千 又 百 样 吉 病 卦象 前 辈 仇 杀 的 有 会 呆鬼 压 祭

dər^{33}. ‖ phər^{21} me^{33} tshe^{21} sɿ^{55} ly^{33} thv̩^{33}: mɯ^{33} gv̩^{33} lɯ^{33} kɯ^{55} gə^{33} uɑ^{21} tshi^{21} uɑ^{21}. | ə^{33} sɿ^{21}、ə^{33}
该 白 的 十 三 颗 出 打雷 地 响 的 卦 是 父亲 祖父

phv̩^{33} tʂhər^{55} tər^{21} be^{33} ʂʅ^{33} mu^{21} ʥy^{21} kv̩^{55}. | tʂhʅ^{33} se^{33} mu^{21} | ʥi^{33} tse^{21} ʥi^{33} zɑ^{21} ʂu^{55} dər^{33}. |
辈 凶 地 死 了 有 会 这样 则 景仄景饶宋 该

tʂhə^{55} gv̩^{21} tʂhə^{55} ʂu^{55} dər^{21}. iə^{33} ko^{21} tʂhə^{55} gu^{21} se^{13} sɿ^{55} dzɿ^{21} sɑ^{21} mə^{33} khuɑ^{21}. zʅ^{33} ʥi^{33} bɯ^{33}
秽 祭 秽 除 该 家里 秽 祭诵 则 素神 坐 处 不 凶 路 行 去

去镇压仇敌能取胜。宜出门远行，吉。有关财物的卦象为吉。去诉讼，千百样皆吉。病者之卦象，前辈中会有杀死仇人的事。该进行镇压使人凶死的呆鬼的祭仪。

掷出十三颗白的卦：此卦似天上打雷震响大地一样。父辈及祖辈中曾有凶死者。若如此，则该进行“景仄景饶宋”仪式。要进行除秽仪式。家里除了秽，素神坐处就不会有凶象了。出门去远行

588-L-5-14

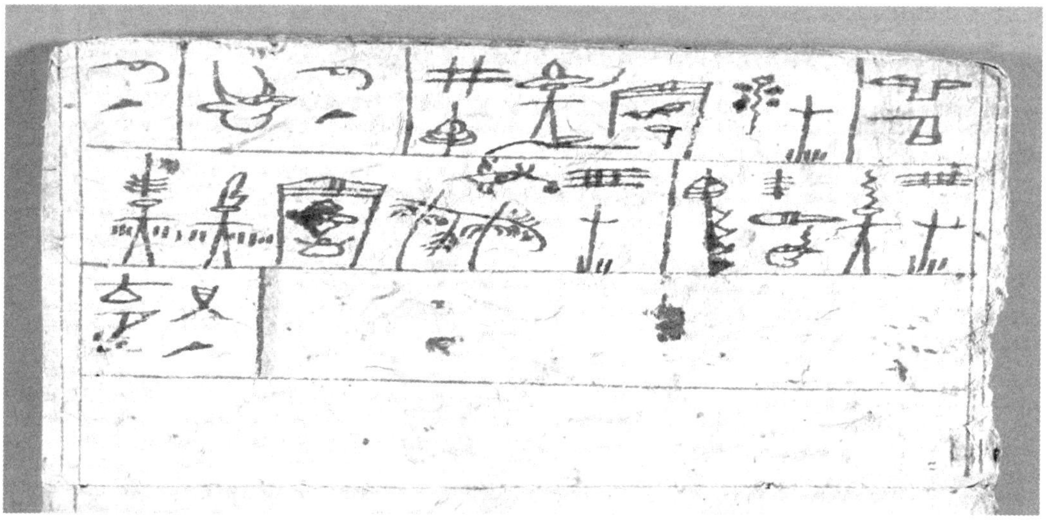

mə^{33} ȵi^{21}, khuɑ^{21}. | o^{33} dze^{21} ʂu^{21} bɯ^{33} mə^{33} ȵi^{21}, khuɑ^{21}. | gu^{21} ɕy^{33}, zʅ^{33} dʑi^{33} me^{33} bər^{33} iə^{33} ko^{21}
不 可 凶 财 物 找 去 不 可 凶 病 卦象 路 行 的 客 家里

thʏ^{33}, tshʅ^{21} py^{21} dər^{33}. | thʏ^{33} ʂu^{55} dər^{33}. | ə^{33} sʅ^{21} ə^{33} me^{33} gə^{33} uɑ^{21} he^{33} dʑi^{21} lo^{21} tər^{55}. tɕi^{55} khu^{33}
到 除鬼 祭 该 土鬼 祭 该 父亲 母亲 的 魂 房 里 关 季鬼孔鬼

py^{21} dər^{33}. | ɕy^{55} hər^{21} le^{33} dʑi^{21} tso^{55}, huɑ^{21} tsʅ^{33} zʅ^{33} tʂu^{55} py^{21} dər^{33}. | tʂhʅ^{33} be^{33} me^{33} khuɑ^{21}.
祭 该 柏 绿 梯 搭 华神 请 寿 接 祭 该 所 做 的 凶

则凶。不宜去找财物，凶。病者的卦象，出门远行而来的客人来到了家里，该祭除鬼。要祭土鬼。父母亲的灵魂关在了屋内。该进行祭季鬼和孔鬼的法仪。要进行架起翠柏天梯，迎请华神的延寿仪式。一切所为都会凶。

588-L-5-15

封底

（翻译：王世英）

589-L-6-01

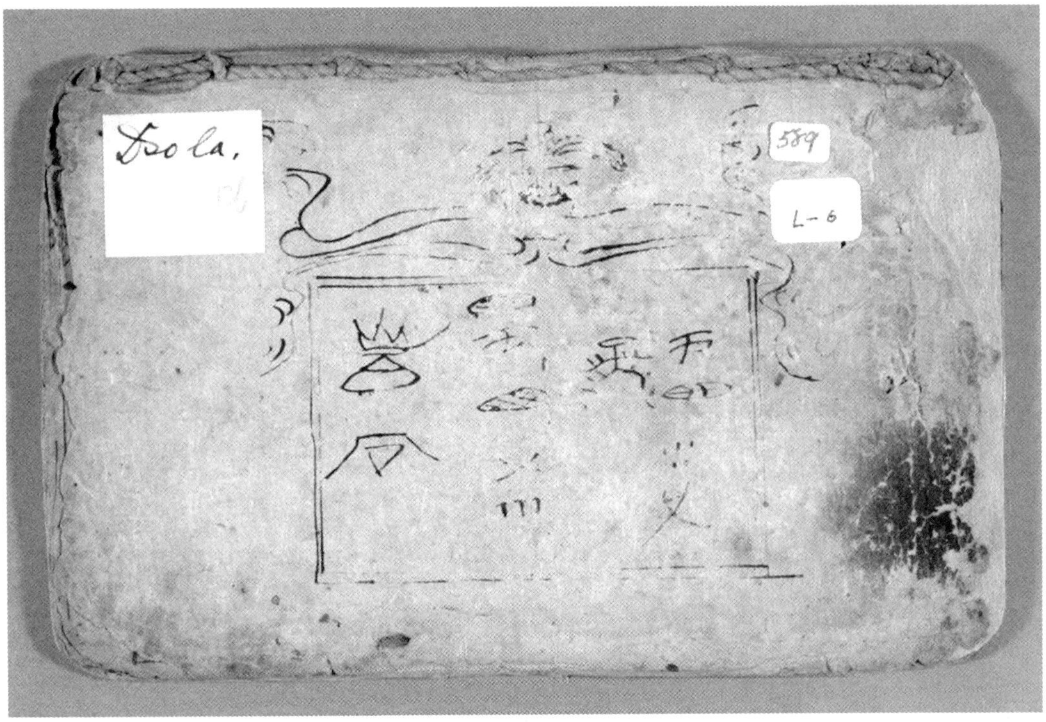

tshe^{21} sɿ^{55} dʐu^{33} bæ^{21} mæ^{33} sɿ^{21} uɑ^{21} me^{55}

占卜·用十三个海贝占卜的卦辞

589-L-6　占卜·用十三个海贝占卜的卦辞

【内容提要】

本古籍记录了用十三个海贝占卜的卦辞。用十三颗海贝占卜只有十三卦。所占的内容有：寻找失物，家事之吉顺，房屋地基可适居住。病者之凶吉，出门远行、带狗狩猎、可否去做生意等。用十三个海贝占卜的书，书名虽同，但卦辞却不一样。

【英文提要】

The Divination. Hexagrams Words of Divination by Using Thirteen Seashells

This book records the words of hexagrams to divine by using thirteen seashells. There are thirteen hexagrams in total. Contents of divination include: searching, luck, livable ground to set a house, the illness, errand, hunting with dog, business, etc. Books of divination by using thirteen seashells share the same title, but vary in the hexagrams words.

589-L-6-02

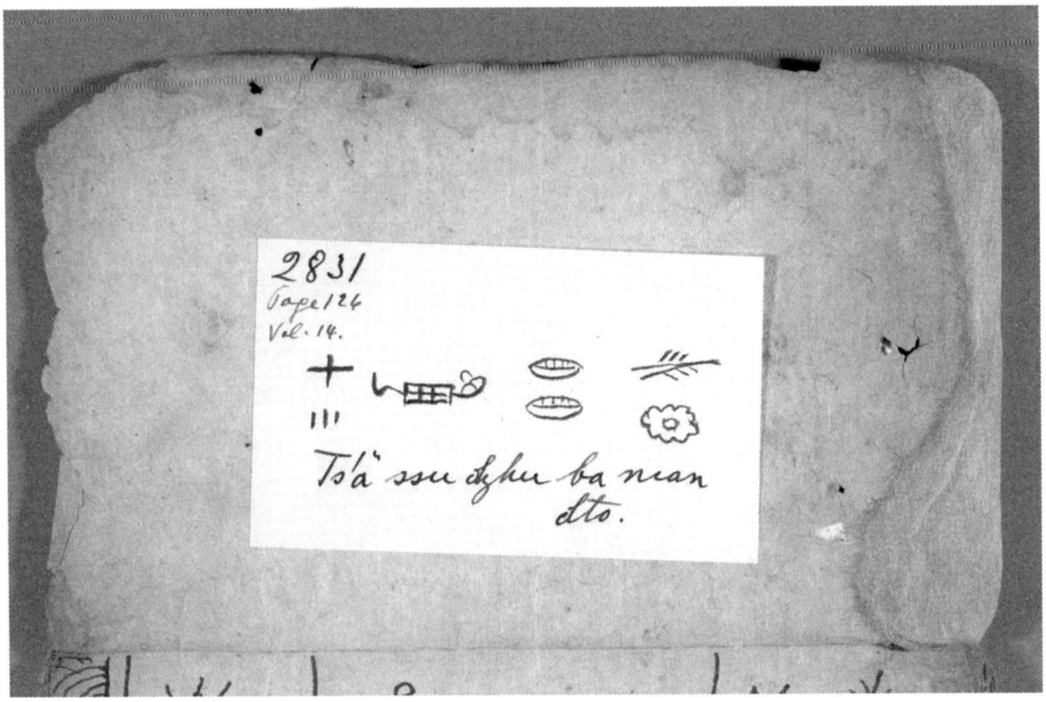

“2831”为洛克收藏东巴古籍时的序号。七个东巴文字符为此古籍书名之复写。以下的字母文字为书名之读音。

589-L-6-03

py^{33} bv̩^{21} kæ^{33} the^{21} tshɿ^{55}. ｜dɯ^{33} ly^{33} phər^{21} me^{33} thv̩^{33}: ȵi^{33} me^{33} bu^{21} kv̩^{33} gə^{21} le^{33} thv̩^{33} uə^{21}

祭司　前　又　跪　一　颗　白　的　出　太阳　坡　顶　往上　又　出　似

gy̩^{33}. | dzər^{21} py̩^{21} ky̩^{33} nɯ^{33} ba^{21} gə^{21} le^{33} | ba^{21} the^{55} n̩i^{21} gy̩^{33}. | ɕiə^{21} gu^{55} dzi^{21} le^{33} so^{33} ky̩^{33}
成 树 枯 上 以 花 上 又 开 一样 成 大雕 飞 而 岭 上

thy̩^{33} gə^{33} ua^{21} tshi^{21} ua^{21}. | si^{33} se^{33} le^{33} hɯ^{21} le^{33} dzæ^{33} me^{55}. | ɯ^{33} la^{21} be^{33} ɯ^{33}. o^{33} dzʅ^{33} phi^{55}
到 的卦 是 穷 了又 富又 强 的 生意 做 吉 财物 丢

me^{33} le^{33} ʂu^{21} dɯ^{33}.
的 又 找 得

跪拜于东巴祭司前。

掷出一颗白海贝的卦：是像太阳又升到山顶上一样，像枯树上又开花一样，又似大雕飞到峻岭上一样的卦。现虽穷但又会变富强。宜去做生意，吉。去寻失物可找到。

589-L-6-04

dʑi^{21} dæ^{21} ɕy^{33} ly^{55} mu^{21} gy̩^{33}. | ko^{21} ɕy^{33}, khua^{21}. | dʑi^{21} ʂʅ^{55} dæ^{21} ʂʅ^{55} ɕy^{33}, ka^{33}. mu^{21} tɯ^{33} bɯ^{33}
房 宅地卦象 中常 成 家事 卦象 凶 房 新 宅地 新 卦象吉 兵 起 去

me^{33} zʅ^{21} mə^{33} dʑy^{21}. | gu^{21} ɕy^{33}, ka^{33}. | khə^{33} gy̩^{33} tshʅ^{21} thy̩^{55} dər^{33}. | dʑi^{33} fy̩^{55} mu^{21} me^{33} iə^{33}
是 仇 没有 病 卦象 吉 抠古鬼 赶 该 衣 补 穿 的 家里

ko^{21} tshʅ^{21} nɯ^{33} tshʅ^{21}. pɯ^{33} (？) tshʅ^{21}①. | dzʅ^{21} bu^{21} tʂu^{55}, ɯ^{33}。| be^{33} py̩^{55} ko^{55} ɕi^{33} ʂər^{13} tshʅ^{21} me^{33}
来 以 作祟 夫 妻 结 吉 村 邻 间 人 牵 来 者

nɯ^{33} tshʅ^{21}, to^{33} ma^{33} phi^{55} dər^{33}. | phər^{21} gə^{33} n̩i^{33} ly^{33} thy̩^{33}: mɯ^{33} ky̩^{33} so^{33} ɯ^{33}、khy̩^{55} ɯ^{33} thy̩^{33}
以 作祟 面偶 抛弃 该 白 的 两 颗 出 天 上 启明星 长庚星 出

① 这三个东巴文字符无法连读成句，存疑。

uə²¹ gv̩³³. | phv̩³³ lɑ²¹ zɑ²¹. | he²¹ nɯ³³ gu³³ lu²¹ kɑ³³ le²¹, bi²¹ thv̩³³ le²¹ thv̩³³ me³³ uə²¹ gv̩³³. |
似 成 大神 降 神 以 庇佑 赐福 太阳 出 月亮 出 的 似 成

dʑi²¹ ʂʅ⁵⁵ dæ²¹ ʂʅ⁵⁵ ɕy³³, kɑ³³. | ə³³ phv̩³³ kv̩³³ phər²¹ ə³³ dzʅ³³ kv̩³³ phər²¹
房 新宅地 新 卦象 吉 祖父 头 白 祖母 头 白

房屋及地基的卦象为中常。家事的卦象，凶。新房新地基的卦象为吉。起兵不会有敌手。病者的卦象为吉。要驱赶抠古鬼。穿着补丁衣的人到了家里而闹鬼。相亲结亲，吉。来到村子里抓人的人作祟，该丢弃面偶以赶鬼。

掷得两颗白海贝的卦：似天上升起启明星和长庚星。大神会降临下来。会得到神的庇佑赐福，似太阳和月亮升起一样。新房新地基的卦象为吉。满头白发的祖父或祖母

589-L-6-05

gu²¹, khuɑ²¹. kho²¹ lɯ³³ gu²¹ tshər³³ thv̩³³ kv̩⁵⁵. | dzʅ³³ thv̩³³ kho³³ mi³³ lɯ³³ kv̩⁵⁵. | phi⁵⁵ me³³ o³³
病 凶 亲 戚 病 发烧 产生 会 祸 生 消息 听 来 会 失 的 财

le³³ ʂu²¹ dɯ³³ kv̩⁵⁵. | phv̩³³ lɑ²¹ tʂhu⁵⁵ pɑ³³ be³³, he²¹ ʂu⁵⁵ uæ³³ hɯ²¹[①] kɑ³³. | gu²¹ me³³ mə³³ tɕi¹³:
又 找 得 会 大神 供养 做 神 祭 吉 病 者 不 急

tʂhu²¹ be³³ le³³ bi²¹. | o³³ dze³³ ʂu²¹ mə³³ dɯ³³. | mu²¹ tɯ³³ bɯ³³ i³³ zʅ²¹ mə³³ dʑy²¹. | gu²¹ me³³
早 地 又 愈 财物 找 不 得 兵 起 去 是 仇 没有 病 者

py³³ bv̩²¹、bə³³ lɯ²¹ gv̩³³ dze²¹ gv̩³³ dʑi³³ nɯ³³ tshʅ²¹. | æ²¹ tse²¹ tshʅ⁵⁵ tse²¹, | tər²¹ nɯ²¹ lɑ³³、
祭司 巫师 东西 衣服 以 作祟 鸡 用 山羊 用 呆鬼 和 佬鬼

① uæ³³、hɯ²¹，这两个字符无法与其他字符连读成句，存疑。

dy̩²¹ nɯ²¹ tse²¹ py²¹ dər³³. | tho⁵⁵ lo³³ tshɿ²¹ thy̩⁵⁵ dər³³. | zo³³ gə³³ ɕy³³, kɑ³³. | sɿ⁵⁵ ly³³ phər²¹
毒鬼 和 仄鬼 祭 该 妥罗鬼 赶 该 男 的 卦象 吉 三 颗 白

me³³ thy̩³³: phi⁵⁵ me³³ ʂu²¹
的 出 失 的 找

生病则凶。亲戚会生病发烧。会听到发生祸灾的消息。失物能找到。该供养大神祭神。病了不必着急，很快会痊愈。不能找到财物。起兵去打仗不会有敌手。生病是因祭司和巫师的东西衣物作祟。要用鸡和山羊作牺牲，以祭呆鬼和佬鬼、毒鬼和仄鬼。要驱赶妥罗鬼。男子的卦象为吉。

掷出三颗白海贝的卦：寻失物

589-L-6-06

o³³ dze³³ le²¹ mə³³ dɯ³³. | kɑ⁵⁵ tsɿ³³ ʂu⁵⁵ dər³³. | dzɿ³³ uə³³ ɕy³³ kɑ³³, phy̩³³ lɑ²¹ nɯ³³ gu³³ lu²¹ kɑ³³
财物 又 不 得 告孜 祭 该 村 寨 卦象 吉 大神 以 庇佑 赐福

le²¹. zo³³ ɕy³³, he²¹ nɯ³³ gu³³ lu²¹ kɑ³³ le²¹. | mi⁵⁵ ɕy³³ khuɑ²¹. ny̩⁵⁵ me³³ sɿ³³ dy̩³³ me³³ ly⁵⁵ mu²¹
男 卦象 神 以 庇佑 赐福 女 卦象 凶 心 想 的 中常

gy̩³³. | zʅ³³ dʑi³³ me³³ tsɿ³³ ɕi³³ ko³³ py̩⁵⁵, ɯ³³. | sɿ³³ phe³³ kæ³³ kɯ³³ bɯ³³, ɯ³³. | mi⁵⁵ dʑi³³、zo³³、
成 路 行 是 接 人 遇 吉 首领 前 拜 去 吉

mi³³ | zɑ²¹、bi²¹① | ʂʅ³³ tshɿ²¹ thy̩⁵⁵ to³³ mɑ³³ phi⁵⁵ dər³³. | dʑy²¹ ʂuɑ²¹ bu²¹ ʂuɑ²¹ ky̩³³ dy̩²¹ tse²¹ zɑ²¹,
死 鬼 赶 面偶 丢 该 山 高 坡 高 上 毒鬼 仄鬼降

① 这两格内的字符无法连读成句，存疑。

dy^{21} gə^{33} mu^{21} nɯ^{21} ɯ^{21} thy̩^{33} tshʅ^{21}. | khə^{33} gy̩^{33} tshʅ^{21} thy̩^{55} dər^{33}. ‖ phɑ^{21} le^{33} ty̩^{21} nɯ^{21} ɕi^{33} sy^{21}
坝子 的 猛鬼 和 恩鬼 到 来 抠古鬼 赶 该 占卜 而 千 和 百 样

be^{33} kɑ^{33}. ‖ lu^{55} ly^{33} phər^{21} me^{33} thy̩^{33}:
皆 吉 四 颗 白 的 出

不会找到。要祭告孜①。村寨的卦象，吉，大神会庇佑赐福。男子的卦象为吉，神会庇佑赐福。女子的卦象为凶。心所想的只能成为中常。出门远行遇到来迎接的人，吉。宜去拜见首领，吉。该驱赶死鬼，要丢弃面偶。高山大坡上的毒鬼和仄鬼降到下方来，坝子里的猛鬼和恩鬼也来到。要驱赶抠古鬼。占卜的卦象千百样皆吉。

掷出四颗白海贝的卦：

589-L-6-07

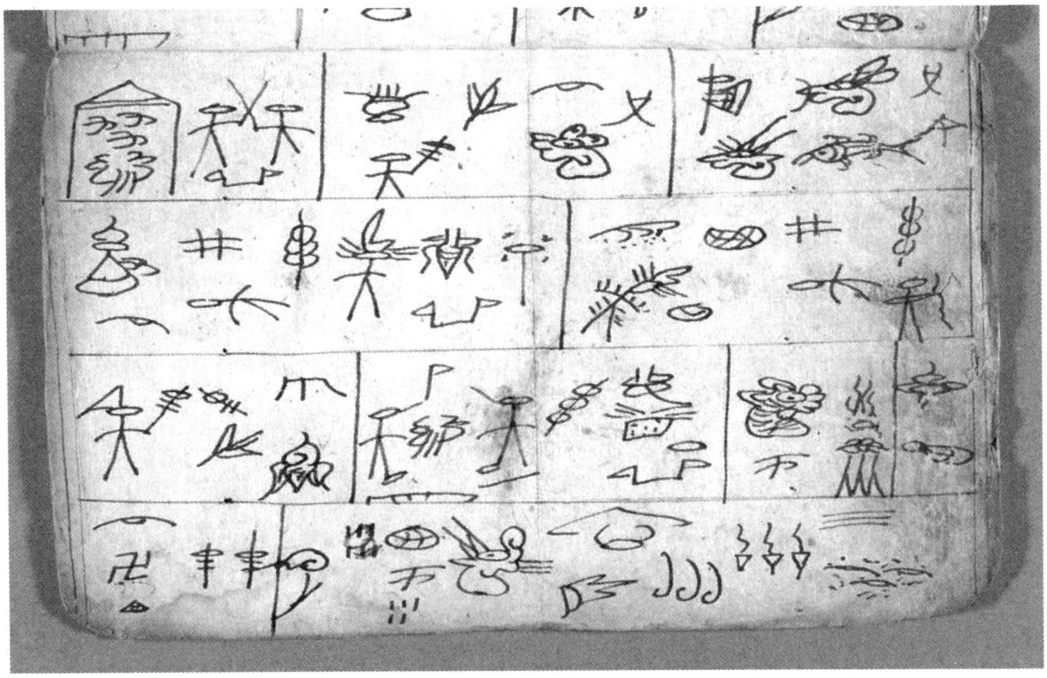

be^{33} py̩^{55} ko^{55} gə^{33} ɕi^{33} tɕər^{21} æ^{33} æ^{21} thy̩^{33}, | u^{33} zʅ^{21} mə^{33} gy̩^{21} me^{55}, | gɑ^{33} se^{33} le^{33} ȵi^{55} mu^{21}
村 邻 间 的 人 上 殴斗 发生 自己 仇 不 敌 的 赢 了 又 输 的

me^{55}. | he^{21} nɯ^{33} mə^{33} hɯ^{21}. gu^{21} me^{33} ɕy^{33}, ȵi^{33} ny̩^{21} tʂhər^{33} thy̩^{33} me^{33} nɯ^{33} tshʅ^{21}. | khə^{33} gy̩^{33}
是 神 以 不 高兴 病 的 卦象 寡妇 者 以 作祟 抠古鬼

tshʅ^{21} thy̩^{55} dər^{33}. gu^{21} me^{33} tʂhu^{21} be^{33} le^{33} bi^{21}. | mu^{21} tɯ^{33} zʅ^{21} æ^{21} bɯ^{33}, kɑ^{33} me^{33} ʥy^{33}. | ʐʅ^{33}
赶 该 病 的 快 地 又 愈 兵 起 仇 斗 去 吉 的 有 路

ʥi^{33} tsʅ^{33} me^{33} ko^{33} py̩^{55} tʂhu^{21} be^{33} thy̩^{33}. nɯ^{33} sʅ^{33} me^{33} thy̩^{33} gy̩^{33}. | phy̩^{33} lɑ^{21} tʂhu^{55} pɑ^{33} be^{33}
行 接 者 遇 快 地 到 心 想 的 出 成 大神 供养 做

---

① 告孜，音译名词，似汉文化中的山神。

dər^{33}. | uɑ^{21} tshi^{21} mə^{33} ɯ^{33} mə^{33} khuɑ^{21}, ly^{55} ly^{21} gv̩^{33}. | bæ^{21} mæ^{33} phər^{21} me^{33} uɑ^{55} ly^{33} thv̩^{33}:
该 卦 不 吉 不 凶 中常 成 海贝 白 的 五 颗 出

uɑ^{21} hər^{21} mɯ^{33} dzə̩r^{33} kho^{33} nɯ^{33} mɯ^{33} gv̩^{33} lɯ^{33} kɯ^{55}、tshy^{55} do^{55} hɯ^{21} gɯ^{33} dzo^{33} sɿ^{33}、hər^{33} thv̩^{33}
松石 绿 青龙 声 以 打雷 地 震 闪电 闪 雨 下 雹 领 风 刮

tshe^{55} phv̩^{55}
叶 撒

会与村邻的人发生殴斗，你自己斗不过仇人，赢后又会输掉。神不高兴。病者的卦象，有寡妇作祟。要驱赶抠古鬼。病者会很快痊愈。起兵去杀仇人，吉。出门远行会遇到来迎接的人，会很快到达目的地。心想事成。该供养大神。此卦为不凶不吉的中常卦。

掷出五颗白海贝的卦：此卦似松石般绿的青龙发出响彻大地的雷声，闪电阵阵、大雨夹冰雹、狂风吹落叶

589-L-6-08

guə^{55} guə^{21} gv̩^{33} me^{55}. | nɯ^{33} ly^{33}① sɿ^{33} me^{33} thv̩^{33}. zɿ^{21} ko^{33} pv̩^{55} kv̩^{55}. | dy^{21} dər^{21} me^{33} zu̩ɑ^{33} ʂʅ^{33}
一样 成 的 心 想 的 出 仇 遇 会 坝子 穿过 是 马 死

tɕi^{55} tɕhər^{33} ko^{33} pv̩^{55} kv̩^{55}. | zə̩r^{21} lɑ^{33} | ko^{33} pv̩^{55} kv̩^{55}, | dzə̩r^{21} thv̩^{55} kv̩^{55}. | dzɿ^{33} thv̩^{33} dzɿ^{33}
驮 断 遇 会 豹 虎 遇 会 惊吓 受 会 祸 生 祸

zər^{21} py^{21}dər^{33} kv̩^{55}. | to^{55} khɯ^{55} | dər^{33}. nɯ^{33} tʂhʅ^{33} sɿ^{33}② | dzɿ^{21}tʂu^{55} bu^{21} tʂu^{55} sɿ^{21}③khuɑ^{21}. |
压 祭 该 会 消灾仪式 该 心 所 想 夫 结 妻 结 凶

---

① 此字符无法与其他字符连读成句，存疑。

② nɯ^{33} tʂhʅ^{33} sɿ^{33}，此三字后疑应有"thv̩^{33}"（成）或"mə^{33} thv̩^{33}"（不成）。

③ sɿ^{21}，此字符无法与其他字符连读成句，存疑。

khuɑ^{21} lɯ^{33} nɯ^{33} zɿ^{21} æ^{21} lɯ^{33} kv̩^{55}. | gu^{21} me^{33}, ŋv̩^{33} hər^{21} bu^{33} me^{33} nɯ^{33} tshɿ^{21}. | thv̩^{33} ʂu^{55}
亲　戚　以　仇 结　来　会　　病　者　银　金　亮　的　以　作祟　土鬼 祭

dər^{33}. | tshɿ^{33} tʂhə^{55} py^{21} dər^{33}. | tər^{21} tse^{21} py^{21} dər^{33}. uɑ^{21} tshi^{21} khuɑ^{21}. | phər^{33} me^{33} bæ^{21} mæ^{33}
该　　楚臭　　祭　该　呆鬼仄鬼 祭　该　卦　　凶　　白　的　海贝

tʂhuɑ^{55} ly^{33} thv̩^{33}: ə^{33} me^{33} tɕi^{55} me^{33}
六　颗　出　母亲　婴儿

一样。心想事成。会遇到仇人。出门穿过平坝会遇到死马和折断了的驮子。会遇上豹子和老虎，会受到惊吓。会有祸灾，要进行压祸灾的祭仪。要进行消灾仪式。心想……不宜相亲结亲，凶。亲戚会来结仇。病者是因闪光的金银作祟。该祭土鬼。要进行祭楚臭仪式。要祭呆鬼和仄鬼。此卦为凶卦。

掷出六颗白海贝的卦：母亲会生小孩。

589-L-6-09

tɕi^{33} hə^{21} kv̩^{55}. | tʂhʅ^{33} be^{33} me^{33} gv̩^{33}. he^{21} ne^{13} tshɿ^{21} tshɿ^{33} phi^{21} se^{21}. | zʅ^{33} dʑi^{33} me^{33} zɿ^{21} ko^{33} pv̩^{55}
生育　会　所　做　的　成　神　和　鬼　分清　了　路　行 是　仇 遇

kv̩^{55}. | sɿ^{55} ɕy^{33} ko^{21} ɕy^{33} kɑ^{33} mu^{21}. | dʑi^{21} ɕy^{33} dæ^{21} ɕy^{33} khuɑ^{21}. mi^{55} ɕy^{33} khuɑ^{21}. |
会　活者 卦象 家事卦象 吉 的　房　卦象 宅地 卦象 凶　女 卦象　凶

zʅ^{33} dʑi^{21} tʂhu^{21} be^{33} iə^{33} ko^{21} le^{33} thv̩^{33}. | zʅ^{33} dʑi^{33} bɯ^{33} me^{33} tsɿ^{33} ɕi^{33} | ko^{33} pv̩^{55}. o^{33} phi^{55} ʂu^{21}
路　行　快　地　家里　又　到　路　行　去　是　接　人　遇　物　丢　找

me^{33} le^{33} dɯ^{33}. zʅ^{33} dʑi^{33} ɕy^{33} kɑ^{33}. | gu^{21} me^{33} ɕy^{33}, tʂhu^{21} be^{33} le^{33} bi^{21}. | ɯ^{33} lɑ^{21} be^{33} ɯ^{33}. |
的　又　得　路 行 卦象 吉　病　者 卦象　快　地 又　愈　生意　做　吉

no^{55} by̩^{21} dər^{33}. khə^{33} gy̩^{33} tshɿ^{21} thy̩^{55} dər^{33}. | hɑ^{33} nɯ^{21} dʑi^{21}、o^{33} dze^{33} phər^{21} me^{33} nɯ^{33} tshɿ^{21}
诺神 祭 该 抠古鬼 赶 该 饭 和 水 财 物 白 的 以 作祟

me^{55}. | uɑ^{21} tshi^{21} ly^{55} mu^{21} gy̩^{33} kɑ^{33} mu^{21}.
的 卦 中常 成 吉 的

所做的一切会成功。神和鬼是分清的。出门远行会遇到仇人。家人和家事的卦象为吉。房屋及地基的卦象为凶。女人的卦象为凶。出门去远行很快回到家里，出门远行会遇到来迎接的人。失物又能寻到。出门远行的卦象为吉。病者的卦象，会很快痊愈。宜去做生意，吉。该祭诺神。要驱赶抠古鬼。饭及水、白色财物会作祟。此卦为中常卦。

589-L-6-10

phər^{21} me^{33} bæ^{21} mæ^{33} ʂər^{33} ly^{33} thy̩^{33}: mi^{33} kɑ^{33} do^{33} uə^{21} gy̩^{33}. æ^{33}æ^{21} me^{33} thy̩^{33} ky̩^{55} me^{55}. |
白 的 海贝 七 颗 出 火 猖狂 似 成 殴斗 的 产生 会 的

uə^{21} nɑ^{21} ɕi^{21} lo^{21} dər^{33}. y̩^{33} zi^{33} uə^{13} tʂɿ^{21} by̩^{21} ȵiə^{21} y̩^{21} uə^{21} gy̩^{33}. | tər^{21} mu^{21} | tse^{21} mu^{21} thy̩^{33}
鹰 黑 网 里 中 小鸟 鹰 爪 底 落 似 成 呆鬼 兵 仄鬼 兵 到

lɯ^{33} ky̩^{55}, bu^{21} lo^{55} me^{33} dzə̩r^{21} thy̩^{55} ky̩^{55}. | dʑi^{21} ɕy^{33} dæ^{21} ɕy^{33} khuɑ^{21}. ɯ^{33} lɑ^{21} be^{33} khuɑ^{21}. sɿ^{55}
来 会 坡 翻 的 惊 受 会 房 卦象 宅地 卦象 凶 生意 做 凶 活者

ɕy^{33} khuɑ^{21}. | o^{33} dze^{33} phi^{55} me^{33} ʂu^{21} mə^{33} dɯ^{33}. | mu^{21} tɯ^{33} bɯ^{33} mə^{33} ȵi^{21}, py̩^{33} py̩^{21} tɕhi^{21}
卦象 凶 财物 丢 的 找 不 得 兵 起 去 不 可 渴 怕

tɕhi^{33} thy̩^{33} ky̩^{55}. | gu^{21} me^{33}mæ^{33} ʂər^{21}. | dzʅ^{21} bu^{21} kho^{21} lɯ^{33} tɕər^{21} tər^{21} tshʅ^{21} nɯ^{33} kɑ^{33} le^{21}. |
出 会 病 者 尾 长 夫妻 亲 戚 上 呆鬼 以 赐福

ɯ^{33} ɕy^{21} ʂʅ^{33} ɕy^{21} gu^{21} nɯ^{33} dy̩^{21} tse^{21} thy̩^{33}. | tər^{21} py^{21} dər^{33}, tshʅ^{21} py^{21} dər^{33}. | ʂə^{55} ʂə^{33} æ^{33} æ^{21}
皮 红 肉 红 背后 以 毒鬼仄鬼 到 呆鬼 祭 该 除鬼 祭 该 吵架 殴斗

thy̩^{33}, kɑ^{33} le^{21}①. tshʅ^{21} sɑ^{21} nɯ^{21} le^{33} dʑiə^{21}. ly^{33}② |
产生 赐福 鬼 散 以 又 有

掷出七颗白海贝的卦：此卦似无情的猛火。会发生殴斗。会像老鹰落入网中，又似小鸟落入鹰爪。呆鬼兵和仄鬼兵会来到，去翻山越岭就会受惊吓。房屋及地基的卦象为凶。不宜去做生意，凶。家人的卦象为凶。失物不能找到了。不宜起兵去打仗，会挨饥受渴，担惊受怕。病者会久病。夫妻及亲戚会由呆鬼赐福③。带血的皮肉会带来毒鬼和仄鬼，该祭呆鬼。要祭除鬼。会发生吵架斗殴。鬼会满地游荡。

589-L-6-11

dzʅ^{33} kɑ^{33} do^{33} ky̩^{55}, dzʅ^{33} zər^{21} py^{21} dər^{33}. | ȵi^{33} ny̩^{21} tʂhər^{33} thy̩^{33} nɯ^{33} tshʅ^{21}. æ^{21} nɯ^{33} tse^{21} ku^{55}
祸 猖狂 会 祸 压 祭 该 寡妇 以 作祟 鸡 以 仄神许愿

ɕy^{55}, tʂhu^{55} pɑ^{33} be^{33} dər^{33}. | bər^{21} tse^{21} y^{21} tse^{21}, ɕy^{55} hər^{21} nɑ^{33} tsɑ^{21} tshʅ^{55}, | gɑ^{33} py^{21} ɕy^{33} be^{33}
供养 做 该 牦牛 用 绵羊用 柏 绿 纳召 建 嘎神 祭 法仪 做

---

① kɑ^{33} le^{21}，此字符无法与其他字符连续成句，存疑。

② ly^{33}，此字符无法与其他字符连续成句，存疑。

③ 此句令人费解，直译如是。

dər³³. | to⁵⁵ khɯ⁵⁵ phʏ̩³³ so³³ mu²¹ so³³ phi⁵⁵ dər³³. | ɕy³³ dɯ²¹ be³³ dər³³ me⁵⁵. | phər²¹ me³³
该 消灾仪式 男木偶 女木偶 丢 该 法仪 大 做 该 的 白 的

bæ²¹ mæ³³ ho⁵⁵ ly³³ thʏ̩³³: phʏ̩³³ lɑ²¹ tɕər²¹ dzɿ²¹ guə³³ uə²¹ gʏ̩³³. | he²¹ nɯ³³ gu³³ lu²¹ kɑ³³ le²¹. |
海贝 八 颗 出 大神 上 商量 似 成 神 以 庇佑 赐福

o³³ dze³³ ɕy³³ kɑ³³ me⁵⁵. | gu²¹ me³³ mə³³ tɕi¹³. ɯ³³ lɑ²¹ be³³, ɯ³³. sɿ⁵⁵ ɕy³³ kɑ³³. | nɯ³³ sɿ³³ me³³
财物 卦象 吉 的 病 者 不 急 生意 做 吉 活人卦象 吉 心 想 的

thʏ̩³³. | phi⁵⁵ me³³ ʂu²¹ dɯ³³. | mu²¹ tɯ³³ bɯ³³ gu²¹ tshər³³ thʏ̩³³ kʏ̩⁵⁵. | ɕy³³ be³³ dər³³.
出 丢 的 找 得 兵 起 去 病 发烧 产生 会 法事 做 该

祸事会不断发生。该进行压灾祸的法仪。一个寡妇在作祟。该献放生鸡以向仄神许下来年再祭之愿，要供养仄神。要用牦牛和绵羊作牺牲，要建造翠柏纳召以举行祭嘎神的仪式。要进行消灾仪式，仪式上要把男木偶和女木偶丢出去。该进行大的法仪。

掷出八颗白海贝的卦：此卦似在与神相商，会得到神的庇佑赐福。有关财物的卦象为吉。病者不必着急。宜去做生意，吉。家人的卦象吉。心想事成。失物又可找到。起兵去打仗则会发烧生病，该举行法仪。

589-L-6-12

gu²¹ me³³ tʂhu²¹ be³³ le³³ bi²¹. sɿ²¹ tʂhər³³ khɯ⁵⁵ dər³³. | ʂɿ̩³³ tshɿ²¹ thʏ̩⁵⁵ dər³³. pʏ̩⁵⁵ ʂu²¹ nɯ³³ tshɿ²¹,
病 者 快 地 又 愈 署 药 施 该 死 鬼 赶 该 甑 铁 以 作祟

ə³³ dzɿ³³ tʂhər³³ thʏ̩³³ nɯ³³ tshɿ²¹. | tshɿ³³ iə²¹ py²¹ dər³³. | zo³³ mi⁵⁵ dʑi²¹ ʂər⁵⁵ dzɿ³³ me³³ uɑ²¹
祖母 寡妇 以 作祟 楚鬼 尤鬼 祭 该 儿 女 房 满 增 的 卦

tshi^{21} uɑ^{21}. | phər^{21} me^{33} bæ^{21} mæ^{33} gv̩^{33} ly^{33} thv̩^{33}: ȵi^{33} me^{33} he^{33} me^{33} bu^{21} kv̩^{33} gə^{21} le^{33} thv̩^{33} gə^{33}
是 白 的 海贝 九 颗 出 太阳 月亮 坡 顶 上 又 出 的

uɑ^{21} tshi^{21} uɑ^{21}. | gv̩^{33} kv̩^{55} zo^{33} le^{33} æ^{21}, | dzʅ^{33} tɯ^{33} gə^{33} uɑ^{21} tshi^{21} le^{33} dzʅ^{21} me^{55}. | py^{33} bv̩^{21}
卦 是 九 个 男 又 斗 祸 起 的 卦 又 生 的 祭司

iə^{33} ko^{21} thv̩^{33}, gɑ^{33} sʅ^{33} phe^{33} lɑ^{33} ɯ^{33} khu^{55} lu^{33} dzʅ^{21} uə^{21} gv̩^{33}. ʥi^{21} ɕy^{33} dæ^{21} ɕy^{33} ly^{55} mu^{21} gv̩^{33}.
家里 到 胜 首领 虎 皮 褥子 坐 似 成 房 卦象 宅地 卦象 中常 成

sʅ^{55} ɕy^{33} ly^{55} mu^{21} gv̩^{33}. | ko^{21} ɕy^{33} kɑ^{33}. o^{33} dze^{33} ɯ^{33}. ɯ^{33} lɑ^{21} be^{33}, dzʅ^{21} bu^{21} dze^{21}, kho^{21} lɯ^{33}
活人 卦象 中常 成 家事 卦象吉 财物 吉 生意 做 夫 妻 调解 亲 戚

ʂə^{55} ʂə^{33} thv̩^{33} kv̩^{55}.
吵架 产生 会

病者会很快痊愈。该给署献药。要驱赶死鬼。甑子和铁器会作祟，守寡的祖母辈老人会作祟。该祭楚鬼和尤鬼。此卦是子女满堂的卦。

掷出九颗白海贝的卦：这是似太阳月亮又高照于高坡一样的卦；又似九个男子争斗祸起的卦；恰似东巴祭司来到家里，常胜的首领坐于虎皮褥子上一样。房屋及地基的卦象为中常。家人的卦象为中常。有关家事的卦象为吉。有关财物之卦象为吉。去做生意，则会发生夫妻之间需调解、亲戚之间发生吵架的事。

589-L-6-13

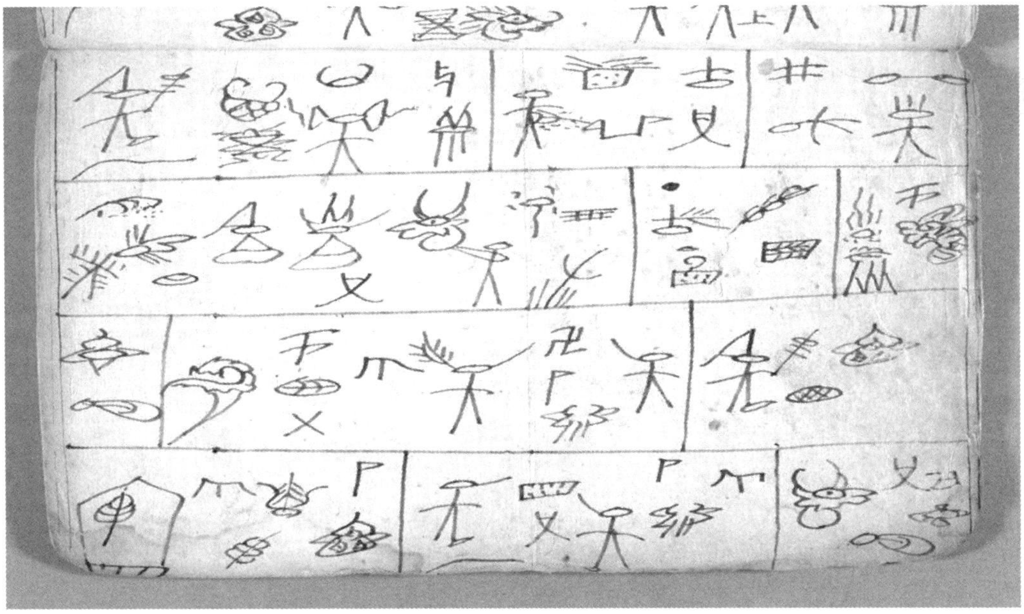

mu^{21} tɯ^{33} bɯ^{33}, ŋv̩^{33} hæ^{21} kho^{33} ʂə^{55} mi^{33} kv̩^{55}. | nɯ^{33} tʂhʅ^{33} sʅ^{33} me^{33} thv̩^{33} me^{55}. | gu^{21} me^{33} uɑ^{33}
兵 起 去 银 金 消息 说 听 会 心 所 想 的 出 是 病 者 瓦鬼

tshʅ^{21}、khə^{33} gv̩^{33} tshʅ^{21} thv̩^{55} dər^{33}. lɑ^{33} mɑ^{21} py^{33} bv̩^{21} o^{33} dze^{33} y^{21}, tshʅ^{21} py^{21} dər^{33}. | nɑ^{21} so^{21} nɑ^{21}
抠古鬼 赶 该 喇嘛 祭司 财物 拿 除鬼 祭 该 纳梭纳久

dʑiə^{33} the^{33} ɯ^{33} tʂhu^{33} dər^{33}. | phv̩^{33} lɑ^{21} tʂhu^{55} pɑ^{33} be^{33} | gə^{33} uɑ^{21} tshi^{21} uɑ^{21}. | phər^{21} me^{33}
书 诵 该 大神 供养 做 的卦 是 白 的

bæ^{21} mæ^{33} tshe^{21} ly^{33} thv̩^{33}: ɕi^{33} kɑ^{33} me^{33} ko^{33} pv̩^{55} uə^{21} gv̩^{33}, ɯ^{33}. | mu^{21} tɯ^{33} bɯ^{33} ɯ^{33}. | dʑi^{21}
海贝 十 颗 出 人 好 的 遇 似 成 吉 兵 起 去 吉 房

ɕy^{33} dæ^{21} ɕy^{33} kɑ^{33}. sɿ^{55} ɕy^{33} ko^{21} ɕy^{33} ɯ^{33}. | ʐʅ^{33} dʑi^{33} bɯ^{33} dzɿ^{33} hɯ^{21} me^{33} ko^{33} pv̩^{55}, kɑ^{33}. |
卦象 宅地 卦象吉 活者卦象 家事卦象吉 路 行 去 伴 好 的 遇 吉

o^{33} dze^{33} phi^{55} me^{33} le^{33} ʂu^{21} dɯ^{33}.
财 物 失 的 又 找 得

起兵去打仗，会听到有关金银的消息。心想事成。病者则要驱赶瓦鬼和抠古鬼。拿了喇嘛和东巴祭司的财物，则要祭除鬼。要诵读纳梭纳久[1]经。是供养大神的卦。

掷出十颗白海贝的卦：似遇到好人一样，吉。宜起兵去打仗，吉。有关房屋地基的卦象，吉。家人和家事的卦象，吉。出门远行会遇到好伙伴，吉。失物又能找到。

589-L-6-14

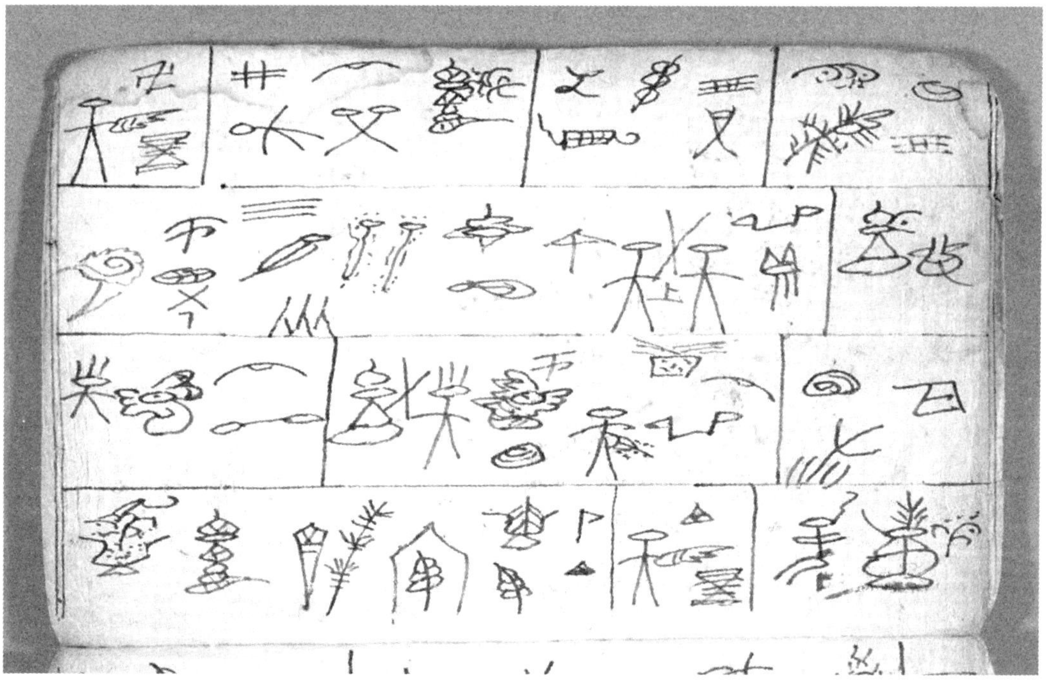

ɯ^{33} lɑ^{21} be^{33}, ɯ^{33}. | gu^{21} me^{33} mə^{33} tɕi^{55}, sɿ^{21} tʂhər^{33} khɯ^{55} dər^{33}. | nɑ^{21} tʂu^{33} tʂhu^{33} dər^{33} me^{55}. |
生意 做 吉 病 者 不 急 署 药 施 该 纳仲 诵 该 的

khə^{33} gv̩^{33} tshɿ^{21} thv̩^{55} dər^{33}. | phər^{21} me^{33} bæ^{21} mæ^{33} tshe^{21} dɯ^{33} ly^{33} thv̩^{33}: hər^{33} dʑi^{21} mi^{33} tshv̩^{33}
抠古鬼 赶 该 白 的 海贝 十 一 颗 出 风 水 火

[1] 纳梭纳久，音译，其义不明。

tshʯ33[①] uɑ21 tshi21 mu33. ʂə55 ʂə33 æ33 æ21 thʯ33 kʯ55. | he21 khu33 khɑ33 nɯ33 | tshɿ21 gʯ21 mə33
卦 是 吵架 殴斗 产生 会 神 生气 以 鬼 敌 不

tʂər21. | he21 ne13 tshɿ21 æ21 thʯ33. phʯ33 lɑ21 tʂhə55 nɯ33 ȵiə55. nɯ33 sɿ33 mə33 thʯ33. | tʂhə55 ʂu55
让 神 和 鬼 斗 产生 大神 秽 以 缠 心 想 不 出 秽 祭

dər33. | sɿ21 gʯ21 sɿ21 tʂhər33 khɯ55 dər33. dʑi21 ɕy33 sɿ55 ɕy33 ko21 ɕy21 be33 khuɑ21. | ɯ33 lɑ21
该 署 祭 署 药 施 该 房 卦象 活者 卦象 家事 卦象 皆 凶 生意

be33 khuɑ21. | sɿ33 phe33 kæ33 dzɿ33 ʂə55, khuɑ21.
做 凶 首领 前 诉讼 凶

做生意，吉。病者不必着急。该给署施药。要诵读纳仲[②]。要驱赶抠古鬼。

掷出十一颗白海贝的卦：会发生吵架斗殴。不让生气的神战胜鬼。神鬼争斗，大神被秽粘染。心想事不成。该举行除秽仪式。要祭署并给署施药。房屋的卦象、家人的卦象、家事的卦象皆凶。不宜去做生意，凶。不宜到首领前去诉讼，凶。

589-L-6-15

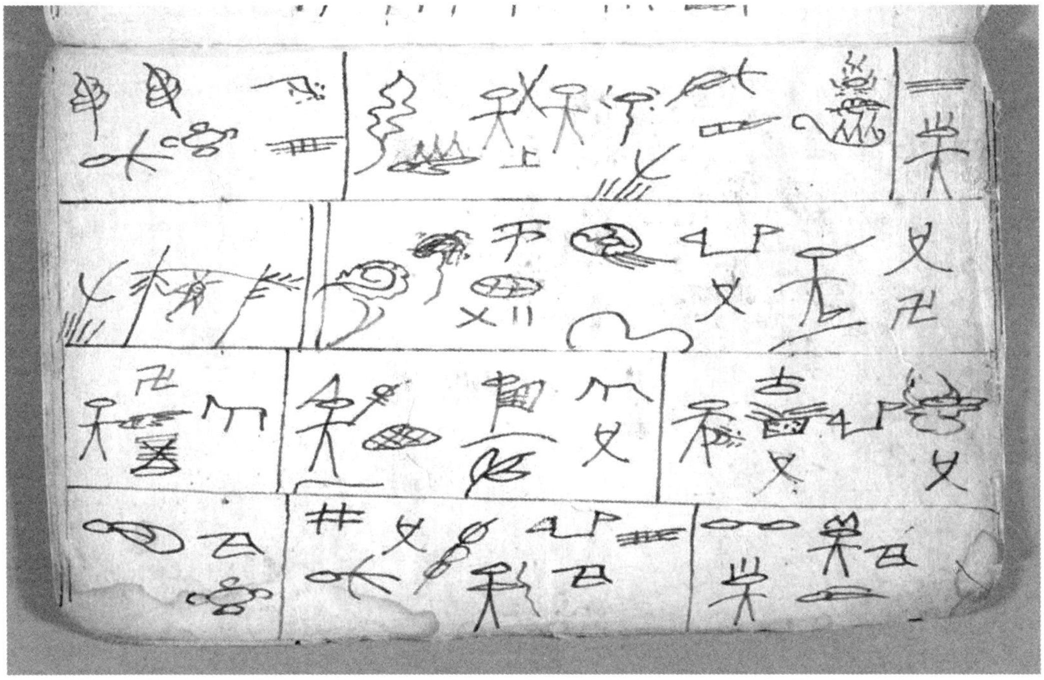

gu21 ɕy33 se13 ɕy33 dɯ21 be33 dər33. | ɯ33 ɕy21 ʂʅ33 ɕy21 dʐuɑ21 ʂə55 ʂə33 æ33 æ21 thʯ33 kʯ55, tshɿ21 py21
病 卦象 则法仪 大 做 该 皮 红 肉 红 争 吵架 殴斗 产生 会 除鬼 祭

dər33. zɑ21 tʂu55 dər33. | hər33 tshɿ21 | py21 dər33. tɕi55 khu33 py21 dər33. ‖ phər21 me33 bæ21 mæ33
该 娆鬼 祭 该 风鬼 祭 该 季鬼 孔鬼 祭 该 白 的 海贝

① tshɿ33 tshɿ33，其义不明。

② 纳仲，音译，其义不明。

tshe^{21} ȵi^{33} ly^{33} thy̩^{33}: ȵi^{33} me^{33} bu^{21} ky̩^{33} ɡə^{21} le^{33} thy̩^{33} uə^{21} ɡy̩^{33} me^{55}. ʐʅ^{33} ʥi^{33} me^{33} ɯ^{33}. | ɯ^{33} lɑ^{21}
十 二 颗 出 太阳 坡 顶 上 又 出 似 成 的 路 行 的 吉 生意

be^{33}, kɑ^{33}. | mu^{21} tɯ^{33} bɯ^{33} zɿ^{21} tɕər^{21} ɡɑ^{33}, kɑ^{33} me^{55}. | nɯ^{33} tʂhʅ^{33} sʅ^{33} me^{33} thy̩^{33}. o^{33} dze^{33}
做 吉 兵 起 去 仇 上 赢 吉 的 心 所 想 的 出 财物

me^{33} | phi^{33} se^{33} le^{33} ʂu^{21} dɯ^{33}. | ɡu^{21} me^{33} tʂhu^{21} be^{33} le^{33} bi^{21}. thy̩^{33} ʂu^{55} dər^{33}. uɑ^{33} tshɿ^{21} py^{21}
是 丢 了 又 找 得 病 者 快 地 又 愈 土鬼 祭 该 瓦鬼 祭

dər^{33}. ʥi^{33} tse^{21} ʥi^{33} zɑ^{21} ʂu^{55} dər^{33}.
该 景仄景饶宋 该

病者的卦象，该做大仪式。会因争带血的红皮红肉而发生吵架斗殴。要祭除鬼。要祭娆鬼。要祭风鬼。要祭季鬼和孔鬼。

掷出十二颗白海贝的卦：此卦似太阳又升到山坡顶上一样。宜出门远行，吉。宜做生意，吉。宜起兵，能胜于仇敌，吉。失物又能找到。病者会很快痊愈。该祭土鬼。要祭瓦鬼。要进行“景仄景饶宋”仪式。

589-L-6-16

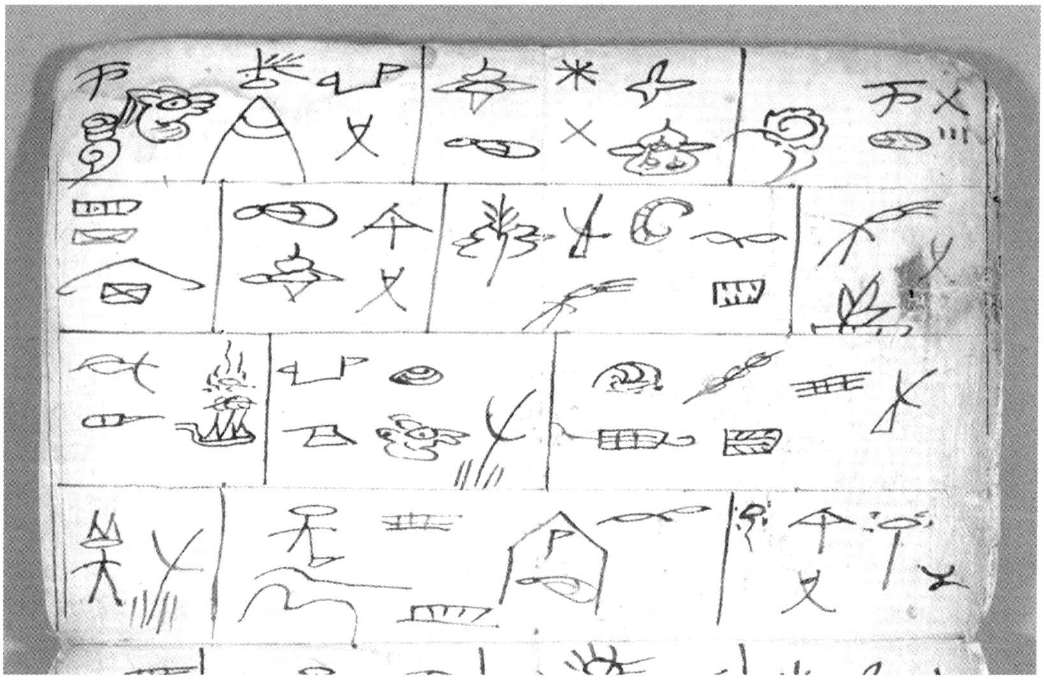

dy̩^{33} phər^{21} si^{33} ɡɯ^{33} so^{33} ky̩^{33} thy̩^{33} me^{55}, | uɑ^{21} tshi^{21} ty̩^{21} le^{33} ɕi^{33} sy̩^{21} ɯ^{33}. | phər^{21} me^{33} bæ^{21}
海螺 白 狮子 岭 上 到 的 卦 千 又 百 样 吉 白 的 海贝

mæ^{33} tshe^{21} sʅ^{55} ly^{33} thy̩^{33}: | mɯ^{33} tshe^{55} dy^{21} tshe^{55} uə^{21} | uɑ^{21} tshi^{21} mu^{33} me^{55}. | sʅ^{33} by̩^{33}
十 三 颗 出 天 毁 地 毁 似 卦 是 的 大者

tʂhər^{55} tər^{21} ʂʅ^{33} me^{33} dʑy^{21} hɯ^{33} iə^{33}, | zʅ^{13} dy^{21} nɯ^{33} ʂʅ^{33} me^{55}. | zɑ^{21} tʂu^{55} dər^{33}. | thv̩^{33} ʂu^{55}
辈 凶 死 的 有 似乎 仇 地 以 死 的 娆鬼祭 该 土鬼祭

dər^{33}. tʂhə^{55} gv̩^{21} dər^{33}. | no^{55} dʐu^{33} tʂhu^{33} dər^{33}. tər^{21} | tse^{21} py^{21} dər^{33}. | bu^{21} lo^{55} dy^{21} dər^{21} zʅ^{33}
该 秽 祭 该 诺仲 诵 该 呆鬼 仄鬼 祭 该 坡 翻 坝 穿过 路

dʑi^{33} me^{33} iə^{33} ko^{21} phi^{55} iə^{33}. | tshʅ^{21} mɯ^{21} i^{33} me^{55}. tshʅ^{21} nɑ^{21}
行 是 家 丢 的 鬼 原因 是 鬼 黑

此卦象似白海螺色的狮子到了峻岭上一样，是千百样皆吉的卦。

掷出十三颗白海贝的卦：此卦似天崩地陷一样的卦。祖先辈中似有凶死者，是死于仇敌的地界里。该祭娆鬼。要祭土鬼。要进行除秽仪式。要诵读诺仲①经书。要祭呆鬼和仄鬼。出门去远行会失去家。是鬼作祟的原因。要祭黑鬼。

589-L-6-17

py^{21} dər^{33}. | bu^{21} lo^{55} zʅ^{33} dʑi^{33} mə^{33} kɑ^{33}. | o^{33} dze^{33} ɕy^{33} khuɑ^{21}. | ə^{33} sʅ^{21} ə^{33} me^{33} gə^{33} uɑ^{21}
祭 该 坡 翻 路 行 不 吉 财物 卦象 凶 父亲 母亲 的 魂

ʂər^{55} dər^{33}. tɕi^{55} khu^{33} py^{21} dər^{33}. ɕy^{55} hər^{21} le^{33} dʑi^{21} tso^{55} zʅ^{33} tʂu^{55} py^{21} dər^{33}. | ɕiə^{21} gu^{55} dzi^{21} uɑ^{21}
赎 该 季鬼 孔鬼 祭 该 柏 绿 梯 搭 寿 接 祭 该 大雕 飞 卦

tshi^{21} phi^{21} tʂhər^{33} mu^{21}②. | pv̩^{55} thi^{55} ʐə^{21} pv̩^{55} thi^{55}. | pv̩^{55} thi^{55} ʐə^{21} pv̩^{55} thi^{55}. | tʂʅ^{33} ʂʅ^{55} kə^{55}
普 替 若 普 替 普 替 惹 普 替 支 世 构

① 诺仲，音译，其义不明。

② phi^{21}、tʂhər^{33}、mu^{21}，这三个字符无法与前面的字符连读成句，其后的字符或是咒语，此为音译。

lo³³ mi³³. | nɯ³³ le³³ kɯ²¹ y³³ kv̩⁵⁵. | do¹³ bv̩³³ dzʅ²¹ bv̩³³. | tɑ⁵⁵ tɕi²¹ tɑ⁵⁵ li⁵⁵.
罗 米 你 冷 庚 余 固 铎 补 孜 补 大 吉 大 利

不宜出门远行，不吉。有关财物卦象，凶。该为父母赎魂。要祭季鬼和孔鬼。要搭翠柏天梯以进行延寿仪式。大雕飞翔卦……

普替若普替。普替惹普替。支世构罗米。你冷庚余固。铎补孜补。大吉大利。

589-L-6-18

封底

（翻译：王世英）

L-7-01

pɑ^{33} kə^{21} khu^{33} lỵ^{55} ly^{21}

占卜・用巴格占卜

L–7　占卜・用巴格占卜

【内容提要】

本古籍记录了一年里一家人中有几个人同转到巴格的四方四隅以占卜的卦辞。若凶则指出要用何种东巴祭祀仪式予以禳解。

【英文提要】

The Divination. To Divine by Using *Bage*

This book records the words of hexagrams to divine members in a family move to the eight directions in the same time during one year. It records also the certain sacrifice ritual needs be held to release misfortune if the result is not good.

L-7-02

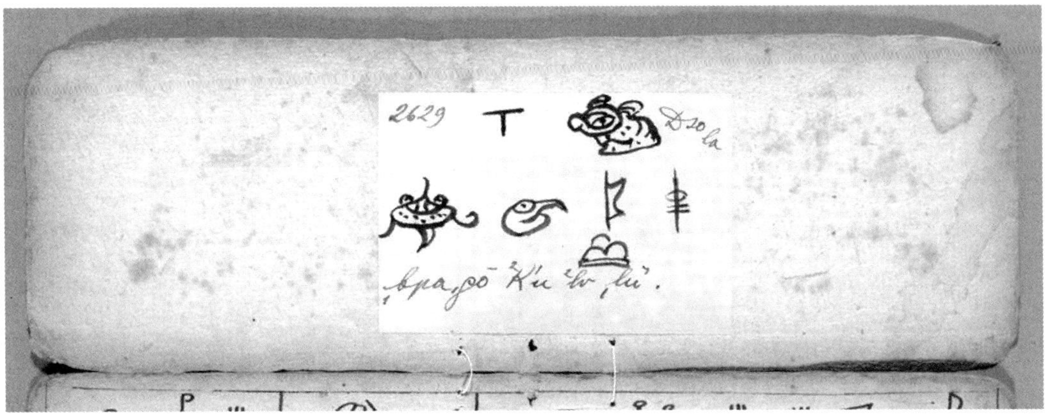

“2629”为洛克收藏纳西东巴古籍的序号。上方两个东巴文为“tso^{55} lɑ^{33}”。即“佐位”之义。洛克把占卜类古籍都归入“佐拉”之列是错误的。“佐拉”只是占卜方法之一。中间五个东巴文为此古籍书名之复写。字母文字为洛克记下这几个东巴文之读音。

L-7-03

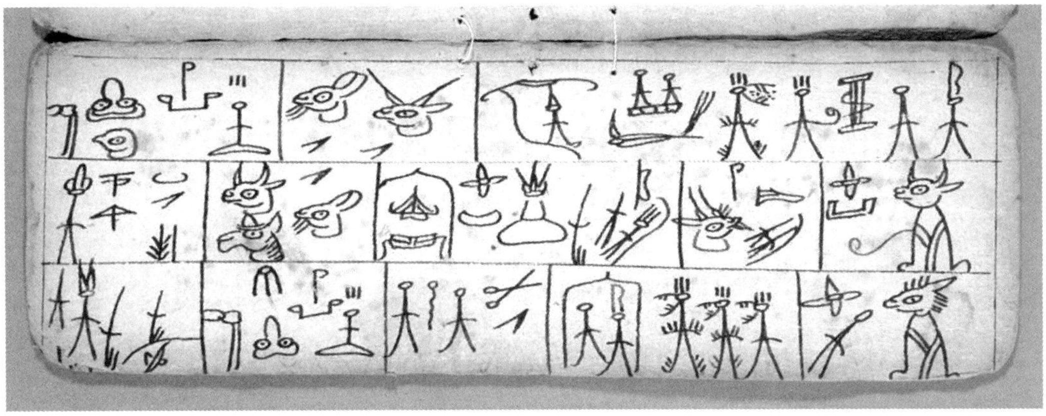

pɑ^{33} kə^{21} gə^{33} i^{33} tʂʅ^{33} mu^{21}① ko^{55} sɿ^{55} ky̩^{33} thy̩^{33}: | fy̩^{55} khy̩^{33}、y^{21} khy̩^{55} me^{55} khuɑ^{21}. |
巴格 的 南方 处 三 个 到 鼠 岁 羊 岁 者 凶

mɯ^{33} ky̩^{33} gə^{33} dy̩^{21} tshɿ^{21} zɑ^{21}. dʑi^{21} tɕhi^{55} dɯ^{33} huɑ^{21} gə^{33} dʑi^{21} mæ^{33} lɯ^{33} ky̩^{33} zo^{33} ȵi^{33} ky̩^{55} the^{21}
天 上 的 毒鬼 降 水 冷 一 河 的 水 尾 地 上 男 二 个 以

ɕy^{55}②. khə^{33} gy̩^{33} tshɿ^{21} nɯ^{33} dzɿ^{33}. tshɿ^{21} nɯ^{33} ɕi^{33} tɕər^{21} ɯ^{33} lɑ^{21} be^{33}. | mɯ^{33} lɯ^{55} du^{21} ə^{33} phy̩^{33}
站 抠古鬼 以 吃 鬼 以 人 上 生意 做 美利卢阿普

ky̩^{33} phər^{21} ŋy̩^{55}, khuɑ^{21}. | ɯ^{33} khy̩^{55}、ʐuɑ^{33} khy̩^{55}、fy̩^{55} khy̩^{55} to^{55} khuɑ^{21}. | dʑi^{21} lo^{21} nɯ^{33} sɿ^{55}
头 白 超度 凶 牛 岁 马 岁 鼠 岁 上 凶 房 里 以 素神

khy̩^{21} uɑ^{21} ʂər^{55} dər^{33}. py^{33} by̩^{21} nɯ^{33} ʂɿ^{33} khu^{33} tər^{55} py^{21} dər^{33}. | tshɿ^{55} nɯ^{33} ko^{21} kæ^{33} be^{33} to^{55}
请 魂 赎 该 祭司 以 死 门 关 祭 该 山羊 以 替身 做 消灾

---

① i^{33} tʂʅ^{33} mu^{21}，原文无此字符，但从全书总体内容看，当有此方位，校补之。

② 此句按原文释读。

khɯ^{55} dər^{33}. | ʂʅ^{21} dʐʅ^{33} dʑi^{33} by̩^{33} nɯ^{33} uɑ^{21} he^{33} dzæ^{33} gy̩^{33} lo^{21} tər^{55} ky̩^{55}. | tər^{21} tse^{21} py^{21} dər^{33}.
仪式 该 史支金补鬼王 以 魂 章古 里 关 会 呆鬼 仄鬼祭 该

zʅ^{21} zər^{21} py^{21} dər^{33}. | pɑ^{33} kə^{21} gə^{33} ho^{33} gy̩^{33} lo^{21} ko^{55} sʅ^{55} ky̩^{33} thy̩^{33}: | zo^{33} gə^{33} dʑi^{33}, khuɑ^{21} nɑ^{55}
仇 压 祭 该 巴格 的 北方 处 三 个 到 男 的 厄运 凶 但

tɕi^{55} mu^{21}. dɯ^{33} dʑi^{21} be^{33} khə^{33} gy̩^{33} tshʅ^{21} nɯ^{33} dzʅ^{33}. | tər^{21} zɑ^{55} dʑi^{33} by̩^{33} nɯ^{33} uɑ^{21} he^{33} khy̩^{33}
小 的 一 家 都 抠古鬼 以 吃 呆饶金补 以 魂 偷

ky̩^{55}.
会

在一年里一家人中有三人同转到巴格的南方：凶于属鼠、属羊的人。天上的毒鬼降临下来作祟。在一条冷水河的河尾地上站着两个男人。会被抠古鬼吃掉。鬼和人做生意。超度像美利卢阿普一样长寿者会凶。凶于属牛、属马、属鼠之人。在家里要进行请素神[①]的仪式并招魂。要由东巴祭司进行关死门仪式。要用山羊作替身进行消灾仪式。生牛头的史支金补鬼王会把灵魂关在章古里。该进行祭呆鬼和仄鬼的仪式。要进行压仇敌的仪式。

在一年里一家人中有三人同转到巴格的北方：是男子的厄年，凶，但是小凶。抠古鬼会吃一家人。呆饶金补鬼王会偷走家人的灵魂。

L-7-04

ɯ^{33} tse^{21} to^{55} khɯ^{55} dər^{33}, phər^{33} ty̩^{21} phy̩^{33} so^{33} gy̩^{33} dzo^{33} be^{33} dər^{33}. lɑ^{33} lɯ^{21} dzər^{21} tshʅ^{55}, tshʅ^{33} iə^{21}
牛 用 消灾仪式 该 木偶 男木偶 九 具 做 该 祭风树 竖 楚鬼尤鬼

ŋy^{55} dər^{33}. | tʂhə^{55} ʂu^{55} dər^{33}. sʅ^{21} tʂhər^{33} khɯ^{55} dər^{33}. | pɑ^{33} kə^{21} gə^{33} ȵi^{33} me^{33} thy̩^{33} lu^{55} ky̩^{33}
超度 该 秽 除 该 署 药 施 该 巴格 的 东方 四 个

thy̩^{33} me^{33}: | dɯ^{33} dʑi^{21} be^{33} khuɑ^{21}. dy̩^{21} tshʅ^{21} nɯ^{33} uɑ^{21} he^{33} khy̩^{33}. | tər^{21} zɑ^{33} dʑi^{33} by̩^{33} nɯ^{33}
到 者 一 家 皆 凶 毒鬼 以 魂 偷 呆饶金补鬼王 以

mɯ^{33} tsʅ^{21} dy̩^{21} the^{21} ly^{21}. zo^{33} ky̩^{33} phər^{21} me^{33} nɯ^{33} zo^{33} ly^{55} to^{55} khuɑ^{21}. | py^{33} by̩^{21} nɯ^{33} zo^{33} gə^{33}
火葬场 又 看 男 头 白 者 和 次子 上 凶 祭司 以 男 的

① 素神，音译名词，与汉文化中的家神类似。

ʂʅ^{33}ʂʅ^{21} lɑ^{21} tʂu^{55} phər^{21} dər^{33}. | zo^{33} nɯ^{21} mi^{55} be^{33} nɯ^{33} ȵi^{55} me^{33} thy̩^{33}. ȵi^{33} gə^{33}ny̩^{55} me^{33} ty̩^{55}. |
死 生 手 结 解 该 男 和 女 皆 心 空 的 产生 尼 的 心 得罪

ɯ^{33} nɯ^{33} ko^{21} kæ^{33} he^{33} to^{55} phi^{55} dər^{33}. | y^{21} gy̩^{33} phu^{55} tse^{21}, to^{55} khɯ^{55} to^{55} mɯ^{33} tsʅ^{21} dy̩^{21} phi^{55}
牛 以 替身 做 垛鬼 弃 该 绵羊 九 头 用 消灾仪式 垛鬼 火葬场 弃

dər^{33}. | pɑ^{33} kə^{21} gə^{33} ȵi^{33} me^{33} gy̩^{21} ko^{55} ʂər^{33} ky̩^{55} thy̩^{33} me^{33}: | lɑ^{33} khy̩^{55}、tho^{33} le^{33} khy̩^{33} to^{55}
该 巴格 的 西方 上 七 个 到 者 虎 岁 兔 岁 上

khuɑ^{21}. | dy̩^{21} mu^{21} tshʅ^{21} mu^{21} nɯ^{33} ɕi^{33} tɕər^{21} æ^{21}. | mɯ^{33} lɯ^{55} du^{21} dzʅ^{33} nɯ^{33}
凶 毒鬼 兵 除鬼 兵 以 人 上 厮杀 美利董主 以

要用牛作牺牲进行消灾仪式，仪式上要用九具男木偶。要竖祭风树，以进行超度楚鬼和尤鬼的祭仪。该进行除秽仪式。该给署施药。

一年里一家人中有四人在巴格上同转到东方：一家人皆凶。会被毒鬼偷去灵魂。呆饶金补鬼王在看着火葬场，凶于白发者和次子。要请东巴祭司为男子进行解生死手结的仪式。家中男女都会心里空虚，会得罪尼。该用牛作替身，把垛鬼木牌丢到外面去，要用九只绵羊作牺牲，把垛鬼木牌丢到火葬场里去。

在一年里一家人中有七人在巴格上同转到西方：凶于属虎、属兔的人。毒鬼与除鬼会来与人厮杀。美利董主[①]胜于

L-7-05

mɯ^{33} lɯ^{55} ʂʅ^{33} tshʅ^{21} tɕər^{21} gɑ^{33}. | iə^{33} ko^{21} tər^{21} tshʅ^{21} thy̩^{33}. o^{33} dze^{33} phi^{55} me^{33} thy̩^{33} ky̩^{55}, | o^{33}
美利术主 鬼 上 胜 家里 呆鬼 到 财 物 丢失 的 产生 会 财

dze^{33} zʅ^{21} nɯ^{33} ʂər^{21} lɯ^{33} ky̩^{55}. | mu^{21} tɯ^{33} zʅ^{21} zər^{21} bɯ^{33} sʅ^{33} dy̩^{33}, | tɕi^{55} khu^{33} tshʅ^{55}, tshʅ^{55} tse^{21}
物 仇 以 牵 来 会 兵 起 仇 压 去 想 季鬼 门 建 山羊 用

zʅ^{21} zər^{21} py^{21} dər^{33}. | tʂə^{33} dy̩^{33}、lɯ^{33} sʅ^{33} lɯ^{33} me^{33} phi^{55} dər^{33}, bu^{21} tse^{21} to^{55} khɯ^{55} dər^{33}. | tʂhu^{21}
仇 压 祭 该 奏督 箭 弓 丢 该 猪 用 消灾仪式 该 早

① 美利董主，音译人名，为古代一个部落酋长之名，被认为是纳西族之先祖。

be^{33} dv̩^{21} tse^{21} py^{21} dər^{33}. | pɑ^{33} kə^{21} ɯ^{33} dzʅ^{21} tɯ^{33} ʂər^{33} kv̩^{55} thv̩^{33} me^{33}: | dzo^{21} dɯ^{33} dzo^{21} kv̩^{33}
地 毒鬼仄鬼 祭 该 巴格 牛 居 地 七 个 到 的 桥 一 座 上

nɯ^{33} zo^{33} nɯ^{21} mi^{55} n̩i^{33} kv̩^{55} ʥi^{33}, | dzo^{21} tɕhər^{33} zo^{21} nɯ^{21} mi^{55} be^{33} ʥi^{21} nɯ^{33} lv̩^{21} uə^{21} gv̩^{33}.
以 男 和 女 两 个 走 桥 断 男 和 女 皆 水 以 冲 一样

ŋv̩^{21}[1] | hu^{21} khuɑ^{33} | tshʅ^{21} nɯ^{33} lər^{21} me^{33} mi^{33} kv̩^{55}. | n̩i^{55} le^{21} gv̩^{33} bu^{21} fv̩^{33} lər^{21}、dæ^{33} bɑ^{21} me^{33}
半夜 鬼 以 叫 的 听 会 白天 猫头鹰 叫 狐狸 叫 的

mi^{33} kv̩^{55}, khuɑ^{21}. | y^{21} khv̩^{55} zo^{33} to^{55} khuɑ^{21}. ɕy^{33} se^{13} ɯ^{33} tse^{21} to^{55} khɯ^{55} to^{55} phi^{55} dər^{33}. |
听 会 凶 羊 岁 男 上 凶 法事 则 牛 用 消灾仪式 垛鬼 弃 该

tshʅ^{55} tse^{21} dv̩^{21} py^{21}
山羊 用 毒鬼 祭

美利术主[2]鬼。呆鬼来到了家里。会发生丢失财物的事。仇敌会来抢财物。心里会想到要去杀仇敌。要搭季鬼门，用山羊作牺牲以进行压仇鬼的仪式。要进行把奏督皮口袋、弓和箭丢弃到外面去，用猪作牺牲的消灾仪式。要及早地进行祭毒鬼和仄鬼的仪式。

一年里一家人中有七人在巴格上同转到牛居地（东北方）：似一男一女在一座木桥上迎面过桥，桥断而两人都被水冲走一样。半夜会听到鬼叫，白天会听到猫头鹰叫和狐狸叫，凶。凶于属羊的人。法事则要做用牛作牺牲的消灾仪式把垛鬼送走。要用山羊作牺牲以进行祭毒鬼和

L-7-06

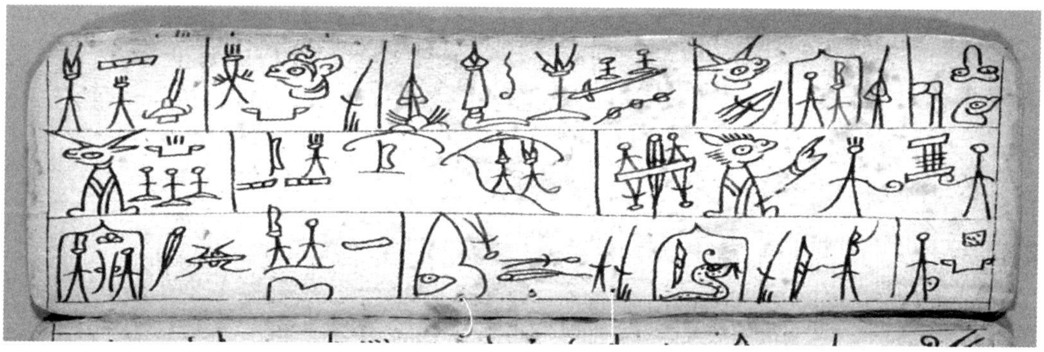

tse^{21} py^{21} dər^{33}. lɯ^{33} bv̩^{21} tshʅ^{21} hɑ^{33} ʂu^{55} dər^{33}. | mu^{33} ɯ^{21} sy^{55}; thv̩^{33} ʂu^{55}, lɑ^{33} tshʅ^{21} py^{21} dər^{33}. |
仄鬼祭 该 地 下 鬼 饭 祭 该 猛鬼恩鬼 杀 土鬼 祭 虎鬼 祭 该

ɕy^{55} hər^{21} nɑ^{33} tsɑ^{21} tshʅ^{55}, sʅ^{21} tʂhər^{33} khɯ^{55} dər^{33}. py^{33} bv̩^{21} gæ^{21} kv̩^{33} zo^{33} n̩i^{33} kv̩^{55} the^{21} dzʅ^{21} tʂhu^{21}
柏 绿 纳召 建 署 药 施 该 祭司 刀 上 男 两 个 以 坐 快

---

[1] ŋv̩^{21}（银），此字无法与其他字符连读成句。

[2] 美利术主，音译人名。为古代一部落之首领，东巴古籍中常把这一部落称为“鬼”。

be^{33} be^{33} dər^{33}. | y^{21} tse^{21} to^{55} khɯ^{55} be^{33} dɯ^{33} dʑi^{21} gə^{33} ɕy^{33} be^{33} dər^{33}. | pɑ^{33} kə^{21} | y^{21} dzʅ^{21}
地 做 该 绵羊 用 消灾仪式 做 一 家 的 法事 做 该 巴格 羊 居

tɯ^{33} kʊ^{55} sʅ^{55} kv̩^{33} thv̩^{33} me^{33}: | lɯ^{33} khu^{55} bu^{33} tshʅ^{21} thv̩^{33} tshʅ^{21}, mɯ^{33} khu^{55} bu^{33}, mɯ^{33} kv̩^{33} nɯ^{33}
地 处 三 个 到 的 地 裂 开 鬼 到 来 天 裂 开 天 上 以

dv̩^{21} tshʅ^{21} tse^{21} tshʅ^{21} zɑ^{21} tshʅ^{21}. | dzo^{21} dɯ^{33} dzo^{21} kv̩^{33} zo^{33} ȵi^{33} kv̩^{55} dʑi^{33} dʑi^{21} lo^{21} do^{55} uə^{21} gv̩^{33}.
毒鬼 仄鬼 降 来 桥 一 座 上 男 两 个 走 水 中 跌 似

tər^{21} zɑ^{55} dʑi^{33} bv̩^{33} nɯ^{13} ɕi^{33} ɯ^{33} lɑ^{21} be^{33} uə^{21} gv̩^{33}. | lv̩^{33} bv̩^{33} lv̩^{33} me^{33} gu^{33} gu^{33} kv̩^{55}. dʑi^{21} hæ^{21}
呆饶金补 和 人 生意 做 似 孙子 孙女 分离 会 水 黄

(ʂʅ^{55})[1]. zo^{33} nɯ^{21}mi^{55} sʅ^{33} sʅ^{33}bə^{55} to^{55} kv̩^{33} hɯ^{33}, | zo^{33} æ^{21} kv̩^{33} nɯ^{33} do^{55}, dʑi^{21}nɯ^{33} lv̩^{21} kv̩^{55}. tər^{21}
黄 男 和 女 一起 了 坡 上 去 男 崖 上 以 跌 水 以 冲 会 呆鬼

py^{21} dər^{33}. ʐʅ^{21} nɯ^{33} iə^{33} ko^{21} do^{21} be^{33} lɯ^{33} kv̩^{55}. to^{55} khɯ^{55} py^{21} dər^{33}. nɯ^{33} sʅ^{33} me^{33} thv̩^{33}.
祭 该 蛇 以 家里 异兆 做 来 会 消灾仪式 该 心 想 的 成

仄鬼的祭仪。该给地下的鬼施食。该进行杀猛鬼和恩鬼的祭仪。要祭土鬼。要祭虎鬼。该建翠柏纳召，并给署施药。要及早地做祭司刀上坐着两个男人的法事[2]。要用绵羊作牺牲为全家人做消灾仪式。

一年里一家人中有三人在巴格上同转到羊居地（西南方）：似地裂开出现鬼，天裂开从天上降下毒鬼和仄鬼。又似两个男人同过一座桥两人都落入水中一样。是呆饶金补鬼王与人做生意。孙儿孙女会分离。一男一女相随去爬山坡，男人会从崖上跌落下来掉入水中被水冲走。该进行祭呆鬼的法仪。蛇会钻到家中来以显凶兆。该做消灾仪式。心想事成。

L-7-07

dɯ^{33} dʑi^{21} gə^{33} ɕy^{33} be^{33}, ɯ^{33} tse^{21} to^{55} khɯ^{55} to^{55} phi^{55} dər^{33}. | bu^{21} tse^{21} tshʅ^{55} tse^{21}, lɑ^{33} lɯ^{21}
一 家 的 法事 做 牛 用 消灾仪式 垛鬼 弃 该 猪 用 山羊 用 祭风树

dzər^{21} tshʅ^{55}, khuɑ^{55} bæ^{21} tʂhu^{55}, tshʅ^{33} iə^{21} ŋv̩^{55} dər^{33}. | dɯ^{33} dʑi^{21} be^{33} ɯ^{33} mu^{21}, mə^{33} tɕi^{13}. | pɑ^{33}
竖 木牌 插 楚鬼尤鬼 超度 该 一 家 皆 吉 的 不 急 巴格

[1] dʑi^{21} hæ^{21} (ʂʅ^{21})，这两个字符无法与其他字符连读成句，存疑。

[2] 此句其喻义不明，直译如是。

kə^{21} ly̩^{21} dzɿ^{21} tɯ^{33} thy̩^{33}① me^{33}: | mɯ^{33} nɯ^{33} dy̩^{21} tse^{21} khɯ^{55}, tər^{21} zɑ^{55}dʑi^{33} by̩^{33}nɯ^{33} sɿ^{13} le^{33} tshɿ^{21}.
龙 居 地 到 的 天 以 毒鬼仄鬼 放 呆饶金补 以 领 而 来

iə^{33} ko^{21} zo^{33} tɕi^{55} mi^{55} tɕi^{55} to^{55} khuɑ^{21}. uɑ^{21}、tɕhər^{33}、mə^{33}②. mɯ^{33} tsɿ^{21} dy̩^{21} lo^{21} mu^{21} dʑi^{55} thy̩^{33}
家里 儿 小 女 小 上 凶 火葬场 里 尸 烧 产生

ky̩^{55}. | ʂʅ^{33} sɿ^{21} lɑ^{21} tʂu^{55} phər^{21} dər^{33} ky̩^{55}. | hu^{21} khuɑ^{33} tshɿ^{21} nɯ^{33} iə^{33} ko^{21} lər^{21} mi^{33} ky̩^{55}. |
会 死 生 手 结 解 该 会 半夜 鬼 以 家里 叫 听 会

ɕy^{33} be^{33} me^{33} zʅ^{21} do^{21} py̩^{55} dər^{33}. | dʑi^{21} mi^{33} nɯ^{33} kuɑ^{33} ky̩^{55}. iə^{33} ko^{21} zo^{33} gə^{33} ɕy^{33} be^{33} me^{33}, y^{21}
法事做 是 蛇 憨 送 该 房 火 以 吞 会 家里 男 的法事 做 是绵羊

tse^{21} to^{55} khɯ^{55} dər^{33}. | sɿ^{21} tʂhər^{33} khɯ^{55} dər^{21}. dy̩^{21} nɯ^{21} tse^{21}、tɕi^{21} nɯ^{21} hər^{33} py^{21} dər^{33}. | tɕi^{55}
用 消灾仪式 该 署 药 施 该 毒鬼 和 仄鬼 云鬼 和 风鬼 祭 该 季鬼

khu^{33} tshɿ^{55}, tɕi^{55} nɯ^{21} tɕhi^{21} py^{21} dər^{33}. | mɯ^{33} tshɿ^{21} thy̩^{55} dər^{33}. tʂhə^{55} ʂu^{55} dər^{33}.
门 建 季鬼 和 奇鬼 祭 该 天鬼 赶 该 秽 除 该

要用牛作牺牲为一家人做消灾仪式以驱除垛鬼。该用猪和山羊作牺牲，竖祭风树，插上木牌以进行超度楚鬼和尤鬼的仪式。一家人都会吉祥，不必着急。

一年里一家人中有（？）人同转到龙居地（东南方）：天上会降下毒鬼和仄鬼，由呆饶金补领着而来。凶于家中的幼子和幼女。会有火葬场里火化尸体的事。要进行解开死者和活者手结的仪式。半夜会听到鬼朝家里喊叫的声音。法事则要做送憨蛇的仪式。家里会发生火灾，房屋被火吞没。为家中的男人作法事，则要用绵羊作牺牲，进行消灾仪式。该给署施药。该进行祭毒鬼和仄鬼、云鬼和风鬼的法事。要建季鬼门，以祭季鬼和奇鬼。要驱赶天鬼。该进行除秽仪式。

L-7-08

① 此句未写出有几个人到了“龙居地”（东南方），存疑。

② uɑ^{21}、tɕhər^{33}、mə^{33}，这三字符无法连读成句，存疑。

sɿ55 khy̩21 dər33. no55 by̩21 dər33. | py33 by̩21 gæ21 thɑ55 zɿ33, gæ21 tɕər21 zo33 dɯ33 gy̩33 the21 dzɿ21,
素神 请 该 诺神 祭 该 祭司 刀 利 拿 刀 上 男 一 个 以 坐

to33 khə33 ȵi33 gɯ33 be33. | sɿ33 by̩33 ə33 phy̩33 tʂhər55, mə33 ŋy̩55 y21 nɯ33 hɑ33 ʂu21 tshɿ21 i33 ky̩55. |
板 划 两 半 做 大者 祖父 辈 未 超度祖先 以 饭 找 来 的 会

zo33 mi55 gə33 ko55 ɕy33 ɯ33 mu21, mə33tɕi13. | bɑ33 kə21 | khɯ33 dzɿ21 tɯ33 sɿ55 ky̩33 dzɿ21 me33 thy̩33,
男 女 的 卦象 吉 的 不 急 巴格 狗 居 地 三 个 坐 的 产生

khuɑ21. | nɯ33 sɿ33 me33 thy̩33. | dy̩21 tshɿ21 nɯ33 uɑ21 he33 khy̩33, tər21 zɑ55 ʥi33 by̩33 nɯ33 dzɿ33
凶 心 想 的 成 毒鬼 以 魂 偷 呆饶金补 以 吃

ky̩55. ʂʅ33 sɿ21 lɑ21 tʂu55 phər21 dər33. | dɯ33 dzo21 ky̩33 nɯ33 zo33 ȵi33 ky̩55 ʥi33 uə21 gy̩33, iə33 ko21
会 死 生 手 结 解 该 一 桥 上 以 男 两 个 走 似 家里

gə33 zo33 tɕi55 mi55 tɕi55 to55 khuɑ21. tər21 zɑ55 ʥi33 by̩33 nɯ33 dzər21 the21 zɿ33, | ly21① uɑ21 he33
的 儿 小 女 小 上 凶 呆饶金补 以 树 以 拿 魂

khy̩33. | zʅ33 hɑ33 tʂhər21 nɑ55 tse21, ə55 y21 ə55 dæ33 ŋy̩55 be33, | ɯ33 tse21 to55 khɯ55, ʂʅ21 dzʅ33 uɑ21
偷 酒 饭 肥肉 瘦肉 用 猴 狐狸 超度 做 牛 用 消灾仪式 史支鬼王 魂

ʂər55 dər33. | tɕi21 nɯ21 hər33、tshɿ33 nɯ21 iə21、dy̩21 nɯ21 tse21 py21 dər33. | sɿ21 tʂhər33 khɯ55 dər33.
赎 该 云鬼 和 风鬼 楚鬼 和 尤鬼毒鬼 和 仄鬼 祭 该 署 药 施 该

tshɿ55 tse21,
山羊 用

该进行迎请素神的仪式。要做祭诸神的祭仪。要做东巴祭司手握利刀，刀上坐一个男子，把木板划成两半的法事②。先辈中未曾超度的祖先来找饭。家中男女的卦象为吉，不必着急。

一年里一家人中有三人同转到巴格的狗居地（西北方）：凶。心想事成。毒鬼会偷走家人的灵魂。呆饶金补鬼王会吃家人。该进行解开死者和活人手结的法仪。似一座桥上相对过两个男人似的危险，凶于家中的幼子幼女。呆饶金补手里拿着一棵树来偷家人的灵魂。要供上酒和饭、肥肉和瘦肉，做超度猴子和狐狸，用牛作牺牲进行消灾仪式，仪式上要向史支鬼王赎魂。该进行祭云鬼和风鬼、楚鬼和尤鬼、毒鬼和仄鬼的祭仪。要给署施药。要用山羊作牺牲，

① ly21，此字符无法与其他字符连读成句，存疑。

② 这种法事不知属于什么仪式，原文如是，直译之。

L-7-09

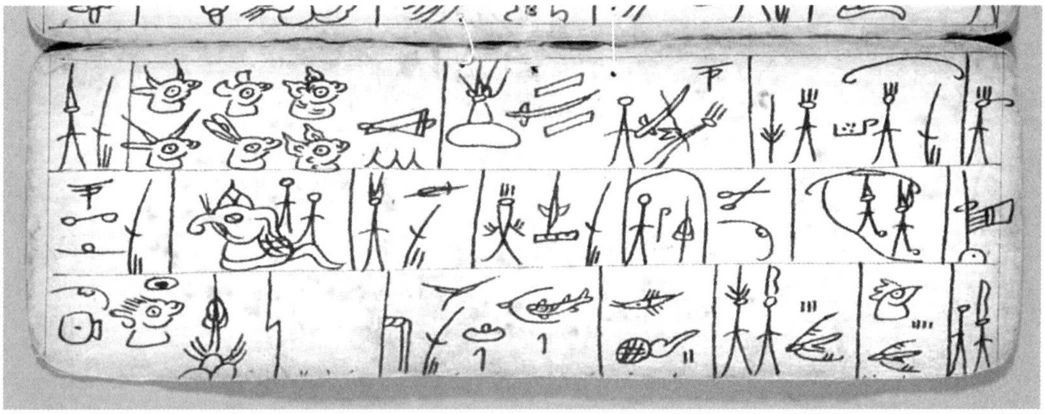

dy̩^{21} nɯ^{21} tse^{21} py^{21} dər^{33}. | ɯ^{33}、y^{21}、khɯ^{33}、tho^{33} le^{33}、lɑ^{33}、zə̩r^{21} mi^{33} lo^{21} phi^{55} dər^{33}. | py^{33}
毒鬼和 仄鬼 祭 该 牛 绵羊 狗 兔子 虎 豹 火 里 丢 该 祭司

by̩^{21} nɯ^{33} dɯ^{33} dɑ^{55} ȵi^{33} gɯ^{33} be^{33}, ʂʅ̩^{33} sɿ^{21} lɑ^{21} tʂu^{55} phər^{21} dər^{33}. | sər^{33} tshɿ^{21} dʐu^{33} ʐuɑ^{21} dər^{33}.
以 一 砍 两 半 做 死 生 手 结 解 该 木 鬼 债 赔 该

mɯ^{33} tshɿ^{21} py^{21} dər^{33}. | tɕi^{55} tshɿ^{21} thy̩^{33}, | uɑ^{33} phər^{21} uɑ^{33} nɑ^{21} py^{21} dər^{33}. | zo^{33} ȵi^{33} ky̩^{55} hæ^{33}
天 鬼 祭 该 季鬼 到 瓦鬼 白 瓦鬼 黑 祭 该 男 两 个 金

ʂʅ̩^{21} tsho^{21} ze^{33} dzæ^{33}. | tse^{21} py^{21} dər^{33}. zɑ^{21} py^{21} dər^{33}. mu^{33} ɯ^{21} sy^{55} dər^{33}. lɯ^{33} zɿ^{21} py^{21} dər^{33}. |
黄 大象 骑 仄鬼 祭 该 娆鬼 祭 该 猛鬼恩鬼 杀 该 郊外祭祖 该

iə^{33} ko^{21} zo^{33} to^{55} ɕy^{33}, tɕi^{55} mu^{21}. | mɯ^{33} gə^{33} dy̩^{21} tse^{21} zɑ^{21}. | gɑ^{33} | mə^{33} hɯ^{21}, phɑ^{33} nɑ^{21}. mɑ^{21}
家里 男 上 凶 小 的 天 的 毒鬼仄鬼 降 嘎神 不 高兴 脸 黑

y^{21}①. ɕy^{55} hər^{21} nɑ^{21} tsɑ^{21} tshɿ^{55} dər^{33}. | iə^{21} pe^{21} dɯ^{33} he^{33}, dɯ^{33} ȵi^{33}, ȵi^{33} dzɿ^{33}. | ȵi^{33} ȵi^{33}, lɯ^{55}
柏 绿 纳召 建 该 正月 一 月 一 日 鱼 吃 二 日 虻牛

nɯ^{21} ho^{55} dzɿ^{33}. | sɿ^{21} ȵi^{33}, ə^{33} sɿ^{21} ə^{33} me^{33} dzɿ^{33}. | lu^{33} ȵi^{33}, æ^{21} dzɿ^{33}. | zo^{33} mi^{55}
和 胃 吃 三 日 父亲 母亲 吃 四 日 鸡 吃 男 女

要祭毒鬼和仄鬼。要把牛、绵羊、狗、兔、虎、豹丢到火里。要由东巴祭司一刀把一块木板砍成两半，以进行解开死者和活者间手结的法仪。要向木鬼还债。要祭天鬼。季鬼来到家中，要进行祭白瓦鬼和黑瓦鬼的法事。两个男子骑在金黄大象上②。要祭仄鬼。该祭娆鬼。要进行杀猛鬼和恩鬼的仪式。要在郊外祭祖。对家中男人为凶，但只为小凶。天上降下毒鬼和仄鬼。嘎神不高兴，沉着脸。要建翠柏纳召。

---

① mɑ^{21}y^{21}，这两个字符无法与其他字符连读成句，存疑。

② 此句其喻义不明，照原文直译之。

正月这月中，逢一①的日子，吃鱼。逢二的日子，吃牛虻和胃。逢三的日子，吃父亲和母亲。逢四的日子，吃鸡。

L-7-10

uɑ^{33} ȵi^{33} (zo^{33} mi^{55})dzʅ^{33}. | tʂhuɑ^{55} ȵi^{33}, dy̩^{33} dzʅ^{21}、ȵy^{55}②、kɯ^{21}、lɯ^{55}、ky̩^{33} dzʅ^{33}. ʂər^{33} ȵi^{33}, lɯ^{33}
五 日 男 女 吃　六 日 翅 生 发抖　胆 虻牛 蛋 吃 七 日 地

nɯ^{21} sər^{33}dzʅ^{33}. | ho^{55} ȵi^{33}, u^{21} dʑy^{21} dzʅ^{33}. | gy̩^{33} ȵi^{33}, dze^{33}、ʂu^{21} dzʅ^{33}. | tshe^{21} ȵi^{33}, khɯ^{33} me^{33}
和 木 吃　八 日 男仆女仆 吃　九 日 麦 铁 吃　十 日 脚姆指

dzʅ^{33}. | he^{21} dʑiə^{33} dɯ^{33} he^{33}, dɯ^{33} ȵi^{33}, dʑi^{21} nɯ^{21} ly̩^{33} dzʅ^{33}. | ȵi^{33} ȵi^{33}, dʑy^{21} nɑ^{55} ky̩^{33} gə^{33} ly̩^{33}
吃　二 月 一 月 一 日 水 和 石 吃　二 日 大 山 上 的 石

dzʅ^{33}. | sʅ^{21} ȵi^{33}, zo^{33} tɕi^{55} dzʅ^{33}. | lu^{33} ȵi^{33}, ȵi^{33} dzʅ^{33}. | uɑ^{33} ȵi^{33}, zo^{33} mi^{55} dzʅ^{33}. | tʂhuɑ^{55} ȵi^{33},
吃　三 日 儿 小 吃　四 日 鱼 吃　五 日 子 女 吃　六 日

ɕi^{21} phər^{21} dzʅ^{33}. | ʂər^{33} ȵi^{33}, nɑ^{21} dze^{33} ly^{33} dzʅ^{33}. | ho^{55} ȵi^{33}, zo^{33} mi^{55} dzʅ^{33}. gy̩^{33} ȵi^{33}, dze^{33}、ʂu^{21}
谷 白 吃　七 日 麦子 粒 吃　八 日 儿女 吃 九 日 麦 铁

dzʅ^{33}. | tshe^{21} ȵi^{33}, gæ^{21} nɯ^{21} be^{33} dzʅ^{33}. | sɑ^{55} uɑ^{33} dɯ^{33} he^{33}, dɯ^{33} ȵi^{33}, zy^{55} zy^{21} dzʅ^{33}. | ȵi^{33}
吃　十 日 刀 和 斧 吃　三 月 一 月 一 日 小孩 吃　二

ȵi^{33}, sər^{33} nɯ^{21} ly̩^{33} dzʅ^{33}. | sʅ^{21} ȵi^{33}, zo^{33} mi^{55} dzʅ^{33}.
日 木 和 石 吃　三 日 儿 女 吃

逢五的日子，吃儿女。逢六的日子，吃生翅的，胆、牛虻和蛋。逢七的日子，吃地和木。逢八的日子，吃男女仆人。逢九的日子，吃麦子和铁。逢十的日子，吃脚姆指。

二月这月里，逢一的日子，吃水和石头。逢二的日子，吃大山上的石头。逢三的日子，

① 从此句始至五月，都有一至十，而没有“十”以上之日子，看来是指“逢一”、“逢二”……即“十一”、“二十一”、“十二”、“二十二”。现照此义译之。后文的“吃鱼”等，不知是由谁吃，只好照原文译成无主语句。

② 该字符无法连读成句，存疑。

吃幼儿。逢四的日子，吃鱼。逢五的日子，吃儿女。逢六的日子，吃白谷。逢七的日子，吃麦粒。逢八的日子，吃儿女。逢九的日子，吃麦和铁。逢十的日子，吃刀子和斧头。

三月这月里，逢一的日子，吃小孩。逢二的日子，吃木和石。逢三的日子，吃儿女。

L-7-11

lu^{33} ȵi^{33}, bə^{33} u^{21} dzɿ^{33}. | uɑ^{33} ȵi^{33}, bər^{33} dzɿ^{33}. | tʂhuɑ^{55} ȵi^{33}, æ^{21} dzɿ^{33}. | ʂər^{33} ȵi^{33}, sər^{33} nɯ^{21}
四 日 仆人 吃 五 日 客人 吃 六 日 鸡 吃 七 日 木 和

by̩^{33} dzɿ^{33}. | ho^{55} ȵi^{33}, le^{33} by^{21} dzɿ^{33}. | gy̩^{33} ȵi^{33}, ʐuɑ^{33} phər^{21} dzɿ^{33}. | tshe^{21} ȵi^{33}, by^{21} bər^{33}
锅 吃 八 日 萝卜 吃 九 日 马 白 吃 十 日 外 客

dzɿ^{33}. | lu^{55} me^{33} dɯ^{33} he^{33}, dɯ^{33} ȵi^{33}, | hɯ^{55} lo^{21} dʑi^{21} dzɿ^{33}. | ȵi^{33} ȵi^{33}, ty̩^{21} lɯ^{55} dzɿ^{33}. | sɿ^{21}
吃 四 月 一 月 一 日 海 里 水 吃 二 日 督利 吃 三

ȵi^{33}, mi^{55} lɑ^{21} dzɿ^{33}. | lu^{55} ȵi^{33}, ɯ^{33} ʐuɑ^{33} dzɿ^{33}. | uɑ^{55} ȵi^{33}, ɯ^{33} ʐuɑ^{33} dzɿ^{33}. | tʂhuɑ^{55} ȵi^{33}, zo^{33}
日 女 手 吃 四 日 牛 马 吃 五 日 牛 马 吃 六 日 男

lɑ^{21} dzɿ^{33}. | ʂər^{33} ȵi^{33}, lɯ^{33} sər^{33} dzɿ^{33}. | ho^{55} ȵi^{33}, ʐuɑ^{33} phər^{21} dzɿ^{33}. | gy̩^{33} ȵi^{33}, zy^{55} dzɿ^{33}. |
手 吃 七 日 杉木 吃 八 日 马 白 吃 九 日 小孩 吃

tshe^{21} ȵi^{33}, ɕi^{33} dzɿ^{33}. | uɑ^{33} me^{33} dɯ^{33} he^{33}, dɯ^{33} ȵi^{33}, ly̩^{33} nɯ^{21} dʑi^{21} dzɿ^{33}. | ȵi^{33} ȵi^{33}, dze^{33}
十 日 人 吃 五 月 一 月 一 日 石 和 水 吃 二 日 麦

phiə^{55} dzɿ^{33}. | sɿ^{21} ȵi^{33}, ȵi^{33} dzɿ^{33}. | sɿ^{21}[①] ȵi^{33}, dʑy^{21} ky̩^{33} gə^{33} dʑi^{21} dzɿ^{33}.
叶 吃 三 日 鱼 吃 三 日 山 上 的 水 吃

逢四的日子，吃仆人。逢五的日子，吃客人。逢六的日子，吃鸡。逢七的日子，吃木和锅。逢八的日子，吃萝卜。逢九的日子，吃白马。逢十的日子，吃外来的客人。

四月这月里：逢一的日子，吃海里的水。逢二的日子，吃督利[②]。逢三的日子，吃女人的手。逢四的日子，吃牛和马。逢五的日子，吃牛和马。逢六的日子，吃男人的手。逢七的日子，吃杉木。逢八的日子，吃白马。逢九的日子，吃小孩。逢十的日子，吃人。

---

① sɿ^{21}，前句已是“三”，此处属笔误，当作“四”，故译文中校译为“四”。

② 督利，此为音译，其义不明。

五月这月里：逢一的日子，吃石头和水。逢二的日子，吃麦叶。逢三的日子，吃鱼。逢四的日子，吃山上的水。

L-7-12

封底

（翻译：王世英）

2843-L-8-01

pɑ^{33} kə^{21} ho^{55} kv̩^{33} ə^{33} me^{33} zy^{55} tɕi^{33}

hə^{21} ly^{21} mæ^{55} tʂu^{55}

占卜・以母亲在巴格八方生育占卜・末卷

2843-L-8　占卜·以母亲在巴格八方生育占卜·末卷

【内容提要】

本古籍记录了十二生肖各属相的母亲在巴格上转到四方四隅那年生的孩子之运数及会给家带来何凶吉。若凶则指出该进行何种东巴法事予以禳解。

【英文提要】

The Divination. to Divine through the Procreating of a Mother in Eight Directions on *Bage*. The Last Volume

This book records the fate of an infant that a mother in each Chinese zodiac year procreates when she moves to eight directions on *Bage* picture, as well as the misfortune and fortune that it brings to the family. It records also the certain sacrifice ritual needs be held to release misfortune if the result is not good.

2843-L-8-02

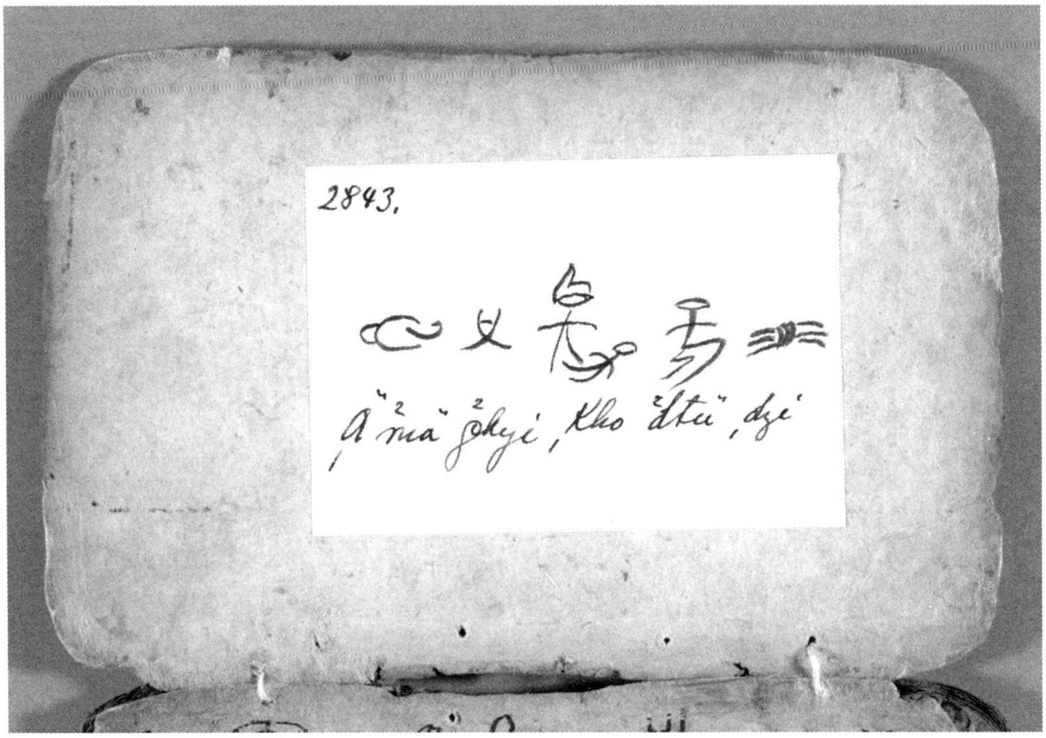

“2843”为洛克收藏纳西东巴古籍的序号。五个东巴文为“ə^{33} me^{33} zy^{55} tɕi^{33} hə^{21} tɯ^{33} tsɿ^{21}”，与封一句式有异而意同。字母文字为洛克记下这五个东巴文之读音。

2843-L-8-03

pɑ^{33} kə^{21} ȵi^{33} me^{33} thy̩^{33} thy̩^{33} gə^{33} fy̩^{55} khy̩^{33} ə^{33} me^{33} zy^{55} tɕi^{33} hə^{21} me^{33}: | tɕi^{33} hə^{21} sɿ^{55} he^{33}

巴格　东方　到　的　鼠　岁　母亲　婴儿　生　者　生　三　月

gv̩^{33}, to^{55} khɯ^{55} dər^{33}. | æ^{21} nɯ^{33} tse^{21} ku^{55} ɕy^{55} dər^{33}. | tɕər^{33} gv̩^{33} tɑ^{55} khɯ^{55} me^{33} ɯ^{33}. |
到 消灾仪式 该 鸡 以 仄神 许愿 该 脖 上 线圈 放 的 吉

khuɑ^{21}、tɕi^{55}、kv̩^{55}① | gv̩^{33} he^{33}、tshe^{21} he^{33} gv̩^{33}, khuɑ^{21} kv̩^{55}. | nv̩^{55} me^{33} dʑy^{21} kv̩^{33} gə^{33} dʑi^{21} thɯ^{21}
九 月 十 月 到 凶 会 心 山 上 的 水 喝

bɯ^{33} sɿ^{33} dv̩^{33},ɯ^{33}. hɑ^{33} ly^{33} gu^{21} ʂər^{55}, by^{21} lo^{21} nɯ^{21} ʂər^{55}. | zæ^{21}、nɯ^{33}、tɕi^{55}② | pɑ^{33} kə^{21} ȵi^{33} me^{33}
要 想 吉 粮 仓 满 圈 里 家畜 满 巴格 东方

thv̩^{33} thv̩^{33} gə^{33} y^{21}③ khv̩^{55} | ə^{33} me^{33} zy^{55} tɕi^{33} hə^{21} me^{33}: tɕi^{33} hə^{21} ho^{55} he^{33} gv̩^{33}, to^{55} khɯ^{55} do^{21}
到 的 羊 岁 母亲 婴 生 者 生 八 月 到 消灾仪式 铎鬼

pv̩^{55} dər^{33}. | ʂər^{33}④ he^{33} gv̩^{33}, mə^{33} gu^{21}, ɯ^{33}. | ʂər^{33}⑤ ……to^{55} khɯ^{55} dər^{33}
送 该 七 月 到 不 病 吉 七 消灾仪式 该

属鼠的母亲在巴格上转到东方那年生的孩子：出生三个月则要进行消灾仪式。要放生鸡以许来年再祭仄神之愿。脖上系五色线圈为吉。出生到九个月和十个月，凶。心中会想要喝山上的水，吉。会粮满仓，畜满栏。

属牛的母亲在巴格上转到东方那年生的孩子：出生八个月则要进行消灾送铎鬼的仪式。到七个月，没病，则长寿，吉。七……要进行消灾仪式。

2843-L-8-04

① 这三个东巴文字符无法连读成句，存疑。
② 这两个东巴文字符无法连读成句，存疑。
③ 此字似属东巴笔误，应为“牛”，译文中校之。
④ 前文已说“八个月”，其后又说“七个月”，或属笔误，存疑。
⑤ 原文残，只看清“七”字。

la^{33} ma^{21} bə^{33}lɯ^{21} nɯ^{33} tɕər^{33}ta^{55} khɯ^{55} dər^{33}, ɯ^{33}. | tshe^{21} tʂhua^{55} he^{33} gv̩^{33}, mə^{33} gu^{21}, tɕi^{13}. | ə^{33}

喇嘛 祭司 以 脖 线圈 系 该 吉 十 六 月 到 不 病 吉 母亲

me^{33} zy^{55} be^{33} ɯ^{33}. | hɯ^{55} tshər^{21} khv̩^{55} zɿ^{33} ʂər^{21} dɯ^{33}, ɯ^{33}. | pa^{33} kə^{21} ȵi^{33} me^{33} thv̩^{33} thv̩^{33} gə^{33}

孩子 皆 吉 八 十 岁 寿 长 得 吉 巴格 东方 到 的

la^{33} khv̩^{55} ə^{33} me^{33} zy^{55} tɕi^{33} hə^{21} me^{33}: | tɕi^{33} hə^{21} ua^{33} ha^{55} gv̩^{33}, | to^{55} khɯ^{55} dər^{33}. he^{21} ha^{33} ʂu^{55}

虎 岁 母亲 婴儿 生 者 生 五 天 到 消灾仪式 该 神 饭 祭

dər^{33}. | tʂhua^{55} he^{33} gv̩^{33}, ɯ^{33}. | gu^{21} tshər^{33} mə^{33} dʑy^{33}. mɯ^{33} tshɿ^{21} py^{21} dər^{33}. | tse^{21} to^{33} ma^{33}

该 六 月 到 吉 病 热 没 有 天 鬼 祭 该 仄鬼 面偶

phi^{55} dər^{33}. | ə^{33} me^{33} zy^{55} be^{33} ɯ^{33}. | ʂɿ^{33} dzɿ^{33}、ha^{33} dzɿ^{33}、dʑi^{33} mu^{21} be^{33} ɯ^{33} mu^{21}. | tʂhua^{55}

弃 该 母亲 孩 皆 吉 肉 吃 饭 吃 衣 穿 皆 吉 的 六

tshər^{21} lu^{55} khv̩^{33} zɿ^{33}

十 四 岁 寿

该在脖上系喇嘛等祭司的五色线圈，吉。到十六个月，不病则吉。母亲和孩子皆吉。有活到八十岁的福分，吉。

属虎的母亲在巴格上转到东方那年生的孩子：出生第五天，该进行消灾仪式。该向神献饭。到六个月，则吉。没有疾病，但要进行祭天鬼仪式。要把仄鬼面偶丢弃到外面。母亲和孩子皆吉。有吃肉、吃饭、穿衣的福分，吉。有活到六十四岁之寿福，

2843-L-8-05

ʂər^{21} dɯ^{33}, ɯ^{33}. | pɑ^{33} kə^{21} n̥i^{33} me^{33} thy̩^{33} thy̩^{33} gə^{33} tho^{33} le^{33} khy̩^{55} ə^{33} me^{33} zy^{55} tɕi^{33} hə^{21} me^{33}:
长 得 吉 巴格 东方 到 的 兔 岁 母亲 婴 生 者

tɕi^{33} hə^{21} se^{33} tʂhuɑ^{55} hɑ^{33} gy̩^{33}, | zər^{21} tshɿ^{21} py^{21} dər^{33}. | to^{55} khɯ^{55} dər^{33}. gu^{21} tshər^{33} mə^{33}
生 了 六 天 到 豹 鬼 祭 该 消灾仪式 该 病 热 没

dʑy^{33}. | tʂhuɑ^{55} he^{33} gy̩^{33}, tʂhə^{55}py^{21} dər^{33}. gy̩^{33} khy̩^{55}gy̩^{33}, | tse^{21}to^{33} mɑ^{33} phi^{55}, æ^{21} tse^{21} dər^{33}. |
有 六 月 到 秽 祭 该 九 岁 到 仄鬼 面偶 弃 鸡 用 该

mɯ^{33} tshɿ^{21} py^{21} dər^{33}. | gu^{21} tshər^{33} mə^{33} dʑy^{33}. ho^{55} tshər^{21} khy̩^{55} zɿ^{33} ʂər^{21} dɯ^{33}. | pɑ^{33} kə^{21} n̥i^{33}
天 鬼 祭 该 病 热 没 有 八 十 岁 寿 长 得 巴格

me^{33} thy̩^{33} thy̩^{33} ly̩^{21} khy̩^{55} | ə^{33} me^{33} zy^{55} tɕi^{33} hə^{21} me^{33}: uɑ^{55} hɑ^{33} gy̩^{33}, khuɑ^{21}. tshe^{21} hɑ^{55} gy̩^{33},
东方 到 龙 岁 母亲 婴 生 者 五 天 到 凶 十 天 到

mə^{33} gu^{21}, ɯ^{33}. | tshe^{21} uɑ^{55} he^{33} gy̩^{33}, tse^{21} to^{33} mɑ^{33} phi^{55} dər^{33}. to^{55} khɯ^{55} dər^{33}.
不 病 吉 十 五 月 到 仄鬼 面偶 弃 该 消灾仪式 该

吉。

属兔的母亲在巴格上转到东方那年生的孩子：生后第六天，要进行祭豹鬼的仪式。要进行消灾仪式，就没有病痛。过了六个月，该进行除秽仪式。到了九岁时，要用鸡作牺牲，进行把仄鬼面偶丢弃到外面的仪式。该祭天鬼，就没有病痛。有活到八十岁之福分。

属龙的母亲在巴格上转到东方那年生的孩子：生后第五天，凶。生后第十天，没有病则吉。过了十五个月，该进行把仄鬼面偶丢弃到外面的法仪。要进行消灾仪式。

2843-L-8-06

zɿ^{33} ʂər^{21}, ɯ^{33}. | pɑ^{33} kə^{21} ȵi^{33} me^{33} thy̩^{33} thy̩^{33} ʐʅ^{21} khy̩^{55} ə^{33} me^{33} zy^{55} tɕi^{33} hə^{21} me^{33}: tɕi^{33} hə^{21} se^{33}
寿 长 吉 巴格 东方 到 蛇 岁 母亲 婴 生 者 生 了

uɑ^{55} lɯ^{33} ɡy̩^{33}, | to^{55} khɯ^{55} dər^{33}. | ɡy̩^{33} hɑ^{33} ɡy̩^{33}, mə^{33} ɡu^{21}. | ɡy̩^{33} he^{33} ɡy̩^{33}, mə^{33} ɡu^{21}, ɯ^{33}.
五 天 到 消灾仪式 该 九 天 到 没 病 九 月 到 没 病 吉

tshɿ^{55} y^{21} by^{21} ʂər^{55}, hɑ^{33} ly^{33} ɡu^{21} ʂər^{55} bu^{21} dʑy^{33}. | tʂhuɑ^{55} tshər^{21} lu^{55} khy̩^{33} zɿ^{33} ʂər^{21} dɯ^{33}. |
山羊 绵羊 圈 满 粮 仓 满 份 有 六 十 四 岁 寿 长 得

pɑ^{33} kə^{21} ȵi^{33} me^{33} thy̩^{33} ɡə^{33} ʐuɑ^{33} khy̩^{55} | ə^{33} me^{33} zy^{55} tɕi^{33} hə^{21} me^{33}: tɕi^{33} hə^{21} tshe^{21} hɑ^{55} ɡy̩^{33},
巴格 东方 到 的 马 岁 母亲 婴 生 者 生 十 天 到

to^{55} khɯ^{55} dər^{33}. | ʐʅ^{21} tshɿ^{21} hɑ^{33} ʂu^{55} dər^{33}. æ^{21} nɯ^{33} sɿ^{21} ku^{55} ɕy^{55} dər^{33}. | tɕi^{33} hə^{21} se^{33} ȵi^{33}
消灾仪式 该 蛇 鬼 饭 祭 该 鸡 以 署 许愿 该 生 了 二

tsər^{21} ȵi^{33} hɑ^{55} ɡy̩^{33}, ky̩^{33}、dzi^{21}、ɯ^{21}、ȵi^{33} me^{33} thy̩^{33}①. | uɑ^{33} tshər^{21} khy̩^{55} zɿ^{33} ʂər^{21} dɯ^{33}.
十 二 天 到 五 十 岁 寿 长 得

则可长寿，吉。

属蛇的母亲在巴格上转到东方那年生的孩子：生后第五天，要进行消灾仪式。第九天没病，到九个月没病则吉。六畜会满圈，粮食会满仓。有活到六十四岁之福分。

属马的母亲在巴格上转到东方那年生的孩子：生后第十天，要进行消灾仪式。要施食给蛇鬼。要放生鸡给署以许来年祭祀之愿。生后二十二天……有活到五十岁之福分。

2843-L-8-07

① 这五个东巴文字符无法连读成句，后文亦有此现象，或可释作“看到什么鸟朝东飞去”。

zo^{33} sɿ^{55} kv̩^{33} ɕi^{21} gə^{33} bu^{21} dʑy^{33}. | pɑ^{33} kə^{21} ȵi^{33} me^{33} thv̩^{33} thv̩^{33} y^{21} khv̩^{55} ə^{33} me^{33} zy^{55} tɕi^{33} hə^{21}
儿 三 个 养 的 份 有 巴格 东方 到 羊 岁 母亲 婴 生

me^{33}[①]: gv̩^{33} hɑ^{55} gv̩^{33}, mə^{33} gu^{21}, ɯ^{33}. | tshe^{21} sɿ^{55} he^{33} gv̩^{33}, to^{55} khɯ^{55} to^{55} phi^{55} dər^{33}. | zo^{33} uɑ^{55}
者 九 天 到 不 病 吉 十 三 月 到 消灾仪式 垛鬼 弃 该 儿 五

kv̩^{33} | tʂhuɑ^{55} kv̩^{33} ɕi^{21} gə^{33} bu^{21} dʑy^{33}, ɯ^{33}. gu^{21} lo^{21} hɑ^{33} ʂər^{55}、by^{21} lo^{21} nɯ^{21} ʂər^{55}. | mæ^{55} se^{55}
个 六 个 养 的 份 有 吉 仓 里 粮 满 圈 里 家畜 满 后 则

gu^{21} kv̩^{55}. nv̩^{55} me^{33} tɕi^{55}. | tʂhuɑ^{55} tshər^{21} ho^{55} khv̩^{33} zɿ^{33} ʂər^{21} dɯ^{33}. | pɑ^{33} kə^{21} ȵi^{33} me^{33} thv̩^{33}
病 会 心 小 六 十 八 岁 寿 长 得 巴格 东方

thv̩^{33} gə^{33} ə^{55} y^{21} khv̩^{55} ə^{33} me^{33} zy^{55} tɕi^{33} hə^{21} me^{33}: tɕi^{33} hə^{21} se^{33} gv̩^{33} hɑ^{55} gv̩^{33}, khuɑ^{21}. | sɿ^{55} he^{33}
到 的 猴 岁 母亲 婴 生 者 生 后 九 天 到 凶 三 月

gv̩^{33}, zʅ^{21} tʂhər^{33} khɯ^{55} dər^{33}. | gv̩^{33} he^{33} gv̩^{33}, gu^{21} kv̩^{55}, nɑ^{55} le^{33} ɯ^{33} mu^{21}. | zo^{33} nɯ^{21} mi^{55} gu^{33}
到 蛇 药 施 该 九 月 到 病 会 但 又 吉 的 男 和 女 分离

gu^{33} kv̩^{55}. zo^{33} ɕi^{21} bu^{21} mə^{33} dʑy^{21}. | pɑ^{33} kə^{21} ȵi^{33} me^{33} thv̩^{33} thv̩^{33} gə^{33}
会 儿 养 份 没 有 巴格 东方 到 的

有生养三个儿子的福分。

属羊的母亲在巴格上转到东方那年生的孩子：生后九天没病则吉。生后十三个月，该进行消灾仪式以驱赶垛鬼。有生养五到六个儿子的福分。会粮食满仓，家畜满圈。晚年则会病，胆小。有活到六十八岁之福分。

属猴的母亲在巴格上转到东方那年生的孩子：生后第九天，会凶。生后三个月，要进行给蛇施药的仪式。生后九个月，会病，但会吉祥。男女会分离。没有生养儿女之福分。

在巴格上转到东方的

2843-L-8-08

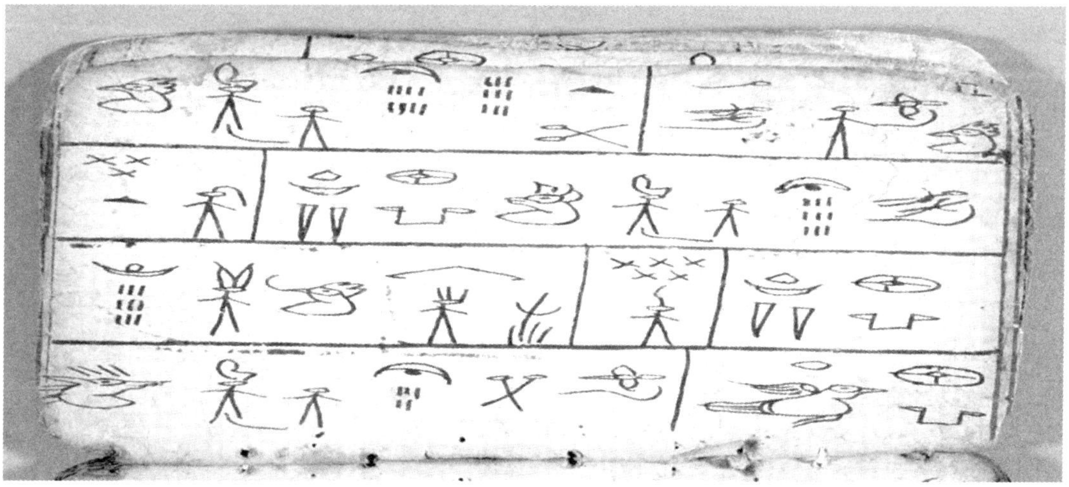

① 此句原文缺，校补之。

æ^{21} khy̩^{55} ə^{33} me^{33} zy^{55} tɕi^{33} hə^{21} me^{33}: tɕi^{33} hə^{21} se^{33} ho^{55} hɑ^{33}、gy̩^{33} hɑ^{55} se^{55} khuɑ^{21}, | to^{55} khɯ^{55}
鸡 岁 母亲 婴 生 者 生 了 八 天 九 天 则 凶 消灾仪式

dər^{33}. æ^{21} tse^{21} uɑ^{21} ʂ̥ər^{55} dər^{33}, ɯ^{33}. | sɿ^{33} tshər^{21}[①] se^{55} khuɑ^{21}. zɿ^{33} dər^{33}. | pɑ^{33} kə^{21} ȵi^{33} me^{33} thy̩^{33}
该 鸡 用 魂 赎 该 吉 三 十 则 凶 寿 短 巴格 东方

thy̩^{33} gə^{33} khɯ^{33} khy̩^{55} ə^{33} me^{33} zy^{55} tɕi^{33} hə^{21} me^{33}: gy̩^{33} hɑ^{55} gy̩^{33}, to^{55} khɯ^{55} dər^{33}. | gy̩^{33} he^{33} gy̩^{33},
到 的 狗 岁 母亲 婴 生 者 九 天 到 消灾仪式 该 九 月 到

tse^{21} ku^{55} ɕy^{55} dər^{33}. mɯ^{33} tshɿ^{21} py^{21} dər^{33}. | uɑ^{33} tshər^{21} khy̩^{55} zɿ^{33} ʂ̥ər^{21} dɯ^{33}. | pɑ^{33} kə^{21} ȵi^{33}
仄神 许愿 该 天 鬼 祭 该 五 十 岁 寿 长 得 巴格

me^{33} thy̩^{33} thy̩^{33} gə^{33} | bu^{21} khy̩^{55} ə^{33} me^{33} zy^{55} tɕi^{33} hə^{21} me^{33}: tɕi^{33} hə^{21} se^{33} uɑ^{33} hɑ^{55} gy̩^{33}, uɑ^{21} ʂ̥ər^{55}
东方 到 的 猪 岁 母亲 婴 生 者 生 了 五 天 到 魂 赎

dər^{33}. | ky̩^{33}、dzi^{21}、ȵi^{33} me^{33} thy̩^{33}[②].
该

属鸡之母亲生的孩子：生后第八天至第九天，凶；要进行消灾仪式。要用鸡作牺牲以赎魂。三十……凶。短命。

属狗的母亲在巴格上转到东方那年生的孩子：到第九天，该进行消灾仪式。到九个月，要向仄神献鸡以许来年再祭之愿。该祭天鬼。有活到五十岁之寿福。

属猪的母亲在巴格上转到东方那年生的孩子：生后第五天，要为其赎魂。

2843-L-8-09

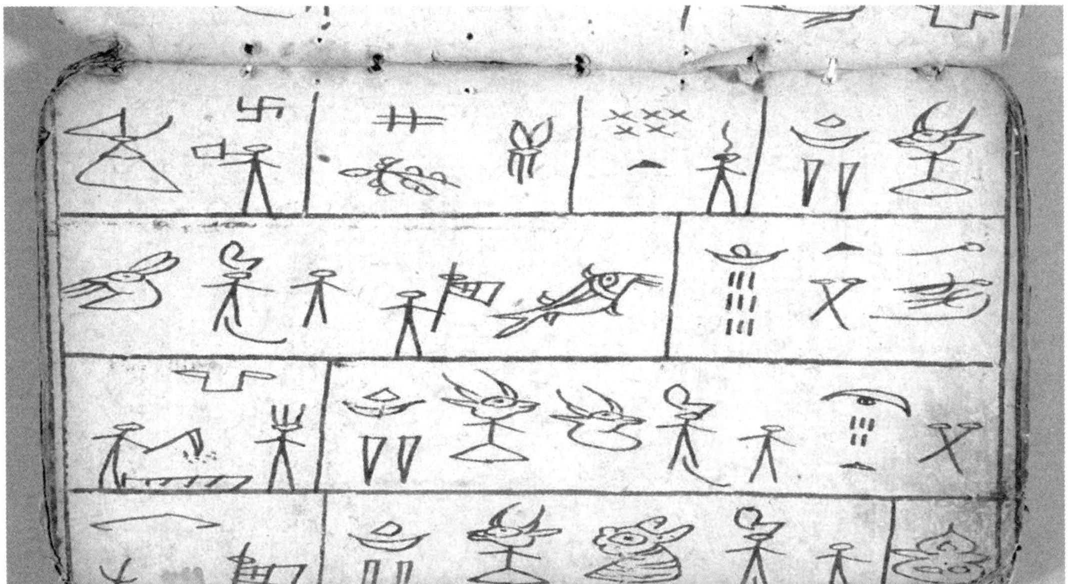

① “三十”后无“日”或“月”、“年”，其义不明，存疑。

② 这四个东巴文字符无法连读成句，存疑。

la³³ ma²¹ bə³³ lɯ²¹ nɯ³³ tər³³ gv̩³³ ta⁵⁵ khɯ⁵⁵, ɯ⁵⁵. | gu²¹ me³³ bv̩³³ thv̩³³ kv̩⁵⁵. | ua³³ tshər²¹ khv̩⁵⁵
喇嘛 祭司 以 脖 上 线圈 系 吉 病 而 疮 生 会 五 十 岁

zɿ³³dɯ³³, khua²¹. | pa³³ kə²¹ ɯ³³ dzɿ²¹tɯ³³ thv̩³³ fv̩⁵⁵ khv̩³³ ə³³ me³³ zy⁵⁵tɕi³³ hə²¹ me³³: ga³³ȵi³³. |
寿 得 凶 巴格 牛 居 地 到 鼠 岁 母亲 婴 生 者 好胜

tɕi³³ hə²¹ gv̩³³ he³³ gv̩³³, khua³³, to⁵⁵ khɯ⁵⁵ dər³³. | mɯ³³ thv̩³³ dy²¹ khu³³ be³³ tshɿ²¹. | pa³³ kə²¹
生 九 月 到 凶 消灾仪式 该 天 开 地 辟 做 来 巴格

ɯ³³ dzɿ²¹ tɯ³³ thv̩³³ gə³³ ɯ³³ khv̩⁵⁵ ə³³ me³³ zy⁵⁵ tɕi³³ hə²¹ me³³: tɕi³³ hə²¹ ua⁵⁵ ha³³ gv̩³³, khua²¹. |
牛 居 地 到 的 牛 岁 母亲 婴 生 者 生 五 天 到 凶

mɯ³³ py²¹ dər³³. ga³³ be³³ dər³³. | pa³³ kə²¹ ɯ³³ dzɿ²¹ tɯ³³ thv̩³³ gə³³ la³³ khv̩⁵⁵ ə³³ me³³ zy⁵⁵ tɕi³³
天 祭 该 嘎神 祭 该 巴格 牛 居 地 到 的 虎 岁 母亲 婴 生

hə²¹ me³³: ɯ³³.
者 吉

脖上系喇嘛的五色线圈为吉。病且会生疮。有活到五十岁之寿福。

属鼠的母亲在巴格上转到牛居地（东北方）生的孩子：好胜。生后第九个月有凶，该进行消灾仪式。是为开天辟地而降生的。

属牛的母亲在巴格上转到牛居地生的孩子：生后第五天，凶。该祭天。该祭嘎神。

属虎的母亲在巴格上转到牛居地生的孩子：吉。

2843-L-8-10

zɿ^{21} sy^{55} lo^{21}, zɿ^{33} ʂər^{21}, gu^{21} mə^{33} dʑy^{33}. ｜pɑ^{33} kə^{21} ɯ^{33} dzɿ^{21} tɯ^{33} thy̩^{33} gə^{33} tho^{33} le^{33} khy̩^{55} ə^{33} me^{33}
仇 杀 能 寿 长 病 不 有 巴格 牛 居 地 到 的 兔 岁 母亲

zy^{55} tɕi^{33} hə^{21} me^{33}: tɕi^{33} hə^{21} se^{33} uɑ^{55} hɑ^{33} gy̩^{33}, to^{55} khɯ^{55} dər^{33}. ｜he^{21} hɑ^{33} ʂu^{55} dər^{33}. ｜gy̩^{33} he^{33}
婴 生 者 生 了 五 天 到 消灾仪式 该 神 饭 祭 该 九 月

gy̩^{33}, zɿ^{33} ʂər^{21}, ɯ^{33}. ｜pɑ^{33} kə^{21} ɯ^{33} dzɿ^{21} tɯ^{33} thy̩^{33} ly̩^{21} khy̩^{55} ə^{33} me^{33} zy^{55} tɕi^{33} hə^{21} me^{33}: tɕi^{33} hə^{21}
到 寿 长 吉 巴格 牛 居 地 到 龙 岁 母亲 婴 生 者 生

se^{33} tshe^{21} uɑ^{55} hɑ^{33} gy̩^{33}, khuɑ^{21}. ｜to^{55} khɯ^{55} dər^{33}. mɯ^{33} tshɿ^{21} py^{21} dər^{33}. ｜gy̩^{33} he^{33} lɯ^{55} gy̩^{33},
了 十 五 天 到 凶 消灾仪式 该 天 鬼 祭 该 九 月 已 到

zɿ^{33} ʂər^{21}, ɯ^{33}. ｜pɑ^{33} kə^{21} ɯ^{33} dzɿ^{21} tɯ^{33} thy̩^{33} ʐʅ^{21} khy̩^{55} ə^{33} me^{33} zy^{55} tɕi^{33} hə^{21} me^{33}: tɕi^{33} hə^{21} sɿ^{55}
寿 长 吉 巴格 牛 居 地 到 蛇 岁 母亲 婴 生 者 生 三

hɑ^{33} gy̩^{33},
天 到

能杀仇人。没有病痛。

属兔的母亲在巴格上转到牛居地生的孩子：生后第五天，该进行消灾仪式。该向神献饭。过了三个月则会长寿，吉。

属龙的母亲在巴格上转到牛居地生的孩子：生后十五天，凶。该进行消灾仪式。要祭天鬼。过了九个月则会长寿，吉。

属蛇的母亲在巴格上转到牛居地生的孩子：生后第三天，

2843-L-8-11

khuɑ^{21}. | tshe^{21} khv̩^{55} lɯ^{55} gv̩^{33}, zɿ^{33} ʂər^{21}, ɯ^{33}. | pɑ^{33} kə^{21} ɯ^{33} dzɿ^{21} tɯ^{33} thv̩^{33} gə^{33} ʐuɑ^{33} khv̩^{55} ə^{33}
凶 十 岁 已 到 寿 长 吉 巴格 牛 居 地 到 的 马 岁母亲

me^{33} zy^{55} tɕi^{33} hə^{21} me^{33}: | tɕi^{33} hə^{21} tshe^{21} ȵi^{33} hɑ^{55} gv̩^{33} khuɑ^{21}. | æ^{21} tse^{21} tər^{21} tse^{21} py^{21} dər^{33}.
婴 生 者 生 十 二 天 到 凶 鸡 用 呆鬼 仄鬼 祭 该

to^{55} khɯ^{55} dər^{33}. | lu^{33} tshər^{21} tʂhuɑ^{55} khv̩^{33} zɿ^{33}ʂər^{21} dɯr^{33}. | pɑ^{33} kə^{21} ɯ^{33} dzɿ^{21} tɯ^{33} thv̩^{33} gə^{33} |
消灾仪式 该 四 十 六 岁 寿长 得 巴格 牛 居 地 到 的

y^{21} khv̩^{55} ə^{33} me^{33} zy^{55} tɕi^{33} hə^{21} me^{33}: tɕi^{33} hə^{21} tshe^{21} gv̩^{33} hɑ^{55} gv̩^{33}, khuɑ^{21}. | ȵi^{33} khv̩^{55} gv̩^{33},
羊 岁 母亲 婴 生 者 生 十 九 天 到 凶 两 岁 到

khuɑ^{21}. to^{55} khɯ^{55} dər^{33}. | mə^{33} ŋv̩^{55} y^{21} hɑ^{33} ʂu^{55} dər^{33}. | mɯ^{33} tshɿ^{21} py^{21} dər^{33}. | pɑ^{33} kə^{21}
凶 消灾仪式 该 未 超度 祖先 饭 祭 该 天 鬼 祭 该 巴格

ɯ^{33} dzɿ^{21} tɯ^{33} thv̩^{33} gə^{33} ə^{55} y^{21} khv̩^{55} ə^{33} me^{33} zy^{55} tɕi^{33} hə^{21} me^{33}: gu^{21} kv̩^{55}.
牛 居 地 到 的 猴 岁 母亲 婴 生 者 病 会

凶。过了十岁，则长寿，吉。

属马的母亲在巴格上转到牛居地那年生的孩子：生后十二天，凶。要祭呆鬼和仄鬼。要用鸡作替身进行消灾仪式。有活到四十六岁之寿福。

属羊的母亲在巴格上转到牛居地那年生的孩子：生后十九天，凶。两岁时亦凶，要进行消灾仪式。要向未超度的祖先献饭。该祭天鬼。

属猴的母亲在巴格上转到牛居地那年生的孩子：会病。

2843-L-8-12

lɯ^{33} zɿ^{21} py^{21} dər^{33}. | tse^{21} to^{33} mɑ^{33} phi^{55} dər^{33}. | ʂər^{33} tshər^{21} uɑ^{55} khv̩^{33} zɿ^{33} ʂər^{21} dɯ^{33}. | pɑ^{33}
郊外祭祖 该 仄鬼 面偶 弃 该 七 十 五 岁 寿 长 得 巴格

kə^{21} ɯ^{33} dzɿ^{21} tɯ^{33} thv̩^{33} æ^{21} khv̩^{55} ə^{33} me^{33} | zy^{55} tɕi^{33} hə^{21} me^{33}: kho^{21} lɯ^{33} to^{55} ɯ^{33}. mə^{33} gu^{21}. |
牛 居 地 到 鸡 岁 母亲 婴 生 者 亲 戚 上 好 不 病

ʂʅ^{33} dzɿ^{33} hɑ^{33} dzɿ^{33} sɿ^{33} dv̩^{33}, ɯ^{33}. mɯ^{33} tshɿ^{21} py^{21} dər^{33}. | khuɑ^{55} tʂhu^{55} ʐʅ^{21} tʂhər^{33}khɯ^{55} dər^{33}. |
肉 吃 饭 吃 想 吉 天 鬼 祭 该 木牌 插 蛇 药 施 该

ʂər^{33} tshər^{21} gv̩^{33} khv̩^{55} zɿ^{33} ʂər^{21} dɯ^{33}. | pɑ^{33} kə^{21} ɯ^{33} dzɿ^{21} tɯ^{33} thv̩^{33} gə^{33} khɯ^{33} khv̩^{55} | ə^{33} me^{33}
七 十 九 岁 寿 长 得 巴格 牛 居 地 到 的 狗 岁 母亲

zy^{55} tɕi^{33} hə^{21} me^{33}: gv̩^{33} hɑ^{55} gv̩^{33}, khuɑ^{21}. to^{55} khɯ^{55} dər^{33}. mɯ^{33} tshɿ^{21} py^{21} dər^{33}. | pɑ^{33} kə^{21} ɯ^{33}
婴 生 者 九 天 到 凶 消灾仪式 该 天 鬼 祭 该 巴格 牛

dzɿ^{21} tɯ^{33} thv̩^{33} gə^{33} bu^{21} khv̩^{55} ə^{33} me^{33}
居 地 到 的 猪 岁 母亲

该在郊外祭祖。要把仄鬼面偶抛弃到郊外。有活到七十五岁之寿福。

属鸡的母亲在巴格上转到牛居地那年生的孩子：跟亲戚会和好，吉。没有病痛。会只想吃肉吃饭，吉。该祭天鬼。要插上木牌给蛇施药。有活到七十九岁之寿福。

属狗的母亲在巴格上转到牛居地那年生的孩子：生后第九天，凶。要进行消灾仪式。该祭天鬼。

属猪的母亲在巴格上转到牛居地那年

2843-L-8-13

zy^{55} tɕi^{33} hə^{21} me^{33}: tɕi^{33} hə^{21} se^{33} ʂər^{33} hɑ^{55} gv̩^{33}, khuɑ^{21}. | gv̩^{33} hɑ^{55} gv̩^{33}, uɑ^{33} tshʅ^{21} py^{21} dər^{33}.
婴 生 者 生 了 七 天 到 凶 九 天 到 瓦鬼 祭 该

tʂhə^{55} gv̩^{21} dər^{33}. ʂər^{33} tshər^{21} uɑ^{55} khv̩^{33} zʅ^{33} ʂər^{21} dɯ^{33}. | pɑ^{33} kə^{21} ho^{33} gv̩^{33} lo^{21} thv̩^{33} gə^{33} fv̩^{55}
秽 祭 该 七 十 五 岁 寿 长 得 巴格 北方 到 的 鼠

khv̩^{33} ə^{33}me^{33} zy^{55} tɕi^{33} hə^{21} me^{33}: tɕi^{33}hə^{21} se^{33} gv̩^{33} hɑ^{55} gv̩^{33}, khuɑ^{21}. to^{55} khɯ^{55} dər^{33}. | tər^{21}
岁 母亲 婴 生 者 生 了 九 天 到 凶 消灾仪式 该 呆鬼

tse^{21} py^{21} dər^{33}. | gv̩^{33} he^{33} tshʅ^{21} he^{33} lɯ^{55} gv̩^{33}, ɯ^{33}. zo^{33} lu^{55} kv̩^{33} ɕi^{21} gə^{33} bu^{21} dʑy^{33}. | uɑ^{33}
仄鬼 祭 该 九 月 十 月 若 到 吉 儿 四 个 养 的 福分 有 五

tshər^{21} gv̩^{33} khv̩^{55} zʅ^{33} ʂər^{21} dɯ^{33}. | pɑ^{33} kə^{21} ho^{33} gv̩^{33} lo^{21} thv̩^{33} gə^{33} ɯ^{33} khv̩^{55} ə^{33} me^{33} zy^{55} tɕi^{33}
十 九 岁 寿 长 得 巴格 北方 到 的 牛 岁 母亲 婴 生

hə^{21} me^{33}: ɯ^{33}. | tɕi^{33} hə^{21} gv̩^{33} he^{33} tshe^{21} he^{33} gv̩^{33}, to^{55} khɯ^{55} dər^{33}. tɕi^{55} nɯ^{21} tɕhi^{21} py^{21} dər^{33}. |
者 吉 生 九 月 十 月 到 消灾仪式 该 季鬼 和 奇鬼 祭 该

kv̩^{33}、dzi^{21}、ȵi^{33} me^{33} thv̩^{33}①.

生的孩子：生后第七天，凶。生后第九天，要进行祭瓦鬼仪式。该进行除秽仪式。有活到七十五岁之寿福。

属鼠的母亲在巴格上转到北方那年生的孩子：生后第九天，凶。该进行消灾仪式。要进行祭呆鬼和仄鬼的法仪。过了九至十月，则吉。有生养四个儿子之福分。有活到五十九岁之寿福。

属牛的母亲在巴格上转到北方那年生的孩子：吉。生后九至十月，要进行消灾仪式。要祭季鬼和奇鬼。

2843-L-8-14

① 这四个东巴文字符无法连读成句，存疑。

pɑ³³ kə²¹ ho³³ gv̩³³ lo²¹ thv̩³³ gə³³ lɑ³³ khv̩⁵⁵ ə³³ me³³ zy⁵⁵ tɕi³³ hə²¹ me³³: | ho⁵⁵ he³³ tshe²¹
巴格 北方 到 的虎 岁 母亲 婴 生 者 八月 十

he³³ gv̩³³, ɯ³³. | khɯ³³ tʂhʅ³³ tər²¹ zər²¹ py²¹ dər³³. to⁵⁵ khɯ⁵⁵ dər³³. | pɑ³³ kə²¹ ho³³ gv̩³³ lo²¹ thv̩³³
月 到 吉 狗 吊 呆鬼 压 祭 该 消灾仪式 该 巴格 北方 到

gə³³ tho³³ le³³ khv̩⁵⁵ ə³³ me³³ zy⁵⁵ tɕi³³ hə²¹ me³³: ɯ³³. zʅ³³ ʂər²¹. n̩v̩²¹ dʑi²¹ mu²¹ dɯ³³, ɯ³³. mə³³
的 兔 岁 母亲 婴 生 者 吉 寿 长 银 衣 穿 得 吉 不

gu²¹. | pɑ³³ kə²¹ ho³³ gv̩³³ lo²¹ thv̩³³ gə³³ lv̩²¹ khv̩⁵⁵ ə³³ me³³ zy⁵⁵ tɕi³³ hə²¹ me³³: tɕi³³ hə²¹ uɑ⁵⁵ hɑ³³
病 巴格 北方 到 的 龙 岁 母亲 婴 生 者 生 五 天

gv̩³³, khuɑ²¹. sʅ⁵⁵ he³³ gv̩³³, to⁵⁵ khɯ⁵⁵ dər³³. | tse²¹ to³³ mɑ³³ phi⁵⁵ dər³³, he²¹ | hɑ³³ ʂu⁵⁵ dər³³. |
到 凶 三 月 到 消灾仪式 该 仄鬼 面偶 弃 该 神 饭 偿 该

tʂhuɑ⁵⁵ he³³ lɯ⁵⁵ zʅ³³ ʂər²¹, gu²¹ tshər³³ mə³³ dʑy³³. | pɑ³³ kə²¹ ho³³ gv̩³³ lo²¹ thv̩³³ gə³³ zʅ²¹ khv̩⁵⁵ ə³³
六 月 若 寿 长 病 热 没 有 巴格 北方 到 的 蛇 岁母亲

me³³ zy⁵⁵ tɕi³³ hə²¹ me³³:
婴 生 者

属虎的母亲在巴格上转到北方那年生的孩子：生后八至十月，吉。该进行吊着狗压呆鬼的法仪。该进行消灾仪式。

属兔的母亲在巴格上转到北方那年生的孩子：吉，长寿。有银衣穿。无病痛。

属龙的母亲在巴格上转到北方那年生的孩子：生后第五天，凶。生后第三个月，要进行消灾仪式。该把仄鬼面偶抛弃到郊外。要向神献饭。六个月后，长寿，无病痛。

属蛇的母亲在巴格上转到北方那年生的孩子：

2843-L-8-15

tɕi^{33} hə^{21} ʂər^{33} hɑ^{55} gy̩^{33}, khuɑ^{21}. gu^{21} tʂhu^{33} ky̩^{55}. | to^{55} khɯ^{55} zʅ^{21} zər^{21} dər^{33}. zʅ^{21} tʂhər^{33} khɯ^{55}
生 七 天 到 凶 病 容易 会 消灾仪式 仇 压 该 蛇 药 施

dər^{33}. | pɑ^{33} kə^{21} ho^{33} gy̩^{33} lo^{21} thy̩^{33} gə^{33} zuɑ^{33} khy̩^{55} ə^{33} me^{33} zy^{55} tɕi^{33} hə^{21} me^{33}: tɕi^{33} hə^{21} ʂər^{33}
该 巴格 北方 到 的 马 岁 母亲 婴 生 者 生 七

hɑ^{55} gy̩^{33}, khuɑ^{21}. y^{21} khuɑ^{33} tɕhər^{33} nɯ^{33} do^{21} be^{33} ky̩^{55}, to^{55} khɯ^{55} dər^{33}. | gy̩^{33} he^{33} se^{13}, gu^{21}
天 到 凶 绵羊 角 折 以 异兆 做 会 消灾仪式 该 九 月 了 病

tshər^{33} ky̩^{55}. khɯ^{33} phi^{21} tɕər^{21} tɕiə^{55} ɕy^{21} dzʅ^{21}, ɯ^{33}. | gu^{21} lo^{21} ɯ^{55} by^{21} ʂər^{55}, dy^{21} lo^{21} æ^{33} khuɑ^{21}
热 会 大腿 上 痕 红 生 吉 仓 里 灰尘 满 地 里 庄稼 坏

ky̩^{55}. | pɑ^{33} kə^{21} ho^{33} gy̩^{33} lo^{21} thy̩^{33} gə^{33} y^{21} khy̩^{55} | ə^{33} me^{33} zy^{55} tɕi^{33} hə^{21} me^{33}: ɯ^{33}. | by^{21} lo^{21}
会 巴格 北方 到 的 羊 岁 母亲 婴 生 者 吉 圈 里

nɯ^{21} ʂər^{55}, gu^{21} lo^{21} hɑ^{33} ʂər^{55}, ɯ^{33}. | do^{21} py^{21} to^{33} mɑ^{33} phi^{55} dər^{33}.
家畜 满 仓 里 粮 满 吉 铎鬼 祭 面偶 弃 该

生后第七天，凶。容易生病。该进行消灾仪式以压仇人。该给蛇施药。

属马的母亲在巴格上转到北方那年生的孩子：生后第七天，凶。断角的绵羊会有异兆，该进行消灾仪式。第九个月，会生病发烧。大腿上有红胎记，吉。仓里会堆满灰尘，地上庄稼会歉收。

属羊的母亲在巴格上转到北方那年生的孩子：吉。家畜会满圈，粮食会满仓，吉。该祭铎鬼，并把铎鬼面偶丢弃到外面去。

2843-L-8-16

pɑ^{33} kə^{21} ho^{33} gv̩^{33} lo^{21} thv̩^{33} gə^{33} ə^{55} y^{21} khv̩^{55} ə^{33} me^{33} zy^{55} tɕi^{33} hə^{21} me^{33}: tɕi^{33} hə^{21} gv̩^{33} hɑ^{55}
巴格　北方　到 的 猴　岁 母亲　婴 生　者 生　九 天

gv̩^{33}, to^{55} khɯ^{55} dər^{33} ｜ho^{21} hɑ^{33} ʂu^{55} dər^{33}. ｜tɕi^{33} hə^{21} gv̩^{33} he^{33} gv̩^{33}, ɯ^{33}. ｜ʂər^{33} tshər^{21} gv̩^{33}
到 消灾仪式 该　神 饭 祭 该　生　九 月 到 吉　七 十 九

khv̩^{55} zɿ^{33} ʂər^{21} dɯ^{33}. ｜pɑ^{33} kə^{21} ho^{33} gv̩^{33} lo^{21} thv̩^{33} gə^{33} æ^{21} khv̩^{55} ə^{33} me^{33} zy^{55} tɕi^{33} hə^{21} me^{33}: zɿ^{33}
岁 寿 长 得　巴格　北方　到 的 鸡 岁 母亲　婴 生　者 寿

ʂər^{21}. ｜ɯ^{33}. mə^{33} gu^{21}. ｜mɯ^{33} thv̩^{33} dy^{21} khu^{33} sɿ^{33} dv̩^{33}, ɯ^{33}. ｜pɑ^{33} kə^{21} ho^{33} gv̩^{33} lo^{21} thv̩^{33} gə^{33}
长　吉 不 病　天 开 地 辟 想　吉　巴格　北方　到 的

khɯ^{33} khv̩^{55} ə^{33} me^{33} zy^{55} tɕi^{33} hə^{21} me^{33}: mə^{33} gu^{21}①. ｜mə^{33} gu^{21} be^{33} zɿ^{33} ʂər^{21}. ｜zo^{33} uɑ^{55} kv̩^{33}
狗 岁 母亲 婴 生　者 没 病　没 病 地 寿 长　儿 五 个

dʑy^{21} me^{33} bu^{21} dʑy^{33}. ｜pɑ^{33} kə^{21} ho^{33} gv̩^{33} lo^{21} thv̩^{33} gə^{33} bu^{21} khv̩^{55} ə^{33} me^{33} zy^{55} tɕi^{33} hə^{21} me^{33}:
生 的 份 有　巴格　北方　到 的 猪 岁 母亲　婴 生　者

tɕi^{33} hə^{21} se^{33} gv̩^{33} hɑ^{55}、ȵi^{33} tsər^{21} hɑ^{55} se^{55} khuɑ^{21}.
生　了 九 天 二 十 天 则 凶

属猴的母亲在巴格上转到北方那年生的孩子：生后第九天，要举行消灾仪式。要向神献饭。过了九个月，则吉。有活到七十九岁之寿福。

属鸡的母亲在巴格上转到北方那年生的孩子：长寿，吉，无病痛。有开天辟地之心，吉。

属狗的母亲在巴格上转到北方那年生的孩子：无病。能无病地长寿。有生养五个儿子之福分。

属猪的母亲在巴格上转到北方那年生的孩子：生后九至二十天内，凶。

2843-L-8-17

① 在“gu^{21}”字下有一个像“括号”的字符，其读音不明，存疑。

to^{55} khɯ^{55} dər^{33}. | kv̩^{33}、dzi^{21}、mɯ^{33}、ɯ^{33}① | mɯ^{33} tshʅ^{21} py^{21} dər^{33}. | zʅ^{33} ʂər^{21}, gu^{21} tshər^{33}
消灾仪式 该 天 鬼 祭 该 寿 长 病 热

kv̩^{55}. | pɑ^{33} kə^{21} khɯ^{33} dzʅ^{21} tɯ^{33} thv̩^{33} gə^{33} fv̩^{55} khv̩^{33} ə^{33} me^{33} zy^{55} tɕi^{33} hə^{21} me^{33}: zʅ^{21} uə^{33} phv̩^{21}、
会 巴格 狗 居 地 到 的 鼠 岁 母亲 婴 生 者 仇 寨 摧毁

zʅ^{21} o^{33} tɕhər^{33} lo^{21} dɯ^{33} gv̩^{33} thv̩^{33}. | mɯ^{33} tshʅ^{21} py^{21} dər^{33}. | he^{21} ɕy^{55} sʅ^{33} ɯ^{33}. | gu^{21} tshər^{33}
仇 骨 断 能 一 个 产生 天 鬼 祭 该 神 供养 吉 病 热

mə^{33} dʑy^{33}, zʅ^{33} ʂər^{21}, ɯ^{33}. | pɑ^{33} kə^{21} khɯ^{33} dzʅ^{21} tɯ^{33} thv̩^{33} gə^{33} ɯ^{33} khv̩^{55} | ə^{33} me^{33} zy^{55} tɕi^{33} hə^{21}
没 有 寿 长 吉 巴格 狗 居 地 到 的 牛 岁 母亲 婴 生

me^{33}: tɕi^{33} hə^{21} se^{33} uɑ^{33} hɑ^{55} gv̩^{33}, khuɑ^{21}, to^{55} khɯ^{55} dər^{33}. tɕi^{55} khu^{33} py^{21} dər^{33}. | gv̩^{33} he^{33} gv̩^{33},
者 生 了 五 天 到 凶 消灾仪式 该 季鬼孔鬼 祭 该 九 月 到

zʅ^{33} ʂər^{21}. si^{33} kv̩^{55}. ɯ^{33} mu^{21}.
寿 长 穷 会 吉 的

该进行消灾仪式。该祭天鬼。长寿。但会病痛。

属鼠的母亲在巴格上转到狗居地（西北方）那年生的孩子：将是一个能摧毁仇寨、能敲断仇人之骨的人。该祭天鬼。要供养神，吉。无病痛。长寿，吉。

属牛的母亲在巴格上转到狗居地那年生的孩子：生后第五天，凶。要进行消灾仪式。要进行祭季鬼和孔鬼的仪式。过了九个月，则会长寿。会穷，但还是吉顺的。

2843-L-8-18

① 这四个东巴文字符无法连读成句，存疑。

pɑ^{33} kə^{21} khɯ^{33} dzʅ^{21} tɯ^{33} thʏ^{33}gə^{33} lɑ^{33} khʏ^{55} ə^{33} me^{33} zy^{55} tɕi^{33} hə^{21} me^{33}: sʅ^{33} tshər^{21} hɑ^{55} gʏ^{33},
巴格　狗　居　地　到　的　虎　岁　母亲　婴　生　者　三　十　天　到

ɯ^{33}. lu^{33} tshər^{21} uɑ^{33} khʏ^{55} ʐʅ^{33} ʂər^{21} dɯ^{33}. | nɯ^{33} sʅ^{33} me^{33} ʂə^{55} lo^{21}. | gu^{21} se^{55} khuɑ^{21}. | py^{33}
吉　四　十　五　岁　寿　长　得　心　想　的　说　能　病　则　凶　祭司

bʏ^{21} be^{33} py^{21}, ɯ^{33}, tshʅ^{21} o^{33} tɕhər^{33} lo^{21} me^{55}. | pɑ^{33} kə^{21} khɯ^{33} dzʅ^{21} tɯ^{33} thʏ^{33} gə^{33} tho^{33} le^{33}
做　祭　吉　鬼　骨　断　能　的　巴格　狗　居　地　到　的　兔

khʏ^{55}① ə^{33} me^{33} zy^{55} tɕi^{33} hə^{21} me^{33}: | tɕi^{33} hə^{21} gʏ^{33} hɑ^{55} tshe^{21} hɑ^{55} gʏ^{33}, khuɑ^{21}. to^{55} khɯ^{55}
岁　母亲　婴　生　者　生　九　天　十　天　到　凶　消灾仪式

dər^{33}. | ȵi^{33} me^{33} thʏ^{33}、kʏ^{33}、dzi^{21}、kɑ^{33}、ȵi^{33} me^{33} gʏ^{33}② | sʅ^{55} me^{33} tshe^{21} sʅ^{55} he^{33} gʏ^{33}, | tse^{21}
该　活　的　十　三　月　到　仄鬼

to^{33} mɑ^{33} phi^{55} dər^{33}. | pɑ^{33} kə^{21} khɯ^{33} dzʅ^{21} tɯ^{33} thʏ^{33} gə^{33} lʏ^{21} khʏ^{55} ə^{33} me^{33} zy^{55} tɕi^{33} hə^{21} me^{33}:
面偶　弃　该　巴格　狗　居　地　到　的　龙　岁　母亲　婴　生　者

tɕi^{33} hə^{21} uɑ^{33} hɑ^{55} gʏ^{33}, khuɑ^{21}.
生　五天　到　凶

属虎的母亲在巴格上转到狗居地那年生的孩子：生后三十天，则吉顺。有活到四十五岁之寿福。心想到则能说出口。病则凶。该请一个东巴去主持仪式，吉。会成一个能敲断鬼骨的祭司。

属兔的母亲在巴格上转到狗居地那年生的孩子：生后九至十天内，凶。该进行消灾仪式。过了十三个月，则长寿。要进行把仄鬼面偶抛丢到外面的法仪。

属龙的母亲在巴格上转到狗居地那年生的孩子：生后第五天，凶。

2843-L-8-19

① 原文脱“兔”字，补。

② 这六个东巴文字符，无法连读成句，从画面结构看，似有“一种鸟从西飞向东为吉”之意。

to^{55} khɯ^{55} dər^{33}. tse^{21} to^{33} mɑ^{33} phi^{55} dər^{33}. mɯ^{33} tshʅ^{21} py^{21} dər^{33}. | dʑy^{21} kv̩^{33} dzər^{21} nɯ^{33} nər^{55}
消灾仪式 该 仄鬼 面偶 弃 该 天 鬼 祭 该 山 由 树 以 压

kv̩^{55}, bu^{21} kv̩^{33} nɯ^{33} do^{55} kv̩^{55}. | sʅ^{33} tshər^{21} tʂhuɑ^{55} khv̩^{33} se^{55} khuɑ^{21}. | tʂhuɑ^{55} tshər^{21} gv̩^{33} khv̩^{55}
会 坡 上 以 跌 会 三 十 六 岁 则 凶 六 十 九 岁

zʅ^{33} ʂər^{21} dɯ^{33}. | pɑ^{33} kə^{21} khɯ^{33} dzʅ^{21} tɯ^{33} thv̩^{33} gə^{33} ʐʅ^{21} khv̩^{55} ə^{33} me^{33} zy^{55} tɕi^{33} hə^{21} me^{33}: |
寿 长 得 巴格 狗 居 地 到 的 蛇 岁 母亲 婴 生 者

tɕi^{33} hə^{21} gv̩^{33} he^{33} gv̩^{33}, khuɑ^{21}. | to^{55} khɯ^{55} dər^{33}. uɑ^{33} tshʅ^{21} py^{21} dər^{33}. ʐʅ^{21} tshʅ^{21} hɑ^{33} ʂu^{55} dər^{33}.
生 九 月 到 凶 消灾仪式 该 瓦鬼 祭 该 蛇 鬼 饭 祭 该

gu^{21} kv̩^{55}. | pɑ^{33} kə^{21} khɯ^{33} dzʅ^{21} tɯ^{33} thv̩^{33} gə^{33} ʐuɑ^{33} khv̩^{55} | ə^{33} me^{33} zy^{55} tɕi^{33} hə^{21} me^{33}: tɕi^{33} hə^{21}
病 会 巴格 狗 居 地 到 的 马 岁 母亲 婴 生 者 生

me^{33} gu^{21} kv̩^{55}, ɯ^{33} mu^{21}. | tse^{21} to^{33} mɑ^{33} phi^{55} dər^{33}. | pɑ^{33} kə^{21} khɯ^{33} dzʅ^{21} tɯ^{33} thv̩^{33} gə^{33} y^{21}
了 病 会 吉 的 仄鬼 面偶 弃 该 巴格 狗 居 地 到 的 羊

khv̩^{55}
岁

该进行消灾仪式。要把仄鬼面偶丢弃到外面。该祭天鬼。会被山上的树倒下压住。会在山坡上跌倒。三十六岁时，凶。有活到六十九岁之寿福。

属蛇的母亲在巴格上转到狗居地那年生的孩子：生后九个月，凶。该进行消灾仪式。要进行祭瓦鬼仪式。要给蛇施食。会病。

属马的母亲在巴格上转到狗居地那年生的孩子：生后则会病，但是为吉。该把仄鬼面偶丢弃到外面。

属羊的母亲在巴格上转到狗居地那年

2843-L-8-20

ə33 me33 zy55 tɕi33 hə21 me33: tɕi33 hə21 tshe21 sɿ55 hɑ33 gy33, khuɑ21. mu33 ɯ21 py21 dər33. | to55 khɯ55
母亲　婴 生　者　生　十 三 天 到　凶 猛鬼 恩鬼祭 该　消灾仪式

dər33. lɑ33 mɑ21 bə33 lɯ21 gə33 tɕər33 tɑ55 khɯ55, | ɯ33. zɿ33 ʂər21. | pɑ33 kə21 khɯ33 dzɿ21 tɯ33 thy33
该　喇嘛　祭司　的　脖 线圈 放　吉 寿 长　巴格　狗　居　地　到

gə33 ə55 y21 khy55 ə33 me33 zy55 tɕi33 hə21 me33: khuɑ21, gu21 ky55. | bu21 tse21, to55 khɯ55 dər33. |
的 猴　岁 母亲　婴 生　者　凶　病 会　猪 用　消灾仪式 该

zo33 uɑ55 ky33 tɕi33 hə21 gə33 bu21 dʑy33, ɯ33. | he21 hɑ33 ʂu55 dər33. | pɑ33 kə21 khɯ33 dzɿ21 tɯ33
儿 五 个 生　的 份 有 吉　神 饭 祭 该　巴格　狗　居　地

thy33 gə33 æ21 khy55 ə33 me33 zy55 tɕi33 hə21 me33: | zɿ33 ʂər21, ɯ33. | zo33 mi55 dʑi21 ʂər55 ky55, ɯ33.
到　的 鸡 岁　母亲　婴　生　者　寿 长 吉　儿 女 房 满 会 吉

mə33 gu21 mə33 tshər33. | pɑ33 kə21 khɯ33 dzɿ21 tɯ33 thy33 gə33 khɯ33 khy55 ə33 me33
不　病 不　热　巴格　狗　居 地 到 的　狗 岁　母亲

生的孩子：生后第十三天，凶。该祭猛鬼和恩鬼。要进行消灾仪式。脖上系喇嘛的五色线圈会吉。长寿。

属猴的母亲在巴格上转到狗居地那年生的孩子：生后会病，该用猪作牺牲进行消灾仪式。有生养五个儿子之福分，吉。该向神献饭。

属鸡的母亲在巴格上转到狗居地那年生的孩子：长寿，吉。儿孙会满堂，吉。没有病痛。

属狗的母亲在巴格上转到狗居地那年

2843-L-8-21

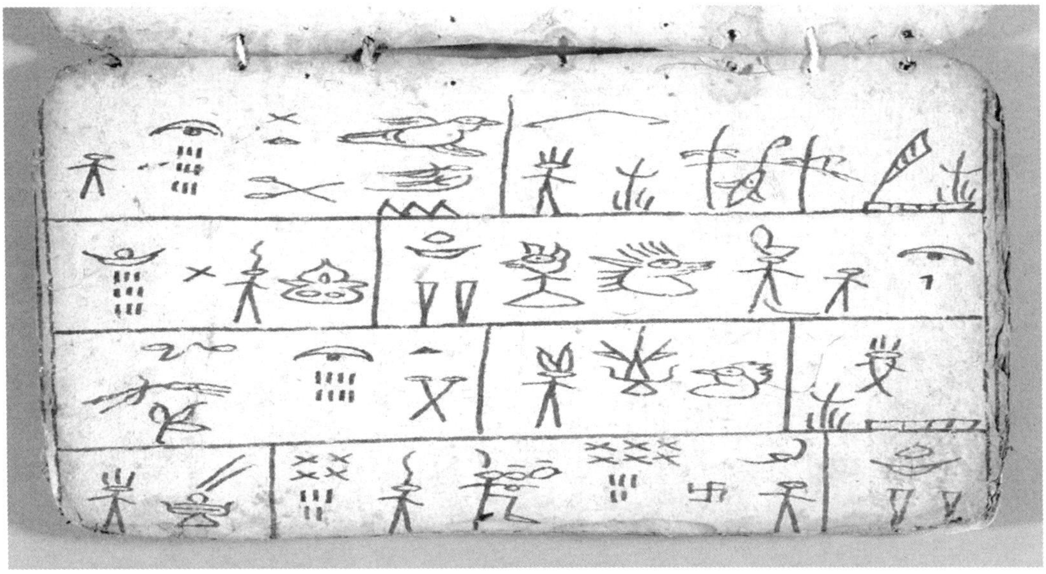

zy55 tɕi33 hə21　me33: tɕi33 hə21 gy33 hɑ55 gy33, khuɑ21. to55　khɯ55 dər33, dy33 dzɿ21 mi33 lo21 dʑi55
婴 生　者　生　九 天 到　凶　消灾仪式　该 翅　生 火 里 烧

dər^{33}. | mɯ^{33} tshʅ^{21} py^{21} dər^{33}. tɕi^{55} tɕhi^{21} py^{21} dər^{33}. do^{21}py^{21} dər^{33}. | gṿ^{33} he^{33} tshe^{21} he^{33} sʅ^{55} se^{13},
该 天 鬼 祭 该 季鬼 奇鬼 祭 该 铎鬼 祭 该 九 月 十 月 活 了

ɯ^{33}. | pɑ^{33} kə^{21} khɯ^{33} dzʅ^{21} tɯ^{33} thṿ^{33} gə^{33} bu^{21} khṿ^{55} ə^{33} me^{33} zy^{55} tɕi^{33} hə^{21} me^{33}: dɯ^{33} hɑ^{55}
吉 巴格 狗 居 地 到 的 猪 岁 母亲 婴 生 者 一 天

gṿ^{33}, | zʅ^{21} tshʅ^{21} o^{33} tɕhər^{33} be^{33} dər^{33}. tɕi^{33} hə^{21} ho^{55} hɑ^{33} gṿ^{33}, khuɑ^{21}. | tse^{21} to^{33} mɑ^{33} phi^{55}, æ^{21}
到 仇 鬼 骨 断 做 该 生 八 天 到 凶 仄鬼 面偶 弃 鸡

tse^{21} dər^{33}. | mu^{33} ɯ^{21} py^{21} dər^{33}. | tshʅ^{21} hɑ^{33} lo^{21} dər^{33}. | sʅ^{55} me^{33} lu^{33} tshər^{33} uɑ^{33} khṿ^{55} gṿ^{33},
用 该 猛鬼 恩鬼祭 该 鬼 饭 施 该 活 的 四 十 五 岁 到

miə^{21} go^{33} khɯ^{33} tɕər^{33} kṿ^{55}. tʂhuɑ^{55} tshər^{21} uɑ^{33} khṿ^{55} gṿ^{33} se^{13}, le^{33} ɯ^{33}. zo^{33} mə^{33} dʑy^{21}.
眼 瞎 脚 跛 会 六 十 五 岁 到 了 又 吉 儿 没 有

生的孩子：生后九至十天，凶。该进行消灾仪式，要把一飞禽烧于火中。该祭天鬼。该祭季鬼和奇鬼。要祭铎鬼。过了九至十个月，则吉。

属猪的母亲在巴格上转到狗居地那年生的孩子：生后第一天，则要进行压仇鬼断仇鬼骨的法仪。生后第八天，凶。要把仄鬼面偶丢弃到外面，法仪上要用鸡作牺牲。要祭猛鬼和恩鬼。要给鬼施食。活到四十五岁，眼会瞎，脚会跛。到了六十五岁，又会吉顺。没有儿子。

2843-L-8-22

pɑ^{33} kə^{21} ṇi^{33} me^{33} gṿ^{21} thṿ^{33} gə^{33} fṿ^{55} khṿ^{33} ə^{33} me^{33} zy^{55} tɕi^{33} hə^{21} me^{33}: tɕi^{33} hə^{21} ṇi^{33} tsər^{21}
巴格 西方 到 的 鼠 岁 母亲 婴 生 者 生 二 十

sʅ^{55} hɑ^{33} gṿ^{33}, khuɑ^{21}. æ^{21} tse^{21} to^{55} khɯ^{55} dər^{33}. | he^{21} hɑ^{33} ʂu^{55} dər^{33}. | mɯ^{33} nɯ^{33} gṿ^{33} me^{33}
三 天 到 凶 鸡 用 消灾仪式 该 神 饭 祭 该 天 以 霹 的

dzər21 khɯ33 tshʅ21 py21 dər33. | tshʅ55 tse21, | lɑ33 mɑ21 nɯ33 iə33 ko21 nɯ33 ʂʅ33 tshʅ21 thy̩55 dər33.
树 旁 鬼 祭 该 山羊 用 喇嘛 以 家里 以 死 鬼 撵 该

mə33 hə55 le21 gu21 ʂʅ33 ky̩55. ʂər33 tshər21 tʂhuɑ55 khy̩33 zʅ33 ʂər21 dɯ33. | pɑ33 kə21 ȵi33 me33 gy̩21
不 健康 病 死 会 七 十 六 岁 寿 长 得 巴格 西方

thy̩33 gə33 ɯ33 khy̩55 ə33 me33 zy55 tɕi33 hə21 me33: ɯ33, zʅ33 ʂər21. | zo33 ȵi33 ky̩55 dʑy21 bu21 dʑy33.
到 的 牛 岁 母亲 婴 生 者 吉 寿 长 儿 两 个 生 份 有

gu21 ky̩55. bu21 tse21 to55 khɯ55 dər33. | dɯ33 dʑi21 be33 hɯ21 nɯ33 dzæ33 ky̩55, ʂʅ33 dzʅ33 hɑ33 dzʅ33
病 会 猪 用 消灾仪式 该 一 家 都 富 和 强 会 肉 吃 饭 吃

nɯ33 hɯ21 gy̩33.
心 安 成

属鼠的母亲在巴格上转到西方那年生的孩子：生后第二十三天，凶。要用鸡放替身进行消灾仪式。要向神献饭。要祭被雷劈的树旁的鬼。要用山羊作牺牲，由喇嘛在家里撵死鬼。不健康，会病死。有活到七十六岁之寿福。

属牛的母亲在巴格上转到西方那年生的孩子：吉，长寿。有生养两个儿子之福分。会病，要用猪作牺牲，进行消灾仪式。一家皆会富裕强盛，能安心吃肉吃饭。

2843-L-8-23

uɑ33 tshər21 uɑ33 khy̩55 zʅ33 ʂər21 dɯ33. | pɑ33 kə21 ȵi33 me33 gy̩21 thy̩33 gə33 lɑ33 khy̩55 ə33 me33 zy55
五 十 五 岁 寿 长 得 巴格 西方 到 的 虎 岁 母亲 婴

tɕi^{33} hə^{21} me^{33}: tɕi^{33} hə^{21} ua^{55} ha^{33} gv̩^{33}, khua^{21}, to^{55} khɯ^{55} dər^{33}. | kv̩^{33}、dzi^{21}、n̩i^{33} me^{33} thv̩^{33}① |
生 者 生 五 天 到 凶 消灾仪式 该

tse^{21} to^{33} ma^{33} phi^{55} dər^{33}. tɕi^{33} hə^{21} ʂər^{33} he^{33} gv̩^{33} khua^{21}. | mu^{21} ɯ^{21} py^{21} dər^{33}. ʐʅ^{21} ha^{33} ʂu^{55} dər^{33}.
仄鬼 面偶 弃 该 生 七 月 到 凶 猛鬼 恩鬼祭 该 蛇 饭 祭 该

zæ^{21} sər^{33}, khɯ^{33} tɕər^{21} tɕiə^{55} ɕy^{21} dʐʅ^{21}, ɯ^{33}. ua^{33} tshər^{21} ua^{33} khv̩^{55} ʐʅ^{33} ʂər^{21} dɯ^{33}. zo^{33} n̩i^{33} kv̩^{55}
笑 喜欢 脚 上 痕 红 生 吉 五 十 五 岁 寿 长 得 儿 两 个

dʑy^{21} bu^{21} dɯ^{33}. | pa^{33} kə^{21} n̩i^{33} me^{33} gv̩^{21} thv̩^{33} gə^{33} tho^{33} le^{33} khv̩^{55} ə^{33} me^{33} zy^{55} tɕi^{33} hə^{21} me^{33}: |
生 份 得 巴格 西方 到 的 兔 岁 母亲 婴 生 者

gu^{21} kv̩^{55}. | mɯ^{33} nɯ^{33} gv̩^{33} kv̩^{55}. æ^{21} tse^{21} py^{21} dər^{33}. dv̩^{21} dy^{21} ʐʅ^{21} dy^{21} bɯ^{33} kv̩^{55}, | ʐʅ^{21} dy^{21}
病 会 天 以 霹 会 鸡 用 祭 该 毒鬼 地 仇 地 去 会 仇 地

nɯ^{33} ʐər^{33} bv̩^{21} nɯ^{33} tər^{21} be^{33} ʂʅ^{33} kv̩^{55}.
以 刀 下 以 凶 地 死 会

有活到五十五岁之寿福。

属虎的母亲在巴格上转到西方那年生的孩子：生后第五天，凶，该进行消灾仪式。要把仄鬼面偶丢弃到外面。生后七个月，凶，要祭猛鬼和恩鬼。要给蛇施食。喜欢笑，脚上生红胎记，吉。有活到五十五岁之寿福。

属兔的母亲在巴格上转到西方那年生的孩子：会病。会遭雷劈。该用鸡作牺牲作祭仪。会去到毒鬼和仇人的地方，会在仇人地域里凶死于刀下。

2843-L-8-24

by^{21} lo^{21} nɯ^{21} ʂər^{55}, gu^{21} lo^{21} ha^{33} ʂər^{55} kv̩^{55}. | pa^{33} kə^{21} n̩i^{33} me^{33} gv̩^{21} thv̩^{33} gə^{33} lv̩^{21} khv̩^{55} ə^{33} me^{33}
圈 里 家畜 满 仓 里 粮 满 会 巴格 西方 到 的 龙 岁 母亲

① 这几个东巴文字符无法连读成句，存疑。

zy⁵⁵ tɕi³³ hə²¹ me³³: by²¹ lo²¹ nɯ²¹ ʂər⁵⁵, gu²¹ lo²¹ hɑ³³ ʂər⁵⁵. | zɿ³³ ʂər²¹, sɿ³³ tshər²¹ sɿ⁵⁵ khv̩³³ lo⁵⁵
婴 生 者 圈 里 家畜 满 仓 里 粮 满 寿 长 三 十 三 年 过

se¹³ ɯ³³. | pɑ³³ kə²¹ n̡i³³ me³³ gv̩²¹ thv̩³³ zʅ²¹ khv̩⁵⁵ ə³³ me³³ zy⁵⁵ tɕi³³ hə²¹ me³³: tɕi³³ hə²¹ tshe²¹ uɑ⁵⁵
则 吉 巴格 西方 到 蛇 岁 母亲 婴 生 者 生 十 五

hɑ³³ gv̩³³, khuɑ²¹. tɕər³³ gv̩³³ tɑ³³ khɯ⁵⁵, | bər³³ be³³, ɯ³³. | sɿ²¹ uɑ²¹ ʂər⁵⁵ dər³³. | zɿ³³ ʂər²¹ uɑ³³
天 到 凶 脖 上 线圈 放 客 做 吉 署 魂 赎 该 寿 长 五

tshər²¹ gv̩³³ khv̩⁵⁵ dɯ³³. gu²¹ lo²¹ hɑ³³ ʂər⁵⁵, by²¹ lo²¹ nɯ²¹ ʂər⁵⁵, ɯ³³. | gu²¹ tshər³³ mə³³ dʑy²¹. |
十 九 岁 得 仓 里 粮 满 圈 里 家畜 满 吉 病 热 没 有

pɑ³³ kə²¹ n̡i³³ me³³ gv̩²¹ thv̩³³ gə³³ zʅuɑ³³ khv̩⁵⁵ ə³³ me³³ zy⁵⁵ tɕi³³ hə²¹ me³³: tɕi³³ hə²¹ n̡i³³ tsər²¹ uɑ⁵⁵
巴格 西方 到 的 马 岁 母亲 婴 生 的 生 二 十 五

hɑ³³ gv̩³³, khuɑ²¹.
天 到 凶

会六畜满圈，粮食满仓。

属龙的母亲在巴格上转到西方那年生的孩子：会六畜满圈，粮食满仓。过了三十三岁则吉。

属蛇的母亲在巴格上转到西方那年生的孩子：生后第十五天，凶。脖上系五色线圈为吉。作异乡客为吉。该向署赎魂。有活到五十九岁之寿福。会粮食满仓，六畜满圈，吉。没有病痛。

属马的母亲在巴格上转到西方那年生的孩子：生后第二十五天，凶。

2843-L-8-25

pɑ³³ kə²¹ n̡i³³ me³³ gv̩²¹ thv̩³³ y²¹ khv̩⁵⁵ ə³³ me³³ zy⁵⁵ tɕi³³ hə²¹ me³³: gu²¹ lo²¹ hɑ³³ ʂər⁵⁵, by²¹ lo²¹
巴格 西方 到 羊 岁 母亲 婴 生 者 仓 里 粮 满 圈 里

nɯ²¹ ʂər⁵⁵, ɯ³³. | gv̩³³ hɑ⁵⁵ tshe²¹ hɑ⁵⁵ gv̩³³, to⁵⁵ khɯ⁵⁵ dər³³. | mu³³ ɯ²¹ py²¹ dər³³. | zʅ³³ ʂər²¹.
家畜 满 吉 九 天 十 天 到 消灾仪式 该 猛鬼恩鬼 祭 该 寿 长

zo³³ ȵi³³ kv̩⁵⁵ ɕi²¹ gə³³ bu²¹ dʑy³³. hɯ⁵⁵、uɑ²¹①. | pɑ³³ kə²¹ ȵi³³ me³³ gv̩²¹ thv̩³³ gə³³ ə⁵⁵ y²¹ khv̩⁵⁵ ə³³
儿 两 个 养 的 份 有 巴格 西方 到 的 猴 岁母亲

me³³ zy⁵⁵ tɕi³³ hə²¹ me³³: by²¹ lo²¹ nɯ²¹ ʂər⁵⁵, | gu²¹ lo²¹ hɑ³³ ʂər⁵⁵, ɯ³³. | mɯ⁵⁵ gə³³ hɯ²¹ dʑi²¹
婴 生 者 圈 里 家畜 满 仓 里 粮 满 吉 天 的 雨 水

thɯ²¹, mə³³ gu²¹. | pɑ³³ kə²¹ ȵi³³ me³³ gv̩²¹ thv̩³³ gə³³ æ²¹ khv̩⁵⁵ ə³³ me³³ zy⁵⁵ tɕi³³ hə²¹ me³³: sʅ²¹ |
喝 不 病 巴格 西方 到 的 鸡 岁 母亲 婴 生 者 署

uɑ²¹ ʂər⁵⁵ dər³³. iə³³ ko²¹ hɑ³³ ly³³ gu²¹ ʂər⁵⁵, by²¹ lo²¹ nɯ²¹ ʂər⁵⁵. | pɑ³³ kə²¹ ȵi³³ me³³ gv̩²¹ thv̩³³
魂 赎 该 家里 粮 仓 满 圈 里 家畜 满 巴格 西方 到

gə³³ khɯ³³ khv̩⁵⁵ ə³³ me³³ zy⁵⁵ tɕi³³ hə²¹ me³³: o³³
的 狗 岁 母亲 婴 生 者 财

属羊的母亲在巴格上转到西方那年生的孩子：会粮满仓、畜满圈，吉。生后九至十天，要举行消灾仪式。要祭猛鬼和恩鬼。长寿。有生养两个儿子之福分。

属猴的母亲在巴格上转到西方那年生的孩子：会粮满仓、畜满圈，吉。喝雨水，则无病。

属鸡的母亲在巴格上转到西方那年生的孩子：该向署赎魂。家里会粮满仓，畜满圈。

属狗的母亲在巴格上转到西方那年生的孩子：会有财

2843-L-8-26

dze³³ dʑy³³ me⁵⁵, ɯ³³. | tse²¹ to³³ mɑ³³ phi⁵⁵ dər³³. | zʅ³³ ʂər²¹, ɯ³³. o³³ dze³³ ŋv̩³³ hæ²¹ dʑy³³,
物 有 的 吉 仄鬼 面偶 弃 该 寿 长 吉 财 物 银 金 有

① 这两个东巴文字符无法连读成句，存疑。

ɯ^{33}. | ʥi^{33} me^{33} hər^{33} uə^{21} tʂhu^{21}. | zo^{33} ȵi^{33} kv̩^{55} mi^{55} dɯ^{33} gv̩^{33} ɕi^{21} gə^{33} bu^{21} ʥy^{33}. | pɑ^{33} kə^{21}

吉 走是 风样 快 儿两个 女 一 个 养 的份 有 巴格

ȵi^{33} me^{33} gv̩^{21} thv̩^{33} gə^{33} bu^{21} khv̩^{55} ə^{33} me^{33} zy^{55} tɕi^{33} hə^{21} me^{33}: ʐʅ^{21} do^{21} ʐʅ^{21} lɑ^{55}, æ^{21} tse^{21} hɑ^{33} tse^{21}

西方 到 的 猪 岁 母亲 婴 生 者 蛇见 蛇打 鸡 用饭 用

ʐʅ^{21} tshʅ^{21} pv̩^{55} dər^{33}. | he^{21} hɑ^{33} ʂu^{55} dər^{33}. | to^{55} khɯ^{55} dər^{33}. | zo^{33} ȵi^{33} kv̩^{55} ɕi^{21} gə^{33} bu^{21} ʥy^{33},

蛇 鬼 送 该 神 饭 祭 该 消灾仪式 该 儿两 个养 的 份 有

ɯ^{33}. | pɑ^{33} kə^{21} y^{21} dʐʅ^{21} tɯ^{33} thv̩^{33} gə^{33} fv̩^{55} khv̩^{33} ə^{33} me^{33} zy^{55} tɕi^{33} hə^{21} me^{33}: | tɕi^{33} hə^{21} ho^{55}

吉 巴格 羊居 地 到 的鼠 岁 母亲 婴 生 者 生 八

hɑ^{33} gv̩^{33}, khuɑ^{21}. zʅ^{21} tshʅ^{21}、ʂʅ^{21} tshʅ^{21} no^{55}① dər^{33}.

天 的 凶 仇鬼 死 鬼 撵 该

物，吉。该把仄鬼面偶丢弃到外面。长寿，吉。有财物及金银，吉。会成为行走如疾风快的人，有生养两男一女之福分。

属猪的母亲在巴格上转到西方那年生的孩子：会成为见蛇打蛇的人，该用鸡和饭作供品以送蛇鬼。要向神献饭。该进行消灾仪式。有生养两个儿子之福分，吉。

属鼠的母亲在巴格上转到羊居地（西南方）那年生的孩子：生后第八天，凶。要撵仇鬼和死鬼。

2843-L-8-27

he^{21} ʂu^{55} dər^{33}. | tʂhər^{55}② zʅ^{33} ʂər^{21}. khuɑ^{21}, mæ^{55} zʅ^{33} ʂər^{21} hɑ^{55} sʅ^{55}③ iə^{33}. | pɑ^{33} kə^{21} y^{21} dʐʅ^{21} tɯ^{33}

神 祭 该 寿 长 凶 后 寿长 日 有的 巴格 羊 居地

---

① no^{55}，原文误作“pɯ^{33}”。

② tʂhər^{55}，此字符无法与其他字符连读成句，存疑。

③ sʅ^{55}，此字似为笔误，应作“i^{33}”。

thy̩^{33} gə^{33} ɯ^{33} khy̩^{55} ə^{33} me^{33} zy^{55} tɕi^{33} hə^{21} me^{33}: gu^{21} mə^{33} dʑy^{33}. tɕi^{33} hə^{21} se^{33} dɯ^{33} he^{33} gy̩^{33},
到 的 牛 岁 母亲 婴 生 的 病 没 有 生 了 一 月 到

khuɑ^{21}. | tshʅ^{21} nɯ^{33} uɑ^{21} he^{33} khy̩^{33} ky̩^{55}. bu^{21} tse^{21} to^{55} khɯ^{55} dər^{33}. | y^{21} hɑ^{33} ʂu^{55} dər^{33}. zʅ^{33}
凶 鬼 以 魂 偷 会 猪 用 消灾仪式 该 祖先饭 祭 该 寿

dər^{33}, bu^{21} ky̩^{33} nɯ^{33} do^{55} ʂʅ^{33} ky̩^{55}. | ly̩^{33} by̩^{21} sər^{33} by̩^{21}、gæ^{21} by̩^{21} ly̩^{33} by̩^{21} nɯ^{33} tər^{21} be^{33} ʂʅ^{33}
短 坡 上 以 跌 死 会 石 下 木 下 刀 下 矛 下 以 凶 地 死

ky̩^{55}. | o^{33} dze^{33} dʑy^{33}, hɯ^{21} nɯ^{21} dzæ^{33}, ɯ^{33}. | pɑ^{33} kə^{21} y^{21} dzʅ^{21} tɯ^{33} thy̩^{33} gə^{33}
会 财 物 有 富 和 强 吉 巴格 羊 居 地 到 的

该祭神。长寿。凶。后来会延年益寿。

属牛的母亲在巴格上转到羊居地那年生的孩子：没病痛。生后一个月，凶。鬼会偷去其灵魂。要用猪作牺牲，进行消灾仪式。要向祖先献饭。短命。会在山坡上跌死，会在石下、木下、刀剑长矛之下凶死。会有财物，会富裕强盛，吉。

在巴格上转到羊居地

2843-L-8-28

lɑ^{33} khy̩^{55} ə^{33} me^{33} zy^{55} tɕi^{33} hə^{21} me^{33}: | dɯ^{33} zo^{33} tɕi^{33} hə^{21}, khuɑ^{21}, gu^{21} ky̩^{55}. | tshʅ^{55} tse^{21}, tse^{21}
虎 岁 母亲 婴 生 者 一 儿 生 凶 病 会 山羊 用 仄鬼

py^{21} dər^{33}. | dɯ^{33}、phy̩^{33}、khuɑ^{21}、zo^{33}、ky̩^{55}[①]. | tshe^{21}[②]、mə^{33} zʅ^{33} dər^{33}. uɑ^{33} tshər^{21} khy̩^{55} zʅ^{33}
祭 该 不 寿 短 五 十 岁 寿

① 这五个东巴文字符无法连读成句，存疑。

② tshe^{21}，此字后当有“日”或“月”、“年”，原文无，无法校读，存疑。

ʂər²¹ dɯ³³. | pɑ³³ kə²¹ y²¹ dzʅ²¹ tɯ³³ thʏ³³ gə³³ tho³³ le³³ khʏ⁵⁵ | ə³³ me³³ zy⁵⁵ tɕi³³ hə²¹ me³³: zʅ³³
长 得 巴格 羊 居 地 到 的 兔 岁 母亲 婴 生 者 寿

ʂər²¹, tʂhuɑ⁵⁵ tshər²¹ gʏ³³ khʏ⁵⁵ dɯ³³, ɯ³³. | o³³ dze³³ ʥy³³, zʅ³³ ʂər²¹, mə³³ gu²¹. | pɑ³³ kə²¹ y²¹
长 六 十 九 岁 得 吉 财 物 有 寿 长 不 病 巴格 羊

dzʅ²¹ tɯ³³ thʏ³³ gə³³ | lʏ²¹ khʏ⁵⁵ ə³³ me³³ zy⁵⁵ tɕi³³ hə²¹ me³³: gʏ³³ tshər²¹ khʏ⁵⁵ zʅ³³ ʂər²¹ dɯ³³. o³³
居 地 到 的 龙 岁 母亲 婴 生 者 九 十 岁 寿 长 得 财

dze³³, ɯ³³. by²¹ lo²¹ ɯ³³ ʂər⁵⁵ o³³ ʥy³³.
物 吉 圈 里 牛 满 财 有

的属虎的母亲所生之孩子：若生的是一男孩，凶，会生病。该用山羊作牺牲以祭仄鬼，不短命，会有活到五十岁的寿福。

属兔的母亲在巴格上转到羊居地那年生的孩子：有活到六十九岁之寿福，吉。会有财物。长寿而不生病。

属龙的母亲在巴格上转到羊居地那年生的孩子：有活到九十岁之寿福。财物之卦象为吉。会有牛羊满圈之财富。

2843-L-8-29

kho³³ ɯ³³, bər²¹ kho³³ zər²¹ uə²¹ gʏ³³. | si³³ thʏ³³ kʏ⁵⁵. | pɑ³³ kə²¹ y²¹ dzʅ²¹ tɯ³³ thʏ³³ gə³³ zʅ²¹
声 好 牦牛号角 响 似 成 穷 产生 会 巴格 羊 居 地 到 的 蛇

khʏ⁵⁵ | ə³³ me³³ zy⁵⁵ tɕi³³ hə²¹ me³³: by²¹ lo²¹ ɯ³³ ʂər⁵⁵, gu²¹ lo²¹ hɑ³³ ʂər⁵⁵, ɯ³³. | tɕi³³ hə²¹ se³³ gʏ³³
岁 母亲 婴 生 者 圈 里 牛 满 仓 里 粮 满 吉 生 了 九

hɑ^{55} tshe^{21} hɑ^{55} gy̩^{33}, khuɑ^{21}. æ^{21} tse^{21} to^{55} khɯ^{55} dər^{33}. | tɕi^{33} hə^{21} tshe^{21} sɿ^{55} he^{33}[①]. | nɯ^{33} thɑ^{55},
天 十 天 到 凶 鸡 用 消灾仪式 该 生 十 三 月 心 灵

dʑi^{33} hər^{33} be^{21} tʂhu^{21}. | mæ^{55} se^{13} si^{33} ky̩^{55}. | pɑ^{33} kə^{21} y^{21} dzɿ^{21} tɯ^{33} thy̩^{33} gə^{33} ʐuɑ^{33} khy̩^{55} ə^{33}
走 风 似 快 后 则 穷 会 巴格 羊 居地 到 的 马 岁 母亲

me^{33} zy^{55} tɕi^{33} hə^{21} me^{33}: | iə^{33} ko^{21} zo^{33} nɯ^{21} mi^{55} by^{33} by^{33} ky̩^{55}, ly^{55} mu^{21} gy̩^{33}. | ə^{33} phy̩^{33} to^{33}
婴 生 者 家里 男 和 女 分离 会 中等 成 祖父 上

khuɑ^{21}, gu^{21} ʂʅ^{33} ky̩^{55}. | zɿ^{33} dər^{33}. ɯ^{33} ʐuɑ^{33} to^{55} khuɑ^{21}.
凶 病 死 会 寿 短 牛 马 上 凶

声音好，似牦牛号角般宏亮。会变穷。

属蛇的母亲在巴格上转到羊居地那年生的孩子：会牛羊满圈，粮食满仓，吉。生后九至十天，凶。要用鸡作替身进行消灾仪式。生后十三个月……会心灵。会成一个行走如风快的人。晚年会穷。

属马的母亲在巴格上转到羊居地那年生的孩子：家里的男女会分离，为中常卦。凶于祖父，会病死。短命。凶于牛马。

2843-L-8-30

tɕi^{33} hə^{21} sɿ^{33} tshər^{21} hɑ^{55} gy̩^{33}, khuɑ^{21}. mə^{33} ŋy̩^{55} tshɿ^{21} hɑ^{33} ʂu^{55} dər^{33}. | pɑ^{33} kə^{21} y^{21} dzɿ^{21} tɯ^{33}
生 三 十 天 到 凶 未 超度 鬼 饭 祭 该 巴格 羊 居 地

thy̩^{33} gə^{33} y^{21} khy̩^{55} | ə^{33} me^{33} zy^{55} tɕi^{33} hə^{21} me^{33}: tɕi^{33} hə^{21} tshe^{21} ȵi^{33} he^{33} gy̩^{33}, khuɑ^{21}. | æ^{21} nɯ^{33}
到 的 羊 岁 母亲 婴 生 者 生 十 二 月 到 凶 鸡 以

---

① 此句未言凶吉，存疑。

sɿ^{21} ku^{55} ɕy^{55}, sɿ^{21} uɑ^{21} ʂər^{55} dər^{33}. zʅ^{21} tshɿ^{21} pv̩^{55} dər^{33}. | gu^{21} kv̩^{55}. iə^{21} ko^{21} to^{55} khuɑ^{21}. dzɿ^{33} nɯ^{21}
署 许愿 署 魂 赎 该 蛇 鬼 送 该 病 会 家里 上 凶 村 和

uə^{33}、gu^{21} hər^{33} nɯ^{33} khæ^{55} uə^{21} thv̩^{33} kv̩^{55}. | mæ^{55} se^{13} ȵi^{33} me^{33} bu^{21} kv̩^{33} gə^{21} le^{33} thv̩^{33} uə^{21}
寨 仓 风 以 刮 似 产生 会 后 则 太阳 坡 上 往上 又 升 似

ɯ^{33}. | pɑ^{33} kə^{21} y^{21} dzɿ^{21} tɯ^{33} thv̩^{33} gə^{33} | ə^{55} y^{21} khv̩^{55} ə^{33} me^{33} zy^{55} tɕi^{33} hə^{21} me^{33}: iə^{33} ko^{21} zo^{33}
吉 巴格 羊 居 地 到 的 猴 岁 母亲 婴 生 者 家里 儿

mi^{55} dʑi^{21} ʂər^{55}, ɯ^{33}. mə^{33} gu^{21}, ly^{55} mu^{21} gv̩^{33}. zo^{33} tɕi^{33} hə^{21} se^{55} khuɑ^{21}, gu^{21} kv̩^{55}.
女 房 满 吉 不 病 中等 儿 生 则 凶 病 会

出生后第三十天，凶。要给未超度的鬼魂施食。

属羊的母亲在巴格上转到羊居地那年生的孩子：出生后第十二个月，凶。要献放生鸡，向署许来年再祭之愿，并向署赎魂。要送蛇鬼。会病。凶于全家人。会发生村寨和粮仓被大风刮走一样不吉之事。晚年又会像太阳从山坡升起一样的吉利。

属猴的母亲在巴格上转到羊居地那年生的孩子：家里儿女会满堂，吉。没病痛，但只为中常。若生的是儿子，凶，会病。

2843-L-8-31

mu^{33} ɯ^{21} py^{21} dər^{33}. y^{21} hɑ^{33} ʂʅ^{21} dər^{33}. | pɑ^{33} kə^{21} y^{21} dzɿ^{21} tɯ^{33} thv̩^{33} gə^{33} æ^{21} khv̩^{55} ə^{33} me^{33} zy^{55}
猛鬼恩鬼祭 该 祖先 饭 献 该 巴格 羊 居 地 到 的 鸡 岁 母亲 婴

tɕi^{33} hə^{21} me^{33}: | gu^{21} me^{33} ɕy^{33} be^{33}, ɯ^{33}. thv̩^{33} tshɿ^{21} py^{21} dər^{33}. | tɕər^{33} gv̩^{33} tɑ^{55} khɯ^{55}, tse^{21}
生 者 病 的 法事 做 吉 土鬼 祭 该 脖 上 线圈 放 仄鬼

tshɿ^{21} tɕər^{21} gɑ^{33}. | miə^{21} lo^{21} zɿ^{21} mə^{33} dʑy^{21}. | pɑ^{33} kə^{21} y^{21} dzɿ^{21} tɯ^{33} thv̩^{33} gə^{33} khɯ^{33} khv̩^{55} ə^{33}
上 胜 眼 中 仇 没 有 巴格 羊 居 地 到 的 狗 岁 母亲

me^{33} zy^{55} tɕi^{33} hə^{21} me^{33}: dʑi^{33} me^{33} hər^{33} be^{21} tʂhu^{21}, ɯ^{33} me^{55}. | uɑ^{33} tshər^{21} uɑ^{55} khv̩^{33} zɿ^{33} ʂər^{21}
婴 生 者 走 的 风 似 快 吉 的 五 十 五 岁 寿 长

dɯ^{33}, ɯ^{33}. | pɑ^{33} kə^{21} y^{21} dzɿ^{21} tɯ^{33} thv̩^{33} gə^{33} bu^{21} khv̩^{55} ə^{33} me^{33} zy^{55} tɕi^{33} hə^{21} me^{33}: iə^{33} ko^{21} ə^{33}
得 吉 巴格 羊 居 地 到 的 猪 岁 母亲 婴 生 者 家里 祖父

phv̩^{33} lv̩^{33} bv̩^{33} lv̩^{33} me^{33} be^{33} zɿ^{33} ʂər^{21}. | zo^{33}、gu^{33} lu^{21}①
孙子 孙女 皆 寿 长 男

该祭猛鬼和恩鬼。要向祖先献饭。

属鸡的母亲在巴格上转到羊居地那年生的孩子：若病作法事则吉。该祭土鬼。脖上系五色线圈，能战胜仄鬼。目中无仇人。

属狗的母亲在巴格上转到羊居地那年生的孩子：行走会如疾风般快，吉。有活到五十五岁之寿福，吉。

属猪的母亲在巴格上转到羊居地那年生的孩子：家中祖孙会长寿。

2843-L-8-32

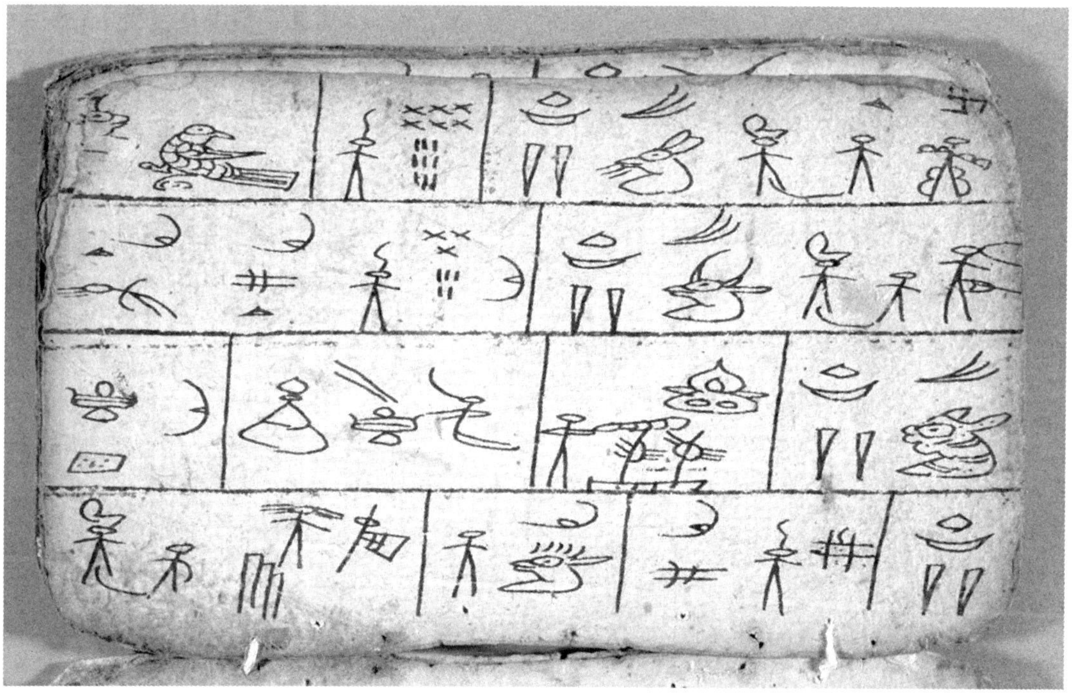

ɯ^{33} hɑ^{55}②. | tʂhuɑ^{55} tshər^{21} gv̩^{33} khv̩^{55} zɿ^{33} ʂər^{21} dɯ^{33}. | pɑ^{33} kə^{21} i^{33} tʂhɿ^{33} mu^{21} thv̩^{33} fv̩^{55} khv̩^{33}
六 十 九 岁 寿 长 得 巴格 南方 到 鼠 岁

ə^{33} me^{33} zy^{55} tɕi^{33} hə^{21} me^{33}: khuɑ^{21}. gu^{33} mu^{33} tɕiə^{55} dzɿ^{21}, ɯ^{33}. khuɑ^{21}, mə^{33} ʂɿ^{33}. mə^{33} gu^{21}, khuɑ^{21}.
母亲 婴 生 者 凶 身上 痕 生 吉 凶 不 死 不 病 凶

① 这两个东巴文字符无法连读成句，存疑。

② “飞禽”前似还有两个字符，无法看清，存疑。

sɿ^{33} tshər^{21} uɑ^{55} khv̩^{33} mə^{33} zɿ^{33} ʂər^{21}. | pɑ^{33} kə^{21} i^{33} tʂhʅ^{33} mu^{21} thv̩^{33} gə^{33} ɯ^{33} khv̩^{55} ə^{33} me^{33} zy^{55}
三 十 五 岁 不 寿 长 巴格 南方 到 的 牛 岁 母亲 婴

tɕi^{33} hə^{21} me^{33}. n̩v̩^{55} me^{33} | hɑ^{33} dzɿ^{33} mə^{33} sɿ^{33} dv̩^{33}. | he^{21} hɑ^{33} ʂu^{55} dər^{33}. | æ^{33} khv̩^{33} ɯ^{33}. |
生 者 心 饭 吃 不 想 神 饭 祭 该 庄稼 割 吉

pɑ^{33} kə^{21} i^{33} tʂhʅ^{33} mu^{21} thv̩^{33} gə^{33} lɑ^{33} khv̩^{55} | ə^{33} me^{33} zy^{55} tɕi^{55} hə^{21} me^{33}: dzɿ^{33} uə^{33} gə^{33} dzɿ^{33} be^{33},
巴格 南方 到 的 虎 岁 母亲 婴 生 者 村 寨 的 首领 做

gɑ^{33}. | zo^{33}、mə^{33}、y^{21}① | gu^{21} mə^{33} dʑy^{21}, zɿ^{33} ʂər^{21}. hɯ^{21} nɯ^{21} dzæ^{33}.
胜 病 没 有 寿 长 富 和 强

可活到六十九岁。

属鼠的母亲在巴格上转到南方那年生的孩子：凶。若身上有胎记，吉。凶但不会死。没病但凶。不会活到三十五岁。

属牛的母亲在巴格上转到南方那年生的孩子：心不思食。该向神献饭。会成为善于收种庄稼的人。

属虎的母亲在巴格上转到南方那年生的孩子：会成为村寨的首领，能获得胜利。没病痛。长寿。会富裕强盛。

2843-L-8-33

pɑ^{33} kə^{21} i^{33} tʂhʅ^{33} mu^{21} thv̩^{33} gə^{33} tho^{33} le^{33} khv̩^{55} ə^{33} me^{33} zy^{55} tɕi^{33} hə^{21} me^{33}: zo^{21} nɯ^{21} mi^{55}
巴格 南方 到 的 兔 岁 母亲 婴 生 者 儿 和 女

zɿ^{33} ʂər^{21}. | khuɑ^{21}, gu^{21} kv̩^{55}. | pɑ^{33} kə^{21} i^{33} tʂhʅ^{33} mu^{21} thv̩^{33} gə^{33} lv̩^{21} khv̩^{55} ə^{33} me^{33} zy^{55} tɕi^{33} hə^{21}
寿 长 凶 病 会 巴格 南方 到 的 龙 岁 母亲 婴 生

me^{33}: | mɯ^{33} n̩i^{55} dy^{21} n̩i^{55}, mɯ^{33} nɯ^{21} dy^{21} kə^{55} phv̩^{33} uə^{21} gv̩^{33}; dʑy^{21} nɑ^{55} zo^{55} lo^{33} gɯ^{33}, mɯ^{33}
者 天 荒 地 荒 天 和 地 翻 似 成 居那若罗 裂

① 这三个字符无法连读成句，存疑。

lɯ55 dɑ33 ʥi21 hɯ55 thæ33 i21, he21 i33 bɑ33 dɑ21 dzər21 thɯ55 tɕhər33 be21 khuɑ21. | gu21 le33 mi33
美利达吉 海 底 漏 含依巴达 树 腰 折 似 凶 病 而 火

nɯ33 ʥi55 be21 gu21 kʏ55. | pɑ33 kə21 i33 tʂhʅ33 mu21 thʏ33 gə33 zʅ33 khʏ55 ə33 me33 zy55 tɕi33 hə21 me33:
以 烧 地 病 会 巴格 南方 到 的 蛇 岁 母亲 婴 生 者

gu21 tʂhu33. | khɯ33 lɑ21 tɕiə55 dzʅ21 se13 mə33 gu21. | by21 lo21 ɯ33、gu21 lo21 hɑ33 ly33, ly55 mu21
病 易 脚 手 痕 生 则 不 病 圈 里 牛 仓 中 粮 中等

gʏ33. | zʅ21 zər21 py21 dər33. | pɑ33 kə21 i33 tʂhʅ33 mu21 thʏ33 gə33 zʊɑ33 khʏ55 ə33 me33 zy55 tɕi33 hə21
成 仇 压 祭 该 巴格 南方 到 的 马 岁 母亲 婴 生

me33: gu21, khuɑ21, | khuɑ21 be33 ʂʅ33 kʏ55.
者 病 凶 凶 地 死 会

属兔的母亲在巴格上转到南方那年生的孩子：儿女皆长寿。凶，会生病。

属龙的母亲在巴格上转到南方那年生的孩子：似天荒地老，天变地、地变天一样凶，又似居那若罗神山开裂、美利达吉神海漏底、含依巴达神树折腰一样凶了。病则会像火烧一样发烧。

属蛇的母亲在巴格上转到南方那年生的孩子：容易生病。若手脚上有胎记，则不病。圈里的牛羊、仓中的粮食只会中常。该进行压仇人的法仪。

属马的母亲在巴格上转到南方那年生的孩子：病则凶，会凶死。

2843-L-8-34

ʥi21 mi33 nɯ33 khuɑ33 khʏ55. | pɑ33 kə21 i33 tʂhʅ33 mu21 thʏ33 gə33 y21 khʏ55 ə33 me33 zy55 tɕi33 hə21
房 火 以 吞 会 巴格 南方 到 的 羊 岁 母亲 婴 生

me33: dɯ33 ʥi21 be33 ɯ33. by21 lo21 nɯ21 ʂər55、o33 dze33 gu21 ʂər55. zʅ33 ʂər21, ɯ33. mə33 gu21. | pɑ33
者 一 家 皆 吉 圈 里 家畜 满 财 物 仓 满 寿 长 吉 没 病 巴格

kə21 i33 tʂhʅ33 mu21 thy̩33 gə33 ə55 y21 khy̩55 ə33 me33 zy55 tɕi33 hə21 me33: tɕi33 hə21 tshe21 gy̩33 hɑ55 gy̩33,

南方 到 的 猴 岁 母亲 婴 生 者 生 十 九 天 到

khuɑ21. | to55 khɯ55 dər33 iə33. | dzi21、n̠i33 me33 thy̩33 ① | tshʅ55 tse21 zɑ21 py21 dər33. | zo33 sʅ55

凶 消灾仪式 该 的 山羊 用 娆鬼 祭 该 儿 三

ky̩33 ɕi21 bu21 dʑy33. zʅ33 dər33 ky̩55. | ə33 phy̩33 to55 khuɑ21 ky̩55. | pɑ33 kə21 i33 tʂhʅ33 mu21 thy̩33 gə33

个 养 份 有 寿 短 会 祖父 上 凶 会 巴格 南方 到 的

æ21 khy̩55 ə33 me33 zy55 tɕi33 hə21 me33: khuɑ21, zʅ33 dər33 ky̩55. tshe21 sʅ55② | tɕiə55 dzʅ21, ɕy33 be33 py21

鸡 岁 母亲 婴 生 者 凶 寿 短 会 十 三 痕 生 法事 做 祭

dər33.

该

房屋会被火吞没。

属羊的母亲在巴格上转到南方那年生的孩子：一家人都会长寿。会六畜满圈，财物满仓，长寿，吉。没病痛。

属猴的母亲在巴格上转到南方那年生的孩子：生后第十九天，凶。该进行消灾仪式。要用山羊作牺牲进行祭娆鬼的法仪。有生养三个儿子的福分。会短命。会凶于祖父。

属鸡的母亲在巴格上转到南方那年生的孩子：凶，会短命。身上有胎记，则要作法事以祭祀。

2843-L-8-35

pɑ33 kə21 i33 tʂhʅ33 mu21 thy̩33 gə33 khɯ33 khy̩55 ə33 me33 zy55 tɕi33 hə21 me33: dɯ33 dʑi21 be33 zʅ33

巴格 南方 到 的 狗 岁 母亲 婴 生 者 一 家 皆 寿

ʂər21. | o33 dze33 dʑy33. tʂhuɑ55 tshər21 gy̩33 khy̩55 zʅ33 ʂər21 dɯ33, | dʑy21 nɑ55 zo55 lo33 zʅ33 ʂər21

长 财 物 有 六 十 九 岁 寿 长 得 居那若罗 寿 长

---

① 这三个东巴文字符无法连读成句，存疑。

② “十三”之后不知是“日”或“月”、“年”，存疑。

dɯ^{33}. | pɑ^{33} kə^{21} i^{33} tʂhʅ^{33} mu^{21} thy̩^{33} gə^{33} bu^{21} khy̩^{55} ə^{33} me^{33} zy^{55} tɕi^{33} hə^{21} mə^{33}: khuɑ^{21}. gu^{21}
得 巴格 南方 到 的 猪 岁 母亲 婴 生 者 凶 病

tshər^{33} ky̩^{55}. si^{33}, | gu^{21} lo^{21} hɑ^{33} mə^{33} i^{33}. | zʅ^{33} dər^{33} ky̩^{55}, khuɑ^{21}. | mæ^{55} o^{33} dze^{33} ȵi^{55} ky̩^{55}. |
热 会 穷 仓 里 粮 没 有 寿 短 会 凶 后 财 物 空 会

pɑ^{33} kə^{21} ly̩^{21} dzʅ^{21} tɯ^{33} thy̩^{33} | fy̩^{55} khy̩^{33} ə^{33} me^{33} zy^{55} tɕi^{33} hə^{21} me^{33}: ɯ^{33}. | dɯ^{33} dʑi^{21} to^{55} khuɑ^{21}.
巴格 龙 居 地 到 鼠 岁 母亲 婴 生 者 吉 一 家 上 凶

zo^{33} mi^{55} to^{55} khuɑ^{21}. | mæ^{55}, ʂʅ^{33} dzʅ^{33} hɑ^{33} dzʅ^{33} bu^{21} dʑy^{33}.
儿 女 上 凶 后来 肉 吃 饭 吃 份 有

属狗的母亲在巴格上转到南方那年生的孩子：一家人皆长寿。会有财物。有活到六十九岁之寿福，会像长寿的居那若罗神山一样长寿。

属猪的母亲在巴格上转到南方那年生的孩子：凶。会病会发烧。会穷，穷到仓中无粮。会短命，凶。晚年会没有财物。

属鼠的母亲在巴格上转到龙居地（东南方）那年生的孩子：吉。但会凶于全家人。会凶于儿女。晚年有吃肉吃饭之福分。

2843-L-8-36

be^{33} me^{33} gy̩^{33} ȵi^{21}, ɯ^{33}. | mɯ^{33} tshʅ^{21} py^{21} dər^{33}. he^{21} hɑ^{33} ʂu^{55} dər^{33}. | pɑ^{33} kə^{21} ly̩^{21} dzʅ^{21} tɯ^{33}
做 的 成 可 吉 天 鬼 祭 该 神 饭 祭 该 巴格 龙 居 地

thy̩^{33} gə^{33} ɯ^{33} khy̩^{55} | ə^{33} me^{33} zy^{55} tɕi^{33} hə^{21} me^{33}: o^{33} dze^{33} ɯ^{33} me^{33} iə^{33} ko^{21} thy̩^{33}. mə^{33} gu^{21} mə^{33}
到 的 牛 岁 母亲 婴 生 者 财 物 好 的 家里 到 无 病 不

tshər^{33}. zʅ^{33} ʂər^{21}, ɯ^{33}. | pɑ^{33} kə^{21} ly̩^{21} dzʅ^{21} tɯ^{33} thy̩^{33} gə^{33} lɑ^{33} khy̩^{55} | ə^{33} me^{33} zy^{55} tɕi^{33} hə^{21} me^{33}:
热 寿 长 吉 巴格 龙 居 地 到 的 虎 岁 母亲 婴 生 者

tɕi^{33} hə^{21} dɯ^{33} he^{33} gy̩^{33}, khuɑ^{21}. | ŋy̩^{33} hæ^{21} nɯ^{33} tshɿ^{21} ky̩^{55}. tshɿ^{21} thy̩^{55} dər^{33}. he^{21} ʂu^{55} dər^{33}. |
生　一　月　到　凶　银　金　以　作祟　会　鬼　撵　该　神　祭　该

zo^{33} nɯ^{21} mi^{55} by^{33} by^{33} ky̩^{55}. | gu^{21} tʂhu^{33}. zɿ^{33} ʂər^{21}. | pɑ^{33} kə^{21} ly̩^{21} dzɿ^{21} tɯ^{33} thy̩^{33} gə^{33} tho^{33}
男　和　女　分离　会　病　容易　寿　长　巴格　龙　居　地　到　的　兔

le^{33} khy̩^{55} ə^{33} me^{33} zy^{55} tɕi^{33} hə^{21} me^{33}: gu^{21} tshər^{33} bɯ^{21} ky̩^{55}. | khɯ^{33} gu^{21} lɑ^{21} gu^{21}
岁　母亲　婴　生　者　病　热　多　会　脚　痛　手　痛

做事会成功，吉。该祭天鬼。该向神献饭。

属牛的母亲在巴格上转到龙居地那年生的孩子：好财物会来到家里。无病不发烧。长寿。吉。

属虎的母亲在巴格上转到龙居地那年生的孩子：生后一个月，凶。金银会作祟闹鬼。该撵鬼。要祭神。男女会分离。容易病。

属兔的母亲在巴格上转到龙居地那年生的孩子：会病会发烧。手脚会疼痛，

2843-L-8-37

ky̩^{55}, khuɑ^{21}. | ʐʅ^{21} tshɿ^{21} hɑ^{33} ʂu^{55} dər^{33}. tshɿ^{33} iə^{21} py^{21} dər^{33}. | pɑ^{33} kə^{21} ly̩^{21} dzɿ^{21} tɯ^{33} thy̩^{33} gə^{33}
会　凶　蛇　鬼　饭　祭　该　楚鬼尤鬼　祭　该　巴格　龙　居　地　到　的

ly̩^{21} khy̩^{55} | ə^{33} me^{33} zy^{55} tɕi^{33} hə^{21} me^{33}: gu^{21} mə^{33} sɿ^{33}. | ɯ^{33} ʐuɑ^{33} ʂʅ^{33} ky̩^{55}. | lɯ^{33} sɿ^{33}①. zɿ^{33}
龙　岁　母亲　婴　生　者　病　不　知　牛　马　死　会　寿

ʂər^{21}. mi^{33} nɯ^{33} dʑi^{55} ʂʅ^{33} ky̩^{55}, khuɑ^{21}. | pɑ^{33} kə^{21} ly̩^{21} dzɿ^{21} tɯ^{33} thy̩^{33} gə^{33} ʐʅ^{21} khy̩^{55} ə^{33} me^{33} zy^{55}
长　火　以　烧　死　会　凶　巴格　龙　居　地　到　的　蛇　岁　母亲　婴

① 此字符无法与其他字符连读成句，存疑。

tɕi^{33} hə^{21} me^{33}: zo^{33} mi^{55} dʑi^{21} ʂər^{55} ky̩^{55}, ɯ^{33}. mi^{55}① | hɑ^{33} ly^{33} gu^{21} ʂər^{55}, by^{21} lo^{21} nɯ^{21} ʂər^{55}②. |
生 者 儿 女 房 满 会 吉 粮 仓 满 圈 里 家畜 满

pɑ^{33} kə^{21} ly̩^{21} dzʅ^{21} tɯ^{33} thy̩^{33} gə^{33} zʮɑ^{33} khy̩^{55} ə^{33} me^{33} zy^{55} tɕi^{33} hə^{21} me^{33}: tɕi^{33} hə^{21} ʂər^{33} hɑ^{55} gy̩^{33},
巴格 龙 居 地 到 的 马 岁 母亲 婴 生 者 生 七 天 到

khuɑ^{21}.
凶

凶。该给蛇鬼施食。该祭楚鬼和尤鬼。

属龙的母亲在巴格上转到龙居地那年生的孩子：不知道病痛。牛马会死。长寿。会被火烧死，凶。

属蛇的母亲在巴格上转到龙居地那年生的孩子：会儿女满堂，吉。会粮食满仓，六畜满圈。

属马的母亲在巴格上转到龙居地那年生的孩子：生后第七天，凶。

2843-L-8-38

（原文残缺）gu^{21} bɯ^{21}. | zʅ^{33} dər^{33}, khuɑ^{21} be^{33} ʂʅ^{33} ky̩^{55}. | pɑ^{33} kə^{21} ly̩^{21} dzʅ^{21} tɯ^{33} thy̩^{33} y^{21}
病 多 寿 短 凶 地 死 会 巴格 龙 居 地 到 羊

khy̩^{55} | ə^{33} me^{33} zy^{55} tɕi^{33} hə^{21} me^{33}: hɯ^{21} nɯ^{21} dzæ^{33}, ɯ^{33}. | tɕi^{33} hə^{21} n̠i^{33} he^{33} gy̩^{33}, khuɑ^{21}. dʑi^{33}
岁 母亲 婴 生 者 富 和 强 吉 生 两 月 到 凶 走

me^{33} hər^{33} be^{21} tʂhu^{21}. | ɕi^{33} khy̩^{33} bɯ^{33} sʅ^{33} dy̩^{33} ky̩^{55}. | pɑ^{33} kə^{21} ly̩^{21} dzʅ^{21} tɯ^{33} thy̩^{33} gə^{33} ə^{55} y^{21}
的 风 样 快 人 偷 去 想 会 巴格 龙 居 地 到 的 猴

---

① 此字符无法与其他字符连读，存疑。

② 下文原残。

khy̩^{55} ə^{33} me^{33} zy^{55} tɕi^{33} hə^{21} me^{33}: zɿ^{33} ʂər^{21}. mə^{33} gu^{21} mə^{33} tshər^{33}. | dæ^{21} nɯ^{21} tʂhu^{21}. | ny̩^{55}
岁 母亲 婴 生 者 寿 长 不 病 不 热 能干 和 快 心

me^{33} ɕi^{33} khy̩^{33} bɯ^{33} ʂɿ^{33}. | by^{21} lo^{21} ɯ^{33} ʂər^{55}, ɯ^{33}. | pɑ^{33} kə^{21} ly̩^{21} dzɿ^{21} tɯ^{33} thy̩^{33} gə^{33} æ^{21} khy̩^{55}
人 偷 去 想 圈 里 牛 满 吉 巴格 龙 居 地 到 的 鸡 岁

ə^{33} me^{33} zy^{55} tɕi^{33} bə^{21} me^{33}:
母亲 婴 生 者

多病。短命，会凶死。

属羊的母亲在巴格上转到龙居地那年生的孩子：会富裕强盛，吉。生后第二个月，凶。会成为行走如风快的人。心会想去偷东西。

属猴的母亲在巴格上转到龙居地那年生的孩子：长寿，不病不发烧。会成为能干神速的人。心里会想去偷东西。会牛羊满圈，吉。

属鸡的母亲在巴格上转到龙居地那年生的孩子：

2843-L-8-39

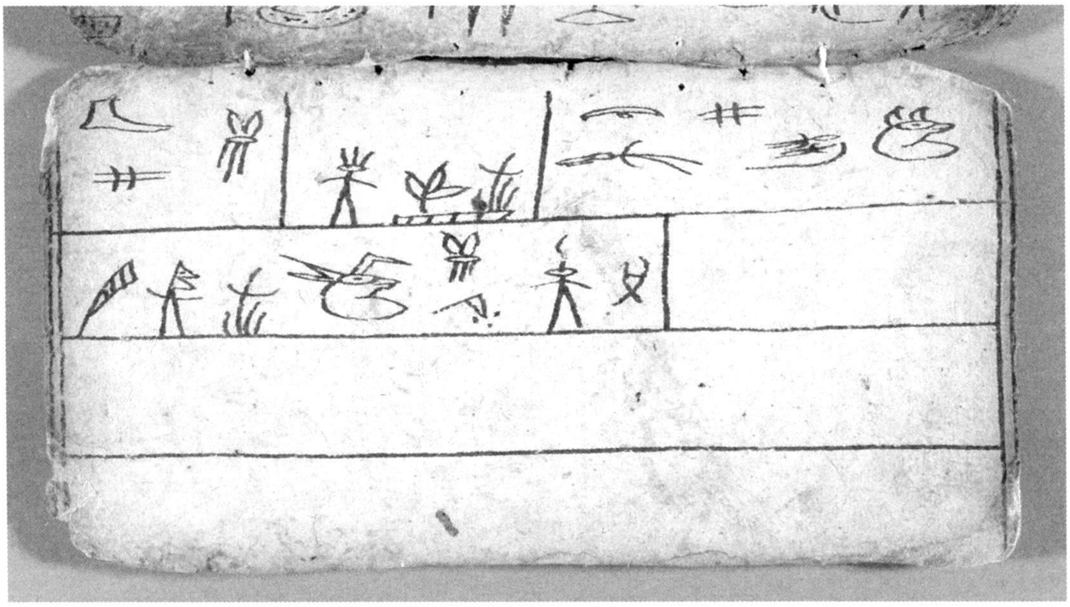

khɯ^{33} gu^{21} ky̩^{55}. | zɿ^{21} tshɿ^{21} py^{21} dər^{33}. | hɑ^{33}① gu^{21}, to^{55} khɯ^{55} dər^{33}. | y^{21} khuɑ^{33} tɕhər^{33} nɯ^{33}
脚 疼 会 仇 鬼 祭 该 病 消灾仪式 该 绵羊 角 断 以

do^{21} be^{33} ky̩^{55}, do^{21} py̩^{55} do^{21} py^{21} dər^{33}. zɿ^{33} ʂər^{21} me^{55}. |
异兆 做 会 铎鬼 送 铎鬼 祭 该 寿 长 的

脚会痛。该祭仇鬼。病则要进行消灾仪式。断角绵羊会有异兆以显不祥，要做送铎鬼的法事仪式。会长寿。

① 此字前应有数词，脱。

2843-L-8-40

封底

346-L-9-01

paɑ³³ kə²¹ dzɿ²¹ sɑ²¹ ly²¹

占卜・用巴格方位占卜

346-L-9　占卜·用巴格方位占卜

【内容提要】

本古籍记录了以全家人在同一年里在巴格上运转，视巴格各方位上有几人为依据占卜的卦辞。若凶则指出需作什么东巴祭祀法仪可以禳解。

本书封一缺如，为保持古籍原貌，未作补校。

【英文提要】

The Divination. to Divine with the Eight Directions on *Bage*

This book records the words of hexagrams to divine members in a family move to the eight directions in the same time during one year. It records also the certain sacrifice ritual needs be held to release misfortune if the result is not good.

Front cover missed, no revision added to be as the origin.

346-L-9-01

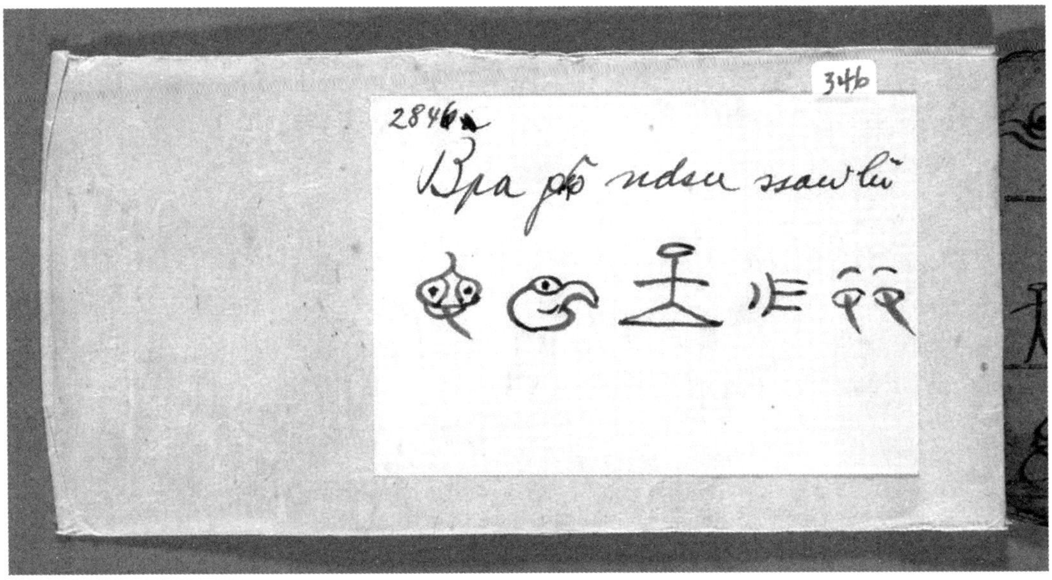

“2846”为洛克收藏纳西东巴古籍的序号。字母文字为洛克所记的此古籍书名之读音。五个东巴文为此书书名。

346-L-9-02

pɑ^{33} kə^{21} i^{33} tʂhʅ^{33} mu^{21} tɕy^{21} dɯ^{33} gv̩^{33} thv̩^{33} me^{33}: mɯ^{33} kv̩^{33} dv̩^{21} nɯ^{21} tse^{21} dzʅ^{21} guə^{33}, dy^{21}
巴格　南方　方向 一 个 到 的 天 上 毒鬼 和 仄鬼 商量 地

tɕər^{21} mu^{33} nɯ^{21} ɯ^{21} dzʅ^{21} guə^{33}, tsho^{21} gə^{33} uɑ^{21} he^{33} khv̩^{33} dzʅ^{21} guə^{33}. | zo^{33} gə^{33} uɑ^{21} he^{33} mu^{33}
上 猛鬼 和 恩鬼 商量 人 的 灵魂 偷 商量 男 的 灵魂 猛鬼

nɯ^{33} khv̩^{33} kv̩^{55}. | lɯ^{21} khɯ^{55} me^{33} lɯ^{21} tsɑ^{55} phiə^{21} tɕhər^{33} uə^{21} khuɑ^{21}. | he^{21} nɯ^{33} tshʅ^{21} be^{33} iə^{33}
以 偷 会 船 放 是 划桨 断 似 凶 神 和 鬼 都家里

ko^{21} thʏ̩^{33}, khuɑ^{21}. dʏ̩^{21} nɯ^{21} tse^{21} ku^{55} ɕy^{55} dər^{33}. | he^{21} ɕy^{55} sɿ^{33} dər^{33}. | dzɿ^{33} uə^{33} py^{21} dər^{33}. |
到 凶 毒鬼 和 仄鬼 献放生鸡 该 神 祀奉 该 村 寨 祭 该

sɿ^{55} khʏ̩^{21} uɑ^{21} ʂər^{55} dər^{33} me^{55}.
素神 请 魂 赎 该 的

在一年里全家人在巴格上运转时转到南方的有一个人：天上的毒鬼和仄鬼相商量，地上的猛鬼和恩鬼相商量，商量要去偷人的灵魂。家里男人的魂会被毒鬼偷去。这似划船过江时船桨折断一样凶了。神和鬼都来到了家里，凶。要向毒鬼和仄鬼献放生鸡。要祀奉神。该祭村寨神。要请素神并招魂。

346-L-9-03

pɑ^{33} kə^{21} ho^{33} gʏ̩^{33} lo^{21} tɕy^{21} sɿ^{55} kʏ̩^{33} thʏ̩^{33} me^{33}: | mɯ^{33} khu^{55} bu^{33} kʏ̩^{55}, uɑ^{21} hər^{21} mɯ^{33} tʏ̩^{55}
巴格 北方 方向 三 个 到 者 天 隙 开 会 松石 绿 天 抵

to^{55} zər^{21} tɕhər^{33} uə^{21} gʏ̩^{33}. | he^{21} nɯ^{33} mə^{33} ko^{21}. | mu^{33} nɯ^{21} ɯ^{21} iə^{33} ko^{21} thʏ̩^{33}. | dʏ̩^{21} nɯ^{21}
柱 断 似 神 以 不 亲 猛鬼 和 恩鬼 家里 到 毒鬼 和

tse^{21} dʐu^{33} ʐuɑ^{21} dər^{33}. | ɯ^{33} kho^{33} tɕhər^{33} nɯ^{33} do^{21} be^{33} kʏ̩^{55}. o^{33} dze^{33} phi^{55} me^{33} thʏ̩^{33} kʏ̩^{55}. |
仄鬼 债 赔 该 牛 角 断 以 异兆 做 会 财 物 丢失 的 产生 会

py^{33} bʏ̩^{21} nɯ^{33} ʂɿ^{21} dʐɿ^{33} dʐu^{33} ʐuɑ^{21} uɑ^{21} ʂər^{55} dər^{55}. | do^{21} tɕi^{55} py^{21} dər^{33}. | tshɿ^{55} nɑ^{21} tse^{21},
祭司 以 史支 债 赔 魂 赎 该 铎鬼 小 祭 该 山羊 黑 用

tʂhə^{55} py^{21} tʂhə^{55} ʂu^{55} dər^{33}.
秽 祭 秽 除 该

在一年里全家人在巴格上运转时有三人转到北方：天会开裂，似家里的抵天松石柱折断一样凶了。神不庇佑。猛鬼和恩鬼来到家里。该向毒鬼和仄鬼还债。断角牛会有异常以显凶兆。会发生财物丢失的事。要由东巴祭司作仪向史支鬼王还债并赎魂。要进行小规模的祭铎鬼的仪式。要用黑山羊作牺牲以进行除秽仪式。

346-L-9-04

he^{21} hɑ^{33} ʂu^{55} dər^{33}. | pɑ^{33} kə^{21} i^{33} tʂhʅ^{33} mu^{21} zo^{33} nɯ^{21} mi^{55} ȵi^{33} kv̩^{55} thv̩^{33}, ho^{33} gv̩^{33} lo^{21} zo^{33} ȵi^{33}
神 饭 祭 该 巴格 南方 男 和 女 两 个 到 北方 男 两

kv̩^{55} thv̩^{33} me^{33}: mɯ^{33} gə^{33} dv̩^{21} nɯ^{21} tse^{21} nɯ^{33} | uɑ^{21}, zo^{33} nɯ^{21} mi^{55} be^{33} bv̩^{33} thv̩^{33} gu^{21} kv̩^{55}
个 到 者 天 的毒鬼 和 仄鬼 以 缠 男 和 女 皆 疮 生 病 会

me^{55}. | tʂhə^{55} gv̩^{21} tʂhə^{55} ʂu^{55} dər^{33}. | to^{33} mɑ^{33} phi^{55} dər^{33} me^{55}. | pɑ^{33} kə^{21} ȵi^{33} me^{33} thv̩^{33} ko^{55}
的 秽 祭 秽 除 该 面偶 丢弃 该 的 巴格 东方 位

dɯ^{33} zo^{33} dɯ^{33} mi^{55} thv̩^{33} me^{33}: ho^{33} gv̩^{33} lo^{21} nɯ^{13} i^{33} tʂhʅ^{33} mu^{21} by^{33} by^{33} uə^{21} gv̩^{33}. | pɑ^{33} kə^{21}
一 男 一 女 到 者 北方 和 南方 分开 似 巴格

ȵi^{33} me^{33} gv̩^{21} dɯ^{33} zo^{33} dɯ^{33} mi^{55} thv̩^{33} me^{33}:
西方 一 男 一 女 到 者

该向神献饭。

在一年里全家人中男女两人在巴格上转到南方、两个男人转到北方：会被天上的毒鬼和仄鬼缠上；男女都会生疮生病。要进行除秽仪式。要把面偶丢弃到外面去。

在一年里全家人中有一男一女在巴格上转到东方：似南北分开[1]。

在一年里全家人中有一男一女在巴格上转到西方：

346-L-9-05

dzʅ^{33} thy̩^{33} ky̩^{55}. | o^{33} dze^{33} dʐuɑ^{21} æ^{33} æ^{21} thy̩^{33} ky̩^{55}. | ɕi^{33} nɯ^{33} sy^{55} ky̩^{55}. dzər^{21} dɯ^{21}、| dʑi^{21}
祸 产生 会 财 物 争 撕打 产生 会 他人 以 杀 会 树 大 水

dɯ^{21}、ly̩^{33} dɯ^{21} ly^{55} ly^{33} me^{33} zʅ^{21} thy̩^{33} ky̩^{55}. | to^{55} khɯ^{55} tʂə^{33} dy̩^{33} phi^{55} dər^{33} me^{55}. | pɑ^{33} kə^{21}
大 石 大 动 是 仇 产生 会 消灾仪式 奏督 弃 该 的 巴格

ȵi^{33} me^{33} thy̩^{33} tɕy^{21} ȵi^{33} zo^{33} dɯ^{33} mi^{55} sʅ^{55} ky̩^{33} thy̩^{33} me^{33}: uæ^{33}[2].kho^{21} lɯ^{33} zʐuɑ^{33} ky̩^{33} nɯ^{33} do^{55}
东方 方向 两 男 一 女 三 个 到 者 左 亲 戚 马 上 以 跌

ʂʅ^{33} me^{33} thy̩^{33} ky̩^{55}.
死 的 产生 会

会有灾祸发生。会为争夺财物而产生撕打。会被他人杀死。为争大树、大江、大石头而结仇。该进行消灾仪式，仪式上要把叫“奏督”的皮口袋丢弃到外面去。

在一年里全家人中在巴格上运转时有两男一女共三人转到东方：亲戚中有人会从马上摔死。

[1] 此句喻义不明。

[2] 此字符无法与其他字符连读成句，存疑。

346-L-9-06

ɯ^{33} lɑ^{21} be^{33} ɯ^{33}. | dzʅ^{33} uə^{33} py^{21} dər^{33}. | pɑ^{33} kə^{21} ȵi^{33} me^{33} gv̩^{21} tɕy^{21} zo^{33} ȵi^{33} kv̩^{55}、mi^{55} dɯ^{33}

生意 做 吉 村 寨 祭 该 巴格 西方 方向 男 两 个 女 一

gv̩^{33} me^{33} sʅ^{55} kv̩^{33} thv̩^{33} me^{33}: i^{21} tɕy^{21} nɯ^{33} ʐuɑ^{33} dzæ^{13} tshʅ^{21} gə^{33} bər^{33} nɯ^{33} sy^{55} ʂʅ^{33} kv̩^{55}. | ȵi^{33}

个 的 三 个 到 者 右方 以 马 骑 来 的 客 以 杀 死 会 两

dʑi^{13} be^{33} mu^{33} dzʅ^{33} mu^{33} lɑ^{21} ʂə^{55}, dzʅ^{33} thv̩^{33} kv̩^{55}. | pɑ^{33} kə^{21} i^{33} tʂhʅ^{33} mu^{21} nɯ^{13} ho^{33} gv̩^{33} lo^{21}

家 都 是非 说 祸 产生 会 巴格 南方 和 北方

tɕy^{21} be^{33} zo^{33} dɯ^{33} gv̩^{33} thv̩^{33} me^{33}: | ə^{33} me^{33} zy^{55} pu^{55}, khuɑ^{21}. ə^{33} phv̩^{33} ə^{33} dzʅ^{33} to^{55} khuɑ^{21}. py^{33}

方向皆 男 一 个 到 者 母亲 婴 怀 凶 祖父 祖母 上 凶 祭司

bv̩^{21} nɯ^{33} ɕi^{33} ŋv̩^{55} dər^{33} kv̩^{55}.

以 人 超度 该 会

去做生意，吉。该祭村寨神。

在一年里全家人中有两男一女共三人在巴格上转到西方：会被从右方骑马而来的客人把家人杀死。因说不实之词两家人会发生吵架而惹祸。

在一年里全家人中各有一男子在巴格上转到南方和北方：若母亲怀孕，凶。凶于祖父祖母。会有东巴祭司超度死者亡灵的事。

346-L-9-07

pɑ33 kə21 y21 dzʅ21 tɯ33tɕy21 zo33 dɯ33 gv̩33 thv̩33, khɯ33 dzʅ21 tɯ33 tɕy21 zo33 dɯ33 gv̩33 thv̩33: |
巴格 羊 居 地 方向 男 一 个 到 狗 居 地 方向 男 一 个 到

iə33 ko21 zo33mi55 gu33 gu33 kv̩55. y21 tse21 to55 khɯ55, phv̩33so33 mu21 so33 phi55 | phi55①dər33 me55. |
家里 男 女 分开 会 绵羊 用 消灾仪式 男木偶 女木偶 弃 弃 该 的

pɑ33 kə21 ɯ33 dzʅ21 tɯ33 nɯ13 lv̩21 dzʅ21 tɯ33 tɕy21 be33 mi55 dɯ33 kv̩55 thv̩33 me33: | iə33 ko21 ɕi33 ʂʅ33
巴格 牛 居 地 和 龙 居 地 方向 皆 女 一 个 到 者 家里 人 死

miə33 ko21 miə21 bər33 thv̩33 me33dʑy33 kv̩55. | bə33 lɯ21nɯ33 dɑ33 khə21 lɑ55 to33 mɑ33 phi55 dər33. |
眼 里 眼泪 出 的 有 会 巫师 以 鼓 敲 面偶 弃 该

pɑ33 kə21 ɯ33 dzʅ21 tɯ33、y21 dzʅ21 tɯ33, khɯ33 dzʅ21 tɯ33、lv̩21 dzʅ21 tɯ33 be33 mi55 dɯ33 gv̩33 thv̩33
巴格 牛 居 地 羊 居 地 狗 居 地 龙 居 地 皆 女 一 个 到

me33:
者

在同一年里，全家人中各有一个男子在巴格上转到羊居地（西南方）和狗居地（西北方）：家里男人和女人会分开。要用绵羊作牺牲进行消灾仪式，仪式上要把男木偶和女木偶丢弃到外面去。

在同一年里，全家人中各有一个女人在巴格上转到牛居地（东北方）和龙居地（东南方）：家里会有人死去而有哭丧流泪的事发生。要由巫师敲着鼓把面偶丢弃到外面去。

在同一年里，全家人中各有一个女人在巴格上转到牛居地、羊居地、狗居地和龙居地：

① 此字符上下文重复，似衍文。

346-L-9-08

iə^{33} ko^{21} ə^{33} phy̩^{33} ly̩^{33} by̩^{33} to^{55} khuɑ^{21}. ə^{33} me^{33} tɕi^{55} tɕi^{33} pu^{55} ky̩^{55}. | ʐʅ^{21} tʂhər^{33} khɯ^{55} dər^{33}. |
家里 祖父 孙子 上 凶 母亲 婴 怀 会 蛇 药 施 该

he^{21} gə^{33} bɯ^{21} lɯ^{33} tʂhu^{33} dər^{33}, he^{21} nɯ^{33} le^{33} gu^{33} lu^{21}. | pɑ^{33} kə^{21} ȵi^{33} me^{33} thy̩^{33}、ȵi^{33} me^{33} gy̩^{21}、
神 的 书 诵 该 神 以 又 庇佑 巴格 东方 西方

ho^{33} gy̩^{33} lo^{21}、i^{33} tʂhʅ^{33} mu^{21} tɕy^{21} be^{33} zo^{33} dɯ^{33} gy̩^{33} thy̩^{33} me^{33}: | y^{21} hɑ^{33} ʂu^{55} dər^{33}. to^{55} khɯ^{55}
北方 南方 方向 皆 男 一 个 到 者 祖先 饭 祭 该 消灾仪式

dər^{33}. tər^{21} zər^{21} dər^{33}. | mɯ^{33} gə^{33} dy̩^{21} tshʅ^{21} nɯ^{33} lu^{55} phɑ^{33} be^{33} the^{21} uɑ^{21}, mɯ^{33} tsʅ^{21} dy̩^{21} nɯ^{33}
该 呆鬼 压 该 天 的 毒鬼 以 四 面 皆 又 缠 火葬场 以

ʂʅ^{33} khu^{33} tər^{55} py^{21} dər^{33}. | pɑ^{33} kə^{21} y^{21} dzʅ^{21} tɯ^{33}、ly̩^{21} dzʅ^{21} tɯ^{33} be^{33} zo^{33} dɯ^{33} gy̩^{33} thy̩^{33} me^{33}
死 门 关 祭 该 巴格 羊 居 地 龙 居 地 皆 男 一 个 到 者

khuɑ^{21}.
凶

凶于家中的祖父与孙子。母亲会怀孕。要给蛇施药。要诵读神的书，神会予以庇佑。

在同一年里，全家人在巴格上运转时，各有一个男子分别转到东方、西方、北方和南方：该向祖先献饭。该进行消灾仪式。要进行压呆鬼仪式。天上的毒鬼把家人四周都围住了。该在火葬场进行关死门仪式。

在同一年里，全家人在巴格上运转时，各有一个男子分别转到羊居地和龙居地：凶。

346-L-9-09

dzɿ^{21} bu^{21} to^{55} khuɑ^{21}. kho^{21} lɯ^{33} ʂʅ^{33} kỵ^{55}. | khuɑ^{21} me^{33} mi^{33}, khuɑ^{21} me^{33} do^{21} thỵ^{33} kỵ^{55}. | si^{33}

夫 妻 上 凶 亲 戚 死 会 凶 的 听到 凶 的 见 产生 会 穷

kỵ^{55}. ɕi^{33} ʂʅ^{33} miə^{33} ko^{21} miə^{21} bər^{33} thỵ^{33} me^{33} thỵ^{33} kỵ^{55}. | he^{21} gə^{33} bɯ^{21} lɯ^{33} dzə̣r^{21} i^{33} be^{33} tʂhu^{33}

会 人 死 眼 里 眼泪 出 的 产生 会 神 的 书 威 有 地 诵

dər^{33}. | pɑ^{33} kə^{21} kɯ^{33} dzɿ^{21} tɯ^{33}、ɯ^{33} dzɿ^{21} tɯ^{33} tɕy^{21} be^{33} zo^{33} dɯ^{33} gỵ^{33} thỵ^{33} me^{33}: ɯ^{33} tse^{21} to^{55}

该 巴格 狗 居 地 牛 居 地 方向 皆 男 一 个 到 者 牛 用消灾

khɯ^{55} dər^{33}. | bu^{21} tse^{21} do^{21} pỵ^{55} py^{21} dər^{33}. | pɑ^{33} kə^{21} ho^{55} khu^{33} be^{33} zo^{33} nɯ^{33} ɕy^{55} ʂə̣r^{55}

仪式 该 猪 用 铎鬼 送 祭 该 巴格 八 方 皆 男 以 站 满

me^{33}: | le^{33} ʥi^{21} tshe^{21} sɿ^{55} tʂə̣r^{33} be^{33} to^{55} khɯ^{55} to^{55} phi^{55} dər^{33}.

者 梯 十 三 级 做 消灾仪式 垛鬼 丢弃 该

凶于夫妻。亲戚有人会死。会听到坏消息，看到坏事发生，死人眼里会流出眼泪。要神威地诵读神的经书。

在同一年里，全家人在巴格上运转时，各有一个男人转到狗居地和牛居地：要用牛作牺牲，进行消灾仪式。要用猪作牺牲祭铎鬼把铎鬼送走。

在同一年里，全家人在巴格上运转时，巴格八方都有男子：该做十三级梯子，进行消灾仪式，把垛鬼驱赶到外面去。

346-L-9-10

ɯ^{33} nɯ^{21} ʐuɑ^{33} tse^{21}, zɿ^{21} uə^{33} gṿ^{55} uə^{33} phṿ^{21} dər^{33}. | dzɿ^{21} nɯ^{21} y^{21} tse^{21}, dzɿ^{33} uə^{33} py^{21} dər^{33}, zɿ^{33}
牛 和 马 用 仇寨 九 寨 摧毁 该 犏牛 和 绵羊 用 村 寨 祭 该

tʂu^{55} py^{21} dər^{33} me^{55}. | he^{21} gə^{33} bɯ^{21} lɯ^{33} tʂhu^{33} dər^{33}. | pɑ^{33} kə^{21} i^{33} tʂhɿ^{33} mu^{21}、ho^{33} gṿ^{33} lo^{21}
延寿仪式 该 的 神 的 书 诵 该 巴格 南方 北方

mə^{33} thṿ^{33}, tʂhuɑ^{55} khu^{33} tɕy^{21} zo^{33} tʂhuɑ^{55} kṿ^{33} thṿ^{33} me^{33}: so^{33} ʂuɑ^{21} kṿ^{33} sɿ^{21} khuɑ^{55} tʂhu^{55}、sɿ^{21} uə^{33}
不 到 六 方 方向 男 六 个 到 者 峻 高 上 署 木牌 插 署 寨

thṿ^{21} sɿ^{21} | tʂhər^{33} khɯ^{55} dər^{33}. | dʑy^{21} mi^{33} nɯ^{33} kuɑ^{33}, | dʑi^{21} mi^{33} nɯ^{33} bər^{21} me^{33} thṿ^{33} kṿ^{55}. |
搭 署 药 施 该 山 火 以 吞 房 火 以 烧 的 产生 会

æ^{21} nɯ^{33} mi^{33} zər^{21} py^{21} dər^{33}.
鸡 以 火鬼 压 祭 该

用牛和马作牺牲，进行摧毁仇人九个寨子的法仪。要用犏牛和绵羊作牺牲，进行祭村寨神仪式。要进行延寿仪式。该诵神的经书。

在同一年里，全家人在巴格上运转时，除南方、北方没有人，其他六个方位有六个男人：该在高山峻岭上插上木牌，建署寨，给署施药。会发生山被火吞没，房子遭火灾的事。要用一只鸡，进行压火鬼的法仪。

346-L-9-11

pɑ^{33} kə^{21} ʂər^{33} khu^{55} be^{33} thv̩^{33}, ho^{33} gv̩^{33} lo^{21} mə^{33} thv̩^{33} me^{33}: mɯ^{33} lɯ^{55} dɑ^{33} ʥi^{21} hɯ^{55} thæ^{33}

巴格 七 方 皆 到 北方 不 到 者 美利达吉 海 底

i^{21} uə^{21} gv̩^{33}. | ʐʅ^{21} tʂhər^{33} khɯ^{55} ʐʅ^{21} hɑ^{33} ʂu^{55} dər^{33}. | iə^{33} ko^{21} nɯ^{33} sʅ^{55} lɯ^{33} sʅ^{33} tʂhu^{55}, y^{21} tse^{21}

漏 似 成 蛇 药 施 蛇 饭 祭 该 家里 以 素神 箭 插 绵羊用

sʅ^{55} khv̩^{21} dər^{33}. | pɑ^{33} kə^{33} ʂər^{33} khu^{55} be^{33} thv̩^{33}, n̥i^{33} me^{33} thv̩^{33} ʨy^{21} mə^{33} thv̩^{33} me^{33}: | sʅ^{21} uə^{33}

素神 请 该 巴格 七 方 皆 到 东方 方向 不 到 者 署 寨

thv̩^{21} sʅ^{21} tʂhər^{33} khɯ^{55} dər^{33}. | mi^{55} nv̩^{55} me^{33} khuɑ^{33} me^{33} sʅ^{33}, dzər^{21} dɯ^{21} ʨhər^{33} uə^{21} gv̩^{33}.

搭 署 药 施 该 女 心 坏 的 想 树 大 折断 似 成

在同一年里，全家人在巴格上运转时，七个方位都有人，而北方无人转到：这是像美利达吉神海漏了底一样的卦。该给蛇施药，给蛇施食。在家里插上素神神箭，用绵羊作牺牲以请素神。

在同一年里，全家人在巴格上运转时，七个方位都有人，而东方无人转到：该建署寨给署施药。女人会有坏心，似大树折断一样。

346-L-9-12

pɑ^{33} kə^{21} n̥i^{33} me^{33} gṿ^{21} mə^{33} thṿ^{33}, ʂər^{33} khu^{55} be^{33} thṿ^{33} me^{33}: | lɯ^{21} ɯ^{33} tse^{21}, to^{55} khɯ^{55} to^{55}
巴格 西方 不 到 七 方 皆 到 者 耕 牛 用 消灾仪式垛鬼

phi^{55} dər^{33}, tər^{21} zər^{21} py^{21} dər^{33}. n̥i^{33} me^{33} gṿ^{21}、ʂu^{21} 、gæ^{21}① | pɑ^{33} kə^{21} ʂər^{33} khu^{55} be^{33} thṿ^{33}, y^{21}
弃 该 呆鬼 压 祭 该 西方 铁 刀 巴格 七 方 皆 到 羊

dzʅ^{21} tɯ^{33} mə^{33} thṿ^{33} me^{33}: | lɯ^{33} khu^{55} bu^{33} kṿ^{55}, bu^{21} tse^{21} to^{55} khɯ^{55}, ə^{55} y^{21} ə^{55} dæ^{33} ŋṿ^{55} dər^{33}
居 地 不 到 者 地 开裂 会 猪 用 消灾仪式 猴 狐 超度 该

me^{55}. | iə^{33} ko^{21} ə^{33} phṿ^{33} ə^{33} dzʅ^{33} to^{55} khuɑ^{21}. | pɑ^{33} kə^{21} ʂər^{33} khu^{55} ʂər^{33} kṿ^{55} thṿ^{33}, ɯ^{33} dzʅ^{21}
的 家里 祖父 祖母 上 凶 巴格 七 方 七 个 到 牛 居

tɯ^{33} mə^{33} thṿ^{33} me^{33}: ɯ^{33} tse^{21} to^{55} khɯ^{55} zʅ^{21} uə^{33} gṿ^{55} uə^{33} phṿ^{21} dər^{33}.
地 不 到 者 牛 用 消灾仪式 仇 寨 九 寨 摧毁 该

在同一年里，全家人在巴格上运转时，无人转到西方，而七个方位都有人：该用耕牛作牺牲，进行消灾仪式，把垛鬼面偶丢弃到外面去。

在同一年里，全家人在巴格上运转时，七个方位都有人，而没有人转到羊居地：大地会开裂。该用猪作牺牲以进行消灾仪式，仪式上要做超度猴子和狐狸的仪程。会凶于家中的祖父祖母。

在同一年里，全家人在巴格上运转时，七个方位都有人转到，而没有人转到牛居地：该用牛作牺牲进行消灾仪式，仪式上要摧毁九个仇寨。

346-L-9-13

pɑ^{33} kə^{21} ʂər^{33} khu^{55} ʂər^{33} kṿ^{55} thṿ^{33}, khɯ^{33} dzʅ^{21} tɯ^{33} mə^{33} thṿ^{33} me^{33}: mɯ^{33} khu^{55} bu^{33} kṿ^{55}.
巴格 七 方 七 个 到 狗 居 地 不 到 者 天 开裂 会

① 这四个东巴文字符无法连读成句，存疑。

dzʅ^{21} nɯ^{21} y^{21} tse^{21}, dzʅ^{33} uə^{33} py^{21} dər^{33}. | he^{21} tʂhu^{55} pɑ^{33} be^{33} dər^{33}. | iə^{33} ko^{21} ə^{33} phy̩^{33} ly̩^{33} by̩^{33}
犏牛 和绵羊 用 村 寨 祭 该 神 供养 做 该 家里 祖父 孙子

to^{55} khuɑ^{21} me^{55}. | pɑ^{33} kə^{21} ʂər^{33} ky̩^{55} ʂər^{33} khu^{55} thy̩^{33}, ly̩^{21} dzʅ^{21} tɯ^{33} mə^{33} thy̩^{33} me^{33}: | iə^{33} ko^{21}
上 凶 的 巴格 七 个 七 方 到 龙 居 地 不 到 者 家里

mi^{55} to^{55} khuɑ^{21}. he^{21} uə^{33} thy̩^{21} he^{21} hɑ^{33} ʂu^{55} dər^{33}. lɑ^{33} lɯ^{21} dzər^{21} tshʅ^{55}, tshʅ^{33} iə^{21} ŋy̩^{55} dər^{33}. |
女 上 凶 神 寨搭 神 饭 祭 该 祭风树 竖 楚鬼尤鬼 超度 该

pɑ^{33} kə^{21} ly̩^{21} dzʅ^{21} tɯ^{33}、i^{33} tʂhʅ^{33} mu^{21}、y^{21} dzʅ^{21} tɯ^{33} sʅ^{55} ky̩^{33} thy̩^{33} me^{33}:
巴格 龙 居 地 南方 羊 居 地 三 个 到 者

在同一年里，全家人在巴格上运转时，有七个人转到七个方位，而没有人转到狗居地：天会开裂。该用犏牛和绵羊作牺牲进行祭村寨神的法仪。要供养神灵。凶于家里的祖父和孙子。

在同一年里，全家人在巴格上运转时，有七个人转到七个方位，而没有人转到龙居地：凶于家里的女人。要搭建神寨，在神寨里向神献饭。要竖祭风树，以超度楚鬼和尤鬼。

在同一年里，全家人在巴格上运转时，有三个人各转到龙居地、南方和羊居地：

346-L-9-14

dy̩^{21} tshʅ^{21} nɯ^{33} iə^{33} ko^{21} tʂuɑ^{33} khɯ^{33} nɯ^{33} ʂər^{13} bɯ^{33} ky̩^{55}. lɯ^{21} khɯ^{55} lɯ^{21} tsɑ^{55} phiə^{21} tɕhər^{33} uə^{21}
毒鬼 以 家里 床 边 以 牵 去 会 船 渡 船 船桨 断 似

gy̩^{33}. | he^{21} gə^{33} bɯ^{21} lɯ^{33} tʂhu^{33}, bæ^{33} mi^{33} tʂʅ^{55}, dzʅ^{33} uə^{33} py^{21} dər^{33}. | ɕy^{55} hər^{21} nɑ^{33} tsɑ^{21} tshʅ^{55}
成 神 的 书 诵读 油灯 点 村 寨 祭 该 柏 绿 纳召 建

dər^{33}. lo^{21} lo^{21} nɯ^{33} ʐuɑ^{33} nɯ^{33} thy̩^{55} le^{33} tər^{21} be^{33} ʂʅ^{33} ky̩^{55}. tɕi^{55} nɯ^{21} tɕhi^{21} py^{21} dər^{33}. | pɑ^{33} kə^{21}
该 谷里 以 马 以 踩 而 凶 地 死 会 季鬼 和 奇鬼 祭 该 巴格

khɯ^{33} dzɿ^{21} tɯ^{33}、ho^{33} gy̩^{33} lo^{21}、ɯ^{33} dzɿ^{21} tɯ^{33} sɿ^{55} ky̩^{33} thy̩^{33} me^{33}: iə^{33} ko^{21} he^{21} nɯ^{21} sɿ^{55} nɯ^{33}
狗 居 地 北方 牛 居 地 三 个 到 者 家里 神 和 素神 以

zɿ^{33}. | dy̩^{21} tshɿ^{21} nɯ^{33} uɑ^{21} he^{33} khy̩^{33} ky̩^{55}. bɯ^{21} py^{21} tʂhə^{55} py^{21} dər^{33}. | tʂhu^{55} pɑ^{33} ʥi^{55}, zɿ^{33}
司 毒鬼 以 魂 偷 会 苯鬼 祭 臭鬼 祭 该 天香 烧 延寿

tʂu^{55} py^{21} dər^{33}. | py^{33} by̩^{21}[①]nɯ^{33} bɯ^{21} lɯ^{33} tʂhu^{33}, sɿ^{21} gy̩^{21} dər^{33}
仪式 该 祭 祭司 以 书 诵 署 祭 该

毒鬼会从家里的床边把家人牵了去，就似渡船过江而船桨折断一样凶险。该诵读神的经书，点上神灯，以祭村寨神。要建翠柏纳召。有人会在山谷中被马踩踏而凶死。该祭季鬼和奇鬼。

在同一年里，全家人在巴格上运转时，有三个人分别转到狗居地、北方和龙居地：家里有神和素神司掌。会被毒鬼偷去灵魂。该进行祭苯鬼和臭鬼的仪式。要烧上天香进行延寿仪式。要由东巴祭司诵经以进行祭署仪式。

346-L-9-15

pɑ^{33} kə^{33} ho^{33} gy̩^{33} lo^{21}、i^{33} tʂhʅ^{33} mu^{21} sɿ^{55} ky̩^{33} thy̩^{33} me^{33}: | khuɑ^{21}, mɯ^{33} ty̩^{55} uɑ^{21} hər^{21} to^{55}
巴格 北方 南方 三 个 到 者 凶 天 抵 松石 绿 柱

zʐər^{21} tɕhər^{33} uə^{21} gy̩^{33}. | ho^{33} gy̩^{33} lo^{21} gə^{33} dy̩^{21} nɯ^{13} i^{33} tʂhʅ^{33} mu^{21} gə^{33} tse^{21} dzɿ^{21} guə^{33}. | uɑ^{33}
断 似 成 北方 的 毒鬼 和 南方 的 仄鬼 商量 瓦鬼

tshɿ^{21} py^{21} dər^{33}. | tʂhər^{33} me^{33} to^{55} khuɑ^{21}. | pɑ^{21} kə^{21} ɯ^{33} dzɿ^{21} tɯ^{33}、ȵi^{33} me^{33} thy̩^{33}、ly̩^{21} dzɿ^{21}
祭 该 媳妇 上 凶 巴格 牛 居 地 东方 龙 居

tɯ^{33} sɿ^{55} ky̩^{33} thy̩^{33} me^{33}: | tʂhər^{33} me^{55} to^{55} khuɑ^{21}. iə^{33} ko^{21} tʂhər^{33} me^{33} nɯ^{33} kho^{33} khuɑ^{21} mi^{33}
地 三 个 到 者 媳妇 上 凶 家里 媳妇 以 消息 坏 听

① 原文误作“bər^{33}”（客人），校读为“py^{33} by̩^{21}”（祭司）。

ky̩^{55}. | tshɿ^{21} nɯ^{33} zo^{33} gə^{33} uɑ^{21} he^{33} khy̩^{33} ky̩^{55}, tər^{21} nɯ^{33} the^{21} nər^{55} ky̩^{55}. | pɑ^{33} gkə^{21} y^{21} dzɿ^{21}
会 鬼 以 男 的 魂 偷 会 呆鬼 以 又 压 会 巴格 羊 居

tɯ^{33}、n̥i^{33} me^{33} gy̩^{21}、khɯ^{33} dzɿ^{21} tɯ^{33} sɿ^{55} ky̩^{33} thy̩^{33} me^{33}:
地 西方 狗 居 地 三 个 到 是

在同一年里，全家人在巴格上运转时，转到北方和南方的有三人：凶，似家里的抵天松石柱折断一样地凶。是北方的毒鬼和南方的仄鬼相商量作祟之故。该进行祭瓦鬼仪式。凶于媳妇。

在同一年里，全家人在巴格上运转时，有三个人分别转到牛居地、东方和龙居地：凶于媳妇。媳妇会在家里听到坏消息。鬼会偷走男人的灵魂，灵魂会被呆鬼压住。

在同一年里，全家人在巴格上运转时，有三个人分别转到羊居地、西方和狗居地：

346-L-9-16

khə^{33} gy̩^{33} tshɿ^{21} nɯ^{33} iə^{33} ko^{21} tɑ^{55} lɯ^{33} ky̩^{55}. | pɑ^{33} kə^{21} khɯ^{33} dzɿ^{21} tɯ^{33}、ly̩^{21} dzɿ^{21} tɯ^{33} sɿ^{55} ky̩^{33}
抠古鬼 以 家里 到 来 会 巴格 狗 居 地 龙 居 地 三 个

thy̩^{33} me^{33}: zɑ^{21} py^{21} dər^{33}. | mɯ^{33} tshɿ^{21} py^{21} dər^{33}. | py^{21} dɯ^{21} py^{21} dər^{33}. | pɑ^{33} kə^{21} ɯ^{33} dzɿ^{21}
到 者 娆星 祭 该 天 天 祭 该 祭 大 祭 该 巴格 牛 居

tɯ^{33}、y^{21} dzɿ^{21} tɯ^{33} sɿ^{55} ky̩^{33}[1] thy̩^{33} me^{33}: | mi^{55} khuɑ^{13} dɯ^{33} gy̩^{33} nɯ^{33} iə^{33} ko^{21} khuɑ^{21} me^{55} ʂə^{55}
地 羊 居 地 三 个 到 者 女人 一 个 以 家里 坏 的 说

lɯ^{33} ky̩^{55}. | uɑ^{33} tshɿ^{21} py^{21} dər^{33}. | thy̩^{33} hɑ^{33} ʂu^{55} dər^{33} me^{55}. | pɑ^{33} kə^{21} mɯ^{33} nɯ^{21} dy^{21} ly^{55}
来 会 瓦鬼 祭 该 土鬼 饭 祭 该 的 巴格 天 和 地 中间

gy̩^{33} gə^{33} khɯ^{33} dzɿ^{21} tɯ^{33}、y^{21} dzɿ^{21} tɯ^{33}、ɯ^{33} dzɿ^{21} tɯ^{33}、ly̩^{21} dzɿ^{21} tɯ^{33} thy̩^{33} me^{33}:
的 狗 居 地 羊 居 地 牛 居 地 龙 居 地 到 者

[1] 原文未写几个人，据前后文校补为“三人”。

抠古鬼会来到家里。

在同一年里，全家人在巴格上运转时，转到狗居地和龙居地的有三人：该祭娆星①。要祭天鬼。要举行大型的祭仪。

在同一年里，全家人在巴格上运转时，转到牛居地和羊居地的有三人：有一妇人会到家里来说坏话，该进行祭瓦鬼仪式。要给土鬼施食。

在同一年里，全家人在巴格上运转时，都转到天和地中间的狗居地、羊居地、牛居地、龙居地：

346-L-9-17

sɿ^{21} nɯ^{33} zo^{33} gu^{33} gu^{33}, me^{33} nɯ^{21} mi^{55} gu^{33} gu^{33} ky̩^{55}. ｜ɯ^{33} khy̩^{55}、y^{21} khy̩^{55}、khɯ^{33} khy̩^{55}、ly̩^{21}
父 和 子 分离 母 和 女 分离 会 牛 岁 羊 岁 狗 岁 龙

khy̩^{55} me^{33} to^{55} khuɑ^{21}. ｜he^{21} bɯ^{21} lɯ^{33} tʂhu^{33} dər^{33}. tshe^{33}② ｜ȵi^{33} me^{33} gy̩^{21}、ho^{33} gy̩^{33} lo^{21}、ȵi^{33}
岁 者 上 凶 神 书 诵 该 西方 北方

me^{33} thy̩^{33}、i^{33} tʂhʅ^{33} mu^{21} thy̩^{33} me^{33}: dy̩^{21} tshɿ^{21} be^{33} thɑ^{55} pu^{55} nɯ^{33} zo^{33} sy^{55} lɯ^{33} ky̩^{55}. ｜pɑ^{33} kə^{21}
东方 南方 到 者 毒鬼 斧 利 带 以 男 杀 来 会 巴格

i^{33} tʂhʅ^{33} mu^{21} sɿ^{55} ky̩^{33} thy̩^{33} me^{33}: ｜mɯ^{33} ky̩^{33} dy̩^{21} nɯ^{21} tse^{21} zɑ^{21} tshɿ^{21}, dy^{21} tɕər^{21} mu^{33} nɯ^{21} ɯ^{21}
南方 三 个 到 者 天 上 毒鬼 和 仄鬼 降 来 地 上 猛鬼 和恩鬼

thy̩^{33} tshɿ^{21}, lɯ^{21} khɯ^{55} tsɑ^{55} phiə^{21} tɕhər^{33} uə^{21} gy̩^{33}. ｜sɿ^{21} tʂhər^{33} khɯ^{55} dər^{33}. dzɿ^{33} uə^{33} py^{21} dər^{33}.
到 来 船 渡 船桨 断 似 成 署 药 施 该 村 寨 祭 该

ɕy^{55} hər^{21} nɑ^{33} tsɑ^{21} tshɿ^{55} dər^{33}. ə^{33} phy̩^{33} ky̩^{33} phər^{33}③
柏 绿 纳召 建 该 祖父 头 白

① 娆星，娆为音译，一种星象，据说人见到此景象，就会中风。

② 这两个字符不能连读成句，存疑。

③ 这两个字符没法与其他字符关联成句，存疑。

父子会分离，母子会分离。凶于属牛、属羊、属狗、属龙的家人。该诵读神的经书。

在同一年里，全家人在巴格上运转时，都转到西方、北方、东方和南方：带利斧的毒鬼会来杀家里的男人。

在同一年里，全家人在巴格上运转时，有三个人转到了南方：天上的毒鬼和仄鬼降临下来，地上的猛鬼和恩鬼也到来，似渡船过江时船桨折断了一样凶。该给署施药。该祭村寨神。该建翠柏纳召。白发老者……

346-L-9-18

pɑ33 kə21 ho33 gv̩33 lo21 sɿ55 kv̩33① thv̩33me33: uɑ21 he33 mɯ33 le33 dy21 ko55 hɯ33 kv̩55. | iə21 ko21
巴格 北方 三 个 到 者 魂 天 和 地 间 去 会 家里

tshɿ21 nɯ33 ʂər55 kv̩55, he21 dy21 lɑ33 thv̩33 kv̩55. | pɑ33 kə21 ɯ33 dzɿ21 tɯ33 sɿ55 kv̩33 thv̩33 me33: zo33
鬼 以 满 会 神 地 也 到 会 巴格 牛 居 地 三 个 到 者 儿

ɕi33 nɯ33 khv̩33 kv̩55. | ɯ33 khuɑ33 tɕhər33 do21 be33 kv̩55. æ21 tse21 do21 py21 dər33. | ə33 me33 zy55
他人 以 偷 会 牛 角 断 异兆 做 会 鸡 用 铎鬼 祭 该 母亲 婴

pu55, khuɑ21, ɕi21 mə33 mæ33 kv̩55. | ə33 me33 zy55 mə33 tɕi33 hə21 nɯ33, tshɿ55 tse21, tʂhə55 py21 tʂhə55
孕 凶 养 不 得 会 母亲 婴 未 生 以 山羊 用 秽 祭 秽

ʂu55 dər33. | pɑ33 kə21 n̩i33 me33 thv̩33 sɿ55 kv̩33 thv̩33 me33: hæ33 ʂɿ21 tsho21 ze33②
除 该 巴格 东方 三 个 到 者 金 黄 大象

在同一年里，全家人在巴格上运转时，有三个人运转到北方：灵魂会跑到天地之间去。家里会被鬼占满，鬼还会到神界里去。

在同一年里，全家人在巴格上运转时，有三个人运转到牛居地：儿子会被他人偷走。断了角的牛会有异兆以显不祥。要用鸡作牺牲进行祭铎鬼法仪。母亲怀孕，凶，会养不到。

---

① 原文未写数目，据前后文校补之。

② 此字符无法读成句，存疑。

在母亲未生育前，就要用山羊作牺牲，举行除秽仪式。

在同一年里，全家人在巴格上运转时，有三个人运转到东方：

346-L-9-19

dzɿ^{33} thv̩^{33} kv̩^{55}. mɯ^{33} nɯ^{21} dy^{21} by^{33} lɯ^{33} kv̩^{55}. he^{21} bɯ^{21} lɯ^{33} tʂhu^{33} dər^{33}. | pɑ^{33} kə^{21} ȵi^{33} me^{33}
祸 产生 会　天　和　地 分　来 会　神　书　　诵　该　　巴格　　西方

gv̩^{21} sɿ^{55} kv̩^{33} thv̩^{33} me^{33}: khuɑ^{21}. hæ^{33} ʂʅ^{21} tsho^{21}ze^{33}①dv̩^{21} to^{33} mɑ^{33} phi^{55} dər^{33}. ʐʅ^{21} tʂhər^{33} khɯ^{55} ʐʅ^{21}
三 个 到 者　凶　金 黄　大象　毒鬼 面偶　弃 该 蛇　药　施　蛇

hɑ^{33} ʂu^{55} dər^{33}. dzɿ^{33} thv̩^{33} kv̩^{55}. ə^{33} me^{33} zo^{33} gu^{33} gu^{33} kv̩^{55}. | æ^{33} æ^{21} thv̩^{33} kv̩^{55}. dʑi^{21} mi^{33} nɯ^{33}
饭 祭 该　祸 产生　会 母　子　分离　会　撕打 产生　会　房　火　以

khuɑ^{33} kv̩^{55}. | pɑ^{33} kə^{21} ɯ^{33} dzɿ^{21} tɯ^{33} sɿ^{55} kv̩^{33} thv̩^{33} me^{33}: mɯ^{33} tv̩^{55} ʂu^{33} ʐər^{21} tɕhər^{33} uə^{21} gv̩^{33}.
吞　会　巴格　牛　居　地　三 个　到　者　天　抵　铁　柱　断　似　成

phv̩^{33} so^{33} mu^{21} so^{33} phi^{55} dər^{33}. | dzɿ^{33} uə^{33} py^{21} dər^{33}.
男木偶　女木偶　弃　该　村 寨 祭　该

会产生祸灾。有人会来分天地。该诵读神的经书。

在同一年里，全家人在巴格上运转时，有三个人同转到西方：凶。该把毒鬼面偶丢弃到外面去。该给蛇施药施食。会有灾祸发生。母子会分离。会发生撕打。房子会被火吞没。

在同一年里，全家人在巴格上运转时，有三个人同转到牛居地：似抵天铁柱折断一样凶。该把男木偶和女木偶丢弃到外面去。该祭村寨神。

① 此字符无法与其他字符连读成句，存疑。

346-L-9-20

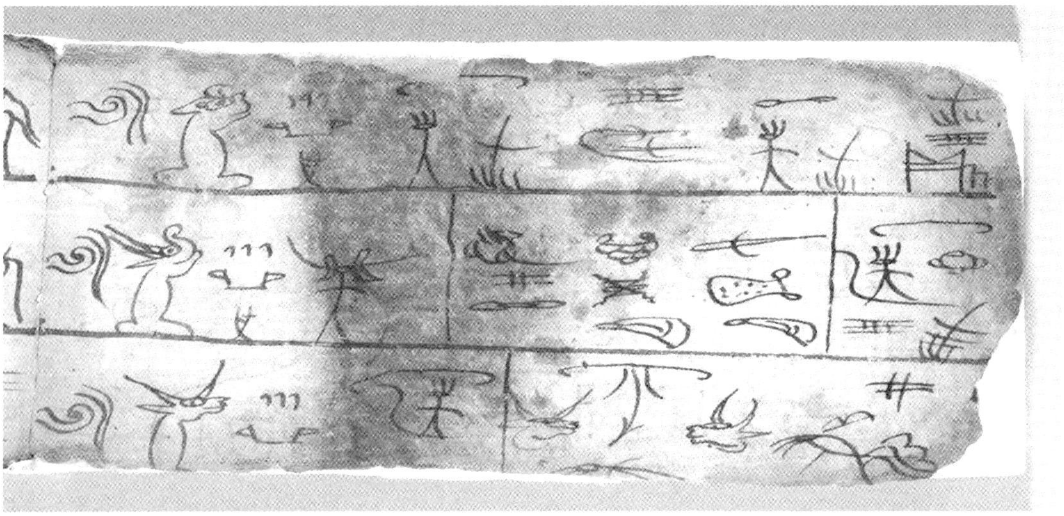

pɑ^{33} kə^{21} khɯ^{33} dzʅ^{21} tɯ^{33} sʅ^{55} kv̩^{33} thv̩^{33} me^{33}: mɯ^{33} tshʅ^{21} py^{21} dər^{33}. to^{55} khɯ^{55} dər^{33}. uɑ^{33}
巴格 狗 居 地 三 个 到 者 天 鬼 祭 该 消灾仪式 该 瓦鬼

tshʅ^{21} py^{21} dər^{33}. dzʅ^{33} uə^{33} py^{21} dər^{33}. | pɑ^{33} kə^{21} lv̩^{21} dzʅ^{21} tɯ^{33} sʅ^{55} kv̩^{33} thv̩^{33} me^{33}:(原文不清)
祭 该 村 寨 祭 该 巴格 龙 居 地 三 个 到 者

ŋv̩^{33} hæ^{21} phi^{55} kv̩^{55}. tʂə^{33} dv̩^{33} phi^{55} dər^{33}. | mɯ^{33} tshʅ^{21} dɯ^{21} py^{21} dər^{33}. | pɑ^{33} kə^{21} y^{21} dzʅ^{21} tɯ^{33}
银 金 丢失 会 奏督 弃 该 天 鬼 大 祭 该 巴格 羊 居 地

sʅ^{55} kv̩^{33} thv̩^{33} me^{33}: mɯ^{33} tshʅ^{21} py^{21} dər^{33}. | y^{21} khv̩^{55} ɯ^{33} khv̩^{55} me^{33} mɯ^{33} nɯ^{33} gv̩^{33} ʂʅ^{33} kv̩^{55}.
三 个 到 者 天 鬼 祭 该 羊 岁 牛 岁 者 天 以 雷霹 死 会

gu^{21}[①] kv̩^{55}.
病 会

在同一年里，全家人在巴格上运转时，有三个人转到狗居地：该祭天鬼。要进行消灾仪式。要祭瓦鬼。要进行祭村寨神仪式。

在同一年里，全家人在巴格上运转，有三个人转到龙居地：（原文不清）金银会丢失。该把奏督皮口袋丢弃到外面去。该大祭天鬼。

在同一年里，全家人在巴格上运转，有三个人转到羊居地：该祭天鬼。属羊、属牛者会遭雷劈而亡。会病。

① 其下之字符音义不明，存疑。

346-L-9-21

此页原文看不清楚，无法释读。

346-L-9-22

封底

（翻译：王世英）

345-L-10-01

pɑ^{33} kə^{21} ɕy^{33} ku^{55} the^{33} ɯ^{33}

占卜·投标于巴格图占卜的书

345-L-10　占卜·投标于巴格图占卜的书

【内容提要】

本古籍记录了把来占卜者送给东巴祭司的酬礼投于巴格图上，视这酬礼投中巴格的何方位为依据占卜的卦辞。若凶则指出其原因及需作何东巴法仪予以禳解。所占的内容有：出门远行，结亲娶妻，病痛发烧，财物得失等。

【英文提要】

The Divination. A Book of Divination through Darting on the *Bage*

This book records dart the consecration, which sacrificed to *to ba* priest by the divined person, on *Bage* picture. The hexagrams words of divination is based on the actual direction of the consecration on *Bage* picture. It records also the reason and certain sacrifice ritual needs be held to release misfortune if the result is not good. Contents of divination include: errand, marriage, disease, searching, etc.

345-L-10-02

“2844”为洛克收藏纳西东巴古籍的序号。四个东巴文为封面书名之复写。字母文字为洛克记下书名之读音。

345-L-10-03

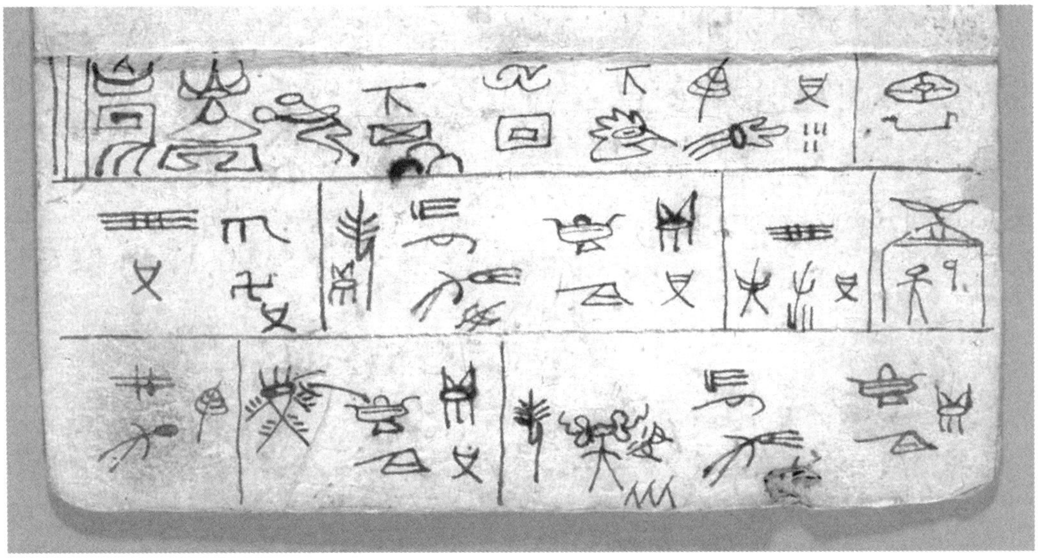

to^{33} bɑ^{21} kæ^{33} the^{21} tshɿ^{55}. ɕiə^{13} tshe^{33} ly̩^{33}. i^{33} dɑ^{33} ɕiə^{55} ɕy^{33} khu^{55} me^{33} uɑ^{21}. ｜ȵi^{33} me^{33} thy̩^{33}
祭司　前　又　跪拜　雄　称　鲁　酬礼　卜　卦象　投　的　是　东方

dər^{33} me^{33}: kɑ^{33} nɯ^{21} ɯ^{33} me^{55}. ｜sɿ^{33} by̩^{33} ky̩^{33} dɯ^{33} tʂhər^{55} sɑ^{55} mə^{33} dɯ^{33} tər^{21} ʂʅ^{33} me^{33} nɯ^{33} hɑ^{33}
中　者　吉　和　顺　的　大者　头　一　代　气　不　得　凶　死　者　以　饭

ʂu^{21} lɯ^{33} ky̩^{55} me^{55}. ｜tər^{21} py^{21} dər^{33} me^{55}. ｜iə^{33} ko^{21} ｜zo^{33} gu^{21} ɕy^{33}, ｜mu^{33} tshɿ^{21} hɑ^{33} ʂu^{21}
找　来　会　的　呆鬼　祭　该　的　家里　男　病　卦象　猛鬼　饭　找

lɯ^{33} ky̩^{55} me^{55}. ｜sɿ^{33} by̩^{33} dɯ^{33} tʂhər^{55} nɯ^{33} mi^{33} gə^{33}、do^{21} gə^{21} sɑ^{55} me^{33} dɯ^{33} le^{33} tər^{21} be^{33} ʂʅ^{33}
来　会　的　大者　一　代　以　听到　的　见　的　气　不　得　又　凶　地　死

me^{33} nɯ^{33} hɑ^{33} ʂu^{21} lɯ^{33} kv̩^{55}.
者 以 饭 找 来 会

跪拜于东巴祭司前。东巴诵咒语：雄称鲁。

这是用送给东巴的酬礼投于巴格图上以占卜。

投中东方：是吉和顺的。先辈中未接到气而亡者的鬼魂会来寻饭。该进行祭呆鬼仪式。家里男人病了，此卦象显示，是由猛鬼来寻食，是先辈曾听说、曾见到的未接到气的凶死者的鬼魂来要饭。

345-L-10-04

æ^{21} kv̩^{33} nɯ^{33} do^{33} ʂʅ^{33}, dʑi^{21} nɯ^{33} lv̩^{21} ʂʅ^{33}, dzər^{21} dɯ^{21} lɯ^{55} me^{33} dzər^{21} nɯ^{33} nər^{55} ʂʅ^{33} kv̩^{55}. | ɕi^{33}
崖 上 以 掉 死 水 以 冲 死 树 木 砍 的 树 以 压 死 会 他人

nɯ^{33} dy^{33} uɑ^{21} he^{33} zʅ^{21}ko^{21} hɯ^{33} i^{33} kv̩^{55}. mi^{33} tshʅ^{21} mu^{21} i^{33} kv̩^{55} me^{55}. | o^{33} dze^{33} khv̩^{21} ʂər^{21}, ɯ^{33}.
以 追 魂 仇 家里 去 的 会 火鬼 原因 会 的 财物 家里 领 吉

dy^{55}、dze^{33}、ɯ^{33}[1] | tshʅ^{21} py^{21} dər^{33} i^{33} me^{55}. | bɯ^{21} ɯ^{33} lv̩^{55}, o^{33} dze^{33} bɯ^{21}, bɯ^{21} o^{33} dze^{33} mu^{21}
鬼 祭 该 的 是 绝后者 牛 牧 财 物 绝 绝后者财 物 原因

i^{33} me^{55}. bɯ^{21} py^{21} dər^{33}. | tər^{21} tse^{21} py^{21} dər^{33}. | gɑ^{33} lɑ^{21} tsʅ^{33} dər^{33}. | zʅ^{33} ʂər^{21} hɑ^{55} i^{33}
的 苯鬼 祭 该 呆鬼 仄鬼 祭 该 战神 迎请 该 寿 长 日 有

会从崖上掉下而亡，会于水中凶死，去砍大树会被树压死。因被人追赶，灵魂会到仇人家里。是因火鬼作祟之故。往家里带财物为吉。该祭鬼。因放牧绝后者的牛，财物会散尽。是因绝后者财物之故。该祭使人绝后的苯鬼。该祭呆鬼和仄鬼。要迎请战神。会延年益寿的。

① 这三个字符无法连读成句，存疑。

345-L-10-05

mu^{21} me^{55}. | bər^{33} y^{21} ʐʅ^{33} hɑ^{33} nɯ^{33} gɑ^{33} lɑ^{21} tsʅ^{33} gɑ^{33} lɑ^{21} tʂhu^{55} pɑ^{33} be^{33} dər^{33}. | mɯ^{33} phi^{55}
是 的 牦牛绵羊酒 饭 以 战神 请 战神 供养 做 该 天 失

dy^{21} phi^{55} kv̩^{55}. | dʑi^{21} phi^{55} dæ^{21} phi^{55}, o^{33} dze^{33} phi^{55} kv̩^{55}. gu^{21} tshər^{33} i^{55} ku^{55} kv̩^{55}. | ʂʅ^{33} ɕy^{21}
地 失 会 房 失 地基 失 财 物 失 会 病 热 而 病倒 会 肉 红

mu^{21} i^{33} kv̩^{55} me^{55}. | ʐʅ^{33} dʑi^{33} bɯ^{33} pe^{33} pe^{33} do^{55} do^{33} dʑy^{33} kv̩^{55}, | zʅ^{21} ko^{33} pv̩^{55} kv̩^{55}. | tʂhə^{55}
原因 会 的 路 行 去 磕磕绊绊 有 会 仇 遇 会 秽

nɑ^{21} gv̩^{21} dər^{33} me^{55}, | tʂhə^{55} tshʅ^{21} pv̩^{55} dər^{33} me^{55}. | mæ^{55} tʂu^{55} phi^{55} hɯ^{21} me^{55},
大 除 该 的 臭鬼 送 该 的 往后 丢失 容易 的

该用牦牛和绵羊、醇酒和米饭作供品以请战神，供养战神。会失去天地，失去房屋和地基，失去财物。生病发烧而会躺倒。这是因带血的红肉作祟之故。出门去远行磕磕绊绊会多，会遇到仇人。该进行除秽大仪式，以送臭鬼。往后财物容易丢失，

345-L-10-06

iə^{33} ko^{21} ɯ^{55} nɯ^{33} ʂər^{55}, ɕi^{33} khy̩^{33} nɯ^{33} khy̩^{33}. ʂə^{55} ʂə^{33} æ^{33} æ^{21} ʥy^{33} ky̩^{55} me^{55}. | pɑ^{33} kə^{21} khɯ^{33}
家里 灰 以 满 小偷 以 偷 吵架 撕打 有 会 的 巴格 狗

dzʅ^{21} tɯ^{33} to^{55} dər^{33} me^{33}: dy̩^{21} tse^{21} zɑ^{21} le^{33} tshʅ^{21}, | iə^{33} ko^{21} ɕi^{33} gu^{21} ky̩^{55}. dy̩^{21} tse^{21} py^{21} dər^{33}
居 地 上 中 者 毒鬼仄鬼 降 而 来 家里 人 病 会 毒鬼仄鬼 祭 该

me^{55}. | sʅ^{33} by̩^{33} ə^{33} phy̩^{33} tʂhər^{55}, ʥy^{33} ʂuɑ^{21} ky̩^{33} nɯ^{33} tər^{21} be^{33} ʂʅ^{33}, ʥi^{21} nɯ^{33} ly̩^{21} le^{33} tər^{33} be^{33}
的 大的 祖父 辈 山 高 上 以 凶 地 死 水 以 冲 又 凶 地

ʂʅ^{33} nɯ^{33} pɑ^{33} sɑ^{21} be^{33} ky̩^{55} me^{55}. | ʐuɑ^{33} ky̩^{33} nɯ^{33} do^{55} le^{33} tər^{21} ʂʅ^{33} me^{33} ɕy^{33} be^{33} dər^{33} me^{55}. |
死 以 作祟 做 会 的 马 上 以 跌 而 凶 死 者 法事 做 该 的

ɕi^{33} gu^{21} me^{33} mɯ^{33} ɕy^{33} be^{33} dər^{33}. | dzʅ^{21} ʥi^{21} tʂhə^{55} nɯ^{33} ly̩^{55}, o^{55} nɯ^{21} he^{21} lɑ^{33} tʂhə^{55} nɯ^{33} ly̩^{55},
人 病 是 天 法事 做 该 住 房 秽 以 粘 沃神 和 恒神 也 秽 以 粘

家里空空而落满灰尘，还遭小偷偷窃。会发生吵架斗殴的事。

投中巴格的狗居地（西北方）：毒鬼和仄鬼降下来，家人会生病。该祭毒鬼和仄鬼。先辈中在高山上凶死的鬼魂，被水冲走凶死的鬼魂会来作祟。该祭从马上跌下来凶死的鬼魂。人生了病，则要做祭祀天的法事。住房粘染了秽，沃神和恒神也被秽粘染，

345-L-10-07

sʅ^{55} nɯ^{21} gɑ^{33} lɑ^{33} tʂhə^{55} nɯ^{33} ly̩^{55}, tʂhə^{55} py^{21} dər^{33}. | sʅ^{33} by̩^{33} ə^{33} phy̩^{33} tʂhər^{55}, ʐər^{21} nɯ^{21} lɑ^{33}
素神和 嘎神 也 秽 以 粘 秽 祭 该 大者 祖父 辈 豹 和 虎

nɯ^{33} tshɑ^{55} le^{33} ʂʅ^{33} me^{33} ʥy^{21}, ʐər^{21} tshʅ^{21} lɑ^{33} tshʅ^{21} py^{21} dər^{33}. | o^{33} dze^{33} iə^{33} ko^{21} tɕi^{33}, ɕi^{33} i^{33}
以 咬 而 死 者 有 豹 鬼 虎 鬼 祭 该 财 物 家里 放 人 是

by^{21} ty^{55} hɑ^{33} ʂu^{21} me^{21}, o^{33} dze^{21} tɕy^{21} æ^{21} dər^{33}. | dzʅ^{33} ʐər^{21} py^{21} dər^{33}. tʂhə^{55} nɑ^{21} gy̩^{21} dər^{33}
外面 饭 找 是 财 物 上 挂心 该 祸 压 祭 该 秽 大 祭 该

me^{55}. | dzʅ^{33} uə^{33} py^{21} gɑ^{33} lɑ^{21} nɯ^{33} gɑ^{33}, tshʅ^{21} i^{33} ȵi^{55}. | mɯ^{33} kv̩^{33} ȵi^{33} me^{33} he^{33} me^{33} tɕi^{21}

的 村 寨 祭 战神 以 胜 鬼 是 败 天 上 太阳 月亮 云

nɯ^{33} kɑ^{55} me^{55} gə^{21} le^{33} thv̩^{33} uə^{21} gv̩^{33} kv̩^{55}, ɯ^{33}. | pɑ^{33} kə^{21} ɕy^{33} ku^{55} ho^{33} gv̩^{33} lo^{21} to^{55} dər^{33} me^{33}:

以 遮 的 上 又 出 似 会 吉 巴格 卦象 投 北方 上 中 者

dzʅ^{33} uə^{33} pɑ^{55} tshʅ^{55} dər^{33}.

村 寨 标 立 该

素神和嘎神也被秽粘染，该进行除秽仪式。先辈中有被豹子和老虎咬死的人，该祭豹子鬼和老虎鬼。财物放在家里，而人外出找饭，心里就会惦记家里的财物。该进行压祸灾的法仪。要进行除秽大仪式。该祭村寨神则战神会取胜，鬼会败。就会似天上的太阳和月亮被云遮住又从云中出来一样，吉。

投中巴格的北方：该立村寨神的神标。

345-L-10-08

sʅ^{33} bv̩^{33} tʂhər^{55} o^{33} kho^{21} tər^{21} be^{33} ʂʅ^{33} me^{33} nɯ^{33} hɑ^{33} ʂu^{21}, tər^{21} pv̩^{55} dər^{33}. | ŋv̩^{33} hər^{21} tʂʅ^{55} iə^{33}

大者 辈 同宗 凶 地 死 者 以 饭 找 呆鬼 送 该 银 金 钱

gu^{21} nɯ^{33} tshʅ^{33} thv̩^{33} tshʅ^{21}, hər^{33} lɑ^{33} lɯ^{21} khɯ^{55} dər^{33}. | pɑ^{33} kə^{21} ɯ^{33} dzʅ^{21} tɯ^{33} to^{55} dər^{33} me^{33}:

后 以 楚鬼 到 来 大祭风仪式 该 巴格 牛 居 地 上 中 者

sʅ^{33} bv̩^{33} y^{21} ɕy^{33} thv̩^{33} me^{33} uɑ^{21}, lv̩^{33} zʅ^{21} ʂu^{55} dər^{33}. phi^{55} se^{13}, | he^{21} ʂu^{55} dər^{33} me^{55}. ʂʅ^{55} ʐʅ^{21} ʂu^{55}

大者 祖先卦象 显 的 是 郊外祭祖 该 之后 神 祭 该 的 世日 祭

dər^{33}. | dzər^{21} khɯ^{33} tshʅ^{21} mu^{21} i^{33}, dzər^{21} khɯ^{33} tshʅ^{21} py^{21} dər^{33}. | o^{33} dze^{33} tv̩^{21} le^{33} ɕi^{33} sy^{21}

该 树 根 鬼 原因 树 根 鬼 祭 该 财物 千 又 百 样

be^{33} kɑ^{33} nɯ^{21} ɯ^{33}.

皆 吉 和 顺

同宗先辈中的凶死者会来寻食，该送呆鬼。从金和银及钱的背后来了楚鬼，要进行大祭风仪式。

投中巴格的牛居地（东北方）：这是显示了有关祖先的卦象，该在郊外祭祖。之后，该祭神。要祭世日[1]神。这是因树根处的鬼作祟之故。该祭树根处的鬼。有关财物则千百样皆吉顺。

345-L-10-09

pɑ^{33} kə^{21} ɕy^{33} ku^{55} lv̩^{21} dzʅ^{21} tɯ^{33} dər^{33} me^{33}: tv̩^{21} le^{33} ɕi^{33} sy^{21} kɑ^{33} me^{55}. | mɯ^{33} tv̩^{55} ʂu^{33} ẓər^{21}
巴格 卦象 投 龙 居 地 中 者 千 又 百 样 吉 的 天 抵 铁 柱

mɯ^{33} the^{21} tv̩^{55} uə^{21} gv̩^{33}. iə^{33} ko^{21} ɕi^{33} nɯ^{21} o^{33} dze^{33} be^{33} ɯ^{33}. uɑ^{33} tshʅ^{21} dɯ^{21} py^{21} dər^{33}. | mɯ^{33}
天 正 抵 似 成 家里 人 和 财 物 皆 吉 瓦鬼 大 祭 该 天

ɕy^{33} be^{33} dər^{33} me^{55}. | pɑ^{33} kə^{21} ɕy^{33} ku^{55} i^{33} tʂhʅ^{33} mu^{21} to^{55} dər^{33} me^{33}: tv̩^{21} le^{33} ɕi^{33} sy^{21} be^{33} ɯ^{33}
法事做 该 的 巴格 卦象 投 南方 上 中 者 千 又 百 样 皆 吉

me^{55}. | sʅ^{33} bv̩^{33} ə^{33} phv̩^{33} tʂhər^{55} sɑ^{55} mə^{33} mæ^{33} be^{33} tər^{21} ʂʅ^{33} me^{33} hɑ^{33} ʂu^{55} dər^{33}. | uɑ^{21} ʂu^{55}
的 大者 祖父 辈 气 不 得 地 凶 死 者 饭 祭 该 松石 祭

hɑ^{33} ʂu^{55} tshʅ^{21} pv̩^{55} dər^{33} me^{55}. | æ^{21} nɯ^{33} tse^{21} ku^{55} ɕy^{55} dər^{33}. | zʅ^{33} nɯ^{33}
饭 祭 鬼 送 该 的 鸡 以 仄神 许愿 该 仇 以

投中巴格的龙居地（东南方）：千百样皆吉。似抵天铁柱抵着天一样。家里的人和财物皆吉。该进行祭瓦鬼大仪式。该做祭祀天的法事。

投中巴格的南方：千百样皆吉。该向先辈中未接到气而凶死的鬼魂献饭。该祭上松石和饭以送鬼。该献上放生鸡以向仄神许下来年再祭之愿。好似要发生仇人

[1] 世日，音译神名。似汉文化中的“山神”。

345-L-10-10

ʂər^{21} lɯ^{33} dʑy^{33} me^{33} khɑ^{33} khɑ^{21} gy̩^{33}. | zo^{33} gu^{21} se^{55} ɯ^{33}; mi^{55} gu^{21} se^{55} khuɑ^{21}. | æ^{21} nɯ^{33} nɑ^{33}
牵 来 有 的 似 成 男 病 则 吉 女 病 则 凶 鸡 以 纳厅

thi^{33} ku^{55} ɕy^{55} dər^{33}. | to^{55} khɯ^{55} do^{21} py̩^{55} dər^{33}. | dzʅ^{33} uə^{33} py^{21} dər^{33}. zʅ^{33} ʂər^{21}. ty̩^{21} le^{33} ɕi^{33} sy^{21}
许愿 该 消灾仪式 铎鬼 送 该 村 寨 祭 该 寿 长 千 又 百 样

be^{33} kɑ^{33}. | pɑ^{33} kə^{21} ɕy^{33} ku^{55} y^{21} dzʅ^{21} tɯ^{33} to^{55} dər^{33} me^{33}: gu^{21} me^{33}, hər^{33} phər^{21} hər^{33} nɑ^{21} nɯ^{33}
皆 吉 巴格 卦象 投 羊 居 地 上 中 者 病 者 风 白 风 黑 以

do^{21} be^{33} | ky̩^{55} me^{55}. | gæ^{33} ɕy^{21} mu^{21} zʅ^{21} æ^{21} dzʅ^{33} thy̩^{33} ky̩^{55} me^{55}. | to^{55} nɑ^{21} khɯ^{55} dər^{33}. |
异兆做 会 的 铠 红 穿 仇 斗 祸 发生 会 的 消灾仪式 该

sʅ^{33} by̩^{33} ə^{33} phy̩^{33} tʂhər^{55} miə^{21} mə^{33} do^{21}, he^{33} mə^{33} mi^{33} me^{33} dʑy^{21}.
大者 祖父 辈 眼 不 见 耳 不 听到 者 有

来抓人的事。男子生病则吉。女子生病则凶。该献放生鸡向纳厅[①]许下来年再祭之愿。该进行消灾仪式以退送铎鬼。该祭村寨神。会长寿。千百样皆吉。

投中巴格的羊居地（西南方）：若病，白风黑风会异常以示不祥。会发生穿上红铠甲与仇人厮杀的祸事。该进行消灾大仪式。在先辈中有眼睛看不见、耳朵听不到的人。

① 纳厅，音译，其义不明。

345-L-10-11

ə^{33} me^{33} tɕi^{55} tɕi^{33} tɕi^{33}hə^{21} me^{33} tʂhə^{55} nɯ^{33} ly̩^{55} ky̩^{55}. tʂʅ^{33} kho^{33} lo^{21}nɯ^{33} ʂʅ^{33} me^{33} tshɿ^{21} mu^{21} i^{33}. |
母亲 婴 生育 的 秽 以 粘 会 土 洞 里 以 死 的 鬼 原因

dɯ^{33} dʑi^{21} be^{33} tʂhə^{55} nɯ^{33} ly̩^{55} ky̩^{55}. tʂhə^{55} py^{21} tʂhə^{55} tshɿ^{21} py̩^{55} dər^{33}. | sɿ^{55} khy̩^{21} dər^{33}. gɑ^{33} tʂhə^{55}
一 家 都 秽 以 粘 会 秽 祭 臭鬼 送 该 素神 请 该 嘎神 秽

nɯ^{33} ȵy^{55} ky̩^{55}, tʂhə^{55} gu^{21} dər^{33}. | miə^{33} ko^{21} miə^{21} bər^{33} thy̩^{33} me^{33} thy̩^{33} lɯ^{33} khɑ^{33} khɑ^{21} gy̩^{33}.
以 粘 会 秽 祭诵 该 眼 里 眼泪 出 的 发生 来 似乎 成

py^{33} bɑ^{33} nɯ^{33} ʂʅ^{33} tshɿ^{21} zər^{21} dər^{33} me^{55}. bu^{21} tse^{21} to^{55} khɯ^{55}, phy̩^{33} so^{33} mu^{21} so^{33} lo^{55} dər^{33}. |
降魔杵 以 死鬼 压 该 的 猪 用 消灾仪式 男木偶 女木偶 弃 该

tshɿ^{21} dʐu^{33} ʐuɑ^{21} dər^{33}. | ʐʅ^{21} tshɿ^{21} le^{33} py̩^{55} dər^{33}. | ə^{33} sɿ^{21} nɯ^{33} sy^{55} le^{33} ʂʅ^{33} me^{33} tshɿ^{21} hɑ^{33}
鬼 债 偿 该 蛇 鬼 又 送 该 父亲 以 杀 而 死 者 鬼 饭

ʂu^{21}, | khɯ^{33} kho^{33} ʐʅ^{33} dʑi^{33} bu^{21} lo^{55} me^{33} ʂə^{55} ʂə^{33} æ^{33} æ^{21} thy̩^{33} ky̩^{55},
找 远 路 走 坡 翻 的 吵架 撕打 发生 会

母亲生小孩会染上秽。是因死于土洞里的鬼魂作祟之故。一家都会被秽粘染。该进行除秽仪式以退送臭鬼。要进行请素神仪式。嘎神被秽粘染，要给嘎神除秽。似乎要发生眼中直流泪的伤心事①。要用降魔杵以压死鬼。要用猪作牺牲进行消灾仪式，仪式上要把男木偶和女木偶丢弃到外面去。该向鬼还债。要退送蛇鬼。被父亲杀死者的鬼魂会来寻饭，因而出门远行翻山越岭会发生吵架斗殴之事，

① 此句隐喻会有丧事。

345-L-10-12

dʑi^{21} nɯ^{33} lv̩^{21} sɑ^{55} mə^{33} mæ^{33} ʂʅ^{33} kv̩^{55}. | ə^{33} sʅ^{21} ə^{33} me^{33} dɯ^{33} kv̩^{55} gu^{21} nv̩^{55}, to^{55} khɯ^{55} do^{21} pv̩^{55}
水 以 冲 气 不 得 死 会 父亲 母亲 一 个 病 的话 消灾仪式铎鬼 送

dər^{33}. | dʑi^{33} mu^{33} ɯ^{21} hɑ^{33} ʂu^{55} dər^{33}. | tɕi^{21} nɯ^{21} hər^{33} nɯ^{33} pɑ^{33} sɑ^{21} be^{33} kv̩^{55}. dv̩^{21} tse^{21} py^{21}
该 水猛鬼 恩鬼饭 祭 该 云 和 风 以 作祟 做 会 毒鬼仄鬼 祭

dər^{33}. lɯ^{33} khu^{55} bu^{33} lɯ^{33} uə^{21} gv̩^{33}. | gɑ^{33} lɑ^{21} tsʅ^{33}, bɑ^{21} zi^{33} tʂhu^{55}, ɕy^{55} hər^{21} le^{33} dʑi^{21} tshe^{21} ho^{55}
该 地 开裂 来 似 成 战神 请 花 鲜 插 柏 绿 梯 十 八

pɑ^{55} tɕər^{21} ȵi^{33} me^{33} he^{33} me^{33} phæ^{33} dər^{33}. | dv̩^{21} py^{21} dər^{33}. | pɑ^{33} kə^{21} ɕy^{33} ku^{55} ȵi^{33} me^{33} gv̩^{21}
级 上 太阳 月亮 系 该 毒鬼 祭 该 巴格 卦象 投 西方

to^{55} dər^{33} me^{33}: phɑ^{21} me^{33} kɑ^{33} nɯ^{21} ɯ^{33} mu^{21} me^{55}. | sʅ^{33} bv̩^{33} ə^{33} phv̩^{33} tʂhər^{55} gə^{33} lv̩^{21} me^{33}
上 中 者 占 的 吉 和 顺 是 的 大者 祖父 辈 的 旧 的

tʂhʅ^{33} dɯ^{33} kv̩^{55}.
所有 得 会

会被水冲走而接不到[①]气地凶死。父亲和母亲中若有一人生病，就要进行消灾仪式以退送铎鬼。要向水中的猛鬼和恩鬼施食。云和风会作祟，该祭毒鬼和仄鬼。大地似乎要开裂一样。该迎请战神，仪式上要插上鲜花，十八级翠柏天梯上系上画有太阳和月亮的旗子。该祭毒鬼。

投中巴格的西方：所占的都是吉卦。能获得先辈留下的所有遗物。

① 接不到气：纳西族在人将死时把包有少许米、茶叶、银的红包放入病人口中，称为“接气”。“接不到气”是指没进行此仪式而亡。

345-L-10-13

zɿ^{33} tʂu^{55} py^{21} dər^{33} me^{55}. | gu^{21} me^{33} lɯ^{33} by̩^{21} thy̩^{33} mu^{21} i^{33} ky̩^{55} me^{55}. | thy̩^{33} tɕhi^{33} mu^{21} tɕhi^{33}
延寿仪式　该　的　病　者　地　下　土鬼　原因　会　的　土启猛启

py̩^{55} dər^{33}. | pɑ^{33} kə^{21} mɯ^{33} nɯ^{21} dy^{21} ly^{55} gy̩^{33} to^{55} dər^{33} me^{33}: kɑ^{33} nɯ^{21} ɯ^{33} me^{55}. o^{33} dze^{33} lɑ^{33}
送　该　巴格　天　和　地　中央　上　中　者　吉　和　顺　的　财　物　也

kɑ^{33}. ɕi^{33} nɯ^{33} kho^{33} ɯ^{33} ʂə^{55} lɯ^{33} ky̩^{55} me^{55}. | dzɿ^{21} bu^{21} tʂu^{55} | ty̩^{21} le^{33} ɕi^{33} sy^{21} kɑ^{33} me^{55}. |
吉　他人　以　消息　好　说　来　会　的　夫　妻　结　千　又　百　样　吉　的

phy̩^{33} lɑ^{21} ɕy^{55} sɿ^{33} lɯ^{55} se^{13}, kɑ^{33} thɯ^{33} u^{33} kæ^{33} ʥy^{33} me^{55}. | tʂhər^{33} me^{33} zɿ^{21} kɑ^{33} me^{55}.
大神　祭祀　若是　吉　这　自己　前　有　的　媳妇　娶　吉　的

该进行延寿仪式。若病是地下的土鬼作祟之故，该退送土启猛启[①]。

投中巴格的天地中央：是吉顺的。财物亦吉。他人会来告知好消息。结亲则千百样皆吉。只要祭祀大神，好的就会在自己眼前。娶媳妇亦吉。

345-L-10-14

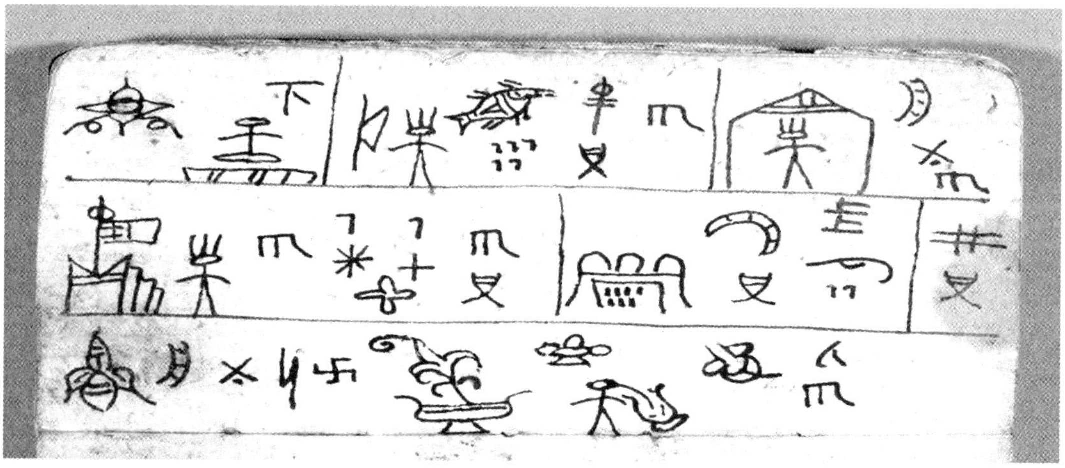

① 土启猛启，音译，其义不明。

dzʅ^{21} me^{33} dæ^{21} gə^{33} uɑ^{21} tshi^{21} ɕiə^{55}, | khu^{33} tshʅ^{55} ȵi^{55} uɑ^{33} ly^{21} me^{33} kɑ^{33}. | ʥi^{21} tshʅ^{55} bɯ^{33} lɑ^{33}
住 的 地基 的 卦 算 门 建 日子 看 的 吉 房 建 要 亦

kɑ^{33}. | dzʅ^{33} uə^{33} tshʅ^{55} lɑ^{33} kɑ^{33}. dɯ^{33} tv̩^{21} dɯ^{33} ɕi^{33} sy^{21} kɑ^{33} me^{55}. | tso^{33} tshʅ^{55} ʂər^{33} ʥy^{33} me^{33},
吉 村 寨 建 亦 吉 一 千 一 百 样 吉 的 灶 建 事 有 是

ʂə^{55} ʂə^{33} mə^{33} ȵi^{21}. | gu^{21} me^{33} | ʥy^{33} bɯ^{33} lɑ^{33}, tʂhər^{33} ɯ^{33} dɯ^{33} thɯ^{21} nɯ^{33} le^{33} kɑ^{33}.
吵架 不 可 病 的 有 若是 药 一 喝 以 又 愈

测住房地基的卦，算建门的日子都吉。宜建房，吉。宜建村设寨，吉。千百样皆吉。若有要建灶的事，就不可发生吵架的事。病了一吃药就会痊愈的。

345-L-10-15

封底

（翻译：王世英）

580-L-11-01

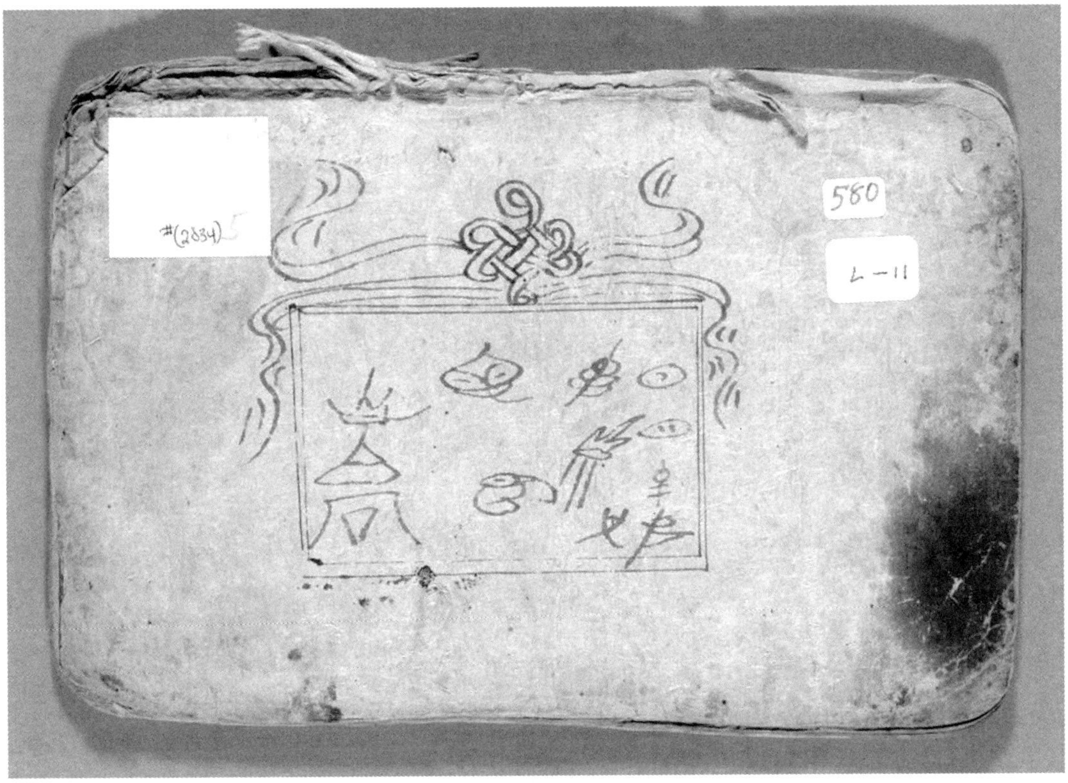

pɑ³³ kə²¹ ɕy³³ ku⁵⁵

mi³³ uə²¹ ɕy³³ ku⁵⁵ ly²¹ me³³ the³³ ɯ³³

占卜·投标于巴格和米吾九宫图以占卜的书

580-L-11　占卜·投标于巴格和米吾九宫图以占卜的书

【内容提要】

本古籍记录了用天、地、嘎神、祖先、米吾九宫图占卜的卦辞。所占的内容有：田、地、房屋地基、结亲娶亲、出门远行、做生意、建村设寨、财物得失、生病等。若为凶则指出要用何种东巴法仪予以禳解。

【英文提要】

The Divination. A Book of Divination through Darting on the *Bage* and *Miwu* (*Nahsi Nine Grid)*

This book records the hexagrams words of divination by using the heaven, the earth, the God *ga*, the ancestor and *Miwu.* Contents of divination include: Farmland, earth, ground of house, marriage, errand, business, set a village, searching, disease, etc. It records also the certain sacrifice ritual needs be held to release misfortune if the result is not good.

580-L-11-02

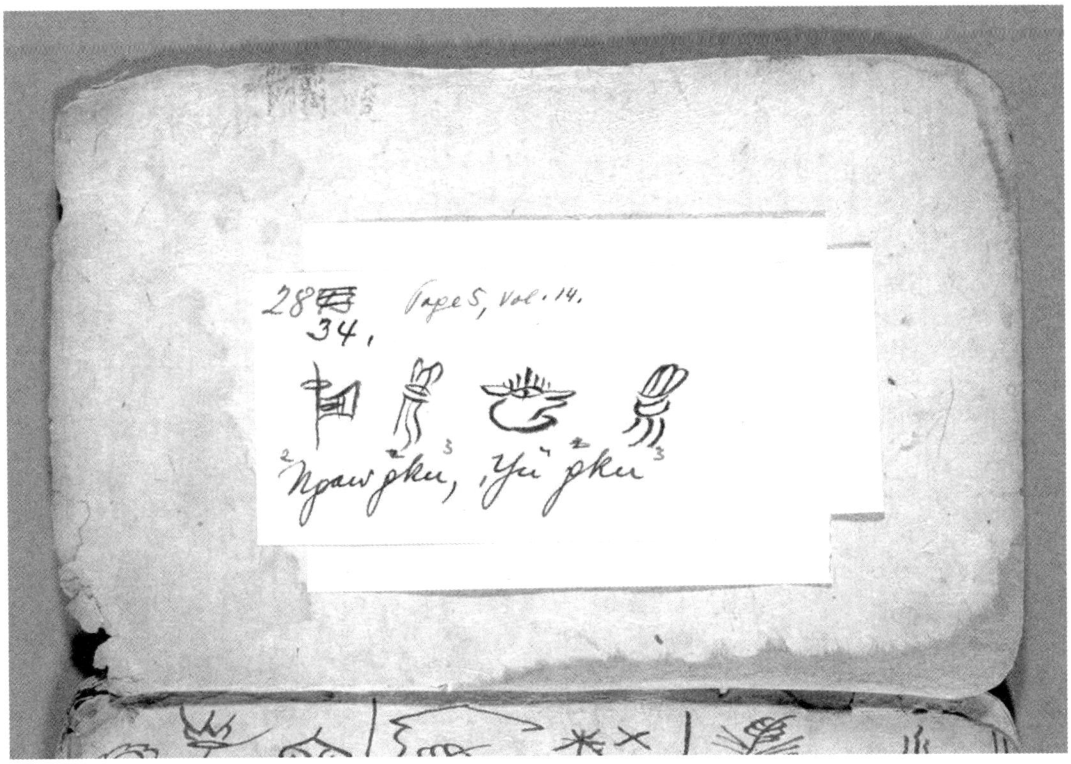

“2834”为洛克收藏纳西东巴古籍的序号。四个东巴文为书中占卜方法之一的名称：“ga^{33} $çy^{33}$ y^{21} $çy^{33}$ ku^{55}”，即“投标于嘎神和祖先方位图以占卜”，但洛克只记为“ga^{33} ku^{55} y^{33} ku^{55}”。

580-L-11-03

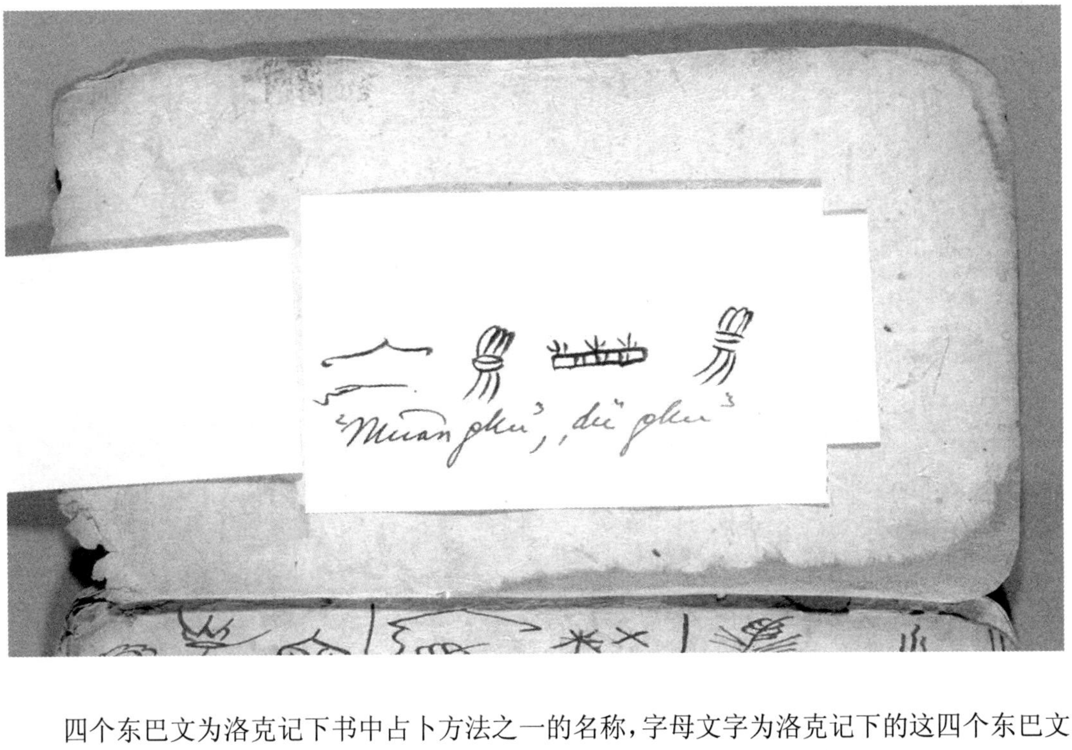

四个东巴文为洛克记下书中占卜方法之一的名称，字母文字为洛克记下的这四个东巴文之读音，为“$mɯ^{33}$ $çy^{33}$ dy^{21} $çy^{33}$ ku^{55}”，即“投标于天和地方位图以占卜”。

580-L-11-04

第一行的东巴文为“dər³³”，但洛克未记读音。中间四个东巴文为封一书名之一部分，下行的字母文字为洛克记下以上四个东巴文的读音。书名虽叫“pɑ³³ kə²¹ ɕy³³ ku⁵⁵”，即“投标于巴格图以占卜”，但书的内容中没有此内容。书中及封一有“投标于米吾九宫图以占卜”，但洛克没有记下小卡片。

580-L-11-05

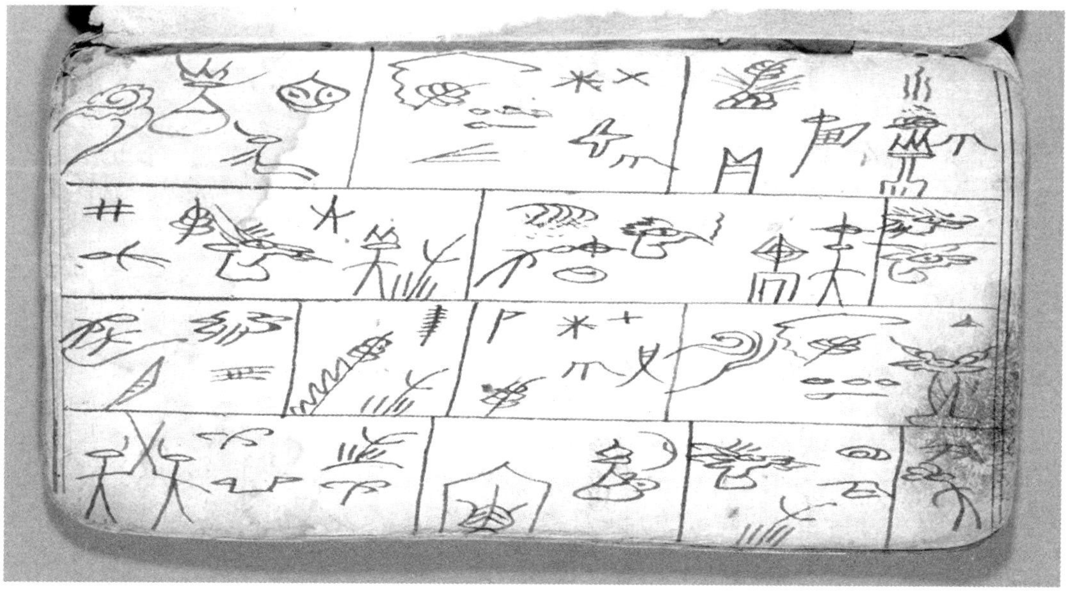

py^{33} by̩^{21} kæ^{33} the^{21} tshɿ^{33}, pɑ^{33} kə^{21} ɕy^{33} ku^{55} ly^{21}. | mɯ^{33} ɕy^{33} i^{33} tʂhʅ^{33} mu^{21} to^{55} dər^{33}: ty̩^{21}
祭司 前 以 跪 巴格 卦象 投 看 天 卦象 南方 上 中 千

le^{33} ɕi^{33}sy^{21} be^{33} kɑ^{33}. | ɕy^{55}hər^{21} nɑ^{33} tsɑ^{21} tshɿ^{55}, dzɿ^{33}uə^{33} py^{21}, gɑ^{33} be^{33}, tʂhu^{55}pɑ^{33} dʑi^{55}, kɑ^{33}. |
又 百 样 皆 吉 柏 绿 纳召 建 村 寨 祭 嘎神 祭 供养 烧 吉

gu^{21} me^{33} ɕy^{33}, tshɿ^{55} tse^{21} tər^{21} tse^{21} py^{21} dər^{33}. | tho^{55} lo^{33} tshɿ^{21} thy̩^{55}, æ^{21} tse^{21} dər^{33}. | bu^{21} tse^{21}
病 者 法事 山羊 用 呆鬼仄鬼 祭 该 妥罗鬼 赶 鸡 用 该 猪 用

y^{21} tse^{21}, to^{55} khɯ^{55} do^{21} py̩^{55}dər^{33}. | zɿ^{33} tʂu^{55}py^{21}dər^{33}. | ko^{21} ɕy^{33} ty̩^{21} le^{33} ɕi^{33}sy^{21} kɑ^{33}me^{55}. |
绵羊 用 消灾仪式铎鬼 送 该 延寿仪式 该 家事 卦象千 又 百 样 吉 的

mɯ^{33} ɕy^{55} y^{21} dzɿ^{21} tɯ^{33} to^{55} dər^{33} me^{33}: | æ^{33} æ^{21} dzɿ^{33} thy̩^{33} ky̩^{55}, dzɿ^{33} zər^{21} py^{21} dər^{33}. | iə^{33}
天 卦象 羊 居 地 上 中 者 殴斗 祸 发生 会 祸 压 祭 该 家里

ko^{21} sɿ^{55} nɯ^{13} he^{21} nɯ^{33} mə^{33} hɯ^{21}. | tshɿ^{55} tse^{21} tʂhə^{55} ʂu^{55} dər^{33}. | ə^{33} phy̩^{33} ky̩^{33} phər^{21}
素神 和 神 心 不 高兴 山羊 用 秽 祭 该 祖父 头 白

跪拜在东巴祭司面前，投标于巴格图上看卦象。

投中天方位图①的南方之卦象：千百样皆吉。该建翠柏纳召，祭村寨神，祭嘎神，供养神皆吉。为病者做法仪，该用山羊作牺牲祭呆鬼和仄鬼。该用鸡作牺牲以驱赶妥罗鬼。该进行用猪和绵羊作牺牲的消灾仪式以退送铎鬼。该进行延寿仪式。家事的卦象是千百样皆吉。

投中天方位图的羊居地（西南方）之卦象：会发生吵架斗殴的祸事。要进行压祸灾的仪式。家里的素神和大神心里不高兴。要用山羊作牺牲进行除秽仪式。白发祖父

580-L-11-06

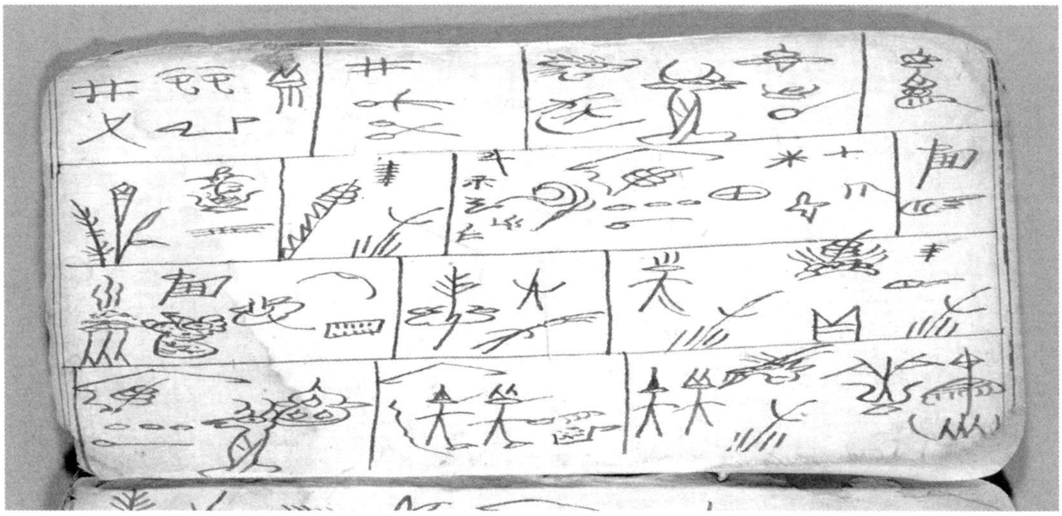

gu^{21} me^{33}, miə^{33} ko^{21} miə^{21} bər^{33} thy̩^{33} ky̩^{55}. | ɕi^{33} gu^{21} me^{33}, tɕi^{33} kæ^{21} be^{33} | bu^{21} tse^{21} to^{55} khɯ^{55},
病 的 眼 里 眼泪 出 会 人 病 的 急忙 地 猪 用 消灾仪式

① 天方位图：这种图此前未见，似已失传。后文中的“地方位图”、“嘎神方位图”、“祖先方位图”亦然。

ʂʅ^{21} dʐʅ^{33} uɑ^{21} ʂər^{55} dər^{33}. | sʅ^{21} uə^{33} thy̩^{21} sʅ^{21} tʂhər^{33} khɯ^{55} dər^{33}. | zʅ^{33} tʂu^{55} py^{21} dər^{33}. | mɯ^{33}

史支鬼王 魂 赎 该 署 寨 搭 署 药 施 该 延寿仪式 该 天

ɕy^{33} ȵi^{33} me^{33} gy̩^{21} to^{55} dər^{33} me^{33}: ty̩^{21} le^{33} ɕi^{33} sy^{21} be^{33} kɑ^{33}. | gɑ^{33} lɑ^{21} tʂhu^{55} pɑ^{33} be^{33} dər^{33}. gɑ^{33}

卦象 西方 上 中 者 千 又 百 样 皆 吉 战神 供养 做 该 战神

lɑ^{21} nɯ^{33} mə^{33} hɯ^{21} ky̩^{55}. | sʅ^{33} by̩^{33} tʂhər^{55} tər^{21} ʂʅ^{33} me^{33} ʥy^{21}. | bɯ^{21} tshʅ^{21} py^{21} dər^{33}. ɕy^{55} hər^{21}

心 不 高兴 会 大者 辈 凶 死 的 有 苯鬼 祭 该 柏 绿

nɑ^{33} tsɑ^{21} tshʅ^{55} dər^{33}. dzʅ^{33} uə^{33} py^{21} dər^{33}. zʅ^{33} tʂu^{55} py^{21} dər^{33}. | mɯ^{33} ɕy^{33} khɯ^{33} dzʅ^{21} tɯ^{33} to^{55}

纳召 建 该 村 寨 祭 该 延寿仪式 该 天 卦象 狗 居 地 上

dər^{33} me^{33}: ɯ^{33}. | mɯ^{33} gə^{33} dy̩^{21} tse^{21} nɯ^{33} dʐu^{33} sʅ^{21} tshʅ^{21} i^{33} ky̩^{55}. | dy̩^{21} tse^{21} py^{21} tshʅ^{55} tse^{21}

中 者 吉 天 的 毒鬼 仄鬼 以 债 讨 来 的 会 毒鬼 仄鬼 祭 山羊 用

dər^{33}, to^{33} mɑ^{33} phi^{55} dər^{33}. lɑ^{33} lɯ^{21} ʂuɑ^{33} ɕy^{21} tshʅ^{55} dər^{33}.

该 面偶 弃 该 祭风树 高 低 竖 该

病了，会发生（因死人）而眼中落泪之事。其他人生病，要赶快做用猪作牺牲的消灾仪式，仪式上要向史支鬼王赎魂。要建署寨给署施药。要进行延寿仪式。

投中天方位图的西方之卦象：千百样皆吉。该供养战神，不然战神心里会不高兴。先辈中有凶死者。该祭使人绝后的苯鬼。要建翠柏纳召。该进行祭村寨神仪式。要进行延寿仪式。

投中天方位图的狗居地（西北方）之卦象：吉。天上的毒鬼和仄鬼会来讨债。该进行用山羊作牺牲的祭毒鬼和仄鬼的法事，仪式上要把毒鬼和仄鬼的面偶丢弃到外面，祭场上要竖高低不一的祭风树。

580-L-11-07

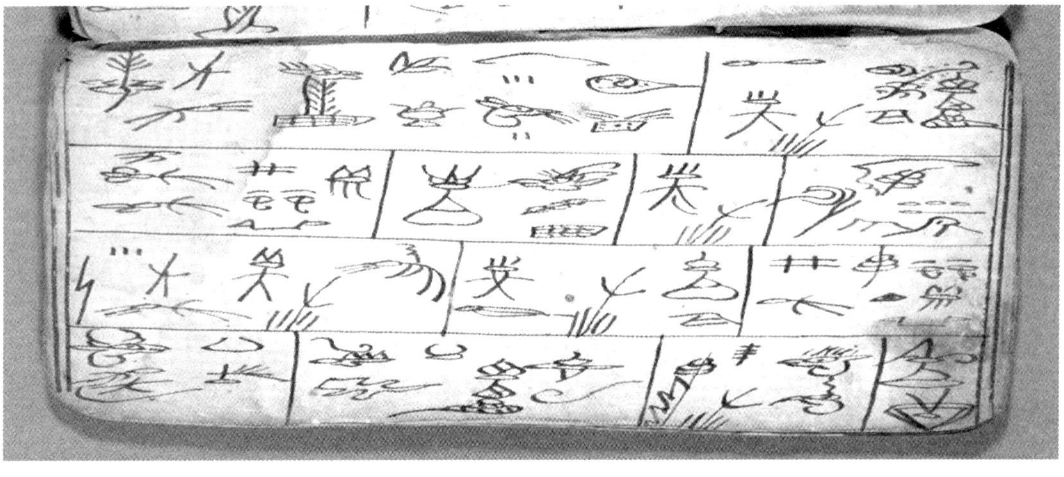

sʅ^{33} by̩^{33} ə^{33} phy̩^{33} tʂhər^{55}, tər^{21} be^{33} ʂʅ^{33} me^{33} ʥy^{21}. | ly̩^{33} zʅ^{21} hɑ^{33} ʂu^{55} dər^{33}. sʅ^{33}、fy̩^{33}、ȵi^{33}[①]. mɯ^{33}

大者 祖父 辈 凶 地 死 的 有 郊外祭祖 饭 献 该 三 鼠 二 天

① 这三个字符无法连读成句，存疑。

dər^{33} sɿ^{55} dər^{33}. | uɑ^{33} tshɿ^{21} py^{21} dər^{33}. tʂhə^{55} ʂu^{55}、sɿ^{21} tʂhər^{33} khɯ^{55} dər^{33}. | kv̩^{33} phər^{21} ə^{33} phv̩^{33}
错 认 该 瓦鬼 祭 该 秽 祭 署 药 施 该 头 白 祖父

ə^{33} dzɿ^{33} gu^{21}, miə^{33} ko^{21}miə^{21} bər^{33} thv̩^{33} kv̩^{55}. | py^{33} bv̩^{21} nɯ^{33} se^{13} bɯ^{21} lɯ^{33} tʂhu^{33} dər^{33} kv̩^{55}. |
祖母 病 眼 里 眼泪 出 会 祭司 以 书 诵 该 会

bɯ^{21} py^{21} dər^{33}. | mɯ^{33} ɕy^{33} ho^{33} gv̩^{33} lo^{21} dər^{33} me^{33}: kɑ^{33}. | sɿ^{55} tʂhər^{33} lo^{21} tər^{21} be^{33} ʂʅ^{33} me^{33}
苯鬼 祭 该 天 卦象 北方 中 者 吉 三 代 里 凶 地 死 的

ʥy^{21}, dv̩^{21} nɯ^{21} tse^{21}, tshɿ^{33} nɯ^{21} iə^{21} py^{21} dər^{33}. | ʥi^{33} mu^{33} ɯ^{21} py^{21} dər^{33}. he^{21} ʂu^{55} dər^{33}. | gu^{21}
有 毒鬼 和 仄鬼 楚鬼 和尤鬼 祭 该 水 猛鬼 恩鬼祭 该 神 祭 该 病

me^{33} ɕy^{33}, khuɑ^{21}, miə^{33} ko^{21} miə^{21} bər^{33} thv̩^{33} kv̩^{55}. | ɯ^{33} tse^{21} to^{55} khɯ^{55}, phv̩^{33} so^{33} mu^{21} so^{33}
者 卦象 凶 眼 里 眼泪 出 会 牛 用 消灾仪式 男木偶 女木偶

phi^{55} dər^{33}. | sɿ^{21} ʥi^{21} kho^{33} khɯ^{33} sæ^{33} ɕy^{21} ʂʅ^{21} ɕy^{21} ɯ^{33} ɕy^{21} thv̩^{55}, sɿ^{21} uɑ^{21} ʂər^{55} dər^{33}. | zɿ^{33}
弃 该 署 水泉 处 血 红 肉 红 皮 红 剔出 署 魂 赎 该

tʂu^{55} py^{21} dər^{33}. y^{21} tsɿ^{33} dər^{33}. | bə^{33} lɯ^{21} nɯ^{33} khuɑ^{21} be^{33}, uɑ^{21} he^{33} nər^{55} kv̩^{55}.
延寿仪式 该 祖先 请 该 巫师 以 恶 做 魂 压 会

在先祖辈中有凶死者。该在野外祭祖献饭。该进行向天认错的法仪。该祭瓦鬼。要进行除秽仪式与给署施药的仪式。白头祖父或祖母生病，则会发生（因死人）而眼中落泪的事，就要请东巴诵读经书。该祭使人绝后的苯鬼。

投中天方位图的北方之卦象：前三代祖辈中有凶死者。该祭毒鬼和仄鬼、楚鬼和尤鬼。要祭水中的猛鬼和恩鬼。该祭祀神。病者的卦象为凶，会发生（因死人）而眼中落泪的事。该用牛作牺牲进行消灾仪式，仪式上要把男木偶和女木偶丢弃到外面去。在署的水泉处曾杀牲放红血，剔带血肉、剥带血皮，就该向署赎魂。要进行延寿仪式。要迎请祖先以祭祖。巫师会作恶使法把灵魂摄去压住。

580-L-11-08

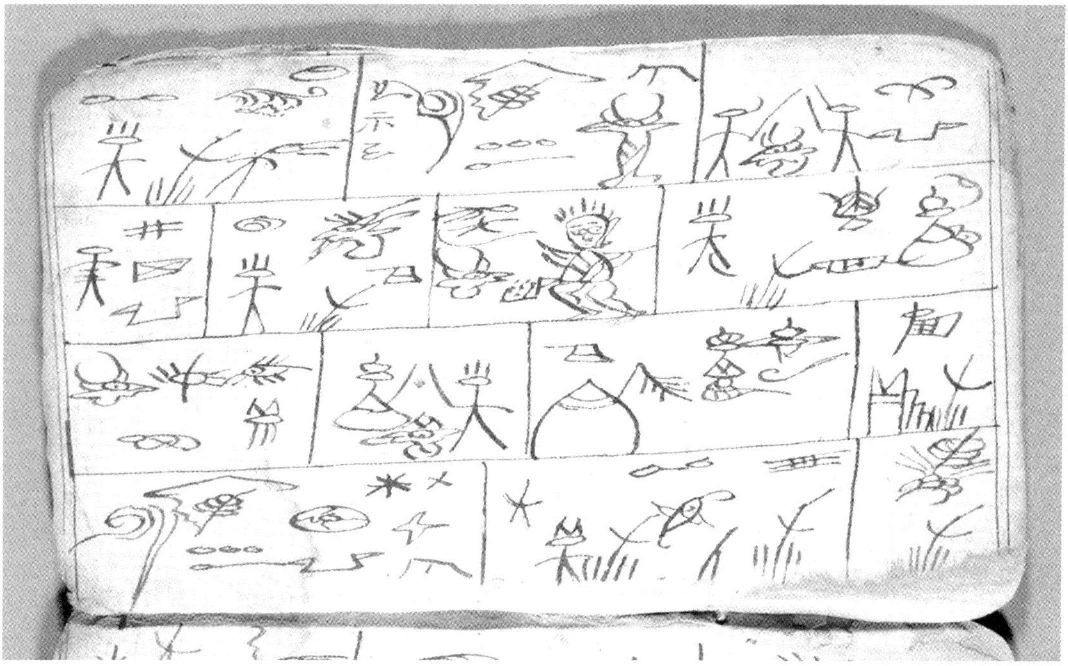

uɑ^{33} tshɿ^{21} py^{21} dər^{33}. ʂʅ^{33} tshɿ^{21} thy̩^{55} dər^{33}. | mɯ^{33} ɕy^{33} ɯ^{33} dzɿ^{21} tɯ^{33} to^{55} dər^{33} me^{33}: kɑ^{33}. | o^{33}

瓦鬼 祭 该 死鬼 驱 该 天 卦象 牛 居 地 上 中 者 吉 财

dze^{21} dʐua^{21} æ^{33} æ^{21} dzɿ^{33} thy̩^{33} ky̩^{55}. kho^{21} lɯ^{33} gu^{21} tshər^{33} thy̩^{33} ky̩^{55}. | tshɿ^{55} tse^{21} tʂhə^{55} tshɿ^{21} py^{21}

物 争 殴斗 祸 产生 会 亲 戚 病 热 产生 会 山羊 用 臭鬼 祭

tʂhə^{55} ʂu^{55} dər^{33}. | ɯ^{33} tse^{21} to^{55} khɯ^{55} le^{33} tɕhi^{33} sɿ^{33} phy̩^{33} dʐu^{33} ʐuɑ^{21} dər^{33}. | bɯ^{21} py^{21} dər^{33}.

秽 除 该 牛 用 消灾仪式 勒启斯普 债 偿 该 苯鬼 祭 该

sɿ^{55} khy̩^{21} dər^{33}. he^{21} nɯ^{33} mə^{33} hɯ^{21}. | o^{33} dze^{33} phi^{55} lɯ^{55} ky̩^{55}. | tsho^{21} dʐuɑ^{21} he^{21} nɯ^{13} tshɿ^{21}

素神 请 该 神 心 不 高兴 财 物 失 漏 会 人 争 神 和 鬼

æ^{21} thy̩^{33} ky̩^{55}. | dʑy^{21} ky̩^{33} dzər^{21} lɯ^{55} se^{13} sɿ^{21} uɑ^{21} ʂər^{55} dər^{33}. dzɿ^{33} uə^{33} py^{21} dər^{33}. | mɯ^{33} ɕy^{33}

斗 产生 会 山 上 树 砍 则 署 魂 赎 该 村 寨 祭 该 天 卦象

n̡i^{33} me^{33} thy̩^{33} to^{55} dər^{33} me^{33}: ty̩^{21} le^{33} ɕi^{33} sy^{21} be^{33} kɑ^{33}. | tər^{21} tse^{21} py^{21} dər^{33}. dʑi^{33} nɯ^{21} uɑ^{33}、

东方 上 中 者 千 又 百 样 皆 吉 呆鬼 仄鬼 祭 该 景鬼 和 瓦鬼

tɕi^{55} nɯ^{21} tɕhi^{21} py^{21} dər^{33}. | ɕy^{55} hər^{21} nɑ^{33} tsɑ^{21} tshɿ^{55} py^{21} dər^{33}.

季鬼 和 奇鬼 祭 该 柏 绿 纳召 建 祭 该

该祭瓦鬼。要驱赶死鬼。

投中天方位图的牛居地（东北方）的卦象：吉。为争夺财物会发生殴斗的祸事。亲戚中有人会生病发烧。要用山羊作牺牲进行除秽仪式。要用牛作牺牲进行消灾仪式，仪式上要向勒启斯普鬼王还债。要祭使人绝后的苯鬼。要进行迎请素神的仪式。神心中不高兴。财物会失去。人类神和鬼之间会发生争斗。若到山上砍了大树，就要向署赎魂。该进行祭村寨神仪式。

投中天方位图的东方之卦象：千百样皆吉。该祭呆鬼和仄鬼。要祭景鬼和瓦鬼、季鬼和奇鬼。要建翠柏纳召予以祭祀。

580-L-11-09

sɿ^{33} by̩^{33} tʂhər^{55} tər^{21} be^{33} ʂʅ^{33} me^{33} ʥy^{21}, tər^{21} nɯ^{21} lɑ^{33}、tshɿ^{33} nɯ^{21} iə^{21} py^{21} dər^{33}. | khə^{33} gy̩^{33}
大 者 辈 凶 地 死 者 有 呆鬼 和 佬鬼 楚鬼 和 尤鬼 祭 该 抠古鬼

tshɿ^{21} thy̩^{55} dər^{33}. sɿ^{55} khy̩^{21} dər^{33}. | o^{33} dze^{33} phi^{55} ky̩^{55}. | mɯ^{33} ɕy^{33} ly̩^{21} dzɿ^{21} tɯ^{33} to^{55} dər^{33} me^{33}:
驱 该 素神 请 该 财 物 失 会 天 卦象 龙 居 地 上 中 者

mɯ^{33} tshɿ^{21} py^{21} dər^{33}. | sɿ^{33} by̩^{33} sɿ^{55} tʂhər^{21} gə^{33} miə^{21} ko^{33}、khɯ^{33} tɕhər^{33} me^{33} tər^{21} ʂʅ^{33} me^{33}
天 鬼 祭 该 大者 三 代 的 眼 瞎 脚 跛 者 凶 死 者

ʥy^{21}. | tər^{21} nɯ^{21} tse^{21}、tshɿ^{33} nɯ^{21} iə^{21} py^{21} dər^{33}. | to^{55} khɯ^{55} dər^{33}. | dy^{21} ɕy^{33} i^{33} tʂhʅ^{33} mu^{21}
有 呆鬼 和 仄鬼 楚鬼 和 尤鬼 祭 该 消灾仪式 该 地 卦象 南方

to^{55} dər^{33}: ɯ^{33}. | sɿ^{21} tʂhər^{33} khɯ^{55} dər^{33}. sɿ^{21} nɯ^{33} ne^{13} tʂu^{33} be^{33} tɕiə^{33} khɯ^{55} lɯ^{33} ky̩^{55}. | sɑ^{21}
上 中 吉 署 药 施 该 署 以 作祟 做 疮 放 来 会 刹道

dɑ^{55}、| n̩i^{33} nɯ^{33} be^{21} tʂu^{55} be^{33} ky̩^{55}. uɑ^{33} tshɿ^{21} py^{21} dər^{33}. tshɿ^{21} py^{21} dər^{33}. | mɯ^{33} ɕy^{33} dy^{21} ɕy^{33}
尼 以 作祟 做 会 瓦鬼 祭 该 除鬼 祭 该 天 法事 地 法事

be^{33}, ʥi^{21} ɕy^{33} dæ^{21} ɕy^{33} be^{33} kɑ^{33}. | dy^{21} ɕy^{33} y^{21} dzɿ^{21} tɯ^{33}、ɯ^{33} dzɿ^{21} tɯ^{33} to^{55} dər^{33}:
做 房 法事 地基 法事 做 吉 地 卦象 羊 居 地 牛 居 地 上 中

先辈中有凶死者，该祭呆鬼和佬鬼、楚鬼和尤鬼。该驱赶抠古鬼。该进行请素神仪式。会失去财物。

投中天方位图的龙居地（东南方）之卦象：该祭天鬼。前三代中有眼瞎脚跛的人凶死。该祭呆鬼和仄鬼、楚鬼和尤鬼，该进行消灾仪式。

投中地方位图的南方之卦象：吉。该给署施药。署会作祟使人生疮。刹道[①]、尼也会作祟。该祭瓦鬼。要祭除鬼。做天和地、房屋和地基的法事为吉。

投中地方位图的羊居地或牛居地的卦象：

580-L-11-10

ty̩^{21} le^{33} ɕi^{33} sy^{21} be^{33} ɯ^{33}. ｜sɿ^{55} tʂ̩hər^{33} gə^{33} mɯ^{33} ɕy^{33} dy^{21} ɕy^{33}、ʥi^{21} ɕy^{33} dæ^{21} ɕy^{33} kɑ^{33}. ｜to^{55}
千 又 百 样 皆 吉 三 代 的 天 卦象 地 卦象 房卦象 地基卦象 吉 消灾

khɯ^{55} dər^{33}. ｜o^{33} dze^{33} ɕy^{33} kɑ^{33}. ｜dy^{21} ɕy^{33} ȵi^{33} me^{33} thy̩^{33}、ȵi^{33} me^{33} gy̩^{21} to^{55} dər^{33}: ty̩^{21} le^{33} ɕi^{33}
仪式 该 财 物 卦象 吉 地 卦象 东方 西方 上 中 千 又 百

sy^{21} be^{33} ɯ^{33}. ｜sɿ^{33} by̩^{33} tʂ̩hər^{55} tər^{21} be^{33} ʂ̩ɿ^{33} me^{33} ʥy^{21}. y^{21} tse^{21} to^{55} khɯ^{55} dər^{33}. tʂ̩hə^{55} ʂ̩u^{55}
样 皆 吉 大者 辈 凶 地 死 者 有绵羊 用 消灾仪式 该 秽 除

dər^{33}. ｜tshɿ^{55} tse^{21} tər^{21} tse^{21} py^{21} dər^{33}. ｜dy^{21} ɕy^{33} ho^{33} gy̩^{33} lo^{21} to^{55} dər^{33} me^{33}: ty̩^{21} le^{33} ɕi^{33} sy^{21}
该 山羊 用 呆鬼仄鬼 祭 该 地 卦象 北方 上 中 者 千 又 百 样

be^{33} khuɑ^{21}. dy^{21} khu^{55} tsɿ^{55} py^{21} dər^{33}. ｜iə^{33} ko^{21} ə^{33} me^{33} tɕi^{55} tɕi^{33} tɕi^{33} hə^{21} me^{33} tʂ̩hə^{55} nɯ^{33} ȵy^{55}
皆 凶 地 穴 塞 祭 该 家里 母亲 婴 生育 是 秽 以 染

ky̩^{55}. tʂ̩hə^{55} gy̩^{21} dər^{33}. ｜dy̩^{21} nɯ^{21} tse^{21}、tshɿ^{33} nɯ^{21} iə^{21} py^{21} dər^{33}. ｜ʥi^{21} lɯ^{33} dæ^{21} lɯ^{33} mu^{33}
会 秽 祭 该 毒鬼 和 仄鬼 楚鬼 和 尤鬼 祭 该 房 里母 地基 里母

① 刹道，音译名词，为掌管野生动植物和山川河流的精灵之一。下文的“尼”亦然。

tʂhər^{33} khɯ^{55} dər^{33}. uɑ^{33} tshɿ^{21}① py^{21} dər^{33}. | dy^{21} ɕy^{33} khɯ^{33} dzɿ^{21} tɯ^{33}、lv̩^{21} dzɿ^{21} tɯ^{33} to^{55} dər^{33}:
药 施 该 瓦鬼 祭 该 地 卦象 狗 居 地 龙 居 地 上 中

khuɑ^{21}.
凶

千百样皆吉。三代祖先留下的天地房产之卦象皆吉。该进行消灾仪式。有关财物之卦象，吉。

投中地方位图的东方或西方的卦象：千百样皆吉。先辈中有凶死者。要用绵羊作牺牲进行消灾仪式。该进行除秽仪式。要用山羊作牺牲祭呆鬼和仄鬼。

投中地方位图的北方之卦象：千百样皆凶。该进行塞地穴仪式。家里母亲生育会被秽染上，要进行除秽仪式。要祭毒鬼和仄鬼、楚鬼和尤鬼。要给房屋地基处的里母②施药。要祭瓦鬼。

投中地方位图的狗居地或龙居地之卦象：凶。

580-L-11-11

uɑ^{33} phər^{21} uɑ^{33} nɑ^{21} py^{21} dər^{33}. dv̩^{21} tse^{21} py^{21} dər^{33}. | bə^{33} lɯ^{21} nɯ^{33} khuɑ^{21} be^{33}, ɕi^{33} gu^{21} tshər^{33}
瓦鬼 白 瓦鬼 里 祭 该 毒鬼仄鬼 祭 该 巫师 以 恶 做 人 病 热

kv̩^{55}. | mi^{33} khə^{21} phv̩^{55} py^{21} dər^{33}. | æ^{21} tse^{21} tho^{55} lo^{33} tshɿ^{21} thv̩^{55} dər^{33}. | dzɿ^{33} zər^{21} py^{21}
会 责任 推脱 祭 该 鸡 用 妥罗鬼 驱 该 祸 压 祭

dər^{33}. | sɿ^{55} khv̩^{21} dər^{33}. | gɑ^{33} ɕy^{33} i^{33} tʂhɿ^{33} mu^{21} to^{55} dər^{33}: tv̩^{21} le^{33} ɕi^{33} sy^{21} be^{33} ɯ^{33}. | dzɿ^{33}
该 素神 请 该 嘎神卦象 南方 上 中 千 又 百 样 皆 吉 村

uə^{33} tshɿ^{55}, kɑ^{33}. mɯ^{33} ɕy^{33} dy^{21} ɕy^{33} be^{33}, kɑ^{33}. | dzɿ^{33} uə^{33} py^{21} dər^{33}. | gɑ^{33} ɕy^{33} ɯ^{33} dzɿ^{21} tɯ^{33}、
寨 建 吉 天 法事 地 法事 做 吉 村 寨 祭 该 嘎神 卦象牛 居 地

① 原文误作“tse^{21}”，校读为“tshɿ^{21}”。

② 里母，音译名词，为掌管野生动植物及山川河流的精灵之一。

y^{21} dzʅ^{21} tɯ^{33} to^{55} dər^{33}: o^{33} dze^{33} phi^{55} lɯ^{55} kv̩^{55}. | sʅ^{33} bv̩^{33} kv̩^{33} dɯ^{33} tʂhər^{55} tər^{21} ʂʅ^{33} me^{33}
羊 居 地上 中 财 物 丢 漏 会 大者 头 一 辈 凶死 者

dʑy^{21}. | gɑ^{33} py^{21} dər^{33}. sʅ^{55} khv̩^{21} dər^{33}. no^{55} bv̩^{21} dər^{33}. | gɑ^{33} ɕy^{33} ȵi^{33} me^{33} thv̩^{33}、ȵi^{33} me^{33} gv̩^{21}
有 嘎神 祭 该 素神 请 该 诺神 祭 该 嘎神卦象 东方 西方

to^{55} dər^{33} me^{33}: kɑ^{33}.
上 中 者 吉

该祭白瓦鬼和黑瓦鬼。该祭毒鬼和仄鬼。巫师会作法使坏。家人会生病发烧。该进行把罪责推给鬼的法仪。要用鸡作牺牲驱赶妥罗鬼。该进行压祸灾的法仪。要进行请素神仪式。

投中嘎神方位图的南方之卦象：千百样皆吉。建造村寨，吉。做有关天地的法事，吉。要进行祭村寨神仪式。

投中嘎神方位图的牛居地或羊居地之卦象：会失去财物。先辈中有人凶死。该祭嘎神。要进行请素神仪式。该祭诺神。

投中嘎神方位图的东方或西方之卦象：吉。

580-L-11-12

sʅ^{33} bv̩^{33} kv̩^{33} dɯ^{33} tʂhər^{55}, zʅ^{21} dy^{21} nɯ^{33} tər^{21} be^{33} ʂʅ^{33} me^{33} dʑy^{21}. | gɑ^{33} nɯ^{33} mə^{33} hɯ^{21}. to^{55}
大者 头 一 辈 仇 地 以 凶 地 死 的 有 嘎神 心 不 高兴 消灾

khɯ^{55} dər^{33}. zʅ^{21} zər^{21} py^{21} dər^{33}. | dzʅ^{33} uə^{33} py^{21} dər^{33}. | gɑ^{33} ɕy^{33} | khɯ^{33} dzʅ^{21} tɯ^{33}、lv̩^{21} dzʅ^{21}
仪式 该 仇 压 祭 该 村 寨 祭 该 嘎神卦象 狗 居 地 龙 居

tɯ^{33} to^{55} dər^{33} me^{33}: tv̩^{21} le^{33} ɕi^{33} sy^{21} be^{33} khuɑ^{21}. | o^{33} dze^{33} phi^{55} lɯ^{55} kv̩^{55}. | mə^{33} ŋv̩^{55} tshʅ^{21}
地 上 中 者 千 又 百 样 皆 凶 财 物 失 漏 会 未 超度 鬼

nɯ^{33} hɑ^{33} ʂu^{21} lɯ^{33} kv̩^{55}. tshɿ^{21} py^{21} dər^{33}. | tʂhə^{55} gv̩^{21} dər^{33}. to^{55} khɯ^{55} dər^{33}. | sɿ^{55} khv̩^{21} dər^{33}.
以 饭 找 来 会 除鬼 祭 该 秽 祭 该 消灾仪式 该 素神 请 该

gɑ^{33} py^{21} dər^{33}. ɕy^{55} hər^{21} nɑ^{33} tsɑ^{21} tshɿ^{55} dər^{33}. | gɑ^{33} ɕy^{33} ho^{33} gv̩^{33} lo^{21} to^{55} dər^{33} me^{33}: o^{33} dze^{33}
嘎神 祭 该 柏 绿 纳召 建 该 嘎神 卦象 北方 上 中 者 财 物

phi^{55} lɯ^{55} kv̩^{55}. | y^{21} gɑ^{33} lɑ^{21} tʂhu^{55} pɑ^{33} be^{33} dər^{33}. | gɑ^{33} ɕy^{33} mɯ^{33} le^{33} dy^{21} ly^{55} gv̩^{33} to^{55} dər^{33}
失 漏 会 祖先 战神 供养 做 该 嘎神卦象 天 和 地 中间 上 中

me^{33}: pɑ^{33}①khuɑ^{21} me^{55}. | miə^{33} ko^{21} miə^{21} bər^{33} thv̩^{33} kv̩^{55}.
者 凶 的 眼 里 眼泪 出 会

在先辈中有人凶死于仇地。嘎神心里不高兴。该进行消灾仪式。该进行压仇鬼仪式。该进行祭村寨神仪式。

投中嘎神方位图的狗居地或龙居地之卦象：千百样皆凶。财物会散失。未曾超度的鬼魂会来寻饭。该进行超度仪式以祭亡魂。该进行除秽仪式。要进行消灾仪式。要进行迎请素神仪式。要祭嘎神。要建翠柏纳召。

投中嘎神方位图的北方之卦象：财物会散失。该供养祖先战神。

投中嘎神方位图的天地中央之卦象：凶。会发生（因死人）而眼中落泪的事。

580-L-11-13

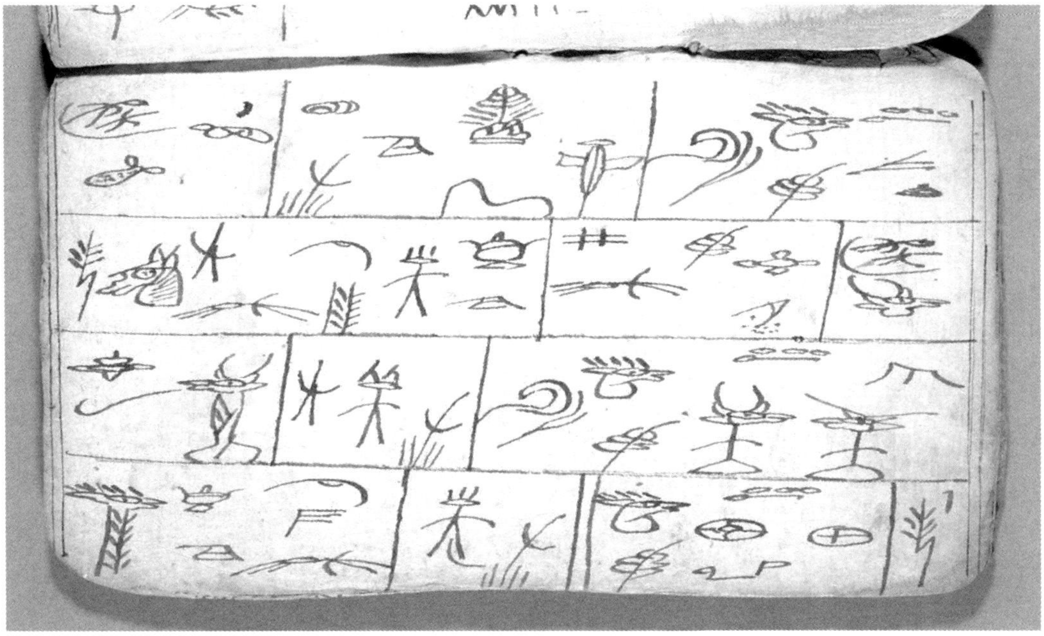

to^{55} khɯ^{55} tʂə^{33} dv̩^{33} phi^{55} dər^{33}. | tʂhə^{55} gv̩^{21} dər^{33}. bu^{21} tsɿ^{55} ze^{21} ɯ^{33} kv̩^{33}, ɕy^{55} hər^{21} nɑ^{33} tsɑ^{21}
消灾仪式 奏督 弃 该 秽 祭 该 坡 势 最 佳 处 柏 绿 纳召

tshɿ^{55} dər^{33}. dzo^{21} tso^{55} bɯ^{33} dər^{33}. | y^{21} ɕy^{33} i^{33} tʂhɿ^{33} mu^{21} to^{55} dər^{33}: khuɑ^{21}. | sɿ^{33} bv̩^{33} tʂhər^{55}
建 该 桥 搭 去 该 祖先卦象 南方 上 中 凶 大者 辈

① 此字符无法与其他字符连读，存疑。

ʐuɑ³³ kʏ³³ nɯ³³ do⁵⁵ le³³ tər²¹ ʂʅ³³ me³³ ʥy²¹. mə³³ ŋʏ⁵⁵ tshʅ²¹ nɯ³³ hɑ³³ ʂu²¹ lɯ³³ kʏ⁵⁵. | gu²¹ me³³
马 上 以 跌 而凶 死 者 有 未超度鬼 以 饭寻 来 会 病 者

ʂʅ³³ kʏ⁵⁵, ɕy³³ dɯ²¹ be³³ dər³³. | ɯ³³ tse²¹, to⁵⁵ khɯ⁵⁵ ʂʅ²¹ dʐʅ³³ uɑ²¹ ʂər⁵⁵ dər³³. | tər²¹ tse²¹ py²¹
死 会 法事 大 做 该 牛 用 消灾仪式 史支鬼王 魂 赎 该 呆鬼 仄鬼 祭

dər³³. | y²¹ ɕy³³ ɯ³³ dzʅ²¹ tɯ³³、y²¹ dzʅ²¹ tɯ³³ to⁵⁵ dər³³ me³³: kɑ³³. | y²¹ hɑ³³ ʂu⁵⁵ dər³³. sɑ⁵⁵ mə³³
该 祖先卦象 牛 居 地 羊 居 地 上 中 者 吉 祖先 饭 祭 该 气 不

dɯ³³ be³³ ʂʅ³³ me³³ʥy²¹ kʏ⁵⁵. | bɯ²¹ py²¹ dər³³. | y²¹ ɕy³³ ȵi³³ me³³ thʏ³³、ȵi³³ me³³ gʏ²¹ to⁵⁵ dər³³:
得 地 死 者 有 会 苯鬼 祭 该 祖先卦象 东方 西方 上 中

sʅ³³ bʏ³³ kʏ³³ dɯ³³ tʂhər⁵⁵,
大者 头 一 辈

该进行消灾仪式，仪式上要把称为“奏督”的皮口袋抛到外面去。要进行除秽仪式。要在山坡地势最好的地方建纳召。要去搭桥。

投中祖先方位图的南方之卦象：凶。先辈中有从马上跌下来而凶死的人。未曾超度的鬼魂会来寻饭。病者会死，要进行规模大的法仪。要用牛作牺牲进行消灾仪式，仪式上要向史支鬼王赎魂。该祭呆鬼和仄鬼。

投中祖先方位图的牛居地或羊居地之卦象：吉。祖先会来寻饭。会有接不到气而凶死的人。该祭苯鬼。

投中祖先方位图的东方或西方之卦象：先辈中

580-L-11-14

tər²¹ be³³ ʂʅ³³ me³³ ʥy²¹. tshʅ²¹ py²¹ dər³³. | y²¹ tse²¹ to⁵⁵khɯ⁵⁵ dər³³. lʏ³³ zʅ²¹ y²¹ hɑ³³ ʂu⁵⁵ dər³³. |
凶 地 死 者 有 鬼 祭 该 绵羊 用 消灾仪式 该 野外祭祖 饭 祭 该

y^{21} ɕy^{33} ly̩^{21} dzʅ^{21} tɯ^{33} to^{55} dər^{33}: mə^{33} ɯ^{33} mə^{33} khuɑ^{21}. | mə^{33} ŋy̩^{55}tshʅ^{21} nɯ^{33} hɑ^{33}ʂu^{21} ky̩^{55}. |

祖先 卦象龙 居 地 上 中 不 吉 不 凶 未 超度 鬼 以 饭 寻 会

kæ^{33} khuɑ^{21}, mæ^{55} kɑ^{33}. mɯ^{33} ɕy^{33} dy^{21} ɕy^{33}、dʑi^{21} ɕy^{33} dæ^{21} ɕy^{33} kɑ^{33}. | y^{21} ɕy^{33} khɯ^{33} dzʅ^{21} tɯ^{33}

前 凶 后 吉 天 卦象 地卦象 房 卦象宅地 卦象吉 祖先卦象 狗 居 地

to^{55} dər^{33}: ty̩^{21} le^{33} ɕi^{33} sy^{21} be^{33} kɑ^{33}. | æ^{21} tse^{21}, tho^{55} lo^{21} tshʅ^{21} thy̩^{55} dər^{33}. | gu^{21} me^{33} ɕy^{33}, gɑ^{33}

上 中 千 又 百 样 皆 吉 鸡 用 妥罗鬼 驱 该 病 者 卦象嘎神

py^{21} dər^{33}. | bɑ^{21} zi^{33} uə^{21} gy̩^{33}、mɯ^{33} ty̩^{33} ʂu^{33}zə̩r^{21} mɯ^{33} ty̩^{55} tʂhər^{33} tʂhər^{21} uə^{21} gə^{33} uɑ^{21} tsi^{21} uɑ^{21}.

祭 该 花 艳 似 成 天 抵 铁 柱 天 抵 牢固 似 的 卦 是

ty̩^{21} le^{33} ɕi^{33} sy^{21} be^{33} ɯ^{33}. | y^{21} ɕy^{33} | ho^{33} gy̩^{33} lo^{21} to^{55} dər^{33}: mə^{33} ɯ^{33} mə^{33} khuɑ^{21}, ly^{55} mu^{21}

千 又 百 样 皆 吉 祖先 卦象 北方 上 中 不 吉 不 凶 中等

gy̩^{33}. | gu^{21} me^{33} ɕy^{33}, khuɑ^{21}. ə^{55} y^{21} ə^{55} dæ^{33} ŋy̩^{55} dər^{33}. | iə^{33} ko^{21} ʐʅ^{33} hɑ^{33} phi^{55} dər^{33} ky̩^{55}. |

成 病 者 卦象 凶 猴子 狐狸 超度 该 家里 酒 饭 祭 该 会

o^{33} dze^{33}

财 物

有凶死者。该祭凶死者的鬼魂。要用绵羊作牺牲进行消灾仪式。要在野外祭祖先并献饭。

投中祖先方位图的龙居地之卦象：不吉亦不凶。未曾超度的鬼魂会来寻饭。前凶后吉。天和地的卦象、房屋和宅地之卦象为吉。

投中祖先方位图的狗居地之卦象：千百样皆吉。该用鸡作牺牲进行驱赶妥罗鬼的仪式。病者之卦象，该祭嘎神。这一卦是像鲜花一样鲜艳，又似抵天铁柱把天抵得稳妥牢固一样的吉卦。千百样都是吉祥的。

投中祖先方位图的北方之卦象：不吉亦不凶，为中常卦。病者之卦象为凶。该进行超度猴子和狐狸的法仪。家里会有（因死人）而祭酒献饭的事。有关财物

580-L-11-15

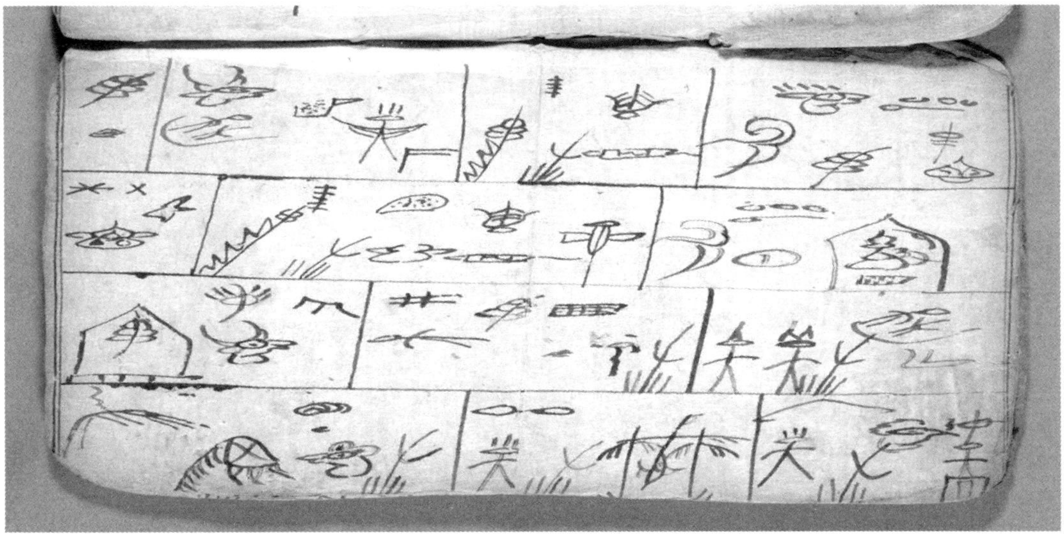

ɕy^{33}, khuɑ^{21}. | ɯ^{33} tse^{21} to^{55} khɯ^{55} dər^{33}. ʂuɑ^{33} ʂuɑ^{21} ty^{33} uə^{55} ze^{21} dʐu^{33} ʐuɑ^{21} dər^{33}. | zɿ^{33} tʂu^{55}
卦象 凶 牛 用消 灾仪式 该 刷要敦乌壬鬼 债 偿 该 延寿仪式

py^{21} dər^{33}. sɿ^{55} khy̩^{21} dər^{33}. | y^{21} ɕy^{33} mɯ^{33} nɯ^{21} dy^{21} ly^{55} gy̩^{33} pɑ^{33}① to^{55} dər^{33}: | ty̩^{21} le^{33} ɕi^{33} sy^{21}
该 素神 请 该 祖先卦象 天 和 地 中央 上 该 千 又 百 样

be^{33} ɯ^{33}. | zɿ^{33} tʂu^{55} py^{21} dər^{33}. no^{55} by̩^{21} dər^{33}. sɿ^{55} khy̩^{21} dər^{33}. dzo^{21} tso^{55} dər^{33}. | mi^{33} uə^{21} dɯ^{33}
皆 吉 延寿仪式 该 诸神 祭 该 素神 请 该 桥 架 该 米吾九宫 一

ly^{33} to^{55} dər^{33}: he^{21} nɯ^{33} mə^{33} hɯ^{21}. | dʑi^{21} ɕy^{33} dæ^{21} ɕy^{33}、o^{33} dze^{33} ɕy^{33} be^{33} kɑ^{33}. | gu^{21} me^{33} ɕy^{33}
颗 上 中 神 心 不 高兴 房 卦象 宅地 卦象 财 物 卦象 皆 吉 病 者 卦象

khuɑ^{21}, | thy̩^{33} phe^{33} dzo^{21} tso^{55}, tshɿ^{21} py^{21} dər^{33}. | dy̩^{21} tse^{21} py^{21} dər^{33}. to^{55} khɯ^{55} dər^{33}. | tshɿ^{33}
凶 麻布 桥 架 鬼 祭 该 毒鬼仄鬼 祭 该 消灾仪式 该 楚鬼

iə^{21} ŋy̩^{55} dər^{33}. tʂhə^{55} nɑ^{21} gy̩^{21} dər^{33}. | uɑ^{33} tshɿ^{21} py^{21} dər^{33}. tɕi^{55} nɯ^{21} tɕhi^{21} py^{21} dər^{33}. | tshɿ^{21}
尤鬼 超度 该 秽 大 祭 该 瓦鬼 祭 该 季鬼 和 奇鬼 祭 该 除鬼

py^{21} dər^{33}. æ^{21} tse^{21} tho^{55} lo^{33} tshɿ^{21} thy̩^{55} dər^{33}.
祭 该 鸡 用 妥罗鬼 驱 该

的卦象为凶。该用牛作牺牲进行消灾仪式。要向刷要敦乌壬鬼还债。该进行延寿仪式。要进行祭素神仪式。

投中祖先方位图的天地中央之卦象：千百样皆吉。该进行延寿仪式。要进行祭诸神仪式。要进行祭素神仪式。要去架桥做善事。

投中米吾②九宫图的第一颗米吾之卦象：神心里不高兴。有关房屋宅地的卦象及财物的卦象为吉。病者的卦象是要搭麻布桥做祭鬼仪式。该进行祭毒鬼和仄鬼的法仪。要进行消灾仪式。要进行超度楚鬼和尤鬼的仪式。要进行除秽大仪式。要做祭瓦鬼的法仪。要祭季鬼和奇鬼。要祭除鬼。要用鸡作牺牲驱赶妥鬼罗。

① 这个字符无法与其他字符连读成句，存疑。

② 米吾，音译名词，似汉文化中的九宫，故音、意结合译作“米吾九宫”。

580-L-11-16

tʂʅ^{21} zʅ^{33} no^{33} zʅ^{33}、tʂhʅ^{21} hɑ^{33} no^{33} hɑ^{33} tse^{21}, sɿ^{21} gv̩^{21} dər^{33}. ｜ɯ^{33} lɑ^{21} be^{33}, khuɑ^{21}. ｜ɕy^{55} hər^{21}

粳米酒 糯米酒　粳米 饭 糯米 饭 用 署 祭 该　生意 做 凶　柏 绿

nɑ^{33} tsɑ^{21} kæ^{33} kɯ^{33} dər^{33} me^{55}. ｜nɯ^{33} mə^{33} hɯ^{21} thv̩^{33} kv̩^{55}. ｜mu^{21} tɯ^{33} zɿ^{21} sy^{55} bɯ^{33}, ɯ^{33}. ｜

纳召 前 跪拜 该 的　心 不 高兴 产生 会　兵 起 仇 杀 去 吉

he^{21} hɑ^{33} ʂu^{55} dər^{33}. ｜mi^{33} uə^{21} ȵi^{33} ly^{55} to^{55} dər^{33}: khuɑ^{21}. iə^{33} ko^{21} ʂə^{55} ʂə^{33} æ^{33} æ^{21} thv̩^{33} kv̩^{55}. ｜

神 饭 祭 该　米吾九宫 二 颗 上 中　凶 家里 吵架 殴斗 产生 会

ɯ^{33} lɑ^{33} be^{33} bɯ^{33} mə^{33} ȵi^{21}. ｜gu^{21} me^{33} ɕy^{33}, dv̩^{21} tse^{21} py^{21} dər^{33}. khə^{33} gv̩^{33} tshɿ^{21} py^{21} dər^{33}. ｜

生意 做 去 不 可　病 者 卦象毒鬼仄鬼 祭 该　抠古鬼　祭 该

ɯ^{33} tse^{21} to^{55} khɯ^{55}, phv̩^{33} so^{33} tʂhuɑ^{55} tso^{33} mɯ^{33} tsɿ^{21} dv̩^{21} ʥi^{55} dər^{33}. ｜zʅ^{33} ʥi^{33} bɯ^{33} me^{33} ɕi^{33}

牛 用 消灾仪式 男木偶　六 具 火葬场　烧 该　路 行 去 是 他人

dy^{21} nɯ^{33} gu^{21} tshər^{33} kv̩^{55}. ｜dzɿ^{33} zər^{21} py^{21} dər^{33}. uɑ^{33} tshɿ^{21} py^{21} dər^{33}. ｜tʂhə^{55} nɑ^{21} gv̩^{21} dər^{33}.

地 以 病 热 会　祸 压 祭 该　瓦鬼　祭 该　秽 大 祭 该

he^{21} hɑ^{33} ʂu^{55} dər^{33}.

神 饭 祭 该

要用粳米酒和糯米酒、粳米饭和糯米饭作供品进行祭署仪式。不宜去做生意，凶。该去跪拜于翠柏纳召前。会发生心里不高兴的事。起兵去杀仇敌，吉。该向神献饭以祭神。

投中米吾九宫图中的第二颗米吾之卦象：凶。家里会发生吵架斗殴。不宜去做生意。病者之卦象，该祭毒鬼和仄鬼。要祭抠古鬼。要用牛作牺牲进行消灾仪式，仪式上要把六具男木偶在火葬场里烧化。出门去远行会在他乡生病发烧。要进行压祸灾仪式。要做祭瓦鬼法仪。该进行除秽大仪式。要向神献饭以祭神。

580-L-11-17

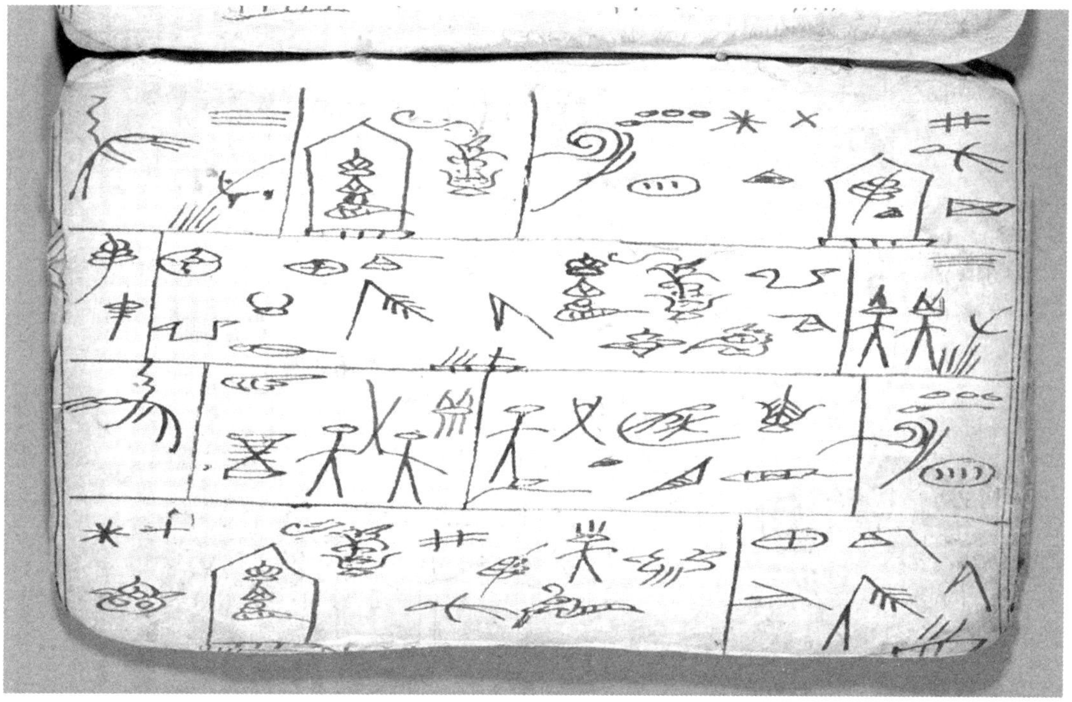

hər^{33} lɑ^{33} lɯ^{21} khɯ^{55} dər^{33}. ｜ʥi^{21} lɯ^{33} dæ^{21} lɯ^{33} mu^{33} tʂhər^{33} khɯ^{55} dər^{33}. ｜mi^{33} uə^{21} sɿ^{55} ly^{55} to^{55}
大祭风仪式 该 房里母宅地 里母 药 施 该 米吾九宫三 颗 上

dər^{33}: tv̩^{21} le^{33} ɕi^{33} sy^{21} be^{33} khuɑ^{21}. ʥi^{21} ɕy^{33} dæ^{21} ɕy^{33} khuɑ^{21}. gu^{21} tshər^{33}｜ɕy^{33}, ly^{55} mu^{21} gv̩^{33}. ｜
中 千 又 百 样 皆 凶 房 卦象宅地卦象 凶 病 热 卦象 中常 成

ȵi^{33} me^{33} thv̩^{33} nɯ^{13} ȵi^{33} me^{33} gv̩^{21} phɑ^{33} ʥi^{21} khuɑ^{33} khɯ^{33} dzər^{21} lɯ^{55}、zɿ^{33} khɯ^{21} le^{55} tʂhɿ^{55} be^{33},
东方 和 西方 方向 水 泉 处 树 砍 草皮 翻 做

sɿ^{21} tʂhər^{33} khɯ^{55}, uɑ^{21} ʂər^{55}, æ^{21} zi^{33} khɯ^{55} dər^{33}. thv̩^{33} ʂu^{55} dər^{33}.｜dv̩^{21} tse^{21} py^{21}； tshɿ^{33} iə^{21} ŋv̩^{55}
署 药 施 魂 赎 鸡 漂亮 放 该 土鬼 祭 该 毒鬼 仄鬼 祭 楚鬼尤鬼超度

dər^{33}.｜ɯ^{33} lɑ^{21} be^{33} me^{33} æ^{33} æ^{21} thv̩^{33} kv̩^{55}.｜zʅ^{33} ʥi^{33} bɯ^{33}, khuɑ^{21}. to^{55} khɯ^{55} do^{21} pv̩^{55} dər^{33}.
该 生意 做 是 殴斗 产生 会 路 行 去 凶消 灾仪式 铎鬼 送 该

sɿ^{55} khv̩^{21} dər^{33}. ｜mi^{33} uə^{21} lu^{55} ly^{55} to^{55} dər^{33}: ｜tv̩^{21} le^{33} ɕi^{33} sy^{21} be^{33} ɯ^{33}. ｜ʥi^{21} lɯ^{33} dæ^{21} lɯ^{33}
素神请 该 米吾九宫 四 颗 上 中 千 又 百 样 皆 吉 房 里母宅地里母

mu^{33} tʂhər^{33} khɯ^{55} dər^{33}. gu^{21} me^{33} ɕy^{33}, zʅ^{21} tshɿ^{21} pv̩^{55} dər^{33}. ｜ȵi^{33} me^{33} gv̩^{21}、i^{33} tʂhʅ^{33} mu^{21} tɕy^{21}
药 施 该 病 者 卦象 蛇 鬼 送 该 西方 南方 方向

dzər^{21} lɯ^{55}, zɿ^{33} khɯ^{21} le^{55} tʂhʅ^{33} be^{33},
树 砍 草 皮 翻 做

该进行大祭风仪式。该给房屋地基上的里母施药。

投中米吾九宫图的第三颗米吾之卦象：千百样皆凶。有关房屋及宅地的卦象为凶。生病发烧者的卦象为中常。去东方和西方的水泉处砍树和开垦山地，就该给署施药，向署赎魂，用漂亮的鸡向署还债。该祭土鬼。要祭毒鬼和仄鬼。要超度楚鬼和尤鬼。去做生意会发生殴斗。不宜出门远行，凶。该进行消灾仪式以退送铎鬼。该进行祭素神仪式。

投中米吾九宫图的第四颗米吾之卦象：千百样皆吉。该给房屋宅地上的里母施药。病者之卦象，该退送蛇鬼。到西方和南方处去砍树和开垦山地，

580-L-11-18

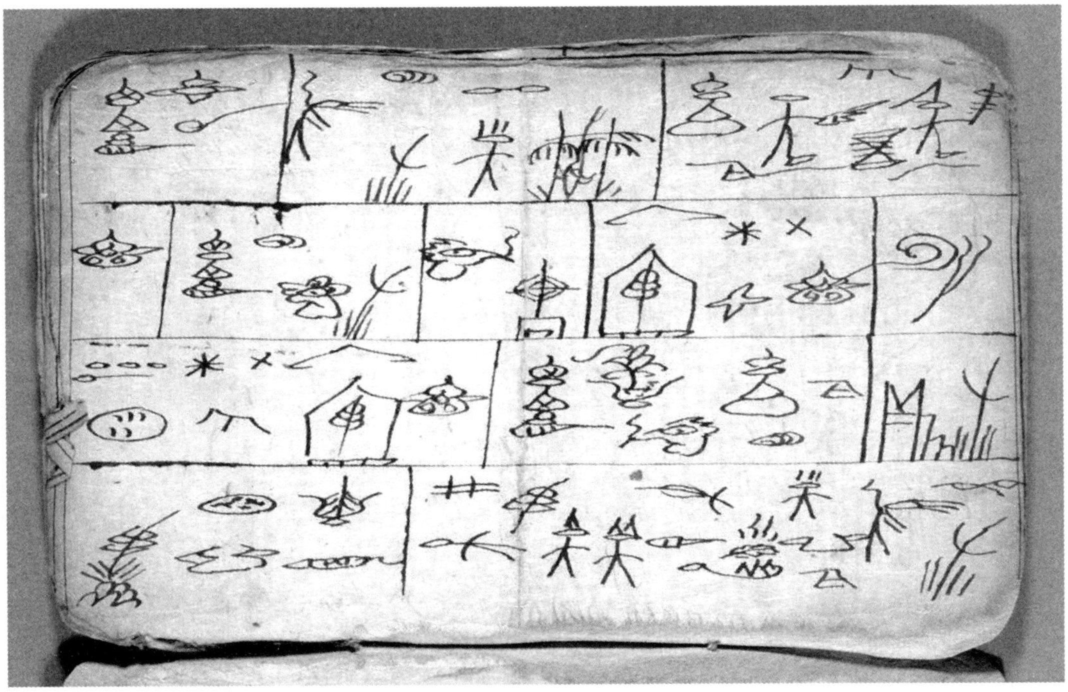

sɿ^{21} uɑ^{21} ʂər^{55} dər^{33}. ｜tshɿ^{33} tʂhə^{55} py^{21} dər^{33}. ｜dʑi^{33} nɯ^{21} uɑ^{33}, tɕi^{55} nɯ^{21} tɕhi^{21} py^{21} dər^{33}. ｜he^{21}
署 魂 赎 该　楚臭鬼 祭 该　景鬼 和 瓦鬼季鬼 和 奇鬼 祭 该　神

ʂu^{55} dər^{33}. zʅ^{33} dʑi^{33} ɯ^{33} lɑ^{21} be^{33}, mu^{21} tɯ^{33} zɿ^{21} zər^{21} bɯ^{33}, ｜ɯ^{33}. ｜tʂhə^{55} gv̩^{33}, sɿ^{21} gv̩^{21} dər^{33}. ｜
祭 该 路 行 生意 做 兵 起 仇 压 去　吉　秽 祭 署 祭 该

æ^{21} tse^{21} tho^{55} lo^{33} tshɿ^{21} thv̩^{55} dər^{33}. ｜mɯ^{33} ɕy^{33} dy^{21} ɕy^{33}, dʑi^{21} ɕy^{33} dæ^{21} ɕy^{33}, tv̩^{21} le^{33} ɕi^{33} sy^{21} be^{33}
鸡 用 妥罗鬼 驱 该　天 卦象 地卦象 房卦象 宅地卦象千 又 百 样 皆

ɯ^{33}. ｜mi^{33} uə^{21} uɑ^{55} ly^{33} to^{55} dər^{33}: tv̩^{21} le^{33} ɕi^{33} sy^{21} be^{33} kɑ^{33}. mɯ^{33} ɕy^{33} dy^{21} ɕy^{33}、dʑi^{21} ɕy^{33} dæ^{21}
吉　米吾九宫 五 颗 上 中 千 又 百 样 皆 吉　天 卦象 地卦象　房卦象宅地

ɕy^{33} ɯ^{33}. ｜æ^{21} zi^{33} khɯ^{55} sɿ^{21} tʂhər^{33} khɯ^{55} dər^{33}. he^{21} ʂu^{55}tʂhu^{55} pɑ^{33}dʑi^{55} dər^{33}. ｜dzɿ^{33} uə^{33} py^{21}
卦象 吉　鸡 漂亮 放 署 药 施　该 神 祭　天香 烧 该　村 寨 祭

dər^{33}. ｜ɕy^{55} hər^{21} nɑ^{21} tsɑ^{21} tshɿ^{55} dər^{33}. no^{55} bv̩^{21} dər^{33}. sɿ^{55} khv̩^{21} dər^{33}. ｜gu^{21} me^{33} ɕy^{33}, dv̩^{21} tse^{21}
该　柏 绿 纳召　建 该 诺神 祭　该 素神 请 该　病 者 卦象毒鬼仄鬼

py^{21} dər^{33}. zɑ^{21} tʂu^{55} ɕy^{21} ny̩^{21} pɑ^{55} phi^{55} dər^{33}. thy̩^{33} tshɿ^{21} ʂu^{55} dər^{33}. tshɿ^{33} iə^{21} py^{21} dər^{33}.
祭 该 娆星 祭 香味 瓢 到 该 土鬼 祭 该 楚鬼 尤鬼 祭 该

该向署赎魂。该祭楚臭鬼。要进行祭景鬼和瓦鬼、季鬼和奇鬼的法仪。该祭祀神灵。出门远行、去做生意、起兵杀敌皆吉。该进行除秽仪式和祭署仪式。要用鸡作牺牲以驱赶妥罗鬼。天地之卦象、房屋地基之卦象千百样皆吉。

投中米吾九宫图的第五颗米吾之卦象：千百样皆吉。天地之卦象、房屋地基之卦象皆为吉。要放打扮得漂漂亮亮的放生鸡，进行给署施药的法仪。该祭神并烧天香。该进行祭村寨神仪式。要建翠柏纳召。要祭诺神。要进行祭素神仪式。病者之卦象，该进行祭毒鬼和仄鬼之法仪。要祭娆星，仪式上要把烧着柏枝的瓢丢到外面去。该祭土鬼。要祭楚鬼和尤鬼。

580-L-11-19

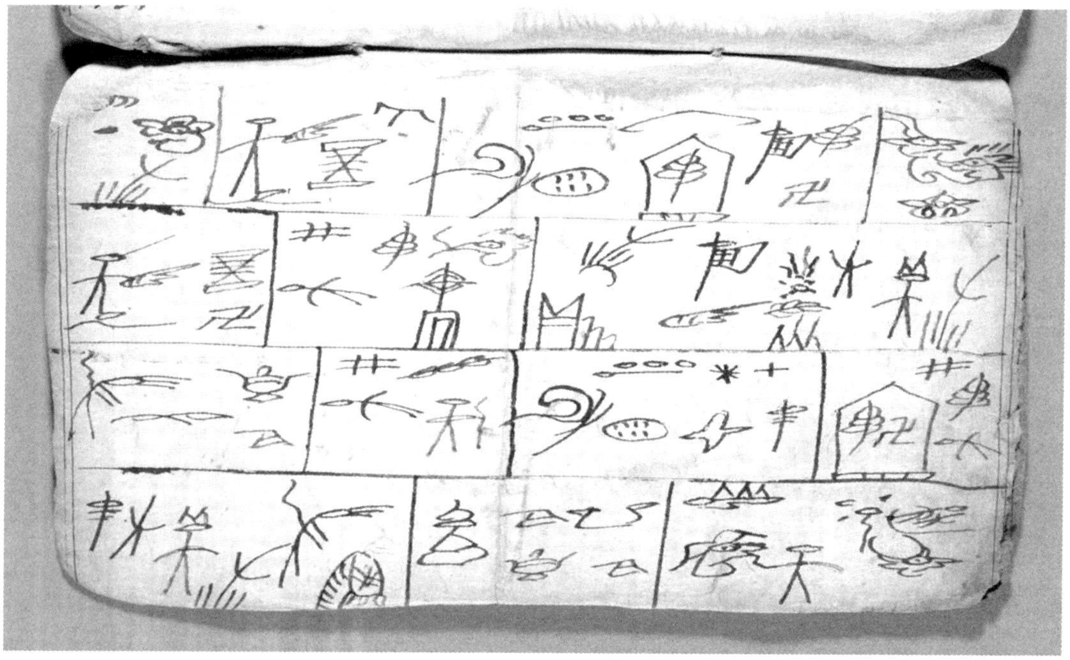

tʂə^{55} nɑ^{21} gy̩^{21} dər^{33}. | zʅ^{33} dʑi^{33} ɯ^{33} lɑ^{21} be^{33} kɑ^{33}. | mi^{33} uə^{21} tʂhuɑ^{55} ly^{33} to^{55} dər^{33}: mɯ^{33} ɕy^{33}
秽 大 祭 该 路 行 生意 做 吉 米吾九宫 六 颗 上 中 天 卦象

dy^{21} ɕy^{33}, dʑi^{21} ɕy^{33} dæ^{21} ɕy^{33}、gɑ^{33} ɕy^{33}, ɯ^{33}. | dzɿ^{21} bu^{21} tʂu^{55} lɑ^{33} ɯ^{33}. | zʅ^{33} dʑi^{33} ɯ^{33} lɑ^{21} be^{33}
地 卦象 房 卦象宅地卦象 嘎神卦象 吉 夫 妻 结 也 吉 路 行 生意 做

ɯ^{33}. | gu^{21} me^{33} ɕy^{33}, æ^{21} tse^{21} tho^{55} lo^{33} tshɿ^{21} thy̩^{55} dər^{33}. | dzɿ^{33} uə^{33} py^{21} dər^{33}. gɑ^{33} lɑ^{21} tʂhu^{55}
吉 病 者 卦象 鸡 用 妥罗鬼 驱 该 村 寨 祭 该 战神 供养

pɑ^{33} be^{33} dər^{33}. tər^{21} tse^{21} py^{21} dər^{33}. | tshɿ^{33} nɯ^{21} iə^{21} hɑ^{33} ʂu^{55} dər^{33}. | gu^{21} me^{33} tʂhu^{21} be^{33} le^{33}
做 该 呆鬼仄鬼 祭 该 楚鬼 和 尤鬼饭 祭 该 病 者 快 地 又

bi^{21}. | mi^{33} uə^{21} ʂər^{33} ly^{33} to^{55} dər^{33}: ty̩^{21} le^{33} ɕi^{33} sy^{21} ly^{55} mu^{21} gy̩^{33}. | dʑi^{21} ɕy^{33} dæ^{21} ɕy^{33}, ɯ^{33}. ɕi^{33}
愈 米吾九宫 七 颗 上 中 千 又 百 样 中等 成 房 卦象宅地卦象 吉 人

gu²¹ çy³³ be³³, | ly⁵⁵ mu²¹ gv̩³³. tər²¹ tse²¹ py²¹ dər³³. tshɿ³³ iə²¹ ŋv̩⁵⁵ dər³³. | he²¹ hɑ³³ ʂu⁵⁵ dər³³.
病 卦象 做　中常　成 呆鬼 仄鬼祭　该 楚鬼尤鬼超度 该　神 饭 祭　该

thv̩³³ ʂu³³ dər³³. | khɯ³³ ʂər²¹ çy⁵⁵ dy⁵⁵ bə⁵⁵ tshɿ²¹ me³³ ʂɿ³³ çy²¹ nɯ³³ tshɿ²¹ kv̩⁵⁵, ɯ³³ tse²¹ to⁵⁵
土鬼 祭 该　狗 牵 兽 撵 而 来 的 肉 红 以 作祟 会　牛 用 消灾

khɯ⁵⁵ dər³³,
仪式 该

该进行祭秽大仪式。出门远行，去做生意皆吉。

投中米吾九宫图的第六颗米吾之卦象：天地之卦象、房屋地基之卦象皆吉。嘎神的卦象亦吉。宜结亲相亲，吉。出门远行，去做生意皆吉。为病者作法仪，该用鸡作牺牲驱赶妥罗鬼。该进行祭村寨神仪式。要供养战神。该祭呆鬼和仄鬼。要给楚鬼和尤鬼施食。病者会很快痊愈。

投中米吾九宫图的第七颗米吾之卦象：千百样皆为中常。房屋及宅地的卦象为吉。病者之卦象为中常。该祭呆鬼和仄鬼。要进行超度楚鬼和尤鬼之法仪。要向神献饭。该祭土鬼。牵狗去狩猎而获得的带红血的肉会闹鬼，该用牛作牺牲进行消灾仪式；

580-L-11-20

phv̩³³ so³³ gv̩³³ tso³³ phi⁵⁵ dər³³. khɯ³³ ʂər²¹ tɕy²¹ khɯ³³ bɯ³³ lɑ³³ ɯ³³. | mu²¹ tɯ³³ bɯ³³, ɯ³³. |
男木偶　九 具 弃 该　狗 牵　下扣　去 亦 吉　兵 起 去 吉

tse²¹ tʂhu⁵⁵ pɑ³³ dʑi⁵⁵ æ²¹ nɯ³³ ku⁵⁵ çy⁵⁵ dər³³. | mi³³ uə²¹ ho⁵⁵ ly³³ to⁵⁵ dər³³: dʑi²¹ çy³³ dæ²¹ çy³³,
仄神　天香　烧 鸡 以 许愿　该　米吾九宫 八 颗 上 中　房 卦象宅地卦象

ɯ³³. çi³³ gu²¹ çy³³ tʂhu²¹ be³³ be³³, mə³³ tɕi¹³. | iə³³ ko²¹ æ³³ æ²¹ thv̩³³ kv̩⁵⁵, uɑ³³ tshɿ²¹ py²¹ dər³³. |
吉　人 病 法事 快　地 作　不 急　家里　殴斗 发生 会　瓦鬼　祭 该

he^{21} hɑ^{33} ʂu^{55} dər^{33}. | mɯ^{33} tshʅ^{21} py^{21} dər^{33}. lv̩^{33} zʅ^{21} y^{21} hɑ^{33} ʂu^{55} dər^{33}. | dzʅ^{33} uə^{33} py^{21} dər^{33}. |

神 饭 祭 该 天 鬼 祭 该 野外祭祖 饭 祭 该 村 寨 祭 该

ɕy^{55} hər^{21} nɑ^{21} tsɑ^{21} tshʅ^{55} dər^{33}. ʂʅ^{33} tshʅ^{21} thv̩^{55} dər^{33}. | zʅ^{33} dʑi^{33} ɯ^{33} lɑ^{21} be^{33}, ɯ^{33}. | mu^{21} tɯ^{33}

柏 绿 纳召 建 该 死 鬼 驱 该 路 行 生意 做 吉 兵 起

bɯ^{33}, khuɑ^{21}. | sʅ^{55} khv̩^{21} dər^{33}. | mi^{33} uə^{21} gv̩^{33} ly^{55} to^{55} dər^{33}: tv̩^{21} le^{33} ɕi^{33} sy^{21} be^{33} ɯ^{33}. | dʑi^{21}

去 凶 素神 请 该 米吾九宫 九 颗 上 中 千 又 百 样 皆 吉 房

ɕy^{33} dæ^{21} ɕy^{33}, kɑ^{33}. o^{33} dze^{33} ɯ^{33}. | gu^{21} me^{33} ɕy^{33} ly^{55} mu^{21} gv̩^{33}. he^{21} tʂhə^{55} nɯ^{33} ȵiə^{55},

卦象 宅地 卦象 吉 财 物 吉 病 者 卦象 中常 成 神 秽 以 染

仪式上要把九具男木偶丢到外面去。牵狗下扣去狩猎，吉。宜起兵杀敌，吉。该烧天香供养仄神，要献放生鸡以许来年再祭之愿。

投中米吾九宫图的第八颗米吾之卦象：房屋地基之卦象为吉。病者要及早作法仪就不必着急。家里会发生吵架殴斗。要祭瓦鬼。要向神献饭。该祭天鬼。要在野外祭祖献饭。该进行祭村寨神仪式。要建绿柏纳品，要驱赶死鬼。出门远行及做生意皆吉。宜起兵，吉。该进行祭素神仪式。

投中米吾九宫图的第九颗米吾之卦象：千百样皆吉。房屋地基的卦象为吉，财物，吉。病者之卦象为中常。神被秽粘染，

580-L-11-21

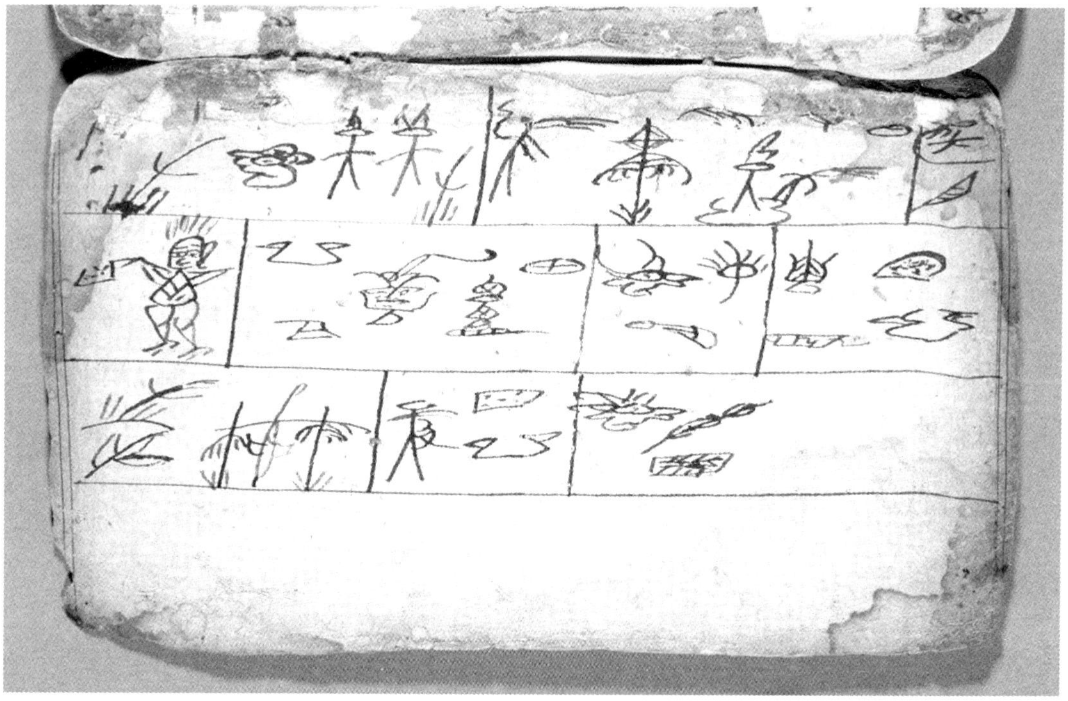

tʂhə^{55} gv̩^{21} dər^{33}. dv̩^{21} tse^{21} py^{21} dər^{33}. | tshʅ^{33} iə^{21} ŋv̩^{55} dər^{33}. mi^{55} bv̩^{33}①ʂʅ^{33} tshʅ^{21} thv̩^{55} dər^{33}. | to^{55}

秽 祭 该 毒鬼仄鬼 祭 该 楚鬼尤鬼超度 该 死 鬼 驱 该 消灾

① 这两个字符无法与其他字符连读成句，存疑。

khɯ^{55} do^{21} pv̩^{55} dər^{33}. | le^{33} tɕhi^{33} sɿ^{33} phv̩^{33} dʐu̩^{33} ʐuɑ^{21} dər^{33}. | thv̩^{33} ʂu^{55} dər^{33}. ȵi^{33} me^{33} gv̩^{21}
仪式 铎鬼 送 该　勒启斯普　债 偿 该　土鬼 祭 该　西方

gə^{33} sɿ^{21} tʂhər^{33} khɯ^{55} dər^{33}. | o^{33} dze^{33} phi^{55} kv̩^{55}. | sɿ^{55} khv̩^{21} dər^{33}. no^{55} bv̩^{21} dər^{33}. | zɿ^{21} zər^{21}
的 署 药 施 该　财 物 失 会　素神 请 该 诺神 祭 该　仇 压

py^{21} dər^{33}. tɕi^{55} nɯ^{21} tɕhi^{21} py^{21} dər^{33}. | nɯ^{33} sɿ^{33} me^{33} thv̩^{33}. | bɯ^{21} lɯ^{33} tʂhu^{33} se^{33} se^{21}.
祭 该 季鬼 和 奇鬼 祭 该　心 想 的 成　经书 读 完 了

该进行除秽仪式。该祭毒鬼和仄鬼。该超度楚鬼和尤鬼。要驱赶死鬼。要进行消灾仪式以退送铎鬼。要向勒启斯普鬼王还债。该祭土鬼。要给西方的署施药。财物会丢失。该进行祭素神仪式。要进行祭诺神仪式。要进行压仇敌仪式。该祭季鬼和奇鬼。心想事成。

经书读完了。

580-L-11-22

封底

（翻译：王世英）

453-L-12-01

pɑ^{33} kə^{21} phər^{21} sɑ^{21} nɑ^{21} sɑ^{21}ɕiə^{55} • si^{33} dʑi^{33} dɑ^{33} dʑi^{33}

tsɿ^{21} • pɑ^{33} kə^{21} tsɿ^{21} me^{33} gə^{33} the^{33} ɯ^{33}

占卜 · 用巴格黑白等色彩占卜 · 算穷运霉运 ·

用巴格占卜的书

453-L-12　占卜·用巴格黑白等色彩占卜·算穷运霉运·用巴格占卜的书

【内容提要】

本古籍有四个方面的内容：

一、介绍了十二生肖各年巴格八方之色彩变化。

二、用巴格八方色彩占卜之卦辞。

三、十二生肖各属相的人在何属相年里有穷运、霉运、病运和死亡运。何月何日有厄运。

四、在巴格上运转到何方位以占卜之卦辞。

【英文提要】

The Divination. to Divine with Colors in *Bage*, to Divine Poverty and Misfortune, Book of Divination with *Bage*

This book records contents in four parts:

First, it introduces the change of colors of eight directions on *Bage* picture of each Chinese zodiac year.

Second, it introduces the hexagrams words of divination by using the color of eight directions on *Bage* picture.

Third, it introduces the one of each Chinese zodiac year who confronts poverty, misfortune, disease and death in certain year.

Fourth, it introduces the hexagrams words of divination with certain direction on *Bage* picture.

453-L-12-02

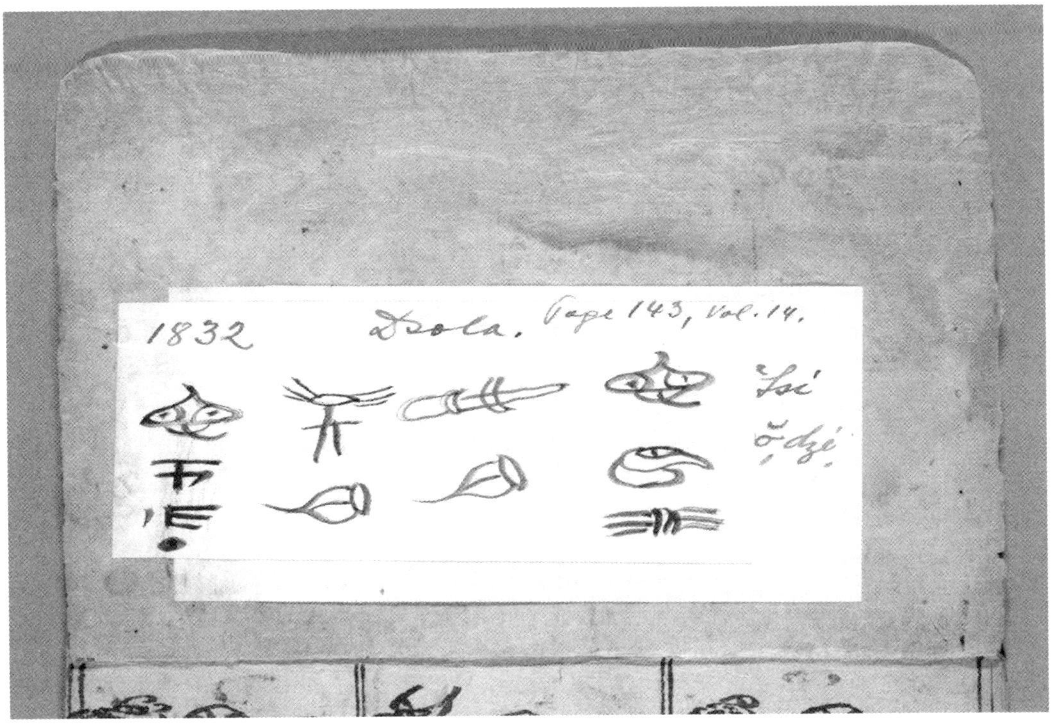

“1832”为洛克收藏纳西东巴古籍时的序号。几个东巴文为封一书名之复写。字母文字为“佐拉”、“用巴格占卜”。洛克把所有占卜都归入“佐拉”，有误。“佐拉”占卜法只是东巴占卜方法之一。

453-L-12-03

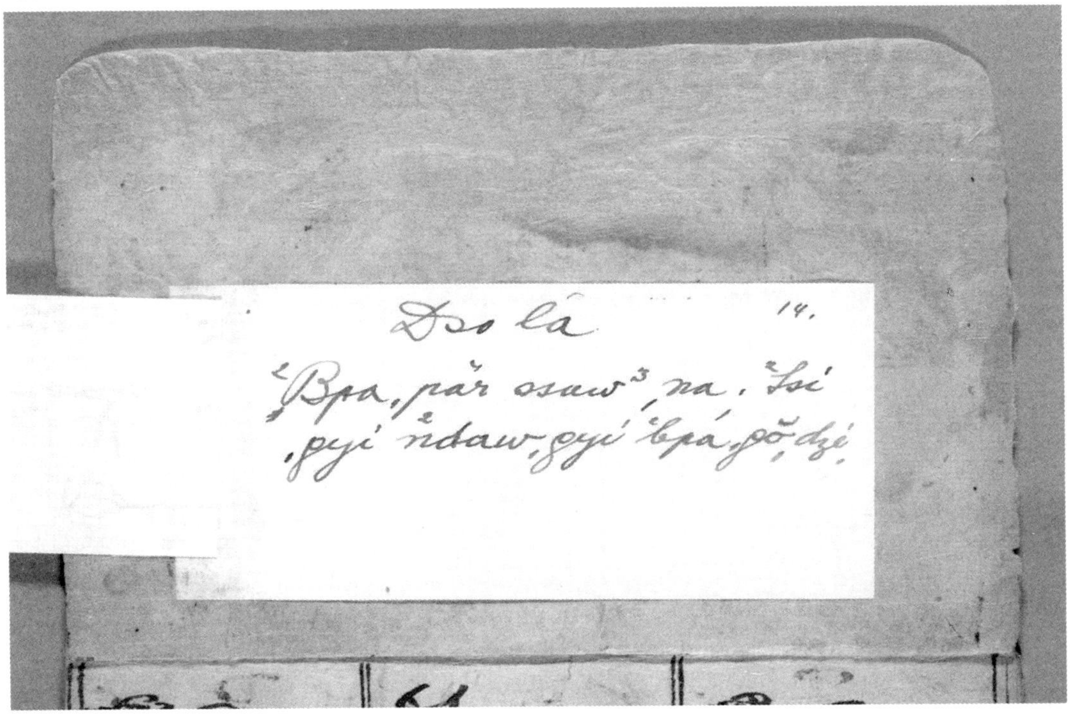

此页小卡片所记之字母文字为前页小卡片上东巴文之读音。

453-L-12-04

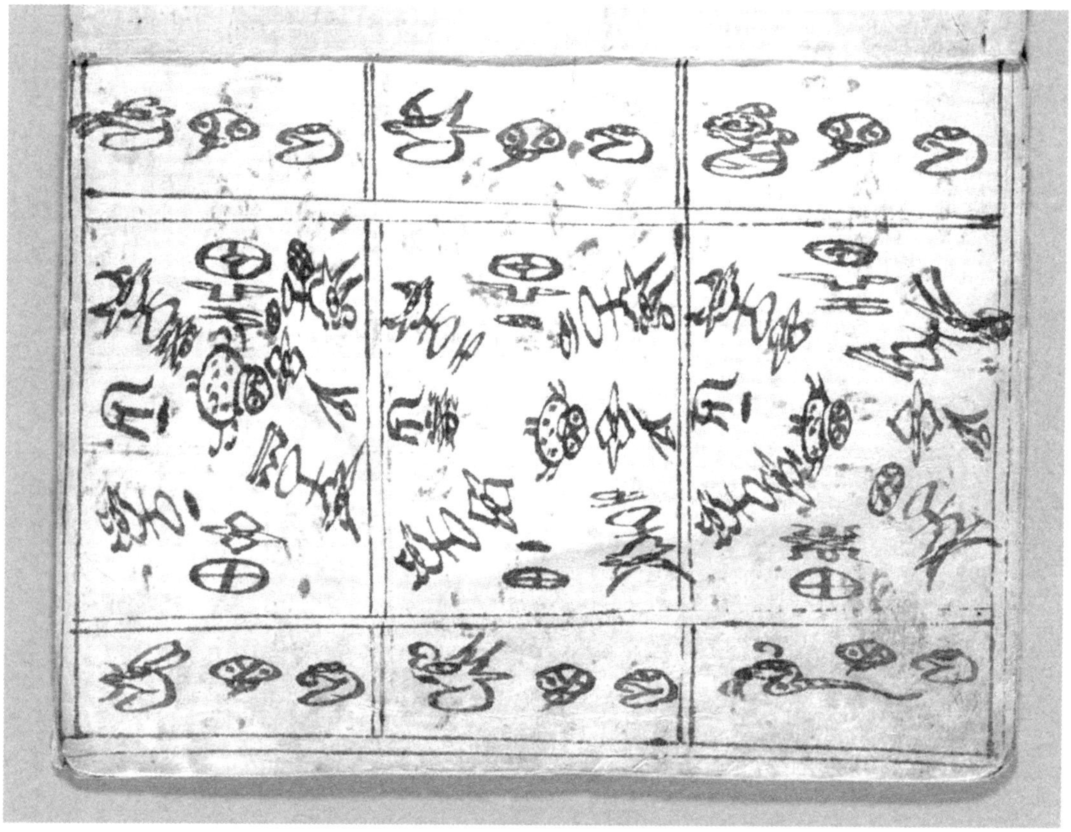

fv̩^{55} khv̩^{33} pɑ^{33} kə^{21}: ȵi^{33} me^{33} thv̩^{33}①, phər^{21} sɑ^{21}. lv̩^{21} dzɿ^{21} tɯ^{33}, mu^{33} sɑ^{21}. i^{33} tʂhʅ^{33} mu^{21}, hər^{21}

鼠 年 巴格 东方 白 位 龙 居 地 灰黄 位 南方 绿

sɑ^{21}. y^{21} dzɿ^{21} tɯ^{33}, çy^{21} sɑ^{21}. ȵi^{33} me^{33} gv̩^{21}, hər^{21} sɑ^{21}. khɯ^{33} dzɿ^{21} tɯ^{33}, nɑ^{21} sɑ^{21}. ho^{33} gv̩^{33} lo^{21},

位 羊 居 地 红 位 西方 绿 位 狗 居 地 黑 位 北方

nɑ^{21} sɑ^{21}. ɯ^{33} dzɿ^{21} tɯ^{33}, ʂʅ^{21} sɑ^{21}.

黑 位 牛 居 地 黄 位

ɯ^{33} khv̩^{55} pɑ^{33} kə^{21}: ȵi^{33} me^{33} thv̩^{33}, mu^{33} sɑ^{21}. lv̩^{21} dzɿ^{21} tɯ^{33}, phər^{21} sɑ^{21}. i^{33} tʂhʅ^{33} mu^{21}, hər^{21}

牛 年 巴格 东方 灰黄 位 龙 居 地 白 位 南方 绿

sɑ^{21}. y^{21} dzɿ^{21} tɯ^{33}, phər^{21} sɑ^{21}. ȵi^{33} me^{33} gv̩^{21}, nɑ^{21} sɑ^{21}. khɯ^{33} dzɿ^{21} tɯ^{33}, hər^{21} sɑ^{21}. ho^{33} gv̩^{33} lo^{21},

位 羊 居 地 白 位 西方 黑 位 狗 居 地 绿 位 北方

ʂʅ^{21} sɑ^{21}. ɯ^{33} dzɿ^{21} tɯ^{33}, phər^{21} sɑ^{21}.

黄 位 牛 居 地 白 位

lɑ^{33} khv̩^{55} pɑ^{33} kə^{21}: ȵi^{33} me^{33} thv̩^{33}, phər^{21} sɑ^{21}. lv̩^{21} dzɿ^{21} tɯ^{33}, çy^{21} sɑ^{21}. i^{33} tʂhʅ^{33} mu^{21}, hər^{21}

虎 年 巴格 东方 白 位 龙 居 地 红 位 南方 绿

① 从此页始共有十二张图，以表示十二生肖每年巴格八方色彩之变化。记音时从正上方始，按顺时针方向记之。中间的“青蛙”表示“巴格”，略。此页下行左到右三格应属下页，记音时从下页开始。

sɑ^{21}. y^{21} dzʅ^{21} tɯ^{33}, mu^{33} sɑ^{21}. ȵi^{33} me^{33} gv̩^{21}, ʂʅ^{21} sɑ^{21}. khɯ^{33} dzʅ^{21} tɯ^{33}, hər^{21}sɑ^{21}. ho^{33} gv̩^{33} lo^{21} nɑ^{21}
位 羊 居 地 灰黄 位 西方 黄 位 狗 居 地 绿 位 北方 黑

sɑ^{21}. ɯ^{33} dzʅ^{21} tɯ^{33}, hər^{21} sɑ^{21}.
位 牛 居 地 绿 位

鼠年的巴格：东方为白位。龙居地（东南方）为灰黄位。南方为绿位。羊居地（西南方）为红位。西方为绿位。狗居地（西北方）为黑位。北方为黑位。牛居地（东北方）为黄位。

牛年的巴格：东方为灰黄位。龙居地为白位。南方为绿位。羊居地为白位。西方为黑位。狗居地为绿位。北方为黄位。牛居地为白位。

虎年的巴格：东方为白位。龙居地为红位。南方为绿位。羊居地为灰黄位。西方为黄位。狗居地为绿位。北方为黑位。牛居地为绿位。

453-L12-05

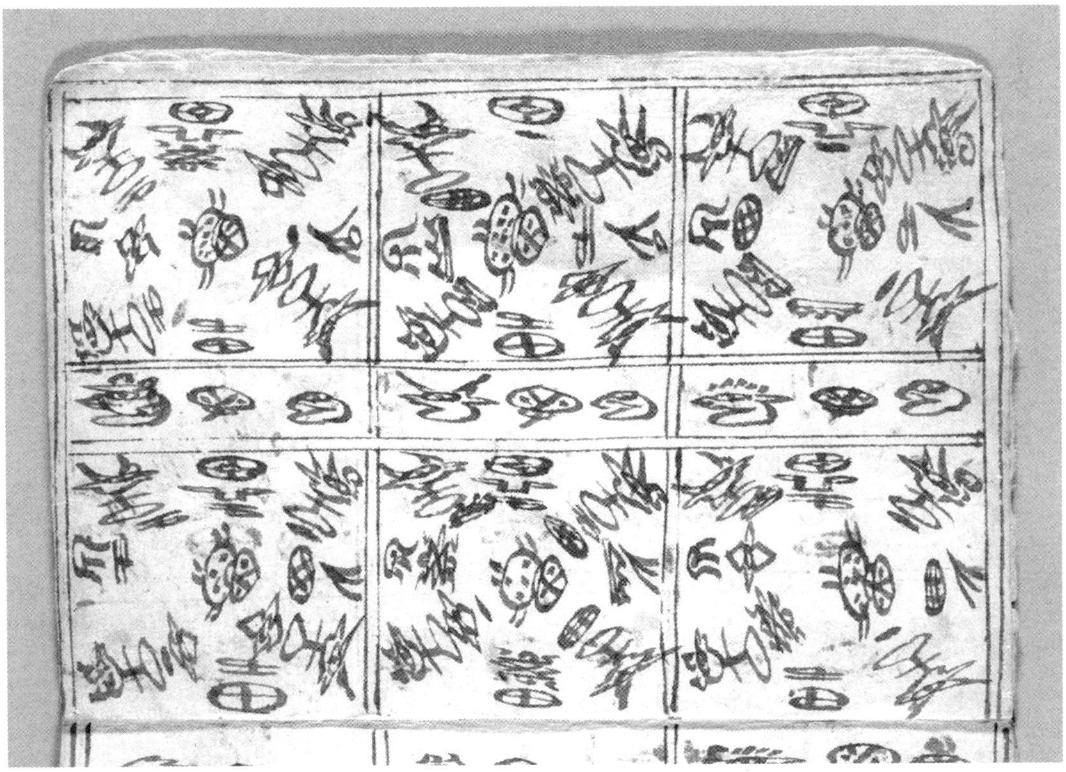

tho^{33} le^{33} khv̩^{55} pɑ^{33} kə^{21}: ȵi^{33} me^{33} thv̩^{33}. ʂʅ^{21} sɑ^{21}. lv̩^{21} dzʅ^{21} tɯ^{33}, hər^{21} sɑ^{21}. i^{33} tʂhʅ^{33} mu^{21},
兔 年 巴格 东方 黄 位 龙 居 地 绿 位 南方

nɑ^{21} sɑ^{21}. y^{21} dzʅ^{21} tɯ^{33}, hər^{21} sɑ^{21}. ȵi^{33} me^{33} gv̩^{21}, phər^{21} sɑ^{21}. khɯ^{33} dzʅ^{21} tɯ^{33}, phər^{21} sɑ^{21}. ho^{33} gv̩^{33}
黑 位 羊 居 地 绿 位 西方 白 位 狗 居 地 白 位 北方

lo^{21}, hər^{21} sɑ^{21}. ɯ^{33} dzʅ^{21} tɯ^{33}, phər^{21} sɑ^{21}.
绿 位 牛 居 地 白 位

ly̩^{21} khy̩^{55} pɑ^{33} kə^{21}: ȵi^{33} me^{33} thy̩^{33}, nɑ^{21} sɑ^{21}. ly̩^{21} dzɿ^{21} tɯ^{33}, ʂʅ^{21} sɑ^{21}. i^{33} tʂhʅ^{33} mu^{21}, phər^{21}
龙 年 巴格 东方 黑 位 龙 居 地 黄 位 南方 白

sɑ^{21}. y^{21} dzɿ^{21} tɯ^{33}, hər^{21} sɑ^{21}. ȵi^{33} me^{33} gy̩^{21}, phər^{21} sɑ^{21}. khɯ^{33} dzɿ^{21} tɯ^{33}, ɕy^{21} sɑ^{21}. ho^{33} gy̩^{33} lo^{21},
位 羊 居 地 绿 位 西方 白 位 狗 居 地 红 位 北方

ɕy^{33} sɑ^{21}. ɯ^{33} dzɿ^{21} tɯ^{33}, mu^{33} sɑ^{21}.
红 位 牛 居 地 灰黄 位

ʐʅ^{21} khy̩^{55} pɑ^{33} kə^{21}: ȵi^{33} me^{33} thy̩^{33}, nɑ^{21} sɑ^{21}. ly̩^{21} dzɿ^{21} tɯ^{33}, hər^{21} sɑ^{21}. i^{33} tʂhʅ^{33} mu^{21}, phər^{21}
蛇 年 巴格 东方 黑 位 龙 居 地 绿 位 南方 白

sɑ^{21}. y^{21} dzɿ^{21} tɯ^{33}, nɑ^{21} sɑ^{21}. ȵi^{33} me^{33} gy̩^{21}, ɕy^{21} sɑ^{21}. khɯ^{33} dzɿ^{21} tɯ^{33}, ɕy^{21} sɑ^{21}. ho^{33} gy̩^{33} lo^{21},
位 羊 居 地 黑 位 西方 红 位 狗 居 地 红 位 北方

mu^{33} sɑ^{21}. ɯ^{33} dzɿ^{21} tɯ^{33}, ɕy^{21} sɑ^{21}.
灰黄 位 牛 居 地 红 位

ʐuɑ^{33} khy̩^{55} pɑ^{33} kə^{21}: ȵi^{33} me^{33} thy̩^{33}, phər^{21} sɑ^{21}. ly̩^{21} dzɿ^{21} tɯ^{33}, nɑ^{21} sɑ^{21}. i^{33} tʂhʅ^{33} mu^{21}, mu^{33}
马 年 巴格 东方 白 位 龙 居 地 黑 位 南方 灰黄

sɑ^{21}. y^{21} dzɿ^{21} tɯ^{33}, hər^{21} sɑ^{21}. ȵi^{33} me^{33} gy̩^{21}, phər^{21} sɑ^{21}. khɯ^{33} dzɿ^{21} tɯ^{33}, nɑ^{21} hər^{21} sɑ^{21}. ho^{33} gy̩^{33}
位 羊 居 地 绿 位 西方 白 位 狗 居 地 黑 绿 位 北方

lo^{21}, phər^{21} sɑ^{21}. ɯ^{33} dzɿ^{21} tɯ^{33}, phər^{21} sɑ^{21}.
白 位 牛 居 地 白 位

y^{21} khy̩^{55} pɑ^{33} kə^{21}: ȵi^{33} me^{33} thy̩^{33}, phər^{21} sɑ^{21}. ly̩^{21} dzɿ^{21} tɯ^{33}, phər^{21} mu^{33} sɑ^{21}. i^{33} tʂhʅ^{33} mu^{21},
羊 年 巴格 东方 白 位 龙 居 地 白 灰黄 位 南方

ɕy^{21} sɑ^{21}. y^{21} dzɿ^{21} tɯ^{33}, mu^{33} sɑ^{21}. ȵi^{33} me^{33} gy̩^{21}, ʂʅ^{21} sɑ^{21}. khɯ^{33} dzɿ^{21} tɯ^{33}, nɑ^{21} hər^{21} sɑ^{21}. ho^{33}
红 位 羊 居 地 灰黄 位 西方 黄 位 狗 居 地 黑 绿 位

gy̩^{33} lo^{21}, ʂʅ^{21} sɑ^{21}. ɯ^{33} dzɿ^{21} tɯ^{33}, ɕy^{21} sɑ^{21}.
北方 黄 位 牛 居 地 红 位

ə^{55} y^{21} khy̩^{55} pɑ^{33} kə^{21}: ȵi^{33} me^{33} thy̩^{33}, phər^{21} sɑ^{21}. ly̩^{21} dzɿ^{21} tɯ^{33}, nɑ^{21} sɑ^{21}. i^{33} tʂhʅ^{33} mu^{21},
猴 年 巴格 东方 白 位 龙 居 地 黑 位 南方

mu^{33} sɑ^{21}. y^{21} dzɿ^{21} tɯ^{33}, nɑ^{21} sɑ^{21}. ȵi^{33} me^{33} gy̩^{21}, phər^{21} sɑ^{21}. khɯ^{33} dzɿ^{21} tɯ^{33}, ʂʅ^{21} sɑ^{21}. ho^{33} gy̩^{33}
灰黄 位 羊 居 地 黑 位 西方 白 位 狗 居 地 黄 位 北方

lo^{21}, hər^{21} sɑ^{21}. ɯ^{33} dzɿ^{21} tɯ^{33}, ɕy^{21} sɑ^{21}.
绿 位 牛 居 地 红 位

兔年的巴格：东方为黄位。龙居地为绿位。南方为黑位。羊居地为绿位。西方为白位。狗居地为白位。北方为绿位。牛居地为白位。

龙年的巴格：东方为黑位。龙居地为黄位。南方为白位。羊居地为绿位。西方为白位。狗居地为红位。北方为红位。牛居地为灰黄位。

蛇年的巴格：东方为黑位。龙居地为绿位。南方为白位。羊居地为黑位。西方为红位。狗居地为红位，北方为灰黄位。牛居地为红位。

马年的巴格：东方为白位。龙居地为黑位。南方为灰黄位。羊居地为绿位。西方为白位。狗居地为墨绿位。北方为白位。牛居地为白位。

羊年的巴格：东方为白位。龙居地为白、灰黄位[①]。南方为红位。羊居地为灰黄位。西方为黄位。狗居地为墨绿位。北方为黄位。牛居地为红位。

猴年的巴格：东方为白位。龙居地为黑位。南方为灰黄位。羊居地为黑位。西方为白位。狗居地为黄位。北方为绿位。牛居地为红位。

453-L-12-06

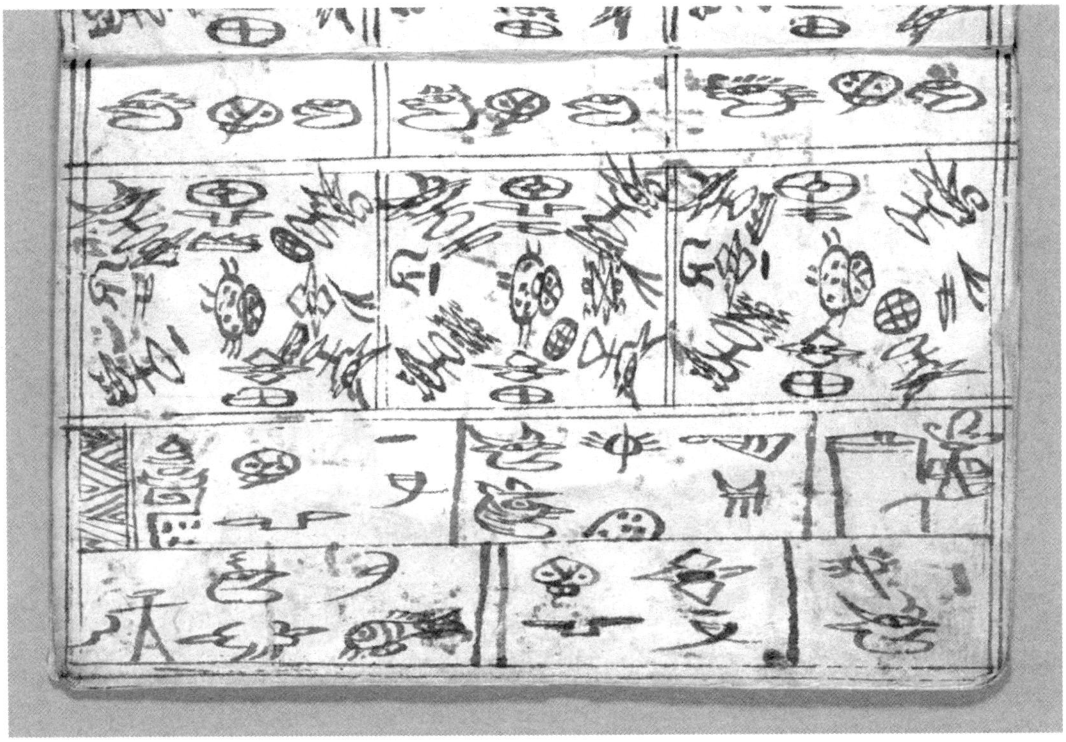

æ^{21} khv̩^{55} pɑ^{33} kə^{21}: ȵi^{33} me^{33} thv̩^{33}, ɕy^{21} sɑ^{21}. lv̩^{21} dzʅ^{21} tɯ^{33}, mu^{33} sɑ^{21}. i^{33} tʂhʅ^{33} mu^{21}, hər^{21}

鸡 年 巴格 东方 红 位 龙 居 地 灰黄 位 南方 绿

sɑ^{21}. y^{21} dzʅ^{21} tɯ^{33}, ɕy^{21} sɑ^{21}. ȵi^{33} me^{33} gv̩^{21}, hər^{21} sɑ^{21}. khɯ^{33} dzʅ^{21} tɯ^{33}, nɑ^{21} sɑ^{21}. ho^{33} gv̩^{33} lo^{21},

位 羊 居 地 红 位 西方 绿 位 狗 居 地 黑 位 北方

phər^{21} sɑ^{21}. ɯ^{33} dzʅ^{21} tɯ^{33}, hər^{21} sɑ^{21}.

白 位 牛 居 地 绿 位

---

① 白、灰黄：此处是“白”还是“灰黄”不明，照原文译之。

khɯ^{33} khy̩^{55} pɑ^{33} kə^{21}: ȵi^{33} me^{33} thy̩^{33}, phər^{21} sɑ^{21}. ly̩^{21} dzʅ^{21} tɯ^{33}, ɕy^{21} sɑ^{21}. i^{33} tʂhʅ^{33} mu^{21}, ʂʅ^{21}
狗　年　巴格　东方　白　位　龙　居　地　红　位　南方　黄

sɑ^{21}. y^{21} dzʅ^{21} tɯ^{33}, mu^{33} sɑ^{21}. ȵi^{33} me^{33} gy̩^{21}, hər^{21} sɑ^{21}. khɯ^{33} dzʅ^{21} tɯ^{33}, ʂʅ^{21} sɑ^{21}. ho^{33} gy̩^{33} lo^{21},
位　羊　居　地　灰黄　位　西方　绿　位　狗　居　地　黄　位　北方

nɑ^{21} sɑ^{21}. ɯ^{33} dzʅ^{21} tɯ^{33}, phər^{21} sɑ^{21}.
黑　位　牛　居　地　白　位

bu^{21} khy̩^{55} pɑ^{33} kə^{21}: ȵi^{33} me^{33} thy̩^{33}, phər^{21} sɑ^{21}. ly̩^{21} dzʅ^{21} tɯ^{33}①. i^{33} tʂhʅ^{33} mu^{21}, phər^{21} sɑ^{21}. y^{21}
猪　年　巴格　东方　白　位　龙　居地　南方　白　位　羊

dzʅ^{21} tɯ^{33}, mu^{33} sɑ^{21}. ȵi^{33} me^{33} gy̩^{21}, hər^{21} sɑ^{21}. khɯ^{33} dzʅ^{21} tɯ^{33}, ʂʅ^{21} sɑ^{21}. ho^{33} gy̩^{33} lo^{21}, nɑ^{21} hər^{21}
居　地　灰黄　位　西方　绿　位　狗　居　地　黄　位　北方　黑　绿

sɑ^{21}. ɯ^{33} dzʅ^{21} tɯ^{33}, ɕy^{21} sɑ^{21}.
位　牛　居地　红　位

pɑ^{33} kə^{21} gə^{33} nɑ^{21} sɑ^{21} to^{55} thy̩^{33} me^{33}: ɯ^{33} ʐuɑ^{33} o^{33} dze^{33} phi^{55} ky̩^{55}. | tʂhər^{33} me^{33} ʂʅ^{55} | tsʅ^{33}
巴格　的　黑　位　上　到　者　牛　马　财　物　失　会　媳妇　新　接

py̩^{55} bɯ^{33} mə^{33} ȵi^{21}. pɑ^{33} kə^{21} gə^{33} nɑ^{21} hər^{21} sɑ^{21} to^{55} thy̩^{33} me^{33}: o^{33} dze^{33}
送　去　不　可　巴格　的　黑　绿　位　上　到　者　财　物

鸡年的巴格：东方为红位。龙居地为灰黄位。南方为绿位。羊居地为红位。西方为绿位。狗居地为黑位。北方为白位。牛居地为绿位。

狗年的巴格：东方为白位。龙居地为红位。南方为黄位。羊居地为灰黄位。西方为绿位。狗居地为黄位。北方为黑位。牛居地为白位。

猪年的巴格：东方为白位。龙居地……南方为白位。羊居地为灰黄位。西方为绿位。狗居地为黄位。北方为墨绿位。牛居地为红位。

运转到巴格的黑位者：马牛等财物会丢失。不宜去接送新媳妇。

运转到巴格的墨绿位者：财物

① 此方位为何色，原文缺如。

453-L-12-07

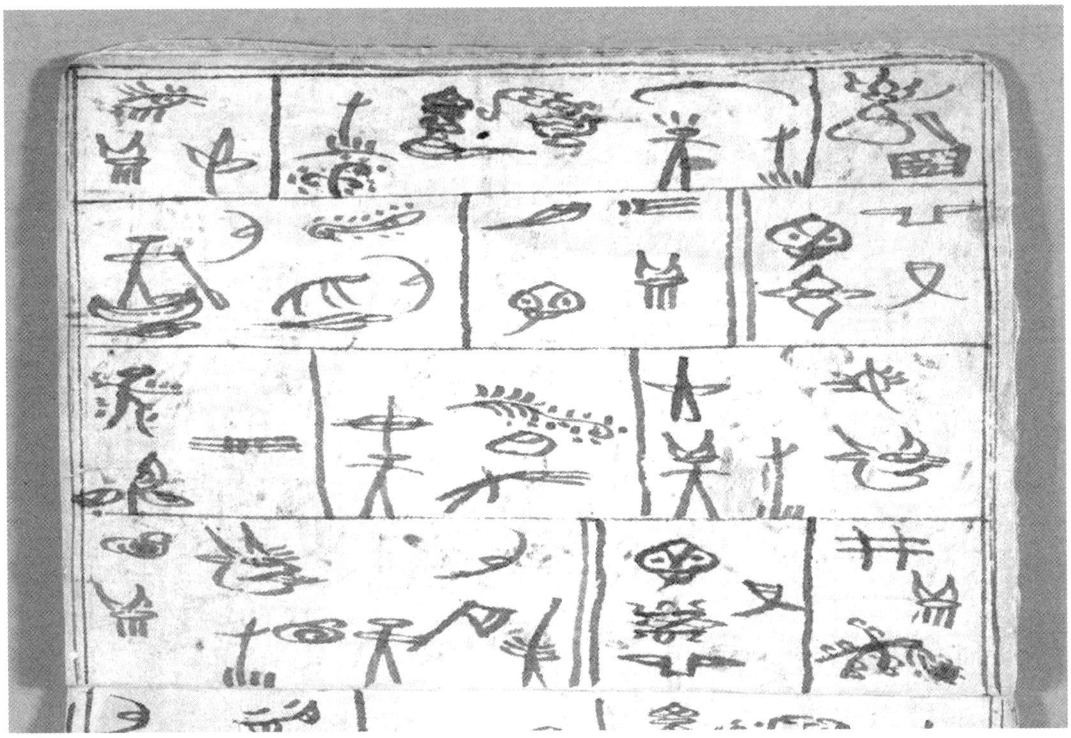

zɿ^{21} lɑ^{21} phu^{55} lɯ^{55} kv̩^{55}. | dzɿ^{33} zər^{21} py^{21} dər^{33}. sɿ^{33} tʂhər^{33} khɯ^{55} dər^{33}. mɯ^{33} tshɿ^{21} py^{21} dər^{33}. |
仇 手 中 落 会 祸 压 祭 该 署 药 施 该 天 鬼 祭 该

py^{33} bv̩^{21} nɯ^{33} bɯ^{21} lɯ^{33} pər^{55} bɯ^{21} lɯ^{33} tʂhu^{33} dər^{33}. | dʑi^{21} dər^{21} lɯ^{21} khɯ^{55} bɯ^{33} mə^{33} ȵi^{21}. dʑi^{21}
祭司 以 经书 写 经书 诵 该 水 涉 船 渡 去 不 可 游泳

dzə̩r^{33} bɯ^{33} mə^{33} ȵi^{21}. | dʑi^{21} nɯ^{33} pɑ^{33}sɑ^{21} be^{33} kv̩^{55}. | pɑ^{33} kə^{21} gə^{33} hər^{21} sɑ^{21} to^{55} thv̩^{33} me^{33}: |
去 不 可 水 以 作祟 做 会 巴格 的 绿 位 上 到 者

dzə̩r^{21} nv̩^{33} dər^{33} kv̩^{55}. | tho^{55} lo^{33} tshɿ^{21} thv̩^{55} dər^{33}. ʂɿ^{33} tshɿ^{21} thv̩^{55} dər^{33}. | tər^{21} tse^{21} py^{21} dər^{33}.
惊 疯 该 会 妥罗鬼 驱 该 死 鬼 驱 该 呆鬼仄鬼 祭 该

o^{33} dze^{33} tʂhə^{55} nɯ^{33} ȵy^{55} kv̩^{55}. tshɿ^{55} tse^{21} tʂhə^{55} gv̩^{21} dər^{33}. dzər^{21} dɑ^{55} bɯ^{33} mə^{33} ȵi^{21}. | pɑ^{33} kə^{21}
财 物 秽 以 染 会 山羊 用 秽 祭 该 树 砍 去 不 可 巴格

gə^{33} ʂɿ^{21} sɑ^{21} to^{55} thv̩^{33} me^{33}: | gu^{21} me^{33} phy^{55} kv̩^{55}, bv̩^{33} thv̩^{33} kv̩^{55}.
的 黄 位 上 到 者 病 者 吐 会 疮 生 会

会落入仇人手中。该进行压灾祸仪式。要给署施药。该祭天鬼。要请东巴祭司写经诵经。不宜去涉水渡船，不宜去游泳，水会作祟。

运转到巴格的绿位者：会受惊吓而疯。该驱赶妥罗鬼。要驱赶死鬼。该祭呆鬼和仄鬼。财物会染上秽。该用山羊作牺牲进行除秽仪式。不要去砍树。

运转到巴格的黄位者：会生病而吐，会生疮。

453-L-12-08

he^{33} mə^{33} thɑ^{55}、miə^{21} mə^{33} thɑ^{55} be^{33} gu^{21} kv̩^{55}. | tshɿ^{33} tʂhə^{55} py^{21} dər^{33}. | sɿ^{21} uə^{33} thv̩^{21} sɿ^{21}
耳 不 灵 眼 不 灵 地 病 会 楚臭 祭 该 署 寨 建 署

tʂhər^{33} khɯ^{55} dər^{33}. | dzɿ^{33} uə^{33} tshɿ^{55} bɯ^{33} mə^{33} ȵi^{21}. | pɑ^{33} kə^{21} gə^{33} ɕy^{21} sɑ^{21} to^{55} thv̩^{33} me^{33}: |
药 施 该 村 寨 建 去 不 可 巴格 的 红 位 上 到 者

bu^{21} khv̩^{55} æ^{21} khv̩^{55} me^{33} gu^{21} tshər^{33} kv̩^{55}. | zo^{33} mi^{55} | gu^{21} tshər^{33} kv̩^{55}. | ɯ^{33} lɑ^{21} be^{33} phi^{55}
猪 岁 鸡 岁 者 病 热 会 儿 女 病 热 会 生意 做 赔

kv̩^{55}. | tshɿ^{21} nɯ^{33} uɑ^{21} he^{33} khv̩^{33} kv̩^{55}. | uɑ^{33} phər^{21} uɑ^{33} nɑ^{21} py^{21} dər^{33}. | mi^{33} khə^{21} phv̩^{55} py^{21}
会 鬼 以 魂 偷 会 瓦鬼 白 瓦鬼 黑 祭 该 责任 推脱 祭

dər^{33}. | iə^{33} ko^{21} ʂɿ^{33} tshɿ^{21} thv̩^{55} dər^{33}. | zɿ^{21} æ^{21} bɯ^{33} mə^{33} ȵi^{21}. | pɑ^{33} kə^{21} gə^{33} mu^{33} sɑ^{21} to^{55}
该 家里 死 鬼 驱 该 仇 斗 去 不 可 巴格 的 灰黄 位 上

thv̩^{33} me^{33}:
到 者

会耳不灵、眼不灵地生病。该进行祭“楚臭”的法仪。该搭建署寨给署施药。不宜去建村设寨。

运转到巴格的红位者：属猪、属鸡的人会生病发烧。子女会生病发烧。去做生意会赔本。鬼会偷走其灵魂。该进行祭白瓦鬼和黑瓦鬼的法仪。该进行把罪责推给鬼的法仪。要在家里驱赶死鬼。不宜起兵去杀仇人。

运转到巴格的灰黄位者：

453-L-12-09

tv̩^{21} le^{33} ɕi^{33} sy^{21} be^{33} ɯ^{33}. | zo^{33} se^{13} tʂhə^{55} tshe^{21} dər^{33}. tʂhə^{55} nɑ^{21} gv̩^{21} dər^{33}. | pɑ^{33} kə^{21} gə^{33}

千 又 百 样 皆 吉 男 则 秽 忌 该 秽 大 祭 该 巴格 的

phər^{21} sɑ^{21} to^{55} thv̩^{33} me^{33}: tv̩^{21} le^{33} ɕi^{33} sy^{21} be^{33} ɯ^{33}. tʂhə^{55} gv̩^{21} dər^{33}. | ɕi^{33} ʂʅ^{33} kv̩^{33} bɯ^{33} mə^{33}

白 位 上 到 者 千 又 百 样 皆 吉 秽 祭 该 人 死 处 去 不

ȵi^{21}. | pɑ^{33} kə^{21} gə^{33} phər^{21} mu^{33} to^{55} thv̩^{33} me^{33}: tv̩^{21} le^{33} ɕi^{33} sy^{21} be^{33} ɯ^{33}. zo^{33} se^{13} tʂhə^{55} tshe^{21}

可 巴格 的 白 灰黄 上 到 者 千 又 百 样 皆 吉 男 则 秽 忌

dər^{33}. | mi^{55} se^{13} tʂhə^{55} ʂu^{55} tʂhə^{55} gv̩^{21} dər^{33}. | tʂhə^{33} dv̩^{33} phi^{55} me^{33}, | tʂhv̩^{21} me^{33} thɯ^{33} ho^{55}

该 女 则 秽 除 秽 祭 该 奏督 丢 是 作祟 的 这 八

kv̩^{33} ȵi^{55} ȵi^{21} mu^{21} me^{55}; ze^{21} thv̩^{33} me^{33} tse^{55} kv̩^{33}, khuɑ^{55} tɕər^{21} mə^{33} dər^{33} me^{55}. | fv̩^{55} khv̩^{33} me^{33},

会 一样 是 的 哪 到 皆 地方 卦 上 没 错 的 鼠 岁 者

fv̩^{55} khv̩^{33} si^{33} ʥi^{33}; | ɯ^{33} khv̩^{55}, dɑ^{33} ʥi^{33}.

鼠 年 穷 厄运 牛 年 霉 厄运

千百样皆吉。若是男子则要忌秽。该进行除秽仪式。

运转到巴格的白位者：千百样皆吉。该进行除秽仪式。不宜到死人的地方去。

运转到巴格的白、灰黄位者：千百样皆吉。若是男子，则该忌秽。若是女子，就该进行除秽仪式。

丢弃奏督皮口袋，作祟的这八个是相同的，不论到了哪里，卦上是没有差错的[①]。属鼠的人：鼠年有穷的厄运。牛年有倒霉的厄运。

453-L-12-10

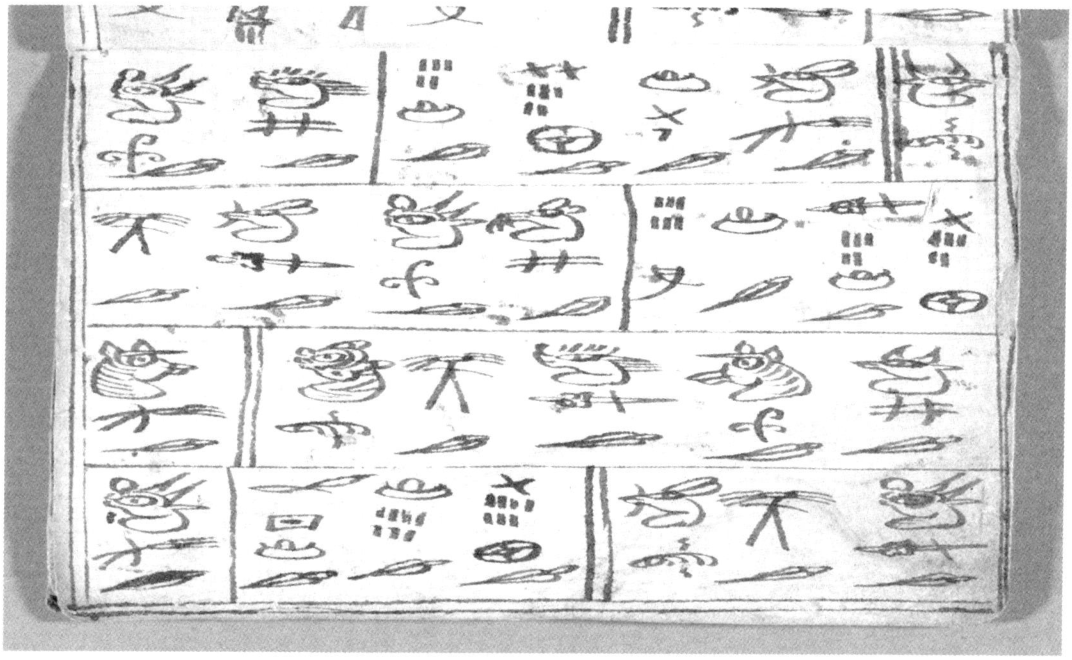

lv̩^{21} khv̩^{55}, dzʅ^{33} ʥi^{33}. bu^{21} khv̩^{55}, gu^{21} ʥi^{33}. | uɑ^{55} me^{33} he^{33}, ʥi^{33}. ȵi^{33} tsər^{21} uɑ^{33} ȵi^{33} ʥi^{33}. tshe^{21}
龙 年 祸 厄运 猪 年 病 厄运 五月 厄运 二 十 五 日 厄运

də^{33} he^{33}, ʥi^{33}. tho^{33} le^{33} khv̩^{55}, ʂʅ^{33} ʥi^{33}. | ɯ^{33} khv̩^{55} me^{33}: ɯ^{33} khv̩^{55}, | si^{33} ʥi^{33}. tho^{33} le^{33} khv̩^{55},
十一月 厄运 兔 年 死 厄运 牛 岁 者 牛 年 穷 厄运 兔 年

dɑ^{33} ʥi^{33}. lv̩^{21} khv̩^{55}, dzʅ^{33} ʥi^{33}. fv̩^{55} khv̩^{33}, gu^{21} ʥi^{33}. | tʂhuɑ^{55} me^{33} he^{33}, ʥi^{33}. dɑ^{33} uɑ^{33} he^{33}, ʥi^{33}.
霉 厄运 龙 年 祸 厄运 鼠 年 病 厄运 六月 厄运 十二月 厄运

tshe^{21} uɑ^{33} ȵi^{33}, ʥi^{33}. | ʐuɑ^{33} khv̩^{55}, ʂʅ^{33} ʥi^{33}. | lɑ^{33} khv̩^{55} me^{33}: lɑ^{33} khv̩^{55}, si^{33} ʥi^{33}. bu^{21} khv̩^{55},
十五日 厄运 马 年 死 厄运 虎 岁 者 虎 年 穷 厄运 猪 年

dɑ^{33} ʥi^{33}. ʐuɑ^{33} khv̩^{55}, dzʅ^{33} ʥi^{33}. ɯ^{33} khv̩^{55}, gu^{21} ʥi^{33}. | lv̩^{21} khv̩^{55}, ʂʅ^{33} ʥi^{33}. | iə^{21} pe^{21} he^{33}, ʥi^{33}.
霉 厄运 马 年 祸 厄运 牛 年 病 厄运 龙 年 死 厄运 正月 厄运

sæ^{33} me^{33} he^{33}, ʥi^{33}. tshe^{21} ʂər^{33} ȵi^{33}, ʥi^{33}. | tho^{33} le^{33} khv̩^{55} me^{33}: tho^{33} le^{33} khv̩^{55}, si^{33} ʥi^{33}. lv̩^{21}
七月 厄运 十 七 日 厄运 兔 岁 者 兔 年 穷 厄运 龙

khv̩^{55}, dɑ^{33} ʥi^{33}.
年 霉 厄运

---

① 这一句不知具体所指，按原文直译之。

龙年有灾祸之厄运。猪年有病痛之厄运。五月为厄月。二十五日为厄日。十一月为厄月。兔年有死亡之厄运。

属牛的人：牛年有穷运。兔年有霉运。龙年有灾祸运。鼠年有病痛之厄运。六月为厄月。十二月为厄月。十五日为厄日。马年有死亡之厄运。

属虎的人：虎年有穷运。猪年有霉运。马年有灾祸之厄运。牛年有病痛之厄运。龙年有死亡之厄运。正月为厄月。七月为厄月。十七日为厄日。

属兔的人：兔年有穷运。龙年有霉运。

453-L-12-11

y^{21} khv̩^{55}, dzɿ^{33} dʑi^{33}. lɑ^{33} khv̩^{55}, gu^{21} dʑi^{33}. ə^{55} y^{21} khv̩^{55}, ʂʅ^{33} dʑi^{33}. ｜he^{21} dʑiə^{33} he^{33}, dʑi^{33}. huɑ^{55} me^{33}
羊 年 祸 厄运 虎 年 病 厄运 猴 年 死 厄运 二月 厄运 八月

dʑi^{33}. tshe^{33} do^{21} ho^{55} | n̥i^{33}, tshe^{21} ʂər^{33} n̥i^{33}, dʑi^{33}. ｜lv̩^{21} khv̩^{55} me^{33}: lv̩^{21} khv̩^{55} si^{33} dʑi^{33}. æ^{21} khv̩^{55},
厄运 初八 十 七 日 厄运 龙 岁 者 龙 年 穷 厄运 鸡 年

dɑ^{33} dʑi^{33}. fv̩^{55} khv̩^{33}, gu^{21} dʑi^{33}. ə^{55} y^{21} khv̩^{55}, dzɿ^{33} dʑi^{33}. lɑ^{33} khv̩^{55}, ʂʅ^{33} dʑi^{33}. ｜sɑ^{55} uɑ^{33} he^{33}, dʑi^{33}.
霉 厄运 鼠 年 病 厄运 猴 年 祸 厄运 虎 年 死 厄运 三月 厄运

guə^{33} me^{33}, dʑi^{33}. n̥i^{33} tsər^{21} sɿ^{21} n̥i^{33}, dʑi^{33}. ｜zʅ^{21} khv̩^{55} me^{33}: zʅ^{21} khv̩^{55}, si^{33} dʑi^{33}. ə^{55} y^{21} khv̩^{55}, dɑ^{33}
九月 厄运 二 十 三 日 厄运 蛇 岁 者 蛇 年 穷 厄运 猴 年 霉

dʑi^{33}. æ^{21} khv̩^{55}, gu^{21} dʑi^{33}. khɯ^{33} khv̩^{55}, ʂʅ^{33} dʑi^{33}. lv̩^{21} khv̩^{55}, dzɿ^{33} dʑi^{33}. lu^{55} me^{33} he^{33}, dʑi^{33}. tshe^{21}
厄运 鸡 年 病 厄运 狗 年 死 厄运 龙 年 祸 厄运 四月 厄运 十月

me^{33} he^{33} dʑi^{33}. tshe^{33} sɿ^{21} ȵi^{33}, tshe^{33} do^{21} ho^{55} ȵi^{33}, dʑi^{33}. | ʐuɑ^{33} khy̩^{55} me^{33}: ɯ^{33} khy̩^{55}, si^{33} dʑi^{33}.
厄运 十 三 日 初八 厄运 马 岁 者 牛 年 穷 厄运

羊年为灾祸之厄运。虎年有病痛之厄运。猴年有死亡之厄运。二月为厄月。八月为厄月。初八、十七日为厄日。

属龙的人：龙年有贫穷之厄运。鸡年有倒霉之厄运。鼠年有病痛之厄运。猴年有灾祸之厄运。虎年有死亡之厄运。三月为厄月。九月为厄月。二十三日为厄日。

属蛇的人：蛇年有贫穷之厄运。猴年有倒霉之厄运。鸡年有病痛之厄运。狗年有死亡之厄运。龙年有灾祸之厄运。四月为厄月。十月亦为厄月。十三日、初八为厄日。

属马的人：牛年有贫穷之厄运。

453-L-12-12

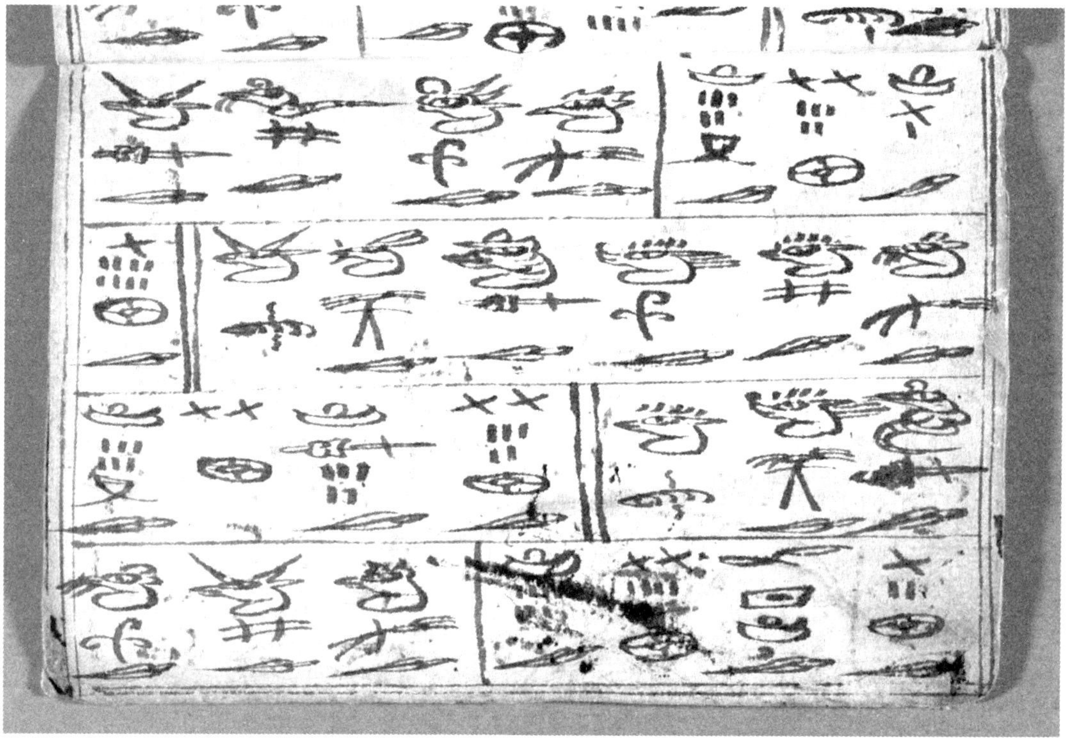

y^{21} khy̩^{55}, dɑ^{33} dʑi^{33}. ʐʅ^{21} khy̩^{55}, gu^{21} dʑi^{33}. ly̩^{21} khy̩^{55}, dzɿ^{33}dʑi^{33}. æ^{21} khy̩^{55}, ʂʅ^{33} dʑi^{33}. | uɑ^{55} me^{33} he^{33},
羊 年 霉 厄运 蛇 年 病 厄运 龙 年 祸 厄运 鸡 年 死 厄运 五月

dʑi^{33}. ȵi^{33} tsər^{21} uɑ^{33} ȵi^{33}, dʑi^{33}. tshe^{21} də^{33} he^{33}, dʑi^{33}. | tshe^{21} ho^{55} ȵi^{33}, dʑi^{33}. | y^{21} khy̩^{55} me^{33}:
厄运 二 十 五 日 厄运 十一月 厄运 十 八 日 厄运 羊 岁 者

tho^{33} le^{33} khy̩^{55}, si^{33} dʑi^{33}. ʐuɑ^{33} khy̩^{55}, dɑ^{33} dʑi^{33}. bu^{21} khy̩^{55}, dzɿ^{33} dʑi^{33}. ə^{55} y^{21} khy̩^{55}, gu^{21} dʑi^{33}. fy̩^{55}
兔 年 穷 厄运 马 年 霉 厄运 猪 年 祸 厄运 猴 年 病 厄运 鼠

khy̩^{33}, ʂʅ^{33} dʑi^{33}. | tʂhuɑ^{55} me^{33} he^{33}, dʑi^{33}. ȵi^{33} tsər^{21} ȵi^{33}, dʑi^{33}. dɑ^{33} uɑ^{33} he^{33}, dʑi^{33}. ȵi^{33} tsər^{21} uɑ^{33}
年 死 厄运 六月 厄运 二 十 日 厄运 十二月 厄运 二 十 五

ȵi^{33}, dʑi^{33}. | ə^{55} y^{21} khv̩^{55} me^{33}: bu^{21} khv̩^{55}, si^{33} dʑi^{33}. ʐʅ^{21} khv̩^{55}, dɑ^{33} dʑi^{33}. | fv̩^{55} khv̩^{33}, dzʅ^{33} dʑi^{33}.
日 厄运 猴 岁 者 猪 年 穷 厄运 蛇 年 霉 厄运 鼠 年 祸 厄运

y^{21} khv̩^{55}, gu^{21} dʑi^{33}. khɯ^{33} khv̩^{55}, ʂʅ^{33} dʑi^{33}. (？)①he^{33}, dʑi^{33}. ȵi^{33} tsər^{21}(？)②ȵi^{33}, dʑi^{33}. iə^{21} pe^{21} he^{33},
羊 年 病 厄运 狗 年 死 厄运 月 厄运 二 十 日 厄运 正月

dʑi^{33}. tshe^{21} ȵi^{33} ȵi^{33}, dʑi^{33}.
厄运 十 二 日 厄运

羊年有霉运。蛇年有病痛之厄运。龙年有灾祸之厄运。鸡年为死亡之厄运。五月为厄月。二十五日为厄日。十一月为厄月。十八日为厄日。

属羊的人：兔年有贫穷之厄运。马年有倒霉之厄运。猪年有灾祸之厄运。猴年有病痛之厄运。鼠年有死亡之厄运。六月为厄月。二十日为厄日。十二月为厄月。二十五日为厄日。

属猴的人：猪年有贫穷之厄运。蛇年有倒霉之厄运。鼠年为灾祸之厄运。羊年有病痛之厄运。狗年有死亡之厄运。……月为厄月。二十……日为厄日。正月为厄月。十二日为厄日。

453-L-12-13

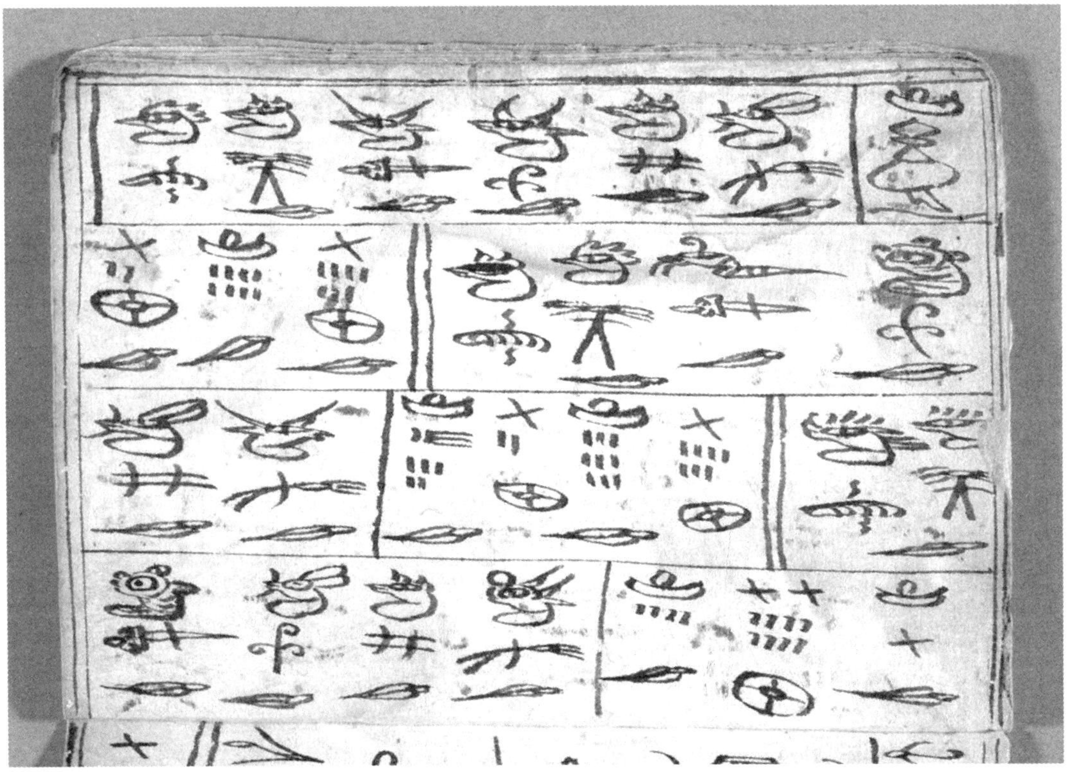

æ^{21} khv̩^{55} me^{33}: khɯ^{33} khv̩^{55}, si^{33} dʑi^{33}. y^{21} khv̩^{55}, dɑ^{33} dʑi^{33}. ɯ^{33} khv̩^{55}, dzʅ^{33} dʑi^{33}. khɯ^{33} khv̩^{55},
鸡 年 者 狗 年 穷 厄运 羊 年 霉 厄运 牛 年 祸 厄运 狗 年

gu^{21} dʑi^{33}. tho^{33} le^{33} khv̩^{55}, ʂʅ^{33} dʑi^{33}. | he^{21} dʑiə^{33}, dʑi^{33}. | tshe^{21} ȵi^{33} ȵi^{33}, dʑi^{33}. huɑ^{55} me^{33} he^{33},
病 厄运 兔 年 死 厄运 二月 厄运 十 二 日 厄运 八月

① 原文不清。

② 原文不清。

ʥi^{33}. tshe^{21} ʂər^{33} ȵi^{33}, ʥi^{33}. ｜khɯ^{33} khy̩^{55} me^{33}: æ^{21} khy̩^{55}, si^{33} ʥi^{33}. ʐʅ^{21}khy̩^{55}, dɑ^{33} ʥi^{33}. lɑ^{33} khy̩^{55},
厄运 十 七 日 厄运 狗 岁 者 鸡 年 穷 厄运 蛇 年 霉 厄运 虎 年

dzɿ^{33} ʥi^{33}. ｜tho^{33} le^{33} khy̩^{55}, gu^{21} ʥi^{33}. y^{21} khy̩^{55}, ʂʅ^{33} ʥi^{33}. ｜sɑ^{55} uɑ^{33} he^{33}, ʥi^{33}. tshe^{21} ȵi^{33} ȵi^{33},
祸 厄运 兔 年 病 厄运 羊 年 死 厄运 三月 厄运 十 二 日

ʥi^{33}. ｜guə^{33} me^{33} he^{33}, ʥi^{33}. tshe^{21} ʂər^{33} ȵi^{33}, ʥi^{33}. bu^{21} khy̩^{55} me^{33}: ə^{55} y^{21} khy̩^{55}, si^{33} ʥi^{33}. ｜lɑ^{33}
厄运 九月 厄运 十 七 日 厄运 猪 岁 者 猴 年 穷 厄运 虎

khy̩^{55}, dɑ^{33} ʥi^{33}. tho^{33} le^{33} khy̩^{55}, dzɿ^{33} ʥi^{33}. khɯ^{33} khy̩^{55}, gu^{21} ʥi^{33}. ly̩^{21} khy̩^{55}, ʂʅ^{33} ʥi^{33}. ｜lu^{55} me^{33}
年 霉 厄运 兔 年 祸 厄运 狗 年 病 厄运 龙 年 死 厄运 四月

he^{33}, ʥi^{33}. ȵi^{33} tsər^{21} ho^{55} ȵi^{33}, ʥi^{33}. tshe^{21} me^{33} he^{33}, ʥi^{33}.
厄运 二 十 八 日 厄运 十月 厄运

属鸡的人：狗年有贫穷之厄运。羊年有倒霉之厄运。牛年有灾祸之厄运。狗年[①]有病痛之厄运。兔年有死亡之厄运。二月为厄月。十二日为厄日。八月为厄月。十七日为厄日。

属狗的人：鸡年有贫穷之厄运。蛇年有倒霉之厄运。虎年有灾祸之厄运。兔年有病痛之厄运。羊年有死亡之厄运。三月为厄月。十二日为厄日。九月为厄月。十七日为厄日。

属猪的人：猴年有贫穷之厄运。虎年有倒霉之厄运。兔年有灾祸之厄运。狗年有病痛之厄运。龙年有死亡之厄运。四月为厄月。二十八日为厄日。十月为厄月。

453-L-12-14

① 此处似有误，前文有“狗年有贫穷之厄运”，此句又是“狗年”，但照原文译出。

tshe33 do21 tʂhuɑ55 ȵi33, ʥi33. | pɑ33 kə21 i33 tʂhʅ33 mu21 thv̩33 me33: tʂhər33 me33 ʂʅ55 tsɿ33 pv̩55 bɯ33
初六 厄运 巴格 南方 到 者 媳妇 新 接 送 去

mə33 ȵi21. | ʐuɑ33 ʂʅ55 ʂər21 bɯ33 mə33 ȵi21. ʥi55 ʂʅ55 y21 mə33 ȵi21. | ə33 gv̩33 | mə55 gu21 me33 le21
不 可 马 新 牵 去 不 可 衣 新 拿 不 可 舅舅 则 病 是 又

mə33 kɑ33 kv̩55. | nv̩55 me33 ʂʅ33 dzʅ33 mə33 ȵi21. gə21 dzo55 lo33 gu21 kv̩55. | tshʅ33 tʂhə55 py21 dər33,
不 愈 会 心 肉 吃 不 可 上半身 病 会 楚臭 祭 该

uə33 tshe55 ʥi21 tshe55 be33 dər33. | ə55 y21 ə55 dæ33 ŋv̩55 to55 khɯ55 do21 pv̩55 dər33. lv̩33 zʅ21 y21 hɑ33
寨 折 房 折 做 该 猴 狐狸 超度 消灾仪式铎鬼 送 该 野外祭祖 饭

ʂu55 dər33. uɑ33 tshʅ21 py21 dər33. | he21 ʂu55 dər33. | mi55 se13 ɕy33 be33 dər33. | zo33 se55 mə33
祭 该 瓦鬼 祭 该 神 祭 该 女 则 法仪 做 该 男 则 不

tɕi13. | pɑ33 kə21 gə33 y21 dzʅ21 tɯ33 thv̩33 me33: dy21 khu55 tɕi55 thv̩33 me33 mu33. do21 be33 kv̩55.
急 巴格 的 羊 居 地 到 者 地 门 小 到 的 是 异兆 做 会

初六为厄日。

在巴格上运转到南方的人：不要去接送新媳妇。不要去牵新马。不要去拿新衣。舅舅若生病则会不愈。不要吃心脏肉。上半身会疼痛。该进行祭楚臭的仪式。要去拆寨子和房屋。要做有超度猴子和狐狸的仪程的消灾仪式，以退送铎鬼。要在野外祭祖向祖先献饭。要进行祭瓦鬼的法仪。该祭神。（转到南方者），若是女子，则要做法仪；若是男子，则不必着急。

在巴格上转到羊居地的人：是转到了小地门[①]。会有异常现象发生以示不祥。

453-L-12-15

① 东巴教中把巴格上"牛居地（东北方）"称为"大地门"，"羊居地（西南方）"称为"小地门"；"狗居地（西北方）"称为"大天门"，"龙居地（东南方）"称为"小天门"。

nɯ^{21} kho^{55} sæ^{33} thv̩^{55} bɯ^{33} mə^{33} ȵi^{21}. tʂhə^{55} ʂʅ^{33} dzʅ^{33} mə^{33} ȵi^{21}. | lɑ^{33} mɑ^{21} gv̩^{33} dze^{21} y^{21} mə^{33}

家畜 杀 血 出 去 不 可 秽 肉 吃 不 可 喇嘛 东西 拿 不

ȵi^{21}. | bər^{33} be^{33} ʂʅ^{33} dzʅ^{33} hɑ^{33} dzʅ^{33} bɯ^{33} mə^{33} ȵi^{21}. thv̩^{33} ʂu^{55} dər^{33}. | to^{55} khɯ^{55} do^{21} pv̩^{55} dər^{33}.

可 客 做 肉 吃 饭 吃 去 不 可 土鬼 祭 该 消灾仪式 铎鬼 送 该

lɑ^{33} tshʅ^{21} py^{21} dər^{33}. uɑ^{33} tshʅ^{21} py^{21} dər^{33}. (？)①. tɕi^{55} nɯ^{21} tɕhi^{21} py^{21} dər^{33}. | so^{33} dʑi^{33} tʂhu^{33} dər^{33}.

虎 鬼 祭 该 瓦鬼 祭 该 季鬼 和 奇鬼 祭 该 梭吉 读 该

uæ^{33} tɕy^{21} gu^{21} kv̩^{55}. | dʑi^{33} ɯ^{33} y^{21} mə^{33} ȵi^{21}. | gu^{21} me^{33} bv̩^{33} thv̩^{33} kv̩^{55}. æ^{21} tse^{21} ku^{55} ɕy^{55} dər^{33}.

左 边 疼 会 衣 好 拿 不 可 病 是 疮 生 会 鸡 用 许愿 该

dʑi^{21} ʂʅ^{55} thv̩^{21} be^{33} mə^{33} ȵi^{21}. | pɑ^{33} kə^{21} gə^{33} ȵi^{33} me^{33} gv̩^{21} thv̩^{33} me^{33}: nv̩^{55} me^{33} ʂʅ^{33} dzʅ^{33} mə^{33}

房 新 建 做 不 可 巴格 的 西方 到 者 心 肉 吃 不

ȵi^{21}. | ər^{33} nɑ^{21} ʂu^{21} nɑ^{21} y^{21} mə^{33} ȵi^{21}. | bə^{33} lɯ^{21} gə^{33} gv̩^{33} dze^{21} y^{21} mə^{33} ȵi^{21}. hæ^{21} ɯ^{33} lɑ^{21} be^{33}

可 铜 器 铁 器 拿 不 可 巫师 的 东西 拿 不 可 金 生意 做

mə^{33} ȵi^{21}. | æ^{33} æ^{21} thv̩^{33} kv̩^{55}. dʑi^{21} thv̩^{21}

不 可 争斗 产生 会 房 建

不可去杀家畜放血。不要吃秽肉②。不要去拿喇嘛的东西。不要去做客吃肉吃饭。该祭土鬼。要进行消灾仪式退送铎鬼。该祭虎鬼。要祭瓦鬼。要祭季鬼和奇鬼。要诵读“梭吉”③经。身子左半边会疼痛。不要去拿好衣物。会生疮而病。该献放生鸡以许来年再祭之愿。不要盖新房。

在巴格上运转到西方的人：不要吃心脏肉。不要去拿铜器和铁器。不要去拿巫师的东西。不可做金子生意。会发生斗殴。不要去看建房子。

① 此字符所指何物不明，读音不明。

② 秽肉，纳西族把驱鬼仪式上杀牲的肉和意外获得的野生动物的肉称为“秽肉”。

③ 梭吉，音译名词。其义不明，音译。

453-L12-16

ly^{21} mə^{33} ȵi^{21}. sɿ^{21} nɯ^{33} zɿ^{21} be^{33} kv̩^{55}. ʂu^{21} ty^{33} bɯ^{33} mə^{33} ȵi^{21}. æ^{21} tse^{21} to^{55} khɯ^{55} dər^{33}. | tər^{21}
看 不 可 署 以 仇 做 会 铁 打 去 不 可 鸡 用 消灾仪式 该 呆鬼

tse^{21} py^{21} dər^{33}. tshɿ^{33} tʂhə^{55} py^{21} dər^{33}. | mɯ^{33} tshɿ^{21} py^{21} dər^{33}. tshɿ^{21} na^{21} py^{21} dər^{33}. | nɯ^{33}、
仄鬼 祭 该 楚臭 祭 该 天鬼 祭 该 鬼 黑 祭 该 心

gv̩^{33}、ly^{33}①、sɿ^{21} gv̩^{21} dər^{33}. khua^{55} gæ^{21} y^{21} mə^{33} ȵi^{21}. i^{21} phu^{55} gu^{21} kv̩^{55} mu^{21}. | pa^{33} kə^{21}gə^{33} khɯ^{33}
九 颗 署 祭 该 铠甲 拿 不 可 右 边 疼 会 的 巴格 的 狗

dzɿ^{21} tɯ^{33} thv̩^{33} me^{33}: | mɯ^{33} khu^{55} dɯ^{33} thv̩^{33} me^{33} ua^{21}. khɯ^{33} gə^{33} ua^{33} dʑi^{33} ʂə^{55} mə^{33} ȵi^{21}. |
居 地 到 者 天 门 大 到 的 是 狗 的 是非 说 不 可

ər^{33} na^{21} ʂu^{21} na^{21}、dʑi^{33} ʂɿ^{21} dʑi^{33} hər^{21} y^{21} mə^{33} ȵi^{21}. khɯ^{33} ʂər^{21} bɯ^{33} mə^{33} ȵi^{21}. | mɯ^{33} gə^{33} dv̩^{21}
铜 器 铁 器 衣 黄 衣 绿 拿 不 可 狗 牵 去 不 可 天 的 毒鬼

tse^{21} za^{21}, tər^{21} tse^{21} py^{21} dər^{33}. tshɿ^{33} tʂhə^{55} py^{21} dər^{33}. ua^{33} tshɿ^{21} py^{21} dər^{33}. | he^{21} ʂu^{55} se^{21} uə^{33}
仄鬼 降 呆鬼 仄鬼 祭 该 楚臭 祭 该 瓦鬼 祭 该 神 祭 色威

tʂhu^{33} dər^{33}. ɕy^{55} hər^{21} le^{33} dʑi^{21} mɯ^{33} ȵiə^{21} tso^{55} zɿ^{33} tʂu^{55} py^{21} dər^{33}.
诵 该 柏 绿 梯 天 上 搭 延寿仪式 该

署会来寻衅结仇。不要去打铁。要用鸡作牺牲进行消灾仪式。该祭呆鬼和仄鬼。要进行祭楚臭的法仪。该祭天鬼。要祭黑鬼。要进行祭署仪式。不要去拿铠甲。身子右半边会疼痛。

在巴格上运转到狗居地的人：是转到了大天门。不要去争辩因狗引起的是非。不要去拿铜器和铁器，不要去拿黄色衣物和绿色衣物。不要牵狗去狩猎。天上的毒鬼和仄鬼会降临下来，该祭呆鬼和仄鬼。该进行祭楚臭的法仪。要祭瓦鬼。祭神则很快又好。要搭翠柏天梯进行延寿仪式。

① 这三个东巴文无法连读成句，存疑。

453-L-12-17

sɿ^{21} gv̩^{21} dər^{33}. to^{55} khɯ^{55} dər^{33}. mɯ^{33} mə^{33} do^{21} gə^{33} thv̩^{33} ʂu^{55} dər^{33}. zo^{33} se^{55} dʑi^{33} uɑ^{21}. mi^{55} se^{55}
署 祭 该 消灾仪式 该 天 不 见 的 土鬼 祭 该 男 则 厄运 是 女 则

mə^{33} tɕi^{13}. | pɑ^{33} kə^{21} gə^{33} ho^{33} gv̩^{33} lo^{21} thv̩^{33} me^{33}: gu^{21} kv̩^{55}. | bər^{21} ɕi^{21} me^{33} ko^{21} bɯ^{33} mə^{33}
不 急 巴格 的 北方 到 者 病 会 牦牛 养 的 家里 去 不

n̩i^{21}. | dzɿ^{21} bu^{21} tʂu^{55} mə^{33} n̩i^{21}. lɯ^{21} khɯ^{55} bɯ^{33} mə^{33} n̩i^{21}. | dʑi^{21} nɯ^{33} pɑ^{33} sɑ^{21} be^{33} kv̩^{55}. |
可 夫 妻 结 不 可 船 渡 去 不 可 水 以 作祟 做 会

ɯ^{33} ʂər^{21} bɯ^{33} mə^{33} n̩i^{21}. | ɕi^{33} ʂɿ^{33} kv̩^{33} bɯ^{33} mə^{33} n̩i^{21}. | ə^{33} gv̩^{33}、mə^{33}①sɿ^{21} gv̩^{21} dər^{33}. to^{55} khɯ^{55}
牛 牵 去 不 可 人 死 处 去 不 可 舅舅 不 署 祭 该 消灾仪式

ə^{55} y^{21} ə^{55} dæ^{33} ŋv̩^{55} dər^{33}. he^{21} ʂu^{55} dər^{33}. dzɿ^{33} zər^{21} py^{21} dər^{33}. | ʂɿ^{33} tshɿ^{21} thv̩^{55} dər^{33}. | zo^{33} se^{55}
猴 狐狸 超度 该 神 祭 该 祸 压 祭 该 死 鬼 驱 该 男 则

dʑi^{33} uɑ^{21}. mi^{55} se^{13} mə^{33} tɕi^{13}. | pɑ^{33} kə^{21} gə^{33} ɯ^{33} dzɿ^{21} tɯ^{33} thv̩^{33} me^{33}: dy^{21} khu^{55} dɯ^{21} thv̩^{33} me^{33}
厄运 是 女 则 不 急 巴格 的 牛 居 地 到 者 地 门 大 到 的

uɑ^{21}. mə^{33} gu^{21} nɯ^{33}
是 未 病 就

该进行祭署仪式。要进行消灾仪式。该祭不见天的土鬼。（转到狗居地的人），若是男子则有厄运；若是女子则不必着急。

在巴格上运转到北方的人：会病。不要到养牦牛的人家家里去。不宜结亲娶妻。不要去渡船涉水。水会作祟。不要去牵牛。不要到有丧事的人家家里。该进行祭署仪式。要进行

① 这三个字符无法连读成句，存疑。

消灾仪式，仪式上要超度猴子和狐狸。要祭神。要进行压灾祸的法仪。要驱赶死鬼。（运转到北方的人），若是男子则有厄运；若是女子则不必着急。

在巴格上运转到牛居地的人：是转到了人地门。木病时就

453-L-12-18

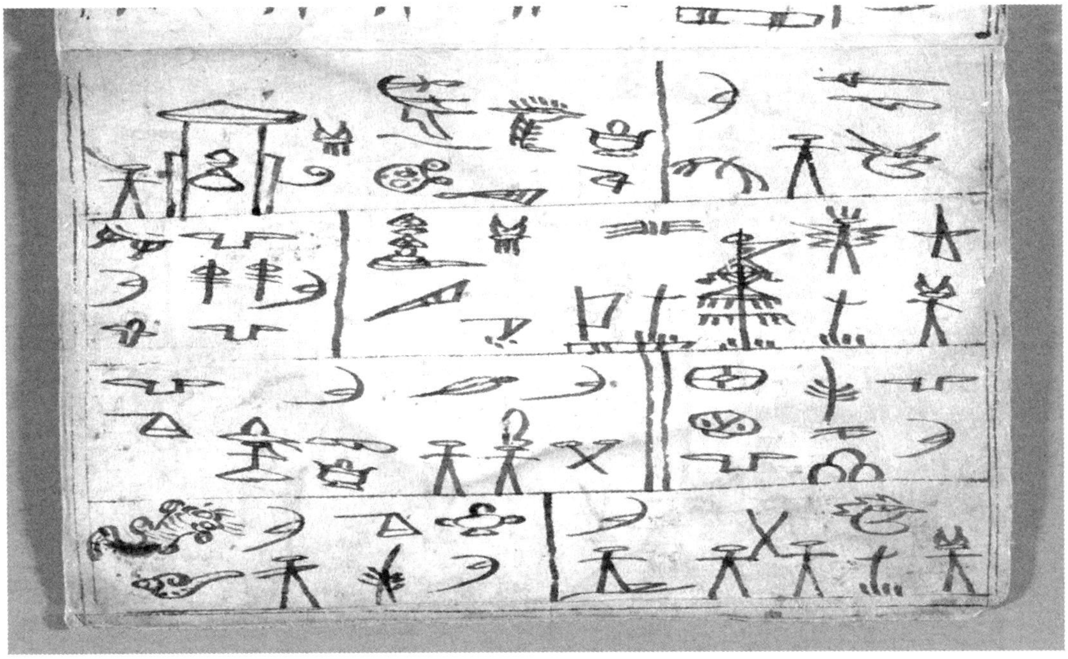

he^{21} ʥi^{21} hɯ^{55} hɯ^{33} kv̩^{55} næ^{21}. to^{55} khɯ^{55} tʂə^{33} dv̩^{33} phi^{55} dər^{33}. y^{21} hɑ^{33} ʂu^{55} dər^{33}. ｜ɕi^{33} ʂʅ^{33} kv̩^{33}
神 房 绕 会 该 消灾仪式 奏督 丢 该 祖先 饭 祭 该 人 死 处

nɯ^{21} kho^{55} ʂʅ^{33} hər^{55} ly^{21} mə^{33} ȵi^{21}, sy^{21} be^{33} thv̩^{55} thv̩^{33} ly^{55} ly^{33} be^{33} mə^{33} ȵi^{21}. ｜sʅ^{21} nɯ^{33} do^{21} be^{33}
家畜 杀 肉 割 看 不 可 什么 做 行动 做 不 可 署 以 异兆 做

kv̩^{55}. dy^{21} khu^{33} tsʅ^{55} py^{21} dər^{33}. lɑ^{33} lɯ^{21} dzər^{21} tshʅ^{55}, ze^{21} tshʅ^{21}、tər^{21} tse^{21} py^{21} dər^{33}. ｜thv̩^{33} ʂu^{55}
会 地 裂 塞 祭 该 祭风树 竖 壬鬼 呆鬼仄鬼 祭 该 土鬼 祭

dər^{33}. bər^{33} be^{33} ʂʅ^{33} dzʅ^{33} hɑ^{33} dzʅ^{33} bɯ^{33} mə^{33} ȵi^{21}. zo^{33} se^{55} ʥi^{33} uɑ^{21}; mi^{55} se^{13} mə^{33} ʨi^{13}. ｜pɑ^{33}
该 客 做 肉 吃 饭 吃 去 不 可 男 则 厄运 是 女 则 不 急 巴格

kə^{21} gə^{33} ȵi^{33} me^{33} thv̩^{33} thv̩^{33} me^{33}: sər^{33} phər^{21} lv̩^{33} thv̩^{55} bɯ^{33} mə^{33} ȵi^{21}. ｜lɑ^{33} ɯ^{33}、dv̩^{33} phər^{21} y^{21}
的 东方 到 者 木 砍 石 凿 去 不 可 虎 皮 海螺 白 拿

mə^{33} ȵi^{21}. dzər^{21} dɯ^{21} lɯ^{55} mə^{33} ȵi^{21}. ｜ʐʅ^{33} ʥi^{33} bɯ^{33} mə^{33} ȵi^{21}. ʂə^{55} ʂə^{33} æ^{33} æ^{21} thv̩^{33} kv̩^{55}. æ^{21}
不 可 树 大 砍 不 可 路 行 去 不 可 吵架 争斗 产生 会 鸡

nɯ^{33} tse^{21} ku^{55} ɕy^{55} dər^{33}.
以 仄神 许愿 该

会去绕神房。该进行消灾仪式，仪式上要把叫“奏督”的皮口袋丢弃到野外。要向祖先献饭。

不可去看办丧事而杀牲切肉，不要去做任何事。署会有异常以显示不祥。该进行塞大地裂缝的法仪。要竖起祭风树，以祭壬鬼、呆鬼和仄鬼。该祭土鬼。不宜去做客吃肉吃饭。（运转到牛居地的人），若是男子则有厄运；若是女子则不必着急。

在巴格上运转到东方的人：不可去伐木凿石。不要去拿虎皮和白海螺。不要去砍大树。不宜出门远行。会发生吵架斗殴。要献放生鸡向仄神许下来年再祭之愿。

453-L-12-19

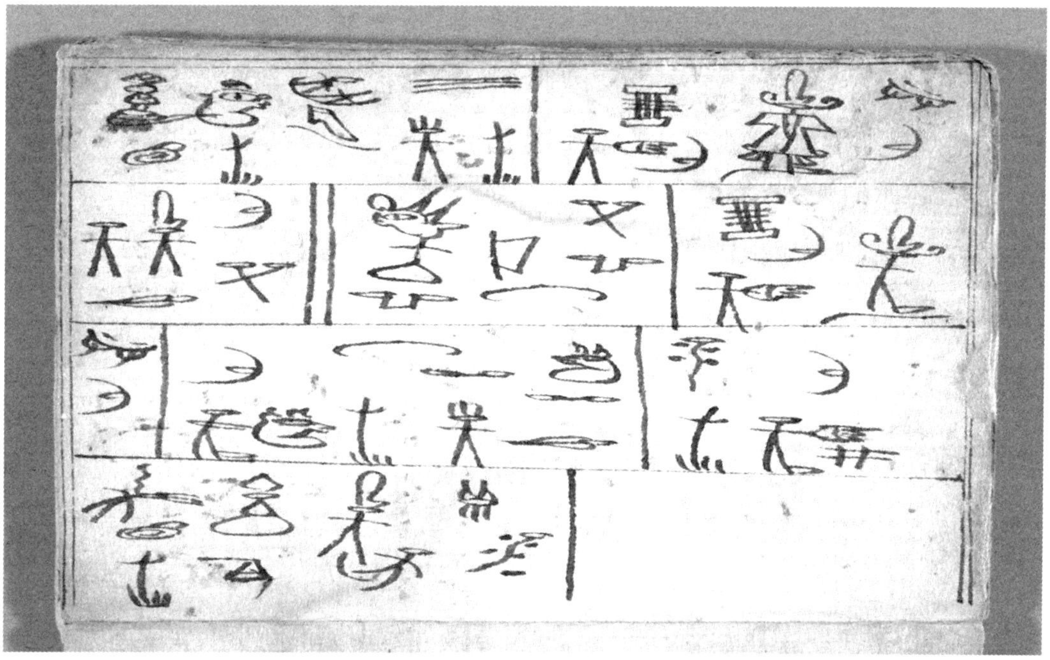

tʂhə^{55} gv̩^{21}、sɿ^{21} gv̩^{21} dər^{33}. to^{55} khɯ^{55} dər^{33}. hər^{33} tshɿ^{21} py^{21} dər^{33}. ｜ɯ^{33} lɑ^{21} be^{33} bɯ^{33} mə^{33} ȵi^{21}.
秽 祭 署 祭 该 消灾仪式 该 风 鬼 祭 该 生意 做 去 不可

tʂhər^{33} me^{33} ʂʅ^{55} zɿ^{21} ly^{21} mə^{33} ȵi^{21}. ｜zo^{33} se^{55} dʑi^{33} uɑ^{21}; mi^{55} se^{13} mə^{33} tɕi^{13}. ｜pɑ^{33} kə^{21} gə^{33} lv̩^{21}
媳妇 新 娶 看 不 可 男 则厄运 是 女 则 不 急 巴格 的 龙

dzɿ^{21} tɯ^{33} thv̩^{33} me^{33}: mɯ^{33} khu^{55} tɕi^{55} thv̩^{33} me^{33} uɑ^{21}. ｜ɯ^{33} lɑ^{21} be^{33} bɯ^{33} mə^{33} ȵi^{21}. tʂhər^{33} me^{33}
居 地 到 者 天 门 小 到 的 是 生意 做 去 不 可 媳妇

ʂʅ^{55} zɿ^{21}｜ly^{21} mə^{33} ȵi^{21}. ｜khɯ^{33} ʂər^{21} bɯ^{33} mə^{33} ȵi^{21}. mɯ^{33} py^{21} dər^{33}. uɑ^{33} tshɿ^{21} py^{21} dər^{33}. khɯ^{33}
新 娶 看 不 可 狗 牵 去 不 可 天 祭 该 瓦鬼 祭 该 狗

gə^{33} uɑ^{33} dʑi^{33} thv̩^{33} kv̩^{55}. ｜tshɿ^{21} py^{21} dər^{33}. lɑ^{21} mə^{33} gu^{21} se^{55} khɯ^{33} gu^{21} kv̩^{55}. ｜tshɿ^{33} tʂhə^{55} py^{21}
的 是非 产生 会 除鬼 祭 该 手 不 疼 则 脚 疼 会 楚臭 祭

dər^{33}. he^{21} ʂu^{55} dər^{33}. ə^{33} me^{33} tɕi^{55} me^{33} tɕi^{33} hə^{21} me^{33} tshɿ^{21} nɯ^{33} tshɿ^{21} kv̩^{55}. ｜
该 神 祭 该 母亲 小 的 生 是 鬼 以 缠 会

该进行除秽仪式和祭署仪式。要进行消灾仪式。要祭风鬼。不要去做生意。不要去看迎娶新媳妇。（转到东方的人），若是男子则有厄运；若是女子则不必着急。

在巴格上运转到龙居地的人：是转到了小天门。不要去做生意。不要去看迎亲娶亲。不要牵狗去狩猎。该祭天。该祭瓦鬼。会发生因狗引发的是非。该祭除鬼。手不疼则脚会疼痛。该进行祭楚臭的法仪。该祭神。母亲生育小孩会被鬼缠上。

453-L-12-20

封底

（翻译：王世英）

562-L-13-01

pɑ^{33} kə^{21} ho^{55} khu^{33} dzɿ^{21} sɑ^{21} tsɿ^{21}

占卜·以巴格八方占卜

562–L–13　占卜·以巴格八方占卜

【内容提要】

本古籍记录了用巴格八方占卜的卦辞。东巴祭司用巴格占卜分两种进行：其一是以全家人同一年内在巴格上运转的状况为依据。其二是以个人在巴格上所到方位为依据。占卜结果若凶则指出该进行何种东巴祭祀仪式予以禳解。

【英文提要】

The Divination. to Divine with Eight Directions on *Bage*

This book records the hexagrams words of divination with eight directions of *Bage* picture. There are two ways to divine with *Bage* by *to ba* priest: one is judged by the running status on *Bage* picture of all family members in the same year. The other is judged by the actual direction on *Bage* picture of individual. It records also the certain sacrifice ritual needs be held to release misfortune if the result is not good.

562-L-13-02

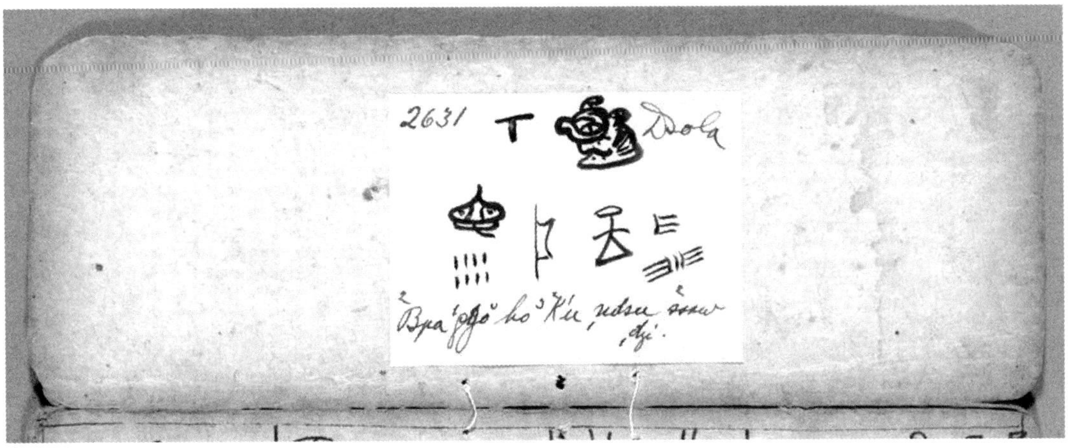

“2631”为洛克收藏纳西东巴古籍时的序号。上行两个东巴文是洛克记下此书之用途。但洛克把东巴占卜都称为“tso^{55} lɑ^{33}”，音译为“佐拉”。洛克有误。“佐拉”只是东巴占卜方法之一。

中间的六个东巴文为此书书名之复写。

下行的字母文字为洛克记下的书名之读音。

562-L-13-03

dy^{21} lo^{21} pɑ^{33} kə^{21} ho^{55} khu^{33} nɯ^{33} tsɿ^{21}. ｜ȵi^{33} me^{33} thy̩^{33}、ȵi^{33} me^{33} gy̩^{21}、ho^{33} gy̩^{33} lo^{21} sɿ^{55}
大地 间 巴格 八 方 以 算 东方 西方 北方 三

ky̩^{33} thy̩^{33} me^{33}: ｜ʂə^{55} ʂə^{33} æ^{33} æ^{21} thy̩^{33} lɯ^{33} ky̩^{55}. ｜mə^{33} ŋy̩^{55} tshɿ^{21} hɑ^{33} ʂʅ^{21} dər^{33}. ʐʅ^{21} tshɿ^{21} py̩^{55}
个 到 者 吵架 殴斗 产生 来 会 未 超度 鬼 饭 祭 该 蛇 鬼 送

dər^{33}. thy̩^{33} tshɿ^{21} ʂu^{55} dər^{33}. ｜to^{33} mɑ^{33} phi^{55} dy̩^{21} tse^{21} dʐu^{33} ʐuɑ^{21} dər^{33}. ｜y^{21} dzɿ^{21} tɯ^{33}、ly̩^{21} dzɿ^{21}
该 土 鬼 祭 该 面偶 丢弃 毒鬼仄鬼 债 偿 该 羊 居 地 龙 居

tɯ^{33} ȵi^{33} ky̩^{55} thy̩^{33} me^{33}: ɕi^{33} ʂʅ^{33} y^{55} miə^{33} ko^{21} miə^{21} bər^{33} thy̩^{33} bu^{21} kho^{55} dər^{33} ky̩^{55}. ｜khɯ^{33}
地 两 个 到 者 人 死 而 眼 中 眼泪 出 猪 杀 该 会 狗

dzɿ^{21} tɯ^{33}、ɯ^{33} dzɿ^{21} tɯ^{33} ȵi^{33} kv̩^{55} thv̩^{33} me^{33}: iə^{33} ko^{21} ɕi^{33} gu^{21} me^{33}, khuɑ^{21}; | miə^{33} ko^{21} miə^{21}
居 地 牛 居 地 两 个 到 者 家里 人 病 是 凶 眼 里 眼泪

bər^{33} thv̩^{33} kv̩^{55}. ʐʅ^{21} nɯ^{21} pɑ^{33} nɯ^{33} do^{21} be^{33} kv̩^{55}. to^{55} khɯ^{55} do^{21} pv̩^{55} dər^{33}. | pɑ^{33} kə^{21} ho^{55} hu^{33}
出 会 蛇 和 蛙 以 异常 做 会 消灾仪式 铎鬼 送 该 巴格 八方

gə^{33} mɯ^{33} le^{33} dy^{21} ly^{55} gv̩^{33} dɯ^{33} gv̩^{33} thv̩^{33} me^{33}: zɿ^{21} mu^{21} tɯ^{33} lɯ^{33} kv̩^{55}. | ɯ^{33} tse^{21} to^{55} khɯ^{55}
的 天 和 地 中央 一 个 到 者 仇 兵 起 来 会 牛 用 消灾仪式

dər^{33}. zɿ^{21} zər^{21} py^{21} dər^{33}. | dzɿ^{33} uə^{33} ɕy^{33} be^{33} dər^{33}. | sɿ^{21} tʂhər^{33} khɯ^{55}
该 仇 压 祭 该 村 寨 法仪 做 该 署 药 施

用大地上的巴格八方占卜。

全家人在巴格上运转时，同一年里有三人转到东方、西方和北方：将会发生吵架斗殴。要给未曾超度的亡灵献饭。该退送蛇鬼。要祭土鬼。要把面偶丢到外面向毒鬼和仄鬼还债。

全家人在同一年里在巴格上运转时，有两人转到羊居地（西南方）和龙居地（东南方）：家里会发生因有人去世而眼中落泪的事，要杀猪以献牲。

全家人在同一年里在巴格上运转时，有两人转到狗居地（西北方）和牛居地（东北方）：家里有人生病则凶。会发生病者死去而眼中落泪的事。蛇和蛙会有异常现象以示不祥。要进行消灾仪式退送铎鬼。

全家人在同一年里在巴格上运转时，有一人转到天地中央：仇人会起兵来寻衅。要用牛作牺牲进行消灾仪式。要进行压仇人的法仪。要进行祭村寨神的仪式。要给署施药，

562-L-13-04

sɿ^{21} uə^{33} thv̩^{21} dər^{33}. | pɑ^{33} kə^{21} ho^{55} khu^{33} gə^{33} ho^{33} gv̩^{33} lo^{21}、i^{33} tʂhʅ^{33} mu^{21}、ɯ^{33} dzɿ^{21} tɯ^{33}、y^{21}
署 寨 搭 该 巴格 八 方 的 北方 南方 牛 居 地 羊

dzɿ^{21} tɯ^{33} mə^{33} thv̩^{33} me^{33}: | dʑi^{21} mi^{33} nɯ^{33} ko^{33} thv̩^{33} kv̩^{55}. y^{21} tse^{21} to^{55} khɯ^{55} dər^{33}. | sɿ^{21} tʂhər^{33}
居 地 不 到 者 房 火 以 吞 发生 会 绵羊 用 消灾仪式 该 署 药

khɯ^{55} dər^{33}. | pɑ^{33} kə^{21} ho^{55} khu^{33} gə^{33} ho^{33} gv̩^{33} lo^{21}、i^{33} tʂhʅ^{33} mu^{21} mə^{33} thv̩^{33} me^{33}: | sʅ^{55} khv̩^{21}
施 该 巴格 八 方 的 北方 南方 不 到 者 素神 请

uɑ^{21} ʂər^{55} dər^{33}. | pɑ^{33} kə^{21} ho^{55} khu^{33} gə^{33} ho^{33} gv̩^{33} lo^{21}、i^{33} tʂhʅ^{33} mu^{21}、khɯ^{33} dzʅ^{21} tɯ^{33}、lv̩^{21} dzʅ^{21}
魂 赎 该 巴格 八 方 的 北方 南方 狗 居 地 龙 居

tɯ^{33} mə^{33} thv̩^{33} me^{33}: | ɯ^{33} tse^{21} to^{55} khɯ^{55} do^{21} pv̩^{55}、tʂə^{33} dv̩^{33} gv̩^{33} ly^{33} phi^{55} dər^{33}. | sʅ^{21} tʂhər^{33}
地 不 到 者 牛 用 消灾仪式 铎鬼 送 奏督 九 个 丢 该 署 药

khɯ^{55} dər^{33}. | pɑ^{33} kə^{21} ho^{55} khu^{33} gə^{33} ho^{33} gv̩^{33} lo^{21}、i^{33} tʂhʅ^{33} mu^{21}、ȵi^{33} me^{33} thv̩^{33} sʅ^{55} pɑ^{33} mə^{33}
施 该 巴格 八 方 的 北方 南方 东方 三 方 不

thv̩^{33} me^{33}: | y^{21} tse^{21} to^{55} khɯ^{55} dər^{33}. | ʐʅ^{21} tshʅ^{21} pv̩^{55} dər^{33}. thv̩^{33} tshʅ^{21} ʂu^{55} dər^{33}. | pɑ^{33} kə^{21}
到 者 绵羊 用 消灾仪式 该 蛇 鬼 送 该 土鬼 祭 该 巴格

ho^{55} khu^{33} gə^{33} y^{21} dzʅ^{21} tɯ^{33} mə^{33} thv̩^{33} me^{33}: khuɑ^{21}. | bu^{21} tse^{21} to^{55} khɯ^{55} dər^{33}. | dy^{21} khu^{55}
八 方 的 羊 居 地 不 到 者 凶 猪 用 消灾仪式 该 地 门

tsʅ^{55} py^{21} dər^{33}. | pɑ^{33} kə^{21} ho^{55} khu^{33} gə^{33} khɯ^{33} dzʅ^{21} tɯ^{33} mə^{33} thv̩^{33} me^{33}: khuɑ^{21}. mɯ^{33} khu^{55}
塞 祭 该 巴格 八 方 的 狗 居 地 不 到 者 凶 天 门

tsʅ^{55} py^{21} dər^{33}. to^{55} khɯ^{55} dər^{33}. | dzʅ^{33} uə^{33} ɕy^{33} be^{33} dər^{33}. he^{21} hɑ^{33} ʂu^{55} dər^{33}.
塞 祭 该 消灾仪式 该 村 寨 法仪 做 该 神 饭 祭 该

该设署寨。

同一年里全家人在巴格上运转而八方中没有人运转到北方、南方、牛居地和羊居地：房屋会被大火吞没。要用绵羊作牺牲进行消灾仪式。要给署施药。

同一年里全家人在巴格上运转而八方中没有人运转到北方和南方：要进行请素神仪式以招魂。

同一年里全家人在巴格上运转而八方中没有人运转到北方、南方、狗居地和龙居地：该用牛作牺牲进行消灾仪式送铎鬼，仪式上要把九个叫“奏督”的皮口袋丢到外面去。要给署施药。

同一年里全家人在巴格上运转而八方中没有人运转到北方、南方和东方三方：要用绵羊作牺牲进行消灾仪式。要退送蛇鬼。要祭土鬼。

同一年里全家人在巴格上运转而八方中没有人运转到羊居地：凶。该用猪作牺牲进行消灾仪式。要进行塞地门仪式。

同一年里全家人在巴格上运转而八方中没有人运转到狗居地：凶。该进行塞天门仪式。要进行消灾仪式。要进行祭村寨神仪式。要向神献饭。

562-L-13-05

y^{21} hɑ^{33} phi^{55} dər^{33}. | pɑ^{33} kə^{21} ho^{55} khu^{33} gə^{33} ɯ^{33} dzɿ^{21} tɯ^{33} mə^{33} thv̩^{33} me^{33}: | ɯ^{33} tse^{21} to^{55}
祖先 饭 施 该 巴格 八 方 的 牛 居 地 不 到 者 牛 用 消灾

khɯ^{55} tʂə^{33} dv̩^{33} gv̩^{33} ly^{55} phi^{55} dər^{33}. | zɿ^{21} zər^{21} py^{21} dər^{33}. | pɑ^{33} kə^{21} ho^{55} khu^{33} gə^{33} lv̩^{21} dzɿ^{21}
仪式 奏督 九 个 丢 该 仇 压 祭 该 巴格 八 方 的 龙 居

tɯ^{33} mə^{33} thv̩^{33} me^{33}: khuɑ^{21}. ȵiə^{55} tshɿ^{21} iə^{33} ko^{33} thv̩^{33} kv̩^{55}. tshɿ^{33} nɯ^{21} | iə^{21} py^{21} dər^{33}. | he^{21}
地 不 到 者 凶 忸鬼 家里 到 会 楚鬼 和 尤鬼 祭 该 神

hɑ^{33} ʂu^{55} dər^{33}. | tshɿ^{55} tse^{21} to^{55} khɯ^{55} ko^{21} kæ^{33} phi^{55} dər^{33}. | pɑ^{33} kə^{21} gə^{33} ho^{33} gv̩^{33} lo^{21}、khɯ^{33}
饭 祭 该 山羊 用 消灾仪式 替身 丢 该 巴格 的 北方 狗

dzɿ^{21} tɯ^{33}、ɯ^{33} dzɿ^{21} tɯ^{33} sɿ^{55} kv̩^{33} thv̩^{33} me^{33}: | lɯ^{21} khɯ^{55} tsɑ^{55} biə^{21} tɕhər^{33} me^{33} uə^{21} gv̩^{33}. |
居 地 牛 居 地 三 个 到 者 船 渡 桨 断 的 似 成

mɯ^{33} gə^{33} dv̩^{21} mu^{21} tse^{21} mu^{21} zɑ^{21}, dy^{21} gə^{33} mu^{33} mu^{21} ɯ^{21} mu^{21} tɯ^{33} lɯ^{33} kv̩^{55}. | ɕi^{33} mu^{55} kv̩^{33}
天 的 毒鬼 兵 仄鬼 兵 降 地 的 猛鬼 兵 恩鬼 兵 起 来 会 人 老 头

phər^{21} gu^{21} mu^{55}, dv̩^{21} tse^{21} py^{21} dər^{33}. sɿ^{21} tʂhər^{33} khɯ^{55} dər^{33}. | dzɿ^{33} uə^{33} ɕy^{33} be^{33} dər^{33}. he^{21} ɕy^{55}
白 病 是 毒鬼仄鬼 祭 该 署 药 施 该 村 寨 法仪 做 该 神 祭祀

sɿ^{33} dər^{33}. | to^{55} khɯ^{55} do^{21} pv̩^{55} dər^{33}. tər^{21} zər^{21} dər^{33}. | pɑ^{33} kə^{21} gə^{33} i^{33} tʂhʅ^{33} mu^{21}、y^{21} dzɿ^{21}
该 消灾仪式 铎鬼 送 该 呆鬼 压 该 巴格 的 南方 羊 居

tɯ^{33}、lv̩^{21} dzɿ^{21} tɯ^{33} sɿ^{55} kv̩^{33} thv̩^{33} me^{33}: sɿ^{55} phu^{21} kv̩^{55}. he^{21} dʑi^{21} lo^{21} gə^{33} he^{21} phu^{21} kv̩^{55}.
地 龙 居 地 三 个 到 者 素神 逃 会 神 房 里 的 神 逃 会

要向祖先献饭。

同一年里全家人在巴格上运转而无人转到牛居地：要用牛作牺牲进行消灾仪式，仪式上要把九个“奏督”皮口袋丢到外面去。要进行压仇人的法仪。

同一年里全家人在巴格上运转而无人转到龙居地：凶。怛鬼会来到家里。要进行祭楚鬼和尤鬼的法仪。要向神献饭。要用山羊作牺牲进行消灾仪式，仪式上要把替身丢到外面去。

同一年里全家人在巴格上运转，有三人转到北方、狗居地和牛居地：这就似渡船时船桨折断一样凶了。天上的毒鬼兵和仄鬼兵会降临，地上的猛鬼兵和恩鬼兵会发兵而来。家里的白发老人生病，就要进行祭毒鬼和仄鬼的法仪。要给署施药。要进行祭村寨神仪式。要祭祀神。该进行消灾仪式退送铎鬼。要进行压呆鬼仪式。

同一年里全家人在巴格上运转，有三人转到南方、羊居地和龙居地：家里的素神会逃走。神房里的神会逃走。

562-L-13-06

ɕi^{33} ʂʅ^{33} kv̩^{33} gə^{33} bu^{21} mu^{33} mu^{33} nɯ^{33} dʐuɑ^{55} dzʅ^{33} kv̩^{33}. ｜sʅ^{55} gə^{33} no^{21} bv̩^{55} lɯ^{33} sʅ^{33} tʂhu^{55}, sʅ^{55}
人 死 处 的 猪 牺牲 猛鬼 以 抢 吃 会 素神 的 五宝 箭 插 素神

khv̩^{21} dər^{33}. ｜tshʅ^{33} tse^{21} tʂhə^{55} ʂu^{55} dər^{33}. ｜ɕy^{55} hər^{21} nɑ^{33} tsɑ^{21} tshʅ^{55} dər^{33}. dzʅ^{33} uə^{33} ɕy^{33} be^{33}
请 该 山羊 用 秽 祭 该 柏 绿 纳召 建 该 村 寨 法仪 做

dər^{33}. so^{33}、sʅ^{21} 、ɕy^{55}①. ｜ɯ^{33} tse^{21} to^{55} khɯ^{55} do^{21} pv̩^{55} dər^{33}. ｜tshʅ^{33} iə^{21} ŋv̩^{55} hər^{33} lɑ^{33} lɯ^{21} khɯ^{55}
该 牛 用 消灾仪式 铎鬼 送 该 楚鬼 尤鬼 超度 大祭风仪式

dər^{33}. ｜dʑi^{21} lɯ^{33} dæ^{21} lɯ^{33} mu^{33} tʂhər^{33} khɯ^{55} dər^{33}. ｜pɑ^{33} kə^{21} gə^{33} ho^{33} gv̩^{33} lo^{21}、i^{33} tʂhʅ^{33} mu^{21}
该 房 里 母 宅地 里 母 药 施 该 巴格 的 北方 南方

ȵi^{33} kv̩^{55} thv̩^{33} me^{33}: mɯ^{33} tv̩^{55} uɑ^{21} hər^{21} to^{55} zər^{21} tɕhər^{33} uə^{21} gv̩^{33}, dy^{21} zər^{21} hæ^{33} ʂʅ^{21} to^{55} zər^{21}
两 个 到 者 天 抵 松石 绿 柱 断 似 成 地 镇 金 黄 柱

tɕhər^{33} uə^{21} gv̩^{33}, mɯ^{33} tsʅ^{21} dv̩^{21} mi^{33} bɑ^{21} bɑ^{21} uə^{21} gv̩^{33} be^{33} khuɑ^{21}. ｜lo^{21} kv̩^{33} lo^{21} mæ^{33} gə^{33} dv̩^{21}
断 似 成 火葬场 火 花 开 似 成 地 凶 谷 头 谷 尾 的 毒鬼

nɯ^{21} tse^{21} nɯ^{33} tɕi^{55} phi^{55} kv̩^{55}. ｜zo^{33} dɯ^{21} thɯ^{55} ȵiə^{21} gæ^{21} hər^{33}, mi^{55} tɕi^{55} thɯ^{55} ȵiə^{21} thər^{21}
和 仄鬼 以 口水 吐 会 儿 大 腰 上 刀 佩 女 小 腰 上 裙

① 这三个东巴文字符无法与其他字符连读成句，存疑。

tər^{55}. | dv̩^{21} tshɿ^{21} nɯ^{33} dzu̩^{33} sɿ^{21} lɯ^{33} kv̩^{55}, dv̩^{21}dzu̩^{33} zu̩ɑ^{21} | py^{21} dər^{33}. | uɑ^{33} tshɿ^{21}py^{21}dər^{33}. |
系 毒鬼 以 债 讨 来 会 毒鬼 债 祭 该 瓦鬼 祭 该

tshɿ^{33} iə^{21} py^{21} dər^{33}. | tʂhə^{55} ʂu^{55} dər^{33}. | pɑ^{33} kə^{21} gə^{33} n̡i^{33} me^{33} thv̩^{33}、n̡i^{33} me^{33} gv̩^{21} n̡i^{33} kv̩^{55}
楚鬼尤鬼祭 该 秽 祭 该 巴格 的 东方 西方 两 个

thv̩^{33} me^{33}: mɯ^{33} nɯ^{21} dy^{21} hər^{33} nɯ^{33} khæ^{55} uə^{21} thv̩^{33} kv̩^{55}. ɯ^{33} tse^{21} to^{55} khɯ^{55} dər^{33}. | tshɿ^{33} iə^{21}
到 者 天 和 地 风 以 刮 似 产生 会 牛 用 消灾仪式 该 楚鬼尤鬼

ŋv̩^{55} dər^{33}. | tʂhə^{55} ʂu^{55} dər^{33}.
超度 该 秽 祭 该

办丧事作牺牲的猪会被猛鬼抢吃。该插上素神的五宝神箭进行请素神仪式。要用山羊作牺牲进行除秽仪式。要建翠柏纳召。要进行祭村寨神仪式。要用牛作牺牲进行消灾仪式退送铎鬼。要超度楚鬼和尤鬼进行大祭风仪式。要给房屋地基上的里母施药。

全家人中在同一年里有两人在巴格上转到北方和南方：就似绿松石抵天柱折断一样，又似镇地的黄金柱折断一样凶了。像火葬场里火花不断一样凶。山谷的谷头谷尾的毒鬼和仄鬼会向家人吐口水。长子腰间要佩刀，幼女腰间要系裙①。毒鬼会来讨债，要祭毒鬼向毒鬼还债。要祭瓦鬼。要祭楚鬼和尤鬼。要进行除秽仪式。

全家人中在同一年里有两人在巴格上转到东方和西方：会发生天地家产被风刮走一样的事。该用牛作牺牲进行消灾仪式。要超度楚鬼和尤鬼。要进行除秽仪式。

562-L-13-07

pɑ^{33} kə^{21} ho^{55} khu^{55} be^{33} thv̩^{33} me^{33}: zɿ^{33} dʑi^{33} bɯ^{33} mə^{33} n̡i^{21}, khuɑ^{21}. | mɯ^{33} nɯ^{21} dy^{21} hɑ^{33}
巴格 八 方 皆 到 者 路 行 去 不 可 凶 天 和 地 饭

ʂu^{55} dər^{33}. zɿ^{21} mu^{21} tɯ^{33} lɯ^{33} kv̩^{55}. | dʑi^{21} phi^{55} dæ^{21} phi^{55}、zo^{33} mi^{55} phi^{55} me^{33} thv̩^{33} kv̩^{55}. | ɯ^{33}
祭 该 仇 兵 超 来 会 房 失 地基 失 子 女 失 的 产生 会 牛

① 此句喻义不明，照原文直译之。

tse^{21} to^{55} khɯ^{55} do^{21} pv̩^{55} dər^{33}. | ʥi^{21} phi^{55} zo^{33} phi^{55} thv̩^{33} kv̩^{55}. | dzʅ^{33} uə^{33} ɕy^{33} be^{33} dər^{33}. |
用 消灾仪式 铎鬼 送 该 房 失 子 失 产生 会 村 寨 法仪 做 该

tʂhuɑ^{55} kho^{33} tshe^{21} tʂhuɑ^{55} kho^{33} tshər^{55}, ȵi^{33} me^{33} he^{33} me^{33} tshʅ^{55}, tʂhuɑ^{55} kho^{33} tse^{21}, to^{55} khɯ^{55}
鹿 角 十 六 角 割 太阳 月亮 设置 鹿 角 用 消灾仪式

do^{21} phi^{55} dər^{33}. | dɯ^{33} ʥi^{21}、mi^{55} ʥi^{33} mu^{21}[①]. | he^{21} ʂu^{55} bɯ^{21} lɯ^{33} tʂhu^{33} dər^{33}. | pɑ^{33} kə^{21} gə^{33}
铎鬼 丢 该 一 家 女 衣 穿 神 祭 经书 诵 该 巴格 的

khɯ^{33} dzʅ^{21} tɯ^{33}、lv̩^{21} dzʅ^{21} tɯ^{33}、ɯ^{33} dzʅ^{21} tɯ^{33}、y^{21} dzʅ^{21} tɯ^{33} | lu^{55} kv̩^{33} thv̩^{33} me^{33}: | sʅ^{21} nɯ^{21}
狗 居 地 龙 居 地 牛 居 地 羊 居 地 四 个 到 者 父 和

zo^{33} gu^{33} gu^{33}、me^{33} nɯ^{21} mi^{55} gu^{33} gu^{33} thv̩^{33} kv̩^{55}. | khɯ^{33} khɯ^{55}、lv̩^{21} khv̩^{55} me^{33} tshʅ^{33} py^{21} ly^{55}
子 分开 母 和 女 分开 产生 会 狗 岁 龙 岁 者 鬼 祭进行

khu^{33} dv̩^{21} nɯ^{33} mɯ^{33} tsʅ^{21} dv̩^{21} lv̩^{13} bɯ^{33} dər^{33} kv̩^{55}. | pɑ^{33} kə^{21} gə^{33} lv̩^{21} dzʅ^{21} tɯ^{33}、y^{21} dzʅ^{21} tɯ^{33}
门 处 以 火葬场 抬 去 该 会 巴格 的 龙 居 地 羊 居 地

ȵi^{33} kv̩^{55} thv̩^{33} me^{33}: ə^{33} me^{33} tɕy^{21} gə^{33} kho^{21} lɯ^{33} to^{55} khuɑ^{21} me^{55}.
两 个 到 者 母亲 方 的 亲戚 上 凶 的

全家人在同一年里在巴格八方都有人转到：不宜出门远行，凶。该向天地献饭。仇人会起兵来寻衅。会失去房屋及子女。该用牛作牺牲进行消灾仪式退送铎鬼。会失去房屋及儿子[②]。要进行祭村寨神仪式。要割来十六个鹿角，悬挂太阳和月亮，用鹿角作祭品，进行消灾仪式以退送铎鬼。要诵经祭神。

全家人在同一年里在巴格上运转，八方中有四人转到狗居地、龙居地、牛居地和羊居地：父与子会分离，母与女会分离。属狗和属龙的人会从举行丧事之门前抬到火葬场里去。

全家人在同一年里在巴格上运转，有两人转到龙居地和羊居地：会凶于母亲方的亲戚。

① 这两个字符无法连读成句，存疑。

② 此句与前文重复。

562-L-13-08

kho^{33} khuɑ^{21} mi^{33} lɯ^{33} kv̩^{55}. si^{33} me^{33} miə^{21} bər^{33} thv̩^{33} kv̩^{55}. | ʂʅ^{21} dʐʅ^{33} uɑ^{21} ʂər^{55} dər^{33}. | pɑ^{33}

消息 坏 听 来 会 穷 的 眼泪 出 会 史支鬼王 魂 赎 该 巴格

kə^{21} gə^{33} khɯ^{33} dzɿ^{21} tɯ^{33}、ɯ^{33} dzɿ^{21} tɯ^{33} ȵi^{33} kv̩^{55} thv̩^{33} me^{33}: iə^{33} ko^{21} ɕi^{33} gu^{21} me^{33}, khuɑ^{21}. ʐʅ^{21}

的 狗 居 地 牛 居 地 两 个 到 者 家里 人 病 的 凶 蛇

nɯ^{21} pɑ^{33} nɯ^{33} do^{21} be^{33} me^{33} do^{21} kv̩^{55}. | ʂʅ^{33} sɿ^{21} lɑ^{21} tʂu^{55} phər^{21} dər^{33}. mi^{33} tshɿ^{21} | tʂhə^{55} tshɿ^{21}

和 蛙 以 异常 做 的 见 会 死 生 手 结 解 该 火鬼 臭鬼

thv̩^{33} kv̩^{33}. | ə^{33} sɿ^{21} gə^{33} tʂhə^{55} ʂu^{55} dər^{33}. | to^{55} khɯ^{55} dər^{33}. | bu^{21} khv̩^{55}、fv̩^{55} khv̩^{33} me^{33} pɑ^{33}

产生 会 父亲 的 秽 祭 该 消灾仪式 该 猪 岁 鼠 岁 者 巴格

kə^{21} gə^{33} i^{33} tʂhʅ^{33} mu^{21} thv̩^{33} me^{33}: to^{55} khɯ^{55} gv̩^{33} bɯ^{33} zɿ^{21} sy^{55} dər^{33}. | ɯ^{33} khv̩^{55} zɿ^{33} me^{33} pɑ^{33}

的 南方 到 者 消灾仪式 世仇 杀 该 牛 岁 司 者 巴格

kə^{21} gə^{33} y^{21} dzɿ^{21} tɯ^{33} thv̩^{33} me^{33}: | iə^{33} ko^{21} ə^{33} dzɿ^{21} ly^{33} zɿ^{33} me^{33} ʂər^{55} kv̩^{55}. | ɕi^{33} gu^{21} me^{33}

的 羊 居 地 到 者 家里 祖母 矛 握 的 满 会 人 病 的

khuɑ^{21}. to^{55} khɯ^{55} do^{21} pv̩^{55} dər^{33}. | ȵi^{33}①、ɕy^{55} hər^{21} le^{33} dʑi^{21} tshe^{21} sɿ^{55} pɑ^{33} tso^{55}, zɿ^{33} tʂu^{55} py^{21}

凶 消灾仪式 铎鬼 送 该 柏 绿 梯 十 三 架 搭 延寿仪式

dər^{33}. y^{21} py^{21} dər^{33}. | lɑ^{33} khv̩^{55}、tho^{33} le^{33} khv̩^{55} zɿ^{33} me^{33} pɑ^{33} kə^{21} gə^{33} ȵi^{33} me^{33} gv̩^{21} thv̩^{33}

该 祖先 祭 该 虎 岁 兔 岁 司 者 巴格 的 西方 到

me^{33}: | dʑy^{21} nɑ^{55} zo^{55} lo^{33} dʑy^{21} biə^{21} uə^{21} gv̩^{33}. sɿ^{21} nɯ^{33} zo^{33} mi^{55} sy^{55} uə^{21} gv̩^{33}. | to^{55} khɯ^{55} do^{21}

者 居那若罗 山 倒 似 成 父 的 儿 女 杀 似 成 消灾仪式铎鬼

pv̩^{55} dər^{33}. tər^{21} zər^{21} dər^{33}. | mɯ^{33} dər^{33} sɿ^{55} dər^{33}.

送 该 呆鬼 压 该 天 错 认 该

① 此字符无法与其他字符连读成句，存疑。

会听到坏消息。会穷得眼里流出辛酸泪。该向史支鬼王赎魂。

全家人在同一年里在巴格上运转，有两人转到狗居地和牛居地：家人生病则凶。会见到蛇和蛙的异常现象以示不祥。要进行解开生者与死者手结的仪式。会产生火鬼和臭鬼。要为父亲做除秽仪式。该进行消灾仪式。

属猪和属鼠的人在巴格上转到南方：要进行消灾仪式，仪式上要杀世仇。

属牛的人在巴格上转到羊居地：在家里会挤满手握长矛的老媪[①]。生病则凶。要进行消灾仪式退送铎鬼。要搭十三架翠柏天梯，以进行延寿仪式。要进行祭祖仪式。

属虎和属兔的人在巴格上转到西方：这像居那若罗神山倒塌，又似父亲杀死子女一样凶。要进行消灾仪式以退送铎鬼。要进行压呆鬼仪式。要进行向天认错的法仪。

562-L-13-09

lv̩^{21} khv̩^{55} zɿ^{33} me^{33} pɑ^{33} kə^{21} gə^{33} khɯ^{33} dzɿ^{21} tɯ^{33} thv̩^{33} me^{33}: mɯ^{33} khu^{55} bu^{33} uə^{21} gv̩^{33}. y^{21}
龙 岁 司 者 巴格 的 狗 居 地 到 者 天 洞 开 似 成 绵羊

tse^{21} to^{55} khɯ^{55} do^{21} pv̩^{55} dər^{33}. | dzɿ^{33} uə^{33} ɕy^{33} be^{33} dər^{33}. sɿ^{55} khv̩^{21} uɑ^{21} ʂər^{55} dər^{33}, sɿ^{55} hɑ^{33} khu^{33}
用 消灾仪式 铎鬼 送 该 村 寨 法仪 做 该 素神 请 魂 赎 该 三 天 里

lo^{21} nɯ^{33} be^{33} dər^{33}. | ʐʅ^{21} khv̩^{55}、ʐuɑ^{33} khv̩^{55} zɿ^{33} me^{33} pɑ^{33} kə^{21} gə^{33} ho^{33} gv̩^{33} lo^{21} thv̩^{33} me^{33}: |
以 做 该 蛇 岁 马 岁 司 者 巴格 的 北方 到 者

dv̩^{21} tshɿ^{21} be^{33} thɑ^{55} pu^{55} nɯ^{33} iə^{33} ko^{21} khu^{33} tshe^{55} lɯ^{33} kv̩^{55}. dv̩^{21} tse^{21} py^{21} dər^{33}. | to^{55} khɯ^{55}
毒鬼 斧 利 带 以 家 门 砍 来 会 毒鬼仄鬼 祭 该 消灾仪式

do^{21} pv̩^{55} dər^{33}. | y^{21} khv̩^{55}[②] zɿ^{33} me^{33} pɑ^{33} kə^{21} gə^{33} ɯ^{33} dzɿ^{21} tɯ^{33} thv̩^{33} me^{33}: | khə^{33} gv̩^{33} tshɿ^{21}
铎鬼 送 该 羊 岁 司 者 巴格 的 牛 居 地 到 者 抠古鬼

nɯ^{33} ɕi^{33} uɑ^{21} he^{33} khv̩^{33} kv̩^{55}. | bu^{21} tse^{21} to^{55} khɯ^{55} do^{21} pv̩^{55} dər^{33}. | ə^{55} y^{21} khv̩^{55}、æ^{21} khv̩^{55} zɿ^{33}
以 人 魂 偷 会 猪 用 消灾仪式 铎鬼 送 该 猴 岁 鸡 岁 司

---

① 此句喻义不明，直译如是。

② 原文误作“y^{21} dzɿ^{21} tɯ^{33}”（西南方），校读为“y^{21} khv̩^{55}”（属羊）。

me^{33} pɑ^{33} kə^{21} gə^{33} ȵi^{33} me^{33} thỵ^{33} thỵ^{33} me^{33}: tər^{21} mu^{21} nɯ^{33} mɯ^{33} nɯ^{21} dy^{21} ko^{55} gɯ^{33} nɯ^{33} sɑ^{21},
者 巴格 的 东方 到 者 呆鬼 兵 以 天 和 地 之间 以 散

tər^{21} zər^{21} dər^{33}. ɯ^{33} tse^{21} to^{55} khɯ^{55} do^{21} pỵ^{55} dər^{33}, | ʐuɑ^{33} tɕi^{55} phi^{55} dər^{33}. | khɯ^{33} khỵ^{55} zʅ^{33}
呆鬼 压 该 牛 用 消灾仪式 铎鬼 送 该 马 鞍 丢 该 狗 岁 司

me^{33} pɑ^{33} kə^{21} gə^{33} lỵ^{21} dzʅ^{21} tɯ^{33} thỵ^{33} me^{33}: | mɯ^{33} khu^{55} bu^{33} kỵ^{55}. hɑ^{55}①、ɕi^{33} ʂʅ^{33} ku^{33} lo^{21}
者 巴格 的 龙 居 地 到 者 天 洞 开 会 人 死 棺 里

khɯ^{55} me^{33} thỵ^{33} kỵ^{55}. | dzʅ^{33} uə^{33} ɕy^{33} be^{33} dər^{33}. miə^{33} ko^{21} miə^{21} bər^{33} thỵ^{33} me^{33} ʥy^{33} kỵ^{55}. |
装 的 产生 会 村 寨 法仪 做 该 眼 里 眼泪 出 的 有 会

ʐʅ^{21} khỵ^{55}、ʐuɑ^{33} khỵ^{55} zʅ^{33} me^{33} pɑ^{33} kə^{21} gə^{33} i^{33} tʂhʅ^{33} mu^{21} thỵ^{33} me^{33}: tshʅ^{33} ŋỵ^{55}
蛇 岁 马 岁 司 者 巴格 的 南方 到 者 楚鬼 超度

属龙的人在巴格上转到狗居地：似天出现洞口一样凶。要用绵羊作牺牲进行消灾仪式，以退送铎鬼。要进行祭村寨神仪式。要在三天内进行请素神仪式并招魂。

属蛇和属马的人在巴格上转到北方：带利斧的毒鬼会来砍家里的门。该祭毒鬼和仄鬼。要进行消灾仪式退送铎鬼。

属羊的人在巴格上转到牛居地：抠古鬼会偷走人的灵魂。要用猪作牺牲进行消灾仪式退送铎鬼。

属猴和属鸡的人在巴格上运转到东方：天地间会散满呆鬼兵。该进行压呆鬼仪式。要用牛作牺牲进行消灾仪式退送铎鬼，仪式上要把马鞍丢弃到外面去。

属狗的人在巴格上运转到龙居地：天会出现洞。会发生把死者装入棺材的事。该进行祭村寨神仪式。会发生因死人而眼中流泪的事。

属蛇和属马的人在巴格上运转到南方：该超度楚鬼

562-L-13-10

① 此字符无法与其他字符连读成句，存疑。

la^{33} lɯ^{21} khɯ^{55} dər^{33}. | ʐʅ^{33} ʥi^{33}、tshe^{21}[①]、he^{21}ʥi^{21} tshʅ^{55} dər^{33}. mɯ^{33} dər^{33} sʅ^{55} dər^{33}. | to^{55} khɯ^{55}
大祭风仪式　神 房 建 该 天 错 认 该 消灾仪式

do^{21} pv̩^{55} dər^{33}. tər^{21} zər^{21} dər^{33}. | y^{21} khv̩^{55} zʅ^{33} me^{33} pɑ^{33} kə^{21} gə^{33} y^{21} dzʅ^{21} tɯ^{33} thv̩^{33} me^{33}: | to^{55}
铎鬼送 该 呆鬼 压 该 羊 岁 司 者 巴格 的 羊 居 地 到 者 消灾

khɯ^{55} dər^{33}. tɕi^{55} nɯ^{21} tɕhʅ^{21}、ʥi^{33} nɯ^{21} uɑ^{33} py^{21} dər^{33}. ʂʅ^{33} tshʅ^{21} zər^{21} dər^{33}. | ə^{55} y^{21} khv̩^{55}、æ^{21}
仪式 该 季鬼 和 奇鬼 景鬼 和 瓦鬼 祭 该 死 鬼 压 该 猴 岁 鸡

khv̩^{55} zʅ^{33} me^{33} pɑ^{33} kə^{21} ȵi^{33} me^{33} gv̩^{21} thv̩^{33} me^{33}: | to^{55} khɯ^{55} do^{21} pv̩^{55} dər^{33}. ʐʅ^{21} tshʅ^{21} hɑ^{33} iə^{55}
岁 司 者 巴格 西方 到 者 消灾仪式 铎鬼送 该 蛇 鬼 饭 给

dər^{33}. | khɯ^{33} khv̩^{55} zʅ^{33} me^{33} pɑ^{33} kə^{21} gə^{33} khɯ^{33} dzʅ^{21} tɯ^{33} thv̩^{33} me^{33}: | mɯ^{33} dər^{33} sʅ^{55}
该 狗 岁 司 者 巴格 的 狗 居 地 到 者 天 错 认

dər^{33}. | to^{55} khɯ^{55} dər^{33}. | bu^{21} khv̩^{55}、fv̩^{55} khv̩^{33} zʅ^{33} me^{33} pɑ^{33} kə^{21} gə^{33} ho^{33} gv̩^{33} lo^{21} thv̩^{33}
该 消灾仪式 该 猪 岁 鼠 岁 司 者 巴格 的 北方 到

me^{33}: | to^{55} khɯ^{55} ʂʅ^{21} dzʅ^{33} uɑ^{21} ʂər^{55} dər^{33}. | dzʅ^{33} uə^{33} ɕy^{33} be^{33} dər^{33}. iə^{33} ko^{21} miə^{21} ko^{21} miə^{21}
者 消灾仪式 史支鬼王魂 赎 该 村 寨 法仪 做 该 家里 眼 里 眼泪

bər^{33} thv̩^{33} me^{33} ʥy^{33} kv̩^{55}. | ɯ^{33} khv̩^{55} zʅ^{33} me^{33} pɑ^{33} kə^{21} gə^{33} ɯ^{33} dzʅ^{21} tɯ^{33} thv̩^{33} me^{33}: khə^{33} gv̩^{33}
出 的 有 会 牛 岁 司 者 巴格 的 牛 居 地 到 者 抠古鬼

tshʅ^{21} nɯ^{33} uɑ^{21} he^{33} khv̩^{33} kv̩^{55}. lɑ^{33} mɑ^{21} nɯ^{33} ʂʅ^{33} tshʅ^{21} zər^{21} be^{33} dər^{33}. | tshʅ^{33} iə^{21} py^{21} dər^{33}. |
以 灵魂 偷 会 喇嘛 以 死 鬼 压 做 该 楚鬼尤鬼 祭 该

pɑ^{33} kə^{21} gə^{33} ȵi^{33} me^{33} thv̩^{33}
巴格 的 东方

进行大祭风仪式。该建神房。该进行向天认错的法仪。要进行消灾仪式退送铎鬼。要进行压呆鬼仪式。

属羊的人在巴格上运转到羊居地：要进行消灾仪式。要祭季鬼和奇鬼、景鬼和瓦鬼。要压死鬼。

属猴和属鸡的人在巴格上运转到西方：要进行消灾仪式退送铎鬼。要给蛇鬼施食。

属狗的人在巴格上运转到狗居地：要进行向天认错的仪式。要进行消灾仪式。

属猪和属鼠的人在巴格上运转到北方：要进行消灾仪式，仪式上要向史支鬼王赎魂。要进行祭村寨神仪式。家里会发生因有人去世而眼中流泪的事。

属牛的人在巴格上运转到牛居地：抠古鬼会偷走人的灵魂。要由喇嘛进行压死鬼仪式。该祭楚鬼和尤鬼。

在巴格上转到东方

① 这两个字符无法与其他字符连读成句，存疑。

562-L-13-11

thy̩^{33} me^{33} thɯ^{33}, lɑ^{33} khy̩^{55}、tho^{33} le^{33} khy̩^{55} zʅ^{33} me^{33}: ｜ȵi^{33} me^{33} gy̩^{21} gə^{33} zɑ^{21} nɯ^{33} mæ^{21} ky̩^{55},
到 的 这 虎 岁 兔 岁 司 者 西方 的 娆鬼 以 袭击 会

ty̩^{21}、khuɑ^{55}[1]、zɑ^{21} py^{21}dər^{33}. hər^{33}khɯ^{55} dər^{33}. ｜dzər^{21} khɯ^{33} tshʅ^{21} hɑ^{33} iə^{55} dər^{33}. ｜ly̩^{21}khy̩^{55}[2]
娆鬼 祭 该 祭风仪式 该 树 旁 鬼 饭 给 该 龙 岁

zʅ^{33} me^{33} pɑ^{33} kə^{21} gə^{33} ly̩^{21} dzʅ^{21} tɯ^{33} thy̩^{33} me^{33}: ｜zɑ^{21} py^{21} dər^{33}. dy̩^{21} tse^{21} py^{21} dər^{33}. ｜y^{21} tse^{21}
司 者 巴格 的 龙 居 地 到 者 娆鬼 祭 该 毒鬼仄鬼 祭 该 绵羊 用

to^{55} khɯ^{55} ｜to^{55} khɯ^{55}[3]do^{21} py̩^{55} dər^{33}. ｜tɕi^{55} nɯ^{21} tɕhi^{21}、dʑi^{33} nɯ^{21} uɑ^{33} py^{21} dər^{33}. ｜mɯ^{33} lɯ^{55}
消灾仪式 消灾仪式 铎鬼 送 该 季鬼 和 奇鬼 景鬼 和瓦鬼 祭 该 天 地

tshe^{21} ȵi^{33} khy̩^{55} pɑ^{33} kə^{21} gə^{33} ly̩^{21} dzʅ^{21} tɯ^{33}、khɯ^{33} dzʅ^{21} tɯ^{33} thy̩^{33} me^{33}: mɯ^{33} khu^{55} dy^{21} khu^{55}
十 二 岁 巴格 的 龙 居 地 狗 居 地 到 者 天 洞 地 洞

bu^{33} me^{33} uɑ^{21}, mɯ^{33} py^{21} dy^{21} py^{21} dər^{33}. ｜tɕi^{55} nɯ^{21} tɕhi^{21}、dʑi^{33} nɯ^{21} uɑ^{33} py^{21} dər^{33}. ｜mɯ^{33}
开 的 是 天 祭 地 祭 该 季鬼 和 奇鬼 景鬼 和 瓦鬼 祭 该 天

dər^{33} sʅ^{55} dər^{33}. ｜pɑ^{33} kə^{21} gə^{33} y^{21} dzʅ^{21} tɯ^{33}、｜ɯ^{33} dzʅ^{21} tɯ^{33} thy̩^{33} me^{33}: dy^{21} khu^{55} bu^{33} uə^{21}
错 认 该 巴格 的 羊 居 地 牛 居 地 到 者 地 洞 开 似

gy̩^{33}. ｜iə^{33} ko^{21} mi^{55} khuɑ^{21} i^{33} he^{21} nɯ^{33} ʂə^{55} me^{33} kho^{33} khuɑ^{21} mi^{33} ky̩^{55}. ｜tɕi^{55} nɯ^{21} tɕhi^{21}、dʑi^{33}
成 家里 女 是 神 以 说 的 消息 坏 听 会 季鬼 和 奇鬼 景鬼

nɯ^{21} uɑ^{33} py^{21} dər^{33}, phər^{21} ty̩^{21} tse^{21} dər^{33}. ｜khuɑ^{33} ty̩^{21} tshe^{21} ly^{55} khɯ^{33} gə^{33} thy̩^{33} tshʅ^{21} hɑ^{33} ʂu^{55}
和 瓦鬼 祭 该 木偶 用 该 木桩 又 插 处 的 土鬼 饭 祭

---

① 这两字符无法与其他字符连读成句，存疑。

② 原文误作“ly̩^{21} dzʅ^{21} tɯ^{33}（东南方）”，校读为“ly̩^{21} khy̩^{55}”（属龙）。

③ 该字符与上格字符重复。

dər^{33}.　| sɿ^{21} tṣhər^{33} khɯ^{55} dər^{33}.　| ly̩^{33} zɿ^{21} y^{21} hɑ^{33} iə^{55} dər^{33}.　| pɑ^{33} kə^{21} gə^{33} y^{21} dzɿ^{21} tɯ^{33}、
该　署　药　施　该　野外祭祖　饭　给　该　巴格　的　羊　居　地

的是属虎和属兔的人：会遭西方娆鬼的袭击。该祭娆鬼。要进行祭风仪式。要给树旁的鬼施食。

属龙的人在巴格上转到龙居地：该祭娆鬼。要祭毒鬼和仄鬼。要用绵羊作牺牲进行消灾仪式退送铎鬼。要祭季鬼和奇鬼、景鬼和瓦鬼。

属十二生肖各属相的人，在巴格上运转到龙居地和狗居地：天地都开了洞，要祭天和地。该祭季鬼和奇鬼、景鬼和瓦鬼。该进行向天认错的法仪。

属十二生肖各属相的人，在巴格上运转到羊居地和牛居地：似地开了洞一样凶。家里的女人会听到神告知的坏消息。该进行祭季鬼和奇鬼、景鬼和瓦鬼的法仪。要给插着木桩子那儿的土鬼施食。该给署施药。要在野外祭祖向祖先献饭。

同一年里全家人在巴格上运转而有两人到羊居地

562-L-13-12

khɯ^{33} dzɿ^{21} tɯ^{33} ȵi^{33} ky̩^{55} thy̩^{33} me^{33}：| iə^{33} ko^{21} ze^{21} tshɿ^{21} thy̩^{21}. | zo^{33} nɯ^{21} zo^{33} gu^{33} gu^{33} ky̩^{55}.　|
狗　居　地　两　个　到　者　家里　壬鬼　到　男　和　男　分离　会

bu^{21} nɯ^{21} y^{21} tse^{21}, to^{55} khɯ^{55} do^{21} py̩^{55} dər^{33}, pɑ^{33} kə^{21} khu^{55} lu^{33} by^{33} dər^{33}.　| pɑ^{33} kə^{21} gə^{33} ly̩^{21}
猪　和　绵羊　用　消灾仪式　铎鬼　送　该　巴格图　分　该　巴格　的　龙

dzɿ^{21} tɯ^{33}、ȵi^{33} me^{33} thy̩^{33}、ɯ^{33} dzɿ^{21} tɯ^{33} sɿ^{55} ky̩^{33} thy̩^{33} me^{33}: mi^{55} gə^{33} | uɑ^{21} he^{33} mɯ^{33} lɯ^{55} sɿ^{21}
居　地　东方　牛　居　地　三　个　到　者　女　的　灵魂　美利术鬼

tshɿ^{21} nɯ^{33} khy̩^{55} ky̩^{55}.　| zo^{33} tɕi^{55} to^{55} khuɑ^{21}. mi^{55} nɯ^{33} sɿ^{33} me^{33} ṣə^{55} ky̩^{55}.　| tɕi^{55} nɯ^{21} tɕhi^{21}、
以　偷　会　儿　小　上　凶　女　心　想　的　说　会　季鬼　和　奇鬼

dʑi^{33} nɯ^{21} uɑ^{33} py^{21} dər^{33}, gæ^{21} khuɑ^{21}、khæ^{55} lɯ^{33} khæ^{55} tso^{33} phi^{55} dər^{33}.　| pɑ^{33} kə^{21} gə^{33} y^{21} dzɿ^{21}
景鬼　和瓦鬼　祭　该　刀　坏　射　箭　射　具　丢　该　巴格　的　羊　居

tɯ^{33}、ȵi^{33} me^{33} gy̩^{21}、khɯ^{33} dzɿ^{21} tɯ^{33} sɿ^{55} ky̩^{33} thy̩^{33} me^{33}:　| khə^{33} gy̩^{33} tshɿ^{21} nɯ^{33} uɑ^{21} he^{33} khy̩^{33}
地　西方　狗　居　地　三　个　到　者　抠古鬼　以　灵魂　偷

kv̩^{55}. | zo^{33} tɕi^{55} gu^{21} me^{33} le^{21} mə^{33} n̠i^{21} kv̩^{55}. | ə^{33} me^{33} uɑ^{21} zɑ^{21} me^{33}, ze^{21}[1] py^{21} tshy^{55} py^{21}
会 儿 小 病 的 又 不 愈 会 母亲 生育 是 壬神 祭 趣神 祭

dər^{33}. | pɑ^{33} kə^{21} gə^{33} i^{33} tʂhʅ^{33} mu^{21} sʅ^{55} kv̩^{33} thv̩^{33} me^{33}: | fv̩^{55} khv̩^{33}、y^{21} khv̩^{55} zʅ^{33} me^{33} to^{55}
该 巴格 的 南方 三 个 到 者 鼠 岁 羊 岁 司 者 上

khuɑ^{21}. | mɯ^{33} gə^{33} dv̩^{21} tse^{21} zɑ^{21} lɯ^{33} kv̩^{55}. | dzo^{21} dɯ^{33} dzo^{21} kv̩^{33} ɕi^{33} n̠i^{33} kv̩^{55} kæ^{33} dʑi^{33} tshʅ^{21}
凶 天 的 毒鬼 仄鬼降 来 会 桥 一 座 上 人 两 个 前 走 来

uə^{21} gv̩^{33}. | ɕi^{33} khv̩^{33} thv̩^{33} tshʅ^{21} kv̩^{55} me^{55}.
似 成 小偷 到 来 会 的

和狗居地：壬鬼会来到家里。男人和男人会分离。要用猪和绵羊作牺牲进行消灾仪式退送铎鬼。仪式上要作分割巴格八方的法仪。

全家人在同一年里，在巴格上运转而有三人转到龙居地、东方和牛居地：女人的灵魂会被美利术[2]鬼偷去。凶于幼儿。女人会想到什么说什么[3]。该进行祭季鬼和奇鬼、景鬼和瓦鬼的法仪，仪式上要把烂刀子、烂弓箭丢到外面去。

全家人在同一年里，在巴格上运转而有三人转到羊居地、西方和狗居地：抠古鬼会偷去人的灵魂。幼子生病则会不愈。母亲生育小孩则该祭壬神和趣神。

全家人在同一年里，在巴格上运转而有三人转到南方：凶于属鼠和属羊的人。天上的毒鬼和仄鬼会降临下来。似俩人相向过一座桥一样凶。小偷会到家里来行窃。

562-L-13-13

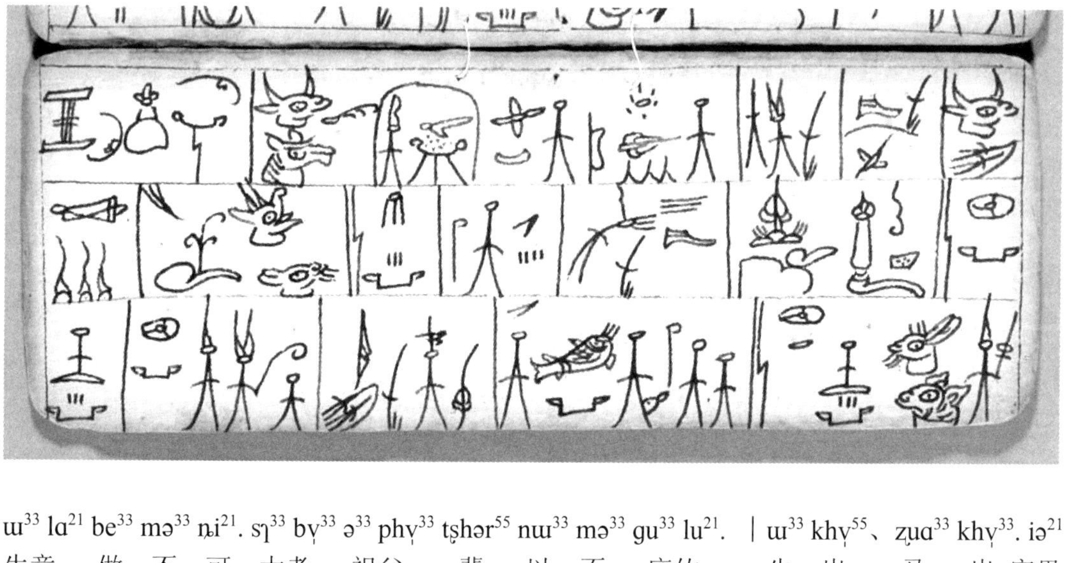

ɯ^{33} lɑ^{21} be^{33} mə^{33} n̠i^{21}. sʅ^{33} bv̩^{33} ə^{33} phv̩^{33} tʂhər^{55} nɯ^{33} mə^{33} gu^{33} lu^{21}. | ɯ^{33} khv̩^{55}、zu̠ɑ^{33} khv̩^{33}. iə^{21}
生意 做 不 可 大者 祖父 辈 以 不 庇佑 牛 岁 马 岁家里

① 此字有误，原文误作“鬼”，与“趣”相连应作“神”。

② 美利术，音译名词。为一个古代部落首领的名字，全称为“美利术主”，有时简称为“美利术”或“术”。

③ 此句喻义不明，照原文直译之。

ko^{21} mi^{55} i^{33} ʂʅ^{33} tɕə^{55}, uɑ^{21} he^{33}、zo^{33}、khu^{33}、tʂhu^{55} pɑ^{33} dʑi^{55}、zo^{33}①. | tər^{21} tse^{21} py^{21} dər^{33}. |
女 是 肉 煮 灵魂 男 门 天香 烧 男 呆鬼 仄鬼 祭 该

zʅ^{21}zər^{21} py^{21} dər^{33}. | ɯ^{33} tse^{21} to^{55} khɯ^{55} dər^{33}, | ko^{21} kæ^{33} mɯ^{33} tsʅ^{21} dv̩^{21} phi^{55} dər^{33}. | lv̩^{21}
仇压 祭 该 牛 用 消灾仪式 该 替身 火葬场 丢 该 龙

khv̩^{55}、fv̩^{55} khv̩^{33} ɕi^{33} gə^{33} i^{33} tʂhʅ^{33} mu^{21} tɕy^{21} nɯ^{33} dzʅ^{33} hɯ^{55} py^{21} dər^{33}. | pɑ^{33} kə^{21} gə^{33} ho^{33} gv̩^{33}
岁 鼠 岁 人 的 南方 方向 以 祸 撵 祭 该 巴格 的 北方

lo^{21} sʅ^{55} kv̩^{33} thv̩^{33} me^{33}: | zo^{33} lu^{55} kv̩^{33}ko^{55} khuɑ^{21}. | tsʅ^{33} iə^{21} ŋv̩^{55} hər^{33} lɑ^{33} lɯ^{21} khɯ^{55} dər^{33}. |
三 个 到 者 男 四 个 上 凶 楚鬼尤鬼超度 大祭风仪式 该

hɯ^{55} bu^{21} kv̩^{33} nɯ^{33} ɕy^{55} hər^{21} nɑ^{33} tsɑ^{21} tshʅ^{55} dər^{33}. sʅ^{21} tʂhər^{33} khɯ^{55} dər^{33}. | pɑ^{33} kə^{21} gə^{33} ȵi^{33}
海 岸 上 以 柏 绿 纳召 建 该 署 药 施 该 巴格 的

me^{33} thv̩^{33} | sʅ^{55} kv̩^{33} thv̩^{33} me^{33}: | ȵi^{33} me^{33} thv̩^{33} gə^{33} dv̩^{21} nɯ^{21} tse^{21} nɯ^{33} ɕi^{33} gə^{33} uɑ^{21} he^{33} khv̩^{33}
东方 三 个 到 者 东方 的 毒鬼 和 仄鬼 以 人 的 灵魂 偷

lɯ^{33} kv̩^{55}. | ɕi^{33} mu^{55} kv̩^{33} phər^{21} gə^{33} ɕy^{33} i^{33} to^{55} khɯ^{55} do^{21} pv̩^{55} dər^{33}. | zo^{33} to^{55} khuɑ^{21}. ȵi^{55}
来 会 人 老 头 白 的 法事是 消灾仪式铎鬼 送 该 男 上 凶 失败

thv̩^{33} kv̩^{55}. zo^{33} nɯ^{33} ko^{21}、zo^{33}、zo^{33}②. | pɑ^{33} kə^{21} gə^{33} ȵi^{33} me^{33} gv̩^{21} sʅ^{55} kv̩^{33} thv̩^{33} me^{33}: tho^{33} le^{33}
产生 会 男 心 里 男 男 巴格 的 西方 三 个 到 者 兔

khv̩^{55} lɑ^{33} khv̩^{55} tɕər^{21}, dv̩^{21} mu^{21} tɯ^{33} lɯ^{33} kv̩^{55}.
岁 虎 岁 上 毒鬼 兵 起 来 会

不宜去做生意。祖先不予以庇佑。属牛和属马者③。该进行祭呆鬼和仄鬼的法仪。要做压仇人的法仪。要用牛作牺牲进行消灾仪式，仪式上要把替身丢到火葬场里去。要为属龙和属鼠者做撵灾祸的法仪。

同一年里全家人在巴格上运转，有三人转到北方：凶于四个男人，要做超度楚鬼和尤鬼的大祭风仪式。要在海岸上建翠柏纳召。要给署施药。

同一年里全家人在巴格上运转，有三人转到东方：东方的毒鬼和仄鬼会来偷家人的灵魂。为白发老人要做消灾仪式退送铎鬼。凶于男人。会发生失败的事。

同一年里全家人在巴格上运转，有三人转到西方：对属兔、属虎的人，毒鬼兵会来作祟，

① 这六个东巴文字符无法连读成句，存疑。

② 这四个东巴文字符无法连读成句，存疑。

③ 属牛和属马者的凶吉原文未写，无法判断。

562-L-13-14

du^{21} æ^{21} sɿ^{21} æ^{21} uə^{21} gv̩^{33}. | tər^{21} tshɿ^{21} iə^{33} ko^{21} thv̩^{33} kv̩^{55}. ɕy^{55} ko^{21} do^{33} me^{33} y^{21} tʂhuɑ^{55} phu^{33}
董 斗 术 斗 似 成 呆鬼 家里 到 会 柏 高原 爬 的 绵羊 六 只

phi^{55} me^{33} thv̩^{33} kv̩^{55}. | tɕi^{55} nɯ^{21} tɕhi^{21}、dʑi^{33} nɯ^{21} uɑ^{33} py^{21} dər^{33}. to^{55} khɯ^{55} do^{21} pv̩^{55} dər^{33}. |
失 的 产生 会 季鬼 和 奇鬼 景鬼 和 瓦鬼 祭 该 消灾仪式铎鬼 送 该

pɑ^{33} kə^{21} gə^{33} ɯ^{33} dzɿ^{21} tɯ^{33} sɿ^{55} kv̩^{33} thv̩^{33} me^{33}: dɯ^{33} dzo^{21} kv̩^{33} nɯ^{33} ɕi^{33} ȵi^{33} kv̩^{33} dʑi^{33} ȵi^{33} kv̩^{55}
巴格 的 牛 居 地 三 个 到 者 一 桥 上 以 人 两 个 走 二 个

dʑi^{21} lo^{21} do^{55} uə^{21} gv̩^{33}. miə^{21} ko^{21} miə^{21} bər^{33} thv̩^{33} le^{21} miə^{21} mə^{33} do^{21} be^{33} kv̩^{55}. | hu^{21} khuɑ^{33}
水 里 跌 似 成 眼 里 眼泪 出 而 眼 不 见 做 会 半夜

dv̩^{21} nɯ^{21} dæ^{33} bɑ^{21} me^{33} iə^{33} ko^{21} mi^{33} lɯ^{33} kv̩^{55}. y^{21} khv̩^{55} zo^{33} to^{55} khuɑ^{21}, ɕy^{33} i^{33} to^{55} khɯ^{55} do^{21}
野猫 和 狐狸 叫 的 家里 听 来 会 羊 岁 男 上 凶 法事 是 消灾仪式铎鬼

pv̩^{55} dər^{33}. | mu^{33} dzɿ^{33} mu^{33} lɑ^{21} thv̩^{33} kv̩^{55}. | sɿ^{21} tʂhər^{33} khɯ^{55} dər^{33}. pɑ^{33} kə^{21} khu^{33} lu^{55} by^{33}
送 该 是非 产生 会 署 药 施 该 巴格图 分

dər^{33}. | pɑ^{33} kə^{21} gə^{33} y^{21} dzɿ^{21} tɯ^{33} sɿ^{55} kv̩^{33} thv̩^{33} me^{33}: | dy^{21} i^{33} dy^{21} khu^{55} bu^{33}, mɯ^{33} gə^{33} dv̩^{21}
该 巴格 的 羊 居 地 三 个 到 者 地 是 地 洞 开 天 的毒鬼

tse^{21} zɑ^{21}. dɯ^{33} dzo^{21} kv̩^{33} nɯ^{33} ɕi^{33} ȵi^{33} kv̩^{55} dʑi^{33} me^{33} dɯ^{33} gv̩^{33} dʑi^{21} lo^{21} do^{55} uə^{21} gv̩^{33}. tshɿ^{21} nɯ^{33}
仄鬼 降 一 桥 上 以 人 两个 走 的 一 个 水 里 跌 似 成 鬼 以

uɑ^{21} he^{33} khv̩^{33} kv̩^{55}. | ʐuɑ^{33} khv̩^{55}、ɯ^{33} khv̩^{55}. | iə^{33} ko^{21} zo^{33} gu^{33} gu^{33} thv̩^{33} kv̩^{55}. bu^{21} lo^{55} dʑi^{21}
灵魂 偷 会 马 岁 牛 岁 家里 男 分离 产生 会 坡 越 水

dər^{21} me^{33} æ^{21} kv̩^{33} nɯ^{33} do^{55} kv̩^{55}. | tɕi^{55} me^{33} miə^{21} nɯ^{33}
涉 是 崖 上 以 掉 会 小 者 眼 以

像董与术[①]发生争斗一样。呆鬼会来到家里。会发生放牧在长满柏树的高原上的六只绵羊丢失了的事。该祭季鬼和奇鬼、景鬼和瓦鬼。要进行消灾仪式退送铎鬼。

同一年里全家人在巴格上运转，有三人转到牛居地：似两人相向同过一座桥而两人都落入水中一样。会发生眼睛哭瞎之事。半夜在家里会听到野猫和狐狸的叫声。凶于属羊的人。要做消灾仪式退送铎鬼。会有口舌是非。要给署施药。要分割巴格八方。

同一年里全家人在巴格上运转，有三人转到羊居地：地会开洞，天会降下毒鬼和仄鬼。似两人相向同过一座桥而有一人落入水中一样凶。鬼会来偷家人的灵魂。属马和属牛者[②]。家里男人会分离。去爬坡涉水远行会从崖上跌下来。家里的小孩会看到

562-L-13-15

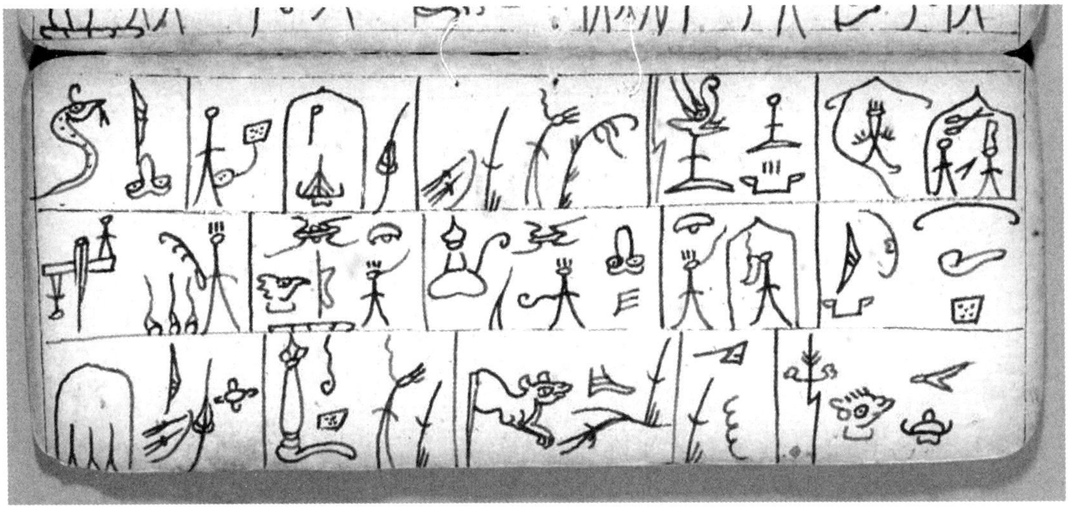

zʅ^{21} nɯ^{21} pɑ^{33} nɯ^{33} do^{21} be^{33} me^{33} do^{21} kʏ^{55}. | nɯ^{33} sɿ^{33} thʏ^{33}. iə^{33} ko^{21} sɿ^{55} ɕy^{33} be^{33} dər^{33}. | to^{55}
蛇 和 蛙 以 异常 做 的 见 会 心 想 出 家里 素神法仪 做 该 消灾

khɯ^{55} dər^{33}. tshɿ^{33} iə^{21} py^{21} dər^{33}. | pɑ^{33} kə^{21} gə^{33} lʏ^{21} dzɿ^{21} tɯ^{33} sɿ^{55} kʏ^{33} thʏ^{33} me^{33}: | mɯ^{33} kʏ^{33}
仪式 该 楚鬼尤鬼 祭 该 巴格 的 龙 居 地 三 个 到 者 天 上

nɯ^{33} mu^{33} tshɿ^{21} zɑ^{21} lɯ^{33} kʏ^{55}. iə^{33} ko^{21} gə^{33} zo^{33} tɕi^{55} mi^{55} tɕi^{55} to^{55} khuɑ^{21}. | dzo^{21} kʏ^{33} ʥi^{33} me^{33}
以 猛鬼 降 来 会 家里 的 儿 小 女 小 上 凶 桥 上 走 是

ʥi^{21} lo^{21} do^{55} uə^{21} gʏ^{33}. mɯ^{33} tsɿ^{21} dʏ^{21} lo^{21} tshɿ^{21} nɯ^{33} khʏ^{33} lɯ^{33} kʏ^{55}. | æ^{21}[③]、dy^{21}ʂʅ^{55} khu^{55} lo^{21}
水 里 跌 似 成 火葬场 里 鬼 以 偷 来 会 地 新 方

nɯ^{33} hu^{21} kho^{33} tshɿ^{21} nɯ^{33} lər^{21} kʏ^{55}. | he^{21} nɯ^{33} tɕhi^{33}, tshɿ^{21} nɯ^{33} hæ^{21}, tshɿ^{21} nɯ^{33} pɑ^{33} sɑ^{21} be^{33}
以 半夜 鬼 以 叫 会 神 以 卖 鬼 以 买 鬼 以 作祟 做

kʏ^{55}. | hu^{21} kho^{33} tshɿ^{21} lər^{21} kho^{33} iə^{33} ko^{21} mi^{33} lɯ^{33} kʏ^{55}. | do^{21} thʏ^{33} mu^{55}, mɯ^{33} dər^{33} sɿ^{55}
会 半夜 鬼 叫 声 家里 听 来 会 异常 产生 的话 天 错 认

---

① 董、术，音译名词。为古代两个部落首领之名字简称。董：全称为“美利董主”。“术”全称为“美利术主”，这两个部落曾发生争战，纳西东巴古籍《董术争战》就描述了该历史故事。

② 原文未写明其凶吉，无法校补。

③ 此字符无法与其他字符连读成句，存疑。

dər33. | ʥi21 mi33 nɯ33 khuɑ33 kv̩55. to55 khɯ55 do21 pv̩55 ɕy33 dɯ21 be33 dər33. | sɿ21 tʂhər33 khɯ55
该 房 火 以 吞 会 消灾仪式 铎鬼 送 法事 大 做 该 署 药 施

dər33. tshɿ33 py21 iə21 py21 dər33. | khɯ33 tʂhʅ33 tər21 zər21 dər33. | tʂhə55 ʂu55 dər33. | sɿ33 bv̩33
该 楚鬼 祭尤鬼 祭 该 狗 吊 呆鬼 压 该 秽 祭 该 大者

tʂhər55 gə33 y21 hɑ33 ʂʅ21 dər33.
辈 的 祖先 饭 献 该

蛇和蛙的异常现象以示不祥。心想事成。家里要做请素神的法仪。要做消灾仪式。该祭楚鬼和尤鬼。

同一年里全家人在巴格上运转，有三人转到龙居地：天上会降下猛鬼。凶于家里的幼子幼女。似过桥而掉入水里一样凶。鬼会到火葬场里行窃。在新辟的地里半夜会传来鬼叫声。会被神卖，鬼来买走[1]，鬼来作祟。半夜在家里会听到鬼叫。若有异常现象以示不祥之兆，就该进行向天认错的法仪。房屋会被火吞没。该进行消灾退送铎鬼的大法仪。要给署施药。该祭楚鬼和尤鬼。要进行吊着狗以压呆鬼的法事。要进行除秽仪式。该向最大的祖先献饭。

562-L-13-16

pɑ33 kə21 gə33 khɯ33 dzɿ21 tɯ33 sɿ55 kv̩33 thv̩33 me33: | dɯ33 ʥi21 be33 nɯ33 gu21 thv̩33 kv̩55. dv̩21
巴格 的 狗 居 地 三 个 到 者 一 家 皆 心 疼 产生 会 毒鬼

tshɿ21 nɯ33 uɑ21 he33 khv̩33 kv̩55. | to55 khɯ55 ʂʅ21 dzʅ33 uɑ21 ʂər55 dər33. | tshɿ33 iə21 ŋv̩55 dər33. |
以 灵魂 偷 会 消灾仪式 史支鬼王灵魂 赎 该 楚鬼 尤鬼超度该

mɯ33 dər33 sɿ55 dər33. | sɿ21 tʂhər33 khɯ55 dər33. | tɕi55 nɯ21 tɕhi21、ʥi33 nɯ21 uɑ33 py21 dər33. |
天 错 认 该 署 药 施 该 季鬼 和 奇鬼 景鬼 和 瓦鬼 祭 该

gɑ33 nɯ33 mə33 hɯ21, y21 gɑ33 lɑ21 nɯ33 mə33 hɯ21. | du21 nɯ21 se21 kæ33 nɯ21 me55 uɑ21 me55
嘎神 心 不 高兴 祖先 战神 心 不 高兴 卢神 和 沈神 前 生儿 求 育女 求

[1] 此句喻将有人死去。

dər^{33}. | ə^{55} y^{21} khv̩^{55}、lɑ^{33} khv̩^{55}、bu^{21} khv̩^{55}、ʐʅ^{21} khv̩^{55} me^{33}, | ho^{55} ȵi^{33} gu^{21} se^{33} le^{21} mə^{33} ȵi^{21}
该　猴　岁　虎　岁　猪　岁　蛇　岁　者　八　天　病　了　又　不　愈

kv̩^{55}. | to^{55} khɯ^{55} dər^{33}. dv̩^{21} tse^{21} py^{21} dər^{33}. uɑ^{33}、gu^{21}、mə^{33}①. | tho^{33} le^{33} khv̩^{55}、æ^{21} khv̩^{55}、
会　消灾仪式　该　毒鬼　仄鬼　祭　该　五　病　不　兔　岁　鸡　岁

fv̩^{55} khv̩^{33}、ʐuɑ^{33} khv̩^{55} to^{55} khuɑ^{21}. tshe^{21} lu^{33}、ly^{33}②. | ȵi^{33} tsər^{33} uɑ^{33}、gu^{21}、mə^{33}③ | to^{55} khɯ^{55}
鼠　岁　马　岁　上　凶　十　四　矛　二　十　五　病　不　消灾仪式

do^{21} py^{55} dər^{33}. tshʅ^{33} iə^{21} ŋy^{55} dər^{33}. | mɯ^{33} tsʅ^{21} kuɑ^{21} lo^{21} mi^{33} bɑ^{21} tɯ^{33} be^{33} pɑ^{33} sɑ^{21} be^{33} kv̩^{55}.
铎鬼　送　该　楚鬼尤鬼超度　该　火葬场　里　火　花　起　地　作祟　做　会

同一年里全家人在巴格上运转，有三人转到狗居地：会发生使全家人心疼的事。毒鬼会来偷人的灵魂。该进行消灾仪式，仪式上要向史支鬼王赎魂。该进行超度楚鬼和尤鬼的法仪。要进行向天认错的仪式。要给署施药。该祭季鬼和奇鬼、景鬼和瓦鬼。嘎神心里不高兴。祖先战神心不悦。该向卢神和沈神祈福求嗣。属猴、属虎、属猪和属蛇的人，会病了八天而不愈。该进行消灾仪式。要祭毒鬼和仄鬼。凶于属兔、属鸡、属鼠和属马的人。该进行消灾仪式退送铎鬼。要超度楚鬼和尤鬼。火葬场里会起火花，鬼会来作祟。

562-L-13-17

lv̩^{21} khv̩^{55}、khɯ^{33} khv̩^{55}、ɯ^{33} khv̩^{55}、y^{21} khv̩^{55}. | ȵi^{33} tsər^{21} uɑ^{33}、gu^{21}、mə^{33}④. | khu^{33} khɯ^{33} thv̩^{33}
龙　岁　狗　岁　牛　岁　羊　岁　二　十　五　病　不　门　前　到

be^{33} zʅ^{21} nɯ^{33} æ^{33} æ^{21} lɯ^{33} kv̩^{55}. | tshʅ^{33} nɯ^{21} iə^{21}、dv̩^{21} nɯ^{21} tse^{21} py^{21} dər^{33}. | uɑ^{33} tshʅ^{21} py^{21}
地　仇　以　斗　来　会　楚鬼　和　尤鬼　毒鬼　和　仄鬼　祭　该　瓦鬼　祭

① 这三个字符无法与其他字符连读成句，存疑。

② 这三个字符无法连读成句，存疑。

③ 这四个字符无法连读成句，存疑。

④ 这四个字符无法连读成句，存疑。

dər^{33}. | ȵi^{33} tsər^{21} uɑ^{33}、mə^{33}、gu^{21}、ȵi^{33} tsər^{21} tʂhuɑ^{55}. | ȵi^{33} tsər^{21} tʂhuɑ^{55}、zo^{33}、 | dʑi^{21}[1]. |
该 二 十 五 不 背 二 十 六 二 十 六 男 房

mɯ^{33} lɯ^{55} tshe^{21} ȵi^{33} khy̩^{55}, | pɑ^{33} kə^{21} gə^{33} i^{33} tʂhʅ^{33} mu^{21} thy̩^{33} me^{33}: sʅ^{55} khy̩^{21} dər^{33}. no^{55} by̩^{21}
天 地 十 二 岁 巴格 的 南方 到 者 素神 请 该 诺神 祭

dər^{33}. | thy̩^{33} phe^{33} hər^{21} y^{21} mə^{33} ȵi^{21}. ʐuɑ^{33} hər^{21} ʂər^{21} bɯ^{33} mə^{33} ȵi^{21}. | tʂhər^{33} me^{33} ʂʅ^{55} zʅ^{21}
该 麻布 蓝 拿 不 可 马 青 牵 去 不 可 媳妇 新 娶

me^{33} tshʅ^{21} py^{21} dər^{33}. | so^{33} ʂuɑ^{21} dʑy^{21}nɑ^{55} ky̩^{33} nɯ^{33}, tshʅ^{33} nɯ^{21} iə^{21}、dy̩^{21}nɯ^{21} tse^{21} py^{21} dər^{33}. |
是 鬼 祭 该 峻岭 高 山 大 上 以 楚鬼 和 尤鬼毒鬼 和 仄鬼 祭 该

he^{21} hɑ^{33} ʂu^{55} dər^{33}. mɯ^{33} dər^{33} sʅ^{55} dər^{33}. | ʐʅ^{21} tshʅ^{21} py̩^{55} dər^{33}. dzər^{21} khɯ^{33} gə^{33} dʑi^{33} mu^{33} ɯ^{21}
神 饭 祭 该 天 错 认 该 蛇 鬼 送 该 树 旁 的 水 猛鬼 恩鬼

py^{21} dər^{33}. | ɯ^{33} ɕy^{21} ʂʅ^{33} ɕy^{21} ly^{21} mə^{33} ȵi^{21}. | y^{21} khy̩^{55} me^{33} gu^{21} me^{33} le^{21} mə^{33} ȵi^{21} ky̩^{55}.
祭 该 皮 红 肉 红 看 不 可 羊 岁 者 病 者 又 不 愈 会

属龙、属狗、属牛和属羊者[2]。仇人会到家门前来寻衅斗殴。该祭楚鬼和尤鬼、毒鬼和仄鬼。该祭瓦鬼。

属天地十二生肖各属相的人：

在巴格上转到南方：该进行请素神仪式。要进行祭诸神仪式。不要去拿蓝色麻布，不要去牵青马。迎娶新媳妇则要祭鬼。要到大山峻岭上进行祭楚鬼和尤鬼、毒鬼和仄鬼的仪式。要向神献饭。要进行向天认错的法仪。要退送蛇鬼。要祭树旁的水中的猛鬼和恩鬼。不要去看带血的红皮和红肉。属羊的人生病则不会痊愈。

562-L-13-18

[1] 这些字符无法连读成句，存疑。

[2] 此句原文未写明凶吉，无法校补，存疑。

to^{55} khɯ^{55} do^{21} py̩^{55} dər^{33}. | mə^{33} ŋy̩^{55} tshʅ^{21} hɑ^{33} ʂu^{55} dər^{33}. | pɑ^{33} kə^{21} gə^{33} y^{21} dzʅ^{21} tɯ^{33} thy̩^{33}
消灾仪式铎鬼 送 该 未 超度 鬼 饭 祭 该 巴格 的 羊 居 地 到

me^{33}: tʂʅ^{33} thy̩^{55} ly̩^{33} thy̩^{55} bɯ^{33} mə^{33} n̡i^{21}. | thy̩^{33} tshʅ^{21} ʂu^{55} dər^{33}. | mi^{55} tɕy^{21} gə^{33} y^{21} ʂʅ^{33} nɯ^{21}
者 土 挖 石 挖 去 不 可 土鬼 祭 该 女方 的 祖先 肉 和

hɑ^{33} iə^{55} dər^{33}. | mu^{33} ɯ^{21} py^{21} dər^{33}. | mɯ^{33} mə^{33} do^{21} gə^{33} thy̩^{33} tshʅ^{21} nɯ^{33} gu^{21} khɯ^{55} lɯ^{33}
饭 给 该 猛鬼 恩鬼 祭 该 天 不 见 的 土鬼 以 病 放 来

ky̩^{55}. | dy̩^{21} tse^{21} py^{21} dər^{33}. | tʂhə^{55} ʂu^{55} dər^{33}. | ʂʅ^{33} dʑi^{55} sæ^{33} dʑi^{55}, iə^{33} ko^{21} nɯ^{33} tshʅ^{21} khuɑ^{21}
会 毒鬼仄鬼 祭 该 秽 祭 该 肉 烧 血 烧 家里 以 鬼 恶

thy̩^{55} dər^{33}. | to^{55} khɯ^{55} do^{21} py̩^{55} dər^{33}. | tho^{33} lo^{33} tshʅ^{21} thy̩^{55} dər^{33}. mu^{33} dzʅ^{33} mu^{33} lɑ^{21} thy̩^{33}
驱 该 消灾仪式 铎鬼 送 该 妥罗鬼 驱 该 是非 产生

ky̩^{55}. | pɑ^{33} kə^{21} gə^{33} n̡i^{33} me^{33} gy̩^{21} thy̩^{33} me^{33}: phy^{33} ly^{33} nɑ^{21}、dʑi^{33} nɑ^{21}、ər^{33} nɑ^{21} ʂu^{21} nɑ^{21} y^{21}
会 巴格 的 西方 到 者 毡帽 黑 衣 黑 铜 器 铁 器 拿

mə^{33} n̡i^{21}. | tər^{21} thy̩^{33} ky̩^{55}, tər^{21} tse^{21} py^{21} dər^{33}. | ʂu^{21} ty^{33} bɯ^{33} mə^{33} n̡i^{21}. lɑ^{33} ɯ^{33} y^{21} mə^{33} n̡i^{21},
不 可 呆鬼 到 会 呆鬼仄鬼 祭 该 铁 打 去 不 可 虎 皮 拿 不 可

tshʅ^{21} nɯ^{33} tshʅ^{21} ky̩^{55}. | he^{21} dʑi^{21} lo^{21} gə^{33} he^{21} nɯ^{33} mə^{33} hɯ^{21}. | n̡i^{33} me^{33} gy̩^{21} gə^{33} sʅ^{21} nɯ^{33}
鬼 以 缠 会 房 房 里 的 神 心 不 高兴 西方 的 署 心

mə^{33} hɯ^{21}.
不 高兴

该进行消灾仪式退送铎鬼。该给未曾超度的亡灵施食。

在巴格上转到羊居地：不宜去挖土采石。该祭土鬼。该给女方的祖先献肉献饭。该祭猛鬼和恩鬼。不见天的土鬼会放来疾病。该祭毒鬼和仄鬼。该进行除秽仪式。该烧上肉和血在家里驱恶鬼。该进行消灾仪式退送铎鬼。该驱赶妥罗鬼。会产生口舌是非。

在巴格上转到西方：不要去拿黑毡帽和黑衣服，不要去拿铜器和铁器。呆鬼会来到家里。该祭呆鬼和仄鬼。不要去打铁。不要去拿虎皮。会被鬼缠上。神房里的神会不高兴。西方的署也会不高兴。

562-L-13-19

sɿ^{13} gə^{33} zʅ^{21} tʂhər^{33} khɯ^{55} dər^{33}. | mu^{33} ɯ^{21} py^{21} dər^{33}. zʅ^{21} tshɿ^{21} py^{21} dər^{33}. | zo^{33} nɯ^{13} ə^{33} dzɿ^{33}
署 的 蛇 药 施 该 猛鬼恩鬼 祭 该 蛇 鬼 祭 该 儿 与 祖母

ʂə^{55} ʂə^{33} thy̩^{33} ky̩^{55}. uɑ^{33} tshɿ^{21} py^{21} dər^{33}. | pɑ^{33} kə^{21} gə^{33} khɯ^{33} dzɿ^{21} tɯ^{33} thy̩^{33} me^{33}: | mɯ^{33}
吵架 产生 会 瓦鬼 祭 该 巴格 的 狗 居 地 到 者 天

khu^{55} dɯ^{21} thy̩^{33} me^{33} uɑ^{21}. khɯ^{33} dʐu^{21} æ^{33} æ^{21} be^{33} mə^{33} ȵi^{21}. | mɯ^{33} dər^{33} sɿ^{55} dər^{33}. gɑ^{33} py^{21}
门 大 到 的 是 狗 争 殴斗 做 不 可 天 错 认 该 嘎神 祭

dər^{33}. | iə^{33} ko^{21} tshɿ^{21} by̩^{21} mə^{33} ȵi^{21}. he^{21} hɑ^{33} ʂu^{55} dər^{33}. | uɑ^{33} tshɿ^{21} py^{21} dər^{33}. | gu^{21} me^{33}
该 家里 鬼 孵 不 可 神 饭 祭 该 瓦鬼 祭 该 病 者

ɕy^{33} be^{33} se^{13}, dy̩^{21} tse^{21} py^{21} dər^{33}. sɿ^{21} uɑ^{21} ʂər^{55} dər^{33}. dzɿ^{33} ɕy^{33} uə^{33} ɕy^{33} be^{33} dər^{33}. | to^{55} khɯ^{55}
法仪做 则 毒鬼仄鬼 祭 该 署灵魂 赎 该 村 法仪寨 法仪 做 该 消灾仪式

dər^{33}. | ʥi^{33} mu^{33} ɯ^{21} py^{21} dər^{33}. | ʂʅ^{21} dzʅ^{33} ʥi^{33} by̩^{33} uɑ^{21} ʂər^{55} dər^{33}. | thy̩^{33} tshɿ^{21} hɑ^{33} ʂu^{55}
该 水 猛鬼 恩鬼 祭 该 史支金补鬼王 魂 赎 该 土鬼 饭 祭

dər^{33}. | mi^{55}mə^{33}（？）①do^{21} be^{33} ʥi^{33} mu^{33} ɯ^{21} py^{21} dər^{33}. | pɑ^{33} kə^{21} gə^{33} ho^{33} gy̩^{33} lo^{21} thy̩^{33} me^{33}:
该 女 不 见 地 水 猛鬼恩鬼 祭 该 巴格 的 北方 到 者

ŋy̩^{33} y^{21} bɯ^{33} mə^{33} ȵi^{21}.
木身 拿 去 不 可

该给署的蛇施药。要祭猛鬼和恩鬼。该祭蛇鬼。儿子会与祖母吵架。该祭瓦鬼。

在巴格上转到狗居地：是转到了大天门处。不要为狗与别人发生殴斗。该进行向天认错的法仪。该祭嘎神。不要在家里孵鬼②。该向神献饭。该祭瓦鬼。若病则要祭毒鬼、仄鬼。

① 此字符写一个飞禽头，无法识读是何鸟，存疑。

② 孵鬼，家里若无财力或没时间，用一麻布包一个鸡蛋和几炷香，把它挂在梁上，等有时间再祭，即让鬼像母鸡孵蛋一样，这种做法叫“孵鬼”。

要向署赎魂。该进行祭村寨神仪式。要进行消灾仪式。要祭水中的猛鬼和恩鬼。该向史支金补鬼王赎魂。该给土鬼施食。不要让女人看见地祭水中的猛鬼和恩鬼。

在巴格上转到北方，不要去拿木身①。

562-L-13-20

py^{33} bv̩^{21} ŋv̩^{55} mə^{33} gv̩^{21} be^{55} kv̩^{55} | ʥi^{33} py^{21} uɑ^{33} py^{21} gə^{33} mu^{33} kho^{55} ʂʅ^{33} dzʅ^{33} mə^{33} ȵi^{21}. | ɕi^{33}
祭司 超度 不 成 地 会 景鬼 祭 瓦鬼祭 的 牺牲 杀 肉 吃 不 可 人

mu^{21} ku^{33} lo^{21} khɯ^{55} ly^{21} mə^{33} ȵi^{21}. | ʥi^{33} mu^{33} ɯ^{21} py^{21} dər^{33}. ʥi^{33} kho^{33} uɑ^{21} ʂər^{55} dər^{33}. | dzo^{21}
尸 棺 里 装 看 不 可 水 猛鬼恩鬼 祭 该 水 源 魂 赎 该 桥

khɯ^{33} nɯ^{33} ʐʅ^{21} tshʅ^{21} pv̩^{55} dər^{33}. tɕiə^{33} tshʅ^{21} mu^{33} tshʅ^{21} pv̩^{55} dər^{33}. | tshʅ^{33} iə^{21} py^{21} dər^{33}. | kv̩^{55}
处 以 蛇 鬼 送 该 麻风 鬼 猛鬼 送 该 楚鬼尤鬼祭 该 毡房

ʥi^{21} thv̩^{21} bɯ^{33} mə^{33} ȵi^{21}, tshʅ^{21} khuɑ^{21} nɯ^{33} pɑ^{33} sɑ^{21} be^{33} kv̩^{55}. | to^{55} khɯ^{55} do^{21} pv̩^{55} dər^{33}. ʂʅ^{33}
搭 去 不 可 鬼 恶 以 作祟 作 会 消灾仪式 铎鬼 送 该 死

sʅ^{21} lɑ^{21} tʂu^{55} phər^{21} dər^{33}. | dzər^{21} dɯ^{21} ʥi^{21} dɯ^{21} lv̩^{33} dɯ^{21} khɯ^{33} ɕi^{33} nɯ^{33} sy^{55} ʂʅ^{33} me^{33} tshʅ^{21}
生 手 结 解 该 树 大 水 大 石 大 处 他人 以 杀 死 的 鬼

hɑ^{33} iə^{55} dər^{33}. | pɑ^{33} kə^{21} gə^{33} ɯ^{33} dzʅ^{21} tɯ^{33} thv̩^{33} me^{33}: | khuɑ^{55} tʂhu^{55}、| tʂʅ^{33} thv̩^{55}、lv̩^{33} thv̩^{55}
饭 给 该 巴格 的 牛 居 地 到 者 桩 插 土 挖 石 采

bɯ^{33} mə^{33} ȵi^{21}. | ʂʅ^{33} ʥi^{33} y^{21} mə^{33} ȵi^{21}. mu^{33} kho^{55} mu^{33} ʂʅ^{33} dzʅ^{33} mə^{33} ȵi^{21}. | tʂhu^{21} be^{33} dv̩^{21}
去 不 可 死 衣 拿 不 可 牺牲 杀 牺牲 肉 吃 不 可 快 地 毒鬼

tse^{21} py^{21} dər^{33}. | tʂhə^{55} ʂʅ^{33} ɕy^{21} y^{21} se^{55}, sɑ^{55} mə^{33} dɯ^{33} be^{33} ʂʅ^{33} me^{33} mi^{55} dɯ^{33} gv̩^{33} nɯ^{33} tshʅ^{21}
仄鬼 祭 该 秽 肉 红 拿 则 气 不 得 地 死 的 女 一 个 以 缠

kv̩^{55}. | khə^{33} gv̩^{33} tshʅ^{21} py^{21} dər^{33}. tho^{55} lo^{33} tshʅ^{21} thv̩^{55} dər^{33}. tʂhə^{55} ʂu^{55} dər^{33}.
会 抠古鬼 祭 该 妥罗鬼 驱 该 秽 祭 该

① 木身，纳西族在举行超度死者仪式中，要用两枝松枝做一个替身，这替身译作“木身”。

会使东巴祭司不能超度亡灵。不要吃祭景鬼和瓦鬼时所杀的牺牲的肉。不要去看死者入棺。该祭水中的猛鬼和恩鬼。要到水源处招魂。该在桥边送蛇鬼。该送麻风病而亡的鬼。要退送猛鬼。该祭楚鬼和尤鬼。不要去搭毡房，恶鬼会来作祟。该进行消灾仪式退送铎鬼。要进行解开生者和死者手结的仪式。要给在大树大河大石旁被人杀死者的亡灵施食。

在巴格上转到牛居地：不要去插木桩，不要去挖土，不要去采石。不要去拿死者的寿衣。不要吃用作牺牲的肉。要尽早进行祭毒鬼和仄鬼的法仪。若拿带血的不干净的肉，则会被未接到气而亡的女子的鬼魂缠上。该祭抠古鬼。要驱赶妥罗鬼。该进行除秽仪式。

562-L-13-21

he^{33} hɑ^{33} ʂʅ^{21} dər^{33}. ｜mɯ^{33} mə^{33} do^{21} gə^{33} thy̩^{33} tshɿ^{21} ʂu^{55} dər^{33}. ｜uɑ^{33} tshɿ^{21} py^{21} dər^{33}. ｜pɑ^{33}
神 饭 献 该 天 不 见 的 土鬼 祭 该 瓦鬼 祭 该 巴格

kə^{21} gə^{33} ȵi^{33} me^{33} thy̩^{33} thy̩^{33} me^{33}: ｜sər^{33} phər^{21} ly̩^{33} phər^{21} thy̩^{55} be^{33} mə^{33} ȵi^{21}. ko^{55} khɯ^{33} gə^{33}
的 东方 到 者 木 白 石 白 采 做 不 可 粮架 处 的

thy̩^{33} tshɿ^{21} ʂu^{55} dər^{33}. ｜mɯ^{33} dər^{33} sɿ^{55} dər^{33}. ｜bi^{33} dɯ^{21} bi^{33} hər^{21} ko^{55} gə^{33} ʥi^{33} kho^{33} uɑ^{21} ʂər^{55}
土鬼 祭 该 天 错 认 该 木 大 林 绿 间 的 水 源 魂 赎

dər^{33}. ｜thy̩^{33} phe^{33} phər^{21}、ʥi^{33} phər^{21}、dy̩^{33} phər^{21} y^{21} mə^{33} ȵi^{21}. ｜mə^{33} gu^{21} nɯ^{33} he^{21} hɑ^{33} ʂu^{55}
该 麻布 白 衣 白 海螺 白 拿 不 可 未 病 就 神 饭 祭

dər^{33}. ｜dzɿ^{33} zər^{21} zɿ^{21} zər^{21} py^{21} dər^{33}. ｜tshɿ^{33} iə^{21} ŋy̩^{55} hər^{33} lɑ^{33} lɯ^{21} khɯ^{55} dər^{33}. ｜ɯ^{33} tse^{21}
该 祸 压 仇 压 祭 该 楚鬼 尤鬼超度 大祭风仪式 该 牛 用

to^{55} khɯ^{55} dər^{33}. ｜pɑ^{33} kə^{21} gə^{33} ly̩^{21} dzɿ^{21} tɯ^{33} thy̩^{33} me^{33}: ｜mɯ^{33} khu^{55} ʨi^{55} thy̩^{33} me^{33} uɑ^{21}. ｜
消灾仪式 该 巴格 的 龙 居 地 到 者 天 门 小 到 的 是

ʂə^{55} ʂə^{33} æ^{33} æ^{21} thy̩^{33} ky̩^{55}. ʥi^{33} ʂə^{55} uɑ^{33} ʂə^{55} thy̩^{33} ky̩^{55}. ŋy̩^{33} nɯ^{21} hæ^{21} y^{21} mə^{33} ȵi^{21}, khɯ^{33} ʂər^{21}
吵架 殴斗 发生 会 是非 说 口舌 说 产生 会 银 和 金 拿 不 可 狗 牵

bɯ^{33} mə^{33} n̥i^{21}. | mɯ^{33} dər^{33} sɿ^{55} dər^{33}.
去 不 可 天 错认 该

该向神献饭。该祭不见天的土鬼。该祭瓦鬼。

在巴格上转到东方：不要去伐木采石。该祭粮架处的土鬼。该进行向天认错的法仪。该在密林里水源那儿招魂。不要拿白麻布、白衣服和白海螺。还未生病就要向神献饭。要进行压祸灾压仇人的法仪。该超度楚鬼和尤鬼进行大祭风仪式。要用牛作牺牲进行消灾仪式。

在巴格上转到龙居地：是转到了小天门。会发生吵架斗殴。会产生口舌是非。不要去拿白银和黄金。不要牵狗去狩猎。该进行向天认错的法仪。

562-L-13-22

gɑ^{33} py^{21} dər^{33}. | dzɿ^{33} ɕy^{33} uə^{33} ɕy^{33} be^{33} dər^{33}. | uɑ^{33} tshɿ^{21} py^{21} dər^{33}. | tʂhu^{21} be^{33} tshɿ^{55} tse^{21}
嘎神祭 该 村法仪 寨 法仪 做 该 瓦鬼 祭 该 快 地 山羊 用

dv̩^{21} tse^{21} py^{21} hər^{33} khɯ^{55} dər^{33}. | dzər^{21} khɯ^{33} nɯ^{33} dʑi^{33} py^{21} dər^{33}. | dzɿ^{33} uə^{33} khɯ^{33} gə^{33}
毒鬼 仄鬼 祭 祭风仪式 该 树 旁 以 景神 祭 该 村 寨 旁 的

thv̩^{33} tshɿ^{21} ʂu^{55} dər^{33}. | y^{21} hɑ^{33} ʂʅ^{21} dər^{33}. ʂʅ^{33} tshɿ^{21} zər^{21} dər^{33}. | dʑi^{33} kho^{33} uɑ^{21} ʂər^{55} dər^{33}. |
土鬼 祭 该 祖先 饭 献 该 死鬼 压 该 水源 魂 赎 该

ɯ^{33} tse^{21}, to^{55} phər^{21} khɯ^{55} do^{21} pv̩^{55} dər^{33}. | sɿ^{55} khv̩^{21} dər^{33}. | bu^{21} kɑ^{55} lɑ^{33} khu^{55}① gə^{33} thv̩^{33}
牛 用 消灾小仪式 铎鬼 送 该 素神 请 该 坡 垭口 处 的 土鬼

tshɿ^{21}② hɑ^{33} ʂu^{55} dər^{33}.
饭 祭 该

该祭嘎神。该祭村寨神。该祭瓦鬼。要尽早地用山羊作牺牲进行祭风仪式以祭毒鬼和仄鬼。该在树旁进行祭景神仪式。该祭村寨旁的土鬼。要向祖先献饭。要压死鬼。要在水源处招魂。要用牛作牺牲进行消灾小仪式退送铎鬼。要进行请素神仪式。要给山坡垭口处的土鬼施食。

① 东巴文“khu^{33}”之右方写了一个“跛脚男子”，无法与其他字符连读成句，存疑。

② 此字符似有笔误，按原文应读作“thv̩^{33} zo^{33}”，其义不明，东巴教中亦无此概念，现校读为“thv̩^{33} tshɿ^{21}”。

562-L-13-23

封底

（翻译：王世英）

559-L-14-01

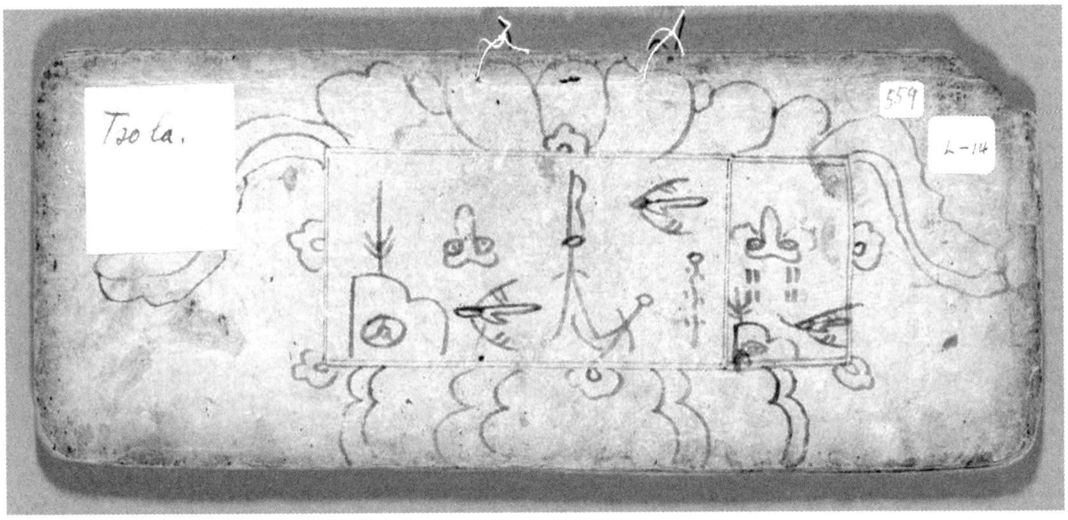

ȵi^{55} bu^{33} tho^{21} pɑ^{21} ʦɿ^{55} ʦɿ^{21}

ə^{33} me^{33} zy^{55} ʨi^{33} hə^{21} dʐʅ^{21} ʦɿ^{21}

ȵi^{55} bu^{33} tho^{21} pɑ^{33} kə^{21} ho^{55} khu^{33} ʦɿ^{21}

占卜·以日干支占卜·

以母亲生小孩之时的属相占卜·

以巴格八方及日干支占卜

559–L–14　占卜·以日干支占卜·以母亲生小孩之时的属相占卜·以巴格八方及日干支占卜

【内容提要】

本古籍记录的内容有：

一、以日干支属何五行，算何生肖时为吉时。

二、以何属相时所生，算头客是男或是女；算头旋生在何处。

三、算八字中有两相克属相之人的凶吉。

四、算八字中有三相生之属相的人之凶吉。

五、以日干支之五行及时之属相为依据，占卜有生养多少个孩子之福分。

六、记录了八格八方之十二生肖在干支中所属五行的公母之常识。

【英文提要】

The Divination, to Divine with Stems and Branches, to Divine with the Chinese Zodiac of the Year a Mother Having an Infant, to Divine with Eight Direction on *Bage* and Stems and Branches

This book records the following parts:

First, it introduces the divination of the correspondence between Chinese zodiac and auspicious time with the five elements of Stems and Branches.

Second, it introduces to divine the gender of the one who firstly run into the house and to divine the place of hair-whorl with the correspondence of certain Chinese zodiac.

Third, it introduces the bad and good that those whose Chinese zodiac have mutual restrict in the eight characters.

Fourth, it introduces the bad and good that those whose Chinese zodiac have mutual reinforce in the eight characters.

Fifth, it introduces to divine the felicity of the number of infants judged by the five elements of stems and branches, as well as the related Chinese zodiac.

Sixth, it introduces the basic knowledge of yin and yang with the five elements in stems and branches through the eight grids and eight directions of the twelve Chinese zodiacs.

559-L-14-02

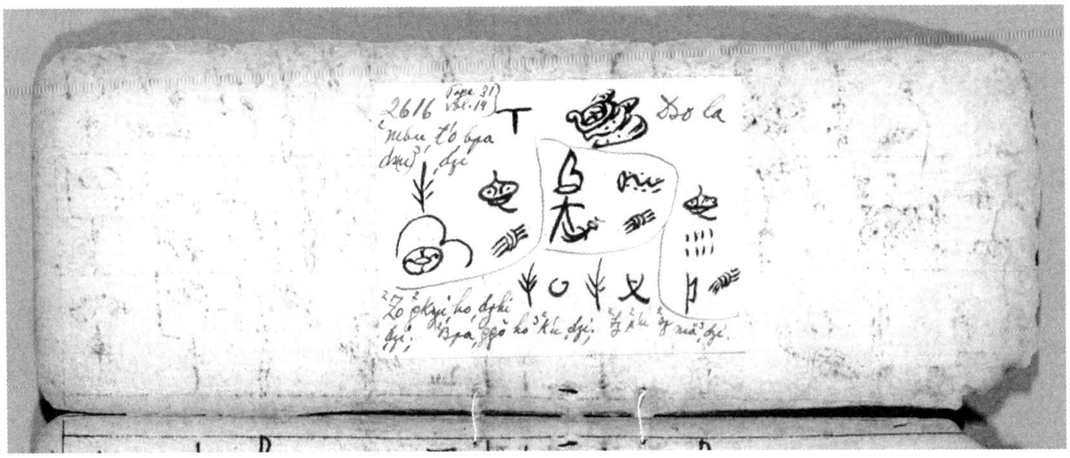

“2616”为洛克收藏纳西东巴古籍的序号。上行的两个东巴文为“tso^{55} lɑ^{33}”，有误。“佐拉”只是东巴占卜方法之一，而非所有占卜方法的总称。分割为四格的东巴文是此古籍封一书名之复写。下面字母文字是洛克对书名的记音。

559-L-14-03

ȵi^{55} bu^{33} tho^{21} sər^{33} phʏ̩^{33} zɿ^{33}, ə^{33} me^{33} zy^{55} tɕi^{33} hə^{21}, lɑ^{33} dʐʅ^{21} kɑ^{33} me^{55}. | ȵi^{55} bu^{33} tho^{21}
日 干支 木 公 司 母亲 婴儿 生 虎 时 吉 的 日 干支

sər^{33} me^{55} zɿ^{33}, ə^{33}me^{33} zy^{55} tɕi^{33} hə^{21}, tho^{33} le^{33} dʐʅ^{21} kɑ^{33} me^{55}. | ȵi^{55} bu^{33} tho^{21} mi^{33} phʏ̩^{33} zɿ^{33}, |
木 母 司 母亲 婴 生 兔 时 吉 的 日 干支 火 公 司

ə^{33} me^{33} zy^{55} tɕi^{33} hə^{21}, ʐʅ^{21} dʐʅ^{21} kɑ^{33} me^{55}. | ȵi^{55} bu^{33} tho^{21} mi^{33} me^{55} zɿ^{33}, ə^{33} me^{33} zy^{55} tɕi^{33} hə^{21},
母亲 婴 生 蛇 时 吉 的 日 干支 火 母 司 母亲 婴 生

ʐuɑ^{33} dʐʅ^{21} kɑ^{33} me^{55}. | ȵi^{55} bu^{33} tho^{21} tʂʅ^{33} phʏ̩^{33} zɿ^{33}, ə^{33}me^{33} zy^{55} tɕi^{33} hə^{21}, ʐʅ^{21}dʐʅ^{21} kɑ^{33}me^{55}. |
马 时 吉 的 日 干支 土 公 司 母亲 婴 生 蛇 时 吉 的

ȵi^{55} bu^{33} tho^{21} tʂʅ^{33} me^{55} zʅ^{33}, ə^{33} me^{33} zy^{55} tɕi^{33} hə^{21}①, ʐuɑ^{33} dʐʅ^{21} kɑ^{33} me^{55}.
日 干支 土 母 司 母亲 婴 生 马 时 吉 的

干支属公木②那天生的孩子，虎时为吉。干支属母木那天生的孩子，兔时为吉。干支属公火那天生的孩子，蛇时为吉。干支属母火那天生的孩子，马时为吉。干支属公土那天生的孩子，蛇时为吉。干支属母土那天生的孩子，马时为吉。

559-L-14-04

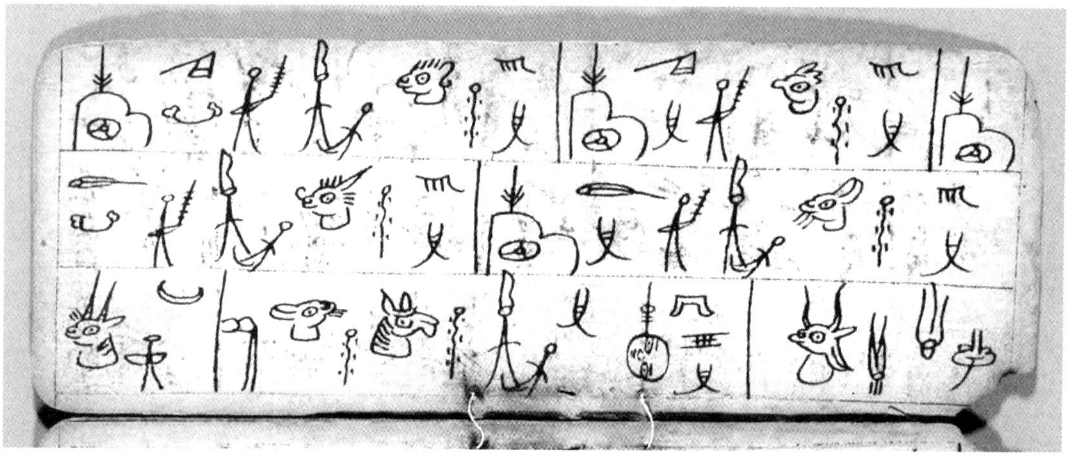

ȵi^{55} bu^{33} tho^{21} ʂu^{21} phʏ^{33} zʅ^{33}, ə^{33} me^{33} zy^{55} tɕi^{33} hə^{21}, ə^{55} y^{21} dʐʅ^{21} kɑ^{33} me^{55}. | ȵi^{55} bu^{33} tho^{21}
日 干支 铁 公 司 母亲 婴 生 猴 时 吉 的 日 干支

ʂu^{21} me^{55} zʅ^{33}, ə^{33}me^{33} zy^{55} tɕi^{33} hə^{21}③, æ^{21} dʐʅ^{21} kɑ^{33} me^{55}. | ȵi^{55} bu^{33} lo^{21} | ʥi^{21} phʏ^{33} zʅ^{33}, ə^{33} me^{33}
铁 母 司 母亲 婴 生 鸡 时 吉 的 日 干支 水 公 司 母亲

zy^{55} tɕi^{33} hə^{21}, bu^{21} dʐʅ^{21} kɑ^{33} me^{55}. | ȵi^{55} bu^{33} tho^{21} ʥi^{21} me^{55} zʅ^{33}, ə^{33} me^{33} zy^{55} tɕi^{33} hə^{21}, fʏ^{55} dʐʅ^{21}
婴 生 猪 时 吉 的 日 干支 水 母 司 母亲 婴 生 鼠 时

kɑ^{33} me^{55}. | i^{33} lu^{21} ʥy^{33}. | fʏ^{55} dʐʅ^{21}、ʐuɑ^{33} dʐʅ^{21}, ə^{33} me^{33} zy^{55} tɕi^{33} hə^{21} me^{33}, mi^{33} uə^{21} gʏ^{33} ly^{33}
吉 的 衣 禄 有 鼠 时 马 时 母亲 婴 生 的 米吾九宫 九 颗

to^{55} dər^{33} me^{33} gə^{33}, bər^{33} kʏ^{33} zo^{33}④nɯ^{33}
上 属 者 的 客 头 男 以

干支属公铁那天生的孩子，猴时为吉。干支属母铁那天生的孩子，鸡时为吉。干支属公水那天生的孩子，猪时为吉。干支属母水那天生的孩子，鼠时为吉。有衣食俸禄。

鼠时、马时生的孩子，又属米吾九宫中的第九颗，头客⑤会是一个男人。

---

① 此句原文脱，据前后文校补之。

② 公木，纳西的纪年法中把木、火、土、铁、水这五行分为“公、母”，与十二生肖相配，成六十花甲，故有“公木、母木、公火……”之说。

③ 此句原文脱，按前后文校补之。

④ 此字原文误作“酒”，据后文校改之。

⑤ 头客，家里生育了小孩，第一个到家的人称为“头客”。

559-L-14-05

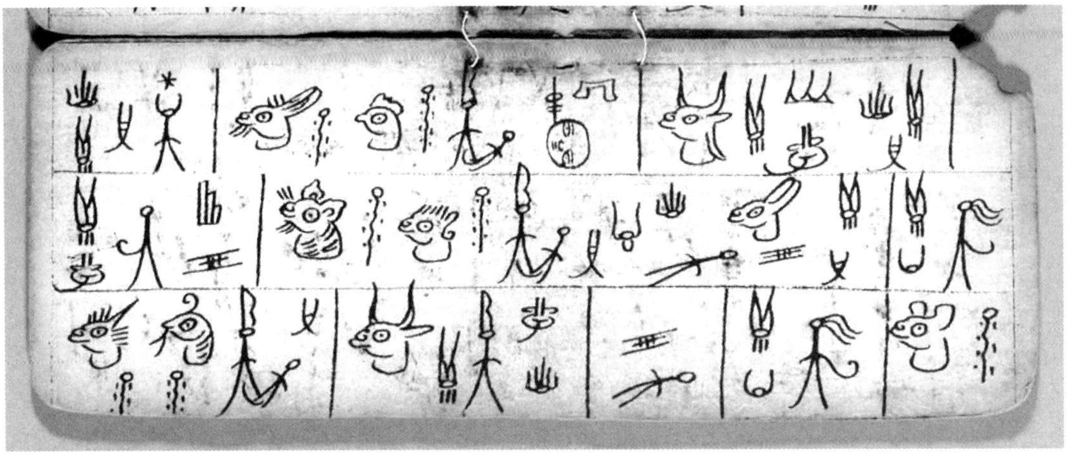

be^{33} kv̩^{55} me^{55}. kv̩^{33} kho^{33} tv̩^{55} tv̩^{21} be^{33} dzɿ^{21}. | tho^{33} le^{33} dʐʅ^{21}、æ^{21} dʐʅ^{21} ə^{33} me^{33} zy^{55} tɕi^{33} hə^{21},
做 会 的 头 旋 正中 地 生 兔 时 鸡 时 母亲 婴 生

mi^{33} uə^{21} gv̩^{33} ly^{33} to^{55} dər^{33} me^{33} gə^{33}, | bər^{33} kv̩^{33} mi^{55} nɯ^{33} be^{33} kv̩^{55} me^{55}. | kv̩^{33} kho^{33}nv̩^{55} i^{21}
米吾九宫 九 颗 上 该 者 的 客 头 女 以 做 会 的 头 旋 则 右

nɯ^{33} dzɿ^{21} dər^{33}. | lɑ^{33} dʐʅ^{21}、ə^{55} y^{21} dʐʅ^{21} ə^{33} me^{33} zy^{55} tɕi^{33} hə^{21} me^{33}, bər^{33} kv̩^{33} zo^{33} nɯ^{33} be^{33} kv̩^{55}
以 生 该 虎 时 猴 时 母亲 婴 生 的 客 头 男 以 做 会

me^{55}. le^{33} dər^{21} i^{55} kv̩^{55} me^{55}. | kv̩^{33} kho^{33} uæ^{33} nɯ^{33} dzɿ^{21} dər^{33}. | bu^{21} dʐʅ^{21}、ʐʅ^{21} dʐʅ^{21} ə^{33} me^{33}
的 横 睡 会 的 头 旋 左 以 生 该 猪 时 蛇 时 母亲

zy^{55} tɕi^{33} hə^{21} me^{33}, | bər^{33} kv̩^{33} mi^{55} nɯ^{33} be^{33}. | le^{33} dər^{21} i^{55} kv̩^{55}. | kv̩^{33} kho^{33} uæ^{33} nɯ^{33} dzɿ^{21}
婴 生 时 客 头 女 以 做 横 睡 会 头 旋 左 以 生

dər^{33}. | khɯ^{33} dʐʅ^{21}、
该 狗 时

头旋生在正中。

兔时、鸡时生的孩子，又属米吾九宫中的第九颗，头客会是一个女人。头旋该生在右边。

虎时、猴时生的孩子，头客会是一个男人。会横着睡。头旋该生在左边。

猪时、蛇时生的孩子，头客会是一个女人。会横着睡。头旋该生在左边。

狗时、

559-L-14-06

ly̩^{21} dʐʅ^{21} ə^{33} me^{33} zy^{55} tɕi^{33} hə^{21} me^{33}, | bər^{33} ky̩^{33} zo^{33} nɯ^{33} be^{33}. | mi^{21} ky̩^{55} i^{55} ky̩^{55}. | ky̩^{33}
龙 时 母亲 婴 生 者 客 头 男 以 做 俯卧 睡 会 头

kho^{33} ȵi^{33} kho^{33} dzʅ^{21}. | ɯ^{33} dʐʅ^{21}、y^{21} dʐʅ^{21} ə^{33} me^{33} zy^{55} tɕi^{33} hə^{21} me^{33}, | bər^{33} ky̩^{33} mi^{55} nɯ^{33}
旋 两 旋 生 牛 时 羊 时 母亲 婴 生 者 客 头 女 以

be^{33}. | mi^{21} ky̩^{55} le^{33} i^{55} ky̩^{55}. ky̩^{33} kho^{33} ȵi^{33} kho^{33} dzʅ^{21}. | lɑ^{33}[1]. | bu^{33} tho^{21} pɑ^{55} kə^{21} tsʅ^{21}, |
做 俯卧 又 睡 会 头 旋 二 旋 生 虎 干支 巴格 算

khy̩^{55} phæ^{33} nɯ^{33} phæ^{21}: | ʐuɑ^{33} khy̩^{55}、fy̩^{55} khy̩^{33}、| tho^{33} le^{33} khy̩^{55}、æ^{21} khy̩^{55} tʂhʅ^{33} lu^{55} khy̩^{33}
年 岁 以 算 马 岁 鼠 岁 兔 岁 鸡 岁 这 四 岁

zʅ^{33} me^{33}: | ŋy̩^{33} hæ^{21} dzʅ^{33} kæ^{33} pu^{55} mə^{33} ȵi^{21},
司 者 银 金 首领 前 送 不 要

龙时生的孩子，头客会是一个男子。会俯卧睡觉。头旋有两个。

牛时、羊时生的孩子，头客会是一个女人。会俯卧睡觉。头旋有两个。

用干支、巴格、年岁占卜：

属马和鼠、兔和鸡这四属相[2]的人，不要去送金银给首领。

[1] 不知为何画了一只虎。后文亦有。下文属另一内容，看来是书写此书的东巴随意之笔。译文中未译。

[2] 此“四属相”有两种情况：一是指“年、月、日、时”之各属相；二是指属这四种属相的四个人。现按“一”译之。

559-L-14-07

mə^{33} kɑ^{33}, khuɑ^{21}. | lɑ^{33} khy̩^{55}、ə^{55} y^{21} khy̩^{55}、bu^{21} khy̩^{55}、zʅ^{21} khy̩^{55} tʂhʅ^{33} lu^{33} sy^{21} zɿ^{33} me^{33}, zɿ^{33}
不 吉 凶 虎 岁 猴 岁 猪 岁 蛇 岁 这 四 样 司 者 寿

ʂər^{21}, khu^{33} hɑ^{33} i^{21}, hɑ^{33} dʑi^{21} | mə^{33} tɕi^{13}, kɑ^{33} me^{55}. | ly̩^{21} khy̩^{55}、khɯ^{33} khy̩^{55}、ɯ^{33} khy̩^{55}、y^{21} khy̩^{55}
长 嘴 饭 可口饭 水 不 急 吉 的 龙 岁 狗 岁 牛 岁 羊 岁

tʂhʅ^{33} lu^{33} sy^{21} zɿ^{33} me^{33}, | hɯ^{21} nɯ^{21} dzæ^{33}, ŋy̩^{21} dʑy^{33} hæ^{21} dʑy^{33}. | ty̩^{21} le^{33} ɕi^{33} sy^{21} be^{33} kɑ^{33}
这 四 样 司 者 富 和 强 银 有 金 有 千 又 万 样 皆 吉

me^{55}. | n̥i^{33} lɑ^{33} khy̩^{55}、n̥i^{33} zʅ^{21} khy̩^{55} pɑ^{21} tsɿ^{55} zɿ^{33} me^{33}, | dæ^{21} nɯ^{21} tʂhu^{21}, ty̩^{21} le^{33} ɕi^{33} sy^{21} kɑ^{33}
的 二 虎 岁 二 蛇 岁 八 字 司 者 能干 和 快速 千 又 百 样 吉

me^{55}. sɿ^{33} phe^{33} fy̩^{55} ty̩^{33} uɑ^{21} me^{55}.
的 首领 仰仗 是 的

不吉，凶。

属虎和猴、猪和蛇这四属相的人，会延年益寿，有好胃口。不愁吃喝，吉顺。

属龙和狗、牛和羊这四属相的人，会富裕强盛。会有金银。千百样皆吉。

八字中有两个虎、两个蛇之属相的人：会能干神速。千百样皆吉。是仰仗首领之结果。

559-L-14-08

ȵi^{33} tho^{33} le^{33} khy̩^{55}、ȵi^{33} ly̩^{21} khy̩^{55} pɑ^{21} tsɿ^{55} zɿ^{33} me^{33}, | dæ^{21} nɯ^{21} tʂhu^{21}, ty̩^{21} le^{33} ɕi^{33}sy^{21} kɑ^{33}. |

二 兔 岁 二 龙 岁 八 字 司 者 能干 和 神速 千 又 百 样 吉

tho^{33} le^{33} khy̩^{55}、bu^{21} khy̩^{55}、y^{21} khy̩^{55} tʂhʅ^{33} sɿ^{55} khy̩^{33}、| bu^{33} tho^{21} sər^{33} zɿ^{33} me^{33}: ku^{33} mi^{21} dɯ^{33}

兔 岁 猪 岁 羊 岁 这 三 岁 干支 木 司 者 功 名 得

ky̩^{55} me^{55}, ty̩^{21} le^{33} ɕi^{33}sy^{21} kɑ^{33} me^{55}. | khɯ^{33} khy̩^{55}、lɑ^{33} khy̩^{55}、ʐuɑ^{33} khy̩^{55} tʂhʅ^{33} sɿ^{55} khy̩^{33}、|

会 的 千 又 百 样 吉 的 狗 岁 虎 岁 马 岁 这 三 岁

bu^{33} tho^{21} mi^{33} zɿ^{33} me^{33}, dɯ^{33} ʥi^{21} be^{33} hɯ^{21} nɯ^{21} dzæ^{33}, ty̩^{21} le^{33} ɕi^{33} sy^{21} kɑ^{33} me^{55}. | ɯ^{33} khy̩^{55}、

干支 火 司 者 一 家 皆 富 和 强 千 又 百 样 吉 的 牛 岁

ʐʅ^{21} khy̩^{55}、æ^{21} khy̩^{55} tʂhʅ^{33} sɿ^{33} khy̩^{55}、| bu^{33} tho^{21} ʂu^{21} zɿ^{33} me^{33}, | dɯ^{33} ʥi^{21} be^{33} hɯ^{21} nɯ^{21} dzæ^{33},

蛇 岁 鸡 岁 这 三 岁 干支 铁 司 者 一 家 皆 富 和 强

ty̩^{21} le^{33} ɕi^{33} sy^{21} kɑ^{33} me^{55}.

千 又 百 样 吉 的

八字中有两个兔或两个龙属相的人：会能干神速，千百样皆吉。

八字中有兔、猪、羊这三属相，干支中又有木的人：会得到功名。千百样皆吉。

八字中有狗、虎、马这三属相，干支中又有火的人：一家人会富裕强盛，千百样皆吉。

八字中有牛、蛇、鸡这三属相，干支中又有铁的人，一家人会富裕强盛，千百样皆吉。

559-L-14-09

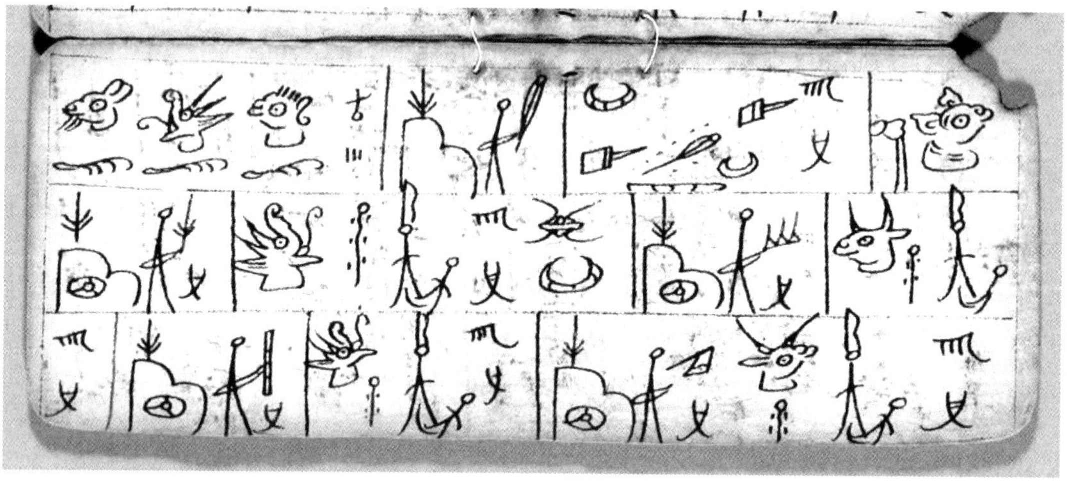

fy̩^{55} khy̩^{33}、ly̩^{21} khy̩^{55}、ə^{55} y^{21} khy̩^{55} tʂhʅ^{33} sɿ^{55} khy̩^{33}、| bu^{33} tho^{21} ʥi^{21} zɿ^{33} me^{33}: | ʥy^{33} tʂu^{55},

鼠 岁 龙 岁 猴 岁 这 三 岁 干支 水 司 者 富有 运

dər^{33} lɯ^{33} ʥy^{33} tʂu^{55}, kɑ^{33} me^{55}. | lɑ^{33}[①] | ȵi^{55} bu^{33} tho^{21} sər^{33} zɿ^{33} me^{33}, ly̩^{21} dʐʅ^{21} tɕi^{33} hə^{21} kɑ^{33}

肥田 有 运 吉 的 虎 日 干支 木 司 者 龙 时 生 吉

---

① 此字符与前后文无关，看来是另一内容起始的标志。

me^{55}. ŋv̩^{33} hæ^{21} dʑy^{33} kv̩^{55}. | ȵi^{55} bu^{33} tho^{21} mi^{33} zɿ^{33} me^{33}, | ɯ^{33} dzʅ^{21} tɕi^{33} hə^{21} | kɑ^{33} me^{55}. |
的 银 金 有 会 日 干支 火 司 者 牛 时 生 吉 的

ȵi^{55} bu^{33} tho^{21} tʂʅ^{33} zɿ^{33} me^{33}, | lv̩^{21} dzʅ^{21} tɕi^{33} hə^{21} kɑ^{33} me^{55}. | ȵi^{55} bu^{33} tho^{21} ʂu^{21} zɿ^{33} me^{33}, y^{21}
日 干支 土 司 者 龙 时 生 吉 的 日 干支 铁 司 者 羊

dzʅ^{21} tɕi^{33} hə^{21} kɑ^{33} me^{55}.
时 生 吉 的

八字中有鼠、龙、猴这三属相，干支中又有水的人：有富有之运，会有肥田，吉。
干支属木那天龙时生的人，吉。会有金银。
干支属火那天牛时生的人，吉。
干支属土那天龙时生的人，吉。
干支属铁那天羊时生的人，吉。

559-L-14-10

ȵi^{55} bu^{33} tho^{21} dʑi^{21} zɿ^{33} me^{33}, | khɯ^{33} dzʅ^{21} tɕi^{33} hə^{21} kɑ^{33} me^{55}. | tʂhʅ^{33} lu^{33} dzʅ^{21} tɕi^{33} hə^{21} me^{33},
日 干支 水 司 者 狗 时 生 吉 的 这 四 时 生 者

ŋv̩^{33} hæ^{21}gu^{21} be^{33} dʑy^{33} kv̩^{55}, kɑ^{33} me^{55}. | ȵi^{55} bu^{33} tho^{21} sər^{33} phv̩^{33} zɿ^{33}: tɕi^{33} hə^{21} me^{33} | bu^{21} dzʅ^{21}
银 金 背 地 有 会 吉 的 日 干支 木 公 司 生 的 猪 时

uɑ^{21}, zo^{33} lu^{55} kv̩^{33} bu^{21} iə^{55} me^{55}. | fv̩^{55} dzʅ^{21} tɕi^{33} hə^{21} me^{33}, zo^{33} ȵi^{33} kv̩^{55} bu^{21} iə^{55} me^{55}. | ɯ^{33}
是 儿 四 个 福分给 的 鼠 时 生 者 儿 二 个 福分 给 的 牛

dzʅ^{21}、lɑ^{33} dzʅ^{21} tɕi^{33} hə^{21} me^{33}, | zo^{33} sɿ^{55} kv̩^{33} bu^{21} iə^{55}. | tho^{33} le^{33} dzʅ^{21} tɕi^{33} hə^{21} me^{33}, | zo^{33}
时 虎 时 生 者 儿 三 个 福分 给 兔 时 生 者 儿

uɑ^{55} kv̩^{33} | bu^{21} iə^{55}. | ȵi^{55} bu^{33} tho^{21} sər^{33} me^{55} zɿ^{33}: | ʐuɑ^{33} dzʅ^{21}
五 个 福分 给 日 干支 木 母 司 马 时

干支属水那天狗时生者，吉。

这四时生的，会有成背的金银，吉。

日的干支属公木者：

猪时生的人，有生养四个儿子之福分。鼠时生的人，有生养两个儿子之福分。牛时、虎时生的人，有生养三个儿子之福分。兔时生的人，有生养五个儿子之福分。

日的干支属母木者：

马时

559-L-14-11

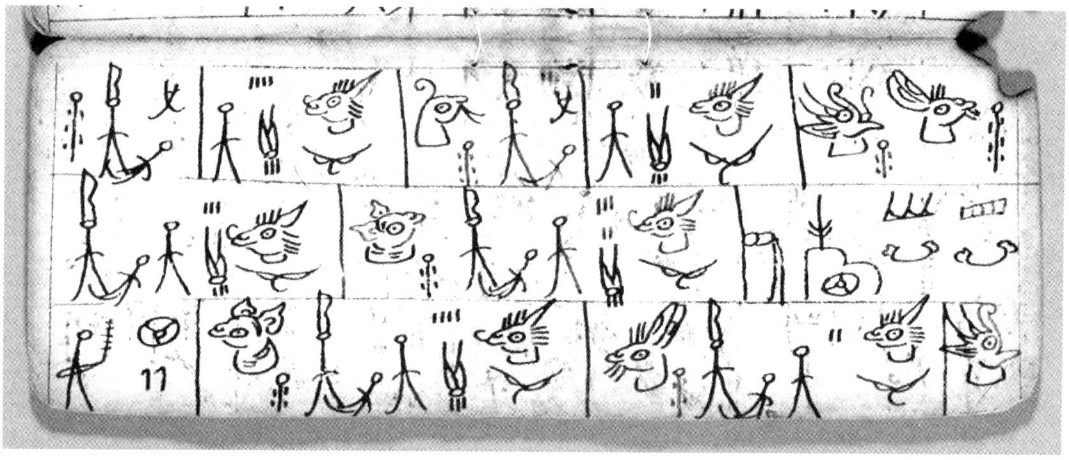

dʐʅ^{21}①tɕi^{33} hə^{21} me^{33}. | zo^{33} lu^{55} kv̩^{33} bu^{21} iə^{55}. | ʐʅ^{21} dʐʅ^{21} tɕi^{33} hə^{21} me^{33}, | zo^{33} ȵi^{33} kv̩^{55} bu^{21}
时 生 者 儿 四 个 福分 给 蛇 时 生 者 儿 二 个 福分

iə^{55}. | lv̩^{21} dʐʅ^{21}、tho^{33} le^{33} dʐʅ^{21} | tɕi^{33} hə^{21} me^{33}, zo^{33} sʅ^{55} kv̩^{33} bu^{21} iə^{55}. | lɑ^{33} dʐʅ^{21} tɕi^{33} hə^{21} me^{33},
给 龙 时 兔 时 生 者 儿 三 个 福分给 虎 时 生 者

zo^{33} uɑ^{55} kv̩^{33} bu^{21} iə^{55}. | ȵi^{55} bu^{33} tho^{21} mi^{33} phv̩^{33}、tʂʅ^{33} phv̩^{33} ʐʅ^{33} me^{33} ȵi^{33} ȵi^{33}: | lɑ^{33} dʐʅ^{21} tɕi^{33}
儿 五 个 福分给 日 干支 火 公 土 公 司 者 两 日 虎 时 生

hə^{21} me^{33}, zo^{33} lu^{55} kv̩^{33} bu^{21} iə^{55}. | tho^{33} le^{33} dʐʅ^{21} tɕi^{33} hə^{21} me^{33}, zo^{33} ȵi^{33} kv̩^{55} bu^{21} iə^{55}. | lv̩^{21}
者 儿 四 个福分 给 兔 时 生 者 儿 二 个 福分 给 龙

dʐʅ^{21}、
时

生的人，有生养四个儿子之福分。蛇时生的人，有生养两个儿子之福分。龙时和兔时生的人，有生养三个儿子之福分。虎时生的人，有生养五个儿子之福分。

日的干支属公火、公土这两日者：

虎时生的人，有生养四个儿子之福分。兔时生的人，有生养两个儿子之福分。龙时、

① 此字符与前页字符重复。

559-L-14-12

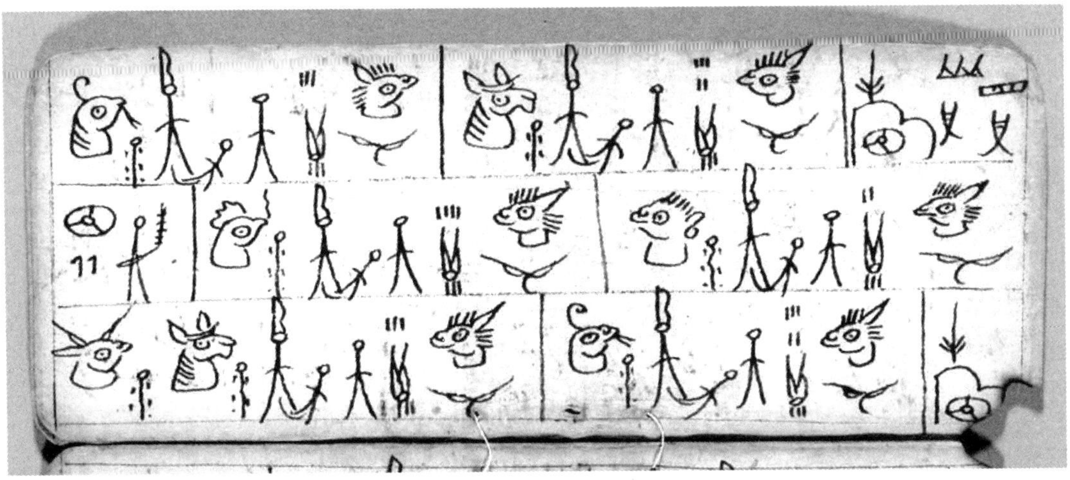

ʐʅ^{21} dʐʅ^{21} tɕi^{33} hə^{21} me^{33}, zo^{33} sɿ^{55} ky̩^{33} bu^{21} iə^{55}. | ʐuɑ^{33} dʐʅ^{21} tɕi^{33} hə^{21} me^{33}, zo^{33} uɑ^{55} ky̩^{33} bu^{21}

蛇 时 生 者 儿 三 个 福分 给 马 时 生 者 儿 五 个 福分

iə^{55}. | ȵi^{55} bu^{33} tho^{21} mi^{55} me^{55}、tʂʅ^{33} me^{55} ȵi^{33} ȵi^{33} zɿ^{33}：æ^{21} dʐʅ^{21} tɕi^{33} hə^{21} me^{33}, zo^{33} lu^{55} ky̩^{33} bu^{21}

给 日 干支 火 母 土 母 两 天 司 鸡 时 生 者 儿 四 个 福分

iə^{55}. | ə^{55} y^{21} dʐʅ^{21} tɕi^{33} hə^{21} me^{33}, zo^{33} ȵi^{33} ky̩^{55} bu^{21} iə^{55}. | y^{21} dʐʅ^{21}、ʐuɑ^{33} dʐʅ^{21} tɕi^{33} hə^{21} me^{33},

给 猴 时 生 者 儿 二 个 福分 给 羊 时 马 时 生 者

zo^{33} sɿ^{55} ky̩^{33} bu^{21} iə^{55}. | ʐʅ^{21} dʐʅ^{21} tɕi^{33} hə^{21} me^{33}, zo^{33} uɑ^{55} ky̩^{33} bu^{21} iə^{55}. | ȵi^{55} bu^{33} tho^{21}

儿 三 个 福分 给 蛇 时 生 者 儿 五 个 福分 给 日 干支

蛇时生的人，有生养三个儿子之福分。马时生的人，有生养五个儿子之福分。

日干支属母火、母土（两天）者：

鸡时生的人，有生养四个儿子之福分。猴时生的人，有生养两个儿子之福分。羊时、马时生的人，有生养三个儿子之福分。蛇时生的人，有生养五个儿子之福分。

日干支属

559-L-14-13

ʂu̥^{21} phv̩^{33} zɿ^{33} dɯ^{33} me^{33}: | zʅ^{21} dzʅ^{21} tɕi^{33} hə^{21} me^{33}, zo^{33} lu^{55} kv̩^{33} bu^{21} iə^{55}. | ʐuɑ^{33} dzʅ^{21} tɕi^{33} hə^{21}

铁 公 司 得 者 蛇 时 生 的 儿 四 个福分 给 马 时 生

me^{33}, zo^{33} ȵi^{33} kv̩^{55} bu^{21} iə^{55}. | y^{21} dzʅ^{21}、ə^{55} y^{21} dzʅ^{21} tɕi^{33} hə^{21} me^{33}, zo^{33} sɿ^{55} kv̩^{33} bu^{21} iə^{55}. | æ^{21}

的 儿 二 个 福分 给 羊 时 猴 时 生 的 儿 三 个 福分 给 鸡

dzʅ^{21} tɕi^{33} hə^{21} me^{33}, zo^{33} uɑ^{55} kv̩^{33} bu^{21} iə^{55}. | ȵi^{55} bu^{33} tho^{21} | ʂu̥^{21} me^{55} zɿ^{33} dɯ^{33} me^{33}: | fv̩^{55}

时 生 的 儿 五 个 福分 给 日 干支 铁 母 司 得 者 鼠

dzʅ^{21} tɕi^{33} hə^{21} me^{33}, zo^{33} lu^{55} kv̩^{33} bu^{21} iə^{55}. | bu^{21} dzʅ^{21} tɕi^{33} hə^{21} me^{33}, zo^{33} ȵi^{33} kv̩^{55} bu^{21} iə^{55}.

时 生 的 儿 四 个 福分 给 猪 时 生 的 儿 二 个 福分 给

公铁的人：

蛇时生的人，有生养四个儿子之福分。马时生的人，有生养两个儿子之福分。羊时、猴时生的人，有生养三个儿子之福分。鸡时生的人，有生养五个儿子之福分。

日干支属母铁者：

鼠时生的人，有生养四个儿子之福分。猪时生的人，有生养两个儿子之福分。

559-L-14-14

khɯ^{33} dzʅ^{21}、æ^{21} dzʅ^{21} tɕi^{33} hə^{21} me^{33}, zo^{33} sɿ^{55} kv̩^{33} bu^{21} iə^{55}. | ə^{55} y^{21} dzʅ^{21} tɕi^{33} hə^{21} me^{33}, zo^{33} uɑ^{55}

狗 时 鸡 时 生 的 儿 三 个 福分 给 猴 时 生 的 儿 五

kv̩^{33} bu^{21} iə^{55}. | ȵi^{55} bu^{33} tho^{21} dʑi^{21} phv̩^{33} | zɿ^{33} dɯ^{33} me^{33}: | ə^{55} y^{21} dzʅ^{21} tɕi^{33} hə^{21} me^{33}, zo^{33} lu^{55}

个 福分 给 日 干支 水 公 司 得 者 猴 时 生 的 儿 四

kv̩^{33} bu^{21} iə^{55}. | æ^{21} dzʅ^{21} tɕi^{33} hə^{21} me^{33}, zo^{33} ȵi^{33} kv̩^{55} bu^{21} iə^{55}. | bu^{21} dzʅ^{21}、khɯ^{33} dzʅ^{21} tɕi^{33} hə^{21}

个 福分 给 鸡 时 生 的 儿 二 个 福分 给 猪 时 狗 时 生

me^{33}, zo^{33} sɿ^{55} kv̩^{33} bu^{21} iə^{55}. | fv̩^{55} dzʅ^{21} tɕi^{33} he^{21} me^{33}, zo^{33} uɑ^{55} kv̩^{33} bu^{21} iə^{55}. | ɯ^{33} dzʅ^{21} tɕi^{33}

的 儿 三 个 福分 给 鼠 时 生 的 儿 五 个 福分 给 牛 时 生

hə^{21} me^{33}, zo^{33} ȵi^{33} kv̩^{55} bu^{21} iə^{55}. | lɑ^{33} dzʅ^{21} tɕi^{33} hə^{21} me^{33},
的 儿 二 个 福分 给 虎 时 生 的

狗时、鸡时生的人，有生养三个儿子之福分。猴时生的人，有生养五个儿子之福分。

日干支属公水者：

猴时生的人，有生养四个儿子之福分。鸡时生的人，有生养两个儿子之福分。猪时、狗时生的人，有生养三个儿子之福分。鼠时生的人，有生养五个儿子之福分。牛时生的人，有生养两个儿子之福分。虎时生的人，

559-L-14-15

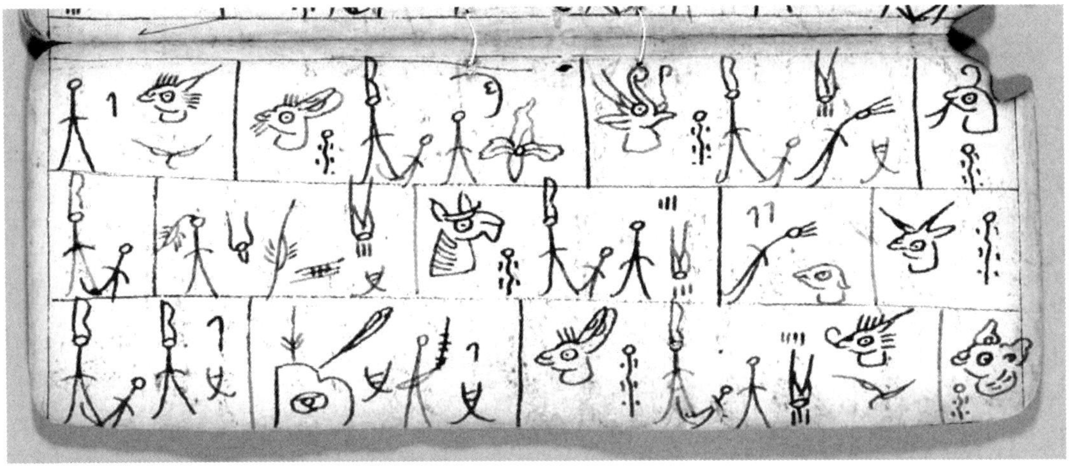

zo^{33} dɯ^{33} kv̩^{55} bu^{21} iə^{55}. | tho^{33} le^{33} dzʅ^{21} tɕi^{33} hə^{21} me^{33}, zo^{33}mə^{33} ʥy^{21}. | lv̩^{21} dzʅ^{21} tɕi^{33} hə^{21} me^{33},
儿 一 个 福分 给 兔 时 生 的 儿 没 有 龙 时 生 的

zo^{33} ʂʅ^{33} kv̩^{55} me^{55}. | zʅ^{21} dzʅ^{21} | tɕi^{33} hə^{21} me^{33}, ɕi^{33} zo^{33} ɕi^{21} dər^{33} kv̩^{55} me^{55}. | ʐuɑ^{33} dzʅ^{21} tɕi^{33}
儿 死 会 的 蛇 时 生 的 他人 儿 养 该 会 的 马 时 生

hə^{21} me^{33}, zo^{33} sʅ^{55} kv̩^{33} bu^{21} iə^{55}, | ȵi^{33} kv̩^{55} ʂʅ^{33} tso^{33} me^{55}. | y^{21} dzʅ^{21} | tɕi^{33} hə^{21} me^{33}, mi^{55} dɯ^{33}
的 儿 三 个 福分 给 两 个 死 会 的 羊 时 生 的 女 一

kv̩^{55} bu^{21} iə^{55} me^{55}. | ȵi^{55} bu^{33} tho^{21} ʥi^{21} me^{55} zʅ^{33} dɯ^{33} me^{33}: | tho^{33} le^{33} dzʅ^{21} tɕi^{33} hə^{21} me^{33}, zo^{33}
个 福分 给 日 干支 水 母 司 得 者 兔 时 生 的 儿

lu^{55} kv̩^{33} bu^{21} iə^{55}. | lɑ^{33} dzʅ^{21}
四 个 福分 给 虎 时

有生养一个儿子之福分。兔时生的人，没有生养儿子之福分。龙时生的人，生了儿子会死去。蛇时生的人，该领养他人之儿子。马时生的人，有生养三个儿子之福分，但有两个会死。羊时生的人，有生养一个女儿之福分。

日干支属母水者：

兔时生的人，有生养四个儿子之福分。虎时

559-L-14-16

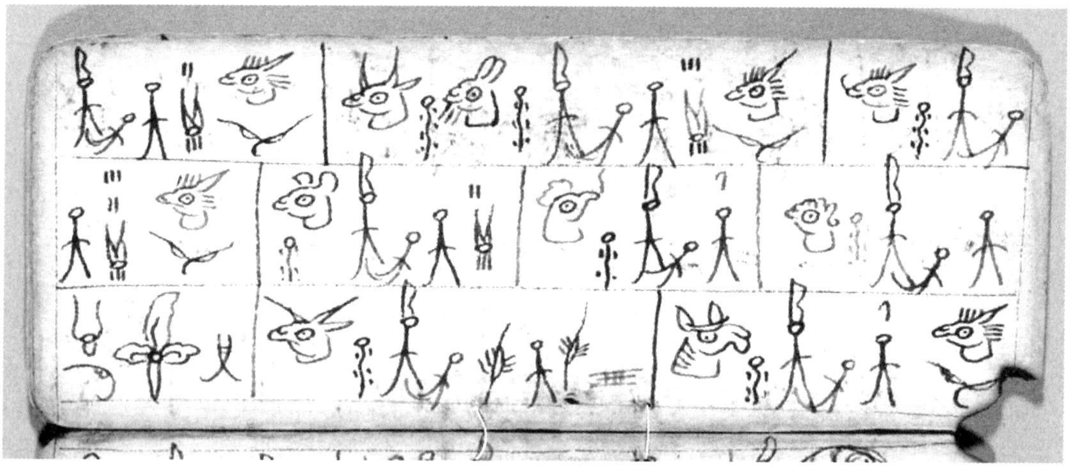

tɕi^{33} hə^{21} me^{33}, zo^{33} ȵi^{33} kv̩^{55} bu^{21} iə^{55}. | ɯ^{33} dʐʅ^{21}、fv̩^{55} dʐʅ^{21} tɕi^{33} hə^{21} me^{33}, zo^{33} sʅ^{55} kv̩^{33} bu^{21}
生 的 儿 二 个 福分 给 牛 时 鼠 时 生 的 儿 三 个 福分

iə^{55}. | bu^{21} dʐʅ^{21} tɕi^{33} hə^{21} me^{33}, | zo^{33} uɑ^{55} kv̩^{33} bu^{21} iə^{55}. | khɯ^{33} dʐʅ^{21} tɕi^{33} hə^{21} me^{33}, zo^{33} ȵi^{33}
给 猪 时 生 的 儿 五 个 福分给 狗 时 生 的 儿 二

kv̩^{55} bu^{21} iə^{55}. | æ^{21} dʐʅ^{21} tɕi^{33} hə^{21} me^{33}, zo^{33} dɯ^{33} kv̩^{55} bu^{21} iə^{55}. | ə^{55} y^{21} dʐʅ^{21} tɕi^{33} hə^{21} me^{33}, |
个 福分 给 鸡 时 生 的 儿 一 个 福分 给 猴 时 生 的

zo^{33} mə^{33} ʥy^{21} me^{55}. | y^{21} dʐʅ^{21} tɕi^{33} hə^{21} me^{33}, ɕi^{33} zo^{33} ɕi^{21} dər^{33} me^{55}. | ʐu̩ɑ^{33} dʐʅ^{21} tɕi^{33} hə^{21}
儿 没 有 的 羊 时 生 的 他人 儿 养 该 的 马 时 生

me^{33}, zo^{33} dɯ^{33} kv̩^{55} bu^{21} iə^{55}.
的 儿 一 个 福分 给

生的人，有生养两个儿子之福分。牛时、鼠时生的人，有生养三个儿子之福分。猪时生的人，有生养五个儿子之福分。狗时生的人，有生养两个儿子之福分。鸡时生的人，有生养一个儿子之福分。猴时生的人，没有生养儿子之福分。羊时生的人，该领养他人的儿子。马时生的人，有生养一个儿子之福分。

559-L-14-17

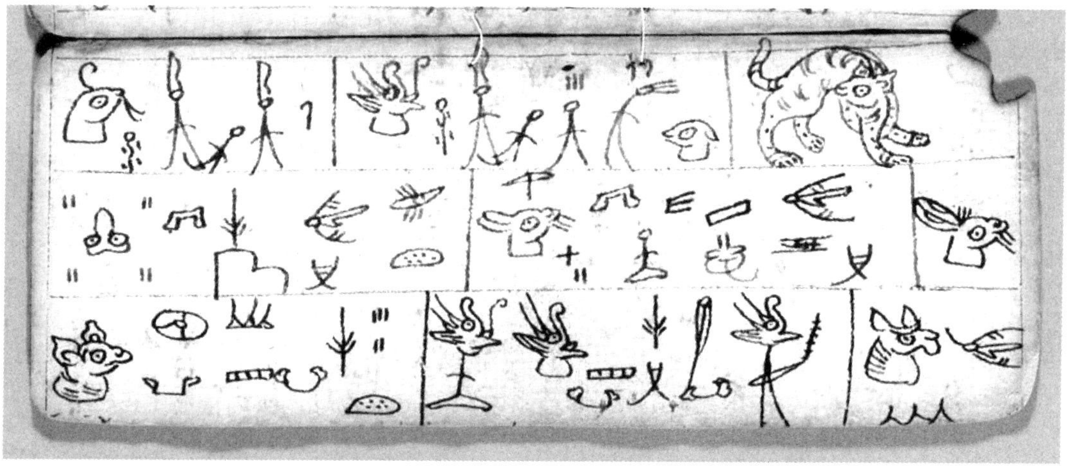

ʐʅ^{21} dʐʅ^{21} tɕi^{33} hə^{21} me^{33}, mi^{55} dɯ^{33} gv̩^{33} bu^{21} iə^{55}. | lv̩^{21} dʐʅ^{21} tɕi^{33} hə^{21} me^{33}, zo^{33} sɿ^{55} kv̩^{33} bu^{21} iə^{55},
蛇 时 生 的 女 一 个 福分 给 龙 时 生 的 儿 三 个 福分 给

n̠i^{33} kv̩^{55} ʂʅ^{33} tso^{33} me^{13}. | lɑ^{33}. | pɑ^{33} kə^{21} ho^{55} khu^{33} gə^{33} bu^{33} tho^{21} tsɿ^{21} me^{33} lɯ^{55} uɑ^{13}, | mɯ^{33}
两 个 死 会 的 虎 巴格 八 方 的 干支 算 的 如 是 天

lɯ^{55} tshe^{21} n̠i^{33} khv̩^{55} gə^{33} dzɿ^{21} sɑ^{21} to^{55} nɯ^{33} tsɿ^{21} dər^{33} me^{55}. | tho^{33} le^{33}、lɑ^{33} n̠i^{33} me^{33} thv̩^{33}, mi^{33}
地 十 二 岁 的 坐 处 上 以 算 该 的 兔 虎 东方 火

phv̩^{33}、tʂʅ^{33} phv̩^{33}、sər^{33} phv̩^{33} uɑ^{21}. | lv̩^{21} dzɿ^{21} tɯ^{33}, lv̩^{21}, tʂʅ^{33} phv̩^{33}、sər^{33} me^{55}、dʑi^{21} phv̩^{33} lv̩^{21}
公 土 公 木 公 是 龙 居 地 龙 土 公 木 母 水 公 龙

nɯ^{33} zɿ^{33}. ʐuɑ^{33} mi^{21} tsɿ^{55},
以 司 马 的 话

蛇时生的人，有生养一个女儿之福分。龙时生的人，有生养三个儿子之福分，两个会死。

算巴格[①]八方的干支的话，要从十二生肖的坐位上算。

东方的兔、虎属公火、公土和公木。

龙居地，龙属公土、母木和公水。

马的话，

559-L-14-18

mi^{33} me^{55}、tʂʅ^{33} me^{55}, | i^{33} tʂhʅ^{33} mi^{21} gə^{33} ʐuɑ^{33} nɯ^{33} zɿ^{33}. | mi^{33} phv̩^{33}、tʂʅ^{33} phv̩^{33} i^{33} tʂhʅ^{33} mi^{21}
火 母 土 母 南方 的 马 以 司 火 公 土 公 南方

ʐʅ^{21} nɯ^{33} zɿ^{33}. | y^{21} dzɿ^{21} tɯ^{33}, dy^{21} khu^{55} uɑ^{21}, mi^{33} me^{55}、tʂʅ^{33} me^{55}、sər^{33} me^{55} | y^{21} nɯ^{33} zɿ^{33}. |
蛇 以 司 羊 居 地 地 门 是 火 母 土 母 木 母 羊 以 司

① 巴格，音译专有名词。纳西族先民用十二生肖、五行及白、绿、花、黑、黄五色表示方位的一种图。在图中，猪、鼠居北。牛居东北。虎、兔居东。龙居东南。蛇、马居南。羊居西南。猴、鸡居西。狗居西北。

ȵi^{33} me^{33} gv̩^{21}, ʂu^{21} phv̩^{33}、dʑi^{21} phv̩^{33} ə^{55} y^{21} nɯ^{33} zɿ^{33}. ʂu^{21} me^{55} æ^{21} nɯ^{33} zɿ^{33}. | khɯ^{33} dzɿ^{21} tɯ^{33},
西方　铁　公　水　公　猴　以　司　铁　母　鸡　以　司　狗　居　地

tʂhʅ^{33} phv̩^{33}、ʂu^{21} me^{55}、mi^{33} me^{55} khɯ^{33} nɯ^{33} zɿ^{33}. | ho^{33} gv̩^{33} lo^{21}, dʑi^{21} me^{55}、sər^{33} phv̩^{33}、dʑi^{21}
土　公　铁　母　火　母　狗　以　司　北方　水　母　木　公　水

phv̩^{33} bu^{21} nɯ^{33} zɿ^{33}. | dʑi^{21} me^{55} fv̩^{55} nɯ^{33} zɿ^{33}. | ɯ^{33} dzɿ^{21} tɯ^{33}, dy^{21} khu^{55} uɑ^{21}, tʂʅ^{33} me^{55}、ʂu^{21}
公　猪　以　司　水　母　鼠　以　司　牛　居　地　地　门　是　土　母　铁

me^{55}、dʑi^{21} me^{55} ɯ^{33} nɯ^{33} zɿ^{33}.
母　水　母　牛　以　司

南方的马属母火和母土。南方的蛇属公火和公土。羊居地（西南方），为地门，羊属母火、母土、母木。西方的猴属公铁、公水；鸡属母铁。狗居地（西北方）的狗属公土、母铁、母火。北方的猪属母水、公木、公水；鼠属母水。牛居地（东北方），属地门，牛属母土、母铁、母水。

559-L-14-19

ɯ^{33} gu^{21} ʂu^{21}, | ɯ^{33}、ʐʅ^{21}、æ^{21} ʂu^{21} be^{33} tsɿ^{21}. | lv̩^{21} dzɿ^{21} tɯ^{33}, lv̩^{21} gu^{21} tʂʅ^{33} dʑi^{21}, | fv̩^{55}、lv̩^{21}、
牛　后　铁　牛　蛇　鸡　铁　地　算　龙　居　地　龙　后　土　水　鼠　龙

ə^{55} y^{21} dʑi^{21} be^{33} tsɿ^{21}. | y^{21} dzɿ^{21} tɯ^{33}, y^{21} gu^{21} sər^{33}, tho^{33} le^{21}、bu^{21} y^{21} sər^{33} be^{33} tsɿ^{21}. | khɯ^{33}
猴　水　地　算　羊　居　地　羊　后　木　兔　猪　羊　木　地　算　狗

dzɿ^{21} tɯ^{33}, kɯ^{33} gu^{21} mi^{33}, | khɯ^{33}、lɑ^{33}、ʐuɑ^{33} sɿ^{55} kv̩^{33} mi^{33} be^{33} tsɿ^{21}. | sər^{33} phv̩^{33}、tʂʅ^{33} me^{55}
居　地　狗　后　火　狗　虎　马　三　个　火　地　算　木　公　土　母

ȵi^{33} kv̩^{55}, | tʂʅ^{33} be^{33} tsɿ^{21}. | sər^{33} me^{55}、ʂu^{21} phv̩^{33} ȵi^{33} kv̩^{55} ʂu^{21} be^{33} tsɿ^{21}.
两　个　土　地　算　木　母　铁　公　两　个　铁　地　算

牛后若为铁①，牛、蛇、鸡就算为铁。龙居地，龙后者为土和水，鼠、龙、猴则算为水。羊居

① 此句其意不甚明晰，直译如是。下文多有此现象，不再一一作注。

地，羊后若为木，兔、猪、羊就算为木。狗居地，狗后若为火，狗、虎、马这三者就算为火。

公木、母土两个则算为土。母木、公铁两个则算为铁。

559-L-14-20

mi^{33} phy̩^{33}、ʂu^{21} me^{55} ȵi^{33} ky̩^{55}, | ʥi^{21} be^{33} tsʅ^{21}. | sər^{33} me^{55}、ʥi^{21} phy̩^{33} ȵi^{33} ky̩^{55}, sər^{33} be^{33}
火 公 铁 母 两 个 水 地 算 木 母 水 公 两 个 木 地

tsʅ^{21}. | tʂʅ^{33} phy̩^{33}、ʥi^{21} me^{55} ȵi^{33} ky̩^{55}, | mi^{33} be^{33} tsʅ^{21}. | lɑ^{33}. | ȵi^{55} bu^{33} tho^{21} ȵi^{55} uɑ^{33} sy^{21} ly^{21}
算 土 公 水 母 两 个 火 地 算 虎 日 干支 日子 卦辞 看

me^{33}: | ȵi^{55} bu^{33} tho^{21} sər^{33} phy̩^{33} zʅ^{33} dɯ^{33} me^{33}: | sər^{33} me^{55} do^{21}, | ə^{33} phy̩^{33} gɯ^{33} zʅ^{33} uɑ^{21}
是 日 干支 木 公 司 得 者 木 母 见 祖父 兄弟 是

me^{55}. | mi^{33} phy̩^{33} do^{21}, ə^{33} dzʅ^{33} uɑ^{21} me^{55}. | hɑ^{33} ʥi^{21} iə^{55} dər^{33}.
的 火 公 见 祖母 是 的 饭 水 给 该

公火、母铁两个就算为水。母木、公水两个就算为木。公土、母水两个就算为火。

以日干支占卜之卦辞：

日干支属公木之人：若遇到母木，是祖父的兄弟。若遇到公火，是祖母，该给饭和水。

559-L-14-21

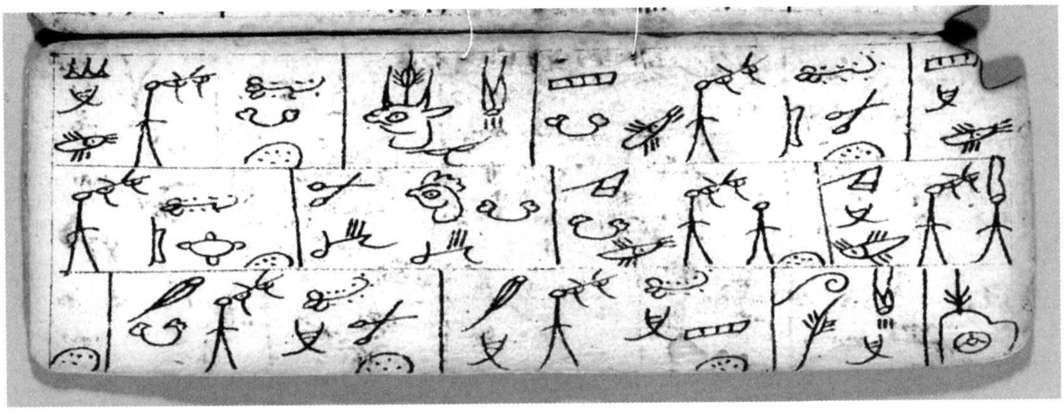

mi^{33} me^{55} lɯ^{55} do^{21}, ə^{33} phv̩^{33} uɑ^{21}. | o^{33} dze^{33} iə^{55} kv̩^{55}. | tʂʅ^{33} phv̩^{33} lɯ^{55} do^{21}, ə^{55} ku^{33} tɕi^{55}
火 母 若 见 祖父 是 财物 给 会 土 公 若 见 妾 小

uɑ^{21}. | tʂʅ^{33} me^{55} lɯ^{55} | do^{21}, ə^{55} khu^{33} dɯ^{21} uɑ^{21}. | tɕi^{33} so^{21} æ^{21} so^{21} phv̩^{33}. | ʂu^{21} phv̩^{33} lɯ^{55}
是 土 母 若 见 妾 大 是 金 梭 安 梭 普 铁 公 若

do^{21}, zo^{33} uɑ^{21}. | ʂu^{21} me^{55} lɯ^{55} do^{21}, mi^{55} | uɑ^{21}. | dʑi^{21} phv̩^{33} lɯ^{55} do^{21}, ə^{33} me^{33} tɕi^{55} uɑ^{21}. |
见 儿 是 铁 母 若 见 女 是 水 公 若 见 母亲 小 是

dʑi^{21} me^{33} lɯ^{55} do^{21}, ə^{33} me^{33} tʂʅ^{21} uɑ^{21}. | ɕi^{33} nɯ^{33} khv̩^{33} kv̩^{55} me^{55}. | ȵi^{55} bu^{33} tho^{21}
水 母 若 见 母亲 真 是 他人 以 偷 会 的 日 干支

若遇到母火，是祖父。会赐予财物。若遇到公土，是小妾。若遇到母土，是大妾。金梭安梭普[1]。若遇到公铁，是儿子。若遇到母铁，是女儿。若遇到公水，是小老婆。若遇到母水，是亲妈妈。会遇到小偷。

日干支

559-L-14-22

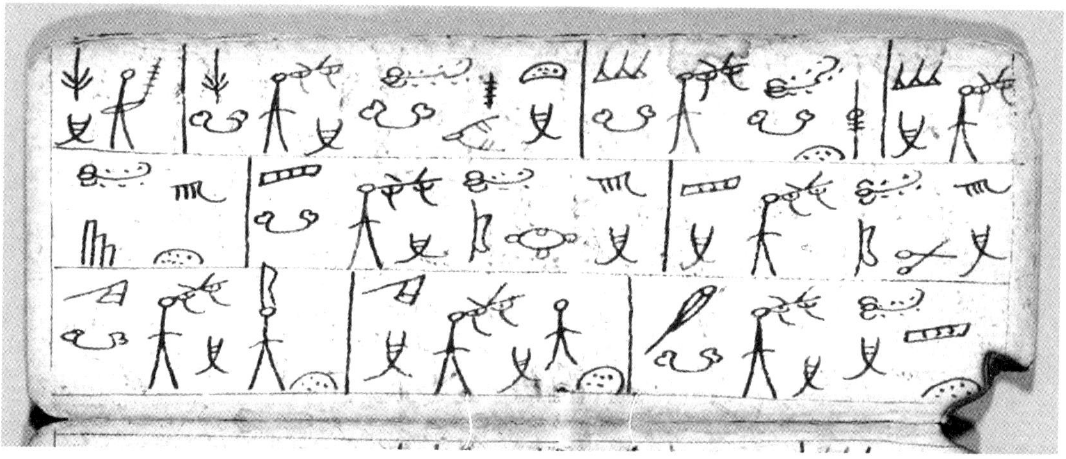

sər^{33} me^{55} zʅ^{33} me^{33}: sər^{33} phv̩^{33} lɯ^{55} do^{21} me^{33}, ə^{33} phv̩^{33} gɯ^{33} zʅ^{33} uɑ^{21} me^{55}. | mi^{33} phv̩^{33} do^{21}
木 母 司 者 木 公 若 见 的 祖父 兄弟 是 的 火 公 见

me^{33}, ə^{33} phv̩^{33} uɑ^{21}, ly^{55} mu^{21} gv̩^{33}. | mi^{33} me^{55} lɯ^{55} do^{21}, | ə^{33} dzʅ^{33} uɑ^{21}, kɑ^{33}. | tʂʅ^{33} phv̩^{33} lɯ^{55}
是 祖父 是 中常 成 火 母 若 见 祖母 是 吉 土 公 若

do^{21} me^{33}, ə^{55} khu^{33} dɯ^{21} uɑ^{21}, kɑ^{33} me^{55}. | tʂʅ^{33} me^{55} lɯ^{55} do^{21}, ə^{55} khu^{33} tɕi^{55} uɑ^{21}, kɑ^{33} me^{55}. |
见 的 妾 大 是 吉 的 土 母 若 见 妾 小 是 吉 的

ʂu^{21} phv̩^{33} do^{21} me^{33}, mi^{55} uɑ^{21}. | ʂu^{21} me^{55} lɯ^{55} do^{21} me^{33}, zo^{33} uɑ^{21}. | dʑi^{21} phv̩^{33} do^{21} me^{33}, ə^{33}
铁 公 见 的 女 是 铁 母 若 见 的 儿 是 水 公 见 的 母亲

[1] 这五个音节意义不明，音译之。

me^{33} tʂʅ^{21} uɑ^{21}.
真 是

属母木的人：若遇到公木，是祖父的兄弟。若遇到公火，是祖父，为中常。若遇到母火，是祖母，吉。若遇到公土，是大妾，吉。若遇到母土，是小妾，吉。若遇到公铁，是女儿。若遇到母铁，是儿子。若遇到公水，是亲妈妈。

559-L-14-23

dʑi^{21} me^{55} lɯ^{55} do^{21} me^{33}, ə^{33} me^{33} tɕi^{55} uɑ^{21}. | ɲi^{55} bu^{33} tho^{21} mi^{33} phy̩^{33} zʅ^{33} dɯ^{33} me^{33}: | do^{21}
水 母 若 见 的 母亲 小 是 日 干支 火 公 司 得 者 见

me^{33} | mi^{33} me^{55} lɯ^{55} uɑ^{21}, ə^{33} phy̩^{33} gɯ^{33} zʅ^{33} | uɑ^{21}. | tʂʅ^{33} phy̩^{33} lɯ^{55} do^{21} me^{33}, ə^{33} dzʅ^{33} uɑ^{21},
的 火 母 若 是 祖父 兄弟 是 土 公 若 见 的 祖母 是

kɑ^{33} me^{55}. | tʂʅ^{33} me^{55} lɯ^{55} do^{21}, ə^{33} phy̩^{33} uɑ^{21}, ly^{55} mu^{21} gy̩^{33} tsʅ^{21}. | ʂu^{21} phy̩^{33} lɯ^{55} do^{21}, | ə^{33}
吉 的 土 母 若 见 祖父 是 中常 成 算 铁 公 若 见 父亲

sʅ^{21} uɑ^{21}. | ʂu^{21} me^{55} lɯ^{55} do^{21}, ə^{55} khu^{33} uɑ^{21}, kɑ^{33}. | dʑi^{21} phy̩^{33} lɯ^{55} do^{21}, zo^{33} uɑ^{21}. | dʑi^{21} me^{55}
是 铁 母 若 见 妾 是 吉 水 公 若 见 儿 是 水 母

lɯ^{55} do^{21}, mi^{55} uɑ^{21}.
若 见 女 是

若遇到母水，是小老婆。

日干支属公火的人：若遇到母火，是祖父的兄弟。若遇到公土，是祖母，吉。若遇到母土，是祖父，算中常卦。若遇到公铁，是父亲。若遇到母铁，是妾，吉。若遇到公水，是儿子。若遇到母水，是女儿。

559-L-14-24

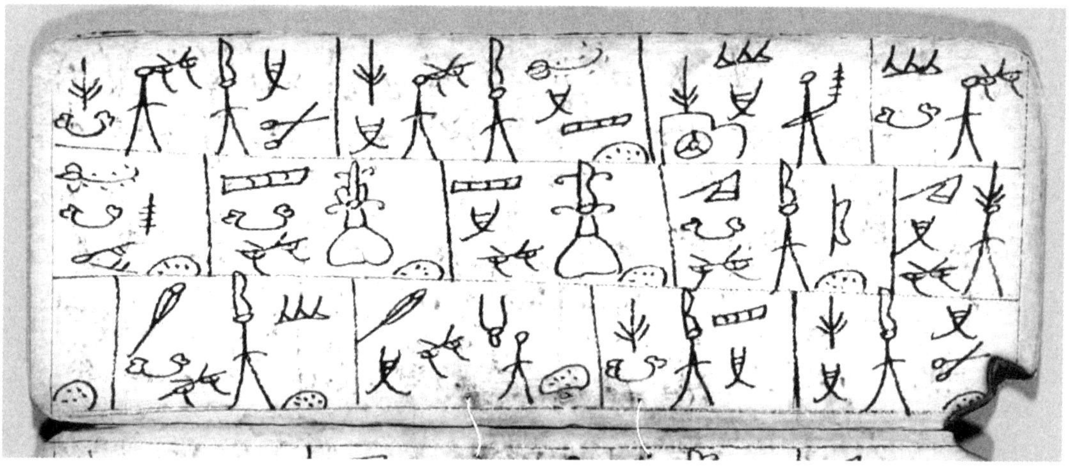

sər^{33} phɣ̩^{33} lɯ^{55} do^{21}, ə^{33} me^{33} tɕi^{55} uɑ^{21}. | sər^{33} me^{55} lɯ^{55} do^{21}, ə^{33} me^{33} tʂʅ^{21} uɑ^{21}. | ȵi^{55} bu^{33} tho^{21}
木 公 若 见 母亲 小 是 木 母 者 见 母亲 真 是 日 干支

mi^{33} me^{55} zʅ^{33} me^{33}: mi^{33} phɣ̩^{33} lɯ^{55} do^{21}, | ə^{33} phɣ̩^{33} gɯ^{33} zʅ^{33} uɑ^{21}. | tʂʅ^{33} phɣ̩^{33} do^{21} me^{33}, ə^{33}
火 母 司 者 火 公 若 见 祖父 兄弟 是 土 公 见 的 祖父

phɣ̩^{33} uɑ^{21}. | tʂʅ^{33} me^{55} lɯ^{55} do^{21}, ə^{33} dzʅ^{33} uɑ^{21}. | ʂu^{21} phɣ̩^{33} lɯ^{55} do^{21}, ə^{55} khu^{33} uɑ^{21}. | ʂu^{21} me^{55}
是 土 母 若 见 祖母 是 铁 公 若 见 妾 是 铁 母

lɯ^{55} do^{21}, ə^{33} sʅ^{21} | uɑ^{21}. | dʑi^{21} phɣ̩^{33} lɯ^{55} do^{21}, mi^{55} uɑ^{21}. | dʑi^{21} me^{55} lɯ^{55} do^{21}, zo^{33} uɑ^{21}. |
若 见 父亲 是 水 公 若 见 女 是 水 母 若 见 儿 是

sər^{33} phɣ̩^{33} lɯ^{55} do^{21}, ə^{33} me^{33} tʂʅ^{21} uɑ^{21}. | sər^{33} me^{55} do^{21} me^{33}, ə^{33} me^{33} tɕi^{55} uɑ^{21}.
木 公 若 见 母亲 真 是 木 母 见 是 母亲 小 是

若遇到公木，是小老婆。若遇到母木，是亲妈妈。

日干支属母火的人：若遇到公火，是祖父的兄弟。若遇到公土，是祖父。若遇到母土，是祖母。若遇到公铁，是妾。若遇到母铁，是父亲。若遇到公水，是女儿。若遇到母水，是儿子。若遇到公木，是亲妈妈。若遇到母木，是小老婆。

559-L-14-25

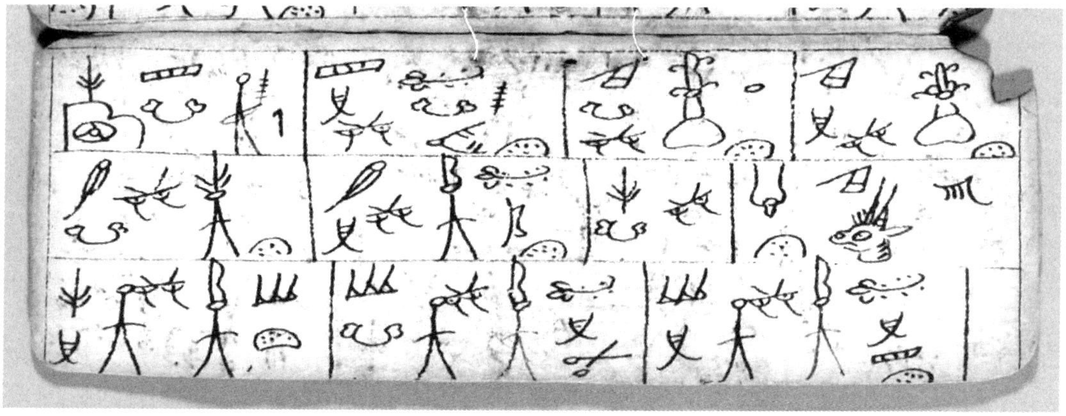

ȵi^{55} bu^{33} tho^{21} tʂʅ^{33} phy̩^{33} zʅ^{33} dɯ^{33} me^{33}: | tʂʅ^{33} me^{55} lɯ^{55} do^{21}, ə^{33} phy̩^{33} gɯ^{33} zʅ^{33} uɑ^{21}. | ʂu^{21}
日 干支 土 公 司 得 者 土 母 若 见 祖父 兄弟 是 铁

phy̩^{33} lɯ^{55} do^{21}, ə^{33} dzʅ^{33} gy̩^{33} me^{33} uɑ^{21}. | ʂu^{21} me^{55} lɯ^{55} do^{21}, ə^{33} phy̩^{33} uɑ^{21}. | ʥi^{21} phy̩^{33} lɯ^{55}
公 若 见 祖母 成 的 是 铁 母 若 见 祖父 是 水 公 若

do^{21}, ə^{33} sʅ^{21} uɑ^{21}. | ʥi^{21} me^{55} lɯ^{55} do^{21}, ə^{55} khu^{33} uɑ^{21}. | sər^{33} phy̩^{33} lɯ^{55} do^{21}, | zo^{33} uɑ^{21}, ʂu^{21}、
见 父亲 是 水 母 若 见 妾 是 木 公 若 见 儿 是

i^{33}①、kɑ^{33}. | sər^{33} me^{55} lɯ^{55} do^{21}, mi^{55} uɑ^{21}. | mi^{33} phy̩^{33} lɯ^{55} do^{21}, ə^{33} me^{33} ʨi^{55} uɑ^{21}. | mi^{33} me^{55}
吉 木 母 若 见 女 是 火 公 若 见 母亲 小 是 火 母

lɯ^{55} do^{21}, ə^{33} me^{33} tʂʅ^{21} uɑ^{21}.
若 见 母亲 真 是

日干支属公土的人：若遇到母土，是祖父的兄弟。若遇到公铁，是祖母。若遇到母铁，是祖父。若遇到公水，是父亲。若遇到母水，是妾。若遇到公木，是儿子。吉。若遇到母木，是女儿。若遇到公火，是小老婆。若遇到母水，是亲妈妈。

559-L-14-26

ȵi^{55} bu^{33} tho^{21} tʂʅ^{33} me^{55} zʅ^{33} me^{33}: | tʂʅ^{33} phy̩^{33} lɯ^{55} do^{21}, ə^{33} phy̩^{33} gɯ^{33} zʅ^{33} uɑ^{21}. | ʂu^{21}
日 干支 土 母 司 者 土 公 若 见 祖父 兄弟 是 铁

phy̩^{33} lɯ^{55} do^{21}, ə^{33} phy̩^{33} uɑ^{21}. | ʂu^{21} me^{55} lɯ^{55} do^{21}, ə^{33} dzʅ^{33} uɑ^{21}. | ʥi^{21} phy̩^{33} | lɯ^{55} do^{21}, ə^{55}
公 若 是 祖父 是 铁 母 若 见 祖母 是 水 公 若 见 妾

khu^{33} dɯ^{21} uɑ^{21}. | ʥi^{21} me^{55} lɯ^{55} do^{21}, ə^{55} khu^{33} ʨi^{55} uɑ^{21}. | ə^{33} sʅ^{21} uɑ^{21}. | sər^{33} phy̩^{33} do^{21}, mi^{55}
大 是 水 母 若 见 妾 小 是 父亲 是 木 公 见 女

① 这两个字符无法与其他字符连读成句，存疑。

ua^{21}. | sər^{33} me^{55} do^{21}, zo^{33} ua^{21}. | mi^{33} phʏ̩^{33} do^{21}, ə^{33} me^{33} tʂʅ̩^{21} ua^{21}. | mi^{33} me^{55} do^{21}, ə^{33} me^{33}
是　木 母 见 儿 是　火 公 见 母亲 真 是　火 母 见 母亲

tɕi^{55} ua^{21}.
小 是

日干支属母土的人：若遇到公土，是祖父的兄弟。若遇到公铁，是祖父。若遇到母铁，是祖母。若遇到公水，是大妾。若遇到母水，是小妾。是父亲[1]。若遇到公木，是女儿。若遇到母木，是儿子。若遇到公火，是亲妈妈。若遇到母火，是小老婆。

559-L-14-27

ȵi^{55} bu^{33} tho^{21} tʂʅ̩^{33} me^{55} zʅ^{33} dɯ^{33} me^{33}: | tʂʅ̩^{33} phʏ̩^{33} do^{21}, ə^{33} phʏ̩^{33} gɯ^{33} zʅ^{33} ua^{21}. | ʂu^{21}
日 干支 土 母 司 得 者　土 公 见 祖父 兄弟 是　铁

phʏ̩^{33} do^{21}, ə^{33}phʏ̩^{33} ua^{21}. | ʂu^{21} me^{55} do^{21}, ə^{33} dzʅ^{33} ua^{21}. | dʑi^{21} phʏ̩^{33} do^{21}, ə^{55}khu^{33} dɯ^{21} ua^{21}. |
公 见 祖父 是　铁 母 见 祖母 是　水 公 见 妾 大 是

dʑi^{21} me^{55} do^{21}, ə^{55} khu^{33} tɕi^{55} ua^{21}. | ə^{33} sʅ^{21} ua^{21}. | sər^{33} phʏ̩^{33} do^{21}, | mi^{55} ua^{21}. | sər^{33} me^{55}
水 母 见 妾 小 是　父亲 是　木 公 见　女 是　木 母

do^{21}, zo^{33} ua^{21}. | mi^{33} phʏ̩^{33} do^{21}, ə^{33} me^{33} tʂʅ̩^{21} ua^{21}. | mi^{33} me^{55} do^{21},
见 儿 是　火 公 见 母亲 真 是　火 母 见

日干支属母土的人[2]：若遇见公土，是祖父的兄弟。若遇到公铁，是祖父。若遇到母铁，是祖母。若遇到公水，是大妾。若遇到母水，是小妾。是父亲。若遇到公木，是女儿。若遇到母木，是儿子。若遇到公火，是亲妈妈。若遇到母火，

① 这里说了两种情况，不知是何，照原文译之。

② 此页的内容与前页重复，为保持原貌，照译之。

559-L-14-28

ə^{33}me^{33} tɕi^{55} uɑ^{21}. | n̥i^{55} bu^{33} tho^{21} ʂu^{21}phv̩^{33} zɿ^{33}me^{33}: ʂu^{21} me^{55} do^{21}, | ə^{33}phv̩^{33} gɯ^{33} zɿ^{33} uɑ^{21}. |
母亲 小 是 日 干支 铁 公 司 者 铁 母 见 祖父 兄弟 是

dʑi^{21} phv̩^{33} do^{21}, ə^{33} dzɿ^{33} | uɑ^{21}. | dʑi^{21} me^{55} do^{21}, ə^{33} phv̩^{33} uɑ^{21}. | sər^{33} phv̩^{33} do^{21}, ə^{55} khu^{33} tɕi^{55}
水 公 见 祖母 是 水 母 见 祖父 是 木 公 见 妾 小

uɑ^{21}, tɕi^{33} so^{21} dʑy^{33}. ə^{33} sɿ^{21} uɑ^{21}. | sər^{33} me^{55} do^{21}, | ə^{55} khu^{33} dɯ^{21} uɑ^{21}. | mi^{33} phv̩^{33} do^{21}, zo^{33}
是 私房钱 有 父亲 是 木 母 见 妾 大 是 火 公 见 儿

uɑ^{21}. | mi^{33} me^{55} do^{21}, mi^{55} uɑ^{21}. | tʂɿ^{33} phv̩^{33} do^{21}, ə^{33} me^{33} tɕi^{55} uɑ^{21}.
是 火 母 见 女 是 土 公 见 母亲 小 是

是小老婆。

日干支属公铁的人：若遇到母铁，是祖父的兄弟。若遇到公水，是祖母。若遇到母水，是祖父。若遇到公木，是小妾，有私房钱。是父亲。若遇到母木，是大妾。若遇到公火，是儿子。若遇到母火，是女儿。若遇到公土，是小老婆。

559-L-14-29

tʂɿ^{33} me^{55} do^{21}, ə^{33} me^{33} tʂɿ^{21} uɑ^{21}. | n̥i^{55} bu^{33} tho^{21} ʂu^{21} me^{55} zɿ^{33} me^{33}: ʂu^{21} phv̩^{33} do^{21}, ə^{33} phv̩^{33}
土 母 见 母亲 真 是 日 干支 铁 母 司 者 铁 公 见 祖父

gɯ^{33} zɿ^{33} uɑ^{21}. | dʑi^{21} phʏ̩^{33} do^{21}, ə^{33}dzɿ^{33} uɑ^{21}. | dʑi^{21} me^{55} do^{21}, ə^{33} dzɿ^{33} uɑ^{21}. | sər^{33} phʏ̩^{33} do^{21},
兄弟 是 水 公 见 祖母 是 水 母 见 祖母 是 木 公 见

ə^{55} khu^{33} dɯ^{21} uɑ^{21}. | sər^{33} me^{55} do^{21}, ə^{55} khu^{33} tɕi^{55} uɑ^{21}; ə^{33} sɿ^{21} uɑ^{21}. | mi^{33} phʏ̩^{21} do^{21}, ə^{33} me^{33}
妾 大 是 木 母 见 妾 小 是 父亲 是 火 公 见 母亲

mi^{55} tɕi^{33} hə^{21} | kʏ̩^{55}. | mi^{33} me^{55} do^{21}, ə^{33} me^{33} zo^{33} tɕi^{33} hə^{21} kʏ̩^{55}. | tʂɿ^{33} phʏ̩^{33} do^{21}, ə^{33} me^{33}
女 生 会 火 母 见 母亲 儿 生 会 土 公 见 母亲

dɯ^{21} uɑ^{21}. tʂɿ^{33} me^{55} do^{21}, ə^{33} me^{33} tɕi^{55} uɑ^{21}. | ȵi^{55} bu^{33} tho^{21}
大 是 土 母 见 母亲 小 是 日 干支

若遇到母土，是亲妈妈。

日干支属母铁的人：若遇到公铁，是祖父的兄弟。若遇到公水，是祖母。若遇到母水，是祖母①。若遇到公木，是大妾。若遇到母木，是小妾；是父亲。若遇到公火，母亲会生女儿。若遇到母火，母亲会生儿子。若遇到公土，是正妻，若遇到母土，是小老婆。

日干支……

559-L-14-30

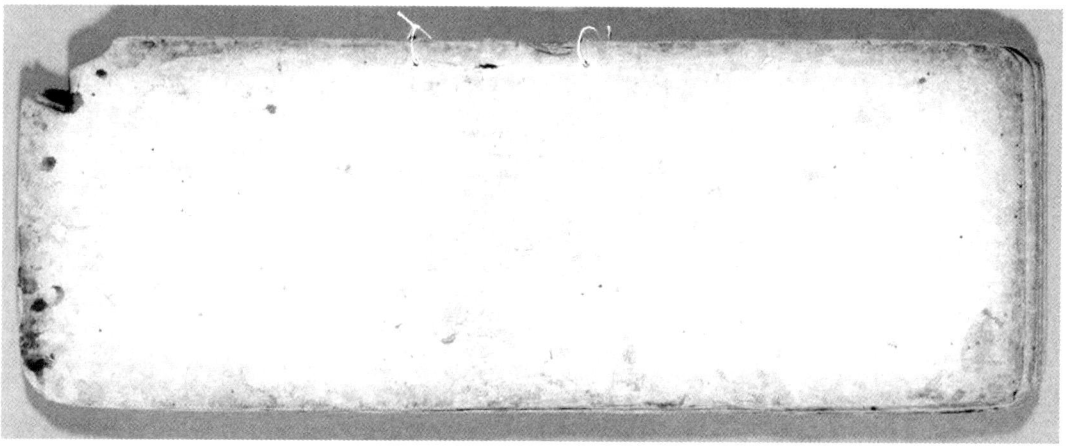

封底

（翻译：王世英）

① 前后两句之卦辞皆为“是祖母”，而少了“是祖父”，看来有笔误，不能指出哪句之卦辞应为“是祖父”。

455-L-15-01

ʂʅ^{33} sɑ^{21} ɕiə^{55} the^{33} ɯ^{33} uɑ^{21} me^{55}

占卜·以死者死亡日之属相、为几号、为何月、何宿当值、

死者死亡之时的属相占卜、算重丧

455-L-15 占卜·以死者死亡日之属相、为几号、为何月、何宿当值、死者死亡之时的属相占卜、算重丧

【内容提要】

此古籍只有在人去世时才翻看，平时是忌看此书的。东巴们不把此书收藏在家里，有的把它放在大门外的屋檐下，有的则放在正房的门槛下，用一块石头压住。

其一，以死者死亡日之属相占卜亡灵的动向，未死之前其魂被什么鬼摄去，何时到死亡首领之前报到，何时又变为何物，杀死死者的鬼到何方向去，死者又挂念着什么等。

其二，以死者死亡之日为几号而占卜死者灵魂是被何鬼神所摄，又是被何鬼神杀死，该做何法仪以禳除后患。

其三，以死者死亡之月为几月而占卜杀手鬼为几个，这几个杀手鬼之动向。

其四，以死者死亡之时的属相占卜杀手鬼为几个，这几个杀手鬼之动向。凶于何物及需作何法仪以禳解。

其五，以死者死亡日为何宿当值占卜丧家须作何法仪以避灾。

其六，每月初一由何宿当值之天文常识。

其七，算重丧。

【英文提要】

The Divination. to Divine with the Zodiac of the Day, the Date, the Month, the Mansion and the Time of the Death, to Divine the death one after another

This book is only read when there is a death. It is a taboo to read the book in regular days. *to ba* priests do not keep this book in house, but put under the roof outside the main gate or weight under a stone at the doorsill of the principal room.

First, It introduces to divine with the zodiac day that the moving of the spirit,, what ghost took the spirit before the death of the person, when the spirit came to enregister in front of the chief ghost, who the deathman was, what he transfers to after the died, where the deathman goes and what the death concerns about.

Second, It records the certain sacrifice ritual needs be held to release misfortune to the death in the following aspect, as the date of the day, the ghost who takes the spirit and the ghost who executes the dead.

Third, it divines the number and the moving of the deathman ghost by the month that the person died.

Fourth, it divines the number the moving of the deathman ghost by the time that the person died. It records also the ominous thing and certain sacrifice ritual needs be held to release misfortune.

Fifth, it divines the sacrifice ritual needs be held to release misfortune of the dead family with the mansion of the death date.

Sixth, it introduces the basic astronomy knowledge of the mansion in the first lunar day of each month.

Seventh, it divines the death one after another.

455-L-15-02

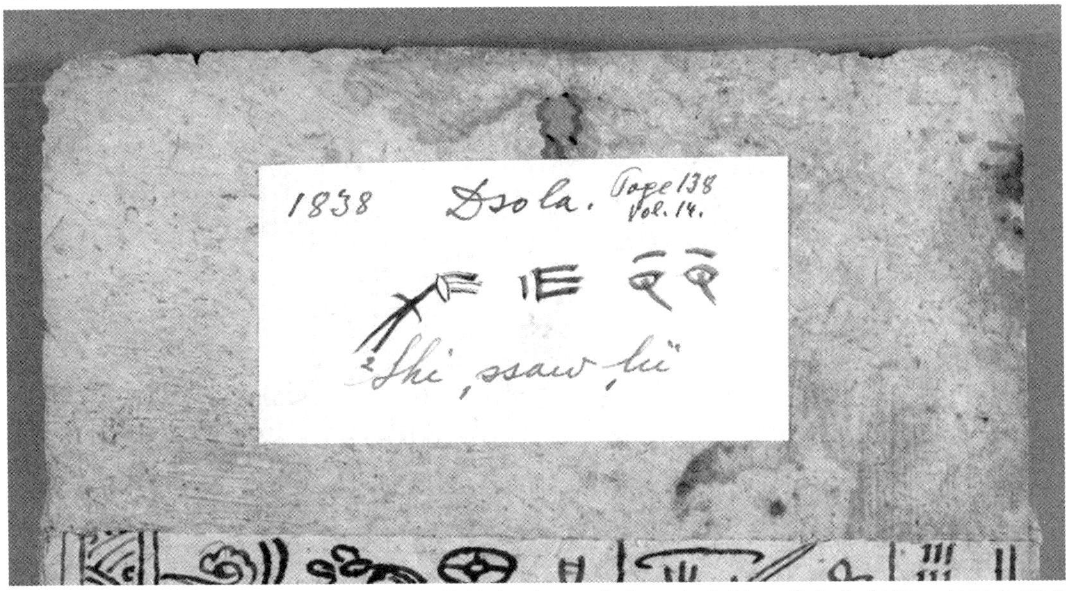

“1838”为洛克收藏纳西东巴古籍的序号。三个东巴文为封一书名之复写。字母文字为书名读音之记录。

455-L-15-03

fy̩^{55} khy̩^{33} dɯ^{33} ȵi^{33} ʂʅ^{33} me^{33}: | mɯ^{33} tshʅ^{21} nɯ^{33} sy^{55}. | guə^{33} me^{33} he^{33} | nɯ^{33} ʂʅ^{33} sʅ^{33} phe^{33}
鼠 岁 一 日 死 者 天 鬼 以 杀 九月 以 死 首领

kæ^{33} ʂʅ^{33} dze^{21} hɯ^{33} se^{21}. | huɑ^{55} me^{33} he^{33} nɯ^{33} ʂʅ^{33} me^{33} o^{21} he^{33} khy̩^{33} bə^{55} hɯ^{33} se^{21}. | ȵi^{33}
前 死 报到 去 了 八月 以 死 者 魂 偷 了 去 了

me^{33} gy̩^{21} nɯ^{33} tshʅ^{21}, zo^{33} uɑ^{55} ky̩^{33} ʥy^{21} me^{33} ko^{21} tso^{33} bər^{33} to^{55} tshʅ^{21} ky̩^{55}. | ə^{33} dzʅ^{33} ky̩^{33} phər^{21}
西方 以 来 男 五 个 有 的 家里 客 上 作祟 会 祖母 头 白

to^{55} tshɿ^{21} ky̩^{55}. zo^{33} tɕi^{55} mi^{55} tɕi^{55} to^{55} tshɿ^{21} ky̩^{55}. | ʂʅ^{33} kɯ^{21} dʑi^{21} gə^{21} to^{55} dz̩u^{21}. | tshe^{21} ȵi^{33} hɑ^{55}
上 作祟 会 儿 小 女 小 上 作祟 会 死 星 房 上面 落 十 二 天

gy̩^{33}, fy̩^{55} piə^{55}. tshe^{21} he^{33} gy̩^{33}, z̩uɑ^{33} piə^{55}. tʂhuɑ^{55} tshər^{21} hɑ^{55} gy̩^{33}, zo^{33} gə^{33} gu^{33} mu^{33} dɯ^{33}. |
到 鼠 变 十 月 到 马 变 六 十 天 到 男 的 身体 得

fy̩^{55} khy̩^{33}、z̩uɑ^{33} khy̩^{55} me^{33} to^{55}
鼠 岁 马 岁 者 上

属鼠之日死亡的人：是被天鬼所杀。九月就到死鬼首领前报到去了。八月里就被鬼摄去其灵魂。亡灵会作祟于从西方而来到有五个男子的家里做客的客人；会作祟于白发老媪；会作祟于幼儿幼女。丧星落于房顶。死后十二天先变成一只老鼠；十个月后变成一匹马，再过六十天，获得一男子身。会作祟于属鼠、属马之人，

455-L-15-04

tshɿ^{21}; tho^{33} le^{33} khy̩^{55}、æ^{21} khy̩^{55} me^{33} to^{55} tshɿ^{21}. | he^{21} hɑ^{33} mə^{33} ʂu^{55} se^{13}, | iə^{33} ko^{21} i^{33} dɑ^{55}
作祟 兔 岁 鸡 岁 者 上 作祟 神 饭 不 祭 若 家里 依道鬼

tshɿ^{21} ky̩^{33} phər^{21} lɯ^{33} ky̩^{55}. ny̩^{55} me^{33} dʑi^{33} phər^{21} dɯ^{33} ly̩^{55} tɕər^{21} æ^{21}. | ȵi^{33}、thy̩^{55}、 | iə^{33} ko^{21}、
头 白 来 会 心 衣 白 一 件 上 挂念

mi^{55}、gy̩^{33}①、| uɑ^{33} hɑ^{55} gy̩^{33}, fy̩^{55} piə^{55} bə^{55} tshɿ^{21} nɯ^{33} iə^{33} ko^{21}gə^{33} zo^{33} tɕər^{21} ʂə^{55} ʂə^{33} lɯ^{33} ky̩^{55}. |
五 天 到 鼠 变 了 鬼 以 家里 的 男 上 吵架 来 会

fy̩^{55} khy̩^{33} dɯ^{33} ȵi^{33} ʂʅ^{33} me^{33}, æ^{21} khy̩^{55} sɿ^{55} æ^{21} khy̩^{55}, hɑ^{55} dzɿ^{21} dər^{33}. | ȵi^{33} tsər^{21} ho^{55} hɑ^{33} se^{13}
鼠 岁 一 天 死 者 鸡 岁 三 鸡 岁 夜 坐 该 二 十 八 天 则

① 这几个东巴文字符无法连读成句，存疑。

bə^{33} thy̩^{55} bə^{33} le^{33} ɯ^{21}. | ɯ^{33} khy̩^{55} dɯ^{33} n̥i^{33} ʂʅ^{33} me^{33}: thy̩^{33} tshʅ^{21} nɯ^{33} sy^{55}; n̥i^{33} me^{33} thy̩^{33} gə^{33}
脚 踩 脚 又收拢 牛 岁 一 天 死 者 土鬼 以 杀 东方 的

sʅ^{21} nɯ^{33} sy^{55}. | lu^{55} me^{33} he^{33} lo^{21} dy̩^{21} tshʅ^{21} nɯ^{33} o^{21} he^{13} khy̩^{13} hɯ^{33} se^{21}. | guə^{33} me^{33} he^{33} lo^{21}
署 以 杀 四月 里 毒鬼 以 魂 偷 去 了 九月 里

ʂʅ^{33} sʅ^{33} phe^{33} kæ^{33} ʂʅ^{33} dze^{21} hɯ^{33} se^{21}.
死 首领 前 死 报到 去 了

会作祟于属兔、属鸡的人。若不向神献饭，白头的依道鬼会来到家里。死者的心挂念着一件白色衣服。死者死后第五天会变成一只老鼠来与家里男人吵架。属鼠日死亡的家人，要在三个属鸡日里守夜。死后第二十八天死者会来收拢死者生前所留下的脚印。

属牛日死亡的人：是由土鬼所杀，是被东方的署杀死的。在四月被毒鬼摄去了死者的灵魂。九月里死者就到死鬼首领前去报到了。

455-L-15-05

ʂʅ^{33} kɯ^{21} dɯ^{33} ly^{33} be^{33} y^{21} to^{55} dʐu^{21}; dɯ^{33} ly^{33} khɯ^{33} thy̩^{55} tshe^{21} thy̩^{55} khɯ^{33} dʐu^{21}; dɯ^{33} ly^{33} bə^{33}
死 星 一 颗 本余 上 落 一 颗 脚 步 十 步 处 落 一 颗 脚

thy̩^{55} n̥i^{33} tsər^{21} sʅ^{55} thy̩^{33} khɯ^{33} dʐu^{21}. | tshe^{21} sʅ^{55} hɑ^{33} se^{13} ʐʅ^{21} piə^{55}. | tshe^{21} ho^{55} hɑ^{33} se^{13} bu^{21}
步 二 十 三 步 处 落 十 三 天 则 蛇 变 十 八 天 则 猪

dɯ^{33} me^{33} piə^{55}. zo^{33} dɯ^{33} gy̩^{33} piə^{55}. | ho^{55} hɑ^{33} se^{13} tʂhə^{55} ʂu^{55} ʂʅ^{33} tshʅ^{21} thy̩^{55} dər^{33}. | n̥i^{33} me^{33}
一 只 变 男 一 个 变 八 天 则 秽 除 死鬼 驱 该 西方

gy̩^{21}、zə̥^{21}、| n̥i^{33} tsər^{21} sʅ^{55} thy̩^{33}①. | zo^{33} tɕi^{55} to^{55} khuɑ^{21}. ny̩^{55} me^{33} dʑi^{33} ɕy^{21} dɯ^{33} ly̩^{55} tɕər^{21}
草 二 十 三 步 儿 小 上 凶 心 衣 红 一 件 上

① 这六个东巴文字符无法连读成句，存疑。

æ^{21}。| lu^{55} hɑ^{33}、tshe^{21} sɿ^{55} hɑ^{33} ko^{55}, ʥi^{21} mi^{33} nɯ^{33} ʥi^{55} kv̩^{55}. | ʂʅ^{33} tshɿ^{21} by^{21} mə^{33} hɯ^{33}. | dɯ^{33}
挂念 四 天 十 三 天 间 房 火 以 烧 会 死 鬼 外 未 去 一

hɑ^{55}、ʂər^{33} hɑ^{55} ko^{55}, ʐuɑ^{33} nɯ^{33} iə^{33} ko^{21} bɑ^{21} lɯ^{33} kv̩^{55}. | ȵi^{33} me^{33} thv̩^{33} ɡə^{21} kv̩^{33}
天 七 天 间 马 以 家里 叫 来 会 东方 上方

一颗丧星落在本余①；一颗丧星落在离死者十步的地方；一颗丧星落在离死者二十三步之处。死后十三天，死者变成一条蛇；死后十八天，死者变成一头猪；之后又变成一个男子。死后第八天要除秽，要进行驱赶死鬼的法仪。会凶于幼儿。死者心里挂念一件红衣。死后四至十三天内房子会遭火灾。死鬼还未到外面去。一至七天里一匹马会朝家里叫。东方上方家的

455-L-15-06

zo^{33} ɕi^{33}nɯ^{33} sy^{55} kv̩^{55}. æ^{33} æ^{21} thv̩^{33} kv̩^{55}. | zo^{33} tɕi^{55} mi^{55} tɕi^{55} to^{55} tshɿ^{21}, kho^{21} lɯ^{33} to^{55} tshɿ^{21} kv̩^{55}.
儿 他人以 杀 会 殴斗 产生 会 儿 小 女 小 上 作祟 亲 戚 上 作祟 会

nv̩^{55} me^{33} ʥi^{33} ɕy^{21} dɯ^{33} lv̩^{55}to^{55} æ^{21}. | nɯ^{33} ɡu^{21} be^{33} ȵy^{55} ɡu^{21} khɯ^{55} dər^{33}. ko^{21}ɕy^{33} be^{33} dər^{33}. |
心 衣 红 一 件 上 挂念 心 疼 地 他 后 放 该 家 法事 做 该

khɯ^{33} khv̩^{55}、lv̩^{21} khv̩^{55} me^{33} to^{55} tshɿ^{21} kv̩^{55}; ɯ^{33} khv̩^{55}、y^{21} khv̩^{55} me^{33} to^{55} tshɿ^{21} kv̩^{55}. | lv̩^{21} khv̩^{55}
狗 岁 龙 岁 者 上 作祟 会 牛 岁 羊 岁 者 上 作祟 会 龙 岁

sɿ^{55} lv̩^{21} khv̩^{55} hɑ^{55} dzɿ^{21} dər^{33}. | ȵi^{33} tsər^{21} lu^{55} hɑ^{33} se^{55} bə^{33} thv̩^{55} bə^{33} le^{33} ɯ^{21}. ‖ lɑ^{33} khv̩^{55} dɯ^{33}
三 龙 岁 夜 坐 该 二 十 四 天 则 脚 步 脚 又 收拢 虎 岁 一

ȵi^{33} ʂʅ^{33} me^{33}: | thv̩^{33} tshɿ^{21}、ze^{21} tshɿ^{21} nɯ^{33} sy^{55}. | tʂhuɑ^{55} me^{33} he^{33} lo^{21} nɯ^{33} tshɿ^{21} nɯ^{33} o^{21} he^{33}
天 死 者 土鬼 壬鬼 以 杀 六月 里 以 鬼 以 魂

① 本余，音译名词，其义不明。

khy̩^{33} bə^{55} hɯ^{33} se^{21}. iə^{21} pe^{21} he^{33} lo^{21} ʂʅ^{33} sʅ^{33} phe^{33} kæ^{33} ʂʅ^{33} dze^{21} hɯ^{33} se^{21}.
偷 了 去 了 正月 里 死 首领 前 死 报到 去 了

儿子会被他人杀死。会发生殴斗。会作祟于幼儿幼女。会作祟于亲戚。死者之心挂念着一件红衣。即使心疼舍不得也要寄给他。要为全家人做法仪。会作祟于属狗、属龙的人，会作祟于属牛、属羊的人。属龙的三天夜里家人要守夜。死后二十四天，死者会来收拢生前留下之脚印。

属虎日死亡的人：是被土鬼和壬鬼杀死。六月里就被鬼摄去死者之灵魂。正月里死者就到死鬼首领前去报到了。

455-L-15-07

ʂʅ^{33} kɯ^{21} ȵi^{33} me^{33} thy̩^{33} tɕy^{21} dɯ^{33} ly^{33} dʐ̩u^{21}; zo^{33} ȵi^{33} ky̩^{55}、mi^{55} dɯ^{33} ky̩^{55} ʥy^{21} me^{33} ȵi^{33} me^{33} gy̩^{21}
死 星 东方 方向 一 颗 落 男 二 个 女 一 个 有 的 西方

tshe^{21} tʂhuɑ^{55} thy̩^{55} khɯ^{33} dɯ^{33} ly^{33} dʐ̩u^{21}; | be^{33} y^{21} khɯ^{33} dɯ^{33} ly^{33} dʐ̩u^{21}; | zo^{33} tɕi^{55} mi^{55} tɕi^{55}
十 六 步 处 一 颗 落 本余 处 一 颗 落 儿 小 女 小

khɯ^{33} dɯ^{33} ly^{33} dʐ̩u^{21}; tso^{33} ky̩^{33} dɯ^{33} ly^{33} dʐ̩u^{21}. | ə^{55} y^{21} khy̩^{55}、lɑ^{33} khy̩^{55} me^{33} to^{55} tshʅ^{21}, bu^{21}
处 一 颗 落 灶 上 一 颗 落 猴 岁 虎 岁 者 上 作祟 猪

khy̩^{55}、ʐʅ^{21} khy̩^{55} me^{33} to^{55} tshʅ^{21}. | ə^{33} ȵi^{33} to^{55} tshʅ^{21}. | ʂʅ^{33} me^{33} tshe^{21} ho^{55} hɑ^{33} gy̩^{33}, ɯ^{33} dɯ^{33}
岁 蛇 岁 者 上 作祟 姑妈 上 作祟 死 的 十 八 天 到 牛 一

phu^{55} piə^{55}, bu^{21} dɯ^{33} me^{33} piə^{55}. | ʂər^{33} he^{33} gy̩^{33} zo^{33} dɯ^{33} gy̩^{33} be^{33} le^{33} tɕi^{33} hə^{21}. | kho^{21} lɯ^{33}
头 变 猪 一 头 变 七 月 到 男 一 个 地 又 生 亲 戚

to^{55} khuɑ^{21}. ny̩^{55} me^{33} | ʥi^{33} nɑ^{21} dɯ^{33} ly̩^{55} to^{55} æ^{21}. gy̩^{33} hɑ^{55} gy̩^{33} ʂʅ^{33} tshʅ^{21} thy̩^{55} dər^{33}. | sy̩^{55}
上 凶 心 衣 黑 一 件 上挂念 九 天 到 死 鬼 驱 该 杀

tshʅ^{21} ʐ̩uɑ^{33} hər^{21} ɕi^{21} dɯ^{33} ʥi^{13} ko^{21} thy̩^{33}, ʂʅ^{33} sʅ^{21} lɑ^{21} tʂu^{55} phər^{21} dər^{33}. | ʂər^{33} tshər^{21} hɑ^{55} gy̩^{33},
鬼 马 绿 养 一 家 里 到 死 生 手 结 解 该 七 十 天 到

fv̩^{55} lɑ^{33} piə^{55}
黄鼠狼 变

一颗丧星落在丧家之东；一颗丧星落在丧家之西有两男一女之家十六步处；一颗丧星落在本余；一颗丧星落在幼儿幼女身上；一颗落在灶上。作祟于属猴、属虎的人，作祟于属猪、属蛇的人，作祟于姑妈。死者死后十八天先变成一头牛，再变成一头猪。七个月后又生为一男子。凶于亲戚。心中挂念着一件黑衣。死后第九天，要驱赶鬼。杀手鬼到养青马的一家里去了，这家要进行解开死者和生者手结的法仪。死者死后七十天会变成一只黄鼠狼

455-L-15-08

iə^{33} ko^{21} lɯ^{33} kv̩^{55}. | sy^{55} tshɿ^{21} lu^{21} dʑi^{21} kuɑ^{55} tʂuɑ^{33} gə^{21} dɯ^{33} dʑi^{13} ko^{21} hɯ^{33}. | lɑ^{33} khv̩^{55} dɯ^{33}
家里 来 会 杀 鬼 四 家 隔 上方 一 家 里 去 虎 岁 一

ȵi^{33} ʂʅ^{33} me^{33}, bu^{21} khv̩^{55} sɿ^{55} bu^{21} khv̩^{55} hɑ^{55} dzɿ^{21} dər^{33}. | ȵi^{33} tsər^{21} ho^{55} hɑ^{33} se^{13} bə^{33} thv̩^{55} bə^{33}
天 死 的 猪 岁 三 猪 岁 夜 坐 该 二 十 八 天 则 脚 步 脚

le^{33} ɯ^{21}. ‖ tho^{33} le^{33} khv̩^{55} dɯ^{33} ȵi^{33} ʂʅ^{33} me^{33}: tʂhuɑ^{55} me^{33} he^{33} lo^{21} tshɿ^{21} nɯ^{33} o^{21} he^{33} ne^{13} ʂʅ^{33}
又 收拢 兔 岁 一 天 死 者 六月 里 鬼 以 魂 和 肉

khv̩^{33} bə^{55} hɯ^{33} se^{21}. | ho^{55} me^{33} he^{33} lo^{21} nɯ^{33} ʂʅ^{33} sɿ^{33} phe^{33} kæ^{33} ʂʅ^{33} dze^{21} hɯ^{33} se^{21}. | mɯ^{33}
偷 了 去 了 八月 里 以 死 首领 前 死 报到 去 了 天

gə^{33} kɯ^{21} tshɿ^{21}、dy^{21} gə^{33} sɿ^{21} ȵi^{33} kv̩^{55} nɯ^{33} sy^{55}. | ʂʅ^{33} kɯ^{21} dɯ^{33} ly^{33} ȵi^{33} me^{33} thv̩^{33} tshe^{21} ȵi^{33}
的 星 鬼 地 的 署 两 个 以 杀 死 星 一 颗 东方 十 二

thv̩^{55} khɯ^{33} dzʉ^{21}; ȵi^{33} me^{33} gv̩^{21} gə^{33} dʑi^{21} khu^{33} to^{55} dɯ^{33} ly^{33} dzʉ^{21}; zo^{33} tɕi^{55} mi^{55} tɕi^{55} to^{55} dɯ^{33}
步 处 落 西方 的 房 门 上 一 颗 落 儿 小 女 小 上 一

ly^{33} dzu̩^{21}. tshe^{21} hɑ^{55} se^{13}, zʅ^{21} dɯ^{33} me^{33}、fv̩^{55} dɯ^{33} me^{33} piə^{55}, zo^{33} dɯ^{33} gv̩^{33} be^{33} tɕi^{33} hə^{21}.
颗 落 十 天 则 蛇 一 条 鼠 一 只 变 男 一 个 地 生

来到家里。杀手鬼到隔四家的上方一家里去了，属虎日死人的这一家，要在三个属猪日里守夜。死后第二十八天，死者会来收拢生前留下的脚印。

属兔日死的人：在六月里就被鬼偷去其灵魂和肉。在八月就到死鬼首领那儿报到了。是被天上的星鬼和地上的署两者杀死。一颗丧星落在死者家的东方十二步处；一颗丧星落在西方房子的门上；一颗丧星落在幼儿幼女身上。死后第十天死者先变成一条蛇，之后变成一只老鼠，然后又生为一男子。

455-L-15-09

tho^{33} le^{33} khv̩^{55}、æ^{21} khv̩^{55} me^{33} to^{55} tshʅ^{21}, fv̩^{55} khv̩^{33}、zu̩ɑ^{33} khv̩^{55} me^{33} to^{55} tshʅ^{21} kv̩^{55}. | iə^{33} ko^{21}
兔 岁 鸡 岁 者 上 作祟 鼠 岁 马 岁 者 上 作祟 会 家里

zo^{33} mi^{55} to^{55} khuɑ^{21}. nv̩^{55} me^{33} hɑ^{33} tɕər^{21} æ^{21}. | ʂər^{33} hɑ^{55} gv̩^{33}, tshʅ^{21} nɯ^{33} iə^{33} ko^{21} | hɑ^{33} ʂu^{21}
儿 女 上 凶 心 饭 上 挂念 七 天 到 鬼 以 家里 饭 寻

lɯ^{33} kv̩^{55}. ʂə^{55} ʂə^{33} æ^{33} æ^{21} thv̩^{33} kv̩^{55}. | sy^{55} tshʅ^{21} lv̩^{21} dzʅ^{21} tɯ^{33} tɕy^{21} hɯ^{33}. | tʂhuɑ^{55} tshər^{21} hɑ^{33}
来 会 吵架 殴斗 发生 会 杀 鬼 龙 居 地 方 去 六 十 天

gv̩^{33}, fv̩^{55} lɑ^{33} piə^{55} iə^{33} ko^{21} lɯ^{33} kv̩^{55}. | zu̩ɑ^{33} khv̩^{55} sʅ^{55} zu̩ɑ^{33} khv̩^{55} hɑ^{55} dzʅ^{21} dər^{33}. sʅ^{33} tshər^{21}
到 黄鼠狼 变 家里 来 会 马 岁 三 马 岁 夜 坐 该 三 十

hɑ^{55} se^{13} bə^{33} thv̩^{55} bə^{33} le^{33} ɯ^{21}. | lv̩^{21} khv̩^{55} dɯ^{33} n̩i^{33} ʂʅ^{33} me^{33}: tʂhuɑ^{55} me^{33} he^{33} lo^{21} | tər^{21} tshʅ^{21}
天 则 脚 步 脚 又 收拢 龙 岁 一 天 死 者 六月 里 呆鬼

nɯ^{33} o^{21} he^{33} khv̩^{33} bə^{55} hɯ^{33} se^{21}. sæ^{33} me^{33} he^{33} lo^{21} nɯ^{33} ʂʅ^{33} sʅ^{33} phe^{33} kæ^{33} ʂʅ^{33} dze^{21} hɯ^{33}
以 魂 偷 了 去 了 七月 里 以 死 首领 前 死 报到 去

se^{21}. | ʂʅ^{33} kɯ^{21} dɯ^{33} ly^{33} ȵi^{33} me^{33} thy̩^{33} khu^{33} khɯ^{33} sɿ^{55} thy̩^{33} khɯ^{33} dẓu̩^{21}; dɯ^{33} ly^{33} ky̩^{33} phər^{21}
了 死 星 一 颗 东方 门 前 三 步 处 落 一 颗 头 白

zo^{33} to^{55} dẓu̩^{21};
男 上 落

会作祟于属兔、属鸡的人，作祟于属鼠、属马的人。会凶于家中的幼儿幼女。死者心里挂念着饭。死后第七天，鬼会到家里来要饭。家里会发生吵架斗殴。杀手鬼到龙居地①方向去了。六十天后会变成一只黄鼠狼到家里来。死者家人要在三个属马日里守夜。死后第三十天，死者会来收拢生前留下的脚印。

属龙日死的人：六月里就被呆鬼摄去死者的灵魂。七月里就到死鬼首领前报到了。一颗丧星落在东方门前三步的地方；一颗落在白发男子身上；

455-L-15-10

ɯ^{33} dzʅ^{21} tɯ^{33} dɯ^{33} ly^{33} dẓu̩^{21}, y^{21} dzʅ^{21} tɯ^{33} dɯ^{33} ly^{33} dẓu̩^{21}. | khɯ^{33} khy̩^{55}、ly̩^{21} khy̩^{55} me^{33} to^{55}
牛 居 地 一 颗 落 羊 居 地 一 颗 落 狗 岁 龙 岁 者 上

tshʅ^{21}; ɯ^{33} khy̩^{55}、y^{21} khy̩^{55} me^{33} to^{55} tshʅ^{21}. | tʂhuɑ^{55} hɑ^{33} gy̩^{33} se^{13} ʂʅ^{33} khu^{33} tər^{55} py^{21} dər^{33}. |
作祟 牛 岁 羊 岁 者 上 作祟 六 天 到 则 死 门 关 祭 该

kho^{21} lɯ^{33} to^{55} tshʅ^{21}. mɯ^{33} tsʅ^{21} dy̩^{21} sɑ^{55} khuɑ^{21} thy̩^{33} ky̩^{55}. | tshe^{21} hɑ^{55} se^{13} ɯ^{33} dɯ^{33} phu^{55} piə^{55},
亲 戚 上 作祟 火葬场 气 坏 产生 会 十 天 则 牛 一 头 变

mæ^{55}se^{13} zo^{33} dɯ^{33} gy̩^{33} be^{33} le^{33} tɕi^{33} hə^{21}. khɑ^{33} khɑ^{33} ʂə^{55}ʂə^{33} thy̩^{33} ky̩^{55}. | ʂər^{33} hɑ^{55}gy̩^{33}, tshʅ^{21} |
后 则 男 一 个 地 又 生 吵架 殴斗 产生 会 七 天 到 鬼

nɯ^{33} iə^{33} ko^{21} hɑ^{33} ʂu^{21} lɯ^{33} ky̩^{55}. | kho^{21} lɯ^{33} to^{55} khuɑ^{21}, æ^{33} æ^{21} thy̩^{33} ky̩^{55}, | mæ^{55} se^{13} khuɑ^{21}
以 家里 饭 寻 来 会 亲 戚 上 凶 斗殴 产生 会 后 则 凶

① 龙居地，纳西族用十二生肖表方位时的一种称谓，“龙居地”属“东南方”。

be^{33} ʂʅ^{33} kv̩^{55}. lv̩^{21} dzʅ^{21} tɯ^{33} gə^{33} kho^{21} lɯ^{33} dɯ^{33} dʑi^{13} to^{55} khuɑ^{21}. | sʅ^{55} khv̩^{21} o^{21} ʂər^{55} dər^{33}. |
地 死 会 龙 居 地 的 亲 戚 一 家 上 凶 素神 请 魂 赎 该

tshʅ^{21} dɯ^{33} me^{33} gə^{21} khv̩^{55} lv̩^{33} the^{21} dzʅ^{21}, dɯ^{33} me^{33} ʂuɑ^{21} kv̩^{33} the^{21} dzʅ^{21}. | ȵi^{33} me^{33} thv̩^{33} tɕy^{21}
鬼 一 只 上火塘 又 坐 一 只 高 处 又 坐 东方 方向

mu^{21} tse^{55} kv̩^{33}, lu^{33} dʑi^{21} tʂuɑ^{55} gə^{33} mi^{55} dɯ^{33} kv̩^{55} sy^{55} ʂʅ^{33} kv̩^{55}. | ȵi^{33} me^{33} gv̩^{21} tɕy^{21} mi^{21}
下方处 四 家 隔 的 女 一 会 杀 死会 西方 方向 下

一颗丧星落于牛居地①；一颗丧星落在羊居地。会作祟于属狗、属龙的人，作祟于属牛、属羊的人。死后第六天要进行关死亡之门的法仪。会作祟于亲戚。火葬场里会产生恶气。死者十天后则变成一头牛，再变成一男子。会凶于亲戚，会发生吵架斗殴，七天后鬼会到家里要饭，往后会凶死。凶于龙居地方向的一家亲戚。要进行请素神仪式，并赎活者之灵魂。一只鬼坐在家里上火塘上，一只鬼坐在高处。会把东方下方隔着四家的一位女子杀死。西方下方

455-L-15-11

(缺 ʐʅ^{21} 一节)……② o^{21} he^{33} khv̩^{13} hɯ^{33} se^{21}. tshe^{21} me^{33} he^{33} lo^{21} nɯ^{33} ʂʅ^{33} sʅ^{33} phe^{33} kæ^{33} ʂʅ^{33}
魂 偷 去 了 十月 里 以 死 首领 前 死

dze^{21} hɯ^{33} se^{21}. | ʂʅ^{33} kɯ^{21} dɯ^{33} ly^{33} i^{33} tʂhʅ^{33} mu^{21} tɕy^{21} dʐu^{21}; dɯ^{33} ly^{33} lv̩^{21} dzʅ^{21} tɯ^{33} tɕy^{21} dʐu^{21};
报到 去 了 死 星 一 颗 南方 方向 落 一 颗 龙 居 地 方向 落

dɯ^{33} ly^{33} ȵi^{33} me^{33} gv̩^{21} tɕy^{21} tshe^{21} sʅ^{55} thv̩^{33} khɯ^{33} dʐu^{21}; be^{33} y^{21} | dɯ^{33} ly^{33} dʐu^{21}, gə^{21} khu^{33} to^{55}
一 颗 西方 方向 十 三 步 处 落 本余 一 颗 落 上 门 上

① 牛居地，纳西族用十二生肖表示方位的一种称谓；“牛居地”属“东北方”，下句的“羊居地”属“西南方”。

② 此前缺 1—2 页，没有“属蛇日死的人”和“属马日死的人”。究竟是原文缺，还是哈佛燕京图书馆扫描时扫漏了，存疑。

dɯ^{33} ly^{33} dʐu^{21}. | fy̩^{55} khy̩^{33}、ʐuɑ^{33} khy̩^{55} me^{33} to^{55} tshʅ^{21}; tho^{33} le^{33} khy̩^{55}、æ^{21} khy̩^{55} me^{33} to^{55}
一 颗 落 鼠 岁 马 岁 者 上 作祟 兔 岁 鸡 岁 者 上

tshʅ^{21}. | tshe^{21} ʂər^{33} hɑ^{55} se^{13} ʐuɑ^{33} dɯ^{33} me^{33} piə^{55}, mæ^{55} se^{13} zo^{33} dɯ^{33} gy̩^{33} be^{33} le^{33} tɕi^{33} hə^{21}. |
作祟 十 七 天 则 马 一 匹 变 后 则 男 一 个 地 又 生

ȵi^{33} me^{33} thy̩^{33} gə^{33} mi^{55} khuɑ^{21} dɯ^{33} ky̩^{55} nɯ^{33} dʑi^{21} mi^{33} bər^{21} khɯ^{55} lɯ^{33} ky̩^{55}. | i^{33} tʂhʅ^{33} mu^{21}
东方 的 女人 一 个 以 房 火 烧 放 来 会 南方

gə^{33} mu^{21} nɯ^{33} ɯ^{33}ʂər^{21} lɯ^{33} ky̩^{55}. | ȵi^{33} tsər^{21} uɑ^{55} hɑ^{33} se^{33} ʐuɑ^{33}dɯ^{33} me^{33} iə^{33} ko^{21} lɯ^{33} ky̩^{55}. |
的 兵 以牛 牵 来 会 二 十 五 天 则 马 一 匹 家里 来 会

ȵi^{33} me^{33} gy̩^{21} dɯ^{33} dʑi^{21} gə^{33} mi^{55} tɕər^{21} tshʅ^{21} nɯ^{33} kɯ^{33} tʂʅ^{21} lɯ^{33} ky̩^{55}. | ȵi^{33} me^{33} thy̩^{33} tɕy^{21} gə^{33}
西方 一 家 的 女 上 鬼 以 说话 来 会 东方 方向 的

zo^{33} dɯ^{33} ky̩^{55} sy^{55} ky̩^{55}. | tshʅ^{21} khuɑ^{21} nɯ^{33} lər^{21} lɯ^{33} ky̩^{55}.
男 一 个 杀 会 鬼 坏 以 喊 来会

……就被鬼偷去了灵魂。十月里就到死鬼首领跟前报到了。一颗丧星落在南方；一颗丧星落在龙居地；一颗丧星落在丧家西方十三步处；一颗丧星落在本余；一颗丧星落在上方的门上；会作祟于属鼠和属马的人，作祟于属兔、属鸡的人。死后十七天死者变成一匹马，之后又会成为一个男子。东方的一个女人会来放火烧房子。南方来的兵会来牵牛。第二十五天，一匹马会来家里。鬼会来与西方一家里的女人说话。东方的一个男人会被杀死。恶鬼会来喊叫。

455-L-15-12

ȵi^{33} me^{33} thy̩^{33}、i^{33} tʂhʅ^{33} mu^{21} gə^{33} gy̩^{33} dze^{21} phi^{55} ky̩^{55}. | dzʅ^{33} kɑ^{33} do^{33} ky̩^{55}, zʅ^{21} zər^{21} py^{21} dər^{33},
东方 南方 的 东西 失 会 祸 猖狂 会 仇 压祭 该

kho^{33} khuɑ^{21} sɑ^{55} khuɑ^{21} ʥy^{33} kv̩^{55}. tho^{33} le^{33} khv̩^{55} sɿ^{55} hɑ^{33} hɑ^{55} dzɿ^{21} dər^{33}. | sɿ^{33} tshər^{21} hɑ^{55} se^{13}
消息 坏 音讯 坏 有 会 兔 岁 三 天 夜 坐 该 三 十 天 则

bə^{33} thv̩^{55} bə^{33} le^{33} ɯ^{21}. ‖ y^{21} khv̩^{55} dɯ^{33} n̩i^{33} ʂʅ^{33} me^{33}: uɑ^{33} tshɿ^{21}、mi^{33} tshɿ^{21} nɯ^{33} sy^{55}. | tʂhuɑ^{55}
脚 步 脚 又 收拢 羊 岁 一 天 死 者 瓦鬼 火鬼 以 杀 六月

me^{33} he^{33} lo^{21} nɯ^{33} tshɿ^{21} nɯ^{33} o^{21} he^{33} khv̩^{33} bə^{55} hɯ^{33} se^{21}. tshe^{21} də^{33} he^{33} lo^{21} nɯ^{33} ʂʅ^{33} sɿ^{33} phe^{33}
里 以 鬼 以 灵魂 偷 了 去 了 十一月 里 以 死 首领

kæ^{33} ʂʅ^{33} dze^{21} hɯ^{33} se^{21}. | ʂʅ^{33} kɯ^{21} dɯ^{33} ly^{33} i^{33} tʂhʅ^{33} mu^{21} dzər^{21} dɯ^{21} tɕər^{21} dʐ̩u^{21}; dɯ^{33} ly^{33} ɯ^{33}
前 死 报到 去 了 死 星 一 颗 南方 树 大 上 落 一 颗 牛

dzɿ^{21} tɯ^{33} tɕy^{21} dʐ̩u^{21}. | ɯ^{33} khv̩^{55}、y^{21} khv̩^{55} me^{33} to^{55} tshɿ^{21}; khɯ^{33} khv̩^{55}、lv̩^{21} khv̩^{55} me^{33} to^{55}
居 地 方向 落 牛 岁 羊 岁 者 上 作祟 狗 岁 龙 岁 者 上

tshɿ^{21}. | ə^{33} phv̩^{33} kv̩^{33} phər^{21} to^{55} tshɿ^{21}. | ʂər^{33} hɑ^{55} gv̩^{33} se^{13} khɯ^{33} dɯ^{33} me^{33} piə^{55}, mæ^{55} se^{13}
作祟 祖父 头 白 上 作祟 七 天 到 则 狗 一 条 变 后 则

fv̩^{55} dɯ^{33} me^{33} piə^{55}. tʂhuɑ^{55} tshər^{21} hɑ^{55} gv̩^{33} se^{13}, zo^{33} dɯ^{33} kv̩^{55} be^{33} le^{33} tɕi^{33} hə^{21}.
鼠 一 只 变 六 十 天 到 则 男 一 个 地 又 生

丧家之东方和南方家里的财物会丢失。祸事会不断，该进行压仇人的法仪。会产生是非而传来坏消息。丧家家人在三个属兔日里要守夜。死后第三十天死者会来收拢生前留下的脚印。

属羊日死的人：是被瓦鬼和火鬼杀死。六月里就被鬼摄去死者的灵魂。十一月里就到死鬼首领跟前报到去了。一颗丧星落在南方的大树上；一颗丧星落在牛居地方向。会作祟于属牛和属羊的人，会作祟于属狗和属龙的人，会作祟于白发老翁。死后第七天先变成一条狗，后变成一只老鼠；六十天后则又会降生为一个男子。

455-L-15-13

nv̩^{55} me^{33} bv̩^{33} dɯ^{33} ly^{33} to^{55} æ^{21}. gv̩^{33} hɑ^{55} se^{13}, ʂʅ^{33} khu^{33} tər^{55} py^{21} dər^{33}. tshɿ^{33} tʂhə^{55} py^{21} dər^{33}. |
心 锅 一 个 上 挂念 九 天 了 死 门 关 祭 该 楚臭 祭 该

gv̩33 dze21 phi55 me33 n̥i33 me33 gv̩21 tɕy21 ʂu21 dər33. dzɿ33 zər21 py21 dər33. | ʂə55 ʂə33 æ33 æ21 me33
东西 丢 的 西方 方向 找 该 祸 压 祭 该 吵架 殴斗 的

kho33 mi33 lɯ33 kv̩55. | n̥i33 me33 thv̩33 gə33 mu21 nɯ33 ɯ33 ʂər21 lɯ33 kv̩55. | tʂhuɑ55 tshər21 hɑ55
消息 听 来 会 东方 的 兵 以 牛 牵 来 会 六 十 天

gv̩33, tshɿ21 nɯ33 iə33 ko21 ɕi55 to55 kɯ33 tʂʅ21 lɯ33 kv̩55. | ʂʅ33 tshɿ21 thv̩55 dər33. | tʂhuɑ55 tshər21
到 鬼 以 家里 人 上 说话 来 会 死 鬼 驱 该 六 十

hɑ55 gv̩33, fv̩55 lɑ33 dɯ33 me33 iə33 ko21 lɯ33 kv̩55. n̥i33 me33 thv̩33 gə21 tse55 kv̩55 sɿ33 dʑi21 tʂuɑ55 ko55,
天 到 黄鼠狼 一 只 家里 来 会 东方 上方处 三 家 隔

tshɿ21 nɯ33 | mi55 dɯ33 gv̩33 tɕər21 kɯ33 tʂʅ21 lɯ33 kv̩55. | khɯ33 khv̩55 sɿ55 khɯ33 khv̩55 hɑ55 dzɿ21
鬼 以 女 一 个 上 说话 来 会 狗 岁 三 狗 岁 夜 会

dər33. | n̥i33 tsər21 ho55 hɑ33 se55, bə33 thv̩55 bə33 le33 ɯ21. | ə55 y21 khv̩55 dɯ33 n̥i33
该 二 十 八 天 则 脚 步 脚 又 收拢 猴 岁 一 天

死者心里挂念着一口锅。第九天该进行关死门仪式。要进行祭楚臭的法仪。若有失物则该到西方去找寻。要进行压祸灾仪式。会听到吵架殴斗的消息。东方的兵会来牵牛。第六十天鬼会来与家人说话。该进行驱死鬼的法仪。第六十天，一只黄鼠狼会来家里。鬼会来与东方上方隔着三家的一个女人说话。家人要在三个属狗日里守夜。第二十八天死者会来收拢生前留下的脚印。

属猴日

455-L-15-14

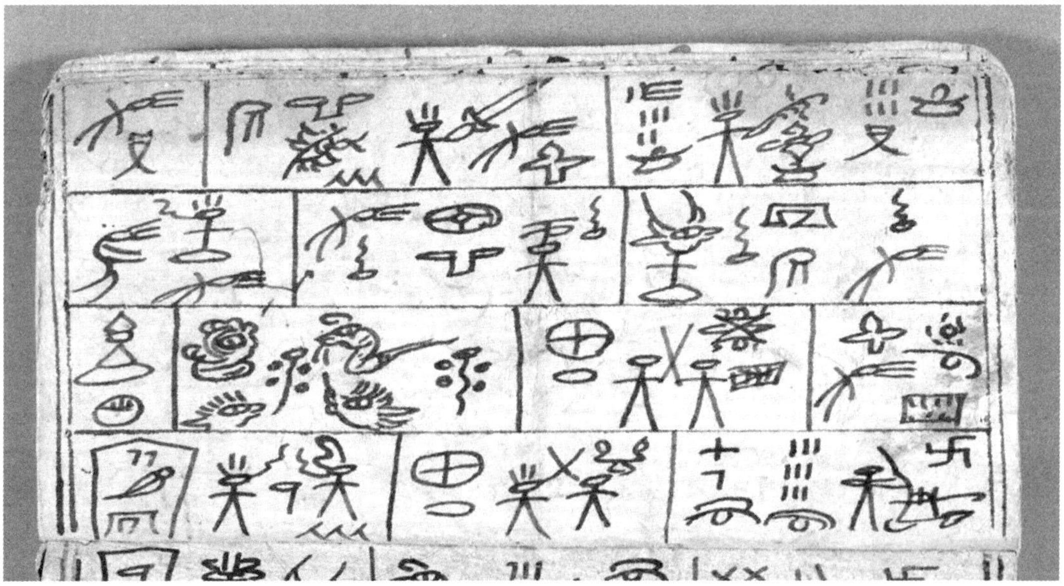

ʂʅ33 me33, | ho33 gv̩33 lo21 gə33 thv̩33 tshɿ21、phe33 le21 ɕy21 nɯ33 sy55. | sɑ55 uɑ33 he33 lo21 tshɿ21 nɯ33
死 者 北方 的 土鬼 蝴蝶 红 以 杀 三月 里 鬼 以

o^{21} he^{33} khv̩^{33} hɯ^{33} se^{21}. tʂhuɑ^{55} me^{33} he^{33} | ʂʅ^{33} sʅ^{33} phe^{33} kæ^{33} ʂʅ^{33} dze^{21} hɯ^{33} se^{21}. | ʂʅ^{33} kɯ^{21}
灵魂 偷 去 了 六月 死 首领 前 死 报到 去 了 死 星

dɯ^{33} ly^{33}, n̩i^{33} me^{33} thv̩^{33} gə^{33} zo^{33} kv̩^{33} phər^{21} dɯ^{33} kv̩^{55} to^{55} dʐu̩^{21}; dɯ^{33} ly^{33} ɯ^{33} dzʅ^{21} tɯ^{33} dʐu̩^{21};
一 颗 东方 的 男 头 白 一 个 上 落 一 颗 牛 居 地 落

dɯ^{33} ly^{33} gə^{21} tɕy^{21} ho^{33} gv̩^{33} lo^{21} dʐu̩^{21}. he^{21} piə^{55}. | lɑ^{33} khv̩^{55} ə^{55} y^{21} khv̩^{55} me^{33} to^{55} tshʅ^{21}; ʐʅ^{21}
一 颗 上方 北方 落 神 变 虎 岁 猴 岁 者 上 作祟 蛇

khv̩^{55}、bu^{21} khv̩^{55} me^{33} to^{55} tshʅ^{21}. | n̩i^{33} me^{33} gv̩^{21} tɕy^{21} i^{33} po^{33} ʂʅ^{21} dʐu̩^{21} æ^{33} æ^{21} thv̩^{33} kv̩^{55}. | sy^{55}
岁 猪 岁 者 上 作祟 西方 方向 绸 黄 争 殴斗 产生 会 杀

tshʅ^{21} by^{21} mə^{33} hɯ^{33}. | n̩i^{33} dʑi^{21} tʂuɑ^{55} ko^{21} tshʅ^{21} nɯ^{33} mi^{55} ko^{55} kɯ^{33} tʂʅ^{21} lɯ^{33} kv̩^{55}. | n̩i^{33} me^{33}
鬼 外 未 去 两 家 隔 鬼 以 女 上 说话 来 会 西方

gv̩^{21} tɕy^{21} tshʅ^{21} nɯ^{33} zo^{33} tɕər^{21} æ^{21} lɯ^{33} kv̩^{55}. | tshe^{21} dɯ^{33} hɑ^{55}, gv̩^{33} hɑ^{55} lo^{21}, tshʅ^{21} nɯ^{33} ɯ^{33} lɯ^{21}
方向 鬼 以 男 上 斗 来 会 十 一 天 九 天 里 鬼 来 牛 犁

be^{33} me^{33}
做 的

死的人：是被北方的土鬼和红蝴蝶杀死的。三月里死者的灵魂就被鬼偷走。六月里死者就到死鬼首领跟前报到去了。一颗丧星落在东方的一个白头男人身上；一颗丧星落在牛居地方向；一颗丧星落在北方的上方处。死后会变成神。会作祟于属虎和属猴的人；会作祟于属蛇和属猪的人。西方会发生为争黄绸而斗殴的事。杀手鬼未到外面去。鬼会来与隔两家的女子谈话。鬼会与西边的男子争斗。死后九至十一天里鬼会到家里犁地。

455-L-15-15

iə^{33} ko^{21} nɯ^{33} be^{33} lɯ^{33} kv̩^{55}. nv̩^{55}me^{33} ɯ^{33} dɯ^{33} phu^{55} to^{55} æ^{21}. | ʐʅ^{21} khv̩^{55} sʅ^{55} ʐʅ^{21} khv̩^{55} hɑ^{55} dzʅ^{21}
家里 以 做 来 会 心 牛 一 头 上 挂念 蛇 岁 三 蛇 岁 夜 坐

dər^{33}. | ȵi^{33} tsər^{21} lu^{55} hɑ^{33} se^{55} bə^{33} thy̩^{55} bə^{33} le^{33} ɯ^{21}. | æ^{21} khy̩^{55} dɯ^{33} ȵi^{33} ʂʅ^{33} me^{33}: tso^{33} khɯ^{33}
该 二 十 四 天 则 脚 步 脚 又 收拢 鸡 岁 一 天 死 者 灶 旁

nɯ^{33} sy^{55} tshʅ^{21} nɯ^{33} sy^{55}. | iə^{21} pe^{21} he^{33} lo^{21} tshʅ^{21} nɯ^{33} o^{21} he^{33} khy̩^{33}. | sɑ^{55} uɑ^{33} he^{33} | lo^{21}
以 杀 鬼 以 杀 正月 里 鬼 以 灵魂 偷 三月 里

nɯ^{33} ʂʅ^{33} sʅ^{33} phe^{33} kæ^{33} ʂʅ^{33} dze^{21} hɯ^{33} se^{21}. | ʂʅ^{33} me^{33} ʐʅ^{21} dɯ^{33} me^{33} piə^{55}, tshe^{21} ʂər^{33} hɑ^{55} gy̩^{33},
以 死 首领 前 死 报到 去 了 死 者 蛇 一 条 变 十 七 天 到

zo^{33} tɕi^{55} gy̩^{33} mu^{33} dɯ^{33}. | ʐuɑ^{33} dɯ^{33} me^{33} | iə^{33} ko^{21} lɯ^{33} ky̩^{55}. | ʂʅ^{33} kɯ^{21} dɯ^{33} ly^{33} ȵi^{33} me^{33}
儿 小 身体 得 马 一 匹 家里 来 会 死 星 一 颗 西方

gy̩^{21} tshe^{21} sʅ^{55} thy̩^{33} khɯ^{33} dʐu^{21}; | dɯ^{33} ly^{33} zo^{33} tɕi^{55} mi^{55} tɕi^{55} to^{55} dʐu^{21}; dɯ^{33} ly^{33} khu^{33} thy̩^{55}
十 三 步 处 落 一 颗 儿 小 女 小 上 落 一 颗 门 处

dʐu^{21}. | fy̩^{55} khy̩^{33}、ʐuɑ^{33} khy̩^{55} me^{33} to^{55} tshʅ^{21};
落 鼠 岁 马 岁 者 上 作祟

死者心里挂念着一头牛。家人在三个属蛇日要守夜。第二十四天，死者会来收拢生前留下的脚印。

属鸡日死的人：是被杀手鬼杀死在灶旁。正月里死者的灵魂就被鬼偷走。三月里死者就到死鬼首领跟前报到去了。死者先变成一条蛇，十七天后又降生为一个小男孩。一匹马会来到家里。一颗丧星落在离死者十三步的西边；一颗落在幼儿幼女身上；一颗落在门前。会作祟于属鼠和属马的人，

455-L-15-16

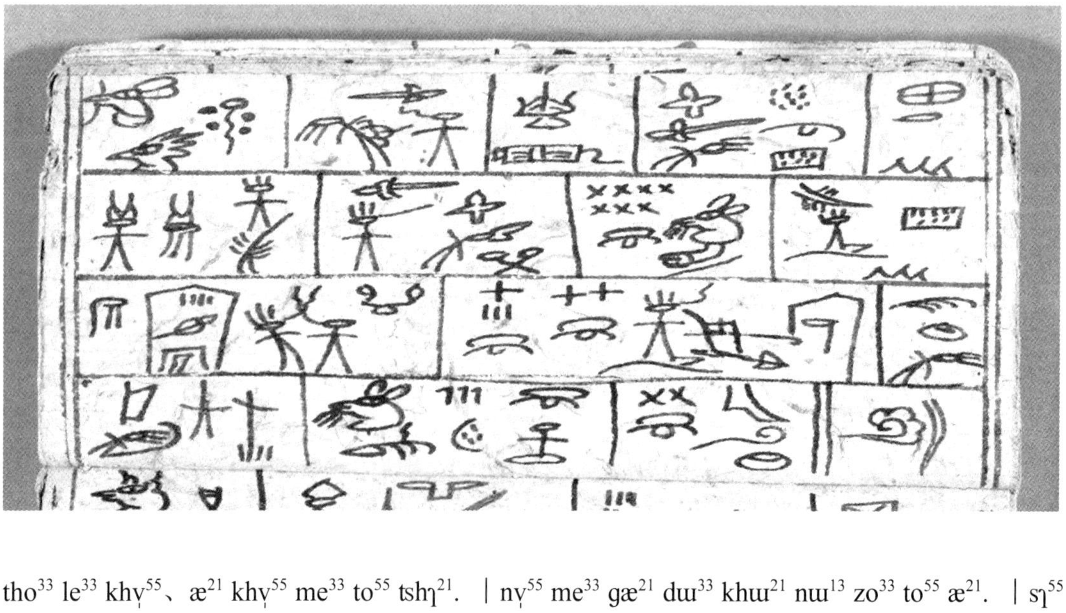

tho^{33} le^{33} khy̩^{55}、æ^{21} khy̩^{55} me^{33} to^{55} tshʅ^{21}. | ny̩^{55} me^{33} gæ^{21} dɯ^{33} khɯ^{21} nɯ^{13} zo^{33} to^{55} æ^{21}. | sʅ^{55}
兔 岁 鸡 岁 者 上 作祟 心 刀 一 把 和 儿 上 挂念 素神

khv̩^{21} dər^{33}. | sy^{55} tshɿ^{21} by^{21} mə^{33} hɯ^{33}. | n̥i^{33} me^{33} gv̩^{21} mi^{21} | tse^{55} kv̩^{33} dzər^{21} kv̩^{33} dʑy^{21}. |
请 该 杀 鬼 外 未 去 西方 下方 处 树 上 有

mi^{55} tɕi^{55} tshɿ^{21} nɯ^{33} sy^{55} kv̩^{55}. | ʂər^{33} tshɿ^{21} hɑ^{55} gv̩^{33}, fv̩^{55} lɑ^{33} dɯ^{33} me^{33} lɯ^{33} kv̩^{55}, | mæ^{55} se^{13}
女 小 鬼 以 杀 会 七 十 天 到 黄鼠狼 一 只 来 会 后 则

mi^{21} tɕy^{21} hɯ^{33}. | ho^{33} gv̩^{33} lo^{21} tɕy^{21} sɿ^{33} dʑi^{21} tʂuɑ^{55} ko^{55} zo^{33} tɕər^{21} tshɿ^{21} nɯ^{33} kɯ^{33} tʂɿ^{21} lɯ^{33}
下方 方向 去 北方 方向 三 家 隔 男 上 鬼 以 说话 来

kv̩^{55}. | tshe^{21} sɿ^{55} hɑ^{33} nɯ^{33} n̥i^{33} tsər^{21} hɑ^{55} ko^{55} tshɿ^{21} nɯ^{33} iə^{33} ko^{21} nɯ^{33} ɯ^{33} lɯ^{21} lɯ^{33} kv̩^{55}. | ʂɿ^{33}
会 十 三 天 和 二 十 天 之间 鬼 以 家里 以 牛 犁 来 会 死

tshɿ^{21} thv̩^{55} dər^{33}. | ʂɿ^{33} khu^{33} tər^{55} py^{21} dər^{33}. | fv̩^{55} khv̩^{33} sɿ^{55} fv̩^{55} khv̩^{33} hɑ^{55} dzɿ^{21} dər^{33}. | n̥i^{33}
鬼 驱 该 死 门 关 祭 该 鼠 岁 三 鼠 岁 夜 坐 该 二

tsər^{21} hɑ^{55} se^{13} bə^{33} thv̩^{55} bə^{33} le^{33} ɯ^{21}.
十 天 则 脚 步 脚 又 收拢

会作祟于属兔者和属鸡者，死者的心挂念着一把刀和儿子。该进行请素神仪式。杀手鬼未曾到外面去，在西面下方的树上，会杀死幼女。死后七十天会有一只黄鼠狼来到家里。之后杀手鬼到下方去了。鬼会来与北方隔三家之男子说话。十三天至二十天之间，鬼会到家里犁地。该驱赶死鬼。要进行关死亡之门的法仪。死者家人要在三个属鼠日里守夜。死后二十天，死者会来收拢生前留下的脚印。

455-L-15-17

khɯ^{33} khv̩^{55} dɯ^{33} n̥i^{33} ʂɿ^{33} me^{33}: | he^{21} gə^{33} dv̩^{21} tshɿ^{21}、thv̩^{33} tshɿ^{21} nɯ^{33} sy^{55}. | uɑ^{55} me^{33}
狗 岁 一 日 死 者 神 的 毒鬼 土鬼 以 杀 五 月

he^{33} lo^{21} tshɿ^{21} nɯ^{33} o^{21} he^{33} khv̩^{33} bə^{55} hɯ^{33} se^{21}. | tshe^{21} də^{33} he^{33} | lo^{21} nɯ^{33} ʂʅ^{33} sɿ^{33} phe^{33} kæ^{33}

里 鬼 以 灵魂 偷 了 去 了 十一月 里 以 死 首领 前

ʂʅ^{33} dze^{21} hɯ^{33} se^{21}. | le^{21} tʂhə^{55} gv̩^{33} mu^{33} sɿ^{33} dɯ^{33}; | ʂər^{33} tshər^{21} hɑ^{55} se^{13} bi^{33} di^{21} tshɿ^{21} dɯ^{33}

死 报到 去 了 冷凑鬼 身体 先 得 七 十 天 则 虫 细 一

me^{33} piə^{55}, ɯ^{33} dɯ^{33} phu^{55} piə^{55}, mæ^{55} se^{13} tsho^{21} | gv̩^{33} mu^{33} dɯ^{33}. | ʂʅ^{33} kɯ^{21} dɯ^{33} ly^{33} ȵi^{33} me^{33}

条 变 牛 一 头 变 后 则 人 身体 得 死 星 一 颗 东方

thv̩^{33} uɑ^{33} ʥi^{21} tʂu^{55} tʂu^{33} khɯ^{33} dʐu^{21}; | dɯ^{33} ly^{33} ɯ^{33} dzɿ^{21} tɯ^{33} tshe^{21} dɯ^{33} thv̩^{55} khɯ^{33} dʐu^{21};

五 家 相连 处 落 一 颗 牛 居 地 十 一 步 处 落

dɯ^{33} ly^{33} ȵi^{33} me^{33} gv̩^{21} tɕy^{21} dʐu^{21}. | khɯ^{33} khv̩^{55}、lv̩^{21} khv̩^{55} me^{33} to^{55} tshɿ^{21}; y^{21} khv̩^{55}、ɯ^{33} khv̩^{55}

一 颗 西方 方向 落 狗 岁 龙 岁 者 上 作祟 羊 岁 牛 岁

me^{33} to^{55} tshɿ^{21}. | dv̩^{21} tshɿ^{21} nɯ^{33} iə^{33} ko^{21} dzɿ^{21}. mə^{33} gv̩^{21}[①]、nv̩^{55} me^{33} o^{33} dze^{33} nɯ^{13} ʥi^{21} phər^{21}

者 上 作祟 毒鬼 以 家里 坐 心 财物 和 衣 白

dɯ^{33} lv̩^{55} to^{55} æ^{21}.

一 件 上 挂念

在属狗日死的人：是被神的毒鬼和土鬼杀死[②]。五月里死者的灵魂就被鬼偷走了。十一月里死者就到死鬼首领那里报到去了。死者死后获得冷凑鬼之身，七十天后变成一条细虫，之后变成牛，最后获得人身。一颗丧星落在五家相连的地方；一颗丧星落在牛居地十一步处；一颗丧星落在西方。会作祟于属狗和属龙的人，会作祟于属羊和属牛的人。毒鬼会坐在家里。死者的心挂念着财物和一件白衣。

455-L-15-18

ʂʅ^{33} sɑ^{21} khuɑ^{21}, ʂʅ^{33} khu^{33} tər^{55} py^{21} dər^{33}. | tshɿ^{21} nɯ^{33} pɑ^{33} sɑ^{21} be^{33} kv̩^{55}. nv̩^{55} me^{33} ʥi^{33} ʂʅ^{21} to^{55}

死 卦 凶 死 门 关 祭 该 除鬼 以 作祟 做 会 心 衣 黄 上

[①] 这两个字符无法与其他字连读成句，存疑。

[②] 此句不通，“鬼”怎么会成为“神”的？原文如此，存疑。

æ^{21}. | sɿ^{55} khv̩^{21} dər^{33}. | mi^{55} n̥i^{33} kv̩^{55} ho^{33} gv̩^{33} lo^{21} tɕy^{21} nɯ^{33} ʂə^{55} ʂə^{33} kv̩^{55}. | sɿ^{33} tshər^{21} hɑ^{55}
挂念 素神 请 该 女 两 个 北方 方向 以 吵架 会 三 十 天

gv̩^{33}, ʐuɑ^{33} dɯ^{33} me^{33} | n̥i^{33} me^{33} thv̩^{33} mu^{21} tse^{55} kv̩^{21} lɯ^{33} kv̩^{55}. | y^{21} khv̩^{55} sɿ^{55} y^{21} khv̩^{55} hɑ^{55} dzɿ^{21}
到 马 一 匹 东方 下方处 来 会 羊 岁 三 羊 岁 夜 坐

dər^{33}. | sɿ^{33} tshər^{21} hɑ^{55} | se^{13} bə^{33} thv̩^{55} bə^{33} le^{33} ɯ^{21}. ‖ bu^{21} khv̩^{55} dɯ^{33} n̥i^{33} ʂʅ^{33} me^{33}: | thv̩^{33}
该 三 十 天 则 脚 步 脚 又 收拢 猪 岁 一 天 死 者 土鬼

tshɿ^{21} nɯ^{33} sy^{55}. | uɑ^{55} me^{33} he^{33} lo^{21} nɯ^{33} tshɿ^{21} nɯ^{33} o^{21} he^{33} khv̩^{33}. | guə^{33} me^{33} he^{33} lo^{21} ʂʅ^{33} sɿ^{33}
以 杀 五月 里 以 鬼 以 灵魂 偷 九月 里 死

phe^{33} kæ^{33} ʂʅ^{33} dze^{21} hɯ^{33} se^{21}. | ʐʅ^{21} piə^{55}, | mæ^{55} se^{13} ɕi^{33} zo^{33} mi^{55} piə^{55}. | ʂʅ^{33} kɯ^{21} dɯ^{33} ly^{33}
首领 前 死 报到 去 了 蛇 变 后 则 他人 儿 女 变 死 星 一 颗

以死亡作卦是为凶卦。该进行关死亡之门的法仪。除鬼会来作祟。死者心里挂念着一件黄衣。该进行请素神仪式。两个女人会在北方吵架。三十天会有一匹马到东方下面。家人要在三个羊日里守夜。第三十天死者会来收拢生前留下的脚印。

在猪日里死的人：是被土鬼杀死。五月里就被鬼摄去其灵魂。九月里就到死鬼首领那里报到去了。死者先变成一条蛇，之后又投生为他人的儿女。一颗丧星

455-L-15-19

n̥i^{33} me^{33} gv̩^{21} be^{33} y^{21} to^{55} dʐu^{21}; | dɯ^{33} ly^{33} lɑ^{33}、tho^{33} le^{33} dzɿ^{21} tɯ^{33} tshe^{21} sɿ^{55} thv̩^{33} khɯ^{33} dʐu^{21};
西方 本余 上 落 一 颗 虎 兔 坐 处 十 三 步 处 落

dɯ^{33} ly^{33} mɯ^{33} tshɿ^{21} to^{55} dʐu^{21}. | bu^{21} khv̩^{55}、ʐʅ^{21} khv̩^{55} me^{33} to^{55} tshɿ^{55}; | ə^{55} y^{21} khv̩^{55}、lɑ^{33} khv̩^{55}
一 颗 碓 上 落 猪 岁 蛇 岁 者 上 作祟 猴 岁 虎 岁

me33 to55 tshɿ21. | tshɿ21 nɯ33 ʥi21 kʏ33 dzɿ21. | nʏ55 me33 ʐʅ33 nɯ21 hɑ33 to55 æ21. | mu33 ɯ21 py21
者 上 作祟 鬼 以 房 上 坐 心 酒 和 饭 上 挂念 猛鬼 恩鬼祭

dər33. | ȵi33 me33 gʏ21 dɯ33 ʥi13 gə33 ə33 sɿ21 ə33 me33 to55 | khuɑ21, o33 dze33 phi55 kʏ55. | sɿ33 ʥi21
该 西方 一 家 的 父 母 上 凶 财物 丢 会 三 家

tʂuɑ55 ko55 tshɿ21 nɯ33 mi55 ko55 kɯ33 tʂʅ21 lɯ33 kʏ55, ȵi33me33 gʏ21 gə21 tse55 kʏ33 nɯ21 kɯ33 tʂʅ21. |
间隔 鬼 以 女 上 说话 来 会 西方 上方处 说话

lɑ33 khʏ55 sɿ55 lɑ33 khʏ55 hɑ55 dzɿ21 dər33. | ȵi33 tsər21 ho55 hɑ33 se55 bə33 thʏ55 bə33 le33 ɯ21. | tshe33
虎 岁 三 虎 岁 夜 坐 该 二 十 八 天 则 脚 步 脚 又 收拢 月

do21 dɯ33 ȵi33、tshe21 dɯ33 ȵi33、ȵi33 tsər21 dɯ33 ȵi33 ʂʅ33 me33:
见 一 日 十 一 日 二 十 一 天 死 者

落于西方本余上；一颗丧星落于虎和兔居地[1]十三步处；一颗丧星落在碓上。会作祟于属猪和属蛇的人；作祟于属猴和属虎的人。鬼坐在房头上。死者的心挂念着酒和饭。该祭猛鬼和恩鬼。会凶于西边一家的父母。财物会丢失。鬼会来与西方间隔三家的女人在西边上方之处来说话。家人要在三个虎日里守夜。第二十八天，死者会来收拢生前留下之脚印。

在初一、十一日、二十一日里死的人：

455-L-15-20

tshɿ33 tshɿ21 nɯ33 o21 he33 khʏ33. | ȵi33 nɯ33 sy55. | ʂər33 hɑ55gʏ33 se55 ʂʅ33 khu33 tər55py21 dər33. |
楚鬼 以 灵魂 偷 尼 以 杀 七 天 到 了 死 门 关祭 该

tshe33 do21 ȵi33 ȵi33、tshe21 ȵi33 ȵi33、ȵi33 tsər21 ȵi33 ȵi33 ʂʅ33 me33: sɿ13 gə33 khɯ33 nɑ55 nɯ33 o21 he33
月 见 二 日 十 二 日 二 十 二 日 死 者 署 的 狗 黑 以 灵魂

[1] 虎和兔居地，纳西族先民用十二生肖表方位，虎和兔居地属“东方”。

khv̩^{33}. | sɿ^{55} ne^{13} zɑ^{21} tshɿ^{21} nɯ^{33} sy^{55}. | zo^{33} mi^{55} to^{55} khuɑ^{21}. ʂər^{33} hɑ^{55} gv̩^{33} se^{13} to^{55} khɯ^{55}
偷 素神 和 娆鬼 以 杀 儿 女 上 凶 七 天 的 了 消灾仪式

dər^{33}. | tshe^{33} do^{21} sɿ^{21} n̥i^{33}、tshe^{33} sɿ^{21} n̥i^{33}、n̥i^{33} tsər^{21} sɿ^{21} n̥i^{33} ʂɿ^{33} me^{33}: o^{21} he^{33} | sɿ^{13} gə^{33} khɯ^{33}
该 月 见 三 日 十 三 日 二 十 三 日 死 者 灵魂 署 的 狗

nɑ^{55} nɯ^{33} khv̩^{33}. | sɿ^{55} nɯ^{33} sy^{55}. | kho^{21} lɯ^{33} zo^{33} mi^{55} to^{55} khuɑ^{21}. ʂər^{33} hɑ^{55} gv̩^{33} se^{55} to^{55} khɯ^{55}
黑 以 偷 素神 以 杀 亲 戚 儿 女 上 凶 七 天 到 了 消灾仪式

dər^{33}.
该

是被楚①鬼偷走了灵魂。是被尼②所杀。死后第七天，要进行关死亡之门的法仪。

初二、十二日、二十二日死的人：是被署的黑狗偷走了灵魂。是被素神和娆③鬼所杀。凶于儿女。第七天则要进行消灾仪式。

初三、十三日、二十三日死的人：是被署的黑狗偷走了灵魂。是被素神所杀④。凶于亲戚的儿女。第七天则要进行消灾仪式。

455-L-15-21

tshe^{33} do^{21} lu^{33} n̥i^{33}、tshe^{21} lu^{33} n̥i^{33}、n̥i^{33} tsər^{21} lu^{33} n̥i^{33} ʂɿ^{33} me^{33}: | o^{21} he^{33} uɑ^{33} tshɿ^{21} nɯ^{33}
月 见 四日 十 四 日 二 十 四 日 死 者 灵魂 瓦鬼 以

① 楚，音译鬼名，指吊死鬼。

② 尼，音译名词，为掌管野生动植物及山川河流的精灵之一。

③ 娆，音译名词，为一种星象，据传人见到这种星就会中风。多数被视为鬼。

④ 是被素神……所杀：此句无法理解，"素神"本是保佑家人的神，怎么又会被其所杀？原文如是，直译之。

khy̩^{33}. | tshe^{21} uɑ^{33} hɑ^{55} gy̩^{33}, ʂʅ^{33} khu^{33} tər^{55} py^{21} dər^{33}. | khu^{33} khɯ^{33} gæ^{21} thɑ^{55} ly^{33} thɑ^{55} tɕi^{33}

偷 十 五 天 到 死 门 关 祭 该 门 前 刀 利 矛 利 置

dər^{33}. ‖ tshe^{33} do^{21} uɑ^{33} n̡i^{33}、tshe^{21} uɑ^{33} n̡i^{33}、n̡i^{33} tsər^{21} uɑ^{33} n̡i^{33} ʂʅ^{33} me^{33}: | khə^{33} gy̩^{33} tshʅ^{21} nɯ^{33}

该 月 见 五日 十 五 日 二 十 五 日死 者 抠古鬼 以

sy^{55}. | ɕy^{33} mə^{33} be^{33} se^{13}, | tʂhuɑ^{55} hɑ^{33}、tʂhuɑ^{55} he^{33} gy̩^{33}, gu^{21} tshər^{33} thy̩^{33} ky̩^{55}. | tshe^{33} do^{21}

杀 法仪 不 做 则 六 天 六 月 到 病 热 产生 会 月 见

tʂhuɑ^{55} n̡i^{33}、tshe^{21} tʂhuɑ^{55} n̡i^{33}、n̡i^{33} tsər^{21} tʂhuɑ^{55} n̡i^{33} ʂʅ^{33} me^{33}:o^{21} he^{33} | tshʅ^{21} ʐuɑ^{33} nɯ^{33} khy̩^{33}. |

六 日 十 六 日 二 十 六 日 死 者 灵魂 鬼 马 以 偷

zɑ^{21} tshʅ^{21} nɯ^{33} sy^{55}. | tʂhuɑ^{55} he^{33} gy̩^{33}, o^{21} he^{33} bi^{33} di^{21} dɯ^{33} me^{33} piə^{55}. ‖ tshe^{33} do^{21} ʂər^{33} n̡i^{33}、

娆鬼 以 杀 六 月 到 灵魂 虫 一 条 变 月 见 七 日

初四、十四日、二十四日死的人：是被瓦鬼①偷走了灵魂。第十五天则要进行关死亡之门的法仪。大门前要放置一把利刀和一杆利矛。

初五、十五日、二十五日死的人：是被抠古鬼②所杀。若不作法事仪式，六天至第六个月则会生病发烧。

初六、十六日、二十六日死的人：鬼的马偷走了其灵魂。是被娆鬼所杀。死后第六个月死者灵魂变成一条虫。

初七、

455-L-15-22

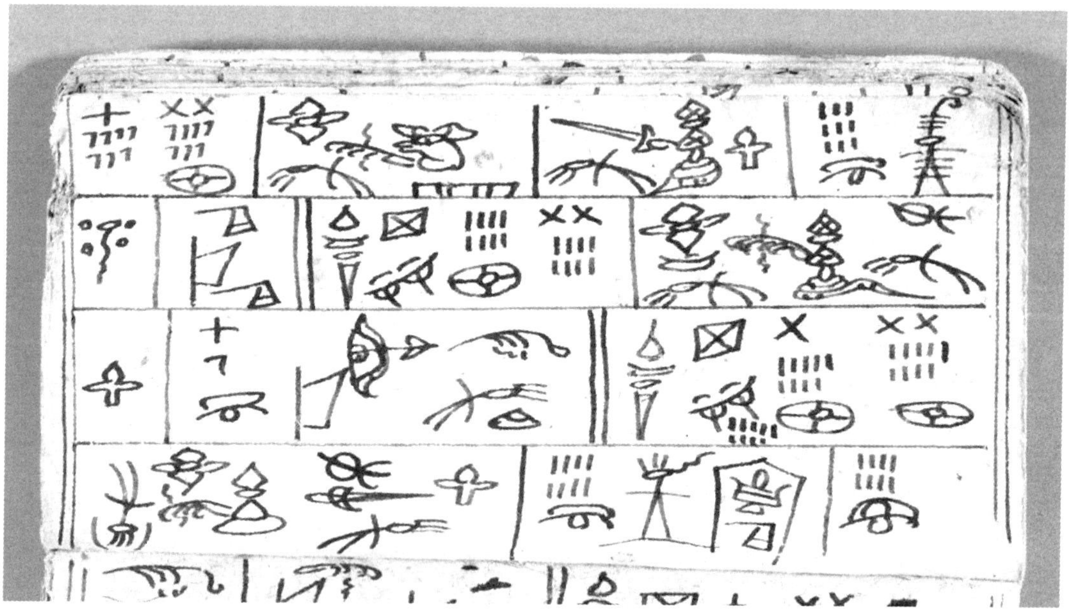

tshe^{21} ʂər^{33} n̡i^{33}、n̡i^{33} tshər^{21} ʂər^{33} n̡i^{33} ʂʅ^{33} me^{33}: | o^{21} he^{21} dy^{21} lo^{21} gə^{33} tshʅ^{21} khɯ^{33} nɯ^{33} khy̩^{33}. |

十 七 日 二 十 七 日 死 者 灵魂 地 里 的 鬼 狗 以 偷

① 瓦，音译鬼名，为制造并传播人与人之间口舌是非的一种鬼。

② 抠古，音译鬼名，为传播是非的一种鬼。

sɿ^{21} nɯ^{33} sy^{55}. | gv̩^{33} hɑ^{55} gv̩^{33}, kho^{21} lɯ^{33} to^{55} | tshɿ^{21} kv̩^{55}. | khu^{33} khɯ^{33} be^{33} thɑ^{55} ȵi^{33} tʂu^{21} tɕi^{33}
署 以 杀 九 天 到 亲 戚 上 作祟 会 门 前 斧 利 两 把 置

dər^{33}. | tshe^{33} do^{21} ho^{55} ȵi^{33}、tshe^{21} ho^{55} ȵi^{33}①、ȵi^{33} tsər^{21} ho^{55} ȵi^{33} ʂʅ^{33} me^{33}: | o^{21} he^{33} sɿ^{21} nɯ^{33}
该 月 见 八 日 十 八 日 二 十 八 日 死 者 灵魂 署 以

khv̩^{33}. | zɑ^{21} tshɿ^{21} nɯ^{33} | sy^{55}. | tshe^{21} dɯ^{33} hɑ^{55} se^{13} khu^{33} khɯ^{33} khæ^{55} lɯ^{33} khæ^{55} tso^{33} tɕi^{33}
偷 娆鬼 以 杀 十 一 天 则 门 前 射 箭 射 具 置

dər^{33}. ʂʅ^{33} tshɿ^{21} thv̩^{55} dər^{33}. | tshe^{33} do^{21} gv̩^{33} ȵi^{33}、tshe^{21} gv̩^{33} ȵi^{33}、ȵi^{33} tsər^{21} gv̩^{33} ȵi^{33} ʂʅ^{33} me^{33}: |
该 死 鬼 驱 该 月 见 九 日 十 九 日 二 十 九 日 死 者

o^{21} he^{33} he^{21} nɯ^{33} khv̩^{33} le^{33} tʂʅ^{33} kho^{33} lo^{21} nər^{55}. zɑ^{21} tshɿ^{21} nɯ^{33} sy^{55}. | ho^{55} hɑ^{33} gv̩^{33}, tshɿ^{21} nɯ^{33}
灵魂 神 以 偷 而 土 洞 里 压 娆鬼 以 杀 八 天 到 鬼 以

iə^{33} ko^{21} hɑ^{33} ʂu^{21} lɯ^{33} kv̩^{55}. | ho^{55} hɑ^{33} gv̩^{33}
家里 饭 寻 来 会 八 天 到

十七日、二十七日死的人：是被地上的鬼的狗偷走了灵魂。是被署所杀。死后第九天，会作祟于亲戚。大门前要放置两把利斧。

初八、十八日、二十八日死的人：是被署偷走了灵魂。是被娆鬼所杀。死后第十一天，要在大门前放置弓箭，要进行驱赶死鬼之仪式。

初九、十九日、二十九日死的人：是被神摄去其灵魂并被压在土洞里。是被娆鬼所杀。死后第八天，鬼会到家里来寻饭。死后第八天，

455-L-15-23

ʂʅ^{33} tshɿ^{21} thv̩^{55} dər^{33}. | khu^{33} khɯ^{33} dɑ^{21} ȵi^{33} khɯ^{21} tɕi^{33} dər^{33}. khu^{33} tɕər^{21} khɯ^{33} phæ^{33} dər^{33}.
死 鬼 驱 该 门 前 刀 两 把 置 该 门 上 狗 拴 该

① 原文脱，校补之。

khuɑ^{21}. | tshe^{33} do^{21} tshe^{21} ȵi^{33}、ȵi^{33} tsər^{21} ȵi^{33}、nɑ^{33} ty̩^{21} ȵi^{33} ʂɿ^{33} me^{33}: | bɯ^{21} tshɿ^{21} nɯ^{33} o^{21} he^{33}
凶 月 见 十 日 二 十 日 三 十 日 死 者 苯鬼 以 灵魂

khy̩^{33}. | bə^{33} lɯ^{21} nɯ^{33} khuɑ^{21} be^{33} sy^{55}. | mɯ^{33} phi^{55} dy^{21} phi^{55} me^{33} thy̩^{33} ky̩^{55}. | py^{33} by̩^{21}
偷 巫师 以 坏 做 杀 天 失 地 失 的 产生 会 祭司

nɯ^{33} uɑ^{33} phər^{21} uɑ^{33} nɑ^{21} | py^{21} dər^{33}. | iə^{21} pe^{21} he^{33} ʂɿ^{33} me^{33}: | sy^{55} tshɿ^{21} ȵi^{33} ky̩^{55} uɑ^{21}. |
以 瓦鬼 白 瓦鬼 黑 祭 该 正月 死 者 杀 鬼 两 个 是

ho^{33} gy̩^{33} lo^{21} tɕy^{21} ɯ^{33} hər^{21} khɯ^{33} hər^{21} ɕi^{21}. | sɿ^{33} dʑi^{21} tʂu^{55} tʂu^{33} tshɿ^{55} me^{33} ko^{21} hɯ^{33}. ʐuɑ^{33}
北方 方向 牛 青 狗 青 养 三 家 连接 建 的 家里 去 马

khy̩^{55} ɕi^{33} to^{55} khuɑ^{21} me^{55}. | he^{21} dʑiə^{33} he^{33} ʂɿ^{33} me^{33}: sy^{55} tshɿ^{21} sɿ^{55} ky̩^{33} uɑ^{21}.
岁 人 上 凶 的 二月 死 者 杀 鬼 三 个 是

该进行驱死鬼的法仪。要在大门前放置两把带齿的利刀。门前要拴狗。会凶。

初十、二十日、三十日死的人：是被苯鬼[1]偷走了灵魂。是被巫师使坏作法杀死的。会发生失去天地的事。该由东巴祭司进行祭黑瓦鬼和白瓦鬼的法仪。

正月里死的人：杀手鬼为两个。到北边三家相连的养青牛和青狗的家里去了。凶于属马的人。

二月里死的人：杀手鬼为三个。

455-L-15-24

sy^{55} tshɿ^{21} dɯ^{33} gy̩^{33} ʐuɑ^{33} ɕy^{21}、khɯ^{33} hər^{21} ɕi^{21} me^{33} ko^{21} hɯ^{33}. | dɯ^{33} gy̩^{33} ȵi^{33} me^{33} gy̩^{21} tɕy^{21} ɯ^{33}
杀 鬼 一 个 马 红 狗 青 养 的 家里 去 一 个 西方 方向 牛

dzæ^{21}、æ^{21} dzæ^{21} ɕi^{21} me^{33} ko^{21} hɯ^{33}. | dɯ^{33} gy̩^{33} dʑi^{21} ky̩^{33} ɯ^{33} hɑ^{55}, dʑi^{21} lo^{21} ʐuɑ^{33} ɕi^{21} me^{33} ko^{21}
花 鸡 花 养 的 家里 去 一 个 房 上 鸟 栖 房 里 马 养 的 家里

[1] 苯，音译鬼名，为使人绝后的一种鬼。

hɯ^{33}. | to^{55} phər^{21} khɯ^{55} dər^{33}. | sɑ^{55} uɑ^{33} he^{33} ʂʅ^{33} me^{33}: | sy^{55} tshʅ^{21} ȵi^{33} kv̩^{55} uɑ^{21}. | sy^{55}
去 消灾小仪式 该 三月 死 者 杀 鬼 两 个 是 杀

tshʅ^{21} ȵi^{33} me^{33} gv̩^{21} tɕy^{21} | æ^{21} dzæ^{21}、ɯ^{33} dzæ^{21} ɕi^{21}、khɯ^{33} phər^{21} khɯ^{33} dzæ^{21} ɕi^{21} me^{33} ko^{21}
鬼 西方 方向 鸡 花 牛 花 养 狗 白 狗 花 养 的 家里

hɯ^{33}. | uɑ^{33} nɑ^{21} py^{21} dər^{33}. y^{21} hɑ^{33} ʂu^{55} dər^{33}. | lu^{55} me^{33} he^{33} ʂʅ^{33} me^{33}: | sy^{55} tshʅ^{21} ȵi^{33} kv̩^{55}
去 瓦鬼 黑 祭 该 祖先 饭 祭 该 四月 死 者 杀 鬼 两 个

uɑ^{21}. ȵi^{33} dʑi^{21} tʂu^{55} tʂu^{33} tshʅ^{55}, ə^{33} me^{33} zy^{55} pu^{55}, ɯ^{33} phər^{21} ɯ^{33} hər^{21} ɕi^{21} me^{33} ko^{21} hɯ^{33}. | zo^{33}
是 两 房 连 建 母亲 婴 怀 牛 白 牛 青 养 的 家里 去 儿

mi^{55} uɑ^{55} kv̩^{33} dʑy^{21} me^{33} to^{55} khuɑ^{21}.
女 五 个 有 的 上 凶

一个杀手鬼到养红马、养青狗的人家家里去了。一个杀手鬼到西边养花牛、花鸡的人家家里去了。一个杀手鬼到房上栖小鸟、家里养马的人家家里去了。该进行消灾小仪式。

三月里死的人：杀手鬼是两个。一个到西边养花鸡、花牛、白狗和花狗的人家家里去了。该进行祭黑瓦鬼仪式。该向祖先献饭。

四月里死的人：杀手鬼是两个。一个到两栋房连建，家里母亲怀孕，养白牛和青牛的一家里去了。凶于有五个儿女之家。

455-L-15-25

uɑ^{55} me^{33} he^{33} ʂʅ^{33} me^{33}: sy^{55} tshʅ^{21} ȵi^{33} kv̩^{55} uɑ^{21}. i^{33} tʂhʅ^{33} mu^{21} nɯ^{13} ho^{33} gv̩^{33} lo^{21} tɕy^{21}
五月 死 者 杀 鬼 两 个 是 南方 和 北方 方向

gə^{33}, | sy^{55} tshʅ^{21} dɯ^{33} kv̩^{55} ʐuɑ^{33} ʂʅ^{21} ɕi^{21} me^{33} ko^{21} hɯ^{33}, dɯ^{33} kv̩^{55} ʐuɑ^{33} hər^{21} ɕi^{21} me^{33} ko^{21} hɯ^{33}.
的 杀 鬼 一 个 马 黄 养 的 家里 去 一 个 马 青 养 的 家里 去

mi^{55} | tɕər^{21} khuɑ^{21}. | ʂʅ^{33} tshʅ^{21} thy̩^{55} dər^{33}. sʅ^{21} tʂhər^{33} khɯ^{55} dər^{33}. | tʂhuɑ^{55} me^{33} he^{33} ʂʅ^{33} me^{33}:
女 上 凶 死 鬼 驱 该 署 药 施 该 六月 死 者

sy^{55} tshʅ^{21} n̩i^{33} ky̩^{55} uɑ^{21}. | by^{21} mə^{33} hɯ^{33}. o^{33} dze^{33} to^{55} khuɑ^{21}. | to^{55} khɯ^{55} dər^{33}. | sæ^{33} me^{33}
杀 鬼 两 个 是 外 未 去 财物 上 凶 消灾仪式 该 七 月

he^{33} ʂʅ^{33} me^{33}: sy^{55} tshʅ^{21} dɯ^{33} ky̩^{55} uɑ^{21}. | n̩i^{33} me^{33} gy̩^{21} ne^{13} i^{33} tʂhʅ^{33} mu^{21} ko^{55} khɯ^{33} ʂʅ^{21} ʐuɑ^{33}
死 者 杀 鬼 一 个 是 西方 和 南方 间 狗 黄 马

phər^{21} ɕi^{21} me^{33} ko^{21} hɯ^{33}. o^{33} dze^{33} to^{55} khuɑ^{21}. | huɑ^{55} me^{33} he^{33} ʂʅ^{33} me^{33}:
白 养 的 家里 去 财物 上 凶 八月 死 者

五月里死的人：杀手鬼是两个。这两个鬼分别到南方和北方养黄马的一家家里和养青马的一家家里去了。凶于女人。该进行驱死鬼法仪。要给署施药。

六月里死的人：杀手鬼是两个。它们没有到外面去。凶于财物。要进行消灾仪式。

七月里死的人：杀手鬼是一个。到西方和南方之间养黄狗、白马的一家家里去了。凶于财物。

八月里死的人：

455-L-15-26

sy^{55} tshʅ^{21} n̩i^{33} ky̩^{55} uɑ^{21}. | sy^{55} tshʅ^{21} dɯ^{33} gy̩^{33} ho^{33} gy̩^{33} lo^{21} tɕy^{21} ə^{33} dzʅ^{33} tɯ^{55} gy̩^{21} mɯ^{55} thy̩^{33}
杀 鬼 两 个 是 杀 鬼 一 个 北方 方向 祖母 腰 驼 杖

ty̩^{55} dʑy^{21} me^{33} ko^{21} hɯ^{33}. | dɯ^{33} gy̩^{33} n̩i^{33} me^{33} thy̩^{33} nɯ^{33} khɯ^{33} dzʅ^{21} tɯ^{33} tɕy^{21}. | khɯ^{33} dzæ^{21}、
杵 有 的 家里 去 一 个 东方 以 狗 居 地 方向 狗 花

ʐuɑ^{33} phər^{21} ʐuɑ^{33} dzæ^{21} ɕi^{21} me^{33} ko^{21} hɯ^{33}. | tshʅ^{55} tse^{21} to^{55} khɯ^{55} dər^{33}. ‖ guə^{33} me^{33} he^{33} ʂʅ^{33}
马 白 马 花 养 的 家里 去 山羊 用 消灾仪式 该 九月 死

me^{33}: | sy^{55} tshɿ^{21} sɿ^{55} ky̩^{33} uɑ^{21}. | ʥi^{33} hər^{21} ʥy^{33} me^{33} | ly̩^{21} dzɿ^{21} tɯ^{33} dzɿ^{21} me^{33} ko^{21} hɯ^{33}.
者 杀 鬼 三 个 是 衣 绿 有 的 龙 居 地 住 的 家里 去

kho^{21} lɯ^{33} to^{55} khuɑ^{21}. | ʨi^{55} ne^{21} ʨhi^{21} py^{21} dər^{33}. sɿ^{21} tʂhər^{33} khɯ^{55} dər^{33}. | to^{55} khɯ^{55} dər^{33}. |
亲 戚 上 凶 季鬼 和 奇鬼 祭 该 署 药 施 该 消灾仪式 该

tshe^{21} me^{33} he^{33} ʂʅ^{33} me^{33}: sy^{55} tshɿ^{21} dɯ^{33} gy̩^{33} uɑ^{21}. i^{33} tʂhʅ^{33} mu^{21} ʨy^{21} khɯ^{33} phər^{21} ʐuɑ^{33} phər^{21}
十月 死 者 杀 鬼 一 个 是 南方 方向 狗 白 马 白

ɕi^{21} me^{33} ko^{21} hɯ^{33}.
养 的 家里 去

杀手鬼是两个。一个到手杵拐杖驼背老媪的一家家里去了。一个从东方到狗居地（西北方）养花狗、白马、花马的人家家里去了。要用山羊作牺牲进行消灾仪式。

九月里死的人：杀手鬼是三个。它们都到龙居地（东南方）有绿衣的一家家里去了。凶于亲戚。该进行祭季鬼和奇鬼[①]的法仪。该给署施药。该进行消灾仪式。

十月里死的人：杀手鬼是一个。杀手鬼到南方养白狗、白马的一家家里去了。

455-L-15-27

zo^{33} nɯ^{21} mi^{55} khɑ^{33} khɑ^{33} i^{33} æ^{21} thy̩^{33} ky̩^{55}. dzɿ^{33} zər^{21} py^{21} dər^{33}. ‖ tshe^{21} dɚ^{33} he^{33} ʂʅ^{33} me^{33}: sy^{55}
男 和 女 吵架 斗殴 产生 会 祸 压 祭 该 十一月 死 者 杀

tshɿ^{21} sɿ^{55} ky̩^{33} uɑ^{21}. ȵi^{33} me^{33} thy̩^{33} ʨy^{21} khɯ^{33} hər^{21} ɕi^{21} me^{33} | ko^{21} hɯ^{33}. ʂʅ^{33} khu^{33} tər^{55} py^{21}
鬼 三 个 是 东方 方向 狗 青 养 的 家里 去 死 门 关 祭

dər^{33}. | ʨi^{55} khu^{33} py^{21} dər^{33}. ‖ dɑ^{33} uɑ^{33} he^{33} ʂʅ^{33} me^{33}: sy^{55} tshɿ^{21} dɯ^{33} gy̩^{33} uɑ^{21}. | dzɿ^{21} khuɑ^{21}
该 季鬼 孔鬼 祭 该 十二月 死 者 杀 鬼 一 个 是 村 烂

① 季、奇，音译鬼名，为在人背后吐口水使人有灾祸的鬼。

uə^{33} khuɑ^{21} me^{33} gə^{33} khɯ^{33} dzʅ^{21} tɯ^{33} tɕy^{21} hɯ^{33}. ｜ʐʅ^{21} khy̩^{55} zo^{33} to^{55} khuɑ^{21}. ｜ʂʅ^{33} khu^{33} tər^{55}
寨 烂 者 的 狗 居地方向 去 蛇 岁 男 上 凶 死 门 关

py^{21} dər^{33}. ‖ lɑ^{33} dʐʅ^{21} ʂʅ^{33} me^{33}: sy^{55} tshʅ^{21} sʅ^{55} ky̩^{33} uɑ^{21}. ｜y^{21} dzʅ^{21} tɯ^{33} dɯ^{33} ky̩^{55} hɯ^{33}; ho^{33} gy̩^{33}
祭 该 虎 时 死 者 杀 鬼 三 个 是 羊 居 地 一 个 去 北方

lo^{21} khɯ^{33} nɑ^{21} ʐuɑ^{33} nɑ^{21} ɕi^{21}, o^{33} dze^{33} ʥy^{33} me^{33} ko^{21} dɯ^{33} ky̩^{55} hɯ^{33};
狗 黑 马 黑 养 财物 有 的 家里 一 个 去

会发生男女吵架斗殴的事。要进行压祸灾的法仪。

十一月里死的人：杀手鬼是三个。杀手鬼都到东方养青狗的人家家里去了。要进行关死亡之门的法仪。要祭季鬼和孔鬼。

十二月里死的人：杀手鬼是一个。它到烂村寨的狗居地（西北方）去了。会凶于属蛇的男人。要进行关死亡之门的法仪。

虎时死的人：杀手鬼是三个。一个到羊居地（西南方）去了。一个到北方养黑狗、黑马而有财物的一家家里去了。

455-L-15-28

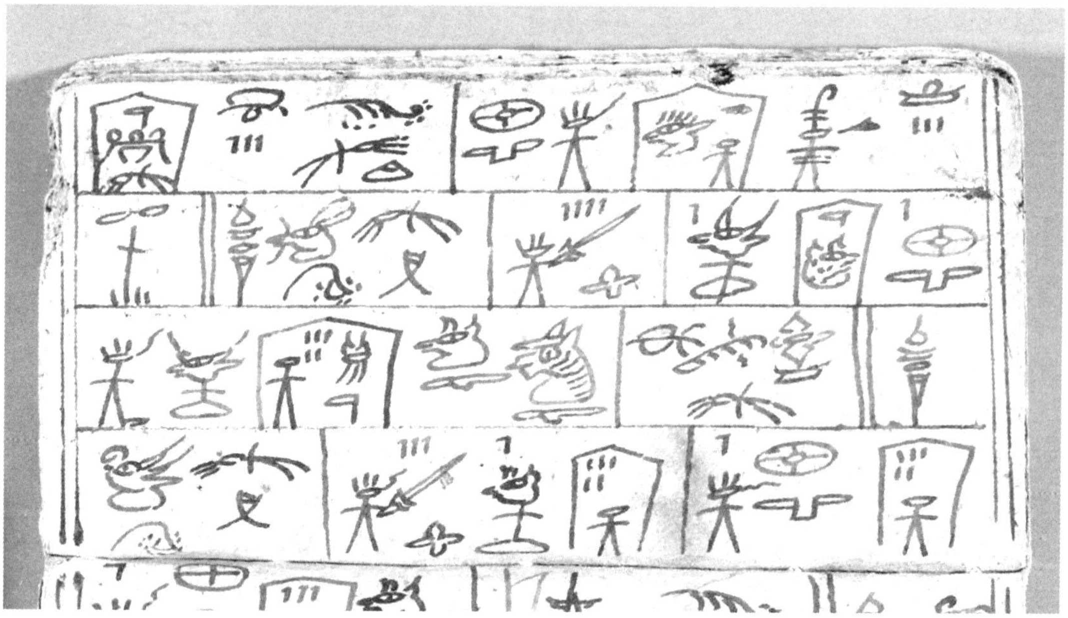

dɯ^{33} ky̩^{55} tso^{33} ko^{55} hɯ^{33}. sʅ^{55} hɑ^{33} gy̩^{33} se^{55} ʂʅ^{33} tshʅ^{21} thy̩^{55} dər^{33}. ｜ȵi^{33} me^{33} thy̩^{33} tɕy^{21} nɯ^{33}, tshʅ^{21}
一 个 灶 上 去 三 天 到 则 死 鬼 驱 该 西方 方向 以 鬼

nɯ^{33} lər^{21} lɯ^{33} ky̩^{55}, ə^{55} y^{21} khy̩^{55} zo^{33} to^{55} khuɑ^{21}, kho^{21} lɯ^{33} to^{55} khuɑ^{21}. sʅ^{55} he^{33} gy̩^{33} se^{55} ｜uɑ^{33}
以 喊 来 会 猴 岁 男 上 凶 亲 戚 上 凶 三 月 到 则 瓦鬼

tshʅ^{21} py^{21} dər^{33}. ‖ tho^{33} le^{33} dʐʅ^{21} ʂʅ^{33} me^{33}: ｜sy^{55} tshʅ^{21} lu^{55} ky̩^{33} uɑ^{21}. ｜dɯ^{33} ky̩^{55} ɯ^{33} dzʅ^{21} tɯ^{33}
祭 该 兔 时 死 者 杀 鬼 四 个 是 一 个 牛 居 地

tɕy^{21} khɯ^{33} dzæ^{21} ɕi^{21} me^{33} ko^{21} hɯ^{33}; dɯ^{33} ky̩^{55} ȵi^{33} me^{33} thy̩^{33} tɕy^{21} hɯ^{33}; ｜ȵi^{33} ky̩^{55} y^{21} dzʅ^{21}
方向 狗 花 养 的 家里 去 一 个 东方 方向 去 二 个 羊 居

tɯ^{33} ʨy^{21} zo^{33} uɑ^{55} kv̩^{33} ʥy^{21}, khɯ^{33} ʂʅ^{21} ʐuɑ^{33} ʂʅ^{21} ɕi^{21} me^{33} ko^{21} hɯ^{33}. | zɑ^{21} tshɿ^{21} nɯ^{33} ʂʅ^{33} me^{33}

地 方向 男 五 个 有 狗 黄 马 黄 养 的 家里 去 娆鬼 以 死 者

o^{21} he^{33} khv̩^{33}. ‖ lv̩^{21} dʐʅ^{21} ʂʅ^{33} me^{33}: | sy^{55} tshɿ^{21} sɿ^{55} kv̩^{33} uɑ^{21}. | dɯ^{33} kv̩^{55} khɯ^{33} dzɿ^{21} tɯ^{33} zo^{33}

灵魂 偷 龙 时 死 者 杀 鬼 三 个 是 一 个 狗 居 地 男

uɑ^{55} kv̩^{33} ʥy^{21} me^{33} ko^{21} hɯ^{33}; | dɯ^{33} kv̩^{55} ȵi^{33} me^{33} thv̩^{33} zo^{33} uɑ^{55} kv̩^{33} ʥy^{21} me^{33} ko^{21} hɯ^{33};

五 个 有 的 家里 去 一 个 东方 男 五 个 有 的 家里 去

一个到灶上去了。到第三天，要进行驱赶死鬼的法仪。西方方向鬼会来喊叫。凶于属猴的人。凶于亲戚。到第三个月，要进行祭瓦鬼法仪。

兔时死的人：杀手鬼是四个。一个到牛居地（东北方）养花狗的一家家里去了。一个到东方去了。两个到羊居地（西南方）有五个男子，养黄狗、黄马的一家家里去了。娆鬼偷走了死者的灵魂。

龙时死的人：杀手鬼是三个。一个到狗居地（西北方）有五个男子的一家家里去了。一个到东方有五个男子的一家家里去了。

455-L-15-29

dɯ^{33} gv̩^{33} ȵi^{33} me^{33} gv̩^{21} zo^{33} sɿ^{55} kv̩^{33} ʥy^{21}, khɯ^{33} ʂʅ^{21} ɕi^{21} me^{33} ko^{21} hɯ^{33}. | ʂʅ^{33} khu^{33} tər^{55} py^{21}

一 个 西方 男 三 个 有 狗 黄 养 的 家里 去 死 门 关 祭

dər^{33}. ʂʅ^{33} tshɿ^{21} thv̩^{55} dər^{33}. ‖ ʐʅ^{21} dʐʅ^{21} | ʂʅ^{33} me^{33}: sy^{55} tshɿ^{21} sɿ^{55} kv̩^{33} uɑ^{21}. | dɯ^{33} gv̩^{33} khɯ^{33}

该 死 鬼 驱 该 蛇 时 死 者 杀 鬼 三 个 是 一 个 狗

dzɿ^{21} tɯ^{33} be^{33} y^{21} ʥi^{33} hər^{21} ʥy^{33}, ɯ^{33} dzæ^{21} ɕi^{21} me^{33} ko^{21} hɯ^{33}; | dɯ^{33} gv̩^{33} | ȵi^{33} me^{33} gv̩^{21} ɯ^{33}

居 地 本余 衣 绿 有 牛 花 养 的 家里 去 一 个 西方 牛

nɑ^{21} ɕi^{21} me^{33} ko^{21} hɯ^{33}; | dɯ^{33} kv̩^{55} y^{21} dzɿ^{21} tɯ^{33} khɯ^{33} nɯ^{21} ʐuɑ^{33} ɕi^{21} me^{33} ko^{21} hɯ^{33}; dɯ^{33} gv̩^{33}

黑 养 的 家里 去 一 个 羊 居 地 狗 和 马 养 的 家里 去 一 个

ɯ^{33} dzʅ^{21} tɯ^{33} zo^{33} lu^{55} kʏ^{33} ʥy^{21} me^{33} ko^{21} hɯ^{33}. ‖ ʐuɑ^{33}dʐʅ^{21} ʂʅ^{33} me^{33}: sy^{55} tshʅ^{21}sʅ^{55} kʏ^{33} uɑ^{21}. |
牛 居 地 男 四 个 有 的 家里 去 马 时 死 者 杀 鬼 三 个 是

dɯ^{33} gʏ^{33} ho^{33} gʏ^{33} lo^{21} ʐuɑ^{33} hər^{21} ɕi^{21}, ʥi^{33} nɑ^{21} ʥy^{33} me^{33} ko^{21} hɯ^{33}; | dɯ^{33} gʏ^{33} i^{33} tʂhʅ^{33} mu^{21}
一 个 北方 马 青 养 衣 黑 有 的 家里 去 一 个 南方

zo^{33} sʅ^{55} kʏ^{33} ʥy^{21},
男 三 个 有

一个到西方家有三男、养黄狗的一家家里去了。该进行关死亡之门的法仪。要驱赶死鬼。

蛇时死的人：杀手鬼是三个。一个到狗居地（西北方）本余的家有绿衣、养花牛的一家家里去了。一个到西方养黑牛的人家家里去了。一个到羊居地（西南方）养狗、养马的一家家里去了。一个到牛居地（东北方）有四个男子的一家家里去了。

马时死的人：杀手鬼是三个。一个到北方养青马、有黑衣的一家家里去了。一个到南方有三个男子、

455-L-15-30

o^{33} dze^{33} ʥy^{33} me^{33} ko^{21} hɯ^{33}; | dɯ^{33} gʏ^{33} lʏ^{21} dzʅ^{21} tɯ^{33} dɯ^{33} zo^{33} dɯ^{33} mi^{55} ʥy^{21}, khɯ^{33} hər^{21}
财物 有 的 家里 去 一 个 龙 居 地 一 男 一 女 有 狗 青

ɕi^{21} me^{33} ko^{21} hɯ^{33}. ‖ y^{21} dʐʅ^{21} ʂʅ^{33} me^{33}: sy^{55} tshʅ^{21} sʅ^{55} kʏ^{33} uɑ^{21}. | i^{33} tʂhʅ^{33} mu^{21} dɯ^{33} zo^{33} dɯ^{33}
养 的 家里 去 羊 时 死 的 杀 鬼 三 个 是 南方 一 男 一

mi^{55} ʥy^{21} me^{33} ko^{21} hɯ^{33}; | dɯ^{33} kʏ^{55} ɯ^{33} dzʅ^{21} tɯ^{33} ʥi^{33} nɑ^{21} ʥy^{33}, khɯ^{33} nɑ^{21} ʐuɑ^{33} nɑ^{21} ɕi^{21}
女 有 的 家里 去 一 个 牛 居 地 衣 黑 有 狗 黑 马 黑 养

me^{33} ko^{21} hɯ^{33}, ə^{33} sʅ^{21} ne^{13} zo^{33} n̩i^{33} kʏ^{55} to^{55} khuɑ^{21}. | dɯ^{33} kʏ^{55} y^{21} dzʅ^{21} tɯ^{33} hɯ^{33}, lɑ^{33} khʏ^{55}、
的 家里 去 父亲 和 儿 两 个 上 凶 一 个 羊 居 地 去 虎 岁

tho³³ le³³ khy̩⁵⁵ me³³ to⁵⁵ khuɑ²¹; dɯ³³ gy̩³³ ly̩²¹ dzɿ²¹ tɯ³³ zo³³ mi⁵⁵ tɕi⁵⁵ me³³ ko²¹ hɯ³³. ｜dzɿ³³
兔　岁　者　上　凶　一　个　龙　居　地　儿　女　小　的　家里　去　村

uə³³ py²¹ dər³³. ə³³ sɿ²¹① ‖ ə⁵⁵ y²¹ dzʅ²¹ ʂʅ³³ me³³: sy⁵⁵ tshɿ²¹ sɿ⁵⁵ ky̩³³ uɑ²¹. dɯ³³ ky̩⁵⁵ ȵi³³ me³³ gy̩²¹
寨　祭　该　父亲　猴　时　死　者　杀　鬼　三　个　是　一　个　西方

gə³³ khɯ³³ dʑər³³ miə²¹ gər³³ me³³ dʑy²¹, khɯ³³ phər²¹ ʐuɑ³³ phər²¹ ɕi²¹ me³³ ko²¹ hɯ³³; ｜dɯ³³ gy̩³³
的　脚　跛　眼　瞎　的　有　狗　白　马　白　养　的　家里　去　一　个

ɯ³³ dzɿ²¹ tɯ³³ khɯ³³ dzæ²¹ ɕi²¹, lɑ³³ khy̩⁵⁵ ɕi³³ dʑy²¹ me³³ ko²¹ hɯ³³;
牛　居　地　狗　花　养　虎　岁　人　有　的　家里　去

家有财物的一家家里去了。一个到龙居地（东南方）有一男一女、养青狗的一家家里去了。

羊时死的人：杀手鬼是三个。一个到南方有一男一女的一家家里去了。一个到牛居地（东北方）有黑衣、养黑狗和黑马的一家家里去了。凶于父亲和儿子两个人。一个到羊居地（西南方）去了，凶于属虎和属兔的人。一个到龙居地（东南方）家有幼儿幼女的一家家里去了②。该进行祭村寨神仪式。

猴时死的人：杀手鬼是三个。一个到西边有跛脚眼瞎的人、养白狗和白马之家里去了。一个到牛居地（东北方）养花狗、有属虎的一家家里去了。

455-L-15-31

dɯ³³ gy̩³³ ly̩²¹ dzɿ²¹ tɯ³³ dʑi³³ hər²¹ dʑy³³ me³³ ko²¹ hɯ³³. ‖ æ²¹ dzʅ²¹ ʂʅ³³ me³³: sy⁵⁵ tshɿ²¹ sɿ⁵⁵ ky̩³³
一　个　龙　居　地　衣　绿　有　的　家里　去　鸡　时　死　者　杀　鬼　三　个

uɑ²¹. dɯ³³ gy̩³³ ho³³ gy̩³³ lo²¹ tɕy²¹ ɯ³³ ɕy²¹ ɕi²¹, ə³³ me³³ ȵi³³ ky̩⁵⁵ dʑy²¹, dɯ³³ gy̩³³ zy⁵⁵ pu⁵⁵ me³³
是　一　个　北方　方向　牛　红　养　母亲　两　个　有　一　个　婴　孕　的

① 此字符无法与其他字连读成句，存疑。

② 前文说“杀手鬼有三个”，而后文的总数却有“四个”，是在写“四”时写漏一点而成“三”，还是后文多写了“一个”，不得而知。

ko^{21} hɯ^{33}; | dɯ^{33} gv̩^{33} ȵi^{33} me^{33} thv̩^{33} zu̩ɑ^{33} phər^{21} khɯ^{33} hər^{21} ɕi^{21} me^{33} ko^{21} hɯ^{33}; | dɯ^{33} gv̩^{33}
家里 去 一 个 东方 马 白 狗 青 养 的 家里 去 一 个

ȵi^{33} me^{33} gv̩^{21} zo^{33} lu^{55} kv̩^{33} ʥy^{21} me^{33} ko^{21} hɯ^{33}. | tʂhuɑ^{55} hɑ^{33} gv̩^{33} se^{55} ʂʅ^{33} tshʅ^{21} thv̩^{55} dər^{33}. ‖
西方 男 四 个 有 的 家里 去 六 天 到 则 死 鬼 驱 该

khɯ^{33} dʐʅ^{21} ʂʅ^{33} me^{33}: sy^{55} tshʅ^{21} sʅ^{55} kv̩^{33} uɑ^{21}. dɯ^{33} gv̩^{33} lv̩^{21} dzʅ^{21} tɯ^{21} khɯ^{33} ʂʅ^{21} ɕi^{21}, | ʥi^{33} hər^{21}
狗 时 死 者 杀 鬼 三 个 是 一 个 龙 居 地 狗 黄 养 衣 绿

ʥy^{33} me^{33} ko^{21} hɯ^{33}; | dɯ^{33} gv̩^{33} ȵi^{33} me^{33} thv̩^{33} zu̩ɑ^{33} phər^{21} ɯ^{33} phər^{21} ɕi^{21}, ʥi^{33} hər^{21} ʥy^{33} me^{33}
有 的 家里 去 一 个 东方 马 白 牛 白 养 衣 绿 有 的

ko^{21} hɯ^{33}; dɯ^{33} gv̩^{33} lo^{21} khu^{33} dzʅ^{21} me^{55}.
家里 去 一 个 谷 边 坐 的

一个到龙居地（东南方）有绿衣的一家家里去了。

鸡时死的人：杀手鬼是三个。一个到北方养红牛、有两个母亲而其中一个怀孕的一家家里去了。一个到东方养白马和青狗的一家家里去了。一个到西方有四个男子的一家家里去了。第六天，要进行驱赶死鬼的法仪。

狗时死的人：杀手鬼是三个。一个到龙居地（东南方）养黄狗、有绿衣的一家家里去了。一个到东边养白马和白牛、有绿衣的一家家里去了。一个坐到山谷边去了。

455-L-15-32

bu^{21} dʐʅ^{21} ʂʅ^{33} me^{33}: sy^{55} tshʅ^{21} ȵi^{33} kv̩^{55} uɑ^{21}. | dɯ^{33} gv̩^{33} i^{33} tʂhʅ^{33} mu^{21} khɯ^{33} ɕy^{21} zu̩ɑ^{33} ɕy^{21}
猪 时 死 者 杀 鬼 两 个 是 一 个 南方 狗 红 马 红

ɯ^{33} ɕy^{21} ɕi^{21}, | o^{55} kæ^{33} uɑ^{21} tʂhu^{21} ŋv̩^{33} hæ^{21} dzi^{33}, ʥi^{33} ɕy^{21} ʥy^{33} me^{33} ko^{21} hɯ^{33}; | dɯ^{33} gv̩^{33}
牛 红 养 沃神 前 松石墨玉 银 金 献 衣 红 有 的 家里 去 一 个

dʑi^{33} ɕy^{21}、the^{33} ɕy^{21} dʑy^{33} me^{33} ko^{21} hɯ^{33}; | dɯ^{33} gv̩^{33} zo^{33} tɕi^{55} mi^{55} tɕi^{55} dʑy^{21}, dzʅ^{33} uə^{33} tɕər^{21} gæ^{21}
衣 红 旗 红 有 的 家里 去 一 个 儿 小 女 小 有 村 寨 上 铠

tʂhʅ^{33} me^{33} ko^{21} hɯ^{33}. | fv̩^{55} dzʅ^{21} ʂʅ^{33} me^{33}: sy^{55} tshʅ^{21} sʅ^{55} kv̩^{33} uɑ^{21}. | dɯ^{33} gv̩^{33} tshʅ^{55} phər^{21} æ^{21}
挂 的 家里 去 鼠 时 死 者 杀 鬼 三 个 是 一 个 山羊 白 鸡

phər^{21} khɯ^{33} dzæ^{21} ɕi^{21}, zo^{33} uɑ^{55} kv̩^{33} dʑy^{21} me^{33} ko^{21} hɯ^{33}; | dɯ^{33} kv̩^{55} khɯ^{33} lɑ^{21} khuɑ^{21} me^{33}
白 狗 花 养 男 五 个 有 的 家里 去 一 个 脚 手 坏 的

ko^{21} hɯ^{33}; | dɯ^{33} kv̩^{55} ȵi^{33} me^{33} gv̩^{21} zo^{33} lu^{55} kv̩^{33} dʑy^{21}, khɯ^{33} dzæ^{21} ɕi^{21} me^{33} ko^{21} hɯ^{33}. | sy^{55}
家里 去 一 个 西方 男 四 个 有 狗 花 养 的 家里 去 杀

tshʅ^{21} ȵi^{33} kv̩^{55} by^{21} mə^{33} hɯ^{33}, tʂhu^{21} be^{33} ʂʅ^{33} tshʅ^{21} thv̩^{55} dər^{33}.
鬼 两 个 外 未 去 快 地 死 鬼 驱 该

猪时死的人：杀手鬼是两个。一个到南边养红狗、红马和红牛，在沃神前献松石和墨玉、白银和黄金，有红衣的一家家里去了。一个到有红衣和红旗的一家家里去了。一个到有幼儿幼女，村寨的房上挂着铠甲的一家家里去了[①]。

鼠时死的人：杀手鬼是三个。一个到养白山羊、白鸡和花狗，有五个男子之家里去了。一个到有手脚不便的人家里去了。一个到西边的有四个男子、养着花狗之家里去了。其中两个杀手鬼还未到外面去。要尽快地进行驱赶死鬼的法仪。

455-L-15-33

ɯ^{33} dzʅ^{21} ʂʅ^{33} me^{33}: sy^{55} tshʅ^{21} sʅ^{55} kv̩^{33} uɑ^{21}. dɯ^{33} kv̩^{55} i^{33} tʂhʅ^{33} mu^{21} dʑi^{21} ʂʅ^{55} tshʅ^{55} me^{33} ko^{21}
牛 时 死 者 杀 鬼 三 个 是 一 个 南方 房 新 建 的 家里

hɯ^{33}; | dɯ^{33} kv̩^{55} y^{21} dzʅ^{21} tɯ^{33} dʑi^{21} ʂʅ^{55} tshʅ^{55}, zo^{33} mi^{55} dʑy^{21} me^{33} ko^{21} hɯ^{33}; | dɯ^{33} kv̩^{55} ɯ^{33}
去 一 个 羊 居 地 房 新 建 儿 女 有 的 家里 去 一 个 牛

① 此前只说杀手鬼有“两”个，而后总数又有“三”个，存疑。

dzʅ^{21} tɯ^{33} lv̩^{21} khv̩^{55} me^{33} kv̩^{33} phər^{21} dzæ^{33} ʂʅ^{21} dʑy^{21} me^{21} ko^{21} hɯ^{33}; | dɯ^{33} kv̩^{55} bu^{21} ʂuɑ^{21} lo^{55}
居 地 龙 岁 的 头 白 牙 黄 有 的 家 里 去 一 个 坡 高 翻

le^{33} hə^{21}. ‖ tʂhuɑ^{55} tsər^{21} gv̩^{33} to^{55} dər^{33} dɯ^{33} n̩i^{33} ʂʅ^{33} me^{33}: | bæ^{33} mi^{55} tʂhuɑ^{55} tɕər^{33} tʂʅ^{55}, æ^{21}
又 去 创昌古 上 轮 一 天 死 者 油灯 六 盏 点 鸡

tʂhuɑ^{55} me^{33} tse^{21}, ʂʅ^{33} khu^{33} tər^{55} py^{21} dər^{33}. | to^{33} mɑ^{33} tʂhuɑ^{55} ly^{33} | tʂhuɑ^{55} bu^{21} kv̩^{33} phi^{55} tɕi^{33}
六 只 用 死 门 关 祭 该 面偶 六 个 六 坡 上 丢 放

dər^{33} me^{55}. | miə^{21} ɕy^{21} to^{55} dər^{33} dɯ^{33} n̩i^{33} ʂʅ^{33} me^{33}: | ʂʅ^{33} khɑ^{33} tʂə^{55} dər^{33}. | to^{33} mɑ^{33} phi^{55}
该 的 谬许 上 轮 一 天 死 者 驱死亡之祸 该 面偶 丢

dər^{33}.
该

牛时死的人：杀手鬼是三个。一个到南边建新房的一家家里去了。一个到羊居地（西南方）建新房有儿女的一家家里去了。一个到龙居地（东南方）有属龙且长寿而发白齿黄老者的一家家里去了。其中一个已翻过高坡而去了。

在创昌古[①]当值的一天死的人：要点上六盏油灯，用六只鸡作牺牲，进行关死亡之门的法仪。要把六个面偶丢弃到六个山坡上去。

在谬许[②]当值的一天死的人：要驱赶死亡之祸。要丢弃面偶。

455-L-15-34

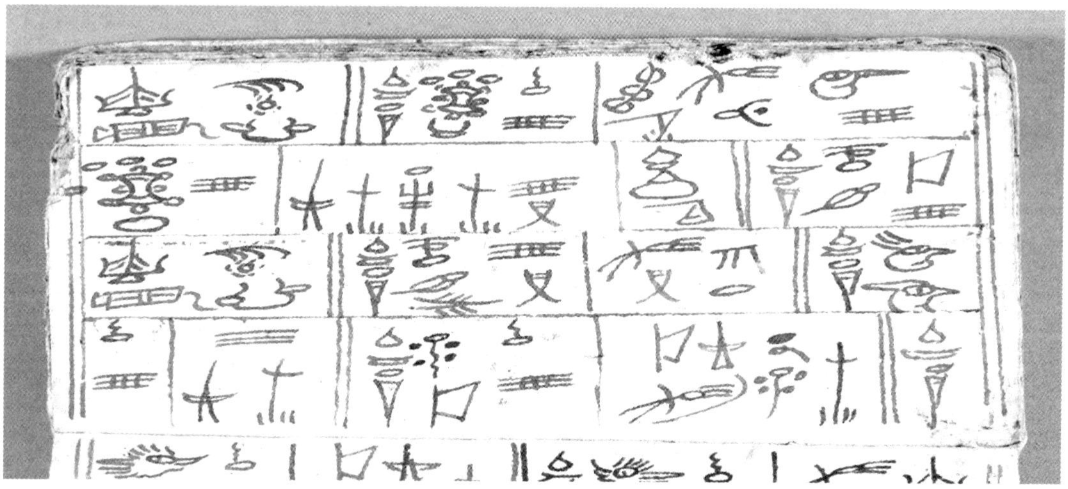

sʅ^{55} khv̩^{21} dər^{33}. no^{55} bv̩^{21} dər^{33}. ‖ sʅ^{33} tho^{21} khuɑ^{33} to^{55} dər^{33} dɯ^{33} n̩i^{33} ʂʅ^{33} me^{33}: | ʂʅ^{33} khɑ^{33} tʂə^{55}
素神 请 该 诺神 祭 该 司托夸 上 轮 一 天 死 者 驱赶死亡之祸

dər^{33}. | sʅ^{33} tho^{21} gv̩^{33} to^{55} dər^{33} dɯ^{33} n̩i^{33} ʂʅ^{33} me^{33}: | tər^{21} py^{21} dər^{33}. tv̩^{55} py^{21} dər^{33} me^{55}. | he^{21}
该 司托古 上 轮 一 天 死 者 呆鬼 祭 该 抵灾 祭 该 的 神

① 创昌古，音译宿名，为纳西族二十八宿之一。

② 谬许，音译宿名，为纳西族二十八宿之一。

ʂu^{55} dər^{33}. ‖ kɯ^{33} phər^{21} dʑi^{21} khu^{33} to^{55} dər^{33} dɯ^{33} ȵi^{33} ʂɿ^{33} me^{33}: | sɿ^{55} khv̩^{21} dər^{33}. no^{55} bv̩^{21}
祭 该 庚盘吉孔 上 轮 一 天 死 者 素神 请 该 诺神 祭

də r^{33}. ‖ kɯ^{33} phər^{21} dʑi^{21} mæ^{33} to^{55} dər^{33} me^{33}: | ʂɿ^{33} me^{33} kɑ^{33} kv̩^{55}. ‖ fv^{33} kə^{55} | kɯ^{21} to^{55} dər^{33}
该 庚盘吉满 上 轮 者 死 的 吉 会 夫构 星 上 轮

dɯ^{33} ȵi^{33} ʂɿ^{33} me^{33}: | hər^{33} py^{21} tər^{21} py^{21} dər^{33}. ‖ tshɿ^{21} khu^{33} to^{55} dər^{33} dɯ^{33} ȵi^{33} ʂɿ^{33} me^{33}: | ʂɿ^{33}
一 天 死 者 风鬼 祭 呆鬼 祭 该 楚孔 上 轮 一 天 死 者 死

khu^{33} tər^{55} py^{21} dər^{33}. tshɿ^{21} nɑ^{21} py^{21} dər^{33}.
门 关 祭 该 鬼 黑 祭 该

该进行请素神仪式。要进行祭诺神仪式。

在司托夸[1]当值的一天死的人：该驱赶死亡之祸。

在司托古[2]当值的一天死的人：该祭呆鬼。要进行抵灾仪式。要祭神。

在庚盘吉孔[3]当值的一天死的人：要进行请素神仪式。要祭诺神。

在庚盘吉满[4]当值的一天死的人：死者会吉的。

在夫构[5]当值的一天死的人：该祭风鬼和呆鬼。

在楚孔[6]当值的一天死的人：该进行关死亡之门的法仪。要祭黑鬼。

455-L-15-35

bu^{21} khu^{33} to^{55} dər^{33} dɯ^{33} ȵi^{33} ʂɿ^{33} me^{33}: | ʂɿ^{33} khu^{33} tər^{55} py^{21} dər^{21}. ‖ bu^{33} to^{21} to^{55} dər^{33} dɯ^{33} ȵi^{33}
布孔 上 轮 一 天 死 者 死 门 关 祭 该 布铎 上 轮 一 天

① 司托夸，音译宿名，为纳西族二十八宿之一。
② 司托古，音译宿名，为纳西族二十八宿之一。
③ 庚盘吉孔，音译宿名，为纳西族二十八宿之一。
④ 庚盘吉满，音译宿名，为纳西族二十八宿之一。
⑤ 夫构，音译宿名，为纳西族二十八宿之一。
⑥ 楚孔，音译宿名，为纳西族二十八宿之一。

ʂʅ^{33} me^{33}: | ʂʅ^{33} me^{33} kɑ^{33} ky̩^{55}. sɿ^{55} khy̩^{21} dər^{33}. | bu^{21} mɑ^{55} to^{55} dər^{33} dɯ^{33} ȵi^{33} ʂʅ^{33} me^{33}: | ʂʅ^{33}
死 者 死 的 吉 会 素神 请 该 布冒 上 轮 一 天 死 者 死

me^{33} kɑ^{33} ky̩^{55}. no^{55} by̩^{21} dər^{33}. ‖ zy^{21} ny̩^{55} to^{55} dər^{33} dɯ^{33} ȵi^{33} ʂʅ^{33} me^{33}: | ʂʅ^{33} khu^{33} | tər^{55} py^{21}
的 吉 会 诺神 祭 该 蕊怒 上 轮 一 天 死 者 死 门 关 祭

dər^{33}. to^{33} mɑ^{33} be^{33} sɿ^{55} dɯ^{21} khy̩^{21} dər^{33}. ‖ zy^{21} khuɑ^{33} to^{55} dər^{33} dɯ^{33} ȵi^{33} ʂʅ^{33} me^{33}: | bæ^{33} mi^{33}
该 面偶 做 素神 大 请 该 蕊夸 上 轮 一 天 死 者 油灯

sɿ^{55} tɕər^{33} tʂʅ^{55}, æ^{21} sɿ^{55} me^{33} tse^{21}, to^{33} mɑ^{33} dɯ^{33} ly^{33} phi^{55} dər^{33}. | zy^{21} he^{33} to^{55} dər^{33} dɯ^{33} ȵi^{33} ʂʅ^{33}
三 盏 点 鸡 三 只 用 面偶 一 个 丢 该 蕊亨 上 轮 一 天 死

me^{33}: tshɿ^{33} tʂhə^{55} py^{21} dər^{33}. ‖ zy^{21} tɕər^{33} to^{55} dər^{33} dɯ^{33} ȵi^{33} ʂʅ^{33} me^{33}: | ʂʅ^{33} khu^{33} tər^{55}
者 楚臭 祭 该 蕊江 上 轮 一 天 死 者 死 门 关

在布孔[1]当值的一天死的人：要进行关死亡之门的法仪。
在布铎[2]当值的一天死的人：死者会吉。该进行请素神仪式。
在布冒[3]当值的一天死的人：死者会吉。该祭诺神。
在蕊怒[4]当值的一天死的人：要进行关死亡之门的法仪。要做面偶进行请素神大仪式。
在蕊夸[5]当值的一天死的人：要点三盏油灯，用三只鸡作牺牲，把一个面偶丢弃出去。
在蕊亨[6]当值的一天死的人：要进行叫祭楚臭的法仪。
在蕊江[7]当值的一天死的人：要进行关死亡之门的法仪。

455-L-15-36

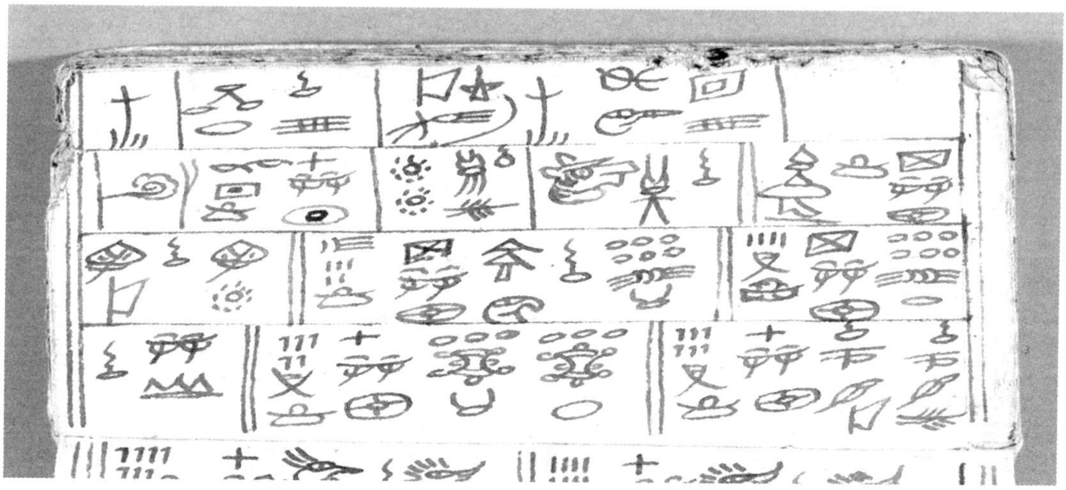

[1] 布孔，音译宿名，为纳西族二十八宿之一。
[2] 布铎，音译宿名，为纳西族二十八宿之一。
[3] 布冒，音译宿名，为纳西族二十八宿之一。
[4] 蕊怒，音译宿名，为纳西族二十八宿之一。
[5] 蕊夸，音译宿名，为纳西族二十八宿之一。
[6] 蕊亨，音译宿名，为纳西族二十八宿之一。
[7] 蕊江，音译宿名，为纳西族二十八宿之一。

py^{21} dər^{33}. | zy^{21} gy̩^{33} to^{55} dər^{33} dɯ^{33} ȵi^{33} ʂʅ^{33} me^{33}: | ʂʅ^{33} khu^{33} tər^{55} py^{21} dər^{33}. zɑ^{21} tʂə^{55} zɑ^{21} tɑ^{55}
祭 该 蕊古 上 轮 一 天 死 者 死 门 关 祭 该 娆鬼 驱 娆鬼 祭

dər^{33}. | iə^{21} pe^{21} he^{33} tshe^{33} do^{21} dɯ^{33} ȵi^{33}: | by^{33} by^{21} ky̩^{33}、by^{33} by^{21} mæ^{33}, | ʐuɑ^{33} tse^{55}. ‖ he^{21}
该 正月 月 见 一 日 本补古 本补满 柔正

dʑiə^{33} he^{33} tshe^{33} do^{21} dɯ^{33} ȵi^{33}: | pɑ^{33} khu^{33}、pɑ^{33} by^{33}. ‖ sɑ^{55} uɑ^{33} he^{33} tshe^{33} do^{21} dɯ^{33} ȵi^{33}: thɑ^{33}
二月 月 见 一 日 巴孔 巴毕 三月 月 见 一 日 涛构

kə^{55}、tʂhuɑ^{55} tsər^{21} khuɑ^{33}. ‖ lu^{55} me^{33} he^{33} tshe^{33} do^{21} dɯ^{33} ȵi^{33}: tʂhuɑ^{55} tsər^{21} gy̩^{33}、| miə^{21} ɕy^{21}.
创昌夸 四月 月 见 一 日 创昌古 谬许

uɑ^{55} me^{33} he^{33} tshe^{33} do^{21} dɯ^{33} ȵi^{33}: sʅ^{33} tho^{21} khuɑ^{33}、sʅ^{33} tho^{21} gy̩^{33}. ‖ tʂhuɑ^{55} me^{33} he^{33} tshe^{33} do^{21}
五月 月 见 一 日 司托夸 司托古 六月 月 见

dɯ^{33} ȵi^{33}: kɯ^{33} phər^{21} dʑi^{21} khu^{33}、kɯ^{33} phər^{21} dʑi^{21} mæ^{33}.
一 日 庚盘吉孔 庚盘吉满

在蕊古①当值的一天死的人：该进行关死亡之门的法仪。要驱赶娆鬼。
正月初一当值的宿是：本补古或本补满②，或柔正。
二月初一当值的宿是：巴孔或巴毕③。
三月初一当值的宿是：涛构④或创昌夸。
四月初一当值的宿是：创昌古或谬许。
五月初一当值的宿是：司托夸或司托古。
六月初一当值的宿是：庚盘吉孔或庚盘吉满。

455-L-15-37

① 蕊古，音译宿名，为纳西族二十八宿之一。
② 本补古、本补满、柔正，音译宿名，为纳西族二十八宿之三个宿名。
③ 巴孔、巴毕，音译宿名，为纳西族二十八宿之两个宿名。
④ 涛构，音译宿名，为纳西族二十八宿之一。

sæ^{33} me^{33} he^{33} tshe^{33} do^{21} dɯ^{33} ȵi^{33}: fv̩^{33} kə^{55} kɯ^{21}、bu^{21} khu^{33}. ‖ huɑ^{55} me^{33} he^{33} tshe^{33} do^{21} dɯ^{33}
七月 月 见 一 日 夫构 布孔 八月 月 见 一

ȵi^{33}: bu^{33} to^{21}、bu^{21} mɑ^{55}. | guə^{33} me^{33} he^{33} tshe^{33} do^{21} dɯ^{33} ȵi^{33}: zy^{21} nv̩^{55}、zy^{21} khuɑ^{33}、zy^{21}
日 布铎 布冒 九月 月 见 一 日 蕊怒 蕊夸 蕊亨

he^{33}. ‖ tshe^{21} me^{33} he^{33} tshe^{33} do^{33} dɯ^{33} ȵi^{33}: zy^{21} tɕər^{33}、zy^{21} gv̩^{33}. | tshe^{21} də^{33} he^{33} tshe^{33} do^{21} dɯ^{33}
十月 月 见 一 日 蕊江 蕊古 十一月 月 见 一

ȵi^{33}: zy^{21} dv̩^{21}、zy^{21} bɑ^{21}. ‖ dɑ^{33} uɑ^{33} he^{33} tshe^{33} do^{21} dɯ^{33} ȵi^{33}: zy^{21} tshi^{21}、zy^{21} bə^{33}。| ʂʅ^{33} sɑ^{21} tʂhu^{21}
日 蕊督 蕊巴 十二月 月 见 一 日 蕊齐 蕊崩 死 卦 重丧

sɑ^{33} ly^{21}： iə^{21} pe^{21}、he^{21} dʑiə^{33}、sɑ^{55} uɑ^{33} he^{33} uɑ^{21}, sər^{33} phv̩^{33}、
看 正月 二月 三月 是 木 公

七月初一当值的宿是：夫构或布孔。

八月初一当值的宿是：布铎或布冒。

九月初一当值的宿是：蕊怒、蕊夸或蕊亨。

十月初一当宿的宿是：蕊江或蕊古。

十一月初一当值的宿是：蕊督或蕊巴[①]。

十二月初一当值的宿是：蕊齐或蕊崩[②]。

看重丧：

正月、二、三月里死的人，若是死于公木或

455-L-15-38

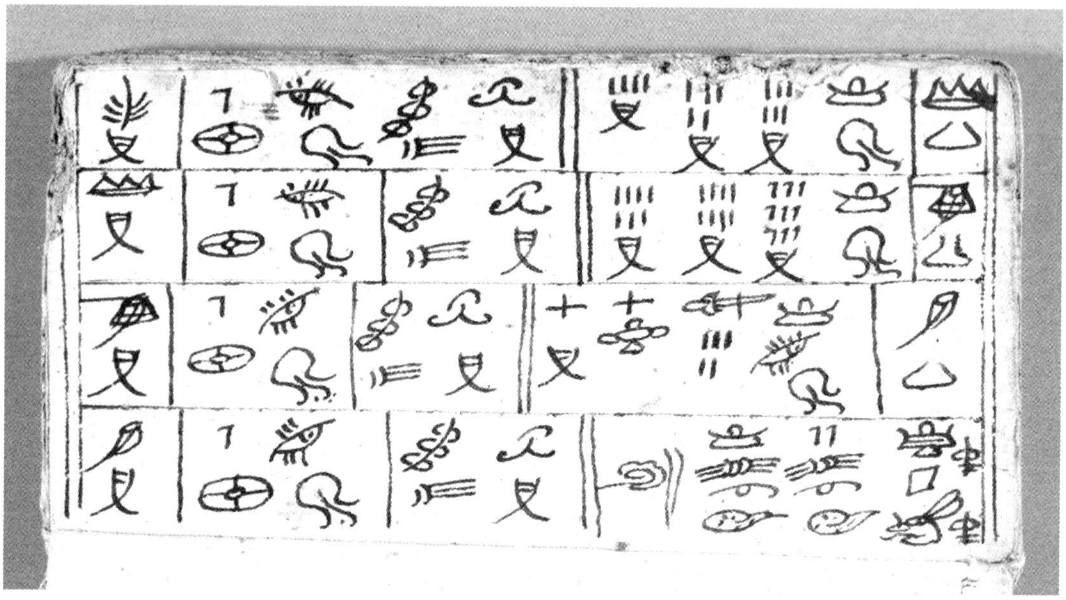

① 蕊督、蕊巴，音译宿名，为纳西族二十八宿之两个宿名。

② 蕊齐、蕊崩，音译宿名，为纳西族二十八宿之两个宿名。

sər^{33} me^{55} | dɯ^{33} ȵi^{33} lɯ^{55} uɑ^{21}, tʂhu^{21} sɑ^{33} i^{33} me^{55}. ‖ lu^{55} me^{33}、uɑ^{55} me^{33}、tʂhuɑ^{55} me^{33} he^{33}
木 母 一 天 若 是 重丧 有 的 四月 五月 六月

uɑ^{21}, | mi^{33} phʏ^{33}、| mi^{33} me^{55} | dɯ^{33} ȵi^{33} lɯ^{55} uɑ^{21}, | tʂhu^{21} sɑ^{33} i^{33} me^{55}. ‖ sæ^{33} me^{33}、huɑ^{55}
是 火 公 火 母 一 天 若 是 重丧 有 的 七月 八月

me^{33}、guə^{33} me^{33} he^{33} uɑ^{21}, | ʂu^{21} phʏ^{33}、| ʂu^{21} me^{55} | dɯ^{33} ȵi^{33} lɯ^{55} uɑ^{21}, | tʂhu^{21} sɑ^{33} i^{33}
九月 是 铁 公 铁 母 一 天 若 是 重丧 有

me^{55}. ‖ tshe^{21} me^{33}、tshe^{21} də^{33}、dɑ^{33} uɑ^{33} he^{33} lɯ^{55} uɑ^{21}, | dʑi^{21} phʏ^{33}、| dʑi^{21} me^{55} | dɯ^{33} ȵi^{33} lɯ^{55}
的 十月 十一月 十二月 若 是 水 公 水 母 一 天 若

uɑ^{21}, | tʂhu^{21} sɑ^{33} i^{33} me^{55}. ‖ he^{33} tsɿ^{21} mə^{33} dər^{33}, ȵi^{55} tsɿ^{21} mə^{33} dər^{33}, hɑ^{33} to^{55} le^{33} ly^{33} ly^{21}.
是 重丧 有 的 月 算 不 必 日 算 不 必 哈垛 又 看

母木的日子里，就有重丧了。

四月、五月、六月里死的人，若是死于公火或母火的日子里，就有重丧了。

七月、八月、九月里死的人，若是死于公铁或母铁的日子里，就有重丧了。

十月、十一月、十二月死的人，若是死于公水或母水的日子里，就有重丧了。

不必算月，不必算日子，又以“哈垛”[1]来看吧。

455-L-15-39

封底

（翻译：王世英）

[1] 哈垛，其义不明。

后　　记

《哈佛燕京学社藏纳西东巴经书》第八卷所收经卷的译稿完成于2010年，结集于2011年。自2011年至今的9年时间里，中国社会科学院民族学与人类学研究所和丽江市东巴文化研究院的专家一起进行了几次修改和校订：首先补译了缺译的内容；统一了译名用字；改正了音标；规范了用语等。2015—2016年，针对专家的评审意见，我们又一次通读全文、规范用语，对注释和提要中的文字表述问题加以规范。2020年出版之前，再次延请丽江市东巴文化研究院王世英研究员对全文进行了全面校订，具体工作体现在以下几个方面：

1. 就同一本经书中同一个概念记字不一的情况尽量进行了统一。美国学者洛克的这些搜集品在入藏时并未逐本注明所搜集的地点，而不同地方的东巴传承经书使用的是不同方言，或存在不同经书同一字的读音有所不同的情况。就这一问题，我们曾在项目开始之前进行过专门研究，订立了体例，即尽量保持原有的翻译用字，以体现方言的差异，以便于今后根据文本进行语言分析。这次通读和校改仅就同一译本的同一概念进行了统一，以便与此前订立的体例相对应。

2. 对译稿重加注释，所加注释主要就翻译存疑、译文不通畅、不易理解的纳西族文化词语等适当出注说明。

3. 补充了读经人等信息。

时光荏苒，从立项到现在，该项目已历经十余年。其间，我们得到了来自境内外专家的很多肯定和鼓励，已经出版的成果也产生了非常好的反响。2013年，孙宏开先生在美国国会图书馆遇见该馆东亚部的负责人，他们希望效法我们与哈佛燕京学社图书馆的做法，愿意提供该馆所藏3700多卷纳西东巴经的资料，开展整理翻译工作。该项成果得到了台湾地区同行的好评，也得到了国内外审专家的肯定。在此，我们再次感谢哈佛燕京学社图书馆免费给予扫描版高清图像，同时，感谢中国社会科学院科研局和民族学与人类学研究所的领导与专家的无私关怀和资助，感谢外审专家的悉心指导，感谢丽江市东巴文化研究院院长李德静、赵世红等所率领的专业团队的全力投入，感谢中国社会科学出版社田文编审的精心审读和校对。

孙伯君

2020年6月18日